生态和谐与林业发展

温作民　主编

中国林业出版社

图书在版编目（CIP）数据

生态和谐与林业发展／温作民主编．—北京：中国林业出版社，2011.8
ISBN 978-7-5038-6281-6

Ⅰ．①生…　Ⅱ．①温…　Ⅲ．①林业经济-经济发展-中国-文集　Ⅳ．①F326.23-53

中国版本图书馆CIP数据核字（2011）第153536号

策　　划： 邵权熙
责任编辑： 纪　亮　许　琳
出版咨询： 010-83223051　83225283

出版　中国林业出版社（100009　北京西城区德内大街刘海胡同7号）
电话　010-83224477
网址　www.cfph.com.cn
E-mail：cfphz@public.bta.net.cn
发行　新华书店
印刷　北京地质印刷厂
版次　2011年8月第1版
印次　2011年8月第1次
开本　210mm×285mm　1/16
印张　41.5
字数　600千字
定价　168.00元

序

人类进入21世纪以来，生态和谐成为了人类与自然和谐相处的核心问题。

2000年9月联合国千年首脑会议上，环境可持续发展能力与人类极端贫穷和饥饿问题成为千年发展目标的重要议题。21世纪已经走过十年，距离2015年千年发展目标近在咫尺，现在和未来，人类面临的最大挑战之一就是我们的子孙后代是否还能够在地球上持续生存？要解决这个关乎人类存亡的命题，必须优先处理气候变化问题，高度保护生物多样性，深入治理森林和水资源问题，逐步减轻自然和人为灾害等问题，这些问题与生态系统遭受严重损害并出现不可持续的倾向密切相关，解决生态和谐的重要举措就要将林业发展在人类与环境的和谐相处中的战略地位提升至首要地位。

2010年11月29日，《联合国气候变化框架公约》第十六次缔约方会议暨《京都议定书》第六次缔约方会议于在墨西哥坎昆召开，气候变化对人类生存和安全的破坏性影响已不能回避，生态和谐的目标需要尽快确定《京都议定书》关于发达国家第二承诺期的量化减排指标，尽快落实发达国家短期出资承诺和长期融资机制，并就减排及森林保护等一揽子议题取得“平衡”。气候变化与人类生存、生态和谐与森林保护成为了世界范围内要认真面对的重大课题。

2010年12月11日，以“生态和谐与林业发展”为主题的第八届中国林业经济论坛在南京林业大学成功开幕。会议吸引了来自北京大学、中国人民大学、美国奥本大学、国立台湾大学、北京林业大学等28所高校和中国林业科学研究院、国家林业局经济发展中心等科研院所的众多专家，会议收到科研论文90余篇，本着“繁荣学术交流，服务生态文明建设，促进林业经济发展”的宗旨，围绕“全球气候变化与林业”、“森林生态系统可持续管理”、“集体林权后续改革”、“林业产业发展问题研究”、“林产品贸易趋势与对策”等林业经济学界的热点和前沿问题进行了专题研究，形成了《生态和谐与林业发展》这个科研成果。

《生态和谐与林业发展》的科研价值主要体现在以下方面：

全球气候变化与林业问题。《生态和谐与林业发展》密切关注国际气候变化涉林议题谈判进程，在森林碳汇交易机制构建、碳汇管理策略、碳汇认证及法律等方面开展了深入研究，并就应对气候变化的第四方案、实施森林碳汇的潜力评估、区域生态环境的定量评价提供了实证研究，对应对气候变化的林业问题提供了最新的研究视角和政策建议。

森林生态系统可持续管理问题。《生态和谐与林业发展》以美国休耕保护项目、越南国家森林公园项目为对象，详尽研究了美国休耕保护项目的分布区域和类型及其对生态环境影响，应用CVM评估法核算了越南巴为森林公园的非使用价值。研究分析了野生动物资源最优管理动态经济模型及复杂生态系统网络，还就中国广东、江苏、吉林等区域的防护林建设、生态补偿模式及生态安全评估进行了针对性研究。

集体林权后续改革问题。作为反映中国林业产权变迁的重要事件，集体林权改革及其后续问题研究是本次论坛的又一重要议题。《生态和谐与林业发展》以浙江、福建、江西等多个省区及其县市为对象，研究了林权抵押信贷、农户社会政治资本变动、劳动力转移、林权流转及林权交易中心建设等问题，并就森林资源产权市场发展的制约及平原地区林权流转问题及对策提供了合理建议。

林业产业发展问题。《生态和谐与林业发展》高度关注中国林业产业的发展，从林业第一、第二、第三产业多层次分析了林业产业发展状况及问题，研究涉及集体林区油茶产业、旅游产业、家具产业、造纸产业等方面，并就林业产业发展中的林纸一体化共生模式问题、林业供应链管理问题、全要素生产率增长等问题进行了专题研究。

林产品贸易趋势与对策问题。《生态和谐与林业发展》研究了中国林产品贸易的发展状况及走势，研究涉及原木资源进口与林产品出口问题、林产品产业内贸易问题、森林认证对林产品贸易的影响等问题，并关注了主要林业大国贸易政策变迁及影响，对推进林产品绿色采购制度及绿色技术创新提供了政策建议。

《生态和谐与林业发展》还涉及了林业经济与林业金融、林业政策与组织管理、林业经济管理学科建设等方面最新研究成果。

作为一次全国性学术会议的组织者及服务者，我们欣慰地看到，中国林业经济的发展与科学研究已经与国际瞩目的关乎人类生存的生态和谐问题密切结合，我们也有责任将与会的国内外学者的研究成果编撰出来，我们希望《生态和谐与林业发展》能够对我们的社会进步和人类可持续发展做出贡献。

最后，我们感谢为第八届中国林业经济论坛成功举办而做出贡献的中国林业经济论坛组委会、中国林业经济学会、国家林业局经济发展中心及南京林业大学等单位，感谢与会的国内外专家学者的积极参与及智慧奉献，感谢为论坛的成功召开付出辛勤努力的工作人员。

南京林业大学 温作民

2010年12月31日

目　录

专题一　全球气候变化与林业

专题二　森林生态系统可持续管理

专题三　集体林权后续改革

专题四 林业产业发展问题研究

专题五 林产品贸易趋势与对策

专题六 林业经济分析与林业金融

专题七 林业政策与组织管理

专题八 林业经济管理学科建设与发展

专题一

全球气候变化与林业

国际气候变化涉林议题谈判进展及我国对案建议

吴水荣　李智勇　于天飞

（中国林业科学研究院林业科技信息研究所）

摘　要：国际气候变化谈判涉及政治、经济、社会与技术等方方面面。由于林业在应对气候变化中的特殊地位，涉林议题如土地利用、土地利用变化与林业（LULUCF）、减少发展中国家毁林排放（REDD）等已成为谈判的重点和热点。本文回顾了国际气候变化谈判的最新进展特别是林业议题的谈判进展，阐述了我国在应对气候变化中的基本立场与政策以及我国林业部门在应对气候变化中的努力与成效，最后就林业议题谈判可能涉及的具体问题提出了对案建议。

关键词：国际气候变化谈判；林业议题；土地利用、土地利用变化与林业；减少发展中国家毁林排放

International Climate Negotiation Progress Related to Forestry Issue and its Responding Proposals

Wu Shuirong Li Zhiyong Yu Tianfei

(Research Institute of Forestry Policy and Information, ChineseAcademy of Forestry)

Abstract: The international climate negotiation is involving political, economic, social and technical aspects. Due to the special role of forestry in response to climate change, the issues related to forestry such as land use, land use change and forestry (LULUCF), reducing emissions from deforestation and degradation (REDD) have been the hotspots and focal points in negotiations. This paper reviewed the international climate negotiations focusing on the forestry issues, elaborated the standpoints of China in responding climate change and the efforts of forestry sector in China and their influences so far, and then made suggestions on some concrete forestry issues which may be raised in the negotiations.

Key words: international climate negotiations; forestry issues; land use, land use change and forestry (LULUCF); reducing emissions from deforestation and degradation (REDD)

1　国际气候变化谈判最新进展

气候变化是国际社会普遍关心的重大全球性问题，已经不是单纯的经济或是技术问题，而是牵涉经济、社会、技术乃至政治等方方面面。为减缓全球气候变化，推进社会可持续发展，1979 年第一次世界气候大会呼吁保护气候，20 世纪 90 年代初以来联合国相继通过了《联合国气候变化框架公约》、《京都议

基金项目：林业公益性行业科研专项（200804001）。

作者简介：吴水荣（1974－）女，湖北武汉人，副研究员，主要从事森林环境经济、林业经济与政策研究。Email：wu. shuirong @ gmail. com

定书》、《巴厘路线图》和《哥本哈根协议》等一系列公约和进程。其中，《联合国气候变化框架公约》确立了发达国家与发展中国家“共同但有区别的责任”原则；《京都议定书》规定了联合履约(JI)、清洁发展机制(CDM)和排放贸易三种灵活履约机制，并确定了发达国家2008~2012年的量化减排指标；《巴厘路线图》确定就加强《联合国气候变化框架公约》和《京都议定书》的实施分头展开谈判，并于2009年12月在哥本哈根举行的缔约方会议上取得成果[1]；经过为期13天的艰难谈判，哥本哈根峰会最终达成了一项不具法律约束力的《哥本哈根协议》[2]。从目前的谈判进展来看，在2010年底坎昆会议上达成具有法律约束力的协议的可能性依然很遥远。专家指出，坎昆会议的结果很可能是一揽子执行决定和一个在2011年南非缔约方大会上达成具法律约束力协议的授权[3]。

从目前来看，争论的焦点突出表现在两个方面：第一，是所有国家减排还是只有发达国家减排。发展中国家认为目前谈判的主要任务是量化发达国家的减排义务，包括短期(2012年)、中期(2020年)和长期(2050年)，而发达国家则将其减排和资金援助与发展中国家的减缓行动“挂钩”，要求发展中大国特别是中国加入到同一体系中承诺减排。第二，是否保留《京都议定书》，即坚持“双轨制”还是“单轨制”谈判格局。当前气候谈判采取的是“双轨制”格局，在气候公约长期合作行动谈判特设工作组(AWG-LCA)和《京都议定书》谈判特设工作组(AWG-KP)两条轨道上向前推进。AWG-LCA是根据2007年底在印度尼西亚巴厘岛召开的第13次缔约方大会的相关决定建立的，主要任务是发达国家和发展中国家如何在《联合国气候变化框架公约》背景下开展长期合作，以应对气候变化而进行的相关谈判。AWG-KP是根据2005年底在加拿大蒙特利尔召开的第11次缔约方大会的决定而建立的，主要任务是就2012年后发达国家如何继续按照《京都议定书》框架承担量化的温室气体减排任务进行谈判。在两个工作组的谈判中存在着许多联系，为此美国、日本等发达国家极力主张合并“双轨”为“单轨”，试图取消《京都议定书》，其实质是抹煞共同但有区别的责任，要求发展中国家承担减排任务。发展中国家则坚持《巴厘路线图》确定的“双轨制”谈判格局与《联合国气候变化框架公约》和《京都议定书》的主体地位，要求为附录I发达国家确定新的减排目标[4]。

2 涉林议题谈判进展

森林在应对气候变化中具有独特的作用，既是碳汇也可能是碳源。过去10年来，森林问题成为气候变化谈判的重要议题之一，也是谈判的亮点之一，相对于其他议题来说取得了较大的进展。1997年《京都议定书》规定了包括清洁发展机制(CDM)在内的三种灵活履约机制。2003年与土地、土地利用、土地利用变化与林业(LULUCF)相关的造林与再造林活动被纳入到CDM项目中。2005年7月，巴布亚新几内亚和哥斯达黎首次向联合国气候变化框架公约组织(UNFCCC)秘书处建议，在第11次缔约方大会(COP11)临时议程中增加“减少发展中国家毁林排放：激励机制”的议题，得到了多个国家的支持。2007年《巴厘路线图》将减少发展中国家毁林排放作为重要的减缓措施纳入其中。2009年《哥本哈根协议》呼吁立即建立包括毁林、森林退化以及森林保护与可持续管理(REDD+)在内的新保护机制。2010年以来林业议题REDD+和LULUCF仍然分别在AWG-LCA和AWG-KP下进行。

2.1 REDD+议题

REDD+议题是AWG-LCA下减缓问题谈判的重要组成部分，在哥本哈根峰会期间已经就REDD+的行动范围、阶段性实施方法、指导原则、基线参考水平与实施规模等方面达成了初步的一致。截止到2010年6月波恩谈判期间，关于REDD+的谈判案文都没有明显的变化。然而，2010年8月波恩谈判期间，沙特阿拉伯、玻利维亚和土耳其对现有REDD+谈判案文提出了较多的修改意见，包括：发达国家不能利用REDD+活动作为抵偿机制来实现其减排承诺；对资助森林相关的活动提出了新的资格标准；将“减少毁林和森林退化导致的排放”改成了“减少毁林和森林退化”。对于这些突如其来的变化，一些缔约方表示担忧，特别是担心现有的REDD+谈判成果遭到破坏，但也有的缔约方认为上述国家提出了建设性的补充意见。新的谈判案文将这些修改意见作为独立的选项综合到原先的案文之中。2010年10月天津谈判期间，缔约方听取了上述国家对其修改意见的解释，对其立场有了进一步的理解。各方预期年底坎昆会议期间能够有效地处理这些新出现的问题与冲突，就REDD+进一步缩小分歧、达成共识，很多缔约方希望在坎昆会议上达成某种关于 REDD + 问题的协议并开始执行公约下的 REDD + 活动。

另一方面，在正式谈判之外，REDD + 行动在融资和实践方面取得了较大的进展。2010 年 5 月在奥斯陆会议期间，对 2010 ~ 2012 年期间 REDD + 筹资认捐额达 45 亿美元，并建立了一个临时性的REDD + 伙伴关系，旨在利用筹集的资金帮助发展中国家实施 REDD + 行动，同时支持和促进联合国气候变化公约谈判进程。根据国际林业研究中心(CIFOR)(2009)对 REDD + 项目活动的一项调查，目前已经有 100 多个 REDD + 项目，其中 40% 为示范项目，60% 为 REDD + 预备项目。尽管这些 REDD + 项目活动还处在早期阶段，但这些实践经验和教训有助于指导谈判案文中的未决事项，还可以对已经取得一致意见的事项进行验证。

2.2 LULUCF 议题

LULUCF 议题是 AWG-KP 下讨论的优先主题之一。2010 年 6 月波恩会议期间，中非国家注意到，目前 REDD + 议题谈判中对发展中国家制定了许多严格的要求，但在 LULUCF 议题谈判中发达国家却在为自己引入越来越多的灵活性，例如现行规则允许发达国家用人工林替代现有的森林。有关 LULUCF 讨论的关键问题之一就是附录 I 国家如何设置和证明其森林碳源/汇的基线参考水平。一些缔约方担心，LULUCF 谈判案文中的这些漏洞使得附录 I 国家可能单纯通过调整其来自森林和森林经营的碳汇与排放的基线参考水平来冲抵其减排目标。2010 年 8 月波恩会议期间，重点讨论了：森林经营的碳汇计量规则及其基线参考水平的确定、不可抗力导致的排放的界定及其计量、关于收获林产品(HWP)的排放计量规则以及是否应该将 HWP 纳入计量范畴。2010 年 10 月天津会议期间，各方对上述问题开展了进一步的讨论，旨在减少选项、缩短谈判案文，然而进展不大。

3 我国应对气候变化的基本立场

现有研究表明，气候变化已经对我国农牧业、林业、水资源、海岸带和生态脆弱地区等领域和系统带来了现实的威胁，而且未来将会继续对中国自然生态系统和经济社会系统产生重要影响[5]。同时，我国正处于经济快速发展阶段，面临着发展经济、消除贫困和减缓温室气体排放的多重压力。面对气候变化的严峻挑战，我国政府历来高度重视应对气候变化工作。2007 年 6 月，我国成立了“国家应对气候变化领导小组”，发布了《中国应对气候变化国家方案》，明确提出 2005 年到 2010 年降低单位国内生产总值能耗和主要污染物排放、提高森林覆盖率和可再生能源比重等有约束力的国家指标。2007 年 9 月，我国发布了《可再生能源中长期发展规划》，提出力争到 2010 年使可再生能源消费量达到能源消费总量的 10%，到 2020 年达到 15% 左右。2008 年 10 月发表了《中国应对气候变化的政策与行动》白皮书，全面介绍了中国减缓和适应气候变化的政策与行动，以及与此有关的体制机制建设等。2009 年 5 月发布了《中国政府关于哥本哈根气候变化会议的立场》，8 月又发布了《全国人大常委会关于积极应对气候变化的决议》。

根据上述相关文件，我国在应对气候变化国际合作中始终坚持《联合国气候变化框架公约》和《京都议定书》基本框架，坚持“共同但有区别的责任”原则，坚持可持续发展，坚持减缓、适应、技术转让和资金支持应当同举并重。哥本哈根会议应严格遵循《巴厘路线图》授权，进一步加强《联合国气候变化框架公约》及《京都议定书》的全面、有效和持续实施，统筹考虑减缓、适应、技术转让和资金支持。一是发达国家应当在《京都议定书》第二承诺期继续承担大幅度量化减排指标，作为整体到 2020 年在 1990 年水平上至少减排 40%，未批准《京都议定书》的发达国家应当承担可相与比较的减排义务。二是发达国家切实兑现向发展中国家提供资金、技术转让和能力建设支持的承诺，并作出相应的机制安排。三是发展中国家在可持续发展框架下，在发达国家技术、资金和能力建设的支持下，根据本国国情采取适当的适应和减缓气候变化的行动。我国将在《联合国气候变化框架公约》和《京都议定书》的基础上，按照《巴厘路线图》的要求，从国情和实际出发，承担与我国发展阶段、应负责任和实际能力相称的国际义务，实施强有力的国内政策、措施和行动，为保护全球气候作出应有贡献[1]。

4 我国林业部门在应对气候变化中的努力与成效

森林在应对气候变化中具有独特地位和双重作用，既可作为温室气体吸收汇，也可成为温室气体排放源。目前全球森林总体上是一个排放源，政府间气候变化专门委员会(IPCC)的历次评估报告都证实，每年毁林排放的温室气体约占全球温室气体总排放量的17%～25%左右，超过了全球交通部门的总排放量。IPCC历次评估报告同时也认为，林业是未来30～50年成本较低、经济可行、具有多种效益、且可以和适应措施相结合的减缓气候变暖的措施之一[6]。

我国已将充分发挥林业在应对气候变化中的功能和作用，促进经济、社会和环境的可持续发展提升到了更高的认识和政策层面。在《中国应对气候变化国家方案》中，林业被作为重要的减缓与适应措施纳入其中。2009年中央一号文件要求，“建设现代林业，发展山区林特产品、生态旅游业和碳汇林业”。作为一个新的概念，碳汇林业首次出现在中央文件中。2009年首次中央林业工作会议又进一步强调林业在应对气候变化中具有特殊地位。9月22日联合国气候变化峰会上，我国明确提出“大力增加森林碳汇，争取到2020年森林面积比2005年增加4 000万hm^2，森林蓄积量比2005年增加13亿m^3”。2010年8月我国第一个以应对气候变化、增加森林碳汇、帮助企业自愿减排为宗旨的全国性公募基金会——中国绿色碳汇基金会在北京成立，进一步标志着我国碳汇林业发展迈出了开创性的步伐。目前我国尚未承担《京都议定书》规定的温室气体减限排义务，但作为温室气体排放大国，在国际气候公约谈判进程中面临巨大压力。因此，在建设资源节约型、环境友好型社会的同时，充分发挥林业在我国应对气候变化中的重要作用，应成为国家在后京都时代进行气候外交的有力支撑。

多年来我国高度重视森林植被恢复和保护，特别是随着一系列重点林业生态工程的实施，植树造林取得了巨大成绩。新中国成立60年来，森林覆盖率已由新中国成立初期的8.6%增加到2008年的20.36%。根据第七次全国森林资源清查(2004～2008年)，全国森林面积达到1.95亿hm^2，森林蓄积量137.21亿m^3；人工造林保存面积达到0.62亿hm^2，蓄积量19.61亿m^3，人工林面积居世界第一。在世界森林资源持续减少的情况下，我国成为全球森林资源增长最快的国家，为应对全球气候变化作出了巨大贡献。除植树造林以外，我国还积极实施天然林保护、退耕还林还草、草原建设和管理、自然保护区建设等生态建设与保护政策，进一步增强了林业作为温室气体吸收汇的能力。与此同时，中国城市绿化工作也得到了较快发展。目前，城市建成区绿化覆盖面积达到125万hm^2，绿化覆盖率为35.29%，城市人均公共绿地8.98 m^2，这部分绿地对吸收二氧化碳等温室气体也起到了一定的作用[7]。

5 我国林业部门响应气候变化谈判的对案建议

5.1 我国林业部门响应全球气候变化的基本策略

当前，我国林业部门正在经历巨大的转变，从过去大面积植树造林转向提高森林质量、发挥森林的多种功能。森林碳汇就是与森林可持续经营结合很好的一个功能。发挥林业在我国应对气候变化中的重要作用既是挑战，也为我国林业发展提供了巨大的发展机遇[8]。我国林业响应全球气候变化的基本政策应基于中国的国情和林业自身的发展规律与问题。

总体上看，就我国林业应对气候变化问题而言，主要有三个方面，一是防止和减少毁林与森林退化；二是鼓励森林恢复和重建；三是倡导科学合理地经营与利用森林。首先，建立严格的森林保护与执法系统来减少毁林与森林退化对减少温室气体排放非常重要，同时必须认真处理好那些依靠森林或生活在森林附近地区居民的利益关系。我国已经并需要继续积极、开放地讨论毁林问题，认真参与联合国气候变化框架公约下有关毁林议题的谈判。其次，我国还有一定的宜林地尚未得到恢复，而且我国经济增长也带来了木材需求的增长，这是不能回避的发展现实。因此，通过积极扩大森林资源，有效地促进森林恢复，按照可持续理论原则，科学经营管理好森林，提高森林生产力和生态功能，将有助于增加森林碳汇、减少不合理的森林管理导致的排放，从而对减缓全球气候变暖做出积极贡献。此外，通过积极开展森林恢复和可持续经营，还有助于缓解对天然林资源的压力，有助于促进生物多样性保护、有助于为贫困弱势群体创造新的就业与增加收入的机会，促进地方与区域经济、社会可持续发展，为实现联合国确立的千年发展目标做出积极贡献[9]。

5.2 林业议题谈判可能涉及的具体问题及对案

林业部门在气候变化谈判的各个方面都发挥着重要作用，包括在气候变化减缓、适应、REDD+、

LULUCF、生物质能源生产与利用以减少对化石能源的需求等方面。

5.2.1 减缓

一方面，我国已经采取了积极而有效的措施，在植树造林方面为全球应对气候变化做出了巨大贡献。为此，应该积极在国际社会上宣传我国在植树造林方面的成就及其在抵减化石能源排放方面的贡献。《中国应对气候变化国家方案》指出，1980～2005年中国造林活动累计净吸收二氧化碳约30.6亿t，森林管理累计净吸收二氧化碳16.2亿t，通过减少毁林少排放二氧化碳4.3亿t。方精云等(2009)研究指出，在1981～2000年间中国森林植被碳储量和土壤碳储量均增加，分别为15.8亿t碳和14.1亿t碳，森林生态系统总碳汇约为29.9亿t碳。与同期工业碳排放总量相比，20年间中国森林植被碳汇可以抵消工业碳排放总量的11.9%、森林生态系统总碳汇可能抵消22.6%。与此同时，中国森林在未来50年里，具有很大的碳汇潜力。在面积不变，碳密度增加的情况下，能够再增加22亿t碳；在森林发展面积计划的前提下，到2050年中国森林碳汇可以再增加30亿t碳[10]。

另一方面，未来我国林业部门如何在减缓气候变化中做出更大贡献，以及为此对资金和技术的要求？过去几十年来，我国在有造林潜力的地区都已经造林，目前可用于造林的土地很大部分是盐碱性、荒漠化等生产力很低的土地。但如果采用适当的造林恢复技术并在植物生长的关键时期保证水分与营养供应，这些土地也可以用于造林、提供光合作用的平台。这在技术上是可行的，而且我国具备相关技术并拥有高素质的人力资源，但为此所需要的成本是巨大的。粗略估计，与已经造林的立地条件较好的地区相比，在盐碱地或荒地等地区造林并维持植物生长的成本至少高出3倍以上。因此，我国林业仍然具有较大的减缓潜力，但是附录1国家(发达国家)应该为增加的成本提供必要的资金与技术支持。

5.2.2 适应

即使最乐观的气候变化方案下温度升高2 ℃都不可避免，为此巴厘行动计划强调适应气候变化的重要性。不同动植物、微生物对温度及相关湿度变化的响应程度不同，这意味着生态系统水平上物种间的分离性，而这将对森林生物多样性、更新与森林生产力具有严重影响，大量增加植物病原体并导致病虫害乃至树木死亡。为此，我们首先需要知道不同条件对物种的影响、如何能够改善并减少损害，以及在我国寒冷地区利用好气候变化的优势。基因改良的树种及其他能够更好地应对变化条件的物种可能是一种选择。所有这些意味着高水平的林业研究投入，包括直接的研究活动和能力建设等，也意味着林业部门开展适应活动的成本 。

适应成本应该由导致气候变化的发达国家来承担。作为相对发达的非附录1国家，我国可以考虑承担一定程度的适应成本，其余的则应由发达国家通过UNFCCC的适应基金来承担。对于发展中国家承担的适应成本的份额可以与该国的人均GDP联系起来计算。例如：

当人均GDP<500 \$，所有的增加成本都来自适应基金；

当500 \$ <人均GDP≤1 000 \$，增加成本的10%由受影响国家承担；

当1 000 \$ <人均GDP≤2 000 \$，增加成本的15%由受影响国家承担；

当人均GDP>2 000 \$，增加成本的25%由受影响国家承担。

5.2.3 LULUCF

LULUCF是全球气候变化谈判的重要议题之一，讨论的主要内容包括：针对收获的林产品和森林经营的碳核算方法，自然干扰和森林管理，CDM机制下LULUCF活动的合格性问题如造林与再造林、REDD与LULUCF的联系、湿地恢复、森林可持续经营或土地管理活动、土壤碳管理等。对于REDD，很多国家同意将其分离开来，在另一个轨道上进行讨论。

(1)将林业作为减缓措施纳入后京都协议

林业活动能够实现减排增汇，而且能为减缓气候变化提供立即的成本相对低廉的措施。有的观点认为，如果将林业作为减缓措施，发达国家因其丰富的森林资源将更具有优势并大幅度抵减其减排份额。这种观点忽略了碳信用必须具有额外性原则。只有证明具有额外性，才能计入碳信用。发达国家森林覆盖率较高、森林经营水平也相对更高，无论从数量上还是从质量上增加森林碳储量和森林固碳能力的空间都相对有限，不满足额外性要求，而且产生碳信用的成本也相对更高。而发展中国家，特别是我国，通过增加森林面积与加强森林经营来增加森林碳储量和森林固碳能力的空间都相对比较大，获取碳信用的潜力也更大。

还有一种观点认为，我国已经是排放大国，不久的将来可能不得不承诺减排，而如果森林碳信用被其他国家获取，我国就不得不采取更昂贵的减排措施。其实这种担心是没有必要的，森林是一种可再生资源，森林碳信用不是静态的，而是动态发展的。只有生产更多的木材，替代钢筋水泥及化石燃料，才能既储存又固定更多的碳。法国为应对气候变化已经颁布政策要求采伐利用更多的森林资源。

(2)规定林业部门经核证的减排量(CERs)份额从而增加林业CDM项目需求

根据IPCC最新评估报告，每年18%的温室气体源于森林，这为采取立即减缓行动提供了选择。但由于林业部门CDM项目的复杂性，通常都偏向于开展非林业CDM项目，这意味着森林固碳减缓方法的优势没有得到碳市场的认可。这可以通过强制规定一定的林业CERs份额来实现，同时也应该通过规定上限来避免对碳市场的垄断。这个份额最低可以是5%，在5年的承诺期里每年1%；最高限额可以为18%，即REDD、林业CDM和JI三者共同的减缓限额为18%。

(3)将森林经营与保护活动纳入CDM范围

在联合履约(JI)机制下包括有森林经营活动，而CDM机制下只有造林和再造林(AR)才是合格的项目活动。主要原因在于，1997年签署《京都议定书》时大多数发展中国家还没有能力在可接受的不确定性范围内评价由于森林经营而引起的碳储量变化。但现在，中国具有这种能力，很多其他发展中国家也具备这种能力，因此将森林经营与保护活动也纳入CDM机制下将是有利的。这将使得已经退化但郁闭度高于20%的那部分森林也能从CDM机制受益。而且，集体林权改革以后分给农民的那些退化的森林也有可能从CDM活动计划(PoA)中受益。这与REDD+也并不冲突，因为这将主要是在项目层面上，而REDD+主要是在国家层面上。为了避免减缓效益的重复计算，可以从国家层面的REDD+碳信用中将CDM项目层面获取的碳信用扣除。

(4)发展中国家的适当国家减缓行动(NAMAs)与CDM

发展中国家通过采取适合本国的减缓行动对加强减缓做贡献，这些行动应当由国家驱动，在可持续发展前提下自愿进行，应符合可持续发展和消除贫困的优先需求，应根据共同但有区别的责任的原则和各自的能力，在国家一级确定和制定这类行动。NAMAs包括三类行动：①由发展中国家缔约方采取的，没有得到其他缔约方扶持或支助的行动("适合本国的单边减缓行动")；②由发达国家缔约方提供支持的行动；③在CDM机制下为获取碳信用采取的行动。

目前碳信用计量是以CDM下一系列复杂原则为基础，对160个非附录1国家都适用同样的原则。由于NAMAs以国家为基础的特性，如果NAMAs为基础的活动引入碳信用计量，那么涉及合格条件的CDM原则将变成以国家为基础。这将使得本已经很复杂的CDM原则变得更加复杂，甚至最终无法实施，从而抹煞了NAMAs的优势。根据目前阶段碳信用计量原则的演化及世界各国的理解，对非附录1国家最好是实行单一的减缓机制。如果要计量并获取碳信用，那么对各国的原则应该是一致的。对于最终结果只是减缓而没有引入碳信用的NAMAs活动，一般来说比较简单，没必要对各国采取相同的原则。

(5)环境整体性与项目额外性评价

问题不在于额外性这个概念本身，而在于将额外性应用于实践。如果放弃额外性，那么通过项目过程产生的碳信用的环境整体性将可能严重虚夸。那些认为额外性可以建立在宏观水平上的观点是错误的，因为减缓行动的额外性必须在减缓行动发生的边界内能够观察到，额外性是个尺度问题。

当减缓行动是基于新技术时，将某类项目免于额外性检验是可能的，例如将木质纤维素转化为液体燃料的技术，但是这种免于额外性检验应该是在一定时间范围内，因为新技术在一定时间里就可能变为常规性技术。而且，这种免于额外性检验应该只用于促进新减缓技术的推广，免于检验应该有个截止日期。促进可持续发展与产生多重效益的能力，即使有其明显的优点，也不应该免于额外性检验，因为一定程度上所有的CDM项目都有促进可持续发展与产生多重效益等目标。

(6)是否限制CDM为双边CDM项目

限制CDM项目为双边项目是CDM机制确定之初的想法，原因是附录1国家预期在非附录1国家投资减缓活动赚取碳信用以便实现京都议定书中规定的强制减排目标。迄今已经开展了单边、双边及多边CDM项目，并没有对促进附录1国家的减排和促进非附录1国家的可持续发展目标造成任何损害。双边

CDM 项目可能限制非附录 1 东道国的自由，也不利于加强碳信用的环境整体性。另外，没有附录 1 国家的支持，我国也有能力开展高质量的 CDM 项目，然后在国际碳市场上出售碳信用，而如果是双边项目则从合约签署之初就受到制约。对于相比其他部门项目有更长信用期的林业项目来说，这种灵活性就显得尤为重要。

5.2.4 REDD

REDD 是影响碳储量的最大也最迅速的林业缓减选择。2008～2010 年里，REDD 一直是热烈讨论的核心，主要问题包括：REDD 的目标与范围、REDD 准备活动与完全实施的融资问题、REDD 与发展中国家适当的缓减行动(NAMAs)之间的关系、激励机制(基金、市场或两者的混合)、基线计算、非永久性问题等。在多次气候变化谈判会议上，REDD + 得到广泛支持并取得了一些进展，但还远未达成一致。

(1)REDD 的范围

我国提出，在制定技术方法和激励政策等方面同等对待发展中国家减少毁林、森林退化导致的碳排放，以及通过森林保护、森林可持续管理和森林面积变化增加碳汇。我国在加强森林可持续经营和增加森林面积以及通过森林保护等方面增加碳汇的潜力更大。

(2)REDD 的融资激励机制(市场、基金或两者的混合)

纯粹的市场机制不可能在 REDD 中实施，因为 REDD 通常是一个政策问题，而政策效果往往在较长时间以后显现出来。而如果没有这些政策，将不可能对毁林产生长期影响。这些政策框架及其实施都需要资金作保证，因此这种资金必须是来自非市场“钱包”，这一“钱包”应该由联合国的某个机构掌管。只有当受益国证明其计划实施 REDD 并做好成本估算以后，掌管该“钱包”的机构才为其发放资金。另一方面，市场方法也无法完全规避，适当采用市场方法也有可能充分发挥我国在 REDD + 方面的优势。市场方法必须与基线联系起来，并证明取得了多少减排量或碳汇增量。综合上述，REDD 融资机制可以通过阶段性方法来实施：

第一阶段：REDD 启动阶段，完全以基金支持为基础；

第二阶段：基金与市场方法相结合，可以开展一些基于市场方法的能力建设，但以政策驱动的努力占主导；

第三阶段：市场与基金方法相结合，但以市场方法占主导。

对于不同的国家，只要条件具备，可以直接进入某个阶段。例如，中国和印度基本停止了毁林，增汇的作用更加突出，同时相关技术条件都已经具备，在“三可”(MRV)等方面比较容易达到国际标准。因此，在第一阶段进行了 REDD 规划以后，中国和印度均可直接进入第三阶段。

(3)在市场方法下，REDD 信用能否与现有的 CDM/JI 信用替代

通过信用替代，可以加强市场准入，因而增进市场公平。如果有 5000 个 CDM CERs 和 100 万个 REDD CERs，那么两者都可以进入同样巨大的市场，但是这有可能显著降低价格，因为 REDD 可能产生上百万的信用，而 CDM 产生信用量较少且较慢。因此，如果通过强制性林业条款保证有足够大的林业碳信用市场，则两者替代是较好的。换句话说，如果可以对两者进行替代，那么首先必须加强林业碳市场规模，这可以通过强制规定林业碳信用减排份额来实现。

(4)在基金方法下，资金如何筹集—发达国家基于排放量的强制捐赠或自愿贡献

自愿贡献可能是远远不够的，附录 1 国家总能找到各种理由推迟或拒绝提供资金，并且习惯于从受益国攫取更多的优惠。因此，发达国家提供资金必须是强制性的。对此，我国的基本立场是：发达国家有义务根据公约相关条款提供充足的资金、技术和能力建设支持，以使发展中国家能够自愿实施减少毁林、森林退化导致的碳排放，以及通过森林保护、森林可持续管理和森林面积变化增加碳汇的行动。减少发展中国家毁林、森林退化导致的碳排放，以及通过森林保护、森林可持续管理和森林面积变化增加碳汇的行动，是推进发展中国家可持续发展、消除贫困应对气候变化的重要措施部分，不能用来抵消发达国家减排承诺目标，也不能成为引入发展中国家减排义务的手段[11]。

(5)REDD 与造林/再造林(AR)的联系

仅仅减少毁林和森林退化是不够的，REDD 也应该与造林和再造林联合起来以便获得永久性的碳信用。森林固碳是一种很好的减缓措施，特别是当森林生物量用于：①生物质能源生产与利用以减少对化

石能源的需求；②替代钢筋、水泥等能源密集型产品。同时，这将要求设计动态的森林固碳机制，而不是当前大多数国家所实行的以单纯保护为取向的机制。

(6)REDD 成果的永久性问题

REDD 成果的永久性问题必须给予考虑。一旦 REDD 资金支付了以后森林又遭到破坏，应该如何处理？这需要一分为二来看。如果可以回溯确认不是由于政府政策导致的，而是由于洪水、地震或干旱等不可抗力造成的，那么国际社区应该承担已经付出的成本。但如果是由于政府治理或政策因素造成，则应该有一些惩罚型条款进行相应的惩罚约束。

(7)REDD 的公平性问题

这涉及到实施 REDD 的国家内部以及国家之间的公平问题，是否那些为 REDD 活动付出成本的社区最终获得了 REDD 补偿。国内的公平性相对容易处理，国家之间的公平应该给予更多考虑。一方面，应该包括广泛的 REDD 活动范围，以便更多的国家能够参与到 REDD 机制中；另一方面，那些在早期发展阶段为减少毁林和森林退化及开展大规模造林作出贡献的国家也应该得到补偿，例如中国、印度和越南等，具体补偿资金数额可以参照贡献程度及实施造林等相关活动时人均 GDP 等因素，通过谈判确定。

5.2.5 林业生物质能源生产与利用

长期以来，在我国大部分农村地区是以森林生物量作为传统的家庭能源形式，通过燃烧薪柴取暖和做饭，这在我国总能源消费中占有较大的比重。事实上，这种传统的能源利用形式存在着较大的浪费。将森林生物量转化为现代能源形式具有重要意义，利用当前的第二代生物质能源生产技术(气化等)有可能大量增加生物质能源利用因而减少对化石能源的需求。与此同时，如果利用木质纤维素生产液体燃料的第二代生物质能源生产技术能够投入实践使用，则可能大幅度降低对化石能源的依赖。然而，对于第三代技术，仍然还面临一些技术问题以及大规模推广的挑战，这需要进行高水平的研究投入和示范实施。这种研究与示范支持需要大量的资金，应该通过 UNFCCC 的技术支持条款解决。

参考文献

[1]解振华．国务院关于应对气候变化工作情况的报告．中国人大网(www. npc. gov. cn)，[2009 - 08 - 25].

[2]吴水荣．聚焦哥本哈根气候变化峰会：回顾与前瞻．林业经济，2010(1)：64 - 68.

[3] 吴水荣．2010 年国际气候谈判进展．2010(30).

[4] 王伟光，郑国光等．应对气候变化报告 2010：坎昆的挑战与中国的行动．社会科学文献出版社，2010.

[5]气候变化国家评估报告编写委员会．气候变化国家评估报告．北京：科学出版社，2007.

[6] 王春峰．低碳经济下的林业选择．世界环境，2008(2)：37 - 39.

[7] 李育材．大力增加林业碳汇 积极应对气候变化．中国绿色时报，2008 - 8 - 11.

[8] 李怒云，高均凯：全球气候变化谈判中我国林业的立场与对策建议．林业经济，2003(5)：12 - 13.

[9] 国家气候变化专家委员会咨询项目研究报告．气候变化与中国林业行动—兼“亚太森林恢复与可持续发展管理网络”发展策略．2008. 6.

[10] 焦玉海．北京大学生态学系一项最新研究成果显示：1981 ~ 2000 年——我国森林生态系统总碳汇 29. 9 亿吨. 中国绿色时报，2009 - 7 - 8.

[11] 国家发改委．落实巴厘路线图——中国政府关于哥本哈根气候变化会议的立场．2009 - 05 - 21.

森林碳汇交易机制构建的思考：基于浙江省的调查

沈月琴[1,2]　汪浙锋[2]　王静[2]

（1. 森林生态系统碳循环与固碳减排浙江省重点实验室；
2. 浙江农林大学林业经济研究中心）

摘　要：鉴于森林碳汇在气候变化中的重要作用和成本优势，我国将森林碳汇作为应对气候变化的重要选择，南方集体林区必将成为中国"应对气候变化林业行动计划"重点实施区域。本文针对集体林产权制度改革后农户分散经营的实际和对未来南方集体林区森林碳汇供给产生的多重影响，分析了森林碳汇交易机制建立的必要性。并基于浙江省的实地调查数据，运用统计描述法和*Logistic*计量模型法对农户和公众两个主要交易主体进行了碳汇交易认知、意愿和影响因素分析，结果表明：农户参与碳汇交易的意愿较高，其受教育程度和家庭农业劳动力人口数对参与意愿有显著影响；公众参与的意愿也较高，其对碳排放是否应得到补偿和是否愿意为其碳排放付费对是否愿意购买森林碳汇有显著影响。在此基础上，提出了森林碳汇交易机制构建的目标、原则和内容，并给出了相应的保障措施建议。

关键词：森林碳汇；交易机制；林权改革；南方集体林区；浙江省

Abstract: Considering the important role and cost efficiency forest carbon sink plays in dealing with global climate change, Chinese government has made it a strategy in dealing with climate change. The southern collective forest regions would become an important implementation region in Chinese "Forestry action plan in dealing with climate change". Considering the fact that the southern collective forest regions are managed individually for the forest ownership reform, which will also have multiple impacts to the carbon supply in this region, this paper analyzed the necessary of building forest carbon trading mechanisms. Using statistical description method and Logistic measure model with survey data in Zhejiang, this paper analyzed trading perceive, willingness and influencing factors in forest carbon sink trading for both households and publics, which are two important transactional bodies. The results indicate: the willingness for both are high, while respondent's education situation and family's farming labor forces are two factors that have appreciable influence to the willingness. Whether the carbon emission should be compensated and pay for it are another two significant factors influencing the publics to buy forest carbon sinks. In the end this paper gives the goal and principle, the content and relative safeguard suggestions of building up trading mechanisms.

Key words: forest carbon sink; trading mechanisms; forest ownership reform; southern collective forest region; Zhejiang

1　研究背景

森林碳汇是指森林生态系统吸收大气中的CO_2并将其固定在植被和土壤中，从而减少大气中CO_2浓度的过程[1]。全球气候变化问题日趋国际化、政治化并成为世界各国当今面临的最重大挑战之一[2]。研究表明通过森林固碳方式来减缓碳释放不仅潜力巨大，而且有明显的成本优势[3-5]。通过林业活动减缓碳释放有4种策略：通过造林或再造林增加林地面积；在林分和景观尺度上增加现存森林的碳密度；拓展林产品使用使其持续地替代化石燃料进而减少CO_2排放；减少毁林和林地退化的碳释放[6]。目前，这些策略在应对全球气候变化的国际政治和法律框架中均得到了体现，如《京都议定书》清洁发展机制同意将造林和再造林作为第一承诺期合格的CDM项目。哥本哈根协议文件(2009)提出"减少滥伐森林和森林退化引起的碳排放是至关重要的"，"有必要通过立即建立包括REDD+在内的机制，为这类举措提供正面激励"。

鉴于森林碳汇在气候变化中的重要作用和成本优势，我国将森林碳汇作为应对气候变化的重要选择，并提出了相应的行动方案与发展目标。2004年，在国家林业局碳汇管理办公室的组织与协调下，在广西、内蒙古、云南、四川、辽宁、山西6省区启动了森林碳汇试点项目，2007年，《应对气候变化国家方案》出台，其中增加森林碳汇是重点领域之一。同年9月8日，胡锦涛在APEC会议上，正式对外宣布"通过扩大森林面积、增加CO_2吸收源的削减温室气体排放方案"(中国减排"森林方案")，得到国际社会积极评价。根据《应对气候变化国家方案》精神，国家林业局于2009年颁布了《应对气候变化林业行动计划》，提出中国林业行动的3个阶段性目标和22项主要行动(国家林业局，2009)。2009年9月22日，胡锦涛在联合国气候变化峰会上(纽约)，明确提出"大力增加森林碳汇，争取到2020年森林面积比2005年增加4000万hm^2，森林蓄积量比2005年增加13亿m^3"的发展目标。这些方案的实施必将使中国森林碳汇能力进一步提高。

2 森林碳汇交易机制构建的必要性

综上所述，随着中国越来越多的参与全球应对气候变化的行动，森林碳汇必将成为关注的重点。南方集体林区是中国主要的林区之一，森林面积和活立木蓄积量分别全国的45.02%和31.69%，在中国传统林业发展中不可或缺。同时，南方优越的自然条件适合林木快速生长，具有增加森林碳汇的潜在优势，因此，南方集体林区必将成为中国"应对气候变化林业行动计划"重点实施区域。

2006年以来集体林产权制度改革相继在全国开展，这对未来南方集体林区森林碳汇供给产生多重影响。一方面，林权改革促进了小规模林业经营者的产生，农民成为最为重要的经营主体[7]，并可从森林提供生态服务(如碳汇)中获得收益[8]，增强农户经营林业的积极性，对未来增加森林碳汇提供正面激励；另一方面，林权改革使森林经营主体日趋多元化、单位经营规模显著减小，且产权的分化和林业经营者的分散将导致林业管理成本提高[9]，在一定程度上加大了林业政策的实施难度，可能对生态环境服务类商品尤其是未来碳汇供给和交易带来更大的困难，必须探索新的激励与约束政策[10]。因此，一方面，从资源基础与自然条件看，南方集体林区在增加森林碳汇方面潜力巨大；另一方面，林权改革后，农户经营自主权得到提高，如何将千家万户的森林碳汇供给者与国际森林碳汇市场相联结就变成研究森林碳汇市场必须要解决的重大问题，即构建森林碳汇交易机制显得十分必要。

本研究以南方集体林区的代表——浙江省为案例点，通过农户调查、关键信息人访谈、公众调查等方法(详见表1)，以期了解和掌握未来森林碳汇交易主体的特征和意愿，为交易机制的构建提供依据。

表1 数据收集来源

方 法	调查对象	样本量	主要内容
关键信息人访谈	临安市林业局的部门领导、浙江农林大学碳汇林经营专家、毛竹碳汇林公司基地负责人	5个	碳汇交易方式和各相关主体的角色和作用；影响碳汇交易的因素。
农户意愿调查	农户：松溪村29户、严家村31户、东天目村30户、里村30户	120户	森林碳汇交易意愿
公众问卷调查	杭州市区公众	212份	森林碳汇认知和购买森林碳汇意愿

数据来源：实地调查

3 森林碳汇交易机制的主体要素分析

3.1 交易机制的主体要素概述

机制是指系统内各要素之间的相互关系及其运行过程，构建森林碳汇交易机制，首先必须对参与森林碳汇交易系统的各要素进行深入剖析。供求双方、交易商品是任何一个市场都必须包含的要素。

从交易主体看，森林碳汇服务的供给者主要是拥有林地产权(主要指林地使用权)的单位和个人[11]。包括农户、造林公司等。森林碳汇服务的需求者主要是由于气候变化政策而被要求进行温室气体减排的企业或实体，以及政府、投资公司、私人保护组织和公众。不同的交易主体有不同的特征，在森林交易机制中扮演的角色和起的作用不同(详见表2)。

表2 森林碳汇主要交易主体要素

森林碳汇市场的交易主体		特 征
主要供给者	农户	森林经营主体，数量多，经营面积小，是未来森林碳汇的主要供给者
	造林公司	森林经营主体，经营面积大，是主要森林碳汇供给者之一，成为南方集体林区森林碳汇供给的重要力量
主要需求者	政府	出于碳排放指标的压力和环境保护的要求，是当前森林碳汇市场初始发展阶段的重要需求者和引导者
	企业	当前条件下需求量有限，但随着减排压力加大和企业社会责任加强，将成为森林碳汇的重要需求者
	公众	当前需求量有限，但随着公众环境保护意识的增强，基于中国庞大的人口基数，必将成为未来需求的重要力量

其中，农户是南方集体林区未来森林碳汇的主要供给者，但单个农户经营规模过小，难以与买方直接进行交易，需要通过碳汇汇集中介组织，因此，农户是交易机制构建的重要对象。而随着公众环境保护意识的增强，公众必将成为未来需求的重要力量和促进森林碳汇交易的推动力量。因此，本研究通过实地调研对农户和公众的认知和意愿情况进行分析，以期为森林碳汇交易机制构建提供参考。

3.2 供给者—农户参与森林碳汇的意愿及其影响因素分析

浙江省在集体林权制度改革后，山林绝大都划分给了农户，农户成为山林的主要经营者和未来森林碳汇的主要供给者，因此，农户参与森林碳汇交易的意愿对森林碳汇交易机制的构建至关重要。这里运用统计描述法和Logistic计量模型，分析农户参与森林碳汇交易的意愿及其影响因素。

3.2.1 农户参与森林碳汇交易的意愿

农户问卷调查在以下三个方面显示了农户参与森林碳汇交易的认知和意愿情况。

(1)森林碳汇认知方面。77.5%的农户听说过森林碳汇，不同年龄、受教育程度的农户认知各异，农户对森林固碳的认识随年龄的上升而下降，随受教育程度的上升呈弱递增趋势；农户了解森林碳汇的主要途径是电视、报纸等媒体的宣传。

(2)碳汇林经营意愿选择方面。84.17%的农户支持并愿意参加森林碳汇交易，但因森林碳汇经营对经营措施要求高及森林固碳收益的不确定性，只有72.5%的农户表示愿意为了将来的碳汇项目改变其经营方式；在经营方式的选择上，选择自主经营和联户经营、承包给大户经营的比例分别为58%、12.6%和8.4%，另有21%的农户表示因为当前政策不明朗，因此不能确定将如何经营。

(3)碳汇交易对象选择方面。选择政府、公司、村集体、个人、中介组织的比例分别为41.7%、26.7%、14.2%、3.3%、1.7%，原因分别是政府具相对优势、稳定性高；企业可以减少中间环节和价格可能较高；农户对村集体比较信任。

综上所述，农户的碳汇认知相对不高，但是有经营意愿的农户所占比例高，且大多数农户愿意自己经营，但同时农户对于经营风险存在担忧。

3.2.2 农户参与森林碳汇交易意愿的影响因素

本研究使用的 Logistic 模型表达形式为：

$$\ln(P_i/(1-P_i)) = C+\beta_1 L_i+\beta_2 E_i+\beta_3 Y_i+\beta_4 A_i+\beta_5 F_i+\beta_6 R_i+\varepsilon$$

$P_i/(1-P_i)$表示农户愿意参与森林碳汇交易的概率与不愿意参与的概率之比；p_i表示农户 i“是否”愿意参与森林碳汇交易的一个二分变量(1＝愿意，0＝不愿意)；L_i代表被调查者 i 家庭的务农劳动力数量，用人表示；E_i代表受访者 i 的受教育程度，用年表示。Y_i代表受访者 i 的年龄。A_i代表受访者 i 的农业收入比例(取值0－100)；F_i代表受访者家庭林地面积，用亩表示；R_i表示受访者 i 对森林碳汇的认知情况，用虚拟变量表示(0＝不知道，1＝知道)；ε 为随机扰动项。本文变量说明和计量结果见表3和表4。

表3显示：

①被调查农户家庭农业劳动力人口数(L)对“是否愿意参与森林碳汇交易”有显著的正面影响，显著程度达5%。表明农户的家庭劳动力越多，越有可能参与森林碳汇经营和交易。

②被调查农户的受教育年限(E)对“是否愿意参与森林碳汇交易”有显著的正面影响，显著程度达10%。表明农户的受教育水平越高，对气候变化的意识越强，因而越可能参与森林碳汇交易。

③被调查者的年龄、家庭农业收入占家庭总收入的百分比、经营林地面积和对森林碳汇的认知对“是否愿意参与森林碳汇交易”有负面影响，但影响不显著即被调查者的年龄越大、农业收入占家庭总收入的比重越大、经营的林地面积越大、知道森林的碳汇等生态功能，参与森林碳汇交易的可能性越小。据调查，原因主要是家庭劳动力人口越大，要改变现有的林地经营为碳汇目标经营难度就越大；家庭农业经营收入占家庭总收入的比重越大、经营的林地面积越大，家庭收入来源对林业经营的依赖性就越大，在碳汇收益不确定和存在风险的情况下，就越不愿意参加碳汇目标经营和交易；被调查者大部分居住在农村，当地生态环境普遍较好，知道森林对改善生态环境的作用，但对森林碳汇交易了解不多，当被问及是否愿意参加森林碳汇交易时，一方面是对未来碳汇收益不确定性的担心，另一方面认为现有的经济收益可能降低，因此反而就越不愿意参与森林碳汇交易。上述影响因素不显著主要与被调查的样本分布有关，目前居住在农村的被调查者大部分都是中老年人，且他们的收入来源主要是农业和林业经营收入(69%的农户其农业收入占家庭总收入比重超过50%)。

3.3 需求者—公众参与森林碳汇的意愿及其影响因素分析

公众对森林碳汇的认知情况和消费方式对引导企业进行减排和促使企业参与购买森林碳汇具有重要影响。基于生态保护意识和社会责任，公众也是潜在的森林碳汇需求者。运用统计描述方法和 Logistic 模型分析公众购买森林碳汇的意愿及其影响因素。

3.3.1 公众参与森林碳汇交易的意愿

公众调查在以下三个方面显示了公众参与森林碳汇交易的认知和意愿情况。

(1)公众对环境的认知方面。94.3%认为现在气候异常；25.5%认为缓解气候变化(减少二氧化碳排放)应主要由个人来负责。

(2)家庭为应对气候变化购买森林碳汇方面。90.6%认为个人和家庭有必要减排；73.6%愿意个人排碳付费，24.1%的答案是不愿意。

(3)个人对森林经营者进行支付的渠道。选择“个人交森林生态税”的最多(43.9%)，其次是“购买森林生态专项基金(或彩票)”(41.0%)和“从水电费中支付”(32.1%)。说明公众对购买森林碳汇服务有较好的意识基础。

3.3.2 公众参与森林碳汇交易意愿的影响因素

运用如下计量模型[12]：

$$\log(P_i/(1-P_i)) = C+\beta_1 S_i+\beta_2 Y_i+\beta_3 E_i+\beta_4 R_i+\beta_5 D_i+\beta_6 W_i+\beta_7 K_i+\beta_8 P_i+\varepsilon$$

$P_i/(1-P_i)$指公众愿意参与森林碳汇交易的概率与不愿意参与的概率之比。P_i表示公众 i“是否”愿意参与森林碳汇交易的一个二分变量。S_i代表公众 i 的性别(1＝男，0＝女)；Y_i代表公众 i 的年龄，用周岁表示；E_i代表公众 i 的文化程度，用年表示；R_i代表公众 i 的月收入，用元表示；D_i代表公众 i 认为自己是否有必要减排，为二元虚拟变量（1 = 是，0 = 否）；W_i代表公众 i 认为是否愿意为排碳付费（1 = 愿意，0 = 不愿意）；K_i代表公众 i 是否知道森林有固碳作用（1 = 知道，0 = 不知道）；P_i代表公众 i 认为森林固碳是否应得到补偿（1 = 是，0 = 否）；ε 为随机扰动项，表示没有观测到的随机因素。本文的变量说明和计量结果分别见表 3 和表 4 所示。

表 3　模型中相关变量的选择

变量	变量定义	取值	取值定义
农户参与森林碳汇交易意愿的影响因素			
因变量：P	是否愿意参与森林碳汇交易	0 – 1	1 = 愿意，0 = 不愿意
解释变量			
L	劳动力数量	0 – 4	单位：人
E	受教育年限	1 – 15	单位：年
Y	受访者年龄	0 – 80	单位：岁
F	林地面积	0 – 110	单位：亩
A	2008 年农业收入占家庭总收入百分比	0 – 100	
R	是否知道森林具有改善生态环境的功能	0 – 1	1 = 是，0 = 否
公众参与森林碳汇意愿的影响因素			
变量	变量定义	取值	取值定义
因变量 *P*	是否愿意购买森林碳汇	0 – 1	1 = 愿意，0 = 不愿意
解释变量			
S	性别	1 – 2	1 = 男，2 = 女
Y	年龄	1 – 5	1 = 18 岁及以下，2 = 19 – 35 岁，3 = 36 – 45 岁，4 = 46 – 55，5 = 55 岁以上
E	文化程度	1 – 5	1 = 小学及以下，2 = 初中，3 = 高中，4 = 大学，5 = 研究生及以上
R	月收入	1 – 5	1 = 1000 元以下，2 = 1000 – 2000 元，3 = 2000 – 5000 元，4 = 5000 – 10000 元，5 = 10000 元以上
D	个人是否有必要减排	0 – 1	1 = 是，0 = 否
W	是否愿意为个人排碳付费	0 – 1	1 = 愿意，0 = 不愿意
K	是否知道森林有固碳作用	0 – 1	1 = 是，0 = 否
P	森林固碳是否应得到补偿	0 – 1	1 = 是，0 = 否

表 4 的计量分析结果表明：

①“是否愿意为个人排碳付费”（W）对“是否愿意购买森林碳汇”有显著的正面影响，显著程度达 1%。这说明公众越愿意为个人排碳付费，就越愿意购买森林碳汇。

②“森林固碳是否应得到补偿”（P）对“是否愿意购买森林碳汇”有显著的正面影响，显著程度达 1%。这说明公众越认为森林固碳应该得到补偿，就越愿意购买森林碳汇。

③“是否知道森林有固碳作用”（K）对“是否愿意购买森林碳汇”有显著的正面影响，显著程度达 5%。说明公众对森林固碳的作用越了解，就越倾向于购买森林碳汇服务。

④“性别”（S）对“是否愿意购买森林碳汇”有显著的负面影响，显著程度达 5%。表明男性相对女性更倾向于购买森林碳汇。

⑤“年龄”、“文化程度”、“月收入”和“个人是否有必要减排”对公众购买森林碳汇意愿均没有显著影响。部分原因可能是调查的样本结构不够均匀，特别是年龄和文化程度的分布局部过于集中，另外可能是由于现在森林碳汇尚属新生事物，中国公众的认知度普遍较低，与这些变量的关系还没有体现。

表4 Logistic 回归参数估计和检验结果

解释变量	回归系数	标准误	显著度
农户参与森林碳汇交易意愿的影响因素			
劳动力数量 *L*	1.113**	0.479	0.020
受教育年限 *E*	0.162*	0.086	0.061
受访者年龄 *Y*	-0.044	0.029	0.125
农业收入占家庭总收入百分比 *A*	-0.001	0.008	0.930
林地面积 *F*	-0.009	0.013	0.475
是否知道森林改善环境的功能 *R*	-1.297	0.836	0.121
截矩 *C*	-2.662	1.341	0.047
公众参与森林碳汇意愿的影响因素			
性别 S	-0.781**	0.397	0.049
年龄 Y	0.186	0.237	0.434
文化程度 E	0.000	0.212	0.998
月收入 R	-0.131	0.204	0.521
个人是否有必要减排 D	0.794	0.593	0.181
是否愿意为个人排碳付费 W	1.472***	0.397	0.000
是否知道森林有固碳作用 K	0.971**	0.425	0.022
森林固碳是否应得到补偿 P	1.450***	0.463	0.002
截矩	-1.295	1.368	0.344

注：*** 为1%水平下显著，** 为在5%水平下显著，* 为在10%水平下显著

4 森林碳汇交易机制的构建

一般认为，机制是内涵于系统之中的，机制与其系统之间存在相互作用的关系：机制的运行状况决定着系统的状态；系统的特点决定着机制的内容、结构和运行特点。

4.1 交易机制构建的目标和原则

森林碳汇交易机制构建的总目标：构建一套适合当地水平，能够联结社区农户、造林公司与碳汇需求者的碳汇交易机制。具体目标包括：①吸引更多利益群体共同参与森林碳汇交易；②联结需求方与供给方，使交易顺利进行；③降低供求双方交易成本，提高交易效率。

为实现上述目标，森林碳汇交易机制构建应该遵循以下原则。①市场导向原则。森林碳汇交易本身是通过市场化途径对森林碳汇服务进行付费的手段，因此机制构建首先必须是通过市场的内在运行机制使买卖双方进行交易。②多方参与原则。森林碳汇交易中，各市场参与主体都发挥着不可或缺的作用，因此，应强调任何决策的做出或解决方案的制定，各参与主体都有平等的参与权、知情权和建议权，并使所有参与者受益。当然因各自的角色和责任不同，必须有所分工。③循序渐进原则。碳汇交易市场是一个逐渐成熟的过程。中国的碳汇交易市场刚起步，公众对森林碳汇服务的认知度不高，需求方不明确，碳汇计量技术难等问题，因此，必须坚持循序渐进。

4.2 森林碳汇交易机制的内容

农户和公众的意愿分析结果表明，农户作为森林碳汇的潜在供给者对森林碳汇有较高的认知(77.5%)和参与意识(84.17%)，选择的愿意交易对象主要是政府和企业；而公众作为森林碳汇需求的重要推动力量，对环境认知(94.3%)和购买森林碳汇(73.6%)的意愿较强，大部分表示森林碳汇应该得到补偿和愿意为森林碳汇付费，而中国庞大的人口基数可能使公众成为重要的森林碳汇需求者。可见，

在供求双方急需搭建交易平台。同时，基于森林碳汇交易机制构建的目标，考虑到农户和公众在森林碳汇交易中的分散性及其带来的交易成本高，因此，在机制构建中需要一个汇聚中介组织。因此，森林碳汇交易机制就是将森林碳汇交易的双方——碳汇供给者(森林经营企业、农户和其他森林经营主体)和碳汇需求者(有碳汇需求的企业、政府、公众和其他团体)，通过交易平台进行联结，交易的对象是经过核实的森林碳汇服务商品即碳汇信用证书(图1)。图1显示，农户须把其可核证的碳汇量通过碳汇汇聚中介组织到碳汇交易平台，才能和需求者进行交易，以降低交易成本；而造林公司和其他森林经营主体其碳汇量则可以通过碳汇汇聚中介组织或直接经碳汇交易平台进行交易。而政府、企业和公众等需求者只需通过森林碳汇交易平台就可以购买经核实的碳汇量。交易的结果是农户、造林公司和其他森林经营主体获得了森林固碳生态效益的价值补偿，政府、企业和公众获得了一定的碳信用。

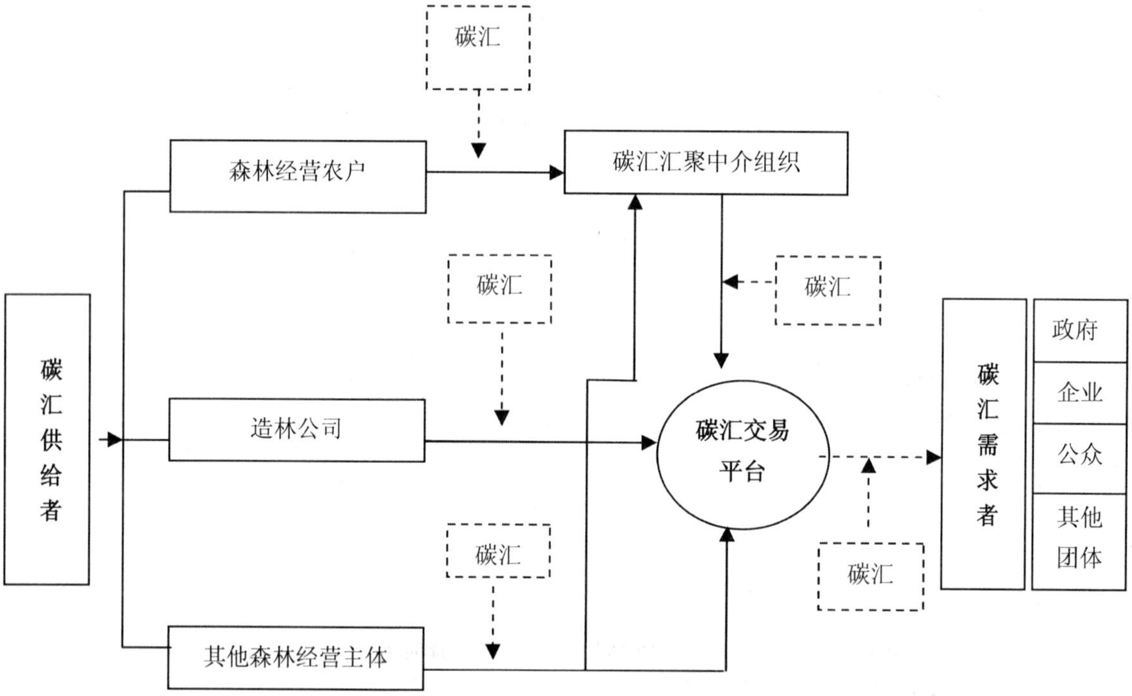

图1 森林碳汇交易机制

诚然，森林碳汇交易机制得以正常运行还需要政策、科技和组织等保障。首先，森林碳汇交易处于起步阶段，政府需要在森林碳汇产权明晰，明确需求者，提供森林经营的交易平台，相关税收、金融信贷和保险方面给予支持；其次，在森林碳汇目标的经营模式和管理措施，森林碳汇的计量方面仍需进行科技攻关；最后，机制的运行不仅需要政府组织的有效指导管理，而且需要民间组织的积极参与，以提高森林碳汇交易机制的运行效率。

参考文献

[1]李怒云，龚亚珍，章升东．林业碳汇项目的三重功能分析[J]．世界林业研究，2006，19(3)：1－5.

[2]哥本哈根协议文件(全文)．http：//www. sina. com. cn，2009年12月20日08：21.

[3] Van Kooten C G，Binkley，C S，Delcourt G. 1995. Effect of carbon taxes and subsidies on optimal forest rotation age and supply of carbon services. American Journal of Agricultural Economics 77：365－374.

[4]Murray B C. 2000. Carbon values，reforestation，and ‘perverse’ incentives under the Kyoto protocol：an empirical analysis. Mitigation and Adaptation Strategies for Global Change 5：271－295.

[5]Benítez P，McCallum I，Obersteiner M. 2004. Global Supply for Carbon Sequestration：Identifying Least－Cost Afforestation Sites Under Country Risk Considerations. Laxenburg，Austria，IIASA IR－04－022.

[6]Canadell J G，Raupach M R. 2008. Forest management for climate change mitigation. Science 320：1456－1457.

[7]黄祖辉，徐旭初，蒋文华．中国“三农”问题：分析框架、现实研判和解决思路[J]．中国农村经济，2009(7)：

4－11.
[8]梁丽芳，张彩虹．构建森林生态服务市场的经济学分析[J]. 理论探索，2007，(6)：78－80.
[9]徐晋涛，孙妍，姜雪梅，等．我国集体林区林权制度改革模式和绩效分析[J]. 林业经济，2008(9)：27－38.
[10]温作民．森林生态资源配置中的市场失灵及其对策[J]. 林业科学，1999，35(6)：110－114.
[11]吴建国．土地利用变化对生态系统碳汇功能影响的综合评价[J]. 中国工程学，2003，5(9)：65－71.
[12]王静，沈月琴，朱臻，等．公众对森林碳汇服务的认知与支付意愿分析[J]. 浙江林学院学报，2010，27(6)：910－915.

民众对全球暖化认知态度与植林减碳意愿之研究

林俊成[1]　吴俊贤[2]　柳婉郁[3]

（1. 林业试验所太麻里研究中心；2. 林业试验所林业经济组；
3. 真理大学自然资源应用学系）

摘　要：植树造林为温室气体减量的可行策略之一，本研究针对全球暖化与植林减碳为主题，针对台湾民众进行邮寄问卷调查，以了解民众对包含全球暖化等环境问题的感受，并分析对全球暖化的态度与认知，进一步探究对植林减碳的参与程度，结果发现：受访者对"全球暖化"的关心程度最高，也认为"全球暖化"为最严重的环境与生态问题。应用单因子变异数分析结果，受访者对全球暖化的关心程度在年龄及学历上有显著差异，所认知的严重程度上，则受访者学历及职业上有显著差异。藉由因素分析，共萃取出"全球暖化的改善行动"及"全球暖化的认知与关注"二个共同因素，在"全球暖化的改善行动"因素构面结果，则在最高学历及职业上有显著的差异。受访者考虑或已从事植树造林来达成减碳的目的者占81.4%，其主要采取的参与方式，在所列出的5种可能方式中，以在自家庭园或阳台植树的比例最高占79.0%。本研究发现对政策的推动，如民众知道其内容，其参与意愿也会提高，建议应加强对植林减碳的倡导，以增加民众对相关知识的了解，达成有效沟通。

关键词：全球暖化；气候变化；植林

1　前言

全球暖化（global warming）、气候变化（climate change）已被世界各国所公认是前所未见的严峻挑战。根据IPCC（Intergovernmental Panel on Climate Change）于2007年公布第四次评估报告数据显示：气候变化的严重性与其未来对全球造成的危害，人类若不加强重视环境保护问题，则温室效应将更为严重。报告中预估本世纪末全球平均气温最多将上升6.3℃，而海平面预估将上升58cm，假使平均气温上升4℃，约有30亿人口将面临缺水困境，更多的水生生物将绝迹。1906～2005年的100年间，平均气温上升0.74℃（0.56～0.92℃），此数据较IPCC第三次评估报告（2001年公布）预估的1901～2000年的平均气温上升0.6℃（0.4～0.8℃）还高（IPCC，2007）。

近20年来，世界各国对气候变化、全球暖化议题持续投入关注，但此一个环境问题在早期并非民众所关心的主要的环境问题。如早期调查指出民众对全球暖化的关注程度是低于其他环境问题，如水源和空气污染（Bostrom et al.，1994；Poortinga and Pidgeon，2003；DEFRA，2002；Bibbings，2004；Leiserowitz，2007）。随着气候变化、全球暖化的科学证据越来越多，更增加其暖化的确定性、周遭环境的真实改变所带来的冲击及影响更加深，使得全球暖化议题，受到愈来愈多的关注，亦更感受其严重性，因此全

作者简介：林俊成，博士，林业试验所太麻里研究中心副研究员兼主任，主要研究方向：林业经济、森林碳管理。电话：+886－937－545－887　Email：ljc123@gmail.com 地址：96341 台东县太麻里乡大王村桥头6号。

通讯作者：柳婉郁，博士，真理大学自然资源应用学系助理教授，主要研究方向：环境资源经济与生产管理经济。电话：+886－914－043－000　Email：wyliu@mail.au.edu.tw 地址：721 台南县麻豆镇北势里北势寮70－11号（真理大学自然资源应用学系）。

球暖化所带来的环境问题也愈来愈受到重视，各国逐渐警觉这是一个严重的环境问题（Leiserowitz, 2007）。瑞典的环保署于2008年的调查中，有97%的瑞典民众有听过气候变化，比2002年时的89%为高，而认为气候变化的情形严重的比例，由2002年时的63%，增加至2008年的71%（Swedish Environmental Protection Agency，2008）。该研究亦分析欧盟民众对气候变化之态度，结果发现"全球暖化/气候变化"(62%)是仅次于"贫穷、缺乏食物及饮用水"(68%)，列为世界上次严重的环境问题，与之前的调查相比，"全球暖化/气候变化"的严重性有大幅度增加(EU，2008)。Aoyagi-Usui（2008)比较日本1997年、2002年、2006年和2007年的民意调查，发现人们对环境问题的意识正逐步集中聚焦于全球暖化问题上。Curry et al.(2005)调查英国民众最关心的环境问题，以全球暖化为最关心，占49%，其次为人口过多(29%)。欧盟在2008年分析欧盟民众对气候变化的态度，几乎所有国家皆认为全球变暖、气候变化是一个严重的问题。在27国家中，有12个国家的受访者认为全球变暖、气候变化是最严重的问题，但亦有13个国家认为"贫穷、缺乏食物及饮用水"才是最严重的问题(EU，2008)。GlobeScan(2000，2006)于2000年、2006年调查34个国家民众对温室效应所致之全球暖化、气候变化所认知的严重程度，比较结果发现，认为气候变化的问题愈来愈严重的受访者比例大幅增加。在台湾，远见杂志于2007年调查民众对全球暖化问题的看法，结果显示有88.5%的受访者认为目前全球暖化问题严重。当询问民众认为全球暖化对台湾可能产生的影响时，其中有48.7%的受访者认为将使台湾天气异常，19.7%的受访者认为可能造成海平面上升，15.9%的受访者则认为自然灾害可能会增加(远见杂志，2007)。

由前述可知，全球暖化之严重性受到各国重视，因此，如何降低全球暖化所造成的影响，减缓气候变化带来的危机，是近年各国所积极探讨重点之一。一般而言，温室气体减量之因应策略有两种，一为减少温室气体的排放，二为增加对温室气体的吸收。就第二种策略而言，就是利用森林光合作用吸收并固定大气中的二氧化碳，另外由于人类所造成的毁林(deforestation)是导致二氧化碳的主要排放来源之一。因此，森林的增加或减少对大气中二氧化碳浓度产生重要影响。当林木为生长状态时，可增加对二氧化碳的吸存，林木被收获时，便有部分原先林木所吸存的碳回归于大气，但大部分仍以另一种形式，而将原先所贮存的碳固定于林产品中。就整体森林与大气碳循环的角度，二氧化碳量并不会消失不见，而是暂时存到森林及林产品中。透过造林与森林管理可增加吸收与贮存二氧化碳，森林将在任何目前经由联合国下谈判进程所形成的2012年后国际气候变化制度中扮演关键角色。"节能减碳"为台湾政府目前重要政策之一，"推动造林计划"为"国家节能减碳总计划"中之标竿型计划，植林减碳为国家的既定策略之一。

由上述，舆论可影响政治、经济和社会行动，可有效解决特定的风险(Leiserowitz，2007)，因此就全球暖化而言，民众的认知与态度，是解决气候变化、全球暖化等环境问题的重大关键，然而民众的个人特质不同、对相关知识的认知程度不同，对全球暖化等环境问题态度及行为也可能会有所不同。因此，若能了解民众的想法，应可协助政府有效制定及推动政策或制度，因为一个政策或制度的推动成功与否，民众的认知与态度的走向具关键性的因素，由于植树造林为可行的策略之一，是否能顺利推动植林减碳则有必要了解民众的态度，据此，本研究以植林减碳为主题，针对台湾地区的民众进行邮寄问卷调查，以了解国内民众对包含全球暖化等环境问题的感受，并分析对全球暖化的态度与认知，进一步探究对植林减碳的参与，以提供后续相关政策推动之参考。

2 材料与方法

2.1 问卷设计与调查

本研究之问卷设计系参考前人研究编制问卷。问卷设计共分四大部分，第一部分在了解受访者对环境与生态问题之认知，共有13个环境与生态问题，分别询问并对该环境问题的关心程度与所认知的严重程度采用李克特(Likert scale)七点量表，依其对问项所述内容的关心(严重)程度高低，给予1~7分(低至高)之等级。第二部分在了解受访者对全球暖化议题之认知与态度，共有20个与全球暖化议题之认知与态度问题，分别询问并对该问题所述内容之认同程度采用李克特(Likert scale)七点量表，依其对问项所述内容的认同程度高低，给予1~7分(低至高)之等级。第三部份为受访者社经特征数据，包括有性别、年龄、教育程度、婚姻状况、最高学历、职业、个人月收入、居住地点、是否参与过环保团体等八个题项。第四部分为对“植树造林减碳”态度，包括对知不知道政府推动“节能减碳”行动、是否听过“碳中和”(carbon neutral)或低碳生活、及是否考虑或已从事植树造林来达成减碳之目的及原因。为确保问卷问题设计和项目陈述让填答者清楚而容易作答，在问卷设计时，先经不同社经特征专家与民众接受预试，并针对问卷内容之可行性进行讨论，修正陈述不完整之内容及删除部分问项后，定稿成为正式问卷。

2.2 调查对象与抽样方式

本研究以邮寄问卷调查方式，采用分层系统取样方式，样本来源乃根据2009年内政部户政司提供之“户役政信息连结”数据，再依各县市的15岁以上的人口比例分配样本数，预计抽样2000份。本调查于2009年7月进行第1次邮寄问卷调查，并于9月针对未回复之受访者再次邮寄催收信，调查问卷回收期限至同年10月底止，扣除填答不完整之无效问卷后，共回收有效问卷数为333份，有效问卷回收率为16.7%，由于本研究采取邮寄问卷方式，而非面访或电访方式，因此本研究之回收率为应符合一般邮寄问卷之合理回收率。

2.3 问卷分析方式

将有效问卷编号并利用SPSS统计软件进行数据输入及分析，用描述性统计分析各问项分布情形，包括受访者对环境与生态问题的关心程度与所认知的严重程度、对全球暖化议题之认知与态度之平均值与标准差；受访者社经特征数据、对“植树造林减碳”态度之百分比。再利用因素分析将受访者对全球暖化议题之认知与态度问项萃取因素构面；进行因素分析之前，使用Bartlett's球型检验结果及取样适合性量数值(KMO)来分析所选问项是否适合做因素分析，Bartlett's球型检验结果为显著、KMO值在0.8以上则适合做因素分析。确定适合问项后，采用主成份分析法(principal components factoring)，选取特征值大于1的共同因素，再依最大变异法(varimax)进行共同因素直交转轴萃取因素，以因素负荷量大于0.4做为选取因素问项之准则。本研究亦对于因素构面问项进行信度分析，采用Cronbach's α系数检定因素构面问项之内部一致性程度。一般研究所采纳的Cronbach's α应大于0.5方具研究价值(王培蓉，1997)。再应用单因子变异数分析进行：①受访者不同社经特征对全球暖化问题的关心程度与认知的严重程度是否有显著差异；②受访者不同社经特征对所萃取的全球暖化议题之认知与态度因素构面是否有显著差异；③是否愿意参与植林减碳对所萃取的全球暖化议题之认知与态度因素构面是否有显著差异。上述分析结果如有显著差异，则再进一步进行Duncan事后平均值比较检定，以解释之间的差异。

3 结果与讨论

3.1 受访者社经特征数据

受访者的男女比例相近(48.5%、51.5%)，年龄层则以26~35岁者所占比例最高为27.6%，其次为36~45岁者所占比例为21.3%，55岁以上的比例为20.1%。受访者为已婚者占66.2%、未婚占29.9%，曾结婚者占4.0%。教育程度方面以大学(专)的比例最高为55.3%，其次是高中(职)学历者占20.4%。受访者从事之职业，以从事商业活动为最多，占22.6%，其次是军公教为15.0%。受访者之个人月收入，回答没有收入者的比例最高占23.6%，可能原因为目前没有固定收入职业者(如学生、家管)，其次以2万~3万元的占20.0%，由累积百分比来看，则有一半以上的受访者的个人月收入在3万元以下，而个人月收入在8万元以上者占5.5%。询问受访者是否参与过任何环保团体或宗教团体，较大比例都没有参加环保团体或宗教团体(82.7%)，回答有者仅占17.3%。

3.2 受访者对环境与生态问题之认知

本研究研拟环境与生态认知的13个环境与生态问题中，以“全球暖化”、“水源污染”、“空气污染”、“气候异常”及“不当的人为开发”等五项问题的关心程度最高，平均值分别为6.20、6.09、6.07、

6.02、5.88；对上述五项问题反应也最严重，但在排序上有些许的不同，仍以"全球暖化"的问题最为严重(平均值为6.31)，依次为"不当的人为开发"(6.09)、"空气污染"(6.08)、"水源污染"(6.07)及"气候异常"(6.06)，惟此四项环境与生态问题所认知的严重性差异不大，对照受访者对环境与生态问题关心程度与所认知的严重程度的排序来看，以"不当的人为开发"问题关心程度所列出之13项排名第五，但所认知的严重程度则为第二。而由"全球暖化"为受访者最关心且认为严重程度较高的结果来看，可知受访者对全球暖化有一定程度的警觉，也认为这个问题相当严重。而其他环境与生态问题中之对过多的人口、外来物种入侵等二项问题受访者所关心与认知的严重程度皆较为低。此一趋势与国外的结果大致相同。随着气候变化、全球暖化在科学证据增加、周遭环境的真实改变所带来的冲击及影响加深、媒体的报导与倡导、民众对气候变化、全球暖化相关知识的吸收与普及、国际上相关的气候变化、全球暖化会议、调适策略推动(如联合国气候变化框架公约、京都议定书)，使得全世界对全球暖化议题愈来愈多关注及感受到其严重性，因此对全球暖化所带来的环境问题也愈来愈重视，国内民众亦逐渐警觉这是一个严重的环境问题。

3.3 受访者之不同社经特征对全球暖化问题关心与严重程度之差异检测

应用单因子变异数分析进行受访者不同社经特征对对全球暖化问题关心与严重程度是否有显著差异；分析结果如有显著差异，则再进一步进行Duncan事后平均值比较检定，以解释之间的差异；本研究统计结果如表1所示，受访者对全球暖化的关心程度在年龄及学历上有显著差异，在其他社经特征上则无差异。年龄层在46~55岁的受访者明显高于25岁以下。最高学历为高中(职)的受访者对全球暖化的关心程度皆明显高于自学或小学、国(初)中及研究所。所认知的严重程度上，则受访者学历及职业上有显著差异，在其他社经特征上无差异，最高学历为高中(职)国的受访者对全球暖化严重程度认知皆明显高于自学或小学、国(初)中及研究所。职业为学生及无的受访者，在对全球暖化严重程度皆明显低于其他。国外的研究方面，Whitmarsh(2005)研究结果发现：男性、高学历(大学)和中年人对气候变化的认识和了解程度较高。其他研究也发现男性特别注意气候变化所造成的影响，相信气候变化正在发生及主要由人类活动所造成的比例，则女性高于男性，且女性担心气候变化的比例也较高(DEFRA，2002；O'Connor et al.，2002；Bibbings，2004)。而45~64岁的人听过气候变化的比例(78%)高于18~25岁(63%)(Whitmarsh，2005)。对气候变化造成冲击的成因，25岁以下及超过65岁以上的人的了解程度较低(DEFRA，2002；Bibbings，2004)。其他研究则显示，在一般情形下，女性往往比男性更关注环境问题和风险(Baldassare and Katz，1992；Barnett and Breakwell，2001；Hampel et al.，1996；Stern et al.，1993)。有些研究显示，年轻人比较老年人较不关心气候变化等环境问题(Bibbings，2004；DEFRA，2002)。另外个人特质，如教育程度、年龄、性别、职业、人种等对气候变化问题了解有所不同(Aoyagi-Usui et al.，2003；Aoyagi-Usui，2008)。

表1 不同社经背景对全球暖化认知之差异性

社经特征	关心程度	严重程度	Duncan事后比较
性别	0.11	0.15	
年龄	2.71*	0.9	46-55岁>25岁以下
婚姻状况	1.37	0.72	
最高学历	3.07*	3.72*	高中(职)>自学或小学、国(初)中及研究所
职业	1.86	2.46*	军公教、商、工、自由业、家管、退休>学生、无
个人月收入	0.27	0.62	
居住地点	0.27	1.82	
参与过任何环保团体或宗教团体	0.21	0.01	

注：* $P<0.05$；表中之值是F值。

3.4 受访者对全球暖化议题之认知与态度的现在感受

在所研拟的20项全球暖化议题之认知与态度问项中，以"14. 减少温室气体排放量是地球上每个人都要做的事”(6.44)、“3. 人类行为是造成全球暖化及气候异常的主要来源”(6.26)、“2. 温室效应造成的全球暖化及气候异常现象愈来愈严重”(6.20)及“19. 我愿意改变一些生活习惯来改善环境恶化的趋势”(6.12)四项议题之认同程度最高。而“15. 减少温室气体排放量是别人的事，不关我的事”(1.80)、“13. 减少温室气体排放量是别的国家要做的事”(2.09)、“9. 全球暖化的严重与否对我没有影响”(2.46)、“8. 全球暖化所造成的问题没有媒体报导的那么严重”(2.69)、“7. 没有足够的科学证据证明全球暖化是真的发生”(2.81)及“4. 气候异常和全球暖化不是人类可以改变的环境问题”(3.11)六项反向议题之认同程度较低(如表2)，可见近年来气候异常及媒体大量传播相关信息的结果，全球暖化是大家都需要关注的事，受访者多已接收到此一讯息且愿意身体力行，而非事不关己。

表2 受访者对全球暖化议题之认知与态度

全球暖化议题	平均数	标准差	相关系数	删除后α值
14. 减少温室气体排放量是地球上每个人都要做的事	6.44	1.19	0.38	0.83
3. 人类行为是造成全球暖化及气候异常的主要来源	6.26	1.08	0.44	0.83
2. 温室效应造成的全球暖化及气候异常现象愈来愈严重	6.20	1.09	0.52	0.82
19. 我愿意改变一些生活习惯来改善环境恶化的趋势	6.12	1.14	0.56	0.82
18. 我愿意对减少温室气体排放量尽一份心力	6.00	1.25	0.59	0.82
10. 为减少温室气体，人们应减少能源的消费量	5.97	1.40	0.46	0.82
12. 我很担心全球暖化所带来的影响	5.89	1.35	0.61	0.82
1. 温室气体的大量排放是造成气候异常的主要原因	5.87	1.19	0.52	0.82
16. 我认为政府应尽快立法完成来管制温室气体排放量	5.77	1.54	0.53	0.82
11. 最近气候异常，应是全球暖化造成的	5.73	1.38	0.53	0.82
20. 我愿意多花一点钱买对环境有益的商品	5.63	1.59	0.59	0.82
5. 对于全球暖化的讯息，我都会去注意	5.50	1.35	0.57	0.82
6. 全球暖化已正在影响我的日常生活	5.40	1.45	0.52	0.82
17. 如果降低温室气体排放量会减少经济收入，我也能接受	4.88	1.78	0.51	0.82
4. 气候异常和全球暖化不是人类可以改变的环境问题	3.11	1.98	0.13	0.84
7. 没有足够的科学证据证明全球暖化是真的发生	2.81	1.78	0.24	0.84
8. 全球暖化所造成的问题没有媒体报导的那么严重	2.69	1.69	0.21	0.84
9. 全球暖化的严重与否对我没有影响	2.46	1.91	0.25	0.84
13. 减少温室气体排放量是别的国家要做的事	2.09	1.76	0.27	0.83
15. 减少温室气体排放量是别人的事，不关我的事	1.80	1.60	0.26	0.83

注：α值表示Cronbach's α值系数，作为检测信度之标准，$\alpha < 0.30$为不可信；$0.30 < \alpha < 0.40$为初步研究，勉强可信；$0.4 < \alpha < 0.05$为稍微可信；$0.50 < \alpha < 0.70$为可信(最常见的信度范围)；$0.70 < \alpha < 0.90$为很可信(次常见的信度范围)；$0.90 < \alpha$为十分可信。

在对全球暖化议题之认知与态度20个问项中，经项目分析与信度估计结果，问项15、13、9、8、7、4六项反向议题相关系数未达0.30，故予以删除。删除后总Cronbach's α值可由0.83提高至0.92。本研究将所保留的14个问项进行因素分析，分析方法采用主成份分析方法(principle component analysis)萃取共同因素，其中共同因素个数的决定乃采用特征值(eigenvalue)大于1，并利用直交转轴(orthogonal rotation)之最大变异法(varimax rotation)进行因素转轴，使因素解释力较强。结果列示于表3。由表3可知，本研究进行因素分析后共萃取出二个共同因素，总解释变异量62.05%。因素一包含5、14、16、17、18、19、20共7个问项，解释变异量31.70%，因素内部一致性Cronbach's α值为0.88。此组问项涵盖人们在面对全球暖化时所抱持的态度，包括“对于全球暖化的讯息，我都会去注意”，“愿意对减少温室气体排放量尽一份心力”，“减少温室气体排放量是地球上每个人都要做的事”，“愿意改变一些生活习惯来改善环境恶化的趋势”、“愿意多花一点钱买对环境有益的商品”、“如果降低温室气体排放量会减少经济收入，我也能接受”，“政府应尽快立法完成来管制温室气体排放量”等题项，故命名为“全球暖化的改善行动”。因素二包含1、2、3、6、10、11、12共7个问项，解释变异量30.35%，因素内部一致性Cronbach's α值为0.88。此组问项均为对全球暖化知识的了解与感受，如对温室效应造成的全球暖化及气候异常现象的严重性感受、及全球暖化及气候异常的主要来源及成因、及对全球暖化影响的感受等题项，故命名为“全球暖化的认知与关注”。

表 3　受访者对全球暖化议题之认知与态度因素分析

项　目	因素负荷量	解释变异量(%)	α 值
因素构面 1：全球暖化的改善行动			
19. 我愿意改变一些生活习惯来改善环境恶化的趋势	0.84	31.70	0.88
18. 我愿意对减少温室气体排放量尽一份心力	0.82		
20. 我愿意多花一点钱买对环境有益的商品	0.80		
17. 如果降低温室气体排放量会减少经济收入，我也能接受	0.65		
16. 我认为政府应尽快立法完成来管制温室气体排放量	0.67		
14. 减少温室气体排放量是地球上每个人都要做的事	0.66		
5. 对于全球暖化的讯息，我都会去注意	0.56		
因素构面 2：全球暖化的认知与关注			
2. 温室效应造成的全球暖化及气候异常现象愈来愈严重	0.89	30.35	0.88
1. 温室气体的大量排放是造成气候异常的主要原因	0.86		
3. 人类行为是造成全球暖化及气候异常的主要来源	0.74		
11. 最近气候异常，应是全球暖化造成的`	0.68		
12. 我很担心全球暖化所带来的影响	0.66		
6. 全球暖化已正在影响我的日常生活	0.56		
10 为减少温室气体，人们应减少能源的消费量	0.50		

注：KMO = 0.919；Bartlett's Test of χ^2 = 2863.663 ***；总解释变异量 62.05%；整体 α 值 = 0.92。

3.5　受访者之不同社经特征数据对全球暖化议题因素构面之差异检测

应用单因子变异数分析进行受访者不同社经特征对于所萃取对全球暖化议题之认知与态度问项之不同因素是否有显著差异。分析结果，如有显著差异，则再进一步进行 Duncan 事后平均值比较检定，以解释之间的差异；结果显示：不同社经特征在“全球暖化的认知与关注”因素构面上并无差异，而在“全球暖化的改善行动”因素构面上，则在最高学历及职业上有显著的差异，依 Duncan 事后平均值比较检定结果，发现较高学历高中(职)及以上在“全球暖化的改善行动”因素构面结果，明显高于学历为自学或小学、国(初)中的受访者。而职业为军公教、商、自由业、其他及退休者明显高于学生；而退休者也明显高于目前为家管的受访者。

表 4　不同人口背景之林主对造林意愿及全球暖化认知之差异性

社经特征\因素构面	全球暖化的改善行动	全球暖化的认知与关注	Duncan 事后比较
性别	0.388	1.727	
年龄	2.069	0.583	
婚姻状况	0.304	1.588	
最高学历	2.721 *	1.544	自学或小学、国(初)中 < 高中(职)、大学(专)、研究所
职业	2.409 *	1.902	军公教、商、自由业、其他、退休 > 学生；退休 > 家管
个人月收入	1.771	1.527	
居住地点	0.882	0.238	
参与团体	0.674	0.257	

注：* P < 0.05；表中之值是 F 值。

3.6 受访者对“植树造林减碳”的态度

表 5 受访者对“植树造林减碳”的认知

项 目	百分比%
政府推动“节能减碳”行动	
知道	88.3
不知道	11.7
“碳中和”(carbon neutral)或低碳生活	
听过	50.3
没听过	49.7
考虑或已从事植树造林来达成减碳的目的	
没有	18.6
有	81.4
参与“植树造林减碳”的方式	
在自家土地植树	37.3
参与政府及相关组织的植树造林活动	35.1
由公家提供土地来植树	33.2
出钱参与政府及相关组织的植树造林活动	20.0
在自家庭园或阳台植树	79.0
参与林木(树)认养	
不愿意	26.8
愿意	73.2

知道政府推动“节能减碳”行动的受访者占88.3%，有11.7%尚不知道。而就“碳中和”(carbon neutral)或低碳生活的说法，知道与不知道的比例相近，听过占50.3%，没听过者占49.7%；植树造林为节能减碳的策略之一，也为个人或企业达成碳中和的方式之一。碳抵换(carbon offset)(主要为植树造林)为因应气候变化的方式之一，在碳中和的概念下，旅游活动参与者也被赋予碳抵换的责任，在于创造和保护自然的碳汇(一般是指森林)以吸收二氧化碳(Becken, 2004)。因此有一些碳抵换计划鼓励消费者提供金钱来植树造林或森林管理以抵换个人碳的排放(Carswell et al., 2003)。植树造林除了具有碳吸存的效益外，尚有其他共同效益(co-benefit)如生物多样性等(Becken, 2004; Egerton et al., 2007)。根据日本Fuji研究所调查，有82%的受访者认为碳吸存(主要为植树造林)可减缓全球暖化现象，而MIT的调查有23%的受访者认为碳吸存可减缓全球暖化现象，而高达73%的人是不确定，是否因为国情及该国的温室气体减量政策方向不同、文化差异、对碳吸存讯息的取得程度等，而造成两国的调查有很大的差异(Curry, 2004)，可见不同国家对植树造林可减缓全球暖化现象有不同程度的体认。Curry et al. (2004)分析个人对减缓全球暖化的可能策略的看法，结果有66%的人认为碳吸存(植树造林)可减少二氧化碳量。Curry(2004)另一次调查则有67%认为碳吸存(植树造林)可减少二氧化碳量，但低于使用太阳能(82%)、提升能源效率(81%)、使用节能车辆(81%)、风力发电(76%)。Curry et al. (2005)调查英国民众认为植树造林可减少二氧化碳的比例有76%。Leiserowitz(2003)调查美国民众有49%的人会使用植树造林做为因应全球暖化的措施。Reiner et al. (2006)针对英国、日本、美国、瑞典4个国家民众调查可能使用碳吸存(指植树造林)的比例，以日本将近9成的比例最高。本研究调查结果，受访者考虑或已从事植树造林来达成减碳的目的者占81.4%，其主要采取的参与方式，在所列出的5种可能方式中，以在自家庭园或阳台植树的比例最高(79.0%)，出钱参与政府及相关组织的植树造林活动的比例为最低(20.0%)。如由国内民间环保组织、大学或政府部门推动“植树造林减碳”的活动，由个人或企业每棵林木(树)赞助一笔认养费用，由活动单位负责抚育管理照顾所认养的林木(树)20年，透过此认养林木(树)的方式来参与“植树造林减碳”工作，愿意参与林木(树)认养占73.11%，而不愿意者占26.89%。

知道政府推动“节能减碳”行动的受访者在“全球暖化的改善行动”因素构面与不知道者皆有差异，知道者明显高于不知道者，而知道“碳中和”(carbon neutral)或低碳生活的受访者在“全球暖化的改善行动”

与"全球暖化的认知与关注"两因素构面与不知道者皆有差异，知道者明显高于不知道者，而受访者考虑或已从事植树造林来达成减碳的目的的受访者在"全球暖化的改善行动"与"全球暖化的认知与关注"两因素构面与不知道者皆有差异，考虑或已从事植树造林者明显高于其他，因此对于政策的推动，让民众知道其内容是重要的，民众知道当然意愿也会提高。在国外的研究，Macnaghten and Jacobs(1997)、Weaver(2002)发现民众对于环境议题的了解程度愈多，将有益于他们采取适当的因应行动。Sampei and Aoyagi-Usui (2009)分析 1998 ~2007 年日本报纸对全球暖化的报导及民众的看法，建议增加民众的了解可有效沟通。

表6 受访者对"植树造林减碳"的认知对全球暖化议题因素构面之差异检测

社经特征 \ 因素构面	全球暖化的改善行动	全球暖化的认知与关注
政府推动"节能减碳"行动	4.028 *	2.045
"碳中和"(carbon neutral)或低碳生活	19.577 ***	9.267 **
考虑或已从事植树造林来达成减碳的目的	8.572 **	6.02 *

注：* 表示显著性水平 0.1；** 表示显示性水平 0.05；*** 表示显著性水平 0.01。

4 结论

由于民众的认知与态度，是解决气候变化、全球暖化等环境问题的重大关键，而民众的个人特质不同、对相关知识的认知程度不同，对全球暖化等环境问题态度及行为也可能会有所不同。由于植树造林为可行的策略之一，是否能顺利推动植林减碳则有必要了解民众的态度，因此本研究针对全球暖化与植林减碳为主题，针对台湾地区的民众进行邮寄问卷调查，以了解国内民众对包含全球暖化等环境问题的感受，并分析对全球暖化的态度与认知，进一步探究对植林减碳的参与。

本研究之主要结果显示，随着气候变化、全球暖化在科学证据增加、周遭环境的真实改变所带来的冲击及影响加深、媒体的报导与倡导、民众对气候变化、全球暖化相关知识的吸收与普及、国际上相关的气候变化、全球暖化会议、调适策略推动，使得全世界对全球暖化议题愈来愈多关注及感受到其严重性，因此对全球暖化所带来的环境问题也愈来愈重视，大家逐渐警觉全球暖化是一个严重的环境问题。在所研拟对环境与生态问题之认知的 13 个环境与生态问题中，以受访者对"全球暖化"的关心程度最高，也认为"全球暖化"为最严重的环境与生态问题。其次，应用单因子变异数分析结果，受访者对全球暖化的关心程度在年龄及学历上有显著差异，在其他社经特征上则无差异，年龄层在 46 ~55 岁的受访者明显高于 25 岁以下。最高学历为高中(职)国的受访者对全球暖化的关心程度皆明显高于自学或小学、国(初)中及研究所。所认知的严重程度上，则受访者学历及职业上有显著差异，在其他社经特征上无差异。最高学历为高中(职)国的受访者对全球暖化严重程度认知皆明显高于自学或小学、国(初)中及研究所。职业为学生及无职业的受访者，在对全球暖化严重程度皆明显低于其他。

在所研拟的 20 项全球暖化议题之认知与态度问项结果，以"减少温室气体排放量是地球上每个人都要做的事"之认同程度最高。可见近年来气候异常及媒体大量传播相关信息的结果，全球暖化是大家都需要关注的议题，受访者多已接收到此一讯息且愿意身体力行，而非事不关己。藉由因素分析，共萃取出"全球暖化的改善行动"及"全球暖化的认知与关注"二个共同因素，总解释变异量 62.05%。应用单因子变异数分析结果显示：不同社经特征在"全球暖化的认知与关注"因素构面上并无差异，而在"全球暖化的改善行动"因素构面上，则在最高学历及职业上有显著的差异，依 Duncan 事后平均值比较检定结果，发现较高学历高中(职)及以上在"全球暖化的改善行动"因素构面结果，明显高于学历为自学或小学、国(初)中的受访者。而职业为军公教、商、自由业、其他及退休者明显高于学生；而退休者也明显高于目前为家管的受访者。

由问卷结果显示，知道政府推动"节能减碳"行动的受访者占 88.3%；而听过"碳中和"(carbon neutral)或低碳生活比例有占 50.3%；受访者考虑或已从事植树造林来达成减碳的目的者占 81.4%，其主要采取的参与方式，在所列出的 5 种可能方式中，以在自家庭园或阳台植树的比例最高(79.0%)，出钱参与政府及相关组织的植树造林活动的比例为最低(20.0%)。如由国内民间环保组织、大学或政府部门推动"植树造林减碳"的活动，由个人或企业每棵林木(树)赞助一笔认养费用，由活动单位负责抚育管理照顾所认养的林木(树)20年，透过此认养林木(树)的方式来参与"植树造林减碳"工作，愿意参与林木(树)认养者占73.11%，而不愿意者占26.89%。

本研究分析结果，知道政府推动"节能减碳"行动、知道"碳中和"(carbon neutral)或低碳生活的受访者在"全球暖化的改善行动"因素构面的受访者比例是高于不知道的受访者比例，而考虑或已从事植树造林的受访者在"全球暖化的改善行动"与"全球暖化的认知与关注"两因素构面的比例也较高，因此对于政策的推动，让民众知道其内容是重要的，民众知道，其配合政策之意愿也会提高，建议应加强对植林减碳的倡导，以增加民众对相关知识的了解，达成有效沟通。

参考文献

[1]王培蓉. 扇平自然教育区游客问卷设计之信度分析. 台湾林业科学，1997，12(2)：217－222.

[2]远见杂志. 低碳变黄金. 远见杂志，2007，255期.

[3] Aoyagi－Usui, M, Vinken H, Kuribayashi A. Pro－environmental attitudes and behaviors: an international comparison. Human Ecology Review, 2003, 10(1): 23－31.

[4] Aoyagi－Usui M. An analysis of the effective factors for promoting proenvironmental actions from the Information gain and social capital point of view. Review of Environmental Economics and Policy Studies, 2008, 1(2): 37－50.

[5] Baldassare M, Katz C. The personal threat of environmental problems as predictor of environmental practices. Environment and Behavior, 1992, 24(5): 602－616.

[6] Barnett J, Breakwell GM. Risk perception and experience: Hazard personality profiles and individual differences. Risk Analysis, 2001, 21(1): 171－177.

[7] Becken S. How tourists and tourism experts perceive climate change and carbon－offsetting schemes. Journal of Sustainable Tourism, 2004, 12(4): 332－345.

[8] Bibbings J. Climate Concern: Attitudes to climate change and windfarms inWales. Friends of the Earth Cmyru and The Welsh Consumer Council (WCC) and funded by the Countryside Council forWales, 2004.

[9] Bostrom A, Morgan MG, Fischhoff B, Read D. What do people know about global climate change? 1. Mental Models. Risk Analysis, 1994, 14(6): 959－970.

[10]Carswell F, Frame B, Martin V, Turney J. Exchanging emissions for biodiversity － in pursuit of an integrated solution in New Zealand. Ecological Management and Restoration, 2003, 4: 85－93.

[11]Curry, T. E. Public awareness of carbon capture and storage: A survey of attitudes toward climate change mitigation. Master's Thesis, Cambridge, MA: MIT. 2004, Available at: http: //sequestration. mit. edu/bibliography/policy. html

[12]Curry TE, Reiner DM, Ansolabehere S, Herzog HJ. How aware is the public of carbon capture and storage? presented at the Seventh International Conference on Greenhouse Gas Control Technologies, Vancouver, Canada, September 2004.

[13]Curry TE, Reiner DM, de Figueiredo MA, Herzog HJ. A survey of public attitudes towards energy and environment in Great Britain. Publication No. LFEE 2005－001 WP, 2005, 32.

[14]DEFRA(Department for Environment, Food and Rural Affairs). Survey of public attitudes to quality of life and to the environment: 2001. Department for Environment, Food and Rural Affairs, London. 2002, http: //www. esds. ac. uk/doc/4741/mrdoc/pdf/4741userguide1. pdf

[15]EU(European Commission). Europeans' attitudes towards climate change. 2008, http: //ec. europa. eu/public_ opinion/archives/ebs/ebs_ 300_ full_ en. pdf

[16]Egerton C, Gaskell C, MacKerron G, Parpia A. Valuing consumer preference for carbon offsetting. 2007, http: //www. inference. phy. cam. ac. uk/sustainable/refs/carbonoffsetsurveyreport. pdf

[17]GlobeScan. Environics international environmental monitor survey dataset. 2000.

[18] GlobeScan. 30－country poll finds worldwide consensus that climate change is a serious problem. Toronto, Canada: GlobeScan, Inc. 2006.

[19]Hampel B, Boldero J, Holdsworth R. Gender patterns in environmental consciousness among adolescents. Australian and-New Zealand Journal of Sociology, 1996, 32(1): 58－71.

[20] IPCC. Climate Change 2007: The Physical Science Basis. Contribution of Working Group I to the Fourth Assessment Re-

port of the IPCC, Cambridge University Press, ISBN 978 0521 88009 - 1. 2007.

[21] Leiserowitz A. International Public Opinion, Perception, and Understanding of Global Climate Change. Human Development Report 2007/2008 Fighting climate change: Human solidarity in a divided world Human Development Report Office. OCCASIONAL PAPER, 2007.

[22] Macnaghten P, Jacobs M. Public Identification with Sustainable Development. Global Environmental Change, 1997, 7: 5 - 24.

[23] O'Connor RE, Bord RJ, Yarnal B, Wiefek N. Who wants to reduce greenhouse gas emissions? Social Science Quarterly, 2002, 83: 1 - 17.

[24] Poortinga W, Pidgeon N. Public Perceptions of Risk, Science and Governance: Main Findings of a British Survey of Five Risk Cases. University ofEast Anglia and MORI, Norwich. 2003.

[25] Reiner D, Curry T, de Figueiredo M, Herzog H, Ansolabehere S, Itaoka K, Akai M, Johnsson F, Odenberger M. An international comparison of public attitudes towards carbon capture and storage technologies. presented at the 8th International Conference on Greenhouse Gas Control Technologies, Trondheim, Norway, June (2006). http://sequestration. mit. edu/pdf/GHGT8_ Reiner. pdf

[26] Sampei Y, Aoyagi - Usui M. Mass - media coverage, its influence on public awareness of climate - change issues, and implications forJapan's national campaign to reduce greenhouse gas emissions. Global Environmental Change, 2009, 19 (2): 203 - 212.

[27] Stern P, Dietz T, Kalof L. Value orientations, gender, and environmental concern. Environment and Behavior, 1993, 25(3): 322 - 348.

[28] Swedish Environmental Protection Agency. The general public and climate change 2008 REPORT 5905 · NOVEMBER 2008.

[29] Weaver A. Determinants of Environmental Attitudes, International Journal of Sociology, 2002, 32: 77 - 108.

[30] Whitmarsh LE. A study of public understanding of and response to climate change in the South of England. A thesis submitted for the degree of Doctor of Philosophy, University of Bath, Department of Psychology, 2005.

台湾林业碳汇管理策略分析

邱祈荣[1]　林俊成[2]　柳婉郁[3]

（1. 国立台湾大学森林环境暨资源学系；2. 林业试验所太麻里研究中心；
3. 真理大学自然资源应用学系）

摘　要：气候变迁与全球暖化议题已成为当前最为关切的话题，森林在对抗或缓和全球气候变迁的过程中扮演重要的角色，其具有吸收或排放二氧化碳的功能，亦即具有碳汇与碳源的双重角色；本文导入台湾及国际碳管理相关议题，透过不同的管理角度探讨林业碳汇问题，经由不同的碳汇管理角度讨论适于台湾的林业碳汇管理策略，并指出台湾现有状况以及提出未来对策与展望。

本研究根据现今台湾因应国际发展趋势发展出的四项森林碳汇管理的具体目标，即为厚植森林资源，增加森林碳吸存量（碳吸存目标）；维护森林健康，保存林木既有碳汇（碳保存目标）；推广木质材料替代效益，扩大碳替代功能（碳替代目标）；健全管理体制，提升森林碳效益（碳管理目标）；并依据此四项目标提出短期的工作目标，以整合落实台湾碳管理政策，以及长期的工作目标，以发展永续之林业碳汇管理接应与国际接轨；并针对联合国气候变化纲要公约（United Nations Framework Convention on Climate Change，UNFCCC）第 15 届缔约国会议（COP15）所提出之哥本哈根协定，探讨台湾林业碳汇未来之发展。期望未来林业碳汇之推动能够达到全盘目标之掌握与接应全球碳汇之趋势。

关键词：碳汇；碳吸存；碳保存；碳替代；碳管理

碳循环，指的就是生态系统的碳元素在地球上的生物圈、地圈、水圈及大气中交换的过程（IPCC，2006）。碳，藉由生物的呼吸作用（respiration）与光合作用（photosynthesis）于生物与大气间循环不已。光合作用固定大气中的二氧化碳，初级生产者（primary products）、消费者（consumers）与分解者（decomposers）则藉由呼吸作用将二氧化碳释放回大气（Campbell et al.，1999；Molles，2002）。

碳化合物经过各种氧化过程，以二氧化碳的形式被释放到空气中，诸如生物的呼吸作用、分解作用、或者人为燃烧化石燃料等，一般被认定为碳源（carbon source）。而绿色植物则可行光合作用（photosynthesis），吸收大气中之二氧化碳，并排出氧气，因此被认为具有碳汇（carbon sink）功能。因此，森林碳汇的概念大致可分为广义及狭义两种：狭义的概念系相对于碳源的概念，仅单指陆地生态系统中，森林碳库的储量和累积速率，或者森林吸收并储存 CO_2 的能力；碳源则指森林因分解、燃烧等方式，将其储存的 CO_2 释放到大气中的现象。因此，从碳量增减的观点来看，森林实具有碳汇及碳源的双重角色，所以可以森林碳汇的概念来含括此双重角色。换言之，森林既可以成为碳汇，又可以成为碳源，两者相抵可以净碳汇概念来表示（IPCC，2003）。

由上述说明可以清楚森林碳汇是指森林生态系统吸收或排放 CO_2，并将其固定在植被和土壤中，从而减少大气中 CO_2 浓度的过程，属自然科学范围。林业碳汇则指透过实施增加或减少森林碳汇的活动，例如造林与再造林、森林管理、减少毁林、扩大木质燃料替代化石燃料及结合碳交易机制等活动，增加

作者简介：邱祈荣，国立台湾大学森林环境暨资源学系助理教授，主要研究方向：森林经营。

森林碳汇的过程、活动或机制，既有自然属性，也有社会经济属性，是包含较大范围与层面的碳汇范畴。所以本文将以林业碳汇的用语来代表意义较为广泛的范畴，其中不仅仅只有森林实际的碳固定或排放的计算，还包括各种相关的管理措施。

此外，根据 IPCC 于 2007 年公布的全球二氧化碳排放量中，森林虽然能够透过光合作用来吸存二氧化碳，但因各种森林破坏及改做其他土地利用(如森林转变为农地)，林业部门二氧化碳排放量占全世界的 17.3%(图 1)：

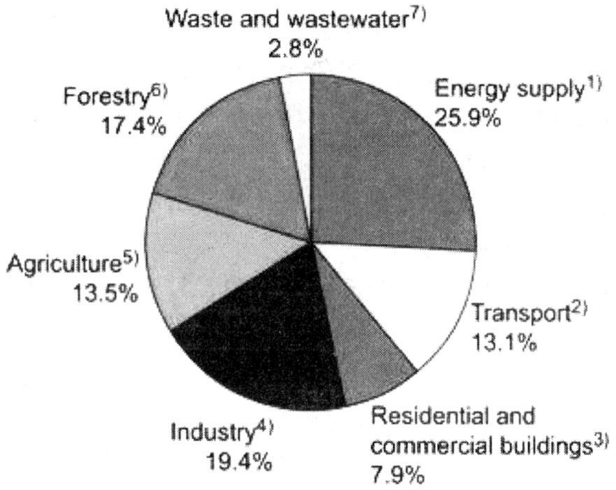

图 1　全球二氧化碳部门别排放量(IPCC，2007)

由上图我们可以清楚得知，森林在全球二氧化碳排放量比起其他部门而言，仅次于能源及工业部门排名第三，主要是因为人类过度砍伐森林，将林地转变为农业用地或大量的木材需求使得森林面积不断减少。这些现象都使得林木固定的碳(carbon)重新释放回大气中，因此林业在对抗或减缓全球气候变迁过程中扮演重要的角色。然而台湾近年虽积极推动各项造林计划，尝试透过造林活动来增加森林的碳汇功能，但从整个林业的观点而言，造林乃是林业诸多活动的其中一种，事实上还有其他林业许多活动可以有效增加林业碳汇功能。因此，本文将透过各种碳汇管理的角度，来探讨适于台湾的林业碳汇管理策略，让森林能为台湾的二氧化碳减量工作扮演更积极的角色。

1　国际林业碳汇管理趋势

根据 IPCC(2003)的土地利用、土地利用改变与林业(Land use, land use change and forestry, LULUCF)报告指出，现存的大气中，约含有 7 750 亿 t 的碳量，海洋中的含量约为此 50 倍，而陆域生态系中约为大气中含碳量的 3.5 倍。然而，相对来说，海洋吸收碳的能力有限，只能吸收少数溶解于水中的二氧化碳，反之，陆域的植被和生物体因为进行光合作用和呼吸作用，使碳素一直保持循环的节奏。实际上，在陆域生态系中，土壤中所储存的碳量要比植物体中的碳量多；而在各种植物体中，又以森林所储存的碳量为最多。表 1 则是全球陆域植被与其土壤之碳吸存量估算表。

表 1　全球陆域植被与土壤之碳吸存量估算表(IPCC，2003)

植被	面积 (10^6 km^2)	碳储存量（10 亿 t　碳）		
		植物体	土壤	总量
热带雨林	17.6	212	216	428
温带林	10.4	59	100	159
北方针叶林	13.7	88	471	559
热带疏林	22.5	66	264	330
温带草原	12.5	9	295	304
沙漠与半沙漠	45.5	8	191	199
冻原	9.5	6	121	127

（续）

植被	面积 （10^6 km^2）	碳储存量（10 亿 t　碳）		
		植物体	土壤	总量
湿地	3.5	15	225	240
农用地	16	3	128	131
总量	151.2	466	2011	2477

值得注意的是，北方针叶林中土壤的碳含量偏高，其中一个主要原因，是因为土壤表层的腐植质层中含有许多针叶落叶，在冰天雪地中分解缓慢。不管是何种森林，其土壤都需要地上植被的保护，以避免土壤被雨水冲刷殆尽。因此，森林在陆域生态系中所扮演的碳吸存角色是非常重要的。此外，草本植物和农作物多为单年生，其所吸收之碳量，在当年就会被释放回空气中，但在森林中，主要构成的树木为多年生，以数十年、甚至数百年的时间持续吸收二氧化碳，并且将碳储存于木材中，大幅延缓了生物体分解后，释放二氧化碳回到大气中的时间。

FAO（IPCC，2007）曾明确指出森林于气候变迁的议题中，具有四种角色，为森林在全球气候变迁中所扮演的角色，做出最佳诠释：

（1）森林因林木不当伐采、林地过度使用与退化，造成森林减少所造成的碳排放，约占全球碳量总排放量的六分之一左右。

（2）森林能够敏感地反应气候的变化。

（3）森林在永续经营时，可生产木质燃料来取代化石燃料。

（4）森林具有吸存全球碳量总排放量十分之一的潜力，预期在 2050 年前，可将碳素固定于植物体、土壤及林产品，并能长期贮存。

1992 年，联合国“环境与发展大会（United Nations Conference on Environment Development，UNCED）”于巴西里约热内卢召开“地球高峰会（Earth Summit）”，为各国领袖在国际舞台上正式讨论环境与发展之开端，共同签署了 21 世纪议程、里约宣言、生物多样性公约、气候变化纲要公约、森林原则宣言等五项重要协议。这些协议的内容，或多或少都与保护森林的重要性有关，森林的各项功能也一再被强调，甚至 2001 年开始，联合国每年都举办“联合国森林论坛（United Nations Forum on Forests，UNFF）”，更将森林视为国际环境议题聚焦的主体。可惜的是，多年来，国际上并没有对森林保护有更进一步的明确成果，反而是民间自发性的机制，如“森林管理委员会认证（Forest Stewardship Council，FSC）”等，透过公民社会的自觉和市场机制调节，对于遏止非法盗伐林木与支持永续森林经营（Sustainable Forest Management，SFM）有正面的影响。

因此，在官方的国际舞台上，早期以“永续发展”的概念来谈森林保育，或以“生物多样性”的观点来强调森林的重要性，或是以森林本体为讨论主题的模式，结果都流于空泛，而有力有未殆之虞。一直到气候变迁纲要公约的成立和京都议定书正式生效，以“碳”的形式来量化森林，突显造林与森林生态的碳吸存（carbon sequestration）功能，则可透过碳汇与市场交易的手段，达成森林保育的目的。森林碳管理比起其他工业或化学的温室气体减量技术而言，有许多量测与实践上的困难，因此，虽然京都议定书已经于 2008 年进入第一承诺期，但关于森林碳管理的机制与方法学，仍在不断地发展。

京都议定书在 1997 年制定完成，2005 年具真正法定效力（legal binding），开始生效。并于 2008～2012 年进入第一承诺期，真正开始检验各缔约国是否如期达成原订减量目标的阶段。2012 年之后，目前并无任何法定约束与明确计划，因此，2007 年在峇里岛的第十三届缔约国大会中，制定了为期两年的峇里路线图（Bali road map），除了针对技术转让、“减少开发中国家毁林之碳排放量（Reduced Emissions from Deforestation and Degradation in Developing Countries，REDD）”等议题加强讨论之外，两年的路线图将从峇里岛到波兰，再到丹麦，希望 2009 年在丹麦首都哥本哈根举行的第十五届缔约国大会，完成 2012 年以后的“后京都（post－Kyoto）”协议。2009 年的哥本哈根会议在众人的惋惜声中草草落幕，历经两周的讨论之后，并未产生能够为世界各国接受延续京都议定书的决议，但为顾及大众对于此次会议的期待，因此最后也研拟出『哥本哈根协议』做为整个大会的重要结论。从中也透露出许多重要的讯息，足以影响未来整个谈判走向。在这个庞大且复杂的体制下，关于森林碳管理的议程进度特别缓慢，有的已经被纳入京都议定书的条款中，有的仅列出相关指导方针，而有的还在谈判与磋商当中。

2001年第七届联合国气候变化纲要公约缔约国会议所公告的“马拉喀什协议(Marrakesh Accords)”，规范了京都议定书减排温室气体的相关准则，相对于工业部门只能减少温室气体的排放，森林及绿地具有吸收与固定二氧化碳的“碳汇(carbon sink)”效用，乃是减少大气中二氧化碳量之直接对策，而“土地利用、土地利用改变及林业(Land use, land use change and forestry, LULUCF)”即是专门讨论林业相关议题的主轴。此外，京都议定书第3.3条规定“造林(afforestation)，再造林(reforestation)及毁林(deforestation)(简称ARD)所产生的温室气体净变化量可作为减量措施之一”，而第3.4条规定“土地利用改变及林业应是直接由人类引起的额外活动(additional human - induced activities)”，亦皆为林业相关之指导方针。

针对林地使用，根据政府间气候变化专门委员会(IPCC)之“LULUCF良好做法指南”的定义，所谓造林(afforestation)指的是藉由直接栽种、下种或人工促进天然更新等方式，将过去至少50年不为森林的土地转变为森林的人为直接活动；而再造林(reforestation)系指借由直接栽种、下种或人工促进天然更新等方式，将过去50年内曾为森林但被转变为非森林的土地，再次转变为森林的人为直接活动。对于第一承诺期(2008~2012年)，再造林活动仅限于1989年12月31日以后进行的植林活动。毁林(deforestation)则指因为人为活动直接引起的森林转变为非森林现象。

在京都议定书的三个弹性机制中的清洁发展机制(CDM)与联合减量(JI)都已纳入造林与再造林项目，允许藉由植林活动来达成温室气体减量目标。目前，联合减量机制下的已核准或规划中的造林与再造林项目地主国有保加利亚、罗马尼亚等东欧国家和新西兰；清洁发展机制下的造林与再造林项目地主国则有：印度、智利、巴西、中国、墨西哥、秘鲁等开发中国家。清洁发展机制，依项目类型不同，可分成能源、化学工业、建筑、交通、造林与再造林和农业等十五大项。截至2008年12月，全球共有1 240件CDM项目完成登录，其中能源部门占886件，而林业部门却只有1件，反应林业活动在执行上有一定的困难。“中国广西珠江流域治理再造林项目”于2006年11月在CDM完成登录，是国际上第1件在CDM完成登录的植林案例。

植林碳汇是京都议定书所认可的一种温室气体减量方式，但植林碳汇本身不是一件单纯的活动，受到天候与地理环境的影响，植林碳汇的成果要获得认可，势必需要一套严谨的规划、管理与碳汇估算系统，以确保植林的实际绩效与项目参与者的利益。基于上述因素，清洁发展机制执行理事会要求项目参予者必须针对该项目活动制作项目设计文件，详细说明项目执行方法、内容与结果，而方法学的用途就是提供项目参与者一套严谨且可依循的准则工具。截至2008年12月为止，CDM执行理事会已核准10个大规模CDM造林再造林方法学和3个小规模CDM造林再造林方法学作为项目执行的依据。一般而言，大规模和小规模CDM造林再造林方法学的差别在于，当一项植林项目每年预期的人为净温室气体汇移除量小于16 000tCO_2当量，且项目由该国的低收入小区或个人所施行，即属于小规模项目。反之，则为大规模项目。此外，指定经营实体(DOE)审查小规模造林再造林项目的程序也较大规模项目简略。

CDM项目的执行，最主要的精神在于“外加性”(additionality)。外加性是相对于基线情境(business as usual, or baseline situation)而言，在正常条件下，若没有项目活动的实施，仍会产生类似的结果，那么项目活动的介入变得可有可无，外加性也就很低；反之，若项目的执行，可以大幅改善原有状态，那么项目的成立就变得有意义，外加性也比较高。正所谓“钱要花在刀口上”，一旦某个科技改良项目或植林项目在申请时，其外加性越高，越容易通过审查，项目活动产生的减碳或固碳额度，才得以顺利进入碳市场交易。因此，林业的造林再造林项目，多半选在交通不便的偏远地区，或者天然更新不易的退化土地或放牧地；而执行该项目的财务收入，也从传统的木材收益，转成木材和碳汇的双重收益，以提高投资报酬率。

FAO(IPCC, 2007)曾提出森林用于减缓温室气体排放的策略为：吸收最大化与排放最小化。亦即透过林业的各种碳汇方式，例如增加林地碳密度或大量使用木产品等，将森林吸存碳素的功能发挥至最大境界；另一方面，则可透过各种维持碳汇方式，例如减少毁林、避免林地转作其他土地利用、以木材替代其他高耗能材料或化石燃料等，将森林本身的碳素排放或替代其他材料的排放减至最少的境界。在细部执行上，可分为排放减少及吸收增加的四种策略，做为整个林业碳汇策略的总结：

(1)维持或增加森林面积。透过减少毁林措施来维持森林面积，另外积极透过造林与再造林活动来增加森林面积。

(2)维持或增加林分碳密度。经由加强森林经营管理作业，提高单位面积的固碳量，例如减缓森林退化、改善林地整地措施、实施林木改良、林地施肥、异龄林经营及各种育林抚育措施。

(3)维持或增加地景碳密度。透过各种的管理作业方式，来维持或增加区域地景层级的碳密度。例如加强护林措施，防止盗伐及滥垦、建全林火管理以减少森林损失、加强病虫害防治与适当考虑长伐期作业方式等。

(4)增加木产品的固碳能力及生质燃料替代功能。鼓励大众多多使用木产品，增加木产品的碳贮存量；同时鼓励以林木生物量为材料的生质燃料使用，来取代高碳排放的化石燃料，达到减少碳排放量。

2 台湾林业碳汇管理现况

台湾林业主管机关针对森林碳管理议题拟定策略，针对推动林业碳汇工作，提出三项策略如下(林国庆，2007)：

策略一：碳吸存

碳吸存系经由加强土地管理，扩大森林生态系碳的贮存。其可透过增加森林面积或提升天然和人工林的碳密度(carbon density)，亦可增加耐久性林产品的使用来贮存。实际策略可透过加强造林、天然林更新、农地造林等森林永续发展的经营管理策略，增加森林资源的碳吸存。

策略二：碳保存

碳保存之目标在于保存森林资源中已存在的碳库(carbon pool)，亦是防止或减少已经固定在碳汇(carbon sink)中的碳释放率。行动策略包含：保护区设置、森林火控制、减少林地破坏和改善森林经营、土壤保育多方面。另可透过生态旅游等非林木资源生产的提供，保存森林资源所吸存的碳。此外，控制性伐采、保护森林与森林保育、改进森林经营施业(如减少冲击性伐木、完善育林作业、有效率的木材使用等)。再者，控制其他人为干扰，如火和病虫害破坏。然而，林木若不利用，仍会释放实质的碳量回大气，为避免或延长森林收获或转换(特别是老龄林)可提供最显著的碳获益。

策略三：碳替代

碳替代之目标为将森林生质碳转移至产品(如结构用材与生质燃料)，借以替代石化制品的能源与产品、水泥制品和其他建筑材料，此策略也包括栽植短伐期的森林作物。此外，增加耐久性林产品的使用来取代钢铁及水泥等高耗能材料，或是使用生质燃料，皆可减少对化石燃料的需求。

过去几年(2006~2008年)，针对这三项策略，台湾林业相关单位共同提出相对应的研究架构，并开启一系列的研究计划以因应全球关注的暖化现象。另外，台湾学者亦在不同经费资助之下展开与淘汰议题相关的研究，综合其研究，可将研究方向归为四类，分别为碳吸存、碳保存、碳替代及碳管理。

2.1 碳吸存

依IPCC指南，林木材积转换成林木生物量为估算林木碳吸存量的方法之一，再由林木生物量转换全株(含地下部)生物量及碳量，即为：

$$C_t = V_t \times D \times BEF \times (1+R) \times CF$$

式中：C_t = 在时间为 t 时的林木碳量；V_t = 为材积；D = 基本木材密度；BEF = 林木生物量换算为全株(地上部)生物量的生物量扩展系数；R = 根经比；CF = 碳含量比例。

在林木蓄积量和生物量转换上，台湾林业相关单位陆续于2006~2008年间完成柳杉、红桧、樟树、二叶松、栾大杉、台湾肖楠以及乌心石之森林蓄积量与生物量转换模式之关系。此外，在海岸林、平地造林及低海拔阔叶林的碳吸存估算方面也都有初步的成果(林国诠等，2005；许原瑞等，2006)；另外，在森林土壤的碳吸存方面，台湾亦有相当之研究成果(杨秋忠，1997；王巧萍等，2005；颜江河，2005)。综合前人研究结果，发现估算森林碳贮存量的估算公式及方法不尽相同，有待未来林业主管机关的统筹。

2.2 碳保存

森林损失所造成的二氧化碳排放估算方面，林俊成(2008)根据林务局资料，从1990~2007年，森林的年平均材积损失为134 419m^3，损失的来源包括盗伐，火灾，火警，滥垦等。

根据王义仲、林俊成(2008)"木质废弃物再利用增加碳贮藏之可行性评估"，针对全台各县市之环保单位所收集之木质废弃物种类、数量及利用方式加以汇整分析，平均全台每年木质废弃物回收增加量为1 357 720t。

王益真(2008)"延长林产品生命周期及其技术之研究(偏重于防火及防腐药剂处理，使木产品使用年限延长)"，由于台湾建筑多以钢筋混凝土为主，目前需进行防腐处理之木材一年仅70 000m^3，因此所得固碳量4417t相当于二氧化碳16 196t。

何振隆(2008)"延长林产品生命周期及其技术之研究(偏重制造纸浆过程中减少苛化反应之耗能)"，推估台湾纸业生产每年40万t之纸浆，若添加1%硼酸盐($Na_2B_4O_7 10H_2O$)时，有效苛化，每公吨纸浆能减少0.28t的CO_2排放，每年约可减少CO_2排放约112 000t。

2.3 碳替代

王义仲(2006)估算出孟宗竹生物量105.1t/hm^2，桂竹33.3t/hm^2。若以竹子当成生质能源，替代石化燃料燃烧，将会减少很多二氧化碳的排放。

根据"碳中和(carbon neutral)"的概念，吴耿东和李宏台(2007)提到，生质能源(biomass energy或bio-energy)在利用过程的二氧化碳净排放应为零；当植物行光合作用，吸收阳光、二氧化碳及水分后，产生氧气，并促进了植物的生长；而后再将植物取之作为燃料，在产生能源利用的过程中，其所释放之二氧化碳再回到大气中，形成一没有增加二氧化碳净排放的循环。相较于燃烧石油释放几百万年前就储存于地底下的二氧化碳；生质能源的运用，将二氧化碳从空气中固定到植物体再释放回空气中，形成短周期的二氧化碳净排放，因此，生质能被列为再生能源的一种。依据我国行政院"再生能源发展条例(草案)"第三条第二款的定义，生质能为"台湾农林植物、沼气、一般废弃物与一般事业废弃物等直接利用或经处理所产生之能源"，泛指由生物产生的有机物质，例如木屑、玉米、稻壳、蔗渣、沼气等。

王松永(2008)"森林与木材对二氧化碳吸存之贡献"中提到，如建筑物面积以136 m^2(约40坪)计，则CO_2排放量木质构造建筑物为18 504kg，RC造为78 530kg。因木质构造建筑物可固定CO_2量为24 480kg。因此，如以木质构造建筑物取代RC造可使CO_2减量达84 506.4kg，相当于84 506t的二氧化碳。

2.4 碳管理

除了上述的碳吸存、碳保存、碳替代措施之外，碳管理方面的研究报告也不少，例如，林俊成(2008)"台湾地区森林碳汇供需之成本效益与制度设计之探讨"，分析台湾地区森林碳汇供需面，并探讨其制度设计；李国忠、林俊成、陈丽琴(2000)"台湾杉人工林碳吸存潜力及其成本效益分析"；郑钦龙(2000)"再造林成本与林木伐采决策之分析"等。

近年来由于碳的相关议题受到台湾林业研究的重视，加上政府单位的鼓励，故有越来越多的研究能量投入相关的研究。统计1992~2007年间台湾与碳议题相关的研究总数约有200篇，可依碳吸存、碳保存、碳替代与碳管理分为四类探讨。

碳吸存主要指各种碳库贮存量或年吸收量的估算研究，包括不同森林地上部生物量、含碳量与土壤碳库的估算。另外在各种转换系数的研究，例如碳转换系数或材积生物量转换系数的研究，也都包括在碳吸存研究范畴里面。碳保存则是指关于森林因火灾、病虫害或土地利用改变造成森林碳排放及如和延长林产品寿命的研究，结果显示台湾过去探保存的研究相当缺乏，虽然已有一些计划在进行，但其研究结果尚未呈现出来。碳替代的研究范围涵盖有木质材料的替代性及木质生质能的研究，其中木质生质能研究也有很多并不是林业研究人员进行的，而是建筑与能源方面研究人员的研究成果。至于碳管理方面，涵盖范围最为广泛，从基本碳循环的概念、京都议订书、国家温室气体调查清册、数据库管理及各种政策与管理的研究都属于碳管理范畴。

台湾各年度于碳议题相关研究所发表的篇数分布如下图 2，由图 2 之分布可得知台湾现有的研究方向偏重于碳吸存方面，碳管理方面因包含之层面较广，因此各年度所进行的研究颇多，碳替代方面研究数量亦不少，而碳保存方面之相关研究则极少，尚需加强。

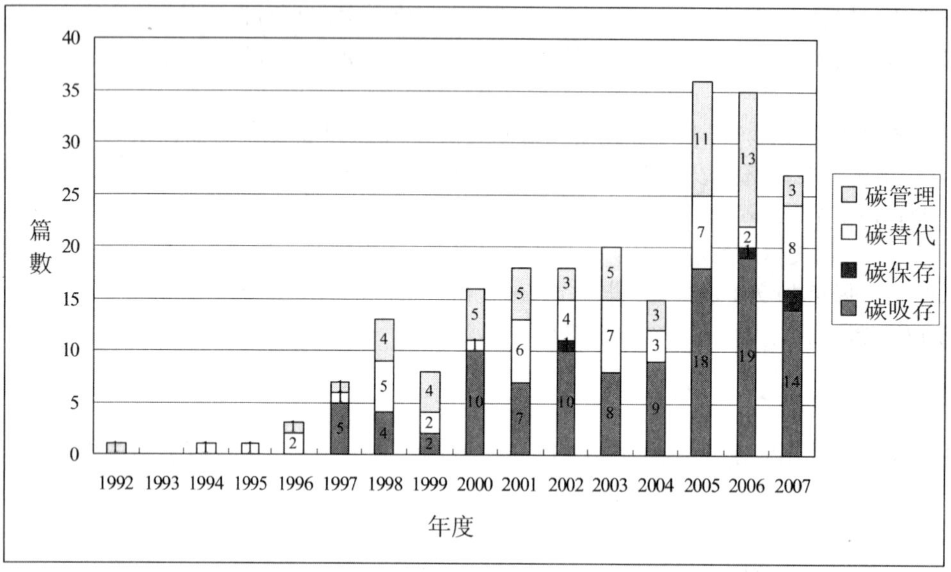

图 2　碳相关议题各年度发表研究之数量

但于碳替代方面之相关研究有许多为非林业领域进行的研究，而其他方面的碳相关研究，多为林业领域所进行，极少数为非林业领域；由碳替代所发表的篇数分布，可知碳替代方面相关研究量达碳吸存方面之半数，但其中之半数又为非林业领域进行之研究，因此碳替代于林业方面之研究未来可加强。

由图 2 可发现于 2005 年以及 2006 年之相关研究数量较其他年度多，系因这两个年度举办较多碳管理相关之研讨会，若研究文献所属之来源依照期刊、学生论文、研讨会、研究计划以及其他区分，可得知各年度碳方面相关研究于各种型式发表之状况，如下图 3：

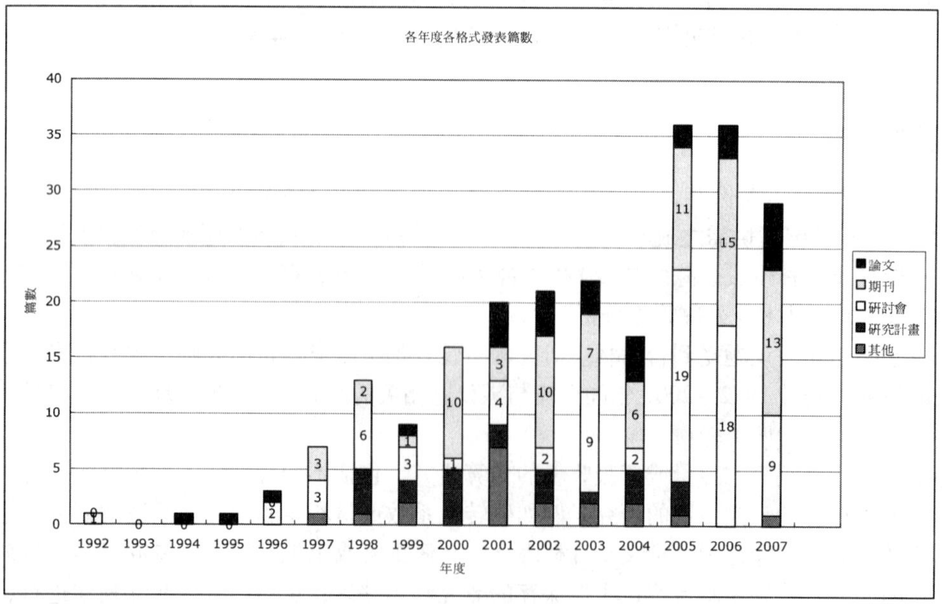

图 3　碳相关议题各年度所发表之型式数量

各方面发表之研究以期刊发表为多数，但于 2005 年以及 2006 年则以研讨会之发表篇数占多数，因此两个年度发表之碳方面相关研究之数量较多。

上述的数据显示，减缓全球暖化的议题与相关研究还在持续增温当中。总体而言，目前在碳相关议题上多以造林及加强森林抚育较为积极，其他方面仍需加强；此外，目前碳管理多着重于研究层面，亦需积极将实际推广面的研究成果应用于碳相关策略之实践。

3 台湾林业碳汇管理策略

森林经营是百年大计，即使顺应时势而发展各项碳汇管理措施，仍需在原有永续发展的经营原则上，通盘考虑，才能建构健全的林业碳汇减碳施政方针。未来在整个林业碳汇减碳政策，应在既有碳管理的三个方向：碳吸存、碳保存及碳替代的基础上，更进一步加上碳管理的面向来协助推动与整合各项碳汇策略，方能形成完整的林业碳汇管理体系，以便在此体系之下能够完整且有效地推动林业碳汇政策：

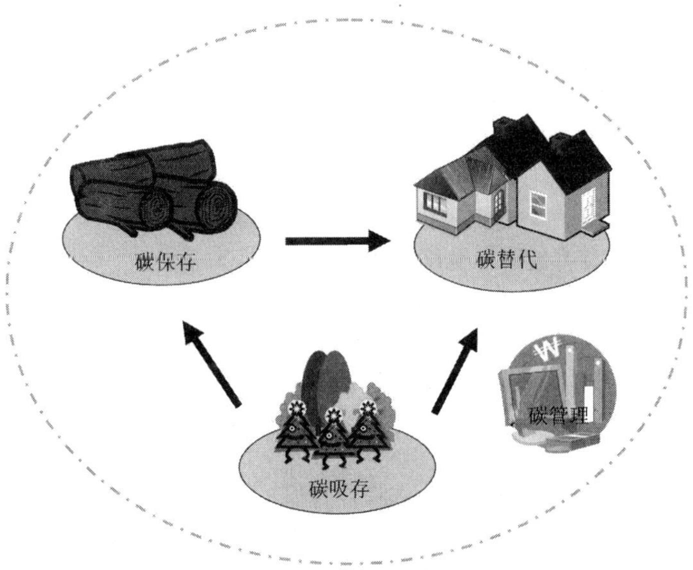

图 4 林业碳汇管理体系

在林业碳汇管理体系中共分成碳吸存、碳保存、碳替代与碳管理等四个面向，分别拟定其目标为：

碳吸存目标：厚植森林资源，增加森林碳吸存量

碳保存目标：维护森林健康，保存林木既有碳汇

碳替代目标：推广木质材料替代效益，扩大碳替大功能

碳管理目标：健全管理体制，提升森林碳效益

其细部说明如下：

3.1 碳吸存目标：厚植森林资源，增加森林碳吸存量

森林在碳吸存面向主要系透过增加林地的面积与提升林地碳密度，也就是透过量与质的方式厚植森林资源，增加森林碳吸存量。在实际具体策略方面，主要是以增加森林面积，及提高单位面积碳贮存量为主。于增加森林面积方面，大致可以分为台湾及海外造林两大部分；提高单位面积碳贮存量则是以落实森林经营措施，来提高单位面积碳密度：

3.1.1 积极奖励造林，厚植森林资源

台湾造林部分，首先透过绿色造林计划，分别在平地及山坡地地区推动平地景观及绿美化造林与山坡地造林等。此外，如加强海岸地区环境林之建造，以改善环境质量；扩大国有林租地收回造林及加速崩塌地复育，亦均属增加森林面积的具体做法。另外也可透过媒合地主或捐助造林基金的方式，让企业

的资金与力量能够投入造林的工作。

3.1.2　配合政策辅导海外合作造林

国际上林地长年大量减少，其中有转作他用或任其荒废，，因此协助或辅导政府单位或企业，至海外进行合作造林，亦可视为增加森林面积的另一种具体实践。尤其目前国际上对于造林以增加森林面积的作为加以鼓励，让海外合作造林，不但有实质经济利益的收益，亦可成为台湾善尽地球公民的具体表征。因此未来可配合政府环保及外交政策的考虑，从专业角度协助寻求海外适当的合作对象，发展植林减碳计划，并辅导企业参与海外植林计划，扩大林业碳汇功能。

3.1.3　落实森林经营措施，提高单位面积碳密度

于提高单位面积碳贮存量方面，主要针对现有人工造林地，透过适当地经营措施，增加单位面积的生产量，以增加碳贮存量。在具体措施方面有积极进行林木改良研究与推广，栽植优良品系；加强林地更新整地，防止林地冲蚀退化；落实经营抚育措施，培育健康且生长快速的人工林；推行异龄林经营模式，充分利用林地；建立完善林木经营计划，有效利用林地生产力等措施。

(1)林木改良研究与推广，提供优良植栽品系

育林品系的改良影响后续林木生长甚巨，因此如何透过传统林木改良技术，与结合现代基因改良技术，培育出健壮、抗病虫害且生长快的优质品系，应是值得加以期待的。

(2)加强林地更新整地，防止林地冲蚀退化

在台湾林地伐采更新阶段，如裸露过久，常因豪雨冲刷，林地土壤流失严重而有退化之虞，因此在林地更新整地阶段，应采取适当的林地保护措施，减少林地冲蚀退化。

(3)落实经营抚育措施，培育健康且生长快速的人工林

林木经营抚育乃是帮助林木生长的重要措施，在不同生长阶段有不同的抚育需求：如幼年期需要除草以增加苗木与杂草的竞争力，在生长快速时期则需要藉由疏伐来减轻生长竞争压力，另也可透过修枝作业来提高木材质量与促进生长。所以落实经营抚育措施，以期培育健康且生长快速的人工林。

(4)推行异龄林经营模式，充分利用林地

异龄林的经营主要在透过不同林龄林木在水平及垂直上的配置，让林木充分利用水平生长空间，亦能透过垂直结构的多样性，来增加林地的生物多样性与保护林木更新时，林地不会造成裸露状态。因此完善规划异龄林经营模式，将能有效利用林地空间，形成异龄复层多样健康之森林(邱志明，2007)。

(5)建立完善林木经营计划，提高林地生产力

森林经营者在适当的时期从林地伐采适当的林木，让林地能够继续提供新林木的生长，同时将伐采的林木做妥善的利用，继续保有固碳功能，乃是有效增加林地碳吸存能力的最佳途径。过去林业经营管控这整个林木伐采、更新与利用运作流程的方法，即是透过林木经营计划来运作。完善的林木经营计划可让经营者明确地掌握何时何地应伐采何种林木及数量，以及如何更新，及清楚掌握多少数量的林产品可以进入市场提供利用。因此对于林地的生产力能够有效掌握，亦即能够确实掌握有多少数量的碳能被吸存，对于林地的利用将更能掌握。

3.2　碳保存目标：维护森林健康，保存林木既有碳汇

碳保存面向的目标在于保存森林生态系中已存在的碳库(carbon pool)，亦是防止或减少已经固定在碳汇(carbon sink)中的碳释放。行动策略方面有维护森林健康减少森林碳汇损失、维护生态系稳定强化碳汇储存功能及增加林产品利用效能，延长林木碳汇功能等三大方面。

3.2.1　维护森林健康，减少森林碳汇损失

健康的森林不但生长旺盛，也不易遭受各种自然干扰影响，而降低生长力。因此应透过积极保林与护林的作为，来确保森林健康，减少森林已固定碳汇的损失：

(1)加强保林措施，减少林地改变及破坏事件

林地改变成其他的土地利用方式，是减少森林碳汇面积的最直接方式，此外，如盗伐滥垦等不当的森林破坏行为，也是造成森林碳汇减少的原因。因此应加强林地管理与各项保林措施，防止林地转作他用或遭受破坏，有效保存既有碳汇。

(2)建立完善林火管理体系，减少森林火灾损失

森林火灾不但是释放碳汇温室气体最直接的方式，也常常造成林地退化及妨碍林木更新。所以应结合学术与实务单位，从预防、扑灭及复育等方向，建立完善的林火管理体系，减少因森林火灾所造成的森林碳汇损失。

(3)落实植物病虫害防治，减少林木疫情发生

病虫害对于森林造成危害时，轻则影响生长，重则导致林木死亡，造成森林碳汇吸存减缓或停滞，故应予防止。因此应针对各种可能病虫害，落实其防治措施，减少或有效控制疫情，以减少森林碳汇的损失。

3.2.2 维护生态系稳定，强化碳汇储存功能

对于生态脆弱或敏感地区，应设置保护区加以保护。由于保护区生态系本身就较为脆弱，如有不当干扰将导致严重破坏，因此应落实保护区经营管理，维护生态系稳定，减少碳汇的释出。另外林地土壤所固定的碳量，占森林生态系相当大的比重，如何积极采取稳定林地土壤措施，避免扰动土壤造成碳汇释出，也是强化碳汇储存的重要措施。

3.2.3 增加林产品利用效能，延长林木碳汇功能

(1)发展木材处理技术，延长木制品寿命

适当的木材加工处理可以延长木制品的使用，让木制品所固定的碳能够留置更长的时间，延后释回大气的时间。因此，加强研发环保无毒的加工处理技术，延长木制品保存碳素的时间，是十分有效降低碳汇释放的方式。

(2)积极推广木质文化，增加林产物使用

在林业碳汇管理过程中强调林产品的伐采，被越多的木质材料利用时，让木制品在被人们利用同时也能发挥固定碳的功能。所以应积极推广民众爱用木质材料的文化增加林产品需求，让林木经营计划得以良性运作。

(3)加强木质废弃物回收再利用，充份发挥木质材料固碳作用

台湾地区近10年平均净使用量约500万 m^3，因此每年产生的木质废弃物数量庞大，若任其随意丢弃或焚烧，快速释放出碳素殊为可惜；应研拟良好的回收体系，适当的回收再利用，让木质废弃物得以发挥最大的碳汇效益。

3.3 碳替代目标：推广木质材料替代效益，扩大碳替大功能

碳替代之目标为将森林生质碳转移至产品(如建筑用材与生质燃料)，借以替代石化制品的能源与产品、水泥制品和其他建筑材料，或做为生物质燃料，皆可减少对化石燃料的需求，达到减碳的目标。

3.3.1 推动木质材料取代高耗能材料

木质材料在加工处理过程相对于混凝土及钢材属于较低耗能的工程材料，加上木质材料本身就能固定碳素，因此有非常良好的碳替代效益，值得大力推广；在替代材料方面可以取代建筑结构及内装用材，或者，将木质材料应用于生态工程，增加木质材料的替代效益。

3.3.2 发展木质材料为生物质燃料取代化石燃料

基于碳中和的概念，木质材料透过光能来固定碳，若以燃烧方式转成热能释出，对于碳的平衡并不具影响，但利用木质燃烧时具有燃烧效率偏低及体积庞大运输不易之特性。因此目前积极发展能够提高木质燃料的燃烧效率，并发展小型燃烧器具，配合适当的产运销体系，让木质燃烧的利用形成永续产业。

3.4 碳管理目标：健全管理体制，提升森林碳汇效益

林业碳汇为有效达成前述的三个目标，还需要一些配套的管理机制。例如三个目标彼此间如何分工及分配，或者如何建立碳汇交易的审议机制等，都需要有完整的管理体制，方能让不同林业碳汇目标整合起来，并在完善的管理体系下运作，达到最大森林碳汇效益。在碳管理目标之下，需要有不同的策略来达成目标：

3.4.1 增强林业研发能力，提供碳汇必要数据

检视台湾过去与碳汇的相关研究，缺乏林木基础数据，如生长、材积与生物量估算等，需要投入大量的研究能量，方能提供较为可靠的基础数据。另外，在不同碳汇目标的可行性、技术、成本效益评估与政策研究等方面，亦欠缺有系统的研究，且目标间横向比较的研究更少，例如研拟与比较不同林业碳汇减碳策略、评估林业碳汇减碳政策执行成效等，导致决策者缺乏确实的数据与评估结果做为参考。因此，在碳管理体系中，研发能力应加强，透过研究成果以确保碳汇管理的成功。

3.4.2 建立国家碳量估算基线与动态监测体系

在IPCC的架构下，每个国家均应针对该国的各部门进行调查，做成国家清册报告与监测体系。透过目前正在进行的第四次台湾森林资源调查，将可建立森林碳量估算的方式及其基线数据，同时也可完成日后定期的监测方法，题供森林资源状态的动态变化信息，在此过程中透过碳管理信息系统来整合所有相关信息，提供国家清册所需数据。

3.4.3 发展具公信力之植林验证机制

目前林业碳汇在国际推动上遇到最大的问题为碳量的计算过程较为繁复且有其技术上的瓶颈，例如缺乏林木生长数据，或因地不同而有差异，所以在整个碳量的计算上，需要有较严谨的验证及查核机制。所以未来台湾若推行植林碳汇时，应引进国际验证规范，建立台湾可行的植林验证程序及审议标准，做为推行植林碳汇的检核标准。同时也要积极辅导有兴趣参与碳汇植林计划的企业，让其了解碳汇计量的方法及其验证的程序与标准，让所有的工作都能符合未来碳交易机制的要求。

3.4.4 积极协调林业相关单位整合，推动碳汇交易管理机制

林业碳汇的效益要能落实，唯有仰赖立法，这样林业碳汇才能透过计量与验证程序，真正在碳交易市场上销售，如此方能打通林业碳汇的产业结构。因此，未来将积极协调与林业碳汇的其他相关单位，例如与碳替代中生物质燃料相关的能源局及建筑材料相关的营建署，建立共识，共同推动碳汇交易管理机制，让林业碳汇能真正落实。

3.4.5 建立碳汇成本效益评估机制，追踪推动成效

推动林业碳汇的策略有相当多不同方式，也有不同的成本与效益，对于某些策略，并不能完全从有形成本的角度来评断其效益。例如造林虽然相对于其他策略，其成本确实偏高，但造林所带来的效益并非仅有碳汇的效益，还包括生物多样性、景观及小区林业的效益，应该建立适当的碳汇成本效益评估机制，来掌握不同碳汇策略的差异。同时林业碳汇是一种长期性的减碳方式，所以应该针对任何推动的林业碳汇策略，发展有效的成效追踪方法，以长期追踪实施成效。

3.4.6 配合国际趋势，协助参与国际林业碳汇活动

由于气候变迁是全球性的议题，每年气候变迁公约缔约国都集会讨论各种与温室气体管制相关议题，因此林业碳汇是国际性的议题，也是许多国家共同关注的。因此应积极派员参加各种国际会议，了解国际林业碳汇的最新趋势，以参与全球林业碳汇的交易或管理，提升台湾林业碳汇的认识与落实。同时，适当地协助台湾企业，在国际上参与林业碳汇的交易，让台湾在国际林业碳汇市场能够占有一席之地。

4 林业碳汇管理未来展望

所有碳管理相关议题的主张与规范，不断地在各种国际场合中磋商，台湾应确立自身森林碳管理的短期及长期政策目标，以落实碳管理政策，以便与国际接轨。

4.1 短期工作目标(三年内)

4.1.1 拟订林业碳汇减碳政策量化目标

依碳吸存、碳保存与碳替代三方面减碳量化成效配比，拟定林业碳汇短中长程减碳量化目标，作为推动林业碳汇减碳政策目标。

4.1.2 成立跨部会林业碳汇减碳政策推动小组

成立跨部会林业碳汇减碳政策推动小组，整合林业产官学研整体力量，透过环保署温室气体减量办

公室，积极协调相关部会落实林业碳汇减碳政策目标。

4.1.3 加强整合林业碳汇相关研究，提供必需基础参数

增加研发预算，整合台湾林业研究人力，加强基础数据的收集与建立，培育专业碳汇管理人员，发展达成各项目标之研究。

4.1.4 建立以层级二为基础的森林碳量估算架构

配合森林碳管理信息平台，提供国家清册所需可靠数据，协助完成国家通讯，进而建立完整之碳汇信息管理体系。

4.1.5 建立林业碳汇计量与验证体系，落实减碳政策目标

为求活络台湾林业碳汇交易，应发展完善的林业碳汇计量与验证体系，让民间企业可资遵循，投入林业碳汇交易市场，以提振台湾林业碳汇相关产业。

4.1.6 配合法令订定，发展台湾林业碳汇交易机制

配合温室气体减量相关法规之订定，建立台湾林业碳汇交易申请、审议及核定等管理机制，推进台湾林业碳汇交易之实现，开创林业碳汇产业之发展。

除上述短期之目标外，林业碳汇工作实属长期性的减碳方式，因此配合短期之目标，应订立长期之方向。

4.2 长期目标

4.2.1 加强森林资源持续成长且稳定强化碳汇储存功能

除了维护既有森林资源并防止林地遭受干扰，并持续抚育及施行有利之经营措施，使林地生产力稳定成长且增强稳固森林碳汇储存功能。

4.2.2 协调各部会推动及落实长期碳保存与碳替代工作

明确掌握各部会工作并有效整合各项内容，以建立共识并发展健全之合作体系，达成最佳碳汇管理机制。

4.2.3 持续推动木质材料回收与使用发展永续产业

有效回收木质材料并积极推广其取代高耗能材料，并积极研究提高木质材料使用效益，以达林业碳汇之永续经营。

4.2.4 建立碳汇成本效益评估机制达成目标最佳成效

评估比较各项碳汇目标之施行成本与达成效益，建立适当机制并了解不同碳汇策略差异，并落实施行成效追踪以有效达成目标。

4.2.5 掌握国际动向且配合政策辅导海外合作造林

了解林业碳汇国际趋势并积极参与国际议题，并协助或辅导政府或企业进行海外合作造林，善尽地球公民之职责。

长期政策方面，应加强台湾碳汇管理各项工作成效，并加强国际观，并且对于民众和民间企业的教育与倡导，始了解永续发展的重要性及各项策略推广的涵义，维护稳定森林碳汇储存，加强木材产品的有效利用与回收。协助发展台湾碳交易市场，则应着重于推广企业重视森林生态服务的价值、提高企业的社会责任。而林业经营单位也应加强人工林的经营管理、并强化天然林的保护措施，让林业碳汇达到开源节流的最大效益。

5 从哥本哈根协议看林业碳汇之展望

5.1 哥本哈根协议林业碳汇相关内涵摘要

2009 年 12 月 7～18 日于丹麦哥本哈根举行的联合国气候变化纲要公约(United Nations Framework Convention on Climate Change, UNFCCC)第 15 届缔约国会议(COP15)，暨第 5 届京都议定书缔约国大会(CMP5)研拟出“哥本哈根协议”作为整个大会的重要结论。哥本哈根协议共有 12 条(UNFCCC, 2010)，其内容基本上属于大家妥协的产物，主要内容涵盖有重申对于气候变迁议题的重视、要求大家遵守国际

间排放量计算的量测、报告与查证(Measurement, Reporting, Verification, MRV)规范、非附件一国家每两年应提交国家通讯、强调对于毁林(REDD)议题的重视、以及资金筹措与分配的建议等，以下仅就各条文中与林业碳汇相关之5、6、8、12条文重点加以摘录：

协定第5条

非附件一国家所采取之减缓行动，将受到其本国进行之国内量测、报告与查证(Measurement, Reporting, Verification, MRV)行动，并将其结果透过国家通讯依据缔约国大会采纳之指导纲要为基础，每两年送达报告一次。

协定第6条

了解减少来自毁林与森林退化排放量之紧要角色，以及改善森林移除造成温室气体排放量之必要性，同意有必要透过建立包括REDD－plus的机制，提供正面诱因之必要性，以便能够动员来自于已开发国家之财务资源。

协定第8条

扩大规模、新增与额外、可预测与足够之资金，和获得改善之资金取得性，将在依据公约相关条款规定下，提供给开发中国家，以使得能够与支持针对减缓之改善行动，包括对于减少来自毁林与森林退化(REDD－plus)排放量、调适、技术发展与移转及能力建构之实质融资，以改善公约之实施。

协定第12条

建立哥本哈根绿色气候资金，以作为公约之融资机制作业实体，来支持开发中国家与减缓相关之计划、方案、政策与其他活动，包括REDD－plus、调适、能力建立、技术发展及移转。

由上面哥本哈根协议与林业碳汇相关条文的摘录，可以得知目前对于林业碳汇最直接有关的是：每两年缴交国家通讯提供国家各部门排放清册之议题。因此以下为对于此议题台湾相关因应之道之探讨。

5.2 哥本哈根协议林业碳汇相关议题因应之道

面对每两年缴交国家通讯，提供国家各部门排放清册之要求方面，由于林业部门排放清册之计算，原就是国家林业部门呈现碳汇之重要施政成果，所以也将会被要求每两年提交具有MRV基础的林业部门排放计算结果。以下仅就这部分国内相关因应之道加以讨论：

5.2.1 林业部门排放清册MRV制度之建立

目前台湾国家通讯中林业部门排放清册的计算，主要仰赖于林业统计资料，然而目前台湾土地利用类型区分上，并无法完全符合IPCC所区分之六类土地利用类型(林地、农地、草地、湿地、集居地和其他土地)，因此在土地使用类别之间的碳量变化目前尚无法得出，欲解决这一问题，建议国土规划部门(如内政部)应统一土地利用类别，并将原有土地利用类型与IPCC土地利用类型做一整合及归纳，以增加统计上的精确度及连结(邱祈荣，2009)。

另现阶段林业活动温室气体清册统计，仅就AFOLU之林地(3B1)部分加以考虑，假设林地维持为林地的状态(FL－FL)进行分析，对于其他部分如农牧业、林地与其他土地利用类别转换、经采伐的木质产品(HWP)等并未分析，建议可进一步进行研究，另对其他非CO_2的温室气体也应进一步估算。目前统计方法受限于资料的连续性及完整性不足，因此以第三次台湾森林资源及土地利用调查及林业统计的资料为主，在相关系数的选择以本土性的数据为主，但树种的区分仅以林型来区分成天然针叶林、天然针阔叶混淆林、天然阔叶林、人工针叶林、人工针阔叶混淆林、人工阔叶林、竹林(林木部分)及竹林(竹类部分)8大类，建议未来应在此次统计的基础上，就各林型可再细分成不同树种、不同林龄，以此建立相关系数的数据库，以提升数据层级。另现阶段统计仅就生物量部分进行分析，而死有机质及土壤碳库也有待数据整合。同时在目前林业统计中，有关受干扰影响的森林面积与损失材积，并无细分林型，甚至树种，有待林业部门提供更完整的数据以增加统计结果的精确度。由于林木生长及碳吸存量受树种、海拔、坡度、土壤、林分密度等生育地状况及轮伐期等影响，且在林地上尚有许多风险及不确定因素如病虫害、森林火灾等灾害、森林管理与林木的生长不如预期等，同时林地的管理集约度及抚育方式(如施肥、疏伐、修枝)等皆会影响林木的生长，进而影响未来的碳吸存量。在统计结果完成时，应进一步估计不确定性和执行完整的QA/QC(质量保证/质量控制)程序，并应根据已有调查结果、不确定性和QA/

QC 程序，区分未来调查的优先级(邱祈荣，2009)。

综上所述，针对国家通讯所需的林业部门排放清册计算提出许多建议。因为哥本哈根协议的共识，国家以后每两年应该会要求各部门针对其排放量依据 MRV 的作业原则，提供足以令人信服的数据，因此林业部门应更积极地检视林业统计的各项数据，评估其数据来源是否符合 MRV 原则，若有不符之处则应加以改进，对于未提供之数据而为清册计算所需，亦应积极规划如何提供，建立数据供给管道，让国家清册所需资料均能符合 MRV 原则，则可将林业部门排放清册计算制度化，以彰显林业碳汇在国家减量的贡献。

6 结论

林业碳汇之推动在国际上已为改变森林经营管理面貌的重要工作，不但深深影响与改变传统林业经营，更让林业能够在兼顾环保与生产之下，有效地扩展林业功能，达到小区、生产者与消费者三赢的局面。因此，未来如何透过各个面向来达成目标，将是林业经营者最大的挑战。

参考文献

[1]王巧萍，张朝婷，苏德忠．森林枝叶层在土壤碳库估算之重要性．林业研究专讯，2005，12(4)：20.
[2]王松永．森林与木材对二氧化碳涵存之贡献．林业试验所“因应京都议定书之林业经营策略”年度报告，2008.
[3]王益真．延长林产品生命周期及其技术之研究．林业试验所“因应京都议定书之林业经营策略”年度报告，2008.
[4]王义仲．竹林生物量调查回顾与展望．2006 年森林碳吸存研讨会，2006.
[5]王义仲，林俊成．木质废弃物再利用增加碳贮藏之可行性评估．林业试验所“因应京都议定书之林业经营策略”年度报告，2008.
[6]何振隆．延长林产品生命周期及其技术之研究．林业试验所“因应京都议定书之林业经营策略”年度报告，2008.
[7]吴耿东，李宏台．全球生质能源应用现况与未来展望．林业研究专讯，2007，14(3)：5-9.
[8]吴淑华．参与联合国气候变化纲要公约第 15 届缔约国会议暨京都议定书第 5 届缔约国大会报告．2010，44.
[9]李国忠，林俊成，陈丽琴．台湾杉人工林碳吸存潜力及其成本效益分析。台湾林业科学，2000，15(1)：115-123.
[10]林俊成．台湾 LULUCF 部门活动数据汇整与温室气体清册统计，2008.
[11]林国铨，杜清泽，徐嘉君．中低海拔天然阔叶林碳贮存之估算．森林与环境变迁研讨会论文集，2005，45-57.
[12]林国庆．因应国际温室气体减量台湾森林资源经营管理政策之调整．行政院农业委员会林务局九十六年度科技计划研究报告，2007.
[13]邱志明．台湾人工林之生态环境与经营策略．林业研究专讯，2007，14(1)：4-7.
[14]邱祈荣．温室气体国家清册林业活动碳量估算及验证机制之研究．林务局委托研究计划报告，2009，171.
[15]许原瑞，洪昆源，王巧萍，吴孟铃，邱祈荣．海岸林分生物量调查规划．2006 森林碳吸存研讨会论文集，2006，217-235.
[16]杨秋忠．果园及森林土壤对温室效应气体之释放及吸收研究．台湾地区大气环境变迁研讨会，1997，122-141.
[17]郑钦龙．再造林成本与林木伐采决策之分析．中华林学季刊，2000，33(1)：81-87.
[18]颜江河．森林土壤的碳吸存量．森林与环境变迁研讨会论文集，2005，58-70.
[19]Campbell N A, Reece J B, Mitchel L G, 1999.
[20]IPCC. Good Practice Guidance for Land Use, Land-Use Change and Forestry. 2003.
[21]IPCC. 2006 IPCC guidelines for national greenhouse gas inventories. 2006.
[22]IPCC. Mitigation of Climate Change, Fourth Assessment Report of the Intergovernmental Panel on Climate Change. 2007.
[23]Molles M C. Ecology: Concepts and applications 2002 (2e): 435-436.

固碳木的开发应用：应对全球气候变暖的第四方案

仇峰[1]　张明之[2]

（1. 上海星嘉诺华材料科技有限公司；
2. 南京政治学院博士后流动站）

摘　要：全球气候变暖，将直接影响到人类生存。大量燃烧矿物燃料是CO_2等温室气体的主要排放源。目前，为应付全球气候变暖的低碳经济模式三种技术方案的选择存在瓶颈，运行困难，不可能在本世纪内根本解决全球气候变暖问题。应对全球气候变暖呼唤第四方案，即以科技创新为基础，结合现代农业，通过工业化手段创建一个新的地球碳库。碳库的营造，首先寻找一种碳含量较高且不易分解、固碳效益长久的物质作为碳的寄存体，同时又是一种可以低成本生产的资源或材料；其次将其培育成为一个产业，成为新的经济增长点；最终结束人类对森林木材资源的依赖。第四方案的目标是在20年时间内，甚至在更短时间将大气中温室气体浓度稳定在330ppm水平以下，作为应对全球气候变暖的一种技术选择。

关键词：碳汇；固碳木；第四方案

1　问题的提出

2009年12月，《联合国气候变化框架公约》第15次缔约方会议暨《京都议定书》第五次缔约方会议在哥本哈根举行。根据联合国政府间气候变化专门委员会（IPCC）的测算，为了防止气候变化最坏场景的出现，到2020年，发达国家至少要在1990年的基础上减排25%～40%的温室气体；而到2050年，全球的温室气体排放必须下降至少一半。

Pacala和Socolow（2004）研究温室气体减排技术的潜力，并提出3个框架性的解决方案包括15种技术措施，即提高能效和节能（包括改善燃油经济性，减少对小汽车的依赖，提高建筑能效，提高电厂能效）；降低能源的碳含量（包括用天然气替代煤炭，捕集电厂产生的碳，封存氢能电厂产生的碳，封存合成燃料电厂产生的碳，核聚变，风力发电，光伏发电，可持续的氢能，生物燃料）；开发利用自然碳汇（包括森林管理，农业土地管理）[1]。然而，国际社会现有的应对全球气候变暖问题的三种技术方案存在瓶颈，无法在本世纪内根本解决全球气候变暖问题。现有方案的目标最多将大气中温室气体浓度稳定在450～550ppm（CO_2当量）之间，并且需要30～50年的时间努力，而对全球2℃的升温上限显然没有更深刻的评估。更现实的是，近年来诸多国际谈判中，成本问题已成为低碳经济模式的技术方案实施的瓶颈。目前的研究起码忽视了三个方面内容：其一，过分考虑如何能减少CO_2的排放，以至将目标放低。但经济发展依然会伴随着CO_2的继续排放，尽管各国通力合作，利用现有的技术方案或许能达到将CO_2的排放控制在每年70亿t，即全球大气中温室气体浓度稳定在500ppm水平上，但从可持续发展的角度

作者简介：仇　峰，硕士，主要研究方向：木材加工。电话：13501919768。地址：上海浦东上海星嘉诺华材料科技有限公司，200000。

张明之，博士，副教授，主要研究方向：经济学。电话：13951901702。地址：南京中山北路305号博士后流动站，210003。

来看应将这一指标尽快地稳定在330ppm水平以下(2005年为379ppm，工业革命之前为280ppm)。其二，假定全球温室气体浓度稳定在今天的水平，事实上忽视了地球上一些对气候变化最为敏感的地区，如南极、北极和青藏高原的冰川已经开始溶化，如果冰川下的碳汇转为碳源，将是不可逆转的毁灭。其三，此前对碳汇的研究还不够，如对林产品碳汇、土壤碳汇、农作物碳汇、动物碳汇等等。

2 森林碳汇的双重性

森林碳汇，近年来越来越受到重视，如在"波恩政治协议"、"马拉咯什协议"等将造林、再造林活动纳入《京都议定书》确立的清洁发展机制(CDM)，鼓励各国通过绿化、造林来抵消一部分CO_2排放。通过造林后，植被碳和土壤碳的变化构建重要的陆地临时碳库，增加陆地碳汇，是世界公认经济有效的减缓大气中CO_2的方法。IPCC(2000)的报告指出，就全球而言，森林光合和呼吸作用与大气之间的年碳交换量高达陆地生态系统总量的90%，森林植被每年从大气中吸收(GPP)约120Gt的碳当量，其中植物呼吸返回大气约60Gt碳当量。在余下的约60Gt的净初级生产(NPP)中，约50Gt通过土壤和死有机植物残体的异养呼吸(分解作用)返回大气，形成了每年约10Gt的净生态系统生产量(NEP)，这其中又有约9Gt通过干扰排放进入大气，因此，植被每年净碳交换量(NBP)约1GT(CIAIS ET AL 2000)。

然而，森林具有碳汇和碳源的双重特性。森林生态系统，既有光合作用，吸收CO_2释放O_2；又有呼吸作用，吸收O_2释放CO_2。前者是碳汇，后者是碳源，但二者相比，前者大于后者，造就了森林生物量的增长。森林生物量的增长及生物量不断被森林土壤吸收储藏，筑建了巨大的森林碳库，但这一碳库是脆弱的，极易受到自然或人类活动的干扰而发生很大变化，如森林土地的利用变化和对森林的过度采伐等，森林土壤有机碳库的轻微变化将直接影响大气CO_2的浓度。森林碳"汇"与森林碳"源"的矛盾统一，即其碳汇或碳源的功能发挥方向和作用结果的大小，完全取决于人类对森林的经营活动。

森林树木被砍伐后，生物量中的碳转移到林产品碳库。森林林产品的用途一般可分为结构材、锯板材、纸张材和薪材。林产品碳释放到大气的速率和形式(CH_4、CO、CO_2等)决定于林产品的最终用途。薪材直接用于燃烧，其生物量中的碳，一般会在1～2年内以CO_2的形式释放到大气中。纸张中的碳一般能维持3～5年，最终以CO和CH_4形式排放到大气。结构材和锯板材则可保留较长时间，10～20年甚至更长，这主要看产品的最终用途，室外使用与室内使用、潮湿环境与干燥环境使用、使用的维护状况及由于任何原因导致的使用产品更新等都会影响结构材和锯板材最终被腐烂掉导致碳向大气释放；此外，从原木到结构材和锯板材直至最终产品的加工过程中，一般会有大约40%～60%的加工剩余废弃物产生，这些废弃物有的会被作为燃料直接燃烧掉，有的会被作为纸张材等被利用，其生物量中的碳也会很快释放到大气中去。所以，从长远来分析，地球上森林林产品碳库储量不会有很大增长。

总体上看，至少在过去的50年时间里，森林是一种碳源。据科学估计，从1959年以来，二氧化碳每年增加大约0.5%(1.8ppmv)，每年由人类活动释放到大气中的CO_2总计为7.5Gt左右，其中化石燃料燃烧释放约6Gt，土地利用变化和森林破坏释放1.5Gt。就像目前人类社会无法从根本上摆脱对煤、石油、天然气等化石燃料的依赖一样，人类离不开对森林资源的依赖。2004年，全球工业原木的生产量为16亿m^3。据对联合国粮农组织FAO的评估报告分析，19世纪初，地球上的森林面积有55亿hm^2，2000年减少到37亿hm^2。事实上，从20世纪90年代开始，人们为了缓解木材资源等问题，较大规模地种植了人工林，2000年为1.87亿hm^2，2005年达2.52亿hm^2，但由于人工林资源的材质松软而使用范围有限，目前集中于造纸及板材制作。然而，纸张及板材的使用周期很短，森林资源很容易转化为碳源。从这一层面来分析，森林碳汇仅仅是能起到一个缓解CO_2排放的作用，本质上仍然是碳源。

3 "固碳木"碳汇——应对全球气候变暖的第四方案

碳汇，一般是指从空气中清除二氧化碳的过程、活动、机制。在陆地生态系统中，存在有森林、湿地、耕地、草原、沙漠等多个小的生态系统，如在森林生态系统里，它包含有多个碳汇，有植被碳汇、土壤碳汇、动物碳汇等，我们将森林整个系统的碳汇称之为森林碳汇。碳汇与碳源是两个相对的概念，《联合国气候变化框架公约》(UNFCCC)将碳源定义为向大气中释放CO_2的过程、活动或机制。当碳汇的载体向大气中释放CO_2，这个载体即成了碳源。

森林碳汇向森林碳源转变，人类活动——毁林行为是矛盾的聚焦点。人类对森林的经营活动，有原始的薪材利用和传统的工业用材利用，还包括个别国家已树立的接近自然状态的以生态系统为主体的现代林业利用方式。其中，个别国家以生态系统为主体的现代林业利用方式的建立，从其发展历程分析，在观念层面，经历了以“满足人类自我为中心的森林利用推进派”和以“生态系统为中心的环境保护派”的长期争论和反思，最后逐步向公共参与型的接近自然状态的以生态系统为主体的广义新林业方向转化；在政策层面上，当初都采取了推进木材生产集约化的政策，后来因为环境保护运动的高涨等原因，林业政策逐步转化为向日益强化环保限制方面的对应。而大多数国家，原始的薪材利用方式和传统的工业用材利用方式将会继续延续，一方面，因为人口的增长与惯性以及购买力的增长原因，世界木材产品需求将不断加大；另一方面，许多发展中国家，最显著为非洲国家和南美洲国家，为了发展经济，就会不断加大对森林的采伐，扩大林产品生产和出口。

由此可见，人类对木材产品的需求及其为之产生的经济活动，是毁林行为的根本原因，经济利益是驱动器。包括由于毁林引起的土地利用方式，从经济活动行为分析，由于林木生长的长周期，毁林产生的森林生物量减少在相当长的时期内无法得以恢复，经济效益无法持续。

能否有一种物质可以替代木材，赋予其木材的功能，满足人类对木材的需求？若是，就可能摆脱对森林木材资源的依赖，森林土壤碳库免遭破坏，就能发挥森林碳汇更大的功能。由于林产品碳库是一个重要的碳缓冲器，对于调节全球大气中碳的周转速率和周转量有着积极意义。如果这一替代物也是含碳物质，它同样可以起缓冲器的作用。更进一步，如果在研制这种物质的同时，加以考虑其稳定性，即碳的不易分解性能，使这种物质不易被分解，对于碳的储存是稳定的和长期的，是否可能？果真可以的话，那么这种物质将不仅发挥碳的缓冲器作用，更是一个新的陆地碳库，这一碳库对存在于该物质体内碳的储存是可控的，对于碳的储存量是累加的，随着这种物质材料的生产量的扩大而不断扩大，这将会与地球上森林林产品碳库功能形成了对比。

作者经过长期研究，提出了“固碳木”碳汇这一替代普通木材的第四方案。第四方案的核心是以科技创新为基础，结合现代农业，通过工业化手段创建一个新的地球碳库。首先，这一碳库可以快速有效地建立，将大气中的 CO_2 最大量和最快速地迁移至这个碳库，降低大气中 CO_2 的浓度，有效应对全球气候变暖；其次，碳可以长期稳定且可控地储存于这一碳库，因而可望根本扭转和解决全球气候变暖问题；再次，这个碳库可作为人类资源和能源的集散地，满足人类需求，实现经济的可持续发展。这一碳库的营造，分三个步骤：①寻找一种物质作为碳的寄存体(“固碳木”碳汇)，碳含量较高且不易被破坏分解，固碳效益起码要达百年以上；同时这一碳汇又是一种可以低成本生产的资源或材料，满足人类的需要；②再将其培育成为一个产业，达到量产指标，成为新的经济增长点；③结束人类对森林木材资源的依赖，使得森林得到自然恢复，逐渐向原始林方向自然演潜，森林生物量碳汇能力与日俱增，森林土壤碳库功能得以增加和保持；最终达到以“固碳木”作为生物能源来替代煤能源发电的目标。第四方案的目标是在20年时间内，甚至在更短时间将大气中温室气体浓度稳定在330ppm水平以下，作为应对全球气候变暖的一种技术选择。

因此，营造新的地球碳库步骤第一步，结合人造林作物在薪碳材、纸张材、人造板工业用材方面的突出表现，是找到“固碳木”碳汇，以替代森林木材资源特别是在结构材方面的应用。基于科学技术的进步，利用生物工程技术进行基因导入、细胞融合、早期鉴测等当代技术改变或创造新的遗传基因，改良植物物种，许多人工林木如杨树、柳树、桉树、桦木、椴树等都出现大批速生良种，当年苗木可以长到3～5m高，年直径可以达到2.5～4cm，每公顷的年生长量都高达20～30m^3以上，有的甚至高达50m^3以上，利用这些速生材快速及较高的年生物生长量无疑是构想中的那种物质材料的原材料的最佳选择，那接下来问题就是如何将速生材的碳制造成不易分解的高性能材料，可以替代森林木材、钢材、水泥和塑料的某些功能和应用领域。

经过多年的实验研究，固碳木的研制已获成功，即将速生木材纤维中的果胶除去，在其原来空间替代一种高分子材料(这种高分子材料的结合强度是果胶的数倍，不易分解，还能够加入阻燃和防腐等组分)，保留木材原有直向纤维排列方向，以保持或可增加木材的原有力学性能和纹理美观。之所以称为固碳木，一是因为其目的功能是将碳牢固的固定，难于分解，能够达到永久固碳效果，成为打造新的碳库的物质基础；二是因为从表面看，其与一般硬木无异，纹理自然，在不解释情况下几乎不能断定是人造木材。

固碳木的研发思路完全区别于传统人造板的设计思路。传统人造板是将木质纤维材料经切削等工艺加工成各种形态，基本上将木质纤维原有的天然排列顺序全部打乱，木材纤维原有的力学性能遭到破坏，再施加胶黏剂使其重新组合成板材，在这个设计思路里，胶黏剂的品种、界面设计和组合条件成为影响人造板质量的关键。而固碳木的设计理念是保留了木质纤维天然的直向排列，突破了传统人造板的切削加工模式，在这方面，似乎与20世纪80年代澳大利亚科学家提出的重组木概念有点相似，但重组木的研究事实上最后没有很好考虑到胶黏剂的品种、界面设计和组合条件等诸多因素的影响作用，而且延续了人造板的这个设计风格，最终未能发展起来。固碳木的设计理念，最为重要的颠覆思想在于其考虑到了果胶成分在纤维里的存在和作用，提出了去除纤维里原有的果胶成分，替代一种高分子物质在果胶的位置的思路，以这种高分子物质替代果胶原有的连接作用，并且结合力更强，另外，木材纤维天然的直向排列没有被破坏，使固碳木保留了木材自然的纹理美观，高分子物质中的功能单元在防水、阻燃、防虫及抗腐上的作用使固碳木更加不易分解。在传统人造板的设计思想里，认为材料的环境友好性即材料的易分解性能是重要的，而固碳木的设计理念认为材料的不易分解性能更为重要，一方面，碳在材料中的储存可以达到一个较长时期，使碳不易向大气释放，这其实是一个碳库的作用，这个碳库的量是随着固碳木材料生产使用的量越来越多而逐步累积，并且是相当牢固的，这与森林碳库的脆弱性正好形成对比；另一方面，作为一种高含碳物质，其本身有充分的能源利用价值，在使用完成为废弃物后，完全可以用来发电，做到循环利用，并且可以做到在什么时间使其成为能源性物质使用，做到可控。

固碳木的主要原料是速生作物。以速生作物作为固碳木的主要原料，一方面，农民可以大量栽植，环境与经济效益显著，速生作物的广泛供应范围，可以满足大规模工业化的需要；另一方面，速生作物作为大气中 CO_2 的吸收器，年生物增长量大的特性，是其他植物无法比较的，可以最快速和最大量地吸收大气中的 CO_2，从这个角度讲，固碳木的主要原料也可以说是大气中的 CO_2，在一个较长时间内，每立方米固碳木的生产，向大气中索取2t CO_2，作为交换，须向大气支付1.77t O_2。速生木材的化学成分主要是纤维素($C_6H_{10}O_5$)、半纤维素($C_5H_8O_4$)和木质素，根据各成分C、H、O元素的原子量和原子个数，得碳元素在各成分中的重量占比，分别为4/9、5/11和86.4%(按碳元素在对羟苯基中的重量比重计)：以杨树纤维素含量为44.57%、半纤维素含量为21.54%和木质素含量为24.28%计算，可得杨树的含碳率为 $44.57\% \times 4/9 + 21.54\% \times 5/11 + 24.28\% \times 86.4\% = 0.5058$。以固碳木密度1.25 g/cm^3，含水率6.1%及固碳木的树脂含量重量占比为6%计算：$1m^3$ 固碳木中干生物量重量为 $1\ m^3 \times 1.25t/\ m^3 \times (1-6.1\%-6\%) = 1.099t$。由此，得 $1m^3$ 固碳木(杨树作为 CO_2 吸收器)的碳含量为 $1.099t \times 0.5058 = 0.556t$ C，化为 CO_2 当量为 $0.556t \times 44.44/12 = 2.06t$，即每立方米固碳木的碳含量相当于2t CO_2 当量。

固碳木的力学性能优越。据有关权威部门检测，固碳木在静曲强度和弹性模量两个指标具有显著的优势(表1)：

固碳木优越的物理力学性能结合其自然的纹理美观，在替代木材和人造板方面的应用毫无问题，可以在建筑结构材、家具、地板、包装以及铁路枕木、矿业坑木、车船集装箱底板等领域替代木材、钢材、水泥和塑料的应用。这种替代一方面作用是减少了钢材水泥等高碳材料的应用，增加了固碳木在减排方面的贡献，而最主要的作用则是：前文分析过速生材作物可以完全满足人类在薪材、纸张材以及人造板材上的需求，可以摆脱人类对于森林木材资源在这些方面的依赖，那么，加上固碳木在锯材和结构材方面对于森林木材可替代性，从理论上说，将使人类可以彻底摆脱对于森林木材资源的所有依赖，森林就可以实现休养生息，逐步向原始森林方向自然演潜，森林碳汇效益将得到恢复和增大。

表1 固碳木的物理力学性能横向比较

	静曲强度(MPa)	弹性模量(MPa)
固碳木	148	16 000
天然木材	50～90	6 000～1 0000

（续）

	静曲强度(MPa)	弹性模量(MPa)
人造板中密度板	30~40	3 000~3 800
刨花板	10~25	1 000~3 500
定向刨花板	20~40	4 000~7 000

我们非常乐意看到，将固碳木打造成为一个产业链，主要包括固碳木的工业化生产产业和速生作物的农业化种植产业，同时还将带动化工、机械等相关行业的发展，成为经济新的增长点；更长远的前景在于，完成固碳木作为生物质能源应用，林包括天然次生林得到自然恢复，逐渐向原始林方向自然演潜，森林生物量碳汇能力与日俱增，森林土壤碳库功能得以增加和保持，森林生物的多样性也得以恢复，在实现经济的可持续发展的同时解决气候变暖问题。

参考文献

[1] Pacala S Socolow. R Stabilization Wedges: Solving the Climate Problem for the Next 50 Years with Current Technologies [J]. Science. 2004, 305; 968-972.

森林碳汇经济与政策分析

郑彬[1]　沈月琴[2]　张耀启

(1. School of Forestry and Wildlife Sciences, Auburn University, USA;
2. 浙江农林大学经济管理学院)

摘　要：森林碳汇作为缓解全球气候变化的重要手段之一其重要性得到了广泛的关注。为进一步了解森林生态系统的碳汇功能和国际政策，通过查阅资料，对全球气候变化以及碳汇交易，碳补偿的经济原理进行了简单的总结。就森林生态系统固碳的四种途径进行了探讨，包括：①营造新的人工林；②改变森林的经营方式；③用木材产品来替代其他高能耗产品；④减少毁林和森林的退化。同时，概述了森林碳汇项目实施过程中存在的主要问题，包括REDD，碳税等方式的比较和总结。

关键词：全球气候变化；森林碳汇；边际成本；REDD；碳税

1　森林在全球气候变化中的重要作用

当前，以全球变暖和大气二氧化碳浓度增加为主要特征的全球气候变化正在改变着陆地生态系统的结构和功能，威胁着人类的生存与健康。全球气候变化问题已经日趋国际化、政治化并成为世界各国当今面临的最重大挑战之一(哥本哈根协议，2009)。许多研究表明，全球性气候变暖是气候周期性波动和人类活动引起温室效应共同作用的结果。人类向大气中排放温室气体是导致全球温暖化的主要因素。据估计，CO_2是各种人工来源的温室气体中最重要的一种，约占总量的2/3以上，而且，它在大气中的寿命为50～200年(Kramer，1981；Waring and Schlesinger，1985)。自1985年以来，全球超过8亿hm^2的林地由于农用而被毁，造成了1.5亿t CO_2的碳排放(Houghton，1999，2003)。科学家预测，到本世纪七八十年代，大气中的CO_2含量将翻一倍，这些CO_2的聚集将使地球表面温度升高1.5～4.5℃。因此，温室气体，特别是CO_2的无限制排放是导致全球气候变暖的罪魁祸首(IPCC，2007)。

作为全球碳循环的重要组成部分的森林生态系统，覆盖了地球表面近40亿hm^2的面积。森林通过树干、根、植被、干枝落叶对全球碳循环发挥着重要作用，是减少空气中碳的重要策略(Dixon et al.，1993；Sampson and Sedjo 1997；Marland and Schlamadinger，1999)。森林碳汇是指森林植物吸收大气中的二氧化碳并将其固定在植被或土壤中，从而减少该气体在大气中的浓度。森林是陆地生态系统中最大的碳库，在降低大气中温室气体浓度、减缓全球气候变暖中，具有十分重要的独特作用。研究表明，林木每生长$1m^3$，平均可吸收1.83t二氧化碳，放出1.63t氧气，$1hm^2$阔叶林1天可以吸收1t二氧化碳，放出0.73t氧气。陆地表层生态系统中，包括森林、草地和农田等植被系统大约贮存了466PgC的碳，约相当于大气中碳贮存量的62%(Olson et al.，1982)。采取林业措施增加森林碳汇、保护森林减少碳排放是国际公认减缓和适应气候变化的重要途径。

此外，通过实施林业工程，可以防治水土流失、提高土壤肥力、涵养水源、防风固沙、固碳释氧、

基金项目：国家自然科学基金(71073148)，浙江省科技计划项目(2010C25069)

作者简介：郑彬(1982－)，女，汉族，福建邵武，美国奥本大学博士生，助研，主要从事城市森林景观、林业旅游、居民生活用能与气候变化等方面研究。Email：zhengbin512@gmail.com

增强生物多样性、调节气候等，从而增强防护区域对气候变化的适应能力。森林碳汇服务的生产具有正的外部性。与其他减排措施降低居民福利相比，森林碳汇不但不降低居民福利，反而增加居民福利。森林在固碳的同时，不断地发挥森林的生态、经济和社会效益，而这些效益与森林碳汇是协同效应，是森林碳汇额外增加的社会福祉和居民福利。

2 森林控制减少空气中 CO_2 的经济方法

2.1 概述

减少空气中 CO_2 有很多方法，技术上也可行。主要的问题是如何选择成本较低的途径。如，减少化石燃料和减少毁林读可以减少碳排放。但对经济的影响和成本是不一样的。同时，采用相同方法，在不同地区其成本也有差异，比如在欧洲和亚洲营造人工林的成本是不一样的。因此，需要用经济学的方法来探讨经济上有效的途径。

森林在影响和控制空气中 CO_2 的生物过程可图 1 表示。植物与空气中的碳一个相互交换的过程。一方面，树木通过光合作用吸收 CO_2 释放出 O_2，从而将碳固化在树木的根、茎、叶中，达到固碳的目的。另一方面，森林也向大气中释放出 CO_2。植物本身的呼吸作用、腐化和森林火灾都会向大气中释放 CO_2。而砍伐后的木材做成木制品比如纸、木材等，最终也会转化为碳释放到空去中去。因此，森林和大气中的碳是一个循环转化的过程。

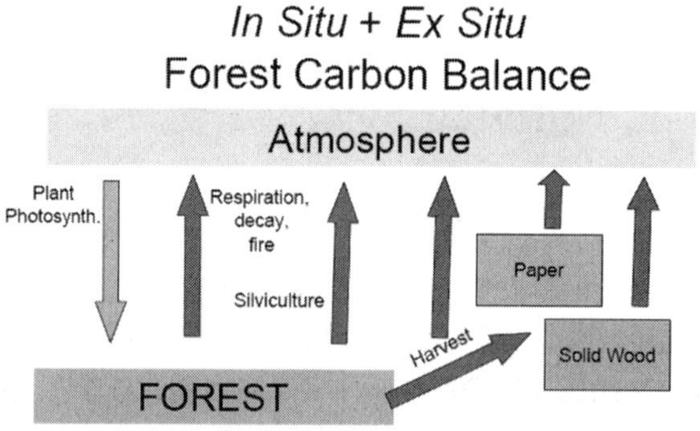

图 1　森林在影响和控制空气中 CO_2 的生物过程

应对和解决气候变化问题，林业具有重要的意义，特别是在减少空气中的二氧化碳方面举足轻重，人类希望增强植物从大气中固碳的量而减少排放的量。目前国际社会对森林固碳寄予厚望，其部分前提条件就是有大量足够的土地可以用于固碳（Marland，1988；Lashof and Tirpak，1989；Trexler，1991）。更重要的是大量研究表明森林固碳是一种相对成本较低的方法（Sedjo and Solomon，1989；Dudek and LeBlanc，1990）。Moulton and Richards（1990）估计美国一些成本在 16～62 美元/t 的项目可以蓄碳大约相当于美国半年储碳量（以 1990 年为例，约 135 亿 t）。Parks and Hardie（1995）估计的成本约为 10～82 美元/t。

全球有关森林固碳的研究开始于 20 世纪 90 年代。目前，在森林固碳的生物学方面的研究有不少，而经济学家也提出了很方法来计算固碳的成本。比如，一些研究通过实地问卷调查或者机构的普查的数据（如美国农业部调查）来直接计算成本，还可以用统计的方法研究土地所有者的行为来计量（Lubowski et al.，2006）。还可以通过计算土地生产力量化土地价值来反映固碳成本（Rokityanskiy et al.，2007；Kindermann et al.，2006）。还有一种重要的方法是用当地数据和经济模型结合起来动态的规划出成本的模型（Sathaye et al.，2005，2006；Sohngen and Mendelsohn，2003）。

当然森林固碳的成本很大程度上取决于在什么地方用何种方式来实现。目前主要的四种森林固碳方式是：①营造新的人工林；②改变森林的经营方式；③用木材产品来替代其他高能耗产品；④减少毁林和森林的退化。

从经济学角度出发，很重要的一项基础性工作就是要分析不同方式的成本和森林固碳的潜力和供给曲线。虽然上述4种方式的成本分析和供给曲线已经有很较多的研究。可以把造林，森林的经营，木材替代品和减少毁林看成是生产同一产品碳汇(carbon credits)的四种不同生产方式。不同的碳的价格对这四种生产方式的供给曲线是不一样的。人们最希望能采用当碳价格变化时能提供最多碳汇产品的方式。如图2中，当价格从10美元上升到20美元时，A方式能提供的碳量远远小于B方式能获取的碳量，即B方式的边际成本较低，所以B方式更受欢迎。在碳价格较低时，二者的差异还不是很大，随着碳价格的升高，不同方式之间的差异也会越来越大。当然，不同方式的供给曲线的制定是复杂的，不仅与区域特征包括政策、税收及自然环境密切相关；而且与森林的类型，管理方式也紧密联系。如，土地价值很低时用营造人工林的办法比改变经营方式要边际成本低，而当土地价值升高到一定程度集约经营反而边际效益更高了。即使对其中的一种方式，不同的计量方法给出的曲线也都不同。

值得一提的是，我们所说的碳的边际成本是从一种“替代”的角度得出的。碳补偿的部分是弥补原来生产的价值转换为“固碳”途径中损失的部分。比如，在单位农地比林地生产价值高的情况下通过弥补农林与林地价值之间的“差价”来激励农地到林地的转化。所以，当我们说固碳成本时，并不是指营造新的人工林或者改变管理方式的成本，而是指这种改变带来的差价进行的补偿成本。

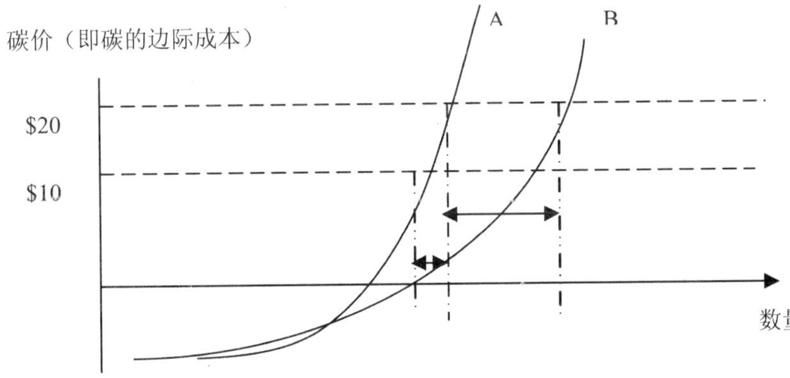

图2 不同途径的碳产品的价格供应曲线

2.2 营造新的人工林

首先，营造新的人工林是从增大林地面积的角度来增加碳汇。显然造林面积越多林木储碳就越多，然而是否越多的土地用来造林就越好呢？如何才能激励土地利用转换为造林呢？土地生态系统的固碳水平与不同的土地利用分布及每种土地利用中的固碳率的模型相关。对不同的土地，其造林的边际效应是不同的。林地中碳的变化来自有林地中碳密度的变化及广度。每个不同的地理环境下，土地的自然特性不同，如土壤的组成，高度，坡度及其他肥力的影响因素；不同的经济环境下，比如人口，交通状况也不同。这些因素关系着土地利用的获利水平。因此，土地利用具有多样性的特点。土地质量的差异性表明不同的土地对碳的反映是不同的。碳的价格取决于碳密度土地利用的边际变化。假设从碳的零价格变到有价格，即对碳进行补偿，那么农业用地转为林地的收益就会增大，就会有更多农业用地转换为林地，因为碳提供了价值。这也就是造林的激励机制。

Sohngen和Sedjo (2004) 的研究表明，碳价的提高可以显著地提高固碳量，以新增造林或者减少毁林的方式。他们预测，从区域来看，超过65%的减排项目在热带雨林区域，而其中65%是通过土地利用变化实现的。温带地区总的来说减排的总量相对较低，但超过一半的量可以通过改变森林管理方式来实现。碳价的升高对固碳量的影响对温带地区在早期有较大影响，之后影响减弱。图3显示了在碳价水平50美元/t C基础上，以20年为周期各个国家固碳量的变化。由图可知非洲，亚洲，和南美通过新增营林对碳的增长空间较大。而引入了各个国家的风险机制时，各个国家的固碳量有了明显减少，但从量的多少仍然遵循非洲亚洲较高的水平。唯一例外的澳大利亚在风险调整率为3.6%时，固碳量有所增长。欧洲的固碳量减少主要是由于俄罗斯，罗马尼亚等国家的不确定因素以及墨西哥可能造成的北美碳储量的降低。

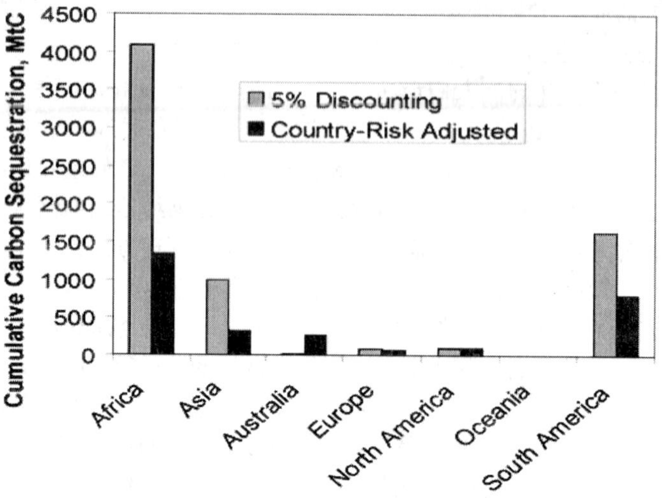

图 3　新增营林对碳供应的比较，以 20 年周期，碳价 50 美元/t C (Obersteiner et al. , 2005)

其次，在给定单位的土地中要获取更多的固碳就要改变森林的经营方式，其原理与上述边际效应分析类似。在低碳价情况下，小规模进行实践是经济可行的。例如，对轮伐期时间长短进行轻微的变动及低水平施肥，但较高的价格带会来管理上更多的变化和更高的固碳率。密度边际和广度边际 的共同作用下，固碳总量的边际成本曲线将上移。碳补偿价格逐渐上升，土地将逐渐转为有碳密度高的利用方式，越来越多碳集约经营，土地生态系统固碳也越多。

2.3　改变森林经营方式

营造新的人工林和改变经营方式的研究很多，当碳价相对于木材价格升高的更快时，那么保留现有林地，延长砍伐期就更有优势(Sedjo，1999)。Stavins(2009) 在模型中考虑了土地多用途的机会成本对固碳边际成本的影响。他的研究指出，土地本身的特性多样化，较高价值的农地转换为林地的边际成本是很高的，因此用仅用单一的点或者一条连续的线来预测固碳的边际成本是有偏差的。更多的研究采用动态模型的方法来推算最佳轮伐期与碳补偿的关系。Appels (2001) 在 Faustmann 模型的基础上引入了碳补偿，研究了在不同碳补偿和价格的影响下最佳砍伐周期的变化。研究表明碳补偿的引入，无论在最大化森林现有价值还是最大化社会价值的前提下，都会促使最佳砍伐期的延长。Van Kooten 等的研究(1995)也得出了类似的结论。Murray (2000) 指出，加入只将新营造的人工林纳入考虑范围，《京都议定书》有可能造成为重新造林而对现有林的大量砍伐。他把木材价格和碳价引入到最佳轮伐期模型中，对美国不同类型的森林进行了研究。他认为，以最高碳价 50 美元/Mg 进行补偿时，最佳砍伐期延长至 40 年以上，林地价值为 1900 美元/hm^2，从长远来看可以多固碳 60%/英亩。如果只对新增林进行补偿，即是碳价低至 20 美元/Mg，也应当立即砍伐现有的林木以达到价值最大化。而这种对现有林提前砍伐的强度取决于林木的种类，所处的区域，碳价以及其他相关的补偿机制及政策。

Stainback 和 Alavalapati(2002)以美国南部湿地松为例分析了碳补偿和碳税政策对湿地松种植的影响。他们在 Hartman 模型的基础上对延长砍伐期，提高土地期望价值和碳供应曲线进行了分析。随着碳价的增长碳供应以逐渐降低的利率增长。土地期望价值的增长是显著的。所以对碳带来的益处和排放补偿显然对林业私有业主也会带来好处。随着碳排放政策对林地价值的提升的影响，越来越多的土地可能会转化成林地而不是其他农地和城市发展用途。Dixon (1997) 估算通过营造新的人工林花费大约在 2 ~ 56 美元/t。目前的资源计划项目估计模型(Resources Planning Act assessment models)显示，到 2040 年，美国 15% 的碳排放额将是由森林提供的(Murray et al. , 2000)。

2.4　木材原料替代

再次，用木材作为原材料替代水泥、钢材、塑料等高能耗、高排放的能耗密集型原材料，减少温室气体的排放具有低成本的优势(Brand，1998)。矿物燃料每年至少产生55亿t的CO_2排放并且能源的价格相对较高（Stavins and Richards，2005）。以木材为原材料的产品本身的碳排放成本就较低。并且，木材制品的使用保存时间较长，而塑料等制品在环境中不易分解，容易造成环境污染。因此，木材产品有天然，经济，环保，低能的优势。

Skog (2008)建立了WOODCARB II模型计量了林产品从砍伐直至腐败消亡后，其储碳量的变化。值得一提的是，他的模型根据不同的房屋类型特别调整了木产品的生命半周期系数，并将每年固体废物处理站的纸张、木材产品流量也计算在内，从而使得计量上更为精确。Lippke等(2004)采用了生命周期目录与分析(Life Cycle Inventory and Analysis，LCI/LCA)的方法，追综林产品中碳的流通和计量。它不仅包括了木制产品本身，也包括了直接替代化石燃料和间接替代高能耗材料所降低的碳排放的部分(Puettmann and Wilson，2005；Perez - Garcia et al.，2005)。他的主要结论包括：应采用集约经营的方式提高木材生产以保证更多的木材产品能替代高能耗的产品；仅仅通过碳补偿的方式来延长砍伐期的做法其实不一定能达到固碳的目的；在对林地所有者进行碳补偿，加快木材生产的同时也要考虑到原始成熟林的生态效益，生物多样性等；通过的生产者和消费者的分析，对木材产品的选择上应尽量减少高能耗产品的使用；当碳汇价格上升或者石油等能源的价格上升时，市场机制会促进使用更多的替代品，更有效的利用率，并提高回收利用率。他们的研究对木材产品多用途的了解及制定相应的政策有重要意义。

2.5 减少毁林和森林的退化

最后，减少毁林和森林的退化对减少碳排放有重要意义。目前大量的研究表明：森林破坏（尤其是热带雨林的破坏）已成为继化石燃料燃烧之后大气中CO_2浓度增加的第二大来源，占CO_2增加的12%～17%（Van der Werf et al.，2009；IPCC，2007)。大部分对森林蓄碳的区域研究表明，林木蓄碳在土地成本低的地方边际效益最高，而这些地方往往是在发展中甚至不发达国家，比如非洲(Sedjo，1999)，随着土地价值的升高，边际成本也随之上升。Nepstad等(2007)研究表明，保护少量的巴西热带雨林成本很低，但若要保护94%～100%巴西热带雨林的机会成本几乎比之前翻了一番，因为有6%的热带雨林很容易转化成农地，因此边际成本很高。当然，通过减少毁林固碳的潜力巨大，通过碳补偿或投资在热带欠发达地区建立鼓励减少毁林的机制大有可为。

碳供应曲线显示了一条连续的碳价变化曲线，从边际成本较低至边际成本逐渐升高的过程。目前大部分的经验研究集中在对避免毁林的REDD项目上。图4显示了几种不同的通过全球范围通过各种减排方式对碳排放边际成本影响的预测，至2020年。Kindermann等（2008)应用三种模型(GTM，DIMA及GCOMAP)来预测减少毁林对碳排放的贡献，结果显示，至2010年，这三种模型分别固碳值为：在180万t CO_2($10/t CO_2)；250万t CO_2($20/t CO_2)；290万t CO_2($30/t CO_2)；这些预测值显示在低成本时的减少毁林固碳潜力十分巨大。同样的，Strassburg等(2008)的模型显示了通过减少毁林，达到390万t CO_2($10/t CO_2)的固碳量；Blaser and Robledo (2008)预测通过可持续发展的管理方式，可以达到380万t CO_2($2.8/t CO_2)的固碳量；类似的，Grieg - Gran (2008) 预测190万t CO_2($2.3/t CO_2)的固碳量。

2.6 小结

综上所述，新增营林，改变管理，替代品及减少毁林这4种方式，不同的成本和固碳量的差异体现了在森林分布，组成，生产能力，管理方式和区域的差异。因此，无论是从区域还是从方法上其实是很难直接比较固碳的成本的。Jung (2005)综合了Cerri等（2001)，全球森林资源2000年(FAO，2001)，及Trexler和Haugen (1995) 等的数据和分析，他总结出全球固碳潜力的大致区间(见表1)。可以看出，通过CDM机制下的土地利用变化和森林的固碳潜力最大，而通过减少毁林(比如REDD项目)的固碳潜力紧居其后。事实上，一些研究认为减少毁林的方式是最经济有效的（Newell and Stavins，2000)。而通过新增营林，再生林和农林方式增加碳储量的潜力总的来说也许仅占上述二种方式的十分之一。

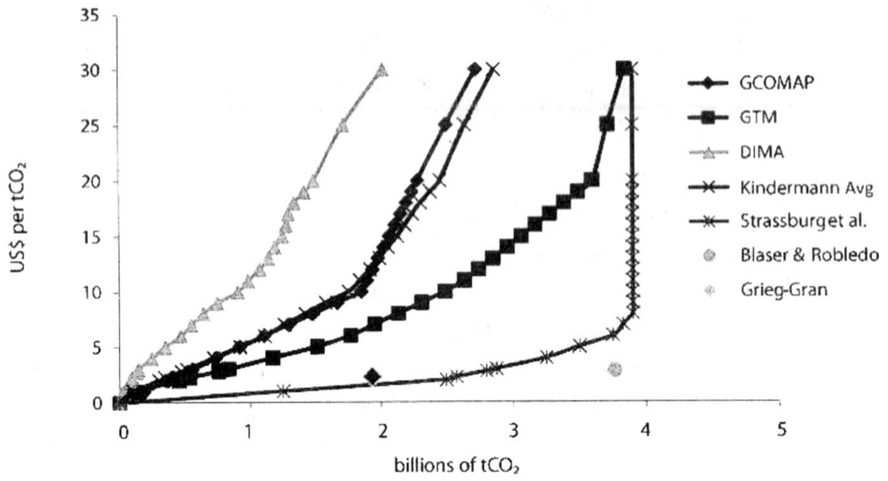

图4　6 种模型对 REDD 固碳边际成本曲线

表 1　通过不同方式固碳的全球固碳潜力分析（t CO_2/年）

	最低	最高
新增营林	3 936 000	6 316 700
新增营林及再生林	6 953 000	13 386 200
新增营林、再生林及农林地	7 324 853	14 240 311
仅通过减少毁林	93 215 250	159 367 750
所有的 LULUCF 项目	100 540 103	173 608 061

来自：Jung（2005），p. 7

在实际应用中，除了考虑木材市场和碳市场还要考虑其他成本，比如交易成本，制定政策、管理监督等的投入。比如 Eliasch(2008)指出，在 40 个国家建立 REDD 机制及政策改革的一次性投入成本高达 40 亿美元。在 25 个国家建立森林目录首次投入高达 5000 万美元，每年还需要花费 700 万 ~ 1700 万美元左右的管理费用(Eliasch，2008)。从交易费用来看，Antinori and Sathaye（2007)估计交易成本约在森林碳汇项目的 1% ~20%，或是 1 ~3 美元/t。而 Cacho and Lipper（2007)的计算更高达 5 ~7 美元/t。

3　现行相关政策分析

3.1　从 CDM 项目到 REDD

《联合国气候变化框架公约》(以下简称“《气候公约》”)《京都议定书》和《哥本哈根协议》构成了应对全球气候变化的国际基本政治和法律框架。《京都议定书》规定了工业化和经济转型国家可以通过排放贸易、联合履约和清洁发展机制(CDM)三种方式履行各自的温室气体减排任务。其中清洁发展机制是《京都议定书》中唯一与发展中国家相关的机制。在随后的国际气候谈判中达成的《波恩政治协定》和《马拉喀什协定》中规定各国的造林、再造林活动可以作为 CDM 项目，明确造林再造林和毁林及 1990 年后发生的森林管理和森林恢复等林业活动产生的碳吸收可部分抵消该国的温室气体减限排量。这标志着林业的生态功能在经济上得到了国际社会的承认，林业进入了可以通过贸易获取回报的时代。CDM 是一种双赢机制，通过该机制，有减排义务的工业化国家可以在发展中国家实施土地利用变化和林业碳汇项目，用项目产生的源排放减少和汇清除的增加来实现其所承诺的减限排目标。它帮助发达国家实现其部分温室气体减排义务，同时帮助发展中国家实现可持续发展。

因为森林的固碳功能是双重的：当增加造林和加强森林保育及管理时，森林就会吸收更多的 CO_2，缓解大气平流层中 CO_2的积累，对全球气候变暖起到缓和抑制作用；相反，若加速毁林，森林生态系统中储存的 CO_2就会重新释放到大气中去。因此，保护已有的林地也是减排的重要措施。然而在《马拉喀什协定》之后的几年里，CDM 项目得到了大力发展，但热带林的破坏问题却一直被忽视。直到 2005 年，巴布亚新几内亚和哥斯达黎加提出了一项以经济支援降低毁林的雨林国家合约(Coalition for Rainforest Nations, CfRN)，此方案引入了概念 REDD (Reducing Emissions from Deforestation and Degradation in Developing countries)，倾向于热带森林国家通过保护森林方式而实现减排。这一方案最终纳入了《巴厘路线图》。

尽管 REDD 仍然是比较新的领域，但 21 世纪能源论坛(Rose et al. , 2007)及相关研究都认为减少毁林是对新增造林，改善森林管理和其他基于土地利用变化增碳方式的重要补充。REDD 项目的实施很可能会大大降低调节气候变化的成本(Fischer et al. , 2007)。这些 REDD 项目所包含的基本原理就是在缓和全球气候变化的同时为发展中国家提供经济激励以减少毁林及森林退化造成的 CO_2 排放量，包括森林保护、可持续经营管理和改善林木蓄碳等方面的内容。总的来说，这一方案受到了热带林国家的欢迎。成熟的热带林的固碳作用是巨大的，比新种植的人工林要大的多，减少毁林不仅对改善气候变化减少碳排放有巨大作用，对当地的生态、社会、经济发展也有极大的益处。一方面，经济援助有利于改变当地人落后的生产方式，减少贫困，改善经济条件和生活方式。另一方面，热带林的保护有利于维持生物多样性，改善局部气候状况，提供环境服务。

REDD 项目的实施能力可行性(readiness for capacity building)大概包括三个部分，首先要为制定国家 REDD 发展的策略寻求资金和机构的支持；其次让资金激励与项目实施策略相结合；最后，要在市场调节机制下运行合格的森林减排项目，使资金得到合理利用(Angelson et al. , 2009)。目前，REDD 项目已经得到了一些机构和资金的支持。如世界银行开展了一项名为“避免毁林”的示范性项目，该项目将资助热带国家的森林保护项目，将向印尼、巴西、刚果共和国和其他热带林国家投资 2.5 亿美元，用于减少全球温室气体的排放。英国航空公司将实施一项新的碳抵消计划，以及支持巴西在减少毁林方面的努力。

当然，就如同 CDM 项目一样，REDD 项目的发展和实施也面临着许多问题和挑战。比如如何量化和定价的问题以及政府承担的角色。通过对 25 个世界银行森林碳汇合作项目可行性计划的分析，Davis 和 Crystal (2008)指出这些计划都存在一些问题：过时的和不明确的森林法，缺乏区域性的有效政策，不明确的土地所有权，以及法律上过于复杂和交叉的管理。总的来说，目前的挑战主要来自于缺乏足够的、完整的、长期的减少毁林和退化的措施。Dooley 等(2008)也认为，土地使用年限和所有权仍是亟待解决的问题，他同时指出项目相关收益的分配机制也过于笼统。热带林破坏的主要原因是当地人毁林造田。如果这种趋势可以延缓，停止或者逆转的话，碳排放无疑会降低，也达到了增加碳汇的目的。而事实上，热带林退化和破坏一直在继续，过去的 20 年里更加严重。Sedjo(2001)认为其主要原因是政府的政策倾向于有利毁林造田的方向，甚至对某些作物进行价格补偿，而森林本身的价值往往被忽略了，市场的机制在这个过程中的影响并不是很大。而热带林所处的边缘位置也导致了他们所在的区域政府力量薄弱、产权不明、法律缺失等问题。

REDD 项目中的碳汇如何在市场中定价和交易也是一个重要问题。如果它的交易进入目前的碳汇市场，它过低的价格很可能给市场带来巨大的冲击并影响其他的全球气候变化调整项目。有人提出应当建立双市场机制来应对这个问题，建立另外一个独立但是相关的碳交易市场机制，即 TDERM(Tropical Deforestation Emission Reduction Mechanism)。总之，需要更多的努力和探索。REDD 并不仅仅是有关“金钱”的话题，它更是关于一个好的政策的产生和实施。它不仅仅是在解决“碳”的问题，更加是通过森林提供的多样服务从而与居民福利息息相关。

3.2 税收方式

在调节全球气候变化的大形势下，各国纷纷出台政策进行管理。大多数国家都制定了有关空气清洁，污染控制方面的法律，比如美国的空气清洁法案(Clean Air Act)。然而有学者认为，政策的调控过于复杂并且有延迟效应，减缓气候变化主要还应着眼于市场的调控。基于市场的调控才是最有效的(Avi - Yonah and Uhlmann, 2009)。碳汇交易市场中，发达国家比如美国、日本等是主要的购买方，而发展中国家是主要的供汇方。发达国家通过购买发展中国家的碳汇来抵消本身的限额，或者获取更多的配额。因此，发达国家通过在发展中国家开展造林再造林碳汇项目帮助其完成承诺的减限排任务符合自身的利益，是低成本而高效的。发达国家已经拥有较高的技术水平，通过实现技术革新或者减少生产来减排的边际成本很高。而在发展中国家，由于自身的生产技术水平有限，通过改进技术，可以大幅度提高生产效率，减少温室气体排放，其边际成本较低。因此，通过发达国家提供资金和先进技术在发展中国家实现 CDM 项目的方法，发达国家可以以较低的成本购买到碳排放额，通过国际市场上的碳汇买卖，甚至实现盈利。

征收碳税，以市场的方法来调节生产和碳排放，也是目前讨论比较多的方法。碳税是一种污染税，它是根据化石燃料燃烧后排放碳量的多少，针对化石燃料的生产、分配或使用来征收税费的(Hoeller and Wallin，1991)。碳税通过价格的杠杆来调整生产。政府部门先为每吨碳排放量确定一个价格，然后通过这个价格换算出对电力、天然气或石油的税费。因为征税使得污染性燃料的使用成本变高，这会促使公共事业机构、商业组织及个人减少燃料消耗并提高能源使用效率直至降低污染的边际成本等于征收的碳税值为止。同时，碳税能提高替代能源的成本竞争力，使它们能与价格低廉的污染燃料相抗衡。

与总量控制和排放贸易等市场竞争为基础的温室气体减排机制不同，征收碳税交易和管理成本较低。Sohngen(2008)分析了美国土地利用变化的项目，并得出结论认为对类似的森林固碳项目其交易成本至少在 1 美元/t CO_2，而这还并不包括土地所有者加入项目要负担的其他费用。因此他建议以征收碳税的方式来控制减排成本较低。

无论是购买碳排放额还是碳税，最终的成本都将加在消费者身上，因此对政策制定者和居民来说，了解征收碳税或者购买碳排放额会对居民生活产生何种负担也是很重要的。Grainger 和 Kolstad (2009)用美国居民消费数据分析了碳汇交易及碳税对居民家庭收入的影响，他明确指出碳税会导致高能耗产品的消费产生消退，而仅仅针对 CO_2 排放征收的碳税或者购买的排放额对能源消费的消退影响要比全面征收污染税要严重。当然，他的研究仅计算了直接增加的碳的价格对总消费额的影响，并未考虑因价格上升而导致居民或者企业减少碳排放消费量的可能。类似的研究，Metcalf (1999) 也指出碳税对居民消费的消退影响，他认为对企业有针对性的减轻碳税可以增强公平性。Parry (2004) 的分析模型指出碳排放交易项目的影响对居民消费是消退的，他甚至认为，尽管低收入人群对高碳产品负担的预算百分比较小，但是不可追溯条款下的碳排放额交易仍然对他们有消极的影响。最近的一篇文章指出，汽油和用电受征收碳税的消退影响最大(Hassett et al.，2009)。

4 总结

减少地球大气温室气体的含量，有效途径一般不外乎两种：一种是减少温室气体排放，通过改进技术，提高工业和能源部门的能效以达到减排目的；另一种是增加碳汇能力。加强森林经营、提高森林质量，是增加森林碳汇，发挥森林生态和经济功能的重要措施。林业以其特殊的碳汇能力成为应对气候变化的必然选择，其主要表现在增强碳吸收汇、保护碳贮存、碳替代三个方面。增强碳吸收汇的林业活动包括植树造林、退化生态系统恢复、建立农林复合系统、加强森林可持续管理以提高林地生产力等能够增加陆地植被和土壤碳贮量的措施。保护碳贮存是指保护现有森林生态系统中贮存的碳，减少其向大气中的排放。主要措施包括减少毁林、改进采伐作业措施、提高木材利用效率，以及更有效的森林灾害(林火、病虫害)控制。碳替代措施包括以耐用木质林产品替代能源密集型材料、发展生物能源、采伐剩余物的回收利用(如用作燃料)等。

现阶段，应进一步提高对林业应对气候变化重要性的认识，加强全球气候变化、森林碳汇的宣传，推动全社会参与林业应对气候变化进程；进一步扩大森林覆盖率，加速城镇绿化进程；进一步加强森林资源的保护管理，加强对森林火灾、有害生物和非法征占林地行为的防控，尽量减少森林资源的消耗，增强森林生态系统的整体固碳能力；加强林业应对气候变化的科研工作，加大林业应对气候变化工程投入，确保森林资源数量增长、质量提高。

参考文献

[1] Antinori C, Sathaye J. 2007. Asssessing transaction costs of project - based greenhouse gas emissions trading. Lawrence

Berkeley National Laboratory Report LBNL – 57315. Available online; http: //are. berkeley. edu/ ~ antinori/LBNL –57315. pdf.

[2]Angelson A, Brown S, Loisel C, et al 2009. Reducing Emissions from Deforestation and Forest Degradation (REDD): An Options Assessment Report Prepared for the Government of Norway by the Meridian Institute, March 2009.

[3] Appels D. 2001. Forest rotation lengths under carbon sequestration payments. Paper presented to the Conference of Economists, University of Western Australia, Perth 24 –26 September 2001.

[4]Avi – Yonah R S, Uhlmann D M. 2009. Combating global climate change; Why a carbon tax is a better response to global warming than cap and trade. Stanford Environmental Law Journal, 28(3). University of Michigan Public Law Working Paper No. 117. Available at SSRN: http: //ssrn. com/abstract = 1333673

[5]Blaser J, Robledo C. 2008. Initial analysis on the mitigation potential in the forestry sector. Update of a background paper prepared for the UNFCCC Secretariat in August 2007. Presented to the International Expert Meeting on Addressing Climate Change through Sustainable Management of Tropical Forests, Yokohama, Japan, 30 April –2 May 2008.

[6]Brand D. 1998. Opportunities generated by the Kyoto protocol in the forest sector. Commonwealth Forestry Review, 77: 164 –169.

[7]Cacho O, Lipper L. 2007. Abatement and transaction costs of carbon – sink projects involving stallholders. FEEM Working Paper 27. Milan, Italy: Fundazione Eni Enrico Mattei.

[8]Cerri C, Erda L, et al. 2001. Additional Human – Induced Activities – Article 3. 4. Land Use, Land – Use Change and Foresty – IPCC Special Report. R. Watson, I. R. Noble, B. Bolinet al. Cambridge, Cambridge University Press: 181 – 282.

[9]Dooley K Griffiths T, Leake H, et al. 2008. "Cutting Corners: World Bank's forest and carbon fund fails forests and people". Available online at http: //www. fern. org/media/documents/document_ 4312_ 4313. pdf.

[10]Davis, Crystal, et al. 2008. A review of 25 Readiness Plan Idea Notes from the World Bank Forest Carbon Partnership Facility. WRI Working Paper. World Resources Institute, Washington DC.

[11]Dixon R K, Andrasko K J, Sussman F G, et al. 1993. Forest sector carbon offset projects: near – term oportunities to mitigate greenhouse gas emissions, Water, Air, and Soil Pollution 70, 561 –577.

[12]Dixon R K. , Winjum J K, Andrasko K J, et al. 1994. Integrated Land – Use Systems: Assessment of Promising Agroforest and Alternative Land – Use Practices to Enhance Carbon Conservation and Sequestration. Climatic Change 27: 71 – 92.

[13]Dixon R K. 1997. Silvicultural options to conserve and sequester carbon in forest systems: preliminary economic assessment. Critical Reviews in Environmental Science and Technology, 27(Special): 139 – 149.

[14]Dudek D J, LeBlanc A. 1990 Offsetting New CO_2 Emissions: A Rational First Green – house Policy Step. Contemporary Policy Issues, 8(3): 29 –42.

[15] Eliasch J. 2008. Climate change: Financing global forests. Norwich, UK; The Stationary Office. FAO. 2001. Global-Forest Resources Assessment 2000. Rome, FAO.

[16] Fisher B, Nakicenovic N, Alfsen K, et al. 2007. Issues related to mitigation in the long term context. In: Metz, B. , Davidson, O. R. , Bosch, P. R. , Dave, R. and Meyer, L. A. (eds) Climate change 2007: Mitigation of climate change. Contribution of Working Group III to the Fourth Assessment Report of the Inter – governmental Panel on Climate Change, Cambridge University Press, Cambridge, UK.

[17]Grieg – Gran M. 2008. The cost of avoiding deforestation: update of the report prepared for the stern review of the economics of climate change. Working Paper. Cambridge, UK: International Institute for Environmental and Development.

[18]Grainger C A, Kolstad C D. 2009. Who pays a price on carbon. NBER Working Paper No. 15239. Available on line at: http: //www. nber. org/papers/w15239.

[19]Hassett K A, Aparna M, Gilbert E M. 2009. The incidence of a U. S. carbon tax: a lifetime and regional analysis. Forthcoming, The Energy Journal 30(2).

[20] Hoeller P, Wallin M. 1991. Energy prices, taxes and carbon dioxide emissions. OECD Economic Studies, 17: 91 –105.

[21] Houghton R A. 1999. The annual net flux of carbon to the atmosphere from changes in land use 1850 – 1990. Tellus 51B: 298 –313.

[22] Houghton R A. 2003. Revised estimates of the annual net flux of carbon to the atmosphere from changes in land use and land management 1850 – 2000. Tellus 55B: 378 – 390.

[23] Intergovernmental Panel on Climate Change (IPCC). 2007. Climate Change 2007: SynthesisReport Contribution of Working Groups I, II, and III to the fourth assessment report of the intergovernmental panel on climate change. Cambridge, UK: Cambridge University Press.

[24] Jung M. 2005. The role of forestry sinks in the clean development mechanism. Environmental Science & Policy, 8(2): 87 – 104.

[25] Kramer P J. 1981. Carbon dioxide concentration, pho to synthesis, and dry matter production. BioScience, 31: 29 – 331.

[26] Kindermann G E, Obersteiner M, Remetsteiner, E, et al 2006. Predicting the deforestation trend under different carbon prices. Carbon Balance Management 1: 1 – 15.

[27] Kindermann, G, et al. 2008. Global cost estimates of reducing carbon emissions through avoided deforestation. Proceeding of the National Academy of Sciences 105(30): 10302 – 10307.

[28] Lashof D A, Tirpak D A. 1989. Policy options for stabilizing global climate: Report to Congress. Washington, DC: U. S. Environmental Protection Agency.

[29] Lippke B, J Wilson. J. Bowyer, J. Perez – Garcia, J. Bowyer, J. Meil, 2004. CORRIM: Life Cycle Environmental Performance of Renewable Building Materials. Forest Products Journal. June 2004: 8 – 19.

[30] Lubowski R, Plantinga A, Stavins R. 2006. Land – use change and carbon sinks: Econometric estimation of the carbon sequestration supply function. Journal of Environmental Economics and Management, 51: 135 – 152.

[31] Marland G. 1988. The prospect of solving the CO_2 problem through global reforestation. Washington, DC: U. S. Department of Energy.

[32] Marland G, Schlamadinger, B. 1999. The Kyoto Protocol could make a difference for the optimal forest – based CO_2 mitigation strategy: some results from GORCAM, Environmental Science & Policy 2(2), 111 – 124.

[33] Metcalf G E. 1999. A distributional analysis of green tax reforms. National Tax Journal 52: 665 – 681.

[34] Moulton R J, Richards K R. 1990. Costs of sequestering carbon through tree planting and forest management in the United States. U. S. Forest Service General Technical Report No. WO – 58. Washington, DC: U. S. Department of Agriculture.

[35] Murray B. 2000. Carbon values, reforestation, and ‘perverse’ incentives under the Kyoto protocol: an empirical analysis. Mitigation and Adaptation Strategies for Global Change, 5: 271 – 295.

[36] Murray B C, Prisley S P, Birdsey R A, et al. 2000. Carbon sinks in the Kyoto protocol: potential relevance for US forests. Journal of Forestry, 98: 6 – 11.

[37] Nepstad D, Soares – Filho B, Merry F, et al. 2007. The costs and benefits of reducing deforestation in the Brazilian Amazon. The Wood Hole Research Center, Woods Hole, MA.

[38] Newell R, Stavins R, 2000. Climate change and forest sinks: factors affecting the costs of carbon sequestration. Journal of Environmental Economics and Management, 40(3): 211 – 235.

[39] Obersteiner M, Benitez P, McCallum I, et al. 2005. The role of forests in carbon cycles, sequestration, and storage. Issue 3: The economics of carbon sequestration in forests. Newsletter, 3. Available on line at: http://www.iufro.org/science/task – forces/

[40] Olson J S, Watts J A, Allison L J. 1983. Carbon in Live Vegetation of Major World Ecosystems. Report ORNL 25862. Oak Ridge National Laboratory, Oak Ridge, Tenn.: 15 – 25.

[41] Parks P J, Hardie I W. 1995. Least – Cost Forest Carbon Reserves: Cost – Effective Subsidies to Convert Marginal Agricultural Land to Forests. Land Economics, 71(1): 122 – 36.

[42] Parry I W H. 2004. Are emissions permits regressive? Journal of Environmental Economics and Management 47: 364 – 387.

[43] Perez – Garcia J, Lippke B, Comnick J, et al. 2005. An Assessment of Carbon Pools, Storage, and Wood Products Market Substitution Using Life – Cycle Analysis Results. Wood Fiber Sci. 37(5): 140 – 148.

[44] Puettmann M J, Wilson. 2005. Life – Cycle Analysis of Wood Products: Cradle – to – Gate LCI of Residential Wood Building Materials Wood Fiber Sci. 37(5): 18 – 29.

[45] Rose S, Ahammad H, Eickhout B, et al. 2007. Land in climate stabilization modeling: Initial observations. Energy Modeling Forum Report, Stanford University.

[46] Rokityanskiy D, et al. 2007. Geographically explicit global modeling of land – use change, carbon sequestration, and biomass supply. Technological Forecasting and Social Change, 74: 1057 – 1082.

[47] Sampson R N, Sedjo R A. 1997. Economics of carbon sequestration in forestry: an overview, Critical Reviews in Environmental Science and Technology 27, S1 – S8.

[48] Sathaye J, Makundi W, Dale L, et al. 2005. Estimating global forestry GHG mitigation potential and costs: A dynamic partial equilibrium approach. Working Paper LBNL – 55743. Berkeley, CA: Lawrence Berkeley National Laboratory.

[49] Sathaye J, Makundi W, Dale L, et al. 2006. GHG mitigation potential, costs and benefits in global forests. Energy Jounal 27: 127 – 162.

[50] Sedjo R A, Solomon A M. 1989. Climate and forests. In Rosenburg, N. J. , Easterling, W. E. , Crosson, P. R. , and Darmstadter, J. (eds), Greenhouse warming: Abatement and Adaptions, PFF Proceedings. Washington, DC: Resource for the Furture.

[51] Sedjo R A. 1999. Potential for cabor forest plantation in marginal timber forests: the case of Patagonia, Argentina. RFF Discussion Paper 99 – 27. Washington, DC: Resources for the Future.

[52] Sedjo R A. 2001. Forest carbon sequestration; Some issues for forest investments. RFF Discussion paper 01 – 34, Washington, DC: Resources for the Future.

[53] Skog K E. 2008. Sequestration of carbon in harvested wood products for theUnited States. Forest Products Journal, 58 (6): 56 – 72.

[54] Sohngen B, Mendelsohn R R. 2003. An optimal control model of forest carbon sequestration. American Journal of Agricultural Economics 85(2): 448 – 457.

[55] Sohngen B, Sedjo R. 2004. Carbon sequestration costs in global forests. Available on line at: http: //aede. osu. edu/people/sohngen. 1/forests/EMF – 21_ sohngen&Sedjo_ 04. pdf

[56] Sohngen B. 2008. Paying for avoided deforestation – should we do it? Choice 23(1). Available on line at: http: //www. choicesmagazine. org/2008 – 1/theme/2008 – 1 – 08. htm

[57] Stainback G A, Alavalapati R R. 2002. Economic analysis of slash pine forest carbon sequestration in the southern U. S. Journal of Forest Economics, 8; 105 – 117.

[58] Stavins R N, Richards K R. 2005. The cost ofU. S. forest – based carbon sequestration. Prepared for the pew center on global climate change. Available on line at: http: //www. pewclimate. org/publications/report/cost – us – forest – based – carbon – sequestration

[59] Strassburg B, Turner K, Fisher B, et al. 2008. An empirically – derived mechanism of combined incentives to reduce emissions from deforestation. CSERGE Working Paper ECM 08 – 01.

[60] Trexler M C. 1991. Minding the carbon store: Weighing U. S. forestry strategies to slow global warming. Washington, DC: World Resources Institute.

[61] Trexler M C, Haugen C, (Eds). 1995. Keeping it green: opportunities for mitigating climate change. Washington D. C. , World Resources Institute.

[62] Van der Werf G R, Morton D C, DeFries R S, et al. 2009. Estimates of fire emissions from an active deforestation region in the southern Amazon based on satellite data and biogeochemical modeling. Biogeosciences, 6: 235 – 249.

[63] Van Kooten C G, Cornelis G, Binkley C S, et al. 1995. Effect of carbon taxes and subsidies on optimal forest rotation age and supply of carbon services. American Jounal of Agricultural Economics, 77: 365 – 374.

[64] Waring R H, Schlesinger W H. 1985. Forest Ecosystems: Concepts and Management. Inc. Orlando, FL , USA: Academic Press. 313 – 3351

黑龙江省森工林区实施森林碳汇项目潜力评估

盛春光

（东北林业大学经济管理学院会计系）

摘　要：以黑龙江省森工林区第七次森林资源连续清查成果为基础，基于生物量换算因子连续函数法，研究了黑龙江省森工林区生物量、碳汇变动量和碳汇价值。结果显示，黑龙江省森工林区森林实际碳汇量46.92亿t，实际碳汇变化量6083.85万t，潜在碳汇量、变动量以及碳汇价值分别为36.25亿t、31.41亿t和47.12亿美元，实际碳汇变动量占潜在碳汇变动量1.94%。其中，阔叶混交林潜在碳汇量最高，占总体46.63%。可见，该树种承担着该区域主要固碳任务，是黑龙江省森工林区发挥碳库作用的主要优势树种。从实际碳汇变动量（价值）占潜在碳汇变动量（价值）比值来看，黑龙江省森工林区拥有巨大碳汇量，为开展林业碳汇项目创造了基本条件。

关键词：碳汇变动量；碳汇价值；评估；森工林区；黑龙江

1　引言

国际公约—京都议定书的签订，为森林的外部性实现经济价值创造了条件，将森林的生态效益通过市场机制转化为经济效益。合理估算森林碳汇变动量成为森林经济效益得以实现的关键步骤。国际林业碳汇交易市场的建立与运行，依赖于西方主要发达国家对本国森林碳汇的合理估算。森林生物量与碳汇变动量之间存在着一一对应关系，有关森林碳汇变动量估算方法的研究主要以生物量的估算方法研究为前提。中国学者对森林生物量估算方法的研究主要集中于刘国华等、方精云等[1]对森林植被生物量的评估。此外，对于以省、国家乃至全球为对象的区域森林生物量估算方法主要是基于森林清查数据的估计方法[1]和基于遥感信息技术的估算方法（徐新良等，2006；郭志华等，2002）。但从整体来看，有关森林碳汇变动量研究成果并不多，按区域尺度研究的更是少见[2-4]。黑龙江省森工林区是全国最大的重点国有林区，森林面积约占黑龙江国土面积的1/4，为调节区域生态系统平衡和减少温室气体排放发挥重要的作用。本文基于黑龙江省森工林区第七次森林资源连续清查成果，根据树木生长过程中，蓄积量与生物量之间的内在联系，估算森林生物量和碳汇变动量，最终估算森林碳汇价值，找出黑龙江森工林区生态效益贡献最大和碳汇储量最高的树种，为黑龙江省未来发展森林碳汇提供数据支撑。

2　研究区概况

黑龙江省森工林区位于东经120°40′～135°5′，北纬43°41′～53°5′，位于黑龙江省的中南部及东部，是全国最大的重点国有林区和森林工业基地。黑龙江省森工林区范围包括伊春、牡丹江、松花江、合江四个林业管理局管辖的40个森工企业局和森工系统的直属单位，总经营面积1005.40万hm^2（约占黑龙江省土地面积的1/4），其中林地面积837.73万hm^2，占土地面积的83.32%。森林面积806.37万hm^2，森林覆盖率80.20%。活立木总蓄积78724.82万m^3，森林蓄积71462.31万m^3。乔木林单位面积蓄积量88.62m^3/hm^2。植被属于东亚东北部长白植物区系，代表树种为红松，其他如长白落叶松、云冷杉、紫杉及阔叶树种中的柠筋槭、白牛槭、核桃楸、黄波罗、水曲柳、香杨、大青杨等也是本区具有代表性的植物。

3 研究方法

3.1 森林生物量估算方法

根据IPCC土地利用、土地利用变化和林业(LULUCF)优良做法指南，在计量LULUCF碳汇时，须对生物量计量其碳储量变化[5]。本文基于此，重点研究森林碳储量的变化，即森林碳汇变化量。

碳汇变动量的估算方法有很多，采取的手段也各不相同，概括起来，常见的方法主要有：涡旋相关法、蓄积量法和生物量法。本文采用生物量法中的换算因子连续函数法[6]，此方法从动态角度反映BEF随着林龄、立地、个体密度、林分状况等不同而变化。其换算因子公式为：$BEF = a + b/x$ ，式中 a 和 b 为常数，BEF为生物量换算因子，x 为林分蓄积。由此森林生物量回归方程为：

$$Y = \sum_{i=1}^{n} A_i(ax_i + b) \tag{1}$$

式中，x_i 为第 i 种森林类型的林分蓄积，A_i 为第 i 种森林类型的面积，Y 为总生物量。

表1列出了14组不同林分类型生物量换算因子系数[6]，分别对应1个或多个树种，其中针叶混交林采用了曾伟生(2005)的参数。

表1 不同林分类型生物量换算因子系数

优势树种	系数	
	a(Mgm^{-3})	b(Mg)
云、冷杉	0.4642	47.499
落叶松	0.6096	33.806
红 松	0.5185	18.22
樟子松	1.0945	2.004
赤 松	0.5168	33.2378
栎 类	1.1453	8.5473
桦木、白、枫	1.0687	10.237
水、胡、黄、椴	0.798	0.42
榆 树	1.0687	10.237
其他硬阔类	0.7564	8.3103
杨、柳、其他	0.4754	30.6034
针叶混交林	0.589	24.515
阔叶混交林	0.6255	91.0013
针阔混交林	0.8136	18.466

注：在此表中未给出的树种系数采用相似树种的系数值代替。

根据表1和式(1)求得的是林分生物量被称为气干生物量，称得的重量为生物量鲜重。而根据联合国政府间气候变化专门委员会(IPCC)规定，估算碳储量必须以生物量干重(含水率为0)为计算依据。本文采用刘盛等[7]提出的林分全干生物量与气干生物量关系，估算全干生物量。因此，森林生物量干重模型为：

$$Y = \sum_{i=1}^{n} A_i[(a - 0.04)x_i + b] \tag{2}$$

3.2 森林碳汇价值估算方法

森林碳汇价值大小由森林碳汇变动量和森林碳汇价格因素决定。森林生态系统吸收空气中的CO_2，通过光合作用，生成葡萄糖等碳水化合物并放出O_2，其光合作用方程式：CO_2(264g) + H_2O(108g)→葡萄糖(180g) + O_2(192g)→多糖(162g)。在这一过程中，C原子质量占整个生物量的50%，这一结果与IPCC公布的生物量干重转换系数0.5相吻合。因此，本文采用这一系数值确定乔木层林分碳储量。因此，森林碳储量估算模型为：

$$C = 0.5 \times \sum_{i=1}^{n} A_i[(a - 0.04)x_i + b] \tag{3}$$

森林碳汇变动量等于森林碳储量的变化值，因此，森林碳汇变动量估算模型为：

$$\Delta C = \begin{cases} C_1 & s = 0 \\ C_{S+1} - C_S & s > 0 \end{cases} \tag{4}$$

碳汇价值最终要在市场中发挥作用，因此本文将目前国际碳汇市场中有关林业碳汇的价格进行分析（表2），遵循谨慎性原则，本文选择价格区间较低者0.71～2.06美元/t作为评价依据。

表2　国际主要碳市场碳交易价格

国际碳汇市场	价格区间	价格区间(折算成美元计价)
英国碳市场	2～38欧元/t	3～57美元/t
欧盟碳市场	6.5～35欧元/t	9.75～52.5美元/t
美国芝加哥气候交易所	0.71～2.06美元/t	0.71～2.06美元/t
澳大利亚新南威尔士碳市场	10～14澳元/t	9.75～13.66美元/t

资料来源：李怒云[8]，中国林业碳汇

4　研究区碳汇价值现状

在黑龙江省森林资源清查资料中只记录了乔木层树种的龄级、面积和蓄积，未对林下植物和林地植物进行统计，因此，本文采用乔木层树种作为估算森林碳汇变动量的依据。

根据第六次、第七次黑龙江省森工林区森林资源清查数据[9]，运用式(2)、式(3)和表1，研究区森林生物量干重、碳汇量、碳汇变动量估算结果如表3。由表3可知，一是，2005年生物量干重估算结果比2003年生物量干重增长14.9%，其中阔叶混交林和针阔混交林生物量干重增长最快，分别达到33.5%和13.04%，水胡黄、杨树、桦木类生物量干重下降幅度最大，分别达到－62.6%、－40%和－26.33%。研究表明，乔木林各优势树种(组)中，以阔叶混、针阔混为优势树种的面积和蓄积都比上次清查有所增长，其中面积分别提高了11.64%和0.49%，蓄积分别提高了11.30%和0.42%。以桦木为优势树种的面积、蓄积减少量最大，面积比上次清查减少了24.95万hm^2，比例下降了3.19%，蓄积减少了931.61万m^3，比例下降了1.96%；其余各优势树种面积蓄积均有不同程度的下降；二是，两次清查期间研究区可供交易的碳汇变动量共计60.84×10^6t，其中增长量82.98×10^6t，减少量22.14×10^6t，经研究发现，产生碳储量变化为负数是由于该树种面积和蓄积量相应减少造成的。阔叶混交林和针阔混交林碳汇变动量高达82.14×10^6t，占总体碳汇增量99%，具有绝对优势。可见，黑龙江省森工林区阔叶混交林和针叶混交林是黑龙江省森林重要碳库树种(组)，为发展黑龙江省林业碳汇将起到重要作用。

根据表3碳汇变动量估算结果，运用表2相关数据，可推算黑龙江省森工林区碳汇价值。遵循谨慎性原则，采用国际碳汇市场中最低碳交易均价（美国芝加哥气候交易所）作为推算黑龙江省森工林区碳汇价值的依据。$P = 1.5$美元/t$\times 60.84 \times 10^6$t$= 91.26 \times 10^6$(美元)

5　研究区碳汇价值潜力评价

根据表3和第七次清查结果研究发现，随着各树种龄组变化，各树种固碳能力呈上升趋势，过熟林森林碳密度最高。本文对黑龙江省森工林区碳汇变动量潜力估算基本思路和方法：参考2003年4月国家林业局编制的《森林资源规划设计调查主要技术规定》[10]（对树种龄级的划分标准），以黑龙江省森工林区森林资源清查第七次复查成果公布的林分各优势树种各龄组面积、蓄积、各龄组年均生长率为基础，用总平均生长量法测定蓄积生长量，以各龄组的平均年龄为起点估算森林碳汇变动量的潜力。估算公式：

$$X_i = \sum_{j=1}^{5} x_{ij} \times (1 + fP_{ij}) \tag{5}$$

式中，i表示第i个树种，j表示第j个龄级，f表示平均树龄，x表示基期林分蓄积，X表示龄级末期林分蓄积。以天然落叶松为例，各龄组的平均年龄分别为20年、60年、90年、120年和140年，假定各树种各龄组面积不变，到过熟龄期末时间按各树种龄级确定。

表3 第六次和第七次清查乔木林生物量、碳汇量按优势树种统计表

优势树种	2004～2008年(百t)		2000～2003年(百t)		碳汇变动量(百t)
	生物量干重	碳汇量	生物量干重	碳汇量	$C_{04-08}-C_{00-03}$
冷　杉	27162.12	13581.06	26840.42	13420.21	160.85
云　杉	35661.32	17830.66	36051.63	18025.82	-195.16
落叶松	253229.3	126614.65	282559.14	141279.57	-14664.92
红　松	78705.18	39352.59	114675.72	57337.86	-17985.27
樟子松	47494.04	23747.02	42149.13	21074.57	2672.45
赤　松	16816.21	8408.11	15656.86	7828.43	579.68
栎　类	723137.66	361568.83	730078.17	365039.08	-3470.25
桦木类	339581.21	169790.61	460957.25	230478.62	-60688.01
水胡黄	53065.54	26532.77	141870.09	70935.04	-44402.27
榆　树	34367.27	17183.63	30988.72	15494.36	1689.27
其他硬阔类	79787.19	39893.60	73102.4	36551.20	3342.4
椴　树	172712.46	86356.23	194319.26	97159.63	-10803.4
杨　树	70323.84	35161.92	117291.83	58645.92	-23484
柳　树	8802.61	4401.31	8875.28	4437.64	-36.33
针叶混	259517.07	129758.53	350874.57	175437.29	45678.76
阔叶混	6004437.54	3002218.77	4497678.26	2248839.13	753379.64
针阔混	1178518.16	589259.08	1042573.01	521286.50	67972.58
其他	800.07	400.03	806.26	403.13	-3.1
合计	9384118.8	4692059.40	8167348	4083673.99	608385.41

注：桦木类包括桦木、白桦和枫桦，水胡黄包括水曲柳、胡核楸和黄菠萝

首先，天然落叶松幼龄林蓄积量为4354百m^3。幼龄林平均年龄以20年为起点。20年后生长至幼龄期末蓄积量为：4354×(1+20×12.59%)=15 317.37；40年后生长至中龄期末蓄积量为：15 317.37×(1+40×6.02%)=52 201.6；20年后生长至近熟林期末蓄积量为：52 201.6×(1+20×4.59%)=100 122.7;40年后生长至成熟林期末蓄积量为：100 122.7×(1+20×2.98%)=219 468.9；20年后生长至过熟林期末蓄积量为：219 468.9×(1+40×6.43%)=501 705.9。天然落叶松幼龄林成长至过熟林140年里，蓄积量由4354百m^3增长至501 705.9百m^3，生物量由17 625.13百t增长至140 154.58百t，由此计算碳汇变动量达到61 264.72百t，碳汇价值为918.97万美元。

其次，天然落叶松中龄林蓄积量为35 833百m^3，以60年为中龄林平均年龄。20年后生长至中龄期末蓄积量为：35 833×(1+20×6.02%)=78 975.93；20年后生长至近熟林期末蓄积量为：78 975.93×(1+20×4.59%)=151 475.8；40年后生长至成熟林期末蓄积量为：151 475.8×(1+40×2.98%)=332 035;20年后生长至过熟林期末蓄积量为：332 035×(1+20×6.43%)=759 032.1。天然落叶松中龄林成长至过熟林100年里，蓄积量由35 833百m^3增长至759 032.1百m^3，生物量由39 882.73百t增长至451 816.94百t，由此计算碳汇变动量达到205 967.1百t，碳汇价值为3089.51万美元。

再次，天然落叶松近熟林蓄积量为26 545百m^3，以90年为近熟林平均年龄。10年后生长至近熟林期末蓄积生长量为：26 545×(1+10×4.59%)=38 729.16百m^3；40年后生长至成熟林期末蓄积生长量为：38 729.16×(1+40×2.98%)=84 894.31百m^3；20年后生长至过熟林期末蓄积生长量为：84 894.31×(1+20×6.43%)=194 068.4百m^3。天然落叶松近熟林成长至过熟林70年里，蓄积量由26 545百m^3增长至194 068.4百m^3，生物量由23 774.37百t增长至119 195.68百t，由此计算碳汇变动量达到47 710.16百t，碳汇价值达到715.66万美元。

第四，天然落叶松成熟林蓄积量为10 846百m^3，以120年为成熟林平均年龄。20年后生长至成熟林期末蓄积生长量为：10 846×(1+20×2.98%)=17 310.22百m^3；20年后生长至过熟林期末蓄积生长

量为：17 310.22 × (1 + 20 × 6.43%) = 39 571.15 百 m^3。天然落叶松成熟林成长至过熟林 40 年里，蓄积量由 10 846 百 m^3 增长至 39571.15 百 m^3，生物量由 10505.05 百 t 增长至 26 866.9 百 t，由此计算碳汇变动量达到 8180.92 百 t，碳汇价值达到 122.71 万美元。

第五，天然落叶松过熟林蓄积量为 0，所以碳汇变动量为 0。

根据上述落叶松各龄组碳汇变动量估算结果，可推算出黑龙江省森工林区天然落叶松碳汇总量、碳汇变动总量和碳汇总价值将分别达到 369 017.05 百 t、323 123.41 百 t 和 4846.85 万美元。研究表明，森林单位面积蓄积能力的提高是导致森林固碳效果增强的核心因素。同理，推算其他树种(组)潜在碳汇变动量及碳汇价值计算结果如表 4 所示。

表 4　各优势树种(组)实际与潜在碳汇变动量、碳汇价值

优势树种	实际碳汇变化量（百 t）	潜在碳汇量（百 t）	潜在碳汇变化量（百 t）	潜在碳汇价值（万美元）	实际/潜在碳汇变动量(价值)/%
冷杉	160.85	225242.29	211661.23	3174.92	0.08
云　杉	-195.16	361835.18	344004.47	5160.07	-0.06
落叶松	-14664.90	588889.85	462275.21	6934.13	-3.17
红　松	-17985.30	204579.29	165226.70	2478.40	-10.89
樟子松	2672.45	196074.70	172327.73	2584.92	1.55
赤　松	579.68	39362.34	30954.23	464.31	1.87
栎　类	-3470.25	1128527.92	766959.10	11504.39	-0.45
桦木类	-60688.00	9424180.10	9254389.50	138815.85	-0.66
水胡黄	-44402.30	280550.83	254018.05	3810.27	-17.48
榆　树	1689.27	87463.25	70329.00	1054.94	2.40
其他硬阔类	3342.40	544348.19	504435.92	7566.54	0.66
椴　树	-10803.40	953166.22	866809.99	13002.15	-1.25
杨　树	-23484.00	64199.30	32949.64	494.24	-71.27
柳　树	-36.33	7027.25	2625.95	39.39	-1.38
针叶混	-45678.80	490424.08	360665.55	5409.98	-12.67
阔叶混	753379.60	16906860.34	13749281.00	206239.24	5.48
针阔混	67972.58	4746850.08	4157591.00	62363.86	1.63
其他	-3.10	4101.95	3615.37	54.23	-0.09
合　计	608385.40	36253683.21	31410119.00	471151.83	1.94

注：由于使用固定碳交易价格，因此实际碳汇变动量与实际碳汇价值占比例相同；潜在碳汇变动量的估算基数为 2005 年各优势树种按起源实际碳汇量；计算潜在碳汇变动量时由于某些树种某龄组生长率缺失，本研究取该树种平均生长率代替。

由表 4 可知，黑龙江省森工林区乔木层潜在碳汇变动量为 3.14GtC(1GtC = 10 亿 t 碳)，潜在碳汇价值为 47.12 亿美元，实际碳汇变动量(价值)仅占潜在碳汇变动量(价值)1.94%。各优势树种(组)中，阔叶混交林潜在碳汇变动量和碳汇价值最高，占总体 43.77%，其次是桦木类和针阔混交林，分别占总体的 29.46% 和 13.24%。落叶松、椴树均以幼龄林和中龄林为主，且森林面积和蓄积在各优势树种(组)龄组中排名在前三位，这两个树种潜在碳汇变动量达到 1.33GtC，占总潜在碳汇变动量 4.2%，赤松、杨树、柳树和其他树种潜在碳汇变动量最小，仅占 0.2%。

6　结论与讨论

本文系统地研究了黑龙江省森工林区森林碳汇变动量和碳汇价值。结果表明，约占黑龙江省森工林区森林面积 52.5% 的阔叶混交林蕴贮着黑龙江省森工林区总碳储量的 64%，即 3 亿 t 碳储量。各优势树种(组)中，估算碳汇变动量和潜在碳汇变动量均按起源进行估算，且均以阔叶混交林比重最高。这说明，阔叶混交林承担着该区域主要固碳任务，是黑龙江省森工林区发挥碳库作用的主要优势树种。从实际碳汇变动量(价值)占潜在碳汇变动量(价值)比值来看，黑龙江省森工林区拥有巨大碳汇变动量，为发展林业碳汇创造了基本条件。

本文估算黑龙江省森工林区潜在生物量和潜在碳汇变动量均以森林在生长过程中不受到任何自然以

及人为破坏为前提，因此估算结果与实际相比会有误差。本文在估算各优势树种(组)生物量时，一是采用 BEF 连续函数法的各别树种系数值选用相似树种的系数；二是将各龄组平均年龄作为起始点，这些估计可能造成估算结果偏离实际结果，但并不影响总体的评价结果。

参考文献

[1]方精云，刘国华，徐嵩龄．我国森林植被的生物量和净生产量[J]．生态学报，1996，16(5)：497－508.

[2]张茂震，王广兴，刘安兴．基于森林资源连续清查资料估算的浙江省森林生物量及生产力[J]．林业科学，2009，45(9)：13－17.

[3]杨昆，管东生．珠江三角洲森林的生物量和生产力研究[J]．生态环境，2006，15(1)：84－88.

[4]续珊珊，贾利．黑龙江省森工国有林区森林碳储量分析[J]．林业经济问题，，2009，30(1)：47－50.

[5] IPCC. Good Practice Guidance for Land Use, Land － Use Change and Forestry [M]. IPCC/IGES, Hayama, Japan, 2003.

[6] Jingyun Fang, Anping Chen, Changhui Peng, Shuqing Zhao, Longjun Ci. Changes in forest biomass carbon storage in china between 1949 and 1998. science, 2001, 292: 2320－2322.

[7]刘盛，李国伟．林分碳贮量测算方法的研究[J]．北京林业大学学报，2007，29(4)：166－169.

[8]李怒云．中国林业碳汇[M]．北京：中国林业出版社，2007.

[9]黑龙江省森工总局森林资源调查管理局．黑龙江省森工林区森林资源连续清查第七次复查成果．2005：36－41.

[10]国家林业局．森林资源规划设计调查主要技术规定．2003.

中国林业碳汇认证建设的几个问题

于天飞　吴水荣　李智勇

（中国林业科学研究院林业科技信息研究所）

摘　要：林业在应对气候变化的进程中所起的作用正逐渐被认可，并正成为气候变化谈判的重要内容。为了解决林业碳汇核查与认证的难题，我国大力推进林业碳汇认证体系建设。林业碳汇认证工作的长期性、复杂性等特点，决定了我国林业碳汇认证的发展还面临着市场机制、认证标准、认证方法及认证流程、第三方机构等问题的挑战。本文在分析国外碳汇认证发展经验的基础上，分析了我国林业碳汇认证的现状及存在问题，提出在中国林业碳汇认证的过程中加强市场化体系建设、认证标准与国际对接，完善监管机制，实行第三方认证等措施，促进中国林业碳汇认证工作沿着市场化、国际化的方向健康发展。

关键词：林业碳汇；标签化管理；认证体系

Some Questions of Forest Carbon Certification Construction in China

Yu Tianfei Wu Shuirong Li Zhiyong

（Research Institute of Forestry Policy and Information，Chinese Academy of Forestry）

Abstract：The significant role of forestry in responding to climate change has been recognized worldwide and forest becomes one of the major topics in climate negotiations. In order to solve the problem of verification and certification of forest carbon，China has been promoting the forest carbon certification system. However，due to the characteristics of its long term and complexity，the development of forest carbon certification in China is still facing the challenges such as creating market mechanism，identifying the certification standards，methodologies，process and the third party etc. This paper reviewed the experiences of carbon certification in foreign countries，the current situation of forest carbon certification development in China and its problems，pointed out that it is important to enhance marketing system，linking with international certification standards，perfecting the governance mechanism and implementing the third party certification so that the forest carbon certification of China develops towards marketization and internalization.

Key words：forest carbon sink；labeling management；certification system

---

基金项目：林业公益性行业科研专项（200804001）中国森林对气候变化的相应与相应对策研究；973 计划（2010CB955107）"减少发展中国家毁林排放等行动的政策措施和机理机制"谈判议题相关问题研究。

作者简介：于天飞（1971 – ）男，博士后，中国林业科学院林业科技信息研究所助理研究员，研究方向：气候变化及林业低碳经济相关研究。Email：yutianfei@ casipm. ac. cn

1 引言

当前，全球气候变暖所引发的一系列生态环境和经济社会问题日益引起国际社会的广泛关注，并成为国际政治、经济、外交和国家安全领域的一个热点问题。在应对全球金融危机中，国际社会在应对策略上都更加突出“绿色”的理念和内涵，通过实施“绿色新政”来谋划后危机时代的发展方向。在减缓气候变暖的各种努力中，林业活动具有不可替代的地位和作用[1]。联合国政府间气候变化专门委员会在第四次全球气候变化评估报告中指出[2]：与林业相关的措施，可在很大程度上以较低成本减少温室气体排放并增加碳汇，从而缓解气候变化。

2007年底在印度尼西亚巴厘岛召开的《联合国气候变化框架公约》第13次缔约方大会通过的《巴厘路线图》中，国际社会同意将减少发展中国家毁林和森林退化导致的排放(REDD)，以及通过森林保护、森林可持续管理、森林面积变化而增加的碳汇作为发展中国家减缓措施纳入气候谈判进程，要求发达国家对发展中国家在林业方面采取的上述减缓行动给予政策和资金激励[3]。《巴厘路线图》进一步提升了林业在应对全球气候变化中的重要地位。2009年的气候变化大会最终形成了不具法律约束力的《哥本哈根协议》。《哥本哈根协议》进一步明确：“减少滥伐森林和森林退化引起的碳排放至关重要，需要提高森林碳汇能力以及立即建立包括REDD+在内的正面激励机制”[4]。

中国政府非常重视应对气候变化工作。在“十一五”规划中提出了控制温室气体排放目标，成立了国家应对气候变化和节能减排工作领导小组，并在发展中国家率先编制了《应对气候变化国家方案》[5]。中央林业工作会对中国林业的发展进行了重新定位，全国人大《关于积极应对气候变化的决议》为中国林业应对全球气候变化的行动指明了方向。2009年11月，中国政府确定了到2020年我国温室气体排放行动目标：“争取到2020年单位国内生产总值二氧化碳排放比2005年有显著下降；非化石能源占一次能源消费比重达到15%左右；森林面积比2005年增加4000万 hm^2，森林蓄积量比2005年增加13亿 m^3”[6]。这是中国政府对全世界的庄严承诺，为此，中国政府制定了《应对气候变化林业行动计划》，确定了五项基本原则、三个阶段性目标，以及将要实施的22项主要行动。通过实施林业行动计划，发挥林业在应对气候变化中的功能与作用，必将推动中国现代林业的发展[7]。

2 林业碳汇认证的目的

中国进行林业碳汇认证，出发点是基于新时期现代林业发展与中国节能减排的双重需要[8]。由于中国是发展中国家，现阶段还没有减排的责任与义务。所以在坚持“共同但有区别”的原则的基础上，着手为以后的实质性减排做一些基础的准备工作也是十分必要的。通过林业碳汇认证，将中国林业的公益性0.53亿 hm^2 人工造林活动产生的减排量，通过国内的志愿减排的林业碳汇市场，在国内的政府部门之间，不同的行政区域之间，企业与政府之间，企业与企业之间进行有效流转。同时，不排除通过跨国企业的减排行为，走向国际碳市场。

3 林业碳汇认证的基本概念

“认证”一词的英文原意是一种出具证明文件的行动。ISO/IEC指南2：1986中对“认证”的定义是：“由可以充分信任的第三方证实某一经鉴定的产品或服务符合特定标准或规范性文件的活动”。

林业碳汇认证是以缓解气候变化，减少温室气体(Greenhouse Gases，GHG)排放，增加林业碳汇为目的，对由于造林再造林项目、土地利用变化以及减少毁林所减少排放的温室气体排放量进行认证与核查[9]，对林地所有权人所拥有的林地产生的减排量进行标签化管理，以标签的形式明示该片林地的碳信息，并通过志愿减排市场进行碳交易的一种标准化认证程序。林业碳汇认证主要包括以下两个方面的内容：

3.1 核查验收的内容[10]

(1)方法学的选用是否准确与合理；
(2)碳汇项目的现场核查；

(3)碳汇项目的减排量核查;
(4)经过标准核定后的碳汇项目,是否符合林业碳汇项目的要求(方法学);
(5)是否符合中国政府开发碳汇项目的基本原则;
(6)与国际标准能够有效对接。

3.2 标签化管理的内容[11]

(1)初始碳汇状态的核定(基准线)
(2)是否具有增量(额外性)
(3)碳汇的变化项目(变化量)

3.3 碳汇认证与森林认证、碳核查的区别与联系

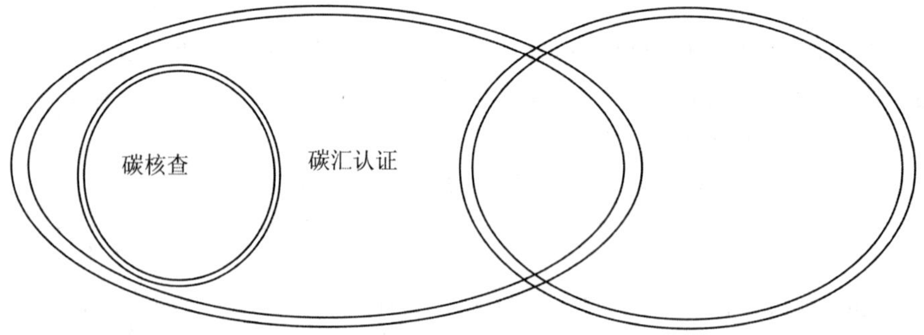

图1 概念关系图

从图1我们可以看出,碳汇认证是很广泛的概念,它既不同于森林认证的概念,也不同于CDM项目的碳核查,而是二者兼而有之,并在两者的基础上有所发展。

4 国外碳汇认证的现状

根据碳汇认证的服务主体不同可将碳汇认证分为两类:一是基于政府的认证,一是基于企业的认证。

4.1 基于政府的认证

从2007年起,就有一些国家的政府部门和行业协会开始在碳减排行动中推广标签化管理的相关活动[12]。譬如英国政府为应对气候变化,专门资助成立了Carbon Trust,鼓励向英国企业推广使用碳标签。法国政府也鼓励零售商对碳足迹进行核算,签发了零售商和贸易企业可持续发展的规定。日本鼓励各公司自愿推出产品碳标签,在商品包装上详细标注产品生命周期每个阶段的碳足迹,引导消费者购买同类产品中温室气体排放更少的产品。欧盟委员会积极推出新的规则对生物燃料的碳足迹衡量做出强制性规定。

4.2 基于企业的认证

目前发达国家的很多商家都展开了相关的碳足迹与碳标签的尝试。例如英国最大的超市特易购(Tesco)从2007年1月起所有上架的7万种商品上都加注了碳标签,并在空运的商品上加注飞机标志的小标识,表明空运在商品的生命周期中是主要的GHG排放来源之一。这种标识同时被Mark&Spenser以及瑞士的零售商Coop采用。在法国,超市巨头卡西诺(Casino)也采用了自身的气候变化标签体系,用食物里程(Food Miles)的概念来表述GHG排放的衡量,在自有品牌的商品上同时标注环境友好和CO_2排放量两个商标。而美国的Timberland长期制定了要在所有商品上向消费者提供环境方面的信息的环保指数。目前大概有20多家厂商生产的75种商品已经加注了碳标签。百事(Pepsico)的附属公司生产的Walkers奶酪洋葱薯片是最先加注碳标签的商品。其他诸如GM、Dell、Home Depot等都在公司生产的商品上利用

碳标签的形式体现了产品的碳足迹指数。

5 中国林业碳汇认证急需解决的问题

中国林业碳汇工作刚刚起步，还存在许多问题。下面我们对林业碳汇认证过程中需要明确的一些相关问题进行阐述。

5.1 林业碳汇市场化的路径选择

我们认为中国发展林业碳汇应采用自愿减排的市场化机制。所谓自愿减排(VER)，是指一个企业在没有任何外在强制力的情况下，自行节能减排，当减排措施不足以中和其产生的全部碳排放时，企业将出资从碳交易市场购买碳减排指标，以此实现“零排放”。

VER市场是随着《京都议定书》强制型市场的发展而形成的碳市场。在自愿型市场中，公司、政府、非政府组织或个人为了对自己排放的温室气体进行各种形式的抵偿，力图实现“碳中和”，自愿交易碳信用额。VER将市场机制与环保公益完美地结合在一起，它的自愿性和市场性使得这种环保公益行为具有可持续发展的潜力。

5.2 碳汇认证的标准选择

我们在碳汇认证的标准选择时，应从核查与认证两个方面考虑。

从核查的角度，我们主要应用VCS标准和CCB标准。VCS(Voluntary Carbon Standard)：也称自愿碳标准。由气候集团、国际排放协会和世界经济论坛联合在2005年启动，现在执行的是2007年颁布的VCS2007版本的标准。VCS提供可靠的自愿碳转移(或碳补偿)认证的标准，VCS要求碳转移必须是真实的、企业额外努力的(非日常进行的运营活动)、可测算的、永久的（非临时的)、独立核实的和唯一的。而CCB标准(Climate, Community and Biodiversity Standards，即气候、社区与生物多样性项目设计标准)则侧重项目的可持续性。该标准是由气候、社区、生物多样性联合会研究制定的一类项目设计标准，主要用于土地利用和林业碳汇项目、生物多样性项目、可持续发展项目等。

从认证的角度，需要引入国际碳足迹认证标准，建立碳标签制度。目前，使用最广泛的碳足迹标准是2008年英国标准协会(BSI)等部门联合发布的PAS 2050标准(《产品与服务生命周期温室气体排放评估规范》)。该标准已在百事可乐、可口可乐、法国达能公司等多家企业约75种产品中试行。产品碳足迹的国际标准ISO 14067已处于草案拟定阶段，计划于2011年发布。

我们应根据上述标准的发展趋势，将林业碳汇的标签化认证开展起来，探索林业碳汇的低碳产品认证，以配合林业低碳经济的试点工作。同时，要积极推动林业碳汇认证认可的多边和双边国际互认。及早制定确定“林业碳足迹”的具体的核算法则、实施方案和标准，以保障林业碳汇认证制度的顺利推行。

5.3 认证方法及认证流程

林业碳汇认证的流程一般包括[13]：认证申请→审查受理→审核→同行评审→认证决定→获证后的监督审核(流程图见图2)。

5.4 林业碳汇的第三方认证

建立林业碳汇市场不仅涉及国际气候制度的问题，还需要一整套市场设施的配套、相关法律制度的保障，以及监测、核查体系和一个成熟的第三方市场[14]。第三方的认证活动必须公开、公正、公平，才能有效。这就要求第三方必须有绝对的权力和威信，必须独立于第一方和第二方之外，必须与第一方和第二方没有经济上的利害关系，或者有同等的利害关系，或者有维护双方权益的义务和责任，才能获得双方的充分信任。

基于中国政府的林业志愿减排市场建设的目标，需要由代表国家利益的林业碳汇的监管机构对VERs进行统一的核查与认证，并由监管机构指定的认证和审核实体林业碳汇注册处签发。由于在碳汇项目所认证的抵减额度的交易中，项目产生的减排量VERs是真是假，数量是否准确，计算方法是什么，

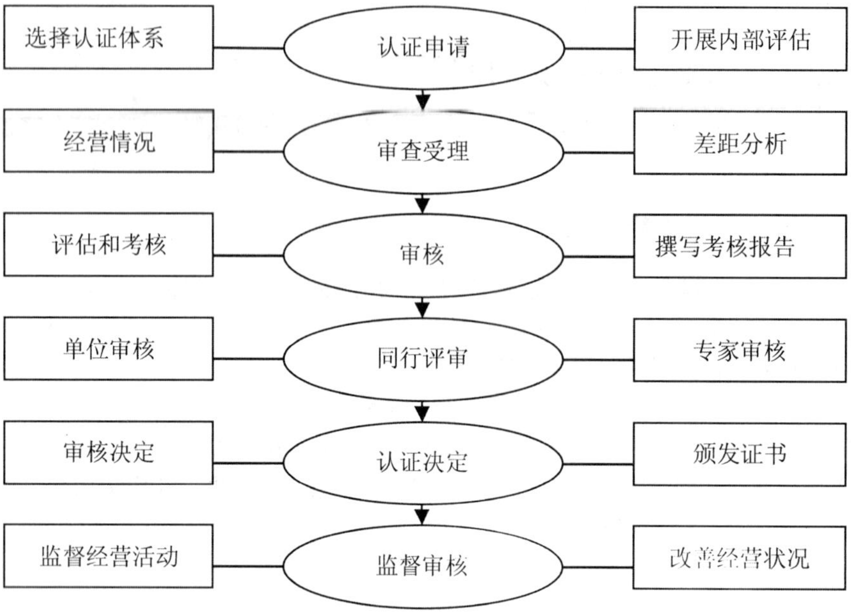

图 2　林业碳汇认证审核流程图

这都需要有一个第三方机构进行核实、监测、认证。

6　建议与措施

6.1　建立林业碳汇市场化运行机制

由于国家的森林生态补偿尚未进入市场化运作的阶段，碳排放的环境总量控制指标还没有与林业的造林减排增汇行动相对接，资金缺口是一个亟待解决的难题。但光靠国家一味的从财政的角度扶持绿色碳基金还是远远不够的。我们建议成立林业碳汇产业引导基金，由国家林业局、财政部和发改委三方发起成立一个母基金，吸引社会资金的投入，利用杠杆放大的原理做大做实林业碳汇产业引导基金。由中国林业产权交易所交易林业碳汇排放额度，使碳信用额度转化为可交易的商品，实现林业碳汇与实体资本的有效对接。

6.2　完善林业碳汇认证标准的国际对接

在林业碳汇认证标准的设计过程中，要综合考虑各种标准的国际化对接的可能。虽然现有的市场范围还仅局限于国内，但要留出与国际对接的接口，一旦时机成熟，可以考虑将现有的林业碳汇的减排额度，与国际的碳排放权交易额度对接，从而将中国政府的林业应对气候变化的承诺转变为现实的碳减排成果。

6.3　加强林业碳汇认证市场的监管机制

建议成立中国林业碳汇管理委员会，其组成包括国家林业局各部门代表、主要利益方代表。负责中国林业碳汇认证体系的建立、法规发布与行政管理工作。以现有的中国林业碳汇管理办公室负责中国林业碳汇认证机构的认可、争议处理、标签的管理等具体的行政管理活动。同时成立由相关专家组成中国林业碳汇技术委员会，负责制定有关林业碳汇认证的标准、规程。成立中国林业碳汇咨询委员会，由其负责林业碳汇认证的培训和咨询等工作。碳汇额度的管理由专门中国林业碳汇注册处统一管理。

6.4　设立第三方认证机构

为加强对林业碳汇认证机构的管理，使林业碳汇认证机构的认可工作规范化，建议成立具有国际认证认可资质的第三方中介机构。坚持“公开、公正、公平”的原则，设立独立与企业与监管机构的林业碳汇第三方认证机构。维护政府与企业双方权益的义务和责任，并获得双方的充分信任。只有建立中国自己的、独立的第三方认证机构，才能在满足中国林业碳汇自身发展的同时，积极瞄准国际市场，发出林业碳汇认证的“中国声音”。

7 结束语

总之，在林业应对气候变化的过程中，通过对林业碳汇进行标准化的认证与核查，使林业碳汇作为一种可市场化交易的商品，发挥其林业生态补偿功能，实现国家与企业、林农的共同富裕。政府应该在有秩序的林业碳汇产业政策引导之下，通过林业碳汇项目，改善农民的生活质量，实现城乡统筹发展。并与国际标准有效对接，从而实现中国政府大力发展林业应对气候变化的美好愿景，完成中国政府对世界的庄严承诺。

参考文献

[1]李怒云．中国林业碳汇[M]．北京：中国林业出版社，2007.

[2]IPCC. Summary for Policymakers of Climate Change 2007：Mitigation Contribution of Working Group III to the Fourth Assessment Report of the Intergovernmental Panel on Climate Change[M]． Cambridge ，UK ：Cambridge University Press 2007.

[3]苏伟，吕学都，孙国顺．未来联合国气候变化谈判的核心内容及前景展望——“巴厘路线图”解读[J]．气候变化研究进展，2008，4(1)：57 － 60.

[4]吴水荣，李智勇，于天飞．国际气候变化涉林议题进展及对案建议[J]. 2009(10)：29 －34.

[5]解振华．国务院关于应对气候变化工作情况的报告．[EB/OL](2009 －08 －25)http：//www. npc. gov. en. 2010 －07 －31.

[6]中国新闻网．国务院：2020 年森林面积比 2005 年增 4 千万 hm^2．[EB/OL](2009 － 11 － 26) http：//www. chinanews. com. cn/cj/cj －hbht/news/2009/11 －26/1986505. shtml. 2010 －07 －31.

[7]李怒云，杨炎朝，陈叙图．发展碳汇林业 应对气候变化——中国碳汇林业的实践与管理[J]．中国水土保持科学，2010，8(1)：13 －16.

[8]中共中央国务院关于加快林业发展的决定[EB/OL]．(2003 －06 －25) http：//news. china. com/zh_ cn/domestic/945/20030911/11538120. html. 2010 －07 －31.

[9]李怒云，宋维明．气候变化与中国林业碳汇政策研究综述[J]．林业经济，2006(05)：60 －64.

[10]国家林业局应对气候变化和节能减排工作领导小组办公室．中国绿色碳基金造林项目碳汇计量与监测指南[M]. 北京：中国林业出版社，2008. 12.

[11]张小全，武曙红．中国 CDM 造林再造林项目指南[M]．北京：中国林业出版社，2006.

[12]吴洁，蒋琪．国际贸易中的碳标签[J]．国际经济合作，2009，07：82 －85.

[13]中国森林认证网．森林管理委员会认证指南[EB/OL]．(2003 －06 －25)http：//www. cfcn. cn. 2010 －07 －31.

[14]于天飞．碳排放权交易的市场研究[D]．南京：南京林业大学，2007.

区域生态环境定量评价初探
——以浙江省遂昌县为例

周隽　李兰英　沈月琴

（浙江农林大学经济管理学院）

摘　要：在对国家环保总局颁布实施的《生态环境状况评价技术规范（试行）》制定的评价方法进行修正的基础上，采用生物丰度、植被覆盖、水网密度、土地退化和环境质量指数5个指标，对遂昌县的生态环境状况进行了综合评价与系统分析。结果表明，遂昌县植被覆盖度高，生物多样性丰富，生态系统稳定，生态环境状况总体处于优等水平。为遂昌县生态环境管理和生态县建设提供科学依据。

关键词：生态环境状况；综合评价；遂昌县

1　引言

"生态"与"经济"协调发展是区域可持续发展的永恒命题。遂昌县地处钱塘江、瓯江两江源头，是浙江省重要生态屏障，其生态地位至关重要，同时遂昌县又是浙江典型的山区县，资源和生态环境是其未来社会经济发展的两大潜在优势，尤其是生态环境被认为是核心竞争力。但因缺乏生态环境定量评价结果，使现有的对生态环境的认识和评价既缺乏可靠科学依据，也难与其他地区进行客观比较。同时，遂昌县正在实施生态立县战略，积极创建省级生态县，在此大背景下，对遂昌县生态环境状况进行科学合理的定量评价对政府部门合理制订区域规划和经济发展方针，协调经济、社会和环境可持续发展具有十分重要的现实意义。

2　评价方法及修正

2.1　评价方法

目前用于生态环境状况评价的方法有多种，如层次分析法、主成份分析法和灰色关联度分析法等。相比较而言，层次分析法更具逻辑性、系统性和实用性，方法较为成熟。国家环保总局基于层次分析法原理于2006年制定了《生态环境状况评价技术规范（试行）》（以下简称《规范（试行）》），适用于我国县级以上区域生态环境现状及动态趋势的年度综合评价，即用于综合评价县级以上区域总体生态环境状况。

2.2.1　生态环境状况指数（Ecological Index，EI）

生态环境质量指数用于反映被评价区域生态环境质量状况，数据范围1～100。

《规范（试行）》选取生物丰度指数、植被覆盖指数、水网密度指数、土地退化指数和环境质量指数五

作者简介：周隽，硕士，讲师，主要研究方向：资源与环境经济。电话：0571－63742251，Email：zhoujun0814@163.com；地址：浙江农林大学经济管理学院，311300。

通讯作者：沈月琴，博士，教授，主要研究方向：林业经济理论与政策，生态经济。电话：0571－63732785，Email：shenyueqin－zj@163.com；地址：浙江农林大学经济管理学院，311300。

个指标分析区域内生物、植被、水资源、土地以及环境污染等情况，并通过赋予各指标不同的权重，计算区域生态环境状况指数

生态环境状况指数的计算方法为：

EI＝0.25×生物丰度指数＋0.2×植被覆盖指数＋0.2×水网密度指数＋0.2×土地退化指数＋0.15×环境质量指数。

根据生态环境状况指数高低，将生态环境分为五个等级，即优、良、一般、较差和差(见表1)。

表1 生态环境状况分级

级别	优	良	一般	较差	差
指数	EI≥75	55≤EI<75	35≤EI<55	20≤EI<35	EI<20
状态	植被覆盖度高，生物多样性丰富，生态系统稳定，最适合人类生存	植被覆盖度较高，生物多样性较丰富，基本适合人类生存。	植被覆盖度中等，生物多样性一般水平，较适合人类生存，但有不适人类生存的制约性因子出现	植被覆盖较差，严重干旱少雨，物种较少，存在着明显限制人类生存的因素	条件较恶劣，人类生存环境恶劣

资料来源：国家环保总局《规范(试行)》

2.1.2 生物丰度指数

生物丰度指数指单位面积上不同生态系统类型在生物物种数量上的差异，间接地反映被评价区域内生物丰度的丰贫程度，由林地、草地、水域湿地、耕地、建设用地和未利用土地加权组成(见表2)。

表2 生物丰度指数分权重

	林地			草地			水域湿地			耕地		建筑用地			未利用地			
权重	0.35			0.21			0.28			0.11		0.04			0.01			
结构类型	有林地	灌木林地	疏林地和其他林地	高覆盖度草地	中覆盖度草地	低覆盖度草地	河流	湖泊(库)	滩涂湿地	水田	旱地	城镇建设用地	农村居民点	其他建设用地	沙地	盐碱地	裸土地	裸岩石砾
分权重	0.6	0.25	0.15	0.6	0.3	0.1	0.1	0.3	0.6	0.6	0.4	0.3	0.4	0.3	0.2	0.3	0.3	0.2

资料来源：国家环保总局《规范(试行)》

生物丰度指数＝A_{bio}×(0.35×林地＋0.21×草地＋0.28×水域湿地＋0.11×耕地＋0.04×建设用地＋0.01×未利用地)/区域面积

式中：A_{bio}——生物丰度指数的归一化系数。

2.1.3 植被覆盖指数

植被覆盖指数指被评价区域内林地、草地、耕地、建设用地和未利用土地五种类型的面积占被评价区域面积的比重，用于反映被评价区域植被覆盖的程度。植物覆盖指数分权重见表3。

表3 植物覆盖指数分权重

	林地			草地			农田		建筑用地			未利用地			
权重	0.38			0.34			0.19		0.07			0.02			
结构类型	有林地	灌木林地	疏林地和其他林地	高覆盖度草地	中覆盖度草地	低覆盖度草地	水田	旱地	城镇建设用地	农村居民点	其他建设用地	沙地	盐碱地	裸土地	裸岩石砾
分权重	0.6	0.25	0.15	0.6	0.3	0.1	0.7	0.3	0.3	0.4	0.3	0.2	0.3	0.3	0.2

资料来源：国家环保总局《规范(试行)》

植被覆盖指数＝A_{veg}×(0.38×林地＋0.34×草地＋0.19×耕地＋0.07×建设用地＋0.02×未利用

地)/区域面积

式中：A_{veg}——植被覆盖指数的归一化系数。

2.1.4 水网密度指数

水网密度指数指被评价区域内河流总长度、水域面积和水资源量占被评价区域面积的比重，用于反映被评价区域水的丰富程度。

水网密度指数 = A_{riv} × 河流长度/区域面积 + A_{lak} × 湖库(近海)面积/区域面积 + A_{res} × 水资源量/区域面积

式中：A_{riv}——河流长度的归一化系数，

A_{lak}——湖库面积的归一化系数，

A_{res}——水资源量的归一化系数。

2.1.5 土地退化指数

土地退化指数指被评价区域内风蚀、水蚀、重力侵蚀、冻融侵蚀和工程侵蚀的面积占被评价区域面积的比重，用于反映被评价区域内土地退化程度。由轻度侵蚀、中度侵蚀和重度侵蚀三个指标加权组成。

土地退化指数 = A_{ero} ×(0.05 × 轻度侵蚀面积 + 0.25 × 中度侵蚀面积 + 0.7 × 重度侵蚀 面积)/区域面积

式中：A_{ero}——土地退化指数的归一化系数。

2.1.6 环境质量指数

环境质量指数指被评价区域内受纳污染物负荷，用于反映评价区域所承受的环境污染压力。由二氧化硫年排放量、COD 年排放量和固体废弃物年排放量三个指标加权组成。

环境质量指数 = 0.4 ×(100 − A_{SO2} × SO_2排放量/区域面积) + 0.4 ×(100 − A_{COD} × COD 排放量/区域年均降雨量) + 0.2 ×(100 − A_{sol} × 固体废物排放量/区域面积)

式中：A_{SO_2}——SO_2的归一化系数，

A_{COD}——COD 的归一化系数，

A_{sol}——固体废物的归一化系数。

2.2 评价方法修正

《规范(试行)》中不足之处在于土地退化指数的计算。该指标用于反应被评价区域的土地退化程度，计算公式为：土地退化指数 = A_{ero} ×(0.05 × 轻度侵蚀面积 + 0.25 × 中度侵蚀面积 + 0.7 × 重度侵蚀 面积)/区域面积(A_{ero}，土地退化指数的归一化系数)，该指数向生态环境状况指数提供了20% 的贡献率。这就意味着土地侵蚀面积越大，土地退化指数就越高，生态环境状况指数(EI)也越高，这与实际情况完全背道而驰，必须对该指标的计算进行修正，未侵蚀土地面积比重越大，则土地质量越好，生态环境状况越好。

参照环境质量指数的计算公式，将土地退化指数计算公式修正为：

土地退化指数 = 0.05 ×(100 − A_{ero} × 轻度侵蚀面积/区域面积) + 0.25 ×(100 − A_{ero} × 中度侵蚀面积/区域面积) + 0.7 ×(100 − A_{ero} × 重度侵蚀面积/区域面积)，即土地退化指数 = 100 − A_{ero} ×(轻度侵蚀面积 + 中度侵蚀面积 + 重度侵蚀面积)/区域面积。

3 数据来源及说明

3.1 数据来源

3.1.1 指标数据来源

本研究采用遂昌县各职能部门(林业局、农业局、水利局、土地管理局、环保局等)提供的数据资料，结合统计资料(遂昌县统计年鉴、遂昌县国民经济与社会发展统计公报、遂昌县环境统计年报、遂昌县环境质量公报等其他政府数据)，对遂昌县的生态环境状况进行评价分析。

3.1.2 归一化系数

归一化系数 = 100/A_{max}

式中：A_{max}——某指数归一化处理前的最大值。

本研究采用中国环境监测总站《生态环境质量评价方法及分级标准》(以下简称《标准》)中给出的全国统一的归一化系数。

3.2 说明

各种林地面积来自林业局和最新一次森林资源清查资料，草地面积、建设用地面积和未利用地面积来自土地管理局，水域湿地面积等水网密度指数指标来自水利局，耕地面积来自农业局，其余指标统一采用2008年数据，以准确反映遂昌县生态环境现状。本研究中归一化系数采用中国环境监测总站《标准》中的全国统一标准，一则计算的结果与其他地区具有可比性，二则可以更准确地给遂昌县的生态环境定位。

4 评价过程及分析

4.1 评价过程

4.1.1 生物丰度指数

生物丰度指数指单位面积上不同生态系统类型在生物物种数量上的差异，根据各类土地面积及其权重计算。根据遂昌县各职能部门提供的各类土地面积(见表4)，遂昌县生物丰度指数计算如下：

表4 遂昌县各类土地面积汇总 单位：km^2

指标名称	数值	指标名称	数值
林地	2248.28	有林地	2054.16
		灌木林地	28.07
		疏林地和其他林地	166.05
草地	12.17	高覆盖度草地(覆盖度大于50%)	12.17
		中覆盖度草地(覆盖度为20%~50%)	0
		低覆盖度草地(覆盖度为5%~20%)	0
耕地	173.63	水田	131.17
		旱地	42.46
水域湿地	51.67	河流(渠)	23.22
		湖泊(库)	27.47
		滩涂湿地	0.98
建设用地	52.10	城镇建设用地	7.21
		农村居民点	25.78
		其他建设用地	19.11
未利用地	1.15	沙地	1.15
		盐碱地	0
		裸土地	0
		裸岩石砾	0
		其他未利用地	0
土地总面积	2539	/	2539

资料来源：遂昌县各职能部门

生物丰度指数 = A_{bio} × (0.35 × 林地 + 0.21 × 草地 + 0.28 × 水域湿地 + 0.11 × 耕地 + 0.04 × 建设用地 + 0.01 × 未利用地)/区域面积 = 400.62 × [0.35 × (0.6 × 2054.16 + 0.25 × 28.07 + 0.15 × 166.05) + 0.21 × (0.6 × 12.17 + 0.6 × 0 + 0.1 × 0 + 0.28 × (0.1 × 23.22 + 0.3 × 27.47 + 0.6 × 0.98) + 0.11 × (0.6 × 131.17 + 0.4 × 42.46) + 0.04 × (0.3 × 7.21 + 0.4 × 25.78 + 0.3 × 19.11) + 0.01 × (0.2 × 1.15 + 0.3 × 0 + 0.3 × 0 + 0.2 × 0)] / 2539 = 72.34

4.1.2 植被覆盖指数

植被覆盖指数指被评价区域内林地、草地、耕地、建设用地和未利用土地五种类型的面积占被评价区域面积的比重，用于反映被评价区域植被覆盖的程度。遂昌县植被覆盖指数计算如下：

植被覆盖指数 = A_{veg} × (0.38 × 林地 + 0.34 × 草地 + 0.19 × 耕地 + 0.07 × 建设用地 + 0.02 × 未利用地)/区域面积 = 355.24 × [0.38 × (0.6 × 2054.16 + 0.25 × 28.07 + 0.15 × 166.05) + 0.34 × (0.6 × 12.17 + 0.3 × 0 + 0.1 × 0) + 0.19 × (0.7 × 131.17 + 0.3 × 42.46) + 0.07 × (0.3 × 7.21 + 0.4 × 25.78 + 0.3 × 19.11) + 0.02 × (0.2 × 1.15 + 0.3 × 0 + 0.3 × 0 + 0.2 × 0)] / 2539 = 70.08

遂昌是一个资源丰富的县，山高林茂，是浙江省八个重点林区县之一，全县有耕地 173.63km^2，拥有林业用地 2248.28 km^2。境内植被属中亚热带常绿、落叶阔叶林地带，区系成分复杂，还保存有小面积古老孑遗植物与林相较好的半原始状态的森林植被，并有种类繁多的草本植物，除少数为引种栽培外，绝大多数为自然分布种。其中森林植被占 73.9%，草木等植被占 26.1%；自然植被有次生针阔混交林带、常绿为主的常绿落叶混交林带、落叶为主的落叶常绿混交林带、高山矮林带、草丛等；山地人工植被有用材林、经济林、绿化树等。森林覆盖率高达 82.3%。

4.1.3 水网密度指数

遂昌县境内溪流密布，分属钱塘、瓯江两大水系。其中，钱塘江水系有流入乌溪江支流的乌溪江、洋溪源、周公源、湖山源和流入灵山港支流的桃溪、官溪、桃源，流域面积分别占全县流域面积的 59.0% 和 14.5%，乌溪江流域地处钱塘江水系上游，为衢州乃至钱塘江下游重要生产生活用水来源，担负着水源保护和水源涵养两大生态功能，在全省绿色生态屏障建设中起到重要作用；瓯江水系主要是松荫溪及其支流，流域面积占全县流域面积的 26.5%。全县多年平均水资源总量 29.86 亿 m^3，其中地表水占 85%，地下水占 15%，地表水和地下水均受降水补给，河川径流同时受地下水补给。人均水资源占有量达 1.25 万 m^3，为全省人均的 4 倍多。水网密度指标数值见表 5。

表 5 水网密度指标

区域名称	河流长度(km)	近海海域面积(km^2)	水资源量(百万 m^3)
遂昌县	161	0	2882

资料来源：遂昌县水利局

水网密度指数 = A_{riv} × 河流长度/区域面积 + A_{lak} × 湖库(近海)面积/区域面积 + A_{res} × 水资源量/区域面积 = 46.43 × 161/2539 + 17.880/2539 + 61.42 × 2882/ 2539 = 70.76

4.1.4 土地退化指数

土地退化指数根据当地土地退化面积进行计算，遂昌县土地退化面积见表 6。

表 6 土地退化面积 单位：km^2

区域名称	轻度侵蚀	中度侵蚀	重度侵蚀
遂昌县	182.35	116.63	27.98

资料来源：遂昌县土地管理局

土地退化指数 = 0.05 × (100 − A_{ero} × 轻度侵蚀面积/区域面积) + 0.25 × (100 − A_{ero} × 中度侵蚀面积/区域面积) + 0.7 × (100 − A_{ero} × 重度侵蚀面积/区域面积)，即土地退化指数 = 100 − A_{ero} × (轻度侵蚀面积 + 中度侵蚀面积 + 重度侵蚀面积)/区域面积

(1)修正前的土地退化指数

土地退化指数$_{前}$ = 146.33 × (0.05 × 182.35 + 0.25 × 116.63 + 0.7 × 27.98)/2539 = 3.33

(2)修正后的土地退化指数

土地退化指数$_{后}$ = 100 − 146.33 × (182.35 + 116.63 + 27.98)/2539 = 96.67

4.1.5 环境质量指数

从环境现状分析可知，遂昌县水环境质量总体良好，6 条主要河流水质均符合功能区要求；大气环境各项指标均有改善；声环境质量也有提高。遂昌县年均降雨量为 1528mm，环境质量指标见表 7。

表 7 环境质量指标 单位：t

区域名称	二氧化硫	COD	固体废物
遂昌县	3600	8767	40028.7

资料来源：环保局及统计资料

环境质量指数 = 0.4 × (100 − A_{SO_2} × SO_2排放量/区域面积) + 0.4 × (100 − A_{COD} × COD 排放量/区域年均降雨量) + 0.2 × (100 − A_{sol} × 固体废物排放量/区域面积) = 0.4 × (100 − 0.06 × 3600 /2539) + 0.4 × (100 − 0.33 × 8767/1528) + 0.2 × (100 − 0.07 × 40028.7/2539) = 98.99

4.1.6 生态环境状况指数

(1)修正前的生态环境状况指数

修正前生态环境状况各项评价指标数值见表 8。

表 8 修正前生态环境状况各项评价指标数值

指标	生物丰度指数	植被覆盖指数	水网密度指数	土地退化指数	环境质量指数
得分	72.34	70.08	70.76	3.33	98.99
权重	0.25	0.2	0.2	0.2	0.15

根据修正前评价得出的遂昌县生物丰度指数、植被覆盖指数、水网密度指数、土地退化指数和环境质量指数数值(见表 8)，计算得出修正前的遂昌县生态环境状况指数为：

$EI_{前}$ = 0.25 × 生物丰度指数 + 0.2 × 植被覆盖指数 + 0.2 × 水网密度指数 + 0.2 × 土地退化指数 + 0.15 × 环境质量指数 = 0.25 × 72.34 + 0.2 × 70.08 + 0.2 × 70.76 + 0.2 × 3.33 + 0.15 × 98.99 = 61.77

根据生态环境状况分级依据，$EI_{前}$在 55 ~ 75 之间，评价结论为良。

(2)修正后的生态环境状况指数

修正后生态环境状况各项评价指标数值见表 9。

表 9 修正后生态环境状况各项评价指标数值

指标	生物丰度指数	植被覆盖指数	水网密度指数	土地退化指数	环境质量指数
数值	72.34	70.08	70.76	96.67	98.99
权重	0.25	0.2	0.2	0.2	0.15

根据修正后评价得出的遂昌县生物丰度指数、植被覆盖指数、水网密度指数、土地退化指数和环境质量指数数值(见表 9)，计算得出修正后的遂昌县生态环境状况指数为：

$EI_{后}$ = 0.25 × 生物丰度指数 + 0.2 × 植被覆盖指数 + 0.2 × 水网密度指数 + 0.2 × 土地退化指数 + 0.15 × 环境质量指数 = 0.25 × 72.34 + 0.2 × 70.08 + 0.2 × 70.76 + 0.2 × 96.67 + 0.15 × 98.99 = 80.43

根据生态环境状况分级依据，$EI_{后}$ ≥ 75，评价结论为优。

4.2 分析

本研究对修正后的遂昌县生态环境状况进行分析。

4.2.1 生物丰度指数

生物丰度指数可以间接反映评价区域内生物多样性的丰贫程度。遂昌县生物丰度指数评价结果为

72.34，表明遂昌县生物多样性较为丰富，进而可以推测该区的生态系统较为稳定，生态服务功能较强。

4.2.2 植被覆盖指数

植被覆盖指数可以间接反映被评价区域的植被覆盖程度。植被覆盖度是自然环境变迁与人类活动综合作用的结果，反映了人类活动对地表覆盖状态影响的程度，往往与城市化进程呈现相反的发展态势。遂昌县植被覆盖指数评价结果为70.08，表明遂昌县植被覆盖度较高，受人类社会经济活动影响相对较小。遂昌县是浙西南典型的山区县，经济发展相对滞后，这与上述评价结果不谋而合。遂昌县要实现跨越式发展，更应着眼于目前良好的植被覆盖状况，在保护优先的前提下，寻求合理高效的利用生态资源优势的发展道路，实现经济效益、社会效益和环境效益的共赢。

4.2.3 水网密度指数

水网密度指数用于反映被评价区域水资源的丰富程度。遂昌县溪流密布，境内河流分属钱塘江、瓯江两大水系。2008年，遂昌县人均水资源量12528m^3，比全省人均2414m^3高4.19倍，水资源比较丰裕，与评价结果(水网密度指数为70.76)相符。

4.2.4 土地退化指数

土地退化指数由评价区域内水蚀、风蚀、重力侵蚀、冰融侵蚀和工程侵蚀的土地面积占被评价区域国土面积的比重，计算出未侵蚀面积占被评价区域国土面积的比重，用于反应被评价区域的土地退化程度。遂昌县的土地退化指数为96.67，表明土地退化程度不明显，质量很好。

4.2.5 环境质量指数

环境质量指数表征评价区域内受纳污染物的负荷，用于反映评价区域所承受的环境污染压力。遂昌县的环境质量指数接近99，表明该县的环境质量良好，承载力较强，尚有一定的污染负荷能力。遂昌县属于浙江省经济欠发达的山区县，工业不发达，尚未对该县的整体环境质量造成显著影响，加上所在区域生态环境系统的自净能力较强，表现为所在区域环境质量良好。

4.2.6 生态环境状况指数(EI)

遂昌县生态环境状况指数(EI)为80.43，表明遂昌县植被覆盖度高，生物多样性丰富，生态系统稳定，非常适合人类生存，生态环境状况总体处于优等水平。

5 小结

评价结果表明遂昌县生态系统较为稳定，生态服务功能较强；植被覆盖度较高，受人类社会经济活动影响相对较小；水资源比较丰裕；土地退化程度不明显，质量很好；环境质量良好，承载力较强，尚有一定的污染负荷能力。依据生态环境状况分级，遂昌县植被覆盖度高，生物多样性丰富，生态系统稳定，非常适合人类生存，生态环境状况总体处于优等水平，为其实施落实丽水市委、市政府提出的“建设生态文明、推进丽水新跨越”的战略目标要求提供了坚实的物质支撑，但遂昌县地处浙西南，位于钱塘江、瓯江上游，可谓“钱瓯之源，江南绿海”，是浙江省“生态屏障”的重要组成部分，要实现跨越式发展，应注重生态与经济的协调发展，不能走国内外发达国家和地区“先污染，后治理”的老路，应立足生态优先，发展低碳经济，构建生态产业链，进一步巩固和提升遂昌县生态环境质量，实现区域生态系统良性循环和资源的持续利用，进而实现经济、社会和环境的协调发展。

参考文献

[1]赵清，丁登山等．区域生态环境定量评价初探——以广东省龙门县为例[J]．地域研究与开发，2005，24(6)：104－108.

[2] 杨楠，王小文等．陕南地区生态环境状况综合评价及对策[J]．水土保持通报，2008，28(2)：190－194.

[3] 吴志旭，周一帆．淳安县生态环境质量评价及对策建议[J]．环境科学与管理，2006，31(8)：192－194.

[4]郑子成，孔祥东．雅安市三县区的生态经济评价[J]．中国水土保持科学，2008，6(6)：75－78.

[5]史纪安，刘玉华等．江河源区生态环境质量综合评价[J]．西北农林科技大学学报(自然科学版)，2006，34(10)：61－66.

[6]王逸群．新疆伊犁湿地资源现状与生态环境评价[J]．水土保持研究，2006，13(6)：314－318.

[7]王平，马立平等．南京市城市生态环境质量评价体系[J]．生态学杂志，2006，25(1)：60－63.
[8] 麻冰涓，贺添等．伏牛山区生态环境质量评价体系研究[J]．中国水土保持，2006，(2)：23－25.
[9]王让会，樊自立．干旱区内陆河流域生态脆弱性评价一以新疆塔里木河流域为例[J]．生态学杂志，2001，(3) 48－52.

碳排放权交易合同中存在的相关法律问题初探

王　见　杨　周

（西南林业大学经济管理学院）

摘　要： 自2002年CDM交易项目进入中国以来，中国已成为世界上获联合国批准的CDM项目最多的国家。在CDM项目迅速发展的同时，交易中的相关法律问题也逐渐凸显，本文分析了交易合同中存在的合同争议管辖权无法确定、合同年满后交易排放量的优先购买、保证和承诺事项履行困难、合同效力无法保障等问题，并给出了相应的解决建议。

关键词： 碳排放权　交易合同　问题

随着《京都议定书》的正式生效，碳排放权已成为国际市场的商品。目前，全球拥有碳排放权交易平台20多个，主要分布在欧洲、北美、南美。其中，2005年1月1日欧盟正式启动的排放贸易体系始终在全球起到领导者的角色，实现了碳排放权交易机制间的结合。自碳交易市场运行以来，欧盟的碳交易金额占全球总量的75%。在亚太地区、澳大利亚、加拿大、日本等国都在积极地建立政策框架筹建国内的碳排放市场。美国奥巴马政府上台以后，积极推进新政，美国清洁能源安全法已获得众议院通过，联邦碳排放权交易市场即将建立。

中国参与全球碳交易的主要形式是清洁发展机制（Clean Development Mechanism，CDM）。CDM项目作为一项国际贸易，其买卖双方分别是发达国家的实体和发展中国家的项目业主，交易的产品为核证减排量（Certified Emission Reductions. CERs），双方签订的合同称为减排量购买协议（ERPA）。目前，随着CDM项目的迅速发展，相关的法律问题逐渐凸显，亟待全面系统的研究。本文着重从交易合同的角度就CDM项目中存在的法律问题进行初步探讨。

1　碳排放权交易的基本内涵

碳排放权交易（Carbon Emission Permits Trade）又称温室气体排放权交易，是指碳减排购买合同或协议（ERPAs）。其基本原理是合同的一方通过支付另一方获得温室气体减排额，买方可以将购得的减排额用于减缓温室效应从而实现其减排的目标。通常来说，碳交易可以分成两大类：其一是基于配额的交易，买家在“限量与贸易”体制下购买由管理者制定、分配（或拍卖）的减排配额，譬如《京都议定书》下的分配数量单位（AAU），或者欧盟排放交易体系（EU ETS）下的欧盟配额（EUAs）；其二是基于项目的交易，买主向可证实减低温室气体排放的项目购买减排额。最典型的此类交易为CDM以及联合履约机制下分别产生的核证减排量和减排单位（ERUs）[1]。

2　碳排放权交易的市场现状

目前国际上有多个碳排放权交易市场，包括CDM项目的交易市场、欧盟排放交易体系、英国排放交易体系、芝加哥气候期货交易所和法国的POWERNEXT的现货交易市场等，其中最具代表性的当属欧盟

作者简介： 王见，硕士，副教授，主要研究方向：林业经济。地址：云南省昆明市白龙寺西南林业大学160信箱650224，电话：0871－3863041，Email：wj@swfu.edu.cn

杨周，学士。地址：共青团玉溪市红塔区委员会653100，电话：15187716165，Email：125695791@qq.com

的排放交易体系和CDM项目的交易市场。

自2002年起，CDM项目就已经进入中国，以CDM机制为主要内容，我国与发达国家签订了很多减排项目，我国CDM项目和碳排放权交易市场规模正在逐步扩大。据中国清洁发展机制网的最新统计，截止到2010年9月7日，国家发展改革委批准的CDM项目达2658个[2]，截止2009年底，中国有715个碳交易项目在联合国注册成功，位居全球第一[3]。

3 碳排放权交易合同存在的问题分析

合同是当事人或当事双方之间设立、变更、终止民事关系的协议。依法成立的合同，受法律保护。广义合同指所有法律部门中确定权利、义务关系的协议。合同的效力是指依法成立的合同在当事人之间的法律拘束力。合同的效力在双方当事人之间建立起一个联系，这个联系是强制的，是一种相互牵制的联系。合同的效力不但具有拘束力性，还具有对抗性。

在CDM碳排放权交易合同中，争议管辖地的确定、合同年满后交易排放量的优先购买问题、CDM的合同效力问题以及对保证、承诺事项的履行等是交易合同存在的最主要的问题。

3.1 同争议管辖权无法确定

现在，我国很多碳排放交易合同确定的争议管辖地为英国，因为只有英国才有专门的碳排放权交易方面的立法，我国在这方面的法律法规暂时只有一个《清洁发展机制项目运行管理办法》，其并未就合同争议的调处作出任何规定。所以一旦出现合同纠纷，只能适用英国法律，而英国法属英美法系，遵从案例法，与我国法律体系和风格完全不同，如果合同以英国法作为准据法，那么由于法律不熟悉所带来的潜在风险将很难预料。其次，从中国企业的角度来讲，中国企业也难以跑去英国应诉，中国企业在这个时候或许只能选择缺席。

3.2 合同年满后交易排放量的优先购买问题

现在的CDM项目一经注册就有7年的计入期，当合同到期时，国际买家基本上都在合同中事先确定了优先购买权，但购买价格却定为合同签订价。以水电项目为例，现在的交易价格为10欧元/t，在合同期年满后，一旦当时的市场价格超过了10欧元/t，买家将启用优先购买权，仍以10欧元/t的价购入，但如果当时的市场低于10欧元/t，买家却不会以10欧元的价格购入。通过排他性选择权条款，中国企业处于“跟输不跟赢”的极不公平地位。若届时价格上扬，中国企业只能以合同约定价格交易；若市场不景气，买方不愿意购买选择权部分的CERs，又会造成剩余部分卖不出去。而且，这极大限制了中国企业自由寻找第三方交易的权利。

3.3 对保证、承诺事项的履行存在的问题

在碳排放交易协议中往往长篇累牍列举中国企业的保证和承诺事项，如“应当遵守购买方所在国有关环境保护的法律”、“每年向购买方提供经审计的财务报表”等。中国企业如何遵守外国的环保法律？而且财务报表、股权结构变化等与交易并无直接关联，企业本无须在合同中披露。这样造成了我们在碳交易中处于一个不利的地位，造成在交易合同签订以后对保证、承诺的事项的履行存在许多不利因素。

另外，我国企业在碳交易过程中往往在对买家资质和信誉等情况一无所知的情况下，就把标的数额千万甚至数亿的合同签下来，殊不知在我国碳交易市场上表现活跃的公司中，个别买家信用等级是很差的，甚至是没有能力帮助项目实施主体开展工作的公司，致使许多项目实施主体投入大量人力、物力和财力后却无法获得核证的碳信用，损失巨大。这些都使得合同签订后对于合同的保证、承诺事项的履行存在很大风险，造成一些无法挽回的损失。

第三，中国绝大多数的CDM项目业主都没有请律师，而国外买家却无一例外的都请律师，这也造成了在合同签订后存在的诸多风险。

3.4 CDM的合同效力无法保障

合同的效力分为对内约束交易当事人和对外防止他人侵犯的两部分，CDM合同也应体现这两方面的

效力。CDM 项目的合同主要是减排量购买协议(ERPA)，通常在 ERPA 签订后项目需要很长的一段时间(15 个月左右)才能获得 CDM 的注册从而获得产生 CERs 的资格，在注册之后又需要项目运行至少 3 个月甚至 1 年的周期才能做出核证。核证完成后才能产生相应数量的 CERs。因此在合同签订到 CERs 交付中间需要一段漫长的时期，而每一次的 CERS 交付都要经过严格的核证，CDM 的合同期往往又都比较长(10 年或者 21 年)，在这样一个漫长的合同期内如何预见各个阶段可能影响合同效力的各种问题是制定合同时需要慎重考虑的事项。一旦在 CERs 交付出现问题时，买卖双方如何协调解决、相关利益如何保障以及可能涉及的民事诉讼等都会成为重要问题。合同的成立是一个事实的判断过程，而合同的生效是一个价值的判断过程合同的成立只要双方能够达成合意并且相关主体适合即可，但是价值判断的过程比较复杂[4]。

目前的 CDM 法律制度还很不完善，在项目运行过程中可能遇到的问题都没有明确的法律规范来进行约束，这就使得 CDM 的合同效力缺乏有效的法律保障，双方的利益极有可能遭受损害。同时，前面提到的 CDM 项目属于远期交易，因此合同的法律效力显得更为重要突出。在 CDM 发展的现阶段，CERs 买方一般是西方国家财务实力强大的组织，他们在国际贸易特别是合同制作方面经验丰富，而卖方是我国的国有或私营企业，在规模上和财力上与之差别很大，并且大多缺乏国际贸易的经验。因此，目前大多数的 ERPA 为买方文本，合同在约束力和生效条件以及可能涉及的合同纠纷方面都侧重于保护买方利益。就目前 CDM 的实行情况来看，这些问题已经很明显。

4 对策与建议

4.1 关于合同争议管辖权无法确定问题

针对合同争议管辖权无法确定的法律问题，中国企业应坚持中国法律为合同准据法，并要求适用合理的争议解决方案。国家应不断完善我国的法律，加大在这些方面的立法，此外文本语言等类似条款也不可小视，至少可作为一个筹码换得其他有利条款。我们应该不断发展我们的法律体系，使之不断完善，从而更有利于我们的碳交易市场。

4.2 关于合同年满后交易排放量的优先购买问题

努力通过国际合作，不断的敦促国际社会建立一个有效合理的协议，公平的对待买买双方，做到公平公正公开，对于我门国家，在碳交易过程当中要据理力争，放正我们的姿态。不断争取我们的利益，不要只顾眼前利益，要从长远发展来对待合同，做到不丢芝麻，也不丢西瓜，更好的减少我们在交易过程中的风险。

4.3 关于保证、承诺事项的履行问题

我国企业在碳交易过程中应该多方面深层次的了解买家的资信等情况，做到知己知彼，在交易过程中国家可以通过立法，完善存在的法律漏洞，使交易有法可依，合同签订后更强有力的保证合同顺利完成。此外，中国绝大多数 CDM 项目业主都应该请相关的律师，不断了解合同的各个细节，使我们在交易中处于平等的地位，并且防患于未然。

4.4 关于 CDM 合同效力无法保障问题

对于合同效力方面存在的问题，建议应当采取要件登记生效方式。即合同涉及中国政府机关批准或国际组织注册等内容的事项，交易双方应约定合同在获得相应批准后生效[5]。通过登记，第三方可以赋予合同以更强的对内的约束力和对外的对抗力，保障交易的顺利进行；另一方面，通过对合同相关要件的审查，保证合同体现 CDM 的内在价值预设，只有满足必须的要件才予以登记，这体现了对环境保护、经济发展、国际合作的价值思考[4]。

参考文献

[1]程会强，李新．四方面完善碳排放交易市场[J]．中国科技投资，2007，(7)：47－50.
[2]中国 CDM 项目官方受理申请最新进展．[EB/OL]. http：//cdm. ccchina. gov. cn/web/main. asp? ColumnId＝25，2010－9－21
[3]碳交易：成为一个支点 撬开节能减排大门．[EB/OL]. http：//cdm. ccchina. gov. cn/web/NewsInfo. asp? NewsId＝4692. 2010－8－30
[4]郑爽．碳市场的经济分析[J]. 中国能源，2007，(9)：102－105.
[5]饶蕾，曾骋．欧盟碳排放权交易制度对企业的经济影响分析[J]. 环境保护，2008，(6)：96.

中国经济增长与环境污染的实证分析

沈寿君

（南京林业大学）

摘　要：自工业文明以来，经济增长与环境污染一直是一对矛盾。经济增长必然以牺牲一定的环境质量为代价，而环境质量的恶化也必然会延缓经济的增长。因此，研究经济增长与环境质量之间的数量关系及其变化趋势，有助于宏观经济管理者根据经济发展不同阶段的特点，在经济发展与环境保护之间做出更好的判断与抉择。

关键词：经济增长；环境污染；库兹涅茨曲线

Analysis on the relationship betweenChina's economic growth and environmental pollution

Shen Shoujun

(Nanjing Forestry University)

Abstract: Since the industrial civilization, economic growth and environmental pollution have been a contradiction. Economic grows at the expense of environmental quality, and environmental deterioration will inevitably slow down economic growth. Therefore, the study of economic growth and environmental quality will help macroeconomic management make better judgments and decisions according to the characteristics of different stages of economic development.

Key words: economic growth; environmental pollution; Kuznets curve

1　引言

改革开放以来，我国经济建设和发展进入一个崭新的时期，经济发展取得了举世瞩目的高增长。主要表现为：国民经济快速发展，经济总量不断扩大；城乡居民生活水平有了很大提高；三次产业结构发展区域协调；商品短缺状况基本结束，粮食综合生产能力上了新台阶，能源、交通通信和原材料的“瓶颈”制约得到缓解；全方位对外开放格局基本形成；经济体制改革不断深化，市场在资源配置中的基础性作用大大增强，宏观调控实现了从政府直接控制向间接调控为主的转变。

图1显示了人均GDP的变化，人均GDP已从1978年的381元上升到2007年的18 934元。2007年国内生产总值达到249 529.9亿元，排名世界第四位。城镇居民家庭恩格尔系数从1978年的57.5%下降到2007年的36.3%，农村居民家庭恩格尔系数由1978年的67.7%下降到2007年的43.1%，经历了从贫穷到小康的转变，对照国家统计局1992年提出的小康生活量化标准，2007年我国居民已经生活在小康之中。

作者简介：沈寿君，南京林业大学研究生院、人口资源与环境经济学，资源与环境　南京林业大学研究生大楼，Email：Ssj86@126.com，13770606127

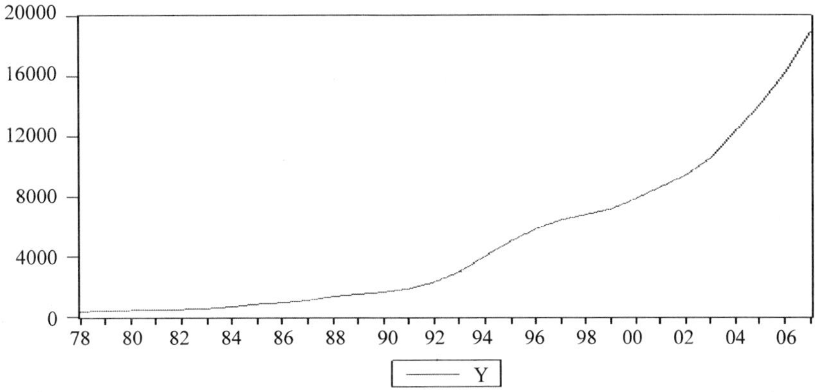

图1 1978~2007年人均GDP的变化趋势图

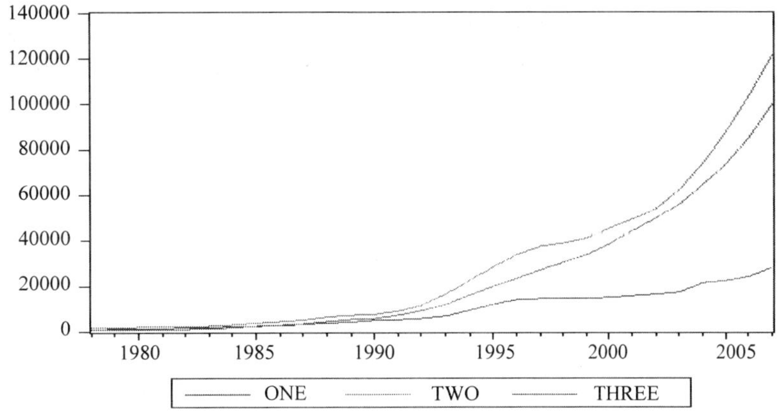

图2 1978~2007三次产业产值变化趋势图

如图2所示，改革开放后，产业结构的调整取得了较大成绩。首先，第一、二、三次产业结构有了很大调整。第一产业得到压缩，二、三产业迅速发展，比重得以提升。农业人口减少，第三产业就业人员大幅增加。其次，三次产业的内部结构均有较好的调整。

2 中国的资源环境问题

过去二三十年来，由于中国经济总量的迅速膨胀和粗放型的经济增长方式，以及环境污染和生态恶化的长期累积效应，环境治理的速度赶不上环境破坏的速度，全国环境形势依然严峻。工业污染依然突出，生活污染不断上升，污染由城市向农村蔓延，生态破坏范围扩大，突发性污染事件增多，人与自然关系高度紧张，资源环境问题十分突出。

中国人口占世界20%，但石油储量仅占世界1.8%，天然气占0.7%，铁矿石不足9%，铜矿不足5%，铝土矿不足2%。世界2005年平均森林覆盖率为30.5%，中国森林覆盖率为21.15%，跟世界平均水平还有很大差距。中国大部分的资源都依赖于进口，如此下去，世界的资源将会耗尽，世界也难以承受，国际间关于资源与市场的矛盾将不可避免地爆发。如表1，中国2005年万美元国内生产总值能耗系数是7.65，美国1.89，德国1.24，日本1.17。也就是说，中国拿到手的每一笔收入背后，都要付出更大的资源消耗和更大的环境污染代价。种种危险信号表明，国内的资源和环境问题日益突出，再也无力支撑这种粗放型的发展模式。

表 1　中国与发达国家万美元国内生产总值能耗系数比较

中国香港	意大利	英国	日本	德国	法国	西班牙	荷兰	以色列	新西兰	土耳其	澳大利亚	美国	中国
1.02	1.05	1.05	1.17	1.24	1.29	1.29	1.3	1.49	1.57	1.76	1.81	1.89	7.65

2.1　水环境状况

2.1.1　水资源短缺

2007 年我国水资源总量为 25 255.2 亿 m^3，受气候和地形影响，水资源分布极不均衡，总体上呈现南多北少的局面。

2.1.2　水体污染严重

主要污染物排放量已经大大超过水环境容量。氮、磷污染在水中长期积累，加速了水环境恶化；不合理的水资源开发，大量减少生态用水，加剧了水环境污染；森林、草原等植被的破坏及水土流失，严重降低了水源涵养功能，更使本已恶化的水环境雪上加霜。2007 年，全国工业废水排放总量达 2 466 493 万 t，生活污水排放总量达 3 102 001 万 t，工业废水中氨氮排放量 34.1 万 t，生活污水中氨氮排放量 98.3 万 t。

表 2　各年份废水排放总量

年份	2000	2001	2004	2005	2006	2007
废水排放总量(亿 t)	415.2	432.9	482.4	524.5	536.8	556.8

2.1.3　水生态失衡

江河断流、地面沉降不仅发生在北方地区，而且出现在南方地区；不仅发生在小河小溪，也发生在大江大河。湖泊萎缩，滩涂消失，天然湿地干涸，水源涵养和调节能力下降，不少地区出现“无雨则旱，有雨则涝”的现象。

2.2　大气环境污染状况

2.2.1　污染物排放总量上升

表 3　污染物排放量

指　标	2001	2002	2003	2004	2005	2006	2007
工业废气(亿 m^3)	160 863	175 257	198 906	237 696	268 988	330 990	388 169
二氧化硫(万 t)	1 947.2	1 926.6	2 158.5	2 254.9	2 549.4	2 588.8	2 468.1
烟尘(万 t)	1 069.9	1 012.7	1 048.5	1 095	1 182.5	1 088.8	986.6
工业粉尘(万 t)	990.6	941	1 021.3	904.8	911.2	808.4	698.7

从上表中可以看出，工业废气排放总量逐年上升，势必超过环境承载能力。

2.2.2　城市空气污染严重

与世界平均水平相比，我国多数城市空气污染处于相当高的水平，少数城市空气污染仍在加重。随着汽车使用的增加，多数大城市出现煤烟和汽车尾气复合型污染，甚至出现类似洛杉矶光化学烟雾事件的污染现象。

2.2.3　酸雨问题依然突出

近年来，由于燃煤量增多，二氧化硫排放量有所增加，酸雨问题依然严峻。随着燃煤消耗量和汽车尾气排放量的增加，我国酸雨问题将由硫酸型向硫酸和硝酸混合型转变。

2.3　固体废物污染状况

2007 年，全国工业危险固体废物产生量为 1079 万 t。历年堆存的危险固体产生的废弃、渗滤液、淋溶水污染地下水，极有可能成为重要的污染源。随着居民生活水平的提高，电子垃圾的产生量越来越多，电子垃圾含有大量有害物质，处理技术和方式简单落后，污染严重。发达国家越境转移的电子垃圾的90%进入亚洲，其中90%进入我国，对一些地区造成严重的环境污染。由于不合理地使用农药、化肥使土壤受到了污染，这种污染难以治理，且危害长期存在。

3 经济增长与环境污染的关系

1991年美国经济学家Grossman和Krueger首次实证研究了环境质量与人均收入之间的关系，指出了污染与人均收入间的关系为“污染在低收入水平上随人均GDP增加而上升，高收入水平上随GDP增长而下降”。1992年世界银行的《世界发展报告》以“发展与环境”为主题，扩大了环境质量与收入关系研究的影响。1993年Panayotou借用1955年库兹涅茨界定的人均收入与收入不均等之间的倒U型曲线，首次将这种环境质量与人均收入间的关系称为环境库兹涅茨曲线(EKC)。EKC揭示出环境质量开始随着收入增加而退化，收入水平上升到一定程度后随收入增加而改善，即环境质量与收入为倒U型关系。本文将对经济增长与环境污染之间的关系是否符合EKC，或者正处于EKC的哪一段进行细致研究，这对保持经济快速增长避免和减少环境污染有重要意义。

3.1 模型指标的选择

本文指标选择的思路如下：由于收入不是平均分配的，人均收入低于平均水平的人远多于高出平均水平的人，所以应该用中值收入水平作为反映经济增长的变量，但是数据获得较困难。本文用人均收入水平反映经济增长；反映环境污染程度的指标有工业废水排放总量、工业废气排放总量、工业固体废物排放量、工业二氧化硫排放量、工业烟尘排放量、工业粉尘平排放量。

3.2 计量模型的选取

为揭示环境变化和经济增长的关系，根据前人的经验，本文采用三次多项式简化模型来进行，模型表达式为：

$$\ln E_i = \beta_0 + \beta_1 \ln Y_i + \beta_2 \ln Y_2^2 + \beta_3 \ln Y_1^3 + \varepsilon_i$$

式中，E是污染物排放量，Y是人均GDP，β_0、β_1、β_2、β_3是模型参数，ε是随机误差项。其中随着β_0、β_1、β_2、β_3取值的不同，可以反映出不同环境质量与经济增长之间的关系，关系如下：

(1)当$\beta_1 \neq 0$，$\beta_2 = 0$，$\beta_3 = 0$时，环境状况与经济发展之间呈现线性关系；

(2)当$\beta_1 > 0$，$\beta_2 < 0$，$\beta_3 = 0$时，环境状况与经济发展之间符合倒“U”型关系；

(3)当$\beta_1 < 0$，$\beta_2 > 0$，$\beta_3 = 0$时，环境状况与经济发展之间呈现“U”型关系；

(4)当$\beta_1 > 0$，$\beta_2 > 0$，$\beta_3 = 0$时，环境状况与经济发展之间呈现“凹函数”关系；

(5)当β_1、β_2、β_3都不为0时，环境状况与经济发展之间呈现三次曲线关系。

3.3 数据的选取

表4 1985~2008年污染物排放与人均GDP

时间(年)	人均GDP	工业废水排放总量(亿t) E_1	工业废气排放总量(亿m^3) E_2	工业固体废物排放量(万t) E_3	工业二氧化硫排放量(万t) E_4	工业烟尘排放量(万t) E_5	工业粉尘排放量(万t) E_6
1985	857.8	257.4					1 305.0
1986	963.2	260.2		13 283.0			1 075.0
1987	1 112.4	263.8		8 719.0			1 004.0
1988	1 365.5	268.4		8 545.0			1 125.0
1989	1 519.0	252.1		5 265.0			840.0
1990	1 644.0	248.7		4 767.0			781.0

（续）

时间（年）	人均 GDP	工业废水排放总量（亿 t）E_1	工业废气排放总量（亿 m^3）E_2	工业固体废物排放量（万 t）E_3	工业二氧化硫排放量（万 t）E_4	工业烟尘排放量（万 t）E_5	工业粉尘排放量（万 t）E_6
1991	1 892. 8	235. 7	84 734. 0	3 376. 0	1 165. 0	845. 0	579. 0
1992	2 311. 1	233. 9	89 633. 0	2 587. 0	1 323. 0	870. 0	576. 0
1993	2 998. 4	219. 5	93 423. 0	2 152. 0	1 292. 5	880. 4	616. 6
1994	4 044. 0	215. 5	97 463. 0	1 932. 0	1 341. 4	806. 9	582. 8
1995	5 045. 7	221. 9	107 478. 0	2 242. 0	1 405. 0	838. 0	639. 0
1996	5 845. 9	205. 9	111 196. 0	1 690. 0	1 397. 0	758. 3	561. 5
1997	6 420. 2	226. 7	113 375. 0	1 549. 0	1 852. 0	1 565. 0	1 505. 0
1998	6 796. 0	200. 6	121 203. 0	7 048. 0	1 593. 0	1 178. 0	1 322. 2
1999	7 158. 5	197. 3	126 807. 0	3 880. 5	1 460. 1	953. 4	1 175. 3
2000	7 857. 7	194. 2	138 145. 0	3 186. 2	1 612. 5	953. 3	1092. 0
2001	8 621. 7	202. 6	160 863. 0	2 893. 8	1 566. 0	852. 1	990. 6
2002	9 398. 1	207. 2	175 257. 0	2 635. 2	1 562. 0	804. 2	941. 0
2003	10 542. 0	212. 3	198 906. 0	1 940. 9	1 791. 6	846. 1	1 021. 3
2004	12 335. 6	221. 1	237 696. 0	1 762. 0	1 891. 4	886. 5	904. 8
2005	14 053. 0	243. 1	268 988. 0	1 654. 7	2 168. 4	948. 9	911. 2
2006	16 165. 0	240. 2	330 990. 0	1 302. 1	2 234. 8	864. 5	808. 4
2007	19 524. 0	246. 6	388 169. 0	1 196. 7	2 140. 0	771. 1	698. 7
2008	22 698. 0	241. 7	403 866. 0	781. 8	1 991. 4	670. 7	584. 9

数据来源：《中国统计年鉴》1986 ~ 2008；《全国环境统计公报》1995 ~ 2008。

3.4 模型估计

通过 SPSS 软件作出 Y 与 E_1、E_2、E_3、E_4、E_5、E_6 的散点图如下：

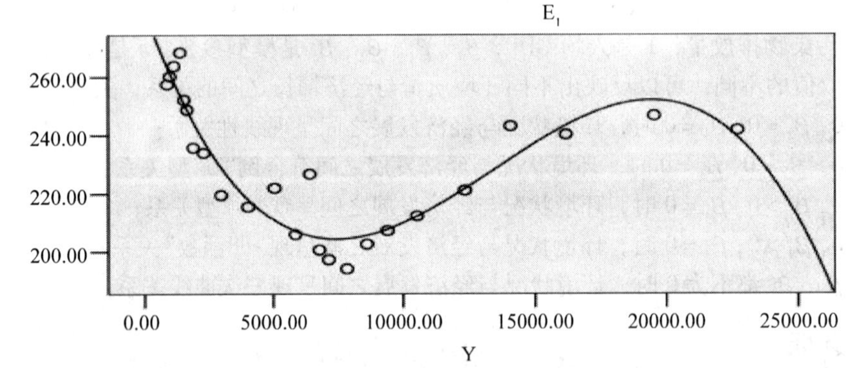

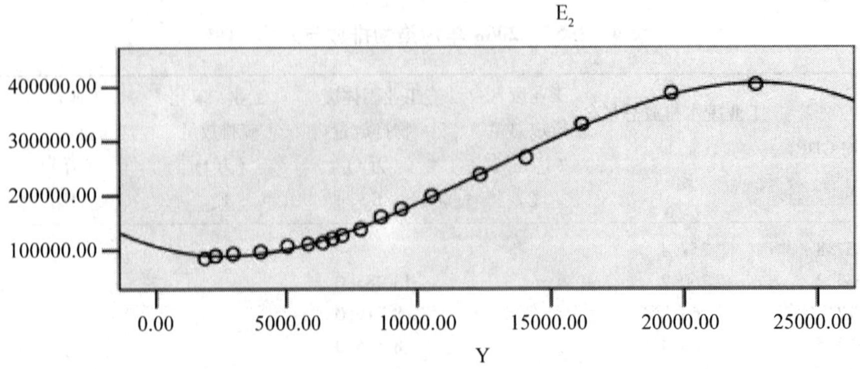

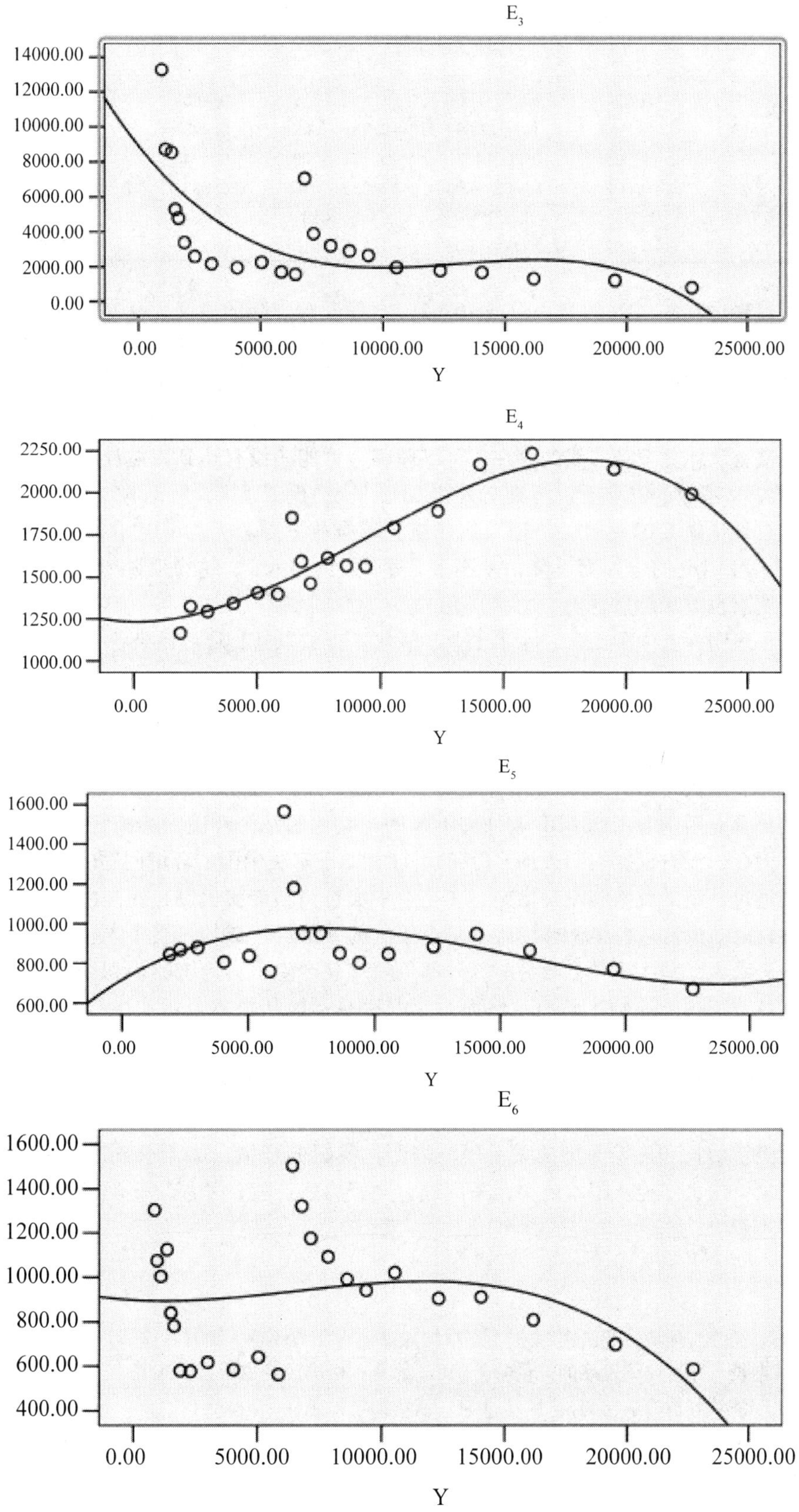

图 3　Y 与 E_1、E_2、E_3、E_4、E_5、E_6 的散点图

表 5　中国污染物排放与人均 GDP 计量模型模拟检验结果

指标	C	β_1	β_2	β_3	R^2	F	P
E_1	282.383	-0.024	2.23E-006	-5.54E-011	0.880	48.764	0.000
E_2	107 411.673	-14.162	0.0 029 699	-7.78E-008	0.998	2 499.003	0.000
E_3	8 933.633	-1.765	0.00014271	-3.63E-009	0.494	6.172	0.004
E_4	1 231.802	-0.002	8.90E-006	-3.23E-010	0.883	35.203	0.000
E_5	716.670	0.076	-6.52E-006	1.38E-010	0.187	1.075	0.391
E_6	897.909	-0.007	2.93E-006	-1.50E-010	0.126	0.964	0.429

从上表中可以看出：E_5、E_6 的 P-value > 0.05，方程没有实际的意义。从对工业废水 E_1 的 EKC 估计方程看，污染程度是呈现“倒 N 型”，即最初废水污染程度随着人均 GDP 的增加而下降，当达到一个转折点之后，将随着人均 GDP 的增加而上升，再达到一个转折点后，又随着人均 GDP 的增加而下降；对于工业废气 EKC 估计，污染程度呈现“凸函数”形状，工业废弃的排放量随着人均 GDP 的上升仍处于上升阶段，这无法否认库兹涅茨曲线的存在，可以理解为可能还没有达到库兹涅茨曲线的极大值；对工业固体 EKC 估计，从系数的符号看，污染与人均 GDP 呈现“倒 N 型”，但是 $R^2 = 0.494$，模型的解释能力不强；对工业二氧化硫 EKC 估计，可以看出二氧化硫排放量随着人均 GDP 的增加而上升，达到一个转折点后，随着人均 GDP 的增加而下降，差不多是呈现“倒 U 型”，这说明随着人们生活水平的提高，人们对于环境的要求也越来越重视。

上述分析结果表明：就中国而言，除了工业二氧化硫排放以外，环境污染各指标与人均 GDP 之间的 EKC 关系并不存在。

4　结论

综合上述关于我国人均 GDP 与环境指标之间关系所进行的实证分析表明，我国只有一个工业二氧化硫污染程度是达到顶点后随着人均 GDP 增加而下降的，其他的几个环境污染指标与人均 GDP 不存在这样的长期关系。因此，没有证据表明人均 GDP 的增加有助于解决中国的环境问题。如果要阻止环境的进一步恶化，只能通过一定的政策和激励措施，在企业中实行清洁能源机制，提高能源的利用率，或者通过产业结构的变化来减少环境污染。环境污染是由于负的外部性造成的，当个人行动引起的社会成本大于私人成本，或者私人受益大于社会收益时，外部负效应就产生了。传统的福利经济学的方法是按照庇古原则，采取罚款或征税的原则来解决，然而，庇古税并不能从根本上解决生产外部性带来的环境问题。科斯定理表明，解决外部性的关键是明确产权。新制度经济学认为：产权不清会导致一个国家陷入“贫困陷阱”，而在贫困陷阱中的国家，则永远不可能达到高收入的稳定状态。同样，产权不清会使一个国家陷入“污染陷阱”，而在污染陷阱中的国家，则永远不可能得到清洁的空气和河流。

通过对我国经济增长和环境污染的关系研究表明，我国的环境污染不会随着经济增长而自动改善的，仅仅依靠国家干预也不能从根本解决污染问题，只有界定产权，才能阻止环境进一步恶化，使我国环境问题得到根本解决。

参考文献

[1] 王长征，刘毅．经济与环境协调研究综述[J]．中国人口·资源与环境，2002，12(3)：32-36.
[2] 李国柱．经济增长与环境协调发展的计量分析[M]．北京：中国经济出版社，2007.
[3] 高铁梅．计量经济学分析方法与建模[M]．北京：清华大学出版社，2006.
[4] KOOPG，PESARANM，POTTER S. Impulse response analysis in nonlin - earmultivariatemodels[J]. JournalofEconometrics，1996，74：119-147.
[5] PESARANM，SHINY. Cointegration and speed ofconvergence to equilib - rium[J]. JournalofEconometrics，1996，71：117-143.
[6] PESARANM，SHIN Y. Generalized mi pulse response analysis in linear multivariatemodels[J]. EconomicLetters，1998，58：17-29.

林业可持续发展的国际研究态势分析

宣　丽

（南京林业大学）

摘　要：随着气候变化加剧，国际气候大会的召开，林业的可持续发展逐渐成为研究的热点。检索 1996 ~ 2010 年间 SCIE 文献数据库中关于林业可持续发展的研究论文（article，proceedings paper 和 review），利用 Thomson Data Analyzer（TDA）分析工具和 Aureka 分析平台进行数据挖掘。分析表明，目前林业可持续发展研究侧重于生态可持续森林的经营管理，研究森林的生态价值成为了热点。

关键词：林业；可持续发展；SCIE 数据

The Reaserch on The International Sthdy Trend of Forestry Susutainable Development

Xuan Li

（Nanjing Frestry University）

Abstract: As the exacerbation of climate and the holding of International Climate Conference, the sustainable development on forestry is becoming the hotspot of researches. By searching the articals, procedddings paper and reviews about sustainable development of forestry between 1996 ~ 2010 in the SCIE and the analyzation of these information by TDA and Aureka. It states that the current sustainable development research of forestry mainly focused on the operating and management of the ecologically sustainable forest. The research of the ecological value of forest is turning to the hotspot.

Key word: forestry; sustainable development; SCIE data

1　引言

林业可持续发展，就是“既满足当代人的林业需求，又不对后代人满足其林业需求的能力构成危害的林业发展”。在这里，前面描述的是林业的可持续性，是对林业发展的属性的界定，其中所强调的“能力”，是指林业的自然资源、经济资源和社会资源存量都不随时间而下降。这样来定义林业可持续发展，既包含了发展的含义，又包含了可持续性的含义，同时也界定了发展的部门特性[1-3]。

沈国舫曾为“可持续林业”下了一个定义（2000）：可持续林业是在对人类有意义的时空尺度上，不产生空间和时间上的外部不经济性的林业；或者在特定区域内不危害或者削弱当代人和后代人满足对森林生态系统及其产品和服务需求的林业[4]。

王懿祥等人研究了森林可持续发展综合评价的方法，在评价指标的无量纲化方法方面，有相对处理

作者简介：宣丽，南京林业大学在读研究生，研究方向为资源与环境经济学。通讯地址：南京林业大学研究生院 09 硕（6）班，Email：Xuanli8407@163. com

法、隶属函数法、功效系数法，评价指标还有赋权方法，包括专家评判法、直接赋权法、层次分析法，最后，评价指标还有综合合成方法，有加法合成法、乘法合成法、混合合成法和水桶原理法。其他的评价方法还有模糊评价法、主成分分析法和神经网络法[4-11]。

2 数据来源和分析工具

在 SCIE 文献数据库(http://apps.isiknowledge.com)，以"forest"为主题词，检索 1996～2010 年 article/proceedings paper/review 类型的文章，在结果中输入"sustainable"进行二次检索，得到关于林业可持续发展研究的论文共 3106 篇(数据库更新时间：2008－5－15)。主要利用美国 Thomson 公司开发的 Thomson Data Analyzer(TDA)分析工具进行文献数据挖掘和分析。

3 国际林业可持续发展研究论文的总体概况

SCIE 索引的林业可持续发展研究国际论文共 3106 篇，其中 article 占 82.2%，review 占 8.4%，proceeding paper 占 6.6%，editorial material 占 2%，book review 占 0.4%。在这些文章中，93.6% 是英文文章，2.2% 为葡萄牙文，其他 4.2% 分别为法文、西班牙文、波兰语和克罗地亚语等。

如图 1 所示，1996～2010 年间，每年出版的文献数呈现总体上升的态势，其中在 2009 年增长尤其明显，增长幅度超过了 20%。如图 2 所示，每年的引文数量在 1995～2010 这个时段里总体上也呈现出上升的态势，其中增长幅度最大的为 2008 年。比较图 1 和图 2 可以发现：1996 年以前几乎没有林业可持续发展方面的文献出版，在进入 20 世纪后，这方面的研究才逐渐的得到重视，并以很快的速度增长。

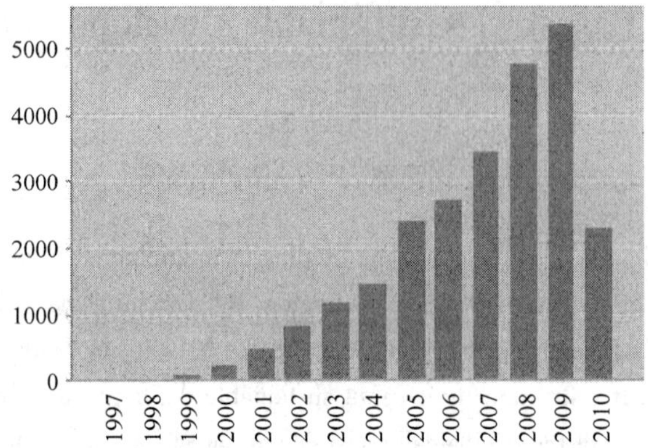

图 1 林业可持续发展研究 SCIE 索引每年出版的文献数

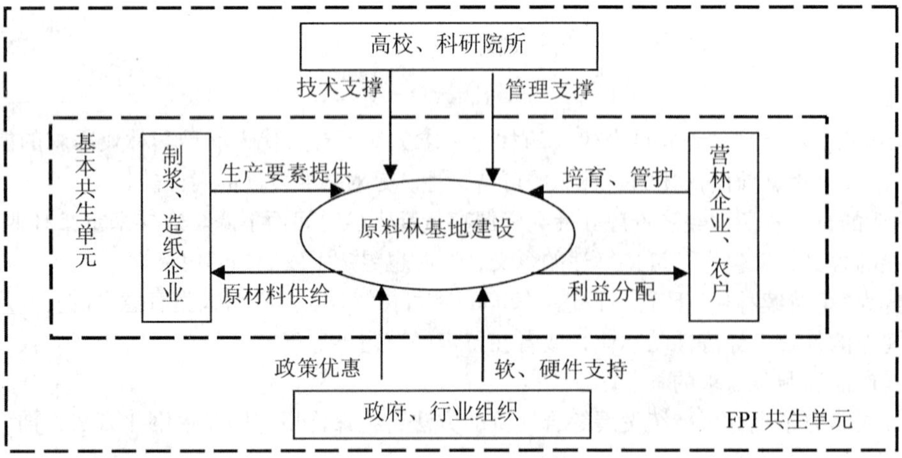

图 2 林业可持续发展研究 SCIE 索引每年的引文数

1996~2010年间，发文较多的国家依次为：美国、加拿大、中国、德国、巴西、印度、英格兰、法国、澳大利亚、日本等。发文较多的机构依次为：中国科学院、美国林务局、英国哥伦比亚大学、魁北克大学、加拿大自然资源、多伦多大学、瑞士农业研究院、佛罗里达大学、马德里自治大学、法国农业研究所等。

这些文章主要分布在林学、环境科学、生态学、环境研究、生物多样性保存、植物科学、土壤科学、农学、能源与燃料、农业等多学科。

发表该领域论文较多的期刊有：Forest Ecology And Management、Forest Policy And Economics、Forestry Chronicle、International Forestry Review、Biodiversity And Conservation、Journal Of Forestry、Conservation Biology、Environmental Management、International Journal Of Sustainable Development And World Ecology、African Journal Of agricultural Research。

4 国际发展态势分析

4.1 国际林业可持续发展研究的主要国家和国际重要机构

对国际林业可持续发展研究最多的国家是美国，占到了总研究数的24.2%，其次是加拿大，美国和加拿大加起来研究论文总数占到了总研究数的35.2%，其他国家如中国、德国等，在林业可持续发展方面的研究论文所占百分比均在10%以下，具体研究情况将表1：

表1 SCIE索引1996~2010年间对林业可持续发展研究较多的国家或地区(按第一作者统计)

国家/地区	记录数	%，共500
美国	121	24.20%
加拿大	55	11.0%
中华民族	39	7.80%
德国	33	6.60%
巴西	28	5.60%
印度	28	5.60%
英格兰	25	5.00%
法国	24	4.80%
澳大利亚	20	4.00%
日本	19	3.80%

从表2中可以看出，国际上对林业可持续发展研究最多的机构是中国科学院，接下来两位分别是美国林务局和英国的哥伦比亚大学，从他们研究的论文所占的百分比上看，前三位加起来也才占到总数的10.2%，因此总的来说，研究机构比较分散。

国际对林业可持续发展的研究投入最多的机构是中国国家自然科学基金，其次是国家科学基金，排在第三位的是中国科学院，其他资金投入较多的机构见表3。由此可以看出，国际上目前在林业可持续发展研究方面投入较多的是中国。

表2 SCIE索引1996~2010年间对林业可持续发展研究较多的机构

机构名称	记录数	%，共500
中国科学院	22	4.40%
美国林务局	19	3.80%
英国哥伦比亚大学	10	2.00%
魁北克大学	10	2.00%
加拿大自然资源	9	1.80%
多伦多大学	9	1.80%
瑞士农业研究院	8	1.60%
佛罗里达大学	7	1.40%

（续）

机构名称	记录数	%，共500
墨西哥国立自治大学	7	1.40%
国际农业研究合作发展中心	6	1.20%

表3 SCIE索引1996～2010年间对林业可持续发展研究给予较多资助的机构

基金资助机构	记录数	%，共500
National Natural Science Foundation ofChina	12	2.40%
National Science Foundation	11	2.20%
Chinese Academy of Sciences	5	1.00%
SustainableForest Management Network	5	1.00%
NSF	4	0.80%
Deutsche Forschungsgemeinschaft	3	0.60%
Gordon and Betty Moore Foundation	3	0.60%
Ministry of The Enviroment Japan	3	0.60%
NASA	3	0.60%
National Basic Research Program ofChina	3	0.60%

4.2 林业可持续发展研究来源出版物

国际上发表林业可持续发展研究文章最多的出版物是《森林生态和管理》，占到总来源出版物的10.2%，排在第二和第三的出版物分别是《林业政策和经济》及《林业编年史》。前十位的来源出版物参见表4。

表4 SCIE索引1996～2010年间发表林业可持续发展研究较多的出版物

来源出版物	记录数	%，共500
Forest Ecology And Management	51	10.20%
Forest Policy And Economics	17	3.40%
Forestry Chironicle	15	3.00%
International Forestry Review	15	3.00%
Biodiversity And Conserbation	12	2.40%
Journal Of Forestry	8	1.60%
Conservation Biology	7	1.40%
Environmental Management	7	1.40%
International Journal Of Sustainable Development And World Ecology	7	1.40%
African Of Agricultural Research	5	1.00%

4.3 林业可持续发展研究国际高被引论文

1996～2010年关于林业可持续发展研究论文中，被引总频次是25 597，每项平均引用次数为8.24，h指数为53。目前被引用次数最高的文章是关于非生物对地中海式气候区域气流的影响，其次是研究授粉衰退对生物多样性保护和粮食产量稳定的潜在影响、植物和真菌菌根的根部沉积规则、生物多样性的生态可持续森林经营管理指标、常见属性机构和资源的可持续治理等方面的论文，其中被引次数最高的前10篇论文见表5。

表 5 1996~2008 年被引次数最多的前 10 篇论文

论文标题 Paper title	被引次数 Times cited
Streams in Mediterranean climate regions: Abiotic influences and biotic responses to predictable seasonal events	229
The potential consequences of pollinator declines on the conservation of biodiversity and stability of food crop yields	207
Plant and Mycorrhizal regulation of rhizodeposition	177
Indicators of biodiversity for ecologically sustainable forest management	168
Common property institution and sustainable governance of resource	154
What was natural in the coastal oceans	141
Natural fire frequency for the eastern Canadian boreal forest: consequences for sustainable forestry	136
Maintaining and restoring biodiversity in European boreal forests by developing natural disturbance regimes	131
Countryside biogeography: Use of human - dominated habitats by the avifauna of southernCosta Rica	129
Saproxylic insect ecology and the sustainable management of forests	123

5 结论

对科研论文进行数据挖掘，发现林业可持续发展研究具有以下特征和规律：

(1) 美国、加拿大、中国、德国、巴西、印度、英国、法国、澳大利亚、日本等国家对林业可持续发展开展了较多的研究，国际合作论文数目日益增多。

(2)主要研究机构有中国科学院、美国林务局、英国的哥伦比亚大学、魁北克大学、加拿大自然资源、多伦多大学、瑞士农业研究院、佛罗里达大学、墨西哥国立自治大学和国际农业研究合作发展中心。

(3)林业可持续发展研究涉及林学、环境科学、生态学、环境研究、生物多样性保存、植物科学、土壤科学、农学、能源与燃料、农业等多门学科。

(4)近年来中国在林业可持续发展研究方面投入较多，在给予资助的机构当中，前三位中有两位是来自中国的基金组织。

(5)从被引用文章的频次可以看出，目前林业可持续发展研究侧重于生态可持续森林的经营管理，研究森林的生态价值成了热点。

通过国际林业可持续发展研究计划和规划、国际研究论文的文献计量学分析，可以了解到林业可持续发展研究逐渐成为一项热点研究领域，而且随着人类社会对自然资源可持续利用需求的增强，有关林业可持续发展的战略规划将更为重要。我国已经有较多的机构在林业可持续发展的研究方面投入了大量的资金，但从论文发表的质量上看，目前国内的研究水平还没能排在世界前列，因此除了资金的投入，我们需要培养更高层次的专门人才，结合社会需求，将林业可持续发展的研究推向更高的高度。

参考文献

[1]郭志伟．代力民．林业可持续发展研究现状和展望．世界林业研究，2003，8：1-6.
[2]王庆礼，吴刚．中国林业现状及可持续发展．中国人口、资源与环境，1997，7(4)：38-43.
[3]张玮辛．综述林业可持续发展．科技资讯[X].2010，26：140.
[4]沈国舫主编．中国森林资源与可持续发展．南宁：广西科学技术出版社，2000.
[5]黄选瑞，张玉珍．对森林可持续经营目标的认识．林业资源管理，2000，(4)：30-33.
[6] Romm J. Sustainable Forestry and SustainableForests Globle Forest Conference, 1993.
[7] Poore D. Criteria for the Sustainable Development of Forestry. CSCE Seminar of Experts on Sustainable Development of Boreal and Temperate Forestry, Montreal, 1993.
[8]张玉珍等．林业可持续发展研究概述．河北林果研究，1999，(1)：7-12.
[9]陈炳浩．我国林业可持续发展的原则、内容和途径．世界林业研究，1994，7(2)：19-25.
[10]张守攻，朱春全等．森林可持续经营导论．北京：中国林业出版社 2001.
[11]王懿祥，周国模等．森林可持续发展综合评价方法系统[F].2006，12：6-10.

专题二

森林生态系统可持续管理

美国休耕保护项目问题研究

朱文清

（国家林业局经济发展研究中心）

摘　要： 面对粮食供给过剩和急需改善生态环境，美国国会通过的1985年农业法案确定，于1986年正式启动休耕保护项目（CRP）。通过对美国1985、1990、1996、2002和2008年农业法案有关休耕保护项目政策调整过程的介绍，详尽地分析了美国休耕保护项目的区域和类型分布情况、实施标准的演化、环境收益指数的构成及其在决定参与休耕保护项目中的作用、休耕保护计划竞价过程与补贴，以及影响休耕计划的利益集团及其可能对他们所产生的影响。在此基础上，分析了美国休耕保护项目所产生的社会、经济与生态环境影响，进而分析了如果停止休耕可能带来的影响。

关键词： 休耕保护项目；农业法案；政策调整；环境影响；补贴

The Analysis of Conservation Protection Program of the United States of America

Zhu Wenqing

(China National Forestry Economics and Development Research Center)

Abstract: With grain oversupply and ecological degradation, in 1985, the Congress of the United States of America stipulated 1985 Farm Bill. Conservation Reserve Program was launched in 1986. The paper discusses about CRP policy changes of 1985, 1990, 1996, 2002 and 2008 Farm Bill, the distribution of CRP by region and type, evolvement of CRP's implementation standards, Environment Benefit Index and its function in approval of CRP land; the bidding process and subsidy and stakeholders affected by CRP. Based on the above discussion, the paper analyzes social, economic and environmental consequences of CRP and the possible significances of the contracts' termination.

Key words: conservation protection program, ecological effect, economy, subsidy

CRP（Conservation Reserve Program）是美国休耕保护项目的英文缩写，是美国联邦政府最大的私有土地休耕项目。1985年，美国国会通过1985年农业法案，实施项目的目标在于减少土壤侵蚀、稳定土地价格和减少农业生产过剩。项目实施以来，项目目标逐步扩展到生态与环境保护。美国农业部农场管理局（Farm Security Agency，FSA）负责这一项目具体实施；农业部自然资源保护局（Natural Resources Conservation Service，NRCS）提供技术支持；农业部商品信贷公司（Commodity Credit Corporation，CCC）提供资金支持。

CRP不是美国联邦政府实施的第一个土地休耕项目，也不是唯一的土地改变用途的项目。1956年，启动实施了土地银行项目，土地银行项目是CRP的前身；土地银行项目是一个控制粮食供给的项目，在休耕的农地上种植保护性 植被，农田休耕期限为3～10年。最后一个土地银行项目合同在20世纪70年代初到期，但是每年用于土地用途改变和减少农作物播种面积计划的资金一直持续到1995年。

20世纪80年代，CRP仅仅关注减少土壤侵蚀，根据土地自身条件，决定能否参加到自身项目中来；20世纪90年代，CRP的关注点转向包括改善和保护水质、提高土壤生产力、减少风力侵蚀和创建野生动物栖息地等在内的目标，减少土壤侵蚀仍然是一个重要目标，实现其他既定目标也非常重要。

CRP与土地银行项目不同，土地银行项目通过控制农作物的有效供给以提高农业收入，并以此为目标；更倾向于保护自然环境，通过给予土地所有者租金补贴，激励他们把生态脆弱型的土地进行休耕，土地休耕期限一般为10～15年(Perez，2007)。根据1985年农业法案，授权启动CRP，建立农场主、牧场主、经营者和佃农自愿参加的一个长期土地休耕项目。1985年农业法案授权1619万hm^2到1821万hm^2的土地纳入此休耕项目，截至到1990年已有1372万hm^2土地纳入到CRP。CRP的初衷是强调减少土壤侵蚀，由于公众对于水质、河流湖泊的环境状况，以及保护野生生物物种等其他环境问题给予关注，在1990食品、农业、保护区和贸易法案中，美国国会将CRP实施延长至1995年并扩展了此项目的目标范围，CRP的目标扩展至包括提高水质、增加野生生物栖息地和其他一些对美国公众越来越重要的环境目标(Johnson and Stephenson，2004)。根据1996年农业法案，到2002年美国CRP的土地面积上限为1473万hm^2；2002年法案规定CRP延期至2007年12月31日，参加项目的面积上限从1473万hm^2提高至1586万hm^2；2008年农业法案设置CRP的面积上限为1295万hm^2。

为了参与10～15年土地休耕项目，参与者需要参与投标竞价。采用环境效益指数(EBI)对土地环境价值进行评价，美国农业部农场管理局授予CRP合同。有研究认为使用EBI进行评价，会增加环境收益与成本的关系(Yang，Khanna，2005)。如果土地符合参加项目的标准，那么土地所有者可能参加项目，每年获得租金补贴，按照核准保护计划经营管理其所拥有的土地；CRP合同到期以后，政府停止发放土地租金补贴。

农户和大农场主参与CRP有两种主要形式，即一般申请参加和不间断申请参加。不间断申请参加包括土地休耕强化项目(CREP)和可耕种湿地(FWP)试验项目；一般申请参加是在特定的申请期内，土地所有者竞争参加CRP。这些参与者的土地必须符合规定的标准，根据美国农业部农场管理局的环境效益指数(EBI)评估其土地，农户和大农场主然后向美国农业部农场管理局投标申请参加；美国农业部农场管理局将接受那些有最高环境效益且竞标价格在可接受范围内的土地参加申请。不间断申请则允许有较高环境收益的合意的土地在任何时间参加CRP，其合同期为10～15年；只要其土地符合特定标准，投标出价将被自动接受而不受竞争约束。

1 农业法案与CRP

1.1 1985年农业法案

1985年12月，美国国会通过了《食品安全法案》(Food Security Act)，正式启动CRP。农业部门面临巨大外部压力，股票价格暴涨，粮食供给过剩，粮食价格下跌，农业生产者备受高负债拖累；在可预计的未来，面临高额预算赤字(Hyberg，2004)。此外，迫切需要政府实施农业项目，为土地所有者出台强有力的激励措施，以鼓励他们将环境脆弱和易侵蚀的土地退出耕种(Ogg，1983；Reichelderfer，1985)，土壤高度侵蚀是未来土地生产力下降的主要原因，土壤侵蚀对航行、淡水储量、灌溉设备和总体水质产生了危害(Clark and others，1985；Ribaudo，1986)。

据我们所知，1985年农业法案是美国有关土地休耕保护项目的第一个官方法案；1986年正式实施，并接受第一批CRP申请，CRP实施对象是高度侵蚀的耕地并要求其休耕，接受所有低于可接受土地租金率的申请。CRP的目标是通过在高度侵蚀的土地上种植保护性植被，进而减少土壤侵蚀。

与1954年农业法案相比，1985年农业法案进行了较大调整。最主要的调整为将土地银行项目3年的合同期延长至至10～15年，这样可以有较长时间种植保护性植被和实施其他管理措施，项目可以获得更大收益。1985年农业法案允许参加CRP的“高度侵蚀”的土地面积从1986年的202万hm^2增加到1990年的1619万～1821万hm^2。此外，农业部门可以给土地所有者提供其安装保护设施50%的费用；1985年农业法案禁止在参加CRP的土地上耕种或放牧。

1.2 1990 年农业法案

1990 年农业法案中对 CRP 进行了较大幅度的调整。1990 年农业法案放宽了对土地的要求，湿地的边际牧场、1990 年农业法案执行前用作野生生物栖息地的土地、河流沿岸地区林地的边际牧场、对水质造成危害的土地、用作草地的耕地等土地类型均可以申请参加 CRP。由于参与 CRP 项目土地条件放松以后，允许一些并不属于"高度侵蚀"但没有用于生产的土地参加 CRP，这对改善区域环境有很大帮助。

1990 农业法案允许秋季和冬季在 CRP 土地上进行有限制的放牧活动，它允许阔叶林内进行间作，并以此减少给土地所有者补偿土地租金补贴。50% 的成本分担从仅仅可以用于保护性植被种植扩展到阔叶林、防护林、防风林和野生动物走廊等用途，也可以用于特殊情形下的湿地。

1990 年农业法案使 CRP 从看似一个农业项目转变为更像是一个自然资源保护项目，因此此法案是 CRP 项目实施过程中的一个重要转折点。

1.3 1996 年农业法案

1995 年第 13 次申请以来，政府提前把环境收益指数和根据土地休耕的最高租金率告知潜在竞价者，这样使竞价过程更加透明。1996 年农业法案(联邦农业改进和改革法案)通过以后，在环境收益指数中，美国农业部增加了野生生物栖息地相关指标，并且为参加者提供了其他参加 CRP 的选择。1996 年农业法案规定至 2002 年项目土地面积的上限 1473 万 hm^2。

1996 年 9 月，农业部农场管理局会同农业部商品信贷公司，开始实施"不间断"申请，对于一些环境收益特高的优先保护土地，可以在任何时间申请参加 CRP。不间断申请的最主要优点是：在对某些特殊耕地和特定边际牧场进行保护行动时，有更大的灵活性，譬如野生动物的过滤带、淡水植物、浅水区(Osborn，1997)。这些行动涉及相对较小地块的土地，但能够产生很高的环境收益(Smith，1999)。在任何时间，农场经营者和非经营农场所有者采取这些行动来选择参加 CRP，而不需要在环境收益指数评级过程中通过竞争参加 CRP。

1996 年农业法案实施以后，早期申请参加项目的合同陆续到期。大多数合同期限为 10 年，但是由于执行新规则以及批准新申请，允许合同方将合同延期 1 年；参与者也可以提前终止他们的合同。批准的第 15 次申请在 1997 年开始实施，约批准 647 万 hm^2 土地参加 CRP 项目，创 CRP 实施以后批准参加土地之最。1997 ~ 1999 年的申请规模与项目早期规模差不多，累计批准近 526 万 hm^2 土地的申请。与早期申请不同的是，竞争激烈，且所有出价均根据他们所提供的环境收益和成本；不保证到期合同方能够再度参加 CRP。

1997 年，进行第 15 次申请以来，在一个公开竞争条件下，农业部农场管理局开始采用环境效益指数(EBI)对"一般"申请的土地划分等级。基于土地资源预期的环境改进、水质、野生生物栖息地和其他自然资源保护情况，获得环境效益指数的分数；根据土地的相对环境收益和成本，每位申请者都会获得一个分数，并与全国其他申请进行比较；最后评级决定是否接受申请，这样可以保证最具成本效益的环境脆弱型土地参加 CRP。

20 世纪 80 年代中期第一批参加 CRP 合同陆续到期，1997 年 3 月，签署了采用新环境效益指数的第一批 CRP 合同，符合条件的可以再度参加 CRP。

CRP 有几个子项目，子项目之一是 1997 年开始实施的土地休耕强化项目(Conservation Reserve Enhancement Program，CREP)，这是一个用州、部落、联邦政府和非政府资金帮助解决与农业相关的基础环境问题的自愿性项目。根据 CREP 协定，美国农业部促使州政府与部落和地方利益相关方建立伙伴关系，这样才能为每一个州量身定做项目计划。土地休耕强化项目的目的就是在目标区域实现成本和资源共享，解决特定、优先保护区当地的生态问题。在不间断申请项目中，根据诸如恢复洪水后的湿地和湿地中的原始阔叶树等特定保护需求，对选择标准进行一些调整。与不间断 CRP 参与者一样，CREP 参与者除获得补偿以外，还有其他额外激励。像 2002 年一样，超过 85 万 hm^2 纳入到 CRP 不间断申请和 CREP 之中，获得每公顷的补偿率是普通申请的两倍(USDA，2002)。

1.4 2002 年农业法案

2002 年农业法案将 CRP 延期至 2007 年 12 月 31 日，并且将参与项目的土地上限从 1473 万 hm^2 提高至 1586 万 hm^2。截至到 2008 年 4 月，参加的土地总面积达 1404 万 hm^2。如果土地满足以下标准中至少一项就可以参加 CRP：

(1)高度侵蚀的土地，在 2002 年之前的 6 年中至少耕种了 4 年；

(2)可能对当地或其他地方土壤、水或空气质量的环境产生威胁的土地；

(3)CRP 合同即将到期的土地；

(4)可耕种的湿地；

(5)与非耕种湿地有联系或在在湿地周围的土地；

(6)有较高环境效益的土地；

(7)受冲刷侵蚀的土地；

(8)位于国家级或州级 CRP 优先保护地区的土地；

(9)河流沿岸地区的边际牧场。

此外，特定参加了水银行项目(Water Bank Program)的边际牧场也符合条件。

一个县参加 CRP 和湿地保护项目(WRP)的土地面积不能超过土地总面积的 25%。超过这一上限规定但没有对当地经济产生损害的大约有 100 个县，一般超过这一上限的 5 个百分点以内。

在 2007 年 10 月合同到期时，政策调整允许 CRP 合同签订者可以选择再度签订合同或者合同直接延期；允许环境效益指数(EBI)较高的合同再次签订 10 ~ 15 年的合同；环境效益指数(EBI)较低的合同签订者可以选择将合同延期 2、3、4 或 5 年。

租金补贴的数量足以鼓励参与者参加就可以。FSA 根据可获得的县平均耕地租金率，设置了特定的竞价上限，调整特定的农业生产。

只要与保护土壤、改善水质和野生动物栖息地的目标相一致，就允许有管理地割干草和放牧，安装风力涡轮机(与租金补贴的减少相等)。

自从 2002 年，新的优先地区开始，包括高地鸟类栖息地、低地阔叶树、针叶松和北美大草原 Pothole Duck 栖息地。不适合一般申请的一些湿地和泛滥的平原可以通过不间断申请方式参加。提供符合条件的土地的生产者可以无竞争地、并非指定时期地参加 CRP。此外，每公顷每年的补贴是由一般申请参加的全部农田参与者的两倍多。大部分的申请仅仅涉及小块农田，但是当超过 50% 的农田符合标准时，并且当在剩余农田上耕种已经不可能，整块农田就可以参加了(对不间断申请参加 CRP)。

CREP 在一般 CRP 项目授权下管理。截至 2008 年 4 月，31 个州参加该项目的土地面积达到 44 万 hm^2。参与者包括在指定 CREP 区域内锁定特定地区，全部农场或拥有优先资格的部分农场。他们可以以高于每亩最高补贴的价格通过一般申请参加。

在 2000 年，国会授权可耕种湿地试点项目(Farmable Wetlands Pilot Program, FWP)，这是六个州的试点项目，使特定湿地和缓冲区参加 CRP。如果符合特定的要求，那么面积不超过 2hm^2 的湿地可以参加 CRP。可耕种湿地项目(FWP)最高上限是 40 万 hm^2(CRP 总面积的一部分)，任何一个州不能超过 4 万 hm^2。秘书处(Secretary)允许每个州的上限增加至 6 万 hm^2。最高上限在爱荷华州、明尼苏达州、蒙大拿州、内布拉斯加州、北达科他州和南达科他州是 20 万 hm^2。

截至 2008 年 4 月，已有 7.2 万 hm^2 土地参加。在前 10 年中至少有 3 年是被用于耕种，并且邻近的缓冲带曾经保护过湿地。像其他优先保护地区一样，湿地是通过不间断申请参加的。与通过不间断申请将过滤带参加 CRP 的土地所有者享受同样的补贴。在单独的大片土地上，邻近的湿地参加 CRP 面积不能超过 4hm^2，邻近的过滤带参加 CRP 面积不能超过 12.1hm^2。

2006 年，作为国防部的紧急额外拨款署的一部分，为了解决墨西哥湾飓风和全球性流感问题制定了新的法案，实施紧急林业保护区项目(Emergency Forestry Conservation Reserve Program)，列为 CRP 子项目之一，此项目的试点项目授权资金规模为 4.04 亿美元，主要用于弥补私人非工业用林地所造成不能销售原木造成的损失；土地所有者必须承担至少 35% 的待售原木损失。美国农业部采用不间断参与申请的效益指数(benefit index)进行申请评级。美国农业部农场管理局定期地将筛选出评级最高的申请纳入发展保护计划及其合同，截至到2008年4月，已有7.2万hm^2的土地纳入了该项目。

1.5 2008年农业法案

2008年农业法案重新授权设置CRP最高上限为1295万hm^2，明显低于2002年农业法案所规定的最高上限1586万hm^2。此法案规定已经参与CRP的项目区当地居民拥有CRP投标优先权。由于面临粮食价格上涨的压力，美国农业部允许终止合同而不受惩罚。2008年农业法案对几乎所有现有保护项目进行了重新授权，修改了参与CRP项目的条件并且实施了一些新的保护子项目。

2008年农业法案对参与CRP项目的条件进行了如下修正：

(1)2008年之前的6年中至少耕种了4年；

(2)由秘书处(Secretary)批准，轮耕生产了被视为农产品的紫色苜蓿和其他多年生禾本科、豆科的土地；

(3)轮耕生产了被视作农产品的紫色苜蓿，并且前6年中至少有4年用于耕种。

增加了本地优先标准。为了更大程度地鼓励土地参加CRP，2008年法案规定可以批准居住在本地区或邻近地区的土地所有者或经营者的土地参与CRP。

对撂荒耕地限制有所放松，在当县政府同意情况下，在常规CRP不间断申请和申请CREP时，避免受到限制。2008年农业法案要求农业部每年调查每个县的旱地和水浇地市场租金率。

放松了常规性牧场参与CRP的放牧条件，当地的自然资源条件决定常规性放牧频率；为了防止外来物种入侵，允许进行放牧。2008年农业法案允许有管理地种植农作物和放牧，以便应对干旱；常规性放牧能控制外来物种的入侵。允许进行常规性种植农作物的地区需要国家技术委员会进行协调，以确保适当的环境管理。

就树木、防风林和野生动物走廊而言，允许对改善了资源条件的土地成本分摊补贴。2009至2012年，财政年度给予这些成本分摊补贴1亿美元的资金支持。

对退休的农场主或牧场主、或处于不利地位的农场主或牧场主，给予特别优惠，享受特殊对待，需要给予特别优惠对待的条件如下：

(1)在合同到期前一年流转的土地，允许新农场主或牧场主改善土地且实施有机认证；

(2)新农场主或牧场主必须执行保护计划；

(3)鼓励新农场主或牧场主提供参加保护管理项目和环境质量激励项目；

(4)允许农场主或牧场主再度参加特定农田保护部分活动；

(5)要求土地所有者出卖实施CRP的土地必须在合同到期日；

(6)退休的农场主或牧场主可以额外获得多达两年的补贴。

2009至2012年财政年度期间，给予2500万美元的资金支持上述活动。

授权可耕种湿地项目(FWP)延期至2012年，根据农业部的调查结果，每州可耕种湿地项目最高上限调整为8.1万hm^2，并且放宽了参与可耕种湿地项目土地标准：

(1)用作耕作的排水系统的湿地和用于转移含氮营养物质及其他用途的湿地；

(2)2002至2007年期间，任何一年用于商业化池塘养殖的土地；

(3)1990到2002年期间，连续遭受洪水且至少有三年耕种历史的土地，以及遭受洪灾的北美大草原湿地。

扩大了缓冲区土地范围，缓冲区土地范围增加了野生动物收益的土地，每一大块土地邻近的湿地参加CRP的面积不能超过16.2hm^2；然而，“撂荒农田”(且符合1990～2002耕种历史的)的最高上限为8.1hm^2；参与者必须控制土地的商业性利用。

2 CRP的分布

2.1 CRP的区域分布

截至到2008年，有427 263户农户共签订了760 875份合同，有1405万hm^2土地参加。1986～2007

年美国各州参加 CRP 的土地面积见图 1。图 1 显示：1986 年刚启动 CRP 时，实施面积比较小，以后逐步上升，1994 年达到高峰，实施面积为 1418 万 hm^2；此后开始下降，至 1999 年降至最低点；1999 年以后又呈现出上升态势，2007 年项目实施面积为 1489 万 hm^2，为 CRP 启动以来的最高值，但依然没有达到 2002 年农业法案规定的 1587 万 hm^2 的最高限额。

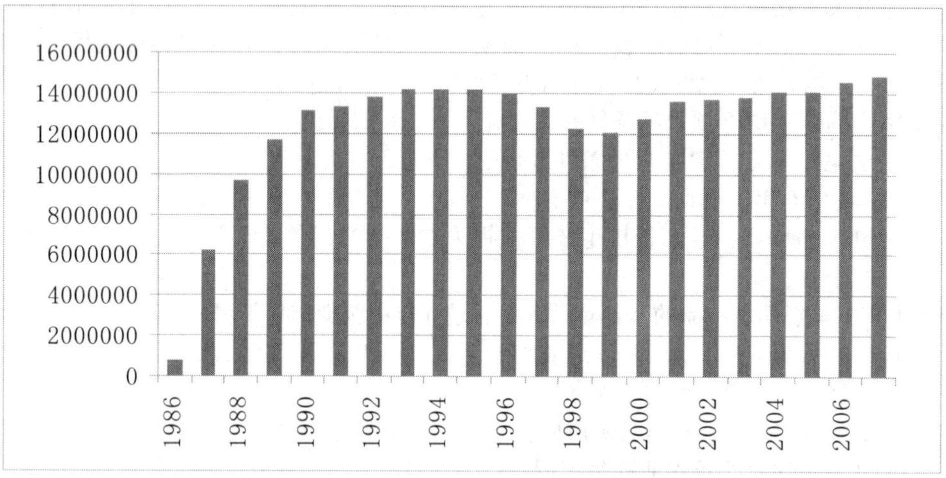

图 1 美国 1986 ~ 2007 年参加 CRP 土地面积(单位：hm^2)

从区域分布的角度来看也呈现出不均衡性。从项目实施面积上来看，主要的州是德克萨斯州(159 万 hm^2)，蒙大拿州(134 万 hm^2)，北达科他州(123 万 hm^2)；从合同数量来看，主要的州是爱荷华州(106 069份)，伊利诺伊州(78 734 份)，明尼苏达州(62 626 份)。从 2007 年各州 CRP 土地的地宗数来看，各州也呈现出相当大的不均衡性，伊利诺伊州、爱荷华州、印第安纳州、堪萨斯州、明尼苏达州、密苏里州、北达科他州、俄亥俄州、南达科他州和威斯康辛州的地宗数较多，其余州的地宗数较少(见表 1)。

表 1 2007 年美国各州参加 CRP 的地宗数

州名	地宗数	州名	地宗数	州名	地宗数
爱荷华州	54409	蒙大拿州	6877	佛罗里达州	1561
伊利诺斯州	43945	科罗拉多州	6667	怀俄明州	779
明尼苏达州	33693	俄克拉荷马州	6516	犹他州	656
堪萨斯州	29599	乔治亚州	6482	缅因州	600
密苏里州	23038	田纳西州	6330	加利福尼亚州	460
印第安纳州	21457	北卡罗来纳州	5938	特拉华州	399
威斯康星州	20350	南卡罗来纳州	5456	西弗吉尼亚州	243
俄亥俄州	20128	华盛顿州	5091	佛蒙特州	180
北达科他州	18438	维吉尼亚州	4068	新泽西州	138
内布拉斯加州	17009	爱达荷州	3598	阿拉斯加州	48
南达科他州	14817	马里兰州	3571	康涅狄格州	24
密西西比州	14150	阿肯色州	3081	波多黎各州	18
密歇根州	9846	路易斯安娜州	3061	新罕布什尔州	13
肯塔基州	9607	纽约州	2297	马萨诸塞州	11
阿拉巴马州	7914	俄勒冈州	2156		
宾夕法尼亚州	7272	新墨西哥州	1674		

按照参加 CRP 土地面积的多少，从最多的前 10 个州中选取了德克萨斯州、北达科他州、科罗拉多州、明尼苏达州和南达科他州；从 CRP 土地面积排名居中的 10 个州，即 21 ~ 30 位的 10 个州中，选取了俄亥俄州、印第安纳州、路易斯安娜州、田纳西州和阿肯色州。这 10 个州 1986 ~ 2007 年参与 CRP 土地面积变化情况见图 2 和图 3。

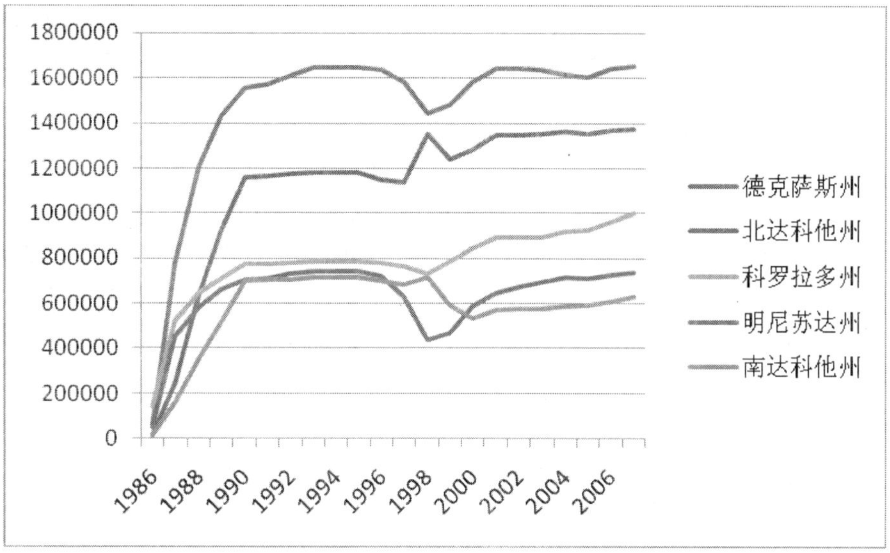

图 2　1986 ~ 2007 年德克萨斯州等 5 个州的 CRP 土地面积的变化图（单位：hm^2）

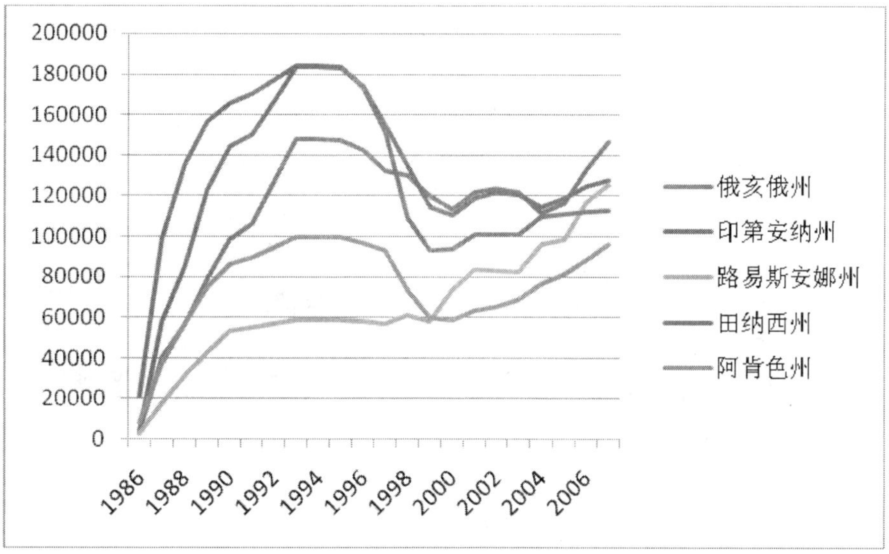

图 3　1986 ~ 2007 年俄亥俄州等 5 个州 CRP 土地面积的变化图（单位：hm^2）

从图 2、图 3 中可以看出：在 1986 ~ 1990 年间，也就是 1985 年农业法案颁布，决定实施 CRP 以后，这 10 个州参加 CRP 的土地面积一直处于上升趋势，但是其上升的速度和程度不同，这与 CRP 的全国实施面积呈现出相同的趋势。在此期间，粮食价格下降等原因导致农场主和牧场主等主体愿意参加 CRP，这样可以获得可观现金补贴。从全美国来看，CRP 的实施对于稳定粮食价格起到了一定作用，并且通过种植修复性植被等措施改善了生态与环境。

1990 ~ 1996 年，德克萨斯州等参加 CRP 土地面积较大的州在这几年中一直没有太大变化，基本保持平稳状态；1990 ~ 1993 年，印第安纳州、阿肯色州、俄亥俄州和田纳西州继续有更多的土地得到批准纳入到 CRP 之中。区域格局发生变化的一个重要原因在于 1990 年农业法案。1990 年农业法案调整了 CRP 有关政策措施，尤其是放宽了参加 CRP 的土地条件的要求，使得一些原本不符合参加 CRP 资格的土地获得批准参加。从整体上来看，这对 CRP 土地总面积的影响不是很大，1990 ~ 1993 年，美国参加 CRP 的总面积从 132 万 hm^2 提高到 148 万 hm^2；到 1996 年美国参加 CRP 的总面积为 1397 万 hm^2。结果表明：1990 年农业法案颁布以后，由于放松了参加 CRP 的土地条件，项目面积呈现出先增加再下降的趋势。

1996 年农业法案颁布以后，1996 ~ 2001 年间各个州的土地参加面积则出现各不相同的变化。1997 年，北达科他州与南达科他州出现了明显的上升；而其他各州则多数表现为项目面积变化极小或者根本没有变化（见图 2 和图 3）。原因在于 1996 年农业法案后，早期参加的 CRP 合同陆续到期，有些合同被延期一年；1997 年（即第 15 次申请）吸收了土地参加 CRP，1997 ~ 1999 年全美参与 CRP 的总面积分别为 1329 万 hm^2、1229 万 hm^2 和 1208 万 hm^2，1999 年参与 CRP 的总面积跌入了低谷，2000 年开始实现恢复性增长，到 2001 年，参与 CRP 的总面积为 1361 万 hm^2，仍然低于 1996 年的 1397 万 hm^2 的水平。

Patrick Sullivan，William McBride 等人对 1990 ~ 2002 年各州参加 CRP 土地面积变化情况进行了分析。分析得出：在采用 EBI 和特定土地租金率之前，2002 年与 1990 年情况的比较，参加 CRP 的地理分布发生一些变化，2002 年，近 1377 万 hm^2 土地参加 CRP。由于项目调整和市场条件的改变等，加入和退出 CRP 土地面积几乎持平，从区域水平分布的角度来看，CRP 几乎无太大变化；但 CRP 涉及到县的数目是可观的。北部大平原参与率有所增加，Heartland（可能由于平原地区出价者索要的土地租金率低的缘由）和南部海岸（许多种植了树木的 CRP 土地不能重新参加）有所减少。

自 2002 农业法案至今，CRP 土地面积在各州变化都不大，呈现缓慢上升趋势。

2.2 CRP 的申请类型分类变化

1996 年农业法案颁布以后，可以通过“不间断申请”（Continuous Sign - ups）的方式参加 CRP；1997 年开始实施土地休耕强化项目（CREP），2000 年实施了可耕种湿地项目（FWP），在爱荷华州、南达科他州、明尼苏达州等 6 个州进行试点；土地休耕强化项目和可耕种湿地项目都是 CRP 的子项目。可以划分为一般意义上的 CRP 和土地休耕强化项目（CREP）；一般意义上的 CRP 又可以进一步划分为一般申请和不间断申请两种类型。2007、2006、2005 年按照申请类型划分的 CRP 的分布情况见图 4、5、6。

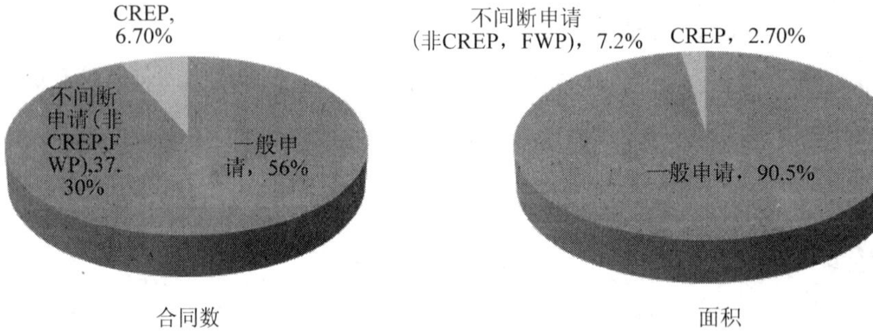

图 4　2007 年按申请类型划分的 CRP 分布

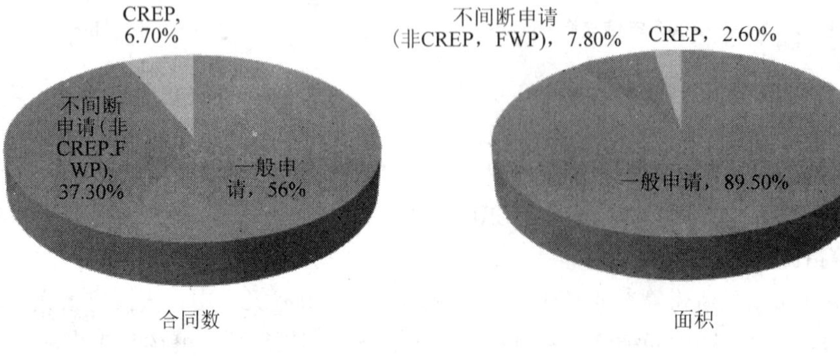

图 5　2006 年按申请类型划分的 CRP 分布

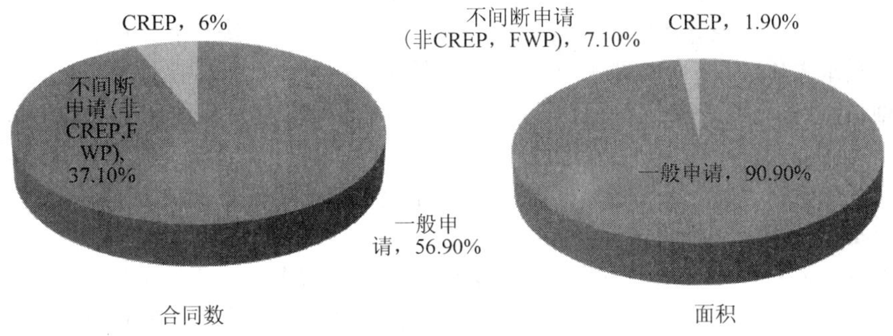

图6 2005年按申请类型划分的CRP分布

图4～图6的结果显示，无论是从面积还是从合同数来看，通过三种类型申请参加CRP面积和合同数量各自所占比重变化不大，一般申请方式都占有绝对的主导地位。从参与CRP土地面积的角度来看，通过一般申请参加CRP约占土地面积的90%，合同数量约占总合同数量的56%，2005～2007年通过一般申请参加CRP的面积和合同数量略有下降，分别从90.9%下降到90.5%和从56.9%下降到56%。不间断申请方式在面积和合同数上居第二位，最少的是CREP。不间断申请方式参加CRP的土地面积仅占CRP总面积的7%左右，但其合同数占CRP总合同数量的37%以上。同样，CREP土地面积仅占CRP总面积的2%左右，但其合同数量占到CRP总合同书的6%～7%。表明通过不间断申请和CREP参加CRP地块面积比较小的土地，原因在于不间断申请是为了特定生态保护目标而把耕地纳入到休耕范畴的，如野生生物的保护带、保护淡水植物和浅水区、优先保护区域；实施CREP的目标在于解决特定、优先生态问题；虽然参与土地地块小，但是可以提供较大的生态效益和环境效果。

3 CRP的竞价过程与租金率

通过竞价的方式，选择参与CRP的土地。申请参与CRP标准流程是：在"一般申请"下一个土地所有者向美国农业部的农场管理局提交参与CRP的申请，通常是10～15年。申请内容包括拟休耕土地的耕作史、生产力水平和土壤侵蚀程度分类等。如果美国农业部批准申请，在合同有效期内，土地所有者获得每年的土地租金补贴；在一些情形下，为了达到参与CRP标准，土地所有者还会获得用于将土地改造所花费的一次性成本分摊补助。成本分摊补助提供给那些将参加项目的土地种植上经核准的植被，比如天然牧草、阔叶树、特定的野生动物保护性植被等。经过评估以后，根据植被类型确定补贴数额。政府对参加CRP的土地给予土地租金补贴、成本分摊补贴、额外奖励以及技术援助支持(见表2)。

不是所有提出申请都能够批准参加CRP。项目管理者进行评估，对每份合同进行评估，确定是否符合CRP的目标，所采用特定的保护和环境因素包括减少土壤侵蚀、风力侵蚀、保护和改善水质、提高土壤生产力、建立野生动物栖息地等。像其他多目标项目一样，平衡项目的这些目标需要采用一个综合性指数。在CRP实施的早期，减少土壤侵蚀是唯一保护目标，如果采用一个决定土壤侵蚀程度的指数评定一块地不低于一个特定的"土地能力分类"指数，那么这块地符合参加CRP的标准(赫尔姆斯，1992)。1990年，开始采用"环境收益指数"(EBI)衡量地块特征和地块潜在的环境收益，同时需要计算出获得收益所需花费的成本。采用美国农业部农场局和自然资源保护局所选定的7个指标对CRP的一般申请进行评估；其中的6个因素被称为N_1至N_6(即N_1是指种植草地、树木、地理位置和产生野生动物效益的湿地恢复计划；N_2是从减少侵蚀、冲刷和淋溶等改善的水质；N_3是减少侵蚀获得的土地生产力的提高；N_4是在合同期间可能持续的收益；N_5是减少风力侵蚀获得的空气质量的改善；N_6是州或国家级自然保护优先地区)；如果土地纳入CRP，土地所有者提出想获得的年租金率，这是每份申请参与CRP需要评估的第7个指标。每个环境指标均要量化处理，综合起来就形成了申请参加CRP土地的环境收益指数。在某种意义上，可以把环境收益指数看作对土地环境收益的测度。根据CRP的面积上限和预算限制，农业部决定"环境收益指数的取舍点"，批准所有达到或超过环境收益指数取舍点的申请，拒绝那些低于环境收益指数的申请。一旦批准参加CRP的申请，合同期限为10～15年，具有约束力。

如上文所述，一般申请过程看起来相对简单和清楚。然而，有很多细节值得讨论。在准备报价时，一个土地所有者通常会与当地农场管理局的代表会面，来决定哪些地块和多大面积申请参加 CRP；为了达到土地环境收益最大化的目标，采取什么样的"最好"保护措施。此外，土地所有者提出参加 CRP 申请的愿意接受土地的年每亩租金率。这一过程类似于简单拍卖程序。在某种意义上，一般申请具有竞争性。如果土地所有者提交一个相当于最低接受意愿的价格，在其他指标与其他申请者一样的情况下，土地所有者愿意接受的价格越低，N_7 的分数会越高，批准这一申请可能性会更大。

土地所有者提出的租金率报价如何与 N_7 因素联系起来并进行量化处理有两种途径：第一种途径，每块土地申请者的土地有一个与其相关的最高租金率(MRR)，根据这块土地占据主导地位的三种土壤类型加权平均得到的土地租金率(SRR)的平均值，以此计算最高租金率，美国农业部的自然资源保护局决定土地租金率；土地租金率因土壤类型和地理位置而异。根据土地用作最好的农业用途时的土壤生产力决定所公布的土地租金率，并且能够反映该地区同类土壤类型的耕地当地现金租金率的均值。就同一类型土壤的土地而言，一个地区的土地租金率可能比另一个地区的土地租金率更高，在美国农业部自然资源保护局认为必要时，可以调整土地租金率。如果土地所有者提交申请所愿意接受价格与相应的最高租金率相比越低，那么可能获得的 N_7 分数越高。第二种途径，农业部决定如何对土地所有者每亩租金补贴报价进行打分，这一途径具有随意性，并且是在每批申请所有土地所有者报价都提交了愿意接受的价格以后，才能决定土地租金率的分数。

直到 1995 年，土地参加 CRP 仅仅是通过一般申请申请。1996 年，美国农业部实施了第一次"不间断"申请。与一般申请参加相比，由于通过不间断申请参加的土地更环境敏感或更易于遭受侵蚀威胁，不间断申请参加 CRP 的土地通常会获得更高的租金补贴；不间断申请比一般申请有更多的限制性，仅仅批准具有特定保护活动的申请。一般来说，通过不间断申请，土地所有者不太可能把整块土地纳入到 CRP，原因在于符合条件的保护活动仅包括像河流和农田缓冲区、防风林等，而不是整块农场的活动。不间断申请是土地所有者使部分农田纳入到 CRP 之中，没有纳入到 CRP 之中的剩余土地依然可以继续耕种。像一般申请一样，不间断申请承担的义务是 10 ~ 15 年，也有成本分摊补助。不间断申请与一般申请有着显著的不同：①有针对性的保护活动通常可以获得更高的土地租金补贴；②如果符合参加项目的条件和保护标准，那么土地就可以参加，而非竞争性；③土地所有者可以获得最高租金率(MRR)；④通常有实施奖励金(PIPs)和申请奖金(SIPs)，这能够显著增加土地所有者的收益(见表 2)。由于实施不间断申请，导致一些地区的 CRP 分布显著改变(Bucholtz 2004)。

1997 年，美国农场管理局授权实施土地休耕加强项目(CREP)，以解决农业相关全国和州的环境问题。这一项目是通过不间断申请途径把土地纳入到项目之中。州和联邦政府共同实施 CREP，项目区域锁定在环境脆弱型的土地；州支付每年租金补贴的一部分，联邦政府支付大部分的租金补贴、成本分摊补助和技术补助。2006 年，实施 CREP 的面积为 36.45 万 hm^2，约参加 CRP 总面积的 2.6%，CREP 租金补贴占 CRP 租金补贴总额的 5.6%，这些数字不包括实施奖励金(PIPs)和申请奖金(SIPs)以及其他一些 CREP 财政奖励。参加 CREP 的土地每年每公顷大约能够获得 297 美元的租金补贴，与此相比，非 CREP 的不间断申请可获得的土地租金补贴每年每公顷 217 美元，而一般申请获得的土地租金补贴每年每公顷 106 美元(美国农业部，2007)(见表 2)。

与不间断申请一样，在指定国家级和州级的自然环境保护优先区域(conservation priority areas, CPAs)的土地所有者除与获得非 CPA 地区参与者一样的最高租金率以外，还可以获得成本分摊补助；同时更进一步，10 ~ 15 年的合同到期可以确定性再次参加 CRP。由于现有的 CRP 中的国家级保护优先区域仅仅涵盖切撒皮克湾、五大湖区、长岛海峡地区和北美大草原壶穴地区，因此参加国家级和州级的自然环境保护优先区域不是公平地对待所有土地所有者。在很多案例中，符合耕种要求又位于优先区域的土地的所有者可以不参与一般申请竞争性的报价而参加 CRP。截至到 2006 年，在国家级自然环境保护优先区域(CPA)中超过 388 万 hm^2 的环境敏感型耕地参加到 CRP 之中(美国农业部，2007)。

1986 ~ 2007 年 CRP 各项补贴支出见表 2。除 1986 年 CRP 开始启动的特殊情况以外，CRP 的总支出随着工程量的变化而发生变化。1996 年农业法案实施以前，每年每公顷的补贴标准在 124 美元以下；1996 年农业法案实施以后，每年每公顷的补贴标准超过 124 美元，其中以 1998 年单位面积的补贴水平最高，为每年每公顷142.86美元，1998年以后补贴标准有所下降，2002年农业法案的实施以后，单位面积的补贴标准有所上升，维持在124美元以上，但变化不是很大；单位面积的补贴标准与提供CREP和保护优先区域项目有关，原因在于CREP和保护优先区域项目的补贴标准明显地高于一般性CRP的标准。1986~2007年面积加权每年每公顷的补贴为124.91美元。CRP的总支出从1987年的697百万美元增加至2007年的1962百万美元，累计支出34246百万美元。在累计支出中，租金补贴累计支出为3069百万美元；成本分摊补贴累计支出2102百万美元；奖励支出累计为599百万美元；技术援助累计支出为848百万美元；这四项支出分别占累计总支出的89.64%、6.14%、1.75%和2.48%。租金补贴支出、成本分摊补贴支出和奖金构成财政总支出，财政总支出占项目累计总支出的97.52%。1987~1989年成本分摊占项目总支出比重分别为35.29%、25.78%和12.78%；其余年度该比重均低于10%；相应的租金补贴所占比重比较低，低于90%，1989~1999年此比重均高于90%，2000年以后，此比重维持在80%~90%，此比重的下降与CREP和保护优先区域项目有关。

表2 1986~2007年CRP各项补贴支出(单位：百万hm^2、百万美元、美元/hm^2)

财政年度	累计加入面积	租金补贴	成本分摊补贴	奖金	财政总支出	技术援助支出	总支出	单位面积支出
1986	0.8	0	0	0	0	8	8	9.88
1987	6.2	410	246	0	656	41	697	111.84
1988	9.7	756	282	0	1038	56	1094	112.64
1989	11.8	1149	181	0	1330	86	1416	119.83
1990	13.3	1390	118	0	1508	0	1508	113.61
1991	13.4	1590	41	0	1631	10	1641	122.14
1992	13.8	1613	39	0	1652	10	1662	120.44
1993	14.2	1652	32	0	1684	0	1684	118.55
1994	14.2	1722	14	0	1736	0	1736	122.56
1995	14.2	1729	4	0	1733	0	1733	122.35
1996	13.6	1721	1	0	1722	9	1731	127.68
1997	13.3	1663	8	0	1671	61	1732	130.48
1998	12.2	1597	96	0	1693	53	1746	142.86
1999	12.1	1320	115	0	1435	56	1491	123.64
2000	12.7	1332	133	10	1475	35	1510	118.83
2001	13.6	1396	150	78	1624	32	1656	121.79
2002	13.7	1520	143	114	1777	20	1797	130.99
2003	13.8	1576	99	100	1775	55	1830	132.61
2004	14.0	1589	117	83	1790	60	1850	131.74
2005	14.1	1621	93	75	1788	75	1863	131.91
2006	14.6	1637	100	82	1819	80	1899	130.35
2007	14.9	1714	90	57	1861	101	1962	131.74
合计	--	30697	2102	599	33398	848	34246	124.91*

注：标*按照1986~2007年的累积参加面积和总支出加权平均计算出来的。

各州CRP的补贴水平不尽相同。以2007年各州单位面积补贴金额为例(见表3)，2007年全美CRP平均补贴为每年每公顷131.75美元；补贴比较高的几个州分别为马里兰州(每年每公顷303.57美元)、爱荷华州(每年每公顷262.3美元)、伊利诺伊州(每年每公顷255.41美元)、特拉华州(每年每公顷253.75美元)、俄亥俄州(每年每公顷252.22美元)；比较低的州包括怀俄明州(每年每公顷68.08美元)、犹他州(每年每公顷74.92美元)、新墨西哥州(每年每公顷77.69美元)、科罗拉多州(每年每公顷79.15美元)和加利福尼亚州(每年每公顷81美元)等。

表 3 2007 年各州每英亩的补贴金额(单位：美元/英亩)

州名	单位面积补贴	州名	单位面积补贴	州名	单位面积补贴
阿拉巴马州	111.74	缅因州	122.81	俄克拉荷马州	81.10
阿拉斯加州	83.05	马里兰州	303.57	俄勒冈州	122.24
阿肯色州	128.32	马萨诸塞州	226.32	宾夕法尼亚州	218.94
加利福尼亚州	81.00	密歇根州	187.53	波多黎各州	209.17
科罗拉多州	79.15	明尼苏达州	148.96	南卡罗来纳州	88.39
康涅狄格州	165.09	密西西比州	105.37	南达科他州	104.38
特拉华州	253.75	密苏里州	165.49	田纳西州	146.68
佛罗里达州	93.16	蒙大拿州	83.10	犹他州	74.92
乔治亚州	99.44	内布拉斯加州	140.90	佛蒙特州	207.02
爱达荷州	101.59	新罕布什尔州	128.87	维吉尼亚州	133.66
伊利诺斯州	255.41	新泽西州	141.84	华盛顿州	132.79
印第安纳州	228.20	新墨西哥州	77.69	西弗吉尼亚州	168.77
爱荷华州	262.30	纽约州	135.88	威斯康星州	173.86
堪萨斯州	97.01	北卡罗来纳州	154.44	怀俄明州	68.08
肯塔基州	188.57	北达科他州	82.14		
路易斯安娜州	129.31	俄亥俄州	252.22		

通过使高度侵蚀的土地和其他环境脆弱型土地休耕 10 ~ 15 年，CRP 的实施对环境有明显的好处。在提供环境效益方面，与一个短期保护项目相比，一个永久性地役权计划将有明显的优势。1997 年，包括明尼苏达州和马里兰州在内的几个州实施土地休耕加强项目(CREP)和其他农业部的项目，变短期休耕为永久性保护。需要回答 10 ~ 15 年的合同转变为永久性需要额外再支付多少补贴的问题？有些人认为：由于 15 年合同期的租金补贴折成现值等于永久性补贴额的 75%，因此政府只需要再额外提供 25% 的补贴，可以补偿永久性休耕；Lin 等人的实证研究结果显示，政府需要支付 CRP 总补贴的 2.6 倍。

在 CRP 合同期内，美国农业部每年向参与者提供租金补贴和种植保护植被一半的花费。CRP 租金补贴给参加者一个稳定的收入来源，它补偿了参与者因休耕而使土地所造成的损失，然而 CRP 不能够补偿由于对农业投入和服务减少带来的交易量减少。低租金率导致参加 CRP 的土地面积减少，租金率很低将难以吸收更多的土地参加 CRP。Sullivan，McBride 等人(2004)的研究中发现，只有四个西部地区租金率与参与者和非参与者无显著关系。一个可能的解释是西部的州对灌溉依赖程度高。就平均水平而言，灌溉农田的现金租金是旱地的两倍。巨大租金率的差别可以由两个因素加以解释：一是当农民参加 CRP 时，减少土地总面积，农民可能会为了满足 CRP 基本休耕要求而使任何土地或组合休耕；Mag - leby 和 Dicks(1987)指出每一种参加这一项目的作物比例不具有全国性或地区性作物分布的代表性。二是参加项目地区的地理分布将影响平均租金率。

获得 CRP 租金补贴净收入的群体大多生活在 CRP 地区或者周边地区。2001 年，一些没有 CRP 参与的大城镇居民获得一笔可观的 CRP 补贴收入，这些居民生活在 芝加哥、洛杉矶和纽约等大城市，以及一些区域性贸易中心城市。令人疑惑的是，是 CRP 补贴使得定居者更容易迁移往别处，还是这仅仅反映了美国农业的现实。如果纳入 CRP 的土地用于耕种，净的 CRP 补贴流出是否会发生变化？美国大约 40% ~50% 的耕地是由其他人耕种而不是由土地所有者经营；许多非经营者的农场所有者住所远离他们的农场，另一些则只相距几百米远。在最近一次全国性调查中，由于大部分 CRP 受益者把自己作为土地所有者(Allen and Vanderer，2003)，CRP 补贴的地理分布可能简单地反映对从前农场所有权的重新分配。

如果初始参与成本比未来从项目中获得的净收益高，那么土地所有者将不会参与到保护项目中，即使如果参加了该项目土地所有者将执行所需的土地利用方式。一旦投入了初始参加成本，这就将成为沉没成本，因此，只有更低的初始参加成本才能够吸引参加。如果土地所有者不遵守履行项目规定的义务，那么将倾向于不参加该项目(Rousseau，S.，2008)。

4 环境收益指数(EBI)的组成因素及其权重

在环境收益指数中，每一个指标及其权重都可能会进行调整。根据土地所有者采取的保护行动和申请参加的土地特征，计算环境效益指数。当你认为土地是同性质的时，环境收益指数的指标及其权重调整可以改变这一事实，这非常重要。假设在不同地区有两个土地所有者，即农场主甲和农场主乙，他们都采取了一种保护行动种植天然牧草，他们都知道天然牧草这一权重占 EBI 的 20%。农场主甲种植天然牧草的单位成本是每公顷 X 美元；农场主乙种植天然牧草的单位成本是每公顷 Y 美元，假设 X < Y；由于 CRP 实施过程中天然牧草的价值改变，在计算 EBI 时，其权重就发生了变化，增加所有其他相关保护行动的选择；若对给定的 EBI 指数而言，农场主甲比农场主乙可以种植更多的天然牧草，因此增加了农场主甲参加 CRP 的可能性，也就是有相对生产天然牧草优势的土地所有者将从增加了该因子的权重中获益。更进一步说，一个来自农场主甲所在州的国会议员可能有这样一种动机：通过增加他的选民在评定 EBI 时具有优势的因素的权重来影响能否参加 CRP，尚不知道是否真的发生了，这是一个潜在的影响因素。

EBI 的外生指标是指那些不会因农场主提交拟愿意接受土地租金或行动而受到影响的组成指标。EBI 是由 $N_1 \sim N_4$ 的组成指标和外生指标所组成。相关研究表明：在最大化他的补贴数的前提下，如果农场主获得较高的 EBI 指数，那么该农场主就更倾向于报出更高的租金率。由于一个农场主可以通过报出接受低于特定土地最高租金率来提高他的 EBI 指数，我们可能会观察到：甚至在农场主最大化补贴额的情况下，EBI 外生变量分数较低的农场主依然可以报出一个较大的折扣。第 15 次申请(1997 年)的折扣率最低，第 16 次(1998 年)最高。对报价低于最高可接受值而言，这可能反映了人们对第 15 次申请中刚刚调整的项目结构尚有诸多不确定性，在第 16 次申请时，诸多不确定性明显减少。

5 CRP 竞价的利益相关者

根据我们知道的土地如何纳入到 CRP 之中，人们可能会认为参加这个项目真实地反映了“我们最划算”，用最低的成本改善了既定的环境目标，毕竟环境收益指数旨在让项目管理者选择那些能够使每一美元最大限度地获得环境收益的申请。然而，有一篇研究 CRP 对环境作用的文献提出了质疑，Reichelderfer 和 Boggess(1988)认为：虽然 CRP 的既定目标包括改善土壤和水质，产生持久的收益，可以改善环境，甚至可以减少成本；他们发现“次优”的土地纳入到 CRP 之中，出现这种格局恰恰是因为其他联邦补贴和直接补贴项目分布效应与政治因素有关。为了真实地了解 CRP，我们不得不考虑 CRP 是在政治经济中如何运作的、受到了什么影响。自然地，我们把一个农业补贴项目看作货币重新分配的过程。在政治市场中，特殊利益群体有权利用立法和监管当局(如美国国会和农业部)来影响项目的实施。虽然有很多影响渠道，但最终的监管影响力量是有项目裁判权的众议院和参议院的立法机构，以及规则制定权利的美国农业部。显然，政治因素影响了 CRP 项目的实施。

5.1 国会议员

第一部授权以及后续授权 CRP 实施法案的颁布机构是美国国会，众议院和参议院专门委员会及其专门小组委员会对 CRP 的行使法案有制定和监督的权力；众议院和参议院的预算委员会的农业专门小组有预算审核与批准权。

对 CRP 有管辖权的委员会是常务委员会，此常务委员是国会中的永久性机构。然而，委员会的成员却不是永久性的，可能会随着每次国会选举而改变。委员会的任务分三个步骤，第一，每一方组成一个专门小组来检查成员对委员会的要求并且分配工作；第二，对不同委员会的任务表由小组的核心人员来核准修订；最终，整个众议院和参议院会进行预选举(戴维森和欧莱塞克，1990)。两院的代表知道委员会成员与改选有关也能影响立法结果。这一事实的证据就是代表将会在他们内部进行竞选，来获得成为他们想要为其服务的委员会(或小组委员会)成员的资格。

5.2 联邦政府机构

毫无疑问，监督 CRP(预算和法定)的美国国会对项目实施运作有重大影响。然而，这些成员并不能单独影响项目。美国农业部的 FSA 或 NRCS 负责具体实施 CRP，美国农业部人员与众议院和参议院的代表和国会密切合作。项目规则改变(或新规则)的提议可以由任何人提出，一旦提出一个规则，那么就进入了一个“评论期”，公众的评论会作为联邦纪事的一部分被记录。个人、众议院和参议院代表、公司和利益团体可能都会在提交的规则上提出自己的意见。在评论期结束以后，美国农业部决定是否采纳规则。

5.3 相关农业企业

一般而言，相关农业企业对 CRP 实施所可能带来的潜在消极影响非常地敏感，因此，相关农业企业可能有动机去努力减少在他们经营地区乃至全国范围内的参加 CRP 的土地面积。农业企业可能不欢迎当地参加 CRP，例如农具商、种子化肥公司以及农产品加工企业。农具商和种子化肥公司依赖土地所有者对他们产品的需求，农产品加工企业依赖农业产出。CRP 的实施导致货源和农业产出的减少，意味着对农业综合企业投入需求的减少，而农产品加工企业必须以更高的价格、或从更远的地方来购买粮食——导致生产成本增加。相关农业企业代表一个大的和潜在的强有力的团体，在很大程度上，相关农业企业的盈亏取决于他 CRP 的实施情况。

5.4 环境与自然保护区和野生动物保护团体

环境、自然保护区和野生动物团体从增加 CRP 土地参加面积中获益。Pheasants Forever 和 Ducks Unlimited 是 CRP 的坚决拥护者，原因在于 CRP 的实施为野鸡和野鸭提供了更多的栖息地；狩猎协会支持特定的那些增加了野生动物栖息地的 CRP 活动，那些允许他人在其土地上狩猎而获得额外土地报酬的土地所有者也支持 CRP。非盈利性机构和其他协会有权使用政治权利。

6 CRP 补贴的税收状况

美国国税局(IRS)把 CRP 租金补贴视为源于农业交易的收入，因此，CRP 补贴所得者要缴纳个人所得税；然而，农场主等经营者则希望将 CRP 补贴看作租金收入，不征收个人所得税。2006 年 12 月，美国国税局发布了 2006 - 108 通知，强调 CRP 补贴要缴纳个人所得税。2007 年 12 月 31 日以后，农业法案的第 15301 条免除了残疾的或退休的合同持有者的个人所得税(Cowan，2008)。

2008 农业法案中提供了另一种免税选择，CRP 参与者可以被选进去获得一种年度税收抵扣而不是获得租金补贴。这种抵免的额度将与每年被选进的参与者可能获得租金补贴的数额相同。这种抵免可以用来抵扣当年的税收而不用偿还。反对这种税收抵扣的人认为这是一种倒退，原因在于将使那些高收入者获得更多利益(Pettit，2008)。

2008 ~ 2012 年，如果 2008 农业法案中的条款得以实施，那么将给 CRP 参与者获得 CRP 收益的税收选择。他们可以选择每年获得足额补贴，并对这些收益支付收入和个人经营所得税，这极有可能创造未来社会保障收入。然而，法案并没有给参与者在 2012 年后继续享受这种类似选择的权利，也没有明确规定 CRP 年补贴是否应该被看作个人经营收入，迄今为止，亦没有被国会做出过明确规定。

7 CRP 的影响

1986 年实施 CRP 以后，美国政府提供了大量的补贴资金，休耕面积相当大。土地加入 CRP 就意味退出了农业生产，种植上被允许的地表植被，并且用经核准的保护措施来管理。对社会、经济和环境等产生了重要影响。

7.1 CRP 对环境的影响

CRP 实施之初，减少土壤侵蚀是唯一的环境效益。1990 农业法案颁布以后，参加 CRP 的耕地是经过一系列评估环境改善效果的筛选：地下水和地表水的质量提高、野生生物栖息地的改善、空气中悬浮颗粒的减少、土壤侵蚀的减少和林地面积的增加(Hansen ，Feather 和 Shank，1999)。

1982 ~ 1997 年，农田水土流失减少了将近 40% (Claassen 等，2001)，CRP 减少了 13% 的耕地侵蚀，

CRP 减少了风力侵蚀，这源于 CRP 在干旱地区面积所占比重较大的缘故。

就全国而言，CRP 每年减少 2.24 亿 t 的水土流失，根据 1997 年的情况，减少最多的是 CRP 参与率高的地区，如南部平原、山区州和玉米带的地区。实施 CRP 以后，风力侵蚀减少最大，实施 CRP 可以减少南部平原和山区州地区的风力侵蚀的 70%，主要原因在于南部平原和山区州地区参与 CRP 的土地多，且气候干旱和风力大。就玉米带的地区而言，由于大量降水和农作物的高度集中，导致玉米带地区的耕地对因水土流失而导致的土壤侵蚀相当敏感，由于实施 CRP，玉米带地区因此而减少土壤侵蚀约占总土壤侵蚀减少总量的 40%。

河床和溪流侵蚀增加了美国表层水的沉积物含量，增加了很多经济部门的经济成本(Hansen 和 Claassen，2001)。通过实施 CRP，每年减少了沉积物造成危害相关成本约 3.17 亿美元，这个成本估计包括沉积物对市政水处理设施、航海和淡水渔业、航行、洪水、工业生产、水库和水上娱乐的影响的经济估算。由于对沉积物的其他经济影响的计量进展不大，这里显示的结果可以被视作由于实施 CRP 所减少水力侵蚀而产生效益估计值的下限。这些效益在玉米带的地区表现地尤为突出，这大约占沉积物相关的异地收益的 40%。

根据 1997 年自然资源库的数据，由于 CRP 而减少的水土流失带来的经济收益每年达 1.22 亿美元。减少水土流失对当地经济的影响包括风力、河床和溪流侵蚀的综合影响。

参加 CRP 以后，土地就退出了农业生产，87% 的 CRP 土地种植上了草地或豆科植物，这样可以使空气和溪流更加清洁，再加上 CRP 植被提供的不同景观，能够提高 CRP 实施区域旅游等方面的吸引力；但是会出现严重依赖牧草的后果：CRP 合同到期以后，大部分 CRP 土地容易被重新转变用作粮食生产或者放牧。复耕与否取决于发展模式选择、对耕种土地收益的预期和土地所有者偏爱的生活方式。

Patrick Sullivan 等认为环境收益通常表现为成本的节约或者生活质量的提高，而不是采用创造更多的工作机会和增加市场活动等经济进步指标加以衡量。虽然因实施 CRP 可能成功地减少了土壤侵蚀(水土流失等)、沉积物还有悬浮颗粒，但是减少了农业部门的就业机会和农业收入。此外，实施 CRP 带来的环境收益的美元价值可能因区域而异，并且表现为在当地所产生环境效益和当地参与 CRP 的面积不一致性，同时实施 CRP 表现为外部性，即实施 CRP 所产生的效益不完全体现在本地，可能惠及其他地区。

实施 CRP 以后，由于减少了水土流失，因而降低了土壤营养物质的流失，增加了耕地中有机物的含量，提高了地力。就美国全国平均而言，每公顷土壤、营养物质和磷的流失量分别为 29.9t、28.7kg 和 7.2kg；同时，在一公顷的土地上，总的有机碳含量每年增加 1.7t。

实施 CRP 以后，增加了野生动物的栖息地面积，可以有效地增加野生动物的数量。野生动物数量的增加可以增加以野生动物为基础的游憩活动，如狩猎和野生动物观光等活动。

2004 ~ 2007 年因实施 CRP 对部分环境因子所有产生的影响见表 4。2004 ~ 2007 年，氮的流失减少量呈现出增加态势，从 2004 年的 2.05 亿 kg 增加至 2007 年的 2.18 亿 kg；同期，磷的流失减少量从 0.46 亿 kg 增加至 0.49 亿 kg(见表 4)。实施 CRP 的主要目的是减少水土流失和减少土壤侵蚀，2004 ~ 2007 年因实施 CRP 导致的水土流失减少量分别为 4.45 亿 t、4.45 亿 t、4.64 亿 t 和 4.70 亿 t(见表 4)，可见实施 CRP 的确缓解了水土流失，与实施 CRP 的目标是吻合的。

表 4　2004 ~ 2007 年因实施 CRP 对部分环境因子所有产生的影响

环境因子	2004	2005	2006	2007
氮的流失减少量(亿 kg)	2.05	2.07	2.14	2.18
水土流失减少量(亿 t)	4.45	4.55	4.64	4.70
磷的流减少失量(亿 kg)	0.46	0.47	0.48	0.49
固碳量(万 t)	4700	4800	4900	5000
鸭群的增加量(万只)	101.4	90	90	N/A

注：N/A 表示没有获得数据。

7.1.1　CRP 保护了野生动物

参加 CRP 的 1396 万 hm^2 的草地、林地和湿地有效地保护了野生动物栖息地，2004 ~ 2007 年鸭群分别增加了101.4万只、90万只和90万只(见表4)。最近一份完整的独立的研究发现，CRP对使鸟类种群多样化起到了积极的影响。有几个例子可以说明问题。

草原坑洞野鸭：根据美国渔业与野生生物服务方面的研究，北达科他州州、南达科他州和蒙大拿州东北部参加CRP的地区，1992年以来，草原坑洞野鸭每年净增200万只，相当于每年产量增加30%。最近的干旱降低了鸭群数量的增速。

环脖型野鸡：根据西部生态系统科技研究成果，研究人员发现，实施CRP增加了草本植被，早期环脖型野鸡栖息地增加了4%的那些地方，环脖型野鸡种群的数量增加了22%。

Sage Grouse：根据华盛顿自然资源部门的研究，大量的土地参加CRP对Sage Grouse种群数量的下降起到了很好的抑制作用。在1970~1988年期间，这些种群数量减少了将近25%，实施CRP的地区，这种物种种群数量下降减缓；没有实施CRP的地区，Sage Grouse种群数量继续保持下降趋势。

草原飞鸟：根据有关研究者的估计，如果没有实施CRP，那么这类鸟的五个种类的种群数量将会下降2%到52%。

7.1.2 CRP改善了水质

实施CRP以后，通过多种形式改善了水质。首先，实施CRP以后，减少了河流湖泊的氮、磷和沉积物的径流含量。根据食品与农业政策研究所(Food and Agricultural Policy Research Institute，FAPRI)估计，2007年，由于实施CRP，农田减少了1.26亿kg的氮和2676万kg的磷流失，氮和磷的流逝量分别减少了95%和86%。其次，草原过滤带和河岸缓冲器(部分农田地区)拦截了泥沙、营养物质和其他污染物进入河道。根据食品与农业政策研究所(Food and Agricultural Policy Research Institute，FAPRI)估计，2007年，实施CRP以后，缓冲带的建设减少了0.92亿kg的含氮营养物质和2223万kg的磷流入河流。2007年，CRP的实施减少水土流失量总计为2.07亿t。

7.1.3 CRP改善了土壤质量

通过在环境脆弱型土地上种植保护植被，CRP的实施减少风力侵蚀和水土流失等，达到保护土壤的目的。2007年，与实施CRP之前相比，CRP的实施减少了4.7亿t的土壤侵蚀。

土壤侵蚀模数随着政策选择变化而异。Johnson和Segarra(1995)对德克萨斯州1986~1995年期间实施CRP的研究发现，在CRP的补贴率为0时，土壤侵蚀率是最高的，原因在于大约66%的土地可能被复耕；同时，土壤因风力侵蚀模数随着复耕面积的增加而增加；各种各样的农作物产品、实施CRP的措施以及放牧的不同组合会导致区域土壤侵蚀程度不同。

7.1.4 CRP增加了固碳量

CRP比任何其他联邦政府管理的项目都对私有土地的固碳有更好的效果。同时由于实施CRP，增加了土地地上和地下碳储量，2004~2007年因实施CRP增加了19400万t的固碳量(见表4)，有助于减少向大气中排放碳，对缓解气候变化，发挥了一定的重要影响。

7.2 CRP对经济的影响

开始实施CRP的1986年是农民和农业非常艰难的时期，1985年农业法案成为法律时，农业部门正经历着严重的财政危机。在20世纪70年代，农业出口、收入、资本投入和土地价值都急剧上涨，所有这些指标在20世纪80年代均骤然恶化。1986年开始实施CRP，农业危机依然严峻，土地价值又持续下降了1~2年(Collender，1999)。同其他农田休耕项目一样，参加CRP能够减少对农业投入和市场服务的需求。当农田退出农业生产，除非在相同面积的其他土地上(或者是新的土地，或者是在现存耕地上增加耕种强度)扩张耕种，否则对农业投入的种子、肥料、杀虫剂、除草剂、农用机械和劳动力需求将减少。此外，如果当地农业产出减少，对谷物升降机、包装和处理设施、相关运输以及市场服务需求就会减少。CRP租金报酬给参加者休耕土地所有造成的损失给予了补贴，但实施CRP没有对农业投入和服务减少的损失给予补偿。因此，实施CRP以后，如果未参加的土地产量增加量不能弥补因土地休耕而减少的产出，当地部分经济将受到不利影响。在土地休耕后，如果可供替代的经济活动(例如狩猎、捕鱼和户外娱乐)没有得到发展，依赖农业的高CRP保有率的地区可能会经历整个经济的下滑。出于这个原因，参加CRP通常占每个县耕地面积的25%以下。这一比例是否对减少不利影响有效仍然是一个有争论的问题。

土地比较肥沃的区域，即使是高度侵蚀的土地，也有可能受到 CRP 的不利影响。考虑到由于参加 CRP 而减少他们自己的农业生产投入，因此，相对自给自足的农村非常有可能受到参加 CRP 的负面影响。这些从生产主导型经济转变为补贴主导型经济的地区可能导致显著的调整阵痛(Martin，Michael 等，1988)。实施 CRP 可能带来区域经济目标和更广的全国性地区性改善环境政策目标的冲突。

在 CRP 参与率高的地区，与农业生产紧密相关的行业，比如提供农用设备的行业受到了较大的负面影响。一些谷物升降设备的经营者认为实施 CRP 给他们带来了严重的财政压力。此外，在这些地区粮食储量的减少导致价格上涨幅度明显高于全国平均上涨幅度；但是减少现有参与 CRP 土地面积或者停止新的申请也可能影响以狩猎和渔业作为重要经济活动地区的经济。

虽然在全国范围内都有参加 CRP，但是对农村地区的影响随项目参与、地区人口和当地经济结构的不同而不同。中西部地区人烟稀少的农业县郡获得高额补偿，与东部玉米带或南部人烟稠密的经济多元化的县郡相比，中西部地区人烟稀少的农业县所可能带来的负面影响和冲击更大。

CRP 是否存在滑移效应(Slippage Effects)呢？滑移效应存在至少有两个原因。一是实施 CRP 土地减少了农业产出，使得农产品价格上涨，一些非耕地可能因价格上涨而被用于农业生产；二是当一些耕地退出生产时，由于规模经济和固定投入可能影响农民耕种其他土地，即产生了替代效应。Wu(2000)的研究表明五大湖区和北部平原的滑移效应比较小，但依然显著。在这两个地区，实施 CRP 的情况下，每休耕 $40hm^2$ 土地，约有 $6.1 \sim 6.5hm^2$ 的非耕地转型用作耕地。除了参与 CRP 的土地数量以外，土地特征和农作物播种品种也会产生滑移效应。在参与 CRP 的地区，玉米和小麦播种面积越大的地区，农民更有可能将非耕地用作耕地。在这一分析中，显著的滑移效应表明应该考虑一下如何选择参与 CRP 土地，在现有法案框架条件下，只能是耕地参与 CRP，非耕地不能参与 CRP。若把非耕地纳入 CRP 之中，那么将会降低滑移效应，并且能够实现 CRP 改善环境的目标。

农业部经济研究局(Economic Research Service，ERS)(2004)的一项对实施 CRP 研究结果令人惊讶，就高 CRP 参与水平的地区总体而言，对就业、当地经济或者当地服务业，比如学校、医院和当地政府收入均有一个长期的负面影响。对俄克拉荷马州、北达科他州、爱达荷州和华盛顿州实施 CRP 的研究均表明，CRP 的实施对当地经济都产生了不利的影响。2004 年 3 月，美国农业部经济研究局(Economic Research Service，ERS)发表了一份立法授权报告《CRP 对当地经济的影响》，这份报告认为，总体来说，CRP 的实施对当地经济的影响是非常有限的(Keith，2004)。

CRP 同其他土地项目一样，无意中人为地抬高了土地价格并且使创造的收益大部分流向土地所有者而不是经营者。然而，实施 CRP 比其他土地项目对土地租用人产生的负面影响更大，土地所有者成为土地价格上涨的受益者，而土地租借者成为土地价格上涨的受害者。CRP 的土地租金率有意反映当地市场条件，这一项目使得美国政府与土地租用人竞争出价争夺土地的使用权。对那些想建立农场规模经营的农民来说，这可能使得可租用土地更加稀少和昂贵。美国农地租借人占全部农业生产者的 70%，在很大程度上，土地租用人的交易结果将决定美国政府的 CRP 是否能够保持强竞争力(Keith，2004)。

7.3 CRP 的社会影响

在 CRP 启动的前几年，CRP 租金有助于一些财政紧张的农场经营者继续留在农场。无论是农民、退休者还是非农业雇员，CRP 租金补贴稳定了当地经济，并帮助这一地区稳定了人口数量。通过扭转当地土地价格下降的趋势，实施 CRP 帮助未参与的农业经营者继续他们的经营。随着时间的推移，CRP 促进了野生生物多样性的增加、更加多样化的风景和更加清洁的环境，增加了户外娱乐，可能提供了更多的就业机会，提高了一些农业地区作为居住地的吸引力。

实行农地休耕制度，在很大程度上，农业发展创造的就业机会明显下降。一份农业部的报告认为，CRP 的高参与水平与 1986 ~ 1992 年间的失业有关系，但这不是整个 20 世纪 90 年代的情况；全国趋势将掩盖一些地区性调整，并且“当地经济调整可能规模相当大”。

2004 年 3 月，美国农业部经济研究局(Economic Research Service，ERS)发表的立法授权报告《CRP 对当地经济的影响》，报告得出结论，在美国农村地区，从统计的角度来看，实施 CRP 并没有明显地对人口趋势产生不利影响。1986～1992 年期间，也就是项目刚刚启动后的几年，实施 CRP 与农村地区的失业有关，但这种消极关系没有在整个 20 世纪 90 年代持续下去。更进一步说，经济研究所的研究发现，没有明显地统计上的证据表明实施 CRP 鼓励了土地所有者离开其土地所在地，实施 CRP 没有影响当地政府的服务或者是其税收负担。

Patrick Sullivan 等的研究认为：实施 CRP 并没有减少人口数量，若考虑到其他因素，高 CRP 参与率对农村人口趋势没有一个可辨别的有规则的影响。在短期内，实施 CRP 与职位减少有关，这意味着当地经济能够适应与 CRP 有关的任何工作的减少。在人口密度低或中等的地区，CRP 的实施没有系统地影响人口趋势，但是实施 CRP 对密集聚居的农村就业的负向影响比对稀疏聚居的农村要大。

参加 CRP 意味着当地市场上保有的土地数量减少，对农业投入和市场服务的需求将很可能下降。劳动力从农业相关活动流向其他领域，当地劳动力市场的适当调整。假设资源从前被用到能产生最大收益的地方，土地休耕引起的调整可能会抑制当地经济，除非有新的或者更赢利的机会出现。如果公共机构的僵化减缓了这种调整，就业水平可能比在转移需求时意味着更严重的下降。由于迁移方式对就业机会很敏感，一个地区经济的转型也能影响生活和工作的地方的合意性和最终的人口水平。

全部农场参加者可能与部分农场参加者对人口和就业有不同的影响。如果 CRP 参与者住在其他地方，那么 CRP 可能对当地经济的任何正向影响将会被削弱。采用部分和全部农场参与衡量来重复人口变化的整体分析时，几乎没有证据来证明这种相关关系。全部农场参与的系数比部分农场的系数更可能是负的(尤其是 1985 到 2000 年之间的人口变化)，但没有全部农场的系数是统计上显著的。CRP 趋于在短期与就业改变有一个负向关系，但长期有一个正向关系。

补贴留在当地的县，参与 CRP 通常与经济发展相关；而补贴流出当地的县，参与 CRP 更多是与人口和就业减少相关，在这儿很难从影响中分离出原因。CRP 补贴的接受者是当地人的情况下，CRP 补贴更倾向于为当地经济增长做贡献。同时，有更多不在当地居住的土地所有者的 CRP 实施区域倾向于人口减少和更少工作机会。不在当地居住的土地所有者本身导致缓慢的经济增长和向外迁移，然而，没有令人满意的解释。1985～1992 年显著的流向外部的报酬与当地增长的负相关关系在 1985～2000 年间多半消失了。

一项调查结果表明：北达科他州 1000 名的 CRP 合同持有者，仅有 11% 参加者将休耕作为一项过渡；而其他 89% 的参加者都是为了经济或环境收益。31% 的合同持有者认为，参加 CRP 是一个让他们继续留在农场的政策工具。参加 CRP 以后，几乎没有合同持有者离开这个地方。只有 23% 住外他，73% 的合同持有者表示他们已经在其他地方住了 10 年甚至更长(Hodur 等，2002)。对 CRP 合同持有者的一项全国性研究显示，农村地区的人口趋势并没有受高 CRP 参与水平的影响。

8 CRP 合同终止的影响

通常，当一个合同到期时，参与者可能会申请重新参加或者结束参加 CRP。那些没有重新参加的土地可能被用于耕种或放牧，用作非农用地，或者是让土地闲置，可能进行有管理的或无管理的保护植被保护。决定采用哪种选择的影响因素有种植作物的预期回报、改变地表保护植被的成本、非农用途的需求和决策者的投资组合与目标灯。在退出项目时，参加 CRP 的土地全部变回原来的用途并不是不可避免的。

从 1992 年退出 CRP 的 1997 年土地利用情况来看，146 万 hm^2 退出项目的土地中，用作种植作物的约占 63%，用作牧场的占 31%，剩下的 6% 种植了树木或者用作非农用地。种植了树木的 CRP 土地重新用作耕地的可能性比种植牧草的 CRP 土地要小。但是，像前面所提到的，其他可能影响土地利用决策的因素包括土地利用活动的收益率，这影响土地利用活动收益的因素包括地理分布、市场条件、土地经营者者的愿望等；土地利用预期收益率还受年龄、财富和合同期长短的影响。

对参与 CRP 土地继续休耕的可能解释是，至少在短期内，实施 CRP 改变了保护土地的固定成本；CRP 合同持有者的投资组合需求可能降低了 CRP 土地复耕的可能性。超过 1/3 的 CRP 参与者定居在农村，他们大部分工作时间从事非农行业。至少这些参加者的一些人选择可能将他们的 CRP 土地永久性闲置继续他们所选择的生活方式。

CRP 到期后，对农村社会经济继续产生影响。首先，现在参加 CRP 的土地将不会用作保护区土地。这些土地中的一些将会被用作生产粮食、牲畜和其他农产品；还有一些 CRP 的土地将会用于非农产业，例如建造房屋、购物中心或者工业用地；另一些则会继续用作保护区。处置土地的决定不仅影响当地农业投入和服务的需求，还会影响他们影响农产品市场价格的程度，这将会影响所有市场参与者。其次，CRP 产生的环境收益增加了户外活动的公共参与，比如捕猎、淡水垂钓、野生生物观光和其他形式的户外娱乐方式。脱离 CRP 的土地的命运影响户外活动的质量和户外旅行的花费，他们地理分布也将随之改变。其次，在 CRP 补贴取消以后，一些家庭将会改变他们的消费偏好，尤其是那些脱离 CRP 后的净收入低于 CRP 租金补贴的家庭(Sullivan，McBride 等，2004)。

2004 年 8 月 4 日，美国总统布什宣布美国农业部将提供提前申请重新参加和延长合同期限的服务。647 万 hm^2 土地的 CRP 合同将在 2007 年到期；243 万 hm^2 将在 2008 年到期；162 万 hm^2 将在 2009 年到期；81 万 hm^2 在 2010 年到期。为这些土地提供提前申请重新参加和延期能够帮助从现有的 CRP 土地维持环境效益，并且保证这些农田仍然受到保护。美国农业部表示，截至 2010 年、2011 年及 2012 年底，分别有 182 万 hm^2、178 万 hm^2 及 227 万 hm^2 土地合约到期(Johnson 和 Stephenson，2004)。

2008 年，Cowan 的一份研究结果表明：持续的粮食价格上涨使得终止 CRP 合同对生产者更有吸引力。在现存条款规定下，一个希望提前终止合同的生产者面临已付租金补贴加上所有已付资金利息总额的 25% 的罚款。2008 年 7 月 29 号，农业部宣布将没有免受惩罚地提前终止合同。

就全国范围来说，允许 CRP 土地重新用作生产用地对经济的影响可能很小，只是对特产工业或地区有正的或负的影响。在 CRP 参加水平高的地方，潜在影响可能很显著。区域性产出和就业至少是稍微增加了，主要体现农业部门产出和就业方面的调整，如果 CRP 合同到期，一些地区非农业产出和就业将减少，家庭收入可能会下降。

参考文献

[1] Barbara Johnson. Conservation Reserve Program: Status and Current Issues. CRS Report for Congress – September 5, 2003.

[2] Barry K. Goodwin, Ashok K. Mishra, Ayal Kimhi(2007). Policy Interactions at the Farm Level: An Evaluation of Participation in the Conservation Reserve Program and Related Policy Decisions(May 30).

[3] Carol A. Pettit (2008). The Conservation Reserve Program: Legal Analysis of Proposed Legislation to Change the Structure and Taxation of Benefits Received. Congressional Research Service (April 1).

[4] Carol A. Pettit(2008). The 2008 Farm Bill: Analysis of Tax – Related Conservation Reserve Program Proposals(July 3).

[5] Conservation Reserve Program(CRP) Benefits: Water Quality, Soil Productivity and Wildlife Estimates, United States Department of Agriculture, March 2008.

[6] Conservation Reserve Program, from Wikipedia, the free encyclopedia.

[7] Economic Research Service, 2004.

[8] Food and Agricultural Policy Research Institute at the University of Missouri (2007). Estimating Water Quality, Air Quality, and Soil Carbon Benefits of the Conservation Reserve Program.

[9] Haixia Lin, Junjie Wu (2005). Conservation Policy and Land Value: The Conservation Reserve Program. Selected Paper prepared for presentation at the American Agricultural Economic Association, Annual Meeting, Providence, Rhode Island, July 24 – 27.

[10] Jeffrey A. Zinn(1999), Conservation Spending in Agriculture: Trends and Implications(October 6).

[11] Jeffrey M. Gillespie, L. Upton Hatch and Patricia A. Duffy (1990). Effect of the 1985 Farm Bill Provisions on Farmers' Soil Conservation Decisions. Southern Journal of Agricultural Economics (December): 179 – 189.

[12] Jeffrey Zinn (1994). Conservation Reserve Program: Policy Issues for the 1995 Farm Bill. CRS Report for Congress – December 19, 1994.

[13] Jeffrey Zinn (2001). Conservation Reserve Program: Status and Current Issues. CRS Report for Congress – May 8, 2001.

[14] John Johnson and Robert Stephenson(2004), Stakeholders Look at the Conservation Reserve Program Through Different

Windows.

[15] Junjie Wu, Slippage Effects of the Conservation Reserve Program. Amer. J. Agr. Econ. 82 (4), (November): 979 – 992.

[16] Kendell W. Keith, Perspectives of the National Grain and Feed Association, The Conservation Reserve Program – Planting for the Future: Proceedings of a National Conference, Fort Collins, Colorado, June 6 – 9, 2004.

[17] Keri L. Perez(2007), The Spatial Distribution of the Conservation Reserve Program: A Political Economy Approach. Selected Paper prepared for presentation at the American Agricultural Economics Association Annual Meeting, Portland, OR, July 29 – August 1, 2007.

[18] LeRoy Hansen, Peter Feather, and David Shank (1999). Valuation of Agriculture' s Multi – site Environmental Impacts: An Application to Pheasant Hunting.

[19] Martin, Michael, Hans Radtke, Bart Eleveld, and S. Dianne Nofziger, Conservation Reserve Program on Rural Communities: The Case of Three Oregon Counties. Western Journal of Agricultural Economics, 13(2): 225 – 232.

[20] Megan Stubbs. Land Conservation in the Northern Plains. CRS Report for Congress (April 5), 2007.

[21] Michael R. Dicks, Patricia L. Riely and Shayle D. Shagam (1987). The Effects of Commodity Program Participation on Bidding in the Conservation Reserve Program. NJARE (October): 144 – 152.

[22] Patrick Sullivan, William McBride, Daniel Hellerstein, David McGranahan, LeRoy Hansen, Michael Roberts, Robert Johnsson, Steven Koenig, Stephen Vogel, Shawn Bucholtz and Ruben Lubowski (2004). The Conservation Reserve Program – Economic Implications for Rural America. Agricultural Economic Report No. 834 (September).

[23] Petr Havl, Laure Bamie, Florence Jacquet and Guy Millet (2008). Spatially Explicit Farming System Modeling for An Efficient Agri – Environmental Policy Design.

[24] Phillip N. Johnson and Eduardo Segarra (1995). An Evaluation of Post Conservation Reserve Program Alternatives In The Texas High Plains. J. Agr. and Applied Econ. 27(2), December: 556 – 564.

[25] Phillip N. Johnson and Eduardo Segarra (1995). An Evaluation of Post Conservation Reserve Program Alternatives In The Texas High Plains. J. Agr. and Applied Econ. 27(2), December: 556 – 564.

[26] Randy Schnepf (2007). WTO Compliance Status of the Conservation Security Program (CRS) and the Conservation Reserve Program (CRP). CRS Report for Congress (May 21).

[27] Rousseau, S. (2008), Enforcement Aspects of Conservation Policies: Conservation Payments versus Reserves, Paper Prepared for presentation at the 12th EAAE Congress "People, Food and Environments: Global Trends and European Strategies", Gent(Belgium), 26 – 29 August 2008.

[28] Skip Hyberg, The Role of Science in Guiding the Conservation Reserve Program: Past and Future.

[29] Tadlock Cowan, Renée Johnson (2008). Agriculture Conservation Program: A Scorecard. CRS Report for Congress (May 9).

[30] Tadlock Cowan, Conservation Reserve Program: Status and Current Issues, CRS Report for Congress (September 11, 2008).

[31] Teresa C. Lasseter (2006). Conservation Reserve Program Enrollment Statistics and Program Summary 2005 Fiscal Year. Farm Service Agency.

[32] Teresa C. Lasseter (2007). Conservation Reserve Program Enrollment Statistics and Program Summary 2006 Fiscal Year. Farm Service Agency.

[33] Teresa C. Lasseter (2008). Conservation Reserve Program Enrollment Statistics and Program Summary 2007 Fiscal Year. Farm Service Agency.

[34] Wanhong Yang, Madhu Khanna, and Richard Farnsworth, Effectiveness of Conservation Programs in Illinois and Gains from Targeting, Amer. J. Agr. Econ. 87 (Number 5, 2005): 1248 – 1255.

越南巴为国家森林公园生态旅游非使用价值评估——基于二分式与支付卡引导技术的比较

阮氏春香[1,2]　温作民[2]

（1. 越南林业大学经济管理学院；
2. 南京林业大学经济管理学院）

摘　要：条件价值评估法（CVM）是目前唯一能获知环境资源的全部经济价值，包括使用和非使用价值的方法。CVM 评估环境物品价值原理是通过假想市场来了解消费者对具体的一个环境物品的偏好，并通过支付意愿而表现出来。CVM 调查过程中，为了获得消费者对环境物品价值的偏好，必须通过各种诱导技术。不同的诱导技术可产生不同的支付意愿结果。本研究通过评估越南巴为国家森林公园生态旅游非使用价值来比较 CVM 中的两分式（DC）和支付卡（PC）诱导技术。通过本研究，得出以下的结论：①DC 技术获得的支付意愿(WTP)和参与者的"同意"支付都高于 PC 技术；②CVM 完全可以应用于环境物品非使用价值评估领域。

关键词：条件价值评估法(CVM)；DC 诱导技术；PC 诱导技术；支付意愿(WTP)；生态旅游资源非使用价值

Ecotourism Non – Use Values Valuation In Bavi National Park Of Viet Nam：—A Comparison Of The Dichotomous Choice And Payment Card Methods

Nguyen Thi Xuan Huong[1,2]　Wen Zuomin[2]

（1. College of Economics and Management，Vietnam Forestry University；
2. College of Economics and Management，Nanjing Forestry University）

Abstract：Contingent Valuation Method（CVM）is unique method which can obtain the total economic values of natural resource including non – use values. CVM relies on the individuals' stated willingness to pay（WTP）for a certain resources or activities in a hypothetical market. The mean WTP genetated from CV surveys highly depended on elicited techniques selection. This paper compares the efficiency of Dichotomous Choice（DC）and Payment Card techniques in valuing non – use values of ecotourism resource base on a case study in Bavi national park – Vietnam in order to giving guidance for the conduct of CVM study in Vietnam in the furure. Throught this study, we have two conclusions：① DC technique produced higher WTP and "yea – saying" response ratio than PC technique；②CVM can also be used in natural resources non – use values evaluation.

Key words：contingent valuation method（CVM）；dichotomous choice（DC）；payment card（PC）；willingness to pay；ecotourism resources

1 前言

条件价值评估法(Contingent Valuation Method – CVM) 是评估自然环境资源经济价值最重要的方法之一。它是唯一能获得环境资源的全部经济价值，包括使用和非使用价值 (Mitchell and Carson，1989)的方法。Ciriacy – Wantrup(1947)最早提出该方法，但 David(1963)首次运用 CVM 方法评估缅因州天鹅狩猎价值。从 20 世纪 60 年代，环境资源最重要的存在和选择两种非使用价值被认同之后，该方法得到广泛地应用。随方法本身的理论发展和环境资源价值认识程度增加，CVM 应用领域也从单纯的休闲娱乐、野生动植物保护、生物多样性价值评估等扩展到日常生活领域如健康保护效益价值、社会政策等等(Hanemann，1984，1994；Lee and Han，2002)。

CVM 评估环境资源的经济价值原理是通过构建假想市场并在此基础上调查人们对公共物品的偏好(Walsh，1984)。换言之，在公共物品的假想市场中，人们对指定的环境质量改善或损失揭示其最大支付意愿或最小补偿意愿。CVM 方法关键通过诱导技术选择以获得消费者偏好信息。随着 CVM 方法本身不断地发展，其诱导技术也日益增多。诱导技术从早期的开放式(open – ended，OE)发展到现在的支付卡(Payment Card – PC)和两分式(Dichotomous Choice – DC)问卷格式。内行专家建议，OE 技术不应该继续使用(Arrow et al.，1993；Johannesson et al.，1991；Donaldson et al.，1997b)，以 PC 和 DC 为替代技术。文献综述报告中，CVM 研究案例中 PC 与 DC 技术被普遍地应用。已有少数研究通过比较这两种技术而得出结论：DC 获得支付意愿(WTP)结果高于 PC 格式(Boyle et al.，1993；Frew et al.，2003；Mandy et al.，2004)。

本研究以越南巴为国家公园生态旅游非使用价值为研究对象，通过比较 DC 和 PC 诱导技术工具在评估环境物品非使用价值领域中的应用，以提供诱导技术选择的科学依据。同时本研究试图通过诱导技术筛选、调查问卷精心设计和实施等方法提高研究结果的可靠性，为巴为公园生态资源管理措施提供理论依据。

2 研究背景

自然保护区以及国家公园生态旅游资源的经济价值包括使用和非使用两种价值已经得到广泛认同。在很多情况下，他们的非使用价值高于使用价值。生态旅游资源非使用价值包括选择价值 (Option Values)、存在价值(Existance Values)以及遗产价值(bequestValues) 三类。

越南巴为(Ba Vi)国家森林公园被称为“首都的绿色肺泡”，拥有非常丰富的动植物资源，包括植物系 812 种、动物 35 种、鸟类 115 种、两栖动物 27 种、爬行动物 49 种和昆虫 87 种等。巴为植物系中有 15 种属于贵重植物、7 种是巴为特有植物。巴为公园位于越南北部，受热带气候和山丘地形的影响，巴为森林公园具有热带常绿林的独特风光。在越南旅游业中，巴为被认为越南四个高山生态旅游著名地之一，包括 Dalat，Sapa，Tam Dao，Ba vi 等地。巴为拥有海拔超过 1200 m 的三个山顶、繁多全年常流水系，为巴为生态旅游带来优越条件。此外，巴为公园还拥有丰富的传统文化价值，如上庙、胡志明主席纪念馆、法国殖民战争时期的遗址等。公园外围的 35ha 广阔的缓冲地带也是多个著名生态旅游景点，如 AoVua、Khoang Xanh，Suoi Tien，Thac Da 等。

2002 年，巴为被批准为“利用特种用途林以发展生态旅游和环境教育”的试点地区(5561 QD/BNN – KL)。经过 5 年大力开发森林生态旅游，初步为公园带来经济效应，游客的环境意识明显提高。据报告，目前已有六个企业与公园管理单位签订租赁林地合同、一个企业与公园签署联营协议，标志着森林公园不仅具有保护环境、提高生物多样性的功能性价值，而且也是生态旅游业发展的依托。

越南属于发展中国家，由于经济条件的限制，人们对环境资源的认识程度还很有限。但随经济的发展和人们对环境认知的不断提高，要实现森林旅游资源的优化配置和保值就必须对森林旅游资源实行资产化管理，使森林旅游资源作为资产进入市场(陈遐林等，2002)。森林生态旅游资源要作为资产走向市场，就离不开在市场条件下对资源进行公证的评估。

对巴为森林公园生态旅游资源进行资产评估的研究尚缺乏。2004 年，Le Trong Hung 对公园景观资源价值评估进行研究。这项评估根据公园的旅游活动收入和利润并按照收入的 10% 作为公园景观资源的经济价值。这项评估不能反映公园的全部生态资源价值，特别是生态旅游的非使用价值。生态旅游资源非使用具有独特的特征，例如每个公园或自然保护区都有独特的风光、景色、地形、地貌等等。具体而言，每个游客对任一景点都有不同的感受，因此其经济价值只能通过参与者的偏好而获知。Michelle 和 Carson 认为，只有支付意愿才是一切环境物品的经济价值的唯一合理的表现方式。

在 CVM 评估方法中，调查技术起了非常重要的作用，而每个调查技术（或叫诱导技术）都有其优缺点。因此要按照评估对象的特点和实施调查情况来选择诱导技术以获取参与者对评估对象的真实偏好。据上文所述，CVM 的诱导技术包括 OE、PC 与 DC 三种。

DC 技术是 Bishop and Heberlein (1979) 首次引用，后来 Hanemann(1984) 将该技术扩大应用领域并且深入与发展。DC 问卷格式询问消费者在确定的价格条件下的支付意愿。每个消费者面对一个投标值（价格）只有两个选择 "同意"与"不同意"。各投标值从预调查结果中选出。DC 调查获得的信息不是每个消费者的最大 WTP，而是他们的 WTP 高或低于所提出的投标值(Bishop and heberlein，1979；Boyle and Bishop，1984，1985；Bowker and Stoll，1988)。DC 是 NOAA - 美国海洋与大气管理局建议使用的诱导技术(Arrow et al.，1994) 方式。他们认为该技术使消费者面对一个价格做出唯一的选择，如同他们在真实市场的选择行为，因此易于回答。

PC 技术被 Mitchell and Carson (1981) 首次使用并发展。PC 问卷格式给消费者提供一系列环境物品的价格，并要求他们选择符合他们最大 WTP 的价格。使用 PC 技术来调查消费者 WTP 的文献报告中认为该方法易导致 WTP 低估。其原因是消费者容易收到"徘徊"的心理影响而易选较低价格点(Donaldson et al.，1997)。

已经由较多的文献对 DC 和 OE，DC 和 PC 进行比较研究，并基本达成一致的结论是 PC 技术易于产生较大的 WTP 偏差；DC 技术所获得的 WTP 一般高于 PC 和 OE (Holmes and Kramer，1995；Ready et al.，1996；Kramer and Mercer，1997)。DC 技术易于参与者选择同意支付，因此 DC 同意支付比例通常比 OE 和 PC 高。这些结果也是专家推荐 DC 技术优先使用的原因之一。

3 研究方法

3.1 调查设计

本研究的数据来自 2010 年 3 ~ 6 月份在越南巴为国家公园的实际调查。本次调查是由越南林业大学四年级大学生进行的，调查样本来自公园旅游的游客。本次调查分为两组：第一组使用 PC 问卷格式；第二组使用 DC 问卷格式来进行调查。两组分别进行面对面采访 350 个游客。调查问卷由越南林业大学经济管理学院老师和专家精心设计，与根据预调查结果重新调整。本次预调查进行面访 150 位到公园旅游的游客。根据预调查结果已确定了 10 个投标点是：5000、10 000、15 000、20 000、25 000、30 000、40 000、50 000、100 000 VND 和另 ……(以消费者自己填写数字)。DC 和 PC 问卷内容除了询问 WTP 值的问题不同，其余内容相同。

PC 问卷的 WTP 问题：

1. 为了提高巴为森林公园生态旅游资源非使用价值，如果门票价格增加，您是否支持？

□支持（转到第二题）　　□不支持

2. 您支持保护巴为公园生态旅游资源非使用价值的计划，您愿意支付门票价格增加部分是多少？(选举以下您愿意支付最大金额)(2800VND = 1 元 RMB)

□5000　□10 000　□ 15 000　□ 20 000　□ 25 000　□ 30 000

□ 40 000　□ 50 000　□ 100 000　□另……(请填具体数字)

DC 问卷的 WTP 问题：

1. 为了提高巴为公园生态旅游资源非使用价值，如果门票价格增加，您是否支持？

□支持（转到第二题）　　□不支持

2. 您支持保护巴为公园生态旅游资源非使用价值的计划，如果门票价格增加了……元，你是否同意？

□同意　　　　　　　　　　　　　　　　　□不同意

在 DC 格式问卷，各投标值是从预调查结果中选出。

3.2 分析工具

3.2.1 描述统计学(Descriptive Statistics)

描述统计工具用于描述调查样本经济社会特征，如年龄、收入、文化程度、性别、婚姻状况等影响人们环境质量偏好的变量。

3.2.2 计量学工具

t-test：检验两组数据平均值差异。

Logit 模型用于确定被调查者“同意”支付的可能性与所面对的投标值之间的函数关系，以推导 WTP 值。

调查结果的平均支付意愿确定：$E(WTP)$

PC 格式：

$$E(WTP) = \sum_{i=1}^{n} P_i \times WTP_i, \qquad i=(1,\ n)\ ;\ \sum_{i=1}^{n} P_i = 1 \tag{1}$$

式中，$E(WTP)$：平均支付意愿值

P_i：同意接受投标值 i 的概率

WTP_i：第 i 投标值（10 000、15 000、20 000……）

n：投标值数量

DC 格式：

$$E(WTP) = 1/b \times \ln\ (1+e^{a}) \tag{2}$$

$$P(\text{yes to A}) = 1/(1+e^{-(a+b.A)})\ ;\ \ln\left[\frac{P(\text{yes})}{1-P(\text{yes})}\right] = a - b.A + \varepsilon e \tag{3}$$

式中，P_i：同意接受投标值 A 的概率

a，b：Logit 函数式(3)以接受某个投标值的可能性为被解释变量和唯一的投标值作为解释变量回归函数的系数。

4 研究结果

4.1 调查样本社会经济特征

本次调查进行访问 700 位游客在 2010 年 3～6 月份来巴为公园旅游。调查样本分为两组并使用面对面访问方式，调查组分为两组同时进行调查。样本社会经济特征统计结果如下：

第一组：PC 格式

调查问卷发放 350 个，收回数为 350 个。其中，有效问卷为 314 个，无效问卷为 36 个，占比分别为 89.71% 和 10.29%。

第二组：DC 格式

调查问卷发放 350 个，收回数为 350 个。其中，有效问卷为 330 个，占 94.29%；无效问卷为 20 个，占 5.71%。

两组调查中，无效问卷指的是回答漏缺或填写支付意愿高于他们月平均收入的问卷。本次调查选择支付意愿方式是通过增加门票价格，因此支付意愿高于他们月收入的回答被认为是“反对”回答者(Protest answers)，被去除。调查样本社会经济特征统计结果如表 1 所示。

表1 调查样本社会经济特征

指标	定义	PC（N = 314）		DC（N = 330）	
		数量（人）	比例(%)	数量（人）	比例(%)
GEN					
男	游客的性别	150	47，77	204	38，18
女		164	52，23	126	61，82
AGE					
16～19	游客的实际年龄	10	3，18	18	5，45
20～24		83	26，43	71	21，52
25～35		102	32，48	97	29，39
36～40		34	10，83	34	10，3
41～50		52	16，56	71	21，52
51～60		29	9，24	35	10，61
> 60		4	1，27	4	1，21
EDU					
5－9	游客受教育年数	35	11，15	27	8，18
10～12		102	32，48	69	20，91
13～15		90	28，66	141	42，73
> =16		87	27，71	93	28，18
JOB					
0	非国家单位	175	44，27	172	52，12
1	国家单位	139	55，73	158	47，88

从性别角度来看，男女比例在两组调查样本中基本相似，说明调查样本在性别方面有较好的代表性。

从年龄角度来看，本次调查样本注重于成年人的游客。原因在于本研究评估的对象是生态旅游非使用价值，是一种不易辨别的价值。因此成年人被选择调查以能够提供正确的信息和拥有支付能力。调查样本从年龄角度来看，两组中25～35岁的游客占最大比例。在越南，这些人一般都已有稳定的工作和生活，同时他们在认识和责任上是成熟的。DC和PC组样本平均年龄分别为33.3岁和33.9岁，并呈现统计上的无差别。

文化程度是影响人们对环境物品支付意愿的重要因素。本研究假设受教育年数越高，其支付意愿就越高。文化程度调查结果表明，从总体来看，大部分被调查者具有高中文化，文化教育程度低的人占较少比例。高中教育以下的样本数比例在PC组为11.5%，在DC组为4.85%。平均教育年数在PC和DC分别为13.07年和13.38年。

由于越南国家的社会经济特征，工作领域对被访者的环境支付意愿有一定的影响。本次调查假设国家单位的工作者的环境认识和责任高于非国家单位工作者。这个假设源于越南全部环境支出款项都来自国家财政。因此如果享受国家提供的福利，那么这些人应当富有较高的环境责任。本次调查游客的工作领域，对是否在国家单位工作而分组分析。结果表示，所被调查游客的工作领域在PC和DC调查组都没有太大的差距。

总之，这次调查结果体现两组调查样本的社会经济特征具有良好的代表性，为分析他们对环境质量变化的偏好提供良好的基础。

4.2 样本的收入和支付意愿统计结果

4.2.1 收入统计结果

CVM 评估环境物品经济价值的最大目的是获得人们为了能享受一种环境服务而愿意支付一定的金额。因此收入是影响他们支付的最重要因素之一，在发展中国家，更是如此。对越南来说，由于经济处于起步阶段，人民生活水平和收入比较低。大部分有工作的人收入来自平常工资。因此游客的月收入和他们对环境资源的支付意愿有密切关系。本研究假设收入越高，支付意愿就越高。游客收入调查结果见表 2。

表 2　调查样本收入情况　单位：2800VND = 1 元 RMB

收入 (1000 VND)	PC (n = 314)		DC (n = 330)		DIFF (t-stat)
	数量(人)	比例(%)	数量(人)	比例(%)	
< = 1000	45	14.33	28	8.48	
1001 ~ 2000	81	25.80	67	20.30	
2001 ~ 3000	67	21.34	87	26.36	
3001 ~ 4000	61	19.43	81	24.55	
4001 ~ 5000	37	11.78	43	13.03	
> 5000	23	7.32	24	7.27	
平均收入	2793.63		3018.48		- 1.823**

注：DIFF：差异；**：0.05 显著水平

根据上述结果得知两组的月平均收入没有显著差异。这样，从收入角度来看两组调查样本是相同的。这结果也真实地反映越南居民的实际收入。据越南国家统计局 2008 年的公布数据，越南居民年平均收入为 1024 USD = 170.6 万 VND/年。从上表数据可见，收入集中在 200 万 ~ 400 万 VND(700 ~ 1500 元 RMB/月)。通过 T - test 检验结果得知，两组在收入上没有显著性区别。

4.2.2 同意、不同意支付比例的比较

应用 CVM 方法来评估环境物品的经济价值，调查人们对评估对象的支付意愿是表达个人偏好的最核心问题。因此通过调查以获得他们真实偏好信息是 CVM 最终目标。目前 CVM 方法中没有通过统一评估而获得真实信息的标准。据专家意见，为了获得真实信息就必须提高调查质量。本次研究中，为了避免消费者过于承诺支付，选择支付值高于他们的月平均收入都被视为无效。同时，问卷内也设计具体的数值选项，以避免随便回答现象。

CVM 调查得到的信息不仅仅是人们对环境物品的支付意愿，而且也是人们对环境物品的责任程度。在一般情况下，支付愿意大小可用来衡量他们对环境物品的关心和责任程度。

跟上文所提到前人研究结果相同，本研究结果也认为 DC 问卷格式获取参与者的“同意”比例高于 PC 格式。DC 组和 PC 组样本同意支付比例见表 3。

表 3　同意与不同意比例结果

指标	PC		DC	
	数量(人)	比例(%)	数量(人)	比例(%)
同意	255	81.21	287	86.97
不同意	59	18.79	43	13.03
合计	314		330	

上述结果得知，DC 格式获得“同意”回答比例比 PC 格式的高，分别为 86.97 % 和 81.21%。本次调查得到同意支付比例偏高的原因主要是选择增加门票价格为支付方式比较容易接受和容易缴纳，便于参与者接受。DC 的“同意”比例比 PC 高的结果也符合于前人普遍的研究结论。Ryan 认为原因可能是使用

DC 格式问卷来调查参与者时，他们只要面对两个选择，“同意”或“不同意”，就像他们在真实市场选择的行为(Hanemann，1994)，因此他们容易给出回答。这也是 NOAA 建议使用 DC 格式来调查人们支付意愿的原因之一。

4.2.3 支付意愿平均值的比较

CVM 方法中，支付意愿(WTP)指标代表消费者对环境物品的偏好。因此，通过计算总样本的平均 WTP 来计算环境物品的经济价值。CVM 中的每个诱导技术的结果都有不同计算平均 WTP(E(WTP))的方法。本次调查的 WTP 与 E(WTP)计算结果如下：

1)PC 组：

PC 问卷格式中，投标值系列的选择根据预调查的结果。本次调查结果获得最低投标值为 0VND(包括没选任何投标值的人，反对回答者除外)，最高值为 100VND(30 元 RMB)。此外，调查表中也留个空格以便消费者自己填写他们愿意支付的数额。PC 组的 WTP 结果见表 4。

表 4 PC 组的 WTP 结果

WTP(1000 VND)	数量(人)	比例(%)
0	59	18.79
5	16	5.10
10	24	7.64
15	30	9.55
20	21	6.69
25	27	8.60
30	38	12.10
35	11	3.50
40	20	6.37
45	2	0.64
50	36	11.46
55	1	0.32
60	6	1.91
70	5	1.59
80	2	0.64
100	16	5.10
E(WTP)	27.4	

PC 组发放问卷 350 份，有效问卷 314 份。有效问卷中有 59 位参与者支付意愿为零，占比例 18.79%。支付意愿为零包括收入太低或不关心保护公园旅游资源的游客。本次调查结果获知不愿意支付的原因主要是经济条件限制。也有些游客来到公园并非为了生态旅游的目的，因此他们不关心生态资源的保护。

从支付意愿非为零的游客来看，在 14 个投标点中，被选择最多的是 25 000、30 000 和 100 000 VND 三个投标值。总体支付意愿呈现随投标值增加而 WTP 减少的趋势。这结果符合于经济学的供求关系原理。

应用公式(1)来计算表 4 的数据，获得 WTP 平均值为 27 400 VND/人/次。以 E(WTP)乘公园年游客流量数字而得出公园的总非使用价值为 16.44 亿 ~ 17.81 亿 VND/年（巴为国家森林公园游客流量在 6 ~ 6.5 万人次/年）。这个结果显得较为合理。(目前公园门票价格为 20 000VND，被认为是较低的价格)。通过本研究可为公园价格门票调整提供可靠的信息，公园门票增加到 45 000 ~ 50 000VND/人/次的可行性较大。

2)DC 组：

PC 问卷格式被认为易于导致消费者“徘徊”心理。因此 DC 格式的诞生被认为是控制消费者的“随意”回答。在 DC 格式问卷中，消费者只要在指定的投标值选择“同意”或“不同意”(Couch and Kenitson, 1960; Bachman and O'Malley, 1984)。传统 DC 格式假设有一个投标值(为非零的金额)，且消费者群众都接受支付，这条假设对于 DC 技术是非常重要的。其原因在于，人们认为任何物品在市场上的价格都不可能为零。对此，应用 DC 格式时选择初始投标值非常重要，而且对研究结果也产生较大的影响。应用这条假设也易导致 WTP 初始值偏差(starting point bias)。

本次调查从预调查和 PC 组结果选出 7 个投标点：10、15、20、30、50、70、100(1000 VND)。问卷发放总数 350 份，分为 7 组，每组 50 份。350 份问卷发放中，收回问卷 350 份，占 100%。有效问卷 330 份，占 94.28%。330 份有效收回问卷有 287 份同意支付非为零的答案，占 86.97%。DC 格式调查人们是否同意支付某个指定的投标额，因此 DC 调查出的结果只是参与者的同意支付可能(或概率)，以便推导他们 E(WTP)。本次调查结果见表 5：

表 5　DC 组各投标值同意支付的概率

Bid (1000VND)	10	15	20	30	50	70	100
yes	42	45	34	30	18	15	8
no	3	7	6	5	20	26	28
样本数	45	52	40	35	38	41	36
P(yes)	0.8936	0.9574	0.7234	0.6383	0.3830	0.3191	0.1702
P(no)	0.1064	0.0426	0.2766	0.3617	0.6170	0.6809	0.8298
lnL	2.1282	3.1135	0.9614	0.5680	-0.4769	-0.7577	-1.5841

(Yes：回答“同意”人数；No：回答“不同意”人数；P(yes)：同意支付的概率；P(no)：不同意支付的概率；L = P(yes)/P(no))

当消费者同意支付概率被认为是随机 WTP 变量的 Logit 模型时，WTP 平均值就可利用 Hanemann (1984) 的推导公式得以计算：

$E(WTP) = 1/b \times \ln(1 + e^{a})$，其中 a 和 b 是消费者同意支付可能与 WTP 值之间的 Logit 函数参数。根据表 5 数据，算出 Logit 模型如下：

$\ln L = 2467 - 0045. A + \varepsilon$

(4067)　(- 4644)

(挂号内的值是各参数 t 统计值；A：各投标值)

E (WTP) = 1/0045 × ln (1 + e^2467) = 56.3 hay 56 300 (VND)

巴为公园生态旅游非使用价值总数以 E(WTP)乘公园年游客流量数和同意支付概率，即 29.38 亿～31.83 亿 VND/年(56 300 × 0.8697 × 6 万～6.5 万人次)。这结果显然高于 PC 结果(16.44 亿～17.81 亿 VND/年)，两者之间的差距比例在 1.787 左右。这结果完全符合文献综述总结的结果(Bishop et al., 1983; Kramer and Mercer, 1997; Frew et al., 2003)。统计数据表明，世界上一般该比例为 1～6 倍 (Xu zhongmin et al, 2003)。

5　结论与讨论

通过本次调查得出以下几个结论：

(1)应用 CVM 评估方法计算出越南巴为森林公园非使用价值为 31.83 亿 VND/年。

(2)通过本次调查结果获知目前越南巴为公园的门票价格较低。为了增加森林生态旅游资源保护经费来源，可通过增加公园门票，且增加数额在 30 000～50 000 VND/人/次。

(3)通过本研可得出结论，CVM 完全可以应用于环境物品非使用价值评估领域。

(4)本研究结果提供更多的数据证明 DC 技术获得的 WTP 值和“同意”比例高于 PC 技术。这结果也再次证明在了解人们对环境物品是否同意参与角度来看，DC 技术比 PC 技术更为有效，但要确定真实 WTP 的大小需要更有效的调查技术和数据处理方法。

参考文献

[1]Arrow K J, Solow R, Leamer E, et al. Report of the NOAA Panel on Contingent Valuation. Federal Register, 1994.

[2]Bachman JG, O' Malley PM, Yea – Saying, et al. Black – White differences in response style. Public Opinion Quaterly, 1984.

[3]Bishop RC, Heberlein TA. Measuring Values of extra – market goods: are indirect biases? American Journal of Agricultural Economics, 1979.

[4]Boyle K, Johnson F, McCollum D, et al. Valuing Public Goods: Discrete Versus Continuous Contingent Valuation Response. Working paper, Deparment of Resource Economics, University of Maine, 1993

[5]Couch A, Kenitson K. Yea – Sayers and Naysayers: Agreeing response set as a personality variable. Journal of Abnomal and Social Psychology, 1960.

[6]Donaldson C, Shackley P. Does Process Utility Exist? A case study of Willingness To Pay for Laparoscopic Cholecystectomy. Social Science and Medicine, 1997.

[7]Donaldson C, Thomas R, Torgerson D. Validity of Open – ended and Payment scale approaches to elicitting Willingness to pay. Applied Economics, 1997b.

[8]Frew J., Whytnes D, Wolstenholme L. Eliciting Willingness to Pay: Comparing Close – ended with Opend – ended and Payment Scale Formats. Medical Decision Making, 2003.

[9]Frew J., Whytnes D, Wolstenholme L. Eliciting Willingness to Pay: Comparing Close – ended with Opend – ended and Payment Scale Formats. Medical Decision Making, 2003.

[10]Hanemann M. W. Valuing the Environment throught Contingent Valuation. Journal of Economic Perspectives, 1994

[11]Hanemann M W. Welfare evaluation in Contingent Evaluation Experiments with Discrete Response. American Journal of Agricultural Economics, 1984.

[12]Holmes TP, Kramer RA. An Independent Sample of Yea – saying and Starting Point Bias in Dichotomous – choice Contingent Valuation. Journal of Environmental Economics and Management, 1995

[13]Johannesson M, Jonsson B, Borgquist L. Willingness To Pay for Antihyperintensive therapy – Result of a Swedish pilot study. Journal of Health Economics, 1991. a

[14]Kramer RA, Mercer DE. Valuing a Global Environmental Goods: US residents' Willingness To Pay toProtect Tropical Rain Forest. Land Economics, 1997.

[15]Mandy R., David A Scott[b]., Cam D[c]. Valuing health care using Willingness to Pay: A Comparision of the Payment card and dichotomous choice methods. Journal of Health Economics, 2004

[16]Michell R., Carson R. Using survey to Value Public Goods: The contingent Valuation Methods. Washington DC: Resources for the furure, 1989.

[17]Mitchell R C, Carson R T. An Experiment in Determining Willingness To Pay for National Water Quality Inprovement. Draft Report to the US environmental Protection Agency, Washington, DC, 1981.

[18]Ready RC, Buzby JC, Hu D. Differences between continuous and discrete Contingent Value Estimates. Land Economics, 1996.

[19]Walsh R G, Loomis JB, Gillman RA. Valuing Option, Existence and Beques Demand for Wilderness. Land Economics, 1984.

[20]陈遐林，崔武社．森林旅游资源资产评估中的若干理论问题．林业资源管理，2002 (3).

[21]徐中民，张志强，龙爱华，等．额济纳旗生态系统服务恢复价值评估方法的比较与应用．生态学报，2003，23 (9).

野生动物资源最优管理的动态经济模型及实证研究

陈文汇　刘俊昌

（北京林业大学经济管理学院）

摘　要：论文以野生动物资源为对象，以 Logistic 模型为基础，从系统整体角度考虑野生动物资源的优化管理问题。在自然条件方面，以开放生物种群资源生长的 Logistic 增长模型作为约束条件；在社会发展方面，考虑产业资本投入的影响；在经济政策方面，以税收或补贴为约束条件，运用成本收益分析建立野生动物资源持续利用的动态经济均衡模型，并利用常微分方程、最大值原理等数学方法求解得到最优资源存量水平和最优收获量，分析了如何实现最优管理。然后以麝为例，利用相关数据，对模型中的各约束条件进行拟合，求得麝资源最优收获量的动态形式，并进一步分析了麝最优资源存量和最优收获量受社会贴现率的影响程度。

关键词：野生动物资源；最优管理；动态经济模型；麝

1　引言

野生动物资源具有广泛的用途，在维持生态平衡、促进社会经济发展、保护人类健康、提高人们的物质文化生活水平等方面起着十分重要的作用（刘江，2002）。长期过度地资源获取和其他经济活动对生态环境的破坏导致了大量野生动植物种群数量的急剧下降以及很多物种的灭绝。因此，加强野生动物资源的管理，协调野生动物的保护与利用，保证野生动物资源可以长期永续地为人类社会发挥多种多样的巨大效益，不仅是当前野生动物保护管理的重要问题，也是涉及到多个基础产业部门生存发展的重要问题。自《中华人民共和国野生动物保护法》颁布实施的 20 多年，野生动物资源管理的重心主要是社会各界关注的极度濒危物种保护问题，比如大熊猫、虎、扬子鳄等少数濒临灭绝的物种。对于野生动物资源整体的管理思想、理念和方法都没有进入管理者的视野。2003 年全国第一次野生动物资源清查结果显示，在调查的 252 种陆生野生动物中，有 126 种野生动物的种群数量呈下降趋势，占调查总种数的 50%。90% 以上的两栖爬行类调查物种，近 40% 的鸟类调查物种以及近 50% 的兽类调查物种呈现下降趋势。为此，自 2004 年开始，国家提出大力推进以利用野生动植物野外资源为主向以利用人工培育资源为主的战略转变，在保护中开发，在开发中保护，实现野生动植物可持续发展。限额管理、标识化管理、资源优化配置等管理措施纷纷出台，全面系统强化资源管理成为国家野生动物资源保护管理的重要内容之一。

野生动物资源的合理开发利用和优化控制管理是确保野生动物发展与社会经济协调发展的关键。在

基金项目：中央高校基本科研业务费专项资金项目（编号：rw2010－4），国家自然科学基金项目“基于最优管理的野生动物资源价值动态计量方法及应用研究”（项目号：71003006）

作者简介：陈文汇（1977－），副教授，博士，北京林业大学经济管理学院教师，主要研究方向：资源管理与统计，林业经济。电话：010－62337674；Email：chenwenhui77@163.com；wenhui@bjfu.edu.cn。地址：北京市海淀区清华东路 35 号北京林业大学 39 号信箱，邮编：100083。

刘俊昌（1057－），教授，博导，北京林业大学国际合作处处长，主要研究方向：林业经济，林业统计。电话：010－62338110；Email：liujunchang@vip.sina.com。地址：北京市海淀区清华东路 35 号北京林业大学 39 号信箱，邮编：100083。

最优控制模型的研究方面，主要理论基础是最大持续产量的理论，它是指使可更新资源提供最多的产量，但又不影响和危害其种群的增长，从而实现长期持续利用的目的(Ricke，1954；Gross，1969；Wagner，1969；Holt 等，1978)。这方面的研究主要集中在可再生资源以及具体的渔业资源、森林资源方面较多(C. W. Clark，1980；Anita S.，2000；叶山西、赵春、王绵森等，2006)。

自20世纪80年代以来，为了更好促进野生动物资源管理，国际上除了通过公约和法律手段强行控制野生动物资源收获量以保证资源的持续性外，就是开始研究运用以种群增长模型为基础的最大持续产量模型。方法是通过种群数量，环境容纳量和内禀增长率来估计最大持续产量(MSY)(Caughley，1977)。但是这一模型存在很难精确地估计年龄结构，另外，从相互作用模型、产量和捕杀努力(effort)间的关系以及逻辑斯谛曲线等多种方法估计 MSY 存在较多困难(Eltringham，1984)。到20世纪90年来以后，许多学者提出现代最大持续产量模型。这一类模型由于具体出发点不同，又表现出不同具体形态，主要有：①生长量模型(Robinson& Redford，1991)。②收获量模型，对于出生率已知和种群有关参数已知的物种，Bodmer (1994)、Robinson & Bodmer(1999)用直接收获模型评估狩猎的持续性。③狩猎动物庇护所模型。上述生长量模型和收获量模型中因没有考虑扩散效应而可能会导致错误的预测(Novaro et al.，2000)。Novaro et al. (2000)对 Joshi & Gadgil (1991)提出的用来估计某一物种狩猎区需要建立保护区的最小比例的确定性模型，考虑了环境随机性和统计随机性的影响，建立了狩猎动物避难所模型。④空间控制法，McCullough(1996)提出用空间控制的方法求最大持续产量。

国外对于野生动物最优控制管理的研究是在不断的实证运用和改进中前进，提出了许多应用性很强的具体模型，并针对具体动物类别进行验证，比如运用生长量模型估计热带森林哺乳动物的最大可能收获量(Fa et al.，1995；Fitzgibbon et al.，1995；Alvard et al.，1997；Noss，1998)，Bodmer(1994)用收获量模型估计南美洲秘鲁貘种群的捕杀情况。Novaro et al. (2000) 运用狩猎动物庇护所模型估计了秘鲁亚马逊地区防止16种主要狩猎哺乳类种群下降所需保护区的最小比例。

而我国专门针对野生动物资源的最优控制模型的研究还十分薄弱(李义明等，1995；Guo et al.，1997；章克家等，2000)，而且主要零星体现在一些野生动物资源管理研究中，对于野生动物资源数量、年生长量、年收获量以及收获强度等基础数据的缺失，造成对于野生动物生存的影响以及持续利用的模式仍不清楚，大多从定性角度估计其影响程度(李义明等，1997；Guo et al.，1997；Mills，1997)。此外，就是学习国外的方法和利用其他领域的模型方法开展一些理论模型的探讨(李建民等，1999)。

上述一些研究虽然已经开始考虑从系统整体角度考虑野生动物资源的优化管理问题，但是由于野生动物资源的变化受到自然条件、社会发展和经济政策等多种约束条件影响，特别是随着社会发展，对野生动物功能需求的多样化，野生动物资源开发的约束更强。如何实现多重功能需求约束下野生动物资源的持续利用成为当前野生动物资源管理的重要问题。

2 研究方法与对象

本研究将野生动物资源作为一个整体，从经济学角度考虑自然条件、社会发展、经济政策三方面的约束条件，系统分析野生动物资源的动态均衡，为制定科学合理的野生动物资源优化管理政策提供依据。

本研究以开放式资源的动态均衡模型为基础，在自然条件方面，以开放生物种群资源生长的 Logistic 增长模型作为约束条件；在社会发展方面，考虑产业资本投入的影响；在经济政策方面，以税收或补贴为约束条件，运用成本收益分析建立野生动物资源持续利用的动态经济均衡模型。运用这一模型寻求满足自然、社会发展等约束条件下经济最优的均衡点，并进一步分析约束条件对最优均衡的影响。

3 野生动物资源最优管理动态经济模型的理论分析

3.1 模型的基本假设

根据模型的要求和野生动物资源自身的特性，在本研究中做如下假设：

(1)依照开放式可再生资源持续利用的动态均衡模型的要求，整个资源利用市场应该是完全竞争的；

(2)资源的初始状态为处于增长状态;

(3)野生动物资源产品一般是多种多样的，因此其产品价格为其产生的各类产品与活体价格综合测算的每一个个体的平均价格;

(4)对野生动物资源的影响约束考虑为对野生动物种群数量的影响。

3.2 模型的约束条件

3.2.1 约束条件1：具有收获量条件下的野生动物资源增长模型

野生动物资源的增长在自然环境下符合生物种群资源生长的 Logistic 增长模型:

$$\frac{dx(t)}{dt} = F(x) = rx(1 - \frac{x}{K}) \tag{1}$$

式中，$x(t)$为野生动物种群在时间t的数量；$F(x)$表示野生动物资源增长率的已知函数；K为环境负载容量；r为野生动物种群的纯增长率。

根据最大持续产量理论，结合上述模型，单纯从生物种群增长规律来看，如果收获量等于上述模型中解得的剩余产量，则可以获取持续地最大产量。而实际上，在开放式种群资源收获中，野生动物的收获量$h(t)$受到两个因素的影响，同时刻野生动物种群数量$x(t)$和收获努力量(即生产因素)$E(t)$的影响。一般情况下，生产函数可以假设为:

$$h(x,E) = aE^{\alpha}x^{\beta} \tag{2}$$

式(2)中，$h(t)$表示t时刻野生动物种群的收获量；a，α，β是正的常数；$E(t)$表示t时刻收获努力量；$x(t)$表示野生动物种群t时刻的存量。

因此，可以确定存在收获量的野生动物种群增长模型为:

$$\frac{dx(t)}{dt} = F(x) - h(x,E) \tag{3}$$

根据式(1)，(2)和(3)可得在具有收获量约束条件下的野生动物种群增长模型为:

$$\frac{dx(t)}{dt} = rx(t)(1 - \frac{x(t)}{K}) - aE(t)^{\alpha}x(t)^{\beta} \tag{4}$$

式中各变量的含义如上。式(4)就是进行野生动物种群最优管理最重要的约束条件，它建立野生动物种群的生物平衡关系。

3.2.2 约束条件2：产业资本投入的影响

从资源经济学的角度来看，资源开发利用通常需要传统意义上的资本投入。野生动物利用产业需要投入相当数量的捕获工具，运输设备，加工利用设备以及厂房等基本产业要素。而这些投入在很大程度上具有不可逆性，并不能按照一般经济分析中所阐述的那样，无成本的自由出入野生动物利用产业。因此，野生动物利用产业构建的初始资本投入以及后续维持收获量的设备更新都需要从产业内部的收益中扣除。

资本投入量以及形成的任意时刻野生动物利用产业资本存量直接影响到捕获努力量$E(t)$。而t时刻最大捕获努力量E_{max}是由该时刻野生动物利用产业的资本总存量决定的。

$$E(t) \leqslant E_{max} = \alpha A(t) \tag{5}$$

式中，$A(t)$表示t时刻野生动物利用产业的总资本。

因此野生动物利用产业资本量的影响具体表现为：①资本存量的不可逆性。②新增资本通过收获获取的纯收入再投资增加。具体用数学表达式表示如下:

$$\frac{dA(t)}{dt} = I(t) \geqslant 0 \tag{6}$$

式中，$A(t)$表示t时刻野生动物利用产业的总资本；$I(t)$表示t时刻的投资率，$I(t)$大于等于零是公认的不可逆性假定的极端形式。

同时由于新增投资来源于野生动物利用产业的纯收入，因此$I(t)$还必须满足:

$$I(t) \leqslant [px(t) - c]E(t) \tag{7}$$

式中，p 表示 t 时刻野生动物产品的销售价格；c 表示收获成本。

根据式(6)和(7)可以确定产业资本投入对整个野生动物种群最优管理的动态经济模型的约束条件为：

$$0 \leqslant I(t) \leqslant [px(t) - c]E(t) \tag{8}$$

3.2.3 约束条件3：税收

在整个野生动物利用产业中，征税是控制野生动物种群利用数量的最灵活最好的方式之一。通过征税，国家管理机构参与整个野生动物资源利用产业的利润分配。因此在整个产业运行中，征收的税费额最大就等于总收益。本研究认为，此处的税收函数可认为是野生动物种群收获量及野生动物产品价格的函数，可表示为平均税率 l 与收获量及野生动物产品价格的乘积，因而平均每单位收获量的税费 $\tau(t)$ 即为平均税率 L 与野生动物产品价格的乘积：

$$\tau(t) = lp(t) \tag{9}$$

式中，平均的税率 l 可通过实际征收税费总额与征税野生动物产品产量求的，也可以按照国家规定的征收率确定。

对于 $\tau(t)$ 的约束：对每单位野生动物种群收获量所征收的税金不能超过其价格与成本的差(否则，不可能达到动态经济平衡，因为经营者无利可图)，即

$$p(t) - c(x(t), h(t)) \geqslant \tau(h(t), p(t)) \tag{10}$$

3.2.4 约束条件4：补贴

对野生动物资源利用者而言，经营野生动物还存在很强外部经济性，即野生动物资源具有生态效益，促进生物多样性和社会经济的协调发展。因此，现实中，为了促进野生动物种群发展，保证依赖于野生动物资源的基础性产业和特殊产业发展(比如，民族工艺品，非物质文化遗产的传承等)，政府管理部门还会给野生动物利用者以补贴，或者投入资金进行野生动物种群的发展。本论文中主要针对由于野生动物种群的生态功能发挥，影响野生动物种群捕获量的降低而给予的经济补偿。因此本论文对野生动物利用者的补贴设定为：

$$b(t) = b(h(t)) = bh(t) \tag{11}$$

对于 $b(t)$ 的约束：对每单位野生动物收获量所做的补贴，不能超过其成本，即

$$c(x(t), h(t)) \geqslant b(h(t)) \tag{12}$$

3.3 模型的建立及求解

对于野生动物管理者而言，进行野生动物种群培育及捕获的目的就是获取经济利益的最大化，因此野生动物种群的最优管理就是在满足生态、社会和经济等多方面约束的条件下实现一个长期收益的最大化。根据上述约束条件，按照经济学成本收益分析的要求，建立具体模型如下：

$$\max PV = \int_0^T \{[p(t) - \tau(t) + b(t)]h(t) - C(t)\}e^{-\delta t}\mathrm{d}t + g(x(t))e^{-\delta t} \tag{13}$$

式中，PV——利用野生动物资源的净收益的现值；$x(t)$——t 时刻野生动物种群的存量水平(称其为状态变量)；$h(t)$——t 时刻野生动物种群的收获量(是资源经营管理者可以控制的，称为控制变量)；$p(t)$——t 时刻野生动物单位收获量的价格；$\tau(t)$——t 时刻野生动物单位收获量所缴纳的税收；$b(t)$——t 时刻野生动物单位收获量所获得的补贴；$C(t)$——t 时刻野生动物的总收获成本；δ——大于零，表示连续的年贴现率且为常数；$g(x(t))$——残值函数，理论上是存在的，但在实证分析中可以认为残值函数对整个模型的影响为1，从而不去考虑；T——整个野生动物种群培育利用的期限。

在上述最优管理控制模型中，野生动物单位收获量的价格 p 主要受到市场需求量的影响，在均衡的供需市场上，市场供应量等于市场需求量，因此在一个长期的过程中，野生动物产品价格与野生动物产品收获量之间可以假设满足固定不变的弹性需求函数，即：

$$p(h(t)) = mh(t)^{-\gamma} \tag{14}$$

另外，成本将随着野生动物种群数量和收获量的变化而变化，因此，在给定生产函数式(2)的条件下，成本函数为：

$$C(x(t),h(t)) = kx(t)^{-\lambda}h(t)^{1/\beta} \tag{15}$$

式中，k 和λ为正常数；β<1(满足边际成本上升)。

约束条件为式(4)、(8)、(10)和(12)。此外，考虑前面的假设条件，则有

$$x(0)=x_0>0(\text{已知}) \tag{16}$$

$$h(t)>=0 \tag{17}$$

由上述目标函数(13)和约束条件(4)、(8)、(10)、(12)、(16)、(17)共同组成野生动物资源最优管理的动态经济模型。即

目标函数：

$$\max PV = \int_0^T \{[p(t)-\tau(t)+b(t)]h(t)-C(t)\}e^{-\delta t}dt + g(x(t))e^{-\delta t}$$

约束条件：

$$\frac{dx(t)}{dt} = rx(t)(1-\frac{x(t)}{K}) - aE(^t)\alpha x(^t)\beta$$

$$h(x(t),E(t)) = aE(^t)\alpha x(^t)\beta$$

$$p(h(t)) = mh(^t)-\gamma$$

$$C(x(t),h(t)) = kx(^t)-\lambda h(^t)\,1/\beta$$

$$\tau(t) = lp(t)$$

$$b(h(t) = bh(t)$$

$$0 \leqslant I(t) \leqslant [px(t)-c]E(t)$$

$$P(t)-C(x(t),h(t)) \geqslant \tau(h(t),P(t))$$

$$C(x(t),h(t)) \geqslant B(h(t))$$

$$x(0) = x_0 > 0$$

$$h(t) >= 0 \tag{18}$$

利用上述目标函数和约束条件，构建哈密顿函数：

$$H = e^{-\delta t}\{U(h(t)) - C(x(t),h(t))\} + n(t)[F(x(t)) - h(t)] \tag{19}$$

其中，$U(h(t)) = [p(t)-\tau(t)+b(t)]h(t)$，则根据最大值原理，可得：

$$\frac{\partial H}{\partial h} = e^{-\delta t}[(U'_h(h(t)) - C'_h(x(t),h(t))] - n(t) = 0 \tag{20}$$

可得：

$$n(t) = e^{-\delta t}[U'_h(h(t)) - C'_h(x(t),h(t))] \tag{21}$$

则有

$$\frac{dn(t)}{dt} = e^{-\delta t}\left\{(-\delta)[U'_h(h(t)) - C'_h(x(t),h(t))] + [U''_h(h(t)) - C''_h(x(t),h(t))]\frac{dh}{dt}\right\} \tag{22}$$

根据最大值原理，同时伴随方程为：

$$\frac{dn(t)}{dt} = -\frac{\partial H}{\partial x} = e^{-\delta t}C'_x(x(t),h(t)) - n(t)F'_x(x(t)) \tag{23}$$

式(22)和式(23)相等，同时代入式(21)，则有：

$$\frac{dh(t)}{dt} = \frac{[\delta - F'_x(x(t))][U'_h(h) - C'_h(x(t),h(t))] + C'_x(x(t),h(t))}{U''_h(h) - C''_h(x(t),h(t))} \tag{24}$$

其中，

$$F'_x(x(t)) = r - \frac{2r}{K}x(t);U'_h(h(t)) = m(1-\gamma)(l-1)h(^t) - \gamma + 2bh(t);$$

$$C'_h(x(t),h(t)) = \frac{k}{\beta}x(^t) - \lambda h(^t)\frac{1}{\beta} - 1;$$

$$C'_x(x(t),h(t)) = -\lambda kx^{-\lambda-1}h(^t)\frac{1}{\beta}$$

$U''_h(x(t),h(t)) = 2b - \gamma m(1-\gamma)(1-l)h(') - \gamma - 1;$

$C''_h(x(t),h(t)) = \frac{(1-\beta)k}{\beta^2}x(') - \lambda h(')\frac{1-2\beta}{\beta}$

针对上述方程(4)和(24)，要取得最优解，则均为零。由此可以得到野生动物最优收获量(最优控制变量)$h(t)$和相应的最优资源存量(响应变量)$x(t)$。即：

$$h(t)^* = rx(t)^*(1-\frac{x(t)^*}{K}) \tag{25}$$

$$F'_x(x(t)^*) - \frac{C'_x(x(t)^*,h(t))}{U'_h(h) - C'_h(x(t)^*,h(t))} = \delta \tag{26}$$

在式(26)中，在一个相当长的时期内，如果存量达到最优，则$\frac{C'_x(x(t),h(t))}{U'_h(h) - C'_h(x(t),h(t))}$趋近于零，那么最优资源存量为：

$$x(t)^* = \frac{K(r-\delta)}{2r} \tag{27}$$

3.4 模型的结果分析

从上述模型的约束条件以及求解结果来看，模型的理论分析得到如下结果：

一是从整个动态系统的解来看，最优资源存量和最优收获量在一个足够长的时期中，存在唯一均衡点。

二是从最优资源存量和最优收获量的结果看，在一个长期过程中，最优资源存量和最优收获量取决于环境承载力，野生动物种群的纯增长率以及获取收益的贴现率。

三是产业资本投资率、税收、补贴等约束条件只影响野生动物种群趋向最优状态的路径，并不影响最终结果。

四是野生动物资源利用产业是否存在规模效益，边际成本的变化是影响能否存在最优收获量的必要条件。在对伴随方程和状态方程联合求解过程中，给定了两个假定前提，一是总收益递增，即$U(h)'>0$；二是最优收获量导致种群增长速度减缓，即$F(h)''<0$。这是整个动态均衡模型有解的必要条件。

4 麝类资源利用的实证研究

根据上述模型探讨的理论结果，本研究以麝类资源为例进行实证研究。选择这一物种进行实证分析主要基于以下原因：

(1)我国麝类资源曾经十分丰富，其种群量一度达到世界总量的70%以上。经过几十年的开发利用，从建国初期250万头，下降到20世纪末的不足10万头(吴家炎，等，2006)。麝类资源其种群数量变化，栖息地面积变化，社会需求量的激增等都出现在这一物种的保护管理中。

(2)麝类资源功能用途十分广泛，具有极高的药用价值和生态及科研价值。因此其社会需求量很大，特别是在中医药领域中具有很强的刚性需求。正是庞大的社会需求决定了麝类资源的开发利用不像其他野生动物可以进行开发也可以不开发找到替代品使用。

(3)麝类资源是唯一一种其保护管理经历了粗放自由开发利用到国家管制利用，再到国家强制适用范围的野生动物。在《野生动物保护法》之前，麝类资源完全自由猎捕，在保护法颁布实施期间，鉴于麝类资源的巨大功能用途，为了控制其利用规模，将麝类列入国家二级保护野生动物，经过二十多年的管理利用阶段到20世纪末依然未能控制其野外种群数量大幅度下降，而且已经下降到危机种群繁育发展的可能性。因此，2003年国务院将麝类从国家二级保护动物调整为国家一级保护动物，禁止从野外捕捉利用，同时强制规定只有少数几种药品允许使用天然麝香。同时麝类资源也是建国以来，第一个由国家出资进行人工繁育的物种，从1958年到现在，经过了50多年的人工繁育，依然有大量技术问题没有解决，人工种群仍处于无法商用阶段。

(4)麝类动物的社会关注度高，使得该物种的数据资料相对较全面，使得本研究能够进行相应实证研究。

正是基于麝类动物利用管理的特殊性，本研究选择麝类动物作为实证研究的案例，希望能够为麝类资源的优化管理提供借鉴意义和理论指导。

4.1 模型基本数据

根据上述模型，基本数据主要来源于国家林业局《全国林业系统自然保护区统计分析》，林业统计年鉴，论文和政府规章中正式发布的数据。

表 1　1950 年以来麝的数量调查一览表

年代	估计数量	麝香年产量	根据麝香推出的猎捕量	实际数量
1950	300	1550	29	329
1960	250	2150	40	290
1970	190	1500	28	218
1980	60	500	10	70
1990	25	—		

数据来源：吴家炎等编著，中国麝类，中国林业出版社，2006 年

表中 1970 年代数据是根据麝香量估算的，其他凡是区间数据的，取中间值。

麝产品的主要形式是麝香，因此，麝产品的供需价格数据见表 2。

表 2　2002～2009 年麝香价格一览表

麝香的价格	2002	2003	2004	2005	2006	2007	2008	2009
万元/kg	8.6	10	10	11	12	13	20	40

数据来源：本表数据是根据网络上麝香的各类供求信息，以及文献等信息中的数据求均值所得。

模型中收取的税费率取自国家关于野生动物产品入药收取的野生动物资源管理费的标准，国家一级保护动物收取销售价格的 4%，因此模型中 $l=4\%$。

目前国家对于麝类资源利用没有补偿，因此补贴率 $b=0$。

关于生产函数，鉴于麝类资源利用大多是自发的，且目前存在强制管理，因此，其生产函数的系数按照一般生物资源利用的生产函数系数，即生产函数系数 $a=1$，生产要素收获量弹性 $\alpha=0.4$，种群数量收获量弹性 $\beta=0.6$。

模型中按照通常的社会折现率进行计算，即 $\sigma=5\%$。

4.2 模型的求解

根据 $x(t)$ 的微分方程求解可得：

$$x(t) = \frac{K}{1+(K/x_0-1)e^{-rt}} \tag{28}$$

模型参数 K 和 r 的计算公式如下：

$$\begin{cases} K = \dfrac{2x_0x_1x_2 - x_1^2(x_0+x_2)}{x_0x_2 - x_1^2} \\ r = \dfrac{1}{t}\ln\left[\dfrac{x_2(K-x_1)}{x_1(K-x_2)}\right] \end{cases} \tag{29}$$

式中，x_0，x_1，x_2 为等时间间隔所观测的麝的数量值；t 为观测的时期间隔。

鉴于 1989 年开始实施野生动物保护法，在此之前，麝的猎捕是相对自由的，因此本研究选择 1960 年代，1970 年代和 1980 年代的数据作为观测的时期，即 $x_0=290$ 万只，$x_1=218$ 万只，$x_2=70$ 万只。时期间隔 t 为 10 年。

$$K = 303.33,\ r = 0.8763$$

则
$$x(t) = \frac{303.33}{1 + 0.04596e^{-0.8763t}} \tag{30}$$

根据麝香价格和目前库存量数据，根据需求函数式(14)的具体形式，先对需求函数求对数，线性化，然后求得模型系数。具体拟合方程为：

$$\begin{aligned} \ln p &= 11.7135 - 1.2791\ln h \\ t \quad &(6.58) \quad (-5.11) \qquad \bar{R}^2 = 0.7826 \quad F = 26.20 \end{aligned} \tag{31}$$

模型通过检验，则有 $m = 122211.7$，$\gamma = 1.2791$。需求函数为：

$$p(h(t)) = 122211.7h(t)^{-1.2791} \tag{32}$$

关于成本函数，鉴于目前国家对麝的捕获采取了严格禁止的行政管理措施，因此很难取得实际捕获成本数据，因此，在本案例研究中，根据理论上对模型系数的要求以及其他文献的相关类似研究结果，本研究中模型系数 $k = 1$，$\lambda = 1$。则成本函数的具体形式为：

$$C(x(t), h(t)) = x(t)^{-1}h(t)^{1.67} \tag{33}$$

由此可得，最优收获量 $h(t)$ 和最优资源存量 $x(t)$ 的解为：

$$h(t)^* = 0.8763x(t)^*(1 - \frac{x(t)^*}{303.33}) \tag{34}$$

$$(0.8763 - 0.0058x(t)^* + 1.01 \times 10^{-12} \times (x(t)^*)^{0.9458} \times [303.33 - x(t)^*]^{2.9458} = 0.05 \tag{35}$$

式(35)的实际结果正好印证了理论上最优资源存量只取决于环境承载力，野生动物种群的纯增长率以及获取收益的贴现率的论断。因此在麝种群数量趋于最优状态时，其最优资源存量 $x(t)^*$ 满足式(27)，利用 K，r 和公式(27)可得：

$$x(t)^* = 143.01 \text{ (万只)}$$

那么

$$h(t)^* = 0.8763x(t)^*(1 - \frac{x(t)^*}{303.33}) = 0.8763 \times 143.01 \times (1 - \frac{143.01}{303.33}) = 66.24 \text{ (万只)}$$

4.3 模型结果

根据上述模型运算，可得在满足自然条件、社会发展以及经济政策等三方面约束条件的麝资源最优管理的动态均衡模型结果。具体为：

(1)按照我国麝类资源的分布区域，在前述有关变量设定的基础上，我国麝的最优种群水平为143.01 万只，最优收获量为66.24 万只。

(2)麝的最优种群量和收获量取决于自然环境承载力，种群增长率以及贴现率，特别是种群增长率与贴现率的比，直接决定了最优种群水平。

一般生物资源利用中，将贴现率与种群增长率的比值称为生物经济增长率。当这一增长率小于1时，由于种群水平增长超过社会平均盈利能力，因此野生动物利用产业持续存在；当生物经济增长率大于1时，也就意味着社会平均盈利能力超过野生动物利用产业，资本将转移到其他行业。一般情况下，自然环境承载能力和种群纯增长率都受制于自然条件，只要栖息地面积不发生大的变化，栖息地范围内的森林生态环境没有大的变化，则最优资源存量主要取决于贴现率。表3就是不同贴现率下，麝的最优资源存量和最优收获量。

表3 不同贴现率下麝的最优种群水平和最优收获量一览表

贴现率	最优资源存量(万只)	最优收获量(万只)
0.05	143.01	66.24
0.08	137.82	65.90
0.10	134.36	65.59
0.12	130.90	65.21
0.15	125.70	64.50

（续）

贴现率	最优资源存量(万只)	最优收获量(万只)
0.20	117.05	62.99
0.50	65.13	44.82

5 研究结论与分析

由以上模型运算可得以下结论：

(1)野生动物资源最优管理可以在自然条件、社会发展和经济政策等多重约束下实现均衡。

(2)野生动物种群最优状态以及管理的最优收获量取决于环境承载力，野生动物种群的纯增长率以及获取收益的贴现率。而其他社会经济约束条件只影响野生动物种群趋向最优状态的路径，并不影响最终结果。

(3)以麝为例，进行的案例研究表明，按照我国麝类资源的分布区域，在前述有关变量设定的基础上，其最优资源存量为143.01万只，最优收获量为66.24万只。同时，其最优资源存量和最优收获量主要取决于社会贴现率，并随着贴现率的提高而逐渐降低。

另外，按照最新麝类资源调查，全国麝种群数量不足10万只，因此在当前条件下，所能采取的措施就是采取行政措施，加快麝类资源栖息地保护，尽快恢复种群。本研究中利用增长率是纯增长率，考虑到麝香是极为重要的中药材，因此可以适当捕获失去生殖能力的公麝获取部分麝香，同时加大人工繁育技术的攻关力度，提高人工繁育种群水平。

参考文献

[1]C. W. 克拉克. 数学生物经济学——更新资源的最优管理[M]. 周勤学，丘兆福，译. 北京：农业出版社，1984：277－278，10，43.

[2]陈文汇，刘俊昌. 约束条件下森林资源可持续采伐的动态经济模型[J]. 北京林业大学学报，2006，28(2)：96－101.

[3]郭见军. 生物种群资源开发管理的最优控制问题研究[D]. 四川大学，硕士论文，2002.

[4]李建民，胡艳霞，野生动物持续猎捕模型[J]，平顶山师专学报，1999，14(4)：33－34.

[5]李义明，李典谟. 舟山群岛四种兽人为捕杀活动的初步研究. 生物多样性，1995，3(2)：79－83

[6]李义明. 野生动物狩猎、贸易和狩猎持续性研究进展[J]，生物多样性，2001，9(4)：414－421.

[7]刘江. 中国可持续发展战略研究[M]，中国农业出版社，北京，2002：51－52.

[8]陶前功. 可再生资源合理利用的数学模型[J]. 工程地球物理学报，2004，1(3)：287－291.

[9]吴家炎，王伟 等编著，中国麝类[M]，北京：中国林业出版社，2006：310－344

[10]BKilkki P, Vaisanan U. Determination of optimal policy for forest stands by means of dynamic programming [J]. Acta Forestalia Fennica , 1969, 102(1): 100－112.

[11]Bodmer R E. Managing wildlife with local communities in the Peruvian Amazon: the case of the Reserva Comunal Tamshiyacutahuayo. In: Western D, Wright M and Strum S (eds.), Natural Connections: Perspectives in Community－based Conservation. Washington D C: Island Press, 1994, 113－133.

[12]CHEN Wenhui, LIU Junchang. The value evaluation methods design on based of the optimization management model of wildlife resources, Statistic Application in Scientific and Social Reformation [M], AUSSINO Academic Publishing House, Sydney Australia, 2010.

[13]Eltringham S K. Wildlife Resources and Economic Development. Chichester: John Wiley & Sons, 1984.

[14]John B. Loomis, Dennis. Donnelly, Cindy F. Sorg, et al. Net economic value of hunting unique species in Idaho Bighorn sheep, mountain goat, moose, and antelope. USDA Forest Service Resource Bulletin, 1985. RM－10.

[15]Johnson and Johnson. Far from a cure: tiger trade revised. TRAFFIC Dispatches, 2000, 14: 2.

[16]Joshi N V, Gadgil M. On the role of refugia in promoting prudent use of biological resources. Theoretical Population, 1991, 40: 211－229.

[17] McCullough D R. Spatially structured populations and harvest theory. Journal of Wildlife Management, 1996, 60(1): 1-9.

[18] McNeely J A, Miller K R, Reid W V, et al. Conserving the world' s biological diversity. IUCN, Gland, Switzerland, 1990.

[19] Mills J A. Rhinoceros horn and tiger bone in China. TRAFFIC International Muchaal P K and Gandjui G N, 1999. Impact of village poaching on wildlife populations in the westernDja Reserve, Cameroon. Conservation Biology, 1997, 13(2): 385-396.

[20] Robinson J G, K HRedford. Sustainable harvest of neotropical forest mammals. In: Robinson J G and Redford K H, (eds.), Neotropical Wildlife Use and Conservation. Chicago: University of Chicago Press, Illinoios, USA, 1991, 415-429.

复杂生态系统网络：生态与社会经济过程集成研究的新视角

赵庆建　温作民

（南京林业大学经济管理学院）

摘　要：研究了生态系统的结构、功能与过程，提出了生态系统可持续发展的概念模型。明确定义了生态系统网络，提出其由生物子网络、物质循环子网络、经济子网络和社会子网络构成。研究了生态系统网络的层次性、幂律的度分布、鲁棒性、脆弱性与扰动恢复、时空动态性、网络与流的协同演化等性质和特征。建立了流域生态系统网络模型，并对生态与经济过程耦合机制以及基于生态系统网络的集成管理决策进行了研究。

关键词：生态系统网络；生态过程；社会经济过程；集成研究

Complex Ecosystem Networks: A New Perspective on the Integrative Research of Ecological and Socio – Economical Processes

Zhao Qingjian　　Wen Zuomin

(College of Economics and Management, Nanjing Forestry University)

Abstract: Based on the research of the structures, functions and processes, one sustainable development conceptual model of ecosystem was proposed. The ecosystem network was explicitly defined, and its sub – networks including biological network, material cycle network, economic network and social network were also analyzed. The ecosystem network has some special properties such as hierarchies, power-low of degree, frangibility and restore, dynamics, co-evolution of flow and structure. As an example, one watershed ecosystem network model was established, based on which the coupling mechanisms of ecological and economic processes as well as the integrative management decision were studied.

Key words: ecosystem network; ecological process; socio – economic process; integrative research

1　引言

生态学自20世纪中叶开始活跃在科学舞台上，经历了朴素生态学思想的形成、经典生态学、生态系统生态学、可持续发展和全球变化生态学4个发展阶段[1]。在过去几十年中，生态学的基本概念不断得到发展和完善，生态系统的综合性、整体性思想促进了其他学科的发展，在生态系统组分和系统间的比

基金项目：国家“948”项目(2009－4－44)；教育部人文社会科学基金(10YJC790395)；中国博士后科学基金(20090451219)；江苏省博士后科研资助计划(0901136C)；江苏省教育厅高校哲学社会科学基金(08SJD6300027)。

作者简介：赵庆建，男，南京林业大学经济管理学院讲师，博士后，主要研究方向为：生态与环境管理，Email：zhao5190@126. com；温作民，男，南京林业大学经济管理学院院长，教授，博导，主要研究方向为：生态经济。

较研究、生态系统过程和络局的控制机制研究、生态系统变化的动态、联网观测和试验研究、生态系统过程的多层级边界和尺度转换等理论研究方面取得了显著进步，为人类适应和减缓全球变化、生态系统管理提供了丰富的科学数据和方法。

作为地球生命支持系统的核心组成部分，生态系统为人类提供了各种必不可少的服务，如物质产品供给服务、环境调节服务、文化功能服务和生态系统支持服务。这些服务是人类自下而上和发展的基础。与此同时，人类活动对生态系统也表现出越来越大的影响力。现代人类活动与生态系统关系的重要特征表现为人类活动的影响在某些方面已经超过了自然因素变化，导致地球环境以前所未有的速度发生变化。人类活动对生态系统的影响方式从过去的改变生态系统格局和结构逐渐转向影响生物地球化学过程，导致生态系统的时空格局、结构和功能、生态过程发生综合且复杂的变化。

生态系统与人类活动、自然系统与经济系统的集成研究已成为解决全球生态问题研究的主体思路[2]。研究社会经济与生态系统的双向驱动机制是认识生态系统变化和可持续发展管理的前提。测量、模拟和分析人类——自然耦合生态系统，掌握人类福祉与生态系统服务功能之间的相互作用及其对生态系统可持续性的影响，研究人类高强度活动和全球环境快速变化驱动的生态系统服务功能变化及其适应性管理已经成为全球变化和生态学发展的当务之急。

2 一个生态系统可持续发展的概念模型

2.1 生态系统的结构、功能与过程

生态系统是由植物、动物、微生物群落以及无机环境相互作用而构成的一个动态、复杂的功能体。生态系统结构的精髓是将生物有机体及其环境作为一个生态有机整体，强调它们之间的整体性、综合性、完整性、结构稳定性与功能协调性，以及生态过程和组分变化间的平衡关系。生态系统是一个复杂系统，生态系统的三个主要领域是其结构、功能和过程。

生态系统结构是指生态系统生物和非生物组分保持相对稳定的相互联系，相互作用而形成的组织形式、结合方式和秩序，组分越多，结构越复杂[3]。构成生态系统的各组成部分，各种生物的种类、数量及空间配置，在一定时间内处于相对稳定的状态，使生态系统保持一个相对稳定的结构。生态系统功能是指其能够提供生产和服务的能力，生态系统最显著的特征之一是生产力，生产者为地球上一切的异养生物提供营养物质，它们是全球生物资源的营造者。初级生产和次级生产为人类提供几乎全部的食品，工农业生产的原料。生态系统服务功能包括生物多样性的维护、传粉和传播种子的功能、生物防治功能、保护和改善环境质量功能、土壤形成及其改良功能、减缓干旱和洪涝灾害以及净化空气和调节气候功能。

生态系统可持续发展的一个重要原则是生态系统结构支持生态功能。一个复杂的生态系统可以划分为多个单元，单元间地理、生态和人类活动的长期交互产生了特定的生态结构。生态系统为人们提供了丰富的产品与服务，它们具有多样的经济、生态和社会价值，使用这些产品和服务的同时，人们又在适应和改变着生态系统。挑战来自于分清什么样的生态物理条件能够将产品和服务维持在所需要的水平。可持续发展要求人们对于生态系统的规划在生态、文化和经济功能上达到一个短期和长期的平衡。

生态系统通过生态过程实现生态功能。生态过程包括：捕食者/被捕食循环，如熊吃鱼，鱼吃浮游植物；养分循环，如动植物死亡分解，释放出能量，为其他物种提供食品；火，对于某些物种的繁殖和生态系统的多样性与进化提供了重要条件；水循环，地球上水资源的流动以及大气和地球之间的循环往复是生态系统生命之源；碳循环，碳是生态系统循环中的重要物质，是生物和非生物的主要构成元素之一。

生态系统的结构和功能至少被气候、母质、地形、潜在生物区系和时间五个相互独立的控制变量所左右。生态系统过程既对直接影响其活动的因子做出响应，又控制着这些因子。既包含单因子的控制作用，又包含多因子的交互作用。其中重要的交互控制因子有支持生物有机体生长和维持的资源供应、影响生态系统过程速度的调节因子、干扰体系、生物群落和人类活动。近年来，人类活动对生态系统的影响越来越大，人类活动包括：土地开发、伐木、采掘、渔猎和其他娱乐活动，作用程度超过了自然界的

水、火等各种干扰。

2.2 一个生态系统可持续发展的概念模型

可持续发展意味着要确保一个区域的生态、文化和经济功能具有长期发展的潜力，可持续发展也意味着每个相关者要参与到规划和设计中来。生态系统可持续发展应该集成了生态、社会与经济价值[4]。本文提出一个生态系统可持续发展的四维概念模型。模型主要包括：自然子系统、社会子系统、经济子系统和集成决策子系统，四个子系统相互依赖，构成了生态系统可持续发展的基础，如图1所示。

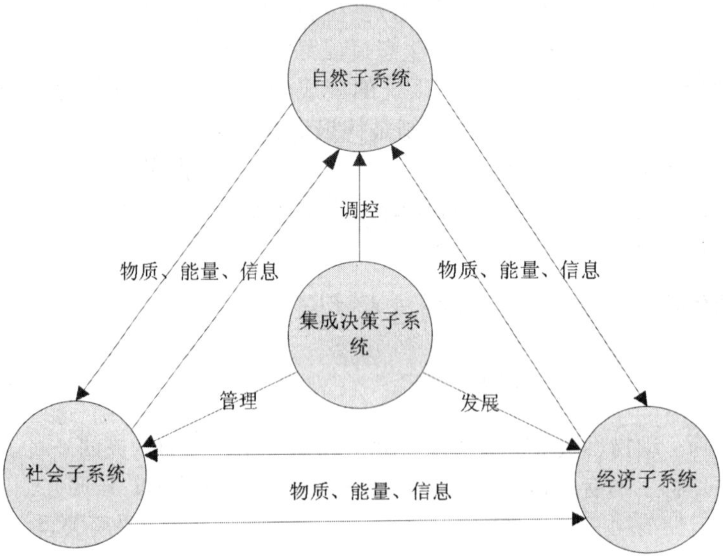

图1 生态系统可持续发展的四维概念模型

(1)自然子系统。自然子系统是一个由有生命和无生命个体组成的有机体。人类、动植物和无生命的环境在生态系统中都扮演着一定的角色，实现生态和地理上的功能，改变着生态系统的各种过程，同时维持着一定的平衡。例如，物种的数量要求具有一定的稳定性，以维持生态系统多样性；种群要保持一定的数量以维持物种的繁殖和食物链的平衡；水土资源要保有一定水平，以维持植物蒸发、动物繁衍和人类生产生活。

(2)社会子系统。生态系统的空间结构和模式与社会、医学、文化及心理学之间的联系，以及人类活动对生态系统的这些社会功能所产生的影响是社会子系统研究的目标。社会学家、心理学家、人类学家和文化学者越来越深入地认识到生态学研究的意义。如有些学者开始研究自然景观之美，以及近自然生态系统的培育。

(3)经济子系统。生态系统可以为人类提供具有经济价值的产品和服务。这些产品和服务包括各种生产和生活资源、提升人类健康水平、抑制农业病虫害、旅游等。经济子系统研究的目标是将生态系统的空间模式和提供产品与服务的潜力关联起来，计算产品和服务的经济价值，以及人类活动对生态系统的经济功能所产生的影响。

(4)集成决策子系统。生态系统中自然、社会和经济子系统是相互关联的，它们之间具有复杂的物质、能量和信息交换。基于多学科知识进行集成研究，设计各领域发展目标和补偿申请，开发集成决策理论和过程，制定可持续发展的方案是集成决策子系统研究的目标。

3 生态系统网络

3.1 生态系统网络的定义

自然界中各类生物体和非生物体之间具有复杂的交互作用关系，这些组成元素及其相互作用构成了从细胞到生态系统的各类各层次组织网络。网络的结构和动态取决于物质、能量和信息的获取、存储、分布和传输。如典型的生物网络包含大量不同元素，这些元素通过局部相互作用，从而在中观和宏观尺度上涌现出复杂的特性。生态系统网络通过网络内部单元间的作用与外部环境之间的交互，实现不断发展演化。生态系统网络框架图如图 2 所示[4]。

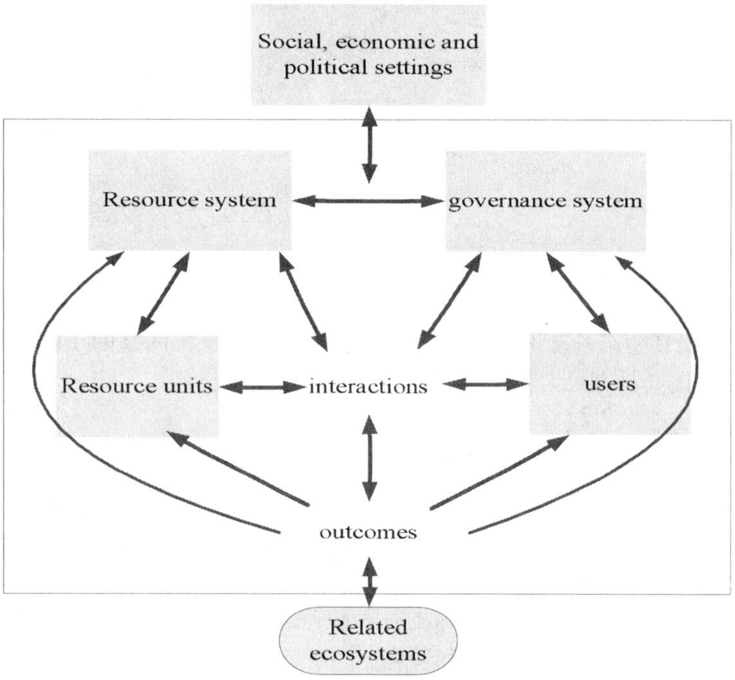

图 2　生态系统网络框架图

定义 1　生态系统网络(Ecosystem Network，ESN)是生态、社会与经济系统交互作用的空间结构，是由各生态、社会与经济系统基本单元构成的，各节点单元间通过交互作用从而产生复杂的网络连接。生态系统网络可定义为一个 6 元组：$ESN=\{N, S, E, R, F, L\}$。其中，$N=\{n_1, n_2, \cdots, n_u\}$，是由 u 个基本自然系统节点单元组成的自然系统；$S=\{s_1, s_2, \cdots, s_k\}$，是由 k 个基本社会系统节点单元组成的社会系统；$E=\{e_1, e_2, \cdots, e_L\}$，是由 L 个基本经济系统节点单元组成的经济系统；$R\subseteq P\times P$，$R=\{r_1, r_2, \cdots, r_q\}$是 q 个复合联系的集合，每个复合联系 r_j是多个相关基本节点单元的组合，具有一定的结构，实现一定的功能，每个复合联系中的基本节点单元数 >1；$F=\{Fn_1, Fn_2, \cdots, Fn_u; Fs_1, Fs_2, \cdots, Fs_k; Fe_1, Fe_2, \cdots, Fe_L; Fr_1, Fr_2, \cdots, Fr_q\}$是各基本节点单元以及各复合联系上所有功能的集合，如 Fn_1是 n_1单元上所有功能的集合，Fs_1是 s_1单元上所有功能的集合，Fe_1是 e_1单元上所有功能的集合，Fr_1是复合联系 r_1上所有功能的集合；$L=\{Ln_1, Ln_2, \cdots, Ln_u; Ls_1, Ls_2, \cdots, Ls_k; Le_1, Le_2, \cdots, Le_L; Lr_1, Lr_2, \cdots, Lr_q\}$是所有单元及其复合联系上所有流的集合，如 Ln_1是 n_1单元上所有流的集合，Ls_1是 s_1单元上所有流的集合，Le_1是 e_1单元上所有流的集合，Lr_1是复合联系 r_1上所有流的集合。

定义 2　生态矩阵(Ecological Matrix)是指由生态系统网络各节点单元间的联系构成的矩阵，用 P 表示，元素 P_{ij}表示第 i 个节点单元与第 j 个节点单元之间的联系，其元素为布尔型数据，0 代表无连接，1 代表有连接。

定义 3　生态系统网络中的流(Flow)是指生态系统网络中各节点单元间物质、能量和信息的流入、吸收和流出，以及与外部系统间的交换，即输入、输出和排出。流的大小代表连接的重要性。

生态系统网络是有向网络，基于物质守恒定律和能量守恒定律，可以定量描述生态系统网络中的流。对生物子网络来说，决定输入流的过程包括捕食和迁入，决定输出流的过程包括捕食死亡、自然死亡、呼吸、排泄和迁出[5]。节点流的结构如图 3 所示。节点流的静态平衡方程表示为：

$$D_i + \sum_{j=1}^{n} T_{ji} + B_i = \sum_{k=1}^{m} T_{ik} + F_i + K_i \tag{1}$$

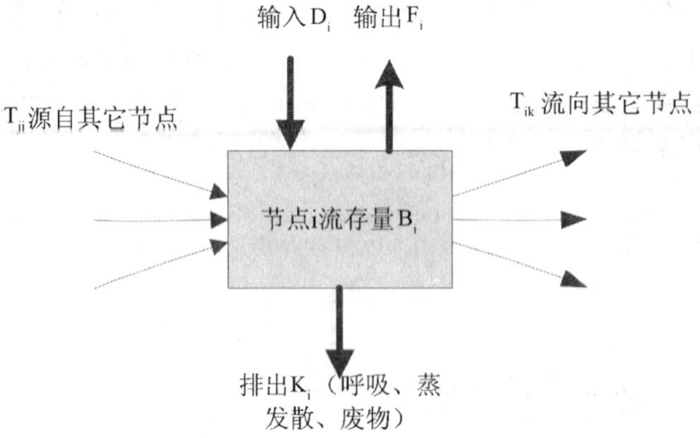

图3　节点流的结构

定义4　梯度网络是在生态系统网络上生成的网络，是生态系统网络的子网，它由有向边构成，每条有向边从一个节点指向其具有最大势能的邻居节点。由梯度网络的定义可知，生态系统网络是梯度网络的底网，梯度网络中每个节点仅有一条有向边发出。

流是由梯度产生的，流速、流量都受到梯度的影响。梯度可以是势能之差、价值之差、分布的不均衡、以及生产和需求的驱动，典型的梯度引起的流过程包括电流、热流、资源流、产品流和知识流等等。梯度网络是动态变化的，梯度网络上的流也是动态变化的。基于梯度网络可以分析生态系统网络上流的效率，以及梯度流对生态系统网络拥挤的敏感性[6]。

生态过程和社会经济过程通过物质和能源流动联系起来[7]。这种流动在自然和人类活动的作用下在不同区域、产业、消费环节产生运动、转移和转化。同时，流的形式有显式和隐式两种。如资源流动在不同地理空间资源势的作用下发生空间位移(横向流动)，和在价值势的作用下发生的在原态、加工、消费、废弃运动过程中形态、功能与价值的转移过程(纵向流动)。在某种资源被显式利用和转化的过程，还可能间接地使用到另一种资源，如水资源。

定义5　伴生流系数矩阵是指通过将每一个进入节点的流除以进入同一节点的所有流的总量得到的值作为系数构成的矩阵。第j节点流入i节点的伴生流系数表示为：

$$g_{ji} = \frac{T_{ji}}{T_{in_i}} \tag{2}$$

其中：

$$T_{in_i} = D_i + \sum_{j=1}^{n} T_{ji} \tag{3}$$

伴生流系数矩阵反映了各流对于节点的重要性，基于伴生流系数矩阵可以分析一个节点单元对另一个节点单元所施加的直接和间接影响。

定义6　路径长度是指物质和能量沿着生态系统网络所经过的连接数。路径长度反映了物质和能量在生态系统网络中的转移序列和影响力的传递。

定义7　转移矩阵G^m中第i行第j列元素g_{ij}^m表示所有经过路径长度为m的路径的转移，进入节点j的流，它来自物质和能量m次转移后形成的路径。由g_{ij}^m可以得到流的路径。

通过流的转移矩阵，可以计算节点之间流的数量关系，以及依赖度和贡献度[8]。

3.2　生态系统子网络

生态系统网络中包含生物子网络、物质循环子网络、经济子网络和社会子网络，并且各种子网络互相融合，交织在一起。

(1)生物子网络

Jordi Bascompte[9]提出采用网络方法解释物种之间的交互，如食物链就是一个典型的生物网络，在这个网络中，各节点间是一种互惠允共生的关系。节点之间的交互维持了整个系统的生物多样性和鲁棒性，同时，多个小的网络单元构成更大的网络。这种交互网络具有三个特点：①多样性，系统中的大部分特种与一小部分物种产生交互作用，这一小部分物种具有更高的连接度；②嵌套性，系统大规模网络中嵌套着小规模的网络，某些特别的物种仅与全部物种的某个子集相关联；③物种连接的脆弱性和不对称性，如某种植物强烈关联某种动物，但这种动物对此种植物依赖性却很小。因此，生物互惠网络既不是建立在随机组织的基础上，也不是建立在隔离组织的基础上，而是建立在核心物种的基础上。

(2)物质循环子网络

主要包括水循环、能量流、养分循环、碳循环在内的生物、物理和地球化学过程，以及人类活动对这些过程的影响[10]。其中水循环在整个生态系统过程中具有主导作用，水循环是指流域接受大气降水，降水形成地表、地下径流，径流汇入河道，最终流出流域，以及土壤水分通过土壤表层和植物叶片以气态方式回归大气的整个过程。碳循环研究多以生态系统为单元，对植被相对一致的碳吸收、转化和释放过程进行量化，通过建立生态系统模型将包括碳循环在内的物质循环过程与环境因子联系起来。流域中的水、碳和养分循环并非独立存在，而是相互依存，相互反馈。以森林流域为例，森林植被通过林冠层、枯枝落叶层、根系层以及森林生态系统的生理生态特性，影响流域降水的时空分配过程，影响流域径流成分、流域蒸发散、流域径流量以及流域水量平衡变化。

(3)经济子网络

经济网络的研究可以分为两个领域，一个来源于经济学和社会学，另一个来源于物理和计算机科学，两者都以网络节点代表不同的主体，如公司、银行甚至国家，节点间的连接视为交互作用，如贸易、所有权、研发联盟或者债权关系[11]。作为生态系统网络的组成部分，经济子网络是由生态系统的利益相关者的交互关系构成的[12]，包括政府、公司、组织、当地居民、旅游者等。经济子网络表现的是生态系统所能提供的直接和间接的产品与服务的传递，以及价值在传递过程中所发生的变化。

(4)社会子网络

组织和人群的心理与社会行为动力学成为一个研究的热点，Alessandro Vespignani 为我们提出了一个新的课题，那就是如何基于复杂技术—社会网络预测人的行为[13]。舆论的产生、知识与疾病的传播、社会组织的形成等都是基于社会网络的。社会网络中人的行为、交流等可以基于一定的代理网络如移动电话网、航空网、博客交流网等进行分析。在生态系统网络中，生态恢复和生态保护、生态系统的适应性管理、生态系统服务以及法律法规的制定等都与人的行为紧密相关，各种相关组织和人群的心理和行为趋向对生态系统的可持续发展具有重要的意义。

3.3 生态系统网络的性质和特征

(1)层次性

生态系统网络是具有层次性的。构成生态系统网络的自然、经济和社会系统都具有层次性。首先，构成生态系统的生命系统的结构具有层次性，生命系统的结构层次包括细胞、组织、器官、系统、个体、种群和群落、生态系统、生物圈 8 个层次；生态系统中的生物多样性具有三个主要层次，包括物种多样性、基因多样性(或称遗传多样性)和生态系统多样性。其次，经济系统也具有层次性，经济系统的层次性是系统经济学的基本概念之一。按照组织水平的不同，可以把经济系统划分为个人经济系统、家庭经济系统、企业经济系统、产业经济系统、区域经济系统、国家经济系统和全球经济系统七个层次。同时，社会系统也是一个分层次的结构系统。社会系统论告诉我们，社会是由相互联系、相互作用、具有一定数量、执行一定功能的社会要素所构成，并且，社会系统是一个具有多层次结构的物质与思想相互支撑的复合系统，这个系统处于内外各不同层次和跨层次相互作用包围的状态之中。

(2)幂律的度分布与集聚性

度指的是网络中节点与边的关系的数量；度的相关性指节点之间关系的联系紧密性；介数是一个重要的全局几何量。节点的介数含义为网络中所有的最短路径之中，经过节点的数量，它反映了节点的影响力。集聚程度的意义是网络集团化的程度；这是一种网络的内聚倾向。集团概念反映的是一个大网络中各集聚的小网络分布和相互联系的状况。生态系统网络中，一个子系统中的各节点单元或一个区域的各自然、社会与经济节点单元之间的联系会比较紧密，形成一个个网络上的小集团，小集团内部联系紧密，而集团与集团之间联系较为松散。无标度网络的特征主要集中反映了集聚的集中性。

(3)鲁棒性、脆弱性与扰动恢复

自然与社会经济网络往往是经过长期演化而来的，在演化过程中，一方面克服了自身的许多弱点和缺陷，又增强了对环境的适应性，成为能够适应和改造环境能力的系统。生态系统网络具有很多优点，如很强的鲁棒性，对意外与灾难事故具有很高的抵抗能力。但是，实际很多网络是无标度网络，有相当部分的 Hub 节点存在。由于 Hub 节点的存在，这种无尺度网络在具有很强的鲁棒性同时，也存在脆弱性的一面，一旦发生如生态灾难或经济危机等事件，将会沿网络迅速漫延，脆弱性取决于节点单元间流的移动和局部灭绝之间的平衡。牵引控制的思想就在于利用网络度分布的不均匀性(幂律分布，有部分 Hub 节点的存在)，当生态系统网络发生扰动时，有目的地从度大的节点进行调控，从而达到“投入产出比”的极大化。

(4)时空动态性

自然和人类在不同时间、地点对生态系统网络的影响和干扰将会表现出累加和传递效应。例如对于流域生态系统，可以划分为上游、中游和下游，森林、草原和荒漠，农村和城镇，以及不同尺度构建的大小流域单元，整个生态系统网络在气候变化和生产生活活动的影响下，将一直处于动态变化之中。

(5)网络与流的协同演化

气候变化情景下，流域生态系统结构与各种生态过程在不同的时空尺度上都会发生独特的变化，从而引起生态系统网络结构和流的协同演化甚至剧烈相变[14]。生态系统的演变不仅与自然环境的变化相关，更受到人为因子的干扰，景观建设、工程规划、采伐更新、造林绿化、农业种植以及产业结构调整等都是系统发生变化的驱动因子。例如，一个森林生态系统将会受到火烧、病虫害或风倒等自然干扰的毁灭，然后重新发生演替；河流系统中各种生态过程也会在各类驱动力作用下发生类似变化。

4 一个流域生态系统网络分析[15]

4.1 流域生态系统网络

流域科学和流域管理是全球关注的前沿问题，是探讨21世纪全球生态经济问题的基础学科。流域是指由地形确定的河流某一排泄段面以上的积水面积的总称。流域是一个有边界线的水文单元，也是一个生态系统单元和社会—经济—政治单元。流域组成包括流域边界、河流径流、土壤与母质基岩、植被、动物、微生物以及人类社会经济成分。流域生态系统过程是指流域系统中非生物、生物及人类社会经济的功能过程，主要包括水循环、能量流、养分循环、碳循环在内的生物、物理和地球化学过程，以及人类活动对这些过程的影响。其中水循环在整个生态系统过程中具有主导作用，水循环是指流域接受大气降水，降水形成地表、地下径流，径流汇入河道，最终流出流域，以及土壤水分通过土壤表层和植物叶片以气态方式回归大气的整个过程。碳循环研究多以生态系统为单元，对植被相对一致的碳吸收、转化和释放过程进行量化，通过建立生态系统模型将包括碳循环在内的物质循环过程与环境因子联系起来。流域中的水、碳和养分循环并非独立存在，而是相互依存，相互反馈。以森林流域为例，森林植被通过林冠层、枯枝落叶层、根系层以及森林生态系统的生理生态特性，影响流域降水的时空分配过程，影响流域径流成分、流域蒸发散、流域径流量以及流域水量平衡变化。

以流域可持续发展为目标，不断探索认识生态系统本身内在规律和干扰过程，提高对流域生态系统驱动因子的恢复力、适应性以及生态系统适应循环的辨识，并在此基础上，提出管理模式与对策是流域适应性管理的核心任务。基于多智能体理论与方法，首先对森林流域进行单元划分，建立多个流域单元；为了便于对相似单元进行管理，建立区域智能体；同时为实现森林流域系统管理，建立系统智能体。针对森林流域单元所受到的自然与人类干扰，包括气候变化、自然灾害、水土流失和各类工程建设，以及人类的各种适应性管理措施，分别建立外部环境智能体。从而构成一个流域生态系统复杂多层次智能体系统网络。智能体与各类外部环境以及智能体之间存在交互、学习和协商机制。

流域单元 Agent 均生存在网络上，称为 Agent 网格，每个智能体固定在一个位置上，且它只能与其邻域智能体和上下层次智能体进行相互作用。Agent 网格可以表示成图4 的形式。每个圆代表一个 Agent，圆中数字代表所处位置。在 Agent 网络定义的基础上，定义 Agent 的学习机制，即适应性演变机制，在系统结构、组成、大小等方面发生适应性变化。对于各类适应性管理措施的作用，流域单元 Agent 与区域和系统 Agent 都会表现出一定的敏感性，这是优化适应性管理的途径。

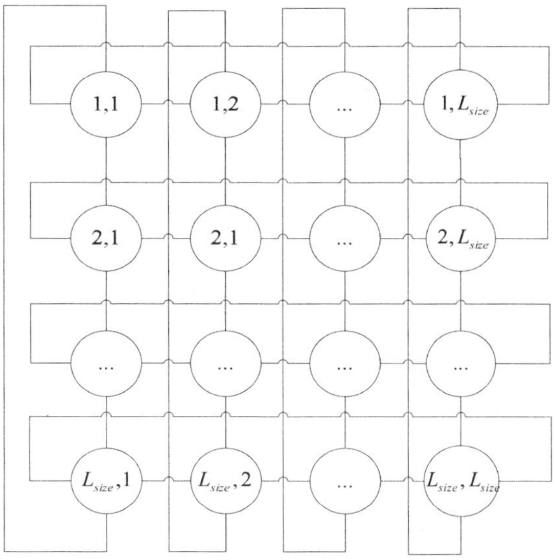

图 4　流域生态系统网络多智能体模型

4.2　基于生态系统网络的流域生态与社会经济过程集成

4.2.1　生态与社会经济过程耦合机制

(1)水文 - 植被协同变化

在生态系统内，有限的水资源支撑着脆弱的植被生态系统，开展新兴的交叉学科，研究水文与植被的相互作用关系，分析水文过程如何影响生态系统的分布、结构、功能和动态，以及生物过程的反馈如何影响水文循环是重要的研究方向。

(2)流域水 - 经济耦合

流域生态经济研究以协调流域生态建设、经济社会发展和资源优化配置为重点。通过对流域上、中、下游之间，山地、绿洲、荒漠系统之间，生态、生产和生活系统之间的相互协调和共同发展研究，促进实现全流域生态环境的良性循环与可持续发展。

(3)流域土地使用的生态经济优化

流域土地使用的改变直接影响着自然环境，包括养分与水循环，以及温室气体排放，决定了景观设计，影响着生物多样性，甚至改变了地面反照率。另外土地使用也影响了社会和经济环境，决定了土地产出的效益，在人类社会和自然环境之间构建了一个反馈循环。

(4)资源流动与价值传递

资源流动在生态环境与生产、生活中所体现的价值是流域生态经济所要研究的新领域。如水资源的成本与收益问题；生物多样性和娱乐的容量问题；各种资源的利用和价值转化问题。基于生态系统网络的方法，可以实现对各类资源的流动与价值变化进行定量化、动态性研究。

4.2.2　基于生态系统网络的集成管理决策

(1)生态系统网络集成

生态系统网络是不同种类、不同尺度的网络集成。生态系统网络有四个物理特征：网络总面积、生态系统质量、网络密度和传导率。这四种特征可以作为四种空间策略使用，这意味着在生态系统网络设计中，其维度和形态可以有多种不同的解决方案。

生态系统网络具有空间柔性机制，其集成了生态系统的开发与保护[16]。生态系统网络集成研究的重点包括：①网络与功能对应的空间尺度；②传输物质与服务的能力；③短期与长期利益的平衡。

(2)生态系统网络管理决策

基于生态系统网络的管理决策可以从两个角度出发。一个是微观角度，基于生态系统网络结构和节点主体的行为方式，强调激励机制，来预测动态结果；另一个是宏观角度，能够很好地解释系统的大尺度特征，但不太适用于个体行为方式的理解。

基于生态系统网络的管理决策也可以从博弈论出发，将网络节点之间联接的增加、删除以及权重变化视为不同主体间竞争与合作博弈的结果，各主体从利益最大化出发，做出自己的决策，决策同时依赖于信息的完整性和学习机制。

5 总结

生态系统网络是一个新的研究领域，集成了生态学、经济学、管理学和复杂网络理论，为生态与社会、经济过程综合管理研究提供了一个新的视角。基于生态系统网络的研究同时为我们带来了挑战：基础结构的建立与调度问题；合适的数学模型构建问题；以及大规模生态、社会与经济数据的收集与分析问题。

参考文献

[1]于贵瑞，等．人类活动与生态系统变化的前沿科学问题[M]．北京：高等教育出版社，2009.

[2]程国栋等著．黑河流域水－生态－经济系统综合管理研究[M]．科学出版社，2009.

[3]Opdam P F M, Steingröver E G, Rooij, S A M, et al. Ecological networks: a spatial concept for multi－actor planning of sustainable landscapes. Landscape and Urban Planning 2006, 75: 322－332

[4]Elinor O A General Framework for Analyzing Sustainability of Social Ecological Systems. Science, 2009, 325: 419－422.

[5][丹]Jorgensen S E，[意]Bendoricchio G 著，何文珊，陆健健，张修峰译．生态模型基础(第三版)(M)．北京：高等教育出版社，2008.

[6]Zoltan T, Complex N: The Challenge of Interaction Topology. Los Alamos Science, 2005, 11: 94－109.

[7]成升魁，甄霖．资源流动研究的理论框架与决策应用．资源科学，2007，29(3)：37－43.

[8]Robert E U. Quantitative methods for ecological network analysis. Computational Biology and Chemistry, 2004, 28: 321－339.

[9]Jordi B, Disentangling the Web of Life. Science, 2009, 325: 416－419.

[10]魏晓华，孙阁．流域生态系统过程与管理(M)．北京：高等教育出版社，2009.

[11]Frank S, Giorgio F, Gidier S, et al. Economic Networks: The New Challenges. Science, 2009, 325: 422－425.

[12]Susan L M, Sam Pearsall. Creating an Adaptive Ecosystem Management Network Among Stakeholders of the Lower Roanoke River, North Carolina, USA. Ecology and Society 10 (2): 16. [online] URL: http://www.ecologyandsociety.org/vol10/iss2/art16.

[13]Alessandro V. Predicting the Behavior of Techno－Social Systems. Science, 2009, 325: 425－428.

[14]Greg P, Michael P, David G, et al. Dual Phase Evolution and in Complex Networks. http://www.paperin.org/research.

[15]赵庆建，温作民．流域生态系统管理途径与模型研究．吉林农业大学学报，2010，32(5)：538－543.

[16]Opdam P, Verboom J, Pouwels R. Landscape cohesion: an index for the conservation potential of landscapes of biodiversity. Landscape Ecology, 2003, 18(2): 113－126.

低碳经济下我国林业上市公司碳信息披露分析

蒋德启　田治威

（北京林业大学经济管理学院）

摘　要：由于林业企业的特点，对其碳信息披露进行分析具有特殊意义。本文首先界定了碳信息的具体内容，在此基础上以17家林业类上市公司为样本对其碳信息披露状况进行分析，得出我国林业上市公司碳信息披露尚处于起步阶段的结论。为了进一步规范和促进林业企业披露碳信息，本文提出了管理部门应明确碳信息披露的内容、应明确温室气体排放的具体测算标准、应对企业排放的温室气体进行货币化计量、应对森林资源固碳功能进行量化研究、以及加强碳排放的会计核算应用研究等建议。

关键词：林业企业；碳信息；披露；碳核算

Abstract: Due to the specialties of forestry business, there are some special meanings to analyze carbon information disclosure of these enterprises. This paper firstly defines the content of carbon information, and then examines 17 listed forestry enterprises as the sample of the carbon information disclosure, drawing the conclusion that the carbon information disclosure of listed forestry enterprises in China is still at its early age. In order to promote and standardize carbon information disclosure of forestry enterprises, this paper proposes that the responsible authority should define the content of carbon information disclosure, specify the greenhouse gases emissions standards, evaluate greenhouse gases emission by enterprises, calculate carbon sequestration of forest resources, and strengthen accounting research of carbon emissions.

Key words: forestry enterprises; carbon information; disclosure; carbon accounting

1　引言

科学研究表明：大气中温室气体浓度的增加，是造成全球气温不断升高的主要原因。而导致全球气候变化的温室气体主要包括二氧化碳（CO_2）、二氧化硫（SO_2）、氧化亚氮（N_2O）、甲烷（CH_4）、臭氧（O_3）、六氟化硫（SF_6）和氢氟碳化物（HFC）等，其中二氧化碳约占温室气体排放的60%，是最重要的温室气体（苏明等，2009）。气候变化现已成为备受全球关注的重大议题，作为负责任的大国我国政府对气候变化问题非常重视，早在2007年就颁布了《中国应对气候变化国家方案》，之后又陆续颁布了诸如《千家企业节能行动实施方案》、《关于建立政府强制采购节能产品制度的通知》、《节能减排综合性工作方案》等一系列的应对政策。2009年底，《联合国气候变化框架公约》第15次缔约方会议暨《京都议定书》第5次缔约方会议在丹麦的哥本哈根召开，中国政府做出了"延缓二氧化碳的排放，到2020年中国单位国内生产总值（GDP）二氧化碳排放比2005年下降40%～45%"的庄严承诺。

企业是碳排放的主体，据测算，空气中80%的温室气体来自企业排放。因此，国家做出的承诺的减排任务应主要由各个企业去具体落实。这样，减排就成为时代赋予企业的一项重要的社会责任。既然企

基金项目："中国高校基本科研业务费专项资金"和北京林业大学科技创新计划项目（BLRW200962）。

作者简介：蒋德启，男，博士生，副教授，硕士研究生导师，研究领域为企业会计、环境会计、社会责任报告。联系电话：13601332496，email：jdqbj@sina.com。

业承担了社会责任，就应该对其履行情况进行必要的披露。

林业是一个非常特殊的行业，温家宝总理在2009年6月召开的中央林业工作会议上强调："林业在贯彻可持续发展战略中具有重要地位，在生态建设中具有首要地位，在西部大开发中具有基础地位，在应对气候变化中具有特殊地位"。林业也是对环境敏感的行业(Patten DM. Exposure，1991；Neu P，Warsame H，Pendwell K，1998；NiskanenJ，Nieminen T.，2001)。作为社会产品生产的主体之一，具有共性的是林业企业与其他生产企业一样，也会向大气中排放温室气体；但是，从以森林资源为生产基础的特性角度看，森林资源巨大的固碳作用使林业企业在减少整体碳排放方面有着不可替代的积极作用。据联合国政府间气候变化专门委员会(IPCC)估算：全球陆地生态系统中约储存了2.48万亿t碳，其中1.15万亿t碳储存在森林生态系统中。森林面积占全球面积的27.6%，森林植被的碳储量约占全球植被的77%，森林土壤的碳储量约占全球土壤的39%，森林生态系统碳储量占陆地生态系统的57%(贾治邦，2008)。

因此，对林业企业的碳信息披露情况进行研究具有特别重要的典型意义。本文以我国林业类上市公司为样本，对其碳信息的披露情况进行分析，并提出相应对策及建议。

2 碳信息内容界定

鉴于温室气体主要是二氧化碳，因此本文研究涉及的碳排放相关信息将不再对二氧化碳和温室气体两个概念进行严格区分，认为碳信息就是与企业温室气体排放相关的各类信息，这些信息主要包括企业是否在发展战略中包含了对气候变化的关注、是否对温室气体排放进行了相应的核算、是否采取了降低温室气体排放的措施等。基于此，并结合企业应对气候变化社会责任履行的基本要求，本研究将企业碳信息披露的主要内容归纳如下(见表1)。

表1 企业碳信息披露的具体内容

项目	具体内容
战略描述	企业的发展战略中是否包含环境保护的内容
	企业有无明确的减排目标
	企业有无对气候变化引起的商业风险与机遇进行分析
温室气体排放的核算	温室气体排放总量
	单种燃料消耗总量
	温室气体排放的货币化计量金额
	森林资源固碳功能的定量化计量
温室气体排放的管理	企业有无排污许可证
	温室气体排放总量是否超过排污许可证的限量
	有无明确地减少温室气体排放的措施
	企业是否连续测算温室气体排放

3 样本选择

根据国家林业局、国家统计局颁发的《林业及相关产业分类(试行)》的规定，林业及相关产业是指依托森林资源、湿地资源、沙地资源，以获取生态效益、经济效益和社会效益为目的，为社会(也包括部分自产自用)林产品、湿地产品、沙产品和服务的活动，以及与这些活动有密切关联的活动的集合。主要包括：①森林的培养与采伐活动；②非木材林产品的培养与采集活动；③林业生产辅助服务；④林业旅游与休闲服务；⑤林业生态服务；⑥林业专业技术服务；⑦林业公共管理与其他组织服务；⑧木材加工及木制产品制造；⑨以木(竹、苇)为原料的浆、纸产品加工制造；⑩以竹、藤、棕、苇为原料的产品加工制造；⑪野生动物产品的加工制造；⑫以其他非木材林产品为原料的产品加工制造；⑬林业其他相关活动。

林业企业指为适应市场需要，在森林资源再生产的基础上，以满足社会和人民对各种林产品的需求为目标，依法自主经营、自负盈亏、具有法人资格的从事培育、保护、开发利用森林资源及其相关多种经营活动的经济实体。目前林业企业的主要组织形式有：①营林及木材采伐企业、林业旅游及森林服务企业、林产品加工制造企业；②林纸一体化企业；③林板一体化企业。

本文研究样本的选择主要依据了上述林业企业的定义，这些企业均拥有一定的森林资源；样本选择中还剔出了 ST 类公司。本次研究的具体样本如表 2。

表 2 研究样本

公司名称	拥有的森林资源(截至 2009 年 12 月 31 日)
绿大地(002200)	苗木生产基地 1 299.83 hm^2，消耗性生物资产 137 949 446.99 元；生产性生物资产 1 111 673.26 元。
东方园林(002310)	71.53 hm^2 苗圃，消耗性生物资产 28 590 261.99 元。
永安林业(000663)	森林经营面积 120 666.67hm^2，消耗性生物资产 428 879 963.94 元，生产性生物资产 14 216 680.42 元，公益性生物资产 38 018 466.14 元。
景谷林业(600265)	公司拥有 34 000 hm^2 森林资源。
吉林森工(600189)	具有 300 000hm^2 森林的砍伐权(林地属于国有，尚未林改)。消耗性生物资产(高脂松)334 858.59 元。
中福实业(000592)	公司林区经营面积约 66 666.67 hm^2，其中已办妥林权证的林地约 40 000hm^2。消耗性生物资产 496 529 420.30 元。
升达林业(002259)	公司实际控制的原料林 15 287.94 hm^2，其中已办妥林权证的林地 14 291.54hm^2。另外，公司通过定向培育方式，营造原料林 8 707.20 hm^2。农业生产成本(未郁闭的林木资产)44 996 593.51 元，消耗性生物资产(郁闭的林木资产)153 663 098.94 元。
威华股份(002240)	已经培育速生丰产林 43 333.33hm^2，消耗性生物资产 286 192 645.01 元。
科冕木业(002354)	以承包经营方式承包 33 333.33hm^2 林地，承包期限为 50 年。
兔宝宝(002043)	消耗性生物资产 12 610 530.53 元。
大亚科技(000910)	消耗性生物资产 27 238 988.90 元。
宜华木业(600978)	已建 6 666.67hm^2 速生丰产林生产基地；还准备在江西省遂川县再建 13 333.33 hm^2 原料林基地。消耗性林木资产 21 213 179.15 元。
岳阳纸业(600963)	具有 140 000 hm^2 工业原料林基地，林木资产 1 247 369 232.04 元。
青山纸业(600103)	具有原料林基地面积 40 000hm^2、木材蓄积 300 多万 m^3，消耗性生物资产 177 547 350.59 元，公益性生物资产 1 821 929.00 元。
晨鸣纸业(000488)	有能够控制的原料林地 163 333.33hm^2，其中已办妥林权证的林地 137 333.33hm^2。消耗性林木资产 496 725 000 元。
美利纸业(000815)	有能够控制的林地 20 300hm^2，其中有林地面积为 11 520hm^2，消耗性生物资产 312 401 931.95 元。
福建南纸(600163)	配套建设 50 000hm^2 原料林基地项目，建设期 5 年，自 2008 年至 2009 年底公司已建设原料林基地 3788.07hm^2。消耗性生物资产 134 594 501.58 元。

4 林业企业碳信息披露情况的描述性分析

为了能够反映样本企业碳信息披露的现实情况，研究中从样本企业 2009 年披露于巨潮咨询网站(http://www.cninfo.com.cn)以及各公司网站的年度报告或社会责任报告中截取了相关信息。样本企业对碳信息的披露情况如表 3。

表 3　17 家样本企业碳信息披露状况

项目	具体内容	披露情况
战略描述	企业在发展战略中是否包含环境保护的内容	17 家企业在企业战略中都提出环境保护的理念
	企业有无明确的减排目标	没有企业披露
	企业有无对气候变化引起的商业风险与机遇进行分析	没有企业披露
温室气体排放的核算	温室气体排放总量(以 CO_2 当量计，单位 t)	2 家企业披露了当年二氧化碳、二氧化硫的排放量
	单种燃料消耗总量(单位：MW)	没有企业披露
	温室气体排放的货币化计量金额	没有企业披露
	森林资源固碳功能的定量化计量	没有企业披露
温室气体排放的管理	企业有无排污许可证	没有企业披露
	温室气体排放总量是否超过排污许可证的限定的总量	没有企业披露
	有无明确地减少温室气体排放的措施	3 家企业披露
	企业是否连续测算温室气体排放	没有企业披露

通过以上分析可以得出如下基本判断：

(1)在我国，把环境保护作为一项基本国策日益深入人心的今天，样本企业基本都能认识到环境保护的重要性，也认为减少碳排放，应对气候变化是企业的一项重要社会责任。但究竟怎样在生产经营环节体现环境保护，许多企业并没有清晰的认识，企业对环境保护的理解尚处于口号阶段。这主要表现在企业虽在其发展战略中提出环境保护或节能减排的理念，但并未提出具体的减排目标和应对措施，也没有对气候变化引起的商业风险与机遇进行分析。

(2)温室气体排放的核算是管理和披露的基础，但只有两家企业披露了当年二氧化碳、二氧化硫的排放量，且比较粗略。没有企业披露燃料消耗状况，也没有企业对温室气体排放进行货币化计量。同时，对于林业企业而言，森林资源具有显著的固碳功能，这已得到各界公认。这是一种正外部效应，从常理上讲，企业应有披露的冲动，但现实中并无一家企业披露(绝大多数样本企业虽然披露了自己拥有或控制的森林资源资料和以林木资产为主的生物资产，但可能是因为他们不完全了解森林资源固碳量的计算，而未对此类信息进行披露)。

(3)在温室气体排放的管理方面，所有企业均没有披露排污许可证的相关信息，也没有企业披露连续测算的温室气体排放的信息。有三家企业披露了减少温室气体排放的措施，但比较简略。

如上所述，我国的林业上市公司碳信息披露尚处于起步阶段。因上市公司的信息披露在所有企业中都是比较严格和规范的，据此可以认为，非上市林业企业的碳信息披露状况应该更差，总体而言，林业企业碳信息披露的整体状况是粗浅的、很不完善的。

5　完善企业碳信息披露的建议

5.1　管理部门应明确碳信息披露的内容

生态环境保护的意识是随着社会的进步逐步形成的，因而，企业碳信息披露也应该有一个循序渐进的过程。从碳信息披露的内容方面看，目前我国指导企业披露碳信息的几个法规分别是：《关于中央企业履行社会责任的指导意见》(国资发研究〔2008〕1 号)、《上海证券交易所上市公司环境信息披露指引》、《深圳证券交易所上市公司社会责任指引》、《企业内部控制应用指引第 4 号——社会责任》(财会[2010]11 号)。在上述法规中，对企业碳信息披露内容的规定如表 4。

表4 目前我国法规对碳信息内容的界定

法 规	对碳信息内容的界定
关于中央企业履行社会责任的指导意见	认真落实节能减排责任，带头完成节能减排任务。发展节能产业，开发节能产品，发展循环经济，提高资源综合利用效率。增加环保投入，改进工艺流程，降低污染物排放，实施清洁生产，坚持走低投入、低消耗、低排放和高效率的发展道路
上海证券交易所上市公司环境信息披露指引	(1)公司环境保护方针、年度环境保护目标及成效； (2)公司年度资源消耗总量； (3)公司排放污染物种类、数量、浓度和去向
深圳证券交易所上市公司社会责任指引	减少包括原料、燃料在内的各种资源的消耗；排放污染物的公司，应依照国家环保部门的规定申报登记。排放污染物超过国家或者地方规定的公司应依照国家规定缴纳超标准排污费，并负责治理
企业内部控制应用指引第4号——社会责任	企业应落实节能减排责任，降低能耗和污染物的排放水平，建立废气、废水、废渣的综合治理

从表4中的各规定见，当前的法规对碳信息披露的内容规定得过于原则和笼统，不具备可操作性。这样很难保障企业做到充分、详细披露。为此，笔者认为，关于企业碳信息披露应该按照表2所示的内容，或通过完善上述法规，或通过另行制定一个专门的法规来具体规范。

5.2 管理部门应明确温室气体排放的具体测算标准

要使企业充分、详细地披露碳信息，明确温室气体量化核算的测算标准是披露的前提。以CO_2的排放为例，根据《2006年IPCC国家温室气体清单指南》中能源部分所提供的基准方法，化石燃料消费产生CO_2排放量的计算公式为：

$$CO_2\text{排放量}=\text{化石燃料消耗量}\times CO_2\text{排放系数}$$

$$CO_2\text{排放系数}=\text{低位发热量}\times\text{碳排放因子}\times\text{碳氧化率}\times\text{碳转换系数}$$

从上述公式看，企业首先应该对燃料消耗量进行详细统计，然后再按照一定的标准计算出碳排放数量。对于主要化石燃料CO_2排放量国家应该制定发布相关计算标准，或者参考《IPCC国家温室气体清单指南CO_2的估算排放量》。

5.3 应对企业排放的温室气体进行货币化计量

实物量测算是量化披露的第一步，在此基础上，应进一步对其进行货币化计量。货币化计量主要包括所排放的温室气体产生的以下费用：①摊销的取得排污权许可证所发生的费用；②超额排放温室气体所缴纳的罚款；③缴纳的碳税；④摊销的排污权许可证的减值损失(蒋德启等，2009)。

5.4 应对森林资源固碳功能进行量化研究

以植树造林为主的植被恢复、森林保护和减少毁林等林业活动，对降低大气中的CO_2浓度、减缓气候变暖起到积极作用(方精云，2007)。因此，拥有森林资源的企业具有正外部效应。但所有林业企业均没有披露这方面的碳信息，主要原因是企业不知道如何计量、如何披露。目前，国内外关于森林固碳量的计算方法如表5，企业可以参照合适的方法计算披露所拥有的森林资源的固碳功能。

5.5 应加强碳排放的会计核算应用研究

自20世纪90年代开始，环境及生态领域的学者就国家、地域及全球范围内的碳存量和流量问题进行核算，但这些研究主要是从宏观的层面、采用物质流分析手段，对碳实物量进行核算，与企业财务会计系统内的价值核算和货币信息反映没有实质性的联系(周志方等，2009)。2003年，美国会计准则委员会(FASB)希望颁发EITF03－14来解决总量——交易机制下排污权交易的会计处理问题，但由于其可能影响到其他会计处理而未能如愿；2004 年，国际财务报告准则委员会(IASB)发布 IFRIC3《排污权》，该指南发布 6 个月后就撤销了。自 2007 年开始，IASB 和 FASB 开始联合研究排污权交易项目的会计核算，计划重新设计会计准则，提出包括碳排放在内的排污权交易会计处理模式，该项目计划 2011 年完成。近年来我国学者也对碳排放等会计问题进行了初步研究，但目前基本上处于初步理论探讨阶段，未应用于实务。深度披露不但要进行实物量的披露，而且要进行货币性量化披露。碳信息的会计核算不但需要理论探讨，而且需要尽快开展实践。

表 5 森林固碳功能计量方法

方　法	主 要 内 容
光合作用法	根据光合作用化学反应方程式可以得出森林每生产 1g 干物质需要 1.63g CO_2
生物量法	是以森林生物量数据为基础的碳估算方法，根据单位面积生物量、森林面积、生物量在树木中的分配比例、树木各器官的平均含碳量等参数计算而成
蓄积量法	是以森林蓄积量数据为基础的碳估算方法。其原理是根据对森林主要树种抽样实测，计算出森林中主要树种的平均容重，根据森林的总蓄积量求出生物量，再根据生物量与碳量的转换系数求出森林的固碳量
生物量清单法	是以建立生物量与蓄积量关系为基础的数学模型法估算植物碳储量
蜗旋相关法	主要是在林冠上方直接测定 CO_2 的涡流传递速率，从而计算出森林生态系统吸收的固定碳量
箱式法	将植被的一部分套装在一个封闭的测定室内，CO_2 浓度随时间的变化就是 CO_2 的流量

6 结论

碳排放是导致全球气温不断升高的一个重要原因，因此控制碳排放是抑制气候变化的一个重要手段。而量化核算和披露碳排放情况则是对其管理的一个重要方面，碳信息的披露有助于碳排放管理的深化和细化。本文主要是基于林业上市公司的碳信息披露情况进行分析，因为林业企业在碳排放和固碳方面均具有特殊作用，在应对气候变化中具有特殊的地位。从对样本企业的碳信息披露状况来看，林业企业碳信息披露非常不乐观，尚处于起步阶段。加强对碳信息的基础理论研究以及对其量化计量是推进碳信息高质量披露的重要手段。量化计量不仅包括实物量的核算，而且要逐渐进行货币计量，进而逐步纳入会计核算系统，使碳信息与会计信息实现融合。这样才能实现企业碳信息披露的充分、完整、准确，才能为碳排放管理提供较为精确的量化数据。

参考文献

[1]上海国家会计学院．中国上市公司社会责任报告 2008. 北京：经济科学出版社，2009：15 – 16.

[2]苏明，傅志华，许文．我国开征碳税问题研究．经济研究参考资料，2009(72)：2 – 16.

[3]赵颖，马连福．海外企业社会责任信息披露研究综述及启示．证券市场导刊，2007(8)：14 – 22.

[4]邱俊齐．林业经济学．北京：中国林业出版社，2005：2.

[5]国家林业局、国家统计局．林业及相关产业分类(试行)(林计发[2008]21 号). 2008.

[6]何英．森林固碳估算方法综述．世界林业研究，2005(18，1)：22 – 27.

[7]周冰冰，李忠魁，侯兆元．北京市森林资源价值．北京：中国林业出版社，2000：63 – 69.

[8]刘梅娟．森林自然资本公允价值计量研究．北京：中国农业大学出版社，2010：194 – 195.

[9]周志方，肖序．国际碳会计的最新发展及启示．经济与管理，2009(11)：91 – 95.

[10]蒋德启，田治威，刘诚等．企业排污许可证会计核算研究．北京林业大学学报(社会科学版)，2009(4)：160 – 163.

[11]李怒云．中国林业碳汇．北京：中国林业出版社，2007：1.

[12]贾治邦．积极发挥森林在应对气候变化中的重大作用，求是，2008，(4)：50 – 51.

[13]Beverage Industry Environmental Roundtable. Beverage Industry Sector Guidance for Greenhouse Gas Emissions Reporting. 2010，http：//www. csrglobal. cn.

[14]GRI. Reporting the Business Implications of Climate Change in Sustainability Reports. 2007，http：//www. nfrcsr. org/in-

ternational/accounting – environmental_ social.

[15] ACCA. Improving climate change reporting: an ACCA / FTSE Group discussion paper. 2007, http://www.nfrcsr.org/international/accounting – environmental_ social.

广东省沿海防护林建设工程综合效益计量研究

李　怡　高　岚

（华南农业大学 经济管理学院）

摘　要：本文结合林业生态工程的共性和沿海防护林工程的特殊性，构建了广东省沿海防护林工程综合效益评价指标体系，包括目标层、状态层、变量层、要素层共4层3类15项22个指标，并以广东省沿海防护林二期工程建设规划为依据，综合运用多种方法研究了其预期生态、经济和社会效益。结果显示，截至工程完成，将实现综合效益562 844.5万元/a，投资效果系数达到1∶13.25。

关键词：沿海防护林；综合效益；指标体系；计量

Quantitative on Comprehensive Benefit of Guangdong Coastal Shelterbelt Construction

Li Yi　Gao Lan

(College of Economics and Management, East China Agricultural University)

Abstract: Combining the Community of forest ecological projects and the particularity of coastal shelterbelt projects, the paper establishes a four – class comprehensive benefits evaluation index system, including the overall objectives level (1 index), the state level (3 indexes), the variation level (14 indexes) and the element level (21 indexes). Based on the coastal shelterbelts Phase II construction plan of Guangdong Province, the paper studies the expecting ecological, economic and social benefits brought by the implementation of this project. The result is, by the time of the completion of Phase II project, it will achieve overall efficiency of ￥5.628445 billion/a, and the coefficient of investment will reach 1: 13.25

Key words: coastal shelterbelt; comprehensive benefits; index system; measurement

1　引言

长期以来，我国沿海地区一直面临着人口密集、资源短缺、自然灾害频发等内部发展压力和外部环境威胁，生态环境的恶化与经济飞速发展不相协调。2004年底发生的印度洋特大海啸引发了对生态建设供给不足的反思，成为区域生态工程建设制度变迁的突发诱变因素，是中央提出构建沿海防护林生态安全屏障的直接动因，2007年正式出台了沿海防护林体系建设二期工程规划(2006～2015年)，将其上升到区域国民经济和社会发展的战略高度。

作者简介：李怡，博士，讲师，主要研究方向：森林资源与环境经济。电话：Email：xiaoyi1983524@126.com. 地址：510642 广州华南农业大学经济管理学院

通讯作者：高岚，博士，教授，主要研究方向：林业经济理论与政策。电话：020—85285050. Email：gaolan@scau.edu.cn. 地址:510642 广州华南农业大学经济管理学院。

新时期海防林生态工程建设在目标定位、体系布局、建设规模和内容等方面都实现了重大突破，它所要形成的生态环境资源主体是森林资源，因此在效益评价上与森林生态系统效益评价有相通之处。但同时又具有显著的特殊性：即涵盖了分别以红树林、木麻黄和其他针阔树种为主体的三层林带体系，且与湿地、海洋生态系统密切相关。鉴于此，本文所构建的沿海防护林效益评价指标体系，是以广东省为对象，综合了其共性与特殊性，使之既能应用于广东省海防林建设实践，又能广泛适用于我国其他沿海地区。

2 指标体系构建

沿海防护林工程效益反映的是工程实施后对区域经济、生态、社会产生的效果，其计量结果要为持续开展沿海防护林工程提供科学依据。到目前为止，针对沿海防护林还没有较为公认的评价指标和方法。为此，在综合考虑有关森林效益评价指标的基础上，本文充分分析了广东省沿海防护林工程对当地不同层面产生的影响，确定其确切发挥的作用，在此基础上选取沿海防护林工程效益评价指标。

本文建立指标体系的程序包括四个基本步骤：使用频度分析法建立预选指标集、用 KJ 法制订专家咨询指标体系、用 Delphi 法对指标进行层层筛选，最后，基于所选用的指标用层次分析法(AHP)建立评价指标体系。

2.1 指标预选

许多学者对沿海防护林工程生态环境效应进行了研究，本文对主要的研究成果进行整理，结合国内外普遍认可的森林生态效益评价指标和标准，包括蒙特利尔行动纲要(7 项 48 个指标)、亚马逊行动(10 项 58 个指标)、赫尔辛基行动(7 项 27 个指标)和中国生态林业工程综合效益评价指标体系，以及退耕还林等我国重点林业生态工程效益监测体系，最终建立与工程建设及其功能相关的评价指标预选集(获得 45 个预选指标)。

2.2 指标的筛选与指标体系建立

在此基础上，邀请华南农业大学、广东海洋大学及广东省林业局、广东省林业调查规划院等专家学者 16 人，召开咨询会，请与会专家就评价指标体系的框架、各指标的相对重要性进行讨论，并对初选评价指标进行归并和补充。

第一轮打分主要以沿海防护林实际功能和效应为依据，以 10 分为满分，去除平均分 5 分以下的不重要指标进入第二轮打分。第二轮打分主要依据数据的可得性和可比较性，剔除不可量化的指标。

综上，共计删除包括土壤脱盐等 21 个指标，据此，建立沿海防护林工程综合效益评价指标体系，包括总体目标层(指标 1 个)，状态层(指标 3 个)，变量层(指标 15 个)，要素层(指标 22 个)(可参见后页表 1)。

3 广东省沿海防护林建设工程综合效益计量

3.1 工程概况

2008 年广东省以国家林业局出台的《全国沿海防护林体系建设工程规划(2006～2015 年)》为依据，编制了《广东省沿海防护林体系建设工程规划(2006～2015 年)》。新规划中沿海防护林建设涵盖了三大体系，如图 1 所示。

相应的工程量为：红树林营造恢复 26676.9 hm^2，海岸基干林带造林 37093.4hm^2(含人工造林、封山育林和林带修复)，纵深防护林造林 577246.8 hm^2(含荒山荒地造林、农田林网建设、护路林和村镇绿化等)。

3.2 评价方法与计量

在评价方法上，本文主要采取了直接市场法、间接市场法和虚拟市场法中的多种方法，结合实地调查、专项统计监测、野外试验监测等手段，选取 7% 的折现率，以 2005 年为基准，研究了通过 10 年(2006～2015 年)建设，以广东省为代表的沿海防护林建设工程的综合效益水平。

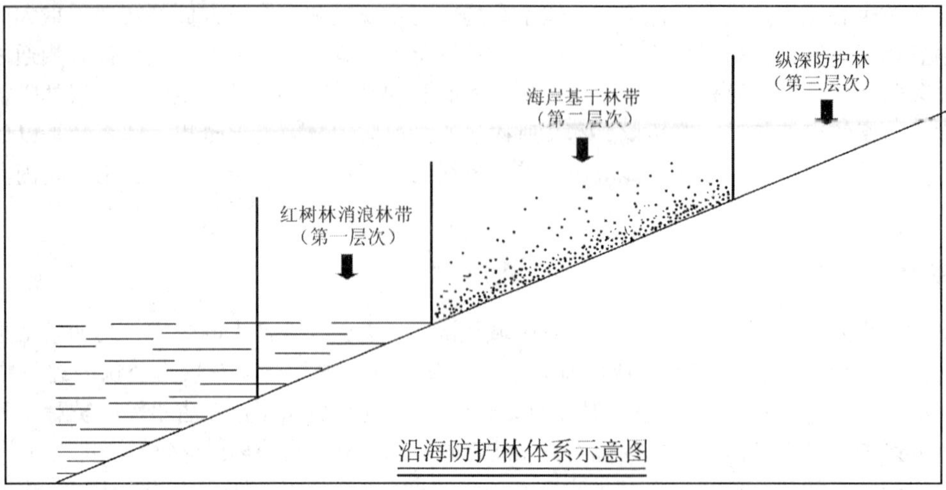

图 1　广东省沿海防护林体系二期工程建设体系布局

资料来源：广东省林业局 2008

(1)防灾减灾效益

a. 防御自然灾害

营造海防林 50m 宽就能达到防灾减灾的作用，但具体减灾量尚未有科学测定。本文采用贡献率计算法和文献综合法计算此项效益。通过从大量文献研究中筛选出针对沿海防护林防御自然灾害进行的效益研究，排除将在其他生态效益计量中重复计算的部分，将其减灾贡献度确定为 25％。结合过去五年的实际灾害损失，依据以下公式计算出工程建设完成后沿海防护林减灾的经济效益将达到：

$$V_{d11} = \{\eta \cdot \sum [B_{i0} \times (-1)]\} / n \times (1+i)^n = 14.05 \times 10^8 (元/a) \quad (1)$$

b. 消浪护堤效益

广东是我国红树林分布最广、面积较大的省份，红树林具有显著的消减风浪、保护堤岸的功能，其防洪减灾价值可以认为是完成一项修筑海堤工程和维持海堤日常管理所需耗费的成本。

据本文在雷州半岛所作调查，没有红树林保护的海堤每年的非台风危害修复费用为 20 元/m。按林宽 100m、50% 分布于海堤外估算规划期结束后广东省红树林的海岸线保护长度可达 1922km。则在非灾害性自然条件下，沿海红树林建设的海堤保护效益是 38 442 100 元/a。

由于重灾情况下的海堤修复费用远高于一般维修，应计入防御自然灾害效益中。上述结果依据公式可评估得出规划期结束后广东省沿海防护林体系的消浪护堤效益为：

$$V_{d12} = [(L_1 \cdot C_1) + (L_2 \cdot C_2)] \times (1+i)^n = 756.2 \times 10^4 (元/a) \quad (2)$$

(2)防风固沙效益

a. 防风效益

防风效益的主要表现是保护农业生产。广东沿海地区现有耕地 1 293 578hm^2，沿海防护林二期工程建设规划营造农田防护林 5254. 0hm^2，至期末，耕地保护面积将达到 35. 2 万 hm^2。以水稻增产效益计算农业生产增产效益。

取水稻增产效益平均值 19kg/亩，按一年两熟和 2005 年早籼稻和中晚籼稻的平均价格 1. 42 元/kg 计，则沿海防护林建设工程完成后，每年防御风灾、促进农业生产的价值量为：

$$V_{d21} = [\sum_{i=1}^{n} Q_i S_i \cdot P \times (1+i)^n] = 249.2 \times 10^4 (元/a) \quad (3)$$

b. 固沙效益

广东省沙化土地监测从 1994 年开始，每 5 年一次。以监测结果对造林治沙的生态效益做出评价分析，则按照一期工程的效益水平保守估算，广东省沙化土地每年将新增林地 416. 3hm^2，沙化耕地面积减少 762. 2 hm^2。

采用替代法，对沿海沙化地区林地、耕地恢复的价值进行计算。根据广东省征地补偿保护标准和地区分类，鉴于沙化土地的区域位置和资源禀赋，选取第十类标准，分别取 7.20 万元/hm^2、23.40 万元/hm^2，则广东省沿海防护林工程固沙价值为：

$$V_{d22} = [\sum_{i=1}^{n} S_i P_i \times (1+i)^n] = 41\ 072.2 \times 10^4 (元/a) \tag{4}$$

(3)涵养水源效益

根据广东省生态公益林监测评估对不同森林类型涵养水源提供水量的计算结果，计算出广东省沿海防护林涵养水源调节水量能力为 121 278 495.2t/a。再依据水量价格(即水量成本 1.0 元/ m^3(含水质净化成本))计，可计算出：

$$V_{d30} = [Y_W \cdot C_r \times (1+i)^n] = 23\ 857.3 \times 10^4 (元/a) \tag{5}$$

(4)保育土壤效益

a. 固土效益

在华南红壤地区，土壤侵蚀是严重的环境问题。据监测评估结果，有林地(林分、灌木林、竹林)林地土壤年平均单位面积流失量为 0.9t/hm^2，无林地(含疏林、经济林)林地土壤年平均单位面积流失量高达 6.0t/ hm^2。再以土壤经济价值定价 0.87 元/t 计算(广东省林业局，2002)，沿海防护林建设每年可挽回的林地土壤流失损失为：

$$V_{d41} = [S \cdot (D_1 - D_2)] \cdot P \times (1+i)^n = 55.9 \times 10^4 (元/a) \tag{6}$$

b. 减少养分流失

首先，根据广东省不同覆盖性质林地土壤肥力背景值，可计算出海防林工程土壤保持量。再按照纯 N、P、K 折算成化肥的比例分别为 60/28、406/62、74.5/38，可计算出化肥转化量。然后参考 N、P、K 类化肥广东省的销售价格，分别为 1600(元/t)、500(元/t)、1250(元/t)(周毅等，2005)，则根据下述公式可计算出沿海防护林减少土壤养分的价值为：

$$V_{d42} = [\sum_{i=1}^{n} Y_i P_i \times (1+i)^n] = 3357.5 \times 10^4 (元/a) \tag{7}$$

(5)净化环境效益

a. 吸收二氧化硫

首先根据对单位面积森林植物 SO_2 吸收能力的研究，计算广东省海防林工程各林带体系的 SO_2 吸收能力，再采用 0.6 元/kg 的治理成本，结合折现计算出 SO_2 的吸收效益为：

$$V_{d41} = \sum_{i=1}^{n} C_i Y_i \times (1+i)^n = 71.39 \times 10^4 (元/a) \tag{8}$$

b. 吸收氟化物

计算过程参照 SO_2，广东省沿海防护林体系建设吸收氟化物的效益为 318 535.74 元/a。

c. 吸收氮氧化物

利用韩国科学技术处测定的数据，森林对氮氧化物吸收能力 6.0kg/ha 计算，再采用中国大气污染物排污收费标准的筹资型标准的平均值 1.34 元/kg 计算。则：

$$V_{d53} = C_n \cdot Y_n \times (1+i)^n = 101.4 \times 10^4 (元/a) \tag{9}$$

d. 阻滞降尘

计算过程参照氮氧化物，以每公顷森林每年阻滞降尘产生的净化大气效益 9.3 元计，则广东海防林工程降尘净化大气效益为：

$$V_{d54} = C_n \cdot Y_d \times (1+i)^n = 117.3 \times 10^4 (元/a) \tag{10}$$

(6)固碳释氧效益

根据光合作用化学反应方程式，确定森林固碳制氧的比例关系，分别取 1.6123、1.1724 为每吨森林植物同化空气 CO_2 和放氧量系数。采用工业成本法 1200 元/t、1800 元/t，结合市场逼近系数 0.2 进行计算，则广东沿海防护林同化 CO_2 和制氧效益分别为：

$$V_{d61} = Y_c \times P_c \times r_c \times (1+i)^n = 50\ 621.9 \times 10^4 (元/a) \tag{11}$$

$$V_{d62} = Y_o \times P_o \times r_o \times (1+i)^n = 75\,932.9 \times 10^4 (元/a) \tag{12}$$

(7)热力效益

依据对广东省森林植物储能量的监测，结合生物量可计算出广东省沿海防护林体系森林植物总储能量为6 976 682 MJ/t，采取温室效应损失法，依煤碳价格(360 元/t)和热量值(标煤热值2930. 76 × 10^4KJ/t)比照，可计算出广东省沿海防护林生态系统太阳能转化的总价值为：

$$V_{d70} = \sum_{i=1}^{n} Q_i W_i / C \cdot P \times (1+i)^n = 168.6 \times 10^4 (元/a) \tag{13}$$

(8) 生物多样性保持效益

采用支付愿意法依典型调查法确定广东省生物多样性保持支付意愿的取值为110. 00 元/(hm^2 · a)，推算得出沿海防护林工程建设的生物多样性保持效益为：

$$V_{d70} = U \cdot S \times (1+i)^n = 1387.1 \times 10^4 (元/a) \tag{14}$$

(9)游憩效益

据本文对雷州半岛红树林国家级自然保护区的实地调查，结合广东省林业局的评估标准，将自然保护区的旅行费用估算为大约每人每次50 元(门票和相关花费)。沿海防护林建设工程区域内的自然保护区占全省保护区总数的26%，以109. 2 万人次计(全省森林生态旅游420 万人次/年)，可评估得到广东省沿海防护林二期工程森林生态旅游效益为：

$$V_{d90} = N \cdot P \times (1+i)^n = 10\,740.6 \times 10^4 (元/a) \tag{15}$$

(10)活立木生产效益

按照全省平均林分生长量水平计算，沿海地区每年因工程实施而增加的森林蓄积量将达26. 4 万 m^3，结合出材率60%、300 元/m^3价格计算，可得出广东省沿海防护林体系建设工程的活立木生产效益为：

$$V_{d100} = S \cdot G \cdot P \cdot K \cdot (1+i)^n = 9835.755 \times 10^4 (元/a) \tag{16}$$

(11)薪材产品

问卷调查显示，沿海地区农民对防护林的薪材利用频率仍然很高，是农村能源的重要组成部分。排除红树林、基干林带禁止采伐，本文仅对纵深防护林的薪材产品进行效益评估。依据针阔林的树枝、树叶生物量分别为6. 4414t/ hm^2和3. 7383 t/ hm^2，以单价0. 33 元/kg(王浩等，2004)计算，可得：

$$V_{d110} = \sum_{i=1}^{n} W_i S_i P_i \times (1+i)^n = 3814.6 \times 10^4 (元/a) \tag{17}$$

(12)近海渔业支持效益

沿海防护林体系尤其是红树林对近海渔业有着重要的贡献，主要体现在提供环境有机质支持以及作为海洋动物苗圃场所。但是，目前尚没有能够精确计算红树林对近渔业的贡献统计值，同时，对其关联性的研究仍是空白。因此，计算海防林近海渔业效益，首先参照国际上普遍认可的研究结论，初步确定红树林对近海渔业(主要是捕捞业)的贡献率。

结合广东省红树林湿地的面积、分布、群落生态特征等状况，保守估计广东省近海海域捕捞的海洋鱼类中，有15%在某种程度上依赖于红树林湿地生态系统(韩惟栋，2002)。以2005 年广东省海洋捕捞业统计数据为基础，按平均市场价格0. 6 万元/t 计算。

$$V_{d120} = Q \cdot R \cdot P_i \cdot d \times (1+i)^n = 2664.5 \times 10^4 (元/a) \tag{18}$$

(13)就业增收效益

沿海防护林工程建设在林地清理、挖穴、育苗、栽植、抚育等工序都需要雇请大批临时工，可为当地农民提供就业机会。据广东省林业局测算，工程建设每年需投入500 万工，每年可解决3. 0 万人的就业问题。若取3. 2 为增值系数，按农林系统2005 年在岗职工年均工资10 163 元/人计算，其就业价值为：

$$V_{d130} = \Delta P \cdot I \cdot R \times (1+i) = 191\,924.7 \times 10^4 (元/a) \tag{19}$$

(14)环境改善效益

以2005 年为基准，沿海防护林工程覆盖区域房屋建筑施工面积25 169. 47 万 m^2，按绿化率增幅6%，每1%的房地产增加值1. 216 元/m^2计算(郭清和，2005)，依据公式沿海防护林工程二期工程的实施将带来总收益：

$$V_{d140} = [S \cdot (A_i - A_0) \cdot I] \times (1+i)^n = 36.1 \times 10^4 (\text{元/a}) \quad (20)$$

(15)文化科教及其他效益

沿海防护林区的外来访问者主要有三类：科研人员、游客、当地中小学生。尽管游客参观暂时还未给保护区旅游业带来净利润，但却仍然发挥了其教育价值。去除与森林游憩效益的重复计算，按照国家级自然保护区 100 万元/a 科研价值(韩惟栋，2000)，省级、市县级按 50%、30% 递减，以扩建比例 20.4% 为增值系数，可计算出沿海防护林体系建设所涵盖之保护区建设的科教价值为：

$$V_{d150} = \sum_{i=1}^{n} Q_i W_i \cdot R \times (1+i)^n = 5547.365\ 82 \times 10^4 (\text{元/a}) \quad (21)$$

4 计量结果分析

4.1 效益构成

从计量结果看，广东省沿海防护林体系建设工程的综合效益中，生态效益为 349 021.4 万元/a，占到效益总量的 62%。其中，以防灾减灾效益最大，其次是固碳释氧效益，这与沿海防护林体系建设的主要目标相符。经济效益为 16 314.9 万元/a，占总效益的 2.9%。其中，活立木生产效益最大，而对近海渔业的支持效益也是不容忽视的。社会效益 197 508.2 万元/a，占总效益的 35.1%(见表 1)。

表 1 广东省沿海防护林体系建设二期工程综合效益预测评估

Tabl 1 Comprehensive Benefit Assessment of Guangdong Coastal Shelterbelt Construction PhaseII

一级指标 (B)	二级指标 (C)	三级指标 (D)	效益值 104 元/a	排序 %
B1 生态效益	C1 防灾减灾效益	D11 防御自然灾害	140500	24.96
		D12 消浪护堤	756.2	0.13
	C2 防风固沙效益	D21 农田增产	249.2	0.04
		D22 沙地治理	41072.2	7.3
	C3 涵养水源效益	D30 蓄水效益	23857.3	4.2
	C4 保育土壤效益	D41 减少水土流失	55.9	0.01
		D42 减少土壤养分流失	3357.5	0.6
	C5 净化环境效益	D51 吸收二氧化硫	71.4	0.01
		D52 吸收氟化物	31.9	0.006
		D53 吸收氮氧化物	101.4	0.02
		D54 阻滞降尘	117.3	0.02
	C6 固碳释氧	D61 吸收 CO_2	50621.9	9.0
		D62 释放 O_2	75932.9	13.5
	C7 热力效益	D70 太阳能转换	168.6	0.03
	C8 生物多样性保持效益	D80 保护生物多样性	1387.1	0.25
	C9 森林游憩效益	D90 森林生态旅游	10740.6	1.91
B2 经济效益	C10 活立木生产效益	D100 活立木生产	9835.8	1.75
	C11 林副产品生产效益	D110 薪材供给	3814.6	0.68
	C12 近海渔业支持效益	D120 近海渔业支持	2664.5	0.47
B3 社会效益	C13 就业增收效益	D130 劳动力转移	191924.7	34.1
	C14 改善投资环境	D140 投资环境改善	36.1	0.006
	C15 科教文化效益	D150 文化教育宣传	5547.4	0.99

4.2 投资回报分析

根据《广东省沿海防护林体系建设工程规划(2006～2015年)》，沿海防护林体系建设二期工程总投资为42.48亿元。其中，工程建设直接费用(包括示范区)37.87亿元，占工程总投资的89.1%；科技支撑费、前期工作等其他费用和工程预备费共4.61亿元，占10.9%(见图2)。

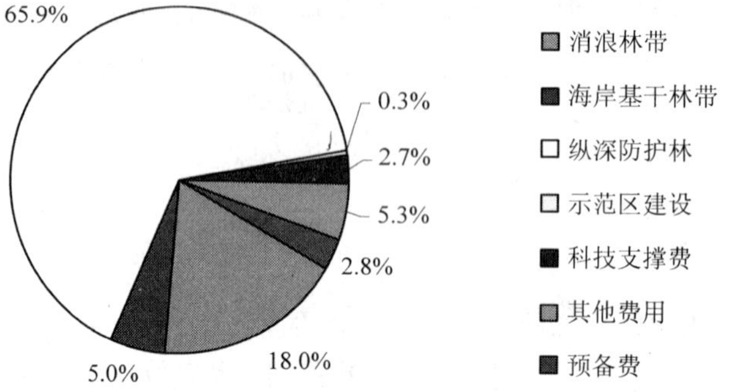

图2 广东沿海防护林二期工程建设分项投资示意图

平均年投资总额4.248亿元。据此计算，广东省沿海防护林体系建设二期工程年均投资效果系数为13.25。并且，此年均投资效果系数分别是2006、2007、2008年5年以上长期贷款利率的1.86357、1.6922、2.2306倍。因此，此项工程从成本效益的角度分析，在经济上具有可行性。

5 结论与讨论

本文研究表明，在严格依照二期工程规划的建设水平下，广东省沿海防护林体系二期工程建设的综合效益将达到56.3亿元/年，投入产出比为1: 13.25。因此，在现阶段进行沿海防护林体系建设，具有生态上的必要性和经济上的可行性。

但是，本文的计量过程始终坚持较为保守的评价思路，加上在目前自然科学发展水平下，人类对森林资源的服务功能的认识仍不全尽，部分已认知的效益功能，也由于技术手段的限制而无法进行评价，比如促淤造陆、维持营养物质循环等，最终的计量结果也是一个低于实际的保守值。此外，虽然本文严格依据研究的权威性和对广东地区的适用性两条原则选用参数，但来自不同实验系统、标准下的数据可能使评价结果有所偏差，影响其准确性。

参考文献

[1]广东省林业局．广东省沿海防护林体系建设工程规划(2006～2015年).2008，6.
[2]韩维栋，高秀梅，卢昌义，等．中国红树林生态系统的生态价值评估[J]．生态科学，2000(1)：23－29.
[3]郭清和．广州市城市森林服务功能及价值研究[D]．中南林学院，2005，4.
[4]陈君．海南岛沿海防护林生态系统服务功能价值估算及实现[D]．热带农业大学，2007，7.
[5]胡海波，张金池，鲁小珍．我国沿海防护林体系环境效应的研究[J]．世界林业研究，2001，14(5)：37－43.

基于生态税的市场竞争均衡分析

华志芹　温作民

（南京林业大学经济管理学院，南京 210037）

摘　要：单一的生态税政策在解决外部性问题时并没有实现帕累托最优，本文从分析生态税的替代效应入手，建立价格产量模型分析生态税的激励竞争机制。利用两阶段博弈模型分别分析私人市场主体在生态税的征收阶段与返还阶段的市场均衡生产量。通过分析可知，市场的均衡产量与生态税正相关，生态税替代效应引起的私人市场均衡产量变化越大，生态税总收入越高，同时返还阶段产生的竞争越激励，导致市场均衡产量越高，从而实现了帕累托改进。

关键词：生态税；替代效应；竞争均衡

The analysis of a market competitive equilibrium for eco-tax

Hua Zhiqin　Wen Zuomin

(College of Economics and Management, Nanjing Forestry University)

Abstract: Eco-taxes used independently can not remain Pareto optimality, this paper based on the substitution effect of eco-taxes, established price-quantity model and analyzed the market competition mechanism motivated by eco taxes. It emphasized the equilibrium quantities of two-phases game competition which are known as the eco – taxes levying phase and restitution phase. It concluded that the equilibrium quantity has a positive relation with eco-taxes, also the larger the gape of equilibrium quantity resulted from substitution effect of eco-taxes, the more eco – taxes were levied. It indicated that the substitution effect promotes the equilibrium quantity of market and realized the Pareto optimality improvement.

Key words: eco-tax; substitution effect; competitive equilibrium

1　研究背景

通过征收生态税（碳税）弥补经济发展对生态环境破坏的外部不经济，是来源于福利经济学家 Pigou 的外部性理论。继丹麦、瑞典、法国、德国、爱尔兰、芬兰、英国等国实施了生态税政策之后，国内外主要围绕生态税对经济、社会、环境的影响展开研究。Jocob klok，Anders Larson(2006)[1]通过调查表明，丹麦社会公众对生态税制改革接受程度比较低，原因是部分公众怀疑“绿色”税被超卖，怀疑政府征收绿色税仅仅为增加财政收入，以绿色税取代企业的劳动力税收，针对这种情况，政府清楚地公布并强调绿色税的财政支出情况与目的是提高公众接受程度的关键。Christian Beuerman，Tilman Santarius(2004)[2] Simon Dresner，Atim Jackson ，Nigel Gilbert (2006)[3]同样从政府、市场经济组织、会公众角度分析得出生态税在德国和英国的较低的社会接受程度。Peter Clinch，Louise Dunne(2006)[4]从信息不对称、对政府的不信任、政策的执行力弱、政府结构、宏观经济环境、生态税对经济竞争的影响、部门不平衡、累退性、税收弹性、生态税的市场营销等方面分析了生态税制改革的阻碍因素。Paul Ekins and Stefan Speck

(1999)[5]研究了生态税对市场经济的竞争力影响，指出对环境依赖程度强的企业免税或者优惠税政策是以牺牲社会进步机会为代价的，生态税可以通过国际贸易手段，合理的税收 - 补贴政策，降低资本 - 劳动的扭曲性税收而提高市场竞争力。汪曾涛(2009)[6]从碳税的税负归宿角度比较我国农村与城镇居民的碳税累退效应，对不同收入群体的福利影响，因而开征碳税应当兼顾经济公平性与减排效率的双重目标。蔡博峰，杨姝影(2009)[7]详细介绍了日本的碳税方案的主要内容，包括碳税征收的对象、范围、征收环节、税率、税收、家庭负担、税收减免措施以及主要的配套措施，如道路特定财源，汽车购置，建筑节能，以及其他税收的减免等，为我国制定碳税方案提供借鉴。张明文，张金良(2009)[8]从实证角度研究了碳税对经济增长，能源消费以及收入分配的影响，结果表明碳税有利于我国大部分省市的经济增长，并且对化石能源替代率较高的东南部经济发达的省市而言，碳税有利于激励企业减少化石能源的消耗，从而实现减少二氧化碳排放的目标。樊纲(2009)[9]在研究碳价的市场定价机制中指出三步走战略：逐步取消能源补贴，确定较低的碳税税率，逐步建立拍卖制度下的碳排放权分配方式。苏明等(2009)[10]利用可计算一般均衡模型从静态与动态两方面分析了碳税对宏观经济，碳排放量，各产业的价格与产出量的影响，得出的结论是碳税将使 GDP 下降，投资与可支配收入下降，碳排放量下降，而且随着碳税税率越高，对经济的负面影响更大。魏远涛，格罗姆斯洛德(2002)[11]利用中国可计算一般均衡模型分析碳税的经济效应，研究结果也同样表明了征收碳税将使经济发展状况恶化，但碳排放量可以较大幅度的降低。

从国内外学者对生态税或者更具体的碳税研究中可以得到以下的启示：征收生态税可以有效将外部性内部化，因此征收碳税减少二氧化碳排放是有效的经济手段。但是生态税的征收对经济发展的负面影响，以及社会公众对生态税的接受程度依赖于生态税的征收后的政府财政转移支付，税收减免优惠政策，以及对低收入群体的补贴等政策，因此生态税不能作为单一政策实施。本文即在此基础上从理论上探讨碳税激励生态市场形成的可行性。主要的思路是生态税的替代效应，使得市场处于非帕累托最优状态，生态市场捕捉到了价格之比不等于边际转换率之比信息，因而通过生态市场的两阶段博弈竞争使得再次达到市场均衡状态。本文主要的分析方法是基于库诺特产量模型，引入生态税变量的博弈模型的构建以及纳什均衡的求解分析。

2 生态税的替代效应

虽然政府为扩大财政收入希望扩大生态税的收入效应，但是从需求弹性角度分析，缺乏价格弹性的商品征收生态税只能带来社会福利的降低。因此政府对基础产业例如电力部门，往往采取免征生态税的政策，但直接造成了产业间的成本差异，产生的后果是在能源消费需求量相等的情况下，消耗电力资源较多的企业相比较消耗较少电力资源的企业具有成本优势，理性的生产者都将选择具有成本优势的行业，因而可能出现电力资源的需求量快速增长，间接引起电力资源对其他能源的替代效应。

为简化分析在商品具有完全需求价格弹性的条件下，生态税的替代效应将导致市场均衡的改变，从消费者剩余角度解释生态税替代效应：假设生态税对两种商品的价格影响是极端的情况，A 产品的价格在由 P_A 增加为 $P_A(1+T)$，B 产品的价格没有受到生态税的影响仍然为 P_B，A_B 产品互为竞争性产品，因此个人的预算约束方程 Y 应当表示为：

$(1+T)\times P_AX_A+P_BX_B=Y$，即预算线的斜率变为 $\dfrac{(1+T)P_A}{P_B}$，总能找到一条无差异曲线与预算线相切，即此时的边际消费替代率为预算线斜率，如图 1 所示，征收生态税之后，P_A 价格增加引起的消费需求量减少，但 P_B 消费需求量没有变化，因而预算线 L_2 向内旋转，同样也能找到无差异曲线 I_2 与 L_2 相切于 E_2，但相比较于 L_1 与 I_1 的切点 E_1，如果 E_1 是边际消费替代率与边际技术替代率相等的帕累托最优状态，那么 E_2 肯定不是最优解。如果剔除税收的收入效应，即作一条平行于 L_2 的补偿预算线 L_3，那么与无差异曲线 I_1 的切点 E_3 就代表了由生态税的替代效应引起了帕累托最优状态的偏离。

生态税的替代效应本质上是由于消费者根据价格变化引起消费量的变化，从而通过效用变化重新获得市场均衡。当价格之比不等于边际效用之比也不等于替代率时，为了实现消费者剩余减少的程度最小，消费者只能减少消费量。如图 2 所示，A 的消费量由 Q 减少至 Q'，B 的数量变化方向不定，消费者

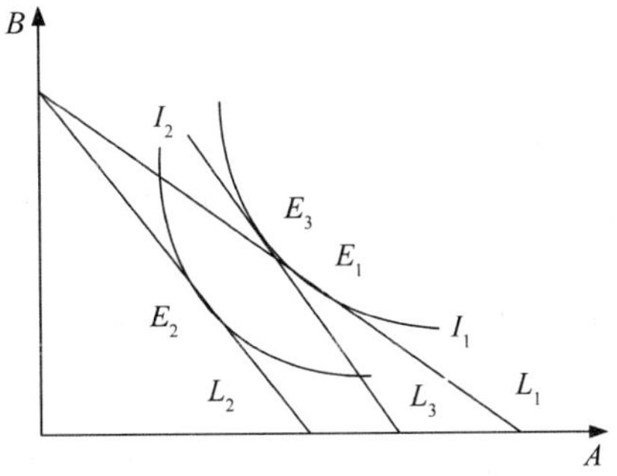

图 1　生态税替代效应

的总效用水平降低，A 产品在需求曲线上的向上移动减少了消费者的剩余。

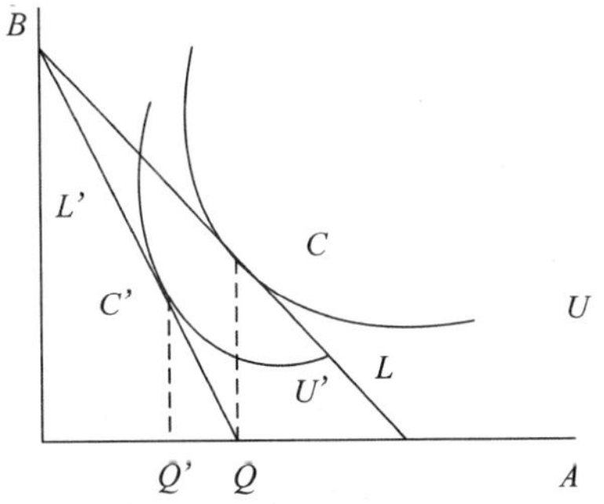

图 2　价格变动对均衡的影响

从图 1 中可以进一步得出，E_1，E_3 连线的斜率 $\ell \in (\frac{P_A}{P_B}, \frac{(1+T)P_A}{P_B})$，随着 ℓ 的增大，替代效应越大，那么对于生产者而言，生态税的替代效应是否降低收益损失还需要判断 A、B 的供给弹性，如图 3 所示。

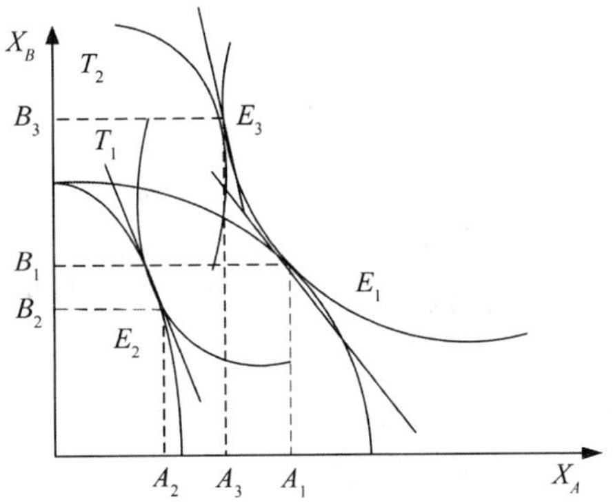

图 3　生态税的替代效应引起供给产量变化

不考虑收入效应的前提下，生产者在生产可能性曲线 T_1 下的 X 产量为 A_1，B 产量为 B_1，但生态税的替代效应使得产量变为 A_3、B_3，如果 A、B 的供给弹性都较小，A 价格的上升不会引起较大的 A 供给量的上升，B 价格的相对下降也没有引起 B 供给量的减少，那么征收生态税的作用被弱化，生产者的收益可能没有减少反而增加。如果 A 是完全具有供给弹性，但是 B 缺乏供给弹性，那么生产者还是可能通过增加 A 的生产量提高收益(在此假定生态税完全通过提高价格转嫁给消费者)。相反 A 缺乏供给弹性，但 B 富有弹性，B 相对价格的下降使得 B 的供给量减少，A 基本保持产量不变，因而生产者的收益可能减少。从以上的分析中只能得出生态税的替代效应对生产者的收入效应是不确定的，但生态税能够影响需求量从而改变市场均衡。下面从博弈论角度分析如何充分发挥生态税的替代效应激励市场竞争。

3 生态税的博弈竞争机制

生态税改变了市场价格，但对各市场生产者的收益影响不同，如果生态税的收入以补贴方式返还给生产者，那么各市场主体出于最大化利益的动机会有两阶段的博弈行为：第一阶段，生态税的征收类似于市场私人提供公共产品的博弈竞争情况，即使各生产者都希望获得最大化的收益，减少生态税的缴纳，但是竞争均衡产量使得生态税收入最大化。第二阶段，生态税总量一定的情况下，争取获得较多的补贴，以提高收益。这一阶段的博弈是在信息不完全条件下，各市场主体根据价格变化改变产量的竞争行为。

以下对两阶段的博弈模型进行分析，为简化计算过程，运用库诺特产量模型进行分析，Q_i 表示第 i 个企业的生产量，$C(Q_i)$ 代表 i 企业的成本函数 $P_T(Q_1,Q_2)$ 即表示实施生态税后的市场价格，而且该价格是由市场主体的博弈竞争性产量 Q_1，Q_2 共同决定，第一阶段生产者的价格产量模型表示为：

$$\begin{aligned}\Pi_1 &= P_T(Q_1,Q_2)\times Q_1 - C_1\times Q_1\\ \Pi_2 &= P_T(Q_1,Q_2)\times Q_2 - C_2\times Q_2\end{aligned}\tag{1}$$

生态税的最大化问题即是求解式(1)的产量纳什均衡解。对 Q_1，Q_2 分别求导：

$$\begin{aligned}\frac{\partial\ \Pi_1}{\partial\ Q_1} &= P_T(Q_1,Q_2) + Q_1P_T{}'(Q_1,Q_2) - C_1 = 0\\ \frac{\partial\ \Pi_2}{\partial\ Q_2} &= P_T(Q_1,Q_2) + Q_2P_T{}'(Q_1,Q_2) - C_2 = 0\end{aligned}\tag{2}$$

设征收生态税之后的市场价格表达式为：$P_T = a - \delta(q_1+q_2)$，$\delta$ 为生态税引起的替代效应后对产量的变化。成本函数为：$C_1(Q_1) = \delta c_1q_1, C_2(Q_2) = \delta c_2q_2$，代入并化简(2)得到如下的表示式：

$$\begin{aligned}\frac{\partial\ \Pi_1}{\partial\ Q_1} &= a - \delta(q_1+q_2) - \delta q_1 - \delta c_1 = 0\\ \frac{\partial\ \Pi_2}{\partial\ Q_2} &= a - \delta(q_1+q_2) - \delta q_2 - \delta c_2 = 0\end{aligned}\tag{3}$$

反映函数为

$$\begin{aligned}q_2{}^* &= \frac{a - 2\delta q_1 - \delta c_1}{\delta}\\ q_1{}^* &= \frac{a - 2\delta q_2 - \delta c_2}{\delta}\end{aligned}\tag{4}$$

解(4)得到纳什均衡为：$q_2{}^* = \dfrac{a - 2\delta c_2 + \delta c_1}{3\delta}$，$q_1{}^* = \dfrac{a - 2\delta c_1 + \delta c_2}{3\delta}$ 也就是说生态税的替代效应影响了博弈行为，同时根据生产成本的差异，私人的产量与成本呈反比关系，与他人成本呈正比关系，但权重系数是 2∶1。生态税总量达到最大时，私人市场主体的利益为分别为：

$$\Pi_1 = [(\delta-1)c_1 + \delta c_2 - a]\times\frac{a - 2\delta c_1 + \delta c_2}{3\delta}, \Pi_2 = [(\delta-1)c_2 + \delta c_1 - a]\times\frac{a - 2\delta c_2 + \delta c_1}{3\delta}$$

当市场处于均衡状态时，$q_1* = q_2*$，可以求出 $Q_E{}^* = \dfrac{a-\delta c}{3\delta}$，$P_e{}^* = \dfrac{2a + c\delta}{3}$，$C_T = \dfrac{ac - \delta c^2}{3}$，从而间接可以求得两个企业被征收的生态税为：$T = \dfrac{2(a-c)^2}{9} - \dfrac{4(a-\delta c)^2}{9\delta}$。

第二阶段，政府对定量的生态税以一次性转移支付的形式补贴给不同的私人市场生产者，因而私人在基于利益最大化前提下，又出现了根据价格变化调整产量的博弈行为。假设：私人生产者的收益函数调整为

$$\Pi'_i = P(Q_i{}') \times Q_i{}' + T_i(Q_i{}')\ (i=1,\ 2)\tag{5}$$

式中，$P(Q_i{}')$ 表示补贴生态税之后的产量下的价格，$T_i(Q_i{}')$ 表示调整产量后所得生态税补贴，在

约束的条件下，即

$$T_1(Q_1') + T_2(Q_2') = T \tag{6}$$

为计算简便，仍然用上文分析的线性函数表达式，但根据生态税的返还，修正表达式为 $P = a + T - (q_1' + q_2')$，并根据约束条件，假设

$$\begin{aligned} T_1(Q_1') &= \frac{\alpha}{\alpha+\beta} T q_1', \\ T_2(Q_2') &= \frac{\beta}{\alpha+\beta} T q_2' \end{aligned} \tag{7}$$

式中 $\frac{\alpha}{\alpha+\beta}, \frac{\beta}{\alpha+\beta}$ 表示生态税返还的比例，通过拉格朗日方程，λ 为拉格朗日系数，求解该模型的一阶条件，并得到反映函数

$$\begin{aligned} q_1' &= \left[a + T + (1-\lambda)\frac{\beta}{\alpha+\beta}T\right] - 2q_2' \\ q_2' &= \left[a + T + (1-\lambda)\frac{\alpha}{\alpha+\beta}T\right] - 2q_1' \end{aligned} \tag{8}$$

从经济上解释为生态税补贴后，他人的产量减少一半，那么生产者本人能增加一倍的产量，求解式(8)纳什均衡解修正为：

$$\begin{aligned} q_1'^{*} &= \frac{a + T + \frac{2\alpha-\beta}{\alpha+\beta}(1-\lambda)T}{3} \\ q_2'^{*} &= \frac{a + T + \frac{2\beta-\alpha}{\alpha+\beta}(1-\lambda)T}{3} \end{aligned} \tag{9}$$

当 $q_1'^{*} = q_2'^{*}$，时可以求得 $\alpha = \beta$，表示生态税的补贴不受产量影响，平均分配可得到市场最优状态。透过该解不难看出，生态税总量越大，私人生产者的均衡产量越高，并且从生态税补偿正外部性的作用看，效果更显著。

4 征收生态税的均衡比较

征收生态税之前，库诺特产量竞争模型中可以得出为 $q_1 = \frac{a + c_2 - 2c_1}{3}, q_2 = \frac{a + c_1 - 2c_2}{3}$，当市场均衡满足 $q_1 = q_2$ 时，可得 $c_1 = c_2$，因而 $Q_e = \frac{a-c}{3}$；征收生态税之后的均衡产量为 $Q_e' = \frac{2a + (3-\lambda)T}{6}$，$T = \frac{2(a-c)^2}{9} - \frac{4(a-\delta c)^2}{9\delta}$。因此可以推导得出以下结论：当 $T \geqslant \frac{-2c}{3-\lambda}$ 时，征收生态税之后的均衡产量不小于没有征收生态税之前的均衡产量，由于 $\lambda \in (0,1)$，而且 T 大于 0 恒成立，因此生态税的征收与返还两阶段的竞争均衡比没有征税时的市场均衡更优。

5 结论

从上述分析中可以得到以下结论：生态税征收引起的替代效应将通过私人市场生产者的博弈行为形成市场均衡状态，但此时已经偏离了帕累托最优状态，政府通过生态税的返还制度，激励私人市场生产者再次根据补贴后的价格修正产量，再次形成市场的均衡，在一定意义上，生态税两阶段模型确定的市场改进了生态税引起的帕累托有效性的偏离，并且很明显生态税总量越大，市场的均衡产量越高，私人市场生产者对利用市场机制修正生态税的价格扭曲性的意愿更强，因而生态税的征收与返还制度正是利用了生态税收的替代效应实现了市场竞争性价格机制的作用。

参考文献

[1] Jocob klok, Anders Larson, et al. Ecological tax reform inDenmark: history and social acceptability. Energy Policy, 2006, 34: 905 –916.

[2] Christian Beuerman, Tilman Santarius. Ecological tax reform inGermany: handling two hot potatoes at the same time. Energy Policy, 2004, 34: 917 –929.

[3] Simon Dresner, Atim Jackson, Nigel Gilbert: History and social responses to environmental tax reform in theUnited Kingdom. Energy Policy, 2006, 34: 930 –939.

[4] Peter Clinch, Louise Dunne: Environmental tax reform: an assessment of social responses inIreland. Energy Policy, 2006, 34: 950 - 959.

[5] Paul Ekins and Stefan Speck: Competitiveness and Exemptions From Environmental Taxes inEurope. Environmental and Resource Economics, 1999, 13: 369 –396.

[6] 汪曾涛. 基于我国碳税税负归宿的税收政策研究[J]. 商业时代, 2009, (12): 95 –97.

[7] 蔡博峰, 杨姝影. 日本碳税方案勾勒低碳蓝图[J]. 环境保护, 2009, 71 –73.

[8] 张明文, 张金良. 碳税对经济增长、能源消费与收入分配的影响分析[J]. 技术经济, 2009, 28(6): 48 –51.

[9] 樊纲. 用市场手段撬动低碳经济发展——对碳定价市场机制的研究[J]. 中国经济导报, 2009-12-12.

[10] 苏明, 傅志华等. 我国开征碳税的效果预测和影响评价[J]. Environmental economics, 2009, 23 –27.

[11] 魏远涛, 格罗姆斯洛德. 征收碳税对中国经济与温室气体排放的影响[J]. 世界经济与政治, 2002(8): 47 –49.

江苏省平原林业建设及其生态补偿模式研究

贾卫国

（南京林业大学经济管理学院）

摘　要：本文在林业生态建设模式影响因素分析的基础上，分析了江苏平原林业生态建设中的自然环境和社会经济因素，提出了江苏平原林业生态建设模式的选择，即：农田林网建设、沿海沿江防护林、村庄绿化及四旁建设和城市林业与景观林业等模式。并在此基础上，提出了绿色江苏建设中森林生态补偿机制建设的总体思路和基本原则；对森林生态补偿的方式、对象和标准进行了设计。并根据生态作用的不同，从资金来源、补偿对象、补偿方式、补偿标准、补偿内容等方面，针对江苏林业建设的不同模式构建了不同的补偿模式。

关键词：平原林业；生态补偿机制；模式；江苏

The Selection of Ecological Construction Pattern of Plain Forestry in Jiangsu Province

Jia Weiguo

（College of Economics & Management, Nanjing Forestry University）

Abstract: This paper analyzed the nature resource & environment and social & economic conditions in the ecological construction of plain forestry in Jiangsu Province, based on the analyze of the impact elements of forestry ecological construction. The Selection of Ecological Construction Pattern of Plain Forestry in Jiangsu Province was proposed in this paper, such as pattern of agroforestry, pattern of shelter belt along Yangzi River & seashore, pattern of virescence of village, and pattern of city forestry & landscape forestry, etc. And based on the description of ecological construction mode, the principles and rules of forest eco – compensation mechanisms in the construction of green Jiangsu were proposed in this paper. The manners, the objects and the standards of eco – compensation mechanisms have been designed in this paper. And according the model and functions of forestry construction of green Jiangsu, different pattern of eco – compensation mechanisms have been put forward at last. These pattern were different from each other in fund ' s sources, compensation object, compensation manner, compensation standards and compensation contents..

Key words: plain forestry; eco – compensation mechanisms; pattern; jiangsu province

1　林业生态建设模式选择的因素

林业生态建设模式由区域内的生态功能需要和可能性决定，而区域内的生态功能需要和可能性主要

作者简介：贾卫国，南京林业大学经济管理学院，博士、副教授、系主任，研究方向：林业经济与政策、资源与环境经济。通讯地址：南京市龙蟠路159号，Email：jwgnfu@yahoo.com.cn　电话：025－85485008

受自然环境条件和社会经济条件决定。由区域生态环境要素、生态环境敏感性与生态服务功能空间分异规律决定的。根据主要生态环境问题的形成机制，分析可能发生的主要生态环境问题类型与可能性大小，明确主要生态环境问题可能发生的地区范围、程度以及生态环境脆弱区[1]。因此 一个林业生态建设模式区域的生态功能定位是由该区域的自然环境条件和社会经济条件决定的。

自然环境是由气候、水文、地貌、岩石、土壤和生物等诸因子综合而成。每一地区每一块林地都是诸因子相互联系、相互制约的自然综合体。所谓自然环境的影响就是指各地区自然综合体的影响[2]。自然环境的综合差异也决定了不同地区生态供给的可能性和生态建设模式的差异。自然环境中主要受气候资源(主要是光照、温度和降水)、地貌和土壤、动植物资源及植被、土地资源。这些因素决定了一个区域的自然环境条件和可能的环境生态供给能力[3]。

决定一个林业生态建设模式和区域生态功能定位另一个重要因素就是社会经济文化条件。区域的经济发展水平决定了对生态环境的需求水平以及生态环境经济供给能力，人口因素是影响环境的重要的因素。同时经济地理位置也是重要的影响因素，在一定的条件下，经济地理位置能有效地吸引投资。一方面对环境和生态形成压力，也会形成环境和生态的需求，并产生一定的供给能力[4]。

2 江苏平原林业生态建设的影响因素分析

对于林业生态建设模式一般都是根据自然环境因素所决定的生态区位以及社会经济发展的因素所形成的对生态环境建设的要求和环境应该具备的生态功能两个方面来分析[5]。

2.1 江苏自然环境区域差异

自然环境条件是决定一个区域的林业生态建设模式的首要条件。自然环境因素通常包括气候、地貌和动植物资源分布等[6]。

2.1.1 气候区域差异

江苏全省气候具有明显的季风特征，处于亚热带向暖温带过渡地带，大致以淮河—灌溉总渠一线为界，以南属亚热带湿润季风气候，以北属暖温带湿润季风气候。南部宜溧山地和太湖滨湖丘陵，还带有中亚热带的某些特征。春季升温西部快于东部，东西相差 4 ~7 天；秋季降温南部慢于北部，南北相差 3 ~6 天。全省光能资源丰富，苏北略高于苏南，夏、秋、冬三季较丰而春季较缺。雨热同期，降雨和径流年内分配主要集中在 6 ~9 月份作物旺盛生长期内。这一时期的雨量占全年的总量，江南 50% 左右，江淮之间 60% 左右，淮北接近 80%；这一时期的径流量占全年的总量，江南为 50% ~70%，江北为 80%，丰沛地区达 90%。因受海洋潮湿气流影响，蒸发力明显自东向西递增[7]。

表 1 江苏气候的区域差异

气候特征因子	江苏南部	江苏北部
年平均气温	16.0℃	13.2℃
无霜期	258 天	207 天
活动积温	5400 ~5700℃	4760 ~5300℃
降水量	780mm	1160mm
径流深	400mm	400mm

2.1.2 地貌与土壤地理区域分布

江苏地处长江三角州，平原辽阔，境内地势平坦，无崇山峻岭，而湖泊众多，水网密布海陆相邻。省境除北部边缘、西南边缘为丘陵山地，地势较高外，其余则自北而南为黄淮平原、江淮平原、滨海平原、长江三角洲所共同组成的坦荡大平原，位于连云港市郊云台山的玉女峰是全省最高峰，海拔 625 米。

江苏在广大的苏南太湖和苏北平原上是以河湖沉积物形成为主的平原土壤发生类型，苏北铜邳丘陵岗地以及向东延伸的云台山低山丘陵上所分布的棕壤、褐土，而长江两侧宁镇扬丘陵岗地，并向东延伸至茅山低山丘陵岗地所分布的黄棕壤、黄褐土，向东延伸至滨海平原低地，可见滨海盐土，接近海涂，海滩上有潮间盐土分布。在江北沿江一带的低山丘陵上可见花岗岩、砂页岩风化物发有的黄棕壤分类型；在长江两侧，均见有白垩纪火山喷发物形成的火山口及玄武岩体，经风化成土后，形成质地轻松的类似火山灰特征的基性岩土。在苏南沟谷中及丘陵底部，分布着多种类型的水稻土[7]。

2.1.3 动植物资源与土地资源

由于本省早经全面垦殖，天然植被基本已不存在，野生动植物资源也为数较少。但因地处过渡地带，作物、林木、畜禽、鱼贝的种类繁多，并经人工长期培育，品种资源较为丰富。据生物资源调查结果，全省高等植物有2350多种，其中主要植物854种。

表2 江苏土地类型

地貌类型	面积	比例
平原	7.06	68.8%
水域	1.73	16.9%
丘陵	1.47	14.3%
合计	10.26	100%

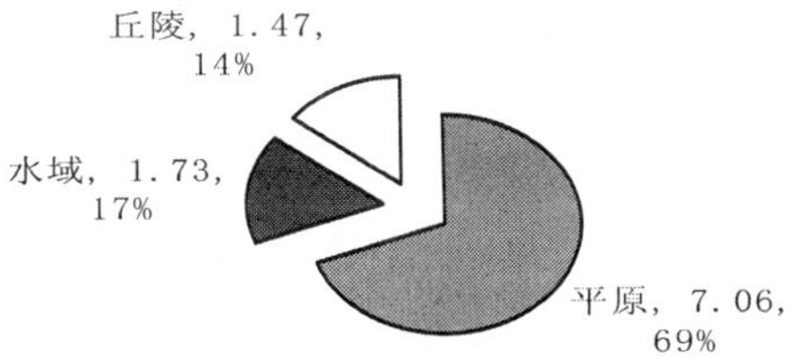

图1 江苏的地貌类型差异

全省15390万亩总土地面积中，耕地是主要部分，约占44.7%，耕地中：水田约占60%，旱地约占40%。耕地的质量较好，高产土壤约占20%，一般土壤约占50%，具有障碍因素的低产土壤约占30%。林地面积小，但四旁绿化、农田林网发达，森林覆被率达16.9%。成片林地的分布，以宁镇扬低山丘陵地区为最大，约占37%；其次为徐淮地区，约占17%[9]。

土地后备资源很少，今后可供新开发利用的，主要仅有海涂。本省海岸带北起绣针河，南至长江口北岸，岸线全长737.5km。其中粉砂淤泥质海岸约占海岸线长度的90%；砂质海岸和基岩质海岸仅分布于海州湾。据调查，全省沿海滩涂土地资源总计有978.09万亩。其中：潮上带389.50万亩(已围滩地275.32万亩，未围滩地114.18万亩)，潮间带398.33万亩，岸外辐射沙洲零米线以上面积190.26万亩。此外，内陆水面和滩荡、低山丘陵岗地、废黄河等河滩地等还有相当部分利用得不充分或不合理，尚有较大的开发利用潜力[8]。

2.2 影响江苏林业建设的社会经济因素

2.2.1 经济发展水平

(1)经济发展水平高，环境要求迫切

江苏是全国经济发达地区，虽然内部发展也不太平衡，但整体经济水平比较高，尤其苏南地区，经济发展水平居全国之冠。据统计数字显示，江苏省2008年GDP超过3万亿元，增幅12.5%。去年全年江苏省城镇居民人均可支配收入达18680元，比上年增长14.4%，扣除物价上涨的因素后涨幅为8.5%。农村居民纯收入增长12.1%，达到7357元。由于江苏经济发达，生活水平高，对环境要求高，对环境保护和生态建设要求迫切，林业建设和发展是建设绿色江苏的重要手段，有着良好的社会环境和基础，同时发达的经济水平为林业发展和建设提供了资金保证[9]。

(2)城市密集，环境压力大

在经济迅速发展的过程中，江苏的城市速度明显高于全国水平，集镇分布较密，环境压力大。2008年江苏城市化率达54.3%。据推算，2008年末，江苏省城镇人口为4168.34万人，城镇人口占总人口比重达到54.3%。全省中心城市的框架进一步拉开，空间迅速拓展，规模不断扩大，实力明显增强，作为区域经济增长极的作用逐步凸现。南京、苏州、无锡、徐州、常州等特大城市发展势头良好，新区建设和老城改造同步发展，城市功能进一步优化；以大都市为核心形成的城市区域基础设施不断完善，城市的集聚和辐射能力进一步提高。江苏目前城市化已处于高速发展阶段，城市密集，环境压力大[9]。扬州获得了中国人居环境奖，常州旧住宅小区综合整治、南京明城墙保护项目获得了中国人居环境范例奖。国家园林城市行列、中国优秀旅游城市、全国环境保护模范城市等称号，对江苏进行城市林业建设和景观林业建设打下了良好的基础。

2.2.2 人口

江苏人口主要特点就是数量多，密度高。人口多，密度高，有其有利的一面，充裕的劳动力可成为创造物质财富、发展林业生产的重要因素。但是人口众多也形成人均自然资源相对数量过少，成为制约林业发展的重要因素之一；农村劳动力大量剩余，影响劳动生产率的提高。人口众多，各种非生产性的社会事业，如居住、教育、文化、卫生等所需开支巨大，相应减少了扩大再生产的投入。

表3 江苏人口区域分布

城市	南京	镇江	常州	无锡	苏州	南通	泰州	扬州	盐城	淮安	宿迁	徐州	连云港
面积(km^2)	6597	3843	4375	4664	8848	8001	6029	6638	14983	10030	8660	11571	7444
人口	624	268	342	518	691	789	501	470	800	510	515	906	466
人口密度	946	697	782	1111	781	986	830	708	533	508	595	783	626

根据江苏省统计局网站资料整理而得

3 江苏平原林业生态建设模式的选择

本着从客观条件出发进行规划和指导林业生产，充分考虑影响林业建设的光、热、水、土等自然条件因素和人口、经济等社会经济条件，根据不同地区的综合状况，统筹兼顾，分区实施，对江苏平远林业生态建设进行不同的模式选择，以充分利用光热水土资源，建立合理和谐的地区布局，有助于经济发展、产业结构调整和人居环境的改善。根据江苏的自然地理和社会经济条件以及林业生产特征和发展方向，在一定地域内的相似性和地域间的差异性，对江苏的平原林业建设分区划片进行，对不同的条件选择不同的建设模式，具体包括以下几种模式。

3.1 农田林网建设：防护与用材并重

该模式主要是在徐州、宿迁、沭阳等沿淮和黄河故道一带，属黄淮海平原的南缘部分，以黄泛平原为主，地势平坦，土层深厚；岗地和低山丘陵约占总土地面积的四分之一。该地带地处暖温带，水热条件稍次于本省其他农区，光照条件较好，多春旱、夏涝、秋旱，有时还有春霜和晚霜冻害。水系属淮、沂、沭、泗下游，并有洪泽湖、骆马湖和石梁河水库，但水量季节分配不平衡。土壤肥力一般都较低，盐碱、砂姜、包浆、飞沙等低产土壤面积极大。历史上长期多灾低产，工商业相对不发达，经济基础薄弱。由于该地区气候和土壤特点，农业生产建设需要营造防护林，因此需要进行农田林网建设。目前该地区的农田林网已经初具模样，杨树种植已经具备相当的规模并建立了初步的木材加工体系[8]。

该地区需要进一步发挥已有的林业建设的基础和优势，把农田林网和速生林建设相结合。森林的防护作用和提供木材并重，树种选择速生的高大乔木。对农田林网更新的木材进行加工，在木材加工上进一步加强技术的运用，提高产品的档次，提高加工规模，降低单产的资源耗用。目前林业的主要任务是完善防护林体系，加强林业技术的研究与应用，特别是种苗方面的研究，对杨树进行提纯复壮，选择更适宜的树种进行一定程度的混交，减少病虫害，更大程度的发挥防护作用。

3.2 沿海、沿江防护林：防护作用为主、用材为辅

江苏的海岸线有近1000km，沿海主要包括连云港、盐城和南通的部分县市。该地带地处北亚热带沿海地；水热条件尚好，但常有台风、冰雹、暴雨等灾害性天气影响。为成陆较晚的滨海平原，地形平坦。土壤普遍含盐，经长期改良，已有较大部分成为脱盐土或轻盐土。滩涂资源丰富，具有较大的开发

潜力。乡镇企业基础较薄弱。该区域受台风危害的频率较全省其他地区为大，无论是近海北上或是浙江登陆的台风，都对本区带来严重的危害。改善土壤条件和防止台风等灾害是本地区林业建设的主要目标。因此需要加速营造沿海防护林带。

江苏的沿江地区位于北亚热带中部，滨江近海，气候温和湿润，但有时受到台风袭击。属长江三角洲平原，地形较平坦，土壤有淤泥土和灰潮土两大类。土地类型复杂，包括通扬高沙土、沿江圩田、江北平原、江南高平原四类。沿江两岸人多地少，人口密度更大，城镇密集、经济发展水平高，环境压力大，对环境要求也高。因此在江苏的沿海地带、沿江区域的林业建设选择防护林模式，发挥森林的生态防护作用为主，主要是防风和水源涵养、固沙。因此在树种选择上主要选择深根性的高大乔木。

3.3 村庄绿化及四旁建设：景观、防护与用材效用共同发挥

这种模式选择主要在里下河地区，包括淮阴、扬州、泰州、以及南通、盐城、连云港的一部分。该区域位亚热带与暖温带过度地域的边缘区，已偏于北亚热带北部，气候温暖湿润。本区域光热资源比较丰富，匹配较好，地势除运西较高外，全区形成高差不大的碟形浅洼平原，内部河湖交错，水网密布。该区降水充沛，但稳定性差。台风、连阴雨和涝渍是主要自然灾害。本区适合农林复合经营模式，选择村庄绿化和四旁林业建设的庭院林业模式。林业建设把改善村庄的生态环境作为首要目标，以绿化为主，建设结构合理、经济林果、观赏树种、乔灌花草科学配置的村庄绿化体系。尊重农民的意愿，维护农民的利益，实现绿起来与富起来、美起来相结合，促进农民致富奔小康，鼓励和支持发展庭院林业经济，实现经济效益、社会效益、生态效益的有机结合。同时，加强对村庄森林资源、古树名木和绿化成果的保护，以实现生物多样性[10]。

3.4 城市林业与景观林业：生态和文化功能优先

该区域主要是长江以南、环太湖流域。由于工业化、城市化的进程加快，加之长期以来对河流资源环境缺乏有效管理和保护，区域内河网水系存在严重问题，水污染严重，水生态环境恶化。保护水资源，维护水生态，已经成为经济社会与资源环境协调发展的一个重大课题。该区域经济发达，对环境要求更高，结合城乡一体化的实现，该区域应建设以生态效用为主的生态公益林，选择城市林业与景观林业建设模式。在该区域内要确定城市林业的地位，综合规划和发展，广泛开展生态环境保护和城市林业重要性的宣传和教育活动，逐步建立城市林业公共教育制度，提高全社会对城市林业重要性的认识，鼓励全民和全社会参与城市林业建设和保护。目前在该区域内建立必要的机制，把城市林业建设纳入城市建设总体规划之中，并理顺管理体制，把林业部门纳入统一的管理体系，协调好林业、农业、园林、环保、城建、市政、国土、交通等各部门之间的关系，确保城市林业的健康有序的发展。在城市建设中建立节点、核、中枢、廊道、斑块等绿网的结构模式，相互间实现可达性、渗透性、均匀性、循环流动性、资源节约与效益最优化等功能；对城市的各种废弃地，包括垃圾填埋场、废弃采石场、矿山等的生态恢复技术；城市森林在内的城市绿地货币化计量核算，包括其对土地利用、环境改善、房地产的增值作用，以及在地产拍卖、交易中树木的附加值等。[10]

4 江苏森林生态补偿机制设计思路

4.1 指导思想

建立和完善江苏森林生态补偿机制，必须坚持科学发展观为指导，以推进绿色江苏建设，实现社会经济和环境可持续发展，分类补偿，充分发挥市场机制作用，不断完善政府对生态补偿的调控手段和政策措施，动员全社会积极参与[11]；完善补偿基金制度，通过补偿基金与生态税双轨运行，逐步过渡到生态税独立运行阶段；逐步建立公平公正、积极有效的森林生态补偿机制。

4.2 基本原则

4.2.1 分类补偿，因地选择

由于江苏各地林业生态建设模式不同，所发挥的生态效益和社会效益也不同，林业经营所取得的经济效益差别也很大，因此不同区域的不同的林业生态建设模式应该采取不同的生态补偿方式，区别对待、分类施策，在补偿手段、补偿额度上均应该有所区别。对于不是以生态和社会效益为主的，经济效益比较明显的林业经营，以间接补贴为主，相对的补偿标准也比较低[12]；对于以发挥生态效益和社会效益为主的，经济效益不明显、甚至没有的，以直接补偿为主，补偿标准也适当提高。对于江苏的林业建设，具体可以分为：农田林网补偿，沿江、沿海防护林补偿，村庄以及四旁绿化补偿和城市景观林业补偿。

4.2.2 先易后难，稳步推进

森林生态补偿机制是一项复杂的系统工程，政策性理论性很强，在具体的制定政策和实施过程中，应坚持先易后难，稳步推进的原则[13]。立足现实，着眼于解决实际问题，因地制宜选择生态补偿模式，不断完善现有各项政策措施，积极推广已有的成功经验，先进行试点，对于生态效益、社会效益明显的，补偿主体和客体比较容易界定的，比如沿江、沿海防护林，城市林业等先进行试点，再以点带面，稳步推进，慢慢的涉及那些既有生态效益又有经济效益的森林地块，寻找合适的补偿方式，如村庄绿化、农田林网等。逐步加大补偿力度，由点到线到面，努力实现生态补偿的制度化、规范化。

4.2.3 政府主导，多方并举

在江苏建立森林生态补偿机制中，在选择补偿的主体和对象时，应坚持权责一致、多方并举的原则。森林的经营者在森林经营过程中，提供了良好的生态环境供人们享用，就应该为此受到补偿。因为别人的森林经营而受益的群体也应该提供补偿资金，但森林的生态效益和社会效益的边界模糊，具体受益对象界定困难，一般作为公共产品提供，因此在补偿中要坚持政府为主导。补偿中政府扮演着重要的角色，它是最常见的补偿主体，政府补偿也是最重要的补偿途径，政府还必须制定一系列的规章制度来保障补偿机制的顺利实施。同时也应该积极探索利用市场机制的作用，积极引导社会各方参与，探索多渠道多形式的生态补偿方式，拓宽生态补偿市场化、社会化运作的路子[14]。

4.3 补偿方式选择

在绿色江苏建设中所要建立森林生态补偿机制，其补偿方式可以选择直接补偿和间接补偿。直接补偿主要是对林业经营者因为所经营的森林发挥了良好的生态效益和社会效益，根据其发挥效用的大小，给予直接的补偿。资金补偿是最为常见的补偿方式，也是最为直接的补偿方式。在现实操作中可形成例如补偿金、补贴、生态保证金(押金退款)、赠款等方式。这种补偿方式多用于主要发挥生态效益和社会效益的林分。间接补偿是为了更好的发挥森林的生态效益和社会效益，鼓励经营林业，进行林业生产和建设，补偿者运用物质、劳力和土地等进行补偿(即实物补偿方式)，解决受补偿者部分生产要素和生活要素，改善受补偿者的生产和生活条件，增强生产能力。间接补偿除实物补偿外，智力补偿也是常用的形式。通过开展智力服务，提供无偿技术咨询和指导，提高受补偿对象的技能与管理水平。

4.4 补偿标准和对象选择

生态补偿机制的核心在于补偿标准的确定，目前江苏对于生态公益林也实行补偿，2009 年江苏省生态公益林每亩生态效益补偿标准由 2008 年的 10 元提高到 15 元，并首次实现国家级和省级生态公益林全覆盖，补偿资金总计为 7798.5 万元，比 2008 增加 90%[15]。但还是显得标准太低，与森林发挥的效益和营林的成本比较相差太远，更不用说与森林发挥效益的价值相比，不能算补偿，最多只能算一点补助。而且目前补贴标准选择过于粗略，只要是公益林不分林分具体情况，补助没有区别，补助仅考虑森林面积，没有考虑生态发挥的情况，对鼓励林业生产、发挥森林多种效益不利。在绿色江苏建设中，森林生态补偿机制建设中，补偿标准应充分考虑补偿对象的林种、面积、蓄积、林木株数、资金投入等各方面因素，核算森林培育、管护成本，以及森林生态效益的价值，进行科学界定和计算，使得基本能反映其生态和社会效益，不同效益的应有所差别[16]，努力实现成本补偿并逐步实现价值补偿。在补偿对象上虽然2009年首次实现国家级和省级生态公益林全覆盖[6]，但是目前补偿的对象还是未能包括所有具有生态效益和社会效益的林木和林分。江苏的森林生态补偿应逐渐实现对所有林分进行补偿。

5 江苏森林生态补偿机制具体设计

5.1 沿江、沿海防护林的补偿

绿色江苏建设中的沿江、沿海防护林是江苏公益林的主要组成部分，防护作用大，生态效益明显。多需要高大乔木和深根性树种，对于采伐要求高，基本上不采伐，经济效益很小，但生态和社会效益发挥作用的范围大，应该是江苏森林生态补偿的首要对象。此类林分除作为公共产品，政府直接投资经营外，还应建立很好的补偿机制，积极引导社会资金进入。凡沿江、沿海非政府直接投资的林分均作为补偿对象[17]。补偿的资金来源按照事权划分来自于各级财政进行，补偿的标准应综合考虑树种、林龄、面积、蓄积等对防护作用大小有重要影响的因子以及营林管护成本等因素，以及防护林效益的价值[18]，不应仅仅以面积单项指标作为标准(目前每亩15元)。根据课题组对江苏射阳林场的防护林研究，测算其森林培育管护成本平均为625.21元/hm^2，其林木价值(由于禁伐而丧失的收益，即机会成本)为6341.88元/hm^2，其生态服务的价值为4.18万元/hm^2。但阔叶林、针叶林、经济林、混交林以及竹林各有所不同。补偿方式重点是直接资金补偿，并辅之以技术咨询指导、管理培训等间接补偿[19]。

5.2 城市林业与景观林业的补偿

城市林业与景观林业建设模式在富庶的苏南地区，该地区经济发达，对人居环境要求逐步提高，城乡差别不大，城市园林与林业建设结合在一起，林业建设以美化环境和调节小环境气候为主要目的，收益对象范围比较小，也比较直接。基本上不存在采伐，栽植、管护成本高。这种模式林业建设一般在区域内协调好林业、农业、园林、环保、城建、市政、国土、交通等各部门之间的关系，要在各项建设规划中进行设计进行。对于非政府投资部分给予补偿，补偿最低标准应考虑大于栽植营建的成本和管护成本，直至达到森林的生态价值，具体标准和数据还需要进一步研究确定。补偿方式主要是直接的资金补偿，在栽植营建阶段辅之以种苗、技术提供等物质补偿；由于收益范围主要局限于小区域范围内，故补偿的资金来源主要是地方财政[19]。

5.3 农田林网建设模式的补偿

在徐州、宿迁、沭阳等沿淮和黄河故道一带将农田林网和速生林营造相结合进行林业建设模式，尤其是以杨树为主要树种农田林网和速生林已经初具规模，以杨木为主的木材加工产业体系在该区域也已经形成。林业生产在获得生态和社会效益的同时，经济效益也比较明显。农户从事林业生产的积极性也比较高，对于该模式的绿色江苏的建设中的森林生态效益补偿，应该是以间接补偿为主，政府制定产业发展政策和规划，促进杨木加工产业健康发展，维护市场稳定，保障林业经营者的权利和经济效益。对林业生产提供技术咨询、指导以及提供管理咨询、市场信息等，这种间接补偿虽然补偿对象是整体的森林和林木，但具体的受益人不明确，每个受益人的收益程度不一定相等，更多的是从事林业生产享受的优惠和可能产生的经济效益。

5.4 村庄绿化及四旁建设的补偿

村庄绿化和四旁林业建设的庭院林业模式主要在里下河地区，改善村庄的生态环境是林业建设的首要目标，立体农业、立体林业的经营模式配置使得在森林经营中产生比较好的经济收益。林业建设使得建设者自身收益，不仅仅可以产生直接的经济效益，同时林业的生态和社会效益自身也是主要的受益者。这种模式的林业建设收益范围相对较小也比较具体直接，农户有从事林业生产的积极性。因此这种建设模式的森林生态效益的补偿亦以间接补偿为主，对农户提供立体农业、农林复合经营的技术知识和进行提高管理水平培训，注意市场引导和培育，使得农户经营林业和复合经营获取较好的收益，同样作为间接补偿具体的受益人和收益额度不明确。在间接补偿的同时并以提供种苗等进行直接补偿和补助。并对加强对村庄森林资源、古树名木和绿化成果等实现生物多样性的保护，给予直接的资金补偿[19]。

我国的生态补偿研究和实践尚处于起步阶段，森林生态补偿是一个复杂的政策性很强的系统工程，许多理论上十分清晰的问题在实际操作过程中往往会遇到不可逾越的障碍，但森林生态补偿是政府对林业外部性进行矫正的重要手段，绿色江苏建设中江苏必须逐步建立起完善的科学合理的森林生态补偿机制，以实现林业发展和生态环境的改变。前文笔者在绿色江苏建设不同建设模式的基础上提出了针对各种模式和各区域的森林生态补偿制度的设计思路和简单构想，到具体操作层面还需要做很多细致的工作；同时各模式和区域不可能严格分开，这更增加了具体的补偿操作难度，因此本文研究也只是一个初步的结果，供大家商榷。

参考文献

[1] 翟中齐著．中国林业地理概论——布局与区划理论[M]．中国林业出版社．2003.
[2] 周新年著．林业生产规划．北京科学技术出版社[M]．1994.
[3] 樊巍，李芳东，孟平．河南平原复合农林业研究[M]．黄河水利出版社．2000.
[4]苏鸿雁，徐斌等．达拉特旗林业生态建设模式与发展对策[J]．内蒙古林业．2007，12：10－11.
[5]范志浩．河池农村庭院林业生态建设模式探讨[J]．中南林业调查规划．2007，26(3)：36－38，47.
[6]彭勇强．安顺市林业生态建设几种主要治理模式[J]．黑龙江生态工程职业学院学报．2007，20(2)：7，17.
[7] 孙领，凌启鸿主编．江苏农业资源与综合区划[M]．江苏科学技术出版社．1989.
[8] 吕祥生，谢友超等．江苏省杨树产业现状和发展对策[J]．林业科技开发．2004，2：7－10.
[9] 江苏省统计局网站．统计公报．http：//www. jssb. gov. cn/jstj/tjsj/ydsj/．
[10] 贾卫国．江苏省平原林业生态建设模式的选择[J]．生态经济．2009，10：116－119.
[11]贾卫国，杨海荣．绿色江苏建设中生态调节税费的政策设计[J]．林业经济问题．2006，26(4)：339－342.
[12] 何勇，张健，陈秀兰．森林生态补偿研究进展及关键问题分析[J]．林业经济．2009，3：76－79.
[13]李文华，李世东，李芬，刘某承．森林生态补偿机制若干重点问题研究[J]．中国人口资源与环境．2007，2：13－18.
[14]郭亨孝．建立生态补偿机制必要可行——关于建立生态补偿机制、促进生态文明建设的思考之二[N]．中国绿色时报．2010－1－4.
[15] 严颢．江苏省生态公益林补偿标准提高[N]．新华日报．2009－10－12.
[16]田淑英，白燕．森林生态效益补偿：现实依据及政策探讨[J]．林业经济．2009，11：42－45，77.
[17] 梁丹．全球视角下的森林生态补偿理论和实践——国际经验与发展趋势[J]．林业经济．2008，12：7－15.
[18]贾卫国，聂影，薛建辉．碳循环理论对生态调节税费政策实施的作用[J]．林业经济问题．2004，24(1)：1－5.
[19] 贾卫国．绿色江苏建设中森林生态补偿机制设计．山西农业大学学报(社会科学版)．2010，9(4)：457－460.

莲华池地区生态教育、萤火虫季活动及湿地与溪流保育对森林小区之影响

吴俊贤　陈溢宏　许秋雁

（行政院农业委员会林业试验所林业经济组）

摘　要：小区林业之发展有多种途径，要朝向那种途径发展则应视小区的特性与主客观条件而定。在推动小区林业的项目中，溪流保育是很有潜力的发展模式，不但可以维护溪流及滨水生态系，又能发展生态旅游且活络地方经济，使原本老化、松弛的小区重生且团结起来。

南投县鱼池乡五城村于2002年成立“莲花池护溪保育发展协会”（以下简称“莲花池护溪协会”），从事小区内溪流保护工作，且于2004年起发动小区居民并结合乡公所及林业试验所莲华池研究中心，于4～5月萤火虫季节做赏萤游客车辆管制和环境生态解说教育。本研究于2008年针对“莲花池护溪协会”在林试所莲华池辖区附近小区推动的小区生态教育、及萤火虫季活动与溪流保育工作，其内容、成效、参与方式、对小区发展与影响等做游客访问调查。

调查结果显示“莲花池生态教育及萤火虫季活动”对当地小区的生态旅游及民宿产业经济是否有帮助，回答“非常有帮助”及“有帮助”者占96.42%。对参与“莲花池生态教育暨萤火虫季活动”会增加对自然保育的关心程度及生态观念的了解，回答“非常有帮助”及“有帮助”者占96.78%。明年再度重游的意愿及愿意推荐他人来莲华池赏萤，回答“非常愿意”和“愿意”者占91.40%。对此次赏萤之整体满意度，回答“非常满意”及“满意”者占95.88%。显示赏萤在该小区发展生态旅游上具有很大重要性及潜力。

关键词：萤火虫季；生态教育；溪流保育；小区林业；莲花池护溪协会

台湾林业经营与社会层面的原住民部落及山村小区至今尚未建立起良性互动，造成台湾林业经营之社会问题，包括反对所有的森林经营作业、反对全民造林运动、原住民还我土地运动、山区地方经济衰退、地方民众和林业机构冲突及紧张对立等现象。除了林业经营以外，其他天然资源经营也遭遇到类似问题。例如内政部营建署前拟公告成立“马告国家公园”，却遭受小区居民，尤其是原住民部落居民之反对，以致马告难产。因此，政府与地方小区居民如果无法建立起伙伴关系，则无法一起妥善经营管理台湾之天然资源。要解决林业经营问题之道可以参考国外林业先进国家经验，采用以小区为基础的森林经营，既能满足地方发展需求又可改善受过度开采危害的生态系。

而小区林业有许多定义，如广义言之即由小区控制林地以提供在地效益，此种控制形式是地方分权以及经营森林资源新型的伙伴关系建立（Masse，1995）。小区林业就是地方民众以各种方式参与自森林取得永续报酬的森林经营作业（Mallik and Rahman，1994）。小区林业就是小区直接且有意图的参与森林经营以便为小区取得效益（Egan et al.，2002）。小区林业，即指小区取向的林业经营；森林经营应掌握自然环境与社会价值的变迁，有效纳入小区民众意见，并与小区发展相结合；同时，管理机关与小区民众分享知识和资源，并且共同承担执行森林经营的责任和义务（杨宏志，2003）。小区林业其经营理念在于强调小区民众参与地方森林资源经营，与林业机关共同分担经营发展和维护管理责任并分享执行成果

通讯作者：Email：johnwu@ tfri. gov. tw

(王鸿浚、康文尚，2006)。

虽然小区林业有许多发展模式，但是促进公众参与、凝聚小区共识则是小区林业开始推动的成功要素。公众参与(public participation)依 Joint FAO/ECE/ILO Committee (2000)定义为："不同形式的直接公众参与，个人或经由组织团体的民众可以交换信息、表示意见及明确表达兴趣，且有潜力影响特定林业议题的决策与结果。"

在推动小区林业的项目中，溪流保育是很有潜力的发展模式，不但可以维护溪流及滨水生态系，又能发展生态旅游及活络地方经济，使原本老化、松弛的小区重生且团结起来。南投县鱼池乡五城村于2002 年成立"莲花池护溪保育发展协会"(以下简称莲花池护溪协会)，从事小区内溪流保护及生态保育工作，又自 2004 年起于萤火虫季节做环境生态保育的解说教育，并对赏萤游客、车辆做灯光、交通管制，以免破坏萤火虫之栖息与繁殖。本研究针对莲花池护溪协会在小区推动的小区生态教育、萤火虫季活动及溪流保育工作，关于其内容、成效、参与方式等问题对森林小区之影响做游客调查。期望以溪流保育面向为起始点，建立在地小区之参与机制并对地方经济有实质帮助，使小区林业落实且生根。

林业试验所莲华池研究中心位于南投县鱼池乡五城村境内，辖区内有天然阔叶林 269hm^2，植群以樟科、壳斗科为主，林相完整、植物丰富，原生植物约 600 种，生物多样性高，有莲华池柃木、莲华池山龙眼、莲华池谷精草、莲华池桑寄生、菱形奴草、桃实百日青、南投石栎等 20 余种珍稀植物。五城村是个山村，区内山坡起伏，溪流穿越其间，动物资源繁多，常见林间飞舞鸟类有白头翁、绿绣眼、五色鸟、红山椒、树鹊、红嘴黑鹎等，也可见大冠鹫展翅高扬的景观。蛙类有斯文豪氏赤蛙、金线蛙、莫氏树蛙、古氏树蛙、台北树蛙、腹斑蛙、黑蒙西氏小雨蛙、及竖琴蛙等 10 余种。其中特别值得一提的是竖琴蛙，其叫声"登、登、登、登"，类似拨弄竖琴弦的声音，细腻悠扬，目前台湾只有莲华池约不到 100只，属濒危物种；国外亦仅限琉球及大陆四川有少量残存。五城小区河川的上游有较多的马口鱼、台湾石宾鱼、溪哥，下游马口鱼较少，其他如虾子、泥鳅、吴郭鱼、鲤鱼等亦可见到(赖玉芳，2004)。

五城村境内有蛟龙溪、火培坑溪、合坑溪、水社水尾溪及旱溪，五条溪流汇合后名为五城溪，往下注入水里溪。五城村住户约 267 户，居民约 1000 人，75% 是客家人，多由新竹及苗栗地区迁移而来，为鱼池乡唯一的客家聚落(潘樵，2007)。过去五城村曾因造林、香茅油、香蕉、香菇、茶叶及槟榔的生产而获利，富裕了当地居民的生活，但至今五城村民已普遍感受到单纯依赖农业生存的困境，农产价格低落影响村民从事农业的意愿，对于政府所提倡的农业转型方向之一——生态旅游与休闲农业，则抱持相当大的期盼。五城村居民很早就有生态保育的观念，主要原因是近年来河川环境的严重破坏，造成溪鱼的大量减少，而森林的覆盖也逐渐由槟榔所取代，促使居民警觉溪流保育的迫切性(赖玉芳、廖学诚，2005a)。

五城村于 2002 年正式成立莲花池护溪协会，以环境美化为起点，逐步为小区发展寻求可行方向，期盼带领小区由农业生产转型为生态旅游及环境教育场所，解决小区农业发展困境及生态资源遭受破坏等问题，营造小区成为"森林生态休闲体验小区"。保护自然是发展生态旅游的基石，五城小区的环境行动正符合台湾今日社经发展的潮流，为观光发展的前景奠定基础。成立护溪协会让原本松散但有保育共识的一群村民成为成员较庞大、组织较完整的民间机构，也让护溪运动由日常生活聚会进行倡导的方式，有机会扩大办理生态教育活动，培养村民保育观念。而五城小区位于水里溪游憩系统，包括台湾的心脏——水力抽蓄发电、秘密花园——车埕小区、风华再现的木业遗迹、集集观光铁路及溪流生态观光等著名景点，其地理位置恰与周围观光区域连成一气，可吸引有兴趣体验田园风光、接受生态教育的客源(赖玉芳、廖学诚，2005a、2005b)。因进入五城村的联络道路方便，所以五城村可算是一个开放性的山村，相当方便邻近地区观光的游客进入(赖玉芳，2004)。

近年来，莲花池护溪协会积极推动生态工法，以维护溪流生态系及保育鱼虾。过去政府施工单位的野溪整治方式是将原本生态原始、河道宽广的溪流，用挖土机挖深河床，再用水泥铺平河底、缩小河道面积、筑高河堤，在此水泥化过程中已严重破坏河川生态与美丽景观。此外，根据五城小区居民的观察，就算河川整治未将河底铺上水泥，施工过程中溪流大石均会减少或遭挖除，导致溪中深潭水洼消失，溪中鱼虾无处可藏。而河川拦砂坝的修筑，溪中鱼虾被冲走后难以回流，溪鱼复育更加困难。由于小区内多数河段已水泥化与缩窄化，大雨一来河水下渗到土壤的机会减少，河川流速加快，溪鱼、泥沙及碎石较难留存，而旱季太长时又造成溪中水源不足，对于溪中鱼虾繁殖有相当负面的影响(赖玉芳、廖学诚，2005b)。

为了生态理念的坚持，护溪协会行文各政府单位，期盼各单位在村中进行溪流整治时能使用更趋于自然的生态工法，成为表达小区居民想法的发声台。为加强小区居民对溪流整治的参与，护溪协会于2003年6月集合小区居民过去的溪岸砌石经验，在蛟龙溪举办一次民众参与式的生态工法溪流整治工程示范，以累积民众参与溪流整治的经验(赖玉芳，2004；赖玉芳、廖学诚，2005a)。

为落实溪流保育，护溪协会于2003年1月之第二次会员大会中就决议申请五城溪上游至蛟龙溪、火培坑溪封溪，并设置封溪告示牌约10处。至于为何要封溪，护溪协会干部普遍表示，现在五城小区溪鱼数量较以往减少了许多，若再继续放任溪鱼捕猎则后果不勘设想，封溪的目的是希望取得溪鱼生态保育之法令依据，对进入封溪区域的猎捕者，进行强制取缔，并对进入封溪区域的溪流整治情况有一较有利的监控依据。藉由大约两年的严格禁止溪鱼补猎、溪流环境监控，让整个封溪区域的鱼虾丰富起来(赖玉芳，2004)。

五城村客家聚落位处偏僻，介于平地汉人与山地原住民接壤地带，自古以来民众即极为重视安全防御工作，青壮居民参与境内民防及义警甚为普遍，是故护溪协会的溪流巡守队员不只扮演环境资源巡查工作而已，更兼具小区守望相助维护治安之功效，此特色与其他地区的溪流巡守队极为不同(赖玉芳、廖学诚，2005a)。

居民认为过去林试所与五城小区居民的互动不多，甚至因为土地所有权纠纷与土地利用方式的理念不同而有冲突。在过去，穷乡僻壤的山区居民为求生活温饱必须大量开发山坡地，这样的开发行为与林试所强调生态保育的理念相冲突，因此当地居民与林试所的关系一直不好。但随着林试所近年来积极办理生态教育活动让当地居民参与，居民逐渐感受到政府研究单位不再是高高在上、不可亲近的。土地过度开垦造成山坡地边坡不稳定、具危险性，让居民体认林试所的保育观念的确对居民有利。再者，护溪协会的成立，显示小区居民环境资源的管理理念与林试所重视生态保育的方向一致，这样的发展让两者的关系变得相当密切(赖玉芳，2004)。此外，林试所近几年来在五城村做小区林业研究调查及办理小区林业座谈会，和当地居民与护溪协会干部已有许多访谈接触及沟通来往的机会，双方朝向更加建立良好的伙伴关系迈进。

萤火虫俗称“火金姑”、“火金星”、“火焰虫”，属于鞘翅目萤火虫科，全球有2000多种，台湾约有61种，属于完全变态昆虫，生长时间相当长，生命过程必须经历卵、幼虫，蛹及成虫四个阶段，幼虫期长达10个月，成虫的生命只有约20天。萤火虫分为水生、半水生、陆生三种，其生活需要干净、无污染的环境，是非常典型的环境指标生物。卵产于水边青苔或水草，甚至树枝上。卵孵化后水栖性之种类会爬向水中，陆栖性之种类则在潮湿地面上活动。幼虫以螺类、蜗牛、蚯蚓或其他昆虫为食物。过去台湾乡下地区晚上常可见萤火虫飞舞，随着社会环境发展与变迁，现在萤火虫已经越来越稀有了。萤火虫减少的原因很多，包括①生态环境改变，土地不当开发与超限利用；②农药的使用，杀死萤火虫成虫或幼虫及其食物(螺贝类)；③光害，人工光源扰乱萤火虫发光讯号及影响其交配；④不当整治山沟，水泥施工破坏栖地；⑤ 水污染造成环境劣化；⑥外来种之引入(杨平世，1998)；⑦人为补捉，使萤火虫族群数量减少。

自古有关萤火虫之诗词很多，如唐朝杜牧“秋夕”：“银烛秋光冷画屏，轻罗小扇扑流萤；天阶夜色凉如水，坐看牵牛织女星。”白居易“长恨歌”：“夕殿萤飞思悄然，孤灯挑尽未成眠；迟迟钟鼓初长夜，耿耿星河欲曙天。”台湾童谣如“火金姑”、“西北雨”亦均以萤火虫为题材。成虫通常在夜间或凌晨羽化，大多数种类雄虫在腹末有两对发光器，雌虫只有一对，体型一般为雄小雌大。每种萤火虫发光的颜色与频率都不同，其闪烁有特定的节奏，好像是其语言，用来交换与沟通讯息，具有交尾、诱集、警戒、恫吓、照明、伪装等目的。萤火虫成虫发光的颜色因种而异，有黄色、绿色、黄绿色及橙色等。像黄缘萤、黄胸黑翅萤会发黄色光；红胸黑翅萤会发橙色光；黑翅萤、端黑萤则会发黄绿色光(杨平世，1998)。

在台湾萤火虫成虫最多的季节往往是在晚春、初夏或秋天，以黄缘萤来说，成虫数量最多的月份是在每年的四月中、下旬到五月中旬及十月上、中旬。在台湾夏天虽然有许多萤火虫出现，但却不是数量最多的季节(杨平世，1998)。杜牧“秋夕”诗中的萤火虫即在秋季出现。

1 材料与方法

1.1 问卷设计与调查

1.1.1 问卷内容

本问卷设计共有两部分。第一部分针对小区生态教育暨萤火虫季活动、湿地及溪流保育工作的内容、成效、参与方式、小区发展等问题对森林小区的影响。第二部分受访者基本资料，调查受访者社经背景等个人特征数据。

1.1.2 问卷调查

本研究之抽样方法采用系统逢机取样法，于萤火虫季期间(97 年 4 月 11 日至 5 月 11 日)由林试所林业经济组派员至鱼池乡五城村赏萤地点进行抽样面访调查。经实际调查共得 575 份问卷，扣除无效问卷后，得有效问卷 558 份。

1.2 统计分析方法

本研究样本取得的数据属等级数据，故采用 Kruskal - Wallis 之单向等级变方分析法(one - way analysis of variance by rank)来检定受访者的差异性，利用 SAS 软件做统计分析。

社会经济特征包括性别、年龄、教育程度、职业、宗教信仰、其他环保团体成员、家庭月收入。由于受访者样本的社会经济特征中性别与职业两变量间、其他环保团体成员与职业两变量间、以及宗教信仰与家庭月收入两变量间都有高度的相关性，所以本研究受访者社会经济特征只选取年龄、教育程度、职业、家庭月收入 4 个变数。

2 结果与讨论

2.1 受访者基本资料叙述统计

根据回收的问卷进行描述性统计结果如下(如表 1)。

(1)性别。受访者中，男女比例 48 : 52。

(2)年龄。受访者年龄，以超过 50 岁者最少，占 11.65%。观赏萤火虫需步行近两公里的行程，年纪较高者可能较不适宜。

(3)教育程度。受访者之教育程度，以大学(专)学历者最多，占 63.26%，其次是高中(职)学历者，占 19.35%。

(4)宗教信仰。受访者之宗教信仰，以佛、道教最多，占 47.49%。

(5)职业。受访者之职业，以工商及服务业最多(52.15%)，其次是军公教(26.70%)。

(6)家庭月收入。受访者之家庭月收入高于 NT $ 70 000 只有 3 成，比较行政院主计处公布 95 年的资料①平均每户每年可支配所得 NT $ 1 099 739，显然偏低。

(7)环保团体成员。大部分的受访者不是护溪协会成员或其他环保团体成员(86.20%)。

表 1 受访者社会经济特征

社会经济特征	人数	百分比(%)
性别		
男性	267	47.85
女性	291	52.15

① 参考行政院主计处网页 http://win.dgbas.gov.tw/fies/doc/result/95/a11/77.xls，资料下载日期 1997 年 6 月 6 日。

（续）

社会经济特征	人数	百分比(%)
年龄		
20～29岁	126	22.58
30～39岁	228	40.86
40～49岁	139	24.91
超过50岁	65	11.65
教育程度		
国中及以下	8	1.43
高中(职)	108	19.35
大学(专)	353	63.26
研究所以上	89	15.95
宗教信仰		
基督教	36	6.45
天主教	9	1.61
佛、道教	265	47.49
其他	5	0.90
无	243	43.55
职业		
农、林、渔、牧	11	1.97
工、商及服务业	291	52.15
军公教	149	26.70
其他	107	19.18
家庭月收入		
少于NT$30，001	67	12.01
NT$30 001～NT$50 000	179	32.08
NT$50 001～NT$70 000	142	25.45
NT$70 001～NT$100 000	104	18.64
超过NT$100 000	66	11.82
其他环保团体成员		
是	77	13.80
否	481	86.20

2.2 “莲花池护溪协会”在鱼池乡五城村推动的小区生态教育、萤火虫季活动、湿地及溪流保育工作内容对森林小区之影响

游客调查问项资料经统计分析结果如表2。

表2 “莲花池护溪协会”在鱼池乡五城村推动的小区生态教育、萤火虫季活动、湿地及溪流保育工作内容对森林小区之影响

题目	百分比(%)				
	非常同意	同意	无意见	不同意	非常不同意
1. 是否需要本地区常见萤火虫的解说折页。	12.90	62.54	17.38	6.99	0.18
2. 除了萤火虫数据外，是否需要本地区其他蛙类、鱼类或蝴蝶类的数据。	16.67	60.39	17.74	5.20	0
3. 对萤火虫栖地外围环境整理暨安全措施满意程度。	25.81	61.47	7.35	4.84	0.54
4. 对本地区萤火虫季之车辆、灯光管制及安全巡逻满意程度。	29.21	53.05	8.96	7.53	1.25
5. 来此赏萤之整体满意度。	37.10	58.78	2.51	1.25	0.36

（续）

题　　目	百分比(%)				
	非常同意	同意	无意见	不同意	非常不同意
6. “莲花池生态教育暨萤火虫季活动”对当地小区的生态旅游及民宿产业经济是否有帮助。	41.94	54.48	2.87	0.54	0.18
7. 参与“莲花池生态教育暨萤火虫季活动”会增加您对自然保育的关心程度及生态观念的了解。	43.55	53.23	2.51	0.54	0.18
8. 此次赏萤后，明年再度重游的意愿。	39.43	51.97	6.09	2.15	0.36
9. 是否愿意推荐他人来莲华池赏萤。	49.28	45.88	2.51	1.61	0.72
10. 湿地保育对萤火虫复育、繁衍的重要性。	69.53	28.14	0.72	0.54	1.08

(1)对于是否需要本地区常见萤火虫的解说折页，受访者回答“非常需要”和“需要”者占75.44%(如表2)。受访者社会经济特征中所有变量在5%显著水平下，皆无显著差异。故举办类似活动时，应尽量提供充足的折页给游客。

(2)除了萤火虫数据外，是否需要本地区其他蛙类、鱼类或蝴蝶类的数据，受访者回答“非常需要”和“需要”者占77.06%。受访者社会经济特征中所有变量在5%显著水平下，皆无显著差异。游客对其他资源的数据及兴趣不亚于萤火虫，故未来有必要加强其他生物资源之解说数据。

(3)对萤火虫栖地外围环境整理暨安全措施，受访者回答“非常满意”和“满意”者占87.28%。受访者社会经济特征中教育变量在1%显著水平下，呈显著差异(P=0.0072)。“含高中以下”较能认同“莲花池护溪协会”之努力成果，回答“非常满意”和“满意”者(93.10%)比“含大学(专)以上”(85.75%)多7.35%。

(4)对本地区萤火虫季之车辆、灯光管制及安全巡逻，受访者回答“非常满意”和“满意”者占82.26%。受访者社会经济特征中所有变量在5%显著水平下，皆无显著差异。

(5)来此赏萤之整体满意度，受访者回答“非常满意”和“满意”者占95.88%，显示游客之整体满意度非常高。相较于本组96年萤火虫季(4月7日至5月13日)所做的游客调查整体满意度(“非常满意”和“满意”者占97.91%)仅略有下降。游客在此看到的萤火虫不是稀疏零星，而是满坑满谷，给予游客相当的心灵震撼及感动，才有如此高的满意度。受访者社会经济特征中教育变量在5%显著水平下，呈显著差异(P=0.0249)。“含高中以下”回答“非常满意”者(44.83%)比“含大学(专)以上”(35.07%)多9.76%。

(6)觉得“莲花池生态教育暨萤火虫季活动”对当地小区的生态旅游及民宿产业经济是否有帮助，受访者回答“非常有帮助”和“有帮助”者占96.42%；本问项96年度之调查结果为96.76%，非常接近。受访者社会经济特征中所有变量在5%显著水平下，皆无显著差异。本次调查要在当地民宿过夜的旅客有229人，占受访游客的41.04%，可见此赏萤活动对当地小区的生态旅游及民宿产业确有实质的帮助。

(7)对参与“莲花池生态教育暨萤火虫季活动”会增加您对自然保育的关心程度及生态观念的了解，受访者回答“非常同意”和“同意”者占96.78%。受访者社会经济特征中所有变量在5%显著水平下，皆无显著差异。

(8)“此次赏萤后，明年再度重游的意愿”，受访者回答“非常愿意”和“愿意”者占91.40%。受访者社会经济特征中所有变量在5%显著水平下，皆无显著差异。

(9)是否愿意推荐他人来莲华池赏萤，受访者回答“非常愿意”和“愿意”者占95.16%。受访者社会经济特征中教育变量在5%显著水平下，呈显著差异(P=0.0336)。“含高中以下”回答“非常愿意”者(56.90%)比“含大学(专)以上”(47.29%)多9.61%。

(10)湿地保育对萤火虫复育、繁衍是否重要，受访者回答“非常重要”和“重要”者占97.67%。显示赏萤游客对湿地保育大都非常认同。受访者社会经济特征中所有变量在5%显著水平下，皆无显著差异。

3 结论

(1)五城村是客家聚落位处偏僻，地形封闭，居民世居至今多有宗族及姻亲关系，人际网络关系紧密，其小区的同构型、人文封闭性及人口稳定性相对较高，护溪协会的领导干部亦积极带动小区环境保护及绿美化工作，已具有发展小区林业之有利条件。

(2)五城小区若要因应社会潮流、农业转型的需要，未来应朝休闲观光的方向发展，其根本基础在于提升小区能力、做好小区资源管理。

(3)往年每年萤火虫季赏萤游客估计约1万人。据本组和护溪协会实际统计97年的萤火虫季为期1个月赏萤游客共计6328人(自4月11日至5月11日)。游客减少的原因主要是过去萤火虫季为期1个半月，时间较长。98年的萤火虫季赏萤游客共计11 159人(4月11日至5月17日)，99年的萤火虫季赏萤游客共计8433人(4月10日至5月16日)。

参考文献

[1]吴俊贤，陈溢宏，许秋雁等.2007. 莲华池地区生态教育暨萤火虫季活动与溪流保育对小区林业之影响. 中华林学会96年度学术论文发表会论文集：人文暨经营组/生态保育组，第223－231页.

[2]杨平世.1998. 火金姑—萤火虫，中华民国自然生态保育协会发行.

[3]潘樵，2007. 五城风采：客家与生态的桃花源. 鱼池乡公所出版.

[4]赖玉芳.2004. 溪流保育的在地方发展—以南头县五城村为例. 国立台湾师范大学地理系硕士论文.

[5]王鸿浚，康文尚.2006. 小区林业—阶段性评量与未来发展. 台湾林业，32(3)：36－44.

[6]杨宏志.2003. 小区林业：公众参与式的林业经营. 台湾林业，29(1)：35－52.

[7]赖玉芳，廖学诚.2005a. 南投县五城小区民众与溪流保育组织运作与居民反应之研究. 中华水土保持学报，36(1)：55－67.

[8]赖玉芳，廖学诚.2005b. 溪流保育在地发展的策略规划——以南投县鱼池乡五城村为例. 台湾林业，31(6)：9－21.

[9]Egan B, Lisa, A, Alexandra. W. 2002. Community forestry: concepts and characteristics. A background paper prepared for the BC Community Forestry Forum, March 14－16, 2002. Victoria, British Columbia, Canada.

[10]Joint FAO/ECE/ILO Committee. 2000. Public participation in forestry in Europ and North America. Report of the Team of Specialists on Participation in Forestry. Sectoral Activities Dept. , International Labour Office, Geneva, Austria.

[11]Mallik A U, Rahman H. 1994. Community forestry in developed and developing countries: A comparative study. For. Chron. 70(6): 731－735.

[12]Masse S. 1995. Community forestry: concept, applications and issues. Natural Resources Canada, Canadian Forest Service, Quebec Region, Sainte－Foy, Quebec. 74 p.

林种选择对林业协调发展的影响
——基于对河北省林农实地调研的实证分析

戴　芳

（河北农业大学商学院）

摘　要：林业经济效益和生态效益的协调是当前林业发展亟待解决的问题，本研究以林农对林种的选择为切入点，在对河北省林农经营林种的情况进行实地调研的基础上，分析了林农经营不同林种对协调林业经济效益和生态效益产生的影响以及影响林农选择林种的因素，得出结论认为，在当前形势下，主要依靠林农经营公益林来推动林业经济效益和生态效益的协调尚存在很大困难，适度引导林农对用材林的选择偏好更有助于林业协调发展目标的实现。

关键词：林种选择；协调；影响因素

收入水平的不断提高为满足人们改善生态状况的需求提供了前提条件，从整个社会角度而言，积极推动林业发挥生态功能，实现林业经济、生态和社会效益的协调是当前林业发展的主要问题；而从占林业经营者较大比重的林农角度而言，经营林业带来的经济效益仍旧是其主导需求。特别是随着退耕还林工程和集体林权制度改革政策实施，越来越多的林地和林木资源转移到林农手中，如何构建合理的激励机制使得林农在追求林业经济效益的过程中实现林业经济效益和生态效益的协调，这是一个亟待解决的问题。

1　研究点概况和研究方法

1.1　研究点概况

河北省是典型的北方省份，属温带和暖温带大陆季风气候，林木生长周期比较长，森林资源分布呈现明显区域性特征。按照气候和植被特征的不同，河北省森林资源可以划分为五个分区，温带草原人工林区（简称一区）林农人均纯收入、非农收入（指来自于二三产业的收入）占家庭收入的比重以及林业收入占家庭收入的比重在五个分区中都处于最低水平，而且该分区生态状况十分恶劣，降水少、风沙大、土壤保水保肥能力差；暖温带森林灌木草原亚地带（简称二区）林农人均纯收入、非农收入比重和林业收入比重也都比较低，气候干旱而寒冷，土壤保墒能力差；山地落叶阔叶林区（简称三区）经济发展水平不均衡，非农收入占林农收入的比重相对较高，对林业收入的依赖程度最高但各地差距较大，该区森林覆盖率最高，各地对自然资源的依赖程度不同，生态状况也呈现区域性特征；平原栽培植被人工林区（简称四区）人均收入水平较高，主要依靠非农收入，对林业收入的依赖程度也较高，工业污染比较严重；滨海平原盐生植被人工区（简称五区）人均收入水平最高，以渔业和非农收入为主，对林业收入的依赖程度相对较低。

作者简介：戴芳，博士，讲师，主要研究方向：林业经济政策与林业法规。电话：13803129442 Email：daifang69@126.com
地址：河北省保定市南市区乐凯南大街2596号河北农业大学商学院，邮政编码：071001。

1.2 研究方法

在样本农户选取过程中采用多阶段抽样与分层不等比例抽样、简单随机抽样相结合的方法：第一阶段根据气候、植被特征的不同采取分层不等比例方法抽取样本县，由于这种划分方法打破了市、县级行政区划，各县大部分面积属于哪个森林分区就将其归为该森林分区；第二阶段采取随机抽样方法选取样本乡(镇)、样本村；第三阶段选择样本农户，由于林业经营的投资回收期比较长，在选择样本农户时均选择经营林业时间在5年以上(含5年)、林业收入在家庭收入中占一定比例且除自留地和房前屋后栽植零星树木之外仍栽植树木的农户，在此基础之上再按照随机抽样原则选取样本农户。最终抽取15个县(自治县)、26个乡(镇)、32个行政村、852户林农户进行实地调研，调研主要以调查问卷为依托，通过调查员与样本农户之间的半结构式访谈进一步深化问卷内容。

2 林农经营林种的现状及影响

按照主导功能的不同，森林可分为商品林和公益林两大类，商品林以发挥林业的经济效益为主，包括经济林、用材林和薪炭林；公益林以发挥林业的生态效益为主，包括防护林和特种用途林。本研究所探讨的林种即建立在上述分类基础之上，为了进行更深入分析，在进行问卷设计时，将林农经营的林种进一步细化，通过问卷整理发现，被调研林农经营的林种主要集中于果树、速生林，还有很少比例的公益林(由于林农经营护路林、护岸林和农田牧场防护林的比例比较小，故在统计时将其合并称之为公益林)，林农对薪材的需求主要通过对树木修剪枝杈满足，在被调查农户中没有专门经营薪炭林的样本农户，因而，在进行统计分析时仅将林种分为果树、速生林和公益林三类(由于下文着重探讨果树和速生林的不同，故未将其合并为商品林，并将果树作为经济林的典型代表，速生林作为用材林的典型代表)。通过实地调研发现，河北省林农经营的林种结构如表1所示。

表1 各森林分区林农经营林种结构的比较

	果树		速生林		公益林
	占三个林种总数的比重	占商品林总数的比重	占三个林种总数的比重	占商品林总数的比重	
全部样本农户	86.2%	89.1%	10.5%	10.9%	3.3%
温带草原人工林区	84.4%	84.4%	15.6%	15.6%	0
暖温带森林灌丛草原亚地带	92.1%	92.1%	7.9%	7.9%	0
山地落叶阔叶林区	79.7%	79.7%	20.3%	20.3%	0
平原栽培植被人工林区	65.8%	69.2%	29.4%	30.8%	4.9%
滨海平原盐生植被人工林区	81.2%	85.7%	14.3%	13.6%	5.3%

资料来源：根据实地调研数据整理。

注：在调研过程中发现，林农除经营单一林种之外，有的林农同时经营果树、速生林和公益林中的两项或三项，在进行统计时，各林种的比重是根据统计的林种的总数计算的，而不是根据样本农户的总数计算的；果树和速生林又分别计算了其占商品林总数的比重，以反映商品林的内部结构。

通过比较可以看出，在样本农户经营的林种中，商品林的比重高达96.7%，公益林的比重为3.3%，且主要集中于四区和五区两个经济比较发达的地区；在商品林内部结构中，五个分区都呈现出果树占绝对优势的特征，在经济水平较低、生态状况恶劣的一区和二区，果树占商品林的比重较高，四区这一比例最低，但也达到69.2%。由此可见，林农在对林种进行选择时，与公益林相比更偏好于商品林，而在商品林内部林种的选择上更偏好于果树。不同林种产生的生态效益有很大区别，相比较而言，公益林、用材林和经济林的生态功能依次递减。林农经营果树，通过采摘果实获得经济效益是以果树的持续生长为前提的；经营速生林，通过砍伐林木获得经济效益则是以林木资源的减少为前提的，确定合理的砍伐期和激励林农持续经营速生林是保障林业经济效益和生态效益协调的主要问题。调研结果表明，经济水平低和生态状况差的一区和二区，林农经营果树的比重比较高，所发挥的生态功能比较有限，林业经济效益和生态效益的冲突表现的尤为突出；尽管在三区、四区和五区，林农经营果树的比重稍低，但仍占绝对优势。综合而言，应积极引导林农对林种的选择以促进林业经济效益和生态效益的协调。

3 林农对林种选择的影响因素分析

林农对林种的选择取决于多种因素，从林农自身的角度而言，在既定条件下对经营不同林种进行成本——收益分析是决定林种选择的主要因素。经营不同林种在投入要素和获得收益方式等方面存在诸多差异：一方面，对不同投入要素的需求程度不同，果树对土壤肥沃程度、气候条件等方面的要求较高，需要更多的资金和劳动力投入，同时对栽培技术的要求相对较高；相比较而言，速生林和公益林对土壤的肥沃程度、资金和劳动力投入以及栽培技术的要求相对较低，时间是影响速生林生长的一个主要因素。另一方面，获取收益的方式不同，林农在栽植果树之初，每年都有大量投入但收益几乎为零，直到果树挂果，此后每年都通过销售果品获得收益(假定果品市场的供求关系利于林农获得收益)，此种获利方式更有利于满足林农实现短期收益、减少不确定性、规避风险的需求；在经营速生林过程中，林农前期投入时间较长，直至将林木砍伐才一次性获得经济效益，经营速生林具有持续性投入和瞬时性收益的特征，这使得林农承担更大的风险；由于公益林具有较强的公共物品特征，林农无法通过市场交易实现经营公益林的经济效益，只能通过获得政府发放的生态效益补偿金和小部分具有抚育更新性质的间伐或择伐收入来实现经济效益。林农最终选择经营何种树种取决于对经营不同树种进行成本——收益分析的比较。

由于林农个体之间在诸多方面存在差异，不同林农往往根据自身情况得出不同的成本——收益分析，因而在对林种进行选择时会出现不同结果。在实地调研过程中，将林农之间存在的差异归纳为林农人均纯收入、非农收入比重、家庭劳动力数量比重、林地数量、预期经营时间、林农掌握技术程度、当地自然条件、经营目的八个方面。在八个因素中，有三个定类变量和五个定距变量，由于各个定距变量的极差较大，为了更清晰反映其影响程度，将各定距变量各自分为三组转变为定序变量，在统计时遵循“上限不在内”的原则进行分组统计；定类变量包括两个二分类变量和一个三分类变量。林农对林种的选择也为定类变量，该问题即为一个定类——定类变量的相关性分析，故选择交叉列联表分析法进行分析，并且设定为非对称性关系，即林农对林种的选择为因变量，其余八个因素为自变量。

表 2 各因素与林农所选林种的交叉频率表

分类项		经营果树(%)	经营速生林(%)	经营公益林(%)
林农人均纯收入(X_1)	低收入水平(2500~6500 元)	79.11	20.89	0.00
	中等收入水平(6500~10000 元)	44.54	53.10	2.36
	高收入水平(10000~20000 元)	71.43	23.08	5.49
非农收入比重(X_2)	小比重(0~30%)	89.09	10.00	0.91
	中等比重(30%~70%)	73.45	23.79	2.76
	大比重(70%~100%)	57.64	36.11	6.25
劳动力数量比重(X_3)	小比重(40%以下)	75.60	24.40	0.00
	中等比重(40%~80%)	82.90	14.70	2.40
	大比重(80%~100%)	90.90	9.10	0.00
林地数量(X_4)	小规模(0~0.67hm^2)	74.32	25.68	0.00
	中等规模(0.67~3.33hm^2)	73.38	24.67	1.95
	大规模(3.33~13.33hm^2)	78.10	20.93	0.97
预期经营时间(X_5)	短期(15 年以内)	54.98	43.79	1.23
	中期(15~50 年)	46.48	50.26	3.26
	长期(50 年以上)	30.83	60.85	8.32

（续）

分类项		经营果树（%）	经营速生林（%）	经营公益林（%）
林农掌握技术程度（X_6）	未掌握果树种植技术	24.24	65.91	9.85
	掌握果树种植技术	92.03	7.97	0.00
林农对自然条件的认知（X_7）	气候、土壤条件差	26.98	73.02	0.00
	气候、土壤条件好	90.12	9.88	0.00
经营目的（X_8）	仅是避免撂荒的措施	39.97	61.03	0.00
	追求短期利益	82.45	17.03	1.57
	是一项长期投资	28.89	50.79	20.32

资料来源：根据实地调研数据，利用SPSS17.0软件进行分析。

从表2可知，非农收入占家庭总收入的比重和林农预期经营时间对林农选择林种产生了近似的影响，非农收入的比重越高、预期经营时间越长，选择经营速生林和公益林的比重越大，而选择经营果树的比重越小；随着林农人均纯收入水平的提高，选择经营公益林的比重上升，而在果树与速生林的选择上未呈现出明显的趋势特征；随着劳动力数量占家庭人口数量比重增加，经营果树的比重增加而经营速生林的比重减少，经营公益林的比重未表现出明显趋势；随着林地规模的扩大，经营速生林的比重下降，经营果树和经营公益林的比重未有明显变化趋势；林农自身掌握果树种植技术的，经营果树的比重远远高于经营速生林的比重，经营公益林的比重为零，未掌握果树种植技术的，经营速生林和公益林的比重明显增加；林农对自然条件的认知对经营公益林的选择未产生影响，认为气候、土壤条件好的经营果树的占90.12%，认为气候、土壤条件差的经营速生林的比重为73.02%；从林农的经营目的来看，将经营林业仅是作为避免撂荒的一项措施，则经营速生林的比重较高，以追求短期利益为主则经营果树的比重占绝对优势，以追求长期利益为主则经营速生林和公益林的比重大大增加。

上述各因素对林农选择林种的影响是否反映了真实情况，首先要对各因素与林农对林种的选择进行相关性分析，当各因素确实与林农对林种的选择存在密切的相关性，上述分析才能成立，表3是对交叉列联表分析的检验结果。

表3　交叉列联表分析的检验结果

	Pearson 卡方检验		列联系数		Pearson 'R 值		Spearman 相关性	
	值	Sig.	值	Sig.	值	Sig.	值	Sig.
X_1	15.496	0.039	0.222	0.025	0.162	0.008	0.219	0.016
X_2	66.062	0.000	0.366	0.000	0.317	0.000	0.368	0.000
X_3	6.381	0.382	0.121	0.382	0.017	0.733	0.048	0.700
X_4	20.329	0.002	0.213	0.002	0.204	0.000	0.214	0.000
X_5	26.732	0.001	0.498	0.000	0.526	0.000	0.543	0.000
X_6	10.324	0.038	0.235	0.018	0.223	0.025	0.296	0.037
X_7	7.062	0.029	0.198	0.023	0.152	0.035	0.243	0.046
X_8	23.598	0.003	0.326	0.002	0.322	0.001	0.453	0.002

从Pearson卡方检验的结果来看，非农收入比重、林地数量、预期经营时间、经营目的四个因素非常显著，相伴概率均小于0.01；林农人均纯收入、林农对自然条件的认知和林农掌握技术的程度比较显著，相伴概率均小于0.05；家庭劳动力比重未能拒绝零假设，与林农对林种的选择几乎不相关。从列联系数来看，预期经营时间的相关性最强，非农收入比重和经营目的的相关性较强，家庭劳动力比重仍未通过检验，其余四个因素则表现出明显的相关性。Pearson'R值和Spearman相关性检验也都反映了近似的结果。因而，针对表2的分析，除了家庭劳动力比重一项，其余因素的分析均可靠。

4 主要结论与启示

通过对河北省进行实地调研发现，经济水平较低、生态状况恶劣的一区和二区林农经营果树的比重更高，尽管在其余三个森林分区林农经营果树的比重稍低但仍旧占绝对优势。目前经营公益林的林农多为收入水平较高、对林业收入依赖程度较少、林地规模不大、更注重预期收益的农户，如果没有足够的经济刺激和严格的质量监管，林农经营公益林的积极性势必受到影响，特别是对于中低收入的林农而言，一旦林农不能持续、稳定、足额地获得生态效益补偿金，则会引发盗伐甚至乱砍乱伐的行为。由于目前政府财政能力有限，对经营公益林的林农支付的补贴较少，主要依靠林农经营公益林来推动林业生态功能的发挥上存在很大困难。为了更好地促进林业经济效益和生态效益的协调，还应主要在林农经营的商品林林种上做文章。由于经营果树具有经济效益和生态效益实现的同步性特征，保障经营果树的林农能够在果品市场交易中持续获得经济效益能够间接保障果树发挥生态效益，因而，政府提供一些果品供求信息等服务即可，不应过多参与其中。但是，经营果树发挥的生态效益相对有限，更有效的途径是应采取延长承包期、降低采伐限额标准、降低林农申请采伐限额的成本、增加对速生林生态效益补偿以及增强林农对获得收益的预期等措施适度引导林农选择经营用材林。

参考文献

[1]陈佳贵，黄群慧，钟宏武，等. 中国工业化进程报告 1995－2005年中国省域工业化水平评价与研究[M]. 北京：社会科学文献出版社，2007.

[2]祝列克. 林业经济论[M]. 北京：中国林业出版社，2006.

[3]王爱民. 生态环境产品的政府双重垄断分析[J]. 社会科学，2005，8：1－6.

[4]戴芳，刘勇. 公益林供给主体分析[J]. 林业经济问题，2006，4：56－59.

[5]李彧辉. 集体林权制度改革的国际经验借鉴[M]. 北京：人民大学出版社，2008.

[6]世界森林状况 2007[M]. 联合国粮食及农业组织，2007.

[7]Krishna K S, Phil McManus. Collective action of local communities in forest conservation and utilization: Critical reflections from Nepalese Community Forestry[J], Ecology Economics, 2006, 6: 302－330.

[8] Kevin J B, Mario F. Public Preferences for Timber Harvesting on Private Forest Land Purchased for Public Ownership in Maine[J], Forest Policy and Economics, 2005, 4: 126－149.

伊春国有林区生态安全动态研究

马文学　王俊武

（东北林业大学经济管理学院）

摘　要：本文以伊春市2003～2008年的统计数据为基础，利用生态足迹模型对伊春国有林区的生态足迹、生态承载力进行分析。结果表明：从整体上看，伊春林区生态盈余较多，生态压力指数较小，处于安全状态，但是生态盈余度与生态压力指数整体呈下降趋势；从单个因子来看，在研究时段内，草地均处于生态赤字状态，林地对伊春生态盈余的贡献率最大，剔除林地后的生态压力指数处于稍不安全状态。最后针对伊春生态安全现状，提出了相应的建议。

关键词：生态足迹；生态承载力；生态安全

Thedynamic research about ecological security in Yichun state - owned forest area

Abstract: The ecological footprint model is used to analyze the ecological requirement and ecological supply that based on the statistical data from 2003 to 2008 year in Yichun state - owned forest area in this paper. The results show that: the ecological surplus is much, the ecological pressure index is small, the ecology in a safe state, but looking from the single factor, the overall trend of the ecological surplus and ecological pressure index is declined on the whole; the forest land in ecological deficit state and contributed the most in ecological surplus. The ecological pressure index is in a state of insecurity when the Forest land factors is not taken into account. Finally, the comment is given that in view of Yichun ecological security

Key words: ecological footprint; ecological carrying capacity; ecological security

1　引言

生态安全是指一个国家或人类社会生存和发展所需的生态环境处于不受或少受破坏与威胁的状态。当一个国家或城市所处的自然生态环境状况能够维系其社会、经济可持续发展时，它的生态就是安全的；反之，就是不安全。目前，国内关于各区域生态安全的研究较多，关于生态安全评价的方法也是层出不穷，这些方法主要有综合指数法（张蓉珍，李剑，2009）[1]、生态系统安全综合评价法（洪伟，闫淑君，2003）[2]和以及生态足迹法（任贤，张磊，2010）[3]等几种，其中生态足迹是应用较为成熟的方法，因此，本文主要采用生态足迹原理，对伊春国有林区的生态安全进行评价。

2　研究区域概况

伊春位于黑龙江省东北部，与俄罗斯隔江相望，界江长246公里。小兴安岭纵贯全境，行政区划面积3.3万平方公里。1948年开发建设，1958年建市，现在行政企合一管理体制，即伊春市人民政府和伊春林业管理局合一，辖1市（县级）、1县、15个区、17个林业局，2008年末全 市总人口1276309人。伊春自然资源十分丰富，其中，伊春有林城面积300多万 hm^2，森林覆盖率为82.2%，居全国城市之首，境内有大小河流 702 条，总蓄水量 102 亿 m^3，珍稀野生动物有 60 多种，鸟类 260 多种，野生药材 300 多种，已利用的山野菜 20 多种，金属矿藏 20 多种。从建市以来，伊春正是凭借着这些丰富的资源优势来实现经济的快速发展，与此同时，随着资源的过度开发与环境的破坏，伊春林区的生态安全问题已经成为影响该区域可持续发展的重要因素，另外，在伊春"生态立市"的背景下和实行资源型城市转型的时期内，研究该区域的生态安全问题有着重要的现实意义。

3 生态足迹模型

生态足迹模型由加拿大生态经济学家 William E R 1992 年提出。其基本原理是，首先计算特定区域内消费及废弃物排放所需要的生态生产性面积来表示人类发展造成的生态负荷(即生态足迹需求)，并计算该区域能够提供的生态生产性土地面积表示其生态承载能力(即生态足迹供给)，通过生态足迹与生态承载力土地面积的比较来判断该区域的生态安全状况，若生态足迹小于生态承载力，则出现生态盈余，表明人类对自然生态系统的压力处于生态承载力范围内，生态系统是安全的；否则就会出现生态赤字，表明该地区对自然生态系统产品和服务的需求超过了供给，生态系统不安全，也不可持续。

在该模型中，各种资源和能源消费量被折算为耕地、草地、林地、水域、建筑用地和化石燃料用地六类基本的生态生产性土地面积。生态足迹和生态承载力均以生态生产性土地面积做为计算的基准。生态足迹和生态承载力的具体计算公式如下：

(1)生态足迹计算

生态足迹指在一定人口与经济规模条件下，维持资源消费和废物消纳所必须的生物生产性土地面积。在生态足迹帐户核算中，各种物质消费、能源消费等均应按相应的换算比例折算成相应的土地面积。生态足迹的模型具体如下：

$$EF = N \times ef = n \times \sum_{i=1}^{n} (a \times a_i) = \sum_{i=1}^{n} rj \times A_i = \sum_{i=1}^{n} (c_i/p_i) \quad (1)$$

其中，N 为总人口数；ef 为人均生态足迹；rj 为均衡因子；A_i 为第 i 种消费项目折算的人均占有的生物生产面积；C_i 为 i 种商品的人均消费量；P_i 为 i 种消费商品的平均生产能力。

(2)生态承载力计算

生态承载力(或称生态足迹供给)是指区域所能够提供给人类的生态生产性土地的总和。其计算公式为：

$$EC = \sum_{i=1}^{n} A_i \times EQ_i \times Y_i / N \quad (2)$$

其中：EC 为人均生态承载力；A_i 为不同类型生态生产性土地面积；EQ_i为均衡因子；Y_i 为不同类型生态生产性土地产量因子；N 为总人口数。在生态承载力计算中，根据国内外学者专家的研究经验，需扣除 12% 的生物多样性保护面积。有效生态承载力 $REC = (1-12\%) \times EC$。

(3)生态安全相关指标

① 生态盈余/赤字

区域生态足迹如果超过了区域所能提供的生态承载力，就出现生态赤字；如果小于区域的生态承载力，则表现为生态盈余。区域的生态赤字或生态盈余，反映了区域人口对自然资源的利用状况。生态盈余与生态赤字的计算公式如下：$ES = EC - EF$；$ED = EF - EC$。其中：ES 为生态盈余；ED 为生态赤字；EC 为人均生态承载力；EF 为人均生态足迹。[4]

② 生态压力指数

生态压力指数(ETI)模型是在生态足迹原理的基础上提出来的。生态压力指数定义为某一国家或地区可更新资源的人均生态足迹与生态承载力的比率，该指数代表了区域生态环境的承压程度，其模型为：$ETI = \oint ef / ec$，式中：$\oint ef$ 为可更新资源的生态足迹；ec 为人均生态承载力。

4 伊春国有林区生态安全评价及分析

本文以下部分根据生态足迹的生态供需平衡理论以及上述计算公式，参照 2003～2008 年《伊春市统计年鉴年》以及伊春相关部门的统计公报数据，对伊春市2003～2008年的生态足迹与生态供给进行了计算和分析。

（1）伊春国有林区生态足迹计算

伊春市的生态足迹计算主要包括生物质资源和能源资源两部分，其中，生物质资源包括农产品、林产品、动物产品等大类；能源资源主要包煤炭、焦碳、汽油、柴油、燃料油等化石燃料和电力。在表1中，伊春人均面积为伊春各消费项目的人均消费量占全球平均足迹的比例，在计算化石燃料时需要以单位化石燃料的平均热量为标准，通过折算系数将区域内能源消费换算成一定的化石能源用地面积。化石能源地消费项目的折算系数分别为：原煤 20.934，焦炭 28.47，汽油 43.124，柴油 42.705，燃料油 50.2。

表1 伊春人均土地面积

消费项目	全球平均足迹（GJ/ hm²）	伊春人均面积（hm²）						土地类型
		2003 年	2004 年	2005 年	2006 年	2007 年	2008 年	
粮食	55	0.0764	0.0727	0.0703	0.0655	0.044	0.0715	耕地
蔬菜	55	0.1050	0.1079	0.1041	0.0920	0.1056	0.1054	耕地
猪肉	74	0.0149	0.0134	0.0109	0.0134	0.0107	0.0106	牧草地
牛羊肉	33	0.0034	0.0020	0.0049	0.0031	0.0032	0.0032	牧草地
禽类	764	0.0048	0.0035	0.0035	0.0029	0.0023	0.0035	牧草地
鲜蛋	400	0.0073	0.0106	0.0101	0.0104	0.0097	0.0100	牧草地
木材	1.99*	0.5539	0.5499	0.5252	0.5787	0.5852	0.5779	林地
水果	3500	0.0010	0.0010	0.0020	0.0022	0.0025	0.0028	林地
水产品	29	0.0054	0.0057	0.0067	0.0062	0.0071	0.0074	水域
原煤	55	0.0267	0.2684	0.2925	0.4149	0.2760	0.2840	化石能源地
焦炭	55	0.0725	0.1403	0.1553	0.1781	0.1690	0.1710	化石能源地
汽油	93	0.0022	0.0021	0.0023	0.0027	0.0025	0.0030	化石能源地
柴油	93	0.0018	0.0020	0.0020	0.0020	0.0023	0.0026	化石能源地
燃料油	71	0.0053	0.0010	0.0021	0.0012	0.0010	0.0011	化石能源地
电力	1000**	0.0001	0.0002	0.0002	0.0003	0.0003	0.0003	建筑用地

注：* 单位为 m³/ hm²；** 单位为：万千瓦时

在计算生态足迹的过程中，由于单位面积的耕地、林地、牧草地、水域以及化石燃料土地等的生物生产能力差异很大，为了使不同类型的生态生产性土地转化为在生态生产力上等价的系数，引入均衡因子。在这里，我们采用 Wackernagel 在世界野生动物基金会（WWF）2004 年报告中的数据作为均衡因子，即耕地、建筑用地为2.8，森林、化石能源土地为1.1，草地为0.5，水域为0.2。伊春人均生态足迹计算结果见表2[5]。

表2 伊春人均生态足迹账户

土地类型	均衡因子	伊春均衡面积（hm²/人）					
		2003 年	2004 年	2005 年	2006 年	2007 年	2008 年
耕地	2.8	0.5079	0.5057	0.4883	0.4410	0.4189	0.4953
林地	1.1	0.6104	0.6060	0.5799	0.6390	0.6465	0.6388
牧草地	0.5	0.0152	0.0148	0.0147	0.0149	0.0130	0.0137
化石能源地	1.1	0.1193	0.4552	0.4996	0.6588	0.4959	0.5079
水域	0.2	0.0011	0.0011	0.0013	0.0012	0.0014	0.0015
建筑用地	2.8	0.0003	0.0006	0.0006	0.0008	0.0008	0.0008
总生态足迹		1.2542	1.5833	1.5845	1.7558	1.5764	1.6579

从伊春人均生态足迹计算结果来看，人均生态足迹从2003 年的1.2543 上升到2008 年的1.6579，整体呈上升趋势，其中，2006 年上升到1.7558，为近年来最高水平。在各类生产性土地中，耕地与林地的人均生态需求较多，牧草地、水域以及建筑用地的人均需求较少。

（2）伊春国有林区生态承载力计算

生态承载力（或者称生态足迹供给）是与态足迹相关的概念。它是指区域所能够提供给人类的生态生产性土地总和。在生态足迹的计算中，由于不同国家或地区的某类生物生产面积所代表的局地产量与世界平均产量的差异可用"产量因子"（yield factor）表示。某个国家或地区的某类土地的产量因子是其平均生产力与世界同类土地的平均生产力的比率。本文采用的产量因子分别为耕地、建筑用地 1.66、森林 0.91、草地 0.19、水域 1.0[6]。此外，按世界环境与发展委员会（WCED）报告《我们共同的未来》的建议，应在生态承载力中扣除 12% 的生物多样性保护面积。伊春国有林区人均生态承载力计算结果见表 3。

表 3　伊春人均生态承载力账户

土地类型	均衡因子	产量因子	伊春人均生态承载力（hm^2）					
			2003 年	2004 年	2005 年	2006 年	2007 年	2008 年
耕地	2.8	1.66	0.5327	0.5326	0.5358	0.5399	0.5410	0.5405
林地	1.1	0.91	2.1845	2.1990	2.2123	2.2305	2.2345	2.2323
牧草地	0.5	0.19	0.0001	0.0001	0.0001	0.0001	0.0001	0.0001
水域	0.2	1.0	0.0044	0.0045	0.0045	0.0045	0.0048	0.0047
建筑用地	2.8	1.66	0.1409	0.1417	0.1426	0.1438	0.1440	0.1439
人均生态承载力合计			2.8626	2.8779	2.8956	2.9189	2.9244	2.9215
有效人均生态承载力合计			2.5191	2.5326	2.5481	2.5686	2.5735	2.5709

在表 3 中，从 2003 年到 2008 年，伊春的人均生态承载力有逐步上升的趋势，在这期间，伊春的人口数量不断减少，这是促使该变化的一个重要原因。在 5 种土地类型中，除了牧草地的生态承载力保持稳定外，其余土地的生态承载力都有了一定的增加，其中，林地的人均生态承载力达到 2.2 hm^2，占有效人均生态承载力约 75.8%。伊春作为林业资源型城市，不仅有着全市近 80% 的林地面积，而且由于有利的外部自然环境，为林地提供了高效的生产能力，所以林地的生态承载力要明显高于其他类型的土地。另外，从伊春历年的统计数据来看，各类土地面积都有不同程度的减少，这是伊春生态安全质量下降的重要表现之一。

（3）伊春生态安全分析

在伊春生态足迹与生态承载力计算的基础上，该文采用生态盈余/赤字、生态压力指数（ETI）作为伊春生态安全的评价指标。在 2003 年到 2008 年期间，伊春的生态赤字与生态安全计算结果见表 4。

表 4　伊春生态赤字与生态盈余表

	2003 年	2004 年	2005 年	2006 年	2007 年	2008 年
耕地	0.0248	0.0269	0.0475	0.0989	0.1221	0.0452
林地	1.5741	1.593	1.6324	1.5915	1.588	1.5935
牧草地	-0.0151	-0.0147	-0.0146	-0.0148	-0.0129	-0.0136
水域	0.0033	0.0034	0.0032	0.0033	0.0034	0.0032
建筑用地	0.1406	0.1411	0.142	0.143	0.1432	0.1431
总生态赤字与盈余	1.2649	0.9493	0.9636	0.8128	0.9971	0.913

从表 4 的数据分析结果来看，伊春生态总体处于盈余状态，从历年变化趋势来看，生态盈余由 2003 年的 1.2649 下降到 2008 年的 0.913，整体呈下降趋势。在各类生产性土地中，耕地、水域与建筑用地存有较小的生态盈余，林地有较大的生态盈余，盈余度达 1.59，这与伊春以林业为主的资源结构有关。牧草地是唯一出现生态赤字的生物生产性土地。从伊春统计数据来看，从 2003 年到 2008 年，牧草地的面积处于 1932.87hm^2 的稳定水平，牧草地的生态承载力也趋于稳定，但是，近年来，伊春在大量发展畜牧业的同时造成了对草地资源的过度需求，同时由于人们对动物产品的消费与需求都在增加，从而使得伊春牧草地的生态需求大于生态供给。

在伊春的人均生态承载力中，林地资源占有重要比重，如果剔除林地资源的影响因素，那么伊春的生态压力指数从 0.45 上升到 0.97（见图 1），参照生态压力指数等级表 5[7]，可知伊春的生态安全等级由

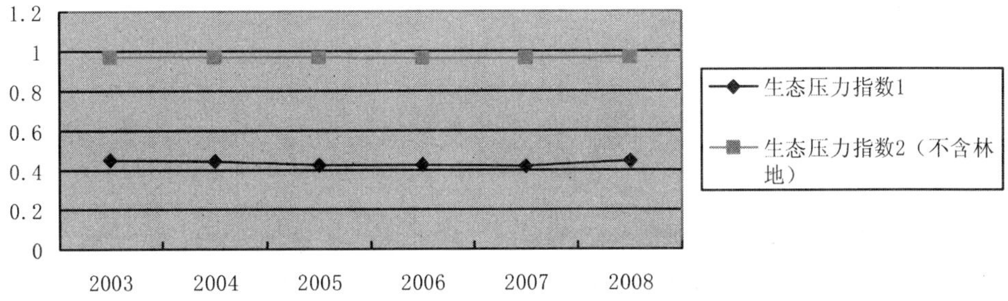

图1 伊春生态压力指数线

很安全状态变为稍不安全状态，这表明伊春其他资源的生态供给已经接近于不能满足人们对其需求的状态。

表5 生态压力指数等级划分标准

等级	ETI	表征形态	等级	ETI	表征形态
1	≤0.5	很安全	4	2.01－3.00	较不安全
2	0.51－0.8	较安全	5	3.01－4.00	很不安全
3	0.81－1.00	稍不安全	6	≥4.00	极不安全

另外，在计算生态足迹中，由于掌握的统计数据有限，计算各类化石能源的消费时，所采用的数据以工业消耗为主，居民消耗未纳入统计，如果考虑该部分，伊春的实际人均生态足迹将大于本文所计算的结果，参照本文的计算结果，那么伊春剔除林地后的实际生态安全状况将处于不安全状态。

5 结论及建议

本文采用生态足迹法，对伊春国有林区2003年至2008年的各类生产性土地进行计算及分析，通过分析可以得出以下几点结论及建议：

(1)通过生态足迹模型计算可知，伊春近年来的生态呈退化趋势，尽管伊春总体上生态处于盈余状态，但是生态盈余度与生态压力指数都有整体下降的趋势，在这种趋势下，伊春政府部门有必要持续的考察伊春林区的生态状况，以便于做出及时的措施来保护伊春生态环境。考察一个地区的生态状况的重要指标之一就是生态足迹，生态足迹方法计算科学并且简单，计算结果能够直观的分析当地的生态安全状况，因此，建议伊春有关政府部门将生态足迹作为一种地方生态环境考核指标。

(2)牧草地是唯一出现生态赤字的生产性土地，伊春需要合理控制对牧草地的开发。伊春对牧草地的需求主要来自于畜牧业和特色养殖业，这两种产业已经成为伊春的主要产业支柱，发展已经形成规模。伊春要实现畜牧业与养殖业的可持续发展，一方面，要合理规划并建立规模养殖基地，通过提高技术水平和加工深度来提高资源利用率，另一方面，需要合理的利用丰富的林下资源来代替草地资源，实现生态养殖、种植。

(3)伊春人均生态承载力上升的一个重要原因就是人口数量的减少。伊春人口数量从2003年的130万下降到2008年的127万，这在一定程度上缓解了伊春的生态压力，但是，伊春作为“中国最佳生态旅游城市”，每年接待的游客有300多万，这无疑会对伊春的生态产生较大的压力，因此，伊春不仅需要控制当地常住居民的数量，而且应该开发不同季节的旅游产品，发展不同地段的旅游路线与景点，能够分时、分片的缓解游客数量，局部生态质量下降的地区需要及时的采取生态移民措施，从而保证伊春的生态处于一个长久盈余的状态。

(4)伊春林地资源对伊春林区的生态盈余起到了显著性贡献，而其他生产性土地的开发处于生态承载的边缘。伊春在实现产业转型的过程中必然会发展许多替代产业，在这个过程中，伊春需要按照“生态立市”的发展战略，继续发展一些低耗能、低污染的绿色环保产业，如现有的风能、水能发电、生物质能源产业等，从而减少发展传统重工业对各种生产性土地的生态需求，通过实现低碳经济发展模式，来实现林区的可持续发展。

参考文献

[1]张蓉珍，李剑．陕西省西安市水环境生态安全评价．安徽农业科学，2009(25)：12129－12131.
[2]洪伟，闫淑君，吴承祯．福建森林生态系统安全和生态响应．福建农林大学学报(自然科学版)，2003(1)：79－83.
[3]任贤，张磊，王洋，等．基于生态足迹理论的银川市生态安全评价．广东农业科学，2010(6)：207－210.
[4]张玉玲，原会秀．湖北省2005年旅游生态足迹计算．资源环境与发展，2008(3)：27－29.
[5]徐凌，马书明，张树深．基于生态足迹的区域生态安全评价．辽宁师范大学学报(自然科学版)，2009(3)：374－377.
[6]李潇．湖北省2008年生态足迹与生态承载力分析．科技创业月刊，2010(5)：3－5.
[7]肖玲，赵先贵，杨冰灿．渭南市生态足迹与生态安全动态研究．中国生态农业学报，2007(6)：139－142.

专题三

集体林权后续改革

农户林权抵押信贷需求分析：以浙江遂昌为例

石道金　高　鑫　许宇鹏

（浙江农林大学经济管理学院）

摘　要：本文通过拟定调研问卷进行调查，利用调查所得资料及相关数据，分析了影响浙江省遂昌县农户林权抵押贷款需求和信贷需求的各个因素，通过构建Probit模型，验证了各个影响因素与农户林权抵押贷款需求和信贷需求的关系。研究表明，影响农户林权抵押贷款需求的主要因素包括户主年龄、林业收入等因素，并进一步对农户林权抵押贷款需求的状况进行了评析。

关键词：农户；林权抵押贷款；信贷需求

Abstract: Based on the questionnaire survey and the data from the Statistical Yearbook of Zhejiang Province, the paper studies the determinants of the f arm's credit demand and the demand of forest property rights mortgage loaning, and then tests the relationship between these determinants and the credit demands by Probit model. Finally, the paper further analyses the current situation of farm's demands of forest property rights mortgage loaning.

Key words: farms; forest property right mortgage; loan, financial demand

林权抵押贷款既是继林权制度改革之后林业发展史上的又一次突破，也是农村信贷史上的一个突破。《林权证》作为农民对其所拥有林地使用权和林木所有权的合法凭证，使得农民第一次拥有了真正意义上的抵押物。林权抵押贷款就是农户以《林权证》所载明的林地使用权和林木所有权作为抵押物的贷款新品种。这项贷款业务的创新，打破了农村信贷传统观念和传统模式的束缚，为解决林业和农户的贷款难问题提供了新的出路，也为信贷机构服务社会主义新农村建设创造了条件。

2006年9月，浙江省林业部门和信贷部门携手，在安吉、开化、江山、建德、遂昌等地开展了林权抵押贷款的探索和尝试，取得了明显的成效。截至2010年5月，已有35个林区县开展了林权抵押贷款，累计发放贷款近18亿元。随着林权抵押贷款的推广，问题也随之出现。例如，期限较短；贷款额度较小；融资成本高；资产评估相对滞后等。这些问题极大地挫伤了农户对林权抵押贷款的积极性，不能最大程度地发挥此项政策的作用。有鉴于此，浙江农林大学课题组运用问卷调查的形式，对浙江省林权抵押贷款试点县——遂昌县的农户林权抵押贷款需求的状况进行了全面系统的调查和研究。本文充分利用了2010年获得的农户林权抵押贷款需求的调查数据，在详细分析影响农户林权抵押贷款需求因素的基础上，对需求的现状进行了评析，并得出相应的对策建议，从而在一定程度上为解决农民融资难的问题，提高农民收入，也为进一步完善我国林权抵押贷款制度、深化集体林权制度改革提供参考。

1　文献回顾

目前国内外对于农户林权抵押贷款的研究起步较晚，多集中在对林权抵押贷款模式、运行模式、可

作者简介：石道金，博士研究生，教授。主要研究方向：农业经济学；森林资源资产会计。电话：(0571)63740368 地址：浙江省临安市锦城镇环城北路88号 Email：sdj@ zjfc. edu. cn 邮编：311300

本文为2009年国家社会科学基金项目“南方集体林区农户林权抵押贷款需求行为研究”(09BJY009)的一部分。

行性等方面的探讨，主要为定性描述，结论缺乏定量验证。同时，农户林权抵押贷款是一种借贷行为，国内外对此进行了较为广泛的研究，主要涉及对影响农户借贷需求的借贷行为因素，以及受到的信贷配给的考察，其中包括正规借贷和非正规借贷。

农户的借贷需求行为及其影响因素对于深化农村金融改革、提高农村金融的服务水平和促进农村经济的发展具有重要意义(韩俊等，2007)。我国学者对农户的借贷行为研究主要集中在农户的借贷行为特征和影响农户的借贷行为因素，通过对不同样本地区的实地调查对农户的借贷行为进行了考察。目前国内的研究有利用调查样本进行描述性分析的，也有一部分学者就调研获得的数据建立模型，对农户借贷需求的主要影响因素进行分析的，这种方法在当前的研究中较为广泛，而且多是采用 Tobit 模型或 Probit 模型进行分析(汪三贵，2001；周小斌，2004；何军等，2005)。周立(2007)认为农村金融市场存在的基本问题是严重的信息不对称、抵押物缺乏、特质性成本与风险、非生产性借贷为主；由于经济发达地区、经济欠发达地区和传统农区经济发展水平不同，农户自身行为偏好有较大的区别，所面临的农村金融市场也有很大差异，因此农户的借贷需求行为也各有特点(史清华，2002；何广文，2005；张树基，2006；李延敏，2008)；农户融资需求不足的主要原因是农村商品化程度低造成自然需求不足和供给短缺造成的人为需求不足(马晓河等，2003)；农村金融市场的利率是外生的，利率并不是农户借贷所考虑的重要因素，农户的家庭收入、生产经营特征和家庭特征等真正的影响决定农户借贷需求行为，而且农户的生产性活动显著增加了农户借贷的需求，农户家庭生命周期对借贷行为也有直接影响，户主年龄较小和较大的农户倾向于生活性借贷(史清华，2002；韩俊等，2007；蒋难，2009)。相关研究认为，生产性借贷倾向于正式借贷，生活性借贷倾向于民间借贷，但在民间借贷是否存在普遍的高利贷现象的问题上存在争议(曹力群，2000；温铁军，2001；朱守银，2003；韩俊等，2007)。

由于在发达国家农村金融的深化程度较高，建立了较为健全的农村金融服务体系，农村借贷资金的供给和服务能力相对过剩，形成农村借贷资金的买方市场，因而农户的借贷行为表现为从银行等正规金融机构获得借贷资金的行为。而发展中国家的农户借贷行为由于所处的外部环境与发达国家农户完全不同，一方面农村金融存在严重的“金融抑制”现象(Ronald Mckinnon, Edward Shaw, 1988)，另一方面在农村金融体系中现代金融机构的传统金融机构的形式并存，农村金融的二元性特征显著，这些都使发展中国家农户的借贷行为表现出与发达国家农户完全不同的特征。因此一些学者开始专门研究发展中国家农户的借贷行为。Long(1968)建立了正规的微观经济模型分析农户借贷的原因，认为农户的借贷决策是在给定生产机会条件下收益最大化的选择，分析了农户在确定性和不确定性条件下的借贷选择，认为农户的借贷行为取决于其自身的风险偏好以及项目收益率与利息率的对比。Iqbal(1983, 1986)通过建立正规的经济模型来分析农户的借贷行为，其出发点是消费者效用最大化理论，借贷行为将影响农户第一期的预算约束以及消费与投资水平，进而影响第二期的收入水平、消费水平与支付成本(资金利息)，而且他认为贷款利率是借款人地区、收入、借款规模以及个人特征内生影响的。此外，Hoff 和 Stiglitz(1993)、Zeller(1994)、Kochar(1997)、Swinnen 和 Gow(1999)、Duong 和 Izumida(2002)、Pal(2002)、Petrick(2004)等人也对这一问题进行了实证研究，绝大部分的研究集中在对印度、越南和波兰的分析。

综上所述，对于发展中国家农户借贷行为的研究较为充分，国内外在规范研究和实证研究方面都取得了一定的成果。国内外研究表明农户年龄、文化程度、家庭规模、家庭收入结构、生产经营特征、资产状况、借款用途、所在村庄发展水平等也都是影响农户借贷需求和借贷途径选择的因素；同时，由于各国各地区的经济、政治、文化及法律的不同，由此导致农户在融资过程中的行为偏好和约束条件也不同。而对于林权抵押贷款的研究尚处在起步阶段，目前大多数研究集中在对林权抵押贷款模式、运行机制、可行性以及对促进农村金融创新意义的探讨，通常是定性描述，缺乏定量检验。国外尚没有对林权抵押贷款的研究。

2 统计数据的采集与整理

课题组首先从县域的角度，对遂昌县的整体经济状况进行调查整理，其中主要涉及遂昌县的基本情况、遂昌县信贷状况以及遂昌县林权抵押情况。然后随机选择了遂昌县两个乡镇9个村庄进行了调查，主要调查内容涉及村基本情况、村的信贷环境以及村的山林状况。最后在9个村中采取随机抽样的方法抽取具体农户进行问卷调查，共调查农户 200 户。

为了保证资料的完整性和准确性，首先对问卷调查的结果进行了审核。完整性的审核主要是对问卷的调查项目是否填写完整进行审核，准确性主要是对调查问卷前后回答的问题在逻辑上是否一致，是否存在矛盾进行审计。经过审核，在 200 份调查问卷中，有效问卷数为 193 份。

本次调查涉及的调查内容相对较多，课题组成员以每个样本农户家庭为基本单位，将有效问卷中每个题目的答案和样本农户的基本信息统一输入“浙江省农户林权抵押贷款需求研究调查结果统计表”，然后将代表同一个测量维度的问题汇总，对相关指标采取统计分析和计量分析。

3 农户林权抵押贷款的需求状况及影响因素分析

3.1 农户对于林权抵押贷款的需求

农村经济远比城市复杂。同样，农村信贷需求与供给的复杂性，相对于城市部门也要大的多。比如，农村信贷需求主体有居住分散、收入相对低下、生产有明显季节性、单笔存款规模小、生产项目的自然风险和市场风险比较大、缺乏必要的担保与抵押品等特点，这决定了农村信贷服务的风险较大。在这样的信贷环境下，现实中，广大农户的信贷需求受到抑制，而随着林权制度改革的进行，《林权证》作为抵押物，不仅为农户贷款提供了借贷渠道，也将进一步对农户的借贷需求产生影响。下面我们根据问卷结果，对林权抵押贷款政策实施后，农户的需求状况进行描述性分析。

表 1　农户林权抵押贷款需求状况统计

农户林权抵押贷款需求状况（0 表示否定；1 表示认同）	林权抵押贷款政策是否知道		林权抵押贷款政策对于农户资金需求是否有作用		是否会考虑使用林权证抵押贷款		是否获得过林权抵押贷款	
	占比(%)	户数	占比(%)	户数	占比(%)	户数	占比(%)	户数
0	27	14.0	33	17.0	53	27.5	141	73.0
1	166	86.0	160	83.0	141	72.5	52	27.0

表 1 描述了样本农户对于林权证作为抵押物的认知情况和需求情况。从农户对于林权抵押贷款政策是否了解看，166 户农户知道可以用林权证作抵押可以贷款，占到样本总数的 86%，这表明林权抵押贷款政策的宣传已有很大的效果。从林权抵押贷款政策对农户家庭资金需要的作用来看，160 户农户认为具有促进作用，占到样本总数的 83%。从农户在需要资金的时候，是否会考虑使用林权证抵押贷款看，仅 53 户样本农户不会考虑使用，占样本总数的 27.5%。从中可以推断，林权抵押贷款政策得到了广大农户认同。从农户林权抵押贷款需求行为看，获得过林权抵押贷款的农户数为 52 户，占样本总数的 27%，可见农户林权抵押贷款获得率较低。总体而言，林权抵押贷款政策的出台和实施，对农户的资金需求产生了较好的影响。

表 2　农户未获得林权抵押贷款原因统计

原因	不需要贷款	不知道林权抵押贷款	没有林权证	利息太高	贷款额度太小	贷款期限太短	手续太麻烦	没有还款能力	没关系没门路	从其他渠道可以获得贷款	其他原因
个数	66	27	5	1	15	2	32	4	6	32	10
所占比例(%)	46.8	19.1	3.5	0.7	10.6	1.4	22.7	2.8	4.3	22.7	7.1

注：鉴于农户未获得林权抵押贷款的原因选项是多选，在统计处理过程中，将每一个选项单独统计，以清楚显示农户未获得贷款的原因分布状况。

表 2 描述了样本农户中未获得林权抵押贷款的原因分布状况。从表中可以得到，将近 46.8% 的农户认为暂时不需要贷款，占了将近一半的比例；认为贷款手续太麻烦和可以从其他渠道获得贷款的比例同为 22.7%；19.1% 的农户不知道林权抵押贷款政策，没有林权证的占到 3.5%；认为贷款额度太小的农

户比例占了10.6%。从上表中可以推断，相当一部分农户(暂时)没有贷款需求，而在林权抵押贷款上由于贷款手续麻烦、贷款额度太小、贷款期限短以及利息太高是几个主要原因。此外，从农户自身家庭状况来看，没有还款能力、没关系没门路等因素成为限制其贷款的原因。

3.2 影响农户林权抵押贷款需求的因素分析

农户信贷需求的多样性和复杂性决定了必须从多角度、多层面入手进行深入分析。对于浙江省这样多山的地区而言，农户的信贷需求又具有自己的特点，林权证作为抵押物，可以抵押贷款，这使得农户的信贷需求会发生一些变化。一般而言，户主的年龄、家庭经营的主业、收入的主要来源、家庭的规模、家庭的劳动力人数、家庭的财产状况以及农户的负债水平都会影响农户的收入水平，并由此影响农户的信贷需求。就农户拥有《林权证》，林权抵押贷款方面而言，除了上述因素以外，农户的贷款用途、林业生产经营特征、林业收入水平、农户的借款特征以及政府政策性信贷补贴等因素都会对农户的信贷需求产生影响。下面我们根据问卷结果，对各个影响因素与农户林权抵押贷款需求之间的关系进行描述性分析，对各影响因素与农户林权抵押贷款需求关系的统计验证将通过构建Probit模型进行分析。

3.2.1 户主年龄与信贷需求

农户家庭的收入支出情况有一定的生命周期。随着农户年龄的增长，生产经验积累的增加，家庭收入与储蓄也相应地增长；但当农户家庭进入老年阶段，其劳动能力下降，家庭收入也会随之下降。而从支出方面来看，随着家庭年龄的增长，生产经营活动逐步进入高峰阶段，生产性支出增加。随着子女的成长，家庭面临子女上学支出的增加、子女婚嫁、建房等问题，使得生活性支出上升；随着家庭进入老年期，家庭各项支出会下降，重新回到一般日常生活性消费，但医疗支出将成为家庭重大支出。信贷需求是由家庭的收入和支出状况决定的，因此，农户的信贷需求也会呈现生命周期的特点。

表3、4描述了不同年龄阶段的农户在信贷需求发生率、林权抵押贷款需求发生率、借款目的等方面的差异。从信贷需求发生率看，各年龄段中，30岁以下年龄段农户的信贷需求发生率最高，其余依次是31~40岁、41~50岁两年龄段、61岁以上年龄段，51~60岁年龄段的信贷需求发生率相对最低。从林权抵押贷款需求发生率看，各年龄段中，30岁以下年龄段的林权抵押贷款需求发生率最高，为100%，31~40岁年龄段发生率为84.2%，其余依次是41~50岁年龄段、51~60岁年龄段，61岁以上年龄段的需求发生率最低。从借款目的看，各年龄段中，31岁以下的生产性信贷需求最高、生活性信贷需求最低，分别为100%和0；61岁以上农户的生产性信贷需求最低、生活性信贷需求最高，分别是8.7%和91.3%。并且，随着年龄的增长，农户的生活性信贷需求呈强化趋势，50岁以上农户的生产性信贷需求呈现下降趋势，而生活性信贷需求呈现增长趋势。

表3 不同年龄结构农户信贷需求情况

户主年龄	30岁以下(3)	31~40岁(38)	41~50岁(63)	51~60岁(53)	61岁以上(36)	总体(193)
有信贷需求的农户数	3	31	43	32	22	131
信贷需求发生率(%)	100	81.6	68.3	60.4	61.1	67.9
有林权抵押贷款需求的农户数	3	32	50	34	23	142
林权抵押贷款需求发生率(%)	100	84.2	79.4	64.2	63.9	73.6

表4 不同年龄结构农户的借款目的分布

目的＼年龄	30岁以下		31~40岁		41~50岁		51~60岁		61岁以上		总体	
	户数	比例(%)	户数	比例(%)	户数	比例(%)	户数	比例(%)	户数	比例(%)	户数	比例(%)
生产性信贷需求	3	100	13	40.6	30	60.0	8	23.5	2	8.7	56	39.4
生活性信贷需求	0	0	19	39.6	20	40.0	26	76.5	21	91.3	86	60.6

3.2.2 收入来源与信贷需求

按照收入来源的不同，可以把农户分为农业收入为主、林业收入为主、养殖业收入为主、个体经营为主、工资性收入为主、外出务工收入、其他等七大类。农业收入主要指农户的种田收入；林业收入包括林产品、公益林补偿、林地流转收入、村集体分得收入等；养殖业主要包括养殖家畜家禽的收入；个私经营收入是指农户从事个体经营或开办企业的收入；工资性收入是指农户家人在事业单位上班的工资收入以及在本地打工的收入。一般而言，不同的收入来源有着不同的收入水平，特别对于以从事农、林业为主的农户而言，会存在较大的收入季节波动性和收入的风险性，而且获取收入所需的成本也不尽相同，故就有可能产生不同的借贷需求。表5描述了不同收入来源农户的信贷需求发生率。从信贷需求发生率看，外出务工和农业方面所占比例最高，分别为72.0%和71.4%；其余依次是林业、工资性收入、养殖业，而个体经营方面的信贷需求率最低，为23.1%。从林权抵押贷款需求发生率看，养殖业、个体经营和林业这三方面的需求发生率最高，分别为83.3%、82.7%、75.5%；最低的为农业方面的需求发生率，为59.5%。这里需要说明的是，鉴于不同收入来源的样本数目不一样，需求发生率仅仅反映的是农户信贷需求的一个方面，并不能完全说明一切。

表5 不同收入来源农户信贷需求发生率

收入来源	农业	林业	养殖业	个体经营	工资性收入	外出务工收入	其他
有信贷需求的农户数	30	103	7	12	83	18	14
信贷需求发生率(%)	71.4	66.5	58.3	23.1	69.2	72.0	45.2
有林权抵押贷款需求的农户数	25	117	10	43	86	17	23
林权抵押贷款需求发生率(%)	59.5	75.5	83.3	82.7	71.7	68.0	74.2

注：1. 一般而言，具有信贷需求的农户包括两类：一类是向信用社提出贷款申请的农户；另一类是未申请贷款但存在潜在贷款需求的农户。鉴于此，我们将问卷中选择“想过，但没有申请过”、“想过，并且申请过但没成功”、“想过，申请过并获得贷款”等选项的农户视为存在信贷需求；对于林权抵押贷款农户需求而言，我们将问卷中选择“会考虑，但没有申请过”、“会考虑，并且申请过但没有成功”、“会考虑，申请过并获得贷款”等选项的农户视为存在信贷需求。

2. 信贷需求发生率 =（该类别有借贷需求的农户数/该类别农户总数）×100%。

3.2.3 家庭规模与信贷需求

一般来讲，家庭规模的增加会增大信贷需求，因为人口越多需要的资金也就越多。表6描述了不同家庭规模下农户的信贷需求、林权抵押贷款需求方面的差异。从信贷需求发生率来看，随着家庭规模的增加，农户的信贷需求呈波浪形变化，即先增加，后降低，后来又增加。从林权抵押贷款需求发生率来看，呈“∩”变化。总体来看，3口之家的信贷需求和林权抵押贷款需求最为旺盛。

表6 不同家庭规模农户的借贷需求与林权抵押贷款需求状况

家庭规模	2人以下(30)	3人(41)	4人(53)	5人(42)	6人以上(27)
有信贷需求的农户数	18	31	36	26	19
信贷需求发生率(%)	60	75.61	67.92	61.9	70.37
有林权抵押贷款需求的农户数	17	33	40	30	18
林权抵押贷款需求发生率(%)	56.67	80.49	75.47	71.43	66.67

3.2.4 劳动力人数与信贷需求

随着家庭劳动力人数增加，由于可能出现劳动力替代雇佣劳动力的现象，因此，信贷需求会随着劳动力人数的增加而减少。表7描述了不同劳动力人数的农户在信贷需求和林权抵押贷款需求等方面的差异。从信贷需求发生率看，随家庭劳动力人数的增加，信贷需求发生率呈先上升后下降的趋势，其中，劳动力为4人的农户借贷需求发生率最低，为53.33%，而劳动力为3人的农户借贷需求发生率最高，达到75.56%；对于林权抵押贷款的需求，也呈类似的趋势，且需求更为旺盛。

表7 不同劳动力人数的农户借贷需求与林权抵押贷款需求状况

劳动力人数	1人以下(39)	2人(73)	3人(45)	4人(30)	5人以上(6)
有信贷需求的农户数	22	54	34	16	4
信贷需求发生率(%)	56.41	73.97	75.56	53.33	66.67
有林权抵押贷款需求的农户数	27	54	34	18	5
林权抵押贷款需求发生率(%)	69.23	73.97	75.56	60	83.33

3.2.5 家庭财产状况与信贷需求

财产状况反映的是农户家庭的经济实力，是决定信贷需求的重要因素。一般来说，财产状况越好的家庭，其生产性信贷需求越强烈，同样林权抵押贷款需求也越强烈，而财产状况越差的农户，其生活性信贷需求也较强烈。表8、表9描述了遂昌县不同财产状况样本户在信贷需求、林权抵押贷款需求、借款用途等方面的差异。从需求发生率上看，随着财产状况的变好，农户信贷需求变化的趋势呈U型变化，而林权抵押贷款的需求逐渐增加。从借款目的上看，随财产状况的变好，农户生产性信贷需求逐渐增加，生活性信贷需求逐渐降低。

表8 不同财产状况的农户借贷需求与林权抵押贷款需求状况

财产状况	下等(30)	中下等(49)	中等(79)	中上等(24)	上等(11)
有信贷需求的农户数	21	32	51	18	8
信贷需求发生率(%)	70	65.3	64.56	75	72.73
有林权抵押贷款需求的农户数	19	35	56	19	10
林权抵押贷款需求发生率(%)	63.33	71.43	70.89	79.17	90.91

表9 不同劳动力人数的农户借贷需求用途状况

年龄 目的	下等(21)		中下等(32)		中等(51)		中上等(18)		上等(8)	
	户数	比例(%)	户数	比例(%)	户数	比例(%)	户数	比例(%)	户数	比例(%)
生产性信贷需求	6	28.57	10	31.25	19	37.25	8	44.44	3	37.5
生活性信贷需求	9	42.86	18	56.25	26	50.98	7	38.89	3	37.5

3.2.6 借款特征与林权抵押贷款需求

一般来说，生活性借贷需求的期限较短，而生产性借贷需求的期限较长。表10描述了农户对于不同林权抵押贷款期限的需求，表中我们可以看出农户期望的贷款期限以中长期(即3年以上)为主，达到了73.19%，而短期贷款需求只有26.81%。对于借款季节而言，对农户的影响不大，只有33.34%的农户会选择某个季节借款，其中选择春季的最多，而大部分农户认为无论哪个季节获得贷款都无所谓，占到有林权抵押贷款需求农户的66.66%。

表10 农户林权抵押贷款需求的贷款期限

借款期限	1年	2年	3年	4年	5年以上	无所谓
有林权抵押贷款需求的农户数	19	18	38	6	36	21
林权抵押贷款需求发生率(%)	13.77	13.04	27.54	4.35	26.09	15.22

表 11 农户林权抵押贷款期望发生的季节

借款季节	春季	夏季	秋季	冬季	无所谓
有林权抵押贷款需求的农户数	22	8	10	6	92
林权抵押贷款需求发生率(%)	15.94	5.8	7.25	4.35	66.66

3.2.7 贷款用途限制、贴息政策与林权抵押贷款需求

一般来说，贷款用途限制会对农户林权抵押贷款需求有反向作用。对于有林权抵押贷款需求的农户，我们以“林权抵押贷款只能用于林业生产经营项目，您是否还愿意贷款?”来考察贷款用途限制对农户林权抵押贷款需求的影响，在 138 户有林权抵押贷款需求的农户中，只有 35 户农户表示有影响。

政府贴息政策一般会对农户林权抵押贷款需求有正向影响。对于没有林权抵押贷款需求的农户，以“如果政府对林权抵押贷款进行财政贴息，您是否愿意采用林权抵押贷款?”来考察贴息政策对农户林权抵押贷款需求的影响，在 55 户没有林权抵押贷款需求的农户中，有 10 户表示会有影响。

4 农户林权抵押贷款需求的计量分析

根据调查的数据，我们选择二项分布的 Probit 模型对影响样本农户林权抵押贷款需求的变量进行估计。

4.1 计量模型与计量方法说明

假设 Y 表示一个虚拟变量，它的取值为 1 或 0。对于每个农户，假设 L 是决定 Y 取值的关键因素，如果 $X_i > X_i^*$，则取值为1；如果 $X_i < X_i^*$，则取值为0。Probit 模型假设 X_i^* 是服从正态分布的随机变量，则 $X_i < X_i^*$ 的概率可以用概率分布函数来计算。标准正态分布概率分布函数为：

$$P_i = F(X_i) = \frac{1}{\sqrt{2\pi}}\int_{-\infty}^{X_i} e^{-t^2/2}\mathrm{d}t$$

通过 Probit 方法对方程进行估计，就可以得出影响 Y 取值的因素及其影响方向等。

4.2 定义变量

被解释变量 Y 分别表示农户是否有信贷需求和林权抵押贷款需求(是 =1，否 =0)，解释变量(X_i)即影响农户信贷需求和林权抵押贷款需求的变量，包括户主年龄(AGE)、户主受教育程度(EDUCATION)、劳动力人数(LABOR)、家庭规模(SCALE)、林业收入占家庭总收入的比重(FINCOMERATIO)、家庭支出(SPEND)、借款用途(USE)、贷款贴息(DISCOUNT)、山林总面积(FORESTAREA)、离市政府所在地距离(DISTANCE)。为此，我们将这 10 项因素作为解释变量分别引入 Probit 模型来考察它们对信贷需求和林权抵押贷款需求的影响。

4.3 模型分析

借助 Eviews5.0 中 Probit 模型，对问卷数据分析结果如表 12：

表 12 模型估计结果

变量	信贷需求(模型一)		林权抵押贷款需求(模型二)	
	估计系数	z 值	估计系数	z 值
户主年龄	-0.008727	-0.803507	-0.037775	-2.955024***
户主受教育程度	0.374289	2.477943**	-0.137921	-0.735201
劳动力人数	0.046866	0.400330	0.328075	2.421535**
家庭规模	-0.022259	-0.258237	-0.130963	-1.358453
林业收入占家庭总收入的比重	-0.135688	-0.323204	0.869511	1.761093*
家庭支出	9.25E-07	0.934429	3.27E-06	2.375740**
借款用途	0.624725	2.772076***	2.286058	7.171920***

（续）

变　量	信贷需求(模型一)		林权抵押贷款需求(模型二)	
	估计系数	z 值	估计系数	z 值
贷款贴息	0.233858	0.967533	0.440645	1.317868
山林总面积	-0.000611	-1.233068	0.000131	0.361531
离市政府所在地距离	0.028639	1.649418*	0.016575	0.787144

注：显著性标注：*** 为在 0.01 的显著水平下，** 为在 0.05 的显著水平下，* 为在 0.1 的显著水平下。

由表 12 可以看出，对于农户信贷需求，借款用途通过了置信水平为 99% 的检验，户主受教育程度通过了置信水平为 95% 的检验，离市政府所在地距离通过了置信水平为 90% 的检验，而其他 7 个变量都没有通过显著性检验；对于农户林权抵押贷款的需求，户主年龄和借款用途都通过了置信水平为 99% 的检验，劳动力人数和家庭支出通过了置信水平为 95% 的检验，林业收入占家庭总收入的比重则通过了置信水平为 90% 的检验，而其他 5 个变量没有通过显著性检验。

对于农户是否有信贷需求的影响因素分析表明：

(1)户主受教育程度(EDUCATION)对农户是否有信贷需求具有正向的显著影响。相对而言，受教育程度越高的农户，对信用社和银行等金融机构的贷款政策能有正确和迅速的理解，具有较好的现代金融意识，而且其家庭生产能力相对也较强，对资金的需求也就更加强烈。

(2)借款用途(USE)对农户是否有信贷需求具有正向的显著影响。说明，借款用于林业生产经营项目的农户倾向于通过银行或信用社进行贷款，这可能因为这些农户认为其能够获得收入回报，因而愿意选择这种途径获得贷款。

(3)离市政府所在地距离(DISTANCE)对农户是否有信贷需求具有正向的显著影响。一般来说，离市政府所在地较近的农户获得政策信息较为快捷，而且同时经济也相对较为发达，所以更倾向于产生信贷需求。

对于农户是否有林权抵押贷款的影响因素分析表明：

(1)户主年龄(AGE)对农户林权抵押贷款需求产生负的显著影响。对于样本农户而言，户主年龄越大越不愿意参加林权抵押贷款，一方面原因是他们一般能够自给自足，不愿意再扩大生产，同时也没有好的项目可以投资；另一方面原因可能是由于年龄越大，对新的政策越不理解，也受传统观念“无债一身轻”的影响。而年龄越小的农户思想越开放，容易接受新事物，同时又处在生产活跃的阶段，所以对这种新型的贷款方式产生需求。

(2)借款用途(USE)对农户林权抵押贷款需求产生具有正向的显著影响。说明，借款用于林业生产经营项目的农户更愿意通过林权抵押获得贷款。因为林权抵押贷款政策是针对林业生产经营出台的，而林业收入又是这些山区林农的主要收入来源，所以他们有林权抵押贷款的需求。

(3)劳动力人数(LABOR)对农户林权抵押贷款需求产生负的显著影响。说明劳动力人数越多，农户林权抵押贷款的需求就越低，这也与实际情况相符。遂昌山区的农户很多都是靠山吃山，比如种植毛竹或其他经济林，但在种植、抚育、采伐时大都需要雇工，所以家里劳动力人数越多，那么替代的雇工数量也就越多，相应地也减少了对资金的需求。

(4)家庭支出(SPEND)对农户林权抵押贷款需求产生具有正向的显著影响。很显然，家庭支出越大，其资金需求也越大，农户会寻找各种贷款渠道来满足其资金需求，而林权抵押贷款是一种新的融资渠道，农户可能会对这种形式产生兴趣。

(5)林业收入占家庭总收入的比重(FINCOMERATIO)对农户林权抵押贷款需求产生积极影响。林业收入越高，说明农户林业生产越活跃，则在林业生产经营中需要的资金也越多，同时，这些农户相对比较关注林业相关的政策，而目前林权抵押贷款主要是限定用于林业生产，所以对他们来说，会有较强的林权抵押贷款需求。

5　主要结论和政策含义

根据上述分析结果，以及实地调查获得的资料，我们得出以下结论：

(1)林权抵押贷款政策的宣传已经取得比较大的效果，农户也认同了林权抵押贷款政策对其解决资金需求具有促进作用并具有较强的需求意愿。

(2)尽管农户的需求意愿较强，但是实际获得林权抵押贷款的农户比例较低，这其中既有农户自身的原因，同时政府以及金融机构在政策推行过程中也存在着部分问题。

(3)从户主的年龄结构来看，农户林权抵押贷款需求具有显著的生命周期特征。随着年龄的增长，农户林权抵押贷款的需求逐渐减弱。

(4)从林权抵押贷款的用途看，更多的农户是将贷款用于非林业经营项目，这与现行林权抵押贷款政策中的用途限制存在差异。

(5)现行林权抵押贷款主要以短期为主，与农户所期望的贷款期限不一致，大多数农户希望得到中长期的贷款。

(6)从计量分析的结果来看，户主受教育程度、借款用途、离市政府所在地距离对农户信贷需求具有正的显著影响。户主年龄、劳动力人数对农户林权抵押贷款需求具有负的显著影响，借款用途、家庭支出、林业收入占家庭总收入的比重对农户林权抵押贷款需求具有正的显著影响。

根据调查中发现的问题以及经过实证分析得出的结论，充分利用林权抵押贷款政策来进一步改进农村金融环境，解决山区林农融资问题，可以从以下几点做起：

(1)政府及各地基层继续加强林权抵押贷款政策的宣传，尤其是具体程序和贴息政策的宣传，以及正确落实贷款贴息政策。金融机构中的主体是商业银行，其特征主要是以市场化运作为基础，以盈利为目的，林权抵押贷款利率的降低终究是有限的。因此，要真正做到让利惠民，切实降低林农成本，推动林权抵押贷款工作的顺利进行，就应落实林权抵押贷款贴息政策。

(2)解除借款用途的限制。一方面是因为限制借款用途会很大程度的挫伤农民进行林权抵押贷款的积极性；另一方面，增加借款用途的限制会提高相关部门和金融机构的监督成本。一般而言，只要农户肯用自己的林地作抵押贷款，说明他有一定把握偿还贷款，因为林地对于山区林农来说是具有非同寻常的意义。

(3)灵活制定林权抵押贷款的期限。科学合理的贷款期限才能满足农户多样化的资金需求。例如可以对用于生活和非营林的贷款以及对毛竹垦复、低产林改造周期短的速丰林的贷款，期限可设计为5年之内；对周期在20年以上的用材林，因为其间有间伐收益和林下经济收益，期限可设计为10～15年。

(4)创新林权抵押贷款模式，满足农村贫困家庭的资金需求。农村的贫困家庭的偿债能力相对而言都较低，而且贫穷农户的借贷需求包括林权抵押贷款的需求往往受到抑制。资金是农户生产、投资和经营的基本要素，不能获得资金会进一步加剧贫穷农户的贫穷。因此，探索适合于贫困农户的林权抵押贷款模式能帮助农户更好地利用其所拥有的山林，从而脱贫致富。

参考文献

[1]J. D. 冯克匹克．发展中经济的农村金融[M]．中国金融出版社，1990.

[2]周宗安．农户信贷需求的调查与评析：以山东省为例[J]．金融研究，2010(02)：196－201.

[3]韩俊，罗丹，程郁．信贷约束下农户借贷需求行为的实证研究[J]．农业经济问题，2007(02)：44－51.

[4]汪三贵，朴之水，李莹星．贫困农户信贷资金的供给与需求[M]．北京：中国农业出版社，2001.

[5]周小斌．影响中国农户借贷需求的因素分析[J]．中国农村经济，2004(08)：26－30.

[6]何军，宁满秀，史清华．农户民间借贷需求及影响因素实证研究——基于江苏省390户农户调查数据分析[J]．南京农业大学学报(社会科学版)，2005(04)：20－24.

[7]周立．农村金融市场四大问题及其演化逻辑[J]．财贸经济 2007(02)：56－55.

[8]史清华，陈凯．欠发达地区农民借贷行为的实证分析[J]．农业经济问题，2002(33)：44－49.

[9]何广文等．中国农村发展与制度变迁[M]．北京：中国财政经济出版社，2005.

[10]张树基．经济较发达地区农户借贷行为的实证分析[J]．浙江金融，2006(9)：45－46.

[11]李延敏．不同类型农户借贷行为特征[J]．财经科学，2008(7)：23－30.

[12]马晓河，蓝海涛．当前我国农村金融面临的困境与改革思路[J]．中国金融，2003(11)：11－13.

[13]蒋难．农户借贷需求行为的经济学分析与实证——以中部某省750家农户调查为例[J]．金融发展研究，2009

(5)：78－80.

[14]曹力群．农村金融改革与农户借贷行为研究[A]．农业部农村经济研究中心研究报告[R]，2000.

[15]温铁军．农户信用与民间借贷研究——课题主报告，中国经济信息网

[16]朱守银，张照新，张海阳等．中国农村金融市场供给和需求：以传统农区为例[J]．管理世界，2003(3)：88－95.

[17]杨丽霞，石道金，华文礼，叶陈育．林权抵押贷款的探索与实践——以浙江省遂昌县为例[J]．林业经济，2010(4)：50－54.

[18]中国人民银行农户借贷情况问卷调查分析小组．农户借贷情况问卷调查分析报告[M]．经济科学出版社，2009.

[19]李莉，黄和亮，吴秀娟．林权抵押贷款借贷双方的行为分析——以福建省永安市为例[J]．林业经济问题，2008(1)：81－85.

[20]王琅．2006年农村家庭借贷情况调查研究[J]．金融研究，2007(11)：103－117.

[21] Long, M. G. Why peasant's farmers borrow? [J]. American Journal of Agricultural Economics, 1968, 50(4): 991－1008.

[22]Iqbal, F. The Demand for Funds by Agricultural Households: Evidences from RuralIndia, Journal of Development Studies, 1983, 20(1): 68－86.

[23]Iqbal, F. The Demand and supply of Funds among Agricultural Househelds in India, in Agricultural Household Models: Application and policy, editors Singh, Squire and Strauss, World Bank Publication, John Hopkins University Press, Baltimore and London, 1986.

[24]Kochar, A. An Empirical Investigation of Rationing Constraints in Rural Credit Markets inIndia[J]. Journal of Development Economics, 1997(53): 339－371.

[25]Pham Bao Duong and Yoichi Izumida. Rural Development Finance inVietnam: A Microeconometric Analysis of Household Surveys[J]. World Development, 2002, 30(2): 319－335.

[26]Hoff, K. B. A. &Stiglitz, J. (Eds.). The economics of rural organization: theory, practice, and policy[M]. Oxford: Oxford University Press, 1993.

集体林权制度改革后造林农户的社会政治资本分析
——基于福建的调查

王文烂　银小柯　林　斌

（福建农林大学经济与管理学院）

摘　要： 从社会政治资本的视角对集体林权制度改革后造林农户的特征进行分析，发现造林农户基本为村庄的经济精英、拥有较高的政治地位、多元化的职业经历以及较强的社会关系；提出深化集体林权制度改革应注重配套政策的针对性、加快发展林业合作组织以及增强农户社会政治资本有效性的政策建议。

关键词： 集体林权制度改革；造林；农户；社会政治资本

Study of Social and Political Capital of Afforestating Farmers After the Reform of Collective Forest Right System
——Based on the Survey in Fujian

Wang Wenlan　Ying Xiaoke　Lin Bing

(Economic and Management College of Fujian Agriculture and Forestry University)

Abstract: The paper analyzes the characteristics of afforestating farmers after the reform of collective forest right system from the perspective of social and political capital and it finds that afforestating farmers are most the economic elites in village and the farmers who have a higher political status, a wide range of professional experience and strong social relations. And then the paper advices some policy recommendations about the target of supporting policies should be taken seriously when deepen the collective forest right system reform, accelerate the development of cooperation in forestry organizations and enhance the effectiveness of political capital of farmers.

Key words: the reform of collective forest right system; afforestation; farmers; social and political capital

1　引言

2008 年的《中共中央国务院关于全面推进集体林权制度改革的意见》，强调要充分认识集体林权改革的重要性。为全面部署推进集体林权制度改革工作，2009 年 6 月在北京举行了首次的中央林业工作会

基金项目： 教育部人文社会科学基金项目(09YJA790042)、福建省教育厅人文社科项目(JA10145S)

作者简介： 王文烂(1970－)，男，福建福州人，福建农林大学经济与管理学院副教授，博士，从事林业经济理论与政策研究。银小柯(1984－)，男，河南叶县人，福建农林大学经济与管理学院博士研究生，研究方向：农业经济管理；林斌(1968－)，女，福建顺昌人，福建农林大学经济与管理学院博士研究生，研究方向：农林经济管理。

议。2010年中央一号文件明确提出，要深化以明晰产权、承包到户为重点的集体林权制度改革，加快推进配套改革。集体林权制度改革已成为我国集体林区农村改革的一项重要任务，也是当前相关研究领域的重点和热点的研究问题。

集体林权制度改革就是利用产权的激励功能调动农民经营林业的积极性，林权改革赋予农民森林这一类财产的经营权必然增加农民的满足感，并且或多或少增加农民的收入，因此农民经营林业的积极性或多或少有所提高。但在过去的调研中我们发现，集体林权制度改革后，农户造林行为表现出了很大的差异性，一是有造林投入行为的农户比例并不高，二是农户造林投入的差异性很大。在近期完成的对福建集体林权改革监测调研中，也发现了同样的问题。从现有研究看，多数研究都肯定集体林权改革有利于提高农户林业生产积极性，并肯定集体林权改革增加了农户造林的投入，认为林改促进了林业投入的可持续发展、资源培育的可持续发展、林业保护的可持续发展，农民造林育林的积极性和社会投资林业的热情空前高涨，各种生产要素迅速向林业聚集，农户及农户联合体自发造林的面积增加[1][2][3]。但现有的研究没有说明到底是哪些农户在从事造林等林业经营活动，没有研究从事造林活动的农户所具有的特征性。

我们要调动千家万户的农民参与更高水平的森林经营，就要更加准确地了解林业管理体制和林业政策对不同农户的林业的投资激励的影响程度，并有针对性地进行相关林业管理体制改革和政策设计，以吸引尽可能多的农户更加积极地投入森林经营，提高集体林权制度改革的激励效应，为此必须对集体林权制度改革后的造林农户进行深入的研究。

2 集体林权改革后农户的造林投入

始于2003年的新一轮集体林产权制度改革，相比以前的集体林制度改革，主要在于明晰界定产权和有效保护产权，希望通过产权制度能最大化的激励林农和其他相关利益主体的经营行为。

新一轮的集体林产权制度改革开展后，农户除拥有林业“三定”时的自留山和责任山，更主要的是与农村土地家庭联产承包制相似，有了属于自己的承包地，可以自主决定生产什么、怎样生产。集体林权改革激发了林业经营者的造林积极性，林业经营绩效明显提高，突出表现为社会投资造林比重不断提高，非公造林比重提高。从下表可以看出，从2005年到2008年，福建省非公有经济造林面积逐年增加，非公有经济造林面积占当年人工更新造林面积的比重从2005年的64%上升到2008年的75%，非公有经济造林已经成为福建省营林生产的主要力量。

表1 2005～2008年福建省人工造林更新情况

年份	2005	2006	2007	2008
人工造林更新面积(万 hm^2)	10.48	10.58	11	11.49
非公有经济造林面积(万 hm^2)	6.72	7.76	8.34	8.66
非公有经济造林面积比例(%)	64	73	76	75

（数据来源：2006－2008福建省林业统计年鉴）

为研究集体林权制度改革对农户造林行为的激励效应，2006年，在福建省的主要林区南平、三明、龙岩和宁德四市的10个县区进行福建集体林权制度改革调研。本次调查以随机抽样方式选取县、乡、村和农户。每县选择3个乡，每乡选择2个村，每村选取10户农户，共选取600户农户进行入户问卷调查。福建省林权改革调查共随机调查了60个村，共600户农户。但其中有四个村的村民反映本村没有进行林权改革，因此受到此次林权改革影响的实际为56个村，共560户农户。

在所调查的实行林权改革的56个村的560户农户中，2005年有开展造林的农户数为63户，占调查农户数的11%。63户农户共造林61.03 hm^2，其中12户农户营造的是竹林，面积共为2.41 hm^2；营造用材林杉木、马尾松的有51户，共造林58.62 hm^2，营造用材林最多的一户造林面积达到33.33 hm^2，最少的仅为0.02 hm^2，若除去造林面积最大的一户，则每户平均造用材林0.51 hm^2。除了造林以外，在所调查的参与林改的560户农户中，2005年开展各种林业经营活动和林业投入的农户共有389户，占调查农户数的69%，其中有84户农户经营用材林，占农户数的22%，投入的主要是劳动力，包括劈草、抚育、护林等；有 196 户农户经营竹林，占农户数的 50%，包括劳动力投入、化肥投入和雇工支出；有 109 户农户经营经济林，占农户数的 28%，也主要是劳动力投入、化肥投入和雇工支出。从调查情况看，虽然有 389 户农户进行了各种林业经营活动，但其中 78% 的农户主要是在竹林和经济林经营方面的投入。

2008 年，对福建省邵武市 15 个乡镇的 60 个村进行集体林权制度改革调研，调查以随机抽样方式，每个乡镇选择 2 个村，每个村选择 10 个农户，共选取 300 户农户进行入户问卷调查，收回有效问卷 291 份，有效率为 97%。在所调查的 291 份有效问卷中，2007 年新造林的农户为 34 户，占所调查有效问卷农户的 12%，34 户农户共造林 29.11 hm^2，其中 25 户农户营造杉木、马尾松，最大的造林面积为 4.6 hm^2，9 户农户营造的是竹林。

两次农户调研的数据分析反映出了相同的结果，即农户造林的比例并不高，并且农户造林的差异性十分显著。

一方面是集体林权改革后非公有经济造林不断增长的报道及统计结论，另一方面是集体林权制度改革后农户造林并未出现预期的增长的调研结果，两个结论的差异是什么原因形成的？显然，我们在得出非公有经济成为集体林区林业经营的主要力量的结论时，并不能得出农户已成为集体林权制度改革后主要的林业经营主体的结论。非公有经济成分是十分复杂的，主要包括个体经济、私营经济、外资经济等。非公有经济造林是相对应国有、集体等公有经济造林而言的，非公有经济造林主体既包括一般的农户，也包括林业专业合作组织、股份合作制林场、联办林场、林地承包大户、专业造林公司、林产品生产企业等新型林业经营主体。在政府部门统计的非公有经济造林面积的数据中，无法准确地反映出不同的造林主体所营造林的面积，现有的关于集体林权制度改革后农户造林行为的研究也无法对造林农户有准确的描述。

3 造林户社会政治资本统计描述

什么样的农户在从事造林，这是深化集体林权制度改革必须清楚的问题。为了进一步分析究竟是谁在造林，造林户有什么特点，2009 年 7 月对邵武市(县级市)的 12 个镇、3 个乡进行了调查。调查样本采用随机抽样的方法，对 2003 年以来的造林户进行调查，每镇(乡)随机选取 5 户，获得 75 份样本，其中有效样本 74 份，有效率 98.67%。本文对造林户特征的分析基于有效样本 74 份数据进行的。对于调查数据的分析，限于本研究的目标，主要采用描述统计分析。

这里本文借用了“社会政治资本”的”概念，以反映造林户的自身素质与背景状况，或其社会政治资源[4]。重点探讨造林户的经济与财富状况，如他们的家庭收入水平、收入的结构与来源；造林户的政治身份，如是否是中共党员、是否是村干部或曾经当过村干部等；造林户的文化与技术、职业状况，如文化程度、职业经历与专业技术以及社会组织资源等。

3.1 造林户的经济与财富状况

造林是一项生产行为，需要生产要素的有机组合。生产要素一般划分为劳动、资本、土地、企业家才能四种类型。在造林中必要的资本、劳动、土地以及企业家才能是不可或缺的。

拥有林地是造林的前提，如何获取林地以及获取林地的数量是造林的关键。在新一轮集体林权改革之前，邵武市经历了三个阶段的改革探索。第一阶段为 1981 年到 1983 年，即“林业三定”时期，森林资源所有权的归属得到了确认。第二阶段为 1984 年到 1994 年，主要是落实了开展以家庭承包为主的家庭承包经营责任制和“谁造谁有”的政策。第三阶段为 1995 年到 2002 年，开始全面推进集体林经营体制改革。2003 年，邵武又推行一轮新的集体林权改革。在这些政策指导下，林地的获取方式包括均山到户、谁造谁有、自留山、竞标(拍卖)四种方式。

邵武市所调研的 74 户造林户共拥有林地面积 3718 hm^2，户均林地面积 50.24 hm^2。74 户造林户林地面积分为 261 块，户均 3.5 块。在其他学者的另一项调查中发现，农户林地面积分配不均匀。样本农户的平均林地面积接近 7hm^2，农户中林地面积最小的只有 0.08hm^2，最大的达到 161.67hm^2，林地分配不均匀。从省来看，江西和辽宁的户均林地面积较大，分别达到 8.41 hm^2/户和 7.71hm^2/户，高于 4 省户均 6.65hm^2，福建和云南的户均林地面积均低于平均水平，但也分别达到 3.04hm^2/户和 5.66hm^2/户[5]。

我们调查的造林户户均林地面积要远远大于其对福建的调查数据。

表 2　农户造林地获取方式

林地获取方式	竞标	均山到户	其他获取方式
频数	194	40	27
频率	74.33%	15.33%	10.34%

（数据来源：农户调研数据整理所得）

从造林户林地获取方式看，经竞标(拍卖)获取的有 194 块，占地块总数 74.33%。因均山到户获取林地有 40 块，占地块总数的 15.33%，其他方式获取林地占 10.34%。

不难发现，在 261 块造林地中由竞标方式获取的林地占了 74.33%。可见竞标方式是造林户获取林地的主要方式。调查中还发现，以竞标方式获取林地主要集中在集体林权改革后的前四年，即 2003 年、2004 年、2005 年、2006 年，合计有 163 块，占 84.02%。

表 3　以竞标方式获取林地时间调查结果

以竞标方式获取林地时间(年)	2003	2004	2005	2006	2007 年及以后
频数	36	45	48	34	31
频率	18.56%	23.20%	24.74%	17.52%	15.98%

（数据来源：农户调研数据整理所得）

以竞标方式获取造林地块且获取时间主要集中在集体林权改革后的前四年，可能的原因如下：第一，市场经济条件下，竞争是资源配置的最有效办法之一。此次邵武市集体林权改革以竞标方式配置的林地资源成本较低，如果以均分林地资源方式势必增大改革成本，也不利于家庭小规模经营。第二，无论哪种林地资源配置方式都是有成本的，即集体林权改革权利的界定是有代价的。不难发现此次邵武市集体林权改革的大部分成本降落在林业站以及村干部肩上，但是却没有足够的收益弥补改革的成本。竞标配置林地资源替代了均分林地降低了改革的成本，有助于推动集体林权改革。第三，集体林权改革前四年林木及林地价格较低，获得造林地成本相对较低。第四，竞标结果往往一次性收取林地转让费，能够短时间增加村财收入，符合村干部的理性行为选择。

以竞标方式获取林地实现林地资源的规模经营，但同时也出现了资金排斥现象，使得广大农户未必都能获取林地资源。

历次的集体林权制度变迁已形成集体林权主体多样化的格局。邵武市新一轮集体林权改革的分配方案主要是以竞标方式配置林地，以实现规模造林。新一轮集体林权改革是在前三次集体林改的基础上对林业生产关系的又一次调整，为此邵武市集体林权改革方案规定对已明确林权的予以维护，不打乱重来或借机无偿平调；在本次林权改革前签订的合同，只要符合国家法律政策，林地林木转让行为规范的，合同将给予保护；对合同不完善和不规范的地方，采取“动钱不动山”的办法进行利益调整并加以完善规范，尽量维护原业主的利益。此次集体林权改革主要任务之一是“确权发证”，所以虽然此次林改的涉及面很广，但是真正意义上涉及重新调整林业生产关系的林地资源却很少。出于改革成本以及村财收入等因素的考虑，许多村采用了规模竞标的方式配置林地资源，所谓规模竞标，通俗讲就是将一定林地资源(相对于普通农户规模较大)一次性卖给出价最高者。作为竞争性的林地资源必将配置给出价最高者，这必然会提高林地价格，使得造林成本增加，并使得林地集中在少数人手中。在调查中发现，许多村对于林地使用费采用了一次性支付方式，约有 92% 的林地资源是选择一次性支付。以规模化的竞标方式加之高昂的林地使用费，提高了造林获取林地资源的成本，出现了资金排斥现象。

那么造林农户资金的来源都有哪些？通过问卷调查发现，农户的资金来源主要有自有资金、向亲戚朋友借款、银行贷款等形式，其中以自由资金和向亲戚朋友借款居多，民间贷款的方式较少。

表4 邵武市农户造林资金来源

资金来源	自有资金	银行贷款	亲朋好友借款	民间借贷及其他
频数	74	28	39	3
频率	100%	37.84%	52.70%	4.05%

（数据来源：农户调研数据整理所得）

从上表可以看出，农户造林资金组成中均有自有资金。一般来说农户的自有资金来自于自身的原始积累，包括农业收入和非农收入。造林需要大量的资金投入，首先是获取林地资源需要大量的资金投入；其次大规模的造林、抚育间伐、采伐都需要雇佣劳动力，而人工成本呈现不断上升的趋势。在调查中发现，目前邵武市农村，男雇工的日工资已达到人均80~100元，女雇工的日工资也已达到人均60~80元。因此，可以推断，造林户应该是家庭收入较高，自有资金充裕的农户。调研的74户造林户在2008年的家庭总收入达到746万元，户均总收入为10万元左右，其中家庭总收入最多的一户达到了200万元，最低的一户也有14500元，表5为2008年74户造林户家庭总收入的频数分布，共有43户造林户的家庭总收入集中在3万元至10万元之间，占调查总户数的58%，家庭总收入10万元以上的有17户，占调查总户数的23%。造林户的家庭收入远远高于邵武市农村家庭的平均收入水平。

表5 造林户家庭总收入的频数分布

按收入分组(元)	频数(户)	频率(%)
14500~30000	14	18.9
30000~50000	21	28.4
50000~100000	22	29.7
100000~300000	14	18.9
300000~2000000	3	4.1
合计	74	100

（数据来源：农户调研数据整理所得）

不仅家庭总收入是影响造林的重要因素，家庭收入的来源或收入结构也是一个重要的影响因素。在调研中分析，造林户的家庭收入主要来源于林业收入、劳务收入、经商及办厂等收入，其中林业收入占家庭收入的比重达到50%以上，这也表明，只有林业收入成为家庭收入的主要来源时，农户才会有从事造林等林业生产经营活动的激励。

表6 造林户家庭收入结构

年份	2008	2007	2006	2005	2004
农业收入份额(%)	4.51	3.47	3.20	2.63	3.67
林业收入份额(%)	50.07	53.96	50.46	48.01	39.04
劳务及其他收入份额(%)	45.43	42.57	46.34	49.36	57.30

（数据来源：农户调研数据整理所得）

从上述分析可以反映出，农村的造林户基本是农村的“经济能人”，是各村内的经济精英。

3.2 造林户的政治身份

从上述分析中我们可以知道私有造林出现了资金排斥现象，那么造林是不是只有资金就行了？可以这样说，在造林过程中，没有资金是不行的，但是只有资金也不全都行。事实上造林者的社会资本是影响造林投入的一个关键因素。首先，在林地资源的获取以招标拍卖为主的方式下，投标者除了要有充裕的资金外，还必须具备一定的社会地位或者与拍卖的林地所属村庄的某些精英有一定的关系，才有可能获取林地资源并避免林地经营中的纠纷。其次，林业生产的长周期性，使得林业生产经营的风险较为突出，这些风险即包括火灾、病虫害、风灾、冰雪灾害等自然风险，也包括一些政策的风险，如限额采伐、生态公益林规划等。因此，从事造林投资的农户应该具有较强的自然风险承受能力以及对政策风险规避的能力，这些能力要求造林户具备充裕的社会政治资本，造林户要与村干部、乡镇干部、乡镇林业工作站及县市林业局有密切的联系，才能在市场化的条件下从事林业生产经营活动，总体而言，造林户应该是乡村的精英人物。

表7 造林户政治面貌状况

指标	频数	频率
党　员	28	37.84%
非党员	46	62.16%
合计	74	100.00%
干部	26	35.14%
非干部	48	64.86%
合计	74	100.00%

（数据来源：农户调研数据整理所得）

在所调查的74户造林户中，中共党员28户，占了37.84%，是村干部或曾经是村干部的有26户，占35.14%，这些数字都远远高于农村中党员和村干部的比例。

3.3 造林户的文化程度

造林需要一定的技术，在市场经济条件下，以追求经济利益为目标的造林户更需要有丰富的商品经济意识以及从事市场活动的知识和能力。

从造林户受教育程度上看，74户造林户中，大专及以上学历、高中或中专、初中、小学及以下的造林户分别占5.41%、13.51%、58.11%、22.97%。

表8 造林户教育程度状况

教育程度	频数	频率
大专及以上	4	5.41%
高中或中专	10	13.51%
初中	43	58.11%
小学及以下	17	22.97%
合计	74	100.00%

（数据来源：农户调研数据整理所得）

从上表可以看出，造林户的文化程度主要集中在中学文化程度（初中和高中或中专）这一区间，二者的比例达到72%，若加上大专及以上文化程度的造林户，中学文化程度以上的造林户就达到77%；小学及以下文化程度的人员比例较低。这表明，造林户高文化素质的时期虽未到来，但造林投资已经告别了“大老粗”或文盲时期。

3.4 造林户的职业经历

随着我国市场经济体制改革的不断深入，林业经营市场化程度的不断提高，造林主体呈现多元化的趋势，造林户的职业经历也呈现出多元化的特点。在调查的74户造林户中从事与林业直接相关行业的有41户，占55%，这些造林户或者做木材销售、或者从事木材加工、或者经营林场等与林业直接相关的工作。有21户造林户有从事经商、做生意等职业，有6户造林户在从事建筑及其他工程项目承包，有8户造林户购买了汽车从事运输服务，还有4户造林户在烟草局、水电站等企事业单位工作。造林户的职业经历为他们积累了从事林业生产经营所需的资金、社会资本以及各种信息，他们了解林业行业的情况，对我国林业产业的发展持乐观态度，在调查中，高达93.24%的造林户认为林业政策稳定，造林能带来收益。

表 9　造林户职业经历

职业经历	频数(户)	频率(%)
林业产业	41	55
经商	21	28
建筑工程	6	8
运输	8	11
企事业单位	4	5

(注：因存在职业交叉的情况，频数总和大于 74 户，频率总和大于 100%)(数据来源：农户调研数据整理所得)

3.5　造林户的社会关系与信任

造林户需要有较为完备的市场信息与林业政策信息，造林者的融资能力，需要与各方面的人物交往，因此，需要有较强的社会关系及信任。非正式借贷的可获得性，可用来衡量造林户的社会关系及其被信任程度。当问"如果在很短的时间内向亲戚朋友借钱，可以借到多少?"，回答"很难借到"有 5 户，占 6.76%，回答"能借到 1 万 ~5 万、5 万 ~10 万、10 万 ~15 万、15 万元以上"分别为 31 户、17 户、11 户和 10 户，分别占 6.76%、41.89%、22.97%、14.86% 和 13.52%，这表明造林户具有较好的社会资本。

表 10　造林者借贷能力

造林者借款能力	很难借到	1 ~5 万元	5 ~10 万元	10 ~15 万元	15 万元以上
频数	5	31	17	11	10
频率	6.76%	41.89%	22.97%	14.86%	13.52%

(数据来源：农户调研数据整理所得)

3.6　影响农户造林行为的因素

造林户在从事造林活动中最关注的问题或影响其造林投入行为的因素主要是什么？许多的研究都认为限额采伐对农户造林行为的影响是最显著的，认为限额采伐制度是制约林业发展的主要制度障碍，但从对造林户的调查中发现这个结论很难成立。在对造林户的调查中设计了市场价格、盗砍盗伐、林地租金、限额采伐、种苗价格、造林补贴等影响造林行为的因素，请调查户按对其影响程度的大小进行排序。从调查结果看，有 45.9% 的造林户认为市场价格对其造林行为的影响最大，29.7% 的造林户认为对其行为影响最大的因素是盗砍盗伐，而后是林地租金及限额采伐的影响。这或许正好反映出造林者具有较为充裕的社会资本，不会受到限额采伐指标的约束。林地租金的影响较小也表明造林户具有较强的经济能力。

4　结论与建议

通过上述的分析，本文得出以下的研究结论。①对集体林权改革后农户造林情况的调查，发现农户造林的比例并不高，并且农户造林的差异性十分显著；②集体林权改革后非公经济造林的不断增长并不能表明普通农户已成为集体林权制度改革后主要的林业经营主体；③对造林户的社会政治资本的分析发现，造林户通常拥有较高的社会政治资本，他们基本是农村内部的经济精英，拥有较高的政治地位，多元化的职业经历以及较强的社会关系与信任，同时造林户的文化程度也有较大的提高；④林权是激励农户造林的必要条件，但还有其他潜在的因素促进农户造林的积极性，其中就包括农户家庭的经济与财富状况、农户的社会资本关系等；⑤影响造林户造林投入的主要因素是木材市场价格与盗砍盗伐，而不是限额采伐制度。

基于以上的研究结论，提出如下建议：①深化集体林权改革的配套政策应注意政策的针对性。为深化集体林权改革，国家出台了一系列的配套政策，如林权抵押贷款与小额信贷政策、森林保险政策、商

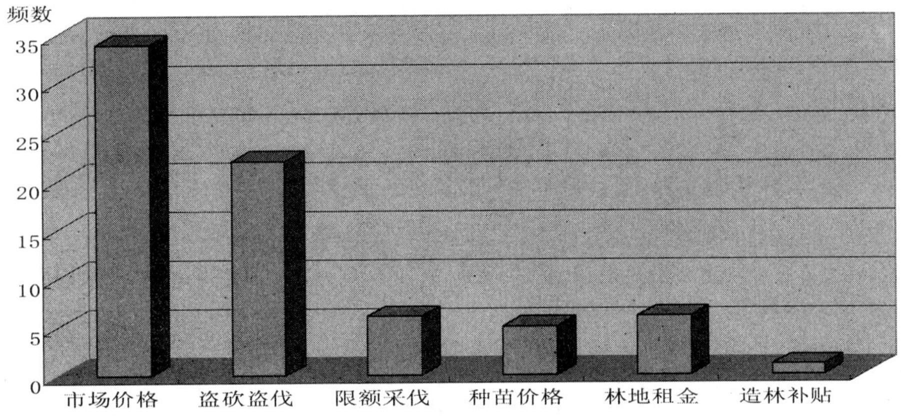

图1 影响农户造林投入行为的因素

（数据来源：农户调研数据整理所得）

品林采伐管理制度等。但这些政策的效果并不显著，对广大农户的造林激励不强，主要原因在于政策的针对性不强，没有考虑到造林主体的差异性。对于有能力造林的农户，他们并不会受到资金、技术、采伐指标等因素的约束，因此深化集体林权改革的配套政策制定应更多地考虑分散的小农户。②加快林业合作组织的建设。分散的小农户因林地规模的限制，在森林经营过程中会面临森林的防火、防盗、防病虫害等依靠个人的力量难以有效克服的困难，并且会因林木生长周期长导致的投资回收期长、风险大等特点以及资金、信息等约束而不愿进行造林投入。为此，集体林权改革需要重视林业合作组织的作用，通过林业合作经济组织提高分散的小农户的组织化程度，使得更多的农户能够从更高层次、更大范围进入林业生产经营，提高林地的利用效率。③增强农户社会政治资本的有效性。除了明晰的林权外，农户的社会政治资本也是制约农户造林积极性的重要因素。政府政策应提高农户应对林业生产经营活动市场化的社会政治资本的有效性，将农户的社会关系网络以及对活动的参与性纳入到林业生产经营过程中，使农户能够运用社会政治资本去应对市场化的林业生产。

参考文献

[1]王新清．集体林权制度改革绩效与配套改革问题[J]．林业经济，2006(6)：15－18.
[2]张利国．江西省集体林权制度改革探析[J]．林业科学，2008(7)：79－83.
[3]徐晋涛．我国集体林区林权制度改革模式的绩效分析[J]．林业经济，2008(9)：27－38.
[4]肖唐镖．什么人在当村干部？——对村干部社会政治资本的初步分析[J]．管理世界，2006(9)：64－70.
[5]文彩云，张蕾．集体林权制度改革背景下的农户林地流转行为分析[J]．林业经济，2008(11)：56－61.

集体林改后林农经营意愿调查分析
——以玉龙县为例

李 谦[1] 支 玲[1] 齐新民[2] 谷振宾[3]

（1. 西南林业大学经济管理学院；2. 贵州大学林学院；
3. 国家林业局经济发展研究中心）

摘 要：本文以云南省玉龙县为例，调查分析了集体林改后林农在管护方式、采伐、长期经营、林地林木抵押、联合经营、资金投入六方面的意愿，得出了林农对林地资金投入愿望不强烈，大部分人具有抵押意愿，但并非用于林地投资等结论；并指出在研究配套改革的同时，研究如何发挥政府职能，促进林业产业化是实现林农增收、集体林改预期目标的理论保障。

关键词：集体林改；林农；经营意愿

1 引言

集体林权制度改革是我国继土地改革之后的一次农村革命，是解决“三农”问题的重要途径之一，直接影响到农民的切身利益，关系到农业的发展、农民的增收、农村的稳定。我国的集体林权制度改革在经历了分山分林到户阶段、山林入社阶段、山林集体所有、统一经营阶段、林业“三定”阶段之后，2008年7月14日，中央出台《中共中央国务院关于全面推进集体林权制度改革的意见》（以下简称《意见》），集体林权制度改革进入了全面推进和深化阶段。根据《意见》、《中共云南省委云南省人民政府关于深化集体林权制度改革的决定》，通过林改应实现“山有其主，主有其权，权有其责，责有其利”，建立起“产权归属清晰，经营主体到位，责权划分明确，利益保障严格，流转顺畅规范，监管服务有效”的现代林业产权制度。

目前，全国集体林权制度的主体改革已基本完成，学者对集体林权制度改革的研究较为丰富，主要集中研究的领域包括配套改革、对财政收入、农户收入的影响[1]~[5]和集体林改存在的问题和对策[6]~[9]。其中，配套改革主要关注金融支持[10]~[14]、林权抵押[15]、投融资制度[16]。在众多研究中，对集体林改后林农经营意愿的研究极为少见，而对林农的经营意愿进行调查和了解有利于林改配套改革的推进，有利于后续政策措施的完善，因此，研究集体林改后林农的经营意愿具有重要意义。

云南省玉龙县地处云南省西北部，全县均属于天保区，森林以集体林为主，研究天保区的集体林改后的林农经营意愿不但可以为林改后续政策的制定提供一定的理论依据，也为处理好“放活”与“保护”关系，今后协调林改与天保两项政策提供理论参考。因此，本文以云南省玉龙县为例，在对集体林改后样本农户进行问卷调查的基础上，分析林农对林地的经营意愿。

作者简介：李谦，硕士，副教授，硕士生导师，主要研究方向：从事林业经济、林业会计方面的研究。电话：0871－3863041，Email：qian3132411@yahoo.com.cn；地址：昆明市白龙寺西南林业大学经济管理学院，邮编：650224。

通讯作者：支玲，博士，教授，硕士生导师，主要研究方向：从事林业经济、项目管理方面的研究。电话：0871－3862418，Email：zhi_ling166@yahoo.com.cn；地址：昆明市白龙寺西南林业大学经济管理学院，邮编：650224。

2 玉龙县集体林权制度改革概况

玉龙县地处云南省西北部，位于北纬20°24′～27°46′，东经99°23′～100°32′之间，境内地形地貌多样，下辖16个乡(镇)，100个村委会，全县国土面积620029.0hm^2，全县森林覆盖率72.26%(其中有林地覆盖率67.46%)，林木绿化率78.78%。全县活立木蓄积量为45800220m^3。根据2009年玉龙县森林资源二类调查成果，其中林业用地493338.6hm^2，非林业用地126690.4hm^2；按权属分国有林130725.65hm^2，占26%，集体林362612.88hm^2，占74%。

2007年4月，玉龙县启动太安乡林改试点工作，2008年4月1日，全县全面推进林改工作，至2008年底，基本完成了全县主体改革，共涉及100个村委会、1207个村民小组，合50063户。全县集体林核实面积5439166.01亩。确权面积5392819.11亩，其中自留山632251.69亩，责任山450209.61亩，均山1221523.94亩，均股3047878.37亩，其他方式承包林地167.83亩，其他方式流转林地40787.67亩；争议面积46346.9亩；核发林权证面积5183891.83亩，发证率达96%。

3 样本农户经营意愿分析

笔者选择玉龙县石头乡、石鼓镇为调查对象，于2010年8月进行入户调查，共调查农户51户，其中公益林分到户的5户(归属石鼓镇)，公益林分到村，采取不均山均股的20户(归属石鼓镇)，没有公益林的20户(归属石头乡)，样本农户涉及4个行政村(桃花村、四华村、格子村、红岩村)、13个村名小组，具有一定的样本容量。由于玉龙县全县处在天保区的特殊性，本文将样本分为三个样本组(公益林分到户、公益林未分到户、没有公益林)进行比较分析。

3.1 目前林地管护方式和期望的管护方式调查

表1 林地管护方式调查

选项	石头乡合计		石鼓镇合计				玉龙县合计	
	农户(人)	比例(%)	公益林未分到户的农户(人)	比例(%)	公益林分到户的5户	比例(%)	农户(人)	比例(%)
(1)现在您家林地管护方式为								
A. 个人管护	26	100.00	15	75.00	5	100	46	90.20
B. 和其他农户联合管护	0	0.00	3	15.00	0	0	3	5.88
C. 其他	0	0.00	2	10.00	0	0	2	3.92
合计	26	100.00	20	100.00	5	100	51	100.00
(2)希望所承包林地将来的管护方式是								
A. 个人管护	25	96.15	8	40.00	3	60	36	70.59
B. 和其他农户联合管护	0	0.00	10	50.00	2	40	12	23.53
C. 其他	1	3.85	2	10.00	0	0	3	5.88
D. 个人管护与其他管护	0	0.00	0	0.00	0	0	0	0.00
合计	26	100.00	20	100.00	5	100	51	100.00

从表1看出，在公益林分到户的5户中，现有的管护方式均为个人管护，其中，60%的家庭希望今后可以和其他农户联合管护，其余40%依然坚持个人管护模式；在公益林未分到户的20户中，75%的农户目前采取个人管护的方式，15%的农户与其他农户联合管护，另有10%的农户采取其他管护方式(集体管护)。从对未来林地的管护方式看，趋向于与其他农户联合管护的人数增加，从现有的15%上升到50%。与公益林分到户的农户相对比，公益林未分到户的农户更愿意联合管护；而没有公益林的26户，全部农户目前均采取个人管护的方式，98.15%的农户仍希望今后由个人管护，其余3.85 %认为个人管护或集体管护皆可。与公益林分到户和未分到户的两种情况对比看，没有公益林的样本农户期望个人管护森林的比例最高，公益林未分到户的农户期望个人管护的比例最低，说明产权的明晰程度与管护模式高度相关，产权越明晰，个人管护的期望值越高，几乎成正比。

3.2 对所承包的商品林的采伐意愿

表 2 商品林采伐意愿调查

选项	石头乡合计						石鼓镇合计		玉龙县合计	
	农户（人）	比例（%）	公益林未分到户的农户（人）	比例（%）	公益林分到户的5户	比例（%）	农户（人）	比例（%）
所承包商品林（用材林）中，是否现在要申请采伐？								
A. 是	2	7.69	2	15.38	0	0.00	4	9.09
B. 否	24	92.31	11	84.62	5	100.00	40	90.91
合计	26	100.00	13	100.00	5	100.00	44	100.00
现有的用材林，应在哪年采伐？								
A. 1 年后	2	7.69	3	23.08	0	0.00	5	11.36
B. 5 年后	2	7.69	5	38.46	1	20.00	8	18.18
C. 10 年后	22	84.62	5	38.46	4	80.00	31	70.45
合计	26	100.00	13	100.00	5	100.00	44	100.00
现有的用材林，想在哪年采伐？								
A. 1 年后	1	3.85	1	7.69	0	0.00	2	4.55
B. 5 年后	1	3.85	3	23.08	1	20.00	5	11.36
C. 10 年后	24	92.31	9	69.23	4	80.00	37	84.09
合计	26	100.00	13	100.00	5	100.00	44	100.00
采伐后，打算更新的林种和树种是（可多选）								
A. 用材林	7	26.92	4	30.77	3	60.00	14	31.82
B. 经济林	9	34.62	6	46.15	2	40.00	17	38.64
C. 其他	3	11.54	3	23.08	0	0.00	6	13.64
D. 用材林和经济林	7	26.92	0	0.00	0	0.00	7	15.91
合计	26	100.00	13	100.00	5	100.00	44	100.00

目前公益林分到户的 5 户也有均山到户的商品林，他们一致认为目前并没有采伐意愿，其中 20%（1 户）的家庭认为应该在 5 年后进行采伐，其余 80%（4 户）的家庭认为应该在 10 年后进行采伐，农户一致坚持在适宜采伐的年限方会申请采伐。采伐后，有 40% 家庭计划更新树种，打算种植核桃、板栗等经济林果，其余 60% 农户认为气候条件不允许更换树种。

公益林未分到户的农户对所经营的用材林采伐愿望不强烈，有 84.62% 的受访农户目前没有采伐计划，其中 23.08% 的农户认为 1 年后可以采伐，认为 5 年后、10 年后可以采伐的各占一半，但从采伐意愿上看，即便可以在 5 年后采伐，农户还是选择后推到 10 年后再采伐。采伐后，46.15% 的农户选择将目前的云南松更新为经济林，主要树种为核桃、板栗，30.77% 的农户继续选择用材林，树种的选择主要是云南松、云冷杉。

没有公益林的农户承包经营的集体林地目前大部分不具备采伐条件。农户对所经营的用材林采伐愿望也不强烈，有 92.31% 受访的农户目前没有采伐计划，其中认为 1 年和 5 年后可以采伐的分别占 7.69 %，但从采伐意愿上看，与公益林未分到户的样本农户情况相似，农户在适宜采伐的年份也有不愿意采伐的想法，近期没有采伐计划的农户均选择 10 年后采伐，这一点从一定程度上可以看出一方面玉龙县受调查的乡镇对林业的依赖性不大，另一方面，采伐意愿受采伐成本制约。采伐后，34.62 % 的农户选择将目前的云南松更新为经济林，主要树种为核桃、板栗，26.92% 的农户继续选择用材林，树种的选择主要还是云南松、云冷杉。

3.3 对林地的长期经营意愿

表3 林地长期经营意愿调查

选项	石头乡合计		石鼓镇合计				玉龙县合计	
	农户（人）	比例（%）	公益林未分到户的农户（人）	比例（%）	公益林分到户的5户	比例（%）	农户（人）	比例（%）
对于所承包林地，是否有长期经营的打算？								
A. 是	24	96.15	17	85.00	5	100.00	46	90.20
B. 否	2	7.69	3	15.00	0	0.00	5	9.80
C. 没想清楚	0	0.00	0	0.00	0	0.00	0	0.00
合计	26	100.00	20	100.00	5	100.00	51	100.00
如果不想长期经营，将来想通过怎样的方式转移经营权？								
A. 转让	1	50.00	1	33.33	0	0.00	2	40.00
B. 转包（出租）	0	0.00	2	66.67	0	0.00	2	40.00
C. 其他	1	50.00	0	0.00	0	0.00	1	20.00
合计	2	100.00	3	100.00	0	0.00	5	100.00
如果打算个人长期经营，主要经营的林种和树种为（可多选）								
A. 用材林	13	54.17	9	52.94	1	20.00	22	47.83
B. 经济林	5	20.83	6	35.29	3	60.00	14	30.43
C. 用材林和经济林	6	25.00	1	5.88	1	20.00	8	17.39
D. 其他	1	4.17	1	5.88	0	0.00	2	4.35
合计	25	100.00	17	100.00	5	100.00	46	100.00

全部公益林分到户农户具有对林地的长期经营打算，其中50%的家庭打算经营经济林（核桃、板栗），33%的家庭打算经营用材林，另有16.67%的家庭认为经济林和用材林均可。

公益林未分到户的样本农户，85%具有长期经营意愿，15%的农户打算转移经营权。在计划转移经营权的农户中。66.67%的农户希望通过转包的方式实现，另有33.33 %的农户希望转让。在计划长期经营的农户中，52.94%选择继续种植用材林，如云南松、云冷杉、红豆杉等。35.29 %的农户打算种植经济林。

在没有公益林的农户中，92.31 %的农户具有长期经营意愿，7.69 %（2户）的农户打算转移经营权。在计划转移经营权的农户中。希望通过转包1人，没有考虑过的1人。在计划长期经营的农户中，52%的农户选择继续种植用材林，如云南松、云冷杉等。

此项调查结果显示，无论是否拥有公益林，无论公益林的林改方式如何，大部分林农对林地具有积极的长期经营打算，但是，公益林未分到户的农户的长期经营意愿比例最低，说明，产权清晰与否还是制约林农经营积极性的重要因素。

3.4 林地林木抵押意愿

在受访对象中，公益林分到户的农户有4户家庭有将所承包林地及林木进行贷款抵押的打算，在这4户中25%的家庭贷款目的为单纯林地经营投资，25%的家庭贷款是为林地以外的其他经营筹资，50%的家庭期望抵押贷款后用于林地经营投资和家庭生活支出。

在公益林未分到户的样本中，55%的农户希望进行林地林木的抵押贷款，贷款主要用于林地经营投资、林地以外的经营投入，或者两者兼而有之。

表 4　林地林木抵押意愿调查

选项	石头乡合计		石鼓镇合计				玉龙县合计	
	农户（人）	比例（%）	公益林未分到户的农户(人)	比例（%）	公益林分到户的5户	比例（%）	农户（人）	比例（%）
对于所承包和经营的林地及林木，将来是否有用作贷款抵押的打算？								
A. 是	16	61.54	11	55.00	4	80.00	31	60.78
B. 否	10	38.46	9	45.00	1	20.00	20	39.22
合计	26	100.00	20	100.00	5	100.00	51	100.00
贷款目的是？（可多选）								
A. 林地经营投资	1	6.25	3	27.27	1	25.00	5	16.13
B. 家庭生活支出	1	6.25	0	0.00	0	0.00	1	3.23
C. 林地以外其他经营性投入	11	68.75	3	27.27	1	25.00	15	48.39
D. 林地经营投资和其他经营投资	1	6.25	3	27.27	0	0.00	4	12.90
E. 林地经营投资和家庭生活支出	0	0.00	0	0.00	2	50.00	2	6.45
F. 其他	2	12.50	2	18.18	0	0.00	4	12.90
合计	16	100.00	11	100.00	4	100.00	31	100.00

没有公益林的农户，61.54%的农户希望进行林地林木的抵押贷款，该选项的比例基本与整个玉龙县的平均水平持平，高于石鼓镇公益林未分到户的调查样本的抵押融资意愿。在有抵押意愿的农户中，68.75%的农户希望通过抵押获得林地以外经营性投入资金；其次，12.50 %的农户希望用作特殊需求。

观察全县的平均水平，60.78%的林农期望林地作为和其他产权清晰的财产一样，可以在需要时进行抵押贷款，但大部分农户(48.39%)以林地以外的经营性投入作为贷款目的。

3.5　与其他农户或公司联合经营林地的意愿

在公益林分到户的农户中80%均有与其他农户联合经营的意愿，但不愿意与公司合作，其余20%不打算与他人联合经营。

公益林未分到户的受访农户中80%的人愿意联合经营，其中，50%的人选择与农户联合经营，37.5%的人愿意与公司合作，12.50%的人选择公司和农户。这一点几乎和林地管护方式一样，有一半的人均愿意与农户合作(愿意采取与公司合作和以林地入股的人各占50%)，但与公益林分到户的农户相比，公益林分到户的农户全部选择与农户联合，而不选择与公司合作，说明公益林分到户的农户对经营活动更加保守，对与公司合作不具安全感，主要可能是在市场中的弱势心态导致。

没有公益林的农户53.85 %的人愿意联合经营，其中，71.43 %的人选择与公司联合经营，21.43%的人愿意与农户联合经营，7.14 %的人认为公司和农户均可。就联合经营意愿的状况看，该样本组的意愿比例低于石鼓镇(石鼓镇无论公益林是否分到户，联合经营意愿均为80%)；就联合的方式看，该样本组农户选择与公司合作的比例达到78.57%，远高于石鼓镇的数据。

从整个玉龙县情况结合管护方式看，没有公益林(石头乡)的样本农户大部分希望采取“个人管护、联合经营、公司合作”的方式经营林地，而其余两个样本组(石鼓镇)更趋向于“联合管护、联合经营、农户合作”的方式经营林地。再观察与公司联合的方式，没有公益林(石头乡)的81.82%农户选择以林地入股，而其余两个样本组(石鼓镇)50%的农户选择以林地入股联合。所以，可以说，没有公益林(石头乡)的农户对林地的经营管护理想模式是：农户以林地入股投资，但农户不离林地，吸引公司资金投入，利用公司的信息和技术共同经营林地，并获得双赢的结果。该模式可以解释为“公司＋农户”；而其余两个样本组(石鼓镇)的农户对林地的经营管护理想模式是：创建以农户为核心的林地经营与管护共同联合机制，寻求改变小农户与大市场割裂的局面，实现联合系统内的所有农户共赢，可以说，这实际上是合作经济组织的雏形，如果在有意愿的乡镇大力培育和发展合作经济组织，尤其是发展专业合作社必将有力推动该地林业产业化进程，改变农户在市场上的被动、从属、弱势地位，促进林农增收，更重要的是必将形成农户利益目标与天保工程目标高度统一的局面，解决好“保护与利用”的关系，形成农民增收与天然林保护相辅相成并双赢的良性循环机制。

表5 联合经营林地意愿调查

选项	石头乡合计		石鼓镇合计				玉龙县合计	
	农户（人）	比例（%）	公益林未分到户的农户(人)	比例（%）	公益林分到户的5户	比例（%）	农户（人）	比例（%）
所承包林地，将来是否有和其他农户或公司联合经营的打算								
A. 是	14	53.85	16	80.00	4	80.00	34	66.67
B. 否	12	46.15	4	20.00	1	20.00	17	33.33
合计	26	100.00	20	100.00	5	100.00	51	100.00
如果是，会选择与农户还是公司联合？								
A. 农户	3	21.43	8	50.00	4	100.00	15	44.12
B. 公司	10	71.43	6	37.50	0	0.00	16	47.06
C. 农户和公司	1	7.14	2	12.50	0	0.00	3	8.82
合计	14	100.00	16	100.00	4	100.00	34	100.00
若与公司联合，选择哪种方式？								
A. 合作经营	1	9.09	4	50.00	0	0.00	5	26.32
B. 以林地入股	9	81.82	4	50.00	0	0.00	13	68.42
C. 其他	1	9.09	0	0.00	0	0.00	1	5.26
合计	11	100.00	8	100.00	0	0.00	19	100.00

3.6 对林地进行资金投入的意愿

表6 对林地进行资金投入的意愿调查

选项	石头乡合计		石鼓镇合计				玉龙县合计	
	农户（人）	比例（%）	公益林未分到户的农户(人)	比例（%）	公益林分到户的5户	比例（%）	农户（人）	比例（%）
您在承包经营的林地上是否愿意投入较大资金								
A. 愿意	4	15.38	6	30.00	1	20.00	11	21.57
B. 不愿意	22	84.62	14	70.00	4	80.00	40	78.43
合计	26	100.00	20	100.00	5	10.00	51	100.00
如果不愿意，原因是什么？								
A. 林业税费重，收入低，多投入不值得	0	0.00	0	0.00	0	0.00	0	0.00
B. 林业没收入，投入资金不值得	18	58.06	4	25.00	4	80.00	26	50.00
C. 缺乏资金，难以扩大投入	4	12.90	8	50.00	1	20.00	13	25.00
D. 土地承包期太短，投入多，收不回	3	9.68	0	0.00	0	0.00	3	5.77

（续）

选项	石头乡合计		石鼓镇合计				玉龙县合计	
	农户（人）	比例（%）	公益林未分到户的农户(人)	比例（%）	公益林分到户的5户	比例（%）	农户（人）	比例（%）
E. 林业生产周期长，风险大，怕收不回资金	2	6.45	2	12.50	0	0.00	4	7.69
F. 农民对土地只有使用权，担心将来政策变了，林地被收回或变更，白投资了	1	3.23	0	0.00	0	0.00	1	1.92
G. 其他	3	9.68	2	12.50	0	0.00	5	9.62
合计	31	100.00	16	100.00	5	100.00	52	100.00

在公益林分到户样本组(5户)中，仅1户愿意对所经营的林地投入资金，其余农户不愿意投资，主要原因是农户认为林业没收入，投资不划算，其次是缺乏资金，难以扩大投入。

公益林未分到户样本组，有70%的农户不愿意进行投入，就其原因，其中有一半的农户是因为缺乏资金，25%的农户是考虑林业投资无回报，还有25%的农户由于林业周期长、目前林地划分不清、劳动力缺乏、尚未考虑清楚等原因不愿意投入。

没有公益林的样本组有84.62%的农户不愿意进行投入，主要原因是林业没收入，投入资金不值得，这一点与实际情况相吻合。农户对确权发证的林地进行抚育和管护在目前情况下确实没有产生效益，农户对林地经营的积极性不高。

总体而言，林农对林地的资金投入愿望不强烈，各样本组间的差异不明显，根据资金实际投入情况，在调查的51户农户中，有11户占样本的21.57%愿意投入较大资金；有40户占样本的78.43%不愿意投入较大资金，50%的原因是林业没收入，投入资金不值得，25%的原因是缺乏资金，难以扩大投入。

4 结论与启示

综合以上分析可得出，集体林改后林农对林地的管护意识进一步提高；对林地联合经营的愿望较强，但联合方式与产权清晰程度、是否有公益林有一定的相关性；大部分人有对林地林木的抵押意愿，但主要并非用于林地投资；考虑到投入产出比的因素，林农对林地的资金投入愿望不强烈，同时考虑到采伐成本，林农也没有近期的采伐愿望。

随着对可持续发展取得的共识，林业在经济发展中的地位越来越重要，深化集体林权制度改革是实现林业跨越式发展的必经之路，是解决“三农”问题的重要途径，在集体林权制度改革的主体工程结束之际，我们审视以上林农经营意愿的调查结论，不难发现，林业自身具有的特性决定了在对林地没有依赖性的区域进行林改后，产权清晰不是提高林农经营积极性的唯一动因，提高林农的收益才是推动林农积极投入林业生产的力量。在目前的状况下，就算林地抵押、金融支持等配套改革跟上，林农对通过林地融资的资金也大多不愿投入生产周期长、投资回报低的林业，这对发展林业经济、发展低碳经济非常不利，使林权改革的效果偏离政策初衷。所以，在研究配套改革的同时，研究如何发挥政府职能，促进林业产业化，从而通过利益驱动，既实现林农增收，又促进林业经济的快速发展是今后非常重要的课题。

参考文献

[1]李坤帮，李江柱．集体林区林权改革对政府财政收入的影响探析[J]．江西林业科技．2009，4：45－48

[2]孔凡斌．集体林权制度改革对林区县乡财政性收入影响评价[J]．林业科学．2009，9：120－129

[3]刘伟平，陈钦．集体林权制度改革对农户林业收入的影响分析[J]．福建农林大学学报(哲学社会科学版)，2009，12(5)：33－36

[4]王文烂．集体林权制度改革对农民林业收入的影响[J]．林业科学．2009，8：141－146

[5]王蕊蕊．集体林权制度改革中存在的问题与对策分析[J]．法制与社会．2009，11(中)：66－67
[6]姚荣明．农村集体林权制度改革中的问题分析研究[J]．林业建设．2009，3：27－29
[7]陶国良，翟文元等．山东省集体林权制度改革面临的问题及对策研究[J]．农业经济．2009，3：39－42
[8]李钢，王泽红．深化集体林权制度改革存在的问题及对策[J]．安徽农业科学．2009，37(22)：10733－10735
[9]冯新富．我国集体林权制度存在问题及原因分析[J]．林业建设．2009，1：12－14
[10]陶诚．关于金融支持安徽省集体林权制度改革的调研[J]．金融纵横．2009，9：9－12
[11]杨武．金融支持林权制度改革的调查与思考[J]．西南金融．2009，9：50－51
[12]张吉丽，凌帅．集体林权制度改革配套金融服务措施之我见[J]．农村经济．2009，11：73－74
[13]中国人民银行昭通市中心支行课题组．关于金融支持昭通市林权制度改革的调查与思考[J]．时代金融．2009，8：152－153
[14]潘邦强，单宁尧．集体林权制度改革的金融支持分析——基于武鸣县林权抵押贷款开展情况的调查[J]．区域金融研究．2009，9：72－73
[15]宋海鸥．林权抵押与集体林权制度改革[J]．林业经济问题．2009，4：359－362
[16]范德林．集体林权制度改革与林业投融资创新途径[J]．东北林业大学学报．2009，8：90－91

建国以来集体林权制度变迁探讨

崔海兴　孔祥智　郑风田

（中国人民大学农业与农村发展学院）

摘　要：当前，集体林权制度改革已成为党和国家工作的一个重心和社会各界关注的一个焦点。本文从制度变迁角度出发，分析建国以来我国集体林权制度变迁的历程、特点及存在的问题，探讨建国以来集体林权制度变迁的规律。集体林权制度变迁的过程是与我国农村产权制度变革大体一致的，每一次变动都是当时历史背景下的特定产物，其目的是追求制度变迁中的社会成本最小化。在集体林权制度变革中应注意处理好公平性等问题。

关键词：集体林权；制度变迁；阶段划分；变迁规律

Discussion of Collective Forest Right System Change since the Founding of the People's Republic of China

Cui Haixing　Kong Xiangzhi　Zheng Fengtian

(School of Agricultural Economics and Rural Development, Renmin University of China)

Abstract: At present, the reform of collective forest right system has become a center of state and a focus of community attention. In this paper, the process, characteristics and problems of collective forest right system changes were analyzed and the patterns of collective forest right system changes are summarized since the founding of the People's Republic of China. In general, the process of collective forest right system changes is the same as the rural property rights system reform. Every change is the product of a specific historical context. Its purpose is the minimum of the social costs of system changes.

Key words: collective forest rights; system change; development course; change discipline

1　引言

目前开展的集体林权制度改革是农村经营制度的又一重大变革，已成为党和国家重视、广大林民关心、国内外媒体关注的一个焦点问题，众多学者也从不同角度对此问题进行了研究探讨。在此背景下，对建国以来我国集体林权制度进行回顾和梳理，从而把握建国以来我国集体林权制度变迁的脉络和规律，具有重要的现实意义。

从林木所有权的角度来划分，目前我国林权的类型主要有三类：国有林、集体林、个体林。根据第六次全国森林资源清查结果，森林面积按土地权属划分，国有 7334.33 万 hm^2，占 42.45%；集体 9944.37 万 hm^2，占 57.55%。森林面积按林木权属划分，国有 7284.98 万 hm^2，占 42.16%；集体 6483.58 万 hm^2，占 37.52%；个体 3510.14 万 hm^2，占 20.32%[1]。根据第七次全国森林资源清查结果，个体经营面积比例明显上升，集体林权制度改革成效显现，有林地中个体经营的面积比例达到 32.08%，作为经营主体的农户已经成为我国林业建设的骨干力量[2]。集体林分布于全国各地，但无论从集体林所占的比重来看，还是从集体林面积的绝对值来看，主要分布于湖南、湖北、江西、安徽、浙江、福建、广东、广西、海南、贵州等10省(区)。

伴随着农村产权制度变革，集体林产权也经历了大体相应一致的变革[3]、[4]。到目前为止，农村产权特别是耕地产权基本上已经进入了市场经济主导的时代，总体来看，农村耕地方面的产权已经相对稳定。但与此相比，林地产权与市场经济不协调的矛盾却日渐凸显出来，急需相应的变革。2008年6月8日，中共中央、国务院通过《关于全面推进集体林权制度改革的意见》，提出：集体林权制度改革是稳定和完善农村基本经营制度的必然要求。实行集体林权制度改革，把集体林地经营权和林木所有权落实到农户，确立农民的经营主体地位，是将农村家庭承包经营制度从耕地向林地的拓展和延伸，是对农村土地经营制度的丰富和完善，必将进一步解放和发展农村生产力。2009年6月22日，中央林业工作会议在北京召开，这是新中国成立60年以来的第一次中央林业工作会议，集体林权制度改革是会议核心议题。目前，以南方集体林林权改革为代表，林地产权已经掀起了新一轮的制度变革，变革的方向基本上延续了耕地产权改革的方向，同时也延续了改革开放以来林地制度改革的方向。

有鉴于此，本文在借鉴前人相关研究成果的基础上，从制度变迁角度出发，对我国集体林权制度变迁进行回顾和探讨，为新一轮集体林权制度变革提供相应借鉴。

2 建国以来集体林权制度变迁历程及分析

2.1 集体林权制度变迁历程及阶段划分

新中国成立60多年来，随着国家政治、经济形势的变化，党和国家领导广大农民围绕土地所有制、土地使用制度等问题进行了一系列的改革探索，走过了一条波折起伏的道路，建立了具有中国特色的农村土地制度。为追求制度变迁中的社会成本最小化，我国的集体林权制度改革在借鉴农村土地改革经验的基础上，走的基本上是相同的改革道路。集体林区林权制度的变革以林地产权制度的变革为主，先后进行了多次重大制度变迁。学术界对于变迁的阶段有不同的意见，陈世清等分为四个阶段[5]，徐秀英、吴伟光分为五个阶段[6]，黄李焰等分为六个阶段[7]，柯水发、温亚利分为八个阶段[8]。此外，Grinspoon、Liu Dachang、Miao Guangping&R. A. West、刘璨等也从不同方面对集体林权制度变迁进行了研究。

虽然不同的研究者对集体林区林权制度变迁阶段的划分并不完全相同，但基本的思路都是按照农村整体改革的阶段——土地改革、初级合作社、高级合作社、人民公社以及改革开放来划分的。本文在借鉴上述研究的基础上，根据林地、林木所有权与使用权在农户和集体之间的分配和安排以及制度变迁的不同类型，将我国集体林权制度变迁大致划分为五个阶段(见表1)。

表1 建国以来集体林区林权制度变迁阶段划分

阶段划分	时间(年)	包括时期	林地、林木的所有权	林地、林木的使用权	制度变迁类型
第一阶段	1949~1955	土地改革和初级合作社时期	农户	农户或集体	强制性与诱致性制度变迁相结合
第二阶段	1956~1980	高级合作社和人民公社时期	集体	集体	强制性制度变迁
第三阶段	1981~1991	改革开放初期	集体	集体或农户	强制性制度变迁
第四阶段	1992~2002	市场经济体制建立和完善时期	集体或农户	农户、社会团体和其他个人	诱致性与强制性制度变迁相结合
第五阶段	2003~至今	市场经济体制深化发展时期	集体或农户	农户、社会团体和其他个人	诱致性制度变迁为主，强制性制度变迁为辅

2.2 集体林权制度变迁阶段分析

1. 第一阶段的集体林权制度变迁（1949~1955年）

(1)主要制度安排及成效

这一阶段从新中国成立到1955年，包括土地改革和初级合作社时期。土地改革实现了林地由封建地主所有制向农民私人所有制的转变，初级农业合作社实行的是农民所有、初级社集体经营的林地制度，实现了土地由私人所有向集体所有的初步转变。林权安排的特点是：农民既是林地、林木的所有者，又是使用者；农民具有收益权的独享权和完整的处分权。完整的处分权就是土地产权可以流动，允许土地买卖、出租、典当、赠与等交换活动。

1950年6月，中央人民政府公布了《土地法》，明确规定要废除地主阶级封建剥削的土地所有制，实行农民的土地所有制。经过土地改革，各阶层山林占有情况发生了根本性变化，地主和雇农占有山林的比重有了质的转变，彻底废除了几千年来地主阶级封建土地所有制，改变了历史上地主人少山林多，农民人多山林少的状况，实现了新中国的农民森林土地所有制。当时，各地政府依靠政权的力量通过没收地主的土地山林，征收祠堂、庙宇、寺院、教堂等封建土地，分配给无地、少地的农民。分配土地山林时，按照“均田”“均山”的思想，按人口平均分配。

这一阶段除了所有权变革以外，在税收以及林木采伐方面也发生了相应的变革。1950年1月30日对林产品开征货物税，1951年8月，中国政府发布了“关于节约木材的指示”，对合理采伐作了全面规划，走上了国家统一管理统一采伐的道路。南方林区开始实行木材计划采伐制度，发放木材采伐许可证，林农凭证采伐，凭证销售，木材经营者凭证收购。为了克服小农经济的缺陷，发挥个体经济和互助合作两个积极性，1951年9月9日中共中央召开了全国第一次互助合作会议，在这次会议精神的指导下，以互助组为主要形式的互助合作组织迅速兴起，互助组的建立是保持在农民个体所有的范围内，没有触及林地的农民私人所有。

1952年，中央政府提出了过渡时期的总路线。1953年全国进入了有计划的经济建设时期。林业和农业一样，山区、林区开始建立林业生产初级合作社[4]。虽然合作社具有所有权公有化的性质，但是总体来看初级合作社时期林权仍然是私有的[9]。

总体来说，该阶段林权是一种集所有权、使用权、收益权、处分权于一体的“单一产权结构”。这一产权结构所形成的产权边界是清晰的，使农民获得了比较完整的排他性的产权。农民产权的取得，极大地激发了农民的生产积极性，从而取得了比较好的产权制度绩效。

(2)制度安排存在的主要问题

以农民私有为基础的单一的产权结构并不是当时我国农村土地产权结构演进的目标模式。实际上这种产权结构根本不在占支配地位的意识形态所界定的制度选择集之内。同时这种制度建立起来的是农民占有小块土地的农民个体经济，仍然处于分散落后状态的小农经济。随着生产的进一步发展，其局限性明显的突现出来：一方面农民虽然分得了土地等生产资料，生产和生活条件有了改善，但由于中国农村生产力极其落后，土改后个体农民拥有的生产工具严重不足，生产资料和资金也十分缺乏，不少农民在生产中遇到了很大的困难，单靠自身的力量难以解决。另一方面一家一户为生产单位的分散的个体经营，力量相当薄弱，积累率很低，有的地方甚至连简单的再生产都难以维持，根本无法抵御农林业生产过程中遭遇的突如其来的各种自然灾害的侵扰，更没有能力采用先进的农业生产工具和技术，以及进行必要的大规模的农田水利基础设施建设[10]。

2. 第二阶段的集体林权制度变迁（1956 ~1980 年）

(1)主要制度安排及成效

这一阶段从社会主义改革基本完成开始到改革开放初期，包括高级农民合作社和人民公社时期，制度安排的基本特征是集体所有是林业产权单一的、占有主导地位的所有制形式。

1956年全国农业合作化进入了高潮，根据《高级农业生产合作社示范章程》规定，除少量零星树木仍属于原社员私有外，幼林、苗圃、大片的经济林和用材林都要根据收益大小及当时的材积等作价，转为合作社集体所有，折价入社的山林由合作社每年年终分红逐步偿还。农村原有的各种山林所有制实际上已经转化为单一的集体所有制形式。在高级社里，除社员原有的坟地和宅基地不必入社外，社员私有的土地及地上附属的私有的塘、井等水利设施，都无代价地转归合作社集体所有。土地由集体统一经营使用，全体社员参加集体统一劳动。取消土地分红，按劳动的数量和质量进行分配。高级合作社时期，南方集体林区除少量零星树木仍属社员私有外，大部分森林、林地、林木产权实现了由农民私有向合作社集体所有的转变。

1958 年，中共中央正式通过《关于在农村建立人民公社问题的决议》，按照“一大二公”的要求，将原合作社的土地、山林、耕牛等全部归公社所有。一些地方在初级和高级农业生产合作化时期需偿还折价款的折价山林，全部低价甚至无偿归人民公社集体所有，使原有的个人所有制急剧地变为集体所有制。通过人民公社化运动，原属于各农业生产合作社的土地和社员的自留地、坟地、宅基地等一切土地，连同耕畜、农具等生产资料以及一切公共财产、公积金、公益金，都无偿地收归公社所有。公社对土地进行统一规划、统一生产、统一管理，分配上实行平均主义。

(2)制度安排存在的主要问题

未能处理好国家、集体和个人之间的利益关系，尤其是在某种程度上忽视了农民的个人利益，所有这些极大地影响了农民生产的积极性。另外，这种产权制度的频繁变动，对生产周期长的林业生产是十分不利的，使农民产生一种对政策的不稳定感。而且，这一时期采取按劳分配的分配政策，由于林业生产是经济再生产和自然再生产相互交织，林业生产具有作业空间的广泛性、场所的分散性、行业项目的多样性及生产劳动的季节性等特点，使得对作业的数量和质量的度量都相当困难，劳动的监督和监测成本极高。因此，往往只能以低成本的粗监督代替高成本的精监督。这种替代虽然降低了监督和测定费用，但却造成了劳动报酬和劳动付出的背离，使“偷懒”和“搭便车”行为普遍化。

3. 第三阶段的集体林权制度变迁（1981 ~1991 年）

(1)主要制度安排及成效

这一时期从改革开放初期的人民公社取消开始到 1991 年，处于改革开放的初期，是集体林权改革的初期探索阶段。这一时期集体林权制度变迁的总体特征是，虽然集体所有依然占主导地位，但是产权私有化趋势不断加强，林业“三定”成为改革的主要内容。实行了家庭联产承包责任制，将集体山林划分为自留山、责任山和统管山，自留山、责任山在不改变林地集体所有的基础上，由集体统一经营改变为农户家庭经营。

1978 年党的十一届三中全会以后，农村经济体制改革全面展开。这一时期的集体林产权安排的改革是参照农业的家庭联产承包责任制。家庭联产承包责任制受到了农民的普遍欢迎，极大地调动了农民生产的积极性。在此背景下，1981 年 3 月 8 日，中共中央、国务院发布《关于保护森林发展林业若干问题的决定》，布置了全国开展林业“三定”工作，即稳定山权林权、划定自留山和确定林业生产责任制。这一时期林权安排的特点是：①自留山：集体拥有林地所有权、农户拥有林地使用权和林木所有权、收益权和部分处分权(允许继承)；②责任山：集体拥有林地所有权、农户拥有林地经营权和部分林木所有权，收益权在集体和农户之间分配，农户无林地处分权；③统管山：集体拥有林地、林木的所有权、使用权、收益权和处分权；④三山的林木处分权都受到限制，即采伐林木要办理采伐证。1985 年，中央出台了搞活农村经营的十项政策，对集体林区取消了木材统购，放开了木材市场，一些地方又简单地把山林承包到户，导致了乱砍滥伐，到 1987 年，中共中央、国务院又专门发出《关于加强南方集体林区森林资源管理坚决制止乱砍滥伐的指示》，提出要“严格执行年森林采伐限额制度”，“集体所有集中成片的用材林凡没有分到户的不得再分”。

(2)制度安排存在的主要问题

这一时期制度安排存在的问题是：①由于自留山、责任山的划分是按照林地的远近、质量的好坏，按人口或劳动力的多少平均、搭配划分的，因此，造成了分割细碎，“一山多主、一主多山”的现象。这十分不利于林业的经营，无法取得规模效益。②集体经济相当薄弱，家庭联产承包责任制实质上实现家庭和集体“统分结合，双层经营”的农业经营管理体制，农民取得土地的承包经营权，成为集体经济组织内部一个相对独立的经营主体，集体经济组织则通过承担统一经营职能，解决单个农户无法解决的问题。但由于当时许多地方把集体山林全部分给农户，这些地方只有家庭经营而没有集体经营，产生了许多“空壳村”。由于一家一户的分散，不具有抵御较大的自然灾害和市场风险的能力。③承包权只停留在政策层面，缺乏法律保护。在相关法律中没有对承包权加以明确规范，包括承包权的内涵、行使程序、实现方式和一定的法律保护手段。承包权只是一种政策规定而不是法律机制在运作，政策的软约束性和政策本身的多变性，使农户对这一制度无法形成稳定的预期。④林木、林地资源不能流动。由于上述这些问题的存在，加上木材经营放开无序，多家进山收购的现象十分普遍，导致了乱砍滥伐。随后，一些地方出现了“两山并一山”的情况，或者已经将分包下去的山林又收归集体统一经营。这种做法，造成了农民对政策的不稳定感。⑤一些地方的“集体林”受村干部操纵，采伐收入开支全都由村干部说了算，广大村民既没有经营权，也没有受益权，被村民称为“干部林”。另外，集体林区普遍存在着“五难”现象——“管护难、造林难、防火难、干群关系处理难、科技推广难”。

4. 第四阶段的集体林权制度变迁（1992～2002年）

(1)主要制度安排及成效

这一时期从1992年社会主义市场经济体制开始建立到2002年，处于改革开放的不断深化发展阶段，是集体林权的深化改革和突破阶段。各地开始探索林权改革的新路子，林权市场化运作不断涌现，森林、林木、林地流转迅速发展，集体所有的森林资源通过市场进行一次或者二次流转。以明晰产权入手，确立了林农的经营主体地位，实现“明晰所有权，放活经营权，落实处置权，确保收益权”，给予林农真正意义上的物权。

1992年10月，党的十四大确立了建立社会主义市场经济体制和以公有制为主体、多种所有制形式共同发展的基本经济制度，为林业产权制度调整奠定了基础。1995年8月，原国家体改委和林业部联合下发的《林业经济体制改革总体纲要》中明确指出，要以多种方式有偿流转宜林“四荒地使用权”，要“开辟人工活立木市场，允许通过招标、拍卖、租赁、抵押、委托经营等形式，使森林资产变现”。随着一系列相关法律法规的制定和施行，林权的市场化运作也日益活跃，由最初的“四荒”资源拍卖、中幼林及成熟林的转让发展到林地使用权流转等。

林权制度安排的特点是：①集体拥有林地所有权，农户和企事业单位拥有林地使用权和林木的所有权；②收益权和处分权在所有者和使用者之间分配，集体获得承包金或者租金，农户和企事业单位拥有剩余收益权；③集体的处分权一般表示为“对于长期违约利用或开发的，可以收回使用权”，使用者的处分权为“可以在有效期限内转让的权利”，使用者的权利得到了强化；④林木的处分权要严格遵守年采伐限额制度。

该时期林权在向有利于森林可持续经营的方向发展的同时，实践中也暴露出许多新的问题，如缺乏规范的林地流转制度、规范的流转合同制度、林地资产评估制度、流转的中介组织制度、流转金的使用和管理制度，导致了流转行为不规范，流转合同的内容随意性大、流转缺乏公平性和透明度、流转的价格普遍偏低、流转金的使用和管理不规范等现象的产生。由于缺乏健全的林权流转政策和法规，一些地方出现了山林归大户，流转价格偏低，权力寻租等问题，留下隐患。在经济发展水平相对落后的地区，林业经营的自然条件相对较差，农户自身的经济能力有限，发展林业资金紧缺，通过金融贷款融资更是难上加难。特别是现行的林木采伐制度，制约和影响着各种社会主体投资林业的积极性。

5. 第五阶段的集体林权制度变迁（2003年～至今）

2003年6月25日，中共中央、国务院通过《关于加快林业发展的决定》，提出“深化林业体制改革，增强林业发展活力”；对目前仍由集体统一经营管理的山林，要区别对待，分类指导，积极探索有效的经营形式，“分股不分山、分利不分林”。2006年、2007年、2008年、2009年的中央1号文件都将集体林权制度改革确定为深化农村改革的重要内容和重大举措。2008年6月8日，中共中央、国务院通过《关于全面推进集体林权制度改革的意见》，把集体林权制度改革放在了建设社会主义新农村和构建社会主义和谐社会的战略高度来对待，提出明晰产权、勘界发证、放活经营权、落实处置权、保障收益权、落实责任的主要任务。2009年6月22日，中央林业工作会议在北京召开，集体林权制度改革成为会议的核心议题。

这一时期制度安排的核心是确定农民经营林业的主体地位。主要内容是明晰农民对林地的使用权和林木的所有权，放活经营权、落实收益权、保障处置权，建立以家庭承包经营为基础、多种经营形式并存、责权利相统一的经营体制，实现还山于民、还权于民，让广大林农“劳作有其山，经营有其责，务林有其利，致富有其道”。实现“山定权、树定根、人定心”，充分调动农民造林育林护林的积极性，极大地释放出林地蕴藏的巨大潜力，保障森林资源增加、农民群众增收、林业经济增长的“三增”局面。林改使农民真正成了集体林地经营的主体，成为生态建设的主力军。截至2007年底，全国已有27个省(自治区、直辖市)成立了集体林权制度改革领导小组及其办公室，18个省出台了集体林权制度文件，全国已完成承包林地约7.1亿亩，占集体林业用地的27.9%[11]。截至2008年底，全国已确权到户的林地面积12.7亿亩，占集体林地的50%[12]。

除了确定农民经营林业的主体地位之外，这一时期林权制度安排的另一个重要特点是实行"均山制"。温铁军等指出[13]，此次改革是在耕地资源极度稀缺的压力下，仿照"均田制"的农村改革推进了"均山制"的林区改革。《海南省集体林业产权制度改革工作总体方案》中明确指出，"坚决解决自留山、责任山、林地分配不均和承包金问题"。中央农村工作领导小组办公室等在对福建省集体林权改革总结时也指出"坚持耕者有其山、权力平等"，认为江西省集体林权改革的主要方式之一就是"均山、均股、均利"。刘于鹤等通过对福建、江西和辽宁三省的调研指出，3个省的林权制度改革的第一步就是以明晰产权为核心的主体改革，"均山、均股、均利"落实到户[14]。

3 我国集体林权制度变迁的规律

通过分析建国以来我国集体林权制度的变迁，可以得出如下几点规律性的结论。

第一，集体林权制度变迁的过程是与我国农村产权制度变革大体一致的，吸取的是我国农村产权制度变迁的经验，其目的是追求制度变迁中的社会成本最小化。

第二，集体林区林权变动的趋势是，首先经历建国初期由农户到集体的逐渐集中，然后是改革开放以来由集体向农户等的渐渐分散，走过了一条从分权—集权—分权的发展历程。

第三，集体林权的每一次变动都是当时历史背景下的特定产物，每次林权制度变动都会对林业经营主体的行为产生影响。从林权几次变动过程及结果来分析，以林农等产权经营主体推动的林权制度诱致性变迁往往能在一定时期激发林农的经营积极性，而由国家强制力推动的林权制度变迁则往往能在短期内实现国家的目标，但是，当国家和集体的目标与经营者的目标不一致时，林权制度的效率就不能充分的发挥出来。同时，林权制度变迁如果过于频繁，产权经营主体会对林权制度产生不信任感，反而会造成森林资源的破坏。

第四，集体林权制度变迁的类型在不同时期体现不同。建国初期的变迁是以强制性为主、诱致性为辅的制度变迁，社会主义改造基本完成到改革开放初期的变迁是强制性的制度变迁，社会主义市场经济建立和完善时期的变迁是诱致性和强制性相结合的制度变迁。随着社会主义市场经济体制的不断深化，诱致性的制度变迁越来越占主导地位。

4 当前集体林权制度变革中应注意的问题

正在全面推进的集体林权制度改革是继农村土地家庭承包之后我国农村经营制度的又一重大变革，从试点到全面推进，经过近年来的改革创新和配套政策的不断完善，极大地激发了广大农民发展林业的积极性，有效地解放了农村生产力，有力地促进了林业全面发展，推进了林业发展模式的优化、农业经济结构的调整和农村区域经济发展方式的转变，使林业的生态、经济、社会等多种功能得以全面发挥。在肯定我国集体林权制度改革取得巨大成效的同时，也不能忽视其中或明或暗的一些问题。这些问题如果处理不好，其产生的负面效应将是不可忽视的。

一是林权制度改革过程中的公平性问题。改革是利益的重新分配，涉及众多利益群体和相关者。集体林权制度改革是一项惠及亿万农民的民心工程，是发展现代林业的强大动力，是应对国际金融危机的重要举措，是促进农村和谐稳定的有力保障，必须从战略和全局高度看待这一问题，尽可能多地从广大农民的利益出发，兼顾效率与公平，平衡各方面的利益，只有这样才能把这场事关兴林富民、事关农村发展、事关生态文明建设的重大改革全面推向深入。

二是采伐限额分配过程中的寻租现象。林改后，每年有限的采伐限额和山林经营主体多元化的矛盾必将加剧利用采伐限额寻租的现象。采伐指标通常情况下不能按照民主程序分配给经营者，采伐权集中于有办法拿到采伐限额的大户或村干部手中，普通经营者拿不到指标，只能选择将活立木低价转让。一方面农民蒙受利益的损失，另一方面少数经营者垄断木材采伐权，不利于公平有序的木材市场的形成。

三是配套改革的问题。完成林权的初次分配，仅仅是实现林业市场化的第一步，现行的林业管理体制已经跟不上林权改革后的新形势，需要不断完善林业管理体制，创新林业运行机制。因此，除了前面提到的采伐限额制度的改革问题外，在林权改革过程中，迫切需要政府的配套改革措施：第一，建立健全林业社会化服务体系，在市场化过程中，卸掉以往的包袱，转而承担起信息供给等公共服务职能。第二，建立健全林业支持保护制度，加强林业投入保障、生态效益补偿、林业补贴、税费扶持等。第三，建立健全集体林权流转制度，规范林地承包经营权、林木所有权流转，推进林业适度规模经营，优化林业要素配置[15]。此外，政府在林业金融服务体系的建立、生态资源监管体制的完善等方面都是不可缺少的重要推动力量。

四是森林资源质量下降问题。我国森林可采资源少，木材供需矛盾加剧，森林资源的增长远不能满足经济社会发展对木材需求的增长。根据第七次全国森林资源清查结果显示，我国有林地中个体经营的面积比例上升 11.39 个百分点，达到 32.08%。个体经营的人工林、未成林造林地分别占全国的 59.21% 和 68.51%[2]。作为经营主体的农户已经成为我国林业建设的骨干力量。林权制度改革后，个体经营者急于收回投资，会想方设法采伐林木，有可能出现森林资源质量严重下降。因此，在全面推进集体林权制度改革过程中，必须科学制定森林采伐标准和计划，强化森林资源培育，确保实现资源增长和农民增收两大基本目标。

参考文献

[1]国家林业局.2005 年中国林业发展报告[M]. 北京：中国林业出版社，2005：19.

[2]http：//www. forestry. gov. cn/portal/main/s/65/content－326341. html

[3]Runsheng Yin，Jintao Xu，A Welfare Measurement Of China's Rural Forestry Reform During The 1980s，World Development，Vol. 30，No. 10，1755－1767，2002.

[4]刘璨，吕金芝，王礼权，林海燕．集体林产权制度分析——安排、变迁与绩效[J]. 林业经济，2006(11，12，13，14).

[5]陈世清，王佩娟，郑小贤．南方集体林区森林资源产权变动管理对策研究[J]. 绿色中国，2005，(18)：30－33.

[6]徐秀英，吴伟光．南方集体林地产权制度的历史变迁[J]. 世界林业研究，2004，(3)：40－43.

[7]黄李焰，陈少平，陈泉生．论我国森林资源产权制度改革[J]. 西北林学院学报，2005，(2)：186－192.

[8]柯水发，温亚利．中国林业产权制度变迁进程、动因及利益关系分析[J]. 绿色中国，2005，(20)：29－32.

[9]Liu Dachang，"Tenure And Management Of Non－State Forests In China Since 1950：A Historical Review"，Environmental History，Vol6(2)：239－263，2001

[10]陈海秋．建国以来农村土地制度的历史变迁[J]. 常德师范学院学报(社会科学版)，2002，27(5)：28.

[11]国家林业局.2008 年中国林业发展报告[M]. 北京：中国林业出版社，2008：15.

[12]http：//www. gznet. com/news/national/szyw/200906/t20090624_ 1021623_ 1. html

[13]温铁军，王平，陈学群．国有林区改革的困境和出路[J]. 林业经济，2007(9)：25.

[14]刘于鹤，林进．一场伟大的变革——集体林权制度改革调研报告[J]. 林业经济，2007(11)：8

[15]http：//www. forestry. gov. cn/portal/main/s/195/content－445231. html

农村劳动力转移与农户间林地流转
——基于浙江省123个农户调查研究

王成军[1,2]　徐秀英[1]　费喜敏[1]

(1. 浙江农林大学经济管理学院；2. 中国农业大学经济管理学院)

摘　要：本文从理论上分析了农村劳动力转移对农户间林地要素流转的作用机制，并运用计量经济学方法和123个农户的调查数据进行了实证检验。结果显示：农村剩余劳动力的转移可以促进林地要素在林农间重组，在一定程度上可以促进林地要素和林区劳动力的优化配置；同时也发现我国当前的林业生产存在一定程度的规模经济，林地仍然承担部分农户的生计保障功能。这将对林区政策的制定具有一定的启示。

关键词：农村劳动力转移；林地流转；启示

20世纪80年代末，各种限制农村劳动力流动的政策开始放宽，区域差距、城乡差距也不断扩大，为农村劳动力跨区域城乡流动提供了可能。从20世纪80年代至今，农村剩余劳动力的迁移经历了起步、发展、高潮和稳定4个阶段(罗芳，2009)。农村劳动力流动对农村的影响是20世纪90年代以来争论的主要问题之一(张永丽、黄祖辉，2008)。但是主流观点认为①，农村劳动力的转移具有积极的作用(杜鹰、白南生、赵耀辉、邓祖善，1997；李实，1999；崔传义，2004)，认为农村劳动力的转移使农村的资源和要素配置更加合理(中共中央政策研究室农村组，1994；赵树凯，1998；都阳等，2003；马忠东等，2004)。始于上世纪80年代初的集体所有制下的分户经营制度，使农民重新获得了土地使用权和剩余收益权，极大地提高了农民的生产积极性，为当时农业生产和农村经济快速增长作出了重要贡献。但是这种土地制度所导致的农业用地细碎化造成了农业生产的小规模经营，由于农地制度(尤其是农地承包制度)的制约，为了优化农地资源的配置民间自发产生了农地经营权流转，因此，农村劳动力转移对资源和要素的配置作用必然也表现出促进农村土地的合理流转。

我国广大的农村落后地区是山区，有相当部分的山区农民主要从事林业生产，随着农村劳动力转移的形成与发展，林区的劳动力同样也经历了转移的逐步发展过程。目前林区的劳动力转移已经相当普遍，劳动力转移对林区林地配置的作用如何？由于林业生产具有周期长的特性，以及林地资源和附着在其上的林木资源密不可分性，因此，我们不能沿用劳动力转移对农地配置作用的理论来分析解释。显然对这一问题的研究不仅可以作为劳动力转移对农地资源配置作用的补充，还可以为政府部门制定林区的劳动力转移和林地流转政策改造落后山区提供一定的理论参考。而目前关于林区劳动力转移对资源的配置功能的研究很少见，因此，本文研究的目标是通过理论和实证分析揭示林区劳动力在转移对林地资源的重组配置作用，即劳动力转移对林地流转的促进作用。本文作如下的内容安排：①参考已有的劳动力市场与土地租赁市场理论模型(罗芳，2009；姚洋，2004)，结合我国目前林区的经济社会特征，构建我国林区劳动力转移对林区林地流转作用的理论模型，分析林区劳动力转移对林地流转的作用机制；②利

本文得到教育部人文社会科学规划项目(09YJA630147)、浙江省哲学社会科学规划课题(10CGGL16YB)资助。

作者简介：王成军，中国农业大学博士生，讲师，主要研究方向：农业经济，Email：cjwang_77@126.com

①部分研究者认为大量的农村劳动力转移会造成农村“精英流失”(黄平，1997；石磊，2005)，从而导致农地的抛荒和农业生产的衰退(曾绍阳等，2004)。

用123个农户的调查数据，构造计量经济模型实证检验理论分析结论的正确性；③根据理论与实证分析得出结论与启示。

1 理论模型

假设1：林农生活在具有传统的农业部门和现代工业部门的两个部门经济社会，他们可以在农业部门和工业部门之间选择劳动。

假设2：林农的效用函数是 $U = U(Y,l)$ ，其中 Y 代表收入，l 代表闲暇，并且 $U(\cdot)$ 满足 $U_Y > 0$ 、$U_l > 0$ ，且 U 关于 Y、l 是严格凹的。Y 由来自农业部门和工业部门的劳动获取构成(为简单起见令农民的初始财富为零)。

假设3：农业部门的收入包括林农经营林地收入和林地流转收入，农业部门的生产函数为 $y = Af(T, L_a)$ ，其中，T 表示生产中使用的林地数量，L_a 表示生产中使用的劳动数量，A 表示林农间生产的差异，主要是体现在林农生产效率的不同上，T 等于林农自有的林地 T_0 与流入林地 T_{in} 之和减去流出林地 T_{out}。L_a 等于林农的总劳动时间资源 L_0 减去务工时间 L_g(假设农民的闲暇时间为既定)。$f_T > 0$ 、$f_L > 0$ ，并且 $f(\cdot)$ 关于 T、l 是严格凹的，农业中使用的两种要素之间是互补的，即 $f_{T,L} > 0$ 。

假设4：两部门间不存在劳动力转移障碍，农业部门使用的劳动时间 L_a 取决于工业部门的劳动工资率 W_g。农业部门内部林地流转的租金为 R，由于林地的地域固定性，林地流转在供给者和需求者间信息不对称，林地流转交易存在交易成本 C，因此，在林地流转中，林地流入者支付的总成本为 $R + C$，而林地流出者获得的总收益为 $R - C$。

林农是理性的经济人，通过选择流入、流出林地或者保持不变，最大化其效用。即：

$$\operatorname*{Max}_{T_{in},T_{out}} U(Y,l)$$

$$\text{s.t.}\quad Y = y + W_g L_g - (R + C)T_{in} + (R - C)T_{out}$$

$$y = Af(T,L_a)$$

$$T = (T_0 - T_{out} + T_{in})$$

$$L_a = L_0 - L_g$$

$$T_{in} \geqslant 0, T_{out} \geqslant 0$$

根据库恩—塔克条件，解关于上述过程的一阶条件，即有如下不等式成立。

针对林地流入 $T_{in} \geqslant 0$ 的一阶条件：$Af_T(T,L_a) - (R + C) \geqslant 0$ (1)

针对林地流出 $T_{out} \geqslant 0$ 的一阶条件：$Af_T(T,L_a) - (R - C) \leqslant 0$ (2)

其中的 Af_T 是林地的边际产出率，它由农户外生的技术效率 A 和 f_T 决定。根据两个一阶条件不等式可知，林农在生产过程中选择林地流入、流出或者保持林地不变取决于林农的林地边际产出率与林地流入、流出成本的比较。由(1)式可知，当林农的林地边际产出率大于林地流转租金与林地流转交易费用之和时林农流入林地；由(2)式可知，当林农的林地边际产出效率小于林地流转租金与林地流转交易费用之差时林农流出林地；从(1)、(2)式可以推知，当林农的林地边际产出率处于两者之间时林农保持林地规模不变，即：

$Af_T(T,L_a) \leqslant R - C$　　农户流出林地

$R - C \leqslant Af_T(T,L_a) \leqslant R + C$　　农户保持林地不变

$Af_T(T,L_a) \geqslant R + C$　　农户流入林地

对于不同的农户，由于在生产过程中技术效率 A 不同，从而不同农户的林地边际产出率不同，因此，在生产过程中表现为林地流入、林地流出与保持林地不变的农户同时存在。

对于同一农户，虽然其生产的技术效率是相同的，但是由于生产中投入要素(这里主要是林地和劳动力)边际产出随要素的投入数量发生改变，在生产中投入要素之间互补的情况下，当一种投入要素发生转移时，另一种要素的边际产出率会发生改变。对于上述林地流转状态不等式，当农户的劳动力发生转移时土地边际产出将发生改变，农户的林地流转状态也会同时发生变化。例如，由于 $f_{T,L} > 0$ ，当农户相对较多①的劳动力转移到工业部门时，农业部门的劳动力减少，农户的 $f_T(T,L_a)$ 下降，从而土地边际

① 这里主要是和劳动力增长速度比较而言，如果劳动力转移速度超过劳动力增长速度，属于转移较多，相反属于转移较少或者保持不变。

产出 $Af_T(T,L_a)$ 下降，此时，林地流入农户可能转变为林地保持不变或者林地流出农户；林地保持不变农户可能转变为林地流出农户，当农户劳动力转移较少或者不变时，情况相反。根据上述的推理过程，我们可以得出以下结论——命题：劳动力从传统农业部门向现代工业部门的转移能够促进林地在农户间流转，具体的表现为转移出劳动力较多的农户流转出林地，而没有发生劳动力转移或者发生劳动力转移较少的农户表现为流转入林地。

2 基于123个农户调查数据的实证检验

2.1 样本和数据特征

本研究使用的数据是2009年夏季在浙江省的两个县(市)中五个村的农户调查中得来的。按照分层随机抽样，在浙江省森林资源相对丰富的县(市)随机抽取两个，分别为安吉县和临安市，在安吉县中随机抽取两个村，在临安市中随机抽取三个村，在五个村中按一定的比例共随机抽取131户农户进行调查，调查问卷经过整理后统计分析，有效样本数为123份，样本有效率为93.9%。其中第一个村有效样本35份，第二个村有效样本32份，第三个村有效样本31份，第四个村有效样本13份，第五个村有效样本12份。本次调查的123个农户的林地资源禀赋、参与林地流转以及农户家庭劳动力转移等具有以下的特征。

农户林地资源细碎，平均规模较小。在调查的五个村中，家庭平均从集体分到的林地最大为1.99hm^2，最小只有0.3hm^2，家庭平均分到的林地块数最高有6.17块，最低也有2.59块，家庭平均每块林地面积最大的为0.43hm^2，最小的只有0.13hm^2。

林地流转规模较大，但流入流出不对称，农户间流入流出量较小。在被调查的五个村中平均林地流转的规模为1.074hm^2，占当地农户林地总量的比重为133.58%。在流转的林地中，五个村每家农户平均流入林地的面积为1.046hm^2，占家庭林地流转面积的97.39%，平均流出的林地面积仅为0.027hm^2，占流转林地面积的2.51%。

林地流转在不同的地区呈现不均衡性。从流出市场上看，在调查的五个村中家庭流出林地绝对面积最多的村为0.068hm^2，家庭流出林地绝对面积最少的为0.004hm^2，家庭流出林地相对面积最多的村为4.1%，家庭流出林地相对面积最少的村为0.2%，流出绝对量最高的村是最低村流出量的17倍，流出相对量最高的村是最低村的20.5倍；从流入市场上看家庭流入林地绝对面积最多的村为2.22hm^2，家庭平均流入林地绝对面积最少的村为0.107hm^2，家庭流入林地面积占家庭林地面积相对最多的达到308.6%①，家庭流入林地相对面积最少的村仅为16.2hm^2，流入绝对量最高的村是最低村的20.7倍。

农户参与林地流转的比重不高，但要求流转的意愿较强，林地流转的市场潜力较大。在本次调查的123户农户中有已经参与或者有意愿参与林地流转的农户为109户，占调查总数的88.6%，已经参加林地流转的农户有49户，占调查总数的39.8%。

劳动力转移比较普遍，且分布不均匀。本次调查的123户农户中，一共有74户农户发生了劳动力转移，占被调查户数的60.2%。但是，劳动力转移在不同的行业和地区间有很大差异。在被调查的五个村中，堰口村和徐村村劳动力转移比较普遍，都有75%以上的农户发生劳动力转移，其他三个村则相对转移较低一些。在劳动力转移的家庭中劳动力转移在第二产业就业的家庭占75%以上，在所有转移的劳动力中，在第二产业就业的占转移总人数的75%。

2.2 模型、变量与估计方法

根据表1所示的数据特征，我国农户间林地流转市场尚处于发育时期，农户间的林地流转无论是从流入还是从流出方面看绝对量和相对量都不大，其变化范围很小，难以用来估计农户参与林地流转的程度。同时农户的林地流转具有流入流出不对称性。因此，本文分别采用流入和流出概率模型来估计农户

① 家庭林地流入比重是指家庭从集体一次租入的林地和农户二次流入的林地之和除以原有从集体分到林地的面积，由于很多地方在林改初期留有很多集体林地，在进行林地流转时这部分林地基本上租给了农户，这部分流转的农地占流转量的大部分，再加上农户间的林地流转，所以出现林地流转的规模超过家庭林地规模的现象，初始时期集体预留林地越大超出的比重就越多。

参与林地流转行为的概率。具体估计方程如下：

表 1　农户劳动力转移、参与林地流转和原有林地资源禀赋特征（括号内为标准差）

	安吉县			临安市	
	白水湾村（N＝35）	余村村（N＝32）	潜东村（N＝31）	堰口村（N＝13）	徐村村（N＝12）
户均林地规模（hm^2）①	1.67（1.55）	0.72（1.44）	0.30（0.27）	1.99（1.80）	0.66（0.35）
户均林地块数（块）	4.91（1.99）	2.59（2.17）	4.03（3.17）	5.08（2.43）	6.17（3.49）
平均每块面积（hm^2）	0.35（0.26）	0.32（0.47）	0.13（0.13）	0.43（0.28）	0.14（0.08）
户均流转林地面积（hm^2）	0.91（2.80）	2.23（5.10）	0.62（1.65）	1.40（2.85）	0.16（0.29）
户均流出林地面积（hm^2）	0.06（0.342）	0.00（0.047）	0.00（0.017）	0.00（0.011）	0.053（0.076）
户均流入林地面积（hm^2）	0.842（1.27）	2.22（4.16）	0.616（1.29）	1.446（2.58）	0.107（0.31）
愿意参加流转的总户数	31	30	26	10	12
参加流转的户数	12	16	8	4	9
流出家庭户数	2	1	2	2	5
流入家庭户数	10	15	6	2	4
有劳动力转移的总户数	21	17	17	10	9
劳动力转移到二产家庭数	16	13	13	9	8
劳动力转移到三产家庭数	9	4	6	3	1

数据来源：根据实地调查问卷统计分析得到。

$$y_i = \alpha + \beta_1 fnbz + \gamma_1 area + \gamma_2 numb + \gamma_3 age + \gamma_4 edu + \gamma_5 sex + \sum_{k=1}^{4} \varphi_k D_k + v_i \quad (1)$$

这里的 y_i 为虚拟变量，表示农户参与林地流转的第 i 类市场交易活动，具体的说，当农户参与林地流入时 $y_1 = 1$，否则 $y_1 = 0$；当农户参与林地流出时 $y_2 = 1$，否则 $y_2 = 0$。在估计模型中，关键是考察林地流入和流出交易变量与农村劳动力转移程度的关系，采用农户家庭非农就业比重（*fnbz*）②来表示劳动力转移程度。如果上述的命题正确，那么在林地流入决定模型中该变量的符号为负，但有可能并不显著；在林地流出决定模型中该变量符号显著为正。本实证部分的主要目的是检验两个市场活动的决定方程中，该变量的符号是否与理论分析中的命题相一致。

表 2　变量定义、预期符号、期望值和标准差

因 变 量		期望值（标准差）
农户是否参与林地流入（＝1 为流进，＝0 为其他）		0.25（0.42）
农户是否参与林地流出（＝1 为流出，＝0 为其他）		0.09（0.29）
自 变 量	**预期符号**	**期望值（标准差）**
农户原有林地平均每块面积（hm^2）	流入（＋），流出（－）	0.28（0.32）
农户原有林地块数（块）	流入（－），流出（＋）	4.23（2.78）
农户家庭非农劳动力比重（%）	流入（－），流出（＋）	0.22（0.21）
农户户主年龄（岁）	流入（－），流出（－）	53.11（9.65）
农户户主接受教育年数（年）	流入（－），流出（＋）	7.23（3.40）
农户户主性别（＝1 为男性，＝0 为女性）	不确定	0.9512（0.22）
村虚拟变量 1（＝1 是白水湾村，＝0 为其他）	不确定	0.28（0.45）
村虚拟变量 2（＝1 是余村村，＝0 为其他）	不确定	0.26（0.44）
村虚拟变量 3（＝1 是潜东村，＝0 为其他）	不确定	0.25（0.44）
村虚拟变量 4（＝1 是堰口村，＝0 为其他）	不确定	0.11（0.31）

数据来源：根据实地调查问卷统计分析得到。

① 家庭林地规模是指家庭平均从集体分到的林地，集体林地除了分给农户外，有很多地方留有集体经营林地，在当地称为村统管山。

② fnbz＝参加非农就业的劳动量/家庭总劳动量。

另外，根据样本数据的特征，除了上述关键变量以外，为了剔出可能的影响因素对研究目标的影响，在模型中引入三组控制变量，第一组为农户特征变量，它包括户主年龄(*age*)、户主受教育年限(*edu*)、户主性别(*sex*)等①，它们代表农户交易活动的机会成本；第二组变量为农户家庭规模经营控制变量，包括家庭初始林地经营规模变量[即农户原有林地平均地块面积(*area*)，该变量值越大说明经营的规模越高]和家庭林地细碎化程度变量[即农户原有林地块数量(*numb*)]，该变量值越大说明细碎化程度越高)，该组变量能够很好的反映农户林地经营的规模收益对林地流转的作用(王成军、何秀荣等，2010)；第三组变量为村虚拟变量(D_i)②，一共调查五个村，采用四个虚拟变量进行区分，它们表示各个调查地区的特征，如地方的林业基础设施情况、林地交易的知情情况、中介组织发展情况、地形地貌、人口密度等等。这些变量可能会影响到林地流转市场的发育程度从而影响到农户参与林地流转的决策，但是在研究中它们是不可观测的。方程(1)中 v_i是残差项。表2给出了上述方程(1)各变量的定义、预期符号、期望值和标准差值。

如果方程右边的变量均为外生变量或者前定变量，那么该模型的估计仅仅是单方程 logit 或者 probit 模型估计。农户原始林地平均每块面积和原始林地块数是前定变量，农户特征变量和地区特征变量是外生变量，农户家庭非农就业比重是不是外生变量不能确定，因为有可能是农户中有更多人从事非农产业导致农户林地流出或者农户不租入林地，也可能是由于林地流出推动了农户中更多的人从事非农劳动或者林地流入导致农户中更少的人从事非农劳动。在方程(1)将其视为内生变量还是外生变量取决于该变量与方程(1)的残差 v_i之间的独立性，这可以通过检验来判断(Hausman，1978)。如果在两个方程中该变量均是外生变量，便可以通过采用单一方程的 probit 模型来估计方程(1)，否则，使用联立方程模型来解决内生性问题。

2.3 假设检验和实证结果

本实证研究分两个步骤完成。首先，使用 hausman 检验方法检验农户非农就业比重是外生变量还是内生变量，然后使用调查数据拟合方程(1)来检验命题。

为了检验农户非农就业变量是否可以视为外生变量，首先利用农户非农就业比重的简化方程式计算出该方程的残差序列 u③ 作为自变量纳入方程(1)，然后使用 probit 方法估计如下的方程(ε_i为该方程的残差项)：

$$y_i = \alpha + \beta_1 fnbz + \gamma_1 area + \gamma_2 numb + \gamma_3 age + \gamma_4 edu + \gamma_5 sex + \sum_{k=1}^{4} \varphi_k D_k + \eta u + \varepsilon_i$$

检验系数 $\eta = 0$ 是否显著成立，如果成立，那么农户非农就业比重是外生变量，否则为内生变量。检验结果如表3。从检验结果看，在林地流入交易决定方程中，农户非农就业比重为外生变量，而在林地流出交易决定方程中为内生变量。

表3 内生性假设检验结果

	林地流出交易活动	林地流入交易活动
渐近 t 检验	8.12*	3.33
非农就业比重	内生	外生

注：* 表示显著水平为0.1。

可能的解释是农民到二、三产业就业前由于生计原因不会流出林地，在刚开始在二、三产业就业时由于风险规避的原因也不会马上流出林地，随着从二、三产业中获得报酬的增加，一方面农户从事二、三产业的劳动投入加大，另一方面由于流出林地威胁生计的风险变小和劳动力的紧张，农户会试探性的

---

① *age*、*edu* 取户主当前年龄和户主在校接受的教育年数，$sex = 1$ 为男性，$sex = 0$ 为女性。

② $D_i = 1$ 为第 i 村，$D_i = 0$ 为除 i 村以外的其他村。

③ 残差值获得方式：使用家庭收入为工具变量。以非农就业比重为因变量，以方程(1)右边除农户非农就业比重(*fnbz*)以外的变量以及农户的家庭收入(工具变量)为自变量进行多元回归，提取出回归残差项。

流出林地直至完全流出林地。而这种作用在林地流入的活动中不会发生。

表4中给出了对市场交易活动决定方程的回归结果。在林地流入决定方程中，由于农户非农就业比重是外生的，此方程的估计采用单一方程probit模型估计，而林地流出方程由于解释变量中非农就业比重的内生性，使用两阶段法进行估计，先使用农户非农就业比重的简化式估计获得其拟合值，在第二阶段使用该拟合值替换方程(1)中农户非农就业比重变量进行估计。

表4　林地流转交易活动决定函数

	林地流入	林地流出
平均地块面积	0.72(2.65)***	-0.04(-0.03)
户主年龄	-0.56(-2.04)**	-1.19(-2.43)***
家庭地块数量	-0.18(-0.48)	1.32(1.92)**
家庭非农劳动比重	-0.54(0.46)	3.04(2.13)**
户主受教育年数	-0.40(-1.18)	0.14(0.18)
户主性别	-0.16(-0.23)	-0.04(-0.03)
白水湾村	1.10(1.43)	-0.85(-0.89)
余村村	1.94(2.24)**	-1.85(-1.44)
潜东村	0.94(1.03)	-0.39(-0.33)
堰口村	-0.26(-0.31)	-0.27(-0.31)
平方	38.57	40.21

注：括号内为z统计量值。**、***分别表示显著水平为0.05、0.01

表4中变量非农就业比重的符号在林地流入决策方程中为负，说明流入林地的家庭应该是劳动力转入，但是由于我国农村家庭一般都具有剩余劳动力，所以在发生林地流入时很少有家庭需要转入劳动力的，因此在林地流入方程中该变量统计检验的显著性不高。在林地流出方程中，该变量的符号为正，说明流出林地的家庭应该是劳动力转移出去的家庭。上述的检验结果基本和理论分析中的命题相一致。

农户间林地流转行为还受到林地规模报酬因素的影响(王成军、何秀荣等，2010)。在林地流入方程中的平均地块面积系数显著为正，说明在林地流转的市场交易中，原始林地平均地块面积较大且地块数量较少的农户，由于其获得了较大规模可以进行较高专业化的生产和科技投入获得规模报酬，同时在经营中所支付的管理成本较低，因此，比其他农户获得了相对较好的收益，在比较收益的推动下其他的农户会把林地流转给他们进行经营，他们在交易中一般表现为流进林地，这里的地块数量系数虽然为负但并不显著，原因是流进林地的农户一般很少还同时流出林地，因此也就不可能出现林地流进与地块数量下降同时并存的情况。在林地流出方程中地块数量变量系数显著为正，说明当农户林地地块数量多、规模小、难以形成专业化生产又难以管理时，农户一般倾向流出林地，这里农户平均地块面积变量系数虽然为负但并不显著，其道理与上述分析相同。

另外，农户户主年龄变量系数在两个方程中都显著的为负，说明户主年龄越大的农户越不会参与林地流转，原因是农户决策往往取决于户主，而每个人的风险偏好程度基本上与年龄成反比，年龄越大的人越倾向于保守，因此，年龄越大的户主既不愿意流进也不愿意流出林地。这一点也是与我们的预期相一致的。

3　结论与启示

我国广大山区存在大量剩余劳动力，随着我国劳动力在城乡劳动力市场间流动障碍的解除，大量的劳动力从林区向城市流转。在分析的过程中我们发现，当林农可以在两部门间进行职业选择时，由于劳动力和土地要素在林业生产中的互补性以及农户家庭劳动效率的差异，林区劳动力转移必然促进林地要素在农户之间重新配置，具体表现为家庭劳动效率高的农户较少地流出劳动力或者保持家庭劳动力不变同时流进林地，家庭劳动效率较低的农户较多的流出劳动力同时流出林地。同时我们还发现，在我国目前的林地流转中，除了农村剩余劳动力转移引发的要素重组效应外，还有由于分林到户时处于公平导致的林地细碎化的原因和林业生产规模经济的作用。而且我们也发现，目前的林地仍然在一定程度上承担着部分林农的生计保障功能。

上述的研究结果，对我们制定林区政策具有如下有益的启示：首先，打破我国原有的二元经济体制，解除城乡劳动力市场障碍，能够促进林地要素和林农的劳动力的有效结合，促进我国林区劳动生产率的提高。其次，目前我国林业生产存在一定程度的规模经济，为了促进规模报酬的实现应该积极引导林地在农户间流转，当然在政策实施时应该注意到农户是理性的个体，能否获得更高的比较利益是影响林地流转的重要因素，为了保护农户的利益，林地流转必须遵守自愿的原则。再次，由于林地要素流转显著受农村劳动力转移的作用，为了进一步促进林地流转，改善林地资源配置，改造传统落后的林业部门，必须大力发展二、三产业，将林区剩余劳动力顺利的转移到二、三产业中。另外，林地目前仍然具有一定的保障功能，在一定程度上仍然担负着老年农民的养老保障功能，加强农村的社会保障建设，是促进林地流转改善林地资源配置的必要前提之一。

参考文献

[1]姚洋．土地、制度和农业发展[M]．北京：北京大学出版社，2004.9
[2]何秀荣．公司农场：我国农业微观组织的未来选择[J]．中国农村经济，2009(11)：1－15
[3]张永丽，黄祖辉：中国农村劳动力流动研究述评[J]．中国农村观察，2008(1)：69－79
[4]周新玲．林地使用权流转的调查与分析——以湖北省为例[J]．中国农村经济，2005(5)：71－77
[5]罗芳．剩余劳动力转移对农村土地流转市场的影响[J]．畜牧与饲料科学，2009，30(2)：95－96
[6]都阳，朴之水．迁移与减贫——来自农户调查的经验证据[J]．人口研究，2003 (4)
[7]马忠东等．农村劳动力流动：中国农村收入增长的新因素[J]．人口研究，2004(5)
[8]崔传义．中国农民流动观察[M]．山西：山西经济出版社，2004.
[9]杜鹰，白南生．走出乡村——中国农村劳动力流动的实证研究[M]．经济科学出版社，1997
[10]赵耀辉．中国农村劳动力流动及教育在其中的作用[J]．经济研究，1997 (2)
[11]邓祖善．加快“民工潮”向“创业潮”的转化[J]．农业经济与技术，1997 (1)
[12]李实．中国农村劳动力流动与收入增长和分配[J]．中国社会科学，1999 (2)
[13]．赵树凯．纵横城乡——农民流动的观察与研究[M]．中国农业出版社，1998

集体林地使用权流转的利益相关者博弈分析

柯水发[1]　李红勋[2]

（1. 北京林业大学经济管理学院
2. 中国社会科学院农村发展研究所博士后流动站）

摘　要：本文旨在分析集体林地使用权流转过程中各利益相关者的博弈关系，为规范林地使用权流转行为，完善林地使用权流转机制提供决策参考。本文基于经典博弈理论构建了林管部门、村干部、农户三方动态博弈模型对其博弈关系加以分析。研究结果表明，林地使用权流转的最优均衡解为林管部门鼓励林地使用权流转、村干部积极配合流转、农户积极参与流转。集体林地使用权流转是林管部门、村集体、流转农户等多元利益主体间利益关系动态博弈的过程；为激励和促进林地使用权流转，需建立公平有效的流转利益分配及奖惩机制，进一步深化林权制度改革和完善配套改革，以及完善林地使用权流转服务体系。

关键词：林地使用权；均衡解；博弈论；流转；利益相关者

A Game Analysis of Behavior of Stakeholders in the Collective Forestland Usufruct Transfer

Ke Shuifa[1]　Li Hongxun[2]

(1. College of Economics and Management, Beijing Forestry University;
2. Rural Development Institute, Chinese Academy of Social Sciences)

Abstract: The purpose of this paper is to analyze the game relationship among stakeholders in the process of collective forestland usufruct transfer, and to provide some suggestions for the decision – maker to regulate the behavior and improve the transfer mechanism. The dynamic game model on transfer among forestry department, village cadre and household was constructed based on the classical game theory. The results indicate that forestry department actively encourages the transfer, village cadre positively cooperate with the department, household actively participates in the transfer is the optimal equilibrium. It is concluded that collective forestland usufruct transfer is a dynamic game process among stakeholders, the key countermeasures to encourage and promote the transfer is to establish fair and effective mechanism of benefit distribution, rewards and punishments for transfer; further deepen the forest property right system reform and perfect the relative reform; and make perfect the transfer service system.

Key words: forestland usufruct; equilibrium solutions; game theory; transfer; stakeholders

林地使用权流转是市场经济条件下林业发展的客观必然[1]。2008 年 6 月 8 日中央 10 号文件《中共中

基金项目：国家社会科学基金青年项目——林权制度改革跟踪研究（09CJY010），中国博士后科学基金面上项目——农户林地使用权流转行为研究（20090450395）

作者简介：柯水发（1977 – ），男，福建安溪县人，博士，副教授，主要研究方向为林地产权与林农行为。Email：keshuifa@163. com

央国务院关于全面推进集体林权制度改革的意见》做出了“加快推进森林、林木和林地使用权的合理流转”的规定。博弈论自20世纪80年代引入中国以来，许多学者开展了卓有成效的理论研究和应用研究[2]。文献研究表明，孙海兵[3]、康雄华[4]、陈翠芳[5]、李亚成[6]等一些学者已针对农地和建设用地流转开展了博弈研究，然而目前尚缺乏运用博弈论专门针对林地使用权流转加以分析的研究成果。因此，本文在借鉴前人相关研究成果的基础上，尝试从多元动态博弈的视角对林地使用权流转的利益博弈关系加以分析，旨在为进一步规范林地使用权流转行为，完善林地使用权流转机制提供决策参考。

1 林地使用权流转利益相关者分析

林地使用权流转利益相关者分析是林地使用权流转行为博弈分析的基础。林地使用权是从林地所有权中分离出来的，包括对林地的占有权、经营权、收益权和一定条件下的处分权[7]。林地使用权流转是指在不改变林地所有权和林地用途的前提下，将林地的使用权按一定的程序，以有偿或无偿的方式，由一方转让给另一方的经济行为[8]。林地使用权流转包括一级市场流转和二级市场流转[9]。一级流转系在集体林权制度改革的过程中，集体林地使用权通过“确权到户”流转至各个农户。二级流转系农户获得林地使用权后，二次流转给其他利益主体进行经营的行为过程。本文主要侧重于二级流转的博弈行为研究。1998年4月修改出台的《森林法》使得林地使用权流转这一制度得以正式确立[10]。《森林法》第十五条明确规定了在不改变林地用途的情况下，用材林、经济林、薪炭林的林地使用权；用材林、经济林、薪炭林的采伐迹地、火烧迹地的林地使用权；国务院规定的其他森林、林木和其他林地使用权可以依法转让，也可以依法作价入股或者作为合资、合作造林、经营林木的出资、合作条件。

根据利益相关者理论[11]，林地使用权流转利益相关者系与林地使用权流转有着利害关系的个人、团体或机构。林地使用权流转过程中涉及到转出方、转入方、中央政府、地方政府、林业主管部门、村集体组织、林业相关企业、各类流转中介服务组织、科研院所、新闻媒体等诸多利益相关者。根据相关者与林地使用权流转的紧密性及其利益影响程度，可将利益相关者分为直接利益相关者、间接利益相关者和潜在利益相关者。①直接利益相关者，是指直接介入实际林地使用权流转过程，并与林地使用权流转有着密切的直接利益影响关系的群体、机构或个人，具体包括：转出方、转入方、流转中介及相关服务组织等。其中，农户(转入方和转出方)是林地使用权流转的最直接的利益关系主体。随着集体林权制度改革的不断深入，以保障林农福利和明晰产权为手段的分户承包经营体制全面展开，南方集体林区已呈现出以分户经营为主体的基本经营格局[12]，农户已日益成为一个拥有自主决策权的决策主体，有权就自己所拥有的林地使用权是否进行流转进行决策。②间接利益相关者，是指与林地使用权流转有着间接利益影响关系的群体、机构或个人，具体包括：中央政府(以国务院为代表)、地方政府(省、市、县、乡政府)、林业主管部门(内涵包括国家及地方林业局)和村集体组织(村干部为代表)等。其中，林管部门(指各级林业管理机构，包括国家林业局、各级林业厅局等)是林地使用权流转政策的制定者、执行者、协调者和督导者，是林地流转行为的重要博弈方，其利益目标在于追求通过林地使用权流转，提高林业生产力，提升林业部门绩效。此外，村干部也是重要的博弈利益主体，村干部是村集体经济组织决策及利益的代表者。村集体组织是村民自治组织，拥有林地所有权，有权管理本村集体资源，有权收取林地使用费。在集体林权制度改革过程中，《中共中央 国务院关于全面推进集体林权制度改革的意见》规定：集体统一经营管理的林地经营权和林木所有权的流转，要在本集体经济组织内提前公示，依法经本集体经济组织成员同意，收益应纳入农村集体财务管理，用于本集体经济组织内部成员分配和公益事业。在二次流转过程中，农户林地使用权流转也需告知村集体，并由村集体出具相关证明材料。可见，以“村干部”为代表的村集体组织在林地使用权流转过程中也是一个重要的利益集团。③潜在利益相关者，是指与林地使用权流转有着潜在利益关系的群体、机构或个人，一旦介入林地使用权流转，就会转化为主要利益相关者或次要利益相关者，主要包括：科研教学机构及人员、新闻媒体、国内外非政府组织、非流转户、潜在厂商(如林业企业)、周边村社、相关财税部门等。他们是林地使用权流转的潜在参与者和影响者，作为理性主体，也追求各自潜在利益的最大化。

林地使用权流转的实际过程就是一个上述各利益主体间复杂的多元博弈过程。在各利益相关者复杂的责任、权利和利益关系中，各利益主体之间有共同的利益结合点，但同时也存有差异，各方都希望能在林地使用权流转过程中达到自己的最优目标或实现利益的最大化，其过程就是一个多方博弈的行为过程。

2 林地使用权流转利益博弈分析

在上述各利益相关者的复杂博弈关系中，最值得关注的是林管部门、村集体(以村干部为代表)和流转农户之间的博弈，他们是行为博弈分析的重点。因此，下文拟通过构建博弈模型对其利益博弈关系加以分析。

2.1 基本假设

根据博弈分析框架，为了便于分析，需做出以下假设：①理性局中人假设。本研究的局中人就是政府部门(林管部门)、村干部和农户三方，是博弈的决策主体和策略的制定者。②行为策略空间假设。本研究假设林管部门有鼓励和限制流转两种策略；村干部有积极配合和消极配合两种策略；而农户的策略空间为流转和不流转两种。③动态博弈次序假设。本研究中的博弈次序假定为由林管部门首先做出是否鼓励或限制流转的决策，其次由村干部做出是否积极或消极配合的决策；最后由农户做出是否选择流转决策。④完全信息假设。假设林管部门、村干部和农户彼此都了解对方的行为策略空间和收益函数，及对对方都具有完全信息。⑤收益假设。当所有的局中人采取的策略确定以后，他们各自就会得到相应的“收益”。这里采用支付函数表示局中人从博弈中获得的收益，具体如下：在林管部门鼓励流转的情形下，农户若进行流转，农户进行流转的收益为 R_H，则村干部积极配合取得的收益为 R_C；村干部消极配合取得的收益为0；林管部门取得的收益为 R_F。若农户未进行流转，农户不流转的收益为0；而林管部门的绩效目标未实现，收益为0，村干部的收益也为0。在林管部门限制流转的情形下，农户若发生流转则林管部门限制流转的目标没有实现，林管部门收益为0，村干部的收益为0，若农户未进行流转，则林管部门的收益为 R_F，村干部收益为 R_C。若林管部门鼓励流转，而村干部消极配合，设置流转障碍，则农户的流转需额外支出 ΔR_H，即农户流转收益会损失 ΔR_H。若林管部门限制流转，而村集体积极配合，积极干预流转行为，则农户的流转需额外支出 ΔR_H，即农户流转收益会损失 ΔR_H。林管部门鼓励或限制流转的成本为 ΔF_C；村干部因积极配合付出成本为 ΔC_C。若林管部门鼓励流转，但村干部消极配合，若要让农户选择流转，林管部门需多支付促进成本 ΔC_F；若林管部门限制流转，但村干部消极配合，若要让农户选择不流转，林管部门需多支付激励成本 ΔC_F。

2.2 动态博弈模型构建与说明

根据前文假设分析，可以勾画出政府、农户与林管部门三者间的动态扩展式博弈树(见图1)。

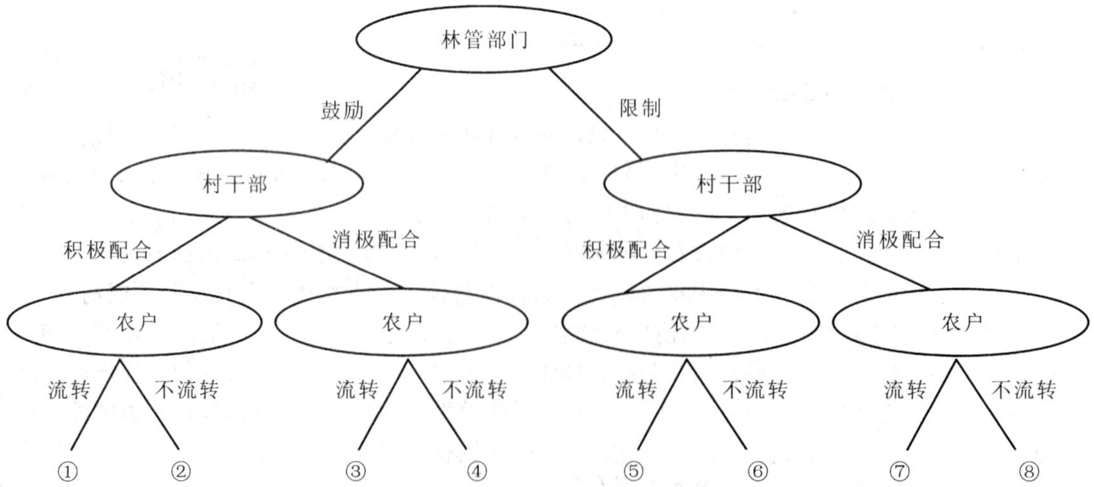

图1 林管部门、村干部与农户间的动态博弈树

表1 局中人博弈矩阵

序号	博弈状态	博弈矩阵
①	林管部门鼓励流转、村干部积极配合、农户选择流转	$(R_F-\Delta F_C,\ R_C-\Delta C_C,\ R_H)$
②	林管部门鼓励流转、村干部积极配合、农户选择不流转	$(-\Delta F_C,\ -\Delta C_C,\ 0)$
③	林管部门鼓励流转、村干部消极配合、农户选择流转	$(R_F-\Delta F_C-\Delta C_F,\ 0,\ R_H-\Delta R_H)$
④	林管部门鼓励流转、村干部消极配合、农户选择不流转	$(-\Delta F_C,\ -R_C,\ 0)$
⑤	林管部门限制流转、村干部积极配合、农户选择流转	$(-\Delta F_C,\ -\Delta C_C,\ R_H-\Delta R_H)$
⑥	林管部门限制流转、村干部积极配合、农户选择不流转	$(R_F-\Delta F_C,\ R_C-\Delta C_C,\ 0)$
⑦	林管部门限制流转、村干部消极配合、农户选择流转	$(-\Delta F_C-\Delta C_F,\ -R_C,\ R_H)$
⑧	林管部门限制流转、村干部消极配合、农户选择不流转	$(R_F-\Delta F_C-\Delta C_F,\ 0,\ 0)$

根据博弈树不难确定出参与人的博弈结果(见表1)：①在林管部门鼓励流转、村干部积极配合、农户选择流转的情形下，农户流转收益为R_H；村干部因积极配合付出成本为ΔC_C，因农户流转村干部获得收益为R_C，因此村干部收益为$R_C-\Delta C_C$；而林管部门因农户流转，目标实现获得收益为R_F，因鼓励农户流转支付成本ΔF_C。因此，达成的博弈结果为$(R_F-\Delta F_C,\ R_C-\Delta C_C,\ R_H)$。②在林管部门鼓励流转、村干部积极配合、农户选择不流转的情形下，则农户因没有发生流转行为，收益水平为0；村干部也无流转收益，且需支付积极配合的成本为ΔC_C；林管部门也需支付鼓励流转的成本ΔF_C，因此得出此种情形的均衡结果为$(-\Delta F_C,\ -\Delta C_C,\ 0)$。③在林管部门鼓励流转、村干部消极配合、农户选择流转的情形下，农户的收益会因村干部消极配合，设置流转障碍，致使农户的正常流转收益损失ΔR_H；村干部因消极配合，无成本支出，也无法获得正常收益水平R_C，因而收益为0；而林管部门因村干部的消极配合，在原鼓励成本ΔF_C的基础上需多支付ΔC_F来促进流转。因此，此种情形的博弈结果为$(R_F-\Delta F_C-\Delta C_F,\ 0,\ R_H-\Delta R_H)$。④在林管部门鼓励流转、村干部消极配合、农户选择不流转的情形下，农户的收益水平为0，村干部因消极配合无成本支出，但因农户选择不流转需支付消极配合的责任成本，在此假设等同于R_C；政府无流转收益，且需支付先前的鼓励成本ΔF_C。因此博弈结果为$(-\Delta F_C,\ -R_C,\ 0)$。⑤在林管部门限制流转、村干部积极配合、农户选择流转的情形下，农户要完成流转行为，需多支付成本ΔR_H；农户若进行流转，则林管部门的限制流转目标未实现，收益为0，同时还要支付ΔF_C的限制成本；而村干部因积极配合需付出配合成本ΔC_C。因此，博弈结果为$(-\Delta F_C,\ -\Delta C_C,\ R_H-\Delta R_H)$。⑥在林管部门限制流转、村干部积极配合、农户选择不流转的情形下，农户收益为0；政府因农户选择不流转实现预期目标，收益为R_F，但同时需支付限制成本ΔF_C；村干部因积极配合实现不流转收益目标R_C，但同时需支付配合成本ΔC_C。因此，博弈结果为$(R_F-\Delta F_C,\ R_C-\Delta C_C,\ 0)$。⑦在林管部门限制流转、村干部消极配合、农户选择流转的情形下，农户收益为R_H,且因村干部消极配合，农户无须支付额外流转成本；村干部因农户选择流转损失收益R_C；政府因农户选择流转无收益，且须支付限制成本ΔF_C和处置成本ΔC_F。因此，博弈结果为$(-\Delta F_C-\Delta C_F,\ -R_C,\ R_H)$。⑧在林管部门限制流转、村干部消极配合、农户选择不流转的情形下，农户收益为0；村干部消极配合收益为0，政府R_F的收益目标实现，同时除支付正常的ΔF_C限制成本外，因村干部的消极配合还需支付额外的促进成本ΔC_F以激励农户选择不流转。因此，博弈结果为$(R_F-\Delta F_C-\Delta C_F,\ 0,\ 0)$。

2.3 博弈均衡解分析

综合上述博弈结果，可得出如下博弈均衡解为：

就林管部门和村干部的角度而言，在鼓励流转的情形下，最优解为①，在限制流转的情形下，最优解为⑥。作为理性的行为主体，林管部门之所以鼓励流转，是基于流转的利大于弊而进行的行为决策。农户选择流转是基于流转可获利前提而进行的行为选择。因此，在林管部门鼓励流转的情形下，农户选择林地流转，则表明流转有助于实现林地资源的优化配置和林业生产率的提升，农户、村集体和林管部门都可从流转中获利。实践中，由于农村集体经济组织与地方政府在行政组织上存在从属关系，大多情况下农村集体经济组织是地方政府“行政命令”的传达者。因此，村集体作为一个自治组织，在强势的政府部门面前，村干部通常会积极响应政府号召，积极配合宣传并开展鼓励或限制林地使用权流转活动，以一小部分利益损失获取次优的收益选择。另外，在强势的政府态度和鲜明的舆论导向中，农户会选择跟随林管部门和村干部的行为导向。

就农户角度而言，最优解为①和⑦。即不论在限制流转和鼓励流转，无论村干部是积极配合，还是消极配合，只要流转的净收益为正，也就是说通过流转可以改善自身福利，农户就会千方百计地寻求流转，并尽可能地通过场外流转，以减少交易成本。

上述均衡解中，最优解①系三方利益主体可共同接受。这一均衡解也正好解释了当前的林地使用权流转实践情况，即当前林管部门大力鼓励林地使用权流转，村干部积极配合流转，农户也愿意积极参与流转。相关研究成果[13]~[15]也表明，在明晰经营主体林业产权的前提下，通过公平公正和合理有序的林地使用权流转，各利益主体积极参与林地使用权流转，实现林业规模经营，增加林业经营收益和社会福利已成为共识。

此外，当出现如下几种情形时，旧的博弈均衡会被打破，以形成新的利益均衡。即：①当林管部门的激励或限制流转的成本 ΔF_C 过大时，超过给林管部门激励或限制流转所带来的收益水平 R_F 时，旧的博弈均衡会被打破，新的博弈均衡会重新形成。②当村干部配合林管部门开展激励或限制流转行动的成本 ΔC_C 超过其所带来的收益水平 R_C 时，村干部也有可能重新进行自身的行为选择，以改善自身的收益状态。③当农户逆林管部门鼓励或限制流转政策而采取反方向的策略行动时，农户要为此多支付额外的成本 ΔR_H，以实现其策略选择，当这一成本高过其选择流转或不流转的收益水平 R_H 时，农户的策略选择也会发生相应的变化。

3　政策建议

林地使用权流转是一个涉及农户、村干部、林管部门等多元主体的利益博弈过程。在市场经济环境中，不同的利益主体有着不同的博弈利益诉求，作为每一个理性主体会尽可能的去追求利益的最大化，并在多个主体的博弈关系中取得均衡。为进一步促进林地使用权流转，尽可能地实现各方利益目标的最大化目标，需进一步加强如下几个方面的建设：①建立公平有效的责权利相统一的利益分配及奖惩机制，合理配置产权流转收益，形成各博弈方稳定的收益预期，有利于各博弈方做出长期理性的行为决策。②进一步深化林权制度改革和完善配套改革，以促进林地使用权流转。通过林权改革，明晰山林权属，落实经营主体，放活林业经营，落实处置权，保障收益权，进一步解放和发展林业生产力；同时通过创新林业管理体系、改革林业投融资体制、完善林木采伐管理政策、建立健全林业社会化服务体系等，以保障林地使用权流转。③完善林地使用权流转服务体系，以激励和规范林地使用权流转。建立集信息发布、市场交易、林权登记、中介服务、法律政策咨询于一体的林地使用权流转市场，建立森林资源流转信息库，完善森林资源资产评估体系，流转交易市场中介服务体系、流转合同法律服务体系、流转收益保障体系、流转风险防范体系等，真正实现林地使用权流转的自由化、公平化、简便化、理性化、市场化和规范化。

参考文献

[1]季利民．林地流转问题的研究与探讨[C]．第二届浙江中西部科技论坛论文集(第一卷)[C]，2005：217－229.

[2]谢识予．经济博弈论(第二版)[M]．上海：复旦大学出版社，2002.

[3]孙海兵．农地城市流转的博弈分析[J]．农村经济，2006(3)：37－39.

[4]康雄华，王世新，刘武．集体建设用地使用权流转的博弈行为分析[J]．国土资源科技管理，2006(5)：17－20.

[5]陈翠芳，刘武．集体建设用地使用权流转研究——一个博弈模型的构建[J]．国土资源科技管理，2007(1)：6－11.

[6]李亚成，赵敏娟．我国农地产权制度变迁中农户与村组织的博弈研究[J]．安徽农业科学，2008，36(25)：11099－11101.

[7]周训芳．物权法与森林法知识读本[M]．北京：中国林业出版社，2007：56.

[8]石山．促进林地流转制度改革实现林业经营方式突破[J]．林业经济，2002(6)：26－27.

[9]徐秀英．集体林地使用权市场制度的建立与完善．资源开发与市场，2004(1)：11－25

[10]王娟．浅谈我国林地使用权的流转[J]．法制与社会，2008(6)：166－167.
[11]付俊文，赵红．利益相关者理论综述[J]．首都经济贸易大学学报，2006(2)：16－21.
[12]罗攀柱，李际平，陈元红．集体林区林地使用权流转模式、动机与路径选择研究——基于H省L县的实证[C]，第二届中国林业学术大会——集体林权制度改革与科技支撑论文集，2009－11－07：115－121.
[13]周新玲．林地使用权流转的调查与分析——以湖北省为例[J]．中国农村经济，2005(5)：71－77.
[14]黄和亮．林地资源市场化配置研究[M]．北京：中国林业出版社，2006：57－71.
[15]冉光念，马文彬．林地产权制度改革的路径选择[J]．山地农业生物学报，2007，26(2)：151－155.

林农合作社作用的调查与分析
——以浙江省龙泉市为例

李兰英　黄文义　李明峰　朱　臻

（浙江农林大学经济管理学院）

摘　要：集体林是我国南方林区的主体。2003 年新一轮林改以来，农户成为集体林业经营的主体，小规模生产与大市场的矛盾日益突出，林农合作社应运而生。本文基于对浙江省龙泉市 4 个林农合作社 139 个农户的调查，分析了林农合作社的作用，通过计量模型分析得知，加入林农合作社可以促进农户增收。故提出政府应该加强对林农合作社建设的支持，以强化林农合作社的功能，更好地促进山区林区发展的建议。

关键词：林农合作社；作用；实证分析；浙江省龙泉市

1　引言

1.1　背景

我国集体林面积占全国森林面积的 58%，集体林在南方林区对山区农民生活水平的提高有着举足轻重的作用。自 20 世纪 80 年代初实施家庭联产承包责任制起，林农成为相对独立的林业生产者，地位不断上升，收入持续增加。20 世纪 80 年代初的林业“三定”和从 2003 年开始的新一轮集体林权改革，使集体林产权明晰、权责明确，极大调动了林农经营山林的积极性。

然而，小规模生产与大市场的矛盾日益突出，林农增收缓慢。因此小规模生产在林业管理中缺乏发展的持续性，已经不能适应新情况的要求。随着 2007 年《中华人民共和国农民专业合作社法》（以下简称《合作社法》）的实施，林农合作社成为提高林农组织化程度、增强在市场经济环境中的谈判地位、改变其天然的弱势地位的重要载体应运而生。因此，林农合作社运行状况如何，怎样制定更合适的政策以促使林农合作社发展就显得非常必要。

1.2　林农合作社相关研究进展

自 1844 年英国诞生罗虚戴尔公平先锋社（徐旭初等，2008）以来，合作社发展已经有 160 多年的历史了。我国对农民专业合作社的研究始于 20 世纪 80 年代，主要处于介绍合作社的基本概念、内涵等到方面（陆文强，1988）。随后，研究逐步深入，拓展到对农民专业合作社经济组织产生的必然性、特征、组建原则、组织形式、发展思路、制度安排、制度环境运行机制等方面（郭翔宇，1995；张晓山，2001；黄祖辉等，2002）。近年来，合作社相关问题研究不断深入。如徐旭初（2010）研究了治理机制对农民专业

基金项目：联合国粮食与农业组织“支持中国集体林权改革政策、法律和制度建设并促进知识交流”资助项目（GCP/CPR/038/200906）

作者简介：李兰英（1970 - ），浙江永康人，博士，副教授，主要研究方向：森林资源经济与环境管理。电话：0571 - 63742251 Email：llycds@163.com　地址：浙江省临安市浙江林学院林业经济研究中心。

合作社绩效的影响。

国外许多学者对合作社存在和发展的影响因素进行了研究。Sexton(1986)认为合作社是一种厂商，当合作社的生产者剩余和消费者剩余达到最大化时，合作社成员和社会福利也达到最大化，而且，合作组织通过经营大量业务达到规模经济。Fulton(1995)认为如果农业产出是高度可变和难以预测的，最有效的方法就是使这些产出的所有者成为剩余索取者，即一个合作组织就应该被组建。LeVay(1983)运用交易费用理论分析了合作社产生的原因，他认为：合作社能提供进入市场的通道，并在长期内保持市场的稳定；在经济规模基础上，合作社的出现起到了正面效应；合作社可以降低成员的生产和交易成本，增加了成员的收入；合作社的存在可以减少经济和技术上的不确定性。黄祖辉等(2002)认为，产品特性、生产集群、合作成员及制度环境是影响合作社发展的主要因素。孙亚范等(2010)研究认为，适应农户服务需求的创新合作机制和服务模式是生产服务合作社快速发展的关键，服务合作社发挥了组织农民、服务农民的制度优势，提高了生产效益和农民收入，成为农业现代化的有效载体。

利益是农民专业合作社与农户联接的纽带，是农民专业合作社不断发展壮大的力量源泉。利益是需求的表现。农户的需求则是农民专业合作社面临的关键需求，这就决定了农户需求是农民专业合作社发展的根本动力(孟秋菊，2009)。苑鹏(2010)认为，一个合作社是否为真正的农民专业合作社，关键在于：农民专业合作社的组织意愿是否来自成员的内在需求，合作社的组织目标是否是为了满足成员的共同需要，以及农民群体是否有能力实现合作社的目标。合作社的出现来自于社会弱势群体改善自身地位的内在要求。从成员行使决策权的意愿看，较为普遍的现象是普通社员的参与意识弱，强调"合作社给我什么好处"而非"要用自己的手解决自己的问题"。张红云(2009)基于湖南省180户农户的二元Probit回归分析表明，农业生产经营困难、主要农产品商品率、当地农业社会化服务水平对农民的合作社需求具有显著影响。农产品类型、资产专用性水平和政府支持合作社的力度对农民需求也产生了明显的正面影响。郑适(2009)通过对吉林省224个农户的调研分析指出，80%以上的农户对合作社有所了解，但对合作社的运作效率和效果有顾虑，对合作社缺乏信心。采用Logit分析模型通过最大似然估计法对回归参数进行了估计，表明影响农民参与合作社意愿的因素有：生产经营性中农户生产的主要农产品种类、面临的农资问题、销售困难等农业生产经营环境问题，是否有扩大经营规模的意愿。张广胜等(2007)基于沈阳市200个村的调查认为，农户的年龄、文化程度、农村贫富差距、政府及村委会对农民提供的服务、现有的合作社经济组织均会使农户对合作社的需求产生影响。

从范畴来看，林农合作社是农民专业合作社的组织部分，但由于经营对象的不同，林农合作社又表现出与农民专业合作社不同的特征，因此，国内外都把林农合作社从农民专业合作社中分离出来，并有不同的称谓，如德国的林业联盟(forest wirtschaftliche zusammenschlsuee)和法国的林业合作社(cooperation forestière)属于林业行业合作组织，与政府关系较大，接受政府直接资助，有公益性的成分；芬兰的林主合作社(forest owner's cooperatives)和瑞典及挪威的林主协会(forest owner's association)属于森林所有者的合作组织，完全独立于政府，是纯粹的经济合作组织；韩国的林业协会组合(forestry cooperatives)是山林所有者和山林经营者的合作组织；加拿大的森林合作社(forest cooeratives)是林业劳动者的合作组织(王登举等，2005)。日本的森林组合具有多种属性，而且随着日本国内经济的变化，森林组合也呈现出经营规模缩小化、组织结构股份制化、业务多样化和特征化以及作业班管理企业化等特点(王登举等，2005)。我国称为"农民林业专业合作社"(简称林农合作社)。林农合作社起步晚，相应的，对林农合作社的研究也相对滞后。王登举等(2006)定性分析了我国林业合作组织发展现状，认为缺乏必要的政策支持、管理体制不顺、林农合作社内部运作机制不规范、民主管理机制难以贯彻。黄和亮等(2008)运用描述性统计方法，分析了影响农户参与林业合作经济组织的因素，认为其他产业发展对农户收入替代、就业替代水平、农户家庭基本特征和地方林业部门的政策导向是主要因素。许向阳等(2007)研究了政府在林农合作社发展中的角色定位。部分学者研究了林农合作社发展的财务管理、抵押贷款问题(何安华等，2009；朱再昱等，2009)研究了林农合作社发展与林权抵押贷款担保的关系。孙涤非等(2010)概述了辽宁省林农合作社的组织建设情况。

可见，林农合作社的研究主要集中在范畴界定、国外相关内容的介绍及林业财务管理等方面，而针对林农合作社的案例研究比较缺乏。本研究以浙江省龙泉市为案例，基于林农合作社和农户的实地调查，对林农合作社进行相关研究。

2 研究点及研究方法

2.1 研究点

浙江省位于中国东南沿海，是中国集体林改革和林农合作社发展的先行省份。辖11个地市90个县区5180万人。土地总面积101 800km²，山地面积占土地面积的70.4%，集体林面积占森林面积的95%以上，林农是集体林的主要经营者，林业产值连续多年位居全国第一。作为先行者，2004年，浙江省出台了中国第一个合作社条例——《浙江省农民专业合作社条例》(以下简称《条例》)，林农合作社蓬勃发展。2009年首次提出了“林业强省”，并于同年7月创建了由10000多个合作社组成的农民合作社联盟。林农合作社已经成为浙江省林业管理的重要形式，在组织、教育、培训林农、信息服务、推广技术、品牌建设、市场开拓、兴林富民等方面发挥着越来越大的作用。

龙泉市地处浙江省的西南端，辖3街道8镇8乡，28.39万人。2008年人均GDP 16 677元，农民人均纯收入5112元，城市居民人均可支配收入18145元。土地总面积3059km²，其中山地面积占97.09%，林业用地265 633.47hm²，集体林地占97.81%，森林覆盖率84.2%。森林蓄积量1455.6万m³，毛竹立竹量69.163×10⁶株，森林覆盖率达84.2%，林业在当地国民经济中占有重要的地位，是林业重点市，木材曾是该市主要收入来源。近年来，龙泉积极探索通过林权改革、合作社发展来促进森林资源可持续经营、社区可持续发展，在林权抵押贷款、林农合作社发展上取得了显著成绩。

以龙泉市为研究点，选择具有典型性的肖庄竹笋专业合作社、能福营造林专业合作社、龙竹笋竹专业合作社和盛源山茶油专业合作社(以下分别简称肖庄合作社、能福合作社、龙竹合作社和盛源合作社)为案例点进行剖析，有助于总结合作社发展的经验及其存在的问题，为其他地区合作社发展提供借鉴。

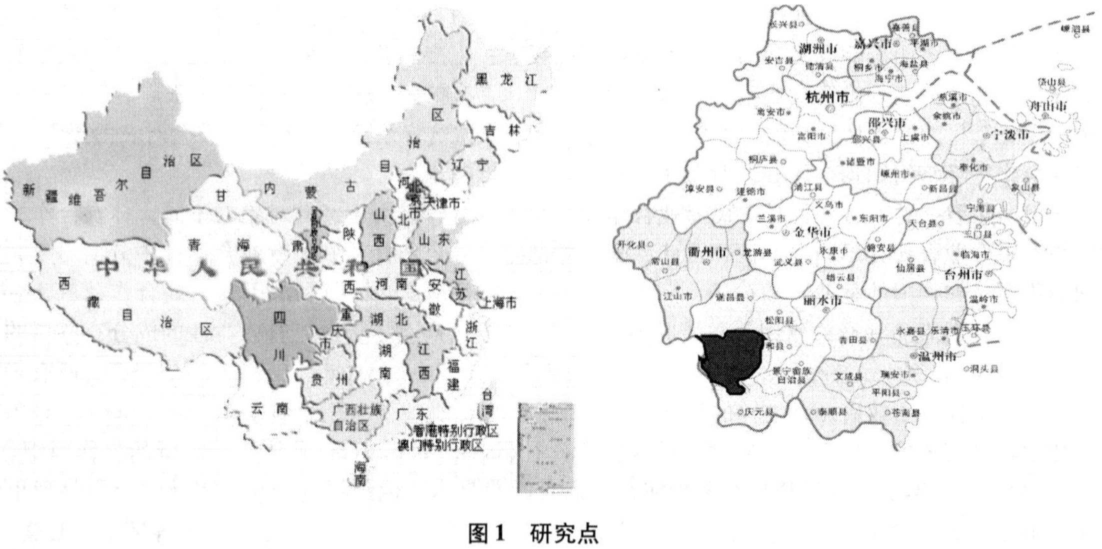

图1 研究点

2.2 研究方法

2.2.1 数据收集方法

采用参与式乡村快速评估技术于2009年12月对龙泉林业局、肖庄竹笋专业合作社、能福营造林专业合作社 、龙竹笋竹专业合作社、盛源山茶油专业合作社等4个案例合作社及其所在乡镇进行调研。

调研包括问卷调查、关键信息人访谈以及小组访谈。问卷调查分为合作社问卷调查、社员问卷调查和非社员问卷调查。关键信息人访谈包括省林业/厅、龙泉市林业局、乡镇林业工作站、合作社以及村委会关键信息人的访谈。小组访谈主要是村民委员会和社员的小组访谈(见表1)。

表1 调查的类型和数量

类型	目标组		数量
问卷调查	林农(四个合作社)	FFC社员	77
		非社员	62
关键信息人访谈	FFC领导	肖庄、能福、龙竹、盛源	4
	村干部	肖庄、碧龙、四村、供建	4
	乡(镇)政府	锦溪、住龙、八都、上垟	4
	龙泉市农业局和林业局	龙泉	2
	浙江省林业厅	浙江	1
	小计		20
半结构小组访谈	每个合作社所在村的村干部组、社员组	肖庄、碧龙、四村、供建	8

2.2.2 数据分析方法

数据分析采用描述性分析和计量分析相结合。其中计量分析选取模型为标准的Mince半对数模型(Wooldridge，2000)：

$$\ln(收入) = f(土地，劳动力，资本，\cdots\cdots 虚拟变量) \quad (1)$$

结合实际情况，根据模型(1)，得出实证分析模型为：

$$\ln(Y_i) = \beta_0 + \beta_1 X_1 + \beta_2 X_2 + \beta_3 X_3 + \beta_4 X_4 + \beta_5 X_5 + \beta_6 X_6 + \beta_7 X_7 + \mu_i \quad (2)$$

式中：Y_i代表农户收入，$i=1$，2，…，Y_1代表人均林业收入，Y_2代表农民人均纯收入；X_t($t=1$，2，…，7)分别代表户主年龄、性别、受教育年限、是否村干部、农户人均林地面积、家庭劳动力比例和是否加入合作社等。

3 林农合作社的作用

林农合作社的成立和发展不仅带来了农户收入的提高，提供了就业机会，促进森林资源的可持续经营和高效利用，而且也顺应了国家社会主义新农村建设的要求，促进了当地社会主义新农村建设。其作用主要体现在：

3.1 提供就业机会，增加林农收入和福利水平

林农合作社在招聘员工的时候，优先考虑招聘社员。如肖庄合作社聘请社员14人在合作社工作，月均工资1000元。此外，在挖笋时节，雇佣社员做季节工30多人，每年约4个月，男工月薪1700元左右，女工月薪1000元左右。再如能福合作社，虽然目前合作社经营还刚刚开始，但为了实现森林资源的可持续经营和加强森林资源管护，由能福公司出资聘请了8位当地有声望的村民当护林员，付管护工资1万元/人年；在当地建了小木初加工厂，解决了10余名社员就业，促进了当地剩余劳动力的非农就业。自2008年起，能福公司出资帮助当地所有社员交农村合作医疗保险费，减轻了社员的就医负担，提高了社员的福利水平。龙竹合作社也聘请了社员到合作社就业，因季节不同，聘请的工人从4~15人不等。

3.2 开展技术培训，提高产品质量

合作社一般每年都会组织1~2次相关技术培训，林农已经真正从技术培训中获得了实惠。如肖庄、龙竹合作社采用社员喜闻乐见的方式分别组织社员培训春笋标准化和冬笋早出高产生产技术，竹笋笋形更美观，提高了产品技术含量和质量，也增加了产品的附加值。在受调查的77户社员中，62.3%的社员接受过技术培训，但合作社间的差异很大(见表1)，主要是因为盛源为2009年刚成立的合作社，尚未开展过技术培训。总体而言，合作社成为了技术传播的重要载体。

3.3 增强组织化程度，降低交易成本

林农合作社通过将零散的林农生产集中起来，提高了林农组织化的程度，通过减低交易成本来增强林农应对市场风险的能力。如肖庄合作社，农户将竹笋运到16km外的龙泉市区销售，林农往返辛劳且

不一定能卖得好价钱。合作社成立后，以略高于市场价的价格敞开收购竹笋，大大降低了林农的运输等交易成本。龙竹合作社成立后，对林农进行冬笋早出高产技术培训，使原先卖竹材的林农不仅竹材产量未下降，而且冬笋产量增长、价格上升，销售渠道有保障，收益显著增加。能福合作社，每年组织社员开展3～5次的护林防火、森林经营、采伐、营造林技术等科技和劳动力技能培训，年培训达400余人次。

表1　社员参与合作社活动情况　　　单位：人、%

合作社名称	样本量	社员参与技术培训的人数/比例	培训1次		培训2次		培训3次	
			人数	比例	人数	比例	人数	比例
肖庄合作社	13	9/69.2	5	38.5	3	23.1	1	7.6
能福合作社	26	23/88.5	16	61.5	7	27		
龙竹合作社	23	16/69.6	12	52.2	2	8.7	2	8.7
盛源合作社	15	无						
小计或平均	77	62.3	33	42.9	12	15.6	3	3.9

资料来源：社员调查

3.4　提高产品价格，增加社员林业经营积极性

合作社经营减少了市场交易环节，降低了市场交易成本，相应提高了林产品效益，增加了社员经营林业的积极性。肖庄和龙竹合作社收购社员林产品时，对社员实施略高于市场价的保护价。如肖庄合作社合同规定：如果林产品的保护价高于市场价，按照保护价收购，如果市场价高于保护价，则按照市场价收购，一般而言，毛竹笋的收购价比市场收购价高0.1～0.2元/斤，保障了农户收益，也给农户提供了便捷的销售途径，提高了农户生产积极性。能福合作社通过了FSC认证，经认证的木材价格比无认证的高出20%，仅此一项，预计合作社每年将增收上百万元，明确规定返还社员50元/m^3。龙竹合作社的技术培训，使当地冬笋出笋期提前到9月份，新出冬笋价格由合作社未成立前的20元/kg上升到2009年9月的160元/kg，大大提高了社员经营竹林的积极性。

3.5　通过森林认证等，促进当地森林可持续经营

为了实现森林可持续经营以及满足国内外对森林产品可持续性的要求，能福合作社于2009年通过了FSC森林经营认证，并于12月获得认证证书。森林认证的取得，标志着合作社森林所产林产品获得了进入国际市场必备的“绿色通行证”。通过FSC国际森林认证，龙竹的本土木材就可以代替进口木材，合作社将成为丽水出口企业最安全最放心的原料供应基地。肖庄、龙竹等合作社纷纷取得了QS认证等，确保产品质量和维护合作社声誉，从而保证了林农对森林的可持续经营。

4　模型估计结果与讨论

4.1　模型的构建

对山区林农收入产生影响的因素主要有：农户基本特征、农户资源禀赋以及农户加入合作社状况。农户基本特征主要考察户主的年龄、性别、受教育年限以及是否为村干部[11]；农户资源禀赋主要考察农户人均林地面积和家庭劳动力比例；农户加入合作社状况主要考察农户是否加入合作社。

通过逐步回归，剔除具有多重共线性的变量，选取变量如下：被解释变量为农户人均林业收入Y_1和人均收入Y_2；解释变量为户主年龄X_1、户主性别X_2、户主受教育年限X_3、户主是否村干部X_4、人均林地面积X_5、家庭劳动力比例X_6以及是否加入合作社X_7（见表2）。

表 2 变量说明及特征值

	变量	变量名称	变量说明	均值	标准差
收入状况	Y_1	人均林业收入	连续变量；单位：元/人	3060.23	3584.09
	Y_2	人均收入	连续变量；单位：元/人	7829.26	7120.73
农户基本特征	X_1	户主年龄	连续变量；单位：岁	47.482	10.119
	X_2	户主性别	虚拟变量；男=1，女=0	0.8058	0.3970
	X_3	户主受教育年限	连续变量；单位：年	7.1331	2.8902
	X_4	户主是否干部	虚拟变量；是=1，否=0	0.1439	0.3510
农户资源禀赋	X_5	人均林地面积	连续变量；单位：hm^2/人	1.4444	2.1341
	X_6	家庭劳动力比例	连续变量；单位:%	0.6008	0.2383
加入合作社状况	X_7	是否加入合作社	虚拟变量；加入=1，不加入=0	0.5540	0.4989

资料来源：农户调查问卷

结合实际情况，根据实证分析模型(2)进行实证分析。模型如下：

$$\ln(Y_i) = \beta_0 + \beta_1 X_1 + \beta_2 X_2 + \beta_3 X_3 + \beta_4 X_4 + \beta_5 X_5 + \beta_6 X_6 + \beta_7 X_7 + \mu_i \quad (2)$$

式中：Y_i代表农户收入，$i=1$，2，Y_1代表人均林业收入，Y_2代表农民人均纯收入；X_t($t=1$，2，…，7)分别代表户主年龄、性别、受教育年限、是否村干部、农户人均林地面积、家庭劳动力比例和是否加入合作社等。

4.2 模型回归结果与分析

采用Eviews软件对模型(2)进行回归，结果见表3和表4。从模型回归的结果看，两个模型的F统计量均通过了1%的显著性检验，说明模型有良好解释力；$D-W$值都接近2，说明两个模型都不存在序列相关性；对模型White检验的结果显示模型不存在异方差性。此外，在社会科学回归模型中，出现拟合优度R^2(25.46%，19.17%)偏低的情况是正常的[14]，并不影响模型的解释力。因此设定的实证回归模型符合统计学要求和现实情况。

表 3 实证模型回归结果

解释变量	被解释变量	
	ln(人均林业收入)	ln(人均纯收入)
户主年龄(X_1)	0.0026(0.2994)	-0.0068(0.9212)
户主性别(X_2)	0.4225 ** (2.2116)	-0.0640(0.3984)
户主受教育年限(X_3)	0.0438(1.3361)	0.0455(1.6276)
户主是否干部(X_4)	-0.0701(0.3101)	-0.0456(0.2385)
人均林地面积(X_5)	0.0080 *** (3.0128)	0.0027(1.3004)
家庭劳动力比例(X_6)	0.8931 *** (2.9224)	0.9597 *** (3.5689)
是否加入合作社(X_7)	0.3061 * (1.9924)	0.3221 ** (2.3466)
常数项	6.3076 *** (10.7361)	7.9193 *** (15.9001)

注：括号内为t统计量的绝对值；*，**，*** 分别表示在10%，5%和1%的显著性水平上显著。

表 4 实证模型统计检验

模型统计检验	被解释变量	
	ln(人均林业收入)	ln(人均纯收入)
RSS	62.6186	69.0449
R^2	0.2546	0.1917
F统计值	5.1242 ***	4.4045 ***
$D-W$值	1.7735	1.8173
White检验：nR^2(不含交叉项)	15.0730 *** (0.1792)	5.7811 *** (0.8997)
White检验：nR^2(含交叉项)	35.7680 *** (0.2959)	36.4780 *** (0.2683)

注：White检验括号内为伴随概率；*** 表示在1%的显著性水平上显著。

基于以上回归结果，对模型的经济解释如下：

(1)加入林农合作社可以促进农户增收，这与“林农合作社的作用”一致，在10%水平上显著。在控制其他变量不变的情况下，加入林农合作社，可以使农户家庭人均林业收入提高30.61%，人均收入提高32.21%。加入林农合作社可以从两个方面促进林农收入的提高：一是合作社为社员提供高于市场价格的保护价，从而提高林农的收益水平；二是合作社可以为林农提供部分就业岗位，实现林农的非农就业，从而提高林农收入。

(2)人均林地面积对人均林业收入的影响在1%水平上显著。说明林地资源是林业收入的重要来源，也说明了林地规模对农户林业收入的重要性。林业资源收益来自于林业经营收入和林地资源作为抵押贷款的抵押物的财产性收入。如肖庄合作社和能福合作社均曾以租用社员林权证进行抵押贷款，使社员增加了林地的财产性收入。部分社员以山权、林权作价入股或以直接出资入股的方式参与合作社年终盈利分红，为社员带来了林地资产性收入。

(3)家庭劳动力比例是影响农户人均纯收入与林业收入最重要的家庭资源因素，在1%水平上显著。劳动力比例高意味着家庭中能通过劳动增加家庭收入的比例增加，显然会对农户人均纯收入和人均林业收入产生明显影响。

(4)农户家庭基本特征，如户主年龄、性别、受教育年限、是否村干部等对农户人均纯收入和林业收入的影响，除户主性别外，均不显著。

(5)常数项的影响在1%水平上显著，说明其他未观测的因素也对农户家庭人均纯收入和人均林业收入产生了明显影响，具体是哪些因素起了重要作用有待进一步检验。

5 结论及政策建议

本文在详尽的合作社和农户调查数据基础上，构建了合作社与农户收入关系的实证模型，验证了林农合作社能增加农户收入这一事实。由此，可以看出，在林业分户经营后，在林产品市场体制的建立和完善过程中，为逐步解决小农户与大市场的对接问题，决策部门应加强对林农合作社的支持，以提高农户的组织化程度增强农户的谈判地位，同时，合作社通过加强能力建设，为农户提供技术培训和就业岗位，可为山区农户增收做出更大的贡献。

参考文献

[1]Fulton, M. , 1995. The Future of Canadian Agricultural Cooperatives: A Property Rights Approach[J]. American Journal of Agricultural Economics, 77: 1153 – 1159

[2] LeVay, C. , 1983. Agricultural Co – operative Theory: A Review[J]. Journal of Agricultural Economics 34: 1 – 44

[3] Sexton, Richard J. , 1986. The Formation of Cooperatives: A Game – Theoretic Approach with Implications for Cooperative Finance, Decision Making, and Stability, American Journal of Agricultural Economics, 68, May

[4]Wooldridge, J. M. Introductory Econometrics: A Modern Approach [M]. South – West College Publishing. 2000

[5]高建中，夏彬．中国农民专业合作社发展的困惑与方向[J]．中国合作经济．2009，11：56 – 57

[6]郭翔宇．西方发达国家农民合作组织的共同特征及启示．中国农村经济，1995(4)

[7]何安华，孔祥智．林业专业合作社发展与林权抵押贷款担保[J]．林业经济，2009，11：53 – 57

[8]黄和亮，王文烂，吴秀娟等．影响农户参与林业合作社经济组织因素分析[J]．林业经济，2009，(8)：55 – 58

[9]黄祖辉，徐旭初，冯冠胜等．农民专业合作组织发展的影响因素分析[J]．中国农村经济，2002(3)：13 – 21

[10]陆文强．农村合作制的演变[M]．农村读物出版社出版，1988

[11]孟秋菊．农户需求是农民专合组织发展的根本动力[J]．农村经济，2009，(1)：122 – 125

[12]孙涤非；曲宏成；徐善光．辽宁省林业合作经济组织建设情况综述[J]．中小企业管理与科技，2010(4)：208 – 209

[13]孙亚范，姜永刚．农民生产服务合作社发展与运行绩效分析[J]．商业研究，2010，(7)：166 – 169

[14]王登举，李维长，郭广荣．日本森林组合的作用及其基本属性分析[J]．林业与社会，2005，13(1)：43 – 48

[15]徐旭初，吴彬．治理机制对农民专业合作社绩效的影响——基于浙江省526家农民专业合作社的实证分析．中

国农村经济，2010，5
[16]徐旭初．新形势下我国农民专业合作社的制度安排[J]．农村经营管理，2008，11：13－16
[17]许向阳，聂影，张建华．政府在林业合作组织中角色定位的研究[J]．林业经济，2007(2)：52－55，76
[18]苑鹏．合作社民主管理制度的意义和面临的挑战[J]．中国农民合作社，2010，5：16－17
[19]张红云．农民对专业合作社需求的影响因素分析[J]．江西农业大学学报(社会科学版)，2009，8(1)：63－67
[20]张晓山．中国合作社走向新世纪[J]．中国供销合作经济，2001，(1)：21－22
[21]郑适，王志刚．农户参与专业合作社经济组织影响因素的分析[J]．管理世界，2009，(4)：171－172
[22]朱再昱，刘建堂，曹建华．林业专业合作社财务管理的特点、问题与对策[J]．中国农业会计，2009(1)：17－19

林农林业投资行为影响因素分析及政策启示——以景谷县197户林农为例

谢彦明

（西南林业大学经济管理学院）

摘　要：本文以云南省景谷县197户林农融资调查问卷为样本，采用二元Logistic方法分析林农林业投资的影响因素，研究表明，林农林业投资的影响因素主要包括林地林木特征变量和林农林改政策认知变量，其中，林地质量、林改政策宣传是否到位、是否编制林业经营方案、林业生产经营缺钱是否经常发生等因素对林农林业投资影响显著为正，林地离家距离和林地是否缴纳承包使用费对林农林业投资影响分别显著为负；而林业收入占家庭收入比重对林农林业意愿投资影响显著为正，林龄对林农林业意愿投资影响显著为负，在此基础上，笔者分别从林农、金融机构和林业行政部门的视角提出了政策建议。

关键词：景谷县；林农；林业投资；Logistic

1　问题的提出

林农是林业生产经营中最基本的经济单位和最直接的参与者，林业资金投入是林业发展的第一启动力，因此，林农林业投资行为直接关系到集体林权制度改革的绩效。为此，2009年中央一号文件《中共中央国务院关于2009年促进农业稳定发展农民持续增收的若干意见》明确全面推进集体林权改革，指出加大财政对集体林权制度改革的支持力度。2009年5月，中国人民银行、财政部、银监会、保监会和林业局五部门出台了《关于做好集体林权制度改革和林业发展金融服务工作的指导意见》，提出通过切实加大对林业发展的有效信贷投入和引导多元化资金支持集体林权改革与林业发展。2008年6月，云南省下发《省联社、省林业厅关于农户林权抵押小额贷款业务指导意见的通知》和《省联社关于印发云南省农村信用社农户林权抵押小额贷款管理办法试行的通知》，以推进林权抵押贷款业务。目前，林农林业投资的积极性如何？林农林业投资的影响因素包括哪些？各因素对林农林业投资的作用方向和强度如何？诸如此类问题，需要结合林农林业投资行为的实践进行量化分析。

2　调查方法和数据来源

调查对象为景谷县4个乡镇的7个村的林农，调查样本林农分布具体如表1所示。调查样本的抽取采用两阶段法：第一阶段，采用典型抽样法，根据景谷县各乡镇经济发展水平，分别选取经济发展水平处于高、中、低的四个乡镇（威远镇、永平镇、凤山乡和半坡乡）；第二阶段，根据各行政村经济发展水平，按照随机抽样原则进行林农林业融资半结构式访谈调查，走访了200农户，收回有效问卷197份，回收率为98.5%，调查内容包括林农基本情况，林地、林木基本信息，集体林权制度改革认知及林农生产经营情况调查，改革后林农林业生产资金情况调查，林改后林农林权证抵押贷款情况调查和林农希望及建议六个方面。

表1 调查样本林农分布情况

乡(镇)	样本大小		
	村数	林农数	比例(%)
威远镇	2	37	18.78
永平镇	2	90	45.69
凤山乡	2	40	20.30
半坡乡	1	30	15.23
合计	7	197	100

3 林农林业投资行为影响因素分析

3.1 林农林业投资行为影响因素

针对林农投资行为的影响因素，张卫民等(1994)认为林农投资林业积极性不高的主要原因在于林业相关政策造成经营林业利润过低(如木材税费过多、利益分配结构不合理)[1]；蒋海等(2001)认为解决林业投资不足需要对林业产权安排作出重大调整，以形成林业投资主体的投资激励[2]；郑宇等(2005)认为林农参与林业长期投资的积极性主要受林业税费、限额采伐制度、林农交易中的谈判能力、集体林转让收益和政策性歧视影响[3]；黄胜安(2007)认为林地面积、林业预期收益、劳动力投入数量等是影响南方集体林区林农生产投资的主要因素[4]；陈珂(2008)基于辽宁省集体林权主体改革后林农投资行为的调查研究，认为林改后林农想投资但投资难的主要原因在于林业自身的特点(林业生产周期长、受自然因素影响大)和林业相关政策(税费过重、采伐限额和育林基金)[5]；罗金等(2010)基于辽宁省327户农户的调查数据，采用多元线性回归模型计量分析的结果表明，林农投资行为受户主受教育程度、生产资金获取的难易程度、农户家庭收入、林地面积等因素影响[6]。分析归纳相关文献后，笔者认为，林农林业投资行为的影响因素主要包括林农个人特征变量、林地林木资源特征变量、林农林改政策认知变量、政府政策特征变量和其他变量五大变量。因此，本文从林农视角，以林农林业投资和意愿投资作为因变量，以户主、林地林木资源和林改政策认知3个类别特征变量为自变量，具体模型如图1所示，以景谷县197户林农融资调查问卷为样本分析数据，采用二元Logistic回归方法，明确林农林业投资行为影响的关键因素，提升林农林业投资的积极性，为促进林业发展提供理论和实践支撑。

3.2 Logistic 模型

林农林业投资是二分式的Logistic模型，即被调查者在回答“林业生产经营资金投入是否增加”和“是否愿意增加林业投资”时只有“是”和“否”两种选择，Logistic模型表达为：

$$Y = \ln \frac{P_i}{1 - P_i} = B_0 + \sum_{i=1}^{n} B_i X_i + u \tag{1}$$

式中：Y为因变量，P_i为林农林业投资和林农林业意愿投资是否增加的概率(否=0，是=1)，X_i表示第i个影响因素，B_i表示第i个影响因素的回归系数，B_0表示回归方程的常数，u为随机扰动项。

3.3 变量选择及赋值

因变量和自变量选择与赋值具体如表2所示。

表2 因变量、自变量选择与赋值

变量	代码	取值范围	赋值说明	预期相关性
是否增加林业投入	Y_2	0-1	0=否；1=是	
是否愿意增加林业投入	Y_1	0-1	0=否；1=是	
户主特征变量				
年龄(岁)	X_1	连续变量		?

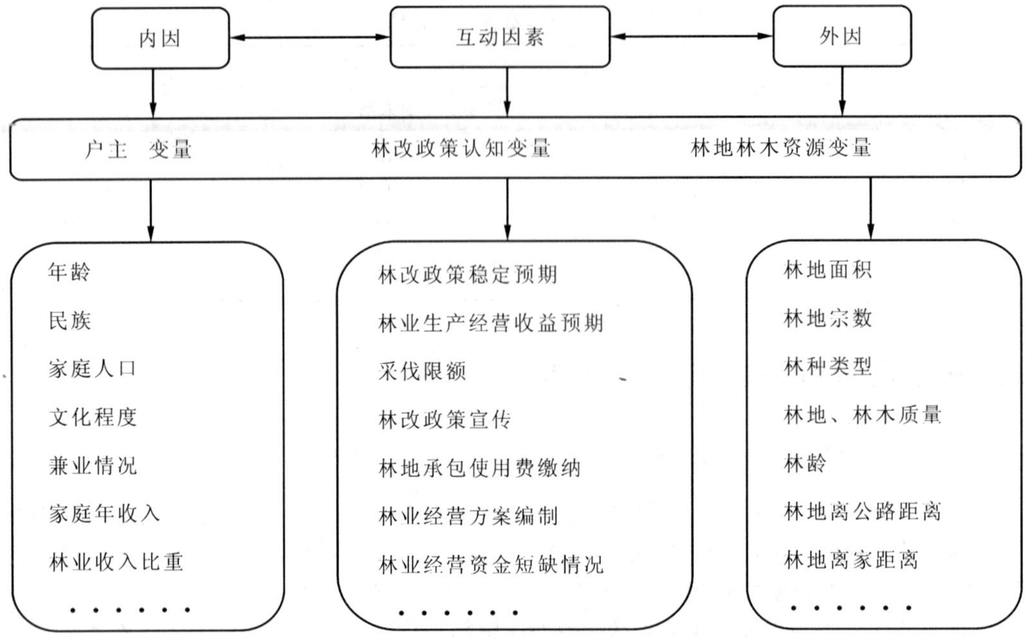

图1 林农林业投资行为影响因素模型

（续）

变量	代码	取值范围	赋值说明	预期相关性
民族	X_2	1～4	1＝汉族；2＝傣族；彝族＝3；拉祜族＝4；白族＝5	?
家庭人口(个)	X_3	连续变量		+
文化程度(年)	X_4	1～4	1＝小学及以下；2＝初中；3＝高中；4＝大中专及以上	+
是否兼业	X_7	0～1	否＝0；是＝1	+
是否担任村干部	X_8	0～1	否＝0；是＝1	+
是否打工	X_9	0～1	否＝0；是＝1	+
家庭年收入(元)	X_{10}	连续变量		+
林业收入占家庭收入比重(%)	X_{11}	连续变量		+
林地林木特征变量				
林地面积(亩)	X_{12}	连续变量		+
林地宗数(宗)	X_{12}	连续变量		−
林龄(年)	X_{13}	连续变量		−
林种类型	X_{14}	1～5	生态公益林＝1；用材林＝2；薪炭林＝3；竹林＝4；经济林＝5	+
林地离公路距离(公里)	X_{15}	连续变量		−
林地离家距离(公里)	X_{16}	连续变量		−
所分林子满意度	X_{17}	1～3	不满意＝1；说不好＝2；满意＝3	+
林地质量	X_{18}	1～3	差＝1；一般＝2；好＝3	+
林木质量	X_{19}	1～3	差＝1；一般＝2；好＝3	+
林地林木是否重要	X_{20}	0～1	否＝0；是＝1	+
林改政策认知变量				
林改政策稳定预期	X_{21}	0～2	不能＝0；说不好＝1；能＝2	+
林业生产经营预期收益	X_{22}	0～2	0＝差；1＝一般；2＝好	+
采伐限额政策是否合理	X_{23}	0～2	不合理＝0；说不好＝1；合理＝2	+
林改政策宣传是否到位	X_{24}	0～2	不到位＝0；说不好＝1；到位＝2	+
是否缴纳林地承包使用费	X_{25}	0～1	否＝0；是＝1	+
是否编制林业经营方案	X_{26}	0～1	否＝0；是＝1	+
是否遇到过缺钱的问题	X_{27}	0～1	否＝0；是＝1	+
缺钱是否严重	X_{28}	0～1	否＝0；是＝1	+
缺钱是否经常发生	X_{29}	0～1	否＝0；是＝1	+
是否尚有未归还的欠款	X_{30}	0～1	否＝0；是＝1	+

3.4 结果分析

本文运用*SPSS*17.0统计软件对样本数据进行*logistic*回归处理，采用前向筛选法处理数据。从模型的运行结果看，模型整体检验基本可行，模型的总体拟合度效果较好，具体回归结果如表3所示。

3.4.1 林农林业投资行为影响因素分析

表3 Logistic模型回归结果

	B	S. E.	Wald	df	Sig.	Exp(B)
林地离家距离	-0.273	0.105	6.735	1	0.009***	0.761
林木质量	1.957	0.832	5.538	1	0.019**	7.078
林改政策宣传是否到位	1.038	0.357	8.460	1	0.004***	2.824
是否缴纳林地承包使用费	-4.710	1.166	16.310	1	0.000***	0.009
是否编制林业经营方案	1.477	0.711	4.318	1	0.038**	4.381
缺钱是否经常发生	1.892	0.753	6.306	1	0.012**	6.631
Constant	-1.112	2.004	0.308	1	0.579	0.329
预测准确率			86.7%			
-2 Log likelihood			85.548			
Cox & Snell R方			0.429			
Nagelkerke R Square			0.625			

注:* 表示在0.1水平上显著；**表示在0.05水平上显著；***表示在0.01水平上显著。

结果表明，林农林业投资行为主要受林农林地林木特征变量和林农林改政策认知变量影响，而受户主特征变量影响较小。

(1)林地离家距离对林农林业投资行为有显著负向影响。林地距离林农家庭越远，林农越倾向于减少林业投资，与预期方向一致，主要的原因在于随着林地离家距离的增加，林农从事林业生产经营活动的生产成本和交易成本将迅速上升，降低了林农林业生产经营的收益，抑制了林农林业投资的积极性。调查显示，对于距离较远林地，大多数林农选择放任自流的形式。

(2)林木质量对林农林业投资行为有显著正向影响。林木质量越好，林农越倾向于增加林业投资，与预期方向一致，主要的原因在于较好的林木质量降低了林业生产经营的风险，提高了林农林业生产经营的收益预期，提升了林农林业投资的积极性。

(3)林改政策宣传是否到位对林农林业投资行为有显著正向影响。林农对集体林权主体制度和配套制度改革的政策越了解，林农越倾向增加林业投资，与预期方向一致，主要的原因在于林改政策宣传是否到位直接影响到林农对林改主体改革和配套改革相关政策的认知水平，较高的林改政策认知水平有利于林农对林改配套政策的充分利用，强化林业经营投入行为，盘活森林资产。调查显示，政府及其林业职能部门在林改过程中工作推进越扎实，配套政策宣传越深入人心，林农在林业生产经营过程中越容易形成稳定的收益预期，从而增加林业生产经营投入。

(4)是否缴纳林地承包使用费对林农林业投资行为有显著负向影响。相对于缴纳林地承包使用费的林农，不缴纳承包使用费的林农更倾向于增加林业投资，与预期方向一致。调查显示，针对林地承包使用费的缴纳，大多数林农认为不合理，同时，较高林地使用费在一定程度上降低了林农林业生产经营的投资能力，抑制了林农林业投资的积极性，调查显示，景谷县林地使用金按地类的差、中、好划分，每年每亩2~4元，按照每户30亩①和承包50年计算，需要缴纳3000~6000元承包费。

(5)是否编制林业经营方案对林农林业投资行为有显著正向影响。相对于没有编制林业经营方案的林农，编制林业经营方案的林农更倾向于增加林业投资，与预期方向一致。调查显示，林改要求林农编制森林经营简易方案，而编制了林业经营方案的林农，对未来林业生产经营的活动进行了科学、规范的

① 调查显示：197户林农户均林地30.29亩。

规划，降低了林业生产经营的风险，增加了未来林业生产经营的收益，强化了林农林业投资的积极性。

(6)林业生产经营缺钱是否经常发生对林农林业投资行为有显著正向影响。林农在林业生产经营中缺钱频率越高，林农越倾向于增加林业投资，与预期方向一致，主要的原因在于林业生产经营缺钱问题越突出，林农林业投资的需求越强烈，林农越倾向于增加林业投资，实现林业生产粗放经营向集约经营的过渡。

3.4.2 林农林业意愿投资行为影响因素分析

表4 Logistic 模型回归结果

	B	S. E.	Wald	df	Sig.	Exp(B)
林业收入占家庭收入比重	15.575	9.332	2.785	1	0.095	5808310.270
林龄	-0.289	0.169	2.922	1	0.087	0.749
Constant	4.643	1.604	8.380	1	0.004	103.819
预测准确率	95.3%					
-2 Log likelihood	26.703					
Cox & Snell R 方	0.063					
Nagelkerke R Square	0.200					

注：显著性水平为0.05。

结果表明，林农林业意愿投资行为主要受林业生产经营的效果影响，包括林业收入占家庭收入比重和林龄。

(1)林业收入占家庭收入比重对林农林业愿意投资行为有显著正向影响。林农林业收入占家庭收入比重越大，林农越倾向于增加林业投入，与预期方向一致，主要的原因在于随着林业收入比重的增加，林业收入越成为林农家庭收入的主要来源，对于林农的生产生活越为重要，同时，林业收入比重的增加意味着林业生产经营收益的增加，因此，林业收入比重越高，林农林业投资的意愿越为强烈，罗金研究表明，林农林业生产投资会随着家庭人均纯收入的增加而增加，而且林权改革后，获得过林业收入的林农会增加林业生产投资。

(2)林龄对林农林业意愿投资行为有显著负向影响。林农林业生产经营的林木林龄越小，林农越倾向于增加林业投资，与预期方向一致，主要的原因在于林业产业生产投入的自然特性，林业生产经营的投入主要集中在前期的造林、抚育阶段和后期采伐集运阶段，因此，随着林龄的增加，林业生产经营的投入需求越来越少，林农林业意愿投资的倾向越来越低。

4 结论及政策建议

结论：林农林业投资主要受林地林木特征变量和林农林改政策认知变量影响，前者包括林地离家距离和林木质量，后者包括林改政策宣传是否到位、是否缴纳林地承包使用费和是否编制林业经营方案，受户主特征变量的影响较小；林农林业意愿投资主要受林业生产经营行为取得的效果影响，包括林业收入占家庭收入比重和林龄；林农林业投资和林农林业意愿投资互为因果，现实中，林农林业投资的行为可能遵循着两条路径：一是林权制度改革—林农林业投资增加—林业生产经营收益增加—林农林业投资增加的良性循环路径；二是林权制度改革—林农林业投资增加—林业生产经营收益有限—林农林业投资减少的恶性循环路径。

政策建议：“确权发证”的集体林权制度主体改革完成后，新的林业产权制度安排充分的激励了林农林业投资的热情，实现林农林业投资行为可持续化的关键在于此次林权改革激发的林农林业投资所取得的经济效益，林农林业生产经营效益高，则会持续并强化林农林业投资行为，而林农林业生产经营经济效益的高低直接受到林改配套改革的影响(在林农个人特征变量和林地林木特征变量不变的前提下)，因此，为促进林农林业投资进入良性循环的路径，现提出以下几点政策性建议：

针对林农，做好林农林业生产经营的加减法，降低林农林业生产经营成本，增加林业生产经营效益，提升林农林业投资积极性。具体措施包括强化林改配套政策宣传，提升林农林业贷款融资主动性；

发展林业合作经济组织，降低金融机构和林农林业融资营运成本；减免林业相关税费，提高林农营林利润和贷款偿还能力；改革和完善森林采伐运输管理，促进林农及时偿还金融机构贷款；建立健全公益林的生态效益补偿机制，提升林农营造管护公益林的积极性；推进政策性森林保险，为林农融资保驾护航；规范森林资产评估，突破林农林业融资瓶颈；构建林业政策金融机构，对林农林业贷款进行政策性贴息。

针对金融机构，创新林业融资产品，满足林农融资需求，提升林农林业投资能力。具体措施包括强化林业贷款需求分析，满足林农贷款需求；建立正向激励机制和尽职免责制度，提升信贷员林业信贷积极性；优化林权证抵押贷款设计，简化贷款程序；创新林业融资产品，适应林农林业投资需求；构建林农多元化融资平台，完善农村金融服务体系。

针对林业职能部门，推进林改配套改革，降低林农林业生产经营交易成本，提升林农林业投资积极性。具体措施包括构建林业信贷便捷服务体系，减少林农融资交易成本；强化中心职能及政策配套，规范林权评估、流转、收储工作；建立各级联席会议制度，推进银林合作；建立林权抵押贷款风险补偿机制，形成林权抵押贷款处置偿还保障机制；构建林农林业贷款信用体系和担保体系，扩大金融机构林农信贷规模。

参考文献

[1]张卫民，任恒祺．论南方集体林区的林业投资[J]．北京林业大学学报，1994，16(2)：79－80.
[2]蒋海，张道卫．林业投资的激励机制与产权制度安排[J]．农业技术经济，2001(11)：8－14.
[3]郑宇，肖平．林农参与林业投资的障碍分析[J]．绿色中国，2005(5)：40－41.
[4]黄胜安．南方集体林区林农林业资金投入行为实证分析[D]．福州：福建农林大学，2007.
[5]陈珂．辽宁集体林产权主体改革后林农投资行为的调查研究[J]．林业经济问题。2008，28(3)：246－249.
[6]罗金，张广胜．集体林权改革后的林农生产投资行为[J]．林业经济问题，2010(2)：77－80.
[7]景谷傣族彝族自治县集体林权制度改革领导小组办公室．配套改革——景谷傣族彝族自治县集体林权制度综合配套改革资料汇编(二).63－70.

林权抵押贷款成本限额分析

胡慧敏　戴　芳

（河北农业大学商学院）

摘　要：林权抵押贷款作为进一步完善集体林权制度改革的配套措施，已逐步成为林农解决筹集问题的重要渠道。各地在林权抵押贷款的实践中，探索了一些可行的贷款模式，但从贷款的实施情况来看，存在着贷款程序繁琐、利率偏高、评估及抵押费用较高等问题。本文以可以抵押的经济林鸭梨为例，核算其内部收益率，并与分析出的林权抵押贷款成本进行比较，以此为基础确定林权抵押贷款成本的限额。

关键词：林权抵押贷款；内部收益率；成本

2008年6月8日颁布的《中共中央国务院关于全面推进集体林权制度改革的意见》中提出应“推进林业投融资改革”，金融机构要开发适合林业特点的信贷产品，建立健全林权抵押贷款制度[1]。从各地实施情况来看，尽管探索出许多可行的贷款模式，但是贷款进展并不顺利，突出地体现在贷款程序繁琐、贷款利率高、抵押率低等方面[2]，尤其是对于小规模经营的林农来说，取得林权抵押贷款很困难。因为林农多采取小面积种植的家庭经营模式，在进行林权抵押贷款时难以体现规模优势，成本高成为困扰林农进行林权抵押贷款的主要障碍。目前大部分研究多集中于林权抵押贷款模式和金融机构贷款风险的规避上，对其成本的研究较少，本文以内部收益率为标准确定林权抵押贷款成本的限额。

1　林权抵押贷款模式

林权抵押贷款，是森林资源资产抵押贷款的简称，是指不转移对森林资源资产的占有，以森林资源资产产权为抵押向金融机构取得的贷款。目前开展林权抵押贷款较多的是福建省、江西省等这些较早实行林权改革的省份，并在实践中探索出一些可行的贷款模式。目前各地实施林权抵押贷款的模式大致可分为三类：林权直接抵押贷款、林权反担保贷款和林业信用共同体贷款，现分别进行介绍[3,4]。

1.1　林权直接抵押贷款

林权直接抵押贷款是林木所有者以林木所有权和林地使用权作为抵押物，持《林权证》直接向金融机构申请办理的贷款，该模式中间环节少，办理手续简便，融资成本低，灵活性较高，容易推广，但是由于没有中间信用平台分担风险，在林木抵押市场发育不健全的情况下，会使金融机构承担很大风险，产生惜贷现象。所以该模式要大力发展，需不断完善各项配套措施，降低金融机构的风险水平，减少林农融资的难度。

1.2　林权反担保贷款

林权反担保贷款，是借款人向金融机构取得的贷款，由担保人进行担保，同时借款人将《林权证》提

作者简介：胡慧敏，在读硕士，从事林业经济管理方面研究，电话：18931261723，(Email) huhuiminyx@ sina. com，地址：河北农业大学西校区商学院，邮编：071001

通讯作者：王爱民，教授，博士生导师，从事林业经济管理与企业管理方面的研究，电话：03127528669，(E-mail) wanggeng-bd@ sina. com，地址：河北农业大学西校区商学院，邮编：071001

供给担保人作为反担保，担保人根据担保金额收取手续费的一种贷款模式，即在贷款中引入第三方作为担保人。在实践中根据担保人的不同，该类贷款又可分为两种：一是由政府出资组建的担保公司提供担保，这种担保公司具有一定的公益性，不收取担保费用；二是由按商业原则组建的担保公司提供担保，该担保公司在提供担保时要按担保金额收取一定的手续费。

林权反担保模式增加了中间信用平台，贷款风险在担保公司和金融机构间得到了有效分担，降低了金融机构的贷款风险，降低了林农取得贷款的难度，但是该种模式受担保公司担保能力的限制，首先政府财力有一定局限性，不能为所有林农提供所需担保，在实践中大部分担保是通过商业性担保公司进行的，这样会增加林农的融资成本，有时会使林农的融资成本增加一倍，其次商业性担保公司的资金能力、抗风险能力也有限，在盈利性目的驱使下会倾向于向风险小的林业企业和林业大户提供担保，而不愿为普通林农提供担保。

1.3 林业信用共同体贷款

为取得林权抵押贷款，各地林农自愿成立林业贷款联保小组或林业协会，组成“利益共享、风险共担”的信用共同体。其中，林农联保贷款是几个林农自愿组成联保小组，相互担保，实行“个人申请、多户联保、周转使用、责任连带、分期还款”的管理办法，该模式可满足林农期限长、金额较大的贷款需求；二是林农和林业企业组成林业产业链共同体，由林业企业统借统还，林农以自己的林木资产对林业企业负责。该模式既弥补了单个林农规模小不易取得贷款的缺陷，也避免了林权反担保的高成本问题，是林农在实践中发展起来的一种可行的贷款模式，但是要避免共同体中林农的道德风险。

2 林权抵押贷款成本较高的原因

林业产业的弱质性决定其融资的高风险性，林农进行林权抵押贷款除需支付利息，还需承担林木资产评估、抵押费用等成本，此外，贷款程序繁琐又进一步增加林农贷款的成本，最终导致林农进行林权抵押贷款成本较高。

2.1 林权抵押贷款程序繁琐

目前金融部门还没有出台关于林权抵押贷款的管理办法和实施细则，在进行林权抵押贷款时只是参照其他类似贷款作法，制度具有滞后性；在林权登记上，操作流程不规范，没有专业的林业信贷人员，贷款审理时间过长；金融机构、评估机构、政府部门等主体的参与及这些主体之间的协调，使得贷款的办理程序繁琐，增加林农贷款难度[5]。现以基础的林权直接抵押贷款为例，分析其贷款程序为：

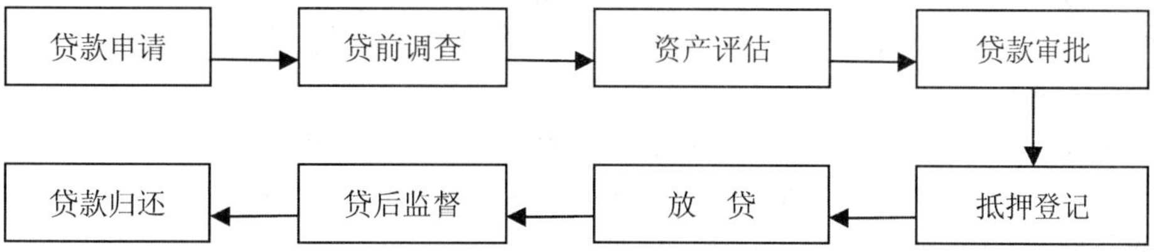

图1　林权直接抵押贷款程序

可见即使是最简单的林权直接抵押贷款其程序都较复杂，那么其他增加了担保机构等主体的贷款模式，其贷款程序将会更加繁琐，增加林农取得贷款的成本。

2.2 林权抵押贷款利率偏高

开展林权抵押贷款，具有一定的政策扶持性，理论上其贷款利率应比一般性贷款利率优惠，在《关于做好集体林权制度改革与林业发展金融服务工作的指导意见》中规定：“银行业金融机构应根据市场原则合理确定各类林业贷款利率，对于符合贷款条件的林权抵押贷款，其利率一般应低于信用贷款利率……借款人实际承担的利率负担原则上不超过中国人民银行规定的同期限贷款基准利率的1.3倍。”实际上，各地在贷款利率的设定上，普遍实行利率上浮政策，农村信用社一般在基准利率的基础上上浮70%，最高的上浮100%，商业银行一般上浮30%～50%，比其他贷款利率多上浮了20%～50%[6]，这样林权抵押贷款的利率一般会达到8%～10%，林农利息负担较重，不利于林业发展。

2.3 林权抵押贷款评估及抵押费用较高

林业评估费用一般按照评估值的3%～6%收取，如此高的评估费用对于小规模经营的林农来说是不小的负担。另外具备资质的林业资产评估机构和专业评估师较少，一些评估项目只能委托林业部门进行，这样不能保证评估结果的权威性，评估值与林木资产实际价值背离现象时有发生[7]。

关于林木资产的抵押问题，大部分地区都规定林木资产的抵押率为20%～50%，最高不得超过70%。抵押率的设定限制了林农的用款规模，提高了林权抵押贷款的成本，若是通过担保公司担保，还需缴纳一定的担保费，这样综合下来，林权抵押贷款成本甚至要高于信用贷款成本[8]。

3 经营经济林的内部收益率分析

按照规定，可用于林权抵押的森林资产为经济林、用材林、薪炭林的林木所有权，及其林地使用权和采伐迹地等，大部分地区现在用于抵押的森林资产主要为经济林、用材林的林木所有权。从各省林权抵押贷款实施来看，林农取得贷款用于抵押的主要是经济林的所有权。现以经济种植的鸭梨为例，运用内部收益率法对其经营情况进行分析，探究其收益情况。

经实地调研可知，鸭梨种植的收益情况一般为：第1年初栽种苗木；第2年初嫁接鸭梨；约第4年开始挂果，此时一株梨树挂果数量较少一般两三只；此后挂果数量逐年增多至第7年大规模挂果。一般一株树的寿命为40～50年，如果管护得当，及时复壮，单株果树的寿命可达上百年。在梨树的寿命期间，每年都需浇水、施肥、锄草，一般不需喷施农药，但当出现病变象征时，也需喷施农药。在第7年大规模结果后，每年需疏果，人为防止梨树出现大小年现象。

本例假设：该鸭梨品种平均寿命为50年；种植无需套袋等技术，除前述管护外，不需其他特殊防护措施及喷施农药；从种植苗木开始至第7年大量挂果每年的管护现金流量相同；在第7年之前，挂果不产生明显经济效益，故忽略其现金流入量；第7年后各年现金流出、流入量相同；购买苗木和嫁接现金流量发生在年初，其他现金流量均发生在年末。该鸭梨种植各年现金流量为：

第1年初：栽种苗木现金流出量 C_{O_1}；

第2年初：嫁接梨树现金流出量 C_{O_2}；

第1～6年：日常管护现金流出量 Co_{1-6}，各年相等以 C_{O_3} 代表；

第7～50年：日常管护、疏果等现金流出量 Co_{7-50}，各年相等以 C_{O_7} 代表；

挂果现金流入量 C_{I7-50}，各年相等以 C_{I7} 代表。

说明：C_{Oi} 和 C_{Ii} 分别表示各年现金流出量和流入量（$i=1\sim50$，i 为整数）。

内部收益率是使某项目现金流入量现值等于该项目现金流出量现值的折现率，也就是通常说的，收支平衡时的收益率。鸭梨种植的内部收益率计算如下：

现金流出量有：Co_1、C_{O2}、Co_{1-6}（以 C_{O3} 代表）、Co_{7-50}（以 C_{O7} 代表）。

$$P_O = Co_1 + C_{O2}(P/F,IRR,1) + C_{O3}(P/A,IRR,6) + C_{O7}(P/A,IRR,44)(P/F,IRR,6)$$

现金流入量有：C_{I7-50}（以 C_{I7} 代表）

$$P_I = C_{I7}(P/A,IRR,44)(P/F,IRR,6)$$

当 $P_O = P_I$ 时的折现率 IRR 就是鸭梨种植的内部收益率。

在此采用复利方法进行现金流量折现，上式中各变量的含义如下所示：P_O、P_I 分别表示1～50年现金流出量现值和现金流入量现值；$C_{O2}(P/F,IRR,1)$ 表示第2年嫁接现金流出量现值；$C_{O3}(P/A,IRR,6)$ 表示第1～6年共6年的日常管护现金流出量现值；$C_{O7}(P/A,IRR,44)(P/F,IRR,6)$ 表示第7～50年共44年的日常管护、疏果等现金流出量现值；$C_{I7}(P/A,IRR,44)(P/F,IRR,6)$ 表示第7～50年共44年的挂果现金流入量现值。

4 林权抵押贷款成本限额确定

林农负担的林权抵押贷款成本应有一定的限额，以保证林农的收益性，否则林农进行林权抵押贷款便没有意义，这一限额的确定由林权抵押贷款成本和林农营林的内部收益率共同决定。

4.1 林权抵押贷款成本的构成

林权抵押贷款成本主要包括贷款程序成本、利息成本和评估及抵押费用。由于每次贷款程序成本较固定，其与取得的贷款金额大小没有直接关系，而是与贷款次数相关，且一般金额都较小，所以在此分析时可以将其对贷款成本的影响忽略不计。

林权抵押贷款成本主要由利息和评估及抵押费用组成，在此为便于说明问题与计算出的内部收益率比较，贷款成本以比率形式表示。利息成本由利率表示，评估及抵押费用不直接与贷款金额相关，但通过评估费用率和抵押率可与贷款金额相关，两者综合由评估及抵押费用率表示，那么林农进行林权抵押贷款的成本就是利率和评估及抵押费用率之和。

4.2 林权抵押贷款成本确定

由上分析可知，林农经营林业的收益率为 *IRR* ，取得林权抵押贷款的成本为利率与评估及抵押费用率之和。那么，当 *IRR* 大于林权抵押贷款成本率时，林农进行贷款收益大于零；当 *IRR* 等于林权抵押贷款成本率时，林农进行贷款收益等于零；当 *IRR* 小于林权抵押贷款成本率时，林农进行贷款收益小于零。

可见要推广林权抵押贷款，其成本率不应大于林农营林的内部收益率 *IRR* ，否则林农经营林业总收益为负，贷款不仅不能解决林农的筹资问题，而且会侵蚀林农的生产收益，长期来看林农将会更加贫穷，要根本解决林农贫困问题，不仅要关注林农当前筹资难的困境，更要关注林农的负担问题。

综合分析可知，如果林农贷款成本率高于林农营林的内部收益率 *IRR* ，林农最终收益为负，这样林农贷款从事林业生产的积极性会降低，通常仅维持在现有条件和规模下进行林业生产，甚至会放弃林业生产。所以，在林权抵押贷款实施过程中，需降低贷款利率和评估及抵押费用率，同时需简化贷款审批程序，调动林农进行林权抵押贷款的积极性，进而扩大林业经营规模，提高林业经营质量，使林业真正成为林农致富的有效途径。

参考文献

[1]鲍岱钦．中国林业发展的小额贷款支持研究[D]．北京：北京林业大学，2009.

[2]林舒舒．私有林经营中的抵押贷款融资机制研究[D]．福建：福建农林大学，2006.

[3]刘爱晖，张强．福建省农村信用社林权抵押贷款探索与建议[J]．林业经济，2009(4)：21－23.

[4]张吉丽，凌帅．集体林权制度改革配套金融服务措施之我见[J]．农村经济，2009(11)：73－74.

[5]韩立达，王静，李华．中国林权抵押贷款制度中的问题及对策研究[J]．林业经济问题，2009，29(3)：196－200.

[6]宋海鸥．林权抵押与集体林权制度改革[J]．林业经济问题，2009，29(4)：359－362.

[7]张会元．进一步推进林权抵押贷款[J]．中国金融，2009(21)：63－64.

[8]姜林，曾华峰．林权抵押贷款的调查研究——以江西省崇义县为例[J]．林业资源管理，2009(5)：15－20.

林权交易中心存在的问题及对策研究
——以锦屏县为例

谢彦明　支　玲

（西南林学院经济管理学院）

摘　要： 本文以贵州省锦屏县林权交易中心为实证分析对象，在分析中心交易现状、特点和经验的基础上，探讨了中心在林权流转中存在的问题及对策。

关键词： 林权交易中心；林权流转；锦屏县

林权交易中心的建立是规范林权流转，保障林农林权流转收益的重要举措。2009 年国家林业局出台《国家林业局关于切实加强集体林权流转管理工作的意见》中要求，加强集体林权流转服务平台建设，建立健全林权流转运行机制和相应的规章制度，确保流转活动的公平性和合法性；积极培育林权流转市场，制定林权交易规则，提供林业产权交易，森林资源资产评估、木竹检尺、林业科技、法律咨询等服务，形成规范有序的流转市场体系和管理服务体系。为此，学者进行了相关研究，孔凡斌(2008)分析了中国集体林权流转的内容、模式和林权流转中存在的问题和原因，提出了规范集体林权流转行为的政策建议[1]。谢屹(2009)针对江西省集体林地林木流转的研究显示，中心主要存在农户难以成为流转主体，林权需求方主体不充分的问题，提出完善流转制度，优化生产制度，引导和规范私下流转，推动中介服务市场发育，“减轻税费、放活经营”等措施[2]。赵伟(2009)分析林权流转市场构造中的理论问题，提出了林权流转市场体系的建设目标、构建原则和内容框架[3]。聂影(2009)针对福建永安林业要素市场的研究表明，农民的流转意愿不强，林权流转的比例偏低，分析了林权流转的制约因素和提高林权流转效率的路径选择[4]。张祖密(2009)以福建省林权流转平台的构建及运行为例，认为平台是“还利于民”的重要途径，“林权交易会”是引导林农和林业经营主体进场交易的途径，依法和创新是实现平台有效运转的关键[5]。林权交易中心的构建对于规范林权流转，确保林农林权流转收益的作用如何？中心的运作有哪些经验和问题？笔者以锦屏县林权交易中心调研数据为支撑，意在对上述问题进行探讨和分析。

1　锦屏县林权交易中心林权流转现状及特点

锦屏县全县林业用地 189.8 万亩，占全县国土面积的 79.3%，人均林地 9.1 亩，全县乡村林场 376 个，经营面积 74.82 万亩，占集体林地面积的 39.71%，森林覆盖率为 72.01%，木材蓄积量 768 万 m^3，是我国南方典型的集体林区县。2007 年锦屏县率先进行了集体林权制度改革试点，2009 年底已完成确权面积 173.6 万亩，分山到户率 98.9%，分户登记率 99.3%。锦屏县完成集体林权主体改革任务后，借鉴福建、江西等省的经验，以建立林业要素市场为突破口，率先开展林权流转试点工作，并建立了黔东南

基金项目： 粮农组织－国家林业局－欧盟课题

作者简介： 谢彦明(1979－)，男，吉林人，讲师，硕士，从事林业经济方面的研究，(电话)15925115522，Email：xym0829@126.com。

通讯作者： 支玲(1958－)，女，四川人，教授，博士，从事林业经济、项目管理方面的研究，(电话)0871－6670220，Email：zhi_ ling166@yahoo.com。

州最早的林业要素市场，中心秉承“高效便民、公平公正、流转规范、监管有效”的宗旨，是集信息发布、交易实施、中介服务于一体的林业综合服务机构。

1.1 林权交易中心林权流转现状

2009年锦屏县林权交易中心共举行四次林权流转交易，交易实践集中在年底9月、10月、11月和12月，林权流转197宗，流转蓄积量63 059.3m^3，成交金额28 912 738.76元，林权流转供给方197家，林权需求方有20家，在成交的197宗交易中，竞标数为147次，占75.4%，议标数为50次，占24.6%，林权流转具体情况如表1所示。

表1 锦屏县2009年各期商品材拍卖情况统计

	拍卖时间	成交宗数(宗)	成交量(m^3)	成交额(元)	参卖个数	参买个数	竞标数	议标数
第一期	2009.9	85	15 014.25	6 671 753.8	85	7	41	44
第二期	2009.10	11	2221.22	794 249.16	11	4	7	4
第三期	2009.11	84	40 816.86	19 069 066.6	84	6	84	0
第四期	2009.12	17	5006.97	2 377 669.2	17	3	15	2
合计		197	63 059.3	28 912 738.76	197	20	147	50

1.2 林权流转的特点

(1)林农林权流转发生率偏低，林场林权流转发生率高

交易台帐显示，参与林权流转的林农为88户，占林农总数的0.19%(2008年锦屏县乡村户数为46 830户)。集体林场为109个(锦屏县有集体林场376个)，占林场总数的28.99%。

(2)集体林场在中心林权流转中占有重要地位

交易台帐显示，林场林权流转蓄积达33 311.102 m^3，占中心总流转蓄积的53.7%，林权流转交易金额达15 132 738元，占中心总交易金额的53.1%。

(3)林场林权流转价格更高

交易台帐显示，以竞标方式达成的147交易中，仅有15次交易的合同价格高于木材标底价格，最高价格之差为180元/m^3，而这15次交易中，全部是集体林场，可见，林场的规模化经营提高了其林权流转的谈判地位。

(4)单宗林权流转涉及的供给方较多

林改后，全县发放林权证4.4万本，涉及自留山(4.1万宗)和责任山(6.9万宗)宗地11万宗，面积7.74万hm^2。全县单宗活立木流转面积为16.18 hm^2，因此，针对林农单宗流转涉及23块左右的宗地和10户供给方。

2 锦屏县林权交易中心运作的经验

锦屏县是黔东南州、贵州省林改的一个窗口、实验田，县林权交易中心的成立弥补了市场中介组织缺位的功能，为规范林权流转和实现林权流转的市场化运作积累了丰富的经验，主要体现在以下十个方面：一是创新中心林权流转模式。林权流转采取现场拍卖模式，实现中心林权流转的流动式作业，降低了林权供给方成本，激发群众参与热情，提高林权流转交易透明度，扩大了中心影响；二是创新中心林权流转方式，中心林权流转采取拍卖和协商互补方式。当拍卖未成交时，由中心统一组织安排进行买卖双方协商，降低了交易双方交易成本；三是以中心建设为突破口，为林农、林场和企业等林业经营主体积极构建“一站式”和“一证通”便捷服务，降低了林业经营主体的经营成本；四是制定出台《锦屏县林业局机关开展竞争上岗实施方案》、《锦屏县林业局职能配置内设机构和人员编制规定》和《锦屏县林业局内部管理体制改革方案》等，重新设置林业内设机构，明确林业干部队伍身份和责任，实现由管理经营向执法、服务两大职能兼具转变，使林业机构的设置更加科学，精简高效、优化服务，林业干部队伍更加适应现代林业建设的需要；五是出台实施《锦屏县森林采伐管理改革试点实施方案》，增加林权流转供

给。构建管理公正透明、经营科学有序、操作简便、林农易于接受的采伐管理模式；六是2007年林改后出台《锦屏县林木林地流转管理办法》等相关实施办法(1993年出台《锦屏县活立木转让管理暂行办法》)，规范活立木和林木流转，为林权流转提供制度支撑；七是以《锦屏县森林经营方案》为基础，积极引导森林经营单位科学编制经营方案，按市场规律自主决定经营方向和培育目标，按批准的经营方案下达采伐限额，分别在春蕾林场和启蒙镇玉泉村进行"一场一村"《森林经营方案》编制试点工作；八是出台实施《锦屏县木材采伐指标分配制度和管理办法》。规范林木采伐指标分配方案，创立资源拥有量与采伐量、产业建设相匹配的新机制，对林木采伐实行严格的公示制度，创建社会监督机制，把采伐指标同迹地更新相挂钩，创新林业经营激励机制；九是全面清理涉林税费，林木产品收费项目由原来13项裁减为9项，制定出台了《锦屏县林木产业税费征收管理暂行办法》，向社会公开应征的税目和费目及其标准；十是制定《林业协会章程》和《林业协会管理办法》，促成县、乡、村三级森林资源管护体系，创建新型的村级林业行业专业合作组织，积极引导各村建立村级林业专业合作社、果业协会等群众性自我服务组织和中介机构，使森林资源得到了有效保护，林业生产技术和林木产品销售信息得到较快的传播。

3 锦屏县林权交易中心存在的问题

3.1 限额采伐生产制度改革滞后

采伐限额限制了林权交易中心林权流转的规模，中心林权流转难以搞活。采伐限额制度导致林农、林场处置权没有落实，按现行林业政策和法规确定的采伐限额和采伐指标审批制度，林农、林场对自己经营的林木没有处置权，林木的采伐、出售权等权利仍受控制，木材交易难以搞活，加之采伐指标分配缺乏公正、公平、透明，林农、林场等营林主体投资林业的积极性不高。调查显示锦屏县4家木材加工企业都不同程度的存在着原料供给不足问题，2009年4家木材加工企业潜在产能为13.7万m^3，而实际原料供给仅为8.5万m^3，供需缺口达5.2万m^3，企业具体供需缺口如表1所示。

表2 2009年锦屏县木材加工企业原料供给缺口统计表 单位：万m^3

企业名称	潜在产能	实际原料供给	供需缺口
天夏木业有限公司	1.2	1	0.2
宏发木业有限公司	4	2	2.0
胜利木业有限公司	4	3.5	0.5
金海木业有限公司	4.5	2	2.5

3.2 林业税费、林权流转税费和成本过高

林业税费过高，降低了林业商品链条中上下游林业经营主体的利润，抑制了林农、林场和企业从事林业生产经营的积极性。根据锦屏县2004年杉原木税费征收标准(如表3所示)，林业税费总额仍然占销售价格的30%以上。同时，中心流转费用包括林权需求方报名费(150～200元/次)，活立木流转拍卖交易税(7.45‰)和评估费(评估价5%或5元/m^3的评估费)，成本主要包括会员资格保证金(一级15万元、二级10万元和三级5万元)和履约保证金(合同成交额10%，买卖双方各5%)，相对于私下流转，中心在林权流转数量限制、周期、便捷性等方面都不具有优势，中心林权流转交易程序繁琐，流转手续办理时间过长(2～3个月)，流转规模下限大，难以与林农林权流转要求的便捷性、小规模需求相适应，加之交易惯性和路径依赖使林权流转双方更愿选择私下交易，导致林权流转双方依赖中心流转的内在动力不足。

表3 锦屏县涉林税费项目及征收标准

税费征收项目	税率标准	税费征收项目	税率标准
增值税	17%	印花税	0.03%
城建税	5%	契税	3%～5%

（续）

税费征收项目	税率标准	税费征收项目	税率标准
教育附加费	3%	育林基金	20%
所得税	33%	检疫费	0.3%
营业税	6.6%		

数据来源：锦屏县林权交易中心调查。

3.3 中心服务职能弱化

中心林权抵押贷款、资产评估、林权流转、政策咨询、木材价格及供求信息咨询服务职能却相对弱化，林业政策、技术、林权流转信息传播限于被动式咨询，天保后国税（增值税）、地税（营业税）和育林基金征收分离，难以实现一站式一条龙便捷式服务，增加了林业经营主体林权流转的交易成本。目前，中心仅完成两起林权证抵押贷款，分别为30万元林权证抵押贷款和5000元的退耕还林地林权证抵押贷款；中心仅具有100万元以下的评估资质，且评估人员短缺，仅有评估师4人（参加武汉培训），且只具有评估10万元及以下的评估资格，大量有专业知识（林业调查、采伐设计和评估经验）无评估资质的人员需要培训。

3.4 林权需求方缺乏竞争机制

中心林权流转实行会员制（依法取得木材经营加工许可证，并在工商部门登记注册——标准是300万流动资金和300万固定资产，并交纳会费），木材商人和林业外资本难以介入，同时，木材的难运性和较高的原木出境税（杉原木县内销售和境外销售的税费相差111元/m^3），增加了县外企业参与竞拍的成本，导致中心林权需求方过少，垄断趋势明显。调查显示，参与中心林权流转竞拍的企业多为县内4家木材加工企业（天夏木业有限公司、宏发木业有限公司、胜利木业有限公司和金海木业有限公司），较少的竞拍企业形成垄断的格局，中心林权流转出现陪标、串标和流转现象。锦屏县2009年的交易台账统计显示，在成交的197宗交易中，议标数达50次，占24.6%，而且议标成交价普遍低于标底价。议标数较高以及4期拍卖成交的合同价高于标底价只有15次。

3.5 中心运转行政色彩浓重

中心职能集中于木材采伐证审批、木材加工运输证办理、木材采运、销售税费征管等项目，行政审批角色突出。就中心运转机制而言，林权流转活动被要求在以政府为主导、林业主管部门为运行单位的林业综合服务中心内进行，在实际流转过程中，林业部门兼具中介服务机构和行政主管部门双重角色，不仅构建了林权流转平台，而且是该平台的运行方[8]，导致中心兼具运动员和裁判员的双重角色，中心林权流转的运行受到行政主管部门的较多的干预，市场机制难以实现健全发育。如《规则》①第三条要求凡自治州境内采伐的商品材，需先在林业要素市场交易，后凭木材购销合同到商品材所在地的县市林业行政主管部门办理林木采伐许可证；第七条要求林业要素市场木材交易实行买方会员制，会员是具有独立法人资格的木材经营加工企业，承担相应权利和义务，且只有取得会员资格方能在林业要素市场进行木材交易活动。

4 政策建议

林权交易中心运行绩效的改进是一个系统化的工程，包括政策、法律、财务和机构等多个方面的制度配套与跟进，主要涉及（如图1）林权供给者（林农、林场）、林权交易中心、林权需求者（木材商人、企业）、林农合作经济组织和林权流转管理机构（省林业厅、州林业局和县林业局）。改进的总体思路是做好林业发展的加减法，首先健全财政转移支付保障体系，增加财政资金扶持力度，构建林业部门新型资金循环模式和收支平衡体系；其次，减轻林业税费，完善采伐管理，拓展林权流转客体，强化林区基

① 《黔东南苗族侗族自治州林业要素市场木材交易暂行规则》。

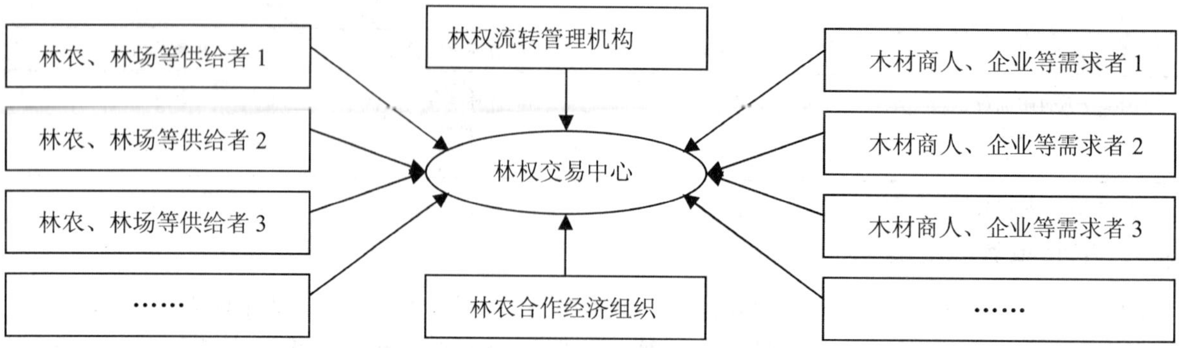

图 1 改进林权交易中心绩效的思路框架图

础设施建设，提高林业经营主体林权流转利润，提高林权流转的发生率，增加中心林权流转有效供给；然后，完善林权流转制度，规范私下流转，简化中心林权流转程序，降低中心林权流转税费，引导林权流转市场中介发展，明确中心林权流转市场化改革取向，强化中心林权需求方竞争机制，增加中心林权流转有效需求；最后，加强中心服务职能建设，构建森林资源流转信息库和信息共享平台，实现中心林权流转一站式服务，促进中心健康发展。

4.1 改革和完善采伐管理，营造林权流转良性外部制度环境

改革采伐管理服务方式，简化审批程序，推行采伐限额公示制，建立健全简便易行、公开透明的管理服务新模式；创新采伐管理方式，逐步建立森林分类管理新机制；完善采伐限额管理制度，对森林采伐实行由蓄积量和出材量双向控制改为由蓄积量单项控制，皆伐作业的按照面积控制，逐步实现限额指标管理向采伐备案管理的转变，建立以森林经营方案为基础的森林可持续经营新机制。放松限额采伐管制。在国家、省总量控制的前提下，放松瞄准农户的采伐管制。确保采伐指标的公平分配，简化采伐管理，以乡为单位核定采伐指标，由乡分到村，村里通过村民协商分到农户，农户采伐不必再向林业部门申报。

4.2 减免林业税费和降低中心林权流转成本，提升林权流转供需量

减免包括增值税、城建税、教育附加费、所得税、营业税、契税和育林基金等在内的林业相关税费，同时，应降低或减免林权流转报名费、活立木流转拍卖费等中心林权流转费用，提升林业经营主体参与中心林权流转的积极性。在林权流转供给方面，要给与林农和林场等造林、营林主体以资金和政策扶持，对造林、育林给予足额财政补贴，政策取向逐步由多取向少取或者不取甚至反哺转变，给予林业以农业甚至超农业待遇。税费改革打破了林业部门传统的资金循环模式和收支平衡体系，为此，要健全支持林业部门的公共财政转移支付体系，增加对中心的财政转移支付力度，充实中心运作成本，使林业税费制度变迁的成本得到有效分摊、偿付，缓解林业部门经费困难，确保林业税费减免后林业职能部门的正常运转，避免林业部门利用中心变相增加税费增收项目和提高收费标准[6]。防止林业部门借林权流转服务和制度建设之名，收取制度租金的行为，消除增加林业经营主体收入的障碍。

4.3 强化中心信息化建设水平，提高中心服务能力

建立森林资源流转信息库和信息共享平台[7]，提高中心信息化建设水平，为林权供给方和需求方发布、提供及时、准确、便捷、高效的销售或购买意向信息，实现林权流转信息化、网络化，成为林权流转的门户网站，突破交易信息共享只限于本地林权供求双方之间的界限，解决信息分享局限性问题，最大程度地保障林农利益。同时，在完善森林资源评估，林木、林地流转，采伐、运输办证，植物检疫办证，林业税费收款和信用贷款等中心现有服务职能的基础上，强化中心林权商务信息和投资信息咨询、法律政策技术咨询和市场信息提供，可以利用短信、网络和电视等灵活多样的形式，把信息公布的及时性、准确性和覆盖率作为中心运行绩效的考核指标，提升中心服务能力；同时，建立公平交易机制、提

供低成本、高效的交易纠纷处理机制等服务职能，增加中心森林保险、代征国税和地税职能，实现中心一站式服务。

4.4 完善中心林权流转制度，强化林权需求方竞争机制

改变入场交易成功后才发采伐证的硬性规定，在规范私下流转的前提下，允许林农与木材商人、企业的直接私下自由交易；完善林权需求方会员制、木材加工许可证、运输证等入场交易制度，放宽或降低需求方准入门槛，允许资金拥有者作为需求方介入中心进行竞拍；下放木材出省运输证办理权限，降低原木出县税率，鼓励林业外资本和外县企业入场交易，增加林权交易的需求方，强化林权需求方竞争机制，提高林权流转价格，防止陪标、串标和流标现象出现，提升林农、林场等林权供给方参与中心林权流转的积极性。尽快出台森林、林木、林地流转实施细则等制度，规范私下林权流转，促进中心林权流转可持续发展。同时，要强化政府及职能部门、林业行业协会对林权流转过程中林权登记、林权证动态管理、林权争议调处、林权行使、森林资产评估的监管[9]。

4.5 引导中介服务组织发展壮大，强化中心林权流转市场化改革取向

通过税收优惠和财政扶持，促进森林资产评估机构、流转代理公司建立，引导和规范中介服务组织发育，使中介服务组织成为撮合林权流转的主要载体。鉴于目前木材中间商具有中介服务的性质和交易活跃的现实，应把木材中间商作为培育市场化中介服务组织的重要载体，建立中介服务组织准入和考核制度，确保中介组织的第三方角色和必要的服务能力。在林权流转中心发展初期阶段，市场机制不甚完善，政策规制可以成为引导市场发育，消除市场失灵的有效干预手段，然而，政策规制不能完全取代市场机制的作用，当林权流转的供给方和需求方达到一定规模后，林权流转的市场化运作是一个必然的趋势。因此，对于中心的发展，应该按照前期扶持、中期引导和后期独立的原则，实现中心林权流转组织及拍卖的市场化的法人运作，实行财务独立核算。

参考文献

[1]孔凡斌，杜丽．集体林权制度改革中的林权流转及规范问题研究[J]．林业经济问题，2008(10)：377－384.
[2]谢屹．集体林权制度改革中的林地林木流转研究[M]．中国林业出版社，2009：127－129，136－138.
[3]赵伟，张维，集体林权制度改革的产权设定与林权流转市场的构建[J]．林业经济问题，2009(6)：210－213.
[4]聂影．林权流转的效率及其制约因素分析[J]．绿色经济，2009(6)：90－94.
[5]张祖密．深化林权制度改革搭建林权流转平台[J]．中国林业，2009(5)：
[6]郑宇，张敏新．后林业税费时期的政策需求分析——基于林农的小规模经营[J]．林业经济问题，2009(6)：265－268.
[7]王武魁．建立林权流转中信息共享平台[J]．北京林业大学学报(社会科学版)，2009(12)：55－60.
[8]朱小静．论林权流转的监管——基于福建省南平市集体林权制度改革的经验[J]．安徽农业科学，2009(1)：394－396.
[9]黔东南苗族侗族自治州林业要素市场木材交易暂行规则，http：//www. qdnly. gov. cn.
[10]锦屏县林业编纂委员会，锦屏县林业志，贵州人民出版社．

平原地区林权流转的经济学分析

曾华锋[1,2]，聂　影[2]

（1. 南京林业大学经济管理学院财会系；
2. 国家林业局林产品经济贸易研究中心）

摘　要：平原地区多为经济发达地区，虽林业资源不多，但在全国林业经济产值贡献中所占比重不小，因此平原地区的林权流转对全国其他地区的林权流转有重要的示范和借鉴意义。本文对平原地区林权流转现状及特征进行了分析，以马克思主义的地租理论和适度规模经营理论对林权流转进行了剖析和解释，提出了促进林权流转的政策措施。

关键词：平原地区；林权流转；经济学；政策

Plain Economic Analysis of Forest Right Transfer

Zeng Huafeng[1,2]　Nie Ying[2]

(1. Nanjing Forestry University, Accounting Department of Economics and Management;
2. The State Economic and Trade Bureau of Forestry Forest Products Research Center)

Abstract: Plain mostly economically developed areas, forest resources, although small, but contribute in the national forest the proportion of economic output, not small, so plain transfer of forest ownership in other parts of the country's forests have an important demonstration of transfer of the right and reference. This transfer of the right of the status of plains and forest characteristics were analyzed to rent Marxist theory and the appropriate scale of the forest right shift theory, analyzed and interpreted, the right to put forward to promote the transfer of forest policy measures.

Key words: plain; forest property transfer; Economics; policy

1　引言

平原地区是粮食主产区，林业在区域经济产值中所占比例不高，一般当作副业经营。平原地区的林木资源多零星分布在房前屋后、河岸和海岸边、公路或铁路边，也有在丘陵地区集中连片生长。平原地区多为经济发达地区，虽林业资源不多，但在全国林业经济产值贡献中所占比重不小，因此平原地区的林权流转对全国其他地区的林权流转有重要的示范和借鉴意义。

2　平原地区林权流转现状及特征分析

江苏省位于我国东部沿海、长江下游。全省地貌可分为平原、水面、低山丘陵和岗地三个基本类

作者简介：曾华锋，博士，副教授，主要研究方向：林业经济、林业财务会计，电话 025－85427376，Email：hj1216@njfu.com.cn，地址：210037 南京市龙蟠路南京林业大学经济管理学院；

通讯作者：聂影，教授，主要研究方向：林产品贸易。

型。江苏省现有森林面积77.40万hm^2，人均拥有林地面积仅0.01 hm^2，人均活立木蓄积量0.56 m^3。自2003年全国推进集体林权制度改革以来，江苏进行了以“均山”、“均股”、“均利”为主要内容的集体林权制度改革，通过确权发证将林权落实到人。

2.1 平原地区林权流转现状

在适度规模经营的内在要求和城镇经济发展的外在环境约束下[1]，江苏省林农自发开展了林权流转。

常州市林地流转面积每年都在666.67 hm^2以上，累计流转面积超过13 333.33 hm^2。通过转让、转包、租赁、反租倒包、股份合作等多种流转形式，林业资源配置不断优化，见表1。

表1 2009年常州市集体林权流转调查统计

已流转的集体林地					
指标	转包	出租	转让	入股	其他方式
面积(hm^2)	5157.93	445.73	1347.47	346	216.07
合同份数(份)	1350	2480	340	68	35

数据来源：常州市林业站

常州市已流转的林地主要是村集体和农户承包经营的林地，由农业企业、专业合作社、个人承包，以规模经营、企业化运作的方式进行集中开发，低产改造，种植经济林果，发展旅游产业，以提高经济效益。

表2 2009年常州市集体林权流转调查统计

已流转集体林地经营情况				
指标	能人大户	单位或企业	股份合作社	其他主体
受让面积(hm^2)	2066.67	6133.33	400	3014.33
受让林地经营种类	商品林	商品林	商品林	商品林
受让林地经营年收益(元)	3500	5000	4000	4000

数据来源：常州市林业站

盱眙县是江苏省林业重点县，有林地面积6.53万hm^2，其中集体林地面积3.05万hm^2，森林覆盖率25.40%。盱眙县在深入推进集体林权制度改革过程中，探索林权抵押贷款融资方式，拓宽了林业投入渠道，帮助广大林农解决了林业生产缺资金的难题。2006年至2009年，已累计为102户办理林权抵押贷款3150万元。今年以来，共完成0.5万hm^2集体林改作务，规范和完善林地流转合同180份，调处林权纠纷15起，登记发放林权证1.2万份，累计完成集体林权制度改革任务2.52万hm^2，占集体林地总面积的82.76%。

铜山县共有林业用地面积3万hm^2，其中集体林2.61万hm^2全部纳入这次改革范围。目前，已基本完成主体改革任务的面积2.11万hm^2，占总任务的80.8%，其中明确经营主体面积0.4万hm^2，责任山确权面积1.71万hm^2，已核发林权证面积1.31万hm^2。平原地区林地产出率高，经济效益好，农民对林业的依赖程度较高。改革模式主要以家庭承包为主，均地均林，把林地所有权和林地经营权落实到户。四荒及湿地林区产出率较低，农民对林业的依赖程度不高，主要采取竞价流转等方式，允许集体内部或外村能人、经济组织统一承包经营，所得收入按照均股均利方式分配到村民。

如皋市现有林地2.67多万hm^2，其中集体林权0.74万hm^2，是全省率先进行集体林权制度改革的试点县之一。如皋市已明确经营主体的集体林地面积0.66万hm^2，由集体统一经营的林地面积0.07万hm^2，分别占集体林地面积的89.88%、10.12%。如皋市的集体林权制度改革采用股份合作、押现承包、承租经营、树随田走、企业改制五种形式集中。实现林地的规模经营，群众得利。

2.2 平原地区林权流转的特点

2.2.1 以“分”为主，“统”“分”结合

在林地分配上坚持以“分”为基础。充分尊重农民的意愿，采取均山或均股均利形式，将林地使用权和林木所有权明晰到户，保证农民对基本生产资料的占有。在林地的经营管理上最大限度地取得“统”的效益。对分到户后林地林木的经营，鼓励和引导农民以亲情友情和资金、技术为纽带开展联合，走规模经营的道路。

2.2.2 合理引导，走适度规模经营的道路

林地流转加速发展，除市场需求扩大和典型带动效应等因素之外，政府部门的工作推动发挥了重要作用[2]。灌南县积极鼓励林农以林地入股经营，创办林业经济合作组织。从林权证抵押贷款、各项资金补助等方面，对林业合作经济组织给予倾斜扶持。全县已组建药材、育苗、花卉等专业协会30多个。

2.2.3 林地流转吸引了资本、人才、技术等要素迅速向林业集聚

许多林业的上下游企业瞄准林业的利润空间，纷纷购买林地投资建原料基地。既解决了农户林地经营规模狭小，林地效益体现不充分，林农增收不明显的问题；又由于企业扩大经营，提供了更多的就业机会，增加了当地人的收入。通过推行林地流转，既优化了林业资源配置，又实现了林业发展、农民得实惠。

2.2.4 流转方式多样，参与流转的主体多元

高邮市主要选择了“均股均利”方式进行林改，按比例将初始产权分配落实到本集体经济组织成员，通过“股份合作、招标、拍卖、反租倒包”等形式引导林地实现规模经营。林地流转的对象有农户、私营业主和国有企事业单位，还有港澳台商人。林改后，林地价值上涨迅速，吸引了越来越多的投资人投资林业。可以说，各类人群参与林地流转的势头越来越强劲。

3 林权流转的经济学分析

林地流转过程是林地资源的重新配置过程，必然受经济规律所支配。对林权流转进行经济学分析实际上是对林权流转实践的总结和剖析。

3.1 马克思主义的地租理论

马克思将地租区分为级差地租和绝对地租。①级差地租。级差地租分为两种表现形式，级差地租Ⅰ和级差地租Ⅱ。级差地租Ⅰ是由于土地的肥沃程度和地理位置的差异导致不同土地上的劳动生产率存在差异而产生的；级差地租Ⅱ是土地经营过程中投入的劳动力和资本的不同导致不同土地上的劳动生产率存在差异而产生的。②绝对地租。绝对地租是原产品价值超过平均价格的余额。关于绝对地租产生的原因，马克思认为“农产品的价值超过它们的生产价格的余额，所以能成为它们的一般市场价格的决定要素，只是因为有土地所有权的垄断。”一切地租都是土地所有者获得的超额收入。

我国当前实施的是土地的社会主义公有制，土地所有权归国家或集体所有，用于整个国家和集体的经济建设。这里讨论的是集体林权制度改革，讨论的范围限定在集体林地。由于土地的肥沃程度和地理位置的差异而产生的级差地租Ⅰ属于非劳动收益，应归集体所有；级差地租Ⅱ是土地经营者在土地利用过程中投入劳动资本所形成的，应留归土地经营者所得；绝对地租是由土地所有权的占有而产生的，应由集体享有，用于集体运转及其经济发展。

当前的林地使用权已具备了林地所有权的特征，是一种“虚拟所有权”。按照国家提出的“维持土地承包关系长久不变”，现行林地承包年限为70年，70年以后还可以继续承包。因此，林地使用权的地租是林权流转的受让人支付给转让人的地租，表现为林权流转的价格。其中，级差地租Ⅰ和绝对地租归转让人所有，级差地租Ⅱ是土地经营者在土地利用过程中投入劳动资本所形成的，应留归经营土地的受让人所有[3]~[6]。

3.2 适度规模经营理论

规模经济是指林地使用者和生产经营者按照一定的生产经营规模，而可能获得的经济利益，即由于

生产经营规模的选择或改变而引起经济利益的增减变化。其经济学含义为扩大地块面积(哪怕不增加农户土地总面积)就能更有效地发挥其他生产要素的作用、提高资源的报酬率，从而增加收入或降低成本。一般来说，扩大生产规模会引起经济效益的增加，这表明大规模生产通常具有优越性。但并非规模越大越好，如果规模超过一定限度，效益会不再提高甚至会下降，这取决于规模报酬的大小。以图1所示，当地块的规模为M_1时，边际产出MO超过边际投入MC，规模报酬递增，存在规模经济；当地块的规模达到M_0时，边际产出MO等于边际投入MC，此时为最优经营规模；当地块的规模为M_2时，边际产出MO低于边际投入MC，规模报酬递减。

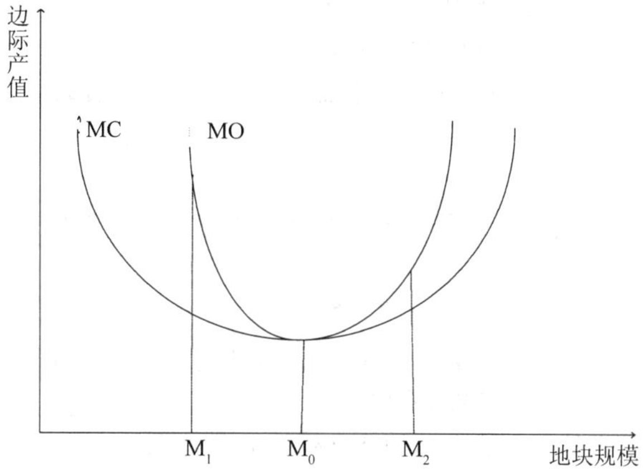

图1 林地经营规模报酬曲线

适度规模的原则，至少应是规模效益不变，尽可能使规模效益递增，而不能使规模效益递减。据此，规模小于适度规模的经济单位，在竞争中将处于不利地位，而必须扩大经营规模；如规模大于适度规模的，则应分解为较小的经营单位。我国农户的林地经营规模在全世界最细小的，在今后产业化和城市化进程中，必然伴随着林地不断集中和林场规模不断扩大的过程，发展规模经营是中国林业发展的必然趋势，而其衡量标准就是要“适度”，即在林地规模扩大后，林地生产率不能降低[7]~[9]。

通过市场实现林权流转达到林地规模经营。随着林区二、三产业的发展和城镇化战略的推进，小规模经营的林地对农民的吸引力大为降低，一部分具有其他谋生手段的农民从中分化出来，不再以常年从事林业的收入作为其主要生活来源，从而产生了将林地作为资产出租、转让他人经营的动机；另一方面，部分愿意并善于从事林业生产的农民或企业又苦于经营规模太小，急于扩大林地经营规模，获得规模效益，相应形成了租用他人林地集中统一经营的需求。无疑在有众多分散主体存在的市场环境中，以市场机制为主配置稀缺的林地资源，已成为最佳的选择。这是资源配置规律的基本要求，也是林地经营中诸多利益关系和矛盾寻求平衡的需要。

4 促进林权流转的政策措施

林地流转这一过程中，市场机制理应发挥基础性调节作用，同时也需要政府在其中发挥宏观调控职能，实现集体林地规范有序的市场化流转。

4.1 制度的建立与完善

(1)林地流转的宏观调控制度。我国关注的是林地使用权如何在剩余承包期内通过市场配置达到规模经营的问题。国家有效宏观调节制度应包括以下内容：①土地规划制度；②土地价格制度；③地籍管理制度。

(2)产权制度建设是林地市场化流转的前提。健全林地产权制度，明晰林地产权关系，始终是林地市场化流转的首要前提。①清晰界定林地所有权与使用权之间关系。②清晰界定林地使用者之间的产权关系。

4.2 机制构建：林地市场化流转的核心

(1)林地市场化流转要求价格机制在其中发挥重要作用。从目前世界上地价管理经验看，有不少国家和地区有类似由政府制定的土地价格，如日本的“公示地价”、我国台湾地区的“公告地价”等。可以选一定自然经济区域内，一定地利条件的某一等级林地确定基准林地价格起显示和指导作用，便于其他林地价格形式的价格水平的确定。

(2)林地市场化流转要求体现竞争机制，实现经营主体的多元化。竞争越充分，林地市场越能正常有效地运行，越能充分发挥优化林地资源配置的作用。

(3)市场中介组织是林地流转双方的桥梁和纽带。中介服务的主要内容有：一是土地流转前的土地使用权登记；二是土地流转中的中介协调和指导签证；三是土地流转后的服务和纠纷调处。

4.3 政策的跟进与配套

在我国目前特定的社会政治经济环境条件下，要尽快实现林地资源配置市场化的目标，就必须得到政策的保障，特别是政府的有力支持与保护，及推动与正确引导林地资源配置市场化的实现[10]。

(1)稳定农村土地承包关系。农民获得长期而稳定的土地承包经营权是林地流转的基石。2008 年 6 月发布了《中共中央国务院关于全面推进集体林权制度改革的意见》，明确指出：林地的承包期为 70 年。而坚持承包责任制 70 年不变是林地流转的条件。

(2)建立健全林区社会保障体系。建立林地社会保障替代体系，实现“耕者有其田”，使农户在社会保险、福利制度等方面逐步有与城镇居民同等的待遇。

(3)大量转移林区剩余劳动力。林地流转市场化的前提条件是实现部分农民与林地的有效分离。我国人口基数大，实现剩余劳动力转移需要更长的时间，这不是一个一蹴而就的事，需要全社会共同努力。

参考文献

[1]江泽慧．着力推进科技创新确保实现林业发展和生态文明目标[J]．中国产业，2010(4)：6－7.

[2]刘俊昌，田治威，苏克．发展南方林业的思考[J]．林业经济问题，1999(5)：1－5.

[3]张蕾，文彩云．集体林权制度改革对农户生计的影响——基于江西、福建、辽宁和云南 4 省的实证研究[J]．林业科学，2008(7)：73－78.

[4]聂影．林权流转的多维动因分析与激励路径选择[J]．中南林业科技大学学报(哲学社会科学版)，2010(4)：5－10.

[5]张春霞，许佳贤，黄森慰，谢志忠．基于木材供给生产目标下林农经营规模效率研究——以福建省杉木用材林为例[J]．中南林业科技大学学报(社会科学版)，2010(2)：5－7.

[6]宋维明，印中华．关于中国林业产业规模化发展的若干思考——基于规模经济贸易理论的研究[J]．农业经济问题，2009(1)：70－76.

[7]徐正春，王权典，景彦勤．广东森林资源流转的现状、问题与对策研究[J]．北京林业大学学报(社会科学版)，2005(4)：26.

[8]黄和亮．林地资源市场化配置[M]．中国林业出版社，2006：19－23.

[9]曾华锋，聂影．森林资源弱市场化流转研究[M]．中国林业出版社，2009：19－23.

[10]翟建松．集体土地市场化流转问题研究[D]．重庆：西南农业大学，2002：2－50.

欠发达地区农户对林改政策的非理性认知特征

彭俊伟　支　玲　孙　维

（云南省西南林业大学经济管理学院）

摘　要： 本研究的主要内容是欠发达山区农户对集体林权制度改革认知特征。通过对云南新平县山区农户的入户问卷调查获得一手数据，并使用离散选择方法中的有序 Logistic 模型来计算各种因素在农户认知政策时的显著性，分析背后的现实原因。研究的结果显示经济收益因素对政策的认知结果影响不显著，而个人思想意识因素对政策认知结果影响显著，农户的政策认知表现出有限理性与非理性的特征。由此得出结论，启动改革时应重点强调传递改革政策与农户未来经济收益之间作用关系的信息。

关键词： 林权制度；离散选择；有序 Logistic 模型

山林是山区农户最重要的生产要素。中国的山林除国有以外都归乡村集体所有。林地的所有权和处置权分配到村上，并没有分配到农户。在这种林权制度下，林地产权不明晰，使用权流转不规范，利益分配不合理，没有体现出农户的经营主体地位，直接影响了林木所有者和经营者发展林业生产的积极性。为了解决这些问题，2003 年在福建和江西两省开始实行集体林权制度改革，之后从 2006 年开始在全国开始全面进行集体林权制度改革。这实际上就是一场以林地为标的物的“包产到户”改革，改革的内容是在保持集体对林地所有权的前提下，将林地的经营与使用权配置到农户，使他们在遵循有关的林业法律与法规的条件下能自由支配和经营分配给自家的林地[1]。这项改革对中国林业生产有着重大意义，也将对广大林区农户的自身利益带来巨大的影响。无论是政策制订者的初衷，还是基于经济学理论的观点，集体林权制度改革在经济上都是对农户有利的[2]~[4]，因此理论上农户应对林权制度改革持积极的赞同态度。但是现实情况是复杂的，影响农户对政策认知的因素也不仅仅是一个经济收益因素。由于改革给农户带来的收益要在未来才能体现，而且周期较长，因此有限理性可能使得他们未必对未来收益有足够清楚的认识。农户对政策的认知很可能更容易受其自身原有思想意识的影响。在过去的林业经济研究中，一些学者已经观察到了林农有限理性行为，比如林农对林地的使用受过去林业生产经验的影响[5]。因此可以合理的推测，林农在对林改政策的认知方面也会存在非理性的特征。在过去针对林农对林改政策认知的研究中，主要关注的是林农在理性逻辑下的行为特征，如林改中获得的林地大小，林改后的收入变化等因素对政策认知的影响[6]，而没有提及非理性认知特征。另一方面，已有的林改入户调查数据都是来自相对福建、江西等中部省份[5]~[7]，而理论上对政策的非理性认知在欠发达地区表现得会更显著，因为欠发达地区的人口在接受信息和过去的生产经验方面要落后于其他较为发达的地区人口。为了了解欠发达地区农户对林权制度改革认知的行为特征。本研究通过对欠发达地区农户进行入户问卷调查，了解农户的有关经济属性和社会属性的指标，以及他们对集体林权制度改革的参与意愿，并使用顺序多元选择计量模型来分析问卷调查得到的资料，从而找出影响林农对政策认知的重要因素，及其背后的现实解释。

第一作者：彭俊伟，硕士，讲师。主要研究方向：计算经济学，会计学，林业经济学。电话：13888480547；Email：pppjw@swfc. edu. cn；地址：云南省昆明市白龙寺西南林业大学 160 信箱 650224

通讯作者： 支玲，博士，教授。主要研究方向：林业经济，会计学。电话：0871 - 3862418；Email：zhi_ ling166 @ yahoo. com. cn；地址：云南省昆明市白龙寺西南林业大学 160 信箱 650224

1 问卷调查的数据

1.1 被调查对象的简介

本研究调查的对象是云南省玉溪市新平彝族傣族自治县的林农家庭。新平县位于云南省中部，全县辖6乡、6镇、120个村(居)委会、1 460个村(居)民小组。新平县地处滇中高原南部，全县国土总面积4 275.6km^2，境内居住着彝族、傣族、汉族、哈尼族、拉祜族等18个民族。总人口27.11万人，少数民族人口占69.32%；其中彝族、傣族人口16.6万人，占总人口的61.25%。2005年全农村居民人均纯收入2 886元。新平县集体林权制度主体改革于2007年8月全面铺开，涉及12个乡镇、120个村委会(社区)、1 371个村(居)民小组、52794户农户、21.5万人、面积28.1万hm^2，目前已完成主体改革任务并通过市级检查验收(新平县林业局提供数据)。通过林改，赋予了林农对配置给足自家林地的自主经营权，落实了他们的处置权，也确保了他们与林地资产相关的收益权。调查涉及该县辖区内的3个乡镇，共调查了100户，在复查中发现有2户资料调查时有缺损，故实际可用数据为98户。受访人为家庭主要劳动力，或是主要收入贡献人。

1.2 调查表包含的因素

林农对林权制度改革的认知结果受多种因素影响，本研究认为可以分成两大类：直接经济收益因素和个人意识因素。对于林改带来的经济利益的变动，不能从当期损益的角度来理解，因为林改是一种产权制度的变革，它不可能在短时间内给林农带来期间损益效应，所以在考虑经济利益因素时应关注资产负债类变量，而不应关注当期损益变量。对于一项产生长期影响的政策来说，用资产负债观来评价政策的经济效应才是恰当的。另外林农过去的生产经验也是影响政策认知的一个重要因素[5]。出于上述考虑，问卷调查包含的直接经济收益因素有：①农户的收入构成，②林改后的收入变化，③林地的使用年限。包含的个人意识因素有：①是否是非农职业，②对林权证用途的了解，③教育程度，④林权制度改革的消息来源。因此，本研究的问卷内容就包含反映上述因素的栏目，具体情况如表1所示。模型的被解释变量"参加林权制度改革的意愿"反映了受访者对林权制度改革政策的认知结果。这个变量有3个离散选项，这3个选项所反映的对林权制度改革政策的认知结果按照对政策的认可程度存在强弱顺序：自愿>从众>被迫。

表1 林权制度改革调查问卷内容概略

直接经济收益因素	农户的收入构成	种植业______% 养殖业______% 林草业______% 务工______%
	林改后的收入变化(√)	增加( ) 持平( ) 减少( )
	经林改获得林地的使用年限	______年
	林改后林地面积的变化量(亩)	______亩
	林改前的林地面积(亩)	______亩
个人意识因素	是否是非农职业(√)	是( ) 否( )
	对林权证功能的知晓情况(√)	可办理林木采伐证( ) 可办理抵押贷款( ) 可用于森林资源流转( ) 完全不知道( )
	教育程度 (√)	小学( ) 初中( ) 高中( ) 中专( ) 大专( )
	林权改革的消息来源 (√)	亲友( ) 传媒( ) 开会( )
参加林权制度改革的意愿 (√)		自愿( ) 从众( ) 被迫( )

2 林权制度改革政策认知的影响因素分析

本研究采用Logistic有序离散选择模型[8]来研究表1中的直接经济收益因素和个人意识因素是如何影响农户对集体林权制度改革这项政策的认知的。要说明的是，本研究使用表1中的"林改后林地面积的变化量”除以“林改前的林地面积”，得到表2中的“林改后林地面积的变化率”，再用这个变量作为模型变量。另外，对林权证功能的知晓情况虽然问卷中列出了4种情况，但是由于该问题可多项选择，本研究汇总后发现，受访者选择的组合一共是5种情况：完全不知道、知道可办理抵押贷款、知道可办理抵押贷款和森林资源流转、知道可办理抵押贷款和采伐证、4种功能全都知道。基于这4种情况本研究构造虚拟变量，以完全不知道作为参照基准。除此以外，表1中的其他的因素变量都是直接进入本研究的Logistic离散选择模型。使用统计软件R对数据来估计Logistic离散选择模型参数的极大似然估计量[9]，得到的结果列在表2中。

表2　各影响因素的有序Logistic模型系数估计值

模型变量		系数估计值	统计量 z	Prob(> $\lvert z \rvert$)
直接经济收益因素	收入构成：			
	种植业收入份额	-2.7416	-0.501	0.616 3(不显著)
	养殖业收入份额	-4.5845	-0.8557	0.392 2(不显著)
	林草业收入份额	-4.6943	-0.8591	0.390 3(不显著)
	务工收入份额	-6.5529	-1.2325	0.217 7(不显著)
	林改后的收入变化(增加)	-0.725	-0.8863	0.375 5(不显著)
	经林改获得林地的使用年限	-0.0147	-0.6539	0.513 2(不显著)
	林改后林地面积的变化率	1.757	0.6942	0.487 5(不显著)
个人意识因素	是否是非农职业(是)	0.3602	12.62	0(显著)
	对林权证功能的知晓：			
	办理抵押贷款	-0.4681	-0.826	0.408 8(不显著)
	办理抵押贷款+用于森林资源流转	1.895	6.58×10^{6}	0(显著)
	办理抵押贷款+办理林木采伐	1.9011	0.7323	0.464(不显著)
	抵押贷款+森林资源流转+林木采伐	19.547	3.08×10^{5}	0(显著)
	教育程度：			
	初中+高中+中专	-0.200	0.2353	0.814(不显著)
	大学	-0.367	-2.21×10^{4}	0(显著)
	林权改革的消息来源：			
	传媒	-0.156	-0.2451	0.806 4(不显著)
	开会	0.3173	-0.4195	0.674 8(不显著)

2.1　直接经济收益因素对政策认知的影响

从表2的计算结果可以发现，在0.05的显著性水平下，所有的直接经济收益因素都是不显著的，实际上直接经济收益因素在0.2的显著性水平下都是不显著的；而4项个体意识因素中有3项是在0.1的显著性水平下都是显著的。说明民众在评价集体林权制度改革这种影响深远的政策时，一般不是基于直接经济收益因素，主要是基于个人思想意识因素。其中的原因可能是这类重大的政策对民众的经济收益产生的效果不会很快显示出来。比如通过林改后获得的林地使用年限，都是30~70年，受访农户对这种久远未来的经济收益没有足够深刻的心理印象。受访农户的收入构成、林改后的林地面积变化率和收入的林改后增减，这些直接经济因素对政策认知度影响不明显的原因可能是林改结束后的时间还很短，获得林地产权给农户带来的利益还没有产生。农户对未来的经济收益没有足够的预期能力。

2.2　个人意识因素对政策认知的影响

对政策认知度影响显著的因素都是个人意识因素，这表明在对政策做评价时，农户主要是依据个人过去形成的思想意识。从这些因素中可以看出，农户对林改政策的认知强烈地受身份和社会处境的影响。

受访者是否是非农职业对林改政策的认知结果影响显著。在一些农户中，受访者拥有一份非农业职业，比如学校教师、县或镇的政府机关人员、或是工厂的职工。变量系数 0.36 > 0，说明如果受访者没有从事这些非农职业，即受访者是一名真正的农村劳动力，则受访者更倾向于支持林改政策。本研究对此的解释是，在新平这样的不发达农村地区，农户家中如果有人从事非农职业，则是值得羡慕的，这个受访者的家庭相对于同村其他家庭有着更好的经济条件。实施集体林权制度改革使得农户拥有了对林地的自主经营权，如果受访者是从事非农职业的人，则他本人的劳动力不能充分投入到自有林地的经营中。相对于其他的完全在农村劳动的受访者来说，获得自由林地以及林地经营自由权带来的利益不大。未来他的家庭经济条件在村子里的地位会有下降。因此，虽然林权改革对所有农户都会带来利益，但是由于对从事非农职业家庭带来的利益相对小，会导致他们的家庭和其他村民家庭经济地位的相对下降，所以他们对林权制度改革的支持度就显著偏低。这表明，受访者对自己相对经济地位的变化是敏感的。虽然林权制度改革能绝对地改善农户的经济条件，但是如果这种改革会恶化他在同村村民中的相对优越的经济地位，那么农户对林权改革的支持度就较低。

对林权证功能的知晓情况中，由于这是一个虚拟变量，在本研究的分析中是用对林权证功能一无所知做基准。数据分析表明（见表 2 中“对林权证功能的知晓”一栏），知晓林权证办理抵押贷款的功能对政策认知结果影响不显著。知晓林权证有办理抵押贷款和办理林木采伐功能也对政策认知结果影响不显著。而知道林权证能办理抵押贷款和用于森林资源流转对政策认知结果影响显著。知道林权证全部功能也是对政策认知结果影响显著。这说明，抵押贷款和林木采伐这两样权利是受访者不关注的。唯一能对认知结果产生显著影响的只有“森林资源流转”功能，并且含“森林资源流转”功能的情况其模型系数都是大于 0 的，说明知晓林权证的这项功能就显著地提高了受访者对林权改革的支持度。对于这一现象，本研究的解释是，对于林农来说，林木砍伐行为一直都存在的，只不过以前是模糊的，现在是明确授权的。而且由于林木砍伐在林改后也受到诸多约束，比如砍伐量的限制。所以，他们不认为这项权利是显著的改善。而办理抵押贷款对林农来说更是遥远的事情，因为林农的经济生活几乎不涉及到抵押贷款的需求。所以知晓林权证的这两项功能对林权制度改革政策认知结果影响不显著。而森林资源流转功能使得林农可以有偿转让自己的林地资源，这个权利是过去所没有的，而且可以一次性兑现林地资源的价值，对林农影响很显著。这也说明一个问题，抵押贷款和林木砍伐是与林地长期经营有关的权利，但是农户对这些权力并不感兴趣，感兴趣的是能够将林地一次性转让的权力。说明农户偏好与林权有关的一次性短期收益，而不关注长期经营林地带来的收益。

教育程度是虚拟变量，以小学文化为参照基准。表 2 的计算结果显示，只有文化程度达到大专水平才会显著的支持林权制度改革。否则从小学文化程度到高中和中专文化程度，在认知结果上都是没有显著区别的。本研究对此的解释是，小学、初中、高中和中专教育都是在县城本地完成的，接受的思想观念具有同质性，都是相对保守的，不相信个人的经营能力。而大学教育都是在县城之外接受的，因此这样的受访者在思想上更加相信具有林地经营自主权是件对个人有利的事情，因为他们相信个人可以凭借自己的经营获取比以前集体经营时更大的利益。这也许和他们在县城之外见闻过很多个人努力经营取得成功的事例有关。

表 2 的计算结果显示，林权改革的消息来源对受访者的政策认知结果没有显著影响。由此可见关于林权制度改革的不同信息渠道得到的消息，对于受访者的政策认知结果没有什么区别。本研究认为，有关林改对林农是否有利的消息是伴随着林改政策的消息一起传递的，消息的来源应该对林农的判断产生影响。由于本研究调研对象是“欠发达地区”的林农认知，而在欠发达地区，林农可能更加信赖政府宣传，而发达地区的林农因为自身的消息来源广泛，可能更相信亲戚之间的口口相传，而不是政府的宣传文件。所以，调研数据的分析显示，林农对不同的消息来源的信任度没有显著差别。当然，由于不能获取发达地区的林农调研数据，所以本研究还无法做对比，这是本研究的一个不足之处。

2.3 受访者的有限理性与非理性的特征

通过前面 2.2 和 2.3 部分对受访者的政策认知影响因素的分析，可以看到其中的有限理性的特点。首先，受访者都是短视的，表现为经济收益因素对受访者的政策认知结果都没有显著的影响。说明受访者缺乏对未来收益作比较的能力，不具备长远预期的能力。表现为“经林改获得林地的使用年限”这个变量对政策认知结果的影响很不显著，即在50%水平下都是不显著的。“收入构成”这个变量对政策认知结果的影响很小。理论上，农户收入构成对林权制度改革的影响应该是显著的，因为林草收入占的份额大的家庭相对于务工收入比例高的家庭应该更欢迎赋予他们完整林地经营权的改革政策，但实际的调查没有观察到这样的现象。这也说明乡村群众的长远预期能力不足。这一点也体现在“林权证功能的知晓”这个变量的系数估计值中，因为系数估计值显示了农户只关心一次性短期收益的好处。

“是否是非农职业”这个变量的高度显著性体现了乡村群众对于自己相对于邻里的优越经济地位更加关注。根据理性经济人的假设，只要能使收益增加的政策都应该是受欢迎的，但是由于林权改革政策使从事非农职业的受访者家庭的经济收益增加会大大低于其他家庭，因此他们出于相对低位下降的不满意，而对改革政策有较低的认知结果。

3 小结

本研究通过对集体林权制度改革的问卷调查数据使用离散选择模型的计量分析，显示了乡村群众对林权制度改革政策认知的重要影响因素。并从中发现了一些乡村群众在决策中的有限理性与非理性的行为特征。这些现象对于未来出台对乡村群众的政策时该如何宣传和引导有着指导意义，也能使本研究更清楚该政策的反对意见的主要来源。当然，本研究所做的调查还是有明显的不足，具体表现为调查数据拟合 Logistic 有序离散选择模型的拟合优度不是很高，McFaden 伪 R^2 值[10]只有大约 0.32，这个数值表示还有其他重要的影响因素在调查中被遗漏。还需要进一步的研究并找出这些被遗漏的因素。

参考文献

[1]张敏新，肖平，张红霄．“均山”：集体林权制度改革的现实选择[J]．林业科学，2008，8：131－136.

[2]李津生．推进林权改革促进林兴民富[J]．林业经济，2007，7：8－10.

[3]徐丰果，周训芳．论集体林权制度改革中的林权流转制度[J]．林业经济问题，2008，4：284－286.

[4]奉钦亮，陈建成．集体林权制度改革的经济学分析[J]．林业调查规划，2008，33：96 － 99.

[5]孔凡斌．集体林权制度改革绩效评价理论与实证研究——基于江西省2 484户林农收入增长的视角[J]．林业科学，44：132－141.

[6]李娅，姜春前，严成等．江西省集体林区林权制度改革效果及农户意愿分析——以江西省永丰村、上芜村、龙归村为例[J]．中国农村经济，2007，12：54 － 61.

[7]李坤帮，王锋．江西林权制度改革对农民收入影响的探析[J]．江西林业科技，2009，4：49－53.

[8] R. Zavoina and W. McElvey. A Statistical Model for the Analysis of Ordinal Level Dependent Variables[J]. Journal of Mathematical Sociology. 1975, Summer: 103 － 120.

[9]Kleiber, C., A. Zeileis. 2008. Applied Econometrics with R. Springer Science + BusinessMedia, LLC. 2008: 144 － 150.

[10]K. Train, Discrete Choice Methods with Simulation[M]. 1st ed. Cambridge, United Kingdom: Cambridge University Press. 2002: 72 － 73.

森林资源产权市场发展的制约因素及对策分析
——以福建、江西为例

乔永平

（南京林业大学人文学院）

摘　要：森林资源产权市场随着新一轮林权制度改革的深入而得到一定的发展，但仍处于起步阶段。政策法规不完善、信息不对称、中介组织缺失、交易成本高是制约这一市场发展的主要因素。因而需要采取完善森林资源产权交易的政策法规、建立森林资源产权交易信息共享平台、培育中介组织系统等措施来促进森林资源产权市场的发展。

关键词：森林资源；产权市场；制约因素

The Forest Resources Property Market Development Restriction Factors and the Countermeasure Analysis — Fujian, Jiangxi for example

Qiao Yongping

(Humanities College of Nanjing Forestry University)

Abstract: The forest resources property market along with the new turn ownership of forests system reform obtains certain development, but it is still at the start stage. The policies and regulations imperfect, the information symmetry, the intermediary organization flaw, the transaction cost high are primary factors that restrict this market development. Thus we take measures including the consummation policies and regulations of forest resources property transaction, the establishment forest resources property transaction information sharing platform, cultivation intermediary organization system and so on to promote the forest resources property market development.

Key words: forest resources; property market; restriction factors

以明晰产权为核心的新一轮森林资源产权制度改革取得了显著成效，促进了林业发展和林农增收。但总体而言，我国林农经营的森林资源普遍规模过小，而林业是规模经济相对显著的部门，林农难以通过这很少的森林资源致富。所以，如何在林改的基础上促进新型的林业合作和林权流转，使林权流向经营更有效率的农民或企业，优化资源配置，是更为重要的任务。培育和发展森林资源产权市场是促进林权流转的紧迫而又基础的配套工程，是当前理论与实践中需要加以研究和解决的一个课题。

福建省和江西省是南方的重点林区，森林资源丰富，森林覆盖率分别为62.96%和60.05%，分列全国第一和第二，是我国新一轮集体林权制度改革4个试点省份之一，因此研究福建和江西森林资源产权市场的发展具有一定的代表性。

作者简介：乔永平(1972—)，女，江苏东海人，博士，南京林业大学人文学院副教授，主要研究方向：林产品市场，贫困问题，电话：13815879929，E-mail：qyp@ njfu. com. cn。

1 森林资源产权市场发展现状

1.1 森林资源产权交易平台建设步伐加快

2006年福建省永安市率先成立了林业要素市场，如今，全省林改县(市)大都建立起类似的市场或中心。在南平，10个县(市)全部成立林业服务中心，许多乡镇成立了分中心。其中邵武市林业服务中心开设林权登记管理等8个服务窗口，实行一站式服务。武平县2004年底组建了林业产权管理服务中心，下设产权交易中心，规定权属流转单位和个人进入产权交易中心交易，确保交易的公正公平。

江西在明晰林业产权主体改革完成之后，积极推进以建设森林资源产权交易市场为中心的配套制度改革，十分重视森林资源产权交易中心硬件设施建设，要求县(市)建立和完善森林资源产权交易中心。到2008年12月，全省已有70个县市建立了森林资源交易市场。[1]以赣州市的森林资源产权交易中心建设为例，全市都已经建设了森林资源产权交易中心，并配备了专业工作人员，截至2008年底，全市共完成森林资源产权交易中心建设0.6424hm^2，配备了专业工作人员156人。在此基础上，江西对已建立的县市森林资源产权交易市场以会员制形式进行整合，于2009年10月成立了区域性森林资源产权交易市场——南方林业产权交易所，致力于建立统一交易平台、信息披露平台、交易规则、支付平台和监管平台等“五统一”体系，并以此为平台整合形成全省统一、规范，辐射南方周边省市乃至全国的区域性森林资源产权交易市场。[2]

1.2 森林资源产权市场交易不断活跃

截至2007年8月，福建省14个市，全部存在林地使用权流转的情况；全省85个县(市)，涉及林地使用权流转的县(市)共有78个，占91%。截至2008年6月底，仅永安市林业要素市场的林权登记中心就完成森林资源产权流转变更登记4333宗，核发林权证6211本，交易面积2.54万hm^2；要素市场的木材交易中心，累计成交流转面积2.20万hm^2，成交金额3.2亿元。[2]

以森林资源居江西省第一的赣州市为例，集体林权改革以后，森林资源已流转56090.65 hm^2，流转金额33608.48万元。[1]

江西省遂川县作为江西省重点林业县之一，至2009年初，共组织各类森林资源资产流转420宗，面积1612.85 hm^2，交易金额5264.37万元。[2]

江西省安福县从2006年7月至2008年底，全县共完成森林资源流转0.55万hm^2，成交金额达1.3亿元，完成林权抵押贷款186宗，贷款金额达5141.8万元。[2]

1.3 交易主体比较单一，仍以农户为主

森林资源产权市场的建设，目的是充分发挥市场的作用，来达到吸引社会资源参与林业发展的目的。目前参与森林资源产权市场交易的虽然有私营业主、木材加工企业、国有企事业单位等不同主体，但在各类交易主体中，农户参与交易的宗数占总宗数的80%以上，私营业主和国有企事业单位参与交易的宗数只占7%。[2]

1.4 林农之间小规模的私下交易较多

进入森林资源产权交易中心进行交易的多是大宗的国有或集体的森林资源，金额较大，受让方具有相当规模的资金实力，多为营林公司、木材商人，单个农户参与的较少。此外还需要进行资格审查、签订正式合同、办理产权变更登记手续等繁杂程序，需要交纳一定的费用和历时2~3个月的时间才能完成交易。对于个体林农而言，可转让的森林资源数量普遍偏小，很难在森林资源产权市场交易。而私下通过协议方式进行交易方便易行，不需要进行产权变更登记，交易完成所需时间较短，也可以节省费用，因而受到农户的欢迎。[3]

1.5 市场的交易半径比较小

目前森林资源产权市场交易的范围仍然局限于县(市)范围，省级和跨省的交易极少，远未形成区域

性的统一大市场，更不要说全国统一、开放、竞争、有序市场的形成。有些村制定了村规，或禁止村民出卖竹山，或限制外来者购买山林，很多村转让山林都要求只有本村居民才能参加招投标。这在很大程度上限制了这一市场的竞争性、开放度和交易的活跃性。

总体而言，森林资源产权市场在集体林权制度之后虽然获得了一定的发展，但仍处于起步阶段，还有待于进一步培育与发展。

2 制约森林资源产权市场发展的主要因素

2.1 森林资源产权交易的政策法规不完善

近年来，我国比较重视森林资源产权交易制度的建设，修订或出台了一系列的政策和法规。目前森林资源产权交易所能依据的政策法规主要是1995年国家林业局、国家国有资产管理局《关于森林资源资产产权变动有关问题的规范意见》、1998年的《中华人民共和国森林法》、2002年的《农村土地承包法》、2003年的《中共中央关于加快林业发展的决定》、2008年的《中共中央国务院关于全面推进集体林权制度改革的意见》。如《森林法》明确了森林、林木、林地使用权可以转让，但关于森林资源交易具体的法律法规尚处于空白。南方各省市为了推动森林资源产权交易市场的健康发展，制定了各种地方性法规，如福建省和江西省分别于2004年和2005年出台了《福建省森林资源转让条例》和《江西省森林资源转让条例》。但从大部分省区来看，至今未出台相关的管理条例。截止目前，全国性的规范森林资源产权交易的法律规范尚未出台，绝大部分地方森林资源产权交易处于无章可循的状态，致使森林资源产权交易市场存在着交易标准不统一、交易层次较低、交易方式单一化、交易服务不规范、交易监管跟不上等一系列问题。[4]

2.2 信息不对称

虽然许多县(市)都建立了森林资源产权交易中心之类的机构，通过网络收集、发布森林资源产权交易的信息，但大都面向本地，发布的信息局限于县行政区域内，权威性不足，信息来源不详，缺乏信息认证，各中心之间的信息不共享。而且广大林区信息化基础设施并不到位，林农信息技术水平还比较落后，并不能够及时便捷地通过网络获得此类信息。广播、电视、林业部门的信息宣传仍然是林农获得信息的主渠道，而有关部门却在逐渐淡化这一主渠道的作用。作为森林资源的供给方的林农掌握的信息量远远少于购买方，处于信息劣势，不利于保障林农利益的最大化。[5]

2.3 市场中介组织缺失

森林资源产权交易是一项涉及交易主体多方利益、交易对象极为特殊、交易程序较为复杂的交易过程，需要价值评估机构、委托代理机构、保险机构、法律咨询机构等众多中介组织提供相应的市场服务。由于森林资源产权的特殊性，需要专门的机构提供不同于其他市场的服务。而目前森林资源产权市场的中介组织发展还处于起步阶段，特别是诸如森林资源价格评估机构、经济仲裁机构等比较少，制约了森林资源产权市场的发展。以森林资源价格评估机构为例，近年来，森林资源价格评估在南方集体林区各地也有不同程度的实践，出台了一系列评估办法，成立了一批森林资源价格评估机构，如福建、广东等省先后成立了一批评估机构，出台了一系列森林资源价格评估管理办法。但由于森林资源价格评估需要对林木的生长状况、地理位置、林地的立地条件、交通和市场条件等进行外业调查，需要大量的有资质的专门人员。目前我国开展全面森林资源价格评估的资质认证，致使交易主体无法得到专业机构的评估服务，交易定价不合理，在一定程度上限制了森林资源产权市场的发展。[4]

2.4 交易成本高

交易成本是产权从一个经济主体向另一个经济主体转移过程中需要花费的资源成本，它是决定市场运行是否有效的关键性因素。森林资源产权交易成本包括搜寻信息的成本、讨价还价的成本、签订合约的成本、林权计量的成本、监督违约的成本、寻求赔偿的成本和防止侵权的成本等。森林资源交易成本市场范围、信息技术水平、交易双方林权边际收益的差额、合约签订的方式、森林资源价值评估的技术水平、监督组织的效果、仲裁组织的效果、社会的治安状况等变量的函数。森林资源产权交易的净收益是交易成本的反函数，交易成本越低越有利于森林资源产权交易的开展和市场的发展。森林资源产权市场由于交易信息和中介组织匮乏、交易规则缺失、交易制度不健全等原因而导致较高的交易成本。[6]

3 森林资源产权市场发展的对策分析

3.1 完善森林资源产权交易的政策法规

1998 年修正后的《森林法》第 15 条即授权国务院制订森林资源交易的具体办法，2003 年发布的《中共中央国务院关于加快林业发展的决定》第 14 条再次明确要求“国务院林业主管部门要会同有关部门抓紧制定森林、林木和林地使用权流转的具体办法，报国务院批准后实施”。因此应在现有政策法规的基础上，由国务院或林业主管部门尽快制定全国性的《森林资源产权交易条例》或《森林资源产权交易管理办法》，对森林资源产权交易的主体、客体范围、交易规则等做出具有可操作性的规定。[7]

3.2 建立森林资源产权交易信息共享平台

市场主体拥有完备的信息是市场机制充分发挥作用的重要条件。随着全国集体林权制度改革的全面推进，很多地方逐步完成主体改革，今后森林资源产权交易的宗数和价值增大，本地的森林资源产权交易中心局限性会日益突显。可以在现有的森林资源产权交易中心的基础上，建立以县(市)为基本单位，全国联网的森林资源产权交易信息共享平台，通过各种渠道调查、搜集森林资源交易的供需量、价格等市场信息，并加以统计、分析、预测，在全国范围内发布，使市场供求双方能够及时、准确地获取可靠信息，从而消除因地域限制而产生的信息不对称问题，使国内外有经济能力的法人和个人都可以参与森林资源产权交易，扩大交易半径，营造一个全社会办林业的大平台。[8]

同时各地也要根据林区的发展实际，充分利用广播、电视等各种信息传播渠道及时向广大林农提供森林资源产权交易信息，改变其在交易中的劣势地位，保障林农的交易收益。

3.3 培育中介组织系统

针对目前市场上中介组织缺乏、职能不健全、发展不平衡等问题，需要加快培育包括森林资源资产评估机构、保险机构、法律咨询机构等在内的完备的森林资源产权交易中介组织系统，为森林资源产权交易提供各种中介服务，以降低交易成本，为交易各方提供一个公平竞争的市场环境。其中建立与完善森林资源资产评估机构是关键，一方面需要修改和完善原有的森林资源资产评估制度，对评估方法、程序、范围、机构等方面作出明确规定，使其更具可操作性；另一方面，尽快在县(市)范围内建立森林资源资产专业评估机构，定期组织全国性的森林资源资产评估技术培训和考核，提高基层评估人员的实际操作能力和水平，形成一支高素质的森林资源资产评估师队伍。[4]

总之，通过完善森林资源产权交易的政策法规、建立森林资源产权交易信息共享平台、培育中介组织系统等措施，降低交易成本，以此促进森林资源产权市场的发展。

4 结论

森林资源产权市场随着新一轮林权制度改革的深入而得到一定的发展，表现为市场交易平台建设步伐加快、市场交易不断活跃，但交易主体单一、私下交易多、交易半径小等特点表明该市场仍处于起步阶段。政策法规不完善、信息不对称、中介组织缺失、交易成本高是制约这一市场发展的主要因素。因而需要采取完善森林资源产权交易的政策法规、建立森林资源产权交易信息共享平台、培育中介组织系统等措施来促进森林资源产权市场的发展。

参考文献

[1]朱再昱，曹建华，王红英等．构建区域中心性林权交易市场的探讨——以江西省赣州市 17 个县市为例[J]．林

业经济，2010，(4)：45－49.
[2]曾华锋，聂影．森林资源弱市场化流转研究[M]．北京：中国林业出版社，2009.
[3]赵伟，张维．集体林权制度改革的产权设定与林权流转市场的构建[J]．林业经济问题，2009，29(3)：210－213，282.
[4]徐秀英，许春祥．南方集体林区林权市场化运作探讨[J]．林业资源管理，2006，(4)：24－28.
[5]王武魁．建立林权流转中信息共享平台[J]．北京林业大学学报(社会科学版)，2009，8(4)：55－59.
[6]姚星期，温亚利，秦涛．基本交易成本理论的林权交易分析[J]．西北林学院学报，2007，22(3)：152－156.
[7]孔凡斌，杜丽．集体林权制度改革中的林权流转及规范问题研究[J]．林业经济问题，2008，28(5)：377－384.
[8]华文礼．江西遂川县、福建永安市和沙县林权交易的探讨与建议[J]．华东森林经理，2009，(4)：1－4.

基于利益相关者理论探讨林权农村小额贷款若干问题

林权改革背景下农村小额贷款研究项目组
执笔人：周莉

摘　要：我国正在积极稳妥的推进以林权证为抵押的小额贷款业务。项目组以陕西省富县、西乡县和福建省永安市的调查为基础，通过对相关案例的分析对林权农村小额贷款进行探讨。本文对林权、林权农村小额贷款的概念予以了界定，并在分析总结林权农村小额贷款业务流程的基础上，对林权农村小额贷款的利益相关者进行辨析，分为主要和次要相关利益者。进而，对主要利益相关者，即政府机构、金融机构、借款者(林农)、森林资源资产评估机构和森林保险机构存在的主要问题进行了深入的剖析。最后，本文在问题分析的基础上，提出四个方面的解决策略。第一，金融机构设计多模式的林业信贷产品，建立科学的内部控制制度。第二，建立专业森林资源资产评估机构，设计科学的评估指标体系，对森林资源进行合理作价。第三，建立政策性保险机制，抵御森林资源的自然风险。第四，建立健全制度性保障策略，发挥政府监管和引导作用。

关键词：利益相关者；林权；农村小额贷款

1999 年以来，中国人民银行在全国农村信用社领域内引入小额贷款的操作技术，逐步开展农户小额信用贷款和农户联保贷款业务。2005 年以来，中国人民银行开始在川、陕、晋、蒙、黔五省区进行“只贷不存”小额贷款机构试点，引入新的机构开展小额贷款业务，推动中国小额贷款的正规化发展。2008 年 6 月 8 日，以《中共中央国务院关于全面推进集体林权制度改革的意见》发布为标志，全国集体林权制度改革进入全面推进的新阶段。《意见》把推进林业投融资改革作为完善集体林权制度改革的重要政策措施，明确要求“金融机构要开发适合林业特点的信贷产品，拓宽林业融资渠道。到 2009 年，全国完成林改确权的集体林地面积达到 846.7 万 hm^2，约占全部集体林地面积的 50%。由此，林权的流转成为改革重点的研究内容，以林权证为抵押的小额贷款业务开始试点。

本文以陕西省富县、西乡县和福建省永安市的调查为基础，通过对相关案例的分析展开对林权农村小额贷款的相关探讨。

1　理论基础与相关概念界定

1.1　林权的概念

林权是以森林资源所有权、使用权为核心的一组民事财产权利，一般是指森林、林木、林地的所有权和使用权[1]。森林、林木的所有权是指所有人依法对森林、林木享有占有、使用、收益和处分的权利[2]。从法律性质上来看，林权属于财产权利，具有与一般物权所具有的共同特性，即林权也具有直接支配性、排他性、受益性、优先性等物权特征。而从物权的角度来看，林权几乎包括了物权当中的主要的权利种类，涵盖了物权当中的所有权、用益物权和担保物权等。具体来说，林权包括森林、林地、林木的所有权，林地的使用权，林地的承包经营权，林地的地役权，以及森林、林木和林地的抵押权等[3]。

林权的有效证明凭证是林权证。它是县级以上地方人民政府或国务院林业主管部门，依据《森林法》或《农村土地承包法》的有关规定，按照有关程序，对国家所有的和集体所有的森林、林木和林地，个人所有的林木和使用的林地，确认所有权或者使用权，并登记造册，发放的证书。

在实际的流转过程中，陕西省富县森林林木林地流转合同中，将林权划分为三类：森林、林木所有权；森林林木使用权和林地使用权。

1.2 农村林权小额贷款的概念

小额贷款是指通过正规金融机构，持续有效地向那些具有一定负债能力但从未或者很少从正规金融机构获得融资的微小经济体所提供的一种小额度、生产经营性质的短期贷款服务。本文对农村林权小额贷款界定为以林权流转为前提，在金融机构以林权证进行抵押的小额贷款业务。研究对象是以低收入农户为主要贷款客户的农村小额贷款服务。在本文中小额度是一个相对概念，根据各地区不同经济发展状况有所不同。

1.3 利益相关者理论

利益相关者理论是20世纪60年代左右，在美国、英国等长期奉行外部控制型公司治理模式的国家中逐步发展起来的。该理论认为，任何一个公司的发展都离不开各种利益相关者的投入或参与，比如股东、政府、债权人、雇员、消费者、供应商，甚至是社区居民，企业不仅要为股东利益服务，同时也要保护其他利益相关者的利益。20世纪80年代之后，弗里曼对利益相关者理论做了较详细的研究，他认为“利益相关者是能够影响一个组织目标的实现或者能够被组织实现目标过程影响的人”。这个定义不仅将影响企业目标的个人和群体也看作是利益相关者，同时还将受企业目标实现过程中所采取的行动影响的个人和群体也看作是利益相关者，正式将当地社区、政府部门等实体纳入利益相关者管理的研究范畴，大大拓宽了利益相关者的内涵。1977年，宾夕法尼亚的沃顿学院(Wharton School)首次开设“利益相关者管理”的课程(付俊文、赵红，2006)，表明利益相关者理论已开始被西方学术界和企业界所重视，并在实际应用中取得了很好的效果，自此利益相关者理论开始引起关注(李洋等，2004)。目前，随着利益相关者理论的不断发展和完善，该理论已经被广泛应用于管理学、社会学、经济学、法学等诸多研究领域。

2 农村林权小额贷款业务流程与其利益相关者分析

基于陕西省富县和福建省永安市的调查，以此为案例，在分析林权小额贷款的业务流程的基础上，进一步阐述其利益相关者及其职责。

2.1 农村林权小额贷款业务的流程分析

福建省永安市的林权小额贷款开展已久，已初步形成其一套模式；陕西省富县是陕西省林权抵押小额贷款业务开展的第一批试点。根据调查研究，以两地开展的农村林权小额贷款业务为例，分析总结其业务流程如图1所示：

两地的林权农村小额贷款业务流程基本类似，但借款申请人都必须持有“两书一证”(林权抵押登记证、林权抵押贷款意向书、林业部门办理评估备案确认书)，才能获得农村信用社的贷款批准。另外，在森林保险方面，本着借款人自愿办理的原则，并不作为强制性要求，在福建省永安市直接将其放入流程设计中，而陕西省富县在流程中并无此项。

2.2 林权农村小额贷款业务的利益相关者辨析

基于对林权农村小额贷款业务流程的分析，可以将该业务的利益相关者分为主要利益相关者和次要利益相关者。主要利益相关者是直接参与林权农村小额贷款业务的审批，直接影响该贷款是否能获得审批的相关机构或个人；次要利益相关者则是间接参与该业务，影响该业务的持续发展的利益相关群体或

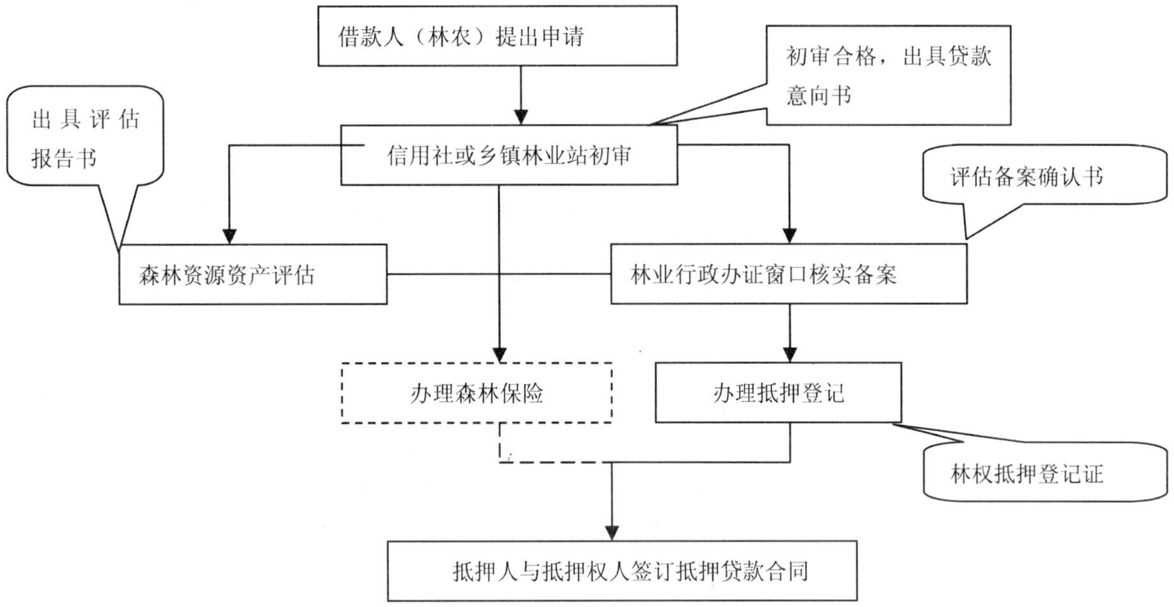

图1 林权农村小额贷款的业务申请及其审批流程图

资料来源：1. 福建省永安市林业服务中心《便民服务手册》；
2. 陕西省森林富县信用社林权抵押贷款业务操作流程图。

个人。

2.2.1 主要利益相关者

从林权农村小额贷款业务的申请和审批程序看，其主要利益相关者包括借款者(林农)、政府机构、金融机构、森林资源资产评估机构和森林保险机构。

第一， 借款者——林农

林权农村小额贷款业务的借款者必须有林权证做抵押，由此，其借款者定位为林农。我国山地面积占国土面积的69%，山区拥有全国90%以上森林资源，山区人口占全国人口56%，贫困人口众多。林改后，随着广大林农生产积极性的提高，林农对资金的需求十分迫切，资金缺乏严重制约了林区农民维持简单再生产和扩大再生产的能力。从现实情况看，我国宏观背景下的金融资本充裕；而由于林农缺乏有效的抵押物，贷款难成了制约林业经济发展的“瓶颈”。对于林农来说，林地是他们最重要的生产资料，林权抵押小额贷款成为获得资金的现实选择与重要途径。根据调查，陕西省西乡县和富县以及福建省永安市的很多林农都有融资需求。

第二， 金融机构

在我国，运作林权农村小额贷款的机构主要有两种，即农村信用社和新被允许成立的“只贷不存”的小额贷款机构。在项目组调查的福建省和陕西省，承担林权农村小额贷款的主要金融机构是农村信用社，它承担贷款业务的审批、贷款追踪和贷款收回的整个过程。2005年开始，在川、陕、晋、蒙、黔进行小额贷款的试点，“只贷不存”，必将拓宽获取林权农村小额贷款业务的金融机构，也会增加该业务运作的灵活性和创新性。两种金融机构都要受到金融监管，按照央行规定的银行贷款利率发放贷款。二者不同的是农村信用社可以吸纳存款，而后者则不能吸纳存款，贷款资金来源是其机构自有资金，因此，这种机构的设立者必然是具有资金雄厚的企业或个人。

第三， 政府机构

与林权农村小额贷款有主要利益相关的政府机构，主要是林业部门和乡、村级政府。

林业部门承担的职责主要是：一是与林权证发放有关的事宜，包括林权的纠纷；二是林权流转过程中需要县林业局审核审批，具体而言，森林资源资产评估备案确认和林权抵押登记都需要林业行政主管部门批复。比如陕西省富县在家庭承包经营的森林资源流转程序中规定，当森林资源流转程序在转让或互换时，需要到县林业局审核审批；森林资源的登记备案需要林业站收集资料并将结果汇总给县林业局。

乡政府或村委会在林权农村小额贷款业务中也具有审核和审批权。陕西省富县规定森林资源在转包或出租时，需要村委会，甚至乡政府进行审核审批。

由此可见，林业部门和乡、村级政府作为该业务的审核和审批部门，是主要的利益相关者之一。

第四， 森林资源资产评估机构

林业产权目前在流转过程中，主要包括森林、林木所有权；森林林木使用权和林地使用权。而这些权属的有效证明凭证则是林权证。林权农村小额贷款是以林权证为抵押物的小额贷款业务，在审批贷款的过程中，林权证可以作为资产评估、作价入股、抵押的凭证。因而森林资源资产评估机构则成为该业务的主要利益相关者。

第五， 林业保险机构

目前市场上主要由中国人保财险一家保险机构办理林业保险。由于林业生产自身的特点，生产周期长、受地理条件和自然条件的影响比较大，而林权农村小额贷款的业务范围主要限于林业生产，因而在贷款审核的过程中，有些贷款机构要求借款人进行森林保险，比如森林病虫害以及自然灾害等意外保险，来减小金融风险，为借款人的林业生产和经营提供保障。从业务的持续性发展考虑，本文将林业保险机构列入主要利益相关者。

2.2.2 次要利益相关者

首先从林权农村小额贷款业务发展的可行性和可持续性的角度考虑，其次要考虑利益相关者，主要包括金融监管机构、资金供给方、国家扶贫部门、林业产业协会、产业技术协会等。

不论是以农村信用社还是以“只贷不存”小额贷款机构为主要放贷的金融机构，都要受到金融监管机构的监管，遵守金融秩序。比如：对“只贷不存”的小额贷款机构，规定其小额贷款利率不能超过法定利率的四倍，以人民银行年息5.56%计算，最高不能超过22.24%。林权抵押贷款的直接资金供给方是贷款机构，但间接的资金供给方是提供给贷款机构资金的群体，对农信社来说，主要是当地公众的存款；对“只贷不存”机构，其资金供给方主要是发起方的自有资金。不同的资金供给方其资金所获取的收益是他们关注的利益，如何保障其收益，这些资金供给方，尤其是大户的经营观念，必然间接地影响林权抵押农村小额贷款业务的运转；对于扶贫机构，主要落实国家扶贫任务，由于其扶贫对象与林权抵押小额贷款的服务对象一致，因而贷款部门经常联合扶贫部门，开展一些业务，以获取更多的资金。甚至一些地方的扶贫部门直接开展农村小额贷款的业务，比如，河北省易县扶贫经济合作社其主要的业务部门之一是县扶贫社。但本文主要将扶贫社作为林权抵押农村小额贷款业务的间接参与机构，因此将其列为次要利益相关者。

各种产业技术协会，根据农村林权抵押贷款的贷款用途，给予农户适当的技术支持，指导其在贷款用途范围内的技术协作，增加农户作业的成功性，降低还款风险。由于很多地方要求农村林权抵押贷款的主要用途限定在林业作业，因而林业产业协会在农户贷款用途方面和技术方面具有重要指导作用。

3 基于利益相关主体的问题分析

基于农村林权抵押贷款的利益相关者的辨析，下文将从其主要利益相关者分析农村林权抵押贷款的问题和对策，从政府部门、金融机构、农户、森林资产评估机构和林业保险机构的角度分析其政策、制度和相关风险。

3.1 政府部门

政府的政策制定对相关利益者是极其重要的，下文将从四个方面进行政策问题分析，即林地抵押权不明限制了林地使用权的流转、政策偏差导致农户难以获取作为抵押物的林权证、木材限额采伐政策的限制加剧还贷风险、政府贴息政策和生态效益补偿政策需要落实。

第一， 林地抵押权不明限制了林地使用权的流转

在我国，林地所有权禁止流转，由此，林权流转一般包括林地使用权和林木所有权的流转。林地抵押权是林地使用权的一种，农村林权小额抵押贷款的林权要求以林地林木资源进行抵押。而现阶段法律和政策对林木抵押权的规定不明。在《物权法》第124条第2款、第128、133条和《中共中央国务院关于加快林业发展的决定》中，对林地使用权的流转规定了抵押权。而《森林法》第7、15、26、27、32条和《农村土地承包法》第32、33、34、36至46条，对林地使用权的流转规定中，未将抵押权作出规定。可见，四种法律法规对林地使用权流转的规定具有差异，法律法规对于林地抵押权是否属于林地使用权的规定不明，大大限制了农村林权小额抵押贷款业务开展的合法性[4]。

第二， 政策偏差导致农户难以获取作为抵押物的林权证

有些政策的制定，存在利益相关者之间的冲突。国家林业局颁布的《森林资源资产抵押登记办法(试行)》中有两条规定："自留山等集体所有的林地使用权不得抵押"、"森林或林木资产抵押，其林地使用权须同时抵押"。自留山在农村面积很大，同时涉及很多农户的利益，如果自留山等集体所有的林地使用权不能抵押，就不能保证林权证的物权。同时，第二条是将林木所有权和使用权与林地使用权混为一谈，自然消弱了林权所有者的权利。国家林业局2007年出台的《关于进一步加强和规范林权登记发证管理工作的通知》中明确规定："没有稳定的非农职业或者没有稳定的收入来源的农户，将通过家庭承包取得的林地承包经营权转让给其他从事农业生产的农户"和"有稳定的非农职业或者有稳定的收入来源的农户，将通过家庭承包方式取得的林地承包经营权采取转让方式转让给非农户"的受让方申请林地承包经营权变更登记的，将不予登记。由于得不到林权证，受让方的权益得不到保障，更不能以林权作抵押申请小额贷款，同时，限制了林地的流转范围和工商资本参与投资林业的积极性。

第三， 木材限额采伐政策的限制加剧还贷风险

森林作为一种特殊的资源，国家对其实行严格的保护政策，对木材制定了限额采伐政策，未经林业部门批准，金融、司法部门对抵押物无权进行变卖处置。这显然加剧了农村林权小额抵押贷款的还贷风险，使得该业务难以展开。在陕西省西乡县，由于执行商品林采伐零计划，使得一方面林农受益权得不到落实，削弱了林农造林护林的积极性，不愿进行贷款造林；另一方面金融机构也不愿开展林权农村小额贷款业务。

第四， 政府贴息政策和生态效益补偿政策需要落实

政府贴息政策和生态效益补偿政策的出台，都是以经济驱动力鼓励造林、发展林业产业。对林权农村小额贷款的申请获准人在相关规定范围可以获取财政贴息，贴息率为3%。中央财政贴息范围包括：农户和林业职工个人用于从事营造林、毛竹林扶育等林业资源开发的，并小于30万元的贷款项目，贴息最长时间为5年。在中央贴息政策的基础上，各省出台相应的规定。浙江省丽水市及其辖县政策规定，对低收入农户小额贷款和2万元以下的林权抵押贷款执行基准利率，县财政给予基准利率30%～50%的财政贴息。青田和松阳等县则对困难户、特困户的贷款，给予全部贴息。由此，政府贴息政策对农村林权小额贷款是有利的，但同时由于财政贴息地方政府需要出资，对于财政落后的市县虽然有了政策出台，但贴息资金却难以落实，必然损害贷款农户参与林业生产的积极性。

农户以林权证为抵押进行小额贷款，很多农户抵押物的林木是公益林，比如在陕西省很多农民是以次槐作为抵押，倘若农户不能按期偿还贷款，就需要以生态林作价，因而生态林的生态效益如何体现，就需要国家出台的生态效益补偿政策以及相关的配套政策落实资金。

3.2 金融部门

按照农村林权抵押小额贷款的整个阶段，可以将金融机构的内部控制分为①事前管理阶段：在这个阶段中金融机构主要的工作是对产品的设计、宣传和审批受理；②事中管理阶段：主要是对贷款户建立定期审查制度和追踪制度；③事后管理阶段：金融机构的主要工作是贷款的回收和对客户的回访，以建立客户的信用评级制度等。

第一， 事前管理： 问题重重

目前，农村林权小额贷款处于试运行阶段，因而事前管理是问题重重的阶段。首先，贷款产品的设计与林业生产特点不匹配。林木生产周期较长，一般树木成才需要10年以上，林地种植的中药材生长周期也在8年左右。而目前农村信用社的放贷期限以一年期为主，最长不超过3年，其地方财政贴息政策最长也为3年，贷款期限与林业生产周期的不匹配，给银行带来了金融风险、林农带来了还款风险。其次，申请程序复杂，对抵押物限制过严。针对农村林权抵押小额贷款，业务创新审批程序复杂，需要层层上报审批，基层银行缺乏业务创新自主权，创新积极性不高。而同时，贷款抵押物范围较小。在陕西省，为了避免金融风险，西乡县农村信用社在林权抵押的同时，还需要有担保人，使得林权抵押形同虚设；在辽宁丹东，抵押物的选取主要限于经济价值较高的红松林和落叶松林，且树龄要求在 15 年以上。抵押物的苛刻，使得多数林农难以获得贷款支持。再次，贷款门槛高，融资成本高。最后，贷款对象是以非贫困人群为主流，与业务的扶持对象有一定差距，并非真正意义上的农村小额贷款。

第二， 事中管理： 监管风险大

金融机构在事中管理中建立了定期审查制度和追踪制度。但是由于抵押林木在农村，甚至偏远的林区，距离金融机构所在地比较远，交通不便，一旦抵押的林木遭经营户私自砍伐或者他人盗伐，无法监管。

第三， 事后管理：贷款处置偿还和保障补偿机制尚未形成

农户林权小额抵押贷款合同到期，如果借款人无力偿还贷款本息，则需处置抵押物，是债权受偿。金融机构处置抵押物的方法主要有两种途径：一是将林权流转变现，另一种是木材砍伐后变现。但目前绝大部分地区林权流转市场欠缺，这极大地制约了森林资源资产交易，提高了林权抵押贷款中债务人违约时抵押物的变现风险。而且，林权证确定的范围主要是农户的生态林，而目前生态林实行的是限额采伐，而且生态效益的评估价值是否能实现，也成为贷款机构能不能还贷的风险。由此，贷款处置场缓和保障补偿机制尚未形成。

除此之外，在金融机构的事后监管中应该建立客户信用评级制度，这样有利于林权农村小额贷款申贷户的循环贷款。

3.3 农户

课题组在陕西省西乡县和富县，以调查问卷和访谈的形式，对农户进行了调查。项目组认为，对于农户而言，林权抵押贷款管理制度滞后，加大了农户的贷款成本，其表现为：操作不规范，手续繁琐现象严重等；贷款成本较高以及贷款收益落实存在一定障碍。

第一， 贷款获取难

贷款手续繁琐加大农户成本。以西乡县为例，当地农民如果要以林权证为抵押向西乡农村合作银行贷款，在提交申请以后，由于西乡县没有符合资质的评估机构，因此就需要聘请汉中四方资产评估有限责任公司对持有的森林资源进行评估，这样一来不仅使贷款申请的时间变长了，整个贷款手续变得更加复杂了，还增加了费用。对于本来就缺钱、急需用钱的农民，由于贷款时间的延长以及费用的增加，就削减了他们以林权为抵押进行贷款的意向。经陕西省西乡县的调查，从申请贷款到获取贷款的时间大约半个月到一个月。

从贷款对象而言，林区真正贫困户是很难得到贷款的，由于林权抵押物的处置困难，在实际的操作中，这项业务除了林权证的抵押，还需要以房产抵押或担保人担保，真正落实贷款的林农，还是富裕户或有资本的农民，歪曲了该业务真正的贷款对象。

第二， 贷款利息率高， 增加了林农成本

经调查，2009 年陕西省西乡县农村合作银行，共贷款农村林权小额贷款 10 笔，贷款金额从 3000 ~ 30000 元不等，贷款利息率为 9.735% ~12.45%，是当年 1 年期贷款利率(5.31%)的 1.8 ~2.34 倍，而从贷款者的意愿来说，通过预算收益和合理的贷款利率测算，农户认为合理的收益率在 5% 左右，由此，其贷款利息率应为 3% ~5%。而实际的贷款利息率与贷款户的心理预期差距较大。

第三， 木材采伐和还贷解押的操作程序设计使收益难以落实

对贷款用于造林并通过采伐获取收益的农户而言，农村小额林权抵押贷款的设计存在一定的缺陷，使收益的获取和还贷存在倒置关系，即先还贷后再获取采伐收益。具体而言，农村信用社要求林农先还贷款再解除林权证抵押，以减少还贷风险；而贷款人需要解除抵押，拿回林权证之后，才能到林业局办理采伐证，从而采伐林木获取收益。因而木材采伐的获准与还贷解押存在时差，程序设计的失误，挫伤了林农申请该业务的积极性。

3.4 森林资产评估机构

第一， 森林评估资质的制度性冲突

在财政部、国家林业局关于印发《森林资源资产评估管理暂行规定》中第十三条规定：非国有森林资源资产的评估，按照抵押贷款的有关规定，凡金额在100万元以上的银行抵押贷款项目，应委托财政部门颁发资产评估资格的机构进行评估；金额在100万元以下的银行抵押贷款项目，可委托财政部门颁发资产评估资格的机构评估或由林业部门管理的具有丙级以上(含丙级)资质的森林资源调查规划设计、林业科研教学等单位提供评估咨询服务，出具评估咨询报告。

根据《资产评估机构管理暂行办法》第二十九条规定：丙级资产评估机构的必备条件：8名以上注册资产评估师；注册资本在人民币30万元以上；按照有关规定提取风险准备金；按照有关规定提取事业发展基金；近3年年平均评估收入在人民币200万元以上，或达到与之相应的评估资产值；具有规范和完善的评估业务质量控制制度、风险控制制度和健全的内部基础管理制度；省、自治区、直辖市、计划单列市财政厅(局)规定的其他条件。而像陕西省西乡县这样需要实施小额林权抵押贷款的地方多为经济欠发达地区，这样的地区由于经济条件和自然因素的限制，没有条件成立丙级以上(含丙级)资质的资产评估机构，这就为当地的森林资产评估工作造成了困难。

第二， 林权抵押估值复杂， 缺乏健全的评估体系

由于森林资源资产是一种特殊的资源性资产，缺乏健全的评估体系，如专业的评估机构、专业的评估人员、科学的评估技术和手段，易造成抵押物估值风险。如森林资源资产的构成包括林地和林木，不同林种不同林龄的价值差异大，商品林和公益林的作价也不同，其中公益林的公益价值如何体现都是评估难点；同时森林资源资产由于相应的交易市场规范或缺失，造成其公允价值也难以判断。这些都造成了林权抵押物估值风险。由于农户林权抵押小额贷款涉及的申贷人多、林地面积广，需要健全的机构、专业的人才和成熟的估值技术，这都使贷款物的估价成为难点，限制了农村林权抵押贷款业务的发展。

3.5 林业保险机构

由于林业生产的特点表现为产品生产周期长、受自然因素影响大，属于弱质产品，存在自然风险，尤其是森林病虫害和森林火灾风险。因此为了规避农村林权小额抵押贷款的风险，金融机构要求进行产品的保险。

第一， 林业保险供给不足， 险种单一

林业的生产周期长，遭受火灾、鼠灾、虫灾等灾害的概率非常大，这些风险很难规避；个体营林规模小，保险标的分散，风险集中，赔付率高；林业风险的发生有着高频率、突发性和险种复杂的特点[6]；这些都造成保险机构的成本提高。另外，商业化经营的保险公司更加注重经济利益，成为上市公司后更要为股东利益负责，面对森林保险的低费率和高风险不愿推出林业险种，这就造成林业保险供给不足。

我国森林保险险种单一，开展森林保险较早的福建省也仅限于森林火灾保险这一险种，而气象灾害及病虫害等都未承保。虽然陕西西乡有自然险，但理赔标准高，林农即便受灾也无法达到理赔标准，形同虚设。而近些年，由于林农防火意识的增强，可以比较有效的防止火灾的发生，林农对火灾的发生有侥幸心理，加之林业生产周期长、见效慢，连续投保的费用对林农来说是一笔不小的开支，林农投保积极性不高。森林保险产品种类少，可分散的风险也就小，这在一定程度上制约了需求。

第二， 保险标的选择苛刻、 灾后理赔困难， 林农投保意愿低

由于森林保险价值构成过于复杂，真正具备保险业务特征的范畴狭窄，许多具有保险需要的项目难以产生保险盈利模式[7]。保险机构对保险标的选择有严格要求，使得保险标的覆盖范围缩小。保险公司设定的赔付条件过高，使得林农即使遭受很大损失也无法达到赔偿标准。通过对陕西西乡的调查发现，当地的赔偿标准是六级以上大风、核桃大小冰雹所造成的损失，但这样的条件基本上就不可能在当地出现，而林农只需4级以上大风就可以受到严重损失。再加手续复杂等其他原因，林农投保积极性很低。

第三，业务风险大，利润空间小，保险公司畏难情绪严重

保险公司对开展保险业务表现出明显的矛盾心理。从长远来看，森林保险业务空间巨大，但短期看，林业保险业务风险大，利润空间小，保险公司畏难情绪严重。目前，全国平均每亩保额421元，保险费率1.6%。中央政府对公益林保险保费比例为50%，并要求地方财政至少补贴40%，其中省级财政至少补贴25%。但这样的保障水平仍然不高，以福建省南平市为例，近三年的平均赔付率高达176%[8]，使保险公司亏损严重。

4 解决策略

通过林权农村小额贷款主要利益相关者的问题分析，本文从四个方面分析其解决策略。

4.1 金融机构设计多模式的林业信贷产品，建立科学的内部控制制度

金融机构在为农户设计多模式的林业小额贷款产品时，应考虑以下几点：

第一，以利益驱动统一认识农村林权小额贷款产品的利润空间。退耕还林工程后，农村农户有了自己的林地和林木资源，林权证的发放为农户提供了获取收益的资产，因此，当地金融机构首先应该建立服务于林权农村小额贷款户的意识，发展的好将会有广阔的获利空间。在利益驱动下，会同当地利益相关者共同设计模式的林业信贷产品。

第二，按照小额贷款的额度范围，设计不同的贷款种类。从小额贷款的范畴，比照当地生活水平，设置小额贷款的界限并划分为不同的额度范围，设计不同贷款额度范围内的产品。比如：额度在几千元以内的贷款，直接设计信用贷款产品，不需任何抵押或担保，缩短贷款获批时间，甚至当天申请当天或隔天即可放款。这就要求有一套完整的信用评估制度，比如：可以基于“5C”系统设计指标予以评价。而对于金额较大的贷款，可以使用林权证抵押贷款和担保贷款。

第三，建立灵活的农村林权小额贷款经营模式。由于农村林权小额贷款的贷款对象涉及到千家万户，每笔贷款都不尽相同，所以应设置多种灵活的经营模式。可以借鉴孟加拉乡村银行的经营模式和经典格莱珉的贷款经营模式。比如农户联保模式，进行同组选择，先放贷2人，再放贷2人，最后放贷给组长，每次放贷额度小，在林木尚未成熟前，后一人的贷款可以先还前一人贷款，这样1人贷款1年，5人贷款期限一共3~5年，与较短的林业生产周期相适应。同时，在贷款的偿还方面，可以定期偿还，为了减轻农户还款压力，可以每周定期还款，以便于金融机构追踪贷款使用情况。

第四，应用金融衍生产品对林权抵押物处置。对于较大金额的林权抵押物可以设计金融衍生工具予以处置。比如：可以发行类似认股权证的产品，将林权抵押物分为面值较小、每股价格较低的份额，根据金融机构追踪，贷款户有很大的违约风险时，卖掉认股权证，到期贷款户如不能还贷，则将抵押物处置，处置收入按股份卖于买权证的股东，这样可以减少银行的风险，当然还可以设计诸如期货的产品，建立解决农村林权小额贷款的风险退出机制。

第五，建立林农个人信用体系和风险补偿基金。建立林农的个人信用体系，有助于将林农的历史贷款信用存档，以便于银行做出抵押信贷决策，从而规范银行的投资行为，保障贷款的安全性。并在贷款户收回贷款的利息中，扣除部分资金建立风险补偿基金，保障金融机构的持续性经营。

4.2 建立专业森林资源资产评估机构，设计科学的评估指标体系，对森林资源进行合理作价

首先，应该清查整顿现有森林资源资产评估机构，对于未取得法人资格或人员配备不齐的森林资源资产评估机构应予以取消其森林资源资产评估资质。对不同森林资源资产评估机构的评估规模与范围予以规范。其次，加强对森林资源资产评估人员培训，在严格考试的基础上核发森林资源资产评估从业人员上岗证。规范森林资源资产评估报告签字资格，并与资产评估协会合作，根据实际情况，制定相应的管理措施，加强对各森林资源资产评估机构的统一管理。

同时，组织高校、研究单位及评估机构的精干力量开展森林资源资产评估有关理论的研究，并结合实际，尽快编制适合不同地域的评估参数体系，如主要树种的收获预测表、投资收益率、商品林出材

率、地利等级表等。制定不同因素下的评估细则，完善评估方法与技术。

应该尽快制订适合本省本地区的森林资源资产评估管理办法，努力使国有森林资源资产评估管理工作及有关经济活动都纳入法制化、规范化、制度化的轨道。

4.3 建立政策性保险机制，抵御森林资源的自然风险

对农户而言，经营林业的风险有自然风险、社会风险、市场风险和政策性风险。从林业保险机构的利益考虑，林业的自然风险和社会风险中的偷盗险是可以设计的险种。当前，对于森林保险可以分为两种，即政策性森林保险和商业性森林保险。对于商业性森林保险，政府应该搭建市场竞争的平台，鼓励差别化经营，予以优惠政策和减免税收。现阶段，以开展政策性森林保险为主，从农村林权小额贷款的角度，其保险标的是生长的林木，包括防护林、用材林、经济林、薪炭林和特种用途林以及竹林。险种可以先设置自然灾害险，政策性森林保险以保造林、育林成本为主，保额根据各地的林木再植成本确定。保费率应根据森林种类的不同以及林木经营者经济效益的差异，制定差异化的保费补贴政策，分层次渐进式地推进森林保险的发展。

4.4 建立健全制度性保障策略，发挥政府监管和引导作用

在农村林权小额贷款中，应该充分发挥政府的公共职能作用。其主要表现在三个方面：

第一，健全与林权有关的法律制度，制定相应的配套政策，保障林权流转的产权基础。比如：从当地政府而言，应设置林业特色产业的贴息制度，鼓励农民进行林业生产，对有能力的行政村，建立和发展适合当地的林业规模化产业基地，以促进当地经济发展，提高农民的收入水平。政府应将生态效益的适当补偿引入农村林权小额贷款中，鼓励农户营造生态林的积极性。

第二，完善林业社会化服务体系，培育市场化的中介组织，包括森林资产资源的评估机构和森林保险机构，为林地流转构建正规化的交易平台。

第三，尽快建立流转交易的信息网络化平台，将林地流转的供求信息、市场价格、配套政策及时传递给农户和林业投资者，为达成林地流转交易创造有利条件。

参考文献

[1]姚淑娥．林权交易中的法律风险预防[J]．林业经济问题，2008，28(1)：11－14，64.

[2]周训芳，谢国保．林业法学[M]．北京：中国林业出版社，2004：39.

[3]周训芳．物权法与森林法知识读本[M]．北京：中国林业出版社，2007：23－30.

[4]程庆荣等．集体林林权流转的交易制度即资本运作研究综述[J]．广东林业科技，2010(1)：103－106

[5]吴东平，夏瑞满等．森林资源流转及抵押贷款存在问题与解决措施探讨——以庆元县为例[J]．林业建设，2008(4)：44

[6]冷静，祝应华等．当前森林保险的现状、问题以及对策[J]．老区建设，2008

[7]方少勇．论森林保险的制度特征与演进路线[J]．保险研究，2010(2)

[8]天新程．我国政策性森林保险迎来发展曙光[J]．中国林业，2009(4)

[9]程芳．对开办政策性林业保险的思考[J]．改革之窗，2009(3)

我国集体林产权科层分析

郭志勤　姚顺波

（西北农林科技大学经济管理学院）

摘　要：文章利用查林的“制度科层概念模型”分析了集体林权改革后我国集体林产权的科层结构及各科层的行为规则，认为目前我国集体林产权分为国家层次、集体层次和私人层次三个层次，国家层次应通过实施差别限额采伐及减免税费还权于民，并严格规定、限制集体层次的行为，同时通过国家财政补贴集体组织，避免其迫于财政压力侵害农户权益，使之能够放权于民，从而使私人层次得到相对完整的集体林产权，激发其林业经营积极性，促进集体林业健康有序发展。

关键词：集体林；产权；科层 ；行为规则

1　自然资源产权科层研究的演变过程

西方对自然资源产权理论的研究是以“要么私有，要么公有”的两分法开始的。私有产权指产权主体拥有对财产排他性的使用权、收入的独享权与自由的转让权，多个实体共同拥有的产权被称为共有产权。随着研究的发展，许多学者认识到产权结构的二分法过于简单，纯粹的共有产权和私有产权是产权形式的两个极端，在它们的中间地带，还有其他各种形式的产权，这个时候普遍接受的是产权的“四分法”[1]。

国有产权	国家代理机构决定资源使用者和使用规则
私有产权	产权所有者排他性地按自己的意愿安排使用资源
共有产权	产权集团成员排他性地按照协定的方式使用资源
开放进入	资源处于“无主状态”，对资源使用者无限制，任何人均可自由使用资源且无权干涉他人使用

图 1　产权结构的四分法

埃莉诺 · 奥斯特罗姆在研究公共池塘资源的使用规则时引入产权的多层次分析。她提出决定产权的三个层次的规则：宪法选择规则、集体选择规则和操作规则。宪法选择规则通过决定谁具有资格来决定用于制定影响集体选择规则的特殊规则，从而影响操作规则和结果，宪法决策的规划设计、治理、评判和修改发生在宪法层次；集体选择规则间接影响操作规则，政策决策的制度、管理和评判的过程发生在

作者简介：郭志勤，女，西北农林科技大学经济管理学院博士生，主要研究方向：林业经济管理，电话：13636707497，Emai：guozhiqin123@163. com，地址：陕西杨凌西北农林科技大学南校区经济管理学院 712100

通讯作者：姚顺波，博士，教授，博士生导师，主要研究方向：林业经济管理，电话：15209225558，Emai：yaoshunbo@163. com，地址：陕西 杨凌 西北农林科技大学南校区经济管理学院 712100

集体选择层次；操作规则直接影响产权所有者的日常决策，占用、提供、监督和牵制实施的过程发生在操作层次。不同层次之间的规则具有“嵌套性”，一个层次的行动规则的变更，是在较之更高层次上的一套“固定”规则中发生的，所有的层次一起构成了“嵌套性制度系统”[2]。

澳大利亚的查林在奥斯特罗姆产权多层次性和嵌套性制度分析框架的基础上，提出了关于自然资源产权结构描述的一般理论“制度科层概念模型 ”。认为对自然资源来说，产权具有多层次性，在共有产权与私人产权之间，可能存在着许多产权层次，每一层的决策实体拥有自己的资源管理目标，分别独立做出不同的决策，所有的产权层次构成了一个“产权科层”；在每一个产权层次上，还包括赋权体系（又称为配额体系）、权利初始分配机制和再分配机制三种其他管理自然资源利用的制度[3]；所有产权层次的叠加就构成了一个科层系统，这是一个“嵌套性规则体系”，各个层次的决策实体有不同的决策内容，下一层的行为受制于上一层确立的规则。

2 我国集体林产权科层结构分析

按照《中华人民共和国宪法》、《中华人民共和国森林法》的规定，法律规定属于集体所有的森林为集体林。集体所有权是指隶属集体所有制的经济单位依法对自己所拥有的森林、林木、林地享有占有、使用、收益和处分的权利[4]。在集体林权改革以前，我国集体产权科层结构如图2所示，只有国家和集体两个层次。在集体层次，集体组织内所有成员共同拥有集体林地和林木资产的占有权、支配权和处置权，从理论上讲所有者是集体成员，村民委员会是所有者的代理，而实际上由于村委会执行的是乡政府的行政管理职能，在行政组织的权威下，集体成员与村委会的委托代理关系被扭曲为被领导与领导的行政关系，村委会完全掌握着集体林的占有权和使用权，作为集体所有权主体的集体成员并不能通过支配属于自己的林地获取收益，从而不会关心集体林的发展，所有权主体地位虚置。在国家层次，《森林法》规定集体所有的森林和林木、个人所有的林木以县为单位编制森林采伐限额，集体经济组织没有权力作为林木处分主体，森林、林木的制度决策权、监督权、管制权、采伐权、运输权牢牢掌握在政府手中，其转让、拍卖、采伐利用等林权权利人的权力实施往往需要经过各级政府的层层控制审批，致使林权所有者对自己财产的处分权名存实亡。集体对林地除了拥有在农户间进行调整的分配权力外，并不具有法律赋予所有权人的全部权利，体现林木权利人的不是集体经济组织，而是县一级政府，国家凭借行政权利在很大程度上限定了集体对林地经营权的处置。村委会作为集体林地的实际经营者，对林地经营没有利益动力，同时缺乏真正所有者约束的外在压力，以致集体林的经营长期以来处于粗放状态，生产效率极低。从收益权看，林地名为集体所有，但林地收益的绝大部分被国家拿走，林地集体所有在经济上已被架空，政府才是集体林地的终极所有者[5]。

2003年，江西、福建等省在全国率先启动集体林权制度改革，2008年中央10号文件《中共中央国务院关于全面推进集体林权制度改革的意见》提出用5年左右时间基本完成明晰产权、承包到户的改革任

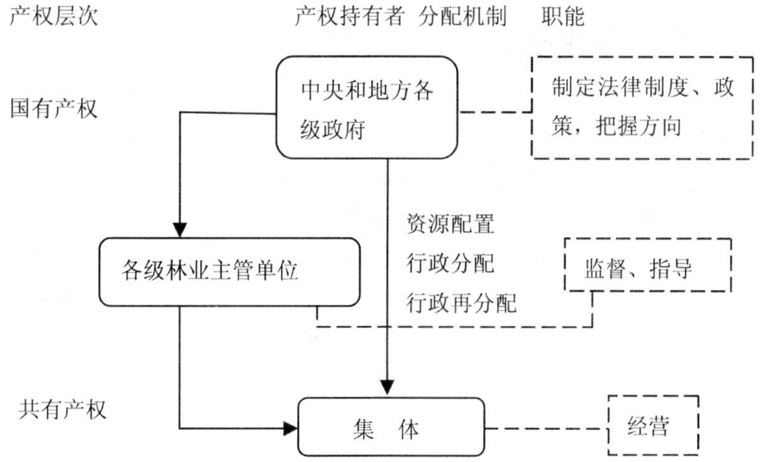

图2 林改前的集体林产权科层结构

务，集体林权改革在全国全面铺开。集体林权改革在坚持集体林地所有权不变的前提下，将林地承包经营权和林木所有权，通过家庭承包方式落实到本集体经济组织的农户，林农对林地享有经营权和使用权对林木享有占有、使用、收益和处分的权利，林地承包期内在不改变林地用途的情况下允许租赁、抵押、转让和继承，林地产权真正变为林农可以有条件地处分的私有产权，确立了农民作为林地承包经营权人的主体地位，一定程度上促进了林业生产力。为了进一步盘活林地资源，同时防止分林到户后林地过于细碎化、小户经营的情况，一些省区鼓励通过集体拍卖、集体内农户间流转以及集体内农户将林木林地转包给集体外林业经营单位等形式将林地集中给一部分造林大户、公司。

根据查林的"制度科层概念模型"，我们建立起一个如图3所示的林改后的集体林产权科层结构图，由图可以看出现阶段我国集体产权科层包括三个层次，即国家层次的国有产权、集体层次的共有产权和私人层次的私有产权(包括农户、造林大户和公司等林业经营单位)。国家在进行集体林权管理时长期以来是把完整的林业产权分割成了许多子权力，制度决策权、监督权、管制权、所有权、占用权、使用权、采伐权等，构成林权的权力束，而这些子权利被分配镶嵌在不同的行政科层体制的各层级主体上[6]。

国家层次拥有制度决策权和宏观层面上的监督权、管制权，它规定集体林产权的制度框架和各项政策，这一层次的规定必须具有稳定性，即政策和制度应具有相当的连续性，因为作为集体林产权科层中的最高层次，它为其他较低的产权层次集体层次和私人层次提供规则，一旦规则改变，其他层次的产权内容都要做出相应的调整，尤其是直接进行林业经营的操作层次私人层次，只有稳定的政策和制度才能让他们对林业生产形成稳定的预期，从而进行合理的生产投入决策，实现林业的健康有序发展。

集体层次上承国家层次、下启私人层次，对私人层次的微观林业经营主体具有监督权和管制权，即在政府的集体林制度框架内，实施对当地森林资源的管理活动，并对私人层次的林业经营活动进行监督。具体来说，集体层次的管理活动要求具有明确性和限制性。集体层次作为国家层次和农户层次的中间纽带，一方面它是国家的代理人，另一方面它又是农户的委托人，由于信息不对称、利益目标不一致等原因，在这种委托—代理过程中易形成逆向选择和道德风险问题，解决这个问题的方法是明确集体层次的管理内容，限制其权力边界，避免集体对本组织内林农私有权利的干涉或侵害[7]。

私人层次为集体林生产经营的具体操作层次，拥有林地和林木的所有权、占用权、使用权、以及受限制的采伐权和运输权，其行为既受到国家层次规则的约束，又受到集体层次规则的限制。私人对林木和林地的产权应该具有完整性，即除了占有权之外，还应享有林木林地的使用权、收益权和处分权(流转权)。其中，流转权起着更为关键的作用，理论上来讲，得到清楚界定的转让权一定包含着清楚界定的使用权和收益权[8]。所有的产权都是一个所有权与其他所有者之间的转移，在通常被公认的条件下进行自愿交换，否则所有者将没有动机在其期望利用时间之外保持资源，对资源的未来产生的兴趣将会减少[9]，转让权赋予经营者盘活林木林地资源，能够满足林业经营者在林业生产过程中结构调整的要求。

3 集体林产权科层体系中各科层行为规则分析

集体林权改革的组织基础是中国严密的行政科层体制，而中国国家科层组织结构形式属于非常典型的失重型，表现为严密的党组织体系和行政组织制度等[6]，因此集体林产权科层结构具有典型的政治科层的特点，即自上而下的权威和下级对上级的绝对服从。最高层次的国家作出规定，并将指令下达给中间层次的集体，集体层次在此框架内作出具体的管理措施，再进一步管理、监督位于科层底层的私人层次，林业经营者据此作出林业生产决策，在此过程中各个层次都有自己的职责和任务。位于底层的林业经营者被动接受来自高级层次的命令，同时根据上级安排给他们带来的正面或负面的影响决定积极或消极地去参与政策变化或制度变革，他们的行为选择可能产生两种结果，一是新的制度安排无法得到预期效果，二是由强制性的制度变迁变为诱致性的制度变迁，后者是制度变迁的理想状态。

从国家层次来讲，集体林产权改革前后所扮演的角色相差不大，其主要职能仍然是制定法律制度，把握林业发展方向，只是通过行政分配和行政再分配将原来属于集体层次的林木林地的权利经过行政分配和行政再分配重新分配给私人层次。但在权利占有上国家层次仍然通过限额采伐制度和林业基金等税费制度限制林业经营者对集体林的收益权。通过集体林权改革，越来越多的非公有制主体加入到林业建

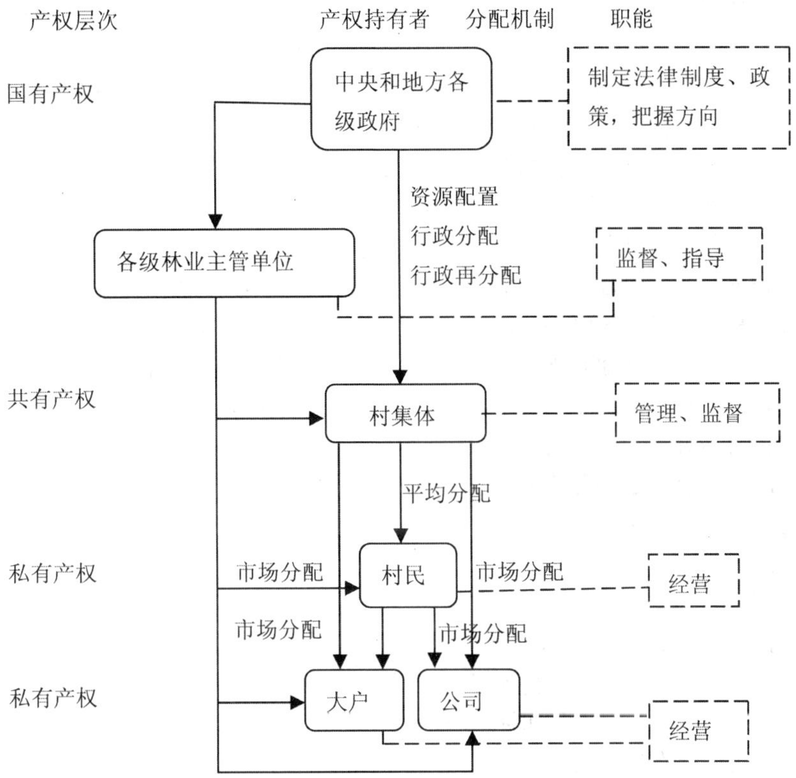

图3 林改后的集体林产权科层结构

设中来，但在采伐限额制度下，社会资金投资所形成的林木受到采伐限额的束缚，对私有林来讲，生态功能是其重要的产品之一，但当私有林分成熟后，政府通过采伐限额制度无偿占有私有林的生态效益，私有林的经济收益与生态收益出现对立，一方面投资者无法凭据自己的意志行使自己的全部权利，另一方面采伐限制影响到林地、林木的经济收益，私有林投资经营者的经济利益受到侵害，客观上妨碍了投资者投资林业的积极性。另外由于历史原因，林改政策的实施难以取信于政策对象。集体林权改革政策可以看作是政府和林农之间的一种社会契约，这种社会契约关系一旦通过制度、法规等方式确定下来，就意味着政府就解决集体林产权问题对社会和林农做出了承诺。但回顾一下建国以来我国集体林的产权安排就会发现，政府在历史上已经做出过多次类似的承诺，但持续时间都很短暂，对林农并未遵守其许下的承诺。政策实施的一个重要前提就是要保持连续性和稳定性，集体林产权的频繁变化降低了林农对目前集体林权改革政策的信任度，严重影响了他们作为政策对象参与林改的积极性，更多地采用观望或不作为的态度。

集体层次在集体林权改革过程中权利变化比较明显，在林改前，林地使用费和林木转让费是很多集体组织财政收入的主要来源，随着林木和林地经营收益权下放给农户，村集体组织则不得不考虑从别的途径来获取村财政收入。这种情况下集体就会考虑如何更好地利用自身在政策实施环节所掌握的自由裁量权以及所处的信息优势地位，从相关政策活动者手中谋取更多的私人利益，交易经常成为其行政决策的特点，双方会在交易中达成相关协议，形成“共谋关系”[10]。如在集体林权改革之初，林农对林改政策并不了解、对林业产出潜力信心不足，加上缺乏资金投入等原因，对林地经营缺乏积极性。集体及时捕捉到这一信息后，利用手中的自由裁量权和林权改革中的林地流转规定，与林业大户和林业企业发生共谋，以各种理由把大量本应分给农户的林地经营权和林木收益权以低价发包给林业大户或林业企业，从中谋取利益，导致了林改后大部分集体林集中在少数人或者某些经济实体及利益集团手中，而林农却从中获益极少。集体的这一行为违背了作为国家层次代理人和私人层次委托人的初衷和集体林权改革的目标。

从私人层次来讲，集体林权改革赋予其集体林地林木的经营权、流转权、处置权等多项权利，但目前私人所获得的集体林的产权并不完全，是一种有缺陷的产权。根据斯科特(Scott)对产权特征的描述，完整的产权应该具有持久性、排他性、转移性、分割性、权利质量和流动性六个维度。集体林权改革的相关政策规定林地承包期限为50年以上，农户和其他林业经营者得到的集体林产权相对而言具有持久性；农户和其他林业经营者在自己承包的集体林地上具有排他性地进行经营的权利，但在林木财产处分上，却要受到限额采伐制度的限制还要缴纳各项税费，收益权不具有排他性；集体林权改革政策规定，集体林承包者的林地在承包期内可以流转，包括租赁、抵押、转让和继承等，但目前只有部分地方建立了正规的、可为林农服务的林权交易机构和森林资源评估机构，大多数林地资源无法流转，多数金融机构未开展林权抵押贷款业务，同时，活立木交易也是空白，承包者林权的转移性残缺；林权分割为所有权、经营权、处置权和收益权等各项子权利，承包者只有经营权和并不完整的处置权、收益权；从权利质量来看，目前职工、林农和其他林业经营单位占有林地，享有经营权，但在收益权上却受到采伐限额、公益林禁伐等种种限制，无条件地承担本应由国家负责的生态建设的义务，且没有获得任何补贴，经营林业的收益和付出不对等；流动性是指权利的持有者可以改变利用的样式以满足自己的目标，而国有林和集体林林权改革的前提之一就是不得改变林地的利用方式，因此，目前农户和其他林业经营单位所获得的林地权力本身就是残缺不全的。

4 结论及启示

首先对私人层次来讲，要求获得相对完整的产权。私人层次作为产权体系的最底层，处于弱势地位，尤其是农户，其林地林木产权最易受到侵害，因此应该赋予更加丰富和完整的集体林产权，而不仅仅是有使用权，更应有完整林木收益权和林木林地的流转权。而林业经营者完整集体林产权的获得依赖于国家层次的还权和集体层次的放权。

根据对私人层次的分析，国家层次应进一步还权于私人层次。这就要求国家对林木实施差异的限额采伐，在将森林资源区划为公益林和商品林的基础上进一步细划，将公益林划为国家重点公益林和地方重点公益林，将商品林划为自然商品林和人工用材林，根据森林资源种类制定差异的限额采伐措施。对于重点公益林特别是国家重点公益林实施严格保护，只能进行抚育性采伐或者改造性采伐；对于天然商品林实行限伐措施，采伐单位应提前编制采伐计划，经由林业主管部门审核后严格实施；对林改后农户及其他林业经营单位造的人工商品林则应取消采伐限额，赋予非公有制林业经营主体相对完整的财产权利。同时国家应根据中央及地方的财政能力，依据不同的森林资源分类，因地制宜地制定较为合理的生态效益补偿标准，对限制采伐的公益林和天然商品林根据不同的地域、林种、造林方式及地方经济发展水平等因素实行分类补偿。另外虽然国家已经取消了大部分林业税费，但林业经营者还需缴纳育林基金等税费，与经营农业国家给发农业补贴相比，私人经营林业的机会成本明显偏高，因此国家层次还应取消目前仍存在的林业税费。国家层次还应完善林地林木流转制度和机构，建立活立木流转市场和平台，保证林业经营者的林权能够在市场上流转，从而盘活森林资源资产，同时探索限期限量流转限制受让方资格的办法，防止农民失地，抑制过度炒卖林地及林木的行为，避免“养猪一年不如杀猪一夜”和强买强卖的现象出现[11]。另一方面，国家层次应加大政策的稳定性方面的宣传并践行，以求取信于民。

在集体层次，要将林权真正“下放”到私人层次。集体林权改革前，林木林地的转让租赁是很多集体组织财政收入的主要渠道，林改的实施使它丧失了这一既得利益，为了满足村财政需求，集体组织往往会利用自身信息优势和组织内成员赋予的“行政权力”侵害农户的合法权益。针对这一问题，国家层次除了对集体行为进行明确的规定和严格的限制外，还应根据各地经济发展情况从国家财政上对村级财政进行补贴，使其不会因财政压力而打集体林的主意，真正将林权下放到农户层次。

参考文献

[1]王亚华. 自然资源产权的制度科层理论及其应用[J]. 公共管理评论，2006(2)：128-136.
[2][美]埃莉诺·奥斯特罗姆. 公共事物的治理之道——集体行动制度的演进[M]. 上海：上海三联书店 2000：132-134
[3] CHALLEN RAY. Institutions, Transaction Costs and Environmental Policy: Institutional Reform for Water Resources

[M]. Cheltenham: Edward Elgar Publishing, Inc, 2000.
[4]戴广翠，徐晋涛等. 中国集体林产权现状及安全性研究[J]. 林业经济，2002(11)：30－33.
[5]刘璨，吕全芝. 我国集体林产权制度问题研究[J]. 制度经济学研究，2007(1)：80－105.
[6]高建中. 科层理论与中国林权制度改革[J]. 林业经济，2010(2)：63－65.
[7]徐美银，钱忠好. 我国农地产权科层分析[J]. 华南农业大学学报(社会科学版)，2007(4)：24－29.
[8]周其仁. 产权与制度变迁——中国改革的经验研究[M]. 北京：北京大学出版社，2004：83－84.
[9]经济合作与发展组织. 发展中国家环境管理的经济手段[M]. 北京：中国环境科学出版社，1996：72.
[10]丁煌，定明捷. 政策执行中交易成本的构成探析[J]. 南大商学评论，2006(2)：189－201.
[11]中国生态补偿机制与政策研究课题组. 中国生态补偿机制与政策研究[M]. 北京：科学出版社，2007.

我国林权流转评估现实问题研究

高庆浩[1]　曾华锋[1]　聂影[2]

（1. 南京林业大学经济管理学院；
2. 国家林业局林产品经济贸易研究中心）

摘　要：深化集体林权制度改革后，林农的市场经济观念增强，林权交易数量显著增多，林权评估日益受到重视。本文在对林权流转及林权评估等基本问题分析的基础上，阐明了我国集体林权制度改革后林权流转评估的重要性，指出了在林权流转评估过程中存在的一些问题，进而提出了如何应对这些问题的举措以及解决这些问题的关键点。

关键词：林权；林权流转；林权评估；问题

Study on Practical assessment issues in forest right transfer

Gao Qinghao[1]　Zeng Huafeng[1]　Nie Ying[2]

(1. College of Economics and Management, Nanjing Forestry University
2. The State Economic and Trade Bureau of Forestry Forest Products Research Center)

Abstract: After deepening the reform of collective forest right system, the farmers' concept of market economy has improved, the amount of forest right transactions significantly has increased, forest right assessment has been paid more attention. On the basic analysis of the forest right transformation and forest right assessment, the importance of evaluation of forest right transfer has been elaborated, pointing out some problems in the forest transfer assessment process. Then put forward new ways to address these issues and the key points to address these issues after the reform of collective forest right system.

Key words: forest right; forest right transfer; forest right assessment; issue

1　引言

随着我国集体林权制度改革的深化，林权流转形式不断多样化，林权流转活动日趋频繁，林权流转市场快速发展，而林权的合理流转能够促进我国森林资源优化配置，提高森林资源使用效益，完善森林资源资产化管理。林权流转评估价值的准确性又是林权顺利流转的前提和基础，因而，规范林权评估工作显得尤为重要。在新形势下，开展林权流转评估问题的研究，发现影响林权流转评估价值的关键因素，进而找到合理的解决方法，对于进一步推进林权制度改革，完善森林资源交易市场，维护林权人合法权益，促进我国社会主义和谐社会的发展具有十分重要的意义。

作者简介：高庆浩，硕士研究生，研究方向：财务管理与会计，地址：南京市龙蟠路159号南京林业大学经济管理学院(210037)电话：15952033368，Email：gaoqinghao1985@163.com

通讯作者：曾华锋，博士，副教授，主要研究方向：林业经济、林业财务会计，地址：南京市龙蟠路159号南京林业大学经济管理学院(210037)，电话：025-85427376，Email：hj1216@njfu.com.cn

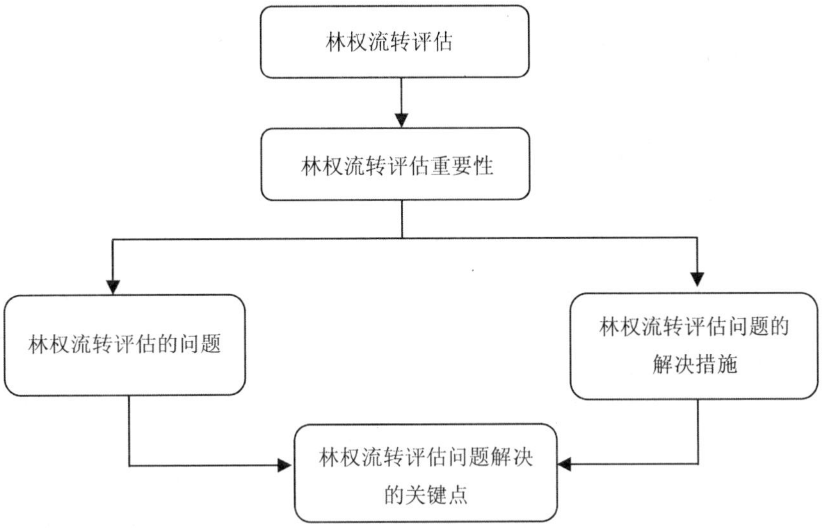

图1 文章写作路线图

2 林权流转评估的界定及其重要性

2.1 林权流转评估的界定

林权是以森林资源的所有权和使用权为核心的一组民事财产权利，因而，林权也就具有了直接支配性、排他性、受益性、优先性等物权特性。而林权流转，是指在不改变林地所有权和林地用途的前提下，按照一定程序和方式，有偿或无偿地由一方转移给另一方的行为[1]。在我国，林权流转通常是指林木所有权或使用权的流转，以及林地使用权与林地承包经营权的流转等。加速林权流转是我国林业市场化发展的客观需求，也是推动林区经济发展的有效方式。随着我国林权制度改革的不断深化，尤其是《森林法》、《农村土地承包法》、《物权法》、《中共中央国务院关于全面推进集体林权制度改革的意见》和《中国人民银行 财政部 银监会 保监会 林业局关于做好集体林权制度改革与林业发展金融服务工作的指导意见》的有效实施，为我国林权流转提供了重要的政策和法律依据，各地林业市场都呈现出蓬勃发展的态势。

对于林权流转评估的具体定义，在我国资产评估专家和林学专家中曾存在着各种不同的解释，专家们从不同的角度对此进行过讨论。丁立新在《森林资源资产化管理改革理论与实践》中提到，森林资源资产评估是根据特定目的，遵循社会客观经济规律和公允的原则，按照国家法定的标准和程序，运用科学可行的方法，以统一的货币单位，对森林资源资产实体及其收益进行的评定估算。2006年，财政部和国家林业局联合下发的《森林资源资产评估管理暂行规定》中指出，森林资源资产评估是由评估人员依据相关的法律、法规和资产评估准则，在评估基准日，对特定目的和条件下的森林资源资产价值进行分析、估算，并发表专业评估意见的行为和过程。魏远竹在《森林资源资产化管理研究》一书中提到，森林资源资产评估是由评估主体根据被评估的森林资源资产的数量、质量和市场供需状况，以及未来的收益能力等多方面情况进行综合分析的基础上，对这些森林资源资产所具有的市场价值进行评定和估算。

经过一段时间的研究和探讨，专家学者逐渐形成共识，认为林权流转评估是森林资产化管理的重要内容，即根据特定的评估目的，遵循客观经济规律和公允的原则，按照国家法定的评估程序和标准，运用科学有效的方法，对林地、林木、森林景观等资产价值进行的评定估算。《国有资产评估管理办法》及其实施细则、《关于森林资源资产产权变动有关问题的规范意见(试行)》、《关于森林资源资产评估管理工作若干问题的通知》和《森林资源资产评估管理暂行规定》等有关规章制度，为我国林权流转评估提供了制度依据。

林权流转评估是我国林权流转的基础和前提，是森林资源资产化管理的重要依据，更是提高森林资源配置效率的有效手段。完善林权流转评估制度，有助于进一步深化林业经济体制改革，推进森林资源资产产权交易活动，实现森林资源资产的保值与增值，进而很好地维护广大森林资源资产所有者和使用者的权益。

2.2 林权流转评估的重要性

林业具有生长周期长等许多特殊性，林权制度改革后，大部分省市在实行承包经营时，按人头平均分配自留山、责任山，林业生产经营相对分散，经营面积变小，不利于森林防火、病虫害防治及适度规模经营和管理。随着集体林业产权制度改革的不断深入，如何通过产业化经营的形式，促进林业不断向规模化发展，完成小林业与大市场的对接，加快林权流转速度，实现林业的现代化发展，是摆在我们面前的一道迫切需要解决的问题。

2008 年发布了《关于全面推进集体林权制度改革的意见》，这使得我国的林权交易数量增多、林权抵押贷款需求增加及林业经营形式多样化，而它们的有效实施需要准确的林权评估价值作为参考，这样，林权流转评估的作用日趋凸显。一是林权交易数量快速增多的需要。深化林权制度改革后，林权交易市场日常活跃，林地、林木等的转让、入股等林权交易行为越来越频繁，林权评估服务需求不断增长。二是林权抵押贷款需求增加的需要。深化林权制度改革后，林农积极参与林业生产经营，但大部分林农资金实力薄弱，自有资金无法满足生产经营的需要，林权抵押贷款自然就成为林农获得经营资金的融通渠道。而林权评估价值量将为贷款融资业务的开展提供重要依据，因此，林权抵押贷款的顺利实施必然依赖于林权流转评估的发展。三是林业经营形式多元化的需要。深化林权制度改革后，各地按照中央文件的指示，明细产权、放活经营、保障权益，给林农带来了切实利益，林业经营形式呈现多元化发展趋势。而承包、出租、入股等经营形式的实现则需要明确投资各方的价值，这样，就需要林权流转评估为投资各方价值的确定做参考。

3 林权流转评估的问题

随着我国集体林权制度改革的不断深入，林权流转不论从数量上还是形式上都有长足发展。但在流转过程中暴露出许多问题，尤以林权评估问题的解决最为急切，主要表现在下面几个方面：

3.1 缺乏健全的林权评估法律、法规

目前，我国尚未制定出一部全国性的资产评估法律、法规，在实际的林权评估过程中，有关方面也只是参考由林业部门和国家国有资产管理局联合颁布的规范和通知，而这些规范、规定和政策还有待进一步修改和完善，致使我国林权评估一直处于无法可依的尴尬境地。同时，由于缺少林权评估行业发展的指导规范，林权评估行业是从属于资产评估业，并由中国注册会计师协会管理，是自行建立一个林业评估协会进行自我管理，还是统一由政府相关部门来管理，目前并未有十分明确的规定。而且，由于没有严格的规定，导致各地、各机构的收费标准五花八门，或高或低，乱收费的现象普遍存在。另外，由于没有相关法律责任与评估违规时惩戒的法律规定，致使相关评估结果的可信度比较低。

3.2 缺乏科学的林权评估程序和方法

在我国集体林权制度改革进程中，由于缺乏科学的林权价值评估程序，导致我国森林资源资产评估出现了很多问题。一些地方政府出于招商引资的考虑，通过行政命令强行推动林权流转，而且在利用招标、拍卖形式进行山林转让经营或承包经营而发生的资产评估过程中，往往采取“简易评估”方式。这样的林权评估缺乏合理的评估程序，以致造成评估价值与实际价值相差很大，在很大程度上造成了集体资产的大规模流失。此外，林权评估的方法混乱，没有一个科学的选择依据，在评估的过程中，全靠评估机构和评估人员的经验来判断选择，也会造成评估价值与真实价值的背离。

3.3 缺乏科学的林权评估理论和经营数表

林权评估不仅涉及评估学、财务学，而且涉及到测树学、计量经济学、森林经济学等多个学科。而

在实务操作中，既懂林业又懂评估的专业人才严重不足，评估也只是以评估人员自身的专业知识为主导来进行的。尽管《森林资源资产评估技术规范(试行)》提供了有关林权评估的测算技术和方法，但该规范只给出了粗糙的框架，没有具体的评估操作规范。另外，在评估过程中还缺少林权评估的相关经营数表，如各地的主要树种收获预测表、商品材出材率表等。评估人员往往只是靠经验或者参阅其他资料得出，随意性较大，致使评估值与实际情况不符。这就造成了下面的局面，林业技术人员熟悉林业生产却不擅长资产评估，而那些具有评估资格的社会中介机构和评估人员又缺乏林业专业知识，不了解林业评估的特点和方法，由他们出具的评估报告不可能做到客观和公正，也就不能维护相关方的合法权益。

4 林权流转评估问题的解决

4.1 林权流转评估问题解决的措施

4.1.1 完善林权评估制度

根据我国林权评估工作的实际情况，必须加快国家林权评估的立法进程，尽快地制定出全国性的《林权评估管理方法》及其实施细则，以规范我国快速发展的林业评估行业。各级林业主管部门要与国有资产管理部门及资产评估协会等密切合作，尽快制定出适应本地区林权评估的规章，弥补法律、法规缺位，以更好指导本地区的林业评估工作，适应林权评估业务不断增加的需要。

同时，应尽快制定出林权评估的违规处罚和业务收费措施。严厉处罚各种不符合要求的评估行为，规范评估机构的收费行为，以树立林权评估的客观性、公正性和权威性。评估行业作为一种中介服务机构，必须建立行业自律机制，自我教育、自我调节、自我约束，以更好地推动评估行业的发展。

4.1.2 规范林权评估程序和方法

建立规范的林权评估程序是评估机构和评估人员防范执业风险、保护自身合法权益的重要手段，也是提高评估业务质量，防止资产流失，维护各利益相关者合法权益，建立起公平合理的产权交易市场的重要保证。规范的林权评估程序为：明确评估业务基本事项、签订评估业务约定书、编制评估计划、现场勘查与调查、收集评估资料、评定估算、编制和提交评估报告书、评估工作档案归档。林权评估人员只有按照规范的评估程序进行操作才能使评估值更接近林权的实际价值。

市场法、收益法和成本法作为资产评估的基本方法，也被广泛应用于森林资源资产的评估中，但由于森林资源的特殊性及影响其价值因素的复杂性，一味地按照传统的评估思维对森林资源资产进行估价，很难客观并完整地体现出森林资源资产的真实价值。因此，在森林资源资产评估中，要打破原有的方式，结合森林资源的特殊性，选取能够很好体现其价值的评估方法，同时，参考其他方法对其进行修正，力求森林资源资产估计准确。

4.1.3 深化林权评估理论和实践研究

森林资源资产评估不同于一般意义上的资产评估，有其自身的特殊性，这就加大了管理和评估的难度。集体林权制度改革后，林权流转频繁且流转形式多样，给林权评估工作带来新的挑战。因此，要广泛组织各科研院所及社会评估机构的有关人员，深入开展林权评估理论的研究，并结合调查研究的有关数据尽快编制出适合各地特点的评估经营数表，如蓄积量表、出材率表等，同时，要进一步丰富和完善林权评估的细则，建立起一套科学的林权评估技术和方法。

在加强林权评估理论研究的同时，必须开展广泛的实证研究，在实践中进一步检验林权评估理论的实用性和客观性。一线林业工作者最有发言权，要加强评估专家和一线员工的联系，多听取、多采纳、多检验，这样才能不断完善林权评估理论。

4.2 林权流转评估问题解决的关键

目前，关于林权流转评估问题解决措施的建议有很多，囊括了多领域专家和学者的不同的视角，这对下一阶段解决这一评估问题提供了很好的借鉴，但这其中大部分都停留在理论研究上，实务操作中混乱无序。因此，如何进一步落实解决林权流转评估问题的措施，真正实现林权流转评估的客观、公正和科学是摆在我们面前的一道难题。

《中华人民共和国森林法实施条例》第二条规定，“森林资源，包括森林、林木、林地以及依托森林、林木、林地生存的野生动物、植物和微生物”。它作为自然资源的一个重要组成部分，除了具有自然资源的一般属性之外，还有其自身所特有的属性，如森林资源生长周期的多样性、森林资源具有多效益和多用途、森林资源分布具有地域性和非均衡性以及森林资源具有演替特性和条件可再生性等，因此，在林权流转评估的过程中必须考虑到森林资源资产的这些特性，而这其中的关键就在于如何选择恰当的计量属性来反映森林资源的客观价值。

一般来说，可以用来选择的计量属性有历史成本、现行成本、现行市价、可变现净值以及未来现金流量的现值、公允价值等。在实务应用中，一般统分为历史成本和公允价值两种，两者有其自身的特点，只是适用环境不同，林权流转评估值的确定同样需要考虑两种计量属性应用条件。在林权流转评估过程中，采用历史成本法具有可靠性、可操作性等优点，评估中可以直接利用已有的数据资料，信息的取得相对容易，且代价较小。但由于森林资源具有特殊性，评估价值可能与实际价值相差甚远，这样就失去了信息相关性的要求。公允价值作为一种新的计量属性恰好能够弥补历史成本法的缺点，充分考虑到森林资源的特性和市场经济的要求，将森林资源给予合理的估计，进而能够真实反映森林资源资产价值，为林权流转提供有用的信息，为交易双方的交换价值提供依据。

从目前的国情和林情来看，我国市场经济体制已经初步建立起来，许多森林资源资产已经有了一个比较活跃的市场。同时，近年来我国不断强化会计从业人员的职业道德和业务技能水平，完善公司治理结构，尤其是近年来林权制度改革的顺利实施，为我国公允价值的实施提供了一个融洽的操作氛围。

根据森林资源的特性，及早确定林权流转评估的计量属性——公允价值，是解决我国目前林权流转评估市场混乱的关键。在此基础上，为尽快完善林权流转评估的技术和方法，制定出完整的林权评估制度，形成一整套的林权流转评估理论提供了可能。

5 结论

深化集体林权制度改革以后，林权交易数量增多，对林权流转中的评估需求在增加，但由于森林资源资产的特殊性，我国在林权评估过程中遇到了很多问题，如何有效地解决这些问题就成为下一步推动林权流转、保护林农合法权益的关键。

(1)林权交易市场日益活跃，林业经营形式不断多样化，林权抵押贷款快速发展，这些必然促进林权流转评估的发展。

(2)林权流转过程中暴露出许多问题，尤以林权流转评估问题最为突出，主要表现在：缺乏健全的林权评估法律、法规，缺乏科学的林权评估程序和方法，缺乏科学的林权评估理论和经营数表。

(3)林权流转评估问题解决的关键是先要确定森林资源资产的价值计量属性，在此基础之上，逐步形成一整套林权评估理论。

参考文献

[1]杜广山．浅谈林权流转的几个问题[J]．安徽林业，2006 (6)：28.
[2]虞晓芬，汪初牧．资产评估[M]．北京：清华大学出版社，2004.
[3]罗江滨，姚昌恬等．森林资源资产化管理改革理论与实践[M]．北京：中国林业出版社，2002.
[4]江苏省林业局．江苏省集体林权制度改革 辅导读本[M]．北京：中国林业出版社，2009.
[5]聂影．林权流转的效率及其制约因素分析[J]．生态经济，2009(6)：90－94.
[6]曾华锋，聂影．森林资源弱市场化流转研究[M]．北京：中国林业出版社，2009.
[7]乔永平，聂影，曾华锋．集体林权制度改革研究综述[J]．安徽农学通报，2007 (8)：4－6.
[8]马达，温亚利．对我国林权流转问题的探讨[J]．改革之窗，2010 (2)：16－18.
[9]徐朝国，朱再昱等．集体林权改革后林权流转评估问题研究[J]．商业时代，2010 (11)：89－91.
[10]陈时兴，曹国杰．我国集体林权制度改革研究综述[J]．当代社科视野，2010 (5)：25－29.

国外林地产权文献与政策综述

贺胜年

（国家林业局经济发展研究中心）

摘　要：从产权概念、原生居民和习惯产权、有关产权的政策与法律、产权组织方式、产权的冲突与解决方式、产权与贫困等方面进行了文献综述。文献表明，产权作为一种人与土地以及其他自然资源的相互关系，对农村地区，特别是贫困人口的影响尤为重要。不同产权定义的宗旨都是通过产权的明晰，促进贫困地区经济的增长，提高人民的生活水平。产权的具体安排，需要尊重当地居民和社区的习惯；在制定政策或法律时，需要充分考虑其对森林资源和土地的依赖性。在推进林权改革时，应从以下方面来努力：即提供清晰且有保障的森林产权，从单一所有制向多样化的产权所有制转变，承认社区管理的合法性，提高产权所有者进行可持续森林管理的能力，帮扶妇女等弱势群体，分配给贫困人口经济价值较高的森林资源等。

关键词：林地产权；林权改革；社区管理

The Literature and Policy Reviews of Forestland Tenures in Other Countries

He Shengnian

(China National Forestry Economics and Development Research Center)

Abstract: the literature review has taken in the fields of the definitions of forestland tenure, local and custom property, and policies and laws for tenure, land tenure conflicts and their solution, poverty and forestland tenure. These policies and literatures show that forestland tenures have played an important role. The objectives of defining the land tenures are to reduce poverty and raise local peoples' welfares. The forestland tenure arrangements should consider the local demand, and local forest resource and other land allocation. The development trends of forestland tenures are as follows: from single to multi - forestland tenure arrangement, and local community management, to push forest resource sustainable management and help local peoples.

Key words: forestland tenure; the reform of forestland reform; community management

1　引言

产权概念来源于现代西方产权理论，由科斯、威廉姆斯等人提出，该理论的提出为弥补微观经济学和福利经济学的缺陷提供了理论分析工具。产权是一种社会现象，集合了各种规则来规范人们的行为。财产代表了一种权利关系，即人与有价值的资源之间的社会和法律关系。有保障的产权可提供土地和自

作者简介：硕士研究生；研究方向：林业经济理论与政策，导师：刘璨

然资源利用的可持续发展方式，对投资具有激励作用。

全球约有 10 亿 ~ 15 亿的贫困人口居住在森林及其周围，80% 的生计来源于森林资源。作为一项关键的资产，森林资源权力的保障已经成为促进这些贫困地区社会、经济发展的前提。而且，森林资源及其产权为发展可持续林业提供了必要的条件。财产权学派的分析过分强调土地、森林等自然资源的市场交易性质，往往忽略了产权安全这一重要因素。包括土地、森林资源在内的自然资源创造了许多非市场价值，对改进个人、社区及整个社会的状况有积极的意义(Ellsworth ，2002)。

不论从法律上，还是从习惯上，土地产权反映的是人与土地的相互关系，且产权的管理不能从其他部门中完全脱离出来(FAO，2004)。产权安排是粮食安全和农村可持续发展的关键因素，土地使用权的保障对消除贫困和饥饿、提高农业生产力、改善农村条件具有积极的意义(FAO，2007)。Sunderlin 等(2008)认为产权是在一定条件下，谁拥有和控制何种资源并决定其利用方式的权利。产权是一种机制，是在社会发展过程中用来规范人们行为的约束机制。产权定义了资源在社会中将如何进行分配，还定义了使用权、控制权、流转权及相关责任和义务(Koning，2008)。

综上所述，不管是联合国粮农组织的产权研究所得出的产权定义，还是学者所提出的产权的概念和内容，都不同程度地概括了这样的事实，即产权作为一种权利或机制，对农村地区消除贫困以及促进社会、经济的发展具有不可忽视的作用。但是，产权所提供的权利需要进一步进行细化，以便于操作的可行性和有效性。

2　土著居民和习惯产权、社区产权

关于原生居民，国际上没有通用的概念，之所以能流通，是因为世界上存在少数民族、部落群体以及土著居民的权利争端。由于受到殖民主义以及后来国家恢复建设的影响，这些群体受到不同程度的歧视和边缘化的影响。原生居民和当地社区将在接下来的几十年时间里拥有并管理全世界 50% 的森林，承认原生居民和社区权力、减少政策阻碍将对森林生态系统产生有益的影响。

以亚洲为例，随着原生居民这一概念的广泛流传，及其法律含义变得更容易理解，亚洲国家对集体产权的反对态度有所减弱，在某些亚洲国家得到了越来越多的承认。太平洋岛屿和菲律宾，认为习惯产权与所有制可以平等对待，但在印尼和马来西亚，习惯产权所发挥的作用较弱。由于土地和自然资源紧密相连，加之产权界定不清，可能导致亚洲国家对共有产权的管理存在较大的困难。但是，亚洲国家在推进合作型自然资源管理机制方面远远走在了大多数非洲和拉丁美洲国家的前面(Colchester，2004)。

人类学家研究发现，20 世纪前 50 年，非洲小型社区将所划定的边界视为政治体系的范围，因此，土地的价值并非仅仅来自于其作为支持生计的功能，还来源于群体所确认的象征性价值。在陷入殖民地之前，非洲国家的土地产权以共有制为基础，与当时的经济和以部落为核心的政治体系相一致。如今，为养活日益增加的人口，对生产力的要求越来越高，共有产权形式已经不适应发展的需要。习惯产权体系在应付变化的情况时具有较小的弹性，而且，新的变化可能将目前的平稳状态演变为大规模的冲突。

White 和 Martin(2002)研究表明，发展中国家的社区保护区及其所有制的重要性得到了加强，所占的比重分别为 8% 和 14%，私人所有制仅占 7%。较为普遍的情况是，发达国家国有林的百分比要高于私有或社区所有的森林，特殊的情况是，美国私有及企业所有的森林占 55%，瑞典、芬兰、阿根廷分别为 70%、80%、80%，墨西哥、巴布亚新几内亚的原生居民和社区所有的森林分别占大约 80%、90%。原生居民和社区所有制的确认，以及公有林产权更大范围的改革，为增进数以千万计林农的生活水平提供了机遇。

White 和 Martin(2002)认为社区产权的保障因素主要是权利明晰、具有可操作性，分界清晰、得到法律认可，并且对社区土地具有使用和收益权，同时，法律和政策的支持能一定程度上保证社区的权利。不幸的是，政府通常缺少对森林财产权问题的本质的认识。为加强社区产权，法律触动论认为应为社区提供适当的法律帮助，澳大利亚、加拿大、美国、菲律宾的公益律师在社区产权保障方面发挥了重要的作用。在新的形势下，为建设新型的社区，应加速公有林向社区所有制的转变，为社区使用公有林提供更多便利，同时，开发社区权利的市场保护机制，为保护社区财产提供有效的实施方式。目前，原生居民已被大多数政府、国际机构和组织所采用。尽管这一概念得到了广泛接受，且原生居民与生俱来的权利得到了更多的认可，但众多的国家依然对此持反对的态度(Colchester 等，2004)。

Abdul - Jalil(2006)通过回顾苏丹达尔富尔的土地产权状态，来理解习惯产权这一古老的产权体系如何应对新的挑战。研究表明，在实施习惯产权时，应做到：首先，成立土地委员会，专门负责制定和实施土地政策；其次，对现有土地利用方式和产权安排做出全面调查；第三，确立当地社区组织的习惯产权；第四，实施基础设施的建设项目；第五，提供农业推广的可行性技术，即良好的水源管理办法和农业推广服务等；第七，加强对邻国游牧民迁居入境的管理；第八，鼓励社区参与决策。White 等(2007)认为社区将继续拥有和管理大部分森林是出于三个方面的考虑：一是政府越来越意识到普遍的公共所有制歧视土著居民和当地社区的权利和要求；二是经济和环境议程愈加融合，如果没有拥有和使用其财产的保障，土著居民和其他当地社区组织会丧失可持续利用森林资源的长期财政激励；三是对于政府和公有林管理机构对公有林地的管理不力、公共管理的林地面积大于社会和经济效果不佳的林地、社区和家庭管理森林好于公共机构和大规模的工业企业等有更多的认识。但在具体的实践过程中，应加强资金的供给、重视国家之家经验的借鉴和国际组织的建议，同时促进国内社会的广泛参与。

Wily (2007)通过对利比里亚森林所有制和习惯土地权利的调查表明，森林产权是农村管理中的突出问题。由于殖民主义和人权滥用现象严重，及习惯法与已有法律之间的矛盾，因此可以通过立法承认习惯土地所有者的权利。与此同时，调整土地分级、将大多数公有土地变为社区财产、重新制定森林法并规范行使林权的程序、转换林业主管部门的角色、从组织并规范习惯林主的行为向协助保护和管理森林的角色演变。

Fey(2007)以东南亚、南亚等国为例探讨了以社区为基础的自然资源管理方式。①柬埔寨自 1993 年至 2005 年先后出台了 9 部相关法律法规，但由于赤棉时期土地记录遭到毁坏，很难得到柬埔寨产权方面的准确信息，在实施以社区为基础的自然资源管理时，应加强网络建设，并对包括社区和政府雇员在内的对象进行教育和培训，以市场为基础，为民生发展提供更多直接的帮助。②根据印尼林业法，国家享有对森林与非林区域进行分配的权利。由于缺乏对当地社区土地与自然资源权利的承认与保护，非法采伐成为了印尼比较严重的问题，并造成了多种负面效应，比如水域破坏、木材的竞争性砍伐与利用导致的社区纠纷等。③老挝 1996 年的森林法规定，所有天然林和有林地均为国民社区财产。由于缺乏清晰、正式的产权归属，给农户之间的土地交易或长期投资决策带来了困难和不便，农村地区至今未能形成正式的土地市场，国家增长与消除贫困战略所承诺的制度和法律改革，为解决资源和产权争端提供了法律途径。④马来西亚 1984 年国家林业法案对 1978 年的林业政策进行了补充，并将未进行产权界定的区域划归国有，用于建立永久保护林、国家公园和野生动植物保护区。⑤过去 20 年以来，尼泊尔产权改革的主要形式以社区林业为主，其主要目标在于防止环境恶化，满足当地人对森林资源的需求，但某些研究表明，社区林业减少了穷人的森林拥有量，却提高了穷人对森林资源的使用率和收入。⑥1997 年，菲律宾原生居民权利法案对原生土地及其所有制作了规定。自 20 世纪 70 年代社区林业项目以来，组织或社区陆续能够获得林地的使用权。⑦泰国自 1989 年颁布禁伐令之后，于 1990 年开始了对社区林业的产权改革，并得到了 1997 年新泰国议会的支持，20 世纪 90 年代中期，社区林业写进了国家经济与社会发展委员会的一份草案，2005 年 9 月，参众两院共同提出，在坡度大于 30 度的地区不允许存在社区森林，以保护这些地区的生物多样性，从而构建起社区参与森林保护和环境决策的法律框架。⑧越南农业部门的产权改革开始于 1981 年，随着 1988 年产权改革办法的颁布，农业土地产权改革有了新的指导，1993 年土地法的颁布为农民提供了产权保障。20 世纪末 21 世纪初，出现了社区森林管理体系，2003 年新土地法的出台，使社区产权得到法律认可，到目前为止，产权改革最重要的结果是多方利益相关者，特别是当地人对资源管理的参与。

Sayer 等(2008)通过众多案例表明，历史上，政治和军事领导者控制了林地，并从木材采伐和矿藏开采中获利，诸如“皇家土地”、“国有林保护区”就是典型的例子。随着民主进程的推进，君王与农奴之间的剥削与被剥削关系开始瓦解，森林产权的争议已诉诸法院来裁决，并形成了庞大的判例法体系。为满足当地社区对森林资源的使用和获益权利，可以通过建立保护区、实行私人或社区所有制来实现，其典型范例是欧洲国家公园和自然公园的兴建。研究还发现，私有制能为政府或组织出租保护区提供便利，圭亚那、喀麦隆实施的出租保护区森林许可证便是典型的例子；通过对哥斯达黎加、厄瓜多尔、南非和澳大利亚的研究表明，私有自然保护区对生物多样性的保护贡献显著；通过对社区保护能力的建设进行投资，可提高社区掌握和运用金融资源的水平，墨西哥、加纳所实施的社区保护项目较好地运用了投资这一要素。

1992 年气候变化框架协定明确指出，森林保护对气候缓和具有积极的作用，原生居民和社区在控制毁林方面取得了显著进步。根据巴厘路线图，2009 年 12 月，政府间已达成一致的减排协议。在良好的社会与环境保障条件下，承认原生居民的土地权利是防止毁林的最有效的政策之一，而原生居民土地权利未得到承认的地区，毁林率较之其他地区高。以巴西为例，据卫星图像显示，原生居民权利得到承认的亚马逊地区的毁林率非常低，而巴西所在的区域平均毁林率在 2007 年 8 月到 2008 年 8 月之间达到了 69%（Lovera 等，2008）。

Wily(2008)根据在阿富汗、苏丹、利比里亚的亲身经历及案例研究，表明习惯产权是一种和平解决产权问题的方法。共有财产的产权状况是本案例研究中所关注的唯一因素，诸如森林、牧场等社区拥有但未划分到户的土地，是财产冲突不断升温的主要来源。研究表明，只有实现国内和平，并明确土地利用的权利，方可实现真正的社会、经济进步，而习惯产权和共有土地管理的进步几乎要全部依靠公众的认识和行动。Colchester(2008)以非洲、亚洲、拉丁美洲林农项目的 17 年项目工作回顾为基础，研究了增进社区生活水平的各项措施。研究表明，产权须与相关社区的历史和文化背景相适应，社区应享有控制土地和资源的权力。通过稳定社区土地利用系统，并给予社区更佳的产权保障，从而促进社区生活水平的改进。

原生居民作为一个地区的土著居民，对当地土地、森林资源的依赖程度要更高。习惯产权和社区产权作为保障原生居民权利的方式，对保障原生居民权利具有积极的作用。目前对原生居民、习惯产权和社区产权的研究，大多停留在一种遗传或者传统权利的基础上，真正的产权落实还需要进一步的改革，需要从法律层面上进行承认。

3 产权政策和法律

Deininger 等(2003)立足于财产权历史演化的回顾，认为有效的政策改革应在开放的政策框架下进行，并注意改革的可行性，注重项目的选择和别国经验的借鉴，构建地方政策的制定与实施能力。Contreras - Hermosilla 和 Fay (2005)以印尼为案例，分析了政策改革的焦点在于承认社区森林所有制，对土地进行进一步细分。社区管理通常由社区精英控制，并从中获利，由于缺少合同，导致社区之间出现越来越多的冲突，合作管理作为一种新型的管理形式，可能是将来产权改革的一个比较好的选择。在改革过程中，各利益相关者应共同努力，以促进产权安全，其中，利益相关者主要包括林业部、土地局和议会、原生居民和社区，以及环境非政府组织等。

最近 15 年来，为支持社区林业的发展，在世界范围内出现了重新审视林业法律的趋势。Lindsay (2006)以联合国粮农组织支持的项目——支持发展参与式林业管理项目为基础，不仅就范围扩大的社区林业的设计和实施细节作了阐述，还就目前面临的法律机会和阻碍进行了深层次的评论。以蒙古为例，其正处于改进以社区为基础的林业法律框架的进程中。从 1995 年以来，蒙古法律便提供了这样的机制，那就是私有财产亦包括森林资源，并可延续 15 ~ 60 年。现已修订过的两部法律是，森林法和环保法。其他诸如 Khorshoo 法和 Nokhorlol 法允许当地人经营简单业务，非政府组织法在保护行动中为社区参与创造了必要的法律框架，缓冲区法限制了缓冲区的使用，但促进了当地社区参与度及环境立法，土地法和经济实体法分别对土地和经济实体的作用及其范围作了比较详细的规定。从社区管理的蒙古和国际经验来看，立法时应注意，法律应提供社区组织管理森林资源的机制，国际经验表明，合同机制在一定层面上能促使社区为基础的森林管理获得成功，但蒙古的参与式林业作用有限；法律应促使当地组织投身于与他们的生活息息相关的林业行动中，国际上，一些旨在促进社区林业管理的法律框架并未注意到该原则；法律应为当地组织参与森林资源管理决策提供合理的机制。

为提高当地参与率，近年来，世界各国对法律进行了相应的调整，所采用的形式如下。以印度为先驱的联合森林管理，即在林业部门与当地组织之间达成管理协议，其中协作管理方式采用较多，菲律宾、加拿大、南非、墨西哥等国均采用这种方法；在国有保护地区或缓冲区对进入和使用权予以限制，这在拉丁美洲尤其最多；将国有土地租为林用，菲律宾、尼泊尔等国采用较多；支持当地政府管理社区和私有土地。以菲律宾1997年出台的《国家人权法案》为代表，随后加拿大、澳大利亚、南非、中欧、东欧等国纷纷出台相关法案，以保护零碎的社区或个人土地，澳大利亚和瑞士法律则主要承认公有林地。林业法律为社区基本管理提供了操作工具。Pica - Ciamarra 等(2007)通过对东非埃塞俄比亚、肯尼亚、坦桑尼亚和西非布基纳法索、马里、塞内加尔畜牧部门政策的系统化评估发现，由于产权没有保障，农村地区出现了大量因争夺稀缺资源的冲突，过度放牧问题比较严重。在国家议程里，土地问题往往被这些国家忽视了。联合国粮农组织统计表明，畜牧压力在这些国家增加了，蓄养量超过了土地本身的承载能力。因此，由国家主导、促进产权保障的政策改革迫在眉睫。Cacciarru(2007)对意大利撒丁区的案例研究表明，历史上共同财产条例是农地管理的重要因素，1836年和1971年，随着土地私有法案的实施，迄今为止，公有资源私有化已成为推动经济发展的重要工具，但是，土地私有化项目从未在撒丁区获得成功，也没带来预期的经济发展和社会安定。

Quan 和 Dyer(2008)提出气候变化缓和战略，即减少毁林、改进土地利用方式、加强自然生态系统的保护、促进造林与劣等林恢复。该战略主要在发展中国家实施，对这些地区的森林和土地进行林木使用规划，对财产权利和产权体系的构建具有重要的意义。Cotula 等(2008)认为，在土地产权的保障下，大规模生物燃料的栽培能以增加就业、技术进步和次级产业的形式提供利益。那些不具备条件的地区，商业性生物燃料生产的快速增加可能导致贫困人口丧失土地的使用权，对当地的经济发展带来消极的影响。研究发现，以非洲(坦桑尼亚、莫桑比克)、拉丁美洲(哥伦比亚、巴西)、亚洲(印度、印尼、巴布亚新几内亚)为例，大规模商业性生物燃料的生产对土地利用将产生负面的影响，实际操作时，商业性生物燃料的生产应注意将大规模和小规模的生产方式结合起来。经验表明，政府应对闲置地、贫瘠地、低生产力土地等土地类型给出明确的定义，以达到土地利用过程中的滥用率最小化，同时，对税收、补贴、贸易、环境等方面应给出衡量和评估的标准。

Griffiths(2008)对2002年以来，社区产权的法律、政策发展进行了总结，如表1所示：

表1　2002年以来的产权法律、政策发展

国家	新政策或法律
安哥拉	2004年土地法案根据习惯法确认了社区土地权利
阿根廷	2007年森林法案暂停了森林分界，且农民和当地社区的森林应得到保护
玻利瓦尔	2007年第3760号法案借鉴欧盟关于原生居民权利的声明制定国家法案
巴西	2006年森林管理法案旨在控制亚马逊地区的毁林情况，为当地社区提供了特权。
喀麦隆	2001年0518/MINEF/CAB法令规定了社区获得森林的权利。
中国	2005年建设新农村发展规划，考虑当地森林管理的决策权和集体林区的产权安排。 2007年物权法定义了社区成员集体所有制。
刚果民主共和国	2002年的森林法典允许存在社区权利，并将管理责任转移到当地社区。
冈比亚	2002年的地方政府法案给予地方政府控制和管理辖区森林资源的责任。
洪都拉斯	2007年森林法案提供了林业咨询委员会参与社区决策的机会，以及保护区、休耕区和社区管理地区的林地管制条例。
印度	2006年林权法案提供了一系列原生部落和其他传统林业社区的权利。
印度尼西亚	2007年人民种植园的创建其长期租户对国家森林面积的租期达到了100年。
马里	2002年产权法案规定社区和私人都可拥有森林和习惯使用权。 2007年的森林政策改革重申了这一规定。
尼日尔	2004年的森林法典促进了森林管理责任向地区、部门和社区转移。
苏丹	2002年的林业法案(33/E/2条款)规定社区森林应该由当地选出的委员会来管理。
坦桑尼亚	2002年的森林法案引入参与式森林管理，为社区、团体和个人拥有、管理森林提供了法律基础。两种主导方式：社区为基础的森林管理和联合森林管理。
泰国	2007年社区林业法案确立了社区森林保护和管理社区周边森林的权利。
委内瑞拉	2005年，通过有关原生居民和社区的法律，明确了勘界划定原生居民土地的过程。

产权法律政策、法律的发展在世界各国，尤其是发展中国家和欠发达国家，得到了越来越多的重

视。对原有的不适应经济恢复和发展的产权体制，各国都开展了不同程度的修正，但是，法律、政策颁布之后的执行，却很少得到有效的监督，因此，一项政策或法律出台之后，只有在良好的监督体制下，才能使其效果达到最优化。

4 产权组织方式

全球社会、政治体系也在经历变化，贫困的持续、暴力冲突的多发、城市化进程的加快、中央权力的相对弱化，要求产权组织形式进行新一轮的变革。气候变化以及水资源不确定性的增加，生态系统的变化对产权组织形式也提出了挑战。随着全球化向偏远地区的延伸，以及国有资源分配过程的进行，需要调整森林管理模式以适应变化的环境。

Teofilo 和 Garcia(2003)以巴西为例，发现土地可以通过市场机制重新进行分配，在良好的管理和合同解释的条件下，租赁市场可以促进巴西的土地利用。金砖四国(俄罗斯、中国、印度、巴西)经济的不断增长，其国际影响力日益增强，预计到2050年将占全球GDP的44%，而另一方面则是西方影响力的相对下降。El－Ghonemy(2003)研究发现，第一，不同国家的土地改革项目，反映出各个国家改革的社会哲学，即私有财产神圣不可侵犯等；第二，20世纪50～70年代，是土地改革最集中的30年，大多数发展中国家在取得独立之后为恢复国家建设，普遍进行了大规模的产权改革；第三，一国的土地产权体系应与改革形式相适应，自1911年以来，墨西哥逐步恢复了农奴在社区土地系统的永久权利，意大利的土地改革不仅与国家整体环境相适应，还与各个地区的具体特征相关；第四，有限的市场化土地改革经验表明，以美国为例，国家主动促进土地市场功能的发挥，能促进农村经济的恢复和发展。

Romano 和 Reeb(2006)研究表明，南亚、东南亚国家为当地居民提供了实际的产权安排，对实现可持续的森林管理、提高生活水平大有裨益。通过对印度、尼泊尔等国家的案例研究表明，不清晰或无保障的森林产权不利于可持续的森林管理，且有可能引起冲突、管理失灵及法律执行失灵，林业的效益受到限制。在促进产权安全时，存在如下的问题：第一，权力授予的模糊性，印度的奥里萨邦和梅加拉亚邦、印尼的社区产权体系均未得到法律承认和支持；第二，国家控制导致效率低下，比如，印度林业部门仍掌握着公有森林管理的权利，减贫的效果受到较大的限制；第三，分到个人的森林多是经济价值低的林地，中国、菲律宾、越南、尼泊尔均存在这样的情况。因此，在推进林权改革时，应从以下方面来努力，即提供清晰且有保障的森林产权，从单一所有制向多样化的产权所有制转变，承认社区管理的合法性，提高产权所有者进行可持续森林管理的能力，帮扶妇女等弱势群体，分配给贫困人口经济价值较高的森林资源等。

由于土地产权对农村发展政策所具有的重要性，以及农村地区存在的产权压力，联合国粮农组织土地产权服务委员会在产权数据基础上进行了一系列研究，以帮助成员国分析和理解土地产权在农村发展中的作用。研究表明，世界各地的土地产权体系与经济、环境、政治的变化紧密联系，产权数据也因其自身的多变而难以收集和记录。对产权数据的不同需求层次表明，不同环境需要不同类型的土地产权数据库，这些数据来源于对当地权利和义务的详细记录，从而为权利保障、公共资产管理、环境保护、空间计划和税收提供基本的管理工具(Grover 等，2006)。Nabangchang－Srisawalak(2006)通过比较柬埔寨和泰国土地产权体系与产权数据的地位表明，产权数据作为一项重要的政策投入，对政策的制定具有较大的意义。两国出现的新问题，则是需要建立一个中央土地产权数据库用于土地管理，且需要对数据库进行实时更新，以及建立简明清晰的结构。

Quan(2006)认为土地买卖和租赁市场能对土地使用权的实现起到促进作用。分成制作为发展中国家主要的土地租赁形式，其效果受到经济学家和竞选者的批判。与灵活性较强的短期租赁和分成租合约不同，长期租赁合同能为土地投资和保持土壤肥力提供激励。但是，租赁市场自由化、分成制的合理性、租赁合同的公平管理是获得土地使用权的必要条件。

Zimmermann(2007)研究发现，公有土地占发达国家大部分的公共财富，但由于管理失误导致资源未能得到充分利用，对这些土地重新进行分配具有重要的经济和政治意义。随着公共部门和财政改革的进行，国有资产开始由中央向地方政府转移，众多成功和失败的实践表明，公共土地管理的改革应做到，中央和地方政府、非政府机构和国内社会应对改革具有高度的认识，制定较为成熟和全面的政策以利于政府干预土地市场，保持政策、法规的连续性。Kuchar 和 Gläsel(2007)对德国土地产权状况进行研究发现，1990 年，德国国有土地包括 210 万 hm^2 农业用地(占全部农业用地的 35%)和 220 万 hm^2 林地(占全部林地的 90%)，在组织设计层面上，联邦政府决定将私有土地的管理和使用权收归国有，以有限责任公司的形式出现，预防腐败，促进产权私有化目标的实现。

产权组织方式，依据各国的政治、经济、文化和社会发展状况而不同，习惯产权、社区产权以及共有产权都可以有条件的存在。发达国家国有产权存在较多，与此不同的是，发展中国家的产权组织方式具有更多的复杂性，需要在以后的研究中结合具体情况进行安排。

5 产权冲突与解决方式

土地改革涉及政府的直接干预，其中包括重新分配土地、改变产权规划等。政府用于实施土地改革项目的一系列工具，正在从以国家为主导的干预向市场为基础的调节方向改变。土地保障问题一直是土地冲突的核心问题，承认和保障人们的产权，是保证土地使用权的前提。Ramírez(2002)运用系统思想和概念构图两种一般性方法对土地冲突进行了分析，提出了可替代纠纷解决方法和可替代冲突管理，用以描述可获得双赢的替代和合作方法。其中，可替代纠纷解决方法包含所采取的价格差异和战略行为，为保证纠纷解决办法的有效性，应承认习惯上产权安排的多样性。同时，在习惯体系不能提供冲突解决机制时，可替代纠纷解决方法为通过联合决策方式解决社会冲突提供了范例。

与森林相关的自然资源冲突，争夺的目标除了资源本身以外，还包括其他一些利益相关因素，譬如地位、身份和权力等。非洲、亚洲和拉丁美洲是存在冲突最多的地区。在非洲，刚果民主共和国的森林、军事冲突最为严重，几内亚位居第二，安哥拉、莫桑比克、塞拉利昂原有的大面积森林正逐渐消失；在亚洲，20 世纪 90 年代，柬埔寨、缅甸和菲律宾森林武装冲突最为严重，近年来有所消减，而尼泊尔、印度的武装冲突在加强，斯里兰卡和喀什米尔地区武装冲突已经停止，印尼的 Aceh 于 2005 年结束了武装冲突，但 Timor - Leste 的冲突仍在继续；在拉丁美洲，最大的森林武装冲突发生在哥伦比亚，其他国家的冲突近年来已经停止。欧洲及高加索地区拥有广阔的森林面积，除车臣地区冲突以外，欧洲其他国家的森林武装冲突已经不复存在。结果表明，林业部门要解决冲突问题需要采用全面周到的方法，第一步则是明晰产权，其次解决好军队、林业官僚体系以及司法部门的腐败问题，政府要采用连续、适当的管理标准，运用有效的监测体系，同时提高贫民的决策参与度，提供基础社会服务和经济发展机会，增加对偏远地区的投资，加快经济的发展(Koning，2008)。

产权作为一种机制，处理不好将引起严重的冲突，处理得当则能促进经济、社会的发展，对消除贫困具有积极的促进作用。同时，产权的明晰，对政府部门的腐败问题能起到一定程度的预防作用。但是，是否能够保证产权机制的有效运行，是在将来的工作中需要加以研究的问题。

6 产权与贫困

自 20 世纪 60 年代以来，世界各国的贫困程度普遍得到了降低，土地分配不均的状况得到了缓解，并获得了可持续的农业产出增长。但是，可耕地的供给总量在减少，根据联合国粮农组织对 87 个发展中国家的统计数据所计算出的供给和需求的比率表明，60% 的国家该比率在下降，即需求在增加，而供给相对在减少，可能的原因包括，政府财政的削减、农业工人就业机会的减少等(El - Ghonemy，2003)。

近年来，联合国粮农组织土地产权服务委员会为农村地区的土地使用提供了各种文件，其发展伙伴如世界银行等为之提供了补充的分析。目前，研究所集中的范畴主要包括食物保障和消除贫困、性别、自然资源利用、原生居民、非政府组织的作用和国内社会、土地改革方式、土地买卖的作用和租赁市场等。Quan (2006)认为，既然土地政策与土地所有者经营土地的方式有关，因此在分配土地使用权的过程中，应注意两个方面，首先，给予农村贫困人口获得和使用土地的机会，特别是那些少地或权利无保障的人口；其次，评估政策和项目干预对这些群体获得土地使用权的机会的影响。大量文献表明，巴西的土地改革在过去 15 至 20 年内对农村生活水平、食物保障、收入和发展机会产生了积极的影响；南非城市地区的土地使用权的分配，主要通过协商和对参加人员给予补偿来实现；在印度，通过有补贴的土地购买计划，增进了所选定的社区和部落获得土地使用权的机会，且期限一般为 15 至 20 年。

Baumann(2006)以可持续生计方法作为研究的理论框架，为理解森林和农户之间的关系提供了思考的方法，并从群众的角度来研究贫困问题的复杂性。通过研究中亚和西亚两个地区森林与贫困之间的关系发现，该地区森林覆盖率低，但森林类型的多样性值得对森林进行生物多样性保护。特别是格鲁吉亚所在的高加索地区和土耳其，以其丰富的森林资源禀赋成为中亚和西亚的一个例外，但包括伊朗在内，对工业用木材的森林管理受到严格的限制。各国由于森林禀赋、社会制度、政治形态的差异，且诸如非法采伐等非正式过程的出现，使得森林与贫困之间的演化关系难以把握，尽管如此，实地调查研究表明，林业对林区附近社区的生活状况发挥了重要作用。

Shimizu(2006)利用定量和定性的研究方法，以及可持续生计方法的研究框架，对阿富汗、伊朗、吉尔吉斯斯坦和土耳其等四个国家进行了研究。结果表明，首先，森林资源的协作管理能发挥地方的自主管理能力，并提高人们的生活水平；其次，积极发挥农村家庭妇女的作用，鼓励他们参与森林资源的管理和使用过程。同时，应进行国家森林景观的研究，对森林资源进行合理的规划，并且部门之间应加强合作，促进经济增长、消除贫困，在开放、透明的参与过程中制定和实施政策和法律，以保障社区贫困人口的权利。

Fisher(2007)认为产权是消除贫困的必要条件。除此以外，资本、政权等都是影响贫困的重要因素。目前，社区林业与消除贫困之间的关系尚不明显，消除贫困不是社区产权自然而然的结果，还依赖于国家的法律和政策框架，以及社区的具体管理过程。研究发现，政府在制定法律时，通常忽略了已有的森林使用方式、道德和习惯权利，从而导致了地区权利的交错和重叠，因此在明晰资源权利时，需要对已有权利进行比较清晰的表述。

产权与贫困之间的关系，即产权在模糊状态时，能导致贫困的加剧，而在产权明晰、归属权清楚的情况下，能促进贫困的消除。而相关政策和法律的支持，以及当地居民和社区的参与，会促进消除贫困目标的实现。

7 结语

产权作为一种人与土地以及其他自然资源的相互关系，对农村地区，特别是贫困人口的影响尤为重要。不同学者或组织对产权的定义大同小异，其宗旨都是通过产权的明晰，促进贫困地区经济的增长，提高人民的生活水平。产权的具体安排，需要尊重当地居民和社区的习惯，习惯产权和社区产权的安排应尊重原生居民的生活需要，由于其对森林资源和土地的依赖性较强，在制定政策或法律时，需要充分予以考虑。世界各国对产权安排和改革方面的政策和法律，根据不同国际国内环境进行了不同程度的调整和变革，以适应发展的需要。具体的产权组织形式，是实行公有还是私有或社区所有，需要依据各国具体的发展程度来进行组织和实施。在产权没有得到明晰的地区，存在的冲突需要加以重视，解决的方式可以从制度和法律上来考虑，另外，当地政府、社区、组织的参与也非常重要。这样一来，产权对消除贫困的作用就能得到最大程度的发挥，在良好的产权政策和法律、组织形式和冲突解决机制下，能更有效的促进农村地区的经济增长，使贫困人口进一步减少。

在未来的研究工作中，产权所提供的权利需要进一步进行细化，以便于操作的可行性和有效性。其次，目前对原生居民、习惯产权和社区产权的研究，大多停留在一种遗传或者传统权利的基础上，真正的产权落实还需要进一步的改革，需要从法律层面上进行承认。在法律、政策颁布之后，执行的情况很少得到有效的监督，因此，一项政策或法律的出台，须有良好的监督体制，使其效果达到最大化。目前，由于发展中国家特殊的历史背景和环境，其产权组织方式具有更多的复杂性和不确定性，需要在以后的研究中结合具体情况进行安排。在具体的安排和改革过程中，应注重当地居民、社区以及组织的参与，全民动员，促进农村的经济增长和贫困人口的减少。

参考文献

[1]A. Cacciarru. Access to resources: the dynamics of land tenure in Gallura (Sardinia, Italy). FAO - Land Reform - Land Settlement and Cooperatives, 2007: 91 - 96

[2]A. Contreras - Hermosilla and C. Fay. Strengthening Forest Management in Indonesia Through Land Tenure Reform: Is-

sues and Framework For Action [J]. Forest Trends, 2005
[3]A. White and A. Martin. Who Owns the World's Forests? Forest Tenure and Public Forests in Transition [J]. Forest Trends, 2002: 1 – 30
[4]A. White and A. Martin. Strategies for Strengthening Community Property Rights Over Forests: Lessons and Opportunities for Practitioners [J]. Forest Trends, 2002
[5]A. White, A. Khare and A. Molnar et al. Transitions in Forest Tenure and Governance: Drivers, Projected Patterns and Implications [J]. Rights and Resources Initiative, 2007
[6]B. Fisher, C. Veer and S. Mahanty. Poverty Reduction and Forests—Tenure, Market, and Policy Reforms. Proceedings of an International Conference (3 – 7 September 2007, Bangkok), 2007
[7]C. Fey. Review of Legal Frameworks for Community – based Natural Resource Management in Selected Asian Countries (Draft), World Agroforestry Centre, 2007
[8]D. H. Kuchar and A. Gläsel. Addressing good governance in the process of privatization and restitution of agricultural land during the German reunification process. FAO – Land Reform – Land Settlement and Cooperatives, 2007: 57 – 66
[9]E. Teofilo and D. P. Garcia. Brazil: land politics, poverty and rural development. FAO – Land Reform, Special Edition, 2003: 19 – 39
[10]FAO: Good Governance in Land Tenure and Administration. Land Tenure Studies 7, Rome, Italy, 2004
[11]FAO: Good Governance in Land Tenure and Administration. Land Tenure Studies 9, Rome, Italy, 2007
[12]F. Romano and D. Reeb. Understanding forest tenure: What rights and for whom? . FAO – LSP Working Paper 29, 2006
[13]J. Lindsay, J. Wingard and Z. Manaljav. Improving the legal framework for participatory forestry: Issues and options for Mongolia, FAO – LSP Working Paper 30, 2006
[14]J. Quan. Land access in the 21st century: Issues, trends, linkages and policy options. FAO – LSP Working Paper 24, 2006
[15]J. Quan and N. Dyer. Climate Change and Land Tenure—The Implications of Climate Change for Land Tenure and Land Policy. FAO – Land Tenure Working Paper 2, 2008
[16]J. Sayer, J. Mcneely, S. Maginnis, I. Boedhihartono, G. Shepherd and B. Fisher. Local Rights and Tenure for Forests—Opportunity or Threat for Conservation? [J]. Rights and Resources Initiative, 2008
[17]K. Deininger, G. Feder, G. G. Anda and P. Munro – Faure. Land policy to facilitate growth and poverty reduction. FAO – Land Reform, Special Edition, 2003: 5 – 18
[18]L. Ellsworth. A Place in the World: Tenure Security and Community Livelihoods, A Literature Review [J]. Forest Trends, 2002
[19]L. A. Wily. 'SO WHO OWNS THE FOREST' – An investigation into forest ownership and customary land rights in Liberia', Sustainable Development Institute/FERN, 2007
[20]L. A. Wily. Whose Land Is It? Commons and Conflict States – Why the Ownership of the Commons Matters in Making and Keeping Peace [J], The Right and Resources Initiative, 2008
[21]L. Cotula, N. Dyer and S. Vermeulen. Bioenergy and Land Tenure—The implications of biofuels for land tenure and land policy. FAO – Land Tenure Working Paper 1, 2008
[22]M. A. Abdul – Jalil. The dynamics of customary land tenure and natural resource management in Darfur. FAO – Land reform – Land Settlement and Cooperatives, 2006: 9 – 23
[23]M. Colchester. Beyond Tenure – Rights – Based Approaches to Peoples and Forests Some Lessons from the Forest Peoples Programme [J]. Rights and Resources Initiative, 2008: 1 – 44
[24]M. Colchester, T. Griffiths, F. Mackay and J. Nelson. Indigenous land tenure: challenges and possibilities [J]. FAO – Land reform – Land Settlement and Cooperatives, 2004: 9 – 26
[25]M. Colchester. Indigenous people and communal tenures in Asia. FAO – Land reform – Land Settlement and Cooperatives, 2004: 29 – 44
[26]M. R. El – Ghonemy. Land reform development challenges of 1963 – 2003 continue into the twenty – first century. FAO – Land reform – Land Settlement and Cooperatives, 2003: 33 – 42
[27]O. Nabangchang – Srisawalak. Land tenure data and policy – making in Southeast Asia. FAO – Land reform – Land Set-

tlement and Cooperatives, 2006: 29 – 35

[28] P. Baumann. Forest – poverty linkages in West and Central Asia: The outlook from a sustainable livelihoods perspective. FAO – LSP Working Paper 34, 2006

[29] R. Grover, M – P. Törhönen and D. Palmer. The importance of land tenure data in decision – making. FAO – Land reform – Land Settlement and Cooperatives, 2006: 7 – 13

[30] R. Koning, Đ. Capistrano, Y. Yasmi and P. Cerutti. Forest – Related Conflict – Impacts, Links, and Measures to Mitigate [J]. Rights and Resources Initiative, 2008: 1 – 43

[31] S. Lovera, J. Pollini, K. Sena, G. Borrini – Feyerabend et al. The hottest REDD issues: Rights, Equity, Development, Deforestation and Governance by Indigenous Peoples and Local Communities. CEESP, 2008

[32] T. Griffiths. Seeing 'REDD'? Forests, climate change mitigation and the rights of indigenous peoples and local communities. Forest Peoples Programme, 2008: 1 – 63

[33] T. Shimizu. Assessing the access to forest resources for improving livelihoods in West and Central Asia countries. FAO – LSP Working Paper 33, 2006

[34] U. Pica – Ciamarra, J. Otte and P. Chilonda. Livestock policies, land and rural conflicts in sub – Saharan Africa, FAO – Land Reform – Land Settlement and Cooperatives, 2007: 19 – 33

[35] W. D. Sunderlin, J. Hatcher and M. Liddle. From Exclusion to Ownership? Challenges and Opportunities in Advancing Forest Tenure Reform [J]. Rights and Resources Initiative, 2008, 5: 1 – 54

[36] W. Zimmermann. Good Governance in public land management. FAO – Land Reform – Land Settlement and Cooperatives, 2007: 31 – 40

专题四

林业产业发展问题研究

集体林区油茶培育产业经营模式研究
——基于湖南省浏阳市的实证研究

罗攀柱[1]　岳臻[2]

（中南林业科技大学）

摘　要：本文以湖南省浏阳市为案例中心，运用参与式农村调查和典型调查的方法，在概述现有不同经营规模的油茶生产经营模式的经营状况和经营绩效的基础上，分析了各种经营模式存在的理由及其存在的主要问题，提出完善现有各种经营模式的微观基本条件。根据油茶的生物学特性和生产经营特点，探讨了生产成本与交易成本相对低下，组织效率较高的“公司+合作社+农户”油茶生产经营模式的构建，阐明了模式形成的机理机制，最终提出了经营模式运行的政策保障机制。

关键词：油茶培育产业；经营模式；经营特点；实证研究

1　引言

当前，随着人口的持续增长以及主要产粮国将大量粮食用于生产乙醇燃料生产造成世界粮油价格急剧上涨。目前国内食用油消耗总量6成以上依赖进口和国内食用油规模加工公司中7成被外资控股，控制着我国食用油价格的定价权，严重影响我国食用油的安全。油茶是我国的独有品种，品质好且营养丰富，还具有不占用耕地的优势，随着食用油价格的不断高涨和油茶新品种的出现而使油茶单产的提高，油茶比较经济效益不断提升，从经济上具备了产业经营的必要条件。油茶产业的发展无论是实现我国粮油安全的战略决策，还是在发展国民经济，增加农民收入，促进农村社会经济发展，建设好社会主义新农村具有重大的现实意义。目前，湖南省油茶生产经营模式基本上是以家庭经营为主，大户经营、公司经营和村组集体组织下的农户经营为辅的经营格局。那么，这些经营模式的经营绩效如何？在油茶培育产业发展中的地位和作用怎样？在促进油茶培育产业发展方面还存在哪些问题？如何完善现有的经营模式等是当今油茶产业发展亟待解决的问题，同时对促进油茶产业发展具有极为重要的作用。本文以湖南省浏阳市高产油茶品种经营主体为研究对象，运用参与式农村调查和典型调查的方法，在概述该市不同经营规模类型的油茶生产经营组织的经营状况的基础上，分析各种经营模式存在的理由及其存在的主要问题，提出完善各种经营模式的微观基本条件，阐明油茶的生物学特性和生产经营特点，探讨构建生产成本与运行成本相对低下，组织效率较高的油茶生产经营模式，并提出其适应条件，最终提出经营模式运行的政策保障机制。

2　研究区概况

浏阳市位于湖南省东部，与长株潭大城市群相邻，花炮是该市的支柱产业和财政收入的主要来源，2009年GDP为337亿元，三产业的比重为12.4∶65.5∶22.1，交通便利、信息通畅，市场经济发育程度高。全县人口共130万，其中农业人口占总人口92%，2009年农村人均年收入7886元，林农人均林地

基金项目：2010年湖南省教育厅重点研究项目（10A134）及2010年国家林业局重点调研课题资助。

0.24hm²，主要林业乡镇可达0.7hm²，森林覆盖率达66%，是湖南省重点林业县(市)之一。浏阳市是我国南方油茶的重点产区和著名的“油茶之乡”，至2009年底全市现有油茶林4.6万hm²，年产茶油500万kg，自1980年代开始建立起了2400hm²的油茶高产示范林和优良品种实验林及低产残次林改造的油茶林，现已进入盛果期，在高产油茶生产经营方面积累了丰富的经验和教训。

3 现有油茶经营模式案例

根据浏阳市油茶培育的生产经营情况，其经营模式可归纳为普通家庭经营、大户经营、集体经营、公司经营和专业合作社经营5种形式。

3.1 家庭经营型

所谓家庭经营型是指农户以家庭为单位利用自家的责任山和自留山生产经营油茶。浏阳市普通农户经营面积户均0.13~0.3hm²为多，最多在0.6hm²左右。据估算，目前这种经营形式约占全市油茶林地面积的80%。

2.1.1 案例基本情况

董氏(73岁)是淳口镇鸭头村人，于1998年栽种了0.13hm²的高产品种油茶，由其自己抚育管理，采摘也是自家人完成，目前油茶已进入盛果期。2009年共采摘油茶果1100kg，以2元/kg的价格作为种子卖出，除去每亩275元的成本投入，每亩纯收入825元。罗氏(50岁)是沙市镇团龙村人，2000年栽种了0.26hm²的高产品种油茶，由夫妻两人管理，作为家里的主要收入来源，对油茶实行的是集约经营，因此，投入也较大，每年抚育二次，施肥一次。所采的茶果在当地加工作坊榨成茶油出售，价格为40元/kg。罗氏(75岁)是沙市镇团龙村人，2001年栽种了0.6hm²高产品种油茶，现在已进入盛果期。油茶为夫妻两人管理，只是在采摘茶籽时要请10人左右帮忙。2008年除去雇工及材料等成本，纯收入为8590元，平均每亩收入859元。

2.1.2 运行模式及经营绩效

家庭经营型由于经营面积较小，清山、整地、栽种、抚育等都是以家庭为单位进行，基本上不雇用劳动力，只是在采摘茶籽时才雇人或者与别人换工。据估算(罗攀柱等，2010a，以下同)，家庭经营第1年的投入较多为15780元/hm²，进入盛果期第8年后的平均收益为13500元/hm²，平均成本为3810元/hm²，以油茶的经济经营周期为50年计算，其投资回收期为9年，内部收益率为20.04%。另外，从经营绩效对经营行为的影响来看，当经营规模在0.2hm²左右，油茶收入不足家庭收入的10%，只能作为家庭收入的补充，往往采用的是粗放经营；当经营规模在0.34hm²左右，油茶收入占家庭收入的15%左右，成为家庭收入来源之一时，一般会采取较细心的经营管理；当经营规模达到0.67hm²左右，油茶收入占家庭收入的30%左右，成为家庭主要经济来源时，一般会采取集约经营。但是，对于一般农户而言，由于资金、技术及见识等因素的限制，一般不太愿意扩大经营规模。

3.2 大户经营型

所谓大户经营型是指通过受让他人林地，具有一定经营规模(3.3hm²以上)的私人或民营油茶经营者。据估算，这种经营形式约占全县油茶林地面积的9%。

3.2.1 案例基本情况

万氏(49岁)是镇头镇土桥村人，1987年采用逐年支付的办法租赁了7hm²集体林地(4000元/年)。之后，对油茶林进行高枝嫁接高产品种，现已进入盛果期，平均单产茶油300~375kg/hm²。日常管理和看护由家属担任，抚育、施肥和采摘均要雇人。汪氏(42岁)是沙市镇团农村人，原在外经商，2006年开始租赁农户林地共30hm²(600元/hm²·年，50年)栽植新品种油茶。目前，油茶已挂果，平常雇佣2人(60元/天)对油茶林进行日常看护管理，施肥和除草等抚育时一般雇请20人左右。

3.2.2 运行模式及经营绩效

大户经营型租地面积较大，整地、栽种、日常抚育、采摘及看护等须雇佣劳动力来完成。同上述估算，大户经营第1年的投入较多为1250元，进入盛果期第8年后的平均收益为15000元/hm²，平均成本为6750 元/hm^2，以油茶的经济经营周期为50 年计算，其投资回收期为10 年，内部收益率为14.9%。由于经营油茶经济效益显著，大户在能够借贷到资金、能够雇佣到劳力以及雇用劳动力的成本比率控制在一定范围的情况下，通过租赁林地扩张经营的意愿显著。

3.3 公司经营型

所谓公司经营型是指由从事其他行业的公司进行转行或者涉足农林行业，大面积租赁林地，从事高产油茶的种植与开发。据浏阳市林业局不完全统计，此类经营形式占浏阳市油茶林经营面积8%左右。

3.3.1 案例基本情况

湖南 DH 投资发展有限公司原主要从事广告行业，资本力量雄厚，于2009 年注册成立子公司湖南XC 农业科技有限公司，计划在淳口建万亩丰产油茶示范基地，同时建立年产3 万 t 的茶油和菜籽油的精深加工厂。

3.3.2 运行模式及经营绩效

公司采用一次性支付(12000 元/hm^2 · 50 年)的形式租赁林地统一经营开发油茶，由于经营面积较大，整地、栽种、日常抚育、采摘及看护等都须雇佣劳动力来完成。同上述估算，公司经营第1 年的投入较多为16980 元/hm^2，进入盛果期第8 年后的平均收益为15000 元/hm^2，平均成本为6900 元/hm^2，以油茶的经济经营周期为50 年计算，其投资回收期为11 年，内部收益率为13.8%。由于经营油茶经济效益显著，公司在能够借贷到资金、能够雇佣到劳力以及雇用劳动力的成本比率控制在一定范围的情况下，通过租赁林地扩张经营并进行茶油深加工的意愿显著。

3.4 专业合作社型和村组集体组织下的农户经营型

所谓专业合作社经营是指农户在自愿、平等、互助、自主的基础上组建油茶经营合作经济组织，农户以林地折股入社，自主生产管理，合作社统一规划、统一整地、统一提供技术、信息及供销等服务，按交易额和股份分配盈利的经营模式。而集体经营型是指由村组集体统一规划、统一整地、统一提供的技术、信息及生产资料的供销服务，农户自主生产管理的经营模式。目前，这两种模式在浏阳市油茶生产经营面积中不足2%，所占比重极小。

3.4.1 案例基本情况

XR 种植专业合作社成立于2010 年9 月，由小学教师朱氏牵头组织老屋组20 户村民自发成立了油茶专业合作社，合作社现有林地约67 hm^2，已栽种油茶9.2hm^2。由于现在农户不愿意承担油茶开发的风险，采取观望的态度而不愿意投资，因此，前期开发整地、苗木费等造林的投入暂由朱氏一人全部承担，项目盈利后再予以偿还。油茶的日常抚育管理则由农户自己承担，出资人朱氏主要负责合作社对外事项，组长易氏主要负责合作社的日常经营管理，一社员管理合作社的帐目。淳口镇杨柳村共2700 多人，山地620 hm^2，1982 年分山到户，其中杨柳片864 人，大部分青壮老劳力都已外出打工，外出劳务收入成为当地家庭收入的主要来源，其次种植烤烟也是当地农民收入的另一收入来源。2008 年，村委组织杨柳片村民统一开发油茶80 hm^2。

3.4.2 运行模式及经营绩效

XR 种植专业合作社对入社的社员需将林地折股入社，并与合作社签订协议，由合作社统一开发整地；受让的非社员林地则由合作社统一开发经营管理。杨柳村由村里统一清山、整地、挖坑并提供油茶苗，统一购买化肥等生产资料，村民购买苗木并负责栽种、抚育与补植。以上两种经营模式在生产上主要以家庭经营展开，油茶的生产情况与一般农户基本上相同，而在油茶生产经营上和大户及公司经营相同，通过统一规划和整地、防护，种苗、农药和肥料等生产资料的供应、信息和技术的提供以及油茶籽等产品的销售，降低了生产成本和交易成本，不同的是没有地役权的改变和租地成本。据调查，以2009 年为例，油茶开发中的统一规划和整地，连片统一整地比农户单独整地成本要低750 ~ 1500 元/hm^2；统一为购买农药肥料等生产资料可按一级批发商价格提供，比市场零售价降低10%左右；另外，统一销售毛茶油比农户自己销售要高出6 ~ 10 元/kg 左右，提高了油茶经营的比较利益。

4 对现有经营模式的基本评价与完善的基本构想

4.1 现有经营模式的基本评价

林业“三定”以来，特别是集体林权制度改革以后，家庭经营成为集体林区林业经营的主流形式。从经营绩效看，家庭经营规模小，不能形成规模经济效益；另外，缺乏资金、技术和见识，抗风险能力差，根本不适应产业化经营的需要。而大户经营和公司经营虽然形成了规模经营，获得了规模经济效益，但是，不同程度上与农户之间存在着利益分配上的矛盾，产销双方均存在违约等机会主义行为，极大地弱化油茶产品价值链条的稳定性。另外，这种经营模式存在林地地役权的改变，随着集体林权制度改革的深化，林业经营比较效益提升，农户的林地难以流转集中成片形成经营规模；而专业合作社和村组集体组织下的农户经营组织模式虽然在不改变地役权的前提下形成了规模经营，获得了规模经济效益，林农的权益也得到最大限度的保障，但合作形成过程慢，组织的构建成本高，运作效率有赖于合作社和村组管理层的综合素质，需要付出对管理层较高的监督成本，这些都从制度上制约了油茶产业的发展。现阶段各种油茶经营模式的SWOT分析如表1所示。

另一方面，从现有各种经营模式对解决“三农”问题的贡献看，家庭经营由于规模小且资金少和技术力量弱，土地产出率低，对农业经济和农村公共事业的发展贡献度小，但由于产权明晰，农民的收益最大限度的内在化。另外，进入盛果期后所需投入劳力不多，因此，家庭经营与其他经营模式相比的机会成本不大；而大户经营由于形成了一定的经营规模，土地产出率有所提高，对农业的发展有一定的促进作用，因大户多为本地居民，易关注农村的公益事业，对雇用农民的劳动所得相对而言也较为大方，但农民获得土地租金及劳动收入也有限；公司经营由于规模大且资金和技术力量雄厚，土地产出率相对较高，解决了当前农业经济的发展问题，但农民也仅获得土地租金及劳动收入，对农村的公共事业贡献有限。而合作社经营在不改变地役权的基础上形成了规模经营，农民的权益也得到了最大限度的保障，从理论上说是一种理想的经营模式。具体评价如表2所示。

表1 各种油茶经营模式的SWOT分析

	优势	劣势	机会	风险
家庭经营	①自主管理，经营灵活。②无须雇工，劳动力成本低。③产权明晰，无纠纷。	①缺乏政策、资金和技术支持。②缺少市场价格信息。	①油茶的管理和经营技术的成熟。②新品种的推广使油茶产量提高。	①自然等灾害和市场的不确定性。②比较利益较低，中途放弃经营。
大户经营	①统一规划与管理。②较易获得政策、资金和技术支持。③市场信息较全。④产权明晰。	①雇工难且雇用成本高，监管难。②前期个人投入大，资金困难。③土地流转困难。	①进行油茶初加工、提升油茶附加值。②管理、经营技术水平的逐渐成熟。	①自然等灾害和市场的不确定性。②与租地农户的利益冲突所引起的矛盾，农户的违约风险。
公司经营	①统一规划与管理。②组织治理结构较完善。③易获得政策、项目资金和技术支持。④市场信息完备，议价能力强。⑤资金较充裕，融资能力强。	①土地流转困难，林地纠纷难调解。②雇工难且雇用成本高，监管难。	①进行油茶深加工项目的可能，提升油茶的附加值。②管理、经营技术水平的提高。	①自然等灾害和市场的不确定性。②与租地农户的利益冲突所引起的矛盾，农户的违约风险。
专业合作社及村组集体组织下的农户经营	①统一规划与管理。②农户自主性强，权益能受到保护。③部分能获得政策、项目资金和技术支持。④市场信息完备。市场议价能力强。⑤税费低。⑥产权相对明晰。	①农户难组织，初期入社积极性低，观望者居多。②对管理人员的素质要求高。③利益分配机制难统一，监督成本高。	①农户入社积极性提高，规模扩大。②国家政策扶持。③管理、经营技术水平的提高，组织治理结构完善。④随着经济效益的提升，市场竞争力增强。	①自然等灾害和市场的不确定性。②监管不力导致内部管理失控。③其他不确定性因素导致社员退社。

资料来源：根据实际调查总结所得。

表 2 不同经营模式对“三农”问题解决的贡献评价

	农业	农民	农村
家庭经营	差	优	差
大户经营	中	良	中
公司经营	优	中	差
合作社经营	优	优	优

资料来源：根据实际调查所作。

说明：评价分为优、良、中和差四个等级。

4.2 现有经营模式完善的基本构想

对此，要完善现阶段各种经营模式以促进油茶产业的发展，家庭经营应该在发挥其激励机制，劳动力利用效率高等特点的条件下，形成适度的经营规模，以获取规模经济效益。大户经营和公司经营主要在大户和公司与受让土地的农户间构建起利益共享、风险共担的利益机制和风险机制，并同时建立起与之相配套的政策保障制度和法律制度，使农民从中得到实惠。而农民专业合作社则要在政府政策的扶植下，运用诱致性的制度变迁，促进专业合作组织的形成，加强对农民的教育培训，提高农民的综合素质，按照现代公司制度对合作社组织制度进行结构治理，降低合作社形成的交易成本，使农民能够从合作社中获得利益，同时，构建起与之相配套的政策保障制度和法律制度。村组集体组织下的农户经营主要建立起公开透明的民主管理机制，加强对村组干部的监督管理，使其真实为农民服务，但是，由于存在政企不分等违背现代公司制度等问题，只能是当前农村一种应急型的经营模式。

5 油茶生产经营特点

5.1 初期投入大且见效慢

高产油茶开发经营前期的清山、整地、建梯田、种苗、栽种和当年的抚育等需要投入大量的资金。根据实际调查，普通农户家庭经营由于没有租地成本、间接费用和基础建设投资等支出，须投入资金16000 元/ hm^2，大户及公司经营则在 19000 ~ 21000 元/ hm^2，专业合作社及村组集体组织下的农户经营则在 15000 元/ hm^2左右。另外，油茶栽种后前二年为生长期不结果，第 3 ~ 4 年初果期结的果没有经济价值，第 5 ~ 7 年的结果可榨油但产量不高，第 8 年后才进入盛果期，由于初期投入不同，油茶的投资回收期在第 9 ~ 11 年之间。尽管其内部收益率在 15% ~ 20% 之间较高，但在低水平的农村收入和不完善的社会保障条件下，投入油茶经营的资金有限，加上生产见效慢，采取观望态度者较多。因此，经营主体需要得到外部经济扶持生产经营才能得以顺利进行。

5.2 日常抚育重要

提高油茶产量除了选择适地适树的优良品种、高标准的整地和栽植技术以外，油茶整个生长过程中的除杂、施肥、培土和整形修剪等抚育工作成为高产林最关键措施，而又以前三年的幼林抚育管理最为重要。如果幼林阶段的除杂进行彻底，油茶成林后杂灌很难生长，将大大降低今后抚育的成本。据实地调查，第四年以后的抚育成本是第一年的四分之一左右（罗攀柱等，2010b），因此，在家庭劳动力充足，每年进行了抚育管理的油茶林至今保持着较高的茶油产量，而缺乏劳动力或不愿意投劳，没有进行必要的抚育管理的油茶则产量低下；在长期没有进行抚育的地方，有的油茶树被杂草覆盖，成为了新的荒山荒地。

5.3 采摘收获用工多，劳动力成本高

高产油茶经营是一个劳动密集型产业，它不仅体现在最初的种植和抚育阶段，而且反映在茶籽收获阶段。从实际调查的情况看，主要面临的是采摘劳动力供给不足的问题和采摘劳动力成本过高的问题

(罗攀柱等，2010b)。一方面会造成类似于新疆棉花采摘类似的社会问题出现，另一方面采摘劳动力成本占当年油茶生产成本的40%以上，造成大规模油茶经营主体盈利减少。可以看出，大面积油茶经营从宏观层面上考量能够获得较好的社会效益，但从微观层面上衡量却是不经济的。从理论上看，采用机械采摘，提高采摘效率，是减少劳动力人数，降低采摘劳动力成本的根本途径，但是，从油茶的生长环境和生物学特性来看，目前，还难以解决在山地上行走、彻底采摘干净和影响油茶花蕾生长等问题，发达国家类似的采摘机械也没能有效解决以上两个问题，因此，在现有的技术水平条件下，当前的油茶经营适宜于适度规模经营。

6 油茶培育生产经营模式的构建

从上述各种油茶生产经营模式的评价，结合油茶生物学特性及油茶生产经营的特点，构建“公司+合作社+农户”这一模式能够有效解决上述各种经营模式存在的问题，从组织制度上保证油茶培育产业健康有序的发展。

6.1 经营模式的构建

所谓“公司+合作社+农户”模式是指从事油茶加工等相关产业的公司为了确保原材料的供应，通过农民专业合作组织，依靠土地入股将农户组织起来从事油茶生产经营。这种模式的运行方式是：在制度构建上，公司通过出资和派驻管理者组织农民加入和组建合作社，解决合作社组建资金不足和缺乏带头人的问题。在生产上合作社采取“四统一”的方式组织油茶的生产经营。一是统一供应生产资料，由于购买量大，合作社可按一级批发价格购买，可降低10%左右的购买成本。二是统 生产计划，合作社根据生产时节，统一组织社员进行施肥、剪枝等抚育工作和油茶的采摘工作。三是统一技术标准。合作社统一供应苗木，提供栽培、施肥、剪接等抚育的技术规程和工作规范。四是统一服务。对生产经营中出现的病虫害、生产技术等问题由合作社统一聘请专家进行解决。在产品销售上公司依据市场需求，与合作社签订生产经营合同，合作社依据协议将社员生产的茶籽按市场价统一收购并销售给公司，公司还从企业的盈利中按农户的茶籽交易量给予一定比例利润返还和免费的信息和技术服务，诱使农户将茶籽销售给公司。在利益分配上合作社按农户的土地股和资金股份分红。在“公司+合作社+农户”组织模式下，合作社处于公司与农户之间，起到一个纽带的作用，主要是发挥协调平衡功能，平衡公司和农户之间的利益分配，相对于常见的公司经营模式，“公司+合作社+农户”模式更为科学合理。在这一模式下，公司可以集中精力抓好技术创新与产品研发、茶油的市场营销战略和战术的制定以及融资等，合作社主要兼顾公司与农户的现实利益，主要协调公司与农户之间的利益分配及风险的分担，负责农资的供应、油茶生产计划管理、技术培训与服务等，而农户主要按合作社的要求对油茶林进行施肥、抚育、采摘等日常管理。总之，“公司+合作社+农户”这一模式通过公司、合作社、农户三者的系统整合，在油茶经营的产业链上实现了在分工基础上的紧密协作关系，将有利于加工原料的确保、技术水平的提高、产品质量的提升及叠加公司、合作社和农户三者的利益，形成公司、合作社和农户三赢的局面。

6.2 经营模式形成的机理机制

“公司+合作社+农户”这一模式的形成应该是油茶的生物学特性和生产经营特点及农村社会经济现实特征的必然反映。

首先，从“公司+合作社+农户”这一模式的总体形成来看，依据上述的分析，在现有的经营模式中，投资收益高的家庭经营却缺乏规模经济效益；而具有规模经济效益的大户经营和公司经营却因地役权的改变，一方面农户的林地不愿意流转，另一方面存在着随着社会经济的快速发展，由于信息不对称而带来的利益纠纷等问题(罗攀柱等，2010c)；而对于既形成规模经营优势又解决了地役权问题的农民专业合作组织却因农村缺乏带头人，内部治理结构混乱，农户相互缺乏信用难以合作，合作社难以形成或发展困难等问题(罗攀柱等，2010d)。其次，从合作社和农户的角度来看，依据油茶生产经营的特点，油茶的栽培、抚育、采摘收获以及选籽等生产经营适合于家庭生产经营，在产权明晰的条件下通过对农户劳动力的充分利用，有利于农户对油茶经营的精耕细作；而整地、种苗和肥料等生产资料的提供、信息和技术的提供以及油茶籽的销售适宜于集体统一经营，在规模经营的条件下降低油茶的生产成本和交易成本。第三，从公司和合作社的角度来看，依据目前我国农村社会经济现实特征，农村社会经济还很落后，缺乏资金、人才和技术，这样就需要组织化程度高、治理结构强、资金充足和技术力量雄厚的公司对合作社予以扶植，特别是在当前国家对农民专业合作社扶植政策体系不系统、范围不普及以及实施细节不具体的情况下，公司对合作社的扶植应该是一个重要的过渡措施，也应该是现实社会的必然选择。

6.3 经营模式构建的微观基本条件

"公司+合作社+农户"经营模式虽然有其优势，但其构建须要一定的基本条件。首先是公司必须具有追求长远的经营利润这一目标，更进一步说，必须具有解决"三农"问题的社会责任感。从公司方看，现实生产经营中，公司往往关注短期的利益最大化，不会愿意支付合作而带来的交易成本，因而合作往往难以形成。对此，公司方应该充分认识到合作能够带来长远的利益双赢局面，如果还能够具有解决"三农"问题这一社会责任感，将公司的盈利反哺农林业，那么，这种双赢的格局将更加牢固。第二是加强合作社内部的治理结构。由于农林业盈利性低、经营周期长且风险高，农户从参加合作社中所获利甚微，因而合作社难以构建。对此，将现代企业制度中的股份制引入合作社的治理结构中，以股份合作制为合作社的基本制度，使合作社的内部组织制度形成稳定，第三是公司和农户都必须具有信用和契约精神。从农户方看，农户不愿意参加合作的重要原因之一是农户与公司及农户与农户之间相互缺乏信用。对此，加强对农民的以法制为基础的基本教育，提高农民自身素质，形成依法办事的社会风气和农民自我管理及民主监督的机制，能够有效增强模式成长发展的基础。

7 经营模式的政策保障机制

要使"公司+合作社+农户"这一经营模式得以顺利实施，除了有良好的内部治理结构外，还需要一系列的保障体系来保证模式的实施。具体如下：

7.1 深化林业产权制度改革

从林业产权制度改革的绩效看，以确权发证为主的林业产权制度改革基本确立了以林农为主的林业经营主体在市场经济中的主体地位，林业经营的积极性相应提高。目前，油茶经营已超过林业行业的平均利益水平，林农油茶的经营积极性较高。对此，要进一步深化林业产权制度改革，继续进行微观经营组织的构建、融资渠道的拓展、技术推广体系的普及、森林保险的构建和管理体制改革等相关配套措施的改革，完善相应的后续政策，特别是要完善农村社会保障体系，构建起公平公正和透明的林地使用权流转制度体系，做到森林资源、林地和林木资源流转，促进油茶规模经营的形成，使油茶经营主体能够形成合理的经营预期。在此基础上，政府应该组织资金人力和物力组建并治理合作社，使合作社成为农村农林业的主要微观组织主体，同时应该以合作社为载体将扶农项目资金切实落实到农林业上，以提高其比较利益，促进农民专业合作组织可持续发展。

7.2 完善相关的法律法规

目前，许多农村各种合作组织成为农村强势群体和社会资本的利益结合体，它们的出现只解决了农业的效率问题，而没有给广大的农民带来实质性的收入增加，没能对农村落后面貌起到根本性的改变作用。对此，要借林业产权制度后续改革的东风，不断完善合作社法，尽快出台合作社法细则，重新构建以符合广大农民利益的合作社的主体资格，同时，在合作社的权力、责任和利益上与农民的利益紧密结合，使合作社真正成为广大农民的权益维护者和生产经营服务者。另外，要培养法律意识和法制精神，形成以契约为根本的法制社会，使公司、合作社和农户间的权责利关系一切按契约连接，同时，要做到有法可依，执法必严。

7.3 加大政策的扶植力度

虽然油茶盈利性较高，但由于初期投入多、经营周期长、见效慢且存在一定的风险，合作的成本高，还要克服合作带来的"搭便车"等交易成本，农户参加合作社所获利甚微，因而合作社难以构建，同理，企业与合作社的连接也难以紧密。对此，要加大在油茶栽培和加工方面的基础研究投入，延长油茶产品的产业链，提升油茶产品的附加值，产业链的延长和附加值的提升能够使"公司+合作社+农户"模式更加稳健和具有可持续性。此外，对模式中的公司实行优惠的税收减免政策，对合作社按公益性组织征收最低税率，通过农村信用合作社发放林业生产经营的低息小额贷款，各级政府的涉农财政扶植资金应该对模式中的企业与合作社倾斜，采用直补发放模式将资金切实落实到被补贴者社员的手中，降低补贴资金在发放环节中缩水的风险。

7.4 加强科技推广及人才培养

由于农村有知识、懂技术、会经营的青壮人力资源大多进入城镇，而留在农村的多为中老年及妇女，尽管公司在人才资源上有一定优势，但油茶经营技术人才缺乏，特别是合作社经营管理人才匮乏，农民的知识素养和科技水平很低，不适应这一模式的普及与发展。对此，在加大农村基础性教育，提升农民基本文化素质的同时，强化各级政府的服务功能，构建以公益性为主体的林业科技推广体系，解决油茶生产经营出现的各种技术问题，通过各种媒体宣传与普及油茶培育与加工技术。其次，对于形成一定规模的"公司+合作社+农户"组织可实施"科技特派员"制度，定点帮助解决实际技术问题；另一方面，通过周边亲身经历的事件，向农民说明互助合作的益处，培养农民的合作意识，更重要的是国家应该出台优惠政策，鼓励本乡本土的文化青年回乡建设新农村，同时，也应该鼓励大学毕业生到农村担任村官，以促进合作经济组织的发展。

7.5 构建监管制度体系

林业是一个生产经营"准公共产品"的弱质产业，不能完全用市场经济的规则加以对待。各级政府除了要加大对油茶产业的各种扶植力度之外，关键要构建起一个良好的市场交易秩序、法律秩序和道德秩序的市场经济环境，明确政府是市场经济活动的"保护者"和"服务者"。各级政府要在调查研究的基础上规范公司、合作社和农户三者之间的权力、责任与义务，定期监督检查农民专业合作社的组织制度的运行和国家扶植资金的使用情况，防范财务的弄虚作假现象和管理者腐败行为的发生，深入农户了解其对合作模式的满意情况，指导和协调公司和合作社和农户间的利益分配关系，以促进这一模式的可持续发展。另外，要加大违规行为的惩罚力度，使其违规成本远远大于违规收益。

8 结语

纵观浏阳市各种油茶生产经营模式的实际生产情况，普通农户型是当前主流经营形式，大户经营、村组集体组织下的农户经营和公司经营发展态势较好，但是，这些经营模式在现阶段有的从微观层面或宏观层面上存在着这样或那样的不足，而切实为农民谋利的专业合作社难以形成。因此，探索以公司为依托，构建"公司+合作社+农户"的经营模式，既能解决农村能人和带头人缺乏、生产经营组织治理结构难和林地流转困难等问题，又能够适合油茶生物学特性和油茶产业生产经营特点，降低生产成本和交易成本，提高生产经营效率等问题。但是，公司强调资本的平等和追求利润的本质与合作社强调人的平等和追求奉献的理念之间存在着难以调和的矛盾，应该说"公司+合作社+农户"这一模式是当前我国农村社会经济条件下油茶经营的一种过渡式的选择，它应该具有的地位和作用还有待于今后的实证研究。从长远看，随着农村社会经济的不断发展，农民素质的提升，应该是在政府的主导下，通过政策倾斜和项目扶植，积极引导农民走上合作经营之路，是油茶产业发展，同时也是林业产业发展的根本之路。从世界林业发达国家的情况看，人多地少的小规模经营适宜于采用专业合作社模式，但是，它的形成在我国应该还有一个相当长的过程，它的产生与发展政府的推手尤为重要。

参考文献

[1]罗攀柱等.2010a. 不同经营规模下高产油茶经营的比较利益研究.2010年中国林学会经济林分会年会论文集：111-118

[2]罗攀柱等 . 2010b. 高产油茶培育产业发展问题的调查研究 . 林业经济：2010(10)：36
[3]罗攀柱等 . 2010c. 流转林地利益调整的法律社会学分析 . 林业经济 . 2010(4)：38
[4]罗攀柱等 . 2010d. 集体林区林地使用权流转模式、动机与路径选择 . 林业科学 . 2010(9)：161

游客使用都市森林公园软硬件设施满意度之研究——以台北市为例

柳婉郁[1]　林俊成[2]　邱祈荣[3]

(1. 真理大学自然资源应用学系；2. 林业试验所太麻里研究中心；
3. 台湾大学森林环境暨资源学系)

摘　要： 本研究以位于台北市中心且台北市占地最大的都市森林公园——大安森林公园，作为主要的研究对象，以问卷调查方式了解休闲游憩者对于目前大安森林公园各项软硬件设施之重视度、行前期望与满意度，以了解现有大安森林公园之优劣所在。本研究共发放480份问卷，以大安森林公园内的游客做为研究对象。实行便利抽样来进行样本取样，针对游客的游憩行为及大安森林公园软硬件设施之重视度、行前期望及实际体验进行叙述统计分析、t检定及单因子变因子分析。研究分析结果显示游客对于"游客丢垃圾破坏行为"、"绿地空间大小"、"洗手间的配置情形"的重视度最高；对于"公园内花草树木的维护程度"、"公园内硬件设施的维护程度"、"休憩座椅之配置与舒适度"的行前期望最高；对于"可与别人社交的机会"、"水质清洁程度"、"绿地空间大小"的满意度最高。游客不同特性对于大安森林公园软硬件设施之重视度、行前期望及满意度有些微的显著性。研究结论指出，游客对于其他游客丢垃圾破坏行为的重视度最高，但在满意度里却有明显的落差，因此本研究建议相关单位可多增加一些清洁人员的配置，以及增加清洁人员的巡逻时间，并加强民众对于环境教育的倡导，而其他建议相关单位可增加男性洗手间或是移动厕所的配置、加强绿色植物的景观规划以及加强其解说牌的设置并且定期维护解说牌(标志)。

关键词： 都市公园；大安森林公园；满意度

1　绪论

都市化提供都市居民便捷的交通、丰富的物资和文明的精神生活，但人们在满足物质生活之余，对于绿色空间的需求感也与日俱增。都市中的绿地空间可以达到提升生活质量的诉求、减少都市生活密度的压力、改善生活环境，并且提供动物的自然栖地(张琪如，2007)。都市公园的开放空间对于都市的结构而言，可做为建物与建物之间的缓冲区，减少都市拥挤的丛林现象，对于都市居民更具有方便的可及性，其绿地直接提供都市居民接触大自然环境的机会，置于其中的植物更是有降低噪音、空气污染的功能，并可以有效保护景观与自然资源，因此成为都市居民日常户外休憩、接触自然与舒适生活压力之重要场所，其诸多的益处不但使都市公园赢得"都市之肺"的美称之外，更是成为都市评鉴中重要的指标(萧清芬，1996；侯锦雄、姚静婉，1997；郭琼莹，1997；洪榆尧，2008)。

关于都市森林公园之定义，学者已有众多研究(周杰，1986；成其林，1991；Solecki and Walls,

作者简介： 柳婉郁，博士，真理大学自然资源应用学系助理教授，主要研究方向：环境资源经济与生产管理经济。电话：+886-914-043-000　Email：wyliu@mail.au.edu.tw 地址：721台南县麻豆镇北势里北势寮70-11号(真理大学自然资源应用学系)。柳博士亦为本文之通讯作者。

1995；林晏洲等，1998，陈俊宏，2007；叶文龙，2003；何冠达；2002；侯锦雄、林钰专，1998），而行政院内政部营建署于1996年3月所举办“全国公园绿地会议”中广义对都市公园绿地定义为两类：①绿地：稳定保持着植物生长的土地或水域，其广义的定义系指可提供生态、景观、防灾、游憩等功能之开放空间。②都市公园绿地：都市发展地区内，所有稳定保持着植物生长的土地或水域。而狭义的公园绿地定义为法定都市绿地。而周杰(1986)认为都市公园必须符合下列特性：必须位于都市行政范围之内、其服务对象主要以该都市居民为主、须有特定的范围及出入口、有特定面积，而非指安全岛、广场之类、具有特定设施与包含游憩、游乐、运动等设施。黄淑姿(1982)则认为广义的都市绿地(urban green space)除了大小公园外，亦包含街道安全岛、甚至较无绿覆的步道、开放空间、重要场所之广场等。我国公园绿地的系统，由现行行政计划体系之土地利用方式可将台湾地区区分为区域性绿地与都市性绿地两大类：①区域性绿地：由区域计划所划设，除景观、游憩与防灾的考量外，主要偏重生态环境的保护效益，台湾地区约有60%土地可归类为区域性绿地，现由不同的法令或管理机关执行。②都市性绿地：由都市计划所划设，中央主管机关为内政部营建署，各县市政府负责执行，主要依计划人口密度与土地使用分区特色留设各类绿地空间，较偏重都市居民休闲游憩需求与都市景观效益(郭琼莹，1997；郭琼霞、王秀娟，1997；王秀娟，2008)。林晏州等(1998)指出所谓“公园”即政府为促进都市美观、国民健康、兼及防洪、防灾、避难等功效而负责规划设计、投资与开发的绿地。而都会公园(urban park、metropolitan park、metro park)经“台湾地区都会区域休闲设施发展方案”广义的解释为，都市地区的公园体系，依位置、大小、自然特征与活动性质划分为：邻里公园、小区公园、都市公园、都会或区域公园(交通部观光局，2009)。

以台湾而言，台北市为台湾之首都，而大安森林公园(又称为七号公园)是台北市第一座以森林公园为目标而规划的都市公园，地上面积25.894 hm^2，也是目前台北市中心占地最广的都市森林公园，于1994年3月29日启园。而大安森林公园已经成立将近15年之久，民众对于在都市公园从事活动时所需的功能需求以及对大安森林公园所具备的功能其满意度如何？对现有的设施规划及管理上其满意度为何？这些重要议题中，国内对于大安森林公园使用后之评估并不多见。有鉴于此，本研究即针对台北市中心的都市森林公园——大安森林公园，作为主要的研究对象，用问卷的方式来调查不同特性背景之游客对于目前大安森林公园各项软硬件设施之重视度、行前期望与满意度，以了解现有大安森林公园之优劣所在，所得之结论能提供相关主管机关未来进行都市公园设计与维护管理时参考，并能为未来之软硬设施设计与维护提出具体之建议，创造出更令休闲游憩者感到舒适与满意的游憩环境。

根据上述的研究动机，本研究主要探讨游客对于大安森林公园的游憩行为以及各项软硬件设施之重视度、行前期望与满意度，进而检视大安森林公园在规划及设计功能上是否具备良好的适切性。本研究探讨的主题如下：①分析大安森林公园之游客特性，及对各项软硬件设施之重视度、行前期望以及满意度。②不同社经背景之游客对于大安森林公园游憩行为、各项软硬件设施之重视度、行前期望与满意度之差异分析。③根据理论与实证结果，本研究提出对大安森林公园整体软硬件设施之改善建议，其有助于相关主管机关在设计与维护管理之参考。

2 研究方法

2.1 研究架构与假设

根据本研究之目的与相关文献的回顾，提出研究架构与假设，来探讨不同特性的游客在大安森林公园内(外)之游憩行为前(后)对于园区内各项软硬件设施使用前(后)的重视度、行前期望及满意度。如图1所示。

根据上述，本研究所要探讨之命题如下所述，共计六项：

(1)游客之不同社经背景特性对于过去经验有显著性差异。

(2)游客之不同社经背景特性对于来访行为及评价有显著性差异。

(3)游客之不同社经背景特性对于重游意愿及推荐有显著性差异。

(4)不同社经背景游客对于大安森林公园软硬件设施之个人重视度有显著性差异。

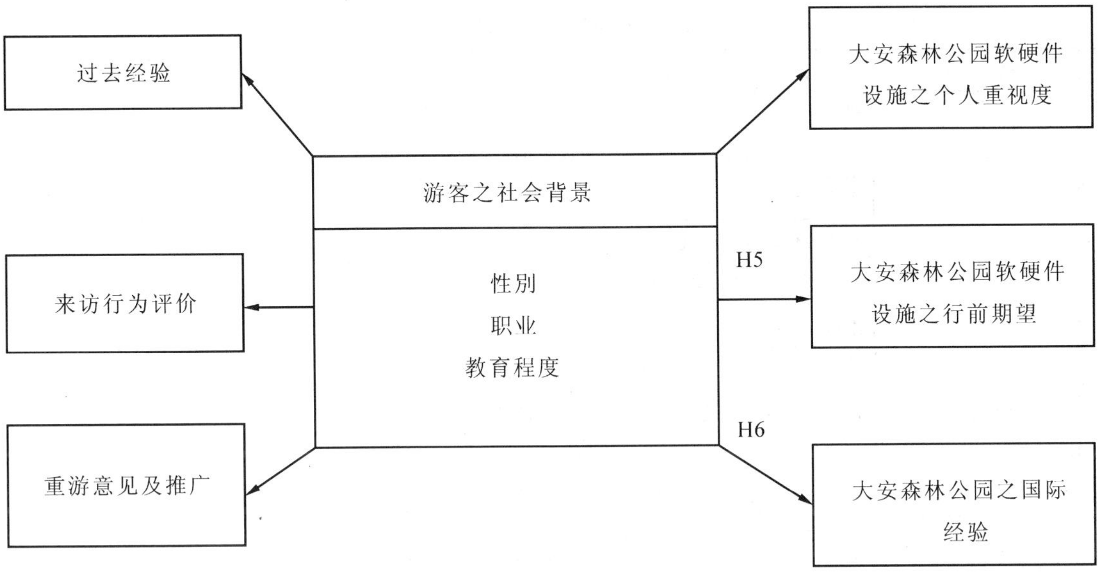

图1 本研究之研究架构

(5)不同社经背景游客对于大安森林公园软硬件设施之行前期望有显著性差异。

(6)不同社经背景游客对于大安森林公园软硬件设施之实际体验有显著性差异。

2.2 研究对象与限制

本研究的问卷发放地点以台北市大安森林公园为主要地点。本研究实行便利抽样(convenience sampling)来进行样本取样。本研究的问卷调查是针对在大安森林公园内的游客为主，以有自主意识、身心健全、可独立思考者为对象，以进入大安森林公园之民众为本研究母群，以一个人为单位。本研究为了避免受访者之重复、或个人属性不符合问卷的基本条件，故以便利抽样方式对游客访查为主，以期能获得足够的样本。便利抽样又称为任意抽样，为非随机抽样的一种，纯粹以便利为基础的一种抽样方式，样本的选择只考虑到接近或衡量上的便利。另外，因地区性文化差异、生活方式、区域环境的不同，因此本研究无法推至其他都市森林公园。

2.3 问卷设计与架构

本研究首先搜集相关文献，就都市公园、休闲游憩之行前期望与满意度等相关理论进行探讨，从中建立相关之理论基础与研究架构，并确定研究目的与范围，再依此找出影响游客到都市森林公园游憩之因素为何。其次进行研究对象之选定，研拟调查评估准则，设计问卷，选定调查的方式与样本大小，继而进行实际调查与评估工作；之后将所搜集资料整理以便进行统计分析与比较，最后提出结论与建议。

本研究问卷共分为三部分，第一部分为调查受访者的游憩行为，共13题；第二部分为调查受访者对于大安森林公园软硬件设施之重视程度、行前期望与实际体验程度，共有24题；第三部分为调查受访者的基本资料，共6题。本研究问卷设计是根据研究架构以及相关文献回顾所整理来拟定，采用李克特(Likert)五点尺度量表：1代表“极不重要、极不期待、极不满意”、2代表“不重要、不期待、不满意”、3代表“普通”、4代表“重要、期待、满意”、5代表“极为重要、极为期待、极为满意”，问卷设计构面如表1所示。

表1 本研究之问卷设计构面

构面	类别	问题
游憩行为	过去经验	过去一年有几次来大安森林公园的休憩经验(包含本次)
		上次来大安森林公园距离现在约多久时间
		个人或伴随同伴到公园走走的频率为何
		个人或伴随同伴到大安森林公园走走的频率为何
		请问这次结伴同行到大安森林公园的有哪些人
	来访行为及评价	本次旅游搭乘的交通工具
		估计从出发地到大安森林公园的车程时间
		估计从出发地到达大安森林公园的交通费用
		平均停留在大安森林公园的时间
		对于这次大安森林公园游憩经验整体评价
	重游行为及推荐	下次是否会再度来大安森林公园
		是否会推荐给亲朋好友
重视度、期望与满意度	实质环境	水质清洁程度
		绿地空间大小
		步道沿途风景优美
		草皮土壤裸露程度
		人为设施与自然环境配合
	社会环境	游客丢垃圾破坏行为
		活动时是否受到干扰
		其他游客的喧哗
		游客人数多寡(拥挤程度)
		可与别人社交的机会
	活动环境	夜间的照明设备
		洗手间的配置情形
		停车位的便利性
		垃圾桶的配置情形
		步道动线及路面状况
		解说牌、标志清楚程度
		休憩座椅之配置与舒适度
		联外道路与路标
		活动设施种类与数量
	经营管理环境	洗手间清洁程度
		公园内花草树木维护程度
		公园内硬件设施之维护程度
		停车费用之合理性

（续）

构面	类　别	问　　题
基本数据	社经背景	性别
		年龄
		职业
		教育程度
		居住地点
		平均家庭月收入

资料来源：本研究整理

2.4 数据分析方法

2.4.1 信度分析(Reliability Analysis)

本研究之信度分析统计处理以 Cronbach's α 值检测问卷题目的一致性及稳定性，以考验研究工具之信度，若 α 值越高，表示量表内各项目之一致性越高，衡量其是否符合检测要求，α 值大于 0.7 以上为佳，并为可接受的水平；若低于 0.35 则予以拒绝。

2.4.2 独立样本 T 检定(Independent Samples T-test)

独立样本 T 检定主要用来检定两个不同的独立样本之平均数是否相等的方法。由于本研究受访者个人属性之性别(男、女)仅有两个水平，因此须通过独立样本 T 检定来探讨受访者性别对于休憩行为及大安森林公园软硬件设施之重视度、行前期望与满意度是否有显著性差异。

2.4.3 变异数分析(One-Way ANOVA)

检定游客的游憩特性，包括年龄、职业、教育程度、居住地点，分别对休憩行为以及大安森林公园软硬件设施的重视度、行前期望、实际体验平均值的差异是否有显著差异，如变异数分析 F 值达显著后，各组人数不相等时采取雪费法(Scheffe Method)进行事后检定组间之均值差异。

3 问卷统计结果与分析

3.1 问卷发放份数

本研究共发放 480 份，由于本研究为访员亲自访谈填答，因此 480 份皆为有效问卷。受访者对问卷不明白的问题可直接寻问，以防止漏填答或乱填答所产生之无效问卷，以求收集到最多且正确之资料。本研究之调查时间为 2009 年 9 月 1 日至 9 月 31 日共计 30 天。

3.2 问卷之信度分析

本研究事先发放 30 份问卷进行前测，并用信度分析，分析结果如表 2 所示。分析显示游客行为之个人重视程度方面为 0.956，游客行为之行前期望方面为 0.85，游客行为之实际体验方面为 0.834，皆属高度信度，因此本问卷设计发放之问卷具有一定之信度。

表 2　问卷信度分析

项　　目	α 值
游客行为之个人重视程度	0.956
游客行为之行前期望	0.85
游客行为之实际体验	0.834

资料来源：本研究整理

本研究问卷调查的游客基本属性数据包括性别、年龄、职业、教育程度、居住地点、平均家庭月收入等，经统计分析后其结果如表3所示。在性别方面，平均而言受访者游客以“男性”较多，占57.1%；在年龄方面，受访者年龄以“40～45岁”最多，占41.5%，其次为“30～39岁”，占28.5%；在职业类别方面，受访游客以“服务业”居多，占37.9%，其次为“学生”，占19.0%；在教育程度方面，受访者以“大学”程度居多，占48.5%，其次为“研究所”，占30.6%；在居住地区方面，以当地“台北”的游客最多，占88.3%，其次为“台中”的游客，占10.2%；在平均家庭月收入方面，以“50 001～70 000元”最多，占46.3%，其次为“30 001～50 000元”，占36.3%。

表3　受访者社经背景结构之分析

变数	人数(人)	百分比(%)
性别		
男	274	57.1
女	206	42.9
年龄		
19岁以下	17	3.5
20～29岁	112	23.3
30～39岁	137	28.5
40～49岁	199	41.5
50岁以上	15	3.1
职业		
学生	91	19.0
军公教	32	6.7
工业、制造业	12	2.5
服务业	182	37.9
自由业	77	5.0
家管	62	12.9
其他	24	16.0
教育程度		
国中以下	5	1.0
高中(职)	59	12.3
专科	36	7.5
大学	233	48.5
研究所以上	147	30.6
居住地点		
基隆	4	0.8
台北	424	88.3
桃园	3	0.6
台中	49	10.2
平均家庭月收入		
30 000元以内	35	7.3
30 000～50 000元	174	36.3
50 001～70 000元	222	46.3
70 000元以上	49	10.2

资料来源：本研究整理

3.3 受访者相关研究变项之叙述性统计分析

本问卷调查研究结果，显示受访者在过去一年有5次以上来过大安森林公园的游憩经验为最多，占82.5%；个人或结伴到其他公园游玩的频率以两周一次最多，占54.4%；而个人或结伴到大安森林公园游玩的频率也以两周一次为最多，占54.4%，由此可看出受访游客对于大安森林公园的游憩频率及忠实度高。

其次，受访者今次以独自前来大安森林公园的比率较高，占57.3%；而本次来访大安森林公园的交通工具以大众运输的比率较高，占34.6%；在估计来访车程以1小时以内居多，占86.9%；估计来访大安森林公园所需花费的交通费用以250元以下的比率较多，占59.4%；受访游客平均停留在园区内的时间以1~2小时的比率最高，占85.8%。另外，受访者来访目的则以运动休闲为最多，占61.5%；受访者对于大安森林公园的整体评价以“非常满意”的比率最高，占76.5%；受访者以“一定会”再度来访大安森林公园的比率最高，占87.3%；受访者“一定会”推荐给亲朋好友的比率最高，占64.0%，由此可看出受访游客对于大安森林公园的整体评价以及重游度偏高。

在游客的重视度方面，其结果如表4所示，重视度最高之5个问项依序为：“游客丢垃圾破坏行为”(平均数4.16)；“绿地空间大小”(平均数3.88)；“洗手间的配置情形”(平均数3.88)；“公园内环境的清洁程度”(平均数3.85)；“公园内硬件设施的维护”(平均数3.78)；“休憩座椅之配置与舒适度”(平均数3.76)。在游客的行前期望方面，期望度最高之5个问项依序为：“公园内花草树木的维护程度”(平均数4.35)；“公园内硬件设施的维护程度”(平均数3.99)；“休憩座椅之配置与舒适度”(平均数3.91)；“绿地空间大小”(平均数3.89)；“解说牌、标志的清楚程度”(平均数3.83)。

在游客的实际体验方面，满意度最高之5个问项依序为：“可与别人社交的机会”(平均数4.35)；“水质清洁程度”(平均数4.33)；“绿地空间大小”(平均数4.27)；“步道沿途风景优美”(平均数4.21)；“游客人数多寡”(平均数4.15)。综合上述结果，游客对于大安森林公园软硬件设施的重视度与实际体验之分析方面，同一问项中，满意度大于重视度平均数仅有1项，而行前期望与实际体验之分析方面，同一问项中，满意度平均数大于行前期望度平均数仅有1项，显示大安森林公园软硬件设施无法达到游客对于大安森林公园软硬件设施之重视度及期望度。

表4 游客对于大安森林公园软硬件设施之重视、期望度与满意度之平均数与标准差

项　目	重视度平均数(标准差)	行前期望平均数(标准差)	满意度平均数(标准差)
水质清洁程度	3.65(0.607)	3.58(0.798)	4.33(0.597)
绿地空间大小	3.88(0.829)	3.89(0.684)	4.27(0.668)
步道沿途风景优美	3.69(1.003)	3.70(0.874)	4.21(0.670)
草皮土壤裸露程度	3.12(1.003))	3.45(1.164)	3.70(0.821)
人为设施与自然环境配合	3.21(0.917)	3.12(1.011)	3.18(0.953)
游客丢垃圾破坏行为	4.16(0.622)	3.38(1.135)	3.86(0.831)
活动时是否受到干扰	3.41(1.062)	3.13(1.191)	3.51(1.034)
其他游客的喧哗	3.30(1.122)	3.05(0.974)	3.69(0.788)
游客人数多寡(拥挤程度)	3.65(0.911)	3.46(1.130)	4.15(0.601)
可与别人社交的机会	3.37(1.141)	3.17(0.962)	4.35(0.584)
夜间的照明设备	3.48(0.945)	3.05(1.144)	3.76(0.745)
洗手间的配置情形	3.88(0.745)	3.43(0.643)	3.18(0.762)
停车位的便利性	3.25(1.183)	3.36(0.907)	3.63(1.058)
垃圾桶的配置情形	3.58(0.960)	3.32(1.133)	3.62(1.064)
步道动线及路面状况	3.49(0.961)	3.72(0.949)	3.47(1.013)
解说牌、标志清楚程度	3.41(1.145)	3.83(0.820)	3.15(0.703)
休憩座椅之配置与舒适度	3.76(0.850)	3.91(0.905)	3.49(1.119)
联外道路与路标	3.49(1.110)	3.50(0.936)	3.34(0.831)
活动设施种类与数量	3.13(1.135)	3.70(0.897)	3.51(0.794)
洗手间清洁程度	3.63(0.722)	3.44(0.950)	3.91(0.864)
公园内环境的清洁程度	3.85(0.898)	3.82(0.694)	3.91(0.916)

（续）

项　　目	重视度平均数(标准差)	行前期望平均数(标准差)	满意度平均数(标准差)
公园内花草树木的维护程度	3.68(0.683)	4.35(0.655)	3.71(0.928)
公园内硬件设施的维护程度	3.78(0.874)	3.99(0.834)	3.82(0.804)
停车费用之合理性	3.56(1.149)	3.23(1.050)	3.63(0.849)

资料来源：本研究整理

3.4 受访者性别对于相关研究变项之差异性分析

为探讨受访者对大安森林公园的游憩各项目的行前期望是否会因为性别有所不同，故进行平均差异T检定，结果显示如表5所示。性别对于“步道沿途风景优美”的行前期望的人数之平均数而言，男性受访者为3.61，女性受访者为3.81，其P值为0.013，具有些微显著性差异。而性别对于“水质清洁程度”、“绿地空间大小”、“草皮土壤裸露程度”、“人为设施与自然环境配合”、“游客丢弃垃圾破坏行为”、“活动时是否受到干扰”、“其他游客的喧哗”、“游客人数多寡(拥挤程度)”、“可与别人社交的机会”、“夜间的照明设备”、“洗手间的配置情形”、“停车位的便利性”、“垃圾桶的配置情形”、“步道动线及路面状况”、“解说牌、标志清楚程度”、“休憩座椅之配置与舒适度”、“联外道路与路标”、“活动设施种类与数量”、“洗手间清洁程度”、“公园内环境清洁程度”、“公园内花草树木维护程度”、“公园内硬件设施之维护程度”、“停车费用之合理性”的行前期望皆为无显著性差异。

表5　性别对于大安森林公园软硬件设施行前期望之差异分析

构　　面	性别	人数	平均数	标准差	T值	显著性
水质清洁程度	男	274	3.56	0.797	-0.657	0.511
	女	206	3.61	0.800		
绿地空间大小	男	274	3.85	0.689	-1.514	0.131
	女	206	3.94	0.675		
步道沿途风景优美	男	274	3.61	0.859	-2.501	0.013 *
	女	206	3.81	0.882		
草皮土壤裸露程度	男	274	3.51	1.113	1.295	0.196
	女	206	3.37	1.226		
人为设施与自然环境配合	男	274	3.15	0.994	0.910	0.363
	女	206	3.07	1.034		
游客丢弃垃圾破坏行为	男	274	3.34	1.156	-1.019	0.309
	女	206	3.44	1.106		
活动时是否受到干扰	男	274	3.13	1.202	-0.119	0.905
	女	206	3.14	1.179		
其他游客的喧哗	男	274	3.01	0.991	-1.223	0.222
	女	206	3.12	0.950		
游客人数的多寡(拥挤程度)	男	274	3.41	1.123	-1.329	0.185
	女	206	3.54	1.137		
可与别人社交的机会	男	274	3.12	0.955	-1.267	0.206
	女	206	3.23	0.970		
夜间的照明设备	男	274	2.99	1.151	-1.177	0.240
	女	206	3.11	1.133		

（续）

构　　面	性别	人数	平均数	标准差	T值	显著性
洗手间的配置情形	男	274	3.39	0.655	-1.699	0.090
	女	206	3.49	0.623		
停车位的便利性	男	274	3.34	0.901	-0.467	0.640
	女	206	3.38	0.917		
垃圾桶的配置情形	男	274	3.31	1.168	-0.286	0.775
	女	206	3.34	1.087		
步道动线及路面状况	男	274	3.67	0.927	-1.290	0.198
	女	206	3.78	0.976		
解说牌、标志清楚程度	男	274	3.80	0.833	-0.747	0.455
	女	206	3.86	0.805		
休憩座椅之配置与舒适度	男	274	3.88	0.930	-0.825	0.410
	女	206	3.95	0.871		
联外道路与路标	男	274	3.47	0.950	-1.060	0.290
	女	206	3.56	0.918		
活动设施种类与数量	男	274	3.68	0.892	-0.375	0.708
	女	206	3.71	0.906		
洗手间清洁程度	男	274	3.38	0.927	-1.380	0.168
	女	206	3.50	0.977		
公园内环境清洁程度	男	274	3.81	0.722	-0.391	0.696
	女	206	3.84	0.657		
公园内花草树木维护程度	男	274	4.36	0.650	0.355	0.723
	女	206	4.34	0.663		
公园内硬件设施之维护程度	男	274	4.01	0.787	0.853	0.394
	女	206	3.95	0.893		
停车费用之合理性	男	274	3.22	1.065	-0.359	0.720
	女	206	3.26	1.034		

资料来源：本研究整理，* $P<0.05$，** $P<0.01$，*** $P<0.001$

为探讨受访者对大安森林公园的游憩各项目的实际体验是否会因为性别有所不同，故进行平均差异T检定，结果如表6所示。性别对于“水质清洁程度”的实际体验人数之平均数而言，男性受访者为4.40，女性受访者为4.25，其P值为0.006，具有些微显著性。性别对于“其他游客的喧哗”的实际体验人数之平均数而言，男性受访者为3.53，女性受访者为3.76，其P值为0.019，具有些微显著性。性别对于“洗手间的配置情形”的实际体验人数之平均数而言，男性受访者3.32，女性受访者为3.71，其P值为0.000，具有显著性。而性别对于“绿地空间大小”、“草皮土壤裸露程度”、“人为设施与自然环境配合”、“游客丢弃垃圾破坏行为”、“活动时是否受到干扰”、“游客人数多寡(拥挤程度)”、“可与别人社交的机会”、“夜间的照明设备”、“停车位的便利性”、“垃圾桶的配置情形”、“步道动线及路面状况”、“解说牌、标志清楚程度”、“休憩座椅之配置与舒适度”、“联外道路与路标”、“活动设施种类与数量”、“洗手间清洁程度”、“公园内环境清洁程度”、“公园内花草树木维护程度”、“公园内硬件设施之维护程度”、“停车费用之合理性”的行前期望皆无显著性差异。

表 6　性别对于大安森林公园软硬件设施实际体验之差异分析

构面	性别	人数	平均数	标准差	T 值	显著性
水质清洁程度	男	274	4.40	0.586	2.737	0.006**
	女	206	4.25	0.602		
绿地空间大小	男	274	4.28	0.683	0.546	0.585
	女	206	4.25	0.649		
步道沿途风景优美	男	274	4.27	0.662	1.956	0.051
	女	206	4.15	0.676		
草皮土壤裸露程度	男	274	3.70	0.816	0.038	0.970
	女	206	3.69	0.831		
人为设施与自然环境配合	男	274	3.18	0.965	-0.009	0.993
	女	206	3.18	0.938		
游客丢弃垃圾破坏行为	男	274	3.92	0.839	1.750	0.081
	女	206	3.79	0.816		
活动时是否受到干扰	男	274	3.58	1.014	1.753	0.080
	女	206	3.41	1.054		
其他游客的喧哗	男	274	3.53	1.052	-2.348	0.019*
	女	206	3.76	1.054		
游客人数的多寡（拥挤程度）	男	274	3.66	1.051	0.804	0.422
	女	206	3.58	1.083		
可与别人社交的机会	男	274	3.47	1.024	0.051	0.959
	女	206	3.47	1.001		
夜间的照明设备	男	274	3.15	0.711	-0.070	0.945
	女	206	3.15	0.693		
洗手间的配置情形	男	274	3.32	1.131	-3.928	0.000***
	女	206	3.71	1.064		
停车位的便利性	男	274	3.33	0.771	-0.211	0.833
	女	206	3.34	0.823		
垃圾桶的配置情形	男	274	3.47	0.771	-1.184	0.237
	女	206	3.56	0.823		
步道动线及路面状况	男	274	3.87	0.852	-1.447	0.149
	女	206	3.98	0.878		
解说牌、标志清楚程度	男	274	3.85	0.947	-1.799	0.073
	女	206	4.00	0.867		
休憩座椅之配置与舒适度	男	274	3.71	0.939	-0.122	0.903
	女	206	3.72	0.915		
联外道路与路标	男	274	3.81	0.803	-0.398	0.691
	女	206	3.84	0.808		
活动设施种类与数量	男	274	3.66	0.868	0.707	0.480
	女	206	3.60	0.825		

（续）

构面	性别	人数	平均数	标准差	T值	显著性
洗手间清洁程度	男	274	3.68	0.785	-0.394	0.694
	女	206	3.70	0.793		
公园内环境清洁程度	男	274	4.14	0.611	-0.632	0.528
	女	206	4.17	0.589		
公园内花草树木维护程度	男	274	4.34	0.596	-0.710	0.478
	女	206	4.37	0.568		
公园内硬件设施之维护程度	男	274	3.78	0.745	0.645	0.519
	女	206	3.73	0.747		
停车费用之合理性	男	274	3.17	0.752	-0.510	0.610
	女	206	3.20	0.776		

资料来源：本研究整理，* P<0.05，** P<0.01，*** P<0.001。

3.5 受访者职业对于相关研究变项之差异性分析

针对不同职业对于“绿地空间的大小”的个人重视度之差异，在信赖水平95%的情况下，其P值为0.002，具有显著性，这表示不同职业对于“绿地空间的大小”的个人重视度具有显著性差异，经事后检定发现，职业为军公教的受访者对于绿地空间大小的重视程度大于自由业的受访者，而职业为服务业的受访者对绿地空间大小的重视程度大于职业为自由业的受访者，而职业为自由业的受访者对于绿地空间大小的重视程度小于职业为其他的受访者。不同职业对于“步道沿途风景优美”的个人重视度之差异，在信赖水平95%的情况下，其P值为0.10，具有显著性，这表示不同职业对于“步道沿途风景优美”的个人重视度具有显著性的差异（如表7）。

针对不同职业对于“水质清洁程度”、“草皮土壤裸露”、“人为设施与自然环境配合”、“游客丢弃垃圾破坏行为”、“活动时是否受到干扰”、“其他游客的喧哗”、“游客人数多寡”、“可与别人社交的机会”、“夜间的照明设备”、“洗手间的配置情形”、“停车位的便利性”、“垃圾桶的配置情形”、“步道动线及路面状况”、“解说牌、标志清楚程度”、“休憩座椅之配置与舒适度”、“联外道路与路标”、“活动设施种类与数量”、“洗手间清洁程度”、“公园内环境清洁程度”、“公园内花草树木的维护程度”、“公园内硬件设施之维护程度”、“停车费用之合理性”之间的个人重视度之差异，在信赖水平95%，其P值皆大于0.05，不具显著性，这表示不同职业对于“水质清洁程度”、“草皮土壤裸露”、“人为设施与自然环境配合”、“游客丢弃垃圾破坏行为”、“活动时是否受到干扰”、“其他游客的喧哗”、“游客人数多寡”、“可与别人社交的机会”、“夜间的照明设备”、“洗手间的配置情形”、“停车位的便利性”、“垃圾桶的配置情形”、“步道动线及路面状况”、“解说牌、标志清楚程度”、“休憩座椅之配置与舒适度”、“联外道路与路标”、“活动设施种类与数量”、“洗手间清洁程度”、“公园内环境清洁程度”、“公园内花草树木的维护程度”、“公园内硬件设施之维护程度”、“停车费用之合理性”之间的个人重视度并不具有显著性差异。

表7 受访者职业对于大安森林公园软硬件设施重视程度之差异分析

项 目		F值	P值[1]	事后检定[2]
实质环境	水质清洁程度	0.755	0.582	
	绿地空间大小	3.764	0.002 **	(2)>(6) (5)>(6) (6)<(8)
	步道沿途风景优美	3.062	0.010 **	
	草皮土壤裸露程度	2.078	0.067	
	人为设施与自然环境配合	1.742	0.124	

（续）

项　目		F值	P值[1]	事后检定[2]
社会环境	游客丢弃垃圾破坏行为	0.684	0.636	
	活动时是否受到干扰	1.815	0.108	
	其他游客喧哗	1.470	0.198	
	游客人数的多寡	1.748	0.122	
	可与别人社交的机会	0.803	0.548	
活动环境	夜间的照明设备	1.492	0.191	
	洗手间的配置情形	0.835	0.525	
	停车位的便利性	2.137	0.060	
	垃圾桶的配置情形	1.959	0.083	
	步道动线及路面状况	0.831	0.528	
	解说牌、标志清楚程度	0.868	0.502	
	休憩座椅之配置与舒适度	1.286	0.269	
	联外道路与路标	1.158	0.329	
	活动设施种类与数量	1.314	0.257	
经营环境	洗手间清洁程度	2.089	0.066	
	公园内环境清洁程度	1.526	0.180	
	公园内花草树木维护程度	1.574	0.166	
	公园内硬件设施之维护程度	0.834	0.526	
	停车费用之合理性	0.998	0.419	

资料来源：本研究整理，

注1：* P<0.05 ，** P<0.01 ，*** P<0.001

注2：(1) 学生，(2)军公教，(3)工业、制造业，(4)农林渔牧，(5)服务业，(6)自由业，(7)家管，(8)其他

针对不同职业对于“其他游客喧哗”、“可与别人社交的机会”之间的差异，在信赖水平95%的情况，其P值为0.032、0.050，具有显著性，这表示不同职业对于“其他游客喧哗”、“可与别人社交的机会”之间的行前期望具有显著性差异(如表8)。针对不同职业对于“水质清洁程度”、“绿地空间大小”、“步道沿途风景优美”、“草皮土壤裸露”、“人为设施与自然环境配合”、“游客丢弃垃圾破坏行为”、“活动时是否受到干扰”、“游客人数多寡”、“夜间的照明设备”、“洗手间的配置情形”、“停车位的便利性”、“垃圾桶的配置情形”、“步道动线及路面状况”、“解说牌、标志清楚程度”、“休憩座椅之配置与舒适度”、“联外道路与路标”、“活动设施种类与数量”、“洗手间清洁程度”、“公园内环境清洁程度”、“公园内花草树木的维护程度”、“公园内硬件设施之维护程度”、“停车费用之合理性”之间的行前期望之差异，在信赖水平95%的情况之下，其P值皆大于0.05，不具显著性，这表示不同职业对于“水质清洁程度”、“绿地空间大小”、“步道沿途风景优美”、“草皮土壤裸露”、“人为设施与自然环境配合”、“游客丢弃垃圾破坏行为”、“活动时是否受到干扰”、“游客人数多寡”、“夜间的照明设备”、“洗手间的配置情形”、“停车位的便利性”、“垃圾桶的配置情形”、“步道动线及路面状况”、“解说牌、标志清楚程度”、“休憩座椅之配置与舒适度”、“联外道路与路标”、“活动设施种类与数量”、“洗手间清洁程度”、“公园内环境清洁程度”、“公园内花草树木的维护程度”、“公园内硬件设施之维护程度”、“停车费用之合理性”之间的行前期望并不具有显著性的差异。

表8　受访者职业对大安森林公园软硬件设施行前期望之差异分析

项　目		F值	P值
实质环境	水质清洁程度	0.634	0.674
	绿地空间大小	1.012	0.410
	步道沿途风景优美	0.755	0.582
	草皮土壤裸露程度	0.362	0.875
	人为设施与自然环境配合	0.537	0.748

（续）

项目		F值	P值
社会环境	游客丢弃垃圾破坏行为	0.721	0.608
	活动时是否受到干扰	0.221	0.954
	其他游客喧哗	2.460	0.032*
	游客人数的多寡	1.013	0.409
	可与别人社交的机会	2.237	0.050*
活动环境	夜间的照明设备	1.091	0.365
	洗手间的配置情形	0.994	0.421
	停车位的便利性	1.496	0.190
	垃圾桶的配置情形	1.767	0.118
	步道动线及路面状况	0.408	0.843
	解说牌、标志清楚程度	0.270	0.929
	休憩座椅之配置与舒适度	0.333	0.893
	联外道路与路标	1.123	0.347
	活动设施种类与数量	1.011	0.410
经营环境	洗手间清洁程度	0.783	0.562
	公园内环境清洁程度	1.078	0.372
	公园内花草树木维护程度	0.799	0.551
	公园内硬件设施之维护程度	0.384	0.860
	停车费用之合理性	1.078	0.372

资料来源：本研究整理，$*P<0.05$，$**P<0.01$，$***P<0.001$

针对不同职业对于“草皮裸露程度”、“洗手间的配置情形”、“联外道路与路标”之间的实际体验之差异，在信赖水平95%的情况下，其P值为0.049、0.043、0.012，具有显著性，这表示不同职业对于“草皮裸露程度”、“洗手间的配置情形”、“联外道路与路标”之间的实际体验具有显著性差异(如表9)。针对不同职业对于“水质清洁程度”、“绿地空间大小”、“步道沿途风景优美”、“人为设施与自然环境配合”、“游客丢垃圾破坏行为”、“活动时是否受到干扰”、“其他游客的喧哗”、“游客人数多寡”、“可与别人社交的机会”、“夜间的照明设备”、“停车位的便利性”、“垃圾桶的配置情形”、“步道动线及路面状况”、“解说牌、标志清楚程度”、“休憩座椅之配置与舒适度”、“活动设施种类与数量”、“洗手间清洁程度”、“公园内环境清洁程度”、“公园内花草树木的维护程度”、“公园内硬件设施之维护程度”、“停车费用之合理性”的实际体验之间的差异，在信赖水平95%的情况下，其P值皆大于0.05，不具有显著性，这表示其不同职业对于“水质清洁程度”、“绿地空间大小”、“步道沿途风景优美”、“人为设施与自然环境配合”、“游客丢垃圾破坏行为”、“活动时是否受到干扰”、“其他游客的喧哗”、“游客人数多寡”、“可与别人社交的机会”、“夜间的照明设备”、“停车位的便利性”、“垃圾桶的配置情形”、“步道动线及路面状况”、“解说牌、标志清楚程度”、“休憩座椅之配置与舒适度”、“活动设施种类与数量”、“洗手间清洁程度”、“公园内环境清洁程度”、“公园内花草树木的维护程度”、“公园内硬件设施之维护程度”、“停车费用之合理性”的实际体验之间并无显著性的差异。

表9 受访者职业对大安森林公园软硬件设施实际体验之差异分析

项目		F值	P值
实质环境	水质清洁程度	1.420	0.216
	绿地空间大小	1.671	0.140
	步道沿途风景优美	1.795	0.112
	草皮土壤裸露程度	2.242	0.049 *
	人为设施与自然环境配合	0.252	0.939
社会环境	游客丢弃垃圾破坏行为	0.093	0.993
	活动时是否受到干扰	1.940	0.086
	其他游客喧哗	0.987	0.425
	游客人数的多寡	0.750	0.587
	可与别人社交的机会	1.890	0.095
活动环境	夜间的照明设备	1.616	0.154
	洗手间的配置情形	2.309	0.043 *
	停车位的便利性	1.121	0.348
	垃圾桶的配置情形	1.460	0.201
	步道动线及路面状况	0.970	0.436
	解说牌、标志清楚程度	1.464	0.200
	休憩座椅之配置与舒适度	0.410	0.842
	联外道路与路标	2.977	0.012 *
	活动设施种类与数量	0.834	0.526
经营环境	洗手间清洁程度	1.155	0.331
	公园内环境清洁程度	1.467	0.199
	公园内花草树木维护程度	1.217	0.300
	公园内硬件设施之维护程度	0.835	0.525
	停车费用之合理性	0.308	0.908

资料来源：本研究整理， * $P<0.05$， ** $P<0.01$， *** $P<0.001$

3.6 受访者教育程度对于相关研究变项之差异性分析

针对不同的教育程度对于“过去一年来过大安森林公园的休憩经验”之间的差异，在信赖水平95%的情况下，其P值为0.000，具有显著性，这表示不同的教育程度对于“过去一年来过大安森林公园休憩经验”之间具有显著性差异，经事后检定发现，教育程度在国中以下和高中(职)的受访者对于过去一年来过大安森林公园的休憩经验皆小于专科、大学、研究所以上的受访者。不同教育程度对于“距离上次来大安森林公园有多久”之间的差异，在信赖水平95%的情况下，其P值为0.000，具有显著性，这表示不同教育程度对于“距离上次来大安森林公园有多久”之间具有显著性差异，经事后检定发现，学历为高中(职)的受访者对于距离上次来大安森林公园有多久的时间大于大学、研究所以上的受访者。不同教育程度对于“个人或伴随同伴到公园的频率”之间的差异，在信赖水平95%情况下，其P值为0.000，具有显著性，这表示不同的教育程度对于“个人或伴随同伴到公园的频率”之间距有差异性，经事后检定发现，学历为高中(职)的受访者对于个人或伴随同伴到公园的频率小于大学、研究所以上的受访者(如表10)。

针对不同的教育程度对于“个人或伴随同伴到大安森林公园的频率”之间的差异，在信赖水平95%的情况下，其P值为0.000，具有显著性，这显示出不同教育程度对于“个人或伴随同伴到大安森林公园的频率”之间具有显著性的差异，经事后检定发现，教育程度为高中(职)受访者对于个人或伴随同伴到大安森林公园的频率”小于大学、研究所以上的受访者。根据教育程度对于“估计从出发地到达目的地的车程时间”之间的差异，在信赖水平95%情况下，P值为0.000，具有显著性，这显示出不同的教育程度对于“估计从出发地到达目的地的车程时间”之间具有显著性，经事后检定发现，教育程度在国中以下的受访者对于从出发地到目的地的车程时间大于大学、研究所以上的受访者，教育程度为高中(职)的受访者对于从出发地到达目的地的车程时间大于专科、大学、研究所以上的受访者，教育程度在专科的受访者对于从出发地到达目的地的车程时间大于大学的受访者。

表10 受访者教育程度对于过去经验之差异分析

项目	F值	P值[1]	事后检定[2]
过去一年来过大安森林公园的休憩经验	23.918	0.000***	(1)，(2)<(3)，(4)，(5)
距离上次来大安森林公园有多久时间	14.065	0.000***	(2)>(4)，(5)
个人或伴随同伴到公园的频率	8.329	0.000***	(2)<(4)，(5)
个人或伴随同伴到大安森林公园的频率	8.169	0.000***	(2)<(4)，(5)
估计从出发地到达目的地的车程时间	26.566	0.000***	(1)>(4)，(5) (2)>(3)，(4)，(5) (3)>(4)

注1：*P<0.05，**P<0.01，***P<0.001

注2：(1)国中以下，(2)高中(职)，(3)专科，(4)大学，(5)研究所以上

针对不同的教育程度对于“估计到大安森林公园的交通费用”之间的差异，在信赖水平95%的情况下，其P值为0.000，具有显著性，这表示不同的教育程度对于“估计到大安森林公园的交通费”之间具有显著性差异，经事后检定发现，教育程度在国中以下的受访者对于估计到大安森林公园的交通费用大于大学、研究所以上的受访者，教育程度为高中(职)的受访者对于估计到大安森林公园的交通费用大于专科、大学、研究所以上的受访者，教育程度在专科的受访者对于估计到大安森林公园的交通费用大于大学的受访者(如表11)。针对不同的教育程度对于“平均停留在大安森林公园的时间”之间的差异，在信赖水平95%的情况下，其P值为0.034，具有显著性，这表示不同的教育程度对“平均停留在大安森林公园的时间”具有显著性的差异。而不同的教育程度对于“这次的游憩经验的整体评价”之间的差异，在信赖水平95%的情况下，其P值为0.188，不具有显著性，这表示了不同的教育程度对于“这次的游憩经验的整体评价”并不具有显著性的差异。

表11 受访者教育程度对于来访行为及评价之差异分析

项目	F值	P值[1]	事后检定[2]
估计到大安森林公园的交通费用	23.903	0.000***	(1)>(4)，(5) (2)>(3)，(4)，(5) (3)>(4)
平均停留在大安森林公园的时间	2.440	0.034*	
对于这次的游憩经验的整体评价	1.502	0.188	

资料来源：本研究整理

注1：*P<0.05，**P<0.01，***P<0.001

注2：(1)国中以下，(2)高中(职)，(3)专科，(4)大学，(5)研究所以上

针对不同教育程度对于“是否会再度来大安森林公园”之间的差异，在信赖水平95%的情况下，其P值为0.000，具有显著性，这表示不同的教育程度对于“是否会再度来大安森林公园”之间具有显著性的差异，经事后检定发现，教育程度在高中(职)的受访者对于是否会再度来大安森林公园小于大学、研究所以上的受访者。不同教育程度对于“是否会推荐大安森林公园给亲朋好友”之间的差异，在信赖水平95%的情况下，其P值为0.930，并不具有显著性，这表示不同的教育程度对于“是否会推荐大安森林公园给亲朋好友”之间并无显著性的差异(表12)。

表12 受访者教育程度对于重游意愿及评价之差异分析

项目	F值	P值[1]	事后检定[2]
是否会再度来大安森林公园	10.852	0.000***	(2)<(4)，(5)
是否会推荐大安森林公园给亲朋好友	0.269	0.930	

资料来源：本研究整理

注1：＊P<0.05 ，＊＊P<0.01 ，＊＊＊P<0.001

注2：(1) 国中以下，(2)高中(职)，(3)专科，(4)大学，(5)研究所以上

针对不同的教育程度对于“游客丢弃垃圾破坏行为”的个人重视度之间的差异，在信赖水平95%的情况下，其P值为0.002，具有显著性，这表示不同的教育程度对于“游客丢弃垃圾破坏行为”的个人重视度之间具有一定的显著性差异(如表13)。

表13 受访者教育程度对于大安森林公园软硬件设施重视程度之差异分析

P值		项目	F值
实质环境	水质清洁程度	0.406	0.845
	绿地空间大小	0.563	0.729
	步道沿途风景优美	0.476	0.794
	草皮土壤裸露程度	0.602	0.698
	人为设施与自然环境配合	0.600	0.700
社会环境	游客丢弃垃圾破坏行为	3.877	0.002＊＊
	活动时是否受到干扰	1.294	0.265
	其他游客喧哗	1.739	0.124
	游客人数的多寡	0.998	0.418
	可与别人社交的机会	1.365	0.236
活动环境	夜间的照明设备	2.117	0.062
	洗手间的配置情形	0.980	0.429
	停车位的便利性	0.831	0.528
	垃圾桶的配置情形	0.280	0.924
	步道动线及路面状况	1.452	0.204
	解说牌、标志清楚程度	0.993	0.421
	休憩座椅之配置与舒适度	0.924	0.465
	联外道路与路标	0.511	0.768
	活动设施种类与数量	0.879	0.495
经营环境	洗手间清洁程度	2.150	0.058
	公园内环境清洁程度	0.974	0.433
	公园内花草树木维护程度	1.376	0.232
	公园内硬件设施之维护程度	1.561	0.170
	停车费用之合理性	0.182	0.969

资料来源：本研究整理，＊P<0.05 ，＊＊P<0.01 ，＊＊＊P<0.001

针对不同教育程度对于“人为设施与自然环境配合”、“公园内环境清洁程度”的行前期望之间的差异，在信赖水平95%的情况下，其P值为0.019、0.046，具有显著性，这表示不同的教育程度对于“人为设施与自然环境配合”、“公园内环境清洁程度”的行前期望之间具有显著性差异(如表14)。

表 14 受访者教育程度对大安森林公园软硬件设施行前期望之差异分析

项 目		F值	P值
实质环境	水质清洁程度	1.216	0.301
	绿地空间大小	0.277	0.926
	步道沿途风景优美	1.819	0.108
	草皮土壤裸露程度	2.210	0.052
	人为设施与自然环境配合	2.725	0.019*
社会环境	游客丢弃垃圾破坏行为	0.496	0.779
	活动时是否受到干扰	1.038	0.395
	其他游客喧哗	0.653	0.659
	游客人数的多寡	1.248	0.285
	可与别人社交的机会	0.240	0.945
活动环境	夜间的照明设备	0.639	0.670
	洗手间的配置情形	0.271	0.929
	停车位的便利性	0.734	0.598
	垃圾桶的配置情形	1.054	0.386
	步道动线及路面状况	1.467	0.199
	解说牌、标志清楚程度	0.626	0.680
	休憩座椅之配置与舒适度	1.191	0.313
	联外道路与路标	1.979	0.080
	活动设施种类与数量	0.795	0.554
经营环境	洗手间清洁程度	0.255	0.937
	公园内环境清洁程度	2.282	0.046*
	公园内花草树木维护程度	1.801	0.111
	公园内硬件设施之维护程度	2.001	0.077
	停车费用之合理性	0.628	0.678

资料来源：本研究整理，* P<0.05，** P<0.01，*** P<0.001

针对不同的教育程度对于“活动时是否受到干扰”、“休憩座椅之配置与舒适度”、“公园内花草树木维护程度”的实际体验之间的差异，在信赖水平95%的情况下，其P值为0.029、0.039、0.019，具有显著性，这表示不同的教育程度对于“活动时是否受到干扰”、“休憩座椅之配置与舒适度”、“公园内花草树木维护程度”的实际体验之间具有显著性的差异(如表15)。

表 15 受访者教育程度对大安森林公园软硬件设施实际体验之差异分析

项目		F值	P值
实质环境	水质清洁程度	1.297	0.264
	绿地空间大小	0.664	0.651
	步道沿途风景优美	2.083	0.066
	草皮土壤裸露程度	0.621	0.684
	人为设施与自然环境配合	0.913	0.472

（续）

项 目		F值	P值
社会环境	游客丢弃垃圾破坏行为	0.961	0.441
	活动时是否受到干扰	2.517	0.029*
	其他游客喧哗	1.839	0.104
	游客人数的多寡	0.907	0.476
	可与别人社交的机会	0.625	0.681
活动环境	夜间的照明设备	0.959	0.443
	洗手间的配置情形	2.103	0.064
	停车位的便利性	0.816	0.538
	垃圾桶的配置情形	0.474	0.796
	步道动线及路面状况	0.262	0.934
	解说牌、标志清楚程度	1.294	0.265
	休憩座椅之配置与舒适度	2.362	0.039*
	联外道路与路标	0.860	0.508
	活动设施种类与数量	1.400	0.223
经营环境	洗手间清洁程度	0.756	0.582
	公园内环境清洁程度	1.590	0.161
	公园内花草树木维护程度	2.745	0.019*
	公园内硬件设施之维护程度	1.095	0.362
	停车费用之合理性	0.177	0.971

资料来源：本研究整理，*$P<0.05$，**$P<0.01$，***$P<0.001$

4 结论与建议

本研究之问卷调查研究结果，大安森林公园之游客性别以男性略多，占57.1%；年龄层分布状况则以40~45岁的中年居多，占41.5%；职业分布以服务业居多，占37.9%；教育程度方面则以大学程度居多，占48.5%；在居住地之分布则以台北地区的民众最多，占88.3%；而平均家庭月收入则在50 001~70 000元偏高收入居多，占46.3%。本研究之主要结论如下：

（1）本问卷调查研究结果显示过去一年有5次以上来过大安森林公园的游憩经验为最多，占82.5%；个人或结伴到其他公园游玩的频率以两周一次最多，占54.4%；而个人或结伴到大安森林公园游玩的频率也以两周一次为最多，占54.4%，由此可看出受访游客对于大安森林公园的游憩频率及忠实度高。

（2）受访者今次以独自前来大安森林公园的比率较高，占57.3%；而本次来访大安森林公园的交通工具以大众运输的比率较高，占34.6%；在估计来访车程以1小时以内居多，占86.9%；估计来访大安森林公园所需花费的交通费用以250元以下的比率较多，占59.4%；受访游客平均停留在园区内的时间以1~2小时的比率最高，占85.8%。

（3）受访者来访目的则以运动休闲为最多，占61.5%；受访者对于大安森林公园的整体评价以"非常满意"的比率最高，占76.5%；受访者以"一定会"再度来访大安森林公园的比率最高，占87.3%；受访者"一定会"推荐给亲朋好友的比率最高，占64.0%，由此可看出受访游客对于大安森林公园的整体评价以及重游度偏高。

（4）性别对于"步道沿途风景优美"的行前期望有显著性差异；对于"水清洁程度"、"其他游客的喧哗"、"洗手间的配置情形"的满意度有显著性差异。而对于"公园内环境清洁程度"的期望度，皆有显著性差异。职业对于"绿地空间大小"的重视度有显著性差异，其中军公教以及服务业的受访游客对于其重视度皆大于自由业的受访游客，而自由业的受访游客对于重视度小于职业为其他的受访游客；对于"步道沿途风景优美”，具有显著性差异；对于“其他游客喧哗”与“可与别人社交的机会”，皆具有显著差异；对于“草皮裸露程度”、“洗手间的配置情形”、“联外道路与路标”，皆具有显著差异。

(5)教育程度对于“过去一年来过大安森林公园的休憩经验”，具有显著性差异，其中国中以下和高中(职)的受访游客的过去休憩经验皆小于专科、大学和研究所以上的受访游客；对于“距离上次来大安森林公园有多久”，有显著性差异，其中高中(职)的受访游客距离上次的时间大于大学和研究所以上的受访游客；对于个人或伴随同伴到公园的频率”，具有显著性差异，其中高中(职)的受访游客的频率小于大学和研究所以上的受访游客；对于“个人或伴随同伴到大安森林公园的频率”，具有显著性差异，其中高中(职)的受访游客的频率小于大学和研究所以上的受访游客；对于“估计从出发地到达目的地的车程时间”，具有显著性差异，其中国中以下的受访游客的车程时间大于大学以及研究所以上的受访游客，而高中(职)的受访游客的车程时间大于专科、大学以及研究所以上的受访游客，另外专科的受访游客大于大学的受访游客；对于“估计到大安森林公园的交通费用”，具有显著性差异，其中国中以下的受访游客的交通费用大于大学以及研究所以上的受访游客，高中(职)的受访游客的交通费用大于专科、大学以及研究所以上的受访游客，专科的受访游客的交通费用大于大学的受访游客；对于“平均停留在大安森林公园的时间”，具有显著性差异；对于“是否会再度来大安森林公园”，具有显著性差异，其中高中(职)的受访游客的重游机会小于大学以及研究所以上的受访游客；对于“游客丢弃垃圾破坏行为”的重视度，具有显著性差异；教育程度对于“人为设施与自然环境配合”与“公园内环境清洁程度”的行前期望，皆有显著性差异；对于“活动时是否受到干扰”、“休憩座椅之配置与舒适度”与“公园内花草树木维护程度”的满意度，皆具有显著性差异。

本研究之建议如下：

(1)研究结果指出大安森林公园游客对于其他游客丢弃垃圾破坏行为的重视度最高，但在满意度里却有明显的落差，因此本研究建议相关单位可多增加清洁人员的配置，以及增加清洁人员的巡逻时间，并加强对于民众环境教育的倡导，以便提供一个更加干净舒适的绿色空间。

(2)研究结果指出大安森林公园游客对于洗手间的配置的重视度高，但在满意度里却有明显的落差，尤其是男性对于洗手间配置的满意度比女性低，因此本研究建议相关单位可增加男性洗手间或是移动厕所的配置，以提升民众的“方便”性。

(3)大安森林公园虽称之为都市“森林”公园，但是在研究结果指出游客对于人为设施与自然环境配合的期待度低，而满意度里也明显偏低，表示游客对于人为设施与自然环境配合的并不是很满意，因此本研究建议相关单位未来如要维护或规划新增建设可针对这部分重点着手，并加强绿色植物的景观规划，以提升民众对于大安森林公园的好感度。

(4)研究结果指出大安森林公园游客对于解说牌、标志清楚程度的满意偏低，而在此次调查过程中，本研究也发现其解说牌的设立并无很明确，而且也有许多植物并没有设立解说牌，因此本研究建议相关单位需加强其解说牌的设置并且定期维护解说牌、标志，以提供民众一个更丰富多元的绿色环境教育空间。

参考文献

[1]王秀娟．大安森林公园周边建筑开发对公园使用视觉环境影响之研究．硕士论文，中国文化大学景观学研究所，2008.

[2]交通部观光局．统计年报来台观光人数．台北：交通部观光局，2009.

[3]成其林．都市公园系统规划设计准则之研究．台北：中央营建技术顾问研究社，1991.

[4]行政院内政部营建署．全国公园绿地研讨会总结报告．台北：行政院内政部营建署，1996.

[5]何冠达．台中都会公园游客特性与游憩环境体验之研究．硕士论文，逢甲大学土地管理学系，2002.

[6]周杰．都市公园游憩效益之研究——以植物园为例．硕士论文，中兴大学都市计划研究所，1986.

[7]林晏洲，陈惠美，颜家芝．都市公园使用者休闲态度之研究——以台北市大安森林公园为例，户外游憩研究，1998，12(1)：61－68.

[8]侯锦雄，林钰专．公园绿地规划设计准则之拟定，发表于内政部城乡景观风貌改造运动研讨会，1998.

[9]侯锦雄，姚静婉．市民休闲生活态度与公园使用满意度之相关研究，户外游憩研究，1997，10(3)：1－17.
[10]张琪如．台北市都市公园结构与鸟类多样性之相关性．硕士论文，中国文化大学景观学研究所，2007.
[11]郭琼莹．都市公园绿地系统示范区规划．台北：行政院内政部营建署，1997.
[12]郭琼莹，王秀娟．莺歌镇凤鸣示范小区公园绿地系统之建立，发表于永续生态城乡发展理念与策略研讨会．台北：行政院内政部营建署、财团法人七星农业发展基金会，1997.
[13]陈俊宏．都会公园使用与生活质量之关联．硕士论文，明道管理学院环境规划暨设计研究所，2007.
[14]叶文龙．都会公园体能活动区域之规划设计——以台中都会公园为例．硕士论文，国立成功大学都市计划研究所，2003.
[15]萧清芬．高雄都会公园沿革及经营策略，高雄都会简讯，1996，1期，1版，2－4.
[16]Solecki，W. D. and J. M. Walls. “Urban parks：Green spaces or green walls?” Landscape and Urban Planning，1995，32(2)：93－106.

基于GEM模型的广东家具产业集群竞争力分析

程宝栋

（北京林业大学经济管理学院）

摘　要：广东家具产业在我国家具产业领域占据举足轻重的地位。产业集群已成为推动广东家具产业快速发展的重要因素，产业集群竞争力的培育成为广东家具产业获得国际竞争力的关键。基于此，本文以加拿大学者Tim Padmore和Hervey Gibon提出的GEM模型为基本分析框架，在实地调查的基础上，对广东家具产业集群竞争力分别进行了总体和单因素实证分析及评价。最后，论文得出了关于广东家具产业集群竞争力的主要结论和相关建议。

关键词：GEM模型；家具产业；产业集群竞争力

Analysis on Competitiveness of Guangdong's Furniture Industry Cluster Based on GEM Model

Cheng Baodong

(College of Economics and Management, Beijing Forestry University, Beijing, 100083, P. R. China)

Abstract: Guangdong's furniture industry takes an important position in China's furniture industry. Industry cluster has become an import driving force during the rapid development period of Guangdong's furniture industry, and industry cluster competitiveness fostering is key to acquire international competitiveness of Guangdong's furniture industry. Therefore, using the framework of GEM model proposed by Tim Padmore and Hervey Gibson from Canada, based on field investigation, this paper analyzes and evaluates Guangdong's furniture industry competitiveness from aspects of general and single factor angle respectively. Lastly, this paper brings forward main conclusions and relevant suggestions.

Key words: GEM model; Furniture industry; Competitiveness of industry cluster

1　问题的提出

产业集群是指集中于一定区域内特定产业的众多具有分工合作关系的不同规模等级的企业与其发展有关的各种机构、组织等行为主体，通过纵横交错的网络关系紧密联系在一起的空间积聚体，代表着介于市场和等级制之间的一种新的空间经济组织形式。一般说来，当产业集群形成后，将可以通过多种途径，如降低成本、刺激创新、提高效率、加剧竞争等，提升整个区域的竞争能力，并形成一种集群竞争力。这种新的竞争力是非集群和集群外企所无法拥有的。哈佛大学商学院迈克尔·波特教授研究认为，

基金项目：中央高校基本科研业务费专项资金资助（RW2010-5）。

作者简介：程宝栋，博士，副教授。主要研究方向：林产品市场与贸易，木材产业竞争力。电话：010-62336156 Email：baodongcheng@163.com　地址：100083 北京林业大学57#。

产业在地理上的集群，能够对产业的竞争优势产生广泛而积极的影响。从世界市场的竞争来看，那些具有国际竞争力的产品，其产业内的企业往往是群居在一起而不是分散的[1]。

广东省是中国家具产业最重要的生产、流通、出口基地，广东家具产业凭借其完善的产业配套能力、强大的物流效率等无可比拟的优势，一直占据国内家具产业的龙头地位，赢得了“中国家具看广东”、“世界家具广东造”的美誉[2]。据广东家具协会不完全统计，广东省目前拥有规模以上家具制造企业6000多家(年产值500万元以上)，年产值2000多亿元，约占国内家具产值的1/3，出口额达到800多亿元，约占国内家具出口总额的40%多。在广东家具快速发展的进程中，产业集群是一个非常值得关注的现象。目前，广东家具生产主要分布在东莞、深圳、广州、佛山、中山、江门等地，产品种类涉及到实木家具、板式家具、办公家具、古典红木家具等。其中，东莞主要以实木、板式家具为主，深圳主要以软体、板式、实木家具为主，广州主要以办公、软体、金属家具为主，佛山主要以软体、办公家具为主，中山主要以古典红木家具、办公家具为主，江门主要以古典红木家具为主。

在实现高度的空间集聚的基础上，广东家具产业集群的竞争力如何？它在集群发展过程中利用了哪些优势？还存在哪些薄弱的环节？如何增强广东家具产业集群竞争力？针对这些问题，本文基于加拿大学者 Tim Padmore 和 Hervey Gibon 提出的 GEM 模型，对广东家具产业集群竞争力进行实证分析与判断。

2 GEM 模型的分析框架

2.1 GEM 模型简介

加拿大学者 Tim Padmore 和 Hervey Gibon(1998)通过对钻石模型的改进，提出了一种分析区域产业竞争力的模型—GEM 模型。GEM 模型确定了影响集群竞争力的六大因素，包括：“资源”、“设施”、“供应商和相关辅助产业”、“企业战略、结构和竞争”、“本地市场”、“外部市场”。六大因素被分为三对：一是“因素对Ⅰ”——基础(Groundings)，包括“资源”和“设施”；二是“因素对Ⅱ”——企业(Enterprises)，包括“供应商与相关辅助产业”和“企业战略、结构和竞争”；三是“因素对Ⅲ”——市场(Markets)，包括“本地市场”和“外部市场”。GEM 模型正是这三个“因素对”名称第一个字母的缩写[3]。

2.2 GEM 模型的量化

GEM 模型的量化过程分为以下四步：

第一步：对影响集群竞争力的二级指标进行赋值。每个二级指标可附值1到10分，各分值的赋值标准如下：1分—很差，离全国平均水平有较大差距，这种差距已经严重阻碍了集群的发展；2分—水平较差，离全国平均水平有较大差距，这种差距对集群造成的影响已经显现；3分—水平很有限，与全国平均水平有一定的差距，这种差距可能会影响到整个集群的发展；4分—水平有限，具有略低于全国平均水平的实力；5分—适当及格，具备与全国平均水平相当的实力；6分—及格，具备了超过全国平均水平的实力，但没有竞争优势；7分—不错，在本国范围内具备了竞争优势；8分—良好，在本国范围内具备了独一无二的优势；9分—优秀，在全世界范围内排前5名，具备了世界级的竞争力；10分—非常优秀，在全世界范围内数一数二，具备了世界级的竞争力。

第二步：计算影响集群发展的六大因素得分。即把每个一级指标所对应的二级指标得分与二级指标自身的权重求和，以得出各一级指标的得分。

第三步：进行“因素对”的计算和转换。“因素对分值”的计算公式如下：(Pair Score) = $(D_{2i-1} + D_{2i})/2$ 其中，Pair Score 是因素对分值；D_{2i-1}，D_{2i}分别表示各个因素对的得分。而 D_{2i-1}，D_{2i}所代表的“因素对”是两个可以相互替代或基本上可以相互替代的因素。

第四步：计算最终结果。

GEM 模型总得分的量化表达式为：$GEM = 2.5\{\Pi_{i=1,3}(D_{2i-1} + D_{2i})\}^{2/3}$

3 调查问卷及数据收集

本研究数据的收集主要是通过问卷调查法进行的。调查问卷分为两个部分：一个是针对行业专家的问卷，主要目的是为了获得专家对广东家具产业集群竞争力各指标重要性的评价，并借此运用层次分析法计算出各指标的权重；另一个是针对广东省家具产业相关政府部门、行业协会以及制造企业的问卷，主要目的是从不同利益角度层面获得其对广东家具产业集群竞争力各指标的主观性分值。

本研究于2010年7月至8月间，通过开会研讨与实地调查相结合的方法进行调查问卷的发放。其中向家具产业或林业产业专家或政府官员发放问卷12份，有效回收12份，回收率100%。在广东广州、东莞、佛山等地调查期间发放问卷30份，有效回收26份，回收率86.7%。其中，向相关政府部门发放问卷4份，向不同类型的家具行业协会发放问卷6份，向家具制造企业发放问卷20份，有效回收16份。

在以上工作的基础上，经过数据整理与汇总，得到广东家具产业集群竞争力评价表。见表1所示。

表1 广东家具产业集群竞争力评价

评价因素	二级指标	指标样本均值	指标权重	单因素得分
资源	劳动力供给	4.23	0.29	6.81
	技术人员供给	8.37	0.20	
	原材料供给	7.52	0.30	
	资本供给	7.89	0.21	
设施	工业园区设施	5.32	0.21	7.63
	交通条件	7.79	0.18	
	公共的研发机构	8.21	0.18	
	行业协会的支持水平	8.35	0.23	
	商业环境	8.57	0.20	
供应商和相关辅助产业	本地供应商的专业化水平	8.82	0.24	7.92
	本地主要设备供应	8.67	0.26	
	与本地相关企业合作	7.12	0.25	
	与本地相关企业交流	7.09	0.25	
企业的战略、结构与竞争	企业战略发展目标的明确程度	6.78	0.26	6.94
	企业产权结构	7.51	0.27	
	同类企业之间的竞争程度	6.97	0.24	
	高管人员的进取心	6.43	0.23	
本地市场	占国内市场份额	8.11	0.35	7.55
	在国内市场的影响力	8.27	0.32	
	国内市场前景	6.25	0.33	
外部市场	占国际市场份额	8.38	0.26	7.17
	国际市场的影响力	6.28	0.22	
	进入国际市场的障碍	6.74	0.28	
	国际市场的前景	7.17	0.24	

4 广东家具产业集群竞争力评价

4.1 总体评价

依据GEM模型的计算公式和表1的调查数据，可以得出广东家具产业集群的GEM得分为：

$$GEM = 2.5\{\Pi_{i=1,3}(D_{2i-1}+D_{2i})\}^{2/3} = 2.5\times\{(D_1+D_2)\times(D_3+D_4)\times(D_5+D_6)\}^{2/3}$$

$$= 2.5\times(14.44\times14.86\times14.72)^{2/3} = 538.19$$

这里需要说明的是：如果一个产业集群的GEM为250，即相当于每个因素得5分，那么这个集群的竞争力处于国内的平均水平；如果这个产业集群 GEM 得分为 490 分，即相当于每个因素得 7 分，那么这个集群的竞争力具有本国范围内的竞争优势；如果这个产业集群的 GEM 得分为 640 分，则相当于每个因素得分为 8 分，那么这个集群在国内具有独一无二的竞争力；如果这个产业集群的 GEM 为 1000 分，即相当于每个因素得 10 分，那么这个集群的竞争力则处于世界领先位置。

由表 1 的计算结果可以看出，广东家具产业集群竞争力的 GEM 得分为 538. 19 分，高于 490 分，这说明广东家具产业集群目前在国内具有一定的竞争优势，但是距离在国内拥有独一无二的优势(640 分)尚有较大的差距。

4.2 单因素评价

(1)资源。由表 1 可以看出，“资源”指标得分为 6. 81 分。这说明在资源基础方面，广东家具产业具有高于全国平均水平的优势。从“资源”指标中的二级指标来看，劳动力供给情况略低于全国平均水平，从所调查的家具企业来看，普遍存在着招工难的问题，有些企业甚至出现工人因为工资水平低而出现集体停产的情况。如，东莞大岭山镇台升家具有限公司就因为未发年终奖金，而出现了工人集体拒绝上班造成停产的情况。在技术人员供给方面，由于广东拥有全国知名的家具产业集群镇，因而较国内其他区域吸引了更多的技术人才。在原材料供给方面，尽管整个中国家具业均面临着原材料短缺特别是进口木材短缺的现实[4]，但由于广东具有先天的地理条件优势，再加上多年形成的、较为稳定的进口渠道，因而表现出了领先国内其他区域的优势。从资本供给情况来看，广东是我国资本最为丰裕的地区之一，这为其家具产业的发展提供了很强的资本保障。

(2)设施。由表 1 可以看出，“设施”指标得分为 7. 63 分。这说明，在设施条件方面，广东家具产业具有全国范围内的竞争优势。从具体的二级指标来看，工业园区设施得分较低，这主要是由于广东家具产业集群主要是在市场经济驱动下自发形成，缺乏像国内某些区域那种政府主导下的、较为规范的产业园区规划。在交通条件方面，广东拥有国内较为发达的公路、铁路及港口条件，这大大提高了广东家具产业物流效率。在公共研发机构、行业协会支持水平、商业环境方面，广东家具处于全国范围内绝对领先的位置。作为国内市场经济发育最早的区域，广东地区商业环境非常规范，行业协会的职责与定位较为清晰，能够为产业发展提供便利的服务与支持。如，在公共研发机构方面，深圳家具协会、广东家具协会、顺德家具协会率先成立了技术研发中心，致力于会员企业研发水平的提高。

(3)供应商和相关辅助产业。世界范围内家具企业间的竞争，已经开始发展成为产业链之间的竞争。完善的、发达的产业链已经成为产业集群竞争力的重要表征。由表 1 可以看出，“供应商和相关辅助产业”指标得分为 7. 92 分。这说明，从供应商和相关辅助产业的支持水平来看，广东家具产业具有接近于全国独一无二的优势。广东家具产业集群发展较早，家具产业内部已经形成了相对比较发达的产业内分工，因此，供应商的专业化水平较高，本地设备供应能力较强。例如，位于顺德伦教镇的华南(国际)木工机工交易中心，集中了国内外木工机械及配件材料，可以为家具制造企业提供“一站式”成套采购的独特服务。另外，受限于传统的企业间竞争思想的影响，尽管拥有完善的供应商与相关支持性企业，广东家具制造企业与本地相关企业的合作与交流尚存在很大的发展空间。

(4)企业的战略、结构与竞争。由表 1 可以看出，“企业的战略、结构与竞争”指标得分为 6. 95 分。这说明，相对其他方面，广东家具产业集群这方面处于相对较弱的状态，显现出了一定的“大集群小企业”特征。从具体的二级指标来看，与国内其他区域类似，广东家具企业大多并没有制定企业发展的长远战略规划，同类企业之间相互模仿、产品竞相压价、恶性竞争现象还普遍存在，大多数企业高管人员文化水平较低，事业心、进取心明显不足。值得注意的是，在企业产权结构方面，广东家具企业相对较好的表现，使家具企业上市公司不断涌现，如宜华木业、家居乐、兴利万家、华帝股份、敏华股份等。

(5)本地市场。由表 1 可以看出，“本地市场”指标得分为 7. 55 分。这说明，相对国内其他区域，广东家具产业具有较强的内部市场支持。从具体的二级指标来看，广东家具至少占据国内 30% 的市场份额，居全国领先地位。从国内市场的影响力来看，由于传统的区域品牌的影响以及家具会展的推动，广东家具在国内市场有着举足轻重的影响。从国内市场前景来看，由于广东家具产品仍然主要是低附加值的劳动力密集型产品，与国内其他区域间的竞争呈现出白热化趋势，再加上内地区域拥有生产成本的比较优势，广东家具未来的国内市场前景堪忧。特别是，随着中国家具行业出口转内销的调整转型，面对国内市场更有经验的内地家具，广东家具将如何应对是值得关注的问题。,

(6)外部市场。由表 1 可以看出，“外部市场”指标得分为 7.17 分。这说明，相对国内其他区域，广东家具产业对外部市场有较强的依赖。广东家具产业起步于港资、台资在广东建立的以加工贸易为主的合资企业，再加工拥有先天的地理禀赋优势及改革开放的政策优惠，与国内其他区域相比，广东家具有着更强的出口偏好。但由于广东家具产品进入国际市场大多以 OEM(Original Equipment Manufacturer)为主，因此，并未形成真正的国际市场影响力，这就决定了广东家具出口很容易受到国际市场波动的影响。从进入国际市场障碍来看，与国内其他区域类似，广东家具也面临着反倾销、美国加州 CARB 法规、欧盟《木材及木制品规例》和《新环保设计指令议案》、美国雷斯法案等贸易壁垒的影响。从国际市场前景来看，由于自身的出口经验与优势，广东家具相对国内其他区域有着更强的市场渗透能力。

5 结论与建议

广东是我国家具产业最为活跃的区域，而产业集群是推动广东家具产业快速发展的重要因素。本文以广东家具产业集群为研究对象，重点考察了其产业集群竞争力的现实状态。

研究结果表明，从总体上来看，广东家具产业集群在国内具有一定的竞争优势，但是距离在国内拥有独一无二的优势尚有较大的差距。随着国内其他区域如四川、浙江、山东、江苏等家具产业集群的纷纷崛起，广东家具产业集群竞争力面临着进一步降低的可能性。实际上，国内某些家具产业集群区域也正在做着承接广东家具产业转移的准备。从具体影响因素考察，广东家具产业集群仍然存在着很多的问题，突出地表现为劳动力成本快速上涨、地方政府作用较弱、工业园区设施有待规范、集群内企业间恶性竞争、企业管理人员素质较低、国内市场前景不畅、国际市场稳定性不强等。

未来，要实现广东家具产业集群的可持续发展，进一步提高产业集群竞争力，应着力于加强家具产业技术与设计水平，实现产业发展由劳动力驱动向技术创新驱动转变；加强地方政府对产业集群的规范管理，进一步发挥行业协会的行业协调功能，强化企业高层管理人员的培训与交流；完善国内市场销售策划与销售渠道管理，进一步巩固国内市场影响力；加强自主品牌建设，在稳固传统欧美市场的同时，努力开拓新兴市场。当然，所有这些转变需要地方政府、行业协会与企业共同努力，相互配合，才能真正促进广东家具产业集群竞争力的实质性提高。

参考文献

[1][美] 迈克尔·波特《国家竞争优势》[M]. 华夏出版社，1997

[2]江虹. 新形势下广东家具业出口贸易的发展探讨[J]. 现代乡镇，2009(3)：12－13.

[3]杨建梅，杨静. 评价企业集群竞争力的 GEM 模型及其应用[J]. 科学学与科学技术管理，2003(9)：23－25.

[4]程宝栋，宋维明，田明华. 2008 年我国主要木材产品进出口分析[J]. 北京林业大学学报(社会科学版)，2010(1)：34－36.

林纸一体化共生模式研究

杨加猛[1,2]　张智光[1,2]

（1. 南京林业大学 经济管理学院；
2. 南京林业大学环境与发展系统工程研究所）

摘　要：结合我国林纸一体化特点和发展规律，界定了“林纸一体化共生”的内涵，对林纸一体化的共生模式进行了系统梳理和分类，探讨了营林企业、制浆企业、造纸企业和农户等基本共生单元间涉及的二元核心机制，并据此构建了四种林纸一体化的基本共生模式。

关键词：林纸一体化；共生模式；分类

Study on theSymbiosis Model of Forestry - Paper Integration

Yang Jiameng[1,2]　Zhang Zhiguang[1,2]

(1. College of Economic and Management, Nanjing Forestry University;
2. System engineering Institute for environment and development, Nanjing Forestry University)

Abstract: With the thought of characteristics and development law of forestry - paper integration in China, this paper defines the connotation of forestry - paper integration symbiosis and systemically gives the classification of symbiosis model of forestry - paper integration. Based on the analysis of the dual core mechanism between symbiosis unites which include peasant households, approach of forest ranging enterprises, pulping and papermaking enterprises, and so on, four basic symbiosis models are discussed.

Key words: forestry - paper integration; symbiosis model; classification

1　引言

“共生（Symbiosis）”一词首先由德国生物学家德贝里（Anton Debarry）于1879年提出，他将共生定义为“不同种属的生物按某种物质联系而生活在一起”。此后，有众多的生物学家对生物间的共生问题进行了研究，使共生理论的内容不断丰富。尤其是20世纪50～60年代之后，一些源于生物界的共生概念和方法逐步被人类学家、社会学家、经济学家、管理学家甚至政治学家予以应用，“共生”的思想具备了超越生物学领域的更深刻的社会历史意义。以社会经济领域的应用为例，西方一些社会学家开始基于“共生方法”来设计社会生产体系，强调社会生产体系中各种因素的作用与关系（袁纯清 a，1998）。经济、管理领域的学者们则将共生理论广泛应用到金融体系构建、社区建设、产业园区建设等诸多方面。

1989年，Robert Froech 和 Nicolas Gallopoulos 提出了“工业生态学”的概念，“工业共生（Industrial Symbiosis）”理论被看作是研究工业生态学的一种重要的方法论工具。一直以来，工业共生思想比较强调以副产品交换为纽带的企业间的物理交换与合作（EHRENFELD，J.，CHERTOW，M.，2002；王兆华、武春友，2002），事实上，工业共生本质并不仅仅是关于共处的企业之间的废物交换，而是企业间一种长期、全面的合作，是一种“为区域企业间，通过物理交换或物质、能源传递和知识、人力资源、技术资源的交换形成的长期合作共生关系，从而实现环境效益和竞争效益”(MIRATAM, E. T., 2005)。众所周知，中国林纸一体化(forestry - paper integration, FPI)从萌芽阶段至今，已经走过了半个世纪的历程，目前已进入关键性的整体推进阶段(张智光、杨加猛、谢煜等，2010)。因此，基于“共生理论”对林纸一体化模式展开研究，对于解决一些林纸一体化企业或项目中林纸“结”而不“合”，“一体”但不“共生”的问题，提升林纸结合的层次和效果，具有积极的理论和现实意义。

本研究为“十一五”国家科技支撑计划(2006BAD32B08)和国家自然科学基金(70873059)资助项目。

2 林纸一体化共生模式的内涵

2.1 “林纸一体化共生”的概念界定

一般认为，共生单元、共生环境和共生模式构成了共生的三个基本要素(袁纯清 b, 1998)。共生单元是指构成共生体或共生关系的基本能量生产和交换单位，它是形成共生体的基本物质条件。共生模式也称共生关系，是指共生单元相互作用的方式或相互结合的形式。共生单元以外的所有因素的总和构成了共生环境。基于上述认识，本文得出“林纸一体化共生”的定义：在生态文明建设和林业三次产业协同发展的共生环境下，林纸企业、农户、政府、行业协会等林纸一体化共生单元之间，基于一定的组织和行为模式形成的共同进化体。在这一共同进化体内，各共生单元通过优化合作，实现林、纸及其相关产业的最佳综合效益和可持续发展。

2.2 林纸一体化的共生要素界定

2.2.1 林纸一体化的共生单元

从产业发展的中观层面看，营林业、制浆业、造纸业是相互依存的上下游产业：营林业是国民经济体系中的“上游”产业，其提供的产品和服务是其他产业生产和再生产过程所必需的投入品；制浆和造纸业作为“下游产业”，对林业的发展具有一定的带动作用。因此营林业、制浆造纸业、流通服务业等构成了林纸一体化共生的基本单元，这些共生单元相辅相成、共同进化，才能建立起发达的林纸产业体系，并为生态体系建设提供强大的内在动力。

从微观层面看，林纸企业、农户、行业协会、政府、科研院所等构成了林纸一体化具体运行的共生单元。基于林纸一体化运行模式的实际状况和关键要素，可将围绕原料林基地建设的营林企业、营林农户、制浆企业、造纸企业看成是林纸一体化共生体的基本共生单元。营林、制浆、造纸企业主体之间存在物质、知识技术、人力资源、信息和金融资本等方面的交换，他们在相互交易、相互合作、相互竞争和相互信任中形成了具有共生关系的共同体，见图1。

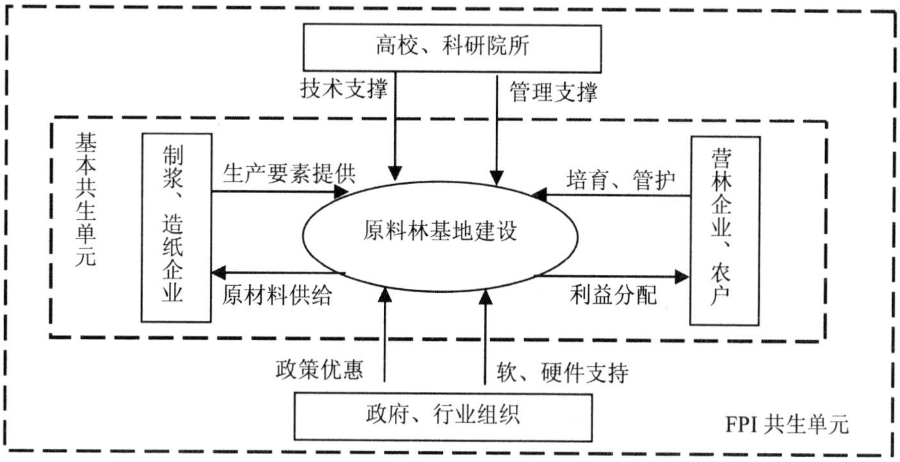

图1 基于微观层面的林纸一体化共生单元

2.2.2 林纸一体化的共生环境

建设生态文明是国家生态建设和环境保护面临的一项长期而又紧迫的任务，也是全社会共同的责任。改善生态状况，满足社会日益增长的多种需求，是经济社会发展对林业建设的必然要求。作为生态文明建设的重要载体，发达的林业产业体系建设是坚持我国社会经济全面协调可持续发展的重要保障。因此，协调好林业产业与其环境系统的有机关联，是林纸一体化建设过程中面临的共同环境，它既包括林纸一体化共生单元面临的自然、经济、技术、社会文化、政治法律等一般性外部环境和原材料、资金、人才、产品市场、用户、行业竞争者等特定性外部环境，也包括林纸产业和各相关企业内部的资源、文化等内部环境。

2.2.3 林纸一体化的共生模式

林业发展中的人工速生林培育目标不明确，造纸原料林短缺等问题是目前我国制浆和造纸业发展的主要瓶颈。在市场经济条件下，谁拥有原料，谁就掌握市场竞争的主动权。很多林产加工企业和制浆造纸企业已经深刻认识到这一点，把建设原料林基地纳入了项目建设总体规划，并成立了专门的造林营林机构，实施林纸一体化发展战略。但林纸一体化并不是一个简单的生产阶段联结过程，也不是单纯的部门管理权限重新划分的问题。由于木材生长周期长，原料林基地占地面积大，投资多，而制浆造纸所需原料又多，制浆造纸公司短期内不可能完全依靠自己的原料林基地，还需要其他方式联合解决。所以就存在着制浆造纸公司与营林公司、农户、政府之间的合作方式问题。营林、制浆和造纸企业构成了一个供应链，各方的发展互相促进、紧密关联。为此，本文基于“共生理论”，对林纸一体化的合作模式进行分类、总结和提炼，为提升我国林纸一体化的运行实效提供备选方案和理论参考。

3 基于共生理论的林纸一体化模式分类

在林纸一体化的共生要素中，中观层面的林业产业、林业生态和微观层面的林纸企业、农户等共生单元是共生体形成的基础，政策、市场竞争、消费者需求等共生环境是重要的外部条件，而反映共生单元相互作用方式和强度的共生关系是关键所在。林纸一体化共生关系是一个动态发展的过程，具体表现为一系列的共生模式。基于多维视角，本文对林纸一体化的共生模式进行了系统梳理和分类，见图 2。

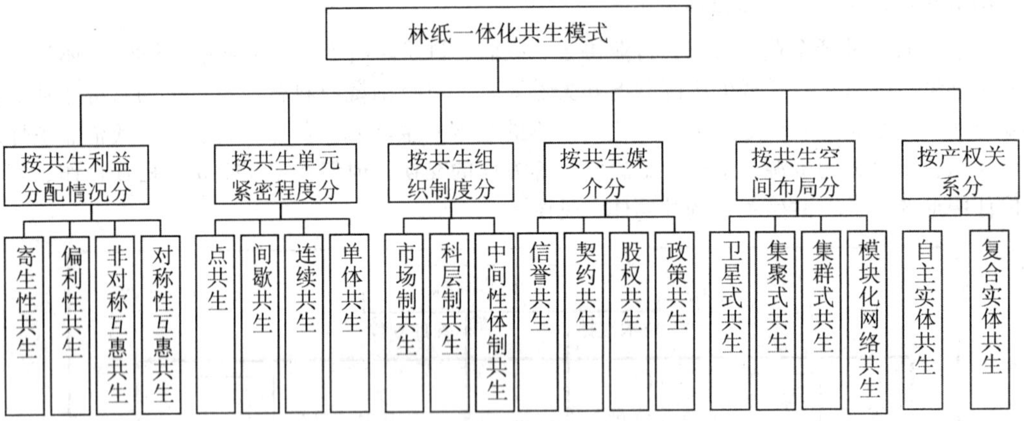

图 2 林纸一体化共生模式分类

3.1 按共生单元的利益分配情况分类

从利益分配角度看，共生单元之间存在着不同的行为方式，反映在共生关系上，表现为寄生性共生、偏利性共生、互惠性共生等不同模式。其中，互惠性共生又可以分为非对称性互惠共生和对称性互惠共生两种模式。

3.1.1 寄生性共生模式

在林纸一体化供应链中，这种模式就是以原生天然林作为林业加工和造纸工业的原料来源，林业产业寄生于生态系统。随着森林生态环境的破坏和失衡，林业产业也会失去生存条件，所以这种模式的稳定性极低，目前已基本不复存在。从微观层面看，也不会有企业愿意长期为另一企业提供对自己没有回报的服务，寄生方式在现实中很少存在。

3.1.2 偏利性共生模式

偏利性共生是从寄生向互惠共生转换的中间类型，其特点主要表现在以下几方面：一是产生新价值，但这种新价值一般只向共生关系中的某一单元转移，或者说某一共生单元获得全部新价值；二是存在双向物质、能量和信息交换。总体来说，偏利性共生对一方有利而对另一方无害。在封闭体系中，偏利性共生关系对非获利方的进化既无害也无益，而对获利方的进化则有积极的促进作用。而在开放体系中，如果环境具有一种对非获利方的补偿机制，那么非获利方也会得到进化。具体到林纸一体化供应链中，表现为对林业产业有利，对生态环境无害。微观层面上，如果营林和造纸同时属于一个集团，那么对造纸业的发展有积极的促进作用；如果不属于一个公司集团，则需要设计一些补偿机制对营林业进行补偿，以保证该模式能够保持一定的稳定状态。

3.1.3 非对称性互惠共生模式

非对称性互惠共生模式的主要特点是：其一，形成共生关系的共生企业以分工为基础进行合作，产生新的价值增值活动；其二，这类共生关系所产生的新价值往往由于共生介质的作用而形成非对称性分配；其三，共生关系不仅存在两个共生企业间双边的物质、信息和能量的交流机制，而且存在于多个共生企业间多边的交流机制(彭建仿，2010)。非对称性互惠共生的稳定性取决于两个因素：一是非对称性分配的程度和范围，非对称性程度越低，范围越小，共生稳定性越好；二是共生介质的性质与功能，共生介质的功能越全，性质越稳定，共生单元之间的交流与合作的频率越高、成本越低，对共生单元的稳定作用越强。在林纸一体化供应链中，这种模式对双方均有利，但林业产业获利要大于生态环境。

3.1.4 对称性互惠共生模式

对称性互惠共生具有以下特点：一是以共生单元的分工与合作为基础，产生新能量，即通过共生单元的分工与合作实现更高的物质、信息和能量的生产率和交换率；二是共生界面具有在所有共生单元之间实现对称分配的功能特性；三是共生过程中不仅存在频繁的双边交流，而且存在广泛的多边交流机制，从而可以极大地提高共生能量和降低共生成本。在林纸一体化供应链中，对称性互惠共生模式对林业产业和生态都有利，而且得利相当。林业产业系统输入的原始资源与能量最小，向外排放的废弃物也达到最小，从而减少对林业生态系统的破坏(Korhonen J.，2001)。整个林业产业系统形成了一个类似于自然生态系统的循环体（谢煜、张智光，2007)。在所有共生行为模式中，对称性互惠共生是稳定性最好的一种。

3.2 按共生单元的紧密程度分类

从共生单元之间的紧密程度(交易频率)看，共生模式可分为点共生、间歇共生、连续共生和单体共生等多种形态。

3.2.1 点共生模式

这种模式是在供应链联盟尚未建立之时，供应链上的企业为了寻找合适的合作伙伴与不同的供应商、制造商等企业进行一次一次的偶然性的合作(又称“偶然共生”)。这种点共生关系具体在林业供应链中来说，就是一种松散型的共生模式，合作关系具有一次性和偶然性。营林企业或者林农散户拥有木材资源，会按照市场价出售；而制浆、木材加工、造纸企业等则按照市场价采购，完全按照市场规则进行交易买卖。

3.2.2 间歇共生模式

供应链节点企业因为各自业务需要，或从企业发展角度出发，两者形成较为松散的合作关系，在双方都需要的时候进行合作，在一次合作结束而下一次合作尚未形成之前，双方对对方都没有义务和权利。这样在不连续的时空组合中，两个供应链节点企业的共生关系是断断续续的。但是它又不同于点共生关系，因为间歇共生的对象具有特点的指向性，因而具有相当的稳定性。这种模式具体到林业供应链来说，主要指边界模糊的动态的林纸企业联盟、虚拟企业等网络化林纸企业组织。一般是由多个拥有不同关键技术与资源的林、纸企业，为了获得竞争优势，通过一定方式组成的优势互补、资源共享、风险共担，要素双向或多向流动的松散型网络式的联合体。

3.2.3 连续共生模式

连续共生模式因共生单元之间相互作用的不间断性、连续性，从而使共生关系发生质的变化，促使整个供应链节点企业形成较为稳定的联盟关系，形成具有内在凝聚力的整体。具体到林业供应链中，就是由若干个具有独立法人地位的企业以不同形式组成的林纸企业集团。该集团的核心企业通常为造纸集团公司，紧密层是由集团公司控股的子公司组成，半紧密层是由集团公司参股的企业组成。企业集团是以产权为纽带的多层法人联合体，其本身不具法人资格。林纸企业集团有时还包含以契约为纽带的松散层组织。

3.2.4 单体共生模式

前述三种共生模式涉及的是林纸一体化供应链上联盟成员企业之间的合作，属于多体共生关系。而单体共生关系与多体共生关系的根本差别在于：成员企业之间形成了一种独特的共生界面，成员企业与环境的交流只通过这个唯一界面进行。供应链上形成连续共生关系的企业已接近于另一方的从属企业，是供应链联盟网络组织关系中最为稳定的组织间关系。具体到林业供应链中，可以是高度一体化的单体型林纸一体化公司或企业，也可以是以集团公司的形式组成，主要通过重组、并购、股份制改造等形式组建的大型林纸集团公司，公司拥有多个包括营林公司在内的控股子公司，集团公司内部实行资产一体化，各子公司之间紧密联合。随着共生企业间合作关系稳固性的不断增强，共生系统的管理成本不断降低；但当单体共生的组织规模过于庞大时，共生系统的管理成本反而会有所上升，见图3。

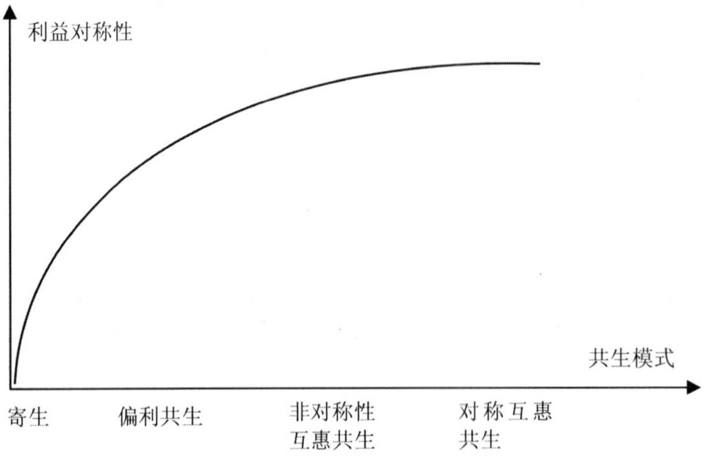

图3 林纸一体化共生模式与管理成本的关系

3.3 按共生组织制度分类

前述划分的点共生、间歇共生、连续共生和单体共生四种模式，是市场化程度不断降低，一体化程度逐渐增加的过程，反映了共生单元在组织制度上从市场制向科层制的转化。其中，点共生是林纸一体化共生单元之间发生的随机性、偶然性和不确定性市场交易，是一种近乎完全市场的组织类型；间歇共生是共生单元之间发生的不确定的间歇性市场交易，二者都属于市场制共生模式。科层制共生表现为共生系统内的所有共生单元都内化为一个企业，形成了科层制的等级组织，原有的交易都在一个企业内部发生(朱玉强，2008)。单体共生模式就是一种近乎企业科层制的组织类型。当内部组织一项交易的边际成本大于通过市场进行同样交易的边际成本时，共生系统的新收益就会减少，共生体的运行效率将会下降。

网络经济条件下，基于中间体制的企业共生模式倍受各界关注。20世纪末以来，以企业集团、战略联盟、日本的“下包制”和美国硅谷的“模块化”为代表，中间性体制呈现出由纵向一体化向纵向分离或分解演变的总趋势(朱玉强、齐振宏、方丽丽，2007)。在这种形式下，企业之间的关系是连续的、长期的和稳定的，有效地避免了随机性和不确定性市场交易情形下的高交易成本。同时，保持自身独立性的林纸一体化供应链上的相关企业又能够避免科层制单体模式下过高的内部管理成本，从而保证整个供应链的良好绩效。

3.4 按共生媒介分类

共生媒介是共生体根据自身发展需要所建立起的一种联系方式和制度安排，如信誉、股权、契约、行政命令、行业规则等。共生媒介不同，共生单元之间的信息传递、能量传输与交换、分工与协作方式等也会有所差异。下面列举几种常见的共生媒介，并就其对应的共生模式进行简要分析。

信誉性共生模式得以存在的前提是共生体中的企业都具有良好的信用度，某一企业一旦信用缺失，将难以参加后续的共生体内的交易。因此，完全基于信誉介质的林纸一体化共生模式往往可能出现在市场初期阶段的偶然性交易或者是高度成熟阶段的连续性交易，共生单元之间因缺少了解而没有建立起正式的契约关系，或者因为非常了解而无需建立正式的契约关系。

契约不论是对于点共生、间歇共生，还是连续共生，都是一种有效的实现交易的介质，但对应的交易成本有所不同。例如，点共生模式中随机或偶然的交易往往是在一次性契约下完成的，这样的交易必然就会产生较高的搜寻成本、谈判成本以及监督成本等(朱玉强，2008)。随着共生模式从点共生到间歇共生再到连续共生的转变，林纸一体化供应链上共生企业之间的交易关系也将从单一的买卖关系向长期的合同契约关系转变。例如，造纸龙头企业与农户之间的木材交易，会从初期的市场随机收购，转为部分签订短期合同，再到签订长期合同，交易关系的稳定性逐步增强。

基于股权介质的共生模式，因其体现出的公平性和利益对称性而在促进浆纸企业与农户的互惠共生上具有重要的作用。不论是从理论上，还是从实践层面看，在构建林纸一体化共生机制的过程中，股份合作制都是一种很有效率的制度安排。

在以政策为介质的共生模式中，政府会起到一个平衡利益的作用。一方面有政府的参与，在规划上会统筹考虑一个地区的林纸行业分布特点，提高土地综合利用率；另一方面，政府会出台一些措施保证公司、农户等共生单元的利益。一般而言，这种模式仅限于制浆造纸原料林基地的建设初期，政府起到统筹规划和平衡利益的作用；一旦公司和基地、农户等按照原有机制运行以后，政府就只是起到监督作用，不适合再参与到具体的经营管理之中。

3.5 按共生体的空间布局分类

卫星式共生模式(又称“单中心式企业共生模式”)，是在某一地域空间里存在一个发展到较大规模的主导企业，或由于规模不经济，导致将原来企业中的某些部门进行拆分，独立出去成为新的企业，但是这些企业同原来的企业保持着一种良好的柔性联系，或由于经营上的成功吸引了其他同行业的小企业以及相关支持性产业的企业加入。

集聚式共生模式是指由一定数量企业共同组成的产业在一定地域范围内的集中。相同产品类别的大量林业企业集聚在某一区域，扩大了区域的市场规模和要素供给，吸引了相关供应商、中间商、服务代理商的进入，从而可以为客户提供“系统解决方案”(孙理军、方齐云、郑晓军，2006)。集聚企业获得了原先独立经营时所不能获得的外部经济和公共资源，创造出比集群外的竞争对手更多的价值。

事实上，目前国内不少产业集聚区的竞争力主要来自于廉价的劳动力、靠近原材料产地等带来的低成本等优势，在创新要求较高的增值环节实力有限。一个地区的资源供应能力、区域配套能力、技术能力等将成为吸引那些实力雄厚的制浆、造纸、木材加工等林产工业企业进入的长久优势。因此，随着集聚区生产经营竞争的程度更加激励，促使企业间生产交易的刚性分工与柔性协作开始有机结合，产业发展进入集成化的集群阶段，形成真正实现专业化分工经济的产业生态群落(杨加猛，2008)。群落内的企业必然与自然资源、上下游企业、本土技术、人文、当地的政策环境融为一体，是一种互惠共生、资源共享、竞争协同、互为供给、不向外界排放大量废弃物的产业集群。

产业网络化共生模式是以产业集成化、模块化为契机的产业中生产交易企业的全球化重组，是超越了以系列产品供给公司的产业生产交易体系的一个新的发展阶段。模块化网络组织是知识经济时代兴起的一种新型产业组织形式，它为知识流动和技术创新提供了网络平台，同时它的组织特性又有利于促进知识流动和技术创新。知识流动和技术创新能够提升模块化分工水平，带动网络组织升级，化解模块化风险，从而增强模块化网络组织的竞争优势。

3.6 按共生体的产权关系分类

根据共生单元间的所有权关系不同，共生模式可划分为自主实体共生和复合实体共生两类（冯德连，2000），它们是目前生态工业园共生联合体中最为普遍的两种形式。

所谓自主实体共生，是指参与的企业都具有独立的法人资格，各方不具有所有权上的隶属关系。共生单元的合作关系是基于利益机制的驱动，而不是依靠上级公司的行政命令（罗宏、孟伟、冉圣宏，2004）。但利益得不到满足时，共生单元可以选择结束这种合作关系。当然，随着业务的扩展，共生体也可能会寻找更多的参与者加入到这一“共生系统”中。

复合实体共生是指共生企业同属于一家大型公司，它们是这一大型公司的分公司或某一生产车间。从组织制度视角看，复合实体共生对应的是科层制共生模式；从紧密程度上看，复合实体共生属于单体共生模式。这种共生模式的分与合，取决于集团公司的战略意图，或者是集团公司资源优化和业务整合的需要，各个共生单元实体本身不具备自主权。

4 林纸一体化的基本共生模式构建

在林纸一体化供应链的基本共生单元中，营林企业、制浆企业、造纸企业和农户等基本共生单元间的共生关系都会涉及两个核心机制：一个是共生媒介的畅通机制，另一个是共生收益分配机制，前者反映共生单元的直接参与程度，体现的是共生单元之间通过参与、接触、互动而增进认同的一种过程性公平；后者是共生关系发展的核心动力，反映的是共生单元利益诉求的结果性公平。基于这两项林纸一体化共生的核心机制，可以构建出能涵盖前述各类共生形式，并反映出林纸一体化共生单元间优化共生关系的基本共生模式，见图4。

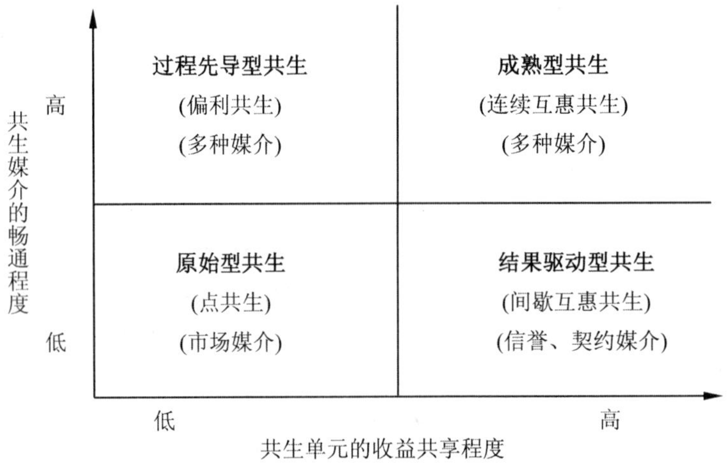

图4 林纸一体化基本共生模式矩阵

4.1 原始型共生模式

图4中，当共生收益的共享程度和共生媒介的畅通程度都较低时，造纸企业与农户等林纸一体化共生单元之间基于自身发展现状和利益最大化的追求，以单一的市场媒介为主，表现出随机性的不连续性共生关系。从共生单元的紧密程度上看，原始型共生关系包含点共生和间歇共生；就共生体的空间布局看，原始型共生多为卫星式共生关系；就产权关系看，该类型共生模式具有自主实体共生的特点。

4.2 结果驱动型共生模式

当共生媒介畅通程度低而共生收益共享程度较高时，表明共生单元之间以利益共享结果作为彼此认可的条件（“既利己又利他”的互惠共生），共生各方意识到相互合作（不止一次）的重要性而采取半紧密的合作方式（间歇共生），以收益结果的公平性弥补界面畅通过程的不公平。此时，共生单元之间表现出的是一种收益结果驱动型的共生关系。

虽然结果驱动型共生关系(间歇互惠共生)的共生系统比较松散，但共生单元间具有较强的动态性和柔性化特征，合作各方可以通过定期互访和交流，增加彼此的信息共享程度，提高合作尤其是某些关键部位合作的信心。而且，为了维持林纸企业与农户之间共生关系的持续稳定，结果驱动型共生模式必然要求共生单元各方获得越来越多的收益。在林纸一体化供应链的总体绩效增大的前提下，相对于加入供应链共生体的时间较短的成员而言，某一方加入的时间越长，获得的收益越多(尤其是针对处于弱势地位的林农而言)。在间歇式的相互作用中，共生单元都会获得以收益提高为内涵的进化提升，并且主要表现为林纸企业的进化提升带动林农的进化提升(彭建仿，2010)。这一结果正是对供应链上成员企业之间继续合作和保持稳定的回报。

4.3 过程先导型共生模式

当共生收益共享程度低而共生媒介的畅通程度较高时，为保持良好的共生关系，共生各方一般需要以媒介畅通的过程性公平弥补收益分配结果的不公平，属于一种“过程先导型”共生。例如，林纸企业以具有优势的市场信息、技术培训、现场指导、资金注入等为介质，林农以具有优势的劳动力、林地使用权等为介质，借助契约或股权等畅通的媒介形式建立起互动的信任关系。基于彼此的信任和对未来回报的乐观预期，在收益分配时，造纸龙头企业等综合实力较强的一方会表现出更强的利他倾向：在木材市场波动时，为保证合作林农的收益，即便企业眼前没有收益，也会按保护价收购林农手中的木材，以赢得林农的信任和后续合作，从而出现有利于林农的偏利性共生结果。在供应链构建之初或与具备一定专长、互补性较好的林农进行示范性合作时，造纸企业的这一倾向更为明显。而基于龙头企业利他行为的榜样和受益林农的口碑效应，将有更多符合共生条件的新林农加入共生体系。

4.4 成熟型共生模式

在供应链联盟成员企业共生关系中，连续互惠共生模式是一种理想的目标取向。因为该模式下，造纸企业与林农等共生单元之间都可以从合作中获得益处，彼此的机会主义行为减少，增加专用性资产投资的意愿增强，生产安全优质产品的行为更趋协同。

当共生媒介畅通程度和共生收益共享程度都高时，共生单元之间以增进互信、长期稳定、互利共赢为原则，过程性公平和结果性公平得以统一，表现为连续互惠的成熟型共生关系。如前所述，互惠共生有价值分配的对称性与非对称性之别。其中，对称性互惠共生使共生单元间的物质、信息和能量生产与交换都达到最高效率，共生单元处于最为理想的共生状态中，是所有共生形态的目标类型和目标状态，但在实际运行中实现这一绝对的对称性互惠共生非常困难。因此，非对称性互惠共生就成为影响最广、最为常见和成熟的一种目标模式。

参考文献

[1]EHRENFELD, J., CHERTOW, M. Industrial Symbiosis: the Legacy of Kalundborg[Z]. A Handbook of Industrial Ecology. UK: Edward Elgar, 2002: 334-348.

[2]Korhonen J. Regional industrial ecology: examples from regional economic systems of forest industry and energy supply in Finland [J]. Journal of Environmental Management, 2001, 63(4): 367-375.

[3]MIRATAM, E. T. Industrial Symbiosis Networks and the Contributionto Environmental Innovation: the Case of the Landskrona Industrial Symbiosis Programme[J]. Journal of Cleaner Production, 2005, 13: 993-1002.

[4]冯德连. 中小企业与大企业共生模式的分析[J]. 财经研究，2000，6：35-42.

[5]罗宏，孟伟，冉圣宏. 生态工业园区——理论与实证[M]. 北京：化学工业出版社，2004：109.

[6]彭建仿. 供应链环境下龙头企业与农户共生关系优化研究——共生模式及演进机理视角[J]. 经济体制改革，2010，3：93-98.

[7]孙理军，方齐云、郑晓军. 传统行业产业链的延伸发展[J]. 经济管理(新管理)，2006，1：14-17.

[8]王兆华，武春友. 基于工业生态学的工业共生模式比较研究[J]. 科学学与科学技术管理，2002，2：67.

[9]谢煜，张智光. 林业生态与林业产业协调发展研究综述[J]. 林业经济，2007，3：66-69.

[10]袁纯清 a. 共生理论——兼论小型经济[M]. 北京：经济科学出版社，1998：10－157.
[11]袁纯清 b. 共生理论及其对小型经济的应用研究[J]. 改革，1998，2：101－105.
[12]张智光，杨加猛，谢煜，陈岩. 中国林纸一体化进程：实施、研究与政策. 中国造纸学报，2010，25(3)：64－72.
[13]朱玉强. 上下游生态企业共生关系的博弈分析[D]. 华中农业大学硕士学位论文，2008：21－28.
[14]朱玉强，齐振宏，方丽丽. 工业共生理论的研究述评[J]. 工业技术经济，2007，26(12)：91－94.

省际角度的家具产业集聚均衡性的实证分析
——基于家具相关子产业的多个滞后期的研究

曾杰杰[1]　聂影[2,3]

（1. 南京林业大学 经济管理学院；
2. 国家林业局林产品经济贸易研究中心；3. 金陵科技学院）

摘　要：选取与家具相关的五个子产业，即木质家具业、塑料家具业、金属家具业、竹藤家具业、其他家具业，结合产业组织理论结构主义学派和芝加哥学派的观点，确认决定长期家具产业集聚水平包括规模经济、行业增长、资本需求、产品差异四个因素。采集了2000～2008年的相关数据，模型建立中采用移动窗口的分析法，使用了Stepwise的回归方法，分别采用滞后期为3～7年的数据来进行实证分析。结论表明，在长期的家具产业均衡性的影响因素中，规模经济对产业集聚的影响权数更大，对家具产业集聚的均衡性影响很大，超过产品差异化、行业增长、资本需求等要素的影响；滞后期短的模型也对表征规模经济的变量也有较高的回归系数，但行业增长、资本需求等因素对产业集聚的影响也显示出一定的影响力。实证结果表明家具产业集聚已近均衡，说明省级的区域家具产业集聚转移已经显现。

关键词：家具产业集聚；均衡性；实证分析

Furniture Industry Cluster Analysis of Empirical Equilibrium On Provincial Angel
——Based On Furniture - related Industries in Lag Period

Zeng Jiejie[1]　Nie Ying[2,3]

(1. College of Economics and Management;
2. Research Center for Economics and Trade in Forest Products, SFA; 3. Jinling Institute of Technology)

Abstract: Furniture - related industries are selected. That is wood furniture, plastic furniture, metal furniture, bamboo furniture, other furniture industry, Combined with the theory of industrial organization, structuralist school and the Chicago School views, the decision to be confirmed that the level of concentration of long - term furniture industry include economies of scale, industry growth, capital requirements, product differentiation four factors. Data to be collected for the years 2000 - 2008, mobility window and stepwise regression method are used in model build, which based on lag period of 3 - 7datas. It proved that the impact of economies of scale of furniture weights greater than other variables in the long rum. From short - term industry growth, capital requirements and other factors have shown a certain influence in industrial cluster. Evidence shows that nearly balanced. Provincial characteristics transfer of the regional furniture industry has begun.

Key words: furniture Industry cluster; equilibrium; empirical analysis

2006 年中国已经跃居为世界第一大家具出口国，家具产业集聚产生的外部经济与规模经济成为人们日益关注的问题，但家具产业集聚均衡性问题则是目前需要探讨的问题，目前离均衡状态有多远，如果已到均衡期则意味家具产业集聚区域间转移的开始。从理论上的研究可知，产业集聚的均衡水平是存在的，即达到竞争性均衡，当集聚水平达到均衡时，资源配置达到帕累托最优。帕累托最优是指资源分配的一种理想状态，假定固有的一群人可分配的资源，从一种分配状态到另一种状态的变化中，在没有使任何人境况变坏的前提下，使得至少一个人变得更好，这就是帕累托改进或帕累托最优。胡佛的产业集聚最佳规模论也认为产业集聚区域是一种规模经济区域，就任何一个产业而言，在一定区位上集聚的企业太少，其集聚规模太小，则不能达到集聚产生的最佳效果。反之，如果集聚的企业太多，则可能由于某些原因使得集聚区域的整体效应下降[1]。为了使产业集聚区的集聚效应达到最大，就要找到产业集聚规模的均衡点，这个均衡点就是产业集聚规模的长期均衡水平。Amel 曾用 HHI 指数对 1966 ~ 1986 年间美国区域性银行市场集中度建立了线性滞后调整模型，对均衡进行验证分析[2]；Sleuwaegen 使用对数滞后调整方程检验了共同市场的形成对西德、法国、意大利、比利时和荷兰的国家集中度的影响[3]；刘海波等以我国制造业 20 个产业为例，分别用 1999 和 2003 年数据建立滞后的均衡模型[4]。现有产业均衡性研究国外学者较多，国内学者基本以制造业为研究对象，少有针对家具产业的分析。理论上一般认为家具产业集聚水平处于非均衡状态，正向长期均衡状态的调整，但并没有定量的研究支持。现从产业组织理论的角度入手，选取与家具产业密切相关五个子产业即木质家具业、塑料家具业、金属家具业、竹藤家具业、其他家具业对家具产业的均衡性进行实证分析。

1 家具产业集聚均衡性模型的选取

家具产业均衡性指当期家具产业集中度水平是由滞后 t 期的家具产业集中度水平和长期的家具产业集聚长期水平的加权平均值所决定的。假设集中度滞后的调整是由市场结构和企业行为等方面决定的一个长期水平。因为决定企业进入的条件一般都具有长期性，集中度的调整也应是缓慢的，所以认为产业间进入条件的差异可以解释产业间市场集中度的差异。在一阶差异形式中，家具产业集聚的动态非均衡模型如下：

$$CR_t - CR_{t-n} = \lambda[CR^*(structure, conduct) - CR_{t-n}] \tag{1}$$

式(1)等价于

$$CR_t = \lambda CR^*(strucure, conduct) + (1-\lambda)CR_{t-n} \tag{2}$$

其中 CR^* 是家具产业集中度的长期水平，CR_{t-n}是过去某期家具产业集中度水平[5]。CR_t是当期家具产业集中度水平，是过去集中度和长期集中度水平的加权平均值，λ 为调整参数的权数或速度。λ 越大，在任何时期的权数也就越大，收敛于长期水平的速度也越快；如果 λ 较小，说明目前的集中度主要取决于过去的集中度，而不是取决于集中度的长期水平，所以 λ 可以用来估计市场集中度达到长期水平的平均时间，则调整到长期集中度水平的平均时期数为$(1-\lambda)\times n/\lambda$[5-6]。

1.1 家具产业集聚指标的选取

现选取家具产业集聚水平 CR_4作为产业集聚水平指标，由于数据的可获得性，CR_4是以木质家具业、塑料家具业、金属家具业、竹藤家具业、其他家具业前 4 位省份销售产值的占全国相应子行业销售产值的百分比来测算(见表 1)，变量记为 CR_4。

1.2 影响家具产业长期集聚水平的指标选取

关于市场结构与市场绩效的产业组织理论的论述中，有代表性的是以贝恩为代表的哈佛学派，提出的 *SCP* 经典的产业组织分析范式，又称为结构主义学派，另外就是芝加哥学派。他们认为是市场行为和市场绩效决定市场结构，企业自身的效率才是决定市场结构和市场绩效的基本因素。也就是说，正是由于一些企业效率的提高，才导致了企业利润的增加和规模的扩大，从而使市场集中程度提高并使市场势力得以增进。

表1 家具子产业 CR_4 时间序列表（%）

时间	木质家具	金属家具	塑料家具	竹藤家具	其他家具
2000	56.017	64.746	100.000	88.994	72.405
2001	56.395	69.270	100.000	88.375	71.594
2002	59.412	72.018	97.264	88.405	59.183
2003	63.448	70.043	94.265	86.853	68.200
2004	63.975	74.929	92.442	84.240	73.849
2005	62.954	78.145	88.114	90.092	78.595
2006	54.478	74.094	86.010	79.495	76.185
2007	52.039	73.950	87.964	74.338	72.185
2008	51.727	72.104	84.855	72.355	72.598

表2 家具子产业 CR_8 时间序列表（%）

时间	木质家具	金属家具	塑料家具	竹藤家具	其他家具
2000	78.146	86.826	100.000	99.375	88.581
2001	77.583	90.784	100.000	99.360	87.584
2002	79.543	94.332	100.000	99.881	85.950
2003	81.843	90.164	100.000	96.912	91.515
2004	82.069	90.479	98.989	97.070	91.938
2005	80.591	94.231	99.454	98.960	94.071
2006	75.311	92.138	98.972	95.734	92.766
2007	73.967	91.528	99.231	97.087	91.562
2008	73.166	90.733	95.321	94.386	90.026

说明：数据根据国研网产业数据库整理计算（下同）

关于最终影响产业集聚长期水平因素产业组织中各派的见解多少有些差异。以贝恩为代表的哈佛学派着重把规模经济、产品差别化、现有企业相对于新进入者的绝对成本优势即资本需求作为企业进入条件的决定因素。芝加哥学派将进入壁垒重新定义为一种由新进入企业承担而现有企业无须承担的额外成本，从而将必要资本量和产品差别化排除在进入壁垒之外，除非新进入的企业在筹资和制造产品差别方面需要支付更高的成本。也就是说，只要和现有企业相比，新进入的企业不遭受成本上的不利，那么进入就是自由的[7]。综合两学派的观点，现将确认决定长期家具产业集中度水平的因素大体上分为四类：一是规模经济，二是行业增长，三是资本需求，四是产品差异。

1.2.1 规模经济指标的确定

规模经济 Economies of Scale 是指在特定时期内，企业产品绝对量增加时，其单位成本下降，即扩大经营规模可以降低平均成本，从而提高利润水平。表现为：生产规模扩大以后，企业能够利用更先进的技术和机器设备等生产要素；随着对较多的人力和机器的使用，企业内部的生产分工能够更合理和专业化；人数较多的技术培训和具有一定规模的生产经营管理，也都可以节约成本。但是随着规模的继续扩大，生产的各个方面难以得到协调，从而降低了生产效率，用图形表示为长期平均成本曲线 LAC 先下降后上升的趋势。

现采用家具各子产业 CR_8、固定资产净值两个指标来衡量家具产业总体的规模。家具产业及木质家具、金属家具、其他家具的规模经济基本是体现增加的态势，塑料及竹藤家具从固定资产净值上反映出较小的规模经济现象，总体上家具产业由规模经济引致的进入壁垒有逐年增加的趋势（见表2、表3）。

1.2.2 行业增长

家具行业增长主要是反映家具市场需求增长的程度，市场需求的扩大，家具产业内所有企业和新进入的企业都有较好的增长前景，但家具行业增长对于家具产业集聚水平的影响则是多方面的[8]，如果产业集聚的地租、工资水平等拥挤效应没有达到极值即集聚因子的集聚力，新进入的企业可能选择集聚水平较高的地区，促进该地区产业进一步集聚，但如果拥挤效应显著，即出现离散力的增加，新加入的企业或原在位的企业将选择异地发展，则会降低产业的集聚水平。

表3 家具子产业固定资产净值平均余额时间序列表（万元）

时间	家具产业	木质家具	竹藤家具	金属家具	塑料家具	其他家具
2003	499 625.840	315 651.430	4 080.620	94 008.880	1 243.810	84 641.100
2004	654 004.550	410 245.430	3 963.020	134 679.690	2 569.810	102 546.600
2005	809 830.750	501 778.570	7 372.860	172 272.640	6 160.840	122 245.840
2006	1 064 907.080	613 430.120	10 960.370	214 157.450	9 402.810	216 956.320
2007	1 278 011.520	678 086.970	13 703.660	239 184.130	12 860.100	334 176.670

现从家具产业相关的各子产业销售产值的环比增长率、企业数量年环比增长率2个指标来衡量。2000～2008年家具产业各子产业行业增长显著，最近几年的销售产值与企业数量的环比增长率都呈现出较大幅上涨(见表4、表5)，变量记为 *Gr* 和 *Nr*。

表4　销售产值环比增长率时间序列表(%)

时间	木质家具	金属家具	塑料家具	竹藤家具	其他家具
2000	12.415	73.848	-32.822	17.217	39.487
2001	-42.897	-36.075	-48.420	-45.470	-48.185
2002	18.455	28.077	14.245	20.189	43.046
2003	36.561	34.710	-1.307	6.731	34.381
2004	35.691	51.884	62.713	5.104	35.766
2005	28.518	62.047	181.678	36.115	75.132
2006	35.517	33.076	34.737	19.682	18.892
2007	12.009	21.013	9.691	16.666	21.992
2008	22.700	12.592	20.354	43.884	26.142

表5　企业数量环比增长率时间序列表(%)

时间	木质家具	金属家具	塑料家具	竹藤家具	其他家具
2000	0.664	1.961	0.000	10.000	8.209
2001	-48.021	-41.731	-30.000	63.636	-44.828
2002	4.352	16.832	42.857	-5.556	21.875
2003	13.206	15.537	-25.000	-32.353	9.231
2004	16.270	20.049	60.000	-28.261	22.066
2005	24.422	41.548	116.667	33.333	19.231
2006	14.005	9.209	5.769	27.273	17.419
2007	15.635	17.918	9.091	10.714	33.791
2008	11.187	7.151	16.667	27.419	15.195

1.2.3　资本需求

在位家具产业厂商所形成的进入壁垒，一方面来自于产业已有的规模经济，另一方面也可能来自融资成本的差异，现采用产业成本费用利润率作为衡量产业资本需求的指标，它是产业一定期间的利润总额与成本、费用总额的比率关系(见表6)，变量记为 *Cost*。

表6　家具相关子产业成本费用时间序列表(%)

时间	木质家具	金属家具	塑料家具	竹藤家具	其他家具
2000	4.800	4.400	7.000	2.700	4.700
2001	4.860	4.470	7.560	2.780	4.710
2002	4.350	3.900	1.960	3.630	4.420
2003	4.570	4.610	0.540	3.150	4.970
2004	4.890	4.160	0.920	3.600	4.610
2005	4.590	5.030	2.870	3.140	5.020
2006	4.450	5.350	2.990	3.120	4.790
2007	3.970	4.860	3.260	2.640	3.520
2008	3.810	4.350	2.640	3.040	3.210

表7　家具产业内贸易类型分析表

时间	木质家具	金属家具	塑料家具	竹藤家具	其他家具
2000	0.418	0.343	0.312	0.062	0.068
2001	0.349	0.434	0.376	0.086	0.085
2002	0.325	0.485	0.380	0.095	0.116
2003	0.372	0.317	0.260	0.094	0.132
2004	0.343	0.361	0.327	0.037	0.100
2005	0.331	0.408	0.384	0.042	0.074
2006	0.389	0.696	0.234	0.063	0.101
2007	0.440	1.7145 *	0.9235 *	0.247	0.096
2008	0.465	1.9338 *	1.3175 *	0.579	0.109

说明：①家具产业出口额来源于联合国贸易数据库，原单位美元，根据各年汇率加权值进行换算整理；

②标记的*数字为产业内贸易水平型，未标记号的数字为产业内贸易垂直型。

1.2.4　产品差异化

产品差异化是指企业生产和销售产品倾向于有别于其他企业的现象，包括产品的质量、款式、性能、销售形式、服务等方面。目的是通过产品的个性化获得顾客的认同和偏好，从而扩大其市场份额。这是企业间竞争的一种行为，也是影响产业市场结构的一个重要因素，产品的差异会对消费者产生不可替代性，进而会引致垄断，取得相应较高的利润率，同时使得产业的进入壁垒增高。

Mueller 和 Rogers 把产业增长率、产业规模和产业广告—销售比率作为长期集中度的影响因素[9]。Levy 文中分析了美国制造业产业从1963年到1972年间4家企业卖方集中度的变化，把企业最小最佳规模、最小最佳企业的绝对资本需求量、产业的广告—销售比率和产业在这一时段的产业销售增长度作为决定集中度长期水平的因素，他们都将产业广告—销售比率作为衡量产品差异化的变量[10]。因为国内没有家具产业广告费用统计数据的发布，鉴于产品差异包括水平差异产品、垂直差异产品和技术差异产品，产业内贸易一般首先表现为差异产品的贸易，且家具各子产业依据格林纳韦 Greenaway 在 1994 年提出了划分水平差异产品、产业内贸易和垂直差异产品产业内贸易单位价值偏差法，经测算家具产业基本属于产业内贸易垂直型，因而采用家具各子产业的产业内贸易指数作为衡量的指标之一，变量记为 *Trade*，（见表 7）；另一指标选用了各子产业的利润率水平作为衡量家具产品差异化的指标（见表 8），变量记为 *Profit*。

表 8　家具子产业利润率时间序列表（%）

时间	木质家具	金属家具	塑料家具	竹藤家具	其他家具
2000	4. 286	4. 677	10. 019	5. 480	5. 739
2001	4. 587	4. 359	6. 991	2. 621	4. 434
2002	4. 109	3. 724	1. 884	3. 401	4. 166
2003	4. 221	4. 353	0. 523	3. 011	4. 441
2004	4. 524	3. 913	0. 853	3. 409	4. 154
2005	4. 275	4. 805	2. 737	2. 989	4. 596
2006	4. 126	4. 996	2. 859	2. 853	4. 503
2007	3. 647	3. 985	3. 104	2. 555	3. 294
2008	3. 596	3. 645	2. 408	2. 809	3. 036

表 9　家具产业均衡调整时间表

滞后期	3	4	5	6	7
$(1-\lambda)\times n/\lambda$	0. 470	–	0. 681	0. 595	0. 848

2　家具产业非均衡性模型结果

2. 1　数据与变量的相关说明

家具产业初始集聚水平 *CR* 为被解释变量、滞后 *t* 期的家具产业集聚水平 CR_{t-n}、家具产业销售产值环比增长率 *Gr*、家具产业企业规模环比增长率 *Nr*、家具产业内贸易指数 *Trade*、家具产业利润率 *Profit*、家具产业成本费用率 *Cost* 为解释变量，所有数据均经过物价指数进行平减，物价指数以 1978 为基期 1978 = 100。数据来源说明：2000 ~ 2008 年国内数据来自国研网的工业统计数据库，家具出口的数据来源于 Comtrade. un. org 数据库。由于家具子产业的成本费用率只有 2000 ~ 2008 年的数据，家具子产业的固定资产只有 2003 ~ 2007 年的数据，为最大限度的利用已有的数据，因而在模型分析中去掉了固定资产这一变量，数据采集为 2000 ~ 2008 年。

变量数据较多，模型建立中采用移动窗口的分析法，分别采用滞后期为 3 ~ 7 期的数据，来最大限度地应用已有的数据，为更多地提取变量信息，避免多重共性线的问题，采用了 Stepwise 的回归方法。

2. 2　模型建立、估计结果

$$CR_t = \lambda CR^*(structure, conduct) + (1-\lambda)CR_{t-n} \tag{2}$$

$$CR^* = C_1 + C_2Mes + C_3Gr + C_4Nr + C_5Trade + C_6profit + C_7cost \tag{3}$$

将式（3）代入式（2）中建立模型，总体上看，回归结果的拟合优度检验值 R^2 都达到 0. 90 以上，说明自变量解释因变量的结果很好；联合性检验 *F* 值均比较大，且 *P* 很少均小于 0. 05，说明回归方程的被解释部分很显著；杜宾值近 2 左右，随机误差项存在一阶序列的相关性较小，为进一步检验模型的可靠性，对不同滞后期的方程提取的残差进行了 correlogram – Q – statistics，右侧 Q 值基本小于检验水平为 0. 05 的 χ^2 分布的临界值，模型的随机误差项是一个白噪声序列，由于篇幅原因，现略写各期的自相关、偏相关图。

表 10　模型结果表

Lag	3		4		5		6		7	
De = var	CR		CR		CR		CR		CR	
	C	t	C	t	C	t	C	t	C	t
CR_{t-n}	0.138	(1.023)	-0.041	(-0.301)	0.117	(1.552)	0.094	(1.192)	0.107	(1.171)
Mes	1.149	(6.812)	1.272	(8.123)	1.181	(8.823)	1.172	(8.263)	1.092	(6.454)
Gr			0.045	(1.172)						
Nr										
Profit	-1.507	(-1.365)								
Trade										
Cost			-2.174	(-1.197)						
R^2	0.913		0.927		0.928		0.936		0.931	
F	99.645		57.136		128.810		107.577		80.396	
P	0.000		0.000		0.000		0.000		0.000	
DW	2.211		2.174		1.932		2.191		2.799	

3　结果分析与建议

第一，滞后期长的模型都对表征规模经济的变量有较高的回归系数，且 t 值也很显著，说明从长期的家具产业的均衡性的影响因素中，规模经济对产业集聚的影响权数更大，对家具产业集聚的均衡性影响很大，超过产品差异化、行业增长、资本需求等要素的影响。

第二，滞后期短的模型对表征规模经济的变量也有较高的回归系数，但行业增长、资本需求等因素对产业集聚的影响也显示出一定的影响力。其中行业增长中的销售产值环比增长率的回归系数为 0.045，且 t 值也较为显著，说明从短期来看，行业增长有利于加快家具产业的集聚水平；表征资本需求的成本费用率也显示有较强的影响力，回归系数为 -2.174，说明由资本需求引致的产业进入壁垒已开始显现其作用，对产业集聚起着负的作用。

第三，从调整到长期集中度水平的平均时期数为 $(1-\lambda)\times n/\lambda$ 计算值来看，家具产业集聚的均衡调整时间不足 1 年，这与理论界的定性研究有较大的差距，分析其原因可能在于，其一，产业集聚的程度值是由国内 31 个省份前 4 位的集中度来表征的，实际上家具在省际上的不均衡发展是不争的事实，这可能说明从省际的角度，家具产业集聚已近均衡，家具产业的省际的转移已经开始显现，家具产业集聚扩散力已大于其相应的集聚力，例如家具产业集聚水平很高的广东省近几年已开始出现企业外迁的现象；其二，是选取数据的原因，因为考虑到家具产业的关联效应，按中国《国民经济行业分类和代码》2002 划分标准选取了 C21 下的与家具相关的子产业，由于数据的庞大，没有选取与家具产业有波及的其他产业；其三，家具产业中 C21 下的个别产业有些年份的集聚近 1，也对家具产业集聚均衡时间小起到压缩的作用。同时说明家具产业集聚中地区间的劳动力成本的比较优势可能起着较强的作用，从另一个侧面说明目前的家具产业集聚还是处于低层次的劳动力比较优势的竞争阶段。

第四，对于家具产业集聚的省或区域内的家具企业而言，首先应不断加强其产业内工序性企业的分工与协作，增强产业集聚区域的外部经济效应[11]，也就是产业的规模经济效应，增强规模经济对集聚产生的集聚力；其次提高其家具产品设计，通过差异化的设计，提高其产品的附加值，规避其目前利润率低对产业集聚的离散力，即由低利润率造成对产业集聚分散力对劳动力成本的敏感性，从而提升其所在地区家具产业集聚水平。

参考文献

[1]埃德加·M·胡佛. 区域经济学导论[M]. 北京：商务出版社，1990：80-83.

[2]Amel. Dean F. and Liang Nellie J. Dynamics of market concentration in U. S. banking international[J]. Journal of Industrial Organization, 1990(3): 84 ~ 375
[3]Sleuwaegen. Leo and Yamawake. Hideki . The formation of the European common market and changes in marker structure and performance[J]. International Journal of Industrial Organization , 1988(7): 75 ~ 1451
[4]刘海波，李春艳．我国产业集聚规模的均衡性分析[J]. 统计与决策，2008(12): 71 - 73
[5]刘海波．我国产业集聚水平及其对区域差异的影响研究[D]. 吉林大学，2007: 50 - 57
[6]斯蒂芬马丁；史东辉译．高级产业经济学[M]. 上海：上海财经大学出版社，2003(8): 348.
[7]Stigle. George. The Organization if Industry[J]. Homewood. IL: Richard D. Irwin. 1968(5): 54 ~ 67
[8]秦天堂，杨红强，聂影．浙江南浔木地板产业集群及专业市场的互动发展[J]. 南京林业大学学报(自然科学版)，2008(5): 148
[9]Willard F. Muller and Richard T. Rogers. The Role of Advertising in Changing concentration of Manufacturing Industries [J]. The Review of Economics and Statistics, 1980(2): 89 ~ 96.
[10]Levy. David T. Specifying the dynamics of industry concentration[J]. Journal of Industrial Economics, 1985(1): 55 ~ 68
[11]曾杰杰，聂影，马龙华．家具产业集聚内部驱动机制及关键条件分析[J]．林业经济，2010/07: 69 - 72

园林绿化废弃物再利用产业发展现状及展望——以北京市为例

米锋[1]　吴卫红[2]　韦华芳[1]　张大红[1]　王武魁[1]

（1. 北京林业大学经济管理学院；2. 北京化工大学经济管理学院）

摘　要：当前，园林绿化废弃物数量随着绿化面积的增加不断加大。对园林绿化废弃物处理方式不当，会加剧环境污染、破坏生态平衡、危害居民健康。反之，如果妥善处理和合理使用，便可形成新的资源，产生良好的生态效益、社会效益和可观的经济效益。如何对这些废弃物进行资源化、减量化和无害化处理已成为首都北京当前急待解决的问题。本文对国内外园林绿化废弃物利用研究现状进行了系统梳理和总结，认为目前国内外对园林绿化废弃物的利用方式及工艺较为成熟，主要利用处理方式有肥料化利用、生物质能源、粉碎覆盖、培育食用菌、作为栽培基质等；指出在政策研究方面还相当缺乏，仅在美国、日本、德国、新西兰、意大利、中国上海等对园林绿化废弃物的再利用出台过相关的政策法规。在上述研究的基础上，以北京市为例，结合其园林绿化废弃物利用现状及存在的众多问题，提出北京市应通过政府作为，制定促进园林绿化废弃物资源化再利用产业化发展的政策，培育和促进园林绿化废弃物资源化再利用产业的建立和发展，为加快首都社会循环经济和低碳经济的发展进程做出贡献。

关键词：园林绿化废弃物；再利用；北京

Current situation of green waste recycling industry and expectation for its Development——a case study in Beijing

Mi Feng[1]　Wu Weihong[2]　Wei Huafang[1]　Zhang Dahong[1]　Wang Wukui[1]

(1. Economics and Management College of Beijing Forestry University;

2. Economics and Management College of Beijing Chemical Technology University)

Abstract: At present, the number of green waste is increasing continuously with the extension of greenbelt area. Inappropriate disposal ways of green waste will aggravate the environmental pollution and destruct the ecological balance and even endanger the health of residents. However, if used properly, they can be formed new resources, producing good ecological benefits, social benefits and considerable economic benefits. How to deal with these wastes to achieve the purpose of resource recovery has been a hot issue in Beijing. Based on the collation and summary of the researches on green waste, the thesis states that the reuse patterns and technology in dealing with the green waste have been mature both within native and abroad. The green waste can be uesd as fertilizer utilization, biomass energy, crushing coverage, cultivating edible fungi and cultivation substrate. But It is still quite in-

---

项目基金：北京林业大学科技创新计划资助项目“北京市园林绿化废弃物资源化再利用产业发展研究”（项目编号BLRW200917）。

作者简介：米锋，博士，北京林业大学经济管理学院副教授，硕士生导师。研究方向：林业经济，林业技术经济。

通讯作者：吴卫红，北京化工大学经济管理学院副教授，硕士生导师。研究方向：技术经济，项目管理。

sufficient in the research on the relevant policy. , and the policies and regulations on garden green waste re - utilization are only promulgated in the United States, Japan, Germany, New Zealand, Italy, and Shanghai in China. Besides, based on the research above, combined with status and problems of Beijing green waste re - utilization, the thesis suggest that it is needed to adopt active government actions and establish polices on promoting development of Beijing green waste recycling industry, so that it can contribute to the development of circular economy and low - carbon economy in Beijing.

Key words: green waste; recycling; Beijing

目前，对于园林绿化废物弃物的概念，郝瑞军(2008)等学者指出，“园林绿化废弃物(green waste)，主要是指行道树修剪、草坪修剪、植物新陈代谢自然产生的枯枝落叶、残花以及杂草等废弃物”。在传统观念中一直被当作“垃圾”进行处理的园林绿化废物弃物，其实存在非常大的再利用潜能和价值。因为其组成成分单一，大部分为有机质，是非常纯正的有机资源。如果妥善处理和合理使用，便可形成新的资源，例如可利用园林绿化废弃物形成生物质有机肥、栽培基质、生物质燃料，还可进行粉碎覆盖、培育食用菌等等。依据国家提出的发展循环经济、建立节约型城市的号召，我们必须着手把城市中数量可观的“废弃物”资源利用好。将“世界上本没有垃圾，只是放错了地方的资源”的理念运用于合理发展废弃物再利用的循环经济上，使其变废为宝，产生良好的生态效益、社会效益和可观的经济效益。因此，如何对这些“废弃物”进行减量化、无害化和资源化处理已成为许多城市当前急待解决的问题。在此背景下，研究园林绿化废弃物资源化再利用产业发展的问题，必将会对减轻城市垃圾处理压力、缓解能源危机、降低碳排放、改善城乡生态环境、构建和谐城市、增加就业和促进社会经济发展等方面产生深远的影响，意义重大。

1 国内外园林绿化废弃物利用研究现状及分析

1.1 利用方式及工艺研究较为成熟

国内外对于园林绿化废弃物利用的研究已逐步成为一个热点领域。目前，对园林绿化废弃物的利用处理方式，主要有肥料化利用、生物质能源、粉碎覆盖、培育食用菌、作为栽培基质等。

(1)肥料化利用及工艺研究。许多学者、研究机构都对利用园林绿化废弃物堆肥的过程进行了深入研究。例如，威尔士的垃圾管理部门已经将部分可生物分解的垃圾进行分类回收、堆肥，并阐述道：“尽管还有大量潜在的可生物降解的材料，但是目前已经利用的这一部分主要是园林垃圾(园林绿化废弃物)”。另外，在很多国外文献中曾看到这样的描述，“将较厚的 sewage sludge ($10m^3$)与 green waste ($5m^3$)混合在一起进行堆肥，在干燥的温度下经过 135 天，腐烂分解率基本上可达 60% 以上”。“在堆肥矩阵中，园林绿化废弃物代表了一个重大的部分，主要由棕榈叶、橄榄树、柏树、松树、含羞草、月桂树残余物组成”。此外，美国为了提高堆肥质量，提倡根据季节和地区的实际情况，将树枝、草和叶子分类收集，并规定园林绿化废弃物的堆肥工艺一般分为预处理、发酵堆置和后加工三个阶段。国内对于园林绿化废弃物的肥料化利用，主要是将枯枝落叶掺入一定量的生物菌剂，通过高温发酵沤成有机肥料。例如，广州在 2005 年底，在华南植物园建成将枯枝落叶转化优质环保肥的堆肥厂。后续，北京在朝阳、丰台、顺义、西城先后建成 4 家绿化垃圾处理厂对园林绿化废弃物进行堆肥处理。

(2)林木生物质固体成型燃料利用研究。J. Leifeld(2008)指出，“在欧洲，将能源作物、农业和林业残余物制成的生物能源的产品作为主要的能源替代物，被认为是存在着巨大的潜能”。C. S. Psomopoulos (2009)提出了 WTE(Waste - to - energy)这一概念，认为可以回收利用植物身上的有机物(包括作物、树木、农业废弃物和森林残余物以及其他材料)形成生物质能源。此外，巴西、日本、新西兰等国家都在利用生物质能源方面走在了世界前列。从 2008 年 4 月在北京召开的“生物质能源材料循环利用与林业立体经济开发研究”启动工作会议上提出，应对农林废弃物压制成块状成型燃料的技术进行推广，表明国内已经把农林废弃物的循环利用问题提上了日程。

(3)粉碎覆盖方面的研究。美国有相应的园林绿化废弃物覆盖技术规范，认为“草等比较容易腐烂的园林废弃物不宜作为覆盖产品，而松树皮、松针、碎硬木、碎木片、核桃壳等不易分解的园林废弃物是很好的覆盖产品；木片作为覆盖材料时大小厚度也要适中，一般厚度在0.5~1 cm、大小在3~8cm左右比较合适”。国内有学者对粉碎覆盖这种利用方式也做过研究，如王成等(2005)提出“覆盖物的生产可以就近、就地收集材料，取材方便。这为有机覆盖物生产提供了充足的原料保障。同时，这一新型生态产业的发展还可以创造更多的就业岗位，有利于带动循环经济的发展”。

(4)培育食用菌的研究。一些阔叶树木和木屑可作为食用菌培养原料。特别是椴树、栎树、桦树、乌柏、榆树等树的树桩或朽木制作菌床效果很好。王景和等(2000)利用林木落叶进行林下栽培平菇等食用菌的试验，结果表明，发酵料较不发酵料林间栽培的平菇每平方米鲜菇产量可提高315~415kg，生物效率提高40%~45%，经济效益显著。并进一步指出“利用凋落物栽培食用菌是一项简便易行、投资少、见效快、经济有效的致富门路，有广阔的发展前景”。

(5)作为栽培基质的利用研究。河南省濮阳市园林绿化处将园林废弃物进行收集加工粉碎制成基质变废为宝。2007年，该处以园林废弃物为原料生产栽培基质和生物肥料的总量达到了300t。此外，河南焦作市对树叶集中粉碎处理，然后进行高温腐熟，最终生成优良的腐叶土，供园林花木基肥和盆土使用。

1.2 产业政策研究相当缺乏

目前，从全球范围看，仅在美国、日本、德国、新西兰、意大利等国家对园林绿化废弃物的再利用出台过相关的政策法规。1992年，日本为推进《再生资源利用促进法》的实施，规定对控制污染的设备减税21%、对再生利用设备减税15%。地方政府对购置废弃物处理设备、加工利用设备免除财产税、土地占用和经营场所税。对从事废弃物处理的工人有关的税收全部实行免税，并在贷款方面给予低息贷款。1994年，美国颁布了园林绿化废弃物和城市固体废弃物堆肥的EPA530－R－94－003法则，该法则对园林绿化废弃物处理的工艺程序、相关法令和标准都有严格规定。许多州还规定：当废弃物堆肥材料符合土壤改良材料质量要求时，政府部门必须购买或使用这些废弃物堆肥材料。1994年，德国联邦议院通过了《循环经济及废弃物法》，明确了在废弃物管理政策方面的新措施，对园林绿化废弃物采用堆肥化处理，并投入相当大的人力与财力进行研究开发。新西兰规定，2010年前将禁止有机废弃物以填埋方式处理，而且也不采用焚化处理，积极推动堆肥化和再利用政策。英国已经制定了一个十年计划，要在2012年完全排除泥炭的商业性应用，而以其他替代物取代。意大利佛罗伦萨大学的Sergio Mugnai等，利用园林废弃物作为荚蒾属和石楠属植物的栽培基质。实际应用中，在不使用化肥的情况下作物生长良好，并为园林绿化废弃物基质化研究奠定了一定的理论与实践基础。

在中国，2007年8月30日建设部出台建城[2007]215号《关于建设节约型城市园林绿化的意见》，指出“鼓励通过堆肥、发展生物质燃料、有机营养基质和深加工等方式处理修剪的树枝，减少占用垃圾填埋库容，实现循环利用”。2008年，上海市公布《园林植物废弃物处理处置技术》，规定政府给予政策支持，将园林绿化废弃物纳入城市有机废弃物系列，给予绿化部门同等政策补贴。此外，还鼓励企业投资建设绿化垃圾废弃物回收利用处理试点。

2 北京市园林绿化废弃物利用现状及存在问题

2.1 利用现状

近年来，北京市随着城市绿化率的不断提高，随之产生的绿化废弃物的数量也在持续增加，如枯枝、落叶、草屑、花瓣及其他绿化修剪物，等等。据最新测算，2005年北京市绿化废弃物资源总量竟达约500万t。其中，城八区约110万t，远郊区县约390万t。目前对于这种数量可观的绿化废弃物的处理，大部分仍然是采用传统的方法，与生活垃圾一起进入填埋场进行处理，这种传统的处理方法不仅增加了政府对垃圾的处理成本，浪费有限、宝贵的土地资源，增加了北京市市容环境管理的负担，而且处理方式不当的话，还会加剧环境污染、破坏生态平衡、危害居民健康，造成严重的社会影响。

长期以来，由于对园林绿化废弃物的科学销纳途径缺乏系统的研究，园林绿化废弃物的处理一直困扰着北京的市政建设。目前，园林绿化废弃物处理与再利用被北京市政府提到了前所未有的高度。

当前，北京市对园林绿化废弃物处理的基本方式有五种：一是区县园林绿化部门和社会单位委托运输单位负责清运，每车费用120～140元左右，直接进入垃圾填埋场销纳，此种情况占绝大多数；二是园林绿化部门采购垃圾压缩车，经过压缩运送到销纳点进行粉碎、发酵处理，或直接运输到处理点进行处理（朝阳、西城区等）；三是委托社会企业就地粉碎，再运送到集中处理点进行发酵处理（市属大部分公园）；四是就近自行粉碎，采取简易堆肥处理（香山公园）；五是废弃物就地掩埋，如城市周边绿化隔离地区绿地中的落叶。

2.2 存在问题

北京市现有9家园林绿化废弃物处理利用中心，4家肥料处理厂和5家生物质燃料加工厂，其废弃物年处理能力及生产能力如表1所示。

表1 现有废弃物加工点及处理能力和生产能力

名　　称	废弃物年处理能力(t)	年生产能力(t)
朝阳区园林绿化废弃物处理厂	15000	3500
丰台花乡花木集团	8000～10000	1800～2300
顺义区泛阳园艺有限公司	10000～15000	2300～3500
西城区园林绿化废弃物处理厂	2000	500
延庆县生物质燃料厂	3000～4500	2000～3000
平谷区生物质燃料厂	3000～4500	2000～3000
大兴区生物质燃料厂	3000～4500	2000～3000
房山区生物质燃料厂	3000～4500	2000～3000
昌平区生物质燃料厂	3000～4500	2000～3000

虽然，北京现拥有9家园林绿化废弃物处理利用中心，对部分园林绿化废弃物进行销纳处理，但由于存在诸多问题，现已难以为继。概括起来，主要存在以下问题。

(1)处理能力低，资源化程度不高。以城区来讲，年产生绿化废弃物约110万t，而现有4个绿化垃圾处理厂总处理能力还不到5万t，仅为城区园林绿化废弃物的3%左右。

(2)处理成本高，影响资源化处理的积极性。大多数区的园林绿化部门之所以委托社会运输单位拉走而没有考虑资源化利用，主要是因为这些绿化垃圾处理的成本较高。

(3)处理技术还有待进一步完善。目前的处理技术都是先将废弃物粉碎，然后添加生物菌剂进行发酵。整个过程基本是人工操作，机械化程度很低；发酵周期较长，也增加了占用场地的成本；发酵后的产品稳定性不够，总体上存在EC值和pH值高的问题。

(4)受场地、资金等因素的制约没有条件进行资源化处理。目前，城四区受场地限制，没有销纳的场所。近郊4个区和10个远郊区县由于没有建设资金，产品处理成本效高，所以难以全面开展资源化利用工作。

3 展望

园林绿化废弃物高有机质的特点决定了其再利用的价值，可以生产有机肥、土壤有机覆盖物、花木基质和生物质燃料等。然而，目前国内外对园林绿化废弃物的处理和利用尚未形成产业体系，未实现该资源充分有效的再利用。虽然有些国家也出台了一些相关规定，但这些对于今后园林绿化废弃物利用产业化的顺利进行是远远不够的。尤其作为首善之区的北京，现有的园林绿化废弃物处理和利用方式远远不能满足逐年增加的园林绿化废弃物的处理和资源化再利用的要求，存在问题众多。需要政府给予进一步的支持，提出一些更加具有针对性的政策或是法律法规，从而促进园林绿化废弃物资源化再利用产业的发展。

众所周知，任何公益事业的发展都需要政府支持和政策推动。因此，在借鉴欧美等发达国家以及国内其他省市的做法和经验的基础上，北京市应通过政府作为，培育和促进园林绿化废弃物资源化再利用产业建立和发展，提出促进园林绿化废弃物资源化再利用产业化发展的政策，通过制定规划、实施政策法律、实行经济激励和进行有效管理，促进园林绿化废弃物变废为宝，实现“零废弃”、“全利用”和“高效益”的园林绿化废弃物资源化利用目标。这必将对加快首都社会循环经济和低碳经济的发展进程，对北京经济社会可持续发展产生深远的影响。

参考文献

[1]郝瑞军，方海兰，郝冠军等．园林废弃物堆肥对黑麦草产量及养分吸收的影响[J]．现代农业科技，2008(22)：23－24，26

[2]G. F. Dawson，E. J. Probert. A Sustainable Product Needing a Sustainable Procurement Commitment：the Case of Green Waste in Wales[J]. Sustainable DeveLopMent，2007 (15)：69－82

[3]Abdelmajid Jouraiphya，Soumia Amirb，Mohamed El Gharousa，Jean－Claude Revelc，Mohamed Hafidib. Chemicaland spectroscopic analysis of organic mattertransformation during composting of sewage sludge and green plant waste[J]. International Biodeterioration & Biodegradation，2005(56)：101－108

[4]A. Khalil，M. Domeizel，P. Prudent. Monitoring of green waste composting process based on redox potential. Bioresource Technology，2008 (99)：6037－6045

[5]吕子文，方海兰，黄彩娣．美国园林废弃物的处置对我国的启示[J]．中国园林，2007(8)：90－94

[6]J. Leifeld. calorimetric characterization of grass during its decomposition. Journal of Thermal Analysis and Calorimetry，2008，93(2)：651－655.

[7]C. S. Psomopoulos，A. Bourka，N. J. Themelis. Waste－to－energy：A review of the status and benefits inUSA. Waste Management，2009(29)：1718－1724.

[8]袁振宏，吕鹏梅，孔晓英．生物质能源开发应用现状与前景[A]．中国林业生物质能源发展研讨会特邀专家报告汇编[C]．2006. 3

[9]张庆费，辛雅芬．城市枯枝落叶的生态功能与利用[J]．上海建设科技，2005(2)：40－42

[10]王成，郄光发，彭镇华．有机地表覆盖物在城市林业建设中的应用价值[J]．应用生态学报，2005，16(11)：2213－2217

[11]王景和，栾庆书，孟广华等．利用林木落叶林间栽培食用菌研究[J]．辽宁林业科技，2001(1)：37－38，47

[12]用树枝、落叶、草屑生产植物栽培基质和生物肥料——濮阳园林废弃物利用出效益．中国花卉报，2008. 8. 14

欧美第二代生物燃料产业发展政策及其对中国大陆的启示

陈娟[1]　黄宗煌[2]

（1. 华中农业大学经管土管学院；2. 台湾清华大学经济系）

摘　要：与第一代生物燃料有关的粮食安全、土地竞争、水资源影响、生物多样化和其他环境相关的问题，被日益提上议题。越来越多的国家开始关注以非食品相关性原料生产，具有低二氧化碳排放、高成本效益的第二代生物燃料。欧美部分发达国家与组织竞相出台了与第二代生物燃料相关的产业发展政策与路图。本文在明确第二代生物燃料相关背景知识的基础上，介绍了美国、欧盟、IEA的第二代生物燃料产业政策，并结合这些政策分析了中国大陆第二代生物能源产业发展正面临的契机与挑战。

关键词：美国；欧盟；IEA；第二代生物燃料；政策；启示

American and European Industrial Policies on the 2nd Generation Bio – fuels and their inspiration to China

Chen Juan[1]　Huang Zonghuang[2]

(College of Economics Management and Land Management, Huazhong Agricultural University, Wuhan)

Abstract: The increasing criticism of the sustainability of many first – generation bio – fuels, such as reported displacement of food – crops, land competiveness, effects on water resources, on the environment and climate change, has raised attention to the potential of so – called second – generation bio – fuels. European and American countries has introduced some policies and road map for the second generation bio – fuels. This paper identifies some background knowledge of the second generation bio – fuels, then introduces the industrial policies about the second generation bio – fuels in USA, EU, and IEA. Combining with these policies, the opportunities and challenges that China is facing have been analyzed.

Key words: USA; EU; IEA; the 2nd generation; bio – fuels; inspiration

在过去的十多年间，生化石油的短缺暴露出了越来越多的能源供需不平衡问题，使得寻找清洁的、可替代的新能源被提上了国家议程。许多国家竞相发展了自己的生物燃料产业，如巴西发展的甘蔗乙醇产业，美国的玉米乙醇产业、德国的油菜籽生物柴油产业、马来西亚的棕榈油生物柴油产业等。这些产业的发展在一定的历史时期在某种程度上缓解了部分国家的能源压力，但几乎与此同时，与之有关的食品安全、土地竞争、生物燃料对水资源可能带来的影响、生物多样化和其他环境相关的问题，也引发了

作者简介：陈娟，华中农业大学经管—土管学院讲师，研究方向为：农业经济理论与政策，生物质能源产业研究，Email：chenjuan@ mail. hzau. edu. cn

黄宗煌，台湾清华大学教授，30043 新竹市光复路二段 101 号。Email：chhuang@ mx. nthu. edu. tw 电话：0921 – 630532

众多的争议与探讨。成功研发出先进的生物燃料技术，使用非食品原料的生物质，生产出可持续发展、并具有低二氧化碳排放、高成本效益的第二代生物燃料迫在眉睫。

1 第二代生物燃料概述

1.1 第二代生物燃料的原材料种类

第二代生物燃料以木质纤维素为原料，它们主要是从耕地上种植的能源作物中提取的，在不影响现有与粮食相关的土地使用下，可以利用一些空余的土地乃至贫瘠的土地来进行能源作物的种植，解决原材料问题。同时，现有森林资源、农林残余物和废弃物也可作为第二代生物燃料生产的原材料。虽然第二代生物燃烧迄今为止尚未市场化，但已受到许多国家的关注。一项研究表明，第二代生物燃料在注重生态效应方面远较第一代出色。据美国能源部提供的分析数据，第一代以玉米为原料的燃料乙醇，平均仅可以减少约 20% 的温室气体排放，而第二代以纤维素为原料的燃料乙醇，有望减少最高达 96% 的温室气体排放。

1.2 第二代生物燃料的分类

第二代生物燃料主要包括生物乙醇、合成生物燃料、甲烷、生物制氢等产品，各种生物燃料产品的生产路径与具体的下一级分类可参见下表。

表 1 不同生物燃料品种简介

生物燃料组	具体的生物燃料品种	生产工艺
生物乙醇	纤维素乙醇	高级酶水解和发酵（生化路径）
合成生物燃料	生物制油（BtT） 费托柴油 合成柴油 生物乙醇 较重醇（丁醇和混合） 二甲醚（DME） P 系列（乙醇 + MTHF 等）	气化和合成 （热化路径）
甲烷	生物合成天然气（SNG）	气化和合成（热化路径）
生物制氢	氢气	气化和合成（热化路径） 或者：生化路径

注：本表数据由 IEA 等报告数据整理。

1.3 第二代生物燃料的预估成本

2009 年，IEA 对第二代生物燃料的成本进行了预估（见表 2），发现在现有水平下，第二代生物燃料产品并不具备价格优势，要想长远发展，需要许多方面的政策保障与扶持。下图即为 IEA 针对不同国家和地区的木质能源作物与稻草、谷壳研究后，得到的原料价格与以此为原料生产所得的生物柴油与生物乙醇价格。

表 2 IEA 关于木质能源作物、稻草/谷壳的成本价格测算

oll prlce: USD 60 / bbl		Feedstock prica * USD/GJ	USB/leg	
			Btl-diesel	lc-Ethanol
Woody energy crops	global (IEA analysis)	5.5	0.84	0.91
Straw/ stalks	China	1.9 ~ 3.7	0.66 ~ 0.79	0.68 ~ 0.85
	lndia	1.2 ~ 4.3	0.62 ~ 0.80	0.63 ~ 0.86
	Mexlco	3.1	0.74	0.79
	South Africa	0.8 ~ 3.1	0.6 ~ 0.74	0.6 ~ 0.79
	Thailand	2.0 ~ 2.8	0.67 ~ 0.72	0.67 ~ 0.77

* Note that feedstock prices reflect assumptions by local experts and might vary regionally

Assumed cost factors are: capital costss 50% of the total production sosts, feedstock is 35%; operstion and maintenance (O&M), energy supply for the plant and others between 1% ~5% each.

Sounce: Based on IEA analysis presented in Transport, Energy and CO: (IEA, 2009)

2 发达国家有关第二代生物燃料发展的政策举措

第二代生物燃料目前还不成熟，随着经验的累积，其成本下降，生产效率提升都会有很大空间。在中期，它们可能是某种程度上解决交通运输部门应对油价的一个出路。但在其大规模部署前，所面临的技术和经济障碍仍需解决。因此，随着国际社会对低碳经济的呼声日益高涨，许多国家陆续出台了本国的低碳能源科技产业发展路图。

2.1 美国

美国是目前唯一制定了强制性混合要求的国家，在其《2007 年能源独立和安全法案》中通过了《可再生燃料标准》(RFS, the Renewable Fuels Standard)，以这一实际行动来增强生产者信心，以促进第二代生物能源产业发展。随着 RFS 的执行，从 2010 年起，以木质纤维素原料为基础的第二代生物燃料的混合开始强制执行。整个强制混合生物燃料总量将从 2006 年的 15 亿升增长到 2020 年的 136 亿升。RFS 要求对纤维素乙醇的消费要从目前的 0 升增长到 2020 年消费达到 60.6 亿升。而且，法案也要求高级生物燃料(如非粮生物燃料)比传统生化燃料的温室气体排放最少节省 50% ~60%。这些要求有助于高效生物燃料技术的发展，包括第二代生物燃料的发展。整个减排效果估计为 2020 年 CO_2 减排 10 亿 t(100 million tons)(UCSUSA, 2008)。为了鼓励第二代生物燃料的发展，《美国 2008 食品、保护和能源法》宣称将投资 1 亿多美元用于生物燃料和生物质能相关项目，包括发展第二代生物燃料生产的具体规定，包括针对纤维素生物每升 0.27 美元的燃料税收免抵，对生物燃料工厂的贷款担保，用于木质纤维素生物质作物成立基金，2008 年 12 月，美国能源部宣告将为精炼厂项目的试点与示范提供另外的 20million。

2.2 欧盟

欧盟是目前生物柴油的主要生产商。2008 年，欧盟生产生物柴油约 8.5 亿升，占全球总生产量的 50%；生产乙醇约 3.5 亿升(IEA, 2009b)。随着欧盟对能源安全的关注，以及温室气体排放量的增加，欧盟拟通过立法来促进可再生能源的生产和消费。欧盟通过了 2003/30/EC 指令，确定 2005 年，不具约束力的混合目标为 2%，到 2010 年达到 5.75%。2009 年 4 月，欧洲议会通过了促进可再生能源发展的 2009/28/EU 指令，又叫做可再生能源指令(Renewable Energy Directive, RED)。该指令要求欧盟内部每年 CO_2 减排 600 ~ 900 Mt(60 亿 ~ 90 亿 t)，每年对生化燃料的消费减少 200 ~ 300Mt(合 20 亿 ~ 30 亿 t)(EC, 2008)。该指令强制要求欧盟成员国能源消费中，可再生能源消费需占到 20%。强制要求运输部门 2020 年可再生能源消费需占总部门能源消费的 10%，而且期望主要为生物燃料。

与美国不同的是欧盟并没有在 RED 中设置第二代生物燃料使用的一系列指标，但是 RED 要求的强制性可持续标准将会导致新技术的发展。标准包括，从 2013 年起，生物燃料的最低温室气体减排量要比

生化燃料节省至少35%，到2017年节省50%，到2018年节省60%。而且，RED表明，生物燃料原料不能种植于环境敏感型土地上，包括保护区、具有高生物多样性价值或高碳存量的土地上。同时，RED也涉及如社会可持续性和间接改变土地用途的问题，通过促进提高农业生产率和使用退化土地进行生物燃料生产避免土地用途改变的问题。而且RED声称，第二代生物燃料的减排目标将两倍于第一代生物燃料。虽然没有像RFS那样对木质纤维素生物燃料设立强制性标准，第二代生物燃料的生产对温室气体减排的作用是非常明确的。然而，由于没有定义明确的强制性指标，RED对于全球第二代生物燃料生产的影响将不会像RFS那么确定。

欧盟内部通过欧洲会议的七个研究框架(FP7)设置了2.5亿美元的第二代生物燃料研发基金，其中约10个关于第二代生物燃料相关项目已经得到了FP7经费支助。大型合作包括大丹麦酶公司和巴西特罗代技术公司(CTC)进行的国际合作，旨在发展成本竞争性酶混合技术来生产木质纤维素乙醇。

2.3　IEA

国际能源机构(International Energy Agency, IEA)是一个成立于1974年11月的自治机构，成员国有包括奥地利、澳大利亚、比利时、加拿大、捷克共和国、丹麦、芬兰、法国、德国、希腊等在内的28个先进经济体。它的任务是双重的，即：通过集体应对石油供应中断问题促进其成员国的能源安全，并向成员国提供合理的能源政策建议。

2009年，IEA连续出台了若干项有关低碳能源技术发展的技术路图与行动纲领，即IEA Roadmaps，其中包括一项专门针对第二代生物燃料科技产业发展的行动纲领。IEA在纲领中对第二代生物燃料产业发展的潜力与前景进行了评估与预测，解析了第二代生物燃料产业发展的驱动力，对第二代生物燃料发展的路径选择进行了分析，对不同情景下第二代生物燃料的发展蓝图与目标进行了规划。

IEA认为目前看来，最好的技术路径以生化和热化为主，除此之外，无更好选择。通过生-化途径，特别是酶水解，可以将生物质转化为乙醇、丁醇和其他可能的燃料。也可利用热化途径将生物质转化成天然气、柴油及其他液体燃料，例如，所谓的“生物质制液”(“BtL”Biomass to Liquid)就是其中一种。

此外，IEA制定了众多的项目计划。从下表可以看出，对未来的若干年份，IEA均制订了野心勃勃的计划与目标。2030年的生产水平是起点在2010年规模的几倍，在需要的投资和生物燃料基础设施建设、原料生产的增长上都需要具有挑战性的步伐。照此假设，到2050年运输燃料的需求预计将超过2 500亿t石油当量。在此基础上，生物燃料将在这一年提供将近25%的运输燃料。

表3　BLUE情景下第二代生物燃料生产项目预测

	UNITS	2010	2015	2020	2030	2050
Biofuels production in respective years						
LC ethanol	MTOE	0.0	3.0	10.4	61.6	120.6
	PJ	0.0	125.6	437.1	2579.1	5049.3
	Billion L	0.0	5.5	19.0	112.2	219.6
	Billion Lge	0.0	3.6	12.5	74.0	144.9
BtL biodiesel	MTOE	0.0	0.2	13.6	102.3	491.2
	PJ	0.0	8.4	567.7	4283.1	20565.6
	Billion L	0.0	8.4	567.7	4283.1	20565.6
	Billion Lge	0.0	0.2	16.3	122.9	590.3
			2010-2015	2015-2020	2020-2030	2030-2050
Biofuels capacity required						
Assumed avg capciry of new plants (million litres/ year)	100.0	150.0	150.0	150.0		
New Production Facilities Required Each Year						
Ethanol	6.7	9.5	41.0	25.4		
Biodiesel	0.5	21.2	63.0	140.5		

Nots: LC = ligno - cellulose; BtL = biomass - to - liquids.

3 中国目前的生物燃料相关政策

1992年联合国全球环境与发展大会后，中国政府提出了对环境与发展采取的10条对策和措施，明确要“因地制宜地开发和推广太阳能、风能、地热能、潮汐能、生物质能等清洁能源”。此后，连续出台了一系列政策引导、扶持生物燃料产业的发展。归纳起来，中国目前的生物燃料相关政策主要体现在以下几方面：

3.1 目标引导

国家发改委2005年公布了《可再生能源中长期发展规划》，明确要求2020年可再生能源消费比重要达15%，生物燃料乙醇年利用量达到1000万t，生物柴油年利用量达到200万t，相当于从2005年到2020年间，燃料乙醇、生物柴油年均增速分别达59%和2.6倍。

3.2 财税政策激励

《中国新能源和可再生能源发展纲要(1996～2010)》明确指出，未来15年一定要从全局及长远的利益出发，增加对新能源和可再生能源的科研、技术产品的研制和开发的财政资助和投资力度，保证必须的资金投入及时到位，加速产品工艺技术的突破和系统开发的过程。加大信贷规模，提供低息贷款。要比常规能源发展有更具体的优惠的投资政策，加大产业化建设和服务体系的信贷规模。同时加强宣传，调动各方面投资热情，扩大资金渠道，提高资金使用效果。2006年1月开始执行的《中华人民共和国可再生能源法》中明确规定，县级以上人民政府应当对农村地区的可再生能源利用项目提供财政支持。

在实施过程中，中国政府发放了7060万美元的国债资金，资助河南、安徽、吉林省生物乙醇工厂建设，此外还实施了一系列优惠税收政策支持四个国家级示点单位，给予它们5%的燃料乙醇消费税豁免。中央财政管理局募集了2亿9400万美元的补贴资金，以保护燃料乙醇示范企业的正常生产与运作。财政部公告表明，2007年和2008年国家给予燃料乙醇每吨201.9美元的财政补贴。以后，国家财政和税收支持政策将整合和利用现有资金渠道，以突破若干关键技术为重点。

3.3 鼓励产学研结合

国家也支持第二代生物燃料的研发工作。中国是发展中国家中少有的已进入第二代生物燃料研发、示点阶段的国家之一。2006年起，中粮集团与美国SunOpta生物加工公司进行合作，共同研发利用自动水解和蒸汽爆炸装置对玉米秸秆进行处理，拟年产1.2t/年的第二代生物燃料。丹麦诺维信公司与中粮集团、中石化合作拟用玉米秸秆年产500t第二代生物燃料的项目正在运作中，预计2010年可建成具有商业化目标的试点工厂。

同时，国家也鼓励产学研的合作。其中，国家通过经费支持华东理工大学完成了“利用纤维素废物生产乙醇”的项目，已经成功地研究出了酸水解方式利用纤维素物质生产乙醇的工艺路线，并且建立了一个年产600t纤维素乙醇的示范项目。现在，清华大学、华东理工大学、山东大学、浙江大学、中国科学院微生物和工艺研究所都在进行相关的研究工作。

4 对中国大陆的启示

迄今为止，第二代生物燃料产业尚未完全市场化，近年来，也仅只是少数国家已经建成了一些试点和示范工厂，主要的研究活动大多发生在北美、欧洲和少数几个经济新兴体和发展中国家，中国也是其中一个(IEA，2010)。因此，在起步上，中国没有明显落后的现象。而且，由于第一代生物燃料产业的发展，中国已经积累了一些经验和教训，也培养了一批有潜力的技术骨干，这些无疑为中国大陆第二代生物燃料产业发展奠定了基础。在全球CO_2减排和可再生能源发展中，中国扮演着非常重要的角色，第二代生物燃料产业发展面临着前所未有的契机与挑战。

4.1 美国与欧盟的混合标准对中国而言既是契机又是挑战

美国与欧盟都制定了野心勃勃的第二代生物燃料混合目标。而IEA数据显示，到2012年，美国国内生产的第一代生物燃料与纤维素乙醇都达不到要求，因此，有必要从其他国家进口（IEA，2009b）。美国计划2020年进口15.1亿升以达到RFS强制性标准。而且，据IEA在2009年中期油料市场报告（The IEA'S Medium Term Oil Market Report 2009）中预计，欧盟国内生物燃料生产仅仅只能达到2010年运输燃料需求的3%，距离混合目标还有2.75%的短缺。但由于欧盟的目标不同于美国的强制性目标，因此并不是必须从国外进口来填补短缺。但从长期看来，RED规定的2020年运输部门消费能源中可再生能源必须达到强制性10%的份额，也必须通过国内生产与进口共同完成。由此可见，美国与欧盟的生物燃料国内生产短缺，单凭本国国内生物燃料生产难以实现其混合要求，所以在很大程度上需要依赖进口才能实现预期目标。

美国与欧盟这两个主要经济体的生物能源进口从长远来看，将极大地带动全球范围内的第二代生物能源生产。对中国来说，是契机也有挑战。中国的第一代生物燃料产业已经成熟，积累了许多的产业发展经验，而且较早重视第二代生物燃料研发工作，目前已经拥了自己的试点和示范工厂两个，在发展中国家比较领先。这些都可为规模化生产与商业化运作积蓄经验，铺平道路。而据多种研究表明，中国所生产的生物燃料除满足国内需要外，会有出口需求，而美国、欧洲的进口需求正好可为中国提供潜在市场。

欧盟与美国虽然会依赖进口来达到既定目标，但同时，他们也会采取一些措施抵制进口，以保护国内生物燃料市场。通过征收生物燃料进口关税和制定严格的与生物燃料生产和生物燃料特性相关的质量标准是两种主要手段，这样将会大大减少许多国家的出口可能。虽然有些发展中国家也可能从普遍优惠制度（The Generalized System of Preferences，GSP）中受益，可以免关税向欧盟市场出口乙醇和柴油。但中国不属其中，而且美欧的严格的质量检测标准对中国目前的技术水平而言绝对是挑战。因此，有必要进一步通过产学研合作，或吸引外国投资方式提升水平来缩小差距。

4.2 公认的GHG减量与环境可持续测度方法的暂缺会给生产商带来风险，需加强产学研合作以减少风险

欧盟的RED、美国的RFS和加利弗尼亚的低碳燃料标准（the California Low - Carbon Fuel Standard，CLCFS）对可持续标准还存争议，美国环保署现阶段对于包括在RFSII中的几种不同生物燃料的GHG排放值还有争议，RED有关GHG减量以及环境可持续性的正确测度方法的相关科学讨论尚未进行。这些都对部分国家，包括中国大陆的第二代生物燃料投资建设均会带来风险。因为对于生产者和投资者而言，第二代生物燃料的投资成本很高，建成一个商业化工厂，投资金额预计10倍于同等规模的第一代生物燃料工厂的投资。加之，商业化市场还未形成，本身风险很大，而由于政策中有些标准还处于讨论期，无形中会加重投资者和生产者对所生产的生物燃料能否达到标准的疑虑，对于以出口为目标的生产者而言，也会因有进口需求国家的长期性生物燃料品种选择不确定而面临挑战，犹豫不觉，放慢投资脚步。因此，现阶段需更紧密加强产学研合作，为商业化投资做好充分准备。

4.3 制定与第二代生物燃料发展相关的政策迫在眉睫

到目前为止，中国大陆并无明确的针对第二代生物燃料产业发展的配套政策。虽然第一代生物燃料发展中以补贴、免税为主要手段的混合政策已经出台，但是，第二代生物燃料因其技术的更加复杂，投资风险更大，在起点期更需政府的政策引导。多种研究结论表明，第二代生物燃料的生产成本要高于第一代生物燃料，更高于化石燃料。因此，在两代生物燃料的过渡阶段，如何通过合理的政策促进生产者生产第二代生物燃料，激励消费者更具有消费意愿，都是保障产业化顺利实施的重要前提。同时，通过制定适当的政策，吸引外国投资，一方面减少中国大陆额外的财政压力，另一方面，又可利于与国际接轨，也是产业发展初期的一个选择。总之，制定与第二代生物燃料产业发展相关的政策迫在眉睫。

4.4 原材料供应保障工作可以提早行动

中国1995年生产的稻草和秸秆量达到60 600万t，其中约15%回归农田用作肥料，剩余的51 340万t用于其他用途。目前，大致用途有三种：占总数2.3%的稻草和秸秆作为工业原料，主要用于造纸；约

占总数24%的可用秸秆等用作饲料；约占58.7%用作燃料，即35 509万t，占总数现有的秸秆等。而且，据IEA数据显示，若将全球农林剩余物的10%用于生物燃料生产，即可满足WEO在其《2009年世界经济展望450方案》(WEO 2009 450 Scenario)中预期的全球2030年所需生物燃料的45% ~63%；如果有25%的农林剩余物可用于生物燃料生产，即可超过该场景下2030年所需要的生物燃料量。而且，在不占用任何其他农林用地的基础上，整个生物燃料产量甚至可以超越这个标准。IEA认为全球目前产生的农林剩余物主要来自亚洲，中国又占据了亚洲的大半份额，且中国的农林剩余物初次利用率达40%，远高于预设水平(IEA，2009)。由此可见，中国的可用农业剩余物具有很大的开发潜力，但是具有充足的开发潜力并不等同于安全无忧的生物原料供应，因为中国农村幅员辽阔，而且农村道路交通状况相对较差，农作物的收集还尚未形成稳定的市场网络，许多农民将农业剩余物就地焚烧的习惯还有赖于知识的普及而转变，因此，在产业发展前期，基础设施建设、节能环保意识的深入普及都是非常必要的。

参考文献

[1]IEA (2008a), From 1st - to second - generation Biofuel Technologies: An Overview of Current Industry and RD&D activities, OECD/IEA, Paris. http: //www. iea. org/textbase/ papers/2008/ 2nd_ Biofuel_ Gen. pdf

[2]IEA (2008b), Energy Technology Perspectives 2008: Scenarios and Strategies to 2050, OECD/IEA, Paris.

[3]IEA (2008c), "Biofuel performance with respect to environmental and other criteria", In: Biofuel Support Policies: An Economic Assessment, OECD, Paris.

[4]IEA (2008d) World Energy Outlook 2008, OECD/IEA, Paris.

[5]IEA (2009a), World Energy Outlook 2009, OECD/IEA, Paris.

[6]IEA (2009b), Medium Term Oil Market Report, OECD/IEA, Paris.

[7]IEA (2009c), Transport, Energy and CO_2. Moving Toward Sustainability, OECD/IEA, Paris.

[8]IEA Mobility Model (2009), Internal database, ETP Division, IEA, Paris.

[9]IEA Statistics (2009), IEA statistical database, Energy Statistics Division, IEA, Paris.

[10] IEA Bioenergy Task 39 (2009), Commercializing 1st - and 2nd - generation Liquid Biofuels: Definitions, www. task39. org/About/Definitions/tabid/1761/language/en - US/Default. aspx

[11]IEA(2010), Energy Technology Roadmaps Charting a low - carbon energy revolution, IEA,

[12]IEA, Sustainable Production of Second Generation Biofuels. Potential and perspectives in major economies and developing countries, OECD/IEA, Paris

[13]US. RFS, http: //www. epa. gov/otaq/fuels/renewablefuels/index. htm

[14]EU. RED. http: //www. r - e - a. net/policy/european - policy/Euro - legislation/renewable - energy - directive

[15]周勇刚．中国将大规模推广第二代生物燃料 专家预测5年内有望后来居上．农民日报，2009 - 05 - 12 http: //www. agri. gov. cn/jjps/t20090512_ 1271570. htm

[16]Special Issues: Report of Sustainable Development Strategy Study in Rural Area, Energy

[17]Consulting Programme ofChinese Science Academy of Engineering

林业供应链管理研究评述

张浩[1,2]　张智光[1,2]

(1. 南京林业大学经济管理学院

(2. 南京林业大学环境与发展系统工程研究所)

摘　要：通过对近年来国内外林业供应链管理相关文献的分析，进一步拓展了林业供应链的概念和研究范畴，从木材加工、林—浆—纸一体化、木材生物质能源、非木质林产品、林业物流等方面对近年来林业供应链的研究内容进行了评述，并对未来的研究趋势进行了归纳。

关键词：林业供应链；研究内容；研究趋势

Review of ForestrySupply Chain Management

Zhang Hao[1,2]　Zhang Zhiguang[1,2]

(1. College of Economics and Management, Nanjing Forestry University

2. System Engineering Institute for Environment and Development, Nanjing Forestry University)

Abstract: Systematically reviewed the relational literatures of Forestry Supply Chain Management(FSCM) in recent years, the definition of FSCM was expanded in this paper. The research contents of FSCM were Commented from: Wood Processing、Integrative Wood – Pulp – Paper、Wood Biomass、Non – timber Forest Products and Forestry Logistics, the main research trends in this field were summarized also.

Key words: forestry supply chain; research contents; research trends

进入21世纪以来，随着市场竞争的加剧和环保意识的进一步增强，林业产业的发展仅仅靠一个个孤立企业的努力是办不到的，企业间的竞争已不是单个企业和企业的竞争，而是供应链和供应链的竞争，运用供应链管理理论和方法研究林业产业问题，越来越受到人们的重视。近年来随着林业供应链管理文献的增多，有必要对目前的最新研究工作成果进行详细的审读，目的在于对相关领域的研究进行条分缕析，从而归纳出林业供应链管理的研究方向和发展趋势。

1　林业供应链的定义

尽管对于供应链的定义早已产生，并且用供应链的理论和方法研究林业产业问题由来已久，但对于林业供应链尚无统一定义。瑞典学者 Dick Carlsson 等人 2005 年以造纸业为例对林业供应链作了定义性的描述，即认为：这是始于森林活立木的一个持续过程，经种植、采伐、分拣、各环节运输、木片厂、纸

基金项目：国家自然科学(70873059)"林业绿色供应链的共生理论与模式研究——以中国林－浆－纸产业链为例"；"十一五"国家科技支撑计划项目(2006BAD32B08)"林纸一体化运行模式研究与示范"

作者简介：张浩(1972－)，男(汉)，江苏淮安人，博士后，主要研究方向：林业系统工程学，210037，(电话)025－85427377，13605182372，(E-mail)gcgl_ nju@ yahoo. com. cn。

南京市龙蟠路 159 号，南京林业大经济管理学院

浆厂、造纸厂、转换成产品(如纸浆、纸张)直到最终用户的整个运作过程，其中有许多管理问题和优化规划问题[1]。

除了造纸以外，林业供应链还应包括其他林产品的加工和使用过程。从国际通用的口径来看，林产品是包括以森林资源为基础而生产的木材和以木材为原料的各种产品，主要包括原木、锯材、木质人造板、各种木质成品和半成品、木浆、以木材为原料的各种纸及纸制品、林化产品等。从我国目前的统计口径来看，林产品除了包括上述各类产品外，同时还包括种苗、花卉、种子、林区土特产品、林果类产品等[2]。

此外，生物质能源供应链近年来越来越受到重视，而木材作为生物质能源的重要原料，在生物质能源供应链中具有至关重要的地位，有关的研究也比较集中，特别是对于芬兰、瑞典和奥地利等国无论是理论研究还是实践应用都比较多，因此本研究将以木材作为生物质能源的供应链研究纳入林业供应链研究的范畴，不同的是木材不再加工成其他产品而是作为能源直接利用。

2 林业供应链的主要研究内容

近年来国内外关于林业供应链的研究主要集中在以下方面。

2.1 对木材加工供应链的研究

对于木材加工的研究是林业供应链中的最主要内容。近年来国外的研究成果较多，比如 Dick Carlsson 在系统地描述林业供应链的基础上，以瑞典的一家较大的森林造纸公司(Södra Cell AB)为背景，分析了时间序列的计划编制问题，用供应链管理的方法对木材流通中的 5 个主要项目进行了优化和规划，包括销售、订单、终端分配结构、综合管理信息系统等[1]。

由于供应链管理希望对干扰进行快速处理，及时交换信息并减少库存，从而取得更大的灵活性，木材供应链也不例外。因此，非常需要有助于减少扰动的协同管理工具，基于多 Agent 的高级协作机制与技术也越来越受到人们的重视，近年来使用分布式网络的多 Agent 模型在木材供应链管理中有许多应用[3,4]，特别是可以用启发式算法解决多品种复杂网络的计划问题[5]。

在木材供应链中，将原木初加工为木片是一个重要的过程并以此形成物流的实物形态，造纸和燃料都适用这种原料并更适合运输，2007 年 Bernd Möller 等人从交通运输的费用和成本方面进行了研究，采用基于光栅映射的地理信息系统(GISs)为基础的方法，构造了需求、成本与距离的函数，通过对供需曲线及其灵敏度的分析，确定了地理意义上的累积木片资源和平均成本的关系[6]。

家具业也是木材加工供应链的重要领域，M. Ouhimmou 等人以加拿大魁北克省为例进行了定性和定量相结合的研究，运用启发式算法建立了大型混合整数规划模型，从而决定采购、库存、外包和需求分配政策，以便使家具公司和物流公司在相同服务水平下成本最低[7]。

此外，由于在瑞典建造房屋或别墅也经常以木材为主原料，Max Bergström 等人则采用 ERP 的概念和思想，通过 4 个案例对中小企业进行了研究，认为通过 ERP 的改进或再造可以适应供应链的内外部需求[8]，这也验证了 ERP 在供应链管理的普适性。

2.2 对林—浆—纸一体化的研究

20 世纪 80 年代理论界就开始讨论林业和制浆造纸的竞争与合作问题，目前，林—浆—纸一体化几乎成为共识，下面仅分析近年来的研究成果。

从国外近年的研究看，林—浆—纸纵向一体化经营的研究和实践较多，比如对于造纸厂区域供应链网络，考虑土地获得成本和轮伐策略为变量，通过 newsvendor 型方程，构造了一个长期木材供应计划的模型，最大限度地考虑对减少年度木浆纤维需求情况下设计总折扣费用，根据对成本和存储适当的假设，确定了有关决策[9]。

继 Dick Carlsson 之后，Helene Gunnarsson 等人仍以瑞典的 Södra Cell AB 公司为例，采用两种不同的启发式方法研究了有关决策和规划问题，包括采伐地区设计、原材料的运输、纸浆厂产品结构和计划安排、产品的库存和销售策略、客户的水平和潜在订单的选择等许多方面[10]。

从国内的研究成果看，研究方向主要集中在以下方面：①区域林—浆—纸一体化的规划和对策；②林—浆—纸一体化的实施办法或模式；③林—浆—纸一体化的实践应用；④林—浆—纸一体化中发展循环经济等。

2.3　对木材生物质能源供应链的研究

木材是重要的生物质能源，特别是瑞典等林业发达国家运用较多，近年来对于木材生物质能源供应链的研究呈现出综合的趋势，比如以较大的瑞典企业为背景，运用启发式算法制定一个大型混合整数线性规划模型，确定供应链上的时间和地点问题，研究中考虑到如何将残余物运输和储存，如何满足对供热设备的需求，模型中还考虑了是否有额外的收获地区以及锯木厂是否承包等问题[11]。此外，对于区域森林燃料供应网络设计和评价问题也是研究兴趣所在，比如对于奥地利的实证研究[12]。

由于国情不同，中国关于木材生物质能源的研究相对较少，但有观点认为生态能源林将成为未来生物质燃料油原料基地[13]，近来贺业方等人则运用契约经济学的观点对生态能源基地原料供应模式问题进行了探讨[14]。

2.4　对非木质林产品供应链的研究

除了木材以外，林业还有许多非木质林产品(non - timber forest products，NTFPs)，比如：蜂蜜、蘑菇、浆果等，并有很大的经济效益，合理利用将有助于社会和生态的可持续发展，近年来越来越受到国内外学者的重视。研究成果大多集中于对其经济价值的研究，并且这一类的研究通常和某一地区的特点紧密相关，比如：对印度干燥落叶林经济价值的研究[15]；北宁湾贸易对有关地区 NTFPs 采集的可持续发展研究[16]；对热带自然林前景、机遇和挑战的研究[17]等。

近年来的研究中，调查问卷和面谈的方式被广泛采用，如对阿拉伯国家市场和国际市场进行的调查，对老挝的沉香供应链进行的研究，这一研究有助于缓解过度采集和资源短缺问题[18]，以及对瑞士 6 个城市的调查研究，分析了消费者的喜好、购买力、需求潜力以及供给状况等因素[19]。

和国外一样，中国相关的研究大多与地域相关，比如：对平武县这个既具有典型性又具有特殊性的山区县进行的研究[20]；在分析了云南省非木材林产品资源优势的基础上，通过实地调研，探讨了其可持续发展的途径[21]；采用分层 4 阶段抽样调查法对山东省非木材林产品进行抽样调查，分析了山东省非木材林产品的产业情况，并计算出山东省非木材林产品的流量价值[22]。

2.5　对林业物流的研究

物流一直是供应链发展的重要问题，林业供应链也不例外，最能体现林业物流特点的就是林木及相关物资的采集、运输技术，而这一直是国外研究与实践的强项。把物流纳入整个供应链系统并进行规划是近年来的主要研究内容，前文所述的供应链规划问题大多也包含了物流问题，当然也有关于森林工业物流的专门研究和规划，比如综合考虑三个重要的因素：森林生产、森林设施的位置和森林货物配送，建立了混合整数规划的动态模型，进行最佳地点、设施的规模、生产水平、货运的流量的确定[23]。

近年来的研究更注重采集系统的设计，并更兼顾生物的多样性、可持续发展等因素，比如对于瑞典的采集系统进行的分析就体现了这一思想[24]。此外，对生物质能源的物流问题也得到了重视，比如对希腊的调查和经济分析[25]，以及针对生物质能源的季节性供应特点和生物质能源的多样性进行的存储问题研究[26]。

国内的林业物流水平相对落后，关于林业的物流问题研究也大多集中在定性的研究上，关于如何加强木材产品物流管理水平问题的讨论从本世纪开始相对集中[27]，进一步地展开了信息时代下我国林产品物流问题的讨论[2]，并且试图将营销预警系统在林产品物流中加以应用以提高管理水平[28]，此外，运用遗传算法等方法在木材物流中心选址等问题的研究也有应用[29]。林业物流的区域性较强，关于区域林业产品物流问题的研究通常与实证相结合[30]，并且林业产业正呈现出产业集聚的趋势，关于林业产业集聚情况下的林业物流发展是重要的研究方向[31]。

2.6 近来其他林业供应链问题的研究

近年来，国外还有其他一些关于林业供应链的研究，比如 Constance 以加拿大魁北克市为背景，研究了知识及网络的价值，研究人员认为，面对知识型经济的挑战，林业企业更需要知识创新和认识传播，有必要建立专门的知识中心[32]。然后又在访谈的基础上，用创新价值矩阵来描述产品创新和工艺创新，并认为专门的知识中心能够在自我发展的过程中采用更好的工具来传播知识，并产生更多的价值[33]。

此外，Steve Drolet 等人对于林业供应链中的大中型森林采伐企业(Forest Harvesting Entrepreneurs，FHE)和中小型企业(Small and Medium Business，SME)进行比较分析，包括诸如企业家的动机、习惯、管理能力、经营战略和其他非金融方面的因素，以便重新考虑其合作关系并建立新的林木供应网络[34]。

从国内的研究看，林业供应链中的林产企业核心竞争力问题也是研究兴趣所在，认为区域林产企业核心竞争力的培育应引入供应链管理思想，应构建高效的供应链平台，同时还应着重培育林产企业供应链的内涵异质性[35]。由于林业供应链的利益不均衡，因此构建完备的利益协调机制，并用来协调各环节的利益的研究也在中国呈现出发展的趋势[36]。

中国的人工林较多，相关的研究也是近年来的方向之一，比如在分析中国人工林发展现状和存在问题的基础上，以规模经济和产业关联理论为指导，提出了人工林产业链化经营组织形式，阐述了建立和完善人工林产业链化经营的主要措施[37]。

3 林业供应链的研究趋势

通过对近期国内外文献的梳理，认为未来关于林业供应链的研究将在以下方面展开。

3.1 对林业供应链中协调、保障及制度的研究

除了对供应链的设计以外，供应链成员间的利益博弈、协调、约束、激励其保障机制等问题仍是研究的重要方向，对于林业供应链而言有许多可以借鉴其他行业的地方，但是林业供应链有其特殊性，比如林业涉及许多法律、法规问题，涉及国家政策和发展战略问题，涉及融资问题，涉及到农民问题等，因此对于林业供应链中协调、保障及制度研究将是重要的研究趋势之一。

3.2 对林业供应链的多元化拓展研究

林业产业的范畴较大，除了林木以外还有许多其他林产品，比如花木、菌类、禽类等，因此多元化发展的空间很大，林业可以与农业相结合也可以和观光旅游业相结合，这已经成为目前林业产业发展的重要方向，相关的研究则是必然的趋势。

目前，已经有学者对林业产业融合进行了研究[38]，认为这将打破传统林业生产方式纵向一体化的市场结构，塑造出新型横向结构，产生综合型边缘交叉产业并形成新的经济增长点，拉长林业产业链条，聚集并能释放出林业产业内部所具有的潜力，产生 $1+1>2$ 的效果。

3.3 结合新信息技术对林业供应链的定量研究

现在信息技术已比较发达，供应链的信息化是未来的发展方向，在此基础上的各种定量的研究也正在进行，各种算法以及仿真的应用也将在林业供应链中体现。此外，与其他供应链不同的是，遥感技术(RS)、地理信息系统(GIS)和全球定位系统(GPS)将更可能在林业供应链系统中加以应用，而这有助于实现精细化管理，这是林业供应链的另一特点所在。

3.4 对林业供应链中物流技术的研究

供应链中物流技术的进步日新月异，对于林业供应链而言相关研究必不可少，由于林业系统的特殊性，相关设计与供应链的设计结合紧密，并且注重于资源的综合利用。此外，上述信息技术也有助于林业物流的研究和应用，值得注意的是，近年来综合考虑生物多样性以及环保问题的相关研究开始加强，比如对蘑菇采集及物流系统采用地理信息专家系统进行了回归分析，研究中考虑了物种的多样性等因

素[39]，对西班牙南部的葵花籽作物进行的物流分析[40]等。

3.5 林业绿色供应链研究

虽然，绿色供应链管理在电子业、汽车业和农业等领域都已经展开了许多研究和实践，但是在与绿色供应链管理关联更大的林业中的研究却十分匮乏。目前有学者已经意识到，应当将环境系统作为绿色供应链的内部子系统进行研究，中国著名管理学家汪应洛院士运用系统的理论和方法，构建了绿色供应链系统的结构模型[41]。根据林业系统的特点，又进一步将森林资源培育业纳入林业产业链的"运作系统层"，构建了林业产业链的系统结构模型，并研究了森林资源—环境—经济复合大系统可持续发展的定量优化模型[42,43]。

近年来的研究认为，林业绿色供应链是一种广义的供应链，它将传统的制造业供应链管理从中间产品和最终产品的制造，拓展到可再生资源培育的环节，这对林业产业和林业生态协同发展具有重要意义[44]。进一步的研究已对林业绿色供应链系统的结构与特性进行了分析[45]，并以"绿色共生"作为理论基础，构建林业绿色供应链的资源链、价值链和生态链的多重闭环系统结构模型，探究了林业生态与产业良性互动的"三链共生"机理。

参考文献

[1] Dick Carlsson, Mikael Rönnqvist. Supply chain management in forestry——case studies at Södra Cell AB[J]. European Journal of Operational Research. 2005, 163(3): 589 - 616.

[2] 王晓松，吴燕. 信息时代下我国林产品物流问题初探[J]. 林业经济问题，2006，26(6)：553 - 557.

[3] Pascal Forget, Sophie D Amours, Jean - Marc Frayret. Multi - behavior agent model for planning in supply chains: An application to the lumber industry[J]. Robotics and Computer - Integrated Manufacturing, 24, 2008, 24(5): 664 - 679.

[4] 龙勤，孟利清. 基于多 Agent 的林产品供应链管理框架构建[J]. 中国市场，2007(2)：98 - 99.

[5] Satyaveer S Chauhan, Jean - Marc Frayret, Luc LeBel. Multi - commodity supply network planning in the forest supply chain[J]. European Journal of Operational Research, 2009, 196(2): 688 - 696.

[6] Bernd Möller, Per S Nielsen. Analysing transport costs of Danish forest wood chip resources by means of continuous cost surfaces[J]. Biomass and Bioenergy, 2007, 31(5): 291 - 298.

[7] M Ouhimmou, S D Amours, R Beauregard, ect. Furniture supply chain tactical planning optimization using a time decomposition approach[J]. European Journal of Operational Research, 2008, 189(3): 952 - 970.

[8] Max Bergström, Lars Stehn. Matching industrialised timber frame housing needs and enterprise resource planning: A change process [J]. International Journal of Production Economics, 2005, 97(2): 172 - 184.

[9] Philip C Jones, Jeffrey W Ohlmann. Long - range timber supply planning for a vertically integrated paper mill [J]. European Journal of Operational Research, 2008, 191(2): 558 - 571.

[10] Helene Gunnarsson, Mikael Rönnqvist. Solving a multi - period supply chain problem for a pulp company using heuristics—An application to Södra Cell AB[J]. International Journal of Production Economics, 2008, 116(1): 75 - 94.

[11] Helene Gunnarsson, Mikael Rönnqvist, Jan T Lundgre. Supply chain modeling of forest fuel[J]. European Journal of Operational Research, 2004, 158(1): 103 - 123.

[12] Manfred Gronalt, Peter Rauch. Designing a regional forest fuel supply network[J]. Biomass and Bioenergy, 2007, 31(6): 393 - 402.

[13] 王涛. 生态能源林未来生物质燃料油原料基地[J]. 绿色中国，2007(5)：30 - 33.

[14] 贺业方，朱兵，覃伟中等. 生物质能源林基地中原料供应模式选择的理论分析[J]. 林业经济问题，2009，29(5)：382 - 386.

[15] Ajay Kumar Mahapatra, D D Tewari. Importance of non - timber forest products in the economic valuation of dry deciduous forests of India[J]. Forest Policy and Economics, 2005, 7(3): 455 - 467.

[16] Carolle Avocèvou - Ayisso, Brice Sinsin, Anselme Adégbidi, ect. Sustainable use of non - timber forest products: Impact of fruit harvesting on Pentadesma butyracea regeneration and financial analysis of its products trade in Benin[J]. Forest Ecology and Management, 2009, 257(9): 1930 - 1938.

[17] Manuel R Guariguata, Carmen García - Fernández, Douglas Sheil, ect. Compatibility of timber and non - timber forest product management in natural tropical forests: Perspectives, challenges, and opportunities[J]. Forest Ecology and Management, 2010, 259(3): 237 - 245.
[18] Anders Jensen. Valuation of non - timber forest products value chains[J]. Forest Policy and Economics, 2009, 11(1): 34 - 41.
[19] Petra Kilchling, Ralf Hansmann, Klaus Seeland. Demand for non - timber forest products: Surveys of urban consumers and sellers in Switzerland[J]. Forest Policy and Economics, 2009, 11(4): 294 - 300.
[20] 李怡. 非木质林产品开发利用的历史沿革与趋势探析：四川省平武县的实证分析[J]. 农村经济，2007(11)：94 - 97.
[21] 赵璟. 云南贫困山区非木材林产品资源优势与发展途径[J]. 浙江林学院学报，2009(1)：105 - 110.
[22] 侯占勇，鲁法典，赵贝贝等. 山东省非木材林产品调查与分析[J]. 山东农业大学学报，2009(1)：23 - 27.
[23] Juan J Troncoso, Rodrigo A Garrido. Forestry production and logistics planning: an analysis using mixed - integer programming[J]. Forest Policy and Economics, 2005, 7(4): 625 - 633.
[24] Staffan Berg. Harvesting technology and market forces affecting the production of forest fuels from Swedish forestry [J]. Biomass and Bioenergy, 2003, 24(4 - 5): 381 - 388.
[25] Ioannis Boukis, ect. Policy plan for the use of biomass and biofuels in Greece: Part II: Logistics and economic investigation[J]. Renewable and Sustainable Energy Reviews, 2009, 13(4): 703 - 720.
[26] Athanasios A Rentizelas, Athanasios J Tolis, Ilias P. Tatsiopoulos Logistics issues of biomass: The storage problem and the multi - biomass supply chain[J]. Renewable and Sustainable Energy Reviews, 2009, 13(4): 887 - 894.
[27] 朱永林，栗田奎. 谈如何加强木材产品物流管理水平[J]. 森林工程，2003，19(1)：23 - 24.
[28] 陈彩虹，郑贵军，邓德胜. 营销预警系统在林产品物流中的应用[J]. 经济问题，2007(5)：31 - 33.
[29] 林雅惠，钟晓燕，钟聪儿等. 基于遗传算法的木材物流中心选址研究[J]. 运筹与管理，2007(6)：51 - 56
[30] 王永富. 广西林业产品物流问题及对策研究[J]. 中国市场，2008(45)：94 - 95.
[31] 张浩. 林业产业集聚与林业物流发展策略的探讨[J]. 物流技术，2009(9)：25 - 27.
[32] Constance Van Horne, Jean Marc Frayret, Diane Poulin. Knowledge management in the forest products industry: the role of centres of expertise[J]. Computers and Electronics in Agriculture, 2005, 47(3): 167 - 184.
[33] Constance Van Horne, Jean - Marc Frayret, Diane Poulin. Creating value with innovation: From centre of expertise to the forest products industry[J]. Forest Policy and Economics, 2006, 8(7): 751 - 761.
[34] Steve Drolet, Luc LeBel. Forest harvesting entrepreneurs, perception of their business status and its influence on performance evaluation[J]. Forest Policy and Economics, 2010, 12(4): 287 - 298.
[35] 龙勤. 区域林产企业供应链管理与核心竞争力培育[J]. 经济师，2007(6)：256 - 257.
[36] 蒋昌华. 我国林业产业链上利益非均衡性与协调机制探讨[J]. 农村经济，2009(6)92 - 95.
[37] 仲崇文. 人工用材林的产业链化经营[J]. 东北林业大学学报，2008(10)：59 - 62.
[38] 李碧珍. 产业融合：林业产业化转换的路径选择[J]. 林业经济，2007(11)：59 - 62.
[39] Xuefei Yang, Andrew K Skidmore, David R Melick, ect. Mapping non - wood forest product (matsutake mushrooms) using logistic regression and a GIS expert system[J]. Ecological Modelling, 2006, 198(1 - 2): 208 - 218.
[40] P A Gutiérrez, F López - Granados, J M Peöa - Barragán, ect. Logistic regression product - unit neural networks for mapping Ridolfia segetum infestations in sunflower crop using multitemporal remote sensed data[J]. Computers and Electronics in Agriculture, 2008, 64(2): 293 - 306.
[41] 汪应洛，王能民等. 绿色供应链管理的基本原理[J]. 中国工程科学，2003，5(11)：82 - 87.
[42] 张智光. 江苏省林业产业结构调整的战略体系研究[J]. 林业科学，2004，40(5)：197 - 204.
[43] 张智光，竺杏月. 森林资源—环境—经济复合大系统可持续发展优化模型及其应用[J]. 中国人口、资源与环境，2006，16(6)：85 - 89.
[44] 张智光. 林业管理的新动态：林业绿色供应链[J]. 林业经济，2008(12)：57 - 62.
[45] 张智光. 林纸一体化绿色供应链系统的结构与特性分析[J]. 南京林业大学学报，2009(4)：69 - 75.

我国工业原料类经济林产品需求预测及方法研究——以乌桕为例

吴成亮[1,2]　李小勇[1]　孙长霞[3]

（1. 北京林业大学经济管理学院
2. 北京林业大学社会林业研究中心　3. 天津农学院农业分析实验室）

摘　要：经济林是我国森林资源的重要组成部分。本文从预测的角度出发，选取了1994年到2008年乌桕经济林产品的需求数据，用灰色预测法、弹性系数法和多项式曲线模型等的方法进行了建模分析。并通过对预测误差进行比较分析，选取出较为合适的方法对“十二五”期间乌桕的需求进行了预测。在此基础上，提出了针对性的建议。

关键词：经济林产品；工业原料；需求；预测

Forecast of Demand of Economic Forest Product for Industrial Matertial and Study on Forecast Methods——Take Chinese Tallow as an Example

Wu Chengliang[1 2]　Li Xiaoyong[1]　Sun Changxia[3]

(1. Economics and Management college of Beijing Forestry University; 2. Community Forestry Research Center of Beijing Forestry University; 3. aboratory of Agricultural Analysis of Tianjin Agricultural University)

Abstract: Economic Forest is an important component of forest resources. In this article, demands of Chinese tallow are analyzed by the different methods such as gray prediction method, elastic coefficient method and the polynomial curve model from the perspective of prediction. Forecast errors are compared to find the reasonable forecast method. On the basis, the demand of Chinese tallow is forecasted in the duration of Twelfth Five - Year Plan Period. In the end, the counter measurements are proposed to improve the management.

Key words: economic forest product; industrial matertial; demand; forecast

1　引言

工业原料类经济林是森林资源的重要组成部分[1,2]。随着林业可持续发展的开展和林业分类经营改革的实施，我国工业原料类经济林占我国森林面积的比重越来越大，市场供给和市场需求日益旺盛，这极大地丰富了人们的物质生活，为林业产业向纵深发展奠定了雄厚的基础。发展工业原料类经济林，是我国提高人民生活水平，增加林农收入，安排林区富余劳动力的重要途径，同时也是实现以林养林、以山养山、自我发展、自我富裕林业发展战略的有效手段[1-3]。

但是，我国对于工业原料类经济林产品市场的研究尚不成熟，发展状况存在许多亟待解决的问题，

项目来源：国家自然科学基金项目（编号：70803005）、北京林业大学人文社科振兴计划（编号：BLRW200923）、北京林业大学人文社科振兴计划（编号：RW2010-6）、北京林业大学人文社科振兴计划（编号：RW2010-17）。

市场的波动性很强，极大地挫伤了生产积极性。因此，对工业原料类经济林产品需求进行预测，能较准确地把握其市场需求状况、未来趋势和市场前景，这为适应市场经济需要、增强决策科学性、合理配置森林资源、优化产品结构、保护生产者特别是林农的经济利益、提高经济林产品在国际市场上的竞争能力都很有帮助[4-5]。

2 主要预测方法和精度评估指标

2.1 主要预测方法

2.1.1 灰色预测法

灰色预测是就灰色系统所做的预测。所谓灰色系统是介于白色系统和黑箱系统之间的过渡系统。灰色预测通过鉴别系统因素之间发展趋势的相异程度，即进行关联分析，并对原始数据进行生成处理来寻找系统变动的规律，生成有较强规律性的数据序列，然后建立相应的微分方程模型，从而预测事物未来发展趋势的状况。其用等时距观测到的反应预测对象特征的一系列数量值构造灰色预测模型，预测未来某一时刻的特征量，或达到某一特征量的时间[6]。具体形式如下：

$$\hat{x}^{(1)}(k+1) = (x^{(0)}(1) - \frac{b}{a})e^{-ak} + \frac{b}{a} \tag{1}$$

式中：$\hat{X}^{(i)}(k+1)$ 为预测结果；

$X^{(0)}(i)$ 为原始时间序列；

a 为发展灰数；

b 为内生控制灰数；

$k = 0,1,2,3,\cdots,n$，表示时间。

2.1.2 弹性系数法

《中国可持续发展林业战略研究·战略卷》(中国林业出版社，2003)中对我国主要林产品需求进行了预测，采用的预测方法即为弹性系数法。弹性系数是根据基期的需求量加以调增经济发展速度因素来进行需求预测。具体公式如下：

$$Q_t = Q_0 \times r_t \times E_t \tag{2}$$

式中：Q_t 为预测期产品需求量；

Q_0 为林产品基期消费量；

t 为时间标号(下同)；

r_t 为预测期经济发展速度；

E_t 为预测期产品弹性系数。

2.1.3 多项式曲线预测模型法

多次预测模型法以时间为解释变量通过回归方程预测随着时间的推移而呈现出比线性变化规律更为复杂的增长或下降的方法[6]。具体公式如下：

$$F_{t+1} = b_0 + b_1 t + b_2 t^2 + \cdots + b_k t^k + \mu \tag{3}$$

式中：F_{t+1} 为预测期的预测值；

b_0 为趋势线在 Y 轴上的截距；

b_i 为系数($i = 1,2,\cdots,k$)；

μ 为随即干扰项。

本文选取二次多项式进行分析。

2.1.4 修正指数曲线预测模型法

指数曲线预测模型法是以指数的形式将时间变量作为解释变量预测长期趋势在每期大体上按照相同速度递增或递减变化的方法[6]。具体公式如下：

$$F_{t+1} = a + bc^t \tag{4}$$

式中：F_{t+1} 为预测期的预测值；

a、b、c 为待定系数。

2.1.5 一次移动平均法

一次移动平均法是计算时间序列的平滑结果，通过这些平滑值就可以描述出时间序列的变化形态或趋势[6]。具体公式如下：

$$F_{t+1} = \frac{Y_{t-(k-1)} + Y_{t-(k-2)} + \cdots + Y_t}{k} \tag{5}$$

式中：F_{t+1} 为预测期的预测值；

k 为移动平均的时期个数；

Y_i 为第 i 期实际值($i = t - k + 1, t - k + 2, \cdots, t$)。

本文选取 3 年移动平均和 5 年移动平均分别进行分析。

2.2 预测精度评估指标

预测精度是指预测误差分布的密集或离散的程度，最常用的指标有误差平均值(ME)、相对误差平均值(MAPE)、误差方差(MSE)和误差标准差(SDE)等，其中误差标准差应用最为广泛[7]。计算公式如下：

$$SDE = \sqrt{\frac{\sum_{t=1}^{n} e_i^2}{n}} = \sqrt{\frac{1}{n}\sum_{t=1}^{n}(y_i - \hat{y}_i)^2} \tag{6}$$

式中：y_i 为某时期的实际值；

$\hat{y}_i$ 为某时期的预测值；

$i = 0, 1, 2, 3, \cdots, n$，表示时间。

3 研究对象和年份选择

(1)研究对象。根据我国的具体工业原料类经济林产品在我国社会经济中所占的重要性，本文选取乌桕作为研究预测对象。

(2)年份选择。综合考虑数据的可获得性、完整性和连续性，本文选取 1994 年到 2008 年份的统计数据作为基础资料。预测期为“十二五”时期，即为 2011 年到 2015 年。

(3)资料来源。本文中采用的数据主要来自于《中国林业统计年鉴》、《中国农村统计年鉴》和《中国海关统计年鉴》等年鉴的统计数据。

4 乌桕的需求预测和分析

4.1 乌桕的需求预测方法分析

通过上文介绍的不同方法对 1994 年到 2008 年我国乌桕需求进行预测，并将预测值与真实值进行比较，结果如下：

表 1 1994～2008 年我国乌桕需求实际值与预测值对比 (单位：万 t)

年份	实际值	灰色预测	弹性系数	3 年移动平均	5 年移动平均	二次多项式	修正指数
1994	0.909	0.909	0.909	—	—	2.922	3.509
1995	3.883	4.088	1.022	—	—	3.090	3.479
1996	4.231	3.949	4.363	—	—	3.227	3.445
1997	4.091	3.815	4.753	3.008	—	3.332	3.407
1998	4.091	3.685	4.597	4.068	—	3.405	3.365
1999	3.540	3.559	4.596	4.138	3.441	3.446	3.318
2000	3.578	3.438	3.977	3.907	3.967	3.455	3.264
2001	2.930	3.321	4.019	3.736	3.906	3.432	3.204

（续）

年份	实际值	灰色预测	弹性系数	3 年移动平均	5 年移动平均	二次多项式	修正指数
2002	3.177	3.208	3.291	3.349	3.646	3.377	3.137
2003	2.761	3.099	3.570	3.228	3.463	3.291	3.062
2004	2.254	2.993	3.102	2.956	3.197	3.172	2.978
2005	3.047	2.892	2.533	2.731	2.940	3.021	2.883
2006	2.712	2.793	3.423	2.687	2.834	2.839	2.777
2007	2.622	2.698	3.047	2.671	2.790	2.624	2.658
2008	3.186	2.606	2.946	2.794	2.679	2.378	2.525

对上表的数据再用误差标准差指标对每种方法的精度进行计算和比较，结果如下表所示：

表 2　不同方法预测值的误差标准差及平均值

灰色预测	弹性系数	3 年移动平均	5 年移动平均	二次多项式	修正指数法
0.35	1.00	0.54	0.48	0.59	0.45

由上表数据可以看出，6 种方法的预测精度从大到小分别是：灰色预测法、指数修正法、5 年移动平均法、3 年移动平均法、二次多项式和弹性系数。精度最高的是灰色预测法和修正指数法。因此，建议将这两种方法作为乌桕的预测方法。

4.2 "十二五"期间乌桕的需求预测

运用灰色预测法和修正指数法对 2011 年到 2015 年我国乌桕的需求进行预测，结果如下：

表 3　2011～2015 年我国乌桕需求预测值

（单位：万 t）

方法	2011 年	2012 年	2013 年	2014 年	2015 年
灰色预测法	2.269	2.192	2.117	2.045	1.975
修正指数法	2.019	1.808	1.571	1.305	1.007

从上面表中可以看出，从 1997 年开始，经历了几次比较大的需求减少段，从整个过程来分析，乌桕的总体需求量从 1994 年的总需求 0.91 万 t 增长到 1995 年的 3.88 万 t，但是从 1995 年开始，整个乌桕需求始终处于发展落后状况，2008 年相比 1995 年下降了 17.96%。2015 年乌桕需求为 1.007 万～1.975 万 t 之间。2011 年到 2015 年期间逐年的增长率为 -3.4% 到 -10% 之间。

5 结论和对策建议

（1）"十二五"期间乌桕的需求下降，应注重提升品质和深加工。从上文的分析可以看出，最近十多年来，乌桕的需求量一直呈下降趋势。根据灰色预测法和修正指数法进行的预测可以看出，"十二五"期间乌桕的需求逐年下降，其市场需求量已经开始出现饱和。因此在生产上不宜再进行大范围扩张，应加大低档棕片园的改造或尝试改种其他品种的棕片果园。根据市场需求变化，调整优化生产布局，调整品种结构和产业结构。

（2）灰色预测法精度较高，应推广使用。从上面各种方法预测结果的对比分析可以看出，灰色预测法精度较高。而且，此方法对数据要求不高，仅需需求量时间序列数据，而不用像弹性系数法还需要其他数据如经济增长变化等。因此，建议将灰色预测法作为推荐方法在林产品的预测中广泛使用，以为我国林业发展服务。

（3）建立独立、完整的经济林数据系统。随着经济林产品市场的不断发展和完善，经济林产品在推动我国林业经济发展方面愈加发挥着不可替代的作用。但是，独立、完整的经济林产品的数据统计系统却没有完成，缺乏可靠数据的集成。这不但加大了数据搜集的难度，也增加了分析研究的不准确性。因此，建议建立独立、完整的经济林界定和分类指标体系，在此基础上结合可靠统计年鉴对数据开展集成工作，进行数据的搜集和整理，并结合现代计算机技术和处理手段，建立经济林相关联量的数据库。这样既有利于保证经济林数据的连续性和完整性，也能保证数据的权威性和有效性。

参考文献

[1]黄正秋. 我国经济林产业化的战略与对策[J]. 中国林业，2002，(12)：1-3
[2]彭方仁. 经济林栽培与利用[M]. 北京. 中国林业出版社. 2007
[3]邓德胜. 我国经济林产品发展现状与绿色营销环境分析[J]. 中国流通经济，2004，(10)：52-55
[4]邹大林，靳爱仙. 我国主要经济林产品供求分析[J]. 北京林业大学学报(社会科学版)，2005，(2)：61-65
[5]靳爱仙，黄正秋，王新凯. 全国主要经济林产品市场分析与预测[J]. 林业经济，2003，(8)：40-45
[6]徐国祥，胡清友. 统计预测与决策[M]. 上海：上海财经大学出版社. 2004
[7]吴清海. 经济预测精度的评估[J]. 化工技术经济，1998，(1)

中国林业全要素生产率增长及其收敛性分析

薛彩霞　姚顺波

（西北农林科技大学经济管理学院）

摘　要：运用1999～2008年的样本数据，采用非参数Malmquist指数方法测算了我国林业全要素生产率(TFP)，并将其分解为技术效率和技术进步。结果表明：1999～2008年间中国林业TFP增长整体呈略微下降态势，林业增长的要素推动作用相当明显；在TFP的变化中，技术进步的增长作用明显，但技术效率的下降抑制了TFP的增长；在空间分布上，地区间和地区内部林业TFP增长率及其构成存在差异；但收敛检验表明，各省区的TFP增长呈现出收敛趋势。

关键词：林业；全要素生产率；Malmquist指数；收敛

The total factor productivity growth and convergence analysis for China's forestry

Xue Caixia, Yao Shunbo

(College of Economic Management, Northwest A&F University)

Abstact: The article adopts the approach of non－parameter Malmquist index to caculate the total factor productivity (TFP) of China's foresty, and classifiers it into two catagories: technical efficiency and technological progress. The empirical results shows that, in 1999－2008, TFP in China's forestry is a little declining, and the role of factor inputs for forestry growth is very obvious; In the TFP change, the growth effect of technological progress is obvious, but the technical efficiency takes negative effect; In the spatial distribution, the TFP growth shows obvious difference among the three areas－the east, middle, and west, however, in the convergence test, the convergence trend of TFPgrowth is shown.

Key words: foresry; total factor productivity; Malmquist index; convergence

1　引言

林业是国民经济的基础产业，对促进我国经济发展，扩大就业和实现农村致富，保障生态安全，发挥着重要作用(冯达等，2010)，林业经济的发展水平在很大程度上影响着整个国民经济的发展水平。1998年长江、嫩江、松花江流域特大洪灾后，中央提出"封山植树，退耕还林"等32字治水方针和四川、陕西、甘肃三省禁发天然林为标志，中国林业进入了由以木材生产为主向以生态建设为主转变的新的历

作者简介：薛彩霞，西北农林科技大学博士研究生，讲师。主要研究方向：林业经济理论与政策。电话：15929924680，Email：xiaoxueacc@126.com，地址：陕西杨凌邰城路3号经管学院(712100)

通讯作者：姚顺波，教授，博士生导师。主要研究方向：林业经济理论与政策。电话：029－87081291，Email：yaoshunbo@163.com. 地址：陕西杨凌邰城路3号经管学院(712100)

史时期。但1999年以来，我国林业总产值从3188亿元增加到2008年的14 406亿元，剔除价格因素后，增长4.17倍，年均增长率为17.19%；与此同时，中国林业三次产业比重从1999年的70.0 : 26.2 : 3.8调整到了2008年的44.1 : 47.5 : 8.4，结构趋向合理化。经济增长通常可以通过要素投入扩张和要素效率提高这两种不同的要素配置方式获得，全要素生产率(TFP)是分析经济增长源泉的重要工具，它通过分析各投入要素的结构效率，有助于识别经济增长类型和确定经济增长的持续性(曹跃群等，2010)。因此，探索我国林业经济增长的内在机制，把握全要素生产率波动的规律及其结构因素，检验其在区域之间是否趋同，对于促进我国林业又好又快的发展，具有重要的实践价值和理论意义。

纵观已有文献，国内外学者运用不同模型、采用不同层面的数据对中国的全要素生产率进行了测算以及收敛性分析，主要集中于宏观经济总体和产业两个层面，Massimo Caruso(2002)、Pun - Lee 和 Alice Shiu(2004)、彭国华(2005)、郭庆旺等(2005)都对中国宏观经济全要素生产率进行了测算；在产业层面上的研究主要围绕第二产业与第三产业方面展开，如戎刚(2005)等采用C - D生产函数估算了我国第二产业的全要素生产率，朱钟棣等(2005)运用面板数据对中国制造业34个分行业的全要素生产率进行了估算，曹跃群等(2010)采用非参数Malmquist指数方法测算了我国第三产业全要素生产率并进行了收敛性分析，刘兴凯等(2010)采用同样的方法测算了中国服务业TFP变动情况并进行了收敛性分析。上述研究由于数据选取、估算方法、研究内容等的不同，因而测算结果存在差异，即便对于区域经济增长收敛性这一问题也颇有争议。韩晓燕等(2006)、赵蕾等(2007)、李谷成等(2010)对我国农业全要素生产率的增长及其收敛性进行了研究。但是有关林业全要素生产率增长及其收敛性进行分析的相关文献还很少，因此相关研究的开展显得非常必要。

本文首先基于1999~2008年中国31个省区的林业面板数据，利用非参数Malmquist指数方法对中国林业全要素生产率进行了测算；接着，在此基础上探索了林业TFP变化的趋势及其成因；最后，对我国林业全要素生产率进行了σ收敛和绝对β收敛检验。

2 方法与数据

2.1 方法

全要素生产率的测算方法主要包括增长核算和非参数方法两大类，增长核算是一种参数方法，它借助于经济计量学的相关理论，假设生产单位的投入产出关系可以使用一定的生产函数来描述，根据给定的投入产出观测数据，在满足某些假定条件下，利用回归分析确定表达式中的参数，进而测算该生产单位的生产率(金剑，2007)；非参数方法是基于指数理论线性规划等非参数理论而建立起来的，不同于参数方法的是，非参数方法不用设定具体的生产函数，也不需要引入较强的行为假设，因此非参数方法避免了由于函数形式的不同设定而可能导致检验结果出现偏差的问题。本文使用的是由Fare等(1994)拓展的基于数据包络分析(DEA)的Malmquist指数的非参数方法，该方法不仅可以测算TFP的逐年动态变化，还可以将这种变化分解为效率变化与技术进步率两部分，提供更全面的信息，因此使用较为广泛。

Malmquist指数最早是由Malmquist(1953)作为一种消费指数而提出，后来被Caves等(1982)、Fare等(1994)应用到生产率研究。Malmquist指数的实质是通过两个不同时刻距离函数的比值来刻画生产率的变化，而距离函数的求解则需要借助于DEA的数学线性规划模型，DEA是一种非参数前沿效率分析技术，包括产出导向和投入导向两种，其基本逻辑是利用投入产出观测数据构造出最佳生产前沿面，然后计算每一个决策单元在两个时期分别相对于最佳生产前沿面的距离，并以此定义相对效率的变化。Fare等(1994)给出的以产出为导向的Malmquist生产率指数为：

$$M_0(x^{t+1},y^{t+1},x^t,y^t)=\left[\left(\frac{D_0^t(x^{t+1},y^{t+1})}{D_0^t(x^t,y^t)}\right)\left(\frac{D_0^{t+1}(x^{t+1},y^{t+1})}{D_0^{t+1}(x^t,y^t)}\right)\right]^{1/2} \tag{1}$$

(1)式刻画了从t到$t+1$时刻的生产率变化，为了避免前沿技术参照系选择时的随意性，Fare等使用了以产出距离函数构造的两个Malmquist指数的几何平均。其中，$D_0^t(x^t,y^t)$，$D_0^t(x^{t+1},y^{t+1})$分别为以t时刻的前沿生产技术为参考的t和$t+1$时刻的产出距离函数，而$D_0^{t+1}(x^t,y^t)$，$D_0^{t+1}(x^{t+1},y^{t+1})$则分别为以$t+1$时刻的前沿生产技术为参考的$t$和$t+1$时刻的产出距离函数。每一时刻$t$($t=1,\cdots,T$)的产出距离函数刻画的是在给定要素投入向量 $x^t(x^t \in R_+^N)$ 的情况下，能够获得的可以使产出 $y^t(y^t \in R_+^M)$ 最大的扩展比例，可以用公式表示为：

$$D_0^t(x^t, y^t) = \inf\{\theta:(x^t, y^t/\theta \in S^t)\} = (\sup\{\theta:(x^t, \theta y^t) \in S^t\})^{-1} \tag{2}$$

其中，θ 为标量，$1/\theta$ 表示技术效率；S^t 为所有可行的投入产出向量的集合，而其中每一个给定投入下的最大产出子集就是生产技术的前沿。(2)式完全刻画了技术，$D_0^t(x^t, y^t) \leqslant 1$ 当且仅当 $(x^t, y^t) \in S^t$，$D_0^t(x^t, y^t) = 1$ 当且仅当 (x^t, y^t) 为技术前沿边界，根据 Farell(1957)，这种情况意味着生产是最有效率的，在给定投入的情况下实现了最大产出。

对于(1)式中的四个距离函数可以借助于非参数规划的数据包络分析技术进行求解。假定有 $k = 1, 2, \cdots, K$ 个决策单元，在每个时刻 $t = 1, 2, \cdots, T$ 使用 $n = 1, 2, \cdots, N$ 种投入 $x_n^{k,t}$ 生产 $m = 1, 2, \cdots, M$ 种产出 $y_m^{k,t}$，在每个投入产出的观测值为正并且每个时刻的观测值数量保持不变的前提下，t 时刻的参考或边界技术通过数据可以构建为：

$$S^t = \left\{(x^t, y^t): y_m^t \leqslant \sum_{k=1}^{K} z^{k,t} y_m^{k,t}; x_n^t \geqslant \sum_{k=1}^{K} z^{k,t} x_n^{k,t}; z^{k,t} \geqslant 0\right\} \tag{3}$$

其中，$z^{k,t}$ 表示第 k 个样本观测值的权重，这个生产技术具有规模报酬不变和要素自由处置的性质，因为技术效率是距离函数的倒数(*Farrell*，1957)，所以，技术效率就转化为了距离函数倒数的解。对于第 $k' = 1, 2, \cdots, K$ 个决策单位，$D_0^t(x^{k',t}, y^{k',t})$ 的倒数可以通过下面的线性规划模型求解：

$$(D_0^t(x^{k'',t}, y^{k',t}))^{-1} = \max\theta^{k'} \tag{4}$$

$$s.t.\ \theta^{k'} y_m^{k',t} \leqslant \sum_{k=1}^{K} z^{k,t} y_m^{k,t}$$

$$x_n^{k',t} \geqslant \sum_{k=1}^{K} z^{k,t} x_n^{k,t}$$

$$z^{k,t} \geqslant 0$$

(1)式中的其他几个混合距离函数可以同理构造求解，这样使用线性规划模型，就可以求解出(1)式中的全要素生产率变化指数。

对于 Malmquist 指数的分解，可以通过对(1)式的变换得到，Fare 等将(1)式变换为：

$$M_0(x^{t+1}, y^{t+1}, x^t, y^t) = \frac{D_0^{t+1}(x^{t+1}, y^{t+1})}{D_0^t(x^t, y^t)} \times \left[\left(\frac{D_0^t(x^{t+1}, y^{t+1})}{D_0^{t+1}(x^{t+1}, y^{t+1})}\right)\left(\frac{D_0^t(x^t, y^t)}{D_0^{t+1}(x^t, y^t)}\right)\right]^{1/2} \tag{5}$$

在(5)式中，Malmquist 指数被分解为两部分，分别刻画了生产率变化中的相对技术效率变化(EC)和技术进步的变化(TC)。EC 是规模报酬不变且要素自由处置条件下的相对效率变化指数，该指数刻画了 t 到 $t+1$ 时刻每个决策单位到最佳实践边界的追赶，即被观测的生产距离最大的潜在生产有多远。TC 是技术进步指数，它刻画了从 t 到 $t+1$ 时刻技术边界的移动。(5)式是对应规模报酬不变的生产前沿给出的，当对应规模报酬可变生产前沿时，(5)式中的技术效率变化还可以进一步分解为纯技术效率变化和规模效率变化。当然进一步分解之后的各个距离函数依然可以使用上面的线性规划模型求解。

2.2 数据

本文的实证分析基于 1999～2008 年省级林业面板数据，包括中国大陆的 31 个省区，数据来源于《中国林业统计年鉴(1998～2008)》，价格指数来源于《中国统计年鉴(1998～2008)》。《中国林业统计年鉴(2001)》缺少西藏的相关数据，本文使用线性插值法补齐该年数据，《中国统计年鉴》缺少西藏 1999～2008 年、广东 1999～2000 年、海南 2000 年的固定资产投资价格指数，均用全国的固定资产投资价格指数来替代。TFP 测算主要涉及到四个数据变量：林业产出、林业资本投入、劳动投入、土地投入，这四个变量的指标选择与处理方法如下：

(1)林业产出：该变量以各省区林业总产值指标衡量，为保证可比性，所有数据都均照商品零售价格指数换算为 1998 年的不变价格。

(2)劳动力投入。劳动是劳动力在生产过程中提供的体力和智力的综合，严格意义上的劳动力投入指标应该同时反映劳动投入的数量和质量。由于国内尚未有林业系统从业人员受教育程度的数据，故本文只能考虑劳动力投入的数量。用林业系统从业人员年末人数作为劳动要素投入指标。

(3)资本投入。林业资本投入用林业资本存量来衡量，选取林业各省区固定资产投资完成额作为资本要素投入指标，并用各地当年的固定资产投资价格指数进行平减，换算为1998年的不变价格。

(4)土地投入。该变量用当年造林面积指标来衡量，但仅包括人工造林和飞播造林两部分，不包括无林地和疏林地新封。

3 实证结果与分析

3.1 变量统计描述

在对我国林业全要素生产率进行测算以前，本文先对第二部分选取的投入、产出变量作描述性分析，见表1。由表1可知，在三个投入经济变量中，造林面积的波动幅度最大，资本投入的波动幅度次之，劳动投入的波动幅度最小。造林面积波动最大，主要是由于我国退耕还林等林业重点工程进入“十五”规划全面实施阶段，在国家投资和重点工程的支持下，我国造林面积在短期内得到了巨大的增加。资本投入的波动幅度较大，是因为1998年之后中央政府加大了对林业的扶持以及2006年启动的林权改革调动了社会对林业投资的积极性而引起的。劳动力投入波动最小，是因为20世纪90年代中期开始推广的国有森工企业实行股份制改革到90年代末已基本结束，因森工企业兼并重组甚至破产清算、采取买断工龄等方式减少人员也已完成，与时代特征有关(冯达等，2010)。因此，我国林业要素的投入乃至林业的发展与外部经济环境、我国的产业政策有密切关系。

表1 林业经济投入、产出变量的统计描述

	均值	中位数	最大值	最小值	标准差
林业总产值(万元)	2 400 264	1 488 578	13 322 182	14 499	2 643 329
资本(万元)	113 035	74 152	1 566 066	912	138 587
从业人数(人)	50 847	30 493	548 619	156	74 484
造林面积(hm^2)	161 174	108 220	907 398	1 117	170 637

3.2 TFP变化率及其分解

根据前面的测算原理和选取的变量，我们计算了1999~2008年间中国各省林业经济TFP变化的Malquist生产率指数。本文使用的是省级面板数据，在DEAP2.1软件下对各省的计算结果进行汇总平均后，即可得到我国林业经济全要素生产率的总体变化情况。

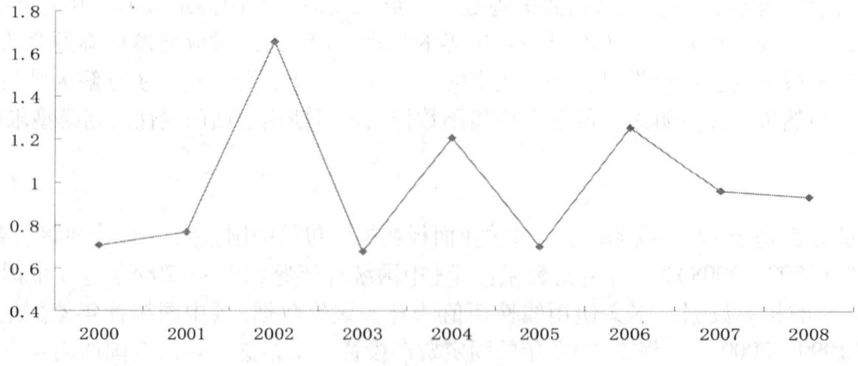

图1 我国林业TFP变化趋势图

图1描述了1999~2008年间我国林业全要素生产率的变化趋势。从整体上看，我国林业经济全要素生产率在波动之中逐渐趋于平稳。1999~2008年我国林业TFP平均增长率为-6%，其中技术进步率为15.4%，但技术效率的变化为-18.5%，显然，技术进步对林业TFP的增长做出了一定的贡献，技术效率制约着林业TFP的增长，较低的效率状况使得我国林业发展中没有充分挖掘出现有资源和技术的潜力，因此利用效率的改善对提高林业增长还有较大的余地。同时也说明，近10年来中国林业经济增长主

要依靠大量的要素投入，依赖的是一种粗放式的经济增长方式。还有一个可能的解释是，林业是一个正外部性较强的产业，林业要素投入中以国家为主的部分大多用于林业六大重点工程和基础设施建设，这些投入多转化为林业生态效益和资源储备，并没有计入林业经济产值核算(冯达等，2010)。

我国林业经济增长方式长期处于粗放型状态，其根本原因是我国林业经济增长缺乏能够反映生产力发展的内在要求、并能推动林业生产力迅速发展的林业经济发展体制或林业管理制度，只有建立合理的林业经济发展体制才能形成林业资本积累、林业工作者素质提高、林业技术进步的良性循环，提高林业投入要素的利用率和质量、从根源上解决林业经济增长的粗放式状态(韩杏容等，2006)。集体林权改革试点省份之一的福建，其TFP的变化趋势(见图2)似乎印证了这一点。2003年开始试点实施的集体林权改革，被赋予再一次解放农村生产力进而促进农村的巨大改革预期(贾治邦，2006；2007)。

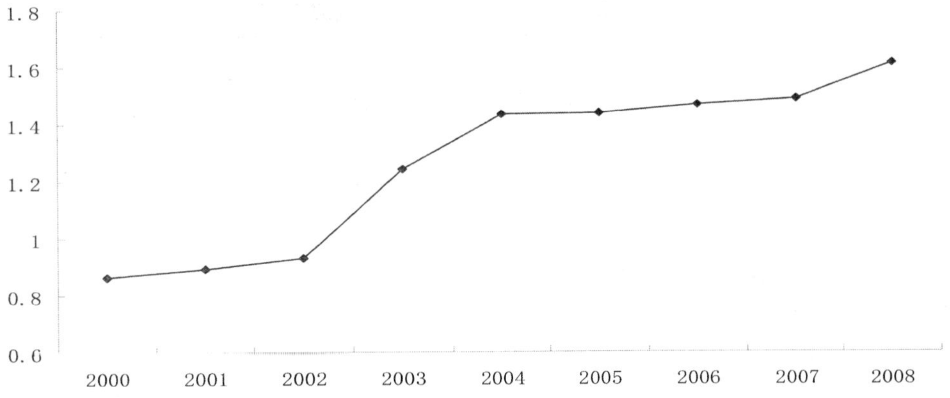

图2 福建省林业TFP变化趋势图

3.3 全要素生产率的区域差异分析

为了进一步探索全要素生产率变化的内在规律性，需要对省级与区域TFP的变化进行测算，表2提供了分地区全要素生产率的测算及其分解结果。

表2 分地区TFP变化率及其分解

	effch	techch	Tfpch		effch	techch	tfpch
北京	0.504	1.112	0.561	湖北	0.459	1.170	0.537
天津	1.053	1.324	1.395	湖南	1.136	1.210	1.374
河北	1.071	1.023	1.096	广东	0.970	1.145	1.111
山西	1.119	1.199	1.341	广西	1.142	1.193	1.362
内蒙古	0.386	1.099	0.424	海南	0.606	1.185	0.717
辽宁	0.997	1.195	1.192	重庆	0.440	1.196	0.526
吉林	0.649	1.100	0.714	四川	0.875	1.074	0.939
黑龙江	0.938	1.024	0.960	贵州	0.715	1.129	0.807
上海	1.000	1.256	1.256	云南	0.871	1.124	0.978
江苏	1.146	1.271	1.457	西藏	1.231	1.078	1.327
浙江	0.652	1.086	0.708	陕西	0.400	1.136	0.455
安徽	0.821	1.227	1.007	甘肃	0.928	1.109	1.030
福建	1.115	1.132	1.262	青海	0.848	1.283	1.089
江西	1.044	1.093	1.141	宁夏	0.975	1.108	1.080
山东	1.134	1.192	1.352	新疆	0.473	1.265	0.599
河南	0.966	1.107	1.070	平均值	0.815	1.154	0.940

注：effch——技术效率 techch——技术进步率 tfpch——TFP变化率

由表2可以得出，全国31个省市区中，有18个省市区的TFP变化率大于1，技术进步率都大于1。这表明，1999年以来我国林业在实现生态效益增长的同时，林业产业也有了较大的发展。从各地区情况来看，各省区 TFP 增长差异较大，TFP 增长最快的省份依次是：江苏、天津、湖南、广西、山东，都高达 35% 以上，这些省份的技术效率也都大于 1，且在 14% 以上；TFP 变化率小于 1 的 13 个省市区中有 7 个集中在西部地区。其中增长最慢的依次是内蒙古、陕西、重庆、湖北、北京，这些省份 TFP 变化率仅为 40% ~60%，这些省份的技术效率都小于 1。通过对 TFP 变动进行分解，发现全要素生产率的进步不能仅仅依靠技术进步，只有技术进步和技术效率相互协调、共同增长才能带来全要素生产率整体的进步。我国林业经济增长不能被简单地认为是技术问题，只有在促进技术进步的同时优化资源配置，才能促进林业经济健康快速的发展。

为了分析我国林业经济的区际差异，本文计算了东、中、西部三大地区的第三产业全要素生产率变动率及其分解值(见表 3)。

表 3　东、中、西部地区林业 TFP 变化率及其分解

	技术效率	技术进步率	TFP 变化率
东部	0.932	1.175	1.101
中部	0.892	1.141	1.018
西部	0.774	1.150	0.885

总体来看，在整个考察期内，三大区域之间 TFP 增长差异性很大，东部地区的 TFP 平均增长最高，中部地区次之，西部地区最低。就东部地区来看，1999 ~2008 年林业 TFP 增长 10.1%，远远领先于中部和西部地区，技术进步率 17.5%，技术效率尽管小于 1 但也高于中部和西部地区。结合表 3 数据可以发现，东部 11 个省中，有 8 个省的 TFP 增长大于 1，有 6 个省的技术效率的变化大于 1，说明东部地区在促进技术进步的同时也基本兼顾到了技术效率的提高，但是，东部地区林业经济增长处于非均衡状态，区域内差异显著。就中部地区而言，TFP 增长率为 1.8%，技术进步增长 14.1%，技术效率增长 -22.6%，说明技术进步是中部地区林业经济增长的主要动力，但是技术效率抑制了林业的发展。就西部地区来看，TFP 增长为 -11.5%，在三大地区处于落后水平；技术进步增长 15%，略高于中部地区；技术效率增长为 -22.6%，也处于落后水平；2008 年西部林业总产值 2271 亿元，占全国的 15.75%，虽然与东、中部相比尚有一定差距；但是西部地区林业总产值占地区生产总值的比例从 1999 年的 1.84% 上升到了 2008 年的 4.72%，同期全国的比例从 3.55% 上升为 4.79%，这说明在大开发的浪潮中，西部地区林业取得了较大的发展。

通过以上分析可知，无论是东部、中部和西部地区之间还是地区内部，我国林业经济全要素生产率均存在显著差异，但东部、中部和西部的技术进步率都为增长型，技术效率的变化都为负增长，说明 TFP 的增长均以技术进步为动力，而技术效率制约着我国林业经济的发展。对比分析发现，三大地区林业 TFP 变化率和技术效率从东到西依次递减，但技术进步率却按东部、西部和中部顺序递减。本文给出的解释是：一是东部地区的林业发展水平高于中西部，是“看不见的手”调节的结果(李红勋等，2003)，而中西部一方面长期受计划经济的影响，市场发育程度较低，市场不完善；另一方面与东部地区相比，中西部地区在经济水平、科技水平、观念、人力资源等方面处于劣势；二是中西部部分森林资源大省(如内蒙古、黑龙江)由于地理位置或生态保护的原因，森林资源并未用于发展林业产业。西部的技术进步率比中部稍高的原因可能在于西部大开发中，国家在政策上鼓励西部自主研发以及促进东部技术向中西部传播的结果。

4　全要素生产率收敛性检验

为了进一步探究地区服务业 TFP 增长差距的变化趋势，我们进行收敛性检验。根据 Barro 等(1991)，收敛包括 σ 收敛和 β 收敛检验，β 收敛又包括绝对 β 收敛和相对 β 收敛两种情况。σ 收敛指经济体人均收入或产出的离散程度随着时间逐渐降低，β 收敛指贫穷的经济体比富裕的经济体增长快，如果每个经济体的人均收入或产出能达到完全相同的稳态水平，那就是绝对 β 收敛，而如果每个经济体朝着各自不同的稳态水平趋近则是条件 β 收敛。这里我们仅进行 σ 收敛和绝对 β 收敛。

借鉴唐跃群等(2010)的研究经验，本文使用变异系数和标准差来检验我国林业经济全要素生产率是否存在σ收敛。其中，变异系数 = $\delta/\overline{TFP}$，δ为全要素生产率的标准差，$\overline{TFP}$ 为平均值。根据上文的测算结果，我们计算了1999～2008年我国林业经济TFP的变异系数和标准差(见图3)。

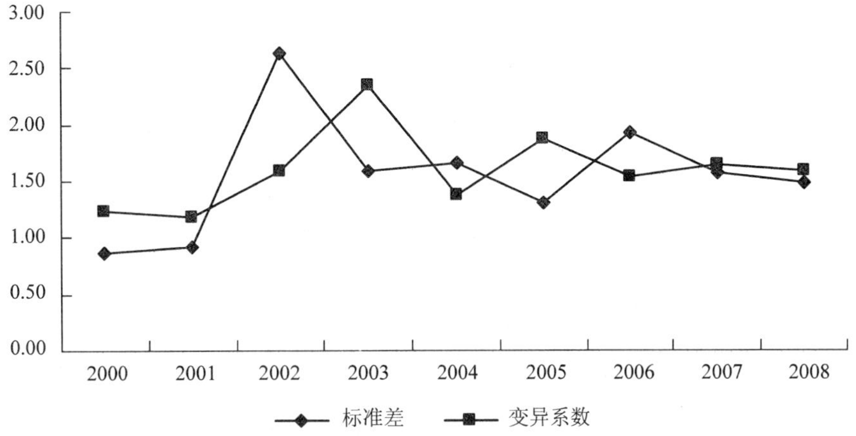

图3 林业TFP变异系数、标准差及其趋势图

从图3可以看出：无论是标准差还是变异系数，我国林业经济全要素生产率的差距是在波动之中逐渐趋于平稳的，具体来说，2000～2002(2003)年有所上升，表现出一定的发散性，但2003(2004)年之后趋于平稳，说明地区间差距相对稳定。鉴于整个考察期区间标准差和变异系数变动幅度较大，且下降趋势不明确，我们进行量化程度较高的绝对β收敛检验。

根据Barnard(1996)，我们将 *TFP* 增长的绝对β收敛模型设定为：

$$(InTFP_{i,T} - InTFP_{i,0})/T = \alpha + \beta InTFP_{i,0} + \varepsilon \tag{6}$$

其中，*i* 代表地区，*T* 代表期末，本文为2008年，0代表起初，本文为2000年，除以 *T* 是换算为每年的平均发展速度的对数，有时也需要考察收敛速度λ，以反映收敛达到趋同状态所需要的时间和速度，计算公式为：

$$\beta = -\frac{(1 - e^{-\lambda T})}{T} \tag{7}$$

T 是考察期内期末和期初相隔的期数，本文为9，回归结果见表4：

表4 全国及三大区域的绝对β收敛检验

	β	R^2	调整 R^2	F	p	λ
全国	-0.1129*** (-5.8882)	0.5445	0.5288	34.6718	0.0000	0.0779
东部	-0.1376* (-2.2053)	0.3509	0.2787	4.8635	0.0549	0.0896
中部	-0.1037*** (-6.1378)	0.8626	0.8397	37.6733	0.0009	0.0732
西部	-0.0607 (-1.6696)	0.2180	0.1398	2.7876	0.1250	0.0484

注：***、**、*分别表示估计值在1%、5%和10%的水平下通过显著性检验。

从回归结果看，在全国范围内，β系数显著为负，说明存在绝对β收敛，TFP增长与初始水平存在显著的负相关关系，意味着落后地区全要素生产率将增长更快，从而趋于收敛，且收敛速度为7.79%，从长期来看，经济体系中所有的经济都收敛于共同的稳态，并具有相同的全要素生产率。在三大区域中，东部和中部的β系数为负且分别在10%和1%的水平下显著，说明东部和中部地区存在“俱乐部收敛”，且东部的收敛速度要高于中部的收敛速度；而西部地区的β系数尽管为负但不显著，说明“俱乐部收敛”西部地区并没有出现。

5 结论与政策性启示

本文基于数据包络分析的非参数 Malmquist 指数方法，估算并分析了 1999 年以来中国林业全要素生产率的增长及其特征，在此基础上对林业 TFP 增长进行了收敛性检验。通过分析，本文得出以下结论：1999 年以来中国林业经济增长仍然属于投入拉动型增长，高增长是以高投入为代价的；考察 TFP 构成发现，我国林业 TFP 增长主要来自技术进步的贡献，技术效率的下降抑制了 TFP 的增长；林业 TFP 增长在空间分布上存在明显的区域差异性，按照三大区域的划分，东部地区 TFP 增长最高，中部地区次之，西部地区最低且小于 1；收敛性检验表明，全国范围内，东部地区和中部地区各省区 TFP 增长差距存在收敛趋势，但西部地区没有 β 收敛。

从政策层面而言，本文研究结果的启示在于：首先，为了实现林业经济的长期持续性增长，推进其增长模式由粗放型向集约型转变的进程仍是首要的政策选择，这种选择的关键在于由要素投入的过分依赖转换为生产率的持续提高。其次，应该继续推进林权改革的深化，林业经济 TFP 增长与中国政策性改进存在密切的关系，虽然一次剧烈的政策性改进可以驱动短期生产率水平，但是并不会长期影响生产率的增长速度(郑京海，2008)，而深化林权改革所推动的技术进步和效率改善，都将是中国林业 TFP 增长的重要源泉。最后，中国有选择的区域优先发展战略背景下的林业 TFP 增长区域差异是林业经济地区差距的原因之一，西部地区自然条件相对较差，社会经济欠发达，林业多以生态防护功能为主，为此应加大政府对西部地区第三产业的投资和基础设施建设以及公共政策扶持力度。实际上收敛性检验表明，缩小各地区林业 TFP 增长差距进而促进区域协调发展的长期效果是完全可以实现的。

本文没有对林业 TFP 增长及其收敛性的影响因素作专门深入的讨论，本文的分析也没有涉及林业内部细分行业，林业内部的各产业具有较大的异质性，而且内部结构也在不断发生变化。因此，细分行业层面的分析对于更加准确地把握林业 TFP 增长的特点将是一个非常有意义和有价值的研究方向，这些将是本文后续研究的重要内容。

参考文献

[1]Massimo Caruso. Procyclical Productivity and OutputGrowth in China: An Econometric Analysis [J]. Open economiesreview, 2002(13): 251 -274.

[2]Pun - lee Lam. Alice shiu . Efficiency and Producitivity of China's Thermal Power Generation[J]. Review of Industrial Organization, 2004(24): 73 -93.

[3]Fare, R. , Grosskopf, S , Norris , M. , Zhang , Z. Y. , Productivity g rowth , technical progress , and efficiency change in industrialized countries [J] , American Economic Review , 1994 , 84 (1); 66 ~ 831

[4]Farrell , M. J. , The measurement of productive eff iciency [J] , Journal of the Royal Statistical Society, Series A , 1957, 120 (III) : 253 ~ 281

[5]Bernard A. , C. Jones, Comparing Apples to Oranges : Product ivity Convergence and Measurement across Industries and Countries [J] , American Economic Review , 1996 , 86 (5) : 1216 ~ 1238

[6]彭国华:《中国地区收入差距、全要素生产率及其收敛分析》[J].《经济研究》2005(9): 19 -29

[7]郭庆旺，贾俊雪. 中国全要素生产率的估算：1979 -2004[J]. 经济研究，2005(6): 51 -60

[8]朱钟棣，李小平. 中国工业行业资本形成、全要素生产率变动及其趋异化：基于分行业面板数据的研究[J]. 世界经济，2005(9): 51 -62

[9]韩晓燕，翟印礼. 中国农业生产率的地区差异与收敛性研究[J]. 农业技术经济，2005(6): 52 -57

[10]赵蕾，王怀明. 中国农业生产率的增长及收敛性分析[J]. 农业技术经济. 2007(2): 93 -98

[11]曹跃群，唐静. 第三产业全要素生产率增长及其收敛性分析[J]. 山西财经大学学报. 2010(6): 52 -58

[12]刘兴凯，张诚. 中国服务业全要素生产率增长及其收敛性分析[J]. 数量经济技术经济研究. 2010. 3: 55 -67

[13]金剑. 生产率增长测算方法的系统研究[D]. 东北财经大学博士论文. 2007

[14]郑京海，胡鞍钢，Arne Bigste. 中国的经济增长能否持续——一个生产率视角》[J].《经济学(季刊)》2008 年第 3 期

[15]李红勋，陈建成，田明华．对西部林业生态环境建设资源配置方式的探讨[J]．北京林业大学学报(社会科学版).2003(9)：15－17
[16]韩杏容，夏自谦，张德英．我国林业经济增长整合模式分析[J]．西北林学院学报.2006，21(6)：187－189
[17]冯达，郑云玉，温亚利．要素投入对林业经济增长的效应研究[J]．中国林业经济.2010.5：1－7
[18]赖作卿，张忠海．基于 DEA 方法的广东林业投入产出超效率分析[J]．华南农业大学学报(社会科学版).2008.4：43－48
[19]谭贺，张广胜．集体林权改革下的林业经济增长因素分析——以辽宁省为例[J]．经济研究导刊.2010.17：70－72

果胶酶处理纸浆中 DCS 作用机理的探讨

王　蕾　王万贵　季　祥　蔡　禄

（内蒙古科技大学生物工程与技术研究所）

摘　要：本文从果胶的定义及果胶酶的分类出发，讨论了果胶酶在处理溶解物质和胶体物质（**DCS**）中阴离子垃圾成分果胶酸的作用机理及其影响因素。随着生物技术的发展和人们对环境的重视，微生物酶在造纸行业的研究和应用已取得重大进展，将为清洁制浆造纸的现实打下良好基础。

关键词：果胶；果胶酶；溶解物质和胶体物质（**DCS**）；阴离子垃圾；制浆造纸

Discussion on Action Mechanism of Pectinase Treatment of DCS in Pulp

Wang Lei　Wang Wangui　Ji Xiang　Cai Lu

(Institute of Bioengineering and Technology, Inner Mongolia University of Science &Technology)

Abstract: To begin with the definition of pectin and the classification of pectinase in this paper, the action mechanism of pectinase degrading anionic trash pectic acid in Dissolved and Colloidal Substance(DCS) and its influencing factors were discussed. With the development of biotechnology and the environment protection attached importance to by people, microbial enzymes in the research and application of the paper industry have made significant progress, so this will lay a good foundation for clean pulping and papermaking.

Key words: pectin; pectinase; dissolved substances and colloidal substances (DCS); anionic trash, pulping and papermaking

1　引言

随着生物技术的发展和人们对环境的重视，微生物酶在造纸行业的应用越来越受到重视。制浆造纸是我国重要的经济支柱产业之一，但传统的制浆造纸行业存在着能源资源消耗过大和污染环境等诸多问题。而新兴生物技术的出现，无疑给制浆造纸行业带来了福音。由于微生物及其所分泌的酶等生物过程，具有环境友好，相对化学过程能耗低和消耗化学药品少等优点，因此把微生物及其酶作用引入制浆造纸过程将有利于克服传统化学法所存在的缺点。在制浆过程中，会有溶解和胶体物质(DCS)等物质释

基金项目：教育部春晖计划(Z200721201020)；内蒙古自治区高等学校科学研究项目（NJzy08233)；内蒙古包头市科技攻关项目(2008y100222)。

作者简介：王万贵，男，布依族，黔西南州布依族苗族自治州，2008 级在读研究生，研究方向：生物化学与分子生物学，研究课题：清洁造纸与生物制浆。Email：goodluck267@163.com Tel：13947257665.

通讯作者：蔡禄(1964－)教授，博士学位，留美归国学者，数理与生物工程学院院长，硕、博士生导师，研究领域：生物信息学；生物质能与产业化研究等。

放，这些物质结构性质复杂，在系统中参与了湿部化学反应，导致抄纸系统湿部化学的复杂性。DCS的组成很复杂，且随浆料配比变化而变化，也随抄纸过程中使用的各种药剂和添加剂不同而不同[1]，其影响涉及了从浆料腐烂、泡沫产生到生产设备的腐蚀和结垢、化学添加剂的使用效果不理想、网子和毛布胶勃物的产生、生产效率下降以及最终成纸质量差等整个生产过程。DCS通过中和阳离子助剂使其失效、阴离子垃圾不断积累造成类似树脂障碍的沉积和改变纤维表面电荷等影响抄纸过程。大量的研究表明，所有在其他纸机上运行良好的助留助滤系统在以机械浆为主要原料的造纸生产中都会失效。另外，白水封闭循环还会带来其他一系列问题，这些问题如得不到很好地解决，必将影响白水封闭循环程度，加大清水用量。由于机械浆含有大量木素和树脂类等有机抽出物，使得抄纸循环白水中的DCS成分较化学浆更加复杂、对抄纸湿部影响更大。近年来，果胶酶在制浆造纸过程和降解溶解及胶体物中阴离子垃圾主要物质果胶酸的应用已成为一个研究的热点，引起了国内外学者的极大关注。例如，Peng等的研究表明，用果胶酶进行机械浆前预处理造纸原材料，磨浆能耗有所降低、浆的白度也有所提高[2]，还可以有效地降解化学机械浆制浆过程中产生的阴离子垃圾[3]。

2 果胶酶

果胶(pectin)是由不同酯化度的半乳糖醛酸以α-1,4糖苷键聚合而成的多糖链，常带有鼠李糖、阿拉伯糖、半乳糖、木糖、海藻糖、芹菜糖等组成的侧链，游离的羧基部分或全部与钙、钾、钠离子，特别是与硼化合物[4]结合在一起。果胶的组成有同质多糖和杂多糖两种类型，同质多糖型果胶如D-半乳聚糖、L-阿拉伯聚糖或D-半乳糖醛酸聚糖；杂多糖果胶最常见，是由半乳糖醛酸聚糖、半乳聚糖和阿拉伯聚糖以不同比例组成，通常称为果胶酸。不同来源的果胶，其比例也各有差异。部分甲酯化的果胶酸称为果胶酯酸。果胶主要存在于所有的高等植物中，沉积于初生细胞壁和细胞间层，在初生壁中与不同含量的纤维素、半纤维素、木质素的微纤丝以及某些伸展蛋白(extensin)[5]相互交联，使各种细胞组织结构坚硬，表现出固有的形态，为内部细胞的支撑物质。果胶分子的结构因植物的种类、组织部位、生长条件等的不同而不同。

果胶酶(pectinase)是一种多酶复合体系，是所有能够分解果胶质的一类酶的总称，可裂解单糖之间的糖苷键，并脱去水分子，分解包裹在表皮中的果胶，促进植物组织的分解，降低内容物的粘度。果胶酶的分类根据目前的研究进展有不同的分法。按其对果胶底物作用的方式来分，果胶酶可以分为4类：(1)聚半乳糖醛酸酶(PG)，能分解半乳糖醛酸中α-1，4键。它的最佳作用底物为果胶酸，也能降解一定甲酯度的果胶。水解的速度和程度随底物的酯化程度(DE值)增加而迅速下降，不能降解DE值大于75%的果胶。该酶以随机方式水解果胶酸，生成一系列的寡聚半乳糖醛酸，主要是半乳糖醛酸单体和二聚体，有时还有三聚体[6]。(2)聚甲基半乳糖醛酸酶(PMG)，能水解甲基半乳糖醛酸基中的α-1，4键。(3)果胶酯酶(PE)，它主要催化水解聚半乳糖醛酸的甲酯。(4)原果胶酶，使不溶性原果胶生成可溶性果胶[7]。从生产应用领域和最适用pH值环境来划分，果胶酶通常可以分为酸性果胶酶和碱性果胶酶：(1)酸性果胶酶通常是指内聚半乳糖醛酸酶(EC3.2.1.15)[8]，因为大多数的聚半乳糖醛酸酶的最适pH值为3.5~5.5它是以水解作用方式无规则切断果胶酸分子的α-1，4糖苷键，在酸性范围内具有较高活性。(2)碱性果胶酶一般多指聚半乳糖醛酸裂解酶(EC4.2.2.1)，它是以反式消去作用方式裂解果胶酸分子的α-1，4糖苷键[9]，将复杂的果胶分解成小分子，如半乳糖醛酸，在碱性范围内具有较高活性。此外，根据新的分类方法，果胶酶又可分为：(1)原果胶酶(protopectinases)能够促使原果胶溶解[10]。根据原果胶酶的作用机理，把它分为两种类型：A型原果胶酶与B型原果胶酶。A型原果胶酶具有3种类型：PPase-F，PPase-L和PPase-S，PPase-F是酸性蛋白酶，PPase-L与PPase-S是碱性蛋白酶。A型原果胶酶主要作用于原果胶的内部的多聚半乳糖醛酸区域。另外，B型原果胶酶也有3种类型：PPase-B，PPase-C和PPase-T，PPase-B和PPase-C的等电点(PI)在9.0左右，而PPase-T的等电点是8.1。B型原果胶酶主要作用于外部，也就是连接聚半乳糖醛酸链和细胞壁组分的多糖链。(2)多聚半乳糖醛酸酶(Polygalacturonases)是在有水参加反应的情况下促进聚半乳糖醛酸链水解的一种果胶酶，其应用最为广泛。根据水解作用机理的不同，聚半乳糖醛酸酶[11]可以被分为内切聚半乳糖醛酸酶(E.C.3.2.1.15)和外切聚半乳糖醛酸酶(E.C.3.2.1.67)。内切聚半乳糖醛酸酶广泛分布于真菌和细菌中，在一些高等植物和寄生于植物的线虫中也发现了此种酶。相对而言，产生外切聚半乳糖醛酸酶的微生物较少。外切酶又可以划分为两种类型：一种是真菌外切聚半乳糖醛酸酶，它是以产生单体半乳糖醛酸作为终产物的一种酶；另一种是细菌外切聚半乳糖醛酸酶，它是以产生二聚体的半乳糖醛酸作为终产物。(3)裂解酶(pectin lyases，PL)是通过反式消去作用裂解果胶聚合体的一种果胶酶，裂解酶在 C－4 位置上断开糖苷键，同时从 C－5 处消去一个 H 原子从而产生一个不饱和产物。根据其作用机理以及作用底物的不同，裂解酶可以划分为：①内切聚半乳糖醛酸裂解酶(EndoPGL，E. C. 4. 2. 2. 2)；②外切聚半乳糖醛酸裂解酶(ExoPGL，E. C. 4. 2. 2. 9)；③内切聚甲基半乳糖醛酸裂解酶(EndoPMGL，E. C. 4. 2. 2. 10)；④外切聚甲基半乳糖醛酸裂解酶(ExoP－MGL)。(4)果胶酯酶(Pectinesterase. PE，PE，E. C. 3. 1. 1. 11)是一种羧酸酯酶，属于水解酶。它能促进脱酯化作用，从果胶的半乳糖醛酸聚糖主链上脱去甲基，从而释放出酸性果胶和甲醇，其作用于甲基化程度为 65 %～75 % 的果胶时，酶的活性最高，因为果胶酯酶是作用于与游离的羧基相连的甲氧基端。

3 果胶酶处理 APMP 中 DCS 的应用

果胶酶是能降解果胶酸的生物酶，可以有效地降解化学机械浆制浆过程中产生的阴离子垃圾。自从 1994 年 Thornton J 等人[12]首次把果胶酶应用于过氧化氢漂白机械浆以后，大多数的国外研究主要是在实验室条件下研究果胶酶如何影响漂白机械浆的阳离子需求量的变化。最近，已有果胶酶制剂如何影响助留助滤效果的研究[13]。

3.1 果胶酶降解 DCS 的作用机理

在机械浆制浆漂白过程中，造纸原料中的亲脂性树脂分散到水中形成胶体，它们与可溶性的半纤维素、低分子质量的木素、立格南和果胶类物质以及从原料和生产用水中引入的无机电解质等一起被称为溶解物质和胶体物质(Dissolved and Colloidal Substance，DCS)[14,15]，其产生量为 30～70 kg/ t 浆[16]。这些 DCS 带有很高的负电荷，称为"阴离子垃圾"。阴离子垃圾主要是果胶物质在 H_2O_2漂白过程中产生的。不同品种造纸原料含有不等量的果胶质。在机械制浆的磨浆过程中，由于高温和高强度的机械作用，部分果胶质从纤维中游离出来。碱性 H_2O_2漂白之后，溶解的果胶含量增加 1 倍。果胶是一种主要由半乳糖醛酸组成的多聚糖，其大部分的半乳糖醛酸上的羧基已甲基化。更重要的是碱性 H_2O_2漂白导致果胶的脱甲基反应，这包括溶解在水中的果胶以及纤维中的果胶。纤维中果胶的脱甲基反应增加纤维的羧基含量，从而提高纤维的负电荷密度、亲水性及柔软度。脱甲基果胶一般称为聚半乳糖醛酸或果胶酸。溶解于水相中的果胶的脱甲基化使阴离子垃圾逐渐增多。聚半乳糖醛酸和阳离子的化学键合能力(阳离子需求量)通常取决于聚合物的聚合度大小，由于半乳糖醛酸的单体、二聚体和三聚体的聚合度低，所以对阳离子需求量影响也低，甚至很难测量到，而聚合度更高的长分子链情况却相反。果胶酶能降解果胶酸，降低了 DCS 的阳离子电荷需求量，离子需要量，这是因为果胶酶能够破坏糖苷键联结，促进聚半乳糖醛酸降解为低分子或单分子的半乳糖醛酸，降低了其与阳离子的键合能力。因此，使用果胶酶对 DCS 进行处理，降解其中的果胶酸，可减少阴离子垃圾，提高阳离子聚合物的作用效率。

3.2 外部因素对 DCS 阳离子需求量的影响

由于酶作用的专一性，只有在适当处理的条件下才能使其发生有效的作用。不同的温度、pH 值、反应时间以及酶用量都会影响阳离子电荷需求量。

3.2.1 温度对 DCS 阳离子需求量的影响

温度对酶促反应的速度具有很大的影响，包括影响酶的稳定程度，酶蛋白的变性失活；影响酶和底物的结合；影响酶和抑制剂、激活剂或者辅酶的结合；影响蛋白中某些基团的解离等。温度对酶作用的影响同时存在两种相反的效果：一方面，由于温度的升高给予反应物分子以较多的动能，增加了单位时间内酶与底物的有效碰撞次数，有利于酶与底物的结合，促进了果胶酶处理 APMP 的反应速度；另一方面，温度的升高会引起酶的热变性，导致酶失活，使酶作用效果大幅下降。因此，在使用果胶酶处理 APMP 时，选择最佳的温度最为重要。

常洽等人[17]的研究表明，在用果胶酶处理 DCS 时，50℃时的处理效果最佳。

3.2.2 pH 值对 DCS 阳离子需求量的影响

pH 值也是影响酶活的关键因素。酶蛋白分子上带有很多酸性、碱性氨基酸残基，pH 值的变化直接影响到这些残基侧链基团的解离状态。侧链基团的不同解离状态直接影响底物的结合和进一步的催化反应，也可能影响到酶的空间结构，从而影响到酶的活性。PG 稳定的 pH 范围是 2.0～7.0，在此范围内酶活可保持 82% 以上；PE 稳定的 pH 范围是 5.0～8.0，低于 5.0 时很不稳定，相对酶活只有 2.3%；PL 稳定的 pH 范围是4.0～ 8.0，在此范围内酶活可保持 84% 以上。从常洽等人[17]的研究结果可知，pH 值为 3. 5 和 4 时 ，DCS 水的阳离子需求量较低，说明在该 pH 值时，酶的解离状态容易与底物结合，酶的活性较大。由于现在工厂大部分都是碱性的抄纸环境，与其他浆料配抄时需要重新调整 pH 值，为了节约成本，所以选择最适 pH 值为 4.0。

3.2.3 反应时间对 DCS 阳离子需求量的影响

在达到一定时间后，阳离子电荷的需求量基本不再变化，进一步延长时间后，效果并不明显。这是因为随着反应的进行，底物浓度降低，产物浓度升高，以及反应中产生的抑制作用使酶活力降低甚至消失。因此，根据特定的果胶酶探索出最适的反应时间也是至关重要的一个环节。Ian Reid 等人[18]通过生产试验发现约 60% 阳离子需求量的降低会发生在开始的 8min 内，处理 5min 时，聚半乳糖醛酸的分解已近于稳定，时间达到 2h 时，再延长时间变化已很微弱，这说明酶处理并不需很长的时间。

3.2.4 酶用量对 DCS 阳离子需求量的影响

在生产中，一般把酶用量与浆浓和浆料配比结合起来，以保证酶与底物的充分接触。研究发现，酶的用量也存在最佳值，当酶用量扩大至 1000 U/g 时，酶的改善效果增加并不明显[19]。所以，在用果胶酶对 APMP 进行改性时，酶的用量也是一个不得不考虑的重要因素。一般而言[20]，随酶用量增加，DCS 的 CD 值降低，细小纤维留着率逐渐增加。当酶用量超过 100U ·L^{-1}时，DCS 的阳电荷需要量降低了约 30%，继续增加酶用量 CD 值变化不大。所以，果胶酶处理 DCS 使 PEI/CPAM 助留效果提高的原因是酶处理降解了造成阴离子垃圾的主要物质果胶酸，使体系的阳电荷需要量降低，DCS 中阴离子垃圾的减少提高了阳离子助剂的效率，从而提高了细小纤维留着率。Hui Xu[21]等人的研究表明，各种果胶酶降低 TMP 中阳离子需求的能力有很大差异，这可能是由于接近底物的能力、酶的结构和特性，以及果胶酯化程度不同。研究还表明，果胶酶在漂前也能降低阳离子需求。

4 总结

生物技术在制浆造纸过程中的应用，使我们建立环境友好型纸业成为了可能，尤其是当前生物酶用于造纸行业，减少了能源的消耗，节约了化学药品的使用，减轻了对环境的污染。阴离子垃圾捕捉剂可与 H_2O_2漂白过程中从制浆中产生的聚半乳糖醛酸形成聚电解质化合物，利用果胶酶处理，使聚半乳糖醛酸分解，可以避免这种化合物的生成，并且与未经果胶酶处理的漂白浆相比，用于絮凝胶黏物的阴离子垃圾捕捉剂用量显著减少。但是，我们也面临着这样的问题：从环境中筛到菌株酶活力不是很高，酶处理的时间过长，降解造纸原料的效率低下，很难在制浆造纸中实现工业化。因此，我们在高酶活菌株的同时，应该还用基因工程技术对造纸原料进行改良，降低果胶或者木质素等成分，为清洁制浆造纸打下良好的基础。

参考文献

[1] FrancisDW. Effect of dissolved and eolloidal solids on news print properties[J]. JPPS, 2001m, 27(9): 289.

[2] Peng Frank, Ferritsius Rita, Angsas Ulfl. Mechanical Pulping with Pectinase Pretreatment of Wood Chips[C]. 2003 International Mechanical PulpingConference, 2003.

[3] Kenneth ES Anna CS Jeffrey WT et al. Pectic acids in the production of wood containing paper[J]. TAPPI J, 1998, 81

(7)：131.

[4] Pérez S, Rodrǐguez – Carvajal M A, Doco T. A complex plant cell wall polysaccharide：rhamnogalacturonan Ⅱ. A structure in quest of a function [J]. Biorhimle, 2003, 85：109 – 121.

[5] Serge Péres, Karım Mazeau, Catherine Herr du Penhoat. The three – dimensional structures of the pectic polysaccharides [J]. Plant Physlol. Biochem, 2000, 38(1/2)：37 – 55.

[6] Ian Reid, Michelle Ricard. Pectinase in papermaking：solving retention problems in mechanical pulps bleached with hydrogen peroxide [J]. Enzyme and Microbial Technology, 2000, 26(2)：115 – 123.

[7] 谭兴和，王仁才等. 果品蔬菜中果胶酶活性测定方法的探讨[J]. 中国果品研究，1996(4)：28 – 29.

[8][9] 邬敏辰，方诗月，王瑾. 产酸性果胶酶菌株的筛选及产酶条件的研究[J]. 江苏食品与发酵，2006 (3)：6 – 9.

[10] Lang C, Dornenburg H. Perspectives in the biological function and the technological application of polygalacturonases [J]. Appl Microbiol Biotechnol 2000 53：366 – 375.

[11] 张学杰，郭科，苏艳玲. 果胶研究新进展. 中国食品学报，2010，10(1)：169.

[12] Thornton J. Enzymatic degradation of polygalacturonic acids released from mechanical pulp during peroxide bleaching J. TAPPI, 1994, 77 (3)：161.

[13] Michelle R, José – Antonio O, Jimling, et al. Pectinase reduces cationic chemical costs in peroxide – bleached mechanical grades[C]. Pacwest 2004 Technical Papers – Session 2B – Mechanical Pulping/Papermaking 2004.

[14] Sundgerg K, Thorneon J, Pettersson C, et al. Interactions between simple electrolytes and dissolved and colloidal substances in mechanical pulp [J]. Nordic Pulp Paper Res. J, 1994, 9 (2)：125.

[15] IngvildA, Johnsen, Marianne Lenes. Stabilization of colloidal wood resin by dissolved material from TMP and DIP [J]. Nordic Pulp and Paper Res. J, 2004, 19 (1)：22.

[16] Stebbing D. The potential of fungal culture filtrate treatment to reduce extractive levels in news print mill white – water systems[J]. Pulp and Paper Can, 1999, 100 (3)：46.

[17] 常浛，唐艳，王雁平. 果胶酶处理 APMP 中 DCS 的研究. 造纸科学与技术，2008，27(6)：93 – 95.

[18] Ian Reid, Michelle Ricard. Pectinase in papermaking：solving retention problems in mechanical pulps bleached with hydrogen peroxide[J]. Enzyme and Microbial Technology, 2000, 26(2)：115 – 123.

[19] 白延坤，刘秉钺，何连芳. 果胶酶及其在制浆造纸上的应用. 中国造纸学报，2006，21(2)：88 – 91，39 – 43.

[20] 李宗全，詹怀宇，秦梦华. 果胶酶处理 BCTMP 中 DCS 及其对阳离子助剂作用效果的影响[J]. 中国造纸，2006，25(8)：23 – 26.

[21] Hui Xu, James Luo 等. 果胶降解酶在阴离子垃圾控制中的应用. 中国造纸学报，2005(增刊)：42 – 46.

林业三次产业产值变化分析

王立磊　戴　芳

（河北农业大学商学院）

摘　要：本文对1999～2008年间林业产业产值进行整理分析，并用灰色关联度分析方法分析林业三次产业产值与林业产业总产值增长的关联度，为今后林业产业结构的优化提出建议与对策。

关键词：灰色关联度；林业产业结构；林业产业总产值

改革开放以来，我国林业的改革和发展进入了一个新的历史时期，林业产业发展迅速，为农民增收和经济社会发展做出了重要贡献。文章通过整理并分析1999年至2008年间林业产业产值及其变化。

1　我国林业产业结构的变化情况

1.1　林业产业总产值变化情况

1999～2008年间，随着国家对林业关注程度及支持力度的提高，我国林业产业呈快速发展的态势。根据历年《中国林业统计年鉴》及《中国林业发展报告》所提供的资料，整理得到1999～2008年林业产业总产值及增长数据（按当年价格计算），如表1所示：

表1　1999～2008年林业产业总产值增长情况统计　（单位：亿元）

年份	林业产业总产值	增长率（%）
1999	3187.70	16.90
2000	3555.47	11.50
2001	4090.48	15.05
2002	4634.24	13.29
2003	5860.33	26.46
2004	6892.21	17.61
2005	8458.74	22.73
2006	10652.22	25.93
2007	12533.42	17.66
2008	14406.41	14.94

注：资料来源：1999～2008年《中国林业统计年鉴》、《中国林业发展报告》。

由表1可知：林业产业总产值由1999年的3187.70亿元（按当年价格计算）增至2008年的14 406.41亿元（按当年价格计算），增长11 218.71亿元，增长了3.52倍，且年均增长率达到了18.21%。而同期GDP年均增长率为9%，远远低于林业产业总产值的增长率。可见我国林业产业总产值在1999～2008年

作者简介：王立磊，在读硕士，技术经济及管理。电话：18931218432. Email：wanglileiyezi@163.com，地址：河北农业大学商学院，071001

通讯作者：王爱民，博士，教授，博导，从事林业经济管理与企业管理方面的研究。电话：0312－7528669。Email：wanggengbd@sina.com.

间，呈现出逐年增长的态势，且一直保持较高的增长率。

1.2 林业三次产业产值结构变化情况

林业产业是一个涉及国民经济第一、第二和第三产业多个门类，涵盖范围广、产业链条长、产品种类多的复合产业群体，是国民经济的重要组成部分。林业产业结构指的林业三次产业间的比例关系。

需要特别说明的是：2003 年以后，按照新的国民经济行业分类（GB/T4757 - 2002），《中国林业统计年鉴》对林业产业分类方法进行了变动。这在一定程度上会影响分析的严谨性，但是林业产业结构总的变化趋势并不会受其影响。因此，在以下分析过程中没有对原始数据进行相应处理。

表 2 1999 ~ 2008 年我国林业三次产业产值结构变化 （单位：亿元）

年份	第一产业产值	增长率（%）	第二产业产值	增长率（%）	第三产业产值	增长率（%）
1999	2134.82	12.20	930.88	30.00	122.03	12.40
2000	2389.30	11.90	1034.60	11.10	131.57	7.80
2001	2703.70	13.16	1241.62	20.00	145.16	10.33
2002	2911.72	23.29	1485.69	19.66	236.83	63.15
2003	3518.08	15.62	2007.43	48.20	334.81	41.37
2004	3887.54	10.50	2561.12	27.58	443.55	32.48
2005	4355.56	12.04	3486.54	36.13	616.64	39.02
2006	4708.82	8.11	5198.40	49.10	745.00	20.82
2007	5546.21	17.78	6033.92	16.07	953.29	27.96
2008	6358.82	14.65	6838.25	13.33	1209.34	26.86

注：资料来源：1999 ~ 2008 年《中国林业统计年鉴》、《中国林业发展报告》。

如表 2 中数据所示，1999 ~ 2008 年间，我国林业三次产业产值均呈现逐年上涨的趋势，这与林业产业总产值逐年增长的态势相吻合。林业第一产业产值从 1999 年的 2 134.82 亿元增至 2008 年的 6 358.82 亿元，增长 4224 亿元，增幅 1.98 倍，年均增长率为 13.93%；林业第二产业产值从 1999 年的 930.88 亿元增至 2008 年的 6838.25 亿元，增长 5907.37 亿元，增长 6.35 倍，年均增长率为 27.12%，增幅及年均增长率均超过第一产业，且第二产业产值从 2006 年开始超过第一产业产值。林业第三产业产值从 1999 年的 122.03 亿元增至 2008 年的 1209.34 亿元，增长 1087.31 亿元，增长了 8.91 倍，年均增长率为 28.22%，增幅与年均增长率均超过第一、二产业。说明林业三次产业结构自 2006 年起发生了质的变化。

通过以上分析，可以得出以下结论：作为林业部门新兴产业的第三产业，其产值增长速度最快，其次是第二产业。林业第一产业产值增速之所以没有其他两个产业增速快，原因在于国家越来越重视生态环境建设，自 1999 年开始国家便大力建设林业生态工程，开始注重生态林的营造，造林面积大幅度增长，而生态林以实现生态效益为主，林木砍伐相应地受到限制，这可能会导致林业第一产业产值的增长速度减缓。同时，随着林产品加工技术以及林产品综合利用能力的提高，加快了林业第二产业的发展。而随着人们生活水平的提高以及森林旅游资源的开发，作为朝阳产业的林业第三产业产值增长成为林业产业增长的一个亮点。

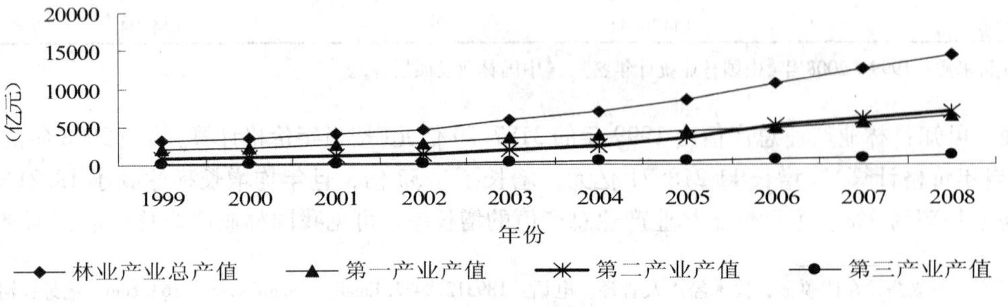

图 1 1999 ~ 2008 年我国林业产业结构变化散点图

随着林业三次产业产值及增幅的变化，林业三次产业产值在林业产业总产值中所占的比重也发生了变化。图1清晰地反映了林业三次产业产值占林业产业总产值比例的变化。林业第一产业产值比重呈现逐年下降的趋势，而第二、三产业却呈现出逐年上升的趋势，并且第二产业比重的增长幅度明显大于第三产业。三次产业产值结构从1999年的66.97∶29.20∶3.83调整为2008年的44.14∶47.47∶8.39，第二产业产值所占比重从2006年起超过第一产业，至此，林业产业结构发生了变化。

2 灰色关联度分析

灰色关联度分析是依据各因素数列曲线形状的接近程度做出的发展态势的分析，在系统发展过程中，如果两个因素变化的态势是一致的，即同步变化程度较高，则可以认为两者关联度较大；反之，则两者关联度较小。灰色关联度分析可以依据因素数列绘制曲线图，由曲线图直接观察因素数列间的接近程度及数值关系，也可以对通过量化分析得出因素间的关联程度。

2.1 直接观察法

灰色关联度的直接观察法是通过将因素数列绘制成曲线图，从曲线图直观分析林业三次产业产值与总产值之间的关联度。将林业产业总产值及三次产业产值绘制成曲线图，如图2所示：

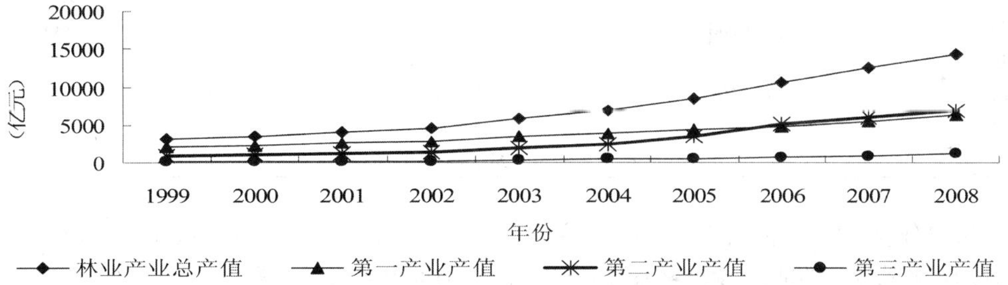

图2 林业产业总产值及三次产业产值曲线图

由图2可以看出，林业产业总产值及三次产业产值曲线图均呈现上升趋势，其中林业第二产业产值曲线图形与林业产业总产值曲线图形最为相似，通过直观分析，第二产业产值与林业总产值两者关联度最大，即第二产业对林业产业总产值的影响最大。

2.2 灰色关联度量化分析

灰色关联度的量化分析法是通过将因素数列进行量化予以分析，意在找出它们之间的数值关系。量化分析一般分为四个步骤，即标准化(无量纲化)、求公式中所需数值、将数值带入公式求关联度系数、比较各关联度系数。

首先，选择2008年作为标准年份，即以2008年的各项指标数列为参照数列，将其他各年份的数据标准化成介于0至1之间的数据。如表3所示：

表3 1999~2008年 标准化后的相关数据(以2008年为标准)

年份	林业产业总产值 X_0	第一产业产值 X_1	第二产业产值 X_2	第三产业产值 X_3
1999	0.2213	0.3357	0.1361	0.1009
2000	0.2468	0.3757	0.1513	0.1088
2001	0.2839	0.4252	0.1816	0.1200
2002	0.3217	0.4579	0.2173	0.1958
2003	0.4068	0.5533	0.2936	0.2769
2004	0.4784	0.6114	0.3745	0.3668
2005	0.5872	0.6850	0.5099	0.5099
2006	0.7394	0.7405	0.7602	0.6160

（续）

年份	林业产业总产值 X_0	第一产业产值 X_1	第二产业产值 X_2	第三产业产值 X_3
2007	0.8700	0.8722	0.8824	0.7883
2008	1.0000	1.0000	1.0000	1.0000

其次，根据表3计算相关对应差数列及相关数值，如表4所示：

表4 1999～2008年对应差数列

年份	$\|X_0(K)-X_1(K)\|$	$\|X_0(K)-X_2(K)\|$	$\|X_0(K)-X_2(K)\|$
1999	0.1145	0.0851	0.1204
2000	0.1289	0.0955	0.1380
2001	0.1413	0.1024	0.1639
2002	0.1362	0.1044	0.1258
2003	0.1465	0.1132	0.1299
2004	0.1329	0.1039	0.1116
2005	0.0978	0.0773	0.0773
2006	0.0011	0.0208	0.1234
2007	0.0022	0.0124	0.0817
2008	0.0000	0.0000	0.0000
min	0	0	0
max	0.1465	0.1132	0.1639
min＝0　即 Δmin＝0			
max＝0.1639　即 Δmax＝0.1639			

最后，选取分辨系数，并将各数值带入相关公式计算关联度。由于分辨系数取值的大小对关联度结果的最终判断没有影响，在此，设分辨系数 $\xi=0.5$，分别求出各比较数列对参考数列 X_0 之间的关联系数 ξ_i。然后根据如下公式计算关联度，即求比较数列所有数关联度的平均值。

$$\xi_i(k)=\frac{\Delta\min+\xi\Delta\max}{\Delta_{io}(k)+\xi\Delta\max}\quad(\Delta_{oi}=|X_o(K)-X_i(K)|)$$

$$r_i=\frac{1}{N}=\sum_{k=1}^{N}\xi_i(k)$$

计算结果如下：比较数列 X_1 对参考数列 X_0 之间的关联度 $r_1=0.5708$，比较数列 X_2 对参考数列 X_0 之间的关联度 $r_2=0.5843$，比较数列 X_3 对参考数列 X_0 之间的关联度 $r_3=0.4699$。

由于 r_1、r_2、r_3 均大于0，说明三次产业对林业经济增长都产生积极作用，但各自作用的程度却不尽相同。由于 $r_2>r_1>r_3$，所以林业第二产业产值与林业产业总产值关联度最高，对林业产业总产值产生的影响最大。这与直接观察法得出的结论相一致。

3 结论及建议

通过以上分析得出：林业第一、二、三产业产值从1999年至2008年均呈现上升趋势，第三产业增速最快，其次是第二产业，且第二产业产值从2006年开始便超过第一产业。林业产业结构也随着三次产业产值的变化发生相应变化。通过灰色关联度分析得知：林业三次产业产值均对林业产业总产值增长产生积极的作用，第二产业产值与林业产业总产值增长的关联度最大。《林业产业振兴规划(2010－2012)》中指出：2012年林业第二产业和以生态旅游为龙头的林业第三产业占林业总产值的比重分别增加到50%以上和18%以上。这就说明现有林业产业结构发展趋势与国家政策一致，是按照国家的政策方针逐渐优化的林业产业格局。

按照发挥结构效应、促进林业经济增长方式转变的原则以及《规划》的精神，今后应根据林业三次产业产值对林业产业总产值增长的贡献度来进一步调整林业产业结构，实现林业产业内部第一、二、三产业比例的均衡，并加强产业之间的关联作用程度等，为林业经济增长更好服务。调整的重点应以林业第二产业为依托，带动第一产业的发展，并快速提升第三产业的发展，从而实现林业产业结构的优化，具体为：第一，充分挖掘林地生产潜力，加快发展以用材林资源培育为主的林业第一产业；第二，充分依靠现代科技和装备，全面提升以木材加工为主的林业第二产业；第三，生态旅游是世界旅游业的新趋势，是极具发展潜力的新兴产业，充分开发林业景观资源，大力发展以生态旅游为主的林业第三产业。

参考文献

[1]叶锋．我国林业产业结构与增长分析[D]．北京林业大学，2009.

[2]靳光华，孙文生．中国农村经济增长研究[M]．北京：中国农业科学技术出版社，2002.

[3]张微，修长柏，娄伯君等．内蒙古国有林区产业结构变动对经济增长影响分析[J]．林业经济问题，2007(2)：126－131.

[4]苏东水．产业经济学[M]．北京：高等教育出版社，2000.

[5]魏远竹，朱永法．产业结构调整与林业经济增长方式转变[J]．北京林业大学学报，2001(1)：72－75.

[6]陈益民，张智光．福建省南平市林业三次产业内部结构调整策略[J]．林业产业建设，2007(10)：25－29.

[7]李元元．北京市林业产业结构优化及相关问题研究[D]．北京林业大学，2006.

[8]高兵．内蒙古林业经济增长的影响因素分析[D]．内蒙古农业大学，2007.

[9]五部委．林业产业振兴规划(2010－2012年)[EB/OL]．中国林业产业网，2009.

[10]曹斌．产业结构变动对经济增长影响的测度方法综述[J]．兰州商学院学报，2005(5)：72－78.

[11]贾治邦．在全国林业产业大会暨中国林业产业协会成立大会上的讲话[EB/OL]．中国林业产业网，2007.

专题五

林产品贸易趋势与对策

中国原木进口与木质林产品出口关系的实证分析——基于协整分析和 Granger 因果关系检验

印中华　宋维明

（北京林业大学经济管理学院）

摘　要：该文根据协整理论和 Granger 因果检验方法，对中国原木进口量和木质林产品出口额进行了实证分析。研究表明，中国原木进口与木质林产品出口之间存在长期稳定的均衡关系，同时木质林产品出口与原木进口之间存在单项 Granger 因果关系。据此，该文认为短期内减少进口原木的消耗是中国木材产业亟待解决的重要问题，而从长期来看实现中国木材产业的资源基础转换才是解决对进口木材依赖的根本途径。在此基础上，该文提出了实现中国木材产业可持续发展的对策建议。

关键词：原木进口；木质林产品出口；协整分析；Granger 因果关系检验

AnEmpirical Analysis of the Relationship between China's imports of logs and Wood Forest Product Exports ——Based on Cointegration Analysis and Granger Causality Test

Yin Zhonghua　Song Weiming

(School of Economics and Management Beijing Forestry University)

Abstract: According to Cointegration Theory and Granger Causality Test, the paper analyzes the relationship between China's imports of logs and wood forest product exports empirically. The research shows that there is the long - term and stable balance between China's imports of logs and wood forest product exports, and Granger causality exists between wood forest product exports and imports of logs. Accordingly, the paper concludes that it is an important issue for China's timber industry to reduce the consumption of imported logs in the short term, but in the long term the realization of the resource base conversion is the fundamental way for China's timber industry to solve the problem of dependence on the imports of timber. On this basis, the paper puts forward policies and proposals to achieve sustainable development of China's timber industry.

Key words: imports of logs; wood forest product exports; cointegration analysis; granger causality test

---

本文得到教育部博士点专项基金“中国木材产业资源基础研究”项目(20050022011)的资助。

作者简介：印中华(1981—)，男，辽宁丹东人，博士，北京林业大学经济管理学院讲师，研究方向：林产品贸易，联系方式：13522412577，010 - 62336156，Email：yinzhonghua@ bjfu. edu. cn

宋维明(1957 -)，男，河北沧州人，北京林业大学教授、博士生导师，研究方向：林产品贸易，通讯地址：北京市海淀区清华东路35号北京林业大学57号信箱，邮编：100083，Email：songwm@ bjfu. edu. cn

1 引言

木材是一种典型的可持续、可循环的绿色材料。随着人们生活水平的提高及生态环保意识的增强，人们的绿色支付意愿明显提升[1]。木材产品消费的水平正在逐渐成为衡量人们生活水平的标志性因素。在一些发达国家，甚至在大力提倡“以木代塑”、“以木代钢”，积极推动“木文化”。因此，可以预见，以木材为原材料的产品将成为人们生活中不可或缺的物质资料，而与木材生产与消费有着直接联系的木质林产品贸易，也将具有更加广阔的发展前景。近年来，中国木质林产品出口发展迅速，木材贸易成为中国木材产业国际化进程的重要环节，也是推动中国木材产业发展的重要力量。

原木是中国进口的第三大林产品①，2006 年进口量达到 3215.29 万 m^3，占到国内原木总供给量的 32.72%[2]。原木进口对于解决中国木材供给短缺，促进中国木材产业发展具有重要意义。据调查，进口原木主要是多年生、径级大、材质好的针叶材和阔叶材，大多用于胶合板、木制品和木制家具的生产。因此，可以一般地判断，原木进口与胶合板、木制品和木制家具等的出口，存在着某种长期均衡关系。为了研究中国原木进口与木质林产品出口之间的均衡关系，本文选取胶合板、木制品和木制家具作为衡量木质林产品出口的主要产品，对原木进口与木质林产品出口进行实证分析。由于胶合板、木制品和木制家具是中国出口的主要木质林产品②，原木进口与这些出口产品之间的均衡关系，能够在较大程度上反映出中国原木进口与木质林产品出口之间的均衡关系，因此，本项研究对中国木质林产品贸易政策的建立和可持续发展路径的选择具有一定的现实意义。

学术界对木材贸易的研究，集中在木材供给安全、木质林产品出口竞争力、木材贸易与产业发展等方面。印中华、田明华(2006)在分析中国大量进口木材利弊得失的基础上，认为中国木材供给要在相当长的时期内依赖进口，但是从长期来看，大力发展商品林才是保障中国木材供给安全的根本出路，进而提出支持商品林发展的政策体系[3]。刘璠等(2004)分析了中国木材贸易结构和市场分布，认为国内木材供给依赖进口，木质林产品出口市场高度集中，这势必对国内木材产业的发展带来风险，因而提出拓展进出口市场，分散贸易风险的对策[4]。宋维明、程宝栋(2004)基于国际竞争优势的视角提出了中国木材贸易资源基础转换的观点，认为资源基础是影响产业竞争力的关键性因素，实现木材贸易从自然资源向创出性资源的转变是减轻木材进口压力，提高产业国际竞争力的有效途径[5]。缪东玲、韩革英(2004)分析了 1981 ~2001 年中国木质林产品贸易条件的变化，认为中国木质林产品净贸易条件和收入贸易条件在多数年份是改善的，其进出口价格变化使中国贸易收益增加[6]。刘冬、宋维明(2003)从比较优势的角度分析了中国木质林产品出口的国际竞争力，提出了提高木材产业国际竞争力的政策建议：保持劳动力的比较优势，大力发展资本、技术密集型行业，拓宽木材进口渠道，创造国际知名品牌，促进企业国际化经营[7]。宋维明(2000)从贸易战略的角度提出了提高进口木材利用率，促使其转化为出口竞争力的观点[8]。

总之，从研究内容上，学术界对木材进口与木质林产品出口之间关系的研究较少；从研究方法上，学术界对木材贸易问题的研究多数采取定性分析和逻辑推断的方法，而采取计量经济研究方法的较少。笔者采用协整分析和 Granger 因果关系检验方法，对中国原木进口与木质林产品出口进行实证分析。首先通过分析原木进口和木质林产品出口两个变量的时间序列特征，建立描述它们之间动态关系的协整关系模型，然后基于协整分析对原木进口和木质林产品出口的 Granger 因果关系进行检验。因此，本项研究对研究中国木材进出口之间的动态关系具有一定的理论价值。

---

① 按进口额计算，2005 年中国进口的木质林产品排在前三位的分别是：木浆(36.95 亿美元)、纸及纸制品(35.10 亿美元)、原木(32.44 亿美元)。

② 根据中国林业发展报告提供的数字计算，2005 年胶合板、木制品和木制家具的出口额占中国木质林产品出口总额的 77.45%。

2 中国原木进口与木质林产品出口的现状

2.1 中国原木进口现状

总的来看，1993～2006年中国原木进口量呈现持续上升趋势(见图1)。根据表1，除了1993～1995年中国原木进口量出现负增长之外，其余年份均呈现正增长态势，14年间增长了8.30倍，年均增长18.71%。其中，1999年原木进口增幅最大，达到110.15%，这主要是由于1998年天然林保护工程实施后，国内木材采伐量骤然下降，木材加工企业转而依靠进口解决木材短缺问题。

表1 1993～2006年中国主要木质林产品进出口

年份	原木进口量（万 m^3）	原木进口量增长率（%）	木质林产品出口额（亿美元）	木质林产品出口额增长率（%）
1993	345.88	-	9.20	-
1994	333.46	-3.59	12.35	34.24
1995	258.26	-22.55	15.45	25.10
1996	318.55	23.34	16.57	7.25
1997	446.23	40.08	21.16	27.70
1998	482.30	8.08	21.27	0.52
1999	1013.57	110.15	26.49	24.54
2000	1361.17	34.29	33.14	25.10
2001	1686.38	23.89	36.72	10.80
2002	2433.30	44.29	49.98	36.11
2003	2545.55	4.61	66.10	32.25
2004	2630.85	3.35	94.14	42.42
2005	2936.80	11.63	118.61	25.99
2006	3215.29	9.48	154.87	30.57

注：数据来自历年中国林业统计年鉴，木质林产品出口额是胶合板、木制品和木质家具出口额的合计。

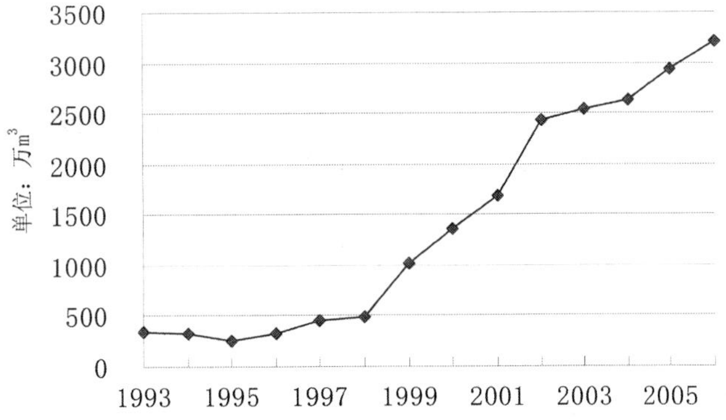

图1 1993～2006年中国原木进口量

2.2 中国木质林产品出口现状

1993～2006年中国木质林产品出口规模不断扩大①(见图2)。1993～2006年中国木质林产品出口额持续增长，14年间增长了15.83倍，年均增长24.26%。其中，1998年中国木质林产品出口额增幅最小，仅为0.52%，这与1998年天然林保护工程的实施有着密切的联系。木材限制采伐政策的实行导致国产木材供给短缺，木材加工企业在短期内无法找到新的木材来源，因而1998年木质林产品出口贸易受到影响。

① 文中历年木质林产品出口额的数据均为胶合板、木制品和木制家具出口额的合计。

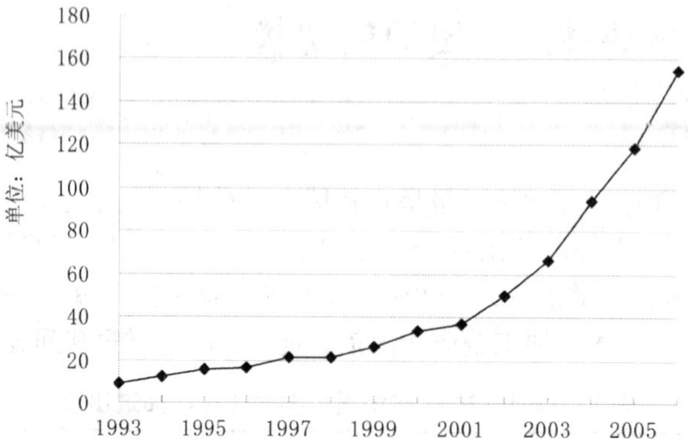

图2 1993~2006年中国木质林产品出口额

3 中国原木进口与木质林产品出口关系的实证分析

3.1 实证方法选择

由于选取了时间序列数据，本文采用协整分析方法和Granger因果关系检验分析方法。协整分析是研究非平稳时间序列相关关系的有效方法，它是从经济变量数据所显示的关系出发，判定变量之间的长期均衡关系。Granger因果关系检验是检验变量之间因果关系的有效方法，能够从统计意义上判断两个变量之间是否存在因果性的关系。两种方法结合使用就可以较为准确地确定变量之间的理论关系。

实证步骤如下[9]：

(1)检验两变量的单位根，以判定时间序列的单整的阶；

(2)若两变量是同阶单整的，则用OLS法估计协整方程；

(3)应用单位根法判定残差序列的平稳性，以检验两变量之间的协整关系；

(4)对两变量进行Granger因果关系检验。

3.2 数据的选择

根据中国林业统计年鉴，关于中国木质林产品进出口相对完整的统计数据始于1993年，因此本文采取1993~2006年中国原木进口与木质林产品出口的年度数据作为建模基础。设木质林产品出口额为x_t，原木进口量为y_t，其中t表示年份。本文采取弹性分析方法，试图建立$\ln x_t$与$\ln y_t$之间的协整关系模型。因此，对x_t和y_t取自然对数，转化为$\ln x_t$和$\ln y_t$(见表2)。

表2 协整分析数据

年份	$\ln x_t$	$\ln y_t$
1993	2.219203	5.846092
1994	2.513656	5.809523
1995	2.737609	5.553967
1996	2.807594	5.763779
1997	3.052113	6.100835
1998	3.057298	6.178566
1999	3.276767	6.921234
2000	3.500741	7.216100
2001	3.603322	7.430339
2002	3.911623	7.797004
2003	4.191169	7.842102
2004	4.544783	7.875062
2005	4.775841	7.985076
2006	5.042586	8.075673

注：$\ln x_t$是原木进口量的对数值，$\ln y_t$是木质林产品出口额的对数值。

3.3 单位根检验

根据协整理论，同阶单整是检验时间序列是否存在协整关系的前提条件，即只有同阶单整的时间序列才可能存在协整关系。单位根检验是检验时间序列单整的主要方法，本文采用 ADF 检验法检验单位根。ADF 检验结果表明，$\ln x_t$和 $\ln y_t$的 ADF 值均大于显著水平 1% 的临界值，即在 1% 的显著性水平下，接受序列 $\ln x_t$和 $\ln y_t$有单位根的假设；同时，二阶差分 $\Delta^2\ln x_t$和 $\Delta^2\ln y_t$的 ADF 值均小于显著水平 1% 的临界值，ADF 检验拒绝了 $\Delta^2\ln x_t$和 $\Delta^2\ln y_t$具有单位根的假设(见表 3)。因此，$\ln x_t$和 $\ln y_t$都是二阶单整 I(2)序列。由于上述序列均通过了单位根检验，而且所有变量又是同阶单整的，这样，就可以对这些变量之间是否存在协整关系作进一步的检验。

表 3 lnx、lny、Δ^2lnx 和 Δ^2lny 的单位根检验结果

变量	ADF 值	检验类型(C，T，K)	1% 临界值	5% 临界值	是否平稳
$\ln x_t$	-0.719135	(C，T，0)	-4.886426	-3.828975	否
$\ln y_t$	-3.212713	(C，T，3)	-5.295384	-4.008157	否
$\Delta^2\ln x_t$	-6.890751	(N，N，0)	-2.792154	-1.977738	是
$\Delta^2\ln y_t$	-3.308001	(N，N，4)	-2.937216	-2.006292	是

注：“Δ^2”表示二阶差分，检验类型(C，T，K)分别表示所设定的检验方程含有截距项、时间趋势项以及所选的滞后项数，N 指不包括截距项或时间趋势项。

3.4 协整检验

1)协整模型的建立

建立 $\ln x_t$和 $\ln y_t$之间的协整模型：

$$\ln y_t = \alpha + \beta \ln x_t + \varepsilon_t \tag{1}$$

对方程(1)两边求导，得到：

$$\frac{dy_t}{y_t} = \beta \times \frac{dx_t}{x_t} \tag{2}$$

对方程(2)进一步变形得到：

$$\frac{dy_t}{dx_t} = \beta \times \frac{y_t}{x_t} \tag{3}$$

根据弹性函数的定义，得到 y_t对 x_t的弹性系数 $\eta(x_t)$：

$$\eta(x_t) = \frac{dy_t}{dx_t} \times \frac{x_t}{y_t} = \beta \tag{4}$$

方程(4)表明，如果 $\ln x_t$和 $\ln y_t$之间的协整关系成立，β 为 y_t对 x_t的弹性系数，即木质林产品出口额每增长 1%，原木进口量平均增长 β%。为了建立 $\ln x_t$和 $\ln y_t$之间的协整关系，本文运用 Eviews 5.0 统计软件，对 $\ln x_t$和 $\ln y_t$进行 OLS 线性估计，并消除了二阶自相关，得到如下分析结果：

表 4 回归结果

因变量：LNY

方法：最小二乘法

样本(调整)：1995 2006

变量	系数	标准误	t 统计量	概率值
C	3.383495	0.947749	3.570032	0.0073
LNX	0.996268	0.251326	3.964051	0.0042
AR(1)	1.180326	0.290966	4.056582	0.0037
AR(2)	-0.567826	0.287136	-1.977548	0.0834

（续）

变量	系数	标准误	t统计量	概率值
R－平方	0.952725	因变量平均值		7.061645
调整R－平方	0.934997	因变量标准差		0.930910
回归标准误	0.237342	赤池信息标准		0.222574
残差平方和	0.450650	施瓦茨标准		0.384209
对数似然	2.664557	F统计量		53.74087
德宾－沃森统计量	2.465007	概率值(F统计量)		0.000012
倒置的AR根	0.59－0.47i	0.59＋0.47i		

根据表4，协整回归方程为：

$$\ln y_t = 3.3835 + 0.9963\ \ln x_t \qquad [AR(1) = 1.1803, AR(2) = -0.5678] \tag{5}$$

$$t = (3.5700^{*}) \qquad (3.9641^{*}) \qquad (4.0566^{*}) \qquad (-1.9775^{**})$$

$$R^2 = 0.9527 \qquad DW = 2.4650$$

注：＊表示1%水平显著性，＊＊表示10%水平显著性。

从统计检验来看，$R^2=0.9527$，说明该方程的拟合优度较高；F检验＝53.74，说明总体显著性较好；估计量β的T检验为3.9641，表明β显著不为零；DW值为2.4650，表明方程(5)不存在一阶自相关问题。

2）残差的单位根检验

e_t是方程(5)的残差序列，对e_t的平稳性检验表明，e_t的ADF值小于1%的临界值，即在1%的显著性水平下，残差序列e_t通过了平稳性检验，这说明中国原木进口量与木质林产品出口额之间存在长期的动态均衡关系，即协整关系(见表5)。通过方程(5)可以得出结论，y_t对x_t的弹性系数为0.9963，即中国木质林产品出口额每增长1%，原木进口量平均增长0.9963%。

表5　回归方程残差单位根检验结果

变量	ADF值	检验类型(C，T，K)	1%临界值	5%临界值	是否平稳
e_t	－5.468719	(N，N，0)	－2.792154	－1.977738	是

3.5　Granger因果关系检验

协整检验结果证明了中国原木进口量与木质林产品出口额之间存在长期稳定的均衡关系，但这种均衡关系是否构成因果关系还需进一步检验。因为$\ln x_t$和$\ln y_t$均为二阶单整I(2)序列，所以对两变量的二阶差分$\Delta^2\ln x_t$和$\Delta^2\ln y_t$做Granger因果关系检验。根据表6，Granger检验得到的结论是：中国原木进口增长不是导致木质林产品出口规模扩大的格兰杰原因，而中国木质林产品出口规模扩大是导致原木进口增长的格兰杰原因。可见，中国木质林产品出口规模与原木进口之间存在单项的因果关系，这也证明了“木质林产品出口规模扩大刺激中国原木进口增长”的假说。

表6　中国原木进口与木质林产品出口的Granger因果关系检验

原假设	滞后阶数	F统计量	概率值
$\Delta^2\ln x_t$ does not Granger Cause $\Delta^2\ln y_t$	1	15.2092	0.00455
$\Delta^2\ln y_t$ does not Granger Cause $\Delta^2\ln x_t$	1	2.66956	0.14093

4 结论与建议

4.1 分析结论

以上分析表明，中国原木进口增长与木质林产品出口规模扩大之间存在显著的正相关性，而且中国木质林产品出口规模扩大是原木进口增长的格兰杰因果关系。以上结论说明，中国木质林产品出口贸易的发展是建立在资源消耗型的外贸增长方式基础上的，进口原木已成为中国木质林产品出口重要的资源基础。

木质林产品出口的快速发展加大了中国原木进口的压力，而与此同时中国原木进口却受到了国际社会的种种限制。俄罗斯、马来西亚、巴布亚新几内亚等是中国原木的主要供给国，出于保护本国资源的考虑以及环保等问题的压力，这些国家纷纷出台政策，限制甚至禁止原木出口，这就增加了中国原木进口的难度。其中，俄罗斯对原木出口的限制对中国木质林产品出口的影响最大。俄罗斯是中国原木进口的主要来源国，2005 年中国从俄罗斯进口的原木占中国原木进口总量的68.25%[10]。2007 年 7 月俄罗斯政府将原木的出口关税由6.5%提高到10%，2008 年4 月进一步提高到20%，至2009 年1 月1 日，俄罗斯海关将对出口原木征收 80% 的关税[2]。由于进口成本的大幅提高，2009 年起中国将无法大规模进口俄罗斯原木，这意味着中国将失去主要的原木供给来源。可以预测，随着世界各国森林资源保护力度的日益增强，国际原木贸易将受到越来越大的阻力，中国原木进口的难度也将随之增大。可见，原木进口的约束条件决定了中国无法支撑资源消耗型木质林产品出口的长期发展。

4.2 对策建议

为了实现木质林产品出口的可持续发展，中国木材产业应该改变资源消耗型的出口方式，培育以技术为核心的国际竞争力，逐步摆脱对进口原木的依赖。

4.2.1 短期策略

从短期来看，减少对进口原木的消耗成为中国木材产业亟待解决的重要问题。为此，必须采取以下措施：①优化出口产品结构。降低高资源消耗产品的出口比重，比如，高档胶合板、实木地板和实木家具等对进口原木依赖性较强的产品；提高低资源消耗产品出口的比重，比如，纤维板、刨花板等大量消耗次小薪材的产品；②提高资源利用率。政府应该采取有效措施，促进木材加工企业进行技术改造，提高木材使用效率，降低出口产品的资源消耗；③限制国外资源消耗企业的进入。在产业国际转移的过程中，一些木材产业发达的国家为了利用中国廉价的劳动力资源，纷纷在中国建立大型木材加工企业，这势必加剧国内木材资源供给的紧张局面。为了防止这一问题的出现，政府必须在外资企业审批过程中严格限制此类企业的进入；④加速国内商品林基地建设。虽然国内培育的商品林大多为速生林，在材质和径级上远不及进口原木，但是在用途上仍能部分替代进口原木。因此，鼓励国内商品林发展能够在一定程度上减轻对进口原木的依赖。

4.2.2 长期战略

从长期来看，为了从根本上解决木材产业对进口原木的依赖，中国木材产业必须进行资源基础转换，实现从资源密集型产业向技术密集型产业的转变，以促进中国木质林产品出口的可持续发展。为此，应当采取措施，从木材产业增长方式上实现资源基础的转换：①继续强化有效引进和吸收国外先进技术的政策供给。通过相应的支持性政策，促进木材加工企业重视在技术引进和吸收方面的投入。引导企业在购买国外先进的技术设备的同时，更加注重对引进技术和工艺的消化和吸收，延伸引进技术的效应，并促进其迅速转化为企业新的生产力；②在政策上支持和引导大力开展新技术的自主研发。在消化和吸收国外先进技术的基础上，形成企业自己的新技术研发能力和积累，是提高和保持竞争力的关键。其中引进技术人才，制定和实施技术研发计划，开发具有自主知识产权的新产品等，应当成为企业发展战略的核心内容；③代表产业生产力水平的标志是工具。从物质基础上看，木材产业真正意义上的竞争力，取决于其工作母机或者说加工机械设备的水平。因此，在培育可持续产业竞争力的目标下，政府要制定指导现代木材产业体系建设的相关政策，其中，特别应当重视对自主设计和开发的木材加工机械设备研发的支持，培育木材产业相关支持产业的技术能力，提高其产品的水平，为木材加工制造业提供高质量、高技术含量的工具支持。

总之，在逐步减少对国际市场原木进口依赖的前提下，保证木材产品出口规模不下降甚至还要扩大，从长远看，转化木材产业的资源基础，或者将资源密集型的产业增长方式转换为技术密集型的增长方式，是一条必由之路。

参考文献

[1]程宝栋，宋维明．中国木材产业安全研究．北京：中国林业出版社，2007：3.

[2]国家林业局．2006 年中国林业发展报告．北京：中国林业出版社，2006：104、127、130.

[3]印中华，田明华．我国大量进口木材的利弊分析．2006(9)：47－50.

[4]刘璠，聂华，郑海鹰．我国木材的贸易格局与市场策略．国际贸易问题，2004(9)：32－38.

[5]宋维明，程宝栋．关于中国木材贸易资源基础的思考．绿色中国，2004(10)：39－42.

[6]缪东玲，韩革英．中国木质林产品贸易条件分析．林业经济问题，2004(5)：276－278.

[7]刘冬，宋维明．论比较优势与我国的木材产业国际化．林业经济，2003(5)：32－34.

[8]宋维明．对我国木材国际贸易战略的几点思考．林业经济，2000(5)：47－49.

[9]孙敬水，马淑琴．计量经济学．北京：清华大学出版社，2004：342.

[10]中国木业国际网．俄罗斯提高原木进口关税的影响分析．国际木业，2007(6)：10－11.

中国推进林产品绿色采购的分析与对策

侯方淼　李小勇　温亚利　陈晓倩

（北京林业大学经济管理学院）

摘　要： 随着全球环境恶化和森林非法采伐与贸易的严重，人们提出了林产品绿色采购。为了实现林产品的可持续供给、保护生态环境、打破贸易壁垒，有必要对林产品实施绿色采购。发达国家如英国已经制定了比较成熟的林产品绿色采购供应商管理的相关政策，有的企业也已进行了实践。随着我国对木材和林产品需求的增加和获得可持续供给要求的提高，林产品绿色采购将是采购的一大趋势。环境法规完善、政府相关职能强化、为企业培育实施绿色采购的外部环境是我国实行绿色采购的必备条件。

关键词： 林产品绿色采购；供应商；可持续供给；贸易壁垒

Management and Evaluation of Vendors in Environmental Purchasing of Forest Products

Hou Fangmiao　Li Xiaoyong　Wen Yanli　Chen Xiaoqian

(School of Economics and Management, Beijing Forestry University)

Abstract: Because the environment problem and illegal logging of forest are increasingly serious, environmental purchasing of forestry products was put forward. In order to realize sustainable supply, protect environment and break trade barriers, it is necessary to enact environmental purchasing of forest products. Many western countries such as England have had some relative polices and enterprises have practice. With the increasing need of forestry products and sustainable supply, there is a tendency of environmental purchasing of forest products. Perfecting the environmental law, strengthening the relative function of government, and cultivating exterior environment for enterprises' green purchasing will be needed in carrying out environmental purchasing in our country.

Key words: environmental purchasing of forest products; vendors; sustainable supply; trade barriers

在过去的20年中，人类对森林的滥砍乱伐和经营不善造成了森林大面积衰退，生态环境日益恶化并引起了社会各界人士的关注。上世纪90年代初，人们开始将森林的可持续经营与木材的销售市场联系在了一起，希望通过购买源自经营良好森林的木材产品的行动，来支持森林可持续经营。

一、林产品绿色采购的提出

森林和环境是国际社会非常关注的两个密切相关的国际性议题，随着全球环境恶化，人们开始意识

本论文得到北京林业大学经济管理学院青年教师科研启动基金资助和美国大自然协会(TNC)中国部资助。

作者简介： 侯方淼，女，汉族，山东济南人，北京林业大学经济管理学院博士后，讲师。研究方向：林产品国际贸易、国际贸易运输与物流。

到森林生态系统对于维持全球生态系统平衡的重要作用。可持续发展已经成为各国发展的要求，林业在生态建设中的主体地位及其在可持续发展中的关键地位得到加强，各国对环境产品和服务需求空前提高。森林是一种自然资源，同时又是人类生存环境的重要组成部分，为人类的发展提供重要保障。森林的这种双重属性，使得林业被视为关系全球可持续发展和环境的重要产业。经济的发展、人们生活质量的提高，使各国对林产品的需求量越来越大，从另一方面看，为了保护环境，一些国家开始对原始森林天然林禁伐，使木材的供给量减少，而需求却依然保持旺盛。由于木材资源的短缺，一些违法分子铤而走险，对木材进行非法采伐与贸易。

一些发达国家的专家学者、非政府组织人士提出从木材消费市场入手，提高木材市场准入门槛，采购绿色的、可持续方式生产的木材，并要求生产商提供相关证明/认证；无法证明合法来源的木材及木制品将失去市场，即实施所谓的“林产品绿色采购政策”[1]。

二、绿色采购中林产品供应商管理与评价

(一)林产品供应商管理与评价原则

在林产品绿色采购中，运输、加工与销售产业链上更需要一个稳定的伙伴关系，以获得产业链中上游的原材料上的支持和下游稳定的销售渠道。供应链管理模式要求在绿色林产品供应中，森林培育、木材采运、林产品加工各阶段都遵循一种环境友好型的原则，这也是对林产品供应商进行管理与评价的原则。

对林产品供应商管理与评价主要是看如下几个方面：

1. 林产品产地的环境社会等因素的考虑

供应商应当致力于保护林产品来源地的自然资源保护和环境改善。森林经营和林产品加工过程不会污染环境，比如，在森林培育过程中不能施用过多的农药等对产地环境造成污染；其次，森林经营和林产品的加工过程不会对产地生态造成破坏，比如，不存在过度砍伐树木破坏产地生态平衡的现象，或者木材采伐运输过程中不存在对林地造成损坏等影响森林可持续经营的因素。产品产地的环境必须符合有关标准。同时，从一开始就考虑相关的社会问题，因为可持续发展的原则包括了社会、经济和环境的目标。

2. 林产品生产过程的环境因素的考虑

林产品生产过程中要保证产地环境不能受到任何污染，也不会破坏其生态的平衡，既做到了保护环境，又保证了产品的天然品质。

3. 供应商企业管理的环境因素的考虑

供应商不仅要取得相关产品质量通行证如ISO9000质量管理体系的认证，更要取得产品绿色通行证，即森林管理委员会或泛欧森林认证体系ISO14000环境管理等森林认证体系的认证，保证整个生产过程符合规范。

4. 产品生命周期的环境因素的考虑

要考虑采购的林产品整个产品生命周期对环境可能的影响，林产品从原料来源、生产、加工、贮藏、运输、销售，一直到使用及废弃，都应符合环境要求。

(二)英国木材贸易协会供应商管理评价标准

英国是较早实施林产品绿色采购的国家之一，目前也已经形成了较完备的供应商评价标准。英国木材贸易协会是英国重要的贸易协会之一，制定了绿色林产品采购政策(Responsible Purchasing Policy, RPP)，并有林产品供应商管理与评价的体系[2]。

绿色林产品采购政策(Responsible Purchasing Policy, RPP)是由英国木材贸易协会(Timber Trade Federation, TTF)根据政府相关政策制定的。它把《濒危野生动植物种国际贸易公约(CITES)》和可持续森林管理标准当作“绿色”的标准，然后根据木材供应商的能力估定他们是否符合这些标准。它是对每个供应商在环境保护方面的“简单评估”，形式是评估供应商有无提供违法的和违背持续发展原则木材的可能

性。RPP 也给木材供应商提供建议，以改善环境表现。然后通过一定程序对木材供应商进行独立地审核，并确保其为采购者和其他的相关者提供的信息是可信的。

作为英国主要的贸易协会的木材贸易协会，采用要求其成员公司(林产品采购者)从供应链中剔除不合法的和管理不良的来源采购木材和木材产品。图 1 是木材贸易协会绿色林产品采购的完整系统。

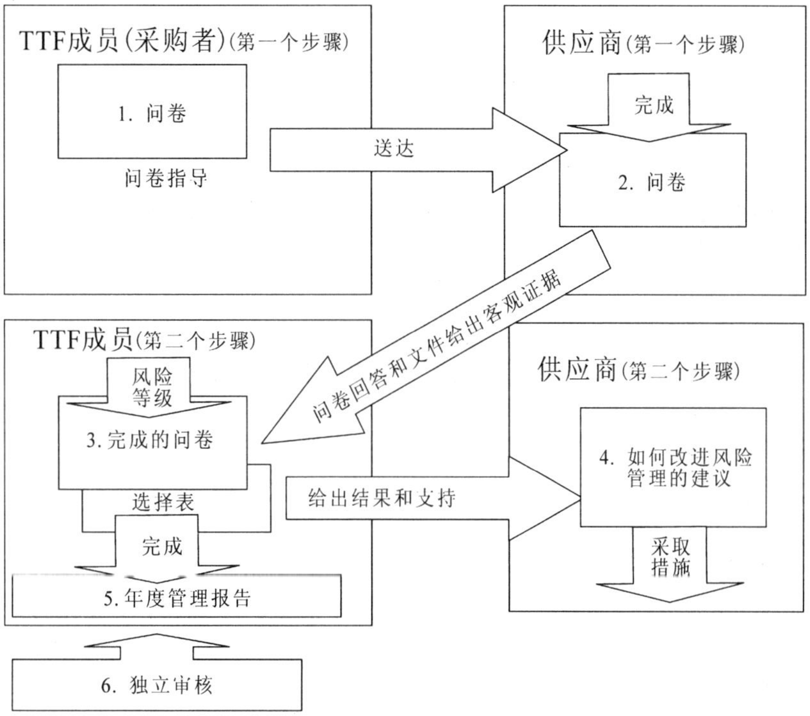

图 1　英国木材贸易协会绿色林产品采购流程图

对供应商的评估和管理主要包括如下步骤：

第 1 个步骤：采购者派发一份问卷并且附上一封通知有关供应商的信，告知供应商本公司已经加入木材贸易协会并遵循绿色林产品采购政策，并要求供应商自己就当前的表现进行评估(主要用选择表来进行分析)。

第 2 个步骤：供应商按照要求完成问卷并反馈给采购者并在必要时辅之以文件。

第 3 个步骤：按提供非绿色林产品的风险大小，采购者把所有的供应商分成 3 类：高风险、中等风险和低风险。

第 4 个步骤：根据绿色林产品采购的要求，为高风险和中等风险的供应商设定改进的目标和进一步的行动，英国木材贸易协会提供相应帮助。

第 5 个步骤：采购者形成年度管理报告，为供应商设定来年的改进目标和进一步的行动。

第 6 个步骤：年度审核，独立审核者评估所有公司的管理报告并对一部分公司实地调研。

林产品绿色采购企业要减少对环境的负面影响，就需要对产品的整个生命周期有所了解，整个供应链上从原材料的来源和加工直到产品用完后的处理，都必须识别并追踪。当用系统方法进行追踪时，才能保证木材的绿色性。追踪木材来源必需的系统和程序被称为监管链。监管链包含技术、程序和木材供应链的文件。监管链有三种必要的要素即确认、分类和文件。可以用技术逐渐简化追踪程序，而且把它从一个昂贵的和艰苦的工作转变为供应链，提供透明度和说明而没有大量增加花费，这是一个对贸易有利的过程。随着对即时送达要求的增加，可追踪技术可以使复杂供应链末端的人受益，同时也使购买的木材符合绿色采购政策要求。

三、在我国对林产品进行绿色采购的必要性

我国于 1998 年出台了“天然林保护工程”，严格限制对国内森林的采伐。越来越多林产品加工企业

也因此转移到海外去寻求木材。目前，中国已成全球第二大木材进口国。同时，随着中国林产品进口量迅猛增长，一些媒体和非政府组织把矛头指向了中国，指责中国进口木材的一半以上来自于存在过度采伐、天然林毁坏以及非法砍伐等问题的国家。可持续地获得经济发展所需要的木材、树立负责任大国的形象，是我国当前面临的问题之一。因此，鉴于我国目前在林产品采购当中面临的状况，加强对林产品绿色采购的研究，对我国具有重要的理论和现实意义。

(一)国家获得可持续的木材及林产品供给

首先，控制非法林产品的供给与采购，树立一国良好的国际形象。如果木材非法采伐得不到及时有效的制止，不仅会造成区域性的生态灾难和经济灾难，也会使全球的气候失衡，造成严重的经济和社会后果。非法木材采伐使各级政府、林木所有者和当地社区的收入利益受到了损失，破坏了森林生态系统，扭曲了木材市场价格体系，不利于森林资源评估和可持续森林经营。从供应商入手对木材及林产品进行审核，对于遏制非法采伐及贸易无疑具有巨大推动作用。

第二，随着经济的不断发展，社会对各种林产品的需求日益增加，林产品的供应客观上要求森工企业要有长期、不断的林产品供应，但是受森林资源生长量的制约，森工企业林木产品的市场供给量不能完全满足市场需求量，因为对林产品的消费需求却逐年递增。国内经济的快速增长，更拉动对木材需求的增长。林产品供应商管理将有利于促进林产品供应国的合法采伐和森林的良好经营，有利于促进世界森林的可持续经营，稳定国内的木材供给市场，确保木材的长远供给、持续供给。

(二)更好地保护生态环境

森林的生态影响是全球性、大陆性、生态地区性、国家性或地区性的。为了使绿色采购政策达到有效，还应当考虑林产品采购政策的国家间协调问题。

如果没有出口国和进口国的合作，其生态影响将难以测算，但却有可能成为影响可持续发展的主要因素。目前很多国家的木材供给并未考虑可持续发展因素，有很多是非法砍伐以后出口的，给出口国生态环境造成严重影响，从长远来看，也危及到全球的森林资源可持续供给和当地经济社会可持续发展。因此，仅仅靠一个国家的努力还不够，必须采购国与供应国携手，从采购和供应两个方面对林产品和木材严格把关，才能更好地保护生态环境。

(三)林产品供应企业可以打破贸易壁垒限制

中国既是林木和林产品的进口大国，同时也是出口大国，是世界上最重要的林产品采购商和木制品供应商之一。越来越多的中国木材产品企业发现，出口到欧洲和其他发达国家的林产品开始受到各种限制，其中最常见的是森林认证的要求。奥地利、比利时、丹麦、德国、卢森堡、荷兰、瑞士和英国 8 个欧洲国家，对环境问题最为敏感。例如，当林产品出口到欧盟，进口方会询问产品是否有绿色标签，如果有的话，可以有较多的关税优惠。而一般这种绿色标签要通过极其严格的森林认证。该认证不仅对原材料提出了较高的环保要求，而且认证价格不菲。我国是世界上最大的原木进口国和第二大林产品进口国，同时也是世界上胶合板、细木工板、家具等产品的主要生产国。因此，在木制品贸易日趋全球化的今天，中国木制品企业迫切需要和海外的供应商和采购商建立更直接、更紧密的合作关系，通过林产品供应商管理，使中国企业更主动地介入林产品国际贸易体系。

四、在我国实施林产品绿色采购的前景及对策

随着我国建设和谐社会和可持续发展的要求，部分政府机关和大企业在采购时对家具、办公用纸等对环保比较敏感的商品要求变高，绿色产品采购将是采购的又一大趋势。2006 年 11 月，我国已颁布了《环境标志产品政府采购清单》，规定于 2007 年 1 月 1 日起在中央和省级(含计划单列市)预算单位实行，于 2008 年 1 月 1 日起在全国全面实行，其中涉及到的林产品有人造木质板材、木地板和家具三大类。随后，国家环保总局也发布了环境标志产品技术要求，对于家具的规定中，强调“如果木材占总重量的 10% 以上，则产品中所用的木材不得来自受保护的天然林，不得使用珍贵树种(通过 FSC－可持续管理森

林认证的木材除外)。”我国的国家标准目前尚有一定局限性，没有考虑到家具的整个生产过程，因此，在等效采用北欧环境标志标准基础上制定的我国家具类环境标志产品技术要求是一个全面的，同国际接轨的标准。在《<环境标志产品技术要求 家具>编制说明》中，在技术指标中突出了对材料的要求：

“木材：可持续林业是森林资源长期开发的重要保障。必须以对自然生态系统加以考虑、保持生物多样性、森林能提供娱乐活动和生活资料的方法对森林进行管理。由于目前我国尚未开展森林认证，但考虑到我国目前已开始实施天然林保护计划，因此，要求产品中不得使用来自天然林的木材。在标准中仍对可持续的森林并获得许可证的木材有要求，是考虑到进口木材商的要求。”

可见，林产品绿色采购已经引起了政府的重视，而且中国一些有远见的企业家已经意识到这一点，为了能够持续不断地得到木材供应，也在林产品采购中实施了供应商管理。但是绿色采购在我国还处在萌芽状态，还需要政府、企业、消费者和社会各界的努力共同推进。

从宏观上讲，政府一方面要运用法律、经济多种手段为企业绿色采购创造良好的外部环境，另一方面，政府还要通过自身采购行为引导公众绿色消费和企业绿色采购[4]。从微观上讲，企业应逐步提高环境意识；加强与供应商的协调；加大对绿色林产品的生产力度等。

(一)制定完善的法律法规，合理运用经济调控手段

由于环保、节能等目标具有很强的社会公共性，政府应该将其作为自己的目标，制定法律法规，约束企业，创造条件，引导厂商和消费者的行为，促进社会的可持续发展。在我国大力发展市场经济条件下，应当使市场对资源配置起着基础性的作用。但是由于市场调节具有盲目性和自发性，具有一定的弱点，在调节经济中会出现“市场失灵”的现象。因此政府应该运用法律手段来干预经济活动，使经济协调、健康发展。

同时，政府可以灵活运用手中的在经济上宏观调控的作用，综合运用包括税收、补贴在内的各种手段促进绿色采购管理的开展。由于绿色产品技术含量较高，生产成本也较高，资金投入大，导致市场价格偏高。企业不愿进行投资，消费者也不愿购买。政府应当与企业一起，采取有效手段，增加科技投入，在提高绿色产品质量的基础上不断降低成本。政府可以在产品面市初期对这类企业给予财政补贴或者价格补贴，扩大绿色产品的市场份额，使绿色采购管理真正带来经济效益和社会效益。

(二)全面评估政府机构能力，逐步推进，培养合格的采购人员

“林产品绿色采购”政策的实施，需要有强有力的政府管理机构和监督机构。应对政府机构设置、人员能力建设进行全面评估，对涉及木材进口的海关、财政、税务、林业、贸易相关等部门协调关系进行重新梳理，明确职责和工作流程。仿效国外通过政府采购的模式来推广合法的、可持续的木材及木制品的消费和使用。实行“绿色采购政策”，在目前中国环境下不能操之过急，应广泛调研，稳步推进，逐渐实施。首先先在国内创造良好的氛围，提高公众关注度，引导舆论。其次借鉴外国做法，出台临时政策、部门政策、自愿计划、引导计划，并进行一定时期试验，对实验效果进行综合评估，根据评估结果，对政策进行修订，逐步提高政策层次。是否有合格的采购人员是林产品绿色采购能否成功的关键之一，着力培养高素质的采购人员，完善监管体制，才能够使林产品绿色政府采购真正发挥引领循环经济的作用。

(三)充分征求利益相关者，特别是企业意见

“林产品绿色采购”政策是一个综合体，影响面非常广，涉及众多利益相关者。其有效实施的关键点是要求相关企业提供相关文件，证明其所供木材及木制品源于合法的可持续的来源，这就要求企业进行森林认证。而目前在我国还没有完善的森林认证体系，因此林产品绿色采购标准的拟定是核心问题，也是当务之急。应建立优先顺序，分产品、分部门逐步完善。制定适宜的绿色采购标准并且不能与现行法律、国际法规如WTO规则相冲突。在发达国家的“林产品绿色政府采购”政策中，依据本国的国情，对“合法的、可持续的”都有明确的规定和标准，以尽可能地维护本国利益。中国不可能照抄照搬国外标准，应建立自己的体系。绿色采购标准要具体、具有针对性、实用，要具有非常强的可操作性，采购人

员可以根据标准简便地判别所采购的林产品是否符合绿色采购原则。

参考文献

[1]Luca Tacconi, Marco Boscolo, Duncan Brack. National and International Policies to Control Illegal Forest[R], 2006: 20-31

[2]Frank Miller. Timber Trade Federation Responsible Purchasing Policy[R]. Timber Trade Federation. 2004: 15-23

[3]Activities—A report prepared for the Ministry of Foreign Affairsof the Government of Japan[R]. Indonesia: Centre For International Forestry Research. 2003: 17-19

[4]范金. 可持续发展下的最优经济增长[M]. 北京: 经济管理出版社. 2002: 22-38

新疆特色水果与中亚贸易的相似性与互补性分析

马惠兰　曹守峰

（新疆农业大学经济与管理学院）

摘　要：中亚与新疆相似，具有生产温带水果的气候环境条件，水果品种具有很强的相似性，但由于品质和价格上的明显差异，新疆与中亚水果贸易具有较强的互补性。新疆水果对中亚出口的依存度较高，出口市场主要集中在哈萨克斯坦和吉尔吉斯斯坦，出口的水果主要有苹果、柑桔、鲜梨等，且呈增长趋势。中亚各国水果出口也具有较高的相似性，在葡萄、甜（西）瓜、樱桃、李以及干果上具有很强的出口竞争力，存在强烈的竞争性。

关键词：水果贸易；相似性；互补性

新疆地处我国西北部，位于欧亚大陆腹地中亚地区的东部，与蒙古、俄罗斯、哈萨克斯坦、吉尔吉斯斯坦、塔吉克斯坦等8个国家山水相连，是我国拥有邻国最多、边境线最长的省区，也是我国西部对外开放的重要门户。目前，新疆对外开放的一类口岸17个，二类口岸12个，其中面向中亚五国开放的国家一类口岸12个。新疆特殊的地缘区位优势，已成为我国"东联西出"，开拓中亚、南亚、西亚和东欧市场的前沿阵地，为我国和新疆与中亚各国开展农业合作和农产品贸易提供了有利条件。

中亚国家与新疆同处北温带，气候环境条件极为相似，均以生产温带水果为主，且消费习惯和消费偏好相近，生产的水果品种具有很强的相似性。但由于中亚各国与新疆在经济发展水平、水果生产技术、资金投入等方面的差异以及在水果新品种的引进与培育、储藏保鲜、运输能力等方面存在差距，导致水果品质和水果销售价格有很大的差异性，进而形成中亚各国与新疆水果贸易的互补性。

1. HS 编码

按照海关协调编码制度（HS1992）规定的商品项目分类，水果包括HS08编码中0801－0814品目，其编码对应的水果商品名称见下表：

表1　水果HS编码及商品名称分类

代码	水　果　类　别
0801	鲜或干的椰子、巴西果及腰果，不论是否去壳或去皮
0802	鲜或干的其他坚果，不论是否去壳或去皮
0803	鲜或干的香蕉，包括芭蕉
08030000	鲜或干的香蕉，包括芭蕉
0804	鲜或干的椰枣、无花果、菠萝、鳄梨、番石榴、芒果及山竹果
08043000	鲜或干的菠萝
08045010	鲜或干的番石榴
0805	鲜或干的柑桔属水果

作者简介：马惠兰，博士，教授。主要研究方向：区域经济。电话：13199826734　Email：mahuilan2003@yahoo.com.cn

地址：新疆农业大学经济与管理学院　830052.

曹守峰，在读硕士。研究方向：中亚农产品贸易，电话：15292857539　Email：caoshoufeng1110@163.com

地址：新疆农业大学经济与管理学院　83

（续）

代码	水果类别
08051000	橙
08052020	阔叶柑橘
08052090	其他鲜或干的柑桔及杂交柑桔
08054000	柚
08059000	未列名柑桔属水果
0806	鲜或干的葡萄
08061000	鲜葡萄
08062000	葡萄干
0807	鲜的甜瓜(包括西瓜)及木瓜
08071100	鲜西瓜
08071990	其他鲜甜瓜
0808	鲜的苹果、梨
08081000	鲜苹果
08082012	鲜鸭梨、雪梨
08082013	香梨
08082019	其他鲜梨
0809	鲜的杏、樱桃、桃(包括油桃)、梅及李
08091000	鲜杏
08093000	鲜桃，包括油桃
08094000	鲜梅及李
0810	其他鲜果
08105000	鲜猕猴桃
08109090	未列名鲜果
0811	冷冻水果及坚果，不论是否蒸煮，加糖或其他甜物质
0812	暂时保藏的水果及坚果，但不适于直接食用的
0813	品目 0801 至 0806 以外的干果；本章的什锦坚果或干果
0814	柑桔属水果或甜瓜(包括西瓜)的果皮，鲜、冻、干或用盐水、亚硫酸水或其他防腐液暂时保藏的

资料来源：中华人民共和国海关统计商品目录

2　新疆水果出口中亚及变动

新疆对中亚出口的水果有我国内地水果香蕉、菠萝、柑桔类等，更多的是地产的苹果、梨、桃等。新疆出口中亚苹果、柑桔、鲜梨占出口中亚水果总额的 95% 以上。其中，苹果出口中亚所占比重最大，出口额占新疆对中亚出口水果总额的 80%，且呈逐年增加的趋势，出口量从 2004 年的 4.54 万 t 增加到 2008 年的 12.41 万 t，增加了近 2 倍，出口额从 952.39 万美元增加到 6354.84 万美元，增加了近 6 倍。

表 2　新疆水果出口中亚及变动

单位：万美元、%

代码	2004 年		2005 年		2006 年		2007 年		2008 年	
	出口额	比重	出口额	比重	出口额	比重	出口额	比重	出口额	比重
0803	0.07	100.00	0.11	100.00	6.80	100.00	3.38	100.00	1.80	100.00
08030000	0.07	100.00	0.11	100.00	6.80	100.00	3.38	100.00	1.80	100.00
0804	3.54	100.00	6.10	79.86	36.91	99.10	13.61	94.44	13.70	100.00
08043000	3.54	100.00	5.80	100.00	36.91	100.00	13.61	100.00	11.14	100.00
08045010			0.30	16.30					2.56	100.00
0805	93.41	63.94	89.84	15.53	127.33	46.57	255.77	78.43	637.75	53.58
08051000	5.23	24.04	4.46	15.13	1.39	10.53	12.65	40.27	70.81	42.88
08052020									10.58	100.00
08052090	88.07	71.92	85.13	19.02	124.15	48.89	242.86	84.69	556.14	58.87
08054000			0.20	2.29	1.80	58.58	0.26	3.33	0.22	0.40

（续）

代码	2004 年		2005 年		2006 年		2007 年		2008 年	
	出口额	比重	出口额	比重	出口额	比重	出口额	比重	出口额	比重
08059000	0.10	48.66	0.06	0.10						
0806	9.59	4.93	7.59	2.56	6.95	0.94	17.71	1.93	119.62	9.96
08061000	9.59	10.30	7.59	5.30	6.80	1.69	17.71	4.13	116.84	20.08
08062000					0.15	0.05			2.78	0.45
0807	0.23	19.28			0.03	5.88	1.56	17.49	0.06	0.46
08071100	0.23	100.00			0.03	20.65				
08071990							1.56	73.24	0.06	100.00
0808	1003.85	69.87	3045.05	65.68	3599.29	72.94	5081.73	73.44	6867.79	77.30
08081000	952.39	91.40	2914.61	84.70	3335.28	95.05	4719.02	94.24	6354.84	96.43
08082012	0.74	100.00	0.20	100.00						
08082013	0.72	0.36	0.56	0.09	1.13	0.15	0.70	0.06		
08082019	50.00	25.91	129.69	22.64	262.89	40.41	362.01	51.99	512.96	40.79
0809			0.16	3.23	2.34	100.00	6.83	100.00	281.26	100.00
08091000							0.30	100.00		
08093000			0.16	28.57	2.34	100.00	6.53	100.00	274.16	100.00
08094000									7.10	100.00
0810	0.77	14.74	0.95	2.20	0.89	100.00	2.25	99.67	9.47	10.45
08105000	0.72	98.52	0.77	100.00	0.89	100.00	1.41	100.00	1.07	100.00
08109090	0.05	1.11	0.17	0.41			0.84	100.00	8.39	100.00

资料来源：①乌鲁木齐海关，计算整理而得；②比重是指该编码产品占新疆该品种出口总额的比重。

梨出口中亚增速较快，但所占比重较小。新疆出口中亚的梨主要有鸭梨和雪梨、香梨及其他鲜梨，出口量从 2611.63 万 t 增加到 9893.37 万 t，出口额从 51.46 万美元增加到 512.96 万美元，增加了近 9 倍，占新疆出口水果总额的 7% 左右。新疆库尔勒香梨主要出口美国、加拿大及一些南亚国家和新加坡、泰国等东南亚国家，其他鲜梨主要对巴基斯坦、泰国、澳大利亚、马来西亚等国家出口；新疆葡萄和葡萄干出口中亚少，而且变动较大，出口不稳定，葡萄主要对巴基斯坦、印度尼西亚、马来西亚、加拿大等国家出口，葡萄干主要出口欧洲国家、美国、加拿大和南亚、西亚等国家和地区，只有个别年份有少量出口中亚。2006 年以来新疆油桃全部出口中亚，并呈快速增长趋势。

经过新疆口岸的我国内地产柑橘类、香蕉、菠萝等水果，出口量较少，且基本上全部出口到哈萨克斯坦和吉尔吉斯斯坦两个国家。柑桔类水果出口中亚呈增加趋势，出口量从 3537.83t 增加到 2008 年的 17621.82t，出口额从 93.3 万美元增加到 626.95 万美元，增加了 5 倍多。香蕉、菠萝、猕猴桃等出口中亚很少。

3 新疆水果对中亚出口的依存度

3.1 依存度计算模型

出口依存度是指一个国家(或地区)对另一个国家(或地区)的出口额在该国出口总额中所占的比重。计算公式为：

$$\mathrm{EII} = \frac{X_{ij}}{X_i}$$

其中：X_{ij} 是指 i 国(或地区)向 j 国的出口额；X_i 是指 i 国(或地区)的出口总额。出口依存度反映一个国家(或地区)出口对其贸易伙伴国的依赖程度，依存度越高，说明出口国对其贸易伙伴国的依赖性越强。本研究用新疆出口中亚各国水果占新疆水果出口总额的比重，反映新疆对中亚国家水果出口的依存度。

$$\text{新疆水果出口中亚国家依存度} = \frac{\text{新疆对中亚某国的水果出口额}}{\text{新疆水果出口总额}} \times 100\%$$

3.2 新疆水果出口中亚依存度

新疆水果对中亚国家出口的依存度较高，2006～2008 年间，新疆水果对中亚出口的依存度基本维持在 60% 以上，且呈增长趋势。从对各国依存度及变动来看：新疆水果出口中亚的 99% 以上都集中在哈萨克斯坦和吉尔吉斯斯坦两个国家，对哈萨克斯坦的出口额从 719.96 万美元增加到 5437.25 万美元，占对中亚水果出口总额的 68.55%，出口依存度呈波动增加趋势，增加到 45% 以上。而对吉尔吉斯斯坦出口的依存度则呈波动减少趋势，减少到 20% 左右。近年来，新疆水果也有对中亚其他三个国家的出口，但出口量较少，出口的品种也少，依存度很低。

表 3　新疆水果出口中亚依存度　　单位:%

	2004 年	2005 年	2006 年	2007 年	2008 年
新疆－乌兹别克斯坦	－	－	－	0.11	0.06
新疆－塔吉克斯坦	－	0.02	0.02	－	0.01
新疆－吉尔吉斯斯坦	21.21	6.80	40.25	33.11	21.20
新疆－哈萨克斯坦	39.01	28.87	22.28	32.36	46.42
新疆－中亚五国	60.23	35.70	62.55	65.58	67.69

数据来源：UN COMTRADE，计算整理而得

4　中亚各国水果出口的相似性与竞争性

4.1　互竞性指数

互竞性指数或贸易竞争力指数(TCI)，是指一个国家(或地区)某种产品出口额占其出口总额的份额与世界该产品出口额占世界贸易出口总额的份额的比率。用来反映各出口国某类产品出口的相对比较优势或竞争力。计算公式如下：

$$TCI = \frac{X_{ij}/X_i}{X_{wj}/X_w}$$

其中：X_{ij} 代表 i 国水果 j 品目的出口额；X_i 代表 i 国水果的出口总额；X_{wj} 代表世界水果 j 品目的出口额；X_w 代表世界水果的出口总额。

为了剔除各年份出口额波动性因素的影响，体现一定时期内出口产品的综合国际竞争力，本论文在分析比较中亚各国各种水果出口竞争力时，用 2004～2008 年五年的算数平均值数据进行计算分析。

如果 TCI 指数大于 2.5，则表明该国该产品出口具有极强的竞争力；TCI 指数在 1.25～2.5 之间，则表明该国该产品出口具有较强的竞争力；TCI 指数在 0.8～1.25 之间，则表明该国该产品出口具有中度竞争力；TCI 指数小于 0.8，则表明该国该产品出口的竞争力较弱或者没有竞争力。

4.2　中亚各国水果出口竞争力

由于中亚各国农业生产基础薄弱、投入不足，农业生产资料短缺，生产设备不足或破损严重，加上长期形成的耕作习惯，农民没有手工劳动的技能和传统，瓜果生产严重短缺，水果产量远远不能满足国内市场需求，巨大的供需缺口需要大量进口。

中亚各国具有出口竞争力的水果主要有葡萄、甜(西)瓜、杏、樱桃、桃、李以及干果等；各国在苹果、梨及其他鲜果上虽有出口，但出口很少，出口竞争力很低；在香蕉、柑桔类、菠萝以及冷藏水果上处于完全进口状态。

表4 中亚五国2004~2008年水果出口竞争力指数

水果品目	哈萨克斯坦	吉尔吉斯斯坦	乌兹别克斯坦	塔吉克斯坦	土库曼斯坦
0802	0.01	0.98	0.42	0.86	0.02
0804	0.04			0.01	0.01
0805	0.01	0.01		0.01	0.04
0806	0.85	2.76	3.82	1.69	8.27
0807	16.63	0.41	4.27	0.17	1.37
0808	1.27	0.81	0.21	0.09	0.66
0809	0.82	6.98	2.72	0.54	0.33
0810	0.34	0.55	1.80	0.85	0.02
0811	0.01	0.39	0.03		
0812		0.17			
0813	0.02	0.18	1.48	23.74	0.04

从中亚各国水果出口竞争力来看：

乌兹别克斯坦水果出口竞争力最强，具有竞争力的品目也最多，葡萄、甜(西)瓜、杏、樱桃、桃、李等出口具有极强竞争力，竞争力指数分别为3.82、4.28和2.72，其他鲜果和干果出口具有较强竞争力，竞争力指数分别为1.80和1.48。

吉尔吉斯斯坦樱桃、桃、李具有极强的出口竞争力，竞争力指数6.98，2008年出口额占世界同品目出口总额的2.2%，且呈增加趋势。葡萄出口竞争力指数2.76，也具有极强竞争力。其他坚果出口具有一般竞争力。

哈萨克斯坦甜(西)瓜出口具有极强竞争力，竞争力指数达到16.63，2008年出口额占世界甜(西)瓜出口总额的1.6%，国际市场占有率不高。苹果和梨出口具有较强竞争力，竞争力指数1.27。

塔吉克斯坦干果出口竞争力极强，其竞争力指数23.74，2008年出口占到世界干果出口总额的3.5%。葡萄出口也有较强竞争力，竞争力指数1.69。

土库曼斯坦葡萄出口竞争力指数8.27，具有极强的出口竞争力，但国际市场占有率很低，2008年出口额仅占到世界葡萄出口总额的0.01%。甜(西)瓜出口具有较强竞争力，竞争力指数为1.37。

5 主要结论

(1)新疆与中亚国家同处温带地区，水果生产和出口具有很大的相似性，都有出口苹果、葡萄、桃，以及甜(西)瓜的优势。

(2)新疆对中亚出口的水果种类较多，有我国内地产香蕉、菠萝、柑桔类以及苹果、梨、桃等温带水果，但以出口苹果、柑桔、梨为主，苹果出口额占新疆对中亚出口水果总额的80%以上，占新疆农产品出口中亚总额的45%，且呈逐年增加的趋势。梨出口中亚增速较快，但所占比重较小，仅占新疆出口水果总额的7%左右。其他特色林果如葡萄、葡萄干、红枣、核桃等对中亚出口较少。

(3)新疆水果与中亚具有很强的互补性。新疆对中亚出口较多的水果有苹果、梨、桃等水果，而中亚各国进口较多的有柑桔类、苹果、梨、香蕉及坚果。其中，哈萨克斯坦主要进口香蕉、柑桔类以及苹果和梨，柑桔类水果进口占其瓜果进口总额的33.1%，苹果和梨进口占26.4%。吉尔吉斯斯坦主要进口柑桔类、苹果和梨，苹果和梨的进口占瓜果进口总额的81%。乌兹别克斯坦主要进口香蕉、柑桔类以及椰子、巴西果及腰果，柑桔类和香蕉进口占瓜果进口总额的比重分别为40.8%和36.1%。塔吉克斯坦主要进口柑桔类、坚果、香蕉，香蕉、柑桔类水果进口占瓜果进口总额的28%和35%。土库曼斯坦主要进口坚果、柑桔类、苹果和梨。

(4)新疆水果出口中亚的依存度较高，达60%以上，并呈增长趋势。新疆水果出口中亚市场非常集中，几乎全部集中在哈萨克斯坦和吉尔吉斯斯坦，并逐步从哈萨克斯坦向吉尔吉斯斯坦转移，而对中亚其他三个国家的水果出口较少，依存度较低。

（5）中亚各国水果出口具有较高的相似性，也存在着很强的竞争性。各国出口的水果主要有葡萄、甜（西）瓜、樱桃、李以及干果等，葡萄是中亚各国最具出口优势的水果。哈萨克斯坦出口较多的有甜（西）瓜，吉尔吉斯斯坦出口较多的有樱桃、桃、李及葡萄，乌兹别克斯坦出口较多的有葡萄、甜（西）瓜和其他鲜果，塔吉克斯坦和土库曼斯坦出口较多的为葡萄、苹果、梨、甜（西）瓜。

参考文献

[1]王钊英，郭文超，赵利新，戴俊生．中国新疆与中亚五国发展农业经济合作潜力分析[J]．世界农业，2009，(3)：37
[2]刘艺卓，张军平．中国与哈萨克斯坦农产品贸易：动态和展望[J]．新疆农垦经济，2009，(2)：1
[3]扶玉枝．中国新疆与中亚五国农业合作点评[J]．俄罗斯中亚东欧市场，2008，(1)：28
[4]何振．新疆果品开拓中亚五国市场SWOT分析[J]．合作经济与科技，2008，(2)：6
[5]王海燕．中亚五国与中国新疆经济合作的互补性[J]．东欧中亚市场研究，2008，(2)：10

中国人造板贸易条件变动分析
——兼论人造板的贫困化增长

臧　奇　缪东玲　宋维明

（北京林业大学经济管理学院）

摘　要：本文首先从进出口贸易数量、价格、市场三个方面介绍我国胶合板、纤维板、刨花板近些年来的贸易变化情况，总结了人造板对外贸易的特点及存在问题。之后，计算和分析人造板的价格贸易条件和收入贸易条件，通过模型对其价格贸易条件变化进行预测。在此基础上，通过静态贸易条件和动态贸易条件两个指标，从贸易条件角度分析中国人造板贸易利益的变化情况，并判断人造板是否出现了贫困化增长。最后，提出改善我国人造板贸易条件的建议。

关键词：人造板；贸易条件；变动；贫困化增长

Variation Analysis on the Terms of Trade of Wood——based Panel in China

Zang Qi　Miao Dongling　Song Weiming

(Beijing Forestry University)

Abstract: First, this paper introduces China's plywood, fiberboard and particleboard from the import – export trade quantity, price and market, and summarizes the characteristics and problems of wood – based panel international trade. After that, computes and analyses the terms of trade about the three panels, forecasts the future NBTT of wood – based panel by using mathematical model. Based on this, uses static state terms of trade and dynamic terms of trade to analyze the change of wood – based panel trade benefit, and to discuss the immiserizing growth of wood – based panel. Finally, gives suggestions in order to improve the terms of trade of China's wood – based panel.

Key words: Wood – based panel, terms of trade, variation, immiserizing growth

1　引言

基金项目：北京林业大学人文社科振兴专项计划项目(BLRW200918)和中央高校基本科研业务费专项资金资助(RW2010 – 5)

第一作者：臧奇，1985 年生，男，北京林业大学经济管理学院 2007 级研究生．Email：030644109@ sohu. com

责任作者：缪东玲，1971 年 4 月生，博士，副教授，硕士生导师。主要研究方向：国际贸易实务，林产品贸易。Email：donglingm@ bjfu. edu. cn　地址：100083 北京林业大学 39 信箱。

通讯作者：宋维明，1957 年 12 月生，博士，教授，博士研究生导师．主要研究方向：国际经营，林产品贸易。Email：songwm@ bjfu. edu. cn.

1.1 研究意义和对象

我国是世界人造板第一生产国和重要的贸易国。但我国人造板对外贸易也存在很多问题。本文对我国人造板贸易条件进行研究，兼论人造板的贫困化增长问题，具有明显的现实意义。

我国人造板的生产和贸易以胶合板、纤维板、刨花板(俗称“三板”)为主。以2008年为例，我国人造板总产量为9409.95万m^3，其中胶合板、纤维板、刨花板产量分别为3540.86、2906.56、1142.23万m^3，分别占人造板总产量的37.63%、30.89%、12.14%，合计比重高达80.66%；胶合板、纤维板、刨花板出口量分别为718.51、238.26、19.32万m^3，占人造板出口量的80%以上。因此，本文选取三板(胶合板、纤维板、刨花板)作为研究对象。

1.2 文献综述

针对林产品贸易条件的研究相对较少，而专门针对人造板贸易条件进行分析、预测，并探讨其贫困化增长问题的研究还未见报道。

缪东玲等(2004)[1]利用净贸易条件、收入贸易条件，对我国三板的贸易条件进行了分析，指出其收入贸易条件逐步改善，但主要靠低价赢得市场，容易招致反倾销调查。许世伟、宋维明(2004)[2]认为，与国际人造板产业相比，我国人造板产品技术含量低，出口品种、目的地单一，出口价格低廉，国际竞争力不强；我国人造板主要应用于家具行业，相比国外，在建筑等其他应用领域还有待进一步提高。宋明耀等(2007)[3]也认为我国出口的胶合板和刨花板低端产品较多，附加值不高，这主要是由于我国胶合板和刨花板生产企业老厂、小厂较多，原料供应不足，产品质量不高。夏灵芝(2008)[4]认为原材料、燃料、劳动力、资金、运输费用、环保成本上升，出口退税减少，人民币升值是导致我国人造板企业成本上升的因素。曾婷(2008)[5]认为，影响我国人造板产业的国际竞争力的直接因素为价格和质量，间接因素为国内自然资源、劳动力、资本、科技、产品结构、产品应用领域、生产规模、产品品牌、市场需求、产业政策体系和产品标准、贸易壁垒、宏观环境等，我国人造板的主要优势在于成本价格及需求旺盛，劣势在于原材料短缺和企业规模小，创新能力不足，产品附加值低，以及对贸易壁垒关注不高，缺乏相关产业政策。王满等(2008)[6]认为，人造板产业是资源密集型产业，原材料短缺将成为影响我国人造板国际竞争力的最重要因素；我国人造板行业平均利润偏低，加之生产成本上升，人民币升值，绿色贸易壁垒阻碍，未来面临的贸易环境将更加恶劣，并从出口市场选择、原料供应、技术进步、保障体系等几个方面给出了建议。

1.3 研究思路

在概述我国三板对外贸易情况的基础上，本文先计算三板的价格贸易条件和收入贸易条件，分析其变化情况及变化原因，进而预测三板的价格贸易条件变化趋势。最后，分析三板的静态贸易利益与动态贸易利益，判断其是否出现贫困化增长。

2 中国人造板对外贸易的现状和特点概述

综合分析可知：①三板的出口数量都有了较大增长，特别是胶合板和纤维板，增幅明显。胶合板和纤维板的进口数量都有所下降，刨花板的进口数量有所上升。②胶合板的进出口价格都有所增长，进口价格在各个年份均高于出口价格，但价格差距逐步缩小。纤维板的出口价格略高于进口价格，近些年都有所增长，但增幅不大。刨花板的出口价格则有所下降，进口价格则相对稳定，变化不大，进出口价格差距逐渐缩小。③三板的出口市场主要集中在欧美、日韩、俄罗斯等发达国家和地区，特别是美国，在胶合板、纤维板和刨花板的出口中都占据着重要位置，胶合板和纤维板的出口都为第一位，所占比例较高。三板的进口则主要来自于东南亚的几个国家，主要是印度尼西亚、马来西亚、泰国，纤维板的进口澳大利亚和新西兰也占重要地位。④三板的出口市场过于集中于欧美等发达国家和地区，容易受需求下降的影响；出口产品结构不合理，档次较低，附加值低，主要以低价为竞争力，面临多种贸易壁垒，贸易环境比较恶劣。

3 中国人造板贸易条件及其变动趋势分析

3.1 中国人造板贸易条件分析

为了更深入地反映我国人造板近些年来的贸易变化情况，本处主要通过价格贸易条件指数、收入贸易条件指数反映我国人造板产品贸易条件的变化，计算公式如下(由于人造板劳动生产率数据缺失，要素贸易条件不在本文的计算范围之内)：

$$出口价格指数\ P_x = (该年出口价格 \div 基期出口价格) \times 100 \quad (1)$$

$$进口价格指数\ P_m = (该年进口价格 \div 基期进口价格) \times 100 \quad (2)$$

$$价格贸易条件指数\ NBTT = (P_x \div P_m) \times 100 \quad (3)$$

$$出口数量指数\ Q_x = (该年出口数量 \div 基期出口数量) \times 100 \quad (4)$$

$$收入贸易条件指数\ ITT = NBTT \times Q_x \quad (5)$$

同时，为了研究由价格贸易条件指数变动所引起的贸易损益，引入两个计算公式：

$$出口价格变化引起的贸易损益\ R_x = 该年出口额 \times (100 \div P_x - 1) \quad (6)$$

$$进口价格变化引起的贸易损益\ R_m = 该年进口额 \times (1 - 100 \div P_m) \quad (7)$$

$$总贸易损益\ R = R_x + R_m \quad (8)$$

当指数等于100时，表示该年与基期相比没有变化，当指数大于100时，表示贸易条件改善，小于100时，表示贸易条件恶化。贸易损益的结果为正值则表示损失，结果为负值时，则表示收益。

以1998年三板的贸易数据为基期，计算1999~2008年三板的价格贸易条件指数和收入贸易条件指数，以及由进出口价格变化所引起的贸易损益的变化(具体参见表1、表2和表3)：①价格贸易条件——胶合板在所计算的年份内一直是恶化的，但恶化程度在后期逐渐减轻。纤维板由恶化变成了改善，且改善程度不断增加。相比之下，刨花板呈现恶化趋势，且恶化程度不断加深。②收入贸易条件——基本上是改善的。③由进出口价格变化所引起的贸易损益——胶合板和纤维板由损失逐渐变为收益，且收益保持增长趋势，而刨花板却是损失逐渐扩大。三板总贸易损益的变动主要受到三板出口价格所引起的贸易损益的变化影响。

表1 1999~2008年中国胶合板贸易条件指数及贸易损益

年份	P_x	P_m	$NBTT$	Q_x	ITT	R_x	R_m	R
1999	79.68	124.06	64.23	238.89	153.43	0.315	0.806	1.122
2000	74.89	135.59	55.23	388.40	214.53	0.634	1.146	1.780
2001	68.34	121.58	56.21	545.78	306.78	1.122	0.452	1.574
2002	64.87	126.60	51.24	1013.38	519.26	2.313	0.544	2.857
2003	66.11	138.43	47.76	1153.62	550.93	2.540	0.986	3.526
2004	79.05	149.52	52.87	2434.18	1286.93	3.313	1.273	4.585
2005	91.63	146.06	62.73	3157.00	1980.53	1.716	0.873	2.589
2006	95.44	148.32	64.35	4694.64	3020.88	1.391	0.642	2.033
2007	111.78	174.25	64.15	4927.69	3161.07	-3.771	0.726	-3.045
2008	128.87	177.19	72.73	4062.20	2954.43	-7.618	0.730	-6.888

资料来源：根据《2009年中国林业发展报告》[7]进出口数据计算而得

表2 1999~2008年中国纤维板贸易条件指数及贸易损益

年份	P_x	P_m	$NBTT$	Q_x	ITT	R_x	R_m	R
1999	95.00	111.02	85.58	93.93	80.38	0.003	0.205	0.208
2000	95.62	118.96	80.38	178.51	143.49	0.005	0.451	0.456
2001	114.41	111.25	102.83	135.57	139.42	-0.012	0.282	0.271

（续）

年份	P_x	P_m	$NBTT$	Q_x	ITT	R_x	R_m	R
2002	84.51	103.16	81.92	406.18	332.74	0.038	0.093	0.130
2003	107.47	98.19	109.45	321.33	351.71	-0.014	-0.059	-0.074
2004	81.11	84.49	96.00	2578.21	2475.11	0.291	-0.501	-0.209
2005	95.11	86.02	110.57	6960.40	7696.12	0.204	-0.373	-0.169
2006	106.78	90.32	118.23	9951.54	11766.09	-0.404	-0.210	-0.613
2007	117.43	102.58	114.47	15454.61	17691.52	-1.612	0.042	-1.569
2008	151.87	118.74	127.91	12045.92	15407.53	-3.738	0.222	-3.517

资料来源：根据《2009 年中国林业发展报告》[7]进出口数据计算而得

表 3　1999－2008 年中国刨花板贸易条件指数及贸易损益

年份	P_x	P_m	$NBTT$	Q_x	ITT	R_x	R_m	R
1999	94.29	107.51	87.70	153.78	134.87	0.004	0.035	0.040
2000	78.41	100.51	78.01	239.56	186.89	0.024	0.003	0.028
2001	56.37	98.53	57.21	227.57	130.21	0.047	-0.012	0.034
2002	99.45	93.31	106.59	466.70	497.45	0.001	-0.075	-0.074
2003	68.86	95.58	72.04	615.15	443.17	0.091	-0.052	0.038
2004	37.96	99.44	38.18	1192.22	455.15	0.350	-0.007	0.343
2005	44.91	95.93	46.82	866.55	405.69	0.226	-0.049	0.177
2006	41.24	99.03	41.65	1291.68	537.95	0.359	-0.010	0.349
2007	44.84	106.72	42.02	1639.68	689.00	0.428	0.067	0.495
2008	55.09	129.32	42.60	1761.38	750.39	0.374	0.208	0.582

资料来源：根据《2009 年中国林业发展报告》[7]进出口数据计算而得

3.2　中国人造板价格贸易条件的变动趋势

价格贸易条件的变化十分重要，直接影响其他贸易条件的变化，所以，本文进一步分析中国人造板的价格贸易条件变化趋势，以求把握中国人造板价格贸易条件变化的主要趋势。

3.2.1　所用模型概述

本文利用如下 Bleaney 和 Greenway 的时间模型进行分析：

$$\Delta \ln NBTT = a + bt + c\ln NBTT' + \varepsilon \tag{9}$$

$$\Delta \ln NBTT = \ln NBTT - \ln NBTT' \tag{10}$$

$NBTT$ 为当期的价格贸易条件，$NBTT'$为前一期的价格贸易条件，t 表示时间趋势，Bleaney 和 Greenway 还求出了时间趋势方程的长期均衡解：

$$\ln NBTT = \alpha + \beta t \qquad \Delta \ln NBTT = \beta \tag{11}$$

忽略随即扰动项，则可以得到：

$$\beta = -b \div c \tag{12}$$

β 代表了长期时间趋势和方向，该方程符合以下四个条件可能出现四种结果：

条件 1：$b=0$，$c=0$，$\ln NBTT$ 是均值为零的随机游走序列，其历史值不能暗示未来值，未来值有可能大于或小于它的现值；

条件 2：$b=0$，$c<0$，$\ln NBTT$ 不存在长期的趋势，但是倾向于回归到历史均值；

条件 3：$b\neq 0$，$c=0$，$\ln NBTT$ 是随机游走序列，如果 $b>0$，$\ln NBTT$ 未来值很可能大于现值，如果 $b<0$，其未来值很可能小于现值；

条件 4：$b\neq 0$，$c<0$，$\ln NBTT$ 存在一个非零的长期趋势。

这两位学者同时指出，由于 c 不存在大于 0 的情况，因此只需讨论 c 等于零和 c 小于 0 的情况。若 c 等于零 0，则说明 $\ln NBTT$ 是均值为零的随机游走序列，从以前所知的数据不能推出其未来值的变化情况，未来值有可能大于或小于它的现值，预测是不准确的，因此，排除条件 1 和 3，只有在条件 2 和 4 的情况下，模型对价格贸易条件时间趋势解释才是有效的。

3.2.2 数据处理与模型分析

本文使用1998~2008年三板的价格贸易条件指数，运用最小二乘法建立模型。

首先，对三板的价格贸易条件指数进行处理——将原来的价格贸易条件指数除以100，再对所得结果进行对数处理，计算前后年份的ln*NBTT*差值，即Δln*NBTT*，处理完成后数据见表4、表5、表6。

表4 胶合板价格贸易条件指数处理

年份	*NBTT*	ln*NBTT*	ln*NBTT'*	Δln*NBTT*	*t*
1998	1	0			0
1999	0.6423	-0.4427	0	-0.4427	1
2000	0.5523	-0.59366	-0.4427	-0.15096	2
2001	0.5621	-0.57608	-0.59366	0.017588	3
2002	0.5124	-0.66865	-0.57608	-0.09257	4
2003	0.4776	-0.73898	-0.66865	-0.07033	5
2004	0.5287	-0.63733	-0.73898	0.101648	6
2005	0.6273	-0.46633	-0.63733	0.171004	7
2006	0.6435	-0.44083	-0.46633	0.025497	8
2007	0.6415	-0.44395	-0.44083	-0.00311	9
2008	0.7273	-0.31842	-0.44395	0.12553	10

注：数据由作者计算所得

表5 纤维板价格贸易条件指数处理

年份	*NBTT*	ln*NBTT*	ln*NBTT'*	Δln*NBTT*	*t*
1998	1	0			0
1999	0.8558	-0.15572	0	-0.15572	1
2000	0.8038	-0.2184	-0.15572	-0.06269	2
2001	1.0283	0.027907	-0.2184	0.246312	3
2002	0.8192	-0.19943	0.027907	-0.22733	4
2003	1.0945	0.090298	-0.19943	0.289725	5
2004	0.96	-0.04082	0.090298	-0.13112	6
2005	1.1057	0.100479	-0.04082	0.141301	7
2006	1.1823	0.167462	0.100479	0.066983	8
2007	1.1447	0.135143	0.167462	-0.03232	9
2008	1.2791	0.246157	0.135143	0.111014	10

注：数据由作者计算所得

表6 刨花板价格贸易条件指数处理

年份	*NBTT*	ln*NBTT*	ln*NBTT'*	Δln*NBTT*	*t*
1998	1	0			0
1999	0.877	-0.13125	0	-0.13125	1
2000	0.7801	-0.24833	-0.13125	-0.11708	2
2001	0.5721	-0.55844	-0.24833	-0.31011	3
2002	1.0659	0.06382	-0.55844	0.622261	4
2003	0.7204	-0.32795	0.06382	-0.39177	5
2004	0.3818	-0.96286	-0.32795	-0.63491	6
2005	0.4682	-0.75886	-0.96286	0.203999	7
2006	0.4165	-0.87587	-0.75886	-0.11701	8
2007	0.4202	-0.86702	-0.87587	0.008844	9
2008	0.426	-0.85332	-0.86702	0.013709	10

注：数据由作者计算所得

其次，将上述处理后的数据用 SPSS 软件进行模型回归，结果如表 7：

表 7　OLS 模型回归结果

类别	胶合板	纤维板	刨花板
常数	-0.466	-0.325	-0.021
	0.000	0.002	0.181
时间 t(1998 = 0)	0.032	0.061	-0.108
	0.005	0.001	0.049
$\ln NBTT'$	-0.514	-1.487	-1.130
	0.003	0.001	0.384
R^2	0.880	0.851	0.556
估计标准误差	0.06922	0.07632	0.2585
F	25.561	19.971	4.384
	0.001	0.001	0.058
DW	1.898	2.927	2.090
β	0.0623	0.0410	-0.0956

注：由 SPSS 软件计算结果整理而得

由表 7 我们可以看到：

(1)胶合板价格贸易条件趋势。对胶合板进行的模型计算中，R^2 为 0.880，说明时间和 $\ln NBTT'$ 可以解释 $\Delta\ln NBTT$ 88.0% 的变异性，估计标准误差为 0.06922，趋近于零，说明单个点残差在拟合线两侧的扩展幅度很小。DW 检验值为 1.898，在 2 的附近，所以随机误差项在不同样本点之间基本上相互独立，不存在序列相关。F 值为 25.561，显著性概率为 0.001，由于显著性概率小于 5%，说明各回归系数均不为零，回归方程是有意义的。可以得到胶合板价格贸易条件趋势模型的计算结果为：

$$\Delta\ln NBTT = -0.466 + 0.032t - 0.514\ln NBTT' + \varepsilon$$

胶合板回归方程的常数项为 -0.466，时间 t 的系数 b 为 0.032，$\ln NBTT'$ 的系数 c 为 -0.514，符合条件 4 的要求，因此，模型对胶合板价格贸易条件趋势解释是有效的。计算得胶合板的价格贸易条件长期时间趋势为 0.0623，是改善的，年均改善程度为 6.23%。结合第 3 部分的分析，目前我国胶合板的净贸易条件恶化(出口价格指数仍然低于进口价格指数)，但出口价格指数呈现上升趋势，且与进口价格指数的差距越来越小，以这种趋势发展下去，未来我国胶合板的出口价格指数将超过进口价格指数，胶合板的价格贸易条件将得到改善，这与模型预测的结果是一致的。

(2)纤维板价格贸易条件趋势。其计算结果如下，也是有意义的：

$$\Delta\ln NBTT = -0.325 + 0.061t - 1.478\ln NBTT' + \varepsilon$$

也符合条件 4 的要求，因此，模型对纤维板价格贸易条件趋势解释也是有效的。纤维板的价格贸易条件长期时间趋势为 0.0410，是改善的，年均改善程度为 4.10%。

(3)刨花板价格贸易条件趋势。其计算结果如下，也是有意义的：

$$\Delta\ln NBTT = -0.021 - 0.108t - 1.130\ln NBTT' + \varepsilon$$

也符合条件 4 的要求，因此，模型对刨花板价格贸易条件趋势解释也是有效的。刨花板的价格贸易条件长期时间趋势为 -0.0956，是恶化的，年均恶化程度为 9.56%。

(4)小结。综上，通过模型对三板未来的价格贸易条件的变化趋势进行预测，结果显示，未来胶合板和纤维板的价格贸易条件指数将保持上升，而刨花板的价格贸易条件指数将呈现下降趋势，结合第 3.1 部分的分析，可以认为预测结果基本符合实际变化趋势：未来我国胶合板的价格贸易条件恶化的程度将逐步减轻，并在随后出现改善的情况；纤维板的价格贸易条件也将保持改善的趋势，并且改善的程度将会继续加大；刨花板的价格贸易条件不容乐观，未来将继续恶化，且恶化程度逐步加深。

4 从贸易条件角度评价中国人造板贸易利益——兼论人造板的贫困化增长

4.1 贸易条件与贸易利益的关系

贸易利益是指通过国际贸易进行商品交换所获得的利益。贸易利益可分为两种：其一，静态贸易利益，又称交换利益。其二，动态贸易利益，即生产专业化利益。

价格贸易条件反映了一国单位出口商品交换能力，是从价格上体现一国从国家贸易中所取得的交换利益，是一个“交换效率”指标。收入贸易条件是出口数量指数和价格贸易条件指数的乘积，反映的是一国在国际贸易中进口能力的大小，是一个总量的概念。贸易利益本质上是一个总量的概念，是通过单位利益与数量的乘积形式表现出来，所以可以用收入贸易条件来反映静态贸易利益。同时，由于可能存在收入贸易条件与价格贸易条件变化不一致的情况(包括在贸易利益增加的同时，可能存在交换效率的损失)，所以，为了更合理地研究来自贸易的静态利益，我们不但需要考察“量”的变化(即贸易利益的变化)，而且需要“质”的分析(即静态贸易利益交换的效率)，即需要综合考虑收入贸易条件和价格贸易条件来全面考察我国胶合板、纤维板、刨花板的静态贸易利益变化情况。

交换条件的好坏决定该国的生产专业化利益能否实现以及实现的程度，因为专业化生产的产品，有一部分超过了本国的需求，就需要通过贸易方式与国外进行交换，以实现利益最大化。从交换效率考察，价格贸易条件的改善说明该国单位出口商品能够换回更多的进口商品，增加了生产专业化的利益。从数量上考察，收入贸易条件的改善也表明出口的商品能够换回更多的进口商品，超出本国需求的那部分产品的生产专业化利益也通过国际贸易得到了实现。从这一角度考察，贸易条件的好坏与动态贸易利益高度相关。尽管从贸易条件角度并不能全面考察动态贸易利益，仍不能否认贸易条件变动对动态贸易利益的影响，而且当影响加剧时(如出现贫困化增长的情况时)，更有考察的必要。本文从贸易条件的角度评价中国人造板的动态贸易利益，侧重于分析贸易条件变化对我国胶合板、纤维板、刨花板产量增长的影响。

4.2 中国人造板贸易利益——兼论人造板的贫困化增长

本文使用金德尔伯格提出的价格贸易条件变动对贸易利益影响的公式，以收入贸易条件指数代表静态贸易利益，并以价格贸易条件指数来计算静态贸易利益变动指数，即交换效率，表示价格贸易条件变动对静态贸易利益的影响，具体公式如下：

$$I = Q_x \times (P_x \div P_m - 1) \tag{13}$$

其中：I 为静态贸易利益变动指数；Q_x 为该年的出口数量指数；P_x 为该年的出口价格指数；P_m 为该年的进口价格指数。对上式稍作变形如下：

$$I = Q_x \times NBTT - Q_x \tag{14}$$

可以看到，等式右端第一项为收入贸易条件指数，第二项为出口数量指数。

进一步考虑贸易条件对动态贸易利益的影响，即考察是否由于贸易条件变化导致我国人造板出现“贫困化增长”，因为经济增长带来的产量提高可能会被贸易条件的不断恶化而抵消，我们使用如下公式：

$$T = [(NBTT - NBTT') \div NBTT] \times M \div C \tag{15}$$

其中：T 表示价格贸易条件变动对产量增长的影响；$NBTT$ 为该年的价格贸易条件指数；$NBTT'$ 为上一年的价格贸易条件指数。等式右边中括号内表示相对于上期的价格贸易条件变动比率；M 为该年进口量；C 为该年产量。这一公式说明了本期贸易条件与上期相比，其变化导致的损益占上期产量的比率。

如果这一损失超过了产量本期相对于上期的增长率，则产生了巴格瓦蒂所指的贫困化增长。从 T 的计算方法来看，这是一个相对指标，为了分析结果更加全面，本文根据上述公式，构造了价格贸易条件对产量增长率的绝对影响量 T' 计算公式如下：

$$T' = T \times C' \tag{16}$$

C' 为上一年的产量。

利用上述公式对胶合板、纤维板、刨花板的数据进行计算，静态贸易利益变动情况如图 1、图 2 和图 3，动态贸易利益变动情况如表 8、表 9 和表 10。

主要结论如下：①价格贸易条件的优劣直接决定了静态贸易利益获取率的变化。三板的静态贸易利益(收入贸易条件指数)都随着出口数量的增加而增加，但分析静态贸易利益的交换效率可知，胶合板和刨花板价格贸易条件恶化导致其静态贸易利益的获取率越来越低，相反，纤维板价格贸易条件改善导致其静态贸易利益的获取率越来越高。②中国人造板没有出现贫困化增长。分析三板价格贸易条件对产量的影响可知，在各个年份里，三板产量的增长率均远高于价格条件恶化对产量增长带来的负效应。这主要归功于近些年来三板在国家利好政策的刺激下，产业发展很快，产量增长迅速，产量的高增长掩盖了由于价格贸易条件恶化所造成的产量的损失。但是，未来单纯靠数量扩张来改善收入贸易条件的空间将越来越小，特别是胶合板和刨花板，还是存在着出现贫困化增长的危险。

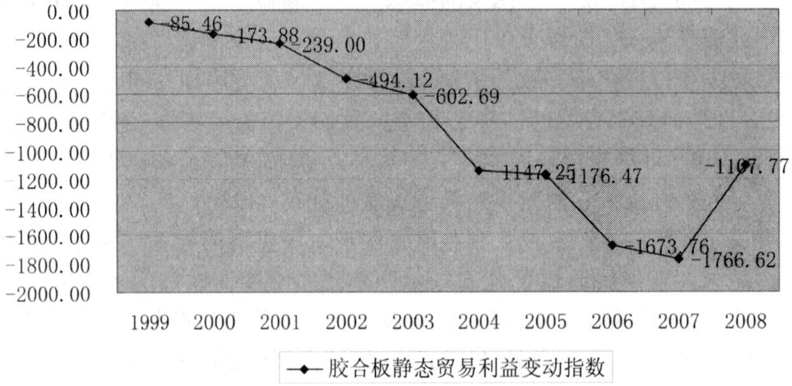

图1　1999～2008 年中国胶合板静态贸易利益变动指数

注：数据由表1计算所得

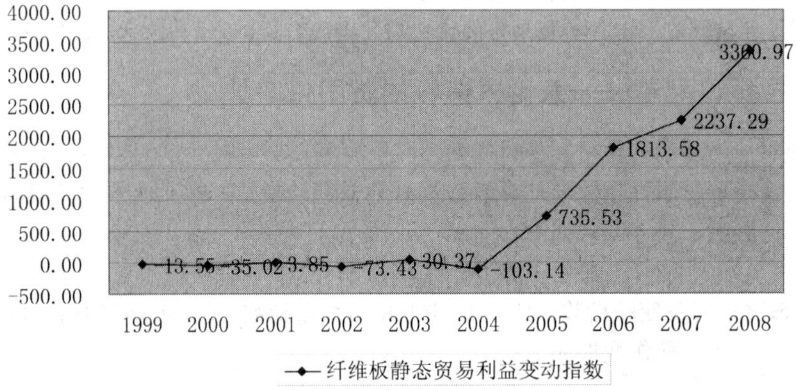

图2　1999～2008 年纤维板静态贸易利益变动指数

注：数据由表2计算所得

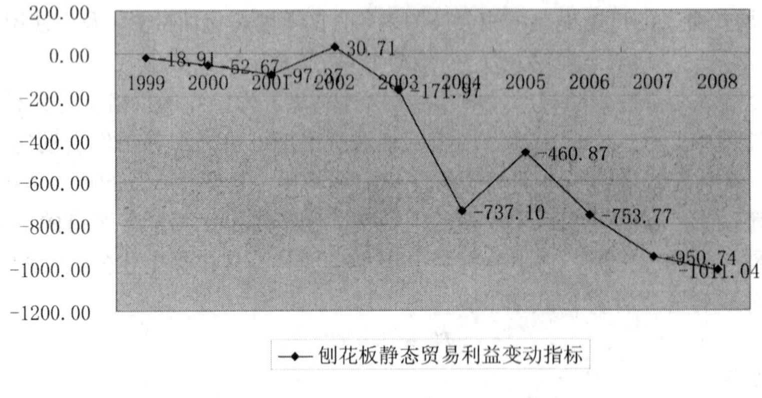

图3　1999～2008 年刨花板静态贸易利益变动指数

注：数据由表3计算所得

表 8　1999 ~ 2008 年中国胶合板价格贸易条件对产量增长影响

年份	T(%)	年产量增长率(%)	T'(万 m^3)
1999	-13.00	62.96	-58.05
2000	-2.24	36.41	-16.32
2001	0.11	-8.87	1.13
2002	-0.68	25.51	-6.17
2003	-0.51	85.19	-5.81
2004	0.37	-0.18	7.73
2005	0.44	19.84	9.26
2006	0.04	8.50	1.04
2007	0.00	30.52	-0.09
2008	0.10	-0.58	3.47
平均值	-1.54	25.93	-6.38

注：数据由表 1 计算所得

表 9　1999 -2008 年纤维板价格贸易条件对产量增长影响

年份	T(%)	年产量增长率(%)	T'(万 m^3)
1999	-6.10	77.94	-13.39
2000	-1.68	31.71	-6.56
2001	4.54	10.82	23.37
2002	5.60	31.61	31.95
2003	4.57	47.03	35.07
2004	-1.71	38.30	-19.29
2005	0.96	32.05	14.98
2006	0.29	19.71	5.99
2007	-0.09	10.67	-2.31
2008	0.19	6.47	5.30
平均值	-0.46	30.93	1.12

注：数据由表 2 计算所得

表 10　1999 ~ 2008 年刨花板价格贸易条件对产量增长影响

年份	T(%)	年产量增长率(%)	T'(万 m^3)
1999	-1.31	-9.52	-3.48
2000	-1.77	19.01	-4.27
2001	-5.67	20.14	-16.27
2002	7.93	7.19	27.32
2003	-8.10	48.23	-29.93
2004	-10.57	17.45	-57.88
2005	1.82	-10.40	11.70
2006	-1.17	46.38	-6.72
2007	0.05	-1.68	0.46
2008	0.06	37.77	0.51
平均值	-1.87	17.46	-7.86

注：数据由表 3 计算所得

5　结论和建议

5.1　结论

(1)我国人造板的出口量增长迅速，主要得益于近年来我国实施的一系列发展人造板产业的政策，以及鼓励人造板产品出口的措施。但我国人造板出口市场较为集中、出口商品结构不合理，以低附加值低质量低价格的产品为主，易受到各种贸易壁垒的冲击。

(2)1998～2008年我国胶合板价格贸易条件呈现恶化趋势，但恶化程度逐步减轻；纤维板的价格贸易条件逐步改善；而刨花板的价格贸易条件则明显恶化。通过模型预测，未来胶合板和纤维板的价格贸易条件指数将继续增加，呈改善趋势，而刨花板的价格贸易条件指数将继续下降，呈继续恶化趋势。三板的收入贸易条件大幅改善，其主要原因是出口数量增长。

(3)价格贸易条件恶化反映的是单位出口商品交换能力的减弱，单位商品获得的贸易收益的下降。三板价格贸易条件的恶化和收入贸易条件的持续改善，表明我国人造板产品依旧停留在依靠数量扩张的粗放式增长模式。

(4)通过对三板静态贸易条件和动态贸易条件变化的分析，可知，我国人造板还没有陷入贫困化增长的陷阱，这主要是由于出口数量的高速增长掩盖了价格贸易条件恶化所造成的损失。在贸易保护主义加剧、市场竞争日趋激烈的情况下，作为劳动和资源密集型产品的人造板，未来单纯靠数量扩张来改善收入贸易条件的空间将越来越小。如企业长期不关注产品附加值的提高，只一味追求以低价取胜，必将陷入低档次的微利竞争中，出口增长所带来的产量和收益的提高可能会被价格贸易条件的恶化所抵消，导致贫困化增长危机。

5.2 建议

建议遵循由"量"向"质"转变的思路，改善收入贸易条件，以获取静态和动态贸易利益，防止贫困化增长。对内注意加大技术投入，优化产品出口结构，提高产品附加值和质量，从而相对提高出口价格，改善价格贸易条件，逐步摆脱对出口退税等政策支持的依赖。对外多渠道改善贸易环境，注意多元化进出口市场，掌握主动权。

参考文献

[1]缪东玲. 中国木质林产品贸易与环境研究[M]. 北京：中国林业出版社，2004.
[2]许世伟，宋维明. 我国人造板产业国际竞争力分析[J]. 绿色中国，2004(4)：41－44.
[3]宋明耀. 我国人造板产业国际竞争力刍议[J]. 中国木材，2007(6)：4－7.
[4]夏灵芝. 推动我国人造板生产企业成本上升的因素分析[J]. 中国人造板，2008(6)：7－8.
[5]曾婷. 中国人造板产业的国际竞争力评价[D]. 江苏南京：南京林业大学，2008.
[6]王满，孙志刚，陈圣林. 把脉我国人造板国际竞争力[J]. 中国林业产业，2008(6)：18－27.
[7]国家林业局. 中国林业发展报告1999－2009[M]. 北京：中国林业出版社，1999－2009

中国木质林产品产业内贸易的分析与验证

吴红梅　唐　欣

（北京林业大学经济管理学院）

摘　要：产业内贸易是国际贸易研究的热点问题之一。本文在介绍中国木质林产品贸易现状的基础上，分别计算了中国各类木质林产品的产业内贸易指数，以及中国木质林产品的水平型和垂直型产业内贸易指数，并利用垄断竞争模型对中国木质林产品的产业内贸易进行了验证。

关键词：木质林产品；产业内贸易；水平型；垂直型

The intra – industry trade analysis and validation of Chinese woody forestry production trade

Abstract: The research of Intra – industry trade is a hot point recently. The article firstly introduces the status of Chinese woody forestry production trade, then gives the intra – industry trade index, horizontal intra – industry trade index and vertical intra – industry trade index. At last, a monopolistic competition model is used to explain the horizontal intra – industry trade on forestry production of China. The conclusion is that the intra – industry trade on forestry production of China can not be explained by monopolistic competition model.

Key words: woody forestry production; intra – industry trade; horizontal; vertical

1　引言

产业内贸易是相对于传统的产业间贸易而言的，是指一个国家或地区在一段时间里同一产业或部门的产品即进口又出口的现象。造成产业内贸易的原因主要有：产品差异、规模经济、消费者偏好差异以及国家之间产品层次结构和消费层次结构的重合。

关于产业内贸易，早期的文献是1960年，Verdoorn在对“比荷卢经济同盟”集团内贸易格局变化的研究中发现：比荷卢三国的专业化分工主要发生在同一产业的不同分支之间。此后，理论界对产业内贸易进行了很多探讨。1966年，Balassa对欧共体各成员国的贸易状况进行了分析，发现欧共体各成员国之间的大部分贸易行为发生在以国际贸易标准分类体系划分的商品组内，而不是在商品组之间。1975年，Grubel和Lloyd出版了《产业内贸易：异质产品国际贸易的理论及测度》一书，提出了至今仍常用的Grubel—Lloyd产业内贸易指数（GL指数），用以测度产业内贸易水平。此外，Lancaste（1979，1980）、Krugman（1979，1980，1981，1990）、Brande（1981，1983）、Greenaway（1982，1983，1984，1985，1986，1987，1994，1995）等经济学家也从不同角度研究了发达国家的产业内贸易问题。他们分析了产业内贸易形成的原因，探讨了产业内贸易的效果，并给出了许多计量模型以解释产业内贸易现象。随着发展中国家经济的发展，产业内贸易越来越多的发生在发达国家和发展中国家之间。这样，许多学者开始把产业内贸易区分为水平型产业内贸易和垂直型产业内贸易。

对于林产品的产业内贸易问题的研究，国内学者主要是田园、程宝栋、宋维明以及刘艺卓、左常升、徐宏源等，他们分别对中国与发达国家木材产业内贸易以及中国林产品总体产业内贸易指数进行了研究，作出了开创性的工作。

基于产业内贸易已经成为国际贸易研究的热点问题，本文希望在借鉴已有研究的基础上，首先对中国木质林产品产业内贸易的总体情况进行分析，其次对中国木质林产品产业内贸易的类型进行研究，最后对研究结果进行验证。

现阶段，在对林产品贸易的研究中使用的统计口径很多，统计口径的不一致会导致林产品进出口额出现差异，进而使计算出的林产品对外贸易的相关指标出现不同。本文参考了 FAO 分类和《海关统计年鉴》(中华人民共和国海关总署，2001)、《2002 年中国林业发展报告》(国家林业局，2003)、《中国林业统计年鉴(2001)》(国家林业局统计处，2001)的统计口径，将所要研究的中国木质林产品界定为：原木、锯材、单板、刨花板、纤维板、胶合板、纸类以及木家具，共八类。本文的数据主要来源于《中国林业统计年鉴》和《中国海关统计年鉴》。

2 中国木质林产品产业内贸易分析

2.1 中国木质林产品国际贸易的数据

中国木质林产品的贸易发展十分迅速，如图 1 所示，在 1993 ~ 2008 年间，中国的木质林产品贸易额不断上升。其中进口额稳定增长，出口额则在 1999 年之后快速增长，出口增速要明显大于进口增速。2004 年之前，中国木质林产品贸易的出口额小于进口额，表现为贸易的逆差，而 2004 年之后，出口额大于进口额，表现为贸易的顺差。2008 年，中国木质林产品进出口总额为 631.71 亿美元，比 2007 年增长了 9.55%。其中进口额为 272.48 亿美元，同比增长 14.28%；出口额 359.23 亿美元，同比增长 6.21%，贸易顺差为 86.75 亿美元。[1]

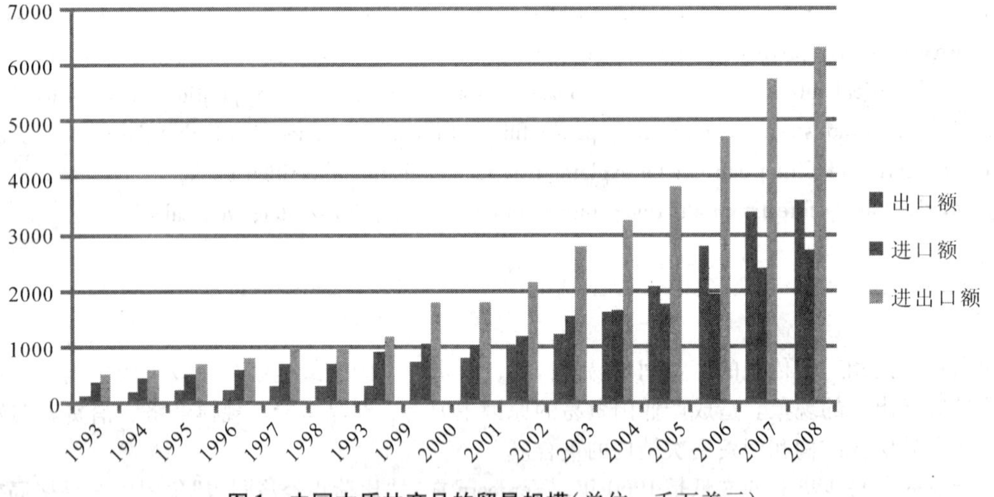

图 1 中国木质林产品的贸易规模(单位：千万美元)

2.2 中国木质林产品产业内贸易指数

Grubel 和 Lloyd 提出的 Grubel—Lloyd(*GL*)指数，成为国际上最具权威的衡量产业内贸易水平的指标。*GL* 指数能很好地测度某一年的林产品产业内贸易情况，从静态的角度衡量林产品的产业内贸易发展状况。

对于某一类木质林产品而言，其 *GL* 指数的计算公式是：

$$GL_i = 1 - \frac{|X_i - M_i|}{X_i + M_i}$$

其中，X_i、M_i 分别为第 i 类木质林产品的出口额、进口额；i 为各类木质林产品。GL_i 的取值范围是 [0，1]，数值越大，进出口产品的重叠程度越大，产业内贸易水平越高。当 *GL* 指数等于 0 时，说明进出口产品完全不重叠，该产品的全部贸易都表现为产业间贸易；当 GL 指数取 1 时，说明进出口产品完全重叠，该产品的全部贸易都表现为产业内贸易。[2]本文收集了中国木质林产品历年的进出口额，通过把相关数据带入 GL 指数公式进行计算，得到了中国各类木质林产品产业内贸易指数，如表 1 所示。

表 1　中国各类木质林产品 GL 指数

年份	原木	锯材	单板	刨花板	纤维板	胶合板	纸类	木家具
1993	0.27	0.93	0.41	0.11	0.35	0.08	0.47	0.20
1994	0.18	0.94	0.55	0.25	0.34	0.07	0.49	0.18
1995	0.02	0.87	0.82	0.39	0.36	0.10	0.50	0.10
1996	0.12	0.96	0.93	0.38	0.27	0.18	0.39	0.05
1997	0.08	0.84	0.70	0.49	0.16	0.40	0.42	0.05
1998	0.04	0.50	0.66	0.27	0.08	0.21	0.42	0.06
1999	0.01	0.35	0.74	0.24	0.05	0.46	0.36	0.04
2000	0.01	0.31	0.87	0.24	0.07	0.60	0.42	0.03
2001	0.01	0.33	0.78	0.14	0.06	0.98	0.45	0.03
2002	0.00	0.28	0.66	0.35	0.13	0.75	0.48	0.03
2003	0.00	0.33	0.56	0.30	0.39	0.80	0.52	0.03
2004	0.00	0.27	0.48	0.30	0.63	0.48	0.54	0.03
2005	0.00	0.31	0.35	0.27	0.73	0.26	0.63	0.03
2006	0.00	0.35	0.28	0.40	0.47	0.13	0.73	0.03
2007	0.00	0.36	0.27	0.49	0.27	0.09	0.78	0.04

从表 1 可以看出，1993 ~ 2007 年，中国各类木质林产品均存在不同程度的产业内贸易现象，即中国木质林产品贸易均存在产业内贸易和产业间贸易两种形式。其中，原木的产业内贸易水平最低，从 2002 年开始表现为绝对的进口，这主要是因为国内的资源约束所致。木家具的产业内贸易水平稍高，表现为出口占绝对多数，而进口很少，这主要是因为我国在家具制造业当中拥有较强的竞争优势。其余六类木质林产品的产业内贸易水平相对较高。[3]为了对原木以外的七类木质林产品的产业内贸易进行深入分析，本文引入水平型产业内贸易和垂直型产业内贸易的划分。

2.3　中国木质林产品产业内贸易的类型分析

2.3.1　水平型和垂直型产业内贸易的划分

水平差异是指同质产品具有不同的特性或属性，即消费者所能感知的产品在规格、款式、颜色等方面的差别。如同等质量羊毛纺织的不同式样、颜色的羊毛衫之间的贸易。水平差异产品在价格上是接近的。水平型产业内贸易形成的原因是不完全竞争和规模经济。在不完全竞争的市场中，厂商不断扩大生产规模，最终实现规模经济，成本降到最低，由此获利。而最终每一种商品只有一个厂商生产，出现专业化分工，这样，一个国家所能生产的商品数量就有限了。而一国的消费者需求是多样化的，这就只能通过贸易来满足需求。

垂直差异是指产品具有不同的物理特征和质量档次水平。如不同质量的羊毛纺织成的羊毛衫之间的贸易。垂直差异产品通常表现为产品的价格差异。优质产品价格高，低质产品价格低。垂直型产业内贸易形成的原因是国家之间要素禀赋的差异。因为一国的要素禀赋条件决定了其生产出的产品的质量。当两个国家的要素禀赋不同时，生产出的产品就具备了很大的质量差异，而与此同时，两国各自都存在需求对方产品的消费者，高收入者需要高质量的产品，低收入者需要低质量的产品，这样，两国间的垂直型产业内贸易就出现了。[4]

判断水平型产业内贸易和垂直型产业内贸易可根据 Greenaway 的 GHM 方法：

(1) 当 $1-\alpha \leqslant UV_x/UV_m \leqslant 1+\alpha$ 时，该产业内贸易为水平型产业内贸易。

(2) 当 $UV_x/UV_m < 1-\alpha$ 或 $UV_x/UV_m > 1+\alpha$ 时，该产业内贸易为垂直型产业内贸易。

UV_x、UV_m 分别表示存在产业内贸易的产品的单位出口价值和单位进口价值，α 被称为“离散因子”，通常取常数 0.15 或 0.25。在研究计算中可以用 P_x（单位出口价格）和 P_m（单位进口价格）分别表示一定时

期的 UV_x、UV_m，本文取 $\alpha=0.25$。即：

(1)当 $0.75 \leq P_x/P_m \leq 1.25$ 时，该产业内贸易为水平型产业内贸易。

(2)当 $0 < P_x/P_m < 0.75$ 或 $P_x/P_m > 1.25$ 时，该产业内贸易为垂直型产业内贸易。

水平型产业内贸易和垂直型产业内贸易还可以进一步细分，可以用 H 和 V 分别表示水平型产业内贸易方式和垂直型产业内贸易方式，即当 $0.75 \leq P_x/P_m \leq 1$ 时，可用 $H-$ 表示这种低质量水平型产业内贸易。$1 < P_x/P_m \leq 1.25$ 时，可用 $H+$ 表示这种高质量水平型产业内贸易。当 $0 < P_x/P_m < 0.75$ 时，可用 $V-$ 表示这种低质量垂直型产业内贸易。当 $P_x/P_m > 1.25$ 时，可用 $V+$ 表示这种高质量垂直型产业内贸易。

2.3.2 中国木质林产品的水平型和垂直型产业内贸易指数

根据中国上述七类木质林产品的单位进出口价值比，如表2所示，可以看出在中国各类木质林产品的产业内贸易中，木家具和胶合板表现为低质量垂直型产业内贸易的形式，即我国进口的是高质量产品，出口的是低质量产品。锯材和纸类表现为高质量垂直型产业内贸易的形式，即我国进口的是低质量产品，出口的是高质量产品；单板和刨花板曾经都是高质量垂直型产业内贸易的形式，2005年逐渐转变为水平型的产业内贸易形式，即我国的进口和出口质量差异不大。而纤维板则是垂直型和水平型产业内贸易的形式交替出现。

表2 中国各类木质林产品的单位进出口价值比及差异类型

年份	锯材		单板		刨花板		纤维板		胶合板		纸类		木家具	
2007	1.90	V+	1.11	H+	0.95	H-	1.48	V+	0.73	V-	2.81	V+	0.43	V-
2006	1.56	V+	1.16	H+	0.95	H-	1.53	V+	0.73	V-	3.05	V+	0.39	V-
2005	1.65	V+	1.18	H+	1.06	H+	1.43	V+	0.72	V-	3.22	V+	0.32	V-
2004	1.96	V+	1.34	V+	0.87	H-	1.24	H+	0.60	V-	2.96	V+	0.35	V-
2003	2.04	V+	2.15	V+	1.64	V+	1.41	V+	0.55	V-	2.67	V+	0.39	V-
2002	2.02	V+	2.83	V+	2.42	V+	1.06	H+	0.59	V-	2.76	V+	0.34	V-
2001	1.79	V+	3.31	V+	1.30	V+	1.33	V+	0.65	V-	2.68	V+	0.40	V-
2000	1.59	V+	3.22	V+	1.77	V+	1.04	H+	0.63	V-	1.98	V+	0.49	V-
1999	1.64	V+	2.85	V+	1.99	V+	1.10	H+	0.73	V-	2.33	V+	0.49	V-
1998	2.16	V+	2.99	V+	2.27	V+	1.29	V+	1.15	H+	2.35	V+	0.41	V-
1997	2.47	V+	2.82	V+	2.84	V+	1.08	H+	0.84	H-	2.08	V+	0.48	V-
1996	2.63	V+	4.04	V+	2.42	V+	0.96	H-	1.03	H+	2.02	V+	0.49	V-
1995	2.76	V+	3.66	V+	1.60	V+	0.94	H-	0.87	H-	1.44	V+	0.38	V-

通过对应各类林产品的进出口金额，利用公式可以计算出我国林产品的垂直产业内贸易指数和水平产业内贸易指数，如表3所示。

(1)水平产业内贸易指数：

$$HGL = \left(\sum_h (X_h + M_h) - \sum_h |X_h - M_h|\right) / \sum_i (X_i + M_i)$$

其中，X_h、M_h 分别表示各年中存在水平型产业内贸易方式的林产品的出口值和进口值。

(2)垂直产业内贸易指数：

$$VGL = \left(\sum_v (X_v + M_v) - \sum_v |X_v - M_v|\right) / \sum_i (X_i + M_i)$$

其中，X_v、M_v 分别表示各年中存在垂直型产业内贸易方式的林产品的出口值和进口值。

由此可见，$GL = HGL + VGL$

表3 中国木质林产品的水平型和垂直型产业内贸易指数

年份	*HGL*	*VGL*	*GL*
2007	0.01	0.92	0.93
2006	0.01	0.93	0.94
2005	0.02	0.94	0.96
2004	0.01	0.82	0.83
2003	0.00	0.75	0.75
2002	0.00	0.68	0.68
2001	0.00	0.61	0.61
2000	0.00	0.55	0.55
1999	0.00	0.51	0.51
1998	0.01	0.55	0.56
1997	0.03	0.54	0.57
1996	0.02	0.52	0.54
1995	0.02	0.57	0.59
平均	0.01	0.68	0.69

可见，我国木质林产品的产业内贸易一直是垂直型占绝对主导。从平均值来看，从1995到2007年我国木质林产品年平均总体产业内贸易指数为0.69，年平均水平型产业内贸易指数仅为0.01，年平均垂直型产业内贸易指数为0.68。

3 中国木质林产品水平型产业内贸易的验证

3.1 垄断竞争模型的设立

20世纪70年代末以来，Krugman通过模型的建立阐述了规模经济、不完全竞争市场结构与水平型产业内贸易的关系。他的研究认为，由于规模报酬递增，随着生产规模的扩大，平均成本不断下降。因此，每一种产品只有一个厂商生产，并由此形成了不同国家的专业化分工。假设消费者喜好消费的多样化，所以每一个国家的消费者都消费所有种类的产品，因而每一个国家的产品出口到其他国家，而同时进口其他国家的产品，而各国所生产的不同商品价格是相等的。[5]本文利用其模型来验证中国木质林产品产业内贸易的类型是否为水平型产业内贸易。Helpman和Krugman(1985年)的模型为[6]：

$$X_{ij} = s_j Y_i$$

其中，X_{ij}表示某产业从i国向j国的出口，Y_i表示i国该产业的产量，s_j是表示一个国家出口和产业间关系的特定常量。

由此可导出该产业的国家出口表达式：

$$X_i = \sum_j X_{ij} = (\sum_j s_j) Y_i$$

也可表示成：

$$X_i = s_i Y_i \tag{1}$$

其中，s_i是与产业和出口国家i相关的常数。因此，该公式表明一国的出口量与其产量成正比。

3.1.1 静态模型

为了检验我国木质林产品产业内贸易的类型，通过对我国1995～2007年木质林产品贸易数据的调查，建立静态模型：

$$\ln(X_{it}) = \ln(s_i) + \beta \ln(Y_{it}) + u_{it} \tag{2}$$

其中，$i = 1,\cdots,n$，为林产品的种类。$t = 1,\cdots,T$，表示年份。u_{it}表示误差项。

这样，公式$X_i = s_i Y_i$表示出口弹性β为1。即如果垄断竞争理论能很好的解释中国林产品水平型产业内贸易，则通过模型对每一林产品产业的出口弹性β估计出的值应该尽量接近整数值1。首先在5%的显著性水平上建立零假设H_0：$\beta=1$，若其被拒绝，则拒绝垄断竞争假设，即中国林产品产业内贸易的类型不是以水平型产业内贸易为主。

3.1.2 动态模型

对于既定产量，静态模型都会有一个预测的出口量，而现实中，实际出口量的变化对产量的变化是需要一定反应时间的，也就是在一定时期内通过调整来接近预测的出口量。

假设产量为 Y_{it}时预测的出口量为 X_{it}^*，则有：

$$\ln(X_{it}^*) = \ln(s_i) + \delta\ln(Y_{it}) \tag{3}$$

假设在一定时期内，实际出口水平稍做调整以接近预测的出口水平，则有：

$$\ln(X_{it}) - \ln(X_{i,t-1}) = (1-\gamma)(\ln(X_{it}^*) - \ln(X_{i,t-1}) + v_{it} \tag{4}$$

其中，V_{it}表示误差；$0 \leqslant \gamma \leqslant 1$，表示从 t 到 $t+1$ 出口为适应产出变化而变化的速度，适应期越长 γ 值越大。

由以上两个公式联立可得：

$$\ln(X_{it}) = (1-\gamma)\ln(s_i) + \beta\ln(Y_{it}) + \gamma\ln(X_{it-1}) + v_{it} \tag{5}$$

其中，$i = 1,\cdots,n$。$t = 1,\cdots,T$；v_{it} 表示误差；$\beta = \delta(1-\gamma)$ 是短期产品出口弹性。

在5%的显著性水平上建立零假设 H_0：$\beta=1$，若其被拒绝，则拒绝垄断竞争假设，即短期当中中国林产品产业内贸易的类型不是以水平型产业内贸易为主。

当 $X_{it} = X_{i,t-1} = X_i^e$，$Y_{it} = Y_{it-1} = Y_i^e$，$v_{it} = v_{i,t-1} = 0$ 时，推导出以下出口和产量的长期平均关系：

$$\ln(X_{it}^e) = \ln(s_i) + \frac{\beta}{1-\gamma}\ln(Y_{it}^e) \tag{6}$$

其中 $\delta = \beta/(1-\gamma)$ 是长期出口弹性。在5%的显著性水平上建立零假设 H_0：$\beta=1$，若其被拒绝，则拒绝垄断竞争假设，即长期当中中国林产品产业内贸易的类型不是以水平型产业内贸易为主。

3.2 模型的估计与检验

3.2.1 静态模型的估计与检验

由于单板、纸类及木家具的产量数据缺失，而原木的产业内贸易指数又很低，所以在此只对锯材、胶合板、纤维板和刨花板进行模型估计。结果如表4：

表4 静态模型估计结果

	锯材	刨花板	纤维板	胶合板
β	0.41	2.30	1.51	1.81
相关系数 r	0.11	0.90	0.86	0.95
RMSE	1.5026	0.57969	0.92799	0.51739
自相关系数 ρ	0.923	–	0.758	–
拟合优度 R^2	0.0118	0.8185	0.7382	0.9055

由表4可以看出，四种木质林产品的 β 估计值都不趋近于1，其中三板的拟合优度都超过了70%，尤其是胶合板超过了90%，说明静态模型对三板产业内贸易情况的拟合程度较高。这说明静态模型不能很好的解释中国木质林产品产业内贸易，即中国木质林产品产业内贸易的类型不是以水平型产业内贸易为主。

3.2.2 动态模型的估计

对动态模型短期出口弹性的估计结果如表5：

表5 动态模型短期出口弹性估计结果

	锯材	刨花板	纤维板	胶合板
β	-0.11	0.69	0.68	0.94
相关系数 r	0.09	0.88	0.86	0.95
RMSE	0.58621	0.31211	0.61716	0.36996
速率	0.90	0.71	0.73	0.54
自相关系数 ρ	-0.503	–	–	–
拟合优度 R^2	0.8460	0.9424	0.8977	0.9529

由表5可以看出，只有胶合板的β估计值趋近于1，为0.94，其余产品的β估计值均不趋近于1。这就得到了与静态模型相似的结论，说明短期动态模型不能很好的解释中国木质林产品产业内贸易，即中国木质林产品产业内贸易的类型不是以水平型产业内贸易为主。

对动态模型长期出口弹性的估计结果如表6：

表6 动态模型长期出口弹性估计检验结果

	锯材	刨花板	纤维板	胶合板
β	-1.1	2.38	2.52	2.04
相关系数r	0.09	0.88	0.86	0.95
RMSE	0.58621	0.31211	0.61716	0.36996
自相关系数ρ	-0.503	-	-	-
拟合优度R^2	0.8460	0.9424	0.8977	0.9529

由表6可以看出，四种林产品的β估计值都明显不趋近于1，即也得到了与静态模型相似的结论，说明长期动态模型不能很好的解释中国木质林产品产业内贸易，中国木质林产品产业内贸易的类型不是以水平型产业内贸易为主。

4 结论

综合上面分析的结果，我们可以看出，垄断竞争虽然是导致产业内贸易的一个原因，但对于中国木质林产品的产业内贸易来说，垄断竞争并不是导致中国木质林产品的产业内贸易的主要原因。因为垄断竞争模型主要是用来解释发达国家间水平型产业内贸易的，而中国木质林产品的产业内贸易表现为很强的垂直型类型，因而该理论模型就起不到相应的解释效果了。

作为本研究的后续工作，可以对中国木质林产品的垂直型产业内贸易进行验证。

参考文献

[1]中华人民共和国海关总署．中国海关统计年鉴(R)，1993-2008.

[2]田园，程宝栋，宋维明．中国与发达国家木材产业内贸易研究．林业经济问题[J]，2008(8)：333.

[3]刘艺卓，左常升，徐宏源．中国林产品产业内贸易分析．中国农村经济[J]，2006(9)：38-44.

[4]高敬峰．中国制造业垂直型产业内贸易和产业结构升级分析．东岳论从[J]，2008(3)：69-73.

[5]刘向民．保罗·克鲁格曼及其经济理论．经济学动态[J]，1997(2)，74.

[6]Zhang Sijia，Buongiorno，Joseph：Does Monopolistic Competition Explain Intraindustry Trade of Forest Products? Society of American ForestersForest Science，Volume 53，Number 4，August 2007，pp. 519-528.

森林认证社会福利效应的分析
——基于一般均衡分析的视角

管志杰[1,2]　沈杰[1]

（1. 南京林业大学经济管理学院；
2. 常州工程职业技术学院经济管理系）

摘　要：森林认证具有贸易壁垒的性质，本文首先回顾了局部均衡下对森林认证的社会福利效应的分析，其次基于一般均衡分析的视角，用新古典模型，在充分考虑森林认证的环境效益情况下，分析了森林认证的社会福利效应，指出只要出自由贸易社会收益大于自给自足情况下的社会收益，自由贸易给消费者的效用也就会增大，进口国家要考虑认证林产品的环境收益，需要给予林产品进口实施进口关税或价格扶持，以鼓励更多资源向认证林产品部门集聚。

关键词：森林认证；社会福利；一般均衡

The Analysis of Social Effect forForest Certification Based on General Equilibrium angle

Guan Zhijie[1,2]　Shen Jie[1]

(1. Faculty of Economic Management, Nanjing Forestry University
2. Economic Management Department, Changzhou Institute of Engineering Technology)

Abstract: The forest certification has the trade protectionism character, this author firstly reviewed the analysis of the social welfare effect for forest certification under the partial equilibrium, then based on the general equilibrium analysis's angle,, full considering forest certification's environment benefit situation, the author has analyzed the forest certification social welfare effect by the neoclassic model, and pointed out that so long as the gains by the trade is bigger than in the self - sufficient situation , the free trade will increase consumer's effect, the importing country must consider the environment benefit of certified forest product, implement the importing tariff and supporting price for certified forest products, encouraged more resources to gather the certified department.

Key words: forest certification; social effect; general equilibrium

森林认证是运用市场机制促进森林可持续经营的工具，自提出以来，很多林业企业通过了森林认证，但企业通过森林认证需要增加成本，又由于森林认证的很多特征符合技术贸易壁垒的特点，因此从另一个侧面可以理解森林认证具有贸易壁垒性质[1]。关于贸易壁垒的社会福利效应分析国内有很多学校

基金项目：江苏省教育厅高等学校哲学社会科学基金项目(09SJD790003)；江苏省2010年度高校哲学社会科学研究重点项目(2010ZDIXM031)。

作者简介：管志杰(1973－)，江苏溧阳人，常州工程职业技术学院副教授，南京林业大学林业经济管理专业博士研究生，研究方向：国际贸易和企业管理，联系方式：(0)13775007060(email)zhijie.guan@163.com。沈杰：南京林业大学博导，教授

进行了研究，朱钟棣等研究了合规性贸易壁垒的社会经济效应[2]，全毅等分析了技术性贸易壁垒的经济影响与对策[3]，高文书从对进口商品的数量控制和价格控制两个方面分析了贸易技术壁垒的作用机制，并运用局部均衡模型。对贸易技术壁垒的静态经济效应进行了深入剖析[4]。关于森林认证的社会福利效应国内研究的很多，管志杰等分析了绿色采购在林产品贸易中对大小国的社会福利效应，提出绿色采购对小国福利损失的影响大于其对大国的影响[5]，戴明辉等研究分析了森林认证对林产品的贸易条件效应[6]，本文从一般均衡角度分析森林认证的社会福利效应。

1 森林认证的社会福利效应的局部均衡分析回顾

局部均衡分析主要考虑的是两种情况下社会福利效应变化。一是供给不变和需求变动情况下，社会福利效应的变化，另一是供给不变需求变动情况下的社会福利效应变化，研究的社会福利效应主要是从生产者剩余和消费剩余两个角度来进行比较分析。产品进行绿色认证后，价格提高，促使国内的厂商更多的增加绿色产品的生产，认证的林产品数量增加，由于为大国，在供给不变需求不变情况下，对于大小国而言，影响程度是不一样的。产品进行绿色认证后，认证林产品成本增加，价格提高，促使国内的厂商更多的增加绿色产品的生产，认证的林产品数量增加，由于为大国，供给增加会影响世界市场上经过绿色认证的林产品价格，促使世界市场上所有认证的林产品价格将下降，因此小国的社会福利损失大于大国的社会福利损失。在考虑需求变动情况下，同样由于大国能够操纵世界价格，在需求相同变动情况下，整个社会福利大国比小国要增加。

在需求不变供给变动的情况下，虽然自由贸易政策能够产生较好的社会福利，但由于对森林资源过度利用，林产品的供给又缺乏弹性，国内林产品供给减少，供给曲线向上移动，对人类的可持续发展不利，因此综合起来林产品自由贸易的政策采取比完全禁止贸易效果要差。在实施森林认证后，考虑了林产品的可持续发展，世界森林资源得到了永续利用，林产品供给曲线不会发生移动，森林认证是较好的政策选择。

2 森林认证社会福利效应的一般均衡分析

在用局部均衡分析时仅从消费者和生产者在林产品认证后面临需求、供给变化以及关税变动时的福利情况分析，未考虑到认证产品的外在环境溢出效应的社会收益，以及由此带来的社会福利变化，同时国际贸易产生后的要素价格的变化。Mihoko Shimamoto 在森林的可持续性和贸易政策中，用一般均衡分析了林产品贸易的可持续性[7]，受其启发，这里采用新古典贸易模型，考虑两类产品：工业产品和认证林产品，两种要素投入劳动和资本，面临工业产品出口，认证林产品进口，充分结合认证产品的环境溢出效应分析国内社会福利变化。

2.1 一国自给自足生产情况下的均衡分析

假定两类产品，产品 1 为工业产品和产品 2 为认证林产品，这两种产品输入的都是劳动和资本，但劳动和资本的密集程度不同，工业产品是资本密集型产品，认证林产品是劳动密集型产品，劳动和资本要素的单位价格是 w 和 r ，输入的劳动 $\bar{L}$ 和资本 $\bar{K}$ 总量是固定的，在产品 1 上所用的劳动和资本的数量为 L_1 和 K_1 ，在产品 2 上投入的劳动和资本要素为 L_2 和 K_2 ，则有

$$L_1 + L_2 = \bar{L} \tag{1}$$

$$K_1 + K_2 = \bar{K} \tag{2}$$

这里假定劳动和资本都能从产品 1 到产品 2 自由流动，产品 1 的生产函数是 x_1 ，商品 2 的生产函数是 $y = \alpha f^2(K_2, L_2)$ ，由于商品 2 通过了森林认证，对环境有保护作用，假定这环境的保护作用的溢出效应可以通过林产品的数量量化，y 表示整个数量，假设 y 的数量与林产品数量之间的相关系数为 α ，α 是固定的且大于 0，那么我们得到如下方程式：

$$x_1 = f^1(K_1, L_1) \tag{3}$$

$$x_2 = f^2(K_2, L_2) \tag{4}$$

$$y = \alpha f^2(K_2, L_2) \tag{5}$$

产品 1 和产品 2 两个生产函数都是凹函数，且是递增，规模报酬不变，由于产品 2 是凹函数，故$(1+\alpha)f^2(K_2,L_2)$也是凹函数，因此很容易找到平衡点。假定产品市场和要素市场都是完全竞争市场，每个产品的国内均衡价格都用p_1和p_2来表示，由于产品 2 通过森林认证后对环境有保护作用，外在的溢出效应产生收益，设单位环境溢出效应的环境溢价为t^p，环境外在溢出的收益为$t^p y$，结合这些假设条件可得到以下均衡方程式：

$$\text{Max } p_1x_1 + p_2x_2 + t^p y$$

$$\text{s.t. } x_2 = f^2(K_2,L_2) \quad L_1 + L_2 = \bar{L}, K_1 + K_2 = \bar{K} x_1 = f^1(K_1,L_1) \quad x_2 = f^2(K_2,L_2) \quad y = \alpha f^2(K_2,L_2)$$

上式是表示在考虑环境溢出效应后的社会收益最大化，如果得出的结果是唯一的，也就得出生产者有唯一均衡点。

设γ_1，γ_2，γ_3，λ_1，λ_2是拉格朗日系数，拉格朗日函数可以表示如下：

$$L = p_1x_1 + p_2x_2 + t^p y + \gamma_1\{f^1(K_1,L_1) - x_1\} + \gamma_2\{f^2(K_2,L_2) - x_2\} + \gamma_2\{f^2(K_2,L_2) - x_2\} + \gamma_3\{\alpha f^2(K_2,L_2) - y\} + \lambda_1(\bar{K} - K_1 - K_2) + \lambda_2(\bar{L} - L_1 - L_2)$$

最大化的条件是

$$p_1 - \gamma_1 = 0 \tag{6}$$

$$p_2 - \gamma_2 = 0 \tag{7}$$

$$t^p - \gamma_3 = 0 \tag{8}$$

$$\gamma_1 f^1_{K1} - \lambda_1 = 0 \tag{9}$$

$$\gamma_1 f^1_{L1} - \lambda_2 = 0 \tag{10}$$

$$\gamma_2 f^2_{K2} + \gamma_3 \alpha f^2_{K2} - \lambda_1 = 0 \tag{11}$$

$$\gamma_2 f^2_{L2} + \gamma_3 \alpha f^2_{L2} - \lambda_2 = 0 \tag{12}$$

从式(6)、式(9)和式(10)可得

$$p_1 f^1_{K1} = \lambda_1 \tag{13}$$

$$p_1 f^1_{L1} = \lambda_2 \tag{14}$$

相似从式(7)、式(8)、式(11)和式(12)可得

$$(p_2 + t^p\alpha) f^2_{K2} = \lambda_1 \tag{15}$$

$$(p_2 + t^p\alpha) f^2_{L2} = \lambda_2 \tag{16}$$

计算社会生产可能线的边际转换率，从下式最大化问题得到最有效生产转化率

$$\text{Max } f^1(K_1,L_1)$$

$$\text{s.t. } x_2 = f^2(K_2,L_2), y = \alpha f^2(K_2,L_2), K_1 + K_2 = \bar{L}$$

求解，得到下式的边际转换率

$$-dx_2/dx_1 = f^2_{K2}/f^1_{K1} = f^2_{L2}/f^1_{L1} \tag{17}$$

$$-d(x_2+y)/dx_1 = (1+\alpha)f^2_{K2}/f^1_{K1} = (1+\alpha)f^2_{L2}/f^1_{L1} \tag{18}$$

如此，生产者均衡条件(13)-(16)可写成如下

$$p_1/(p_2 + t^P\alpha) = f^2_{K2}/f^1_{K1} = f^2_{L2}/f^1_{L1} = -dx_2/dx_1 \tag{19}$$

或者

$$p_1(1+\alpha)/(p_2 + t^P\alpha) = (1+\alpha)f^2_{K2}/f^1_{K1} = (1+\alpha)f^2_{L2}/f^1_{L1} = -d(x_2+y)/dx_1 \tag{20}$$

生产均衡点满足式(19)和(20)。见图 1A 点和 B 点显示。

A 点表示把产品 1 和产品 2 进行转换时的相对价格比，B 点表示把产品 1 和产品 2 及产品 2 的外在溢出效应进行转换时的相对价格比。

2.2 在自由贸易情况下的均衡分析

现在假设有 1 个消费者，其消费产品 1 的数量是c_1，产品 2 的数量是c_2，外在溢出效应的数量是

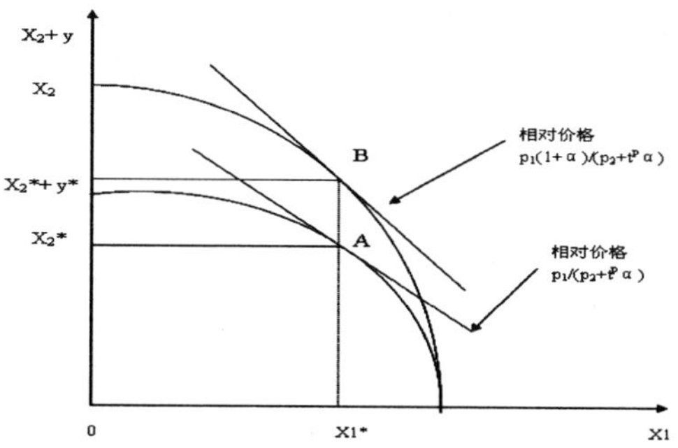

图1 考虑环境溢出的生产可能线

y，而外在溢出效应的数量总是与生产的产品2的生产数量相关，因为外在溢出不可能进口得到，消费者的效用是由消费 c_1，c_2 和 y 得到的，y 的多少不会影响商品效用的方程式，整个消费者的总效用可以设定如下：

$$V(c_1,c_2,y) = U(c_1,c_2) + \mu\mu(y) \tag{21}$$

效用方程式 $U(c_1,c_2)$ 是一阶齐次方程，μ 是固定的正数，$\mu(y)$ 是 y 的增函数，当消费者面临价格 p_1^c，p_2^c，t^p 时，消费者的均衡条件从下式获得

$$\text{Min } p_1^c c_1 + p_2^c c_2 + t^p y$$

$$\text{s. t. } V(c_1,c_2,y) \geqslant \bar{V}$$

拉格朗日系数为 δ

$$L = p_1^c c_1 + p_2^c c_2 + t^p y - \delta\{V(c_1,c_2,y) - \bar{V}\}$$

定位每个不同变量

$$p_1^c - \delta V c_1 = 0 \tag{22}$$

$$p_2^c - \delta V c_2 = 0 \tag{23}$$

$$t^p - \delta V_y = 0 \tag{24}$$

$$V(c_1,c_2,y) = \bar{V} \tag{25}$$

从式(22)、(23)和(24)可得

$$V_{C1}/p_1^c = V_{C2}/p_2^c = V_y/t^p$$

根据式(21)效用方程式的定义，消费者均衡的必要条件是：

$$U_{C1}/p_1^c = U_{C2}/p_2^c = \mu u_y/t^p \tag{26}$$

考虑国际贸易情况下的市场均衡，假设是小国，国外商品1和商品2的价格就是国际价格，p 表示国际价格向量，$c_1(p)$，$c_2(p)$ 是需求方程式，$x_1(p)$，$x_2(p)$ 是供给方程式，在宏观经济平衡条件下可得到下式：

$$p_1 c_1(p) + p_2 c_2(p) = p_1 x_1(p) + p_2 x_2(p) \tag{27}$$

设 $ex_1(p)$ 表示商品1的出口，$im_2(p)$ 表示商品2的进口

$$ex_1(p) = x_1(p) - c_1(p) \tag{28}$$

$$im_2(p) = c_2(p) - x_2(p) \tag{29}$$

然后方程(27)可得到如下

$$p_1 ex_1(p) + p_2 im_2(p) = 0 \tag{30}$$

在不考虑进出口的情况下，自给自足时，方程(30)可以写成如下：

$$ex_1(p) = 0, \ im_2(p) = 0 \tag{31}$$

结合(1)-(5)式，把所有一般均衡条件都集中在一起，消费者一般均衡条件是：

$$P_1/P_2 = p_1/(p_2 + t^p\alpha) = f_{K2}^2/f_{K1}^1 = f_{L2}^2/f_{L1}^1 \tag{19}$$

消费者的总效用公式是(21)，消费者均衡条件是(26)，市场均衡条件是式(30)，(31)式表示自给自足的情况。

当所有条件被满足时，可以得到如图 1 所示的均衡点。

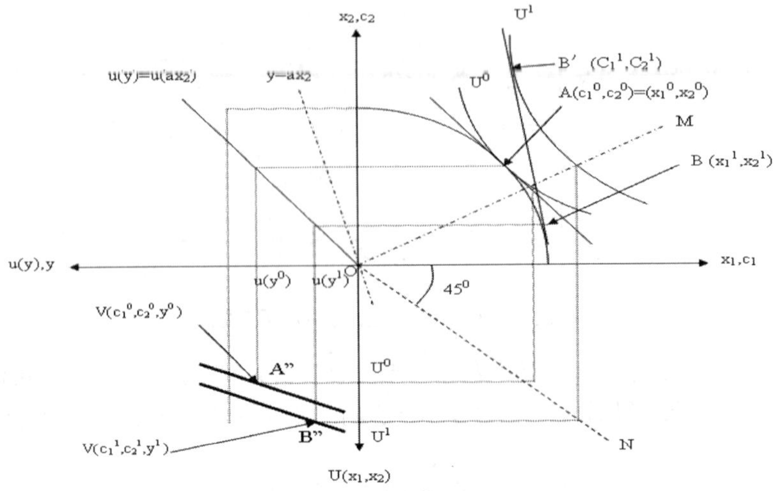

图 2　包括环境溢出的一般均衡

图中 1 象限表示产品 1 和产品 2 的生产可能线，图中 A 点表示在自给自足的情况下的生产均衡点，此时效用为 U^0，效用点用 $A(c_1^0,c_2^0)$，虚线 M 是 1 条效用线，离原点距离越远，表示其效用水平越大，B 点表示在自由贸易情况下的生产均衡点，B′ 点表示消费者均衡点，此时效用水平为 U^1，效用点用 $B'(c_1^1,c_2^1)$，第二象限表示效用曲线，$y=\alpha x_2$ 表示外在溢出效应的数量，$\mu(y)=\mu(\alpha x_2)$ 表示消费者对外在溢出效应的效用，$y=\alpha x_2$ 和 $\mu(y)=\mu(\alpha x_2)$ 都是递增函数，在自给自足情况下，外在溢出效应数量为 y^0，效用数量为 $\mu(y^0)$，在自由贸易情况下，外在溢出数量为 y^1，效用数量为 $\mu(y^1)$。第四象限虚线 N 是一条 45 度线。第三象限表示总效用水平，$V(c_1^0,c_2^0,y^0)$ 表示在自给自足情况下，考虑外部环境溢出效应后的总效用 A″ 点的效用水平。A″ 表示在生产均衡点位 A 点时，环境溢出效用数量 $\mu(y^0)$，生产消费效用数量 $A(c_1^0,c_2^0)$ 时的总效用。$V(c_1^1,c_2^1,y^1)$ 表示在自由贸易情况下，考虑外部环境效应后的 B'' 总效用水平线，B'' 点表示在生产均衡 B 点，此时的对应的环境溢出效应数量为 $y=\alpha x_2$，环境溢出效用水平为 $\mu(\alpha x_2)$，消费均衡点 B′ 点时对应的效用水平为 $B'(c_1^1,c_2^1)$ 时的总效用。

假如所有商品之间都是可替代的，且环境溢出效应能够进行确切的分配，进行自由贸易与自给自足情况下的效用比较，在自给自足情况下的均衡相对价格为相对价格 $p_1^0/(p_2^0+t^{p0}\alpha)$，在自由贸易情况下的均衡相对价格 $p_1^1/(p_2^1+t^{p1}\alpha)$，生产可能线是凸的，消费者的效用是凹的，根据 Wong, Kar－Yiu(1995) 在 competitve equilibrium 的分析[8]，如果

$$p_1^1x_1^0+(p_2^1+t^{p1}\alpha)x_2^0 \leqslant p_1^1x_1^1+(p_2^1+t^{p1}\alpha)x_2^1 \tag{32}$$

则

$$V(c_1^0,c_2^0,y^0) \leqslant V(c_1^1,c_2^1,y^1) \tag{33}$$

即表示在自由贸易情况下，总效用水平大于自给自足情况下的总效用。

2.3　要素收入的变化

根据“斯托尔珀—萨缪尔森定理”，某一商品相对价格的上升，将导致该商品密集使用的生产要素的实际价格或报酬提高，而另一种生产要素的实际价格或报酬则下降。“斯托尔珀—萨缪尔森定理”概括了这种情形，即：开展贸易后，会使出口行业（价格上升行业）中密集使用的生产要素的报酬提高，而使进口竞争行业（价格下跌行业）中密集使用的生产要素的报酬降低。因此在自由贸易的情况下，会使工业产品价格上升，密集使用的资本要素的报酬提高，而使进口林产品的价格下跌，密集使用的劳动要素报酬的降低。即资本 r 增加，而 w 下降。在资源密集向出口部门集中时，进口部门资源必然减少，但是由于认证林产品能够产生环境溢出效应，在人们意识到这一点时，就会鼓励进行认证林产品的生产，给它支持价格或增加进口关税，这样国内认证产品价格提高，劳动要素收入增加，保证了资源向认证产品的流动。假定 T 为关税，此时生产均衡条件就变成如下：

$$p_1/(p_2+T) = p_1/(p_2+t^p\alpha) = f_{L2}^2/f_{L1}^1 = f_{K2}^2/f_{K1}^1 \quad (19)$$

3 结论

对森林认证的社会福利效应从国际贸易角度看，从局部均衡分析中在区分大小国情况下影响程度是不一样的，特别是在考虑关税变化和需求变动时。一般均衡分析把森林认证的环境溢出效应直接考虑进去进行分析，提出只要自由贸易社会收益大于自给自足情况下的社会收益，则自由贸易给消费者的效用也就会增大，这与单纯的局部均衡分析情况下需求不变，产品价格提高消费者的效用就会减少是截然不一样的，同时也说明了进口国家要考虑认证林产品的环境收益，需要给予林产品进口实施进口关税或价格扶持，以鼓励更多资源向认证林产品部门集聚。整个结论中不能看到森林认证本身是否合理，但从理解经济系统中各参与方经济利益的变化看，具有重要的参考价值，可以为政府与企业针对森林认证有效应对提供现实依据。

参考文献

[1]邱亦维，杨刚．绿色贸易壁垒对中国林产品出口的影响及对策[J]．国际贸易问题，2007(5)：23－28.
[2] 朱钟棣．合规性贸易壁垒的应对和应用研究[M]．北京：人民出版社 2007：1.
[3] 高文书．贸易技术壁垒经济分析[J]．财贸经济，2003(9)：58－63.
[4] 全毅．跨域技术性贸易壁垒—理论分析、经济影响与对策研究[M]．北京：经济科学出版社，2006：10.
[5] 管志杰，杨红强，聂影．林产品绿色采购的社会福利效应分析[J]．西北林学院学报，2010(4)：229－232.
[6]戴明辉，沈文星．森林认证对林产品贸易的经济效应分析[J]．生态经济，2009(2)：151－154.
[7]Mihoko Shimamoto Forest sustainability and trade policies[J]．ECOLOGICAL ECONOMICS 2008 (4)：605 – 614.
[8]Wong，Kar－Yiu，1995. International Trade in Goods and Factor Mobility[C]. MIT Press，Cambridge.

美国《雷斯法案》修订案对中国木制品企业出口影响分析

陈晓倩[1]　吴盛富[2]

(1. 北京林业大学经济管理学院；2. 中国林产工业协会)

摘　要：中国已经成长为林产品生产和进出口大国，其中美国是中国第一大林产品出口市场，2006年以来中国对美国木制品出口的增长速度一直保持在30%以上，2008年对美国木材及木制品、纸及纸浆、木家具及部件出口额达到了110.60亿美元。为确保将来源于非法采伐木材加工制成的林产品排除在美国市场之外，2008年5月22日，美国通过了对《雷斯法案》的修订案(Lacey Act Amendment)，将分四个阶段对进口林产品的木材来源合法性进行控制，并确定了一系列的行动方案。中国林产加工业作为美国林产品最重要的供应商之一，更好的了解和适应美国《雷斯法案》修订案的相关要求，对提升企业的综合竞争力具有重要的意义。本文基于相关企业调查，分析了美国《雷斯法案》修订案对中国木制品企业出口带来的影响，并提出了相关的应对建议。

关键词：美国《雷斯法案》修订案；林产品国际贸易；木材合法性认定

1　引言

中国已经成长为林产品生产和进出口大国。2008年中国主要林产品进出口总额为631.71亿美元，比2007年增长了9.55%。其中进口额为272.48亿美元，同比增长14.28%，出口额359.23亿美元，同比增长6.21%。据海关数据统计，中国约有30%的木制产品出口到美国，2006年对美国木材及木制品、纸及纸浆、木家具及部件出口额为79.20亿美元，2007年对美国木材及木制品、纸及纸浆、木家具及部件出口额为108.08亿美元，2008年对美国木材及木制品、纸及纸浆、木家具及部件出口额为110.60亿美元，呈现出持续上涨的趋势。

根据联合国粮食及农业组织《2005年世界森林资源评估》，世界森林资源蓄积推算约为4 340亿 m^3，每年减少0.1%，主要是由热带雨林毁林开荒和砍伐薪材造成。全世界生产的16亿 m^3 工业用原木中约80%产自美国、加拿大、俄罗斯、欧洲和中国等森林蓄积增加的国家，蓄积减少的其余国家生产的工业用原木仅占20%。

为了保护世界的森林资源，减少非法毁林，国际组织发起了许多的国际公约，如《生物多样性公约》、《濒危野生动植物国际贸易公约》、《国际热带木材协定》等，各国也出台了本国的森林保护法规，但由于各国法律的差异性，造成了法律之间的相互不兼容，使得木材来源的合法性的界定各国存在差别。

为确保将来源于非法采伐木材加工制成的林产品排除在美国市场之外，2008年5月22日，美国通过了对《雷斯法案》[①]的修订案(Lacey Act Amendment)，将分四个阶段对进口林产品的木材来源合法性进行控制，并确定了一系列的行动方案。此外，出于同样目的，作为中国林产品出口第二大目的地的欧盟目前也已经启动了与美国《雷斯法案》修订案类似的“尽责调查法案(Due Diligence Legislation)”，并计划于2013年开始实施。中国林产加工业作为美国林产品最重要的供应商之一，更好的了解和适应美国《雷斯法案》修订案的相关要求，对提升企业的综合竞争力具有重要的意义。

2 美国《雷斯法案》修订案的基本要求和最新进展

2008年5月22日重新修订、实施的美国《雷斯法案》，将法案原涉及野生动物扩展到了木材及木材制品，也包括纸和纸浆。修订案规定任何人在美国各州之间或海外贸易中违反国内或国际法律进口、出口、运输、出售、收受、获取、收购下列来自外国的植物(少数除外)，即属违法，需要接受相应的民事和刑事处罚：

(1)在违反外国植物保护法规的情况下擅自采伐、运输、拥有或出售的植物及其产品；

(2)在没有缴付必需的林区使用费、税或未付费的情况下擅自采伐、运输、拥有或出售的植物及其产品；

(3)在违反任何植物出口或转运法规限制的情况下擅自取走、运输、拥有或出售的植物及其产品。

此次修订的主要变动如下：①管理范围由“濒临灭绝的动植物管理”扩展到“整个野生植物及其产品”。②要求2008年12月15日后进口到美国的野生植物及其产品，进口商须填报“植物及产品申报单”。③对违法植物及产品要采取扣押、罚款和没收措施，对申报虚假信息、错误标识等行为也要采取处罚措施。

新修订案涉及的植物及产品范围

新修订案重新定义了植物及产品的概念，将“植物及产品”定义为“植物界的所有野生植物，包括根、种子、其他植株组成部分及其产品，包括天然林木或人工种植林木”。该修订案要求进口商申报的产品范围非常广泛，涵盖活植物、植株组成部分、木材、木浆、纸、纸板，以及含有某些植物成分的产品如家具、工具、雨伞、体育用品、印刷品、乐器等。

修订案明确规定以下3类植物可以免除进口申报：一是除树以外的“常规栽培植物”和“常规粮食作物”(含根、种子、其他植株分“常规栽培植物”和“常规粮食作物”范围；二是供实验室或田间试验研究使用的植物繁殖材料科学样本(包括根、种子、胚质、其他植株部分及其产品)；三是拟用于种植的植物。

但是，对于上述第二、三类植物，如符合下列情况，仍需要进行申报：①属于《濒危野生动植物物种国际公约》(CITES)附件所列植物；②属于美国1973年《濒危物种法》(ESA)所列的濒危或受威胁物种；③依据美国任何一个州有关物种保护的法律，属于本地濒临灭绝的物种。

进口申报内容及分段实施对应的相关税则产品

(1)进口申报内容

从2008年12月15日起，进口到美国的受限植物及植物产品，进口商需填报“植物及产品申报单(Declaration Form)”，申报内容包括植物的拉丁学名(明确到种)、货值、数量(包括计量单位)、产地来源国等信息。申报内容须符合下列规定：

①若用于生产该植物产品的植物种类多样，且确切种类不明，进口商须申报可能用于生产该植物产品的每种植物名称。

②若用于生产该植物产品的植物品种来自多个国家，且确切国家不明，进口商须申报每个可能的植

---

① 《雷斯法案》(LACEY ACT)(16 USC § 3371－3378)，是美国第一部联邦自然保护法案。在19世纪与20世纪之交，以营利为目的的非法捕猎在美国尤其是西南部泛滥，严重威胁了美国诸多野生物种。1900年春天，爱荷华州的共和党人约翰·雷斯(John F. Lacey)议员向美国国会提交了《雷斯法案》提案。规定只要违犯了各州法律，就禁止在各州之间运输非法捕猎物或者受保护动物。同年5月25日，美国总统威廉·麦金莱(William McKinley)签署通过《雷斯法案》。生效之后，作为美国联邦层面的第一部环境保护法律，《雷斯法案》百余年来历经修订，最为重要的有1969年、1981年、1989年和2008年的历次修订。经过多次完善，《雷斯法案》内容不断演化，适用领域日益广泛，时至今日，已构成美国联邦野生动植物资源保护执法体系的基础。

物来源地国家名称。

③对纸张和纸板类植物产品，如含有可回收植物成分，进口商须申报可回收植物成分的平均百分比及不可回收植物成分的信息。

④专门用作包装材料(如支撑、保护或装载其他物品)的植物及植物产品，不需要进口申报，但如果包装材料本身属于进口商品，则也需要进口申报。

(2)进口申报分阶段实施计划及影响产品

美国对进口植物及产品申报实施分阶段实施计划，并对具体的实施时间表和每一阶段涉及的植物及产品范围进行了多次拟定和修改。2009 年 2 月 3 日美国动植物检疫局修订了之前(2008 年 10 月 8 日)拟定的实施计划，将每一阶段的实施时间由三个月延长到六个月，整个实施期间为 2008 年 12 月 15 日至 2010 年 9 月 30 日，并对每一实施阶段涉及的植物及产品范围按照加工程度及成分复杂性进行了重新调整。新修订的申报实施时间表和涉及的植物及产品范围如下：

第一阶段：2008 年 12 月 15 日 ~2009 年 3 月 31 日。

对进入美国的野生植物及产品开始要求进口商提供“植物及产品申报单”。美国农业部动植物检疫局在其网站提供申报单式样。此阶段只需纸质申报且为自愿提供，未申报的进口商不遭受任何处罚，但不得伪造申报信息，否则可能遭起诉。

第二阶段：2009 年 4 月 1 日(即美国电子申报系统实施日期) ~2009 年 9 月 30 日。

涉及 HS 编码 44 章(木材及木制品)内的 4401(薪材)、4403(原木)、4404(箍木、木劈条、木桩及削尖木桩)、4406(铁道及电车道枕木)、4407(纵锯木或纵削木)、4408(装饰木板)、4409(任何一边、端或面制成连续形状的木材)、4417(木工具、工具手柄、扫帚手柄)、4418(建筑及木工用木材)，均强制要求提供“植物及产品申报单”，并采用电子申报系统。

第三阶段：2009 年 10 月 1 日 ~2010 年 3 月 31 日。

包括上述受限植物及产品，以及 HS 编码 44 章(木材及木制品)内的 4402(木炭)、4405[木丝(刨花)]、4410(刨花板)、4411(纤维板)、4412(胶合板、胶合镶板)、4413(强化木材)、4413(木构架)、4415(木箱、木盒)、4416(木桶)、4419(木质餐具和厨具)、4420(木质镶饰物、木匣、木雕)；47 章(木浆)内的 4701(机械木浆)、4702(化学溶解木浆)、4703(硫酸盐木浆)、4704(亚硫酸盐木浆)、4705(机械化学木浆)，均强制要求提供“植物及产品申报单”，并采取电子申报系统。

第四阶段：2010 年 4 月 1 日 ~2010 年 9 月 30 日。

包括上述受限植物及产品，以及 HS 编码 44 章(木材及木制品)内的 4421(未列明或未包括在其他章节的木制品)；48 章(纸和纸制品)内的 4801(新闻纸)、4802(未经涂布的书写纸)、4803(卫生纸、面巾纸)、4804(未经涂布的牛皮纸)、4805(其他未经涂布的纸及纸板)。

4806(植物羊皮纸等)、4807(复合纸及纸板)、4809(复写纸)、4810(经涂布的纸和纸板)、4811(除 4803、4809 及 4810 外经涂布的纸等)；94 章(家具等)内的 940169(带木框架坐具)、940330(办公用木家具)、940340(厨房用木家具)、940350(卧室用木家具)、940360(其他木家具)、940370(木家具部件)，均强制要求提供“植物及产品申报单”，并采取电子申报系统。

第二阶段的需申报产品名单不会有变化，但对于第三、四阶段的产品名单，将视情况进行增加，并给予个人和企业至少 6 个月的时间进行调整适应。同时，美国动植物检疫局还将继续针对未列入申报实施时间表的产品名单之内的其他产品，考虑是否有必要也采取申报制度，并对如何实施申报征求公众意见。上述分阶段实施计划只适用于进口申报之规定，并非针对雷斯法案的其他法律规定和法律责任。

最新的进展是《雷斯法案》修订案对木制家具及家具部件进口产品的强制日期则从 2009 年 10 月推迟到了 2010 年 4 月 1 日，并将在 2010 年 4 月 1 日 ~9 月 30 日间逐步强制执行。据美国《联邦公报》上的公告消息，强制施行的日期将取决于产品的处理工艺和其原料成分的复杂程度。

3 《雷斯法案》修订案对中国木制品企业出口影响

3.1 潜在影响

(1)表面上看，《雷斯法案》修订案只是要求美国木材及相关制品的进口商补充申报一些货物信息，且要求实施申报和违法处罚的主体都是美国进口商。但美国进口企业为遵守法律规定，避免受罚，必然会要求下游出口企业、生产商提供相关申报信息，还可能以合同约定在海关放行通关后支付货款、接受货物，因此相关压力还是会转移到出口企业和生产商。作为美国林产品重要的供应商的中国林产加工出口企业因此也受到一定影响。

(2)要求进口商申报的木材及制品产品种类非常广泛。该法案要求美国进口商填报“植物及产品申报单”，必然转化为由进口商要求出口企业提供相关信息。但是，准确提供产品的植物拉丁学名、产地来源国等信息在操作方面存在很大难度，特别是涉及到一些木材合法性证明，如出口木制品涉及到从第三国进口的木材。对如此众多的产品要求进口申报，无形中增加了一道进口申报审核环节，提高出口成本，会对中国产品在美国顺利通关带来影响。

(3)该法案具体实施范围及操作细节尚不明确，同时美国各州之间法律诉讼不同、执行掌握尺度不一，操作复杂性及未知因素较大，也会对中国林产品出口造成潜在影响。

3.2 对中国木制品企业出口的具体影响

(1)对成本的影响。美国采购商/进口商为了降低自身的风险，并将贸易风险转嫁给生产企业，可能会要求林产品供应企业生产时采用通过 FSC 森林认证的原材料。截止 2010 年 5 月，全球通过 FSC 森林经营认证的森林面积为 1.4 亿 hm^2，FSC 产销监管链(COC)认证企业 2 万多家。中国目前有 26 个森林经营单位共计 163 万 hm^2 森林通过了 FSC 森林经营认证，1356 家企业获得了 FSC 产销监管链(COC)认证。此外还有 48 家企业通过 PEFC 产销监管链(COC)认证。但目前中国企业采购 FSC 或 PEFC 认证的木材原料仍然存在渠道不畅及价格较高的问题。以在国内购买杨木原料为例，普通杨木每立方米在 900 元左右，如果采用经过 FSC 认证的原料进行生产，原料成本提高 15% ~30%。根据对 113 家出口导向型中国林产加工企业的调查，目前约有 55% 的企业被美国采购商要求最好进行 FSC 产销监管链(COC)认证。因此，《雷斯法案》修订案实施会一定程度上对中国木制品企业出口的成本带来上升的压力。

(2)对企业风险管理的影响。我国在国际林产品贸易体系中占有重要地位。但是，我国森林资源缺乏，林产加工业发展所需的原木和其他木材原料很大程度上依赖进口。从进口木材的产地来源看，原料供给主要来自于东南亚、俄罗斯远东和中非等发展中国家和地区。这些原料供给国在森林保护法律体系建设不够健全，执法也存在一些问题，很难出具有效的木材来源合法性证明。中国木制品企业如果采购海外木材制品原料，国内加工、出口过程中有效的证明木材及制品的合法性面临着挑战，也需要企业加强自身产销监管链，尤其是原料采购中的风险管理。

3.3 对出口市场份额的影响

可能会加剧中国木制品企业出口的困难。为了应对美国《雷斯法案》修订案，中国木制品出口企业面临生产成本上升的压力，影响在美的市场份额。此外，在《雷斯法案》修订案实施条件下，美国会对进口的木材、林产品将进行更严格的监管，美国林产品进口企业为了避免风险，会转向能提供木材合法性更多保证和文件的供应商，而中国木制品出口企业目前在该方面仍处于相对较弱的地位，势必影响未来对美国的出口市场份额。在调查中，113 家企业，只有 20% 的企业表示对美国《雷斯法案》修订案的要求比较了解，而 40% 的完全不知道，另外 40% 只是基本了解。

3.4 对非正当竞争的影响

《雷斯法案》修订案的发布和实施，增加了对企业恶意举报的风险，而《雷斯法案》并未对恶意举报人需承担责任进行任何描述。如果某企业竞争对手向美国相关部门恶意举报，无论本企业是否违法，其正常贸易都会受到影响，进出口贸易正常进程将受到拖延。调查中，90% 的企业都担心将来出口美国的产品被竞争对手恶意举报或美国同行的举报，从而使企业遭受损失，为企业间的不正当竞争提供途径。

4 对策建议

我国林产加工业主要是劳动密集型产业，对于解决我国农民和城市劳动力就业，拉动地方经济发展具有十分重要的作用。面对新实施的国际林产品贸易的法律约束，我国政府和木制品企业应当给予高度重视。

4.1　政府加强对内规范秩序和对外谈判

我国政府相关部门要加强对国内市场的监管，严格执行国家法律法规，禁止来源不明或非法采伐木材在我国的买卖、运输、加工及出口，尽量避免可能出现的贸易摩擦。要采取出口贸易综合管理措施，解决出口多头对外、低价竞销等问题，提高林木产品对美国出口的竞争力和话语权。进一步发展中国木材合法性认定体系，并争取与其他重要的木材供应国木材来源合法性认定体系进行衔接，为中国木制品企业出口提供有力的支持。

美国《雷斯法案》修订案的实施仍处在初步阶段。宽泛且不明确的适用范围、缺乏约束的诉讼权利、认定依据困难等问题都制约了该修订案的有效实施。为此，我国相关政府部门应该加强与美方沟通，明确表明我方在森林采伐、运输过程中的政策。要求美方明确认定违法行为时适用其国内法或国外法的条件和裁判的标准，按照共同而有区别的责任原则，推进关于森林法执法和治理进程的多边合作和国际协作，共同承担全球环境治理责任，并避免对林产品正常国际贸易的影响。

4.2　构建多元出口市场，合理分散风险

林产品出口市场相对集中是危机产生的根源之一。美国一直以来都是我国林产品生产、出口商的主要市场。为了避免贸易危机，我国应在继续巩固美国市场的前提下，扩大欧洲、东亚等国家的市场，同时积极开拓中东、拉美和东欧市场，关注印度及东南亚这些近年来经济发展迅速的新兴市场。以市场的多元化发展，合理、有效分散林产品贸易企业的经营风险，保障企业利益。

4.3　加强企业产销监管链及风险管理能力

我国木材制品企业目前的产销监管链及风险管理能力不容乐观，尽管短期看美国《雷斯法案》修订案的实施对中国木材制品企业出口带来了新的挑战和压力，但也提供了企业从战略角度综合提升企业产销监管链管理能力、理清木材来源、提升风险管理能力的机遇。无论是进行 FSC 产销监管链认证，还是采用其他的木材追踪技术，企业需要认识到对木材来源合法性更严格的要求将不仅有益于企业高附加价值美、欧市场份额的维护，也是林业企业在减少非法毁林、生物多样性流失的社会责任方面重要的体现，应该从战略角度予以充分的重视。

参考文献

[1]中国林业发展报告 2008. 2009，中国林业出版社

[2]2008 中国林业统计年鉴. 2009，中国林业出版社

[3]2008 中国海关统计年鉴. 2009，中国海关出版社

[4]"Recent Amendments to U. S. Lacey Act Should Help Protect Forests Worldwide" Working paper 2009 Durwood Zaelke, Peter Murtha INECE Secretariat from U. S. EPA's Office of Enforcement and Compliance Assurance

[5]"Amendment to theU. S. Lacey Act – Implications for Exporters of Thailand's Forest Products"2010

[6]R. Juge Gregg Forest Trends

[7]"Amendment to the U. S. Lacey Act – Implications for Chinese Forest Products Exporters" 2008 R. Juge Gregg, Amelia Porges – Sidley Austin LLP

[8]Forest products annual market review 2006 – 2007, 2008 United Nations Economic Commission for Europe

主要林业大国贸易政策及对我国的启示

付亦重

根据各国在全球林产品贸易中的地位及与我国林产品贸易关系紧密的国家的有关数据，本文选取美国、加拿大、英国、俄罗斯、马来西亚、印度尼西亚等林产品大国实施的林产品贸易及相关政策进行分析。

1　主要林产品大国贸易政策及经验

根据林产品大国实施的林产品相关的贸易政策及法规，以及向 WTO 通报的本国的相关产业政策，主要概括如下：

1.1　林产品进出口相关政策与措施方面

1.1.1　普遍实施较低的进口关税和较严格的出口限制

就林产品而言，进口关税并非主要的贸易措施，发达经济体一般已取消大部分林产品的进口关税，平均关税水平基本在5%左右，对木浆或其他纤维质材料、再生纸、纸张与纸板、纸浆等产品均已实现自由化(见表1)。各国对林产品的出口限制不尽相同，2008 年世界贸易组织中共有 17 个成员对林产品征收出口税，世界林产品贸易总量的25%将受此影响。各成员对原木出口的限制均比较多，有 17 个成员采用不同程度的原木出口禁令与采伐禁令(见表2)。

表1　2009 年发达经济体林产品关税

HS 编码	美国①	加拿大	英国②	俄罗斯③
进口关税				
44 项	该项下共有 66 种产品征收关税*，税率介于 3.2% ~10.7% 之间，平均关税为 5.2%。对于大多数签订自由贸易协议的区域税率基本为 0。截至 2010 年 11 月，美国共签订了 12 个自由贸易协议	该项下共有41 种(基本是在四级子目及以下的产品)产品征收关税，关税率介于 2.5% ~ 9.5%，平均关税为 5.6%，实际优惠税率平均水平为 3%	除了对海地、缅甸等国征收部分关税之外，关税税率为0	该项下共有 170 种产品征收关税，税率介于 5% ~20% 之间，平均关税率达 15.9%
47 项	0 税率	0 税率	缅甸的 4702、4705 禁止进口，其他地区税率为0	对 24 种产品征收关税，税率共两种，5% 和 15%。平均关税为 14.6%
48 项	0 税率，仅对古巴和朝鲜的部分林产品征收关税	0 税率	0 税率	共 212 种产品征收关税，税率有 5%、10%、15%、20% 四种。平均关税为 11.7%

① http：//www. usitc. gov/tata/hts/bychapter/index. htm

② http：//www. ukimports. org/customs_ commodity_ classification_ hs_ codes_ online_ taric. html 即欧盟数据。

③ http：//www. customs. ru/en/legislation/tariff/

（续）

HS 编码	美国	加拿大	英国	俄罗斯
出口关税				
44 项	原木出口禁令	与美国之间的软木出口实行浮动性调节关税①；针叶材林产品木质建筑材料以及纸张等林产品税率为0；加拿大 BC 省原木出口禁令	根据欧盟法规 R1210/03，对于所有欧盟以外的国家，44 项下附加码为4056 和 4099 的部分产品进行出口监控	榉木、橡木和未实施出口许可和出口税 俄罗斯原定 2009 年 1 月 1 日起，原木出口关税率提高到 80%，每立方米不少于 50 欧元，目前这一措施已推迟到 2011 年 1 月 1 日起实施②
47 项			无限制	
48 项			无限制	

＊对于古巴和朝鲜采用的关税与此不同。上述国家均采用 HS 编码体系，在四级子目及以下可能有细微差别。

资料来源：作者根据相关资料整理

表 2　实施原木出口禁令及采伐禁令的国家③

国家名称	实施期限(年)	在世界森林中所占百分比(2006 年)	限制内容及法律依据
美国	1926 ~ 目前	6. 62%	从阿拉斯加联邦林地采伐的原木禁止出口
	1990 ~ 目前		森林资源保护及短缺救济法(1990)：100% 禁止联邦林地原木出口，除非木材供给过剩；1995 年，联邦所有的或州属(印第安土地除外)原木木材禁止出口
加拿大	1906 ~ 目前	6. 32%	限制加拿大英属哥伦比亚省原木出口，对于联邦以及省级原木出口有各自具体规定
巴西	1969 至今	14. 96%	原木出口禁令
喀麦隆	1999 至今	0. 62%	通过规定本地加工在年采伐总量的比重逐年递增的形式，进行原木出口限制
哥斯达黎加	1986 至今	0. 05%	原木出口禁令
加纳	1972，1979 年延续，1994 年至今	0. 16%	原木出口禁令。1994 年开始，颁布所有未加工原木出口禁令
印度尼西亚	1980 – 1992	2. 71%	原木出口禁令
	1992 ~ 1998		禁止性关税(替代出口禁令)
	2001 ~ 2002		再次实行原木出口禁令
马来西亚	1992 至今	0. 50%	斯洛伐克原木出口配额
	1993 ~ 1996		沙巴原木出口禁令
俄罗斯	1999 至今	22%	榉木、橡木和未实施出口许可和出口税
中国	1998 ~ 至今	4. 22%	采伐禁令

注释：实施原木禁令与限制的国家和地区还有：巴布亚新几内亚、新西兰、菲律宾、越南、柬埔寨、泰国。

---

① http：//www. dfait – maeci. gc. ca/controls – controles/softwood – bois_ oeuvre/notices – avis/143. aspx? lang = eng

② 俄罗斯政府在 2009 年 12 月 23 日以第 1071 号决议，推迟了对某些未加工出口原木的增加关税税率的计划。根据该决议针叶类原木、杨木、桦木的出口关税税率在 2010 年将保持在 2009 年的水平，即针叶类原木出口关税税率为海关价值的 25%，但不少于 15 欧元；杨树原木出口关税税率为海关价值的 10%，但不少于 5 欧元；桦木原木(直径大于 15cm)出口关税税率为海关价值的 25%，但不少于 15 欧元。

③ 根据以下文件整理：Budy P. Resosudarmo et al，Is the Log Export Ban Effective? Revisiting the Issue through the Case of Indonesia. Australian National University ，Economics and Environment Network in its series Economics and Environment Network Working Papers with number 0602.

1.1.2 限制出口的非关税措施形式灵活且使用频繁

一定程度上对林产品出口起到阻碍作用的非关税措施主要有：

(1)检验检疫规定愈加广泛与严格。发达经济体对林产品的进口报关以及木质包装的植物检疫要求更为严格。主要经济体基本已全面采用国际植物保护公约(简称IPPC)ISPM15号标准进行除害处理。自从2002年开始实施ISPM15之后，关于木质包装材料的SPS年度通报数量激增。1995~2009年，向WTO递交的木制包装材料相关通报共计141份，其中亚太地区共有44份，非洲3份，北美11份，拉美与加勒比地区64份，欧洲与中亚11份，中东3份。2002年和2003年，欧盟曾经就我国背离ISPM15的规定向实施卫生与植物卫生协议委员会提出相关的特别贸易关注问题。关于全球木材移动的其他检疫标准还包括：松柏科商品的特定检疫标准(EPPO标准PM8/2和栎属与栗的EPPO标准PM8/X)。未来对于害虫防止和森林风险管理的标准将越来越多而且更加严格。

(2)绿色政府采购被大多数发达国家普遍认同与接受。绿色政府采购已被各主要发达国家认同，并建立中央政府购买林产品来源合法证明的系统。金融机构采取辅助措施帮助打击非法采伐并通过金融措施引导绿色采购。

(3)技术法规与标准众多。欧美国家的林产品管理标准、技术法规与各类标准(技术标准、管理标准)类别众多，各项技术标准与要求越来越详细与复杂。产品的强制认证与生态标签将成为重要趋势，尤其是环境检测问题成为二次加工林产品面临的问题。

1.1.3 实施形式众多的各种林业制成品出口支持项目与计划

各国均出台了出口信用保险融资支持的措施以及其他政策性金融措施，如美国的多种出口促进项目、短期和中期出口信用担保、小企业支持以及多种补贴计划(见表3)。欧洲一些国家采用过桥融资、运输担保、一些针对中小企业的特别计划、欧盟实施泛欧网络计划等。

表3 美国林产品出口支持计划与项目列表

	支持项目名称	开始年份	管理机构	性　质	涉及的产品或部门	执行方案
美国	外国市场开发项目(FMD)	1978	海外农业局(FAS) 美国林纸协会(AF&PA)	出口促进资金支持	实木产品部门等	资助重点是一些具有行业代表性或拥有全国性会员的贸易组织，为其多种出口促进活动提供资金。2002年新农业法案批准的FMD为每年(2002~2007)拨款3450万美元。2010财年美国林纸协会获得项目资金328.7万美元
	市场进入计划(MAP)	由1978美国农业法案授权建立	海外农业局(FAS) 美国林纸协会(AF&PA)	出口活动资金支持	实木产品、农产品等	用于开拓、维持、拓展出口市场。2002年新修订的美国农业法案规定，MAP资金将由每年0.9亿美元逐年递增，到2006年达到2亿美元
	出口信用担保项目(GSM-102)	2000	USDA的商品信贷公司(CCC)提供资金	短期出口信用担保	实心木制品(木材、薄板、板材、枕木等)、加工木制品(木桶、镜框、建筑用木条等)、木片、木浆以及类似的加工程度不深的木制品)	对木制品(实心木制品、木浆和木条片)来说，信用期限通常为180天或少于720天 从2005年7月1日起，商品信贷公司将对GSM-102计划和供应商信贷担保计划(SCGP)采用风险费用结构。费率以商品信贷公司承担的国家风险、担保的偿还条件和偿还频率(每年一次或每半年一次)为基础

（续）

	支持项目名称	开始年份	管理机构	性　质	涉及的产品或部门	执行方案
美国	出口信用担保项目（GSM-103）	2000	USDA 的商品信贷公司（CCC）提供资金	中期出口信用担保	实心木制品（木材、薄板、板材、枕木等）、加工木制品（木桶、镜框、建筑用木条等）、木片、木浆以及类似的加工程度不深的木制品）	作为 GSM-102 的补充，适用的贷款年限为三到六年。从 2005 年 7 月 1 日起，商品信贷公司不再接受GSM-103 计划下的支付担保申请。纳入 2005 财年计划审计中的、用于 GSM-103 计划下的任何剩余国家（地区）拨款将分配到该国家（地区）的现有 GSM-102 计划
	供应商信贷担保计划（SCGP）	2000	海外农业局审查批准，农产品信贷公司具体负责执行	卖方信用担保计划	在那些如果没有 CCC 支付担保难以提供商业融资的地区提供担保	SCGP 计划对美国出口商向外国进口商直接提供短期信贷而进行担保。适用于不超过 180 天的出口信贷。在这项计划下，农、林产品信贷公司现行的担保比例是出口金额的 65%。2005 年对风险费用结构进行了修改
	小企业创新研究资助市场与贸易计划（SBIR：marketing and trade）*		美国农业部	小企业支持	中小企业	前一种资助可分别用于中小企业开发新技术并获取信息提高中小企业的生存能力与利润率；后一种资助帮助小企业为农、林、渔产品拓展市场。2010 年该计划拟发放金额总计 1851 万美元
	其他补贴计划：黑液补贴政策（2009 年年底结束）		美国国会	直接与间接补贴	纸浆和造纸公司	2005 年，美国国会为了鼓励使用人造液体燃料来代替矿物燃料，出台了税收抵免政策，厂商使用传统矿物燃料和替代燃料的混合燃料即可享受 0.50 美元/加仑的退税优惠

* 均属于美国农业部 SBIR 计划之一，该计划下设 12 个具体关注的领域，自从 1983 年以来，SBIR 项目已资助了超过 2000 个研究与发展的项目。

资料来源：作者根据美国农业部（USDA）及相关政府网站公布资料整理。

1.2 林业和环境保护与气候变化相关的措施

1.2.1 各发达经济体热衷于可再生能源，与联合国及其他国际组织的生物质合作计划增多

国际能源署提出了一个新的 2010－2016 生物能源战略计划。美国 2010 年颁布的美国生物能源政策：可再生能源标准计划和 2009 年颁布的生物质作物援助计划（Biomass Crop Assistance Program）均涉及了生物能源的使用与补贴计划。2010 年加拿大提出加拿大生态之路计划（Bio－pathway Project）。生物能源对林业产业的消极和积极影响均开始显现，各国在对生物质作物的补贴计划实行的初步阶段发现若干问题：①开始反省是否需要取消对林产品传统原材料的补贴资格；②欧盟发放可再生能源义务许可证（ROC）导致林业相关企业的困境。

1.2.2 绿色建筑项目、生态创新项目受到重视与鼓励

在传统的木质建筑结构国家，如美国和加拿大，分别推出了置业措施和“木材优先”法案与措施，为房屋翻新以及能源多样化提供融资；欧盟委员会 2010 年 4 月呼吁欧盟竞争与创新计划（CIP）支持生态创新项目。这些项目将“大大影响木材的使用”并影响木制品产业。

1.2.3 森林、木制品与碳市场联系愈加紧密，各国纷纷开始森林碳经营

对于工业化国家来说，关注的焦点是拟定与土地使用、土地使用变化与林业相关的碳核算议定书。

关注的核心是“可持续森林管理的认可”。2010年3月1日，欧委会采纳了一项绿皮书，其中提出了欧盟保护森林的方法以及森林资源与情况的信息，这对于木制原材料供应有益。

1.2.4 林业与各国气候变化行动的关系愈加紧密

以加拿大为例，2007年12月10日加拿大宣布“气候变迁调适行动”(2008~2011年)由环境部、自然资源部、公共健康部等数个政府单位执行，四年大约共需经费8500万美元。加拿大联邦政府还建立了10亿加元的纸浆及纸张绿色改造计划。

1.2.5 环境措施在未来可能构成林产品贸易新的壁垒

欧盟内部采用了多种强制性或自愿性的环境措施(见表4)，这些措施增加了森林管理和林产品制造的成本，目前尚未反映在林产品国际价格之中。

表4 欧盟的环境措施

强制措施	自愿措施	森林有关部门
包装废弃物指令	环境管理审核规则(EMAS)	森林与监管链(COC)证书
挥发性有机污染物指令(VOC)	生态标签	工业承诺(如：纸业复兴计划)
国际植物保护公约(IPPC)	绿色采购	
环境管理体系(EMS)		

资料来源：作者根据欧盟网站整理

1.2.6 企业的社会责任侧重点转变为“企业环境与社会责任的平衡”

2010年对100个全球纸浆、纸业与包装制造者的研究表明，企业社会责任行动多数在金融与可持续性报告中提出，内容包括：资源与能源使用、可持续的林业、污染及废物管理、减缓气候变化、社会支持、健康卫生与良好环境等。林业部门企业社会责任在未来几十年内将变得非常重要。

1.3 林业投资与国内发展战略扶持措施

第一，国内支持计划与林业发展战略基金大量推行。美国的农业与食品研究倡议——基金计划(AFRI Foundational Program)和Hatch法案公式资助等，每年为林业的科研、创新活动提供大量资金。法国启动林业发展战略基金提高林业部门的竞争力并促进法国木材生产能力。

第二，2007年开始，几个国家开始实施对外商在本国进行木材深加工的投资优惠政策。部分国家林业投资政策与绿色采购相挂钩。

第三，鼓励国内加工增值政策一般与限制原木出口政策并行，对大量依靠进口木材发展林产品加工业的国家产生巨大影响。

1.4 林业可持续发展与产业管理和促进措施

1.4.1 全球范围内打击非法采伐行动密集

非法采伐已不仅限于单边和国内的行动，也在双边、多边层面开始影响到林产品生产到贸易的各个环节。目前关于非法采伐的政府间或区域行动计划包括：《八国集团森林行动计划》、森林执法与施政(Forest Law Enforcement and Governance，简称FLEG)、森林执法、施政与贸易。应对非法采伐和不可持续森林经营的多边协议与论坛包括：联合国森林论坛(UNFF)、国际热带木材组织(ITTO)、联合国粮农组织、《生物多样性公约》、《濒危野生动植物种国际贸易公约》。欧盟内部关于非法采伐的立法将更为严苛：禁止非法原木入境；木材以及木制品必须能够通过供应链追溯责任(纸制品除外)。

1.4.2 纷纷推出系统与完善的林业管理与促进体系

发达经济体的行业协会在以下几个方面的表现尤为突出：

(1)协助林业主管机构推行标准或执行部分许可申请业务；

(2)协助制定和推进本行业内部的标准；

(3)制定相关行为守则促进成员企业更好的遵守关于非法采伐的各项要求；

(4)为成员企业提供信息平台与相关法律法规的教育支持;
(5)帮助企业理解并提出应对气候变化方面的问题;
(6)推进森林可持续经营的国内行动与国际合作。

2 对我国的启示

通过对发达国家和发展中国家林产品贸易政策经验的分析，结合我国林产品贸易的现状，可以总结出我国林产品贸易和林业发展的方向和工作重点。

2.1 建立完善的林产品进出口贸易政策体系

第一，必须指出，采用出口税等措施是解决过度开发问题的重要补救措施，但是在解决自然资源问题方面，通常是一个次优的措施，进一步明晰产权可能能够解决这一问题。因此，尽管不违反世界贸易组织关于出口税的规定，我国并不应该贸然增加林产品的出口税。

第二，我国应该尽快完成“两完善”、“一构建”、“走出去”、“深挖掘”几个方面的迫切任务，进一步规范国内市场，增加在国际市场上的话语权与主动性，增强我国林产品的国际竞争力。

“两完善”即完善我国自身的林产品技术标准与规范、完善本国绿色政府采购制度，这是符合国际趋势的自我规范与要求，也是我国产品顺利走入国内市场的保证。

“一构建”即建立本国的森林认证体系与标准。我国对于森林认证尚未有国家层面的认证标准与正式的认证机构，开展本国的森林认证体系有助于帮助我国企业降低经营成本、减少出口方面遇到的困难。实行我国自身的森林认证体系并实现国际上的互认，对于我国林产品长期的出口非常有利。另外，我国应系统分析与研究绿色采购的问题。

“走出去”包括两个层面的含义。从政府而言，应针对林业与林产品开展贸易协议谈判或对外投资，通过互惠的方式打开市场并获得稳定供给。从企业的角度来说，鼓励有实力的企业开展国际经营，也能够解决各国对自然资源的保护与强调导致我国进口林产品原材料供给不足的问题，以及长期我国产品定价低的问题。

“深挖掘”即深度挖掘非木质林产品的出口潜力，利用非木制林产品的多种优势，大力宣传，采取补贴、出口促进、国外展览等多种支持手段促其快速增长。

2.2 实施系统化的林业产业发展综合支持措施

2.2.1 将森林以及林产品贸易提高到战略地位，从“弱林业”向“大林业和强林业”发展

很多发达经济体采用“大农业”的概念，将林业并入该范畴之内，因此大量的给与农业的支持计划与研发补贴等等均给与林业。鉴于林业与气候变化、可持续发展等方面的紧密关系，我国的林业与林产品贸易应该提升到一个战略的高度去审视和考量。尤其是我国现在已经成为林产品的进口大国，如何处理好涉及到林产品贸易的多种问题，尤其是如何参与到世界贸易组织的规则制定中去，如何开发我国自身的碳市场，对于我国林业部门的未来发展具有战略性的意义。

2.2.2 高度重视森林与生物质能源利用的战略价值

世界各国尤其是发达经济体，开始注重生物质能源的开发、利用与补偿研究。适当给与生物质能源补贴，确定补贴的数量与方式，规避补贴过程中可能对林业造成的负面影响，是我国林业未来发展值得深入研究的问题。

2.2.3 构建完整的林业产业发展综合补贴体系

林业部门的发展离不开政府的干预，在各个国家均是如此，不仅体现在干预资源所有权方面，同时，也应在林产品的最终市场进行公共采购和消费。政府的各项规定与补贴，能够影响林产品的市场，尤其是在与能源相关的产业部门。在林产品生产的各个层面给与适当的补贴，是世界通行的做法，也是增强我国林产品竞争力、实现环境目标的重要手段。

参考文献

[1] Budy P. Resosudarmo et al, Is the Log Export Ban Effective? Revisiting the Issue through the Case of Indonesia. Australian National University , Economics and Environment Network in its series Economics and Environment Network Working Papers with number 0602.

生态文明背景下林产品贸易的绿色技术创新问题研究

王　群

（南京林业大学经济管理学院）

摘　要：生态文明背景下林产品贸易的绿色技术创新是研究的热点问题。国内外学者对生态文明、绿色技术内涵的理解不同，但绿色技术创新是贸易可持续发展的重要策略已经是学界共识。本文结合林产品贸易的特点，提出在末端治理技术创新、绿色工艺创新和绿色产品创新的林产品贸易绿色技术创新，以实现林产品贸易的可持续发展。

关键词：生态文明；绿色技术创新；林产品贸易

Innovation in green technology research of forest products trade in the context of ecological civilization

Wang Qun

（School of Economics and Management, Nanjing Forestry University）

Abstract: Under the ecological civilization background, the green technological innovation of forest products trade has been an emerging issue. The meanings of ecological civilization and green technical is different, based on domestic and overseas scholars, but the opinions that green technology innovation is an important trade strategy of sustainable development has been academic consensus. In order to realize the sustainable development of forest products trade, this paper puts forward the end – treatment technology innovation, green technology innovation and green product innovation of forest products trade green technological innovation, combining the characteristics of forest products trade.

Key words: ecological civilization; green technology innovation; forestry trade

1　引言

森林是陆地上最大的生态系统和物质能量贮存库，它除了在维持生物圈的稳定、改善生态环境等方面起着重要的作用以外，还能提供其他产业发展或人类生活所需的大量森林产品，包括木材及其产品、动植物产品、林副产品等。森林是现代林业工作的核心，林产品特别是其有形产品也大多为林产工业的衍生品，中国已经是世界林产品生产、加工、消费和进出口大国（贾治邦，2009）[1]，林产品贸易活动对中国乃至世界林业发展和森林生态环境造成一定影响。胡锦涛总书记2007年在党的十七大报告中提出“建设生态文明”的目标，要求基本形成节约能源资源和保护生态环境的产业结构、增长方式和消费模式。在经历了农业文明的商品缺乏和工业文明的资源浪费后，人类社会逐步进入到以可持续发展为核心的生态文明阶段。可持续发展的本质就是在保护环境的前提下发展经济，基础是发展，创新是一切发展的前提。

为了实现林产品贸易可持续发展，需大力推行绿色技术创新。绿色技术创新是指以环境保护为目标的管理创新和技术创新，可分为绿色管理创新、绿色工艺创新和绿色产品创新三大类。林产品贸易的绿色技术创新以生态保护为中心，把森林生态观念、培植绿色意识引入生态系统中，追求经济效益最佳、生态效益最好、社会效益最优和技术效益最大化的生态经济综合效益，从而确保林产品贸易的可持续发展。因此，基于生态文明视角，探讨林产品贸易绿色创新动力问题有一定的现实意义。

2 生态文明、绿色技术内涵

2.1 生态文明

生态文明是人类文明的一种形态，是继原始文明、农业文明、工业文明之后人类应对生态危机的正确选择，也是人类文明发展的最高阶段。致力于生物的多样性，出现了一批有识之士的呼吁和感召，如《瓦尔登湖》(梭罗 1849)，《寂静的春天》(蕾切尔 1962)，其不再将人类看做是大自然的单一的存在者，而作为整个生态系统的一分子，推崇人与自然和谐相处。相比之下，中国的生态文明建设起步虽晚，但正可汲取欧美发达国家工业化历程中的经验和教训，在科学发展观指导下，加强生态文明建设，走一条以生态文明和人的全面发展为目标、符合中国国情的可持续发展道路(刘昀献，2010)[2]。从而，生态文明可以看成是以可持续发展为核心观念，以物质生产和精神生产中充分发挥人的主观能动性，按照自然生态系统和社会生态系统运转的客观规律建立起来的人与自然、人与社会的良性运行机制，协调发展的社会文明形式(韩利琳，2009)[3]。

一位哲学家说过，人类文明从砍倒第一棵树开始，到砍倒最后一个树结束。这正揭示出社会发展、文明进步与森林的密切关系。传统的发展是以经济利益为驱动，以最大化实现自身利益为目标的发展模式。而生态文明则是突出强调人与自然的平等关系，以环境资源的承载力为基础，利用自然规则实现可持续发展，促进我们的生活方式以节约适度为特征，继而追求基本生活需要的满足。

2.2 绿色技术

绿色技术是新型的技术体系，是人与自然、人与人关系的科学重组。以“绿色技术”名义进行的讨论也非常活跃。有学者认为，绿色技术是减少环境污染，减少原材料消耗、自然资源和能源使用的新技术和新工艺(吴晓波、杨发明，1996)[4]。绿色技术包含现代技术体系，是一种“无公害化”的技术，对人类赖以生存的自然环境不产生危害；绿色技术生产的产品，有利于人类健康和福利，有利于人类文明和进步(张长元，1997)[5]。还有学者认为，绿色技术反映技术生态效应价值，对生态系统产生积极影响，是技术生态属性的反映(王伯鲁，1998)[6]。

不同角度对绿色技术内涵的理解不同，从环境学的角度来说，绿色技术就是能预防和治理环境污染的环保技术；从生态学方面看，绿色技术就是生态技术，是和生态环境相协调的技术；从生态经济学观点出发，绿色技术就是充分考虑生态环境价值，遵循生态学原理和生态经济规律，能够保护环境，维持生态平衡，并利用现代技术的全部潜力，达到节约能源、资源，促进人类与自然和谐发展的一切有效用的手段和方法。因此，从生态文明视角，绿色技术应当是最大限度地节约资源和能源，减少环境污染，协调人与自然、人与人之间关系，实现可持续发展的新技术、新工艺和新产品的总称。

3 林产品贸易的绿色技术创新动力

绿色技术创新是推动经济和社会发展的内在驱动力，绿色技术创新与生态文明建设的内涵和目标基本上是一致的，这就决定了绿色技术创新是生态文明建设的基本动力和手段。在生态文明的背景下，进行绿色技术创新的动力主要来源于两方面：生态良好和循环经济。

3.1 生态的要求

资源枯竭和环境恶化是进行绿色技术的外在推动力。工业革命带来了经济的快速发展，但传统生产技术的大规模应用对生态环境造成的累积负效应日渐突出，人类的生存环境受到严重威胁。

生态保护还体现在人们的消费观念上。森林是生态系统，按自然规律运行。人类的生产活动属于经济活动，按不同的经济规律运行。当人们的生产活动进入森林，森林的生态系统就变化成与人类经济活动融为一体的生态经济复合系统，而不是单纯的生态系统。因此要协调发展这个生态经济复合系统，适度采伐森林。但是随着人们生活水平的提高，人们对环境的依赖也越来越强烈，消费者更加注重健康和环保。崇尚自然、追求健康的绿色消费必将成为新世界的消费主潮流。随着人们对绿色产品的剧增，也给林业带来了不可多得的发展机会。像重点抓造林绿化和森林资源保护，特别是抓天然林保护、退耕还林、沿海防护林建设和防沙治沙。

通过应对消费者的需求，通过绿色技术创新，改换传统的生产工艺，以满足人们绿色产品的需求。通过绿色技术创新开发绿色产品，也成为提高竞争力的重要手段之一。所以，环境保护带来的绿色消费方式能够推动实施绿色技术创新。

3.2 经济的要求

竞争是进行技术创新最重要的推动力。当前，我国正处在实现工业化、发展经济、消除贫困的时期，已经出现了发达国家工业化后期所出现的人口、资源、环境、生态等重大问题。现在，各地在确保生态目标的同时，积极探索多种生态经济型的治理模式，发展特色经济，培育绿色产业，发展舍饲圈养和农村能源，建设基本农田，走"粮下川、林上山、羊进圈"的生态林业良性发展道路，向集约农业、林果种植业、畜牧业以及二、三次产业过渡。

经过中国林业50多年生产实践，力求利用森林生态系统发生的自然过程，以实现合理经营森林的同时，把生态和经济要求结合起来，努力构建林业产业体系，推进传统林业向现代林业转变。

要想维持技术创新带来的利润，就必须进行不断的创新。随着经济的不断发展，我国林业将更多的参与到国际竞争中去，美国提出新林业理论，德国提出近自然林业，都归结为生态林业，提出建立在林业经济功能基础上的生态经济林业理论。可以预见，竞争将越来越激烈。而双方的竞争焦点就是在于技术创新上。

同时，一些环境保护措施往往涉及到贸易领域。各国政府对生态文明建设越来越重视，对环境保护的标准越来越严格。如国际环保组织制定的《欧盟生态纺织品标准》，要求组成服装的每一个部件(包括纽扣、拉链)都要通过有关检测和认证。可以预见，绿色贸易壁垒将是我国林业参与国际贸易的一大障碍。为了参与国际竞争，除了技术、成本等因素外还有政府的环保要求。生态文明是国际社会的发展潮流，绿色经济是未来的发展趋势，在国际竞争压力与利益的推动下，必将通过绿色技术创新，提高产品的核心竞争力。

每一个企业都有自己的价值观，都日益重视塑造自身的企业文化。越来越多的企业在谋求经济价值的同时，更加关注自身在公众心目中的形象，力争为社会谋福利，为子孙后代造福。同样，当环境保护成为全球焦点时，实行绿色技术创新无疑会引起学术界对林产品出口的重视。让林产品接受更多人的认同。

近年来，由于限制林产品出口的国家日益增多，产品价格连续暴涨，加上中国国内市场需求结构发生明显变化，进口量下降。中国林产品贸易主要属于补缺型进口贸易，出口量较少，但近年来随着林产品工业的发展和外商投资企业的迅速增加，家具、纸张等高附加值产品的出口量不断增加，林产品出口结构日趋优化。

同时，政府也制定了相关的政策支持林产品进出口的改善，欧美一些发达国家的政府为了顺应公众的绿色消费潮流，相继宣布将调整公共采购政策，优先购买经认证的木材和产品。获得森林认证，提高企业保护环境的社会形象，已经成为越来越多国际林产品企业的选择。

一些金融机构也将企业的环境表现，作为决定向其投资或贷款的评价标准。因此，企业通过绿色技术创新的形象，可以得到政府的支持，获得更低的融资成本，提高企业的知名度，改善社会关系等。

4 绿色技术创新

4.1 林产品贸易可持续发展

贸易政策是一国当局在一定的历史阶段为实现一定的经济、社会目标，依据本国国情制定的各种贸易法律法规及实施措施的统称。林产品贸易政策主要包括与林产品贸易相关的关税措施、非关税措施(陈立桥、陈立俊，2010)[7]。目前，大规模的、立体式的投资推动了中国林业及贸易的迅猛发展。截至5月底，全国林产品进出口贸易总额364.1亿美元，同比增长41.7%。木质家具出口额59亿美元，创历史同期新高。木制品出口额14.4亿美元，胶合板出口额12.5亿美元，基本恢复到金融危机前的水平。随着集体林权制度改革的逐步深入，林下经济不断壮大：充分利用林地资源和林阴空间，大力发展以种植业和养殖业为主的林下经济，以及根据森林的经济属性和生态属性，培育类型多样的林业产业。但是不可避免的是，国内森林资源很难满足生态需求，木材过分依赖进口引发木材供应安全问题，以及资源退化和环境破坏问题。

从林产品进口来看，木材进口的替代作用有助于减少国内木材采伐，说明木质林产品进口有利于森林保护，森林保护也同样需要进口木质林产品作支撑，所以依靠原木进口或天然林资源来填补空白，很难保证木材长期供应安全。从出口贸易来看，主要障碍是技术性贸易壁垒和绿色贸易壁垒。据海关统计数据显示，2010年上半年全国林产品出口总值为223.3亿美元，对巴西出口增长117.6%，对印度出口增长77.8%，对南非出口增长276.0%。尽管与这些国家林产品进出口贸易占我国林产品对外贸易市场总体比例不高，但由于新兴经济体发展迅速，未来市场容量较大，是我国调整林产品出口市场结构应该重视的区域。

国际经济格局正在加速变革和调整，我国林产品进出口面临的国际环境极其复杂，而贸易保护主义、原料成本上涨、出口价格走势较弱、人民币汇率变动、劳动力成本攀升等种种因素叠加，对林产品外贸走势带来的诸多不确定因素，注定了我国林产品进出口贸易可持续发展并非一路平坦。

4.2 林产品贸易的绿色技术创新

一般的绿色技术创新可以在末端治理技术创新、绿色工艺创新和绿色产品创新三个不同层次上进行，具体到林产品贸易的绿色技术创新来我以为主要是通过生产领域新技术和新工艺创新来生产绿色产品。具体包括：

4.2.1 绿色认证

在全球生态环境不断恶化、生态危机频发的背景下，保护生态环境，创造和谐生存环境已经成为政府、企业和消费者都关心的问题。国际贸易中，绿色认证制度是一种绿色壁垒，它把那些没有通过绿色认证的产品拒之门外，使本国企业和消费者利益得到保护(杨晓燕，胡晓红，2008)[8]。这样，林业企业可以根据市场需求情况，开展森林认证活动，提高林产品的竞争能力，选择所需的认证体系，促进林业可持续发展，改善森林生态环境。

考虑到环境机制得以确保一个组织的环境行为在将来一直能满足法律和方针所提出的要求，ISO国际标准化组织制定并颁布ISO14000环境管理系列标准。通过其认证的企业就可以获得国际贸易的“绿色通行证”，改进产品性能，制造“绿色产品”。ISO14000认证是继ISO9000认证之后，又一个以统一的国际标准为依据的管理体系认证，力求通过实施与ISO9000认证相类似的ISO14000认证解决人类面临的环境问题。组织如果希望通过环境管理体系认证，就必须依据其认证要求，建立起完整的用文件表述的环境管理体系，通过运行及内部评审，证明这个体系是符合标准要求的、有效的，便可向有资格的第三方认证机构提出申请，双方如能达成协议，认证机构便会派审核员到现场审核，如能通过审核，认证机构便会组织颁布认证证书。组织通过认证，获得第三方认证机构颁发的证书，这就意味着组织取得了客观证明，它向社会表明组织兑现环境承诺和对环境因素的控制能力。从而通过第三方认证机构的证实，树立起善待环境的企业形象。

同样，被广泛认可的森林认证FSC也已成为目前国际上流行的生态环保认证，它包括森林经营认证和产销监管链审核，由一个独立的第三方按照一套国际上认可的森林可持续经营标准和指标体系进行评估，从我国“森林认证”的森林中采伐出来的木材及其制品可以贴上“绿色标签”。这个绿色标签要通过极其严格的森林认证，该认证也对原材料提出较高的环保要求。这也就意味着企业要不断增加成本，承担原料购买地的森林经营单位支付认证费用或者购买价格更高、经过认证的进口木材。FSC 作为一种非关税壁垒，必定会给林产品贸易带来一些不利的影响，但在可持续发展背景下产生的森林认证以促进森林可持续经营为目标，其作用机制也是以可持续发展理论为指导的。合理的林产品贸易不仅不会破坏环境，相反会有利于森林认证的发展，其环境保护的作用大于作为壁垒的消极作用。因此，应大力推动森林认证的发展，以适应林产品贸易持续发展的需要(刘燕、田明华、钱军，2006)[9]。

4.2.2 绿色产品标志

绿色产品标志，可以简单认为是一种贴在或印刷在产品包装上的图形。其可谓是绿色产品的身份证，是获取消费者信任，顺利开展绿色营销的重要保证。对企业而言，绿色产品标志有利于产品的差异话；对消费者而言，有利于增强环保意识，满足绿色消费需求；对国家而言，在国际贸易中打破绿色贸易壁垒，促进国际贸易的顺利进行。当然，绿色产品标志的最终作用在于其对环境保护的意义，通过广大消费者的绿色消费活动，企业的绿色营销活动以及国家的可持续发展战略，这一切都有利于环境保护。因此，绿色产品标志，通常意义上是环境标志，不但包括产品及包装物在售前的系列过程中力求消除污染、减少对环境危害，也重视产品及包装在售后消费直至废弃过程中对环境的影响。

随着温饱问题的解决，人们越加注重消费质量和生活水平的提升，开始追求绿色健康的消费和生活方式。林产品以其纯天然、有机无公害、环保绿色的品质恰恰可以满足人们这一需求，显示出了强大的市场竞争力。绿色标志产品明显带有绿色特质，而林业产业是最大的绿色产业，理应成为绿色产品标志的主力。我国林业产业之所以大而不强，一个重要的表现就是缺乏行业品牌优势。例如，品质优良的林产品，因缺少品牌意识，而无法很好地拓展市场。质量安全是林产品生产经营的核心，而证明质量安全的重要“信物”就是产品的绿色标志。坚持把绿色品牌作为一种资本用好，将品牌优势转化为林业产业发展优势，从而推动绿色经济科学发展。

4.2.3 绿色标准

所谓绿色标准，说到底是一种准则，关键还在于执行和遵守，产品要走向世界，最重要的是达到国际标准和国外先进标准的要求。同时，也要抓紧制定和修订我国的林产品的行业标准和国家标准。

作为林产品的生产国和消费国，中国是全球林产品贸易的主要参与者。积极促进全球森林的可持续发展，已成为我国林业发展的重要任务。根据现代林业发展的要求，针对不同认证类别，制定了相应的认证标准：森林生态系统服务功能评估规范、自然保护区土地覆被类型划分、退耕还林工程数据标准等(2008 年 5 月实施的林业行业标准)。通过适时修订和完善现有认证标准和技术规范，构建完善的森林认证标准体系。

目前，有观点认为，可持续发展有三大支柱，包括经济、社会和环境问题。可持续发展应与社会、经济和环境目标结合，绿色标准应当体现在采购过程中(李小勇，陈晓倩，2010)[10]。对于“既要金山银山，更要绿水青山”的林业发展思路，按照国家建立健全统一的林业标准体系的要求，林业工程建设就要按照标准设计、标准施工、标准验收。林木种苗采标率要达到 90% 以上，林业重点工程建设采标率要达到 85% 以上；要在国家和国家林业局及林业标准化示范区建设的基础上，开展省、市、县(区)各级示范区建设，形成林业标准化示范网络(示范区须与当地林业结构调整、林业重点工程建设、发展优质高效林业、出口创汇林业和无公害林产品密切结合)，实施产前、产中和产后林业标准化综合管理；建立林业专业标准化技术咨询机构；做好林业标准化信息的收集、整理和发布。

绿色标准基本目标就是建立一种低消耗的生产体系、适度消费的生活体系、持续循环的资源环境体系，使环境友好产品成为联系公众与可持续发展战略的纽带。中国林业正面临着由以木材生产为主向以生态建设为主的历史性转变，林业承担着生态建设和林产品供应的重任。应对这种变化，已经完成了《中国森林可持续经营标准与指标》、《中国森林认证标准》的制定工作。这样，林产品要打破国际绿色壁垒，并顺利进入国际市场，其基础的工作就可以很好地达到绿色标准。

5 结论与讨论

绿色技术是遵循生态原理和生态经济规律，节约资源和能源，避免或减轻生态环境污染和破坏，与生态环境系统相协调的一种新型的现代技术系统。其中，绿色技术创新也是属于技术创新的一种，一般把以保护环境为目标的管理创新和技术创新统称为绿色技术创新，即在创新过程的每一个阶段以整合环境为原则，以实现产品生命周期成本总和最小化为目的的技术创新。有学者将绿色管理创新独立出来，包括制定绿色企业管理机制、绿色成本管理创新、采用先进生产方式、建立绿色营销机制、建立绿色网络化供应链、建立环境评价与管理系统，为绿色技术创新的研究提供了新的思路。从这个方面讲，具有一定的积极意义。但是，由于目前我国绿色技术市场的不健全，不确定性，致使技术开发方面普遍缺乏技术创新的动力和能力。其次，关于绿色技术本身特性在使用上存在着最小规模经济，广大技术含量低、劳动密集性高的企业难以达到所要求的最小经济规模，多数研究持此结论。清华大学经济管理学院对我国1051家企业技术创新活动的调查分析结果显示，我国技术创新存在缺乏资金、人才等障碍。

另外，从环境法规来看，虽然我国现有全国人大的12部环保法律，但操作性太差，法律约束力不强，缺乏将环境问题与经济行为联系起来的推动力。

加强环境管理的力度、建立适应市场机制运行的相关政策体系、建立完备的绿色技术开发中心，提高绿色技术创新能力、健全企业创新体制，从生态文明的角度具有很强的说服力。因此，绿色技术创新是可持续发展的基本战略之一，在环境保护和国际贸易的双重推动下，进行绿色技术创新的林业会越来越多。但是目前普遍存在的缺乏危机感的现象、不考虑长远利益的事实，使得对绿色创新技术关注较少，没有从战略高度来看待绿色技术创新和推广。

基于推动社会经济的可持续发展，政府通过建立相应的专利保护制度，保护创新成果，激发创新动力，从而大力支持和鼓励绿色技术创新。因此，还要进一步发挥舆论监督的作用，唤醒公众的绿色消费意识，使他们意识到自己的衣食住行与环境保护息息相关。只有对此加以详细了解，才能对其有更好的认识。

参考文献

[1]贾治邦. 林业应肩负起生态文明建设的历史使命[J]. 林业经济，2007(12)：3-5

[2]刘昀献. 论科学发展观视野下的生态文明建设[J]. 中国浦东干部学院学报，2010(7)：17-20

[3]韩利琳. 生态文明背景下的公司环境责任问题研究[J]. 生产力研究，2009(13)：63-78

[4]吴晓波，杨发明. 绿色技术的创新与扩散[J]. 科研管理，1996(1)：38-41.

[5]张长元. 从绿色消费到绿色技术到绿色设计[J]. 环境污染治理技术与设备，1997(3)：16-20

[6]王伯鲁. 产业绿色技术化及其驱动机制的重建[J]. 科学技术与辩证法，1998(12)：52-56

[7]陈立桥，陈立俊. 林产品贸易政策对林业的影响及对策研究[J]. 国家林业局管理干部学院学报，2010(1)：41-46

[8]杨晓燕，胡晓红. 绿色认证对品牌信任和购买意愿的影响研究[J]. 国际经贸探索，2008(4)：66-70

[9]刘燕，田明华，钱军. 森林认证与林产品国际贸易关系初探[J]. 北京林业大学学报，2006(12)：48-53

[10]李小勇，陈晓倩. 林产品绿色政府采购内涵及衡量标准分析[J]. 资源开发与市场，2010(6)：539-543

专题六

林业经济分析与林业金融

中国林业投入和产出的实证分析

王　刚　张玉静

（北京林业大学经济管理学院）

摘　要：利用1980～2008年关于中国林业工业投入与产出的相关数据，采用偏最小二乘回归法，对中国林业工业投入和产出的关系进行了研究。研究发现：我国林业工业产出主要受林业固定资产投资和林业基本建设投资的影响，林业从业人员数越多，林业产出反而越小。提出如下建议：增加国家财政支林支出，加大对林业富余劳动力的培训力度，增强其再就业能力；加强营林固定资产投资和林业基本建设投资，尤其是森工固定资产投资；借助林权制度改革，多渠道拓宽就业途径，以促进林业剩余劳动力转移，进而提高林业生产效率和林业产出。

关键词：林业投入；林业产出；偏最小二乘回归

The Relationship between Input and Output of Forestry in China: Analysis Based on Partial Least Squares Regression Model

Wang Gang　Zhang Yujing

(School of Economics and Management, Beijing Forestry University)

Abstract: Using the statistical data about forestry input and out put during 1980～2008, this paper analyzes the relationship between input and output of forestry in china by the partial least squares regression method. The result shows that: the forestry output is mainly affected by the forestry fixed assets investment and the forestry capital construction investment, the more the number of forestry workers, the smaller of forestry output. Finally, it proposes suggestions as follows: the financial input for supporting forestry should be increased to train the forestry surplus labor and enhance its ability to re-employment; strengthen the forestry fixed assets investment and the forestry capital construction investment, especially in forest fixed assets investment and forest industry capital construction investment; broaden employment ways by Forest right system reform to promote the transfer of surplus labor in forestry, and improve efficiency and output of forestry.

Key words: forestry input; forestry output; Partial Least Squares Regression

林业是国民经济的基础产业，又是重要的社会公益事业。当前，我国林业产出率不高，林区发展落后，林农收入低，“三林”问题逐渐凸现，国内外学术界对林业问题进行了大量研究，并取得了许多有价值的研究成果。常继锋等[1]对林业投入的概念进行解析，提出林业投入不仅包括传统的资金、物资和劳动等硬要素投入，还应包括侧重于从质量和效率上增强林业发展的软要素投入，即制度投入、政策投入、法规投入、科技投入、教育投入、信息投入、管理投入、奖惩投入。于磊[2]利用林业建设总投资（包括经济林投入、防护林投入、退耕还林投入，外资造林投入等项）与经济效益新增额（包括新增用材林、经济林、竹林、提供的森林食品、花卉苗木等有关折算为经济量的总和）和生态效益新增额（水土流失减少面积）研究林业建设投资与经济效益和生态效益的投人产出关系，得出结论林业投资额与林业投资经济效益和水土流失减少面积正相关，林业投入产出比接近300%。陶红军[3]采用回归分析对湖北省林业中间消耗(林业中间消耗各项包括用种量、肥料、燃料、农药、用电、其他物质消耗以及劳务支出)与林业产出的关系进行实证分析，得出结论林业中间消耗对林业产出的贡献率为139.14%。赖作卿[4]选取林业用地面积，林业年末单位从业人数，政府林业预算，林业中间消耗值四个投入指标和林业总产值，林地改造面积和林业增加值三个产出指标，运用DEA分析方法测算出广东省21个城市的林业投入产出效益值，通过分析得出结论：林业投入产出效率高的城市主要是重视科技兴林及政策的有效执行。何丹[5]建立辽宁省林业投资与林业经济增长关系的数量模型，表明林业投资与林业经济总量间存在着较强的相关性，回归系数23.30能够很好地反映出林业投资对林业经济总量增长的乘数效应，林业投资对林业经济增长能产生拉动作用，认为林业投资体制通过影响林业投资数量、投资结构来影响林业经济增长。要促进林业经济发展必须适度提高林业投资总量、改善林业投资结构。周莉[6]通过对我国林业基本建设投资的效益分析，得出结论林业基本建设投资的直接经济效益较高，认为财政对林业的投入取向是增加营林资金，降低森工资金，同时应增加财政投资规模。

从上述学者的研究结果来看，林业建设投资、林业中间投入、林业年末单位从业人数是影响我国林业产出的主要投入因素。从实证分析区域的选取来看，学者们主要用某个地区的相关投入指标测定其对林业产值指标的影响程度，没有从中国林业经济整体考虑投入指标与产出指标之间关联信息。鉴于此，本文将采用偏最小二乘回归法来综合考虑中国林业产出指标与林业投入指标之间的关系。

1　指标选择

1.1　林业工业投入指标的选择

鉴于林业固定资产投资和林业基本建设投资以及从业人员年末人数与工资总额是林业投入的主要要素，故本文选取表1所示的多个林业投入指标。研究数据主要来自于《1949－1987年中国林业资料汇编》、1988~1997年《中国林业统计资料》和1998~2008年的《中国林业统计年鉴》，部分根据《中国林业统计年鉴》的数据整理而得。

表1显示了1980~2008年各林业投入指标的平均增长速度以及2008年统计数据与1985年的比值。其中林业固定资产投资包括营林固定资产投资和森工固定资产投资，林业基本建设投资包括营林基本建设投资和森工基本建设投资。由表1可知：1980~2008年中国林业固定资产投资完成额、林业基本建设投资完成额一直处于上升趋势，2008年林业固定资产投资完成额是1980年的44.55倍，年均增长14.52%，其中2008年营林固定资产投资完成额是1980年的108.5倍，年均增长18.22%，2008年森工固定资产投资完成额是1980年的2.74倍，年均增长3.67%；2008年林业基本建设投资完成额是1980年的45.44倍，年均增长14.6%，其中2008年营林基本建设投资完成额是1980年的107.34倍，年均增长18.18%，2008年森工基本建设投资完成额是1980年的1.8倍，年均增长2.12%，这些均说明中国林业的技术投入和资本投入在大幅增加。上述数据还表明，在林业固定资产投资和林业基本建设投资中，营林固定资产投资和营林基本建设投资的力度都远远大于对森工固定资产投资和森工基本建设投资的力度，说明营林在中国林业发展中具有重要的基础地位。

从表1还可以发现，1980~2008年中国林业从业人员数年均下降1.63%，但与此同时，2008年在岗职工年工资总额是1980年的9.48倍，在岗职工年工资总额以年均8.37的速度增长；2008年在岗职工年平均工资是1980年的15.7倍，在岗职工年平均工资以10.34%的速度快速增长，这说明随着中国林业技术和资本投入的增加，林业产业的劳动生产率逐渐提高，在林业总产值快速增长的同时，对人力资源的绝对需求逐渐降低，即林业生产的从业人员在减少，而物质和技术投入在快速增加，中国林业生产正在逐步向资金和技术密集型的生产方式转变。

表 1　1980 ~ 2008 年林业投入指标的增长比例及年均增长率

指　　标	2008 年与 1980 年指标比值(倍)	1980 ~ 2008 年年均增长率(%)
营林固定资产投资完成额(万元)(X_1)	108.50	18.22
森工固定资产投资完成额(万元)(X_2)	2.74	3.67
营林基本建设投资完成额(万元)(X_3)	107.34	18.18
森工基本建设投资完成额(万元)(X_4)	1.80	2.12
从业人员年末人数(万元)(X_5)	0.63	-1.63
在岗职工年工资总额(万元)(X_6)	9.48	8.37
在岗职工年平均工资(万元)(X_7)	15.70	10.34

1.2　林业工业产出指标的选择

中国林业产出包括实物产出和价值量产出，实物产出包括木材产量、竹材产量、锯材产量、人造板产量以及林业副产品包括松香、栲胶以及紫胶等产量，但是考虑到上述实物产出如木材产出在一定时期受国家产业政策(天然林保护工程等)的影响较大，故本文只选取表 2 所示的林业系统工业总产值产出指标，以便于从整体上把握中国林业产出的诸种影响因素。林业系统工业总产值是以货币表现的林业系统工业企业在一定时期内生产的已出售或可供出售工业产品总量，它反映一定时间内工业生产的总规模和总水平。

从表 2 可发现：2008 年林业系统工业总产值是 1980 年的 5.8 倍，年均增长率为 6.48%。中国林业系统工业总产值年均 6.48% 的年均增长率与中国林业固定资产投资年均 14.52% 增长率和林业基本建设投资年均 14.6% 增长率相比，中国林业总体的投入产出比仍然较低，不过林业除了实物和价值量的产出之外，更重要的职能是保护资源和环境，说明林业在国民经济中的基础地位。

表 2　1980 ~ 2007 年林业产出指标的增长比例及年均增长率

指标	2008 年与 1980 年指标比值(倍)	1980 ~ 2008 年年均增长率(%)
林业系统工业总产值/万元(Y_1)	5.80	6.48

2　林业投入和林业产出的关系分析

2.1　偏最小二乘回归法的原理

偏最小二乘回归提供了一种多对多线性回归建模的方法，与传统多元线性回归模型相比，它具有以下优点[7]：①能够在自变量存在严重多重相关性的条件下进行回归建模；②允许样本点个数少于变量个数的条件下进行回归建模；③偏最小二乘回归在最终模型中包含原有的所有自变量；④偏最小二乘回归模型更易于辨识系统信息与噪声(甚至一些非随机的噪声)；⑤在偏最小二乘回归模型中，每一个自变量的回归系数将更容易被解释。鉴于此，本文采用偏最小二乘回归方法来分析农业投入与产出之间的关系。

偏最小二乘回归分析算法思想与步骤[8]：假设有 p 个因变量 $Y_1,Y_2,\cdots,Y_p$ 和 k 个自变量 $X_1,X_2,\cdots,X_k$，样本数为 n，因此得到因变量和自变量的数据阵 X 和 Y；偏最小二乘回归分别在 X 和 Y 中提取出成分 t_1 和 u_1（t_1 是 $X_1,X_2,\cdots,X_k$ 的线性组合，u_1 是 $Y_1,Y_2,\cdots,Y_p$ 的线性组合）。在提取这两个成分时，为了回归的需要，应满足下列要求：t_1 和 u_1 应尽可能大地携带它们各自数据表中的变异信息；t_1 和 u_1 的相关程度能够达到最大。在第一个成分 t_1 和 u_1 被提取后，偏最小二乘回归分别实施 X 对 t_1 的回归以及 Y 对 t_1 的回归。如果回归方程已经达到满意的精度，则算法停止；否则，将利用 X 被 t_1 解释后的残余信息以及 Y 被 t_1 解释后的残余信息进行第二轮的提取，直到达到满意的精度为止。若最终对 X 共提取了 m 个成分 $t_1,t_2,\cdots,t_m$，偏最小二乘回归将通过施行 Y_p 对 $X_1,X_2,\cdots,X_k$ 的回归，然后再表达成 Y_p 关于原变量 $X_1,X_2,\cdots,X_k$ 的回归方程，$p = 1,2,\cdots,q$。

交叉有效性分析可以确定所应提取的成分个数。把所有 n 个样本点分成两部分：第一部分是除去某个点 i 的所有样本点集合(共含 $n-1$ 个样本点)，用这部分样本点并使用 h 个成分拟合一个回归方程；第二部分是把刚才被排除的样本点 i 代入前面拟合的回归方程，得到 Y_i 在样本点 i 上的拟合值，记为 $\hat{Y}_{hj(-i)}$ 。对于每一个 $i = 1,2,\cdots,n$ ，重复上述测试。定义 Y 的预测误差平方和为 $PPESS_h$[9]，有

$$PPESS_h = \sum_{i=1}^{k}\sum_{i=1}^{n}(Y_{ij} - \hat{Y}_{hj(-i)})^2 \tag{1}$$

采用所有的样本点，拟合 h 个成分的回归方程。这时，记第 i 个样本点的预测值为 $\hat{Y}_{hji}$ ，定义 Y 的预测误差平方和为 SS_h ，有

$$SS_h = \sum_{i=1}^{p}\sum_{i=1}^{n}(Y_{ij} - \hat{Y}_{hji})^2 \tag{2}$$

定义 t_h 的交叉有效性 Q_h^2 为：

$$Q_h^2 = 1 - \frac{PRESS_h}{SS_{h-1}} \tag{3}$$

根据常用偏最小二乘回归分析软件的参考量值，当 $Q_h^2 \geq 0.0975$ 时，引进新的主成分 t_h 对模型的预测能力有明显的改善作用[9]，即对减少模型的预测误差有明显的改善作用，交叉有效性判断有效。否则，增加新的主成分对提高模型的精度无明显改善，称交叉有效性判断无效。

2.2 关系分析

首先对数据进行多重共线性诊断，结果如表3所示，$Vif(X_7) = 72.842 > 10$ ，条件数 = 59.169 > 10，且 X_2、X_3、X_4、X_5、X_6、X_7 的方差比例均大于0.5，可以认为这些 X 变量存在严重的多重共线性，故不能直接进行多元线性回归分析。

表3 多重共线性诊断结果

模型维数	特征值	条件索引	方差比例						
			(常量)	X_2	X_3	X_4	X_5	X_6	X_7
1	5.792	1.000	0.00	0.00	0.00	0.00	0.00	0.00	0.00
2	1.009	2.396	0.00	0.00	0.01	0.00	0.00	0.00	0.00
3	0.158	6.061	0.01	0.01	0.01	0.03	0.01	0.01	0.00
4	0.026	15.043	0.00	0.00	0.15	0.30	0.00	0.28	0.00
5	0.010	24.646	0.00	0.95	0.03	0.63	0.00	0.11	0.00
6	0.004	36.956	0.02	0.00	0.80	0.00	0.03	0.57	0.77
7	0.002	59.169	0.97	0.04	0.01	0.04	0.96	0.03	0.22

利用SAS8.1软件中的PLS过程进行偏最小二乘回归分析，相关结果见表4。

从表4可以看出：从自变量中抽取的前三个成分可解释变差的百分比分别为58%、38.2%、1.55%，且前三个成分解释了自变量信息的97.8%；从因变量中抽取的三个成分可解释变差的百分比分别是74.1%、8.63%、8.72%，且前三个成分解释了因变量信息的91.5%。同时，前三个成分的交叉有效性分析结果分别为0.694、0.283、0.371，且第四个成分的交叉有效性值为 -0.133，根据常用偏最小二乘回归分析软件的参考量值，当 $Q_h^2 \geq 0.0975$ 时，引进新的主成分 t_h 对模型的预测能力才有明显的改善作用，因此在本模型中取三对成分。

建立因变量与 t_1 ，t_2 ，t_3 的回归模型，其调整的 $R^2 = 0.9808$ 值、$F = 95.48$ 。即 t_1 ，t_2 ，t_3 解释了各因变量98.08%的信息，且在99%的置信度下均通过了 F 检验，所以各因变量与 t_1 ，t_2 ，t_3 存在线性关系，因此，将因变量与 t_1、t_2、t_3 的回归模型表示为因变量与自变量的回归方程，得到的偏最小二乘回归式见式(4)。

$$\begin{aligned} Y_1 = {} & 1.91773 - 0.389666X_1 + 0.374109X_2 - 0.382701X_3 \\ & - 0.113853X_4 - 0.354591X_5 + 0.757633X_6 + 0.38314X_7 \end{aligned} \tag{4}$$

表4 被偏最小二乘因子解释的变差的百分比及交叉有效性分析

提取成分个数	自变量可解释变差的百分比	自变量可解释变差的累计百分比	自变量可解释变差的百分比	自变量可解释变差的累计百分比	交叉有效性(Q^2)
1	58	58	74.1	74.1	0.694
2	38.2	96.2	8.63	82.7	0.283
3	1.55	97.8	8.72	91.5	0.371
4	0.77	98.5	2.59	94	-0.133

从式(4)可以看出：林业系统工业总产值(Y)与营林固定资产投资(X_1)、营林基本建设投资(X_3)和森工基本建设投资(X_4)呈反向变化关系，说明无论是营林固定资产投资还是林业基本建设投资的增加都会造成林业系统工业总产值的降低——似乎与事实不符。深入分析可以发现，营林固定资产投资和林业基本建设投资形成的资产绝大部分是固定资产和基础设施，道路、桥梁、房屋及林业生产专用设备占有相当的比重，有增值潜力的资产比重较小；同时，固定资产和基础设施投资完成以后并不能立即带来收益，其投资效益的体现具有滞后性，再加上林业生产经营周期较长，所以当年的固定资产投资和基本建设投资往往需要若干年后才能体现其价值，因此在本研究中营林固定资产投资和营林基本建设投资以及森工基本建设投资与林业系统工业总产值呈反向变化关系。同时，林业系统工业总产值(Y)与森工固定资产投资完成额(X_2)呈正向变化关系，说明森工固定资产投资对林业系统工业总产值的影响比较迅速，其原因在于森工企业主要以森林及其附属产品为生产、加工和经营对象，固定资产投资的增加可以促进森工企业提高产能，增加工业总产值。因此森工固定资产投资对林业系统工业总产值具有正向推动作用。

从式(4)还可以看出林业系统工业总产值(Y)与从业人员年末人数(X_5)呈反向变化关系，说明在中国林业生产中，从业人员越多，产值越低。产生这种现象的原因在于：一方面，由于林区收入较低，大量的人才外流，林业生产的从业人员大多缺乏相应的知识和技术，导致林业生产和经营效率低下；另一方面，林业企业大多政企不分，企业办社会现象比较普遍，林业、林区和林企负担较重，且由于劳动力自身观念、知识、技能等因素的限制，无法实现再就业和向外部转移，林业需要分流和安置的富余职工较多，成为影响林业产值的重要因素。

林业系统工业总产值(Y)与在岗职工年工资总额(X_6)和在岗职工年均工资(X_7)呈正向变化关系，说明在林业系统从业人员既定的情况下，职工收入越高，林业系统工业总产值越大。从系数来看，在岗职工年工资总额对林业系统工业总产值的影响最大，因此，要实现中国林业系统工业总产值大幅增长，就要适当提高对在岗职工年工资总额的总量，并且在林业系统从业人员既定的情况下，在岗职工年均工资也随之增加，进一步推动林业系统工业总产值的增长。

3 主要结论与建议

通过实证分析可以看出，我国林业工业产出主要受国家财政支林支出和林业从业人员人数等因素的影响。因此，要提高中国林业工业产出，就必须增加国家财政支林支出，转移林业富余劳动力。具体措施如下：

3.1 增加国家财政支林支出

国家和地方政府应适当增加对天然林保护工程和其他几大工程的投资力度，并保证投资资金适时到位。一方面，国家实施天然林保护工程等重大项目后，大量的劳动力从林业生产中分流出来，这就要求国家加大对富余劳动力进行技能培训的力度，提高劳动者素质，增强其再就业能力；另一方面，国家应加大对林业固定资产和林业基本建设的投资力度，虽然营林固定资产投资和林业基本建设投资在短期内会造成林业系统工业总产值的降低，但长期来看对发展中国林业经济，促进中国林业经济健康和可持续发展具有重要的作用。同时，为保证中国林业系统工业总产值的健康发展，要重点加强对森工固定资产的投资力度，在实现林业产值大幅度提高的同时，也可为部分富余劳动力提供就业机会。

3.2 多渠道转移林业富余劳动力

国家和各级地方政府及国有林区、林业企事业单位应多渠道拓宽就业途径，实现林业富余劳动力顺利转移。首先可通过林权制度改革，充分调动林业职工保护、培育和经营森林资源的积极性，可以拓宽林业劳动力就业渠道，一人承包，全家就业，解决实际的就业问题。其次在林区进行非志愿移民，可将林区山上的分散林农转移到山下，或将山下富余的林业职工转移到附近小城镇，使林区分散的人口相对集中于小城镇的社区内，小城镇社区内的生产、生活、商业、服务等的顺利开展，必须有大量的人员去从事，这为林区富余人员提供了大量就业机会。第三，实施产业结构调整，大力发展非木产业，培养新的经济增长点，发展林下产业、开发绿色产品、发展生态旅游、特色农业、特色养殖等，形成木材加工、山副产品、农副产品加工为主导，投资主体多元化、多种经济成份并存的产业格局，有效解决林区富余劳动力的转移问题。

参考文献

[1]常继锋，潘家坪．对林业投入的思考[J]．林业建设，2001，(1)：2-4.
[2]于磊．河南省光山县林业投资效益分析[J]．河北农业科学，2007，11(5)：100-101.
[3]陶红军，冯中朝．湖北省林业物质投入与产出关系研究及产量灰预测[J]．全国商情(经济理论研究)，2007，4：4-6.
[4]赖作卿，张忠海．基于DEA方法的广东林业投入产出超效率分析[J]．华南农业大学学报(社会科学版)，2008，7(4)：43-48.
[5]何丹．辽宁省林业投资与林业经济增长关系研究[D]．沈阳农业大学，2007.
[6]周莉，温亚利，侯波．我国林业基本建设投资的效益分析[J]．北京林业大学学报(社会科学版)，2005，4(4)：34-36.
[7]董梅生．中国农业投入和产出的关系-基于偏最小二乘回归法的分析[J]．技术经济，2009，28(1)：37-41.
[8]邓念武，徐晖．单因变量的偏最小二乘回归模型及其应用[J]．武汉大学学报(工学版)，2001，34(2)：14-16.
[9]叶慈南，曹伟丽．应用数理统计[M]．北京：机械工业出版社，2004年：222-225.

中国林业金融问题研究评述：一个理论分析框架

秦　涛　田治威　潘焕学

（北京林业大学经济管理学院）

摘　要：林业金融是金融体系与林业系统相互渗透与融合形成的新的金融系统，是一个崭新的研究领域。本文通过对国内外林业金融研究现状进行总结评述，提出一个有关林业金融的分析框架，即从客户层面的金融需求、微观层面的金融供给、中观层面的金融基础设施和宏观层面的政策支持等角度入手，研究林业产业与金融业的关联机理、林业金融需求与金融资源供给状况、以及林业融资支持体系、金融产品创新体系、风险管理体系和政策支持体系等，以此建立林业与金融的产业共生机制，实现二者协调发展。

关键词：林业金融；金融需求；金融供给；金融产品创新

The Review of the Studies of ChineseForestry Financial Problem: A theoretical analysis framework

Qin Tao　Tian zhiwei　Pan Huanxue

(School of Economics and Management, Beijing Forestry University)

Abstract: Forestry finance is a new field of research. On the basis of the review of research on forestry finance at home and abroad, this paper put forwards an analytical framework of forestry finance, from the aspects of financial needs, customer micro financial supply, the medium level of financial infrastructure and the macroscopic level of policy support, and finally indicates that the research of forestry finance at present should be set off from the aspects such as the correlation mechanism of forestry and finance industry, the path of finance support the forestry industry development, and forestry financing support system, the financial product innovation system and risk management system and policy support system etc. , which reflects in practice is to construct the industry symbiotic system of forestry and finance.

Key words: forestry finance; financial demand; financial supply; financial product innovation

1　引言

林业产业发展战略实施需要以强大的金融支持为后盾，然而，长期以来我国林业所获得的金融资源与其在经济和社会发展中的地位、作用极不相称，林业与金融有效结合未引起足够的重视，严重阻碍了林业产业健康发展。总体来说，我国林业产业发展，包括林业投资、林业企业创新、林业产业升级等都

基金项目：本研究受国家社会科学基金项目(10CGL046)“集体林权制度改革与林业金融服务体系研究”和中央高校基本科研业务费专项资金－北京林业大学科技创新计划项目(RW2010－3)资助

作者简介：秦涛，男，北京林业大学经济管理学院讲师、管理学博士，研究方向：林业金融理论，Email：qintao415@126.com

存在着巨大的资金缺口。目前，国内林业产业融资主要依赖于银行贷款，这体现了信贷资金对林业产业发展提供的巨大支持，但也反映出资本市场的融资功能没有得到充分发挥。随着集体林权制度改革的不断深入，我国林业产业发展进入新的战略转型期，林业产业化发展和产业技术升级需要大量的资本投入支撑，单纯的银行融资和财政支持已经很难满足林业产业发展对资本的需求。从我国林业产业发展现状来看，林业企业上市融资的还较少，林业企业债券融资占比较低，其他融资手段和金融工具未充分利用。同时，金融机构提供的林业金融信贷产品单一，主要局限于林权证抵押贷款等信贷业务，而在林产品期货交易、仓单融资、信托融资、森林保险、森林资源资产证券化、项目融资等金融产品创新明显不足，难以满足林业产业迅速发展的多元化的融资要求，从而也制约着金融机构盈利空间的拓展。另一方面，林业产业经营周期长，投资高风险、高回报的特点要求融资规模大，融资渠道广，融资机制灵活。因此，必须加快林业金融服务体系建设，创新金融支持林业产业的发展路径。

2009 年 5 月，中国人民银行、财政部、银监会、保监会、国家林业局联合发布了《关于做好集体林权制度改革与林业发展金融服务工作的指导意见》，从制度和政策层面上为林业金融服务体系建设和金融产品创新提供了条件，但林权改革过程中的林业金融服务体系建设问题不是一个孤立的问题，它牵涉到政府部门、金融机构、林业企业和林农自身等方方面面，是一个庞大的系统工程，需要构筑一个复合共生型的多元化金融服务体系。总之，通过建立林业金融服务体系为林权改革提供金融支持，为林农和林业企业等提供全方位、多元化金融服务，进而提高林业产业资金运行效率，已成为发展林业产业和推进林权制度改革的重大战略举措。

2 文献评述

目前国内外学者已开始关注林业产业与金融互动的理论研究与实践探索，但对林业金融研究处于探索阶段，尚未展开系统性研究，远没有形成独立的分析框架和相对完整的理论体系。国外对林业金融的研究多集中在金融业如何支持林业产业发展，如在森林资源等的长期发展的研究上，尚没有关于林业产业与金融业如何融合和联动发展的研究。国外学者普遍认为林业是天生的弱质产业，又具有生态效益和社会效益的特性，因此在林业金融服务方面普遍采取以财税金融为主要内容的扶持政策，主张政府应利用税收使公共物品的外部性内部化，从而解决资金投入不足问题。总之，无论是发达国家，还是发展中国家对林业金融服务研究都比较零散，难以找到专门、系统的理论论著，多是实践方面的操作研究。国内理论界对林业金融的研究主要集中在林权证抵押贷款、林业投融资模式、林权改革与金融服务创新等几个方面。总体来说，目前国内外尚未从产业共生发展角度对林业和金融两大产业及其相关要素间作用机理进行系统性研究，林业金融的理论研究基础甚为薄弱，在研究思路、视角、范围、方法和层次方面存在偏差。

第一，研究思路方面，主要采用“理论导向型”思路，沿着林业投融资理论发展逻辑，仅提出林业发展过程中资金短缺和投资不足问题，这种研究思路往往使得对林业资金短缺问题由于不同角度的分析可能会得到不同的答案，导致林业金融研究在某种程度上类似于“盲人摸象”，难以发挥理论指导意义。在研究林业金融服务过程中，并没有从金融需求和供给角度出发，分析导致林业融资困境和金融供给不足的根本原因，因为未能深入分析林业产业的特有金融属性，无法设计出针对不同类型林业产业特征的林业金融服务体系和金融产品，在微观层面上不具有可操作性。

第二，研究视角方面，只停留在林业金融服务的某一个方面，未能从林业融资支持体系、金融组织体系、产品创新体系、风险管理体系和政策支持体系等方面综合考虑林业金融服务问题，尤其缺乏对财政与金融支持林业，政策性、商业性和合作性金融支持林业发展的协调机制的研究。大部分研究局限在林业范围内讨论林业金融服务问题，而对涉及外部经济环境、农村金融体系、森林保险体系、产业化经营、林地流转等相关领域的研究较少，因此，依据微观主体行为特征重新审视和思考林业金融服务问题是亟待解决的一个重要课题。

第三，研究范围方面，现有研究多从林业本身挖潜，对金融支持林业产业的路径研究主要集中在林业投融资机制方面，以及对林权证抵押贷款等少数信贷产品的研究，并且孤立地从林业自身出发对某一种融资方式和行为探讨，明显地忽视了国家金融体系这一特殊背景。对金融支持林业过程中的角色参与研究不足，对林业金融产品（工具）创新程度明显不够，现有林业金融工具研究只是对一些新颖融资方式简单借鉴，还有一些停留在“创意”层面，体现出研究系统性不强、对策多于问题的特点，而且缺乏更深层次的理论探讨，没有形成完整的理论体系。对于林业风险层面也仅从理论上阐释防范林业风险的必要性，缺乏对于林业风险来源、传导路径以及建立在此基础上的风险预警体系和控制模式的研究。此外，林业金融政策研究缺失。

第四，研究方法方面，现有的文献引入不确定性、非对称信息、交易成本、产权理论等理论成果，用于解释融资难的问题和设计林业投融资机制。但是，总体而言多是基于定性探讨，直观、静态地分析某一时期我国林业投融资现状和存在的问题，相当一部分研究是属于实践工作的经验总结，仅从财政、金融、法律法规和政策执行等不同角度分析有关的问题，并提出相应对策措施。在研究中缺乏定量和实证分析，博弈论、模型法等经济分析方法的运用不足，或者说逻辑分析和抽象分析的力度不够。

第五，研究层次方面，尽管一些学者提出要通盘考虑林业金融服务体系建设，应该一揽子规划农村金融体制构建，但是并没有见到从宏观角度对农村金融体制构建的深入探讨，没有考虑各种农村金融供给机制与林业金融服务体系的协调和整合，认为农村金融机构改革就是林业金融服务体系改革的全部，认为农村信用社问题解决了，金融支持林业的问题也就解决了。由于林业融资制度、技术条件的运用与林业产业的特殊性，运用一般的金融理论来解释林业融资问题往往显得很牵强，不是在业务上做技术性调整即可的。

综上所述，目前对于林业金融问题的研究，仍停留在林业投融资理论层面，尚未从产融结合和金融发展的视角来探讨林业信贷约束和融资困境、林业产业投资不足、以及社会资本难以进入林业领域的深层次原因，在研究林业投资收益和风险水平等林业发展中的核心问题方面严重不足，在构建林业金融支持体系和林业金融工具创新实践方面更是严重滞后，直接影响到林业金融支持体系的建立，致使我国林业产业发展面临投融资渠道有限、金融工具创新乏力、信贷资金供给不足、林业金融服务功能单一、林业产业资本外流严重，以及林业产业政策支持和风险管理体系发展滞后等多方面的严峻挑战。因此，从系统工程高度对林业金融服务进行跨学科交叉式综合性研究，是一项富有挑战性的新课题。为克服“理论导向型”研究思路的不足，应该采用“问题导向型”研究范式，通过实证分析方法从金融需求和供给角度出发，分析林业各经营主体的金融需求和各类金融机构林业金融供给状况及影响因素，在此基础上重新构筑更具指导性、实践性、操作性的林业金融服务体系。

3　林业金融理论分析框架与研究视角

从经济学角度来看，产业资本形成不足主要有三方面原因：一是融资需求不足，二是投资供给不足，三是资金利用效率不高。那么是什么原因导致我国林业产业发展资金不足，无非有以下两种可能：第一，林业经营者作为资金需求者，由于信贷约束以及融资渠道不畅而面临融资困境，无法从金融机构及其他融资渠道获取资金；第二，金融机构及社会投资者作为资金供给方，由于林业产业投资收益低、风险高，不愿意将资本投向林业，或者是因为林业金融工具创新不足，缺乏相应投融资渠道和平台，社会资本难以进入。因此，为了保证金融资本、产业资本和社会资本源源不断地进入林业，必须探寻造成林业经营主体融资困境和阻碍金融资本、社会资本投资林业的最根本原因，以便从源头上解决这些最关键制约因素，提高林业金融运行效率，畅通各类资本进入林业的渠道。根据以上研究假设，在研究林业金融过程中需要从金融需求和供给角度出发，即从客户层面的金融需求（金融需求特征和需求满足程度），微观层面的金融供给（金融机构改革和组织创新、金融机构产品供给机制、社会资本进入及供给机制），中观层面的金融基础设施（征信体系、担保体系、支付系统、风险管理体系等）和宏观层面的政策支持体系（法律法规、政策体系、配套措施）等角度入手，梳理林业产业发展进程中金融支持的内生逻辑，为林业金融服务体系构建提供理论依据（见图1）。

3.1　基于客户层面的金融需求视角

从金融需求角度入手，了解林业经营主体包括林农、林业企业以及林业合作经济组织的金融需求，通过对各类林业经营主体的实地调查，全面评价各经营主体融资状况，了解其是否面临信贷约束，需要

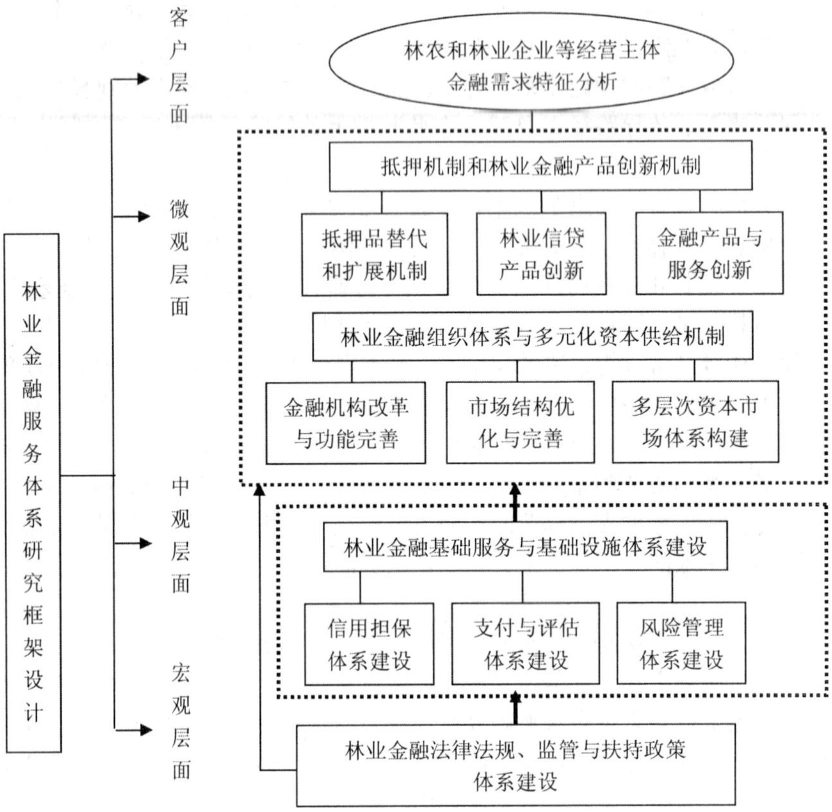

图 1　我国林业金融服务体系研究框架

什么样的金融服务，需要什么样的金融机构，目的是发掘林业金融服务体系建设和机制创新的原动力。在调整林业产业结构和推进林业产业化过程中，林业的专业化生产以及为联结林农与市场而发展起来的各类专业合作经济组织有了新的金融需求。林业产业化经营的一个重要任务就是培育龙头企业，龙头企业可以将林产品生产、加工、贸易融为一体，增加林业产业上下游的关联度，促进林业产业链延伸和一体化发展，通过采取“龙头企业 + 合作组织 + 林农”等新型林业产业化经营模式，必然产生与单个林农截然不同的金融需求，要求综合性、较大规模的系列性金融服务，因此，只有准确把握林业金融需求特征和融资状况，才能为金融机构改革和产品创新提供依据。

3.2　基于微观层面的金融供给视角

从金融供给角度出发，首先，在分析林业金融供给主体(政策性银行、商业银行、农信社等金融机构)对林业的金融服务供给行为基础上，寻求增加对金融服务的办法，主要是通过银行与非银行金融机构等组织体系的制度创新、金融交易的制度创新(金融产品或业务的创新)。具体来说，增加林业金融供给可以通过三种途径：一是继续改革原有金融机构或成立新的林业金融机构，让其更接近林业经营主体，降低交易成本，减少信息不对称导致的风险，从而增加对林业信贷供给；二是正规金融机构可以开发利用现有的、具有群众基础的组织作为营销渠道，通过机构之间的联结，让基层组织直接面向林农提供零售性金融服务，而正规机构成为一个批发型机构，这种方式实际上利用了基层组织所具有的人缘、地缘社会资本来控制风险、减少交易费用，从而最终增加了对林农的信贷供给，也缓解了林农贷款难的问题。这种方式也是利用“基层组织社会资本”替代传统抵押品的一种方式，也是一种金融服务程序的创新；三是各种金融机构通过链接合作，发挥各自优势实现资源整合。政策性银行、大型商业银行具有资金和管理优势，农村信用社拥有地缘基础和基层分支机构网络，通过银行与信用社合作，采取委托贷款、转贷款和捆绑式担保贷款等方式，可以使银行的信贷资金通过农村信用社投入林业产业。

其次，基于收益与风险的视角，研究林业产业吸融力(引资能力)，分析影响社会资本进入林业的关键因素。林业投资决策取决于其投资收益率和风险的大小及其比较，因此投入林业领域的资本同任何领域的资本一样不仅要求收回成本，还要求不低于相同风险水平下投资其他领域的预期收益。由于林业投资收益与风险不匹配会导致资本不愿意投资林业，解决此问题的关键路径就是通过提高林业投资收益能力，降低投资风险水平来增强林业对社会资本的吸引力(见图2)。

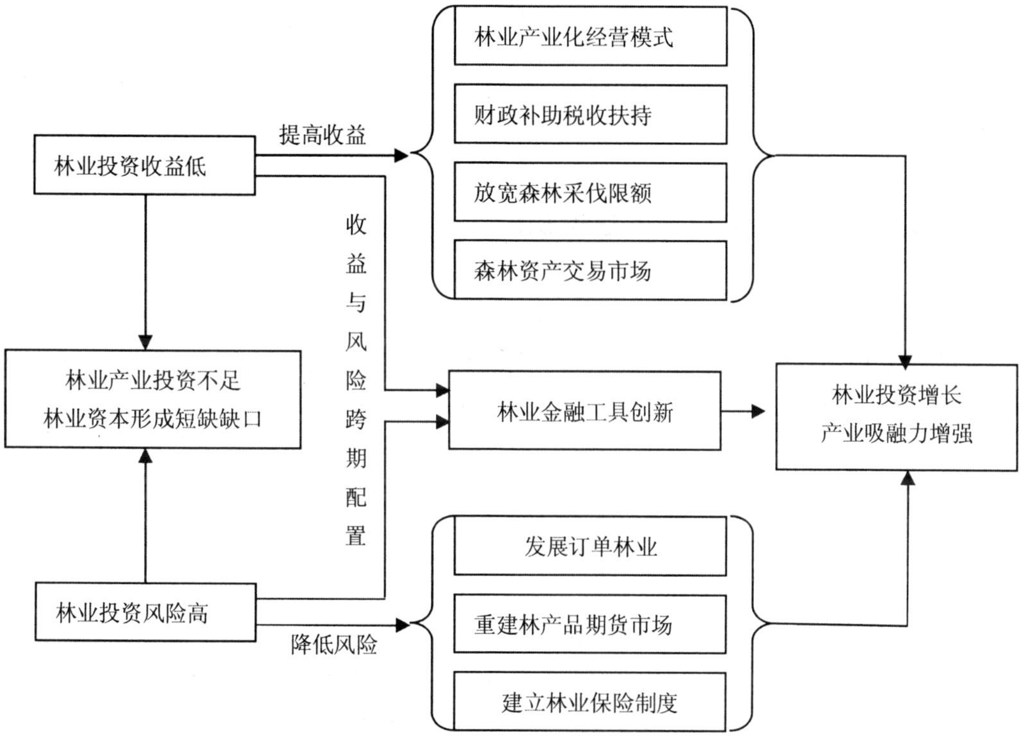

图2 增强林业产业吸融力(引资能力)路径设计框架

然而投资者真正关心的投资回报率、收益率和风险水平等经济指标，并没有相应数据进行支撑，通过对商品林业投资收益及风险水平进行全方位、多角度评价、分析和研究，进而得到商品林投资收益与风险的真实状况，并通过建立数量模型，对影响林业投资收益及风险的各种因素进行定量分析，确定各因素对收益及风险的影响程度，从而找到制约社会资本投资林业的根本障碍所在，为林业金融创新和构建财政税收扶持体系、林业产业政策支撑体系提供依据。一是以投资收益率作为基准指标，就可以深入地考量影响投资收益率的相关因素，分析生产经营成本、林业税费、林业补贴等相关因素对林业投资收益影响程度及所占比重，从而为提高林业投资收益水平提供解决路径；二是根据对各种林业风险的分析和评估，测算自然风险、市场风险、技术风险和政策风险等风险因素对投资收益实现的影响因子，以便采取相应政策措施规避和降低林业投资风险，促进投资收益的实现；三是从林业产业自身金融属性出发，林业项目具有投资规模大，经营周期长，流动性风险大的特征，除了因林业投资收益与风险不匹配造成林业缺乏吸引力外，由于金融产品(工具)创新不足，缺少适合林业产业经营特征的金融工具和金融产品，也是导致社会资本，尤其是小额资本和短期资本难以进入林业的重要原因。因此，需要通过金融工具这一现实载体，在林业产业和社会资源之间搭建一座桥梁，实现林业收益与风险跨期配置。根据不同类型的林业项目和林业资金需求主体，有针对性的设计融资计划及采用相应的金融工具，实现森林资源资产投资标准化，为短期资金和小额资本进入林业创造条件。

3.3 基于中观层面的金融基础设施建设视角

林业金融基础设施是林业金融服务体系不可或缺的一部分，在我国林业中小型企业和林农贷款难问题突出，以及农村金融机构相对萎缩的情况下，林权改革进入攻坚阶段对林业金融服务需求进一步高涨，林业金融供求矛盾更加突出，其主要原因在于金融结构、体制与政策约束，在制约我国林业金融深化的各种因素中，最重要的是林业金融基础设施建设滞后所带来的约束。现有的林业金融基础体系还不能满足金融机构向林业经营主体提供服务和创新的要求，金融基础设施还不能有效支撑金融机构的改革和金融产品、服务、流程创新。因此，完善我国林业金融服务体系，需要从我国林业金融组织体系和产品体系的改革和完善入手，如信用体系、信贷担保体系和风险管理体系建设。信用体系建设可以降低金融机构服务林农和林业中小企业的交易成本、减少信用风险；担保体系建设可以降低金融机构直接面向林农或林业中小企业提供服务所要承担的高交易成本和信贷风险，从而提高金融机构为分散林农和林业中小企业服务的积极性，增加对林业的信贷供给；担保范围的扩展可以增加林农和林业企业信贷获取能力；风险管理体系的建立可以有效规避和转移林业风险，保障林业经营主体的收益实现，降低林业投资风险和信贷风险。

3.4 基于宏观层面的政策支撑体系建设视角

促进集体林权制度改革和林业产业发展的金融服务体系建设是要通过确立合理有效的金融创新制度，确立适应林业产业发展的金融组织结构、融资结构及金融制度安排，需要完善林业金融相关法律法规和政策支持体系，因此，相关金融部门、财政部门和林业管理部门需要出台相应的配套政策和措施，支持金融机构提供金融服务。根据林业产业发展进程中各主体的金融需求，并对其金融服务供给制度体系进行深入剖析，设计一个能够促进林业产业发展的金融支持体系制度供给和配套政策体系，以多层次、多形式的财政支持政策、金融支持政策和产业支持政策，推进金融机构的金融供给，保证林权改革和林业产业发展。

4 林业金融需要研究的重点问题

根据以上分析框架，林业金融的研究需要建立在对我国林业金融需求特征和林业金融服务体系改革所面临的初始条件充分认识的基础上，从构建林业金融服务体系的理论和实践依据出发，研究金融支持林业产业发展的内在机理，以及金融支持与林业产业发展的关联机制，根据我国集体林权制度改革实施的金融服务要求，归纳林权改革及林业产业金融需求特征，分清我国林业金融服务体系的构成要素及其相互关系，即林业产业发展目标实现的政策金融和市场金融支持的结构和机制，以及林业发展的金融支持体系有效运行的保障条件，主要是处理好林业产业发展的金融支持与财政支持的关系，建立金融支持与财政支持的良性互动关系，明确金融机构在林业金融供给体系发展中的作用，提出我国林业金融服务供给体系结构和金融产品设计思路，以及相应的配套政策运作机制。

4.1 林业产业与金融产业的关联机理

林业与金融是相互联系的两大问题，二者存在较强的互动关联性。从关联性上看，林业产业发展过程中的资金需求，将极大地刺激经济的发展，林业产业也成为金融业利润的主要来源之一；而金融支持又反过来促进了林业产业的发展，并在这个过程中有效防范风险，这也是林业金融发展的目标。在这个互动发展的过程中，林业产业发展促进了金融业的创新与合作，也产生了多元化的金融服务需求；这种需求又使金融业面临对林业产业发展支持力度、金融服务方式、金融产品创新乃至整个金融市场面向林业产业创新等诸多问题，并最终促进两大产业的协调发展。研究林业产业发展与金融的互动机制和关联机理，就是要找出两者之间存在着的相互影响、相互联系的动态关系，从而找到符合林业发展内在运行规律的金融机制，最终使得两大产业内各自独立的经济组织因同类资源共享或异类资源互补（主要是后者）促进产业内、外部直接或间接的资源配置效率改进，推进林业生态体系和产业体系的发展。

4.2 林业金融需求状况及其需求特征分析

林业金融需求是指现代林业在生产、经营、加工和流通等各环节中，其生产和经营主体所产生的金融需求。林业金融需求主体主要分为林农、林业中小企业、龙头企业和林业经济合作组织等，不同经营主体的信贷能力和金融需求具有鲜明的多层次特征。通过分析林农、林业企业和林业经济合作组织在借款期限、借款用途以及金融服务方面的情况，全面评价林业经营者金融（融资）需求及满足状况。在此基础上，从信贷需求规模与结构、融资的顺序选择、借贷成本以及信用等级等方面，对林农、林业企业、林业合作经济组织等林业经营主体的金融需求进行细分研究。根据林业经营主体金融需求多样化、层次化、差异化的特征，需要对林业金融组织尤其是政策性银行、农村商业银行和农村信用合作社等涉林金融机构进行重新市场定位，“有的放矢”地增加信贷供给和金融产品创新，充分发挥金融支持的功能。

4.3 林业金融供给体系及供给主体行为特征分析

从金融供给角度出发，通过全面评价目前我国林业金融供给体系发展现状，重点分析以国家开发银行和农业发展银行为代表的政策性金融，以中国农业银行、农村商业银行等为代表的商业性金融，以及农村信用合作社为代表的合作性金融对林业的金融资源供给状况，并对各金融机构开展林业金融服务过程中的运行状况、信贷支持重点及存在问题进行剖析，以此为基础基于信息经济学、交易成本和信贷供给理论，从资金供给和需求双方的视角分析导致林业融资困境的主要原因，探讨哪些机制可以起到控制信用风险和节约交易成本的作用，并根据金融供给主体(指正规机构，包括经过改革的或新成立的机构)对林业经营主体的金融服务供给行为分析基础上，寻求增加对金融信贷供给的办法，结合林农和林业企业面临的信贷约束问题，提出林业金融体系建设和金融创新的抵押品扩展和替代机制的应用模式。同时基于功能视角对林业金融组织制度进行创新，如内生于中小企业(包括林业中小企业)民营银行及村镇银行的建立，金融交易的制度创新如商业银行信贷制度、融资技术、融资业务(品种)的创新等。

4.4 林业金融支持体系总体框架与发展模式研究

通过对我国林业金融需求、金融供给及投资总体情况进行全面评价，分析导致我国林业金融有效供求总量错位、金融供求结构错位、金融供求区域布局错位的根本原因，深入探讨制约林业产业投资和金融供给的关键性因素，在此基础上，从金融深化、金融结构和金融发展的角度，提出通过建立林业金融支持体系的总体框架，包括林业融资支持体系(金融组织体系)、林业金融产品创新体系和林业风险管理体系和政策支持体系。

林业融资支持体系(金融组织体系)是林业金融服务体系的基础平台，由政策性金融、商业性金融和合作性金融共同构成，通过分析政策性金融、商业性金融和合作性金融三类融资模式各自的支持机制、治理结构与体制建设，对林业支持的重点和范围以及发展模式，探索将政策性、商业性和合作性金融正规金融与民间非正规金融有效结合起来，研究发展多种形式的新型农村金融机构和以服务林业为主的地区性中小银行。在重视正规金融机构作用的同时，也要重视民间金融的发展，允许有条件的林业专业合作社开展信用合作，进一步深化林业金融组织体系改革，培育竞争性的林业金融市场，引导各类资本到林区设立村镇银行、贷款公司、资金互助社等金融组织，鼓励各种商业性和公益性小额信贷组织的发展。从而建立起多层次、广覆盖、可持续发展的林业金融组织体系，并通过各类金融机构的同业竞争，达到提高林业金融服务水平的目的。

林业金融产品创新体系是根据林业产业发展的要求，满足其金融需求，通过金融机构开发适宜林业发展的金融工具，有效地组织和调剂林业产业金融资源运行和配置效率。从时间、风险、和收益三个维度来探讨林业产业运用金融工具应具备的必要条件，立足于林业产业的金融属性和林业金融需求的特征，吸引金融资本、社会资本进入林业产业，改变当前林业融资主要依赖财税资金的局面，设计针对不同林业类型的金融产品，林业金融产品设计要覆盖包括林农、林业企业、林业合作组织等各类经营主体，满足他们不同的金融需求。林业金融产品创新主要涉及证券(包括股票、债券)、衍生金融工具(包括资产证券化、实物期权等)、信托、产业投资基金、风险投资、项目融资(包括 BOT、TOT、ABS 等)等。此外，针对林农、林业企业、林业合作经济组织，可通过林权证抵押贷款、联保贷款、评优授信和开办“高端林农”贷款等方式提供不同层次、不同方式的资金支持。对林业产业化龙头企业可实行更多的融资方式，如票据贴现、项目融资、科研贷款、订单贷款等。同时要积极拓展中间业务，在经济较为发达的林区，推广汇票承兑、贴现、保函、信用证等金融业务，进一步延伸支付清算网络的辐射范围，完善支付结算品种，拓宽支付服务渠道。

林业风险管理体系是林业金融服务体系的有机组成部分，林业生产经营过程中面临各种风险因素，由于林业风险类型和来源的不同决定了风险管理方式的不同，因此，我国林业风险管理困境的破解需要设计出能够化解多种类型风险的一体化风险管理工具。自然风险和技术风险宜用森林保险手段，这类风险具有风险性高、致损程度严重、概率可算、起因可查、便于保险操作的特点，一般来说，由政府和保险公司承担此类风险管理工作。市场风险宜采用订单林业和期货市场远期合约和期权的保障手段。流动性风险可以采用资产证券化手段或通过建立统一的林业要素流转市场来解决。政策风险或制度风险非一般风险管理手段所能奏效，需要有规范的立法程序和保证公众有影响、参与决策过程的正式渠道。在对林业产业链风险进行分解的基础上，有必要建立适合林业特征的一体化风险管理模式，以便为具体的林业产业链的风险管理提供借鉴。

全面推进林权制度改革和林业产业发展，需要增加金融机构提供信贷产品和金融服务的配套政策，探索建立包括金融支持、财政配套和产业支撑的协调发展机制，因此，需要尽快研究林业金融服务相关配套政策，为出台具体操作办法提供理论依据，使各类信贷产品和金融服务更具有可操作性。一是研究林业部门支持金融服务林权改革的相关机构设置和配套服务措施，包括成立合法的林业资源资产评估机构，明确林权抵押贷款登记机构，推动建立以林权流转为主的林产品交易市场、森林资源收储机构等配套的林木市场体系建设，出台森林资源登记、评估的收费管理制度和办法，改进采伐管理办法，优先保证贷款抵押林木的采伐需要，确保银行抵押权的顺利实现。二是研究财政配套措施的设计，包括注资建立林业贷款担保公司，由担保公司按照市场运作原则，参与林业贷款的担保工作反担保工作，以降低林农贷款担保难问题；尽快出台林农贷款贴息办法，开展林农贴息贷款，切实减轻林农负担，促进林权抵押贷款的开展。三是研究建立和完善林业金融相关法律体系、林业金融信用体系、林业金融中介服务体系等相关配套体系。

参考文献

[1]田治威，秦涛，等．中国林业金融支持体系研究[M]．北京：经济管理出版社，2009.
[2]马九杰，李歆，等．林业投融资改革与金融创新[M]．北京：中国人民大学出版社，2007.
[3]曹建华，沈彩周．基于林业政策的商品林经营投资收益与投资风险研究[J]．林业科学，2006，46(12)：120－125.
[4]何嗣江．订单农业发展中金融创新研究[J]．浙江大学学报(人文社科版) 2006，11(6)：121－127.
[5]谭小芳，白璐．开发性金融与农村金融市场效率研究．[J]财经问题研究，2009(6)，62－66.
[6]陈盛伟，薛兴利．林业标准化促进林业保险发展的机理分析[J]．林业经济问题，2006(4)：138－141.
[7]陈玲芳，金德凌．信息不对称与林业融资问题[J]．林业经济问题，2005，25(6)：352－354.
[8]丁军．环境产业金融支持的框架构建分析[J]．上海环境科学，2006，(4)：180－184.
[9]简盖元．商品林业投资风险 AHP 分析[J]．林业经济，2007，7(4)：58－58.
[10]蒋海，张道卫．林业投资的激励机制与产权制度安排[J]．农业技术经济，2001，(1)：8－14.
[11]胡士华，李伟毅．农村信贷融资中的担保约束及其解除[J]．农业经济问题，2006，(2)：68－71.
[12]李剑平．当前影响林权抵押贷款制约因素及对策[J]．浙江金融，2007，(5)：52－58.
[13]俞小平，聂影．福建省林业小额抵押贷款的障碍与对策[J]．南京林业大学学报 2007，31(5)：139－142.
[14]张琴，赵丙奇．从农村金融需求的视角看农村金融改革[J]．软科学，2006，(2)：88－91.
[15]何登溢．我国金融抑制背景下农村金融体系重构[J]．华东经济管理，2006，(5)：61－63.
[16]刘仁伍．新农村建设中的金融问题[M]．北京：中国金融出版社，2006.
[17]张红宇．中国农村金融组织体系：绩效、缺陷与制度创新[J]．中国农村观察，2004，(2)：19－26.
[18]马九杰，李歆．农村金融风险管理与信贷约束研究[M]．北京：中国经济出版社，2004.
[19]Anthon Slangen. Pre－conditions for successful contract farming and other trade/credit arrangements between agribusiness and farmers. Rural Finance and Credit Infrastructure in China，October，2003
[20]Hardaker J B，Hiurne R B M，Anderson J R & et al. Coping with Risk in Forestry [M]. CAB International. Oxfordshire：CBAI Publishing，2004.
[21]Sinko M，Ottisch A. Transitional financing of forest the case of Slovenia Financial instruments of forest policy. Proceedings of an International Conference Romanism，Finland. 2003.

非木质林产品生产的投入要素及影响因素实证分析

朱　臻　沈月琴

（浙江农林大学经济管理学院）

摘　要：在南方集体林区，非木质林产品资源成为农户增收的主要来源之一，但在农户非木质林产品经营中需要考虑投入要素的有效性以及生产资源如何合理配置的问题。本文以临安市山核桃产业和仙居县杨梅产业为例，分别选取两个县（市）共167户林农2009年横截面数据为样本，在农户微观层面运用C－D生产函数，实证分析了投入要素及影响因素在非木质林产品生产中的作用。结果表明，农药化肥投入、地域因素都对两个地区的非木质林产品生产有显著影响，而劳动力投入和林业劳动力人均种植面积因素则只对山核桃生产有显著影响。笔者认为需要通过积极推广农户从事非木质林产品的经营，重视农药化肥生产资料投入以及促使劳动力季节性回流等措施促进非木质林产品经营。

关键词：投入要素；生产函数；非木质林产品；南方集体林区

An Empirical Study on Input and Causal Factors of Non－Timber Forest Production

Zhu Zhen　Shen Yueqin

（School of Economic and Management, Zhejiang Agriculture and Forestry University）

Abstract: The Non－Timber Forest Products（NTFP） became the main source of rural households income in southern collective forest area, but it's necessary to consider the effectiveness of input and resource allocation for NTFP management. This paper took hickory in Lin'an and waxberry in Xianju as cases, and used the C－D production function for 167 households samples in 2009 from these two cases with the micro－household perspective, respectively. The results show that the factors of fertilizers and chemicals input, area has both influenced significantly the output of NTFP, and input of labors and planting area per captial for forest labors has influenced significantly the output of hickory. There are many important suggestions for improve the NTFP management such as popularize the NTFP plantation for farmers, pay more attentation on the fertilizers and chemicals input, prompt the labors return to local area.

Key words: Input factors; production function; NTFP; southern collective forest area

---

基金项目：浙江省教育厅人文社科重大项目"浙江新农村建设中山区农民持续增收的机理及政策选择研究"（ZD2007017）。

作者简介：朱臻（1981－），男，浙江嘉兴人，讲师，硕士，研究方向为林业经济管理与政策，电话：0571－63748726，Email：zhuzhen8149278@126.com.

通讯作者：沈月琴（1964－），女，浙江湖州人，教授，博士，研究方向为林业经济管理与政策。

1 引言

随着经济社会的发展，森林在生态环境保护方面的作用日趋重要。其中，非木质林产品和服务因具有经济与生态多重效益得到了国际社会广泛重视[1]，而且随着社会对非木质林产品需求的增长，非木质林产品的生产和市场拓展，在整个林业生产体系中的地位也日益提高[2]。同时，在南方集体林区，非木质林产品资源既是农民经济收入的重要来源之一，也对改善生态环境发挥着重要作用[3]。

非木质林产品中的投入要素问题是农户林业经营中的重点问题。特别是在南方集体林区，农户分散经营的特点造成农户在实地经营过程中难以实现规模经营，更需考虑到投入要素的有效性以及生产资源如何合理配置的问题。

国内外对于生产要素效率的研究有很多，但主要集中在粮食作物等农产品研究中。如 Scott Rozelle (2003)应用随机生产前沿面方法(Stochastic Production Frontier Approach)研究了中国粮食的技术效率。Enjiang Cheng(1998)主要研究了户主特征、非经济因素对粮食生产的影响[4]；孔祥智(2004)考察了投入要素及其他影响因素在小麦生产中的作用[5]；林毅夫(1999，2000)在其论著中从不同的侧面详细地分析了中国的制度变迁、技术创新和粮食生产的关系[6-7]；蓝广芋等(2009)运用 C－D 函数构建蚕茧生产函数，测算中国蚕茧生产的科技进步贡献率[8]。但从目前研究来看，对南方集体林区的非木质林产品投入要素效率的研究相对缺乏。本文利用南方集体林区非木质林产品经营的典型代表——浙江省临安市的山核桃产业和仙居县的杨梅产业为例，运用 C－D 生产函数，采用2009 年农户调查的横截面数据，从农户微观生产角度考察种植面积、劳动投入、化肥和其他农业投入要素及地域等其他主要影响因素在非木质林产品生产中的作用，以期有助于改善林区农户非木质林产品生产效率。

2 研究假说

2.1 关于投入要素的研究假说

在南方集体林区中非木质林产品经营的投入要素可分为四类：土地，劳动，农药化肥投入及灌溉等其他投入。

(1)土地是农林业生产中最基本的物质资料基础和主要的投入要素，土地要素在林业生产中的贡献最大。本文中土地变量采用的是农户拥有的土地面积。假设两种非木质林产品产量主要随土地面积的增加而上升。

(2)本文用劳动力货币投入金额来具体表达劳动投入。农户在非木质林产品投入中的劳动力投入包括雇工投入和自投工，笔者将自投工日按照当地劳动力市场价格转化为货币投入进行计算。Enjiang Cheng (1998)、石森昌等 (2003)的研究认为劳动力对于粮食作物产出的边际生产率为正[9]。但林业生产与粮食生产不同，非木质林产品生产主要属于自然再生产过程，劳动力投入主要集中在采摘阶段，因此，劳动力投入与产量可能不存在明显的相关关系。

(3)化肥农药是在非木质林产品生产中起到重要作用的投入要素，假设随着化肥农药投入的增加非木质林产品产量也随之增加。

(4)山区坡度大，灌溉问题是制约林产品成活率的瓶颈。灌溉等其他投入要素在非木质林产品经营中生产中发挥了越来越大的作用，笔者也假设其对非木质林产品生产有正向作用。

2.2 关于影响因素的研究假说

本文选择林业劳动力人均种植面积、地域以及农户基本特征等作为非木质林产品生产的主要影响因素。

(1)林业劳动力人均种植面积可以反映农户家中林业劳动力的非木质林产品生产负荷。假设其他条件不变的条件下，林业劳动力生产负荷越大，非木质林产品产量会受到影响而减少。

(2)非木质林产品种植面积占农户总土地面积的比例反映的是非木质林产品生产在农户林业活动中所占的地位。笔者在调查中发现，农户发现非木质林产品拥有良好经济效益时，出于获取更高报酬的预期，会在耕地和林地中也广泛种植非木质林产品，因此笔者假设种植非木质林产品面积比例越大的农户会对这一林产品生产越重视，产量也会相应提高。

(3)地域状况是影响非木质林产品产量的另一个重要指标，不同地形、社会经济条件有显著的差异，因此这会对非木质林产品的种植产生重要影响。

(4)农户的特征变量主要选取了户主的年龄、是否村干部和受教育程度。Enjiang Cheng (1998)的实证研究结果显示，户主的受教育程度对粮食产出有显著的影响作用，而户主经验与粮食产出的相关性很小。笔者假设户主的年龄越大，其林业生产的经验和技能会越丰富，所经营的非木质林产品生产也越好。同样，户主的受教育程度越高以及如果是村干部的话，他会越容易接受林业知识，容易享受到林业产业政策支持，从而能更好地从事林业生产。

综上所述，各投入要素及影响要素对非木质林产品生产的预期作用方向如下表1。

表1　样本农户生产投入要素及影响因素对非木质林产品生产作用预期影响方向

指　　标	非木质林产品产量
土地资源	+
劳动力投入	+
化肥农药投入	+
林业劳动力人均种植面积	-
非木质林产品种植面积占农户总土地面积	+
户主年龄	+
户主的受教育程度	+
户主村干部	+

3　数据来源及研究点概况

3.1　数据来源

为了研究非木质林产品生产的投入要素及其影响因素，2009年，本课题组在浙江省临安市和仙居县以典型抽样和随机抽样结合为原则选取2个乡镇6个村167户林农进行了实地调查(表2)。本次调查内容涉及2008年样本点农户非木质林产品经营生产性投入的情况、样本林农的基本特征、收入以及经济活动等信息。笔者利用格拉布斯检验方法剔除了异常值和无效样本后，总共有效样本为154户。

表2　样本点农户分布

县(市)及乡镇	仙居(南峰街道)			临安(岛石镇)			合计
村	清口园	卜家岙	赵岙	新二	银坑	岛石	
总样本	25	26	26	31	31	28	167
有效样本	23	26	22	27	29	27	154

数据来源：农户调查

3.2　研究点概况

3.2.1　临安市山核桃产业概况

临安市地处浙江省西北部天目山南麓，东西宽约100公里，南北长约50公里，总面积3126.8平方公里，森林覆盖率76.55%。2009年临安生产总值236.49亿元，城镇居民人均可支配收入22011元，农民人均纯收入10735元[10]。山核桃产业是临安的特色林业产业。临安市现有山核桃总面积达2.87多万 hm^2，占全国山核桃总面积的40%。其中投产面积为2万多 hm^2，约占山核桃总面积的70%。山核桃常年产量10000多t，占全国总产量近50%左右，2009年山核桃产值达到5.9亿元。

3.2.2　仙居县杨梅产业概况

仙居位于浙江省东部，地处括苍山山脉中段北麓，是一个“八山一水一分田”的山区县。土地总面积

20 万 hm^2，其中林业用地面积 16 万 hm^2，森林覆盖率 77.2%。2009 年仙居县生产总值 82.95 亿元，城镇居民人均可支配收入 18222 元，农民人均纯收入 6976 元[11]。杨梅产业是仙居的特色林业产业，仙居县是由国家林业局命名的“中国杨梅之乡”，是全国第一个超 10 万亩的杨梅种植县。2008 年仙居县杨梅种植面积 8000hm^2，其中投产面积 3300hm^2，总产量 4.45 万 t，总产值 3.8 亿元。

4 模型估计结果

估计投入要素和其他影响因素对林业生产的作用采用扩展的 Cobb - Douglas 生产函数方法。这种函数形式便于估计和解释。对产出和投入取对数后，可将函数写成线性形式，利用普通最小二乘法(OLS)做线性估计。生产函数如下：

$$\ln(Q_i) = \alpha + \beta\ln(X_i) + \lambda\ln(K_i) + \delta\ln(W_i) + \chi\ln(R_i) + \eta\ln(E_i) + \mu\ln(F_i) + \theta\ln(D_i) + \varphi\ln(T_i) + \gamma\ln(U_i) + \nu M_i + \varepsilon_i$$

式中，Q_i 表示单位投产面积的非木质林产品产量(公斤)；X_i、K_i 和分别表示户主年龄(年)、受教育年数(年)；W_i 为是否村干部；R_i 表示农户土地面积(亩)；E_i 表示农户劳动力投入(元)；F_i 表示农户的化肥农药投入(元)；D_i 表示农户其他投入费用(元)；T_i 表示农户非木质林产品种植面积占总土地面积的比例(%)；U_i 表示林业劳动力人均种植面积(亩)；M_i 表示村虚拟变量用以控制除上述因素以外的县级共同的不可观测因素。ε_i 是扰动项。β，λ，δ，χ，η，μ，θ，φ，γ，ν 为待估参数；α 为常数项。本文分别对临安市 71 个有效样本和仙居县 83 个有效样本，总共 154 个样本利用 OLS 法就取对数后的上式进行了估计。模型中各投入要素和影响因素选取的具体变量及统计数据由表 3 给出。

表 3 农户样本描述性统计结果

指标	临安市（山核桃）		仙居县(杨梅)	
	均值	标准差	均值	标准差
单位投产面积产量(公斤)	147.56	106.60	488.91	512.75
户主年龄(年)	49.11	10.54	51.64	11.27
受教育年数(年)	8.27	2.90	7.16	2.90
土地面积(亩)	16.49	14.07	10.37	9.90
农户是否村干部 1 = 是 0 = 否	0.12	0.33	0.21	0.41
劳动力投入(元)	15738.25	6888.90	11134.42	14665.49
化肥农药投入(元)	2781.81	1561.57	1998.18	2650.37
其他投入费用(元)	98.80	78.47	172.92	767.74
种植面积占总土地面积的比例(%)	87.31	0.51	51.34	0.22
林业劳动力人均种植面积(亩)	6.06	4.53	3.37	3.73

数据来源：农户调查。二分变量数据均指具备二分变量“1”所表达特征的比例。

拟合的两个生产函数估计结果列在表 4 中。从模型运行结果看，两个模型的 F 统计检验显著，各模型显著水平均为 0.000，说明假设模型整体检验十分显著。各模型的调整可决系数 R^2 均大于 0.500，说明各模型的拟合程度较好。

表 4 不同非木质林产品生产函数的回归估计值

自变量	因变量：单位投产面积产量(公斤)	
	临安：山核桃	仙居：杨梅
土地面积	0.105	-0.848
	(1.439)	(-2.200)
种植面积占总土地面积的比例	-0.120	0.819*
	(-0.905)	(1.752)

（续）

自变量	因变量：单位投产面积产量(公斤)	
	临安：山核桃	仙居：杨梅
林业劳动力人均种植面积	-0.468*** (-5.663)	-0.290 (-0.527)
劳动力投入	0.338*** (2.792)	0.170 (0.859)
化肥农药投入	0.181*** (2.821)	0.212** (2.298)
其他投入费用	-0.060 (-1.098)	-0.172 (-0.992)
户主年龄	0.155 (0.547)	0.632 (0.712)
农户是否村干部 1 = 是 0 = 否	0.071 (0. 462)	-0.116 (-0.248)
受教育年数	-0.022 (-0.175)	-0.242 (-0.705)
村域虚拟变量	新二：0.932*** (3.057)	清口园：-1.047 (-1.799)
	银坑：0.451 (1.491)	卜家岙：-1.088** (-2.433)
常数项	-0.220 (-0.127)	3.082 (0.854)
调整后 R^2	0.672	0.504
F 值	13.240	15.391
显著性	0.000	0.000

注：*** 表示显著性在1%水平，** 表示显著性在5%水平，* 表示显著性在10%水平，括号中的数字是t统计量的绝对值。

根据模型估计结果，非木质林产品生产投入要素及主要影响因素对非木质林产品生产的作用程度及其显著性归纳如下。

(1)化肥农药投入的弹性系数在1%和5%水平上分别对临安山核桃和仙居杨梅的单位面积产量有显著影响。这也验证了之前的研究假设，与 Yang Hong(1996)的分析认为谷物生产中的化肥弹性系数为正值且比较显著吻合。化肥农药投入每增加1%，单位山核桃或杨梅的投产面积产量分别增加0.181%和0.212%，另外也说明整体上没有出现山核桃或杨梅产业过度施用农药化肥现象。

(2)从村域变量来看，不同村山核桃和杨梅的单位面积产量仍然是有显著差别的。如岛石镇新二村在1%水平上山核桃单位面积产量显著高于参照组岛石村；而卜家岙村在5%水平下杨梅单位面积产量明显低于赵岙村。这验证了假说，即不同地区之间的投产面积，地形、社会经济条件有显著的差异，因此这会对非木质林产品的种植产生重要影响。如卜家岙村农户杨梅的平均投产面积只有0.23hm²，而赵岙村却有0.52hm²。

(3)劳动力投入的弹性系数在1%对临安山核桃的单位面积产量有显著影响。劳动力投入每增加1%，单位山核桃投产面积产量增加0.338%。山核桃的劳动投入边际产出为正，与 Enjiang Cheng (1998)，石森昌等 (2003)等研究吻合，说明目前的山核桃仍然有大量劳动力可投入的空间。山核桃生长于坡度较陡的林地，抚育和采摘虽然持续时间短，但风险性大，需要投入大量的劳动力成本。而劳动力投入对仙居杨梅单位面积产量的影响也为正，但是影响结果不显著。

(4)林业劳动力人均种植面积的回归系数在1%水平上对山核桃的单位面积产量有显著影响。且与研究假设相符，即林业劳动力的林业生产负荷增大会对山核桃的单位面积产量呈负相关影响，林业劳动力人均种植面积每增加1%，则山核桃的单位面积产量减少0.468%。但林业劳动力人均种植面积的回归系数对杨梅单位面积产量没有显著影响。

(5)土地面积的弹性系数对临安山核桃和仙居杨梅的单位面积产量没有显著影响。这与研究假设相悖。非木质林产品经营与传统的农业或者木材经营有明显区别，非木质林产品经营主要收获的是果实，土地要素对非木质林产品经营不再是决定因素，因此非常适宜于南方集体林区农户经营面积小、经营面积分散这类土地类型中开展集中经营。

(6)种植面积占总土地面积的比例的回归系数有正有负且统计检验不显著，与假说不符。这可能是由于两个案例点都是非木质林产品的典型生产地区，作为农户主要的林业经营形式——非木质林产品经营在农户农林业活动中的地位不具有主观上的差异。

(7)农户的基本特征如是否村干部、户主年龄和户主受教育程度对于非木质林产品的单位面积产出都没有显著影响。目前的山核桃和杨梅经营都已有成熟的经营方式和技术，基本都被广大农户所掌握。

5 政策含义

基于实证研究的结果，本文得出如下政策含义。

(1)在南方集体林区，应积极推广农户从事非木质林产品的经营。南方集体林区农户林地经营规模小，土地分散，从事传统的农林业经营对农户增收意义不大。而开展非木质林产品经营是耕地短缺条件下促进农户增收和实现地方生态环境保护的主要途径。

(2)应重视农户的化肥农药等生产资料投入对于非木质林产品经营中的作用。政府应与高校、地方科研机关合作，积极改良化肥和农药，向示范户和广大农户提供科学施肥等咨询服务，根据非木质林产品生理需要、土壤与气候特点，确定最佳施肥量营养元素比例、肥料形态和施肥时间。

(3)在非木质林产品的采摘阶段往往需要大量的熟练劳动力，而目前很多地方找不到合适的熟练劳动力。据报道，2010年仙居县杨梅采摘中熟练采摘、挑选工缺口将达3000人以上，一天百元工资仍请不到熟练工[12]。而山核桃抚育采摘中由于风险大，每年都出现伤亡现象，造成劳动力成本昂贵，而且招工困难。因此，政府应鼓励外出劳动力季节性回流，并在当地组织种植、采摘等技术培训，健全工人劳动、安全保障制度，实现劳动力合理配置。

参考文献

[1]Janse G, Ottitsch A. Factors influencing the role of non - wood forest products and services[J]. Forest Policy and Economics, 2005, 7: 309 - 319.

[2]Mahapatra A K, Tewari D D. Importance ofnon - timber forestproducts in the economic valuation ofdry deciduous forests of India[J]. ForestPolicy and Economics, 2005, 7: 455 - 467.

[3]关百钧. 世界非木材林产品发展战略[J]. 世界林业研究, 1999, 12(2): 1 - 6.

[4]Enjiang Cheng. Household Heads, Non - economic Factors and Grain Production in China in The 1990s. Working Paper Chinese Economies Research Centre School of Economics in The University of Adelaide Australia , 1998.

[5]孔祥智, 庞晓鹏, 张云华. 北地区小麦生产的投入要素及影响因素实证分析[J]. 中国农村观察, 2004, (4): 2 - 7

[6]林毅夫. 制度、技术与中国农业发展[M]. 上海: 上海人民出版社, 1999年.

[7]林毅夫. 再论制度、技术与中国农业发展[M]. 北京: 北京大学出版社, 2000年.

[8]蓝广芊, 吴大洋. 中国蚕茧生产效率的实证分析[J]. 中国农村经济, 2009, (9): 56 - 62.

[9]石森昌, 林秀梅. 中国粮食生产模型与投入要素效益分析[J]. 吉林农业大学学报, 2003, 25(3): 354 - 357.

[10]临安统计局. 2010年临安市统计年鉴.

[11]仙居统计局. 2010年仙居县统计年鉴.

[12]仙居杨梅采摘出现用工荒 一天百元请不到熟练工[EB/OL]. http: // biz. zjol. com. cn/ 05biz/ system/ 2010/ 06/ 26/016711736. shtml

茶叶专业合作组织运营的效益分析
——基于安徽省绩溪县为例的调查研究

梅　莹

（安徽农业大学经济管理学院）

摘　要：本文通过对安徽省绩溪县茶叶专业合作组织调查的分析，指出当前的茶叶专业合作组织显示出较大的经济效益和社会效益的外部性正效益，但现行的合作组织的原则和组织结构造成了茶叶专业合作组织实际运营的负效益。据此，笔者提出茶叶专业合作组织在考虑其成员的特征和对市场环境的适应性的基础上应从外部和内部相应演化。

关键词：绩溪县；茶叶专业合作组织；内生性；效益

1　引言

一般而言，茶农"为茶之生产者，茶地之开辟，整理，茶树之栽植，培养，以至毛茶之制造，出售，均由茶农为之。"而鲜叶或毛茶销售以后的茶叶精制、运销与茶农无关，2007 年 7 月新的《农民专业合作社法》实施后，茶叶合作社专业合作组织纷纷出现，这些合作组织以茶农为社员，从茶树栽培，到茶叶采制，以及茶叶的加工精制运销，即整个茶叶生产过程都成为其经营业务。

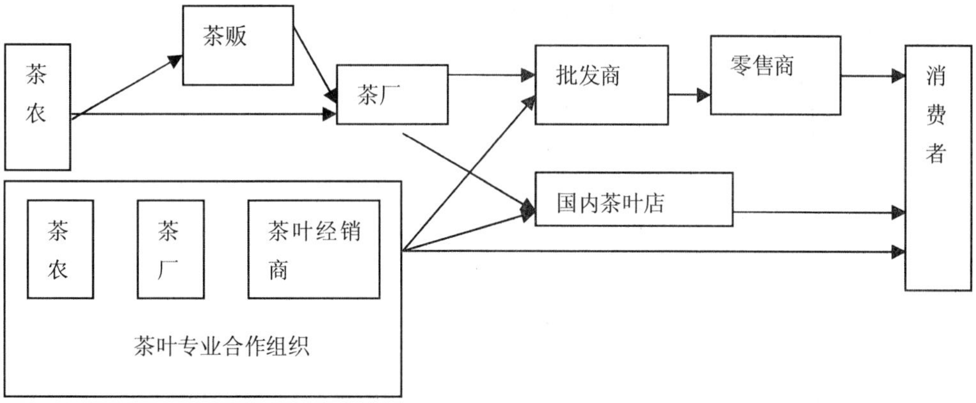

图 1　茶叶生产制造与运销图

从图 1 可以看出，茶叶专业合作经济组织的建立可以实现较大范围内的资源共享和规模经济，减少了外部市场交易费用，安徽省绩溪县茶叶专业合作组织的调查也证实了这一绩效的存在。

2　绩溪茶叶专业合作组织概况

绩溪境内地貌以山地、丘陵为主，中低山及丘陵占全境总面积的 90.6%，由于其气候"温差大、雨日多、云雾重、湿度大"，非常适宜茶叶的生长，但是长期以来，茶叶产销以户为单位，市场准入制度的实施使大部分作坊式茶叶商户难以生存，组建合作社成了茶农的一次转型契机。截止 2009 年 12 月，绩溪县共有注册登记的茶叶专业合作组织 10 家。

表 1　绩溪县茶叶专业合作组织情况表

合作社名称	成立时间(年)	入社农户(户)	注册商标
上庄茶叶合作社	2007	465	“金山名雾”、“上庄时雨”
大塔说茶业专业合作社	2008	20	“金山时雨”
滨川茶业专业合作社	2008	160	“蒙山雪芽”
绩溪兵坑茶叶合作社	2009	45	
先宝茶叶专业合作社	2009	65	
大徽山白茶专业合作社	2009	60	
余川茶叶机械服务合作社	2009	40	
万莲果茶机械合作社	2009	60	
上庄茶叶机械合作社	2009	166	
金沙镇茶业合作社	2008	240	

资料来源：绩溪县农委 截至时间：2009. 10

3　茶叶专业合作组织正效益分析

在对入社农户、非入社农户和合作社负责人进行调查分析的基础上，我们发现茶叶专业合作组织的效益表现在以下几个方面：

3. 1　提高了茶农的收入水平

茶叶合作社一般是由经纪人和种植大户牵头组建的，把分散经营的茶农和市场之间有机整合起来，这些能人利用自己市场信息灵、销售渠道稳的优势，积极引导茶农调整产业结构，提高生产科技水平，解决了茶叶质量参差不齐、销路不畅、利润微薄的问题。还有合作社向入社农户无偿提供农技、市场信息，低价种苗、农资等社会化服务项目，间接地节约了农户的生产成本，此外，合作社的返利、分红制度也直接带动农户增收(见表 2)。

表 2　入社农户与未入社农户经营收入对比表　　单位：元/亩

未入社农户				入社农户					
总成本		收入	纯收入	总成本		收入	分红	纯收入
生产成本	加工成本			生产成本	加工成本			
801. 00	424. 43	2062. 5	837. 07	664. 20	342. 11	2268. 75	22. 10	1284. 44

注：根据调查数据平均所得，总发放问卷 50 份，合作社成员 30 份，非合作社成员 20 份，问卷有效率 100%。生产成本指鲜叶生产成本，加工成本指加工制作销售生产成本。

3. 2　提升了茶叶的质量安全层次

从 2007 年 12 月 31 日起，国家质量监督检验检疫总局将对茶叶实施食品质量安全市场准入制度，茶叶合作社为产品质量安全体系的推广提供了组织保证。茶叶合作社将分散的农户组织起来，茶农“拿着订单种、按照标准产、贴着标签卖”，实行统一的生产标准、统一的农资供应、统一的操作规程和统一的产品质量标准，解决了茶园有机化监管的难度，从源头控制农残，有效提高了茶叶卫生安全标准。

案例 1：绩溪茶叶历史上在外影响最大的是上庄镇余川村的“金山时雨”茶园，分布于海拔 600 米至 900 米的山坡，叶芽富含多酚类、氨基酸和儿茶素，属徽茶良种之一。过去，“金山时雨”在茶叶的采制和加工上各自为阵，五花八门。2008 年，绩溪县政府授权绩溪县上庄茶叶专业合作社为“金山时雨”农产品地理标志申报人。该合作社对社员“金山时雨”的引种种植、生态肥和生态药的供应、科学采摘等进行一条龙服务，实现了茶园管理统一施肥、统一用药，统一采摘标准，确保了茶叶原料的品质。

3.3 加速了各种生产要素的流动与整合

茶叶合作社将茶叶购销大户、茶叶加工大户、茶叶种植大户等按自愿、民主原则组织起来，为茶农统一提供种苗、传播种植技术，拓展销售网络，初步形成了科技、生产、加工、销售、服务一体化的产业链，促进了土地、资金和技术等生产要素的流动和重组，调查结果也证实要素流动与整合的存在(见图2)。

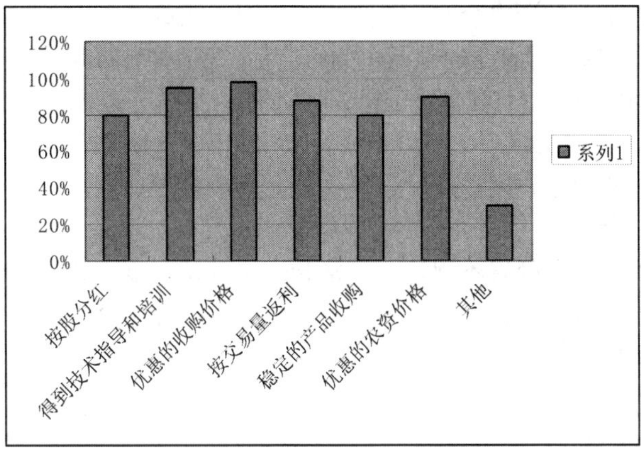

图2 农户在合作社可以获得的收益

资料来源：根据调查数据整理 注：多项任选

3.4 社会效益显著

茶叶合作社是一个多功能的实体，它不仅具有经济效益，而且也由于在一定区域范围和一定行业范围而具有了社会效益。例如，茶叶合作社具有引进、消化、传播、推广茶叶实用技术和最新科技成果的能力，有利于产业技术的推广，而且合作社规模越大，传播范围越广，茶农也因此技术水平提升、自身素质提高，合作社成为茶农们互相交流经验、技术的一个平台。

同时，茶叶行业是劳动密集型行业，茶叶合作社的发展也带动了该地区就业和公共服务的增加，此外也表现在参与意识的加强和政府和农户沟通频率的增加等方面(见表3)。

表3 入社前后社会效益对比表

选项 / 具体内容	是		否	
	人数(人)	百分比	人数(人)	百分比
有助于茶种改良	12	40%	18	60%
有助于技术推广	26	86.7%	4	14.3%
有助于新技术运用	28	93.3%	2	6.7%
有助于就地就业	7	23.3%	23	66.7%
相互合作	21	70%	9	30%
有助于与政府联系	22	73.3%	8	26.7%

资料来源：根据合作社成员调查数据整理 注：多项任选

但是我们在调查中也发现，现有的茶叶专业合作组织中的一些组织制度，抑制了效益的发挥。

4 茶叶专业合作组织负效益分析

茶叶专业合作组织是一个混合性的组织，它对内是自愿结合的联盟，对外是追求商业利润目标的实体。合作社成立的宗旨，按照ICA (国际合作社联盟)的总结，表现为自助、自我责任、民主、平等、公平、稳固几个方面，一些为了防止组织行为偏离组织目标的制度措施，造成了茶叶专业合作组织实际运营的负效益，主要表现在以下方面：

4.1 资金筹措渠道窄，财务问题成为发展瓶颈

由于银行贷款限制条件较多，茶叶专业合作组织获得银行支持很少，外部股金因为考虑茶叶专业合作组织的控制力也有所限制，主要资本金来源是入社本金。而为了实现"利益共享，风险共但"的合作理念，茶叶合作社一般对入社成员的资本金在数量和规模上有一定的限制，例如绩溪上庄茶叶合作社章程就规定，"凡是入社的社员必须要有自己的茶园，并符合《章程》规定的其他条件；符合条件的，每个社员必须至少交500元现金才可入社(500元一股)，根据个人自愿，茶园多的可以多交(最高不得超过10000元)；不符合条件的，就是交再多的钱也不让其入社。"这些规定使茶叶专业合作组织的资金积累处于较低的水平。而且，为体现自愿原则，茶叶合作社都允许成员退出自由，这样更会使得茶叶专业合作组织的资本金处于不稳定的状态。

在财务管理上普遍存在着账务处置不规范、日常管理不到位、核算科目不对应等问题，财务管理能力总体上比较薄弱。从我们的调查中也发现，资金短缺和利益分配不合理被公认为是制约茶叶专业合作组织发展的最主要因素(见表4)。

表4 茶叶专业合作组织发展的主要制约因素调查表

主要制约因素	人数(人)	比例
资金短缺	37	92.5%
人才匮乏	31	77.5%
市场竞争不强	28	70%
政策保障不足	25	62.5%
利益分配不合理	33	82.5%
其他	14	35.0%

资料来源：根据合作社成员和合作社负责人调查数据整理　注：多选，最多不超过三项

4.2 决策的一人一票制体现了公平，但增加了交易成本

为体现合作社的公平性，许多茶叶专业合作组织在章程中都明确规定实行一人一票的制度。一人一票制很好体现了合作社人合的特征，但也使得茶叶专业合作组织的重要决策需要成员群体决策才能通过，决策费用增高，决策效率降低，增加了合作社的成本，这和建立茶叶专业合作组织降低成本、保持高效率的组织目标相矛盾。

案例2：绩溪县余川茶叶机械服务合作社在章程中规定："出资额占本社成员出资总额40%以上或者与本社业务交易量(额)占本社交易量(额)50%以上者，在本社重大资产处置、投资兴办经济实体、对外担保和生产经营活动中等事项决策方面，享有不超过20%票数的附加表决权"。

4.3 专业合作组织内生性弱，规范运作困难重重

茶叶专业合作组织为体现"民办、民受益的原则"，要求由农民发起登记，由于农村地区企业家人力资本普遍缺失，加上农民传统的分散性依然留存，合作所需求的理性、宽容、协商、妥协精神不够，使得茶叶专业合作组织内生性弱。而成立以后，管理者又普遍缺乏激励，一方面权力激励受董事会(理事会)的约束，另一方面收入激励受分配时普通社员的约束，致使合作组织也难以规范管理运作，茶叶专业合作组织主要成为发布市场信息、宣扬政府政策和提供技术咨询或培训的场所(见图3)。

5 结论

通过对绩溪县茶叶专业经济合作组织的调查分析，不难看出作为一种"民有、民管、民受益"的服务型组织形式，茶叶专业合作组织在解决茶叶生产的小农户与大市场的矛盾中显示出较大的经济效益，而

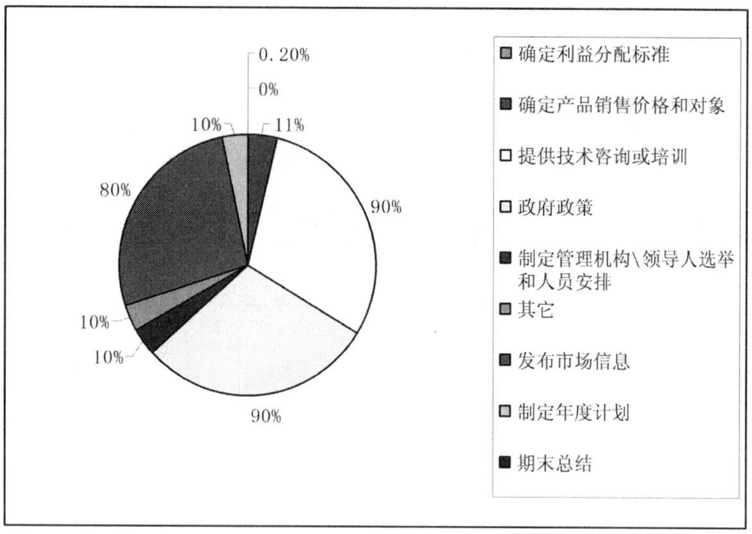

图3　社员代表大会讨论内容图

资料来源：根据合作社成员和合作社负责人调查数据整理　注：不定项选择

且由于它的地缘、业缘，在社会效益方面也表现出较强的外部性正效益。但茶叶专业合作组织作为一种特殊的组织形式和制度安排，要在激烈的市场竞争中获得生存和发展，必须要考虑要其成员的特征和对市场环境的适应性，茶叶专业合作组织的原则和组织结构应随着整个经济、社会、政治、文化环境的变化而变化，主要应表现在以下两个方面：

5.1　茶叶专业合作组织不能简单的强调传统意义上人的联合，而应是现代意义上的要素联合

虽然发展茶叶专业合作组织的初衷是希望作为弱势群体的分散茶农能形成自助，共同维护其自身利益，但由于茶农的"不善合作"，理想的"互助益贫"并不能实现，所以在实践中茶叶专业合作组织应依赖于相对强势的非农群体，如茶叶企业、农业技术推广人员或者政府相关部门，形成现代意义的要素联合。

5.2　茶叶专业合作组织应不仅强调民主决策，还应考虑决策任务的分配

虽然民主决策是茶叶专业合作组织的本质性决定，但决策任务的分配对合作社的功能的发挥具有同样重要作用。而且随着茶叶专业合作组织的发展壮大，特别是纵向一体化程度的加深、战略联盟的实施以及合作组织之间的合并等情况的出现，组织的决策问题将会变得日益复杂，决策任务的分配将变得非常重要。

总之，茶叶专业合作组织经济效益不仅反应在规模化赢利上，而且还可通过增加附加值进一步提高，茶叶专业合作组织内部结构应也应随之相应演化(见表5)。

表5　茶叶专业合作组织内部结构演化态势表

结构因素	茶叶专业合作组织	
	现在	演化趋势
所有权	限于成员	投资者成员存在
控制权	限于成员	存在少数外部成员
投票权	一人一票	比例投票(根据交易额和股份)
决策任务	理事会主导	职业管理者主导
净收益分配	价格调整	价格调整和股份分红相结合

参考文献

[1]祁门红茶之生产制造与运销，金陵大学农业经济系印行[M]，1936.
[2]林坚，王宁．公平与效率：合作社组织的思想宗旨及制度安排组织分析[J]．中州学刊，2006（6）：34－36.
[3]张 梅，郭翔宇．农民专业合作社的效率特征分析[J]．青岛农业大学学报(社会科学版)，2010(2)：15－18
[4]黄胜忠．转型时期农民专业合作社的组织行为研究：基于成员异质性的视角[M]，浙江大学出版社，2008
[5]宋茂华．农民专业合作组织治理机制研究[J]．农村经济，2007(2)：126－129.
[6]贺雪峰．乡村研究的国情意识[M]．武汉：湖北人民出版社，2004：74－75.

山区农民增收视角下山核桃投入产出分析

吕秋菊　沈月琴

（浙江农林大学经济管理学院）

摘　要：非木质林产品资源既是山区农民经济收入的重要来源，也对改善生态环境发挥重要作用，山核桃作为一种非木质林产品，对产区农民增收、农村致富具有重要意义。本文以山核桃主产区浙江省临安市和淳安县为研究对象，以191户农户调查数据为依据，在对主要相关因素与农户山核桃单位面积产量水平的相关性进行交叉统计分析的基础上，采用柯布—道格拉斯模型拟合山核桃投入与产出生产函数，结果表明：农户化肥投入、造林地选择方式、农户其他资本投入对山核桃单产水平具有显著影响，农户工日投入、山核桃经营模式、在裸露地进行新造林的造林方式对山核桃单产没有显著影响。最后提出了若干结论与建议。目前山核桃生产资源投入要达到最佳经济收益，合理减少单位面积化肥施用量，适当增加其他资本投入，并减少在裸露地和其他林地上进行山核桃新造林。

关键词：山核桃；C－D函数；投入；产出

Abstract: Non-timber forest resources is not only the important source of farmers' income in mountainous areas, but also plays an important role in improving the ecological environment. Hickory, as a kind of non－timber forest products, has great significance on improving the farmers' income and promoting countryside economical prosperity. This paper takes major hickory producing areas, Linan and Chunan in Zhejiang as research object, based on data of 191 households survey and cross statistical analysis of the main factors associated with local households' hickory yield per unit area level, the Cobb-Douglas production function is used to model hickory input and output function. The result shows that the farmer fertilizer inputs, reproducing area selection, other capital input have significant effect on hickory yield level, farmers work-days input, modes of hickory management, new afforestation which is planted on bare ground have no significant effect on hickory per yield. Finally, some conclusions and recommendations are proposed. Currently, to achieve the best economic benefits for hickory production resource input, reasonable reduce chemical fertilizer per hectare, appropriately increase other capital investment, and reduce new afforestation which are planted on bare ground and other woodland.

Key words: hickory; C－D functions; input; output

随着经济社会的发展，森林在生态环境保护方面的作用日趋重要。其中，非木质林产品和服务因具

基金项目：浙江省高校人文社科重大研究项目（ZD2007017）、浙江农林大学研究生科研创新重大项目（2112009009）

作者简介：吕秋菊，浙江农林大学经济管理学院硕士研究生，主要研究方向：林业经济理论与政策，电话：13291834609，Email：lvqiuju20041235@yahoo.cn，地址：浙江省杭州临安市环城北路88号浙江农林大学东湖校区B10－409，311300。

通讯作者：沈月琴，浙江农林大学经济管理学院教授，博士，从事林业经济理论与政策研究，电话：0571－63732785，Email：shenyueqin@zjfc.edu.cn、shenyueqin－zj@163.com，地址：浙江省杭州临安市环城北路88号浙江农林大学东湖校区经济管理

有经济与生态多重效益得到了国际社会的广泛重视[1]，而且随着社会对非木质林产品需求的增长，非木质林产品的生产和市场拓展，在整个林业生产体系中的地位也日益提高[2]。同时，在山区，非木质林产品资源既是农民经济收入的重要来源，也对改善生态环境发挥重要作用[3]。

山核桃作为非木质林产品的一种，从20世纪90年代开始，山核桃生物技术得到不断的发展[4]。山核桃经营是自然再生产和经济再生产相交织的生产过程，在这种再生产的过程中，需要在一定林地面积上投入一定的生产资源，如肥料、劳动力和农药、除草剂等，从而获得人们需要的山核桃产量。而且随着不断出现的新问题进行技术新探索，使山核桃经营逐渐由粗放经营向集约经营转变，尤其是2000年以后，山核桃嫁接技术突破，集约化经营管理技术不断成熟，山核桃产量明显上升，山核桃产量的大小年现象逐渐缓解。2008年全国山核桃面积82667hm^2，产量27600t；临安29333hm^2，产量11973t。在山核桃重点产区乡镇，山核桃收入占农民人均纯收入的60% ~70%[5]。山核桃成为一些农村的主要收入来源，山核桃产业发展对于农民增收、农村致富具有一定的重要意义。但是，基于经济利益的驱动，高强度经营导致山核桃林地退化，带来了生态性问题。如大量使用化肥除草剂，导致林地生物多样性降低、水土流失严重、林地生产力下降、病虫害多发，进而导致产品质量下降[6]。如何准确地把握山核桃经营中各生产资源的投入产出情况，综合分析各资源对产量影响作用及其合理的配置，对山核桃经营的发展提高山核桃经济效益和增加农民收入具有重要的理论价值和实践指导意义。笔者以山核桃主产区浙江省临安市和淳安县为研究对象，通过农户调查和社区参与式小组访谈，了解农户山核桃生产投入及其收益情况，分析影响山核桃单产的因素。

1 数据来源

为了解山核桃经营对农户收入的影响，笔者于2009年7月，对山核桃主产区——浙江省临安市和淳安县200户农户的随机问卷、10组社区参与式访谈，见表1。

表1 样本分布情况

县(乡镇)	临安市横路乡			淳安县临岐镇		
	武村	谢家桥	大溪坞	仰韩村	夏忠村	张家村
样本农户(户)	31	35	34	32	34	34
参与式访谈(组)	1	2	2	2	1	2

资料来源：实地调查

(1)参与式小组访谈。共组织了10个参与式小组访谈，访谈对象为村干部、山核桃经营大户和乡镇山核桃协会成员，每个小组有5~6个成员组成。主要内容有：山核桃生产经营状况以及对当地农民收入的影响；山核桃经营发展过程中存在的困难；山核桃经营模式对环境的影响；村民改变现有模式的意愿等。

(2)山核桃种植农户问卷调查。在每个样本村庄的山核桃种植农户中，按照随机抽样方法选取30~35户作为样本农户，共计200户样本户进行问卷调查。经过数据处理，将样本缺失值采用Grubbs法将3倍标准差以外的异常值剔除后，共获得有效样本191个。调查内容有：农户基本特征；山核桃种植面积、产量、收入、生产投入、销售方式等。

本次调查遵循环境产品与服务非使用价值评价方法——条件价值评估法(CVM)的要求[7]，采用二分式问卷(dichotomous choice，DC)。条件价值法(CVM)牵涉到人的心理、社会、经济等方面，仍存在很多问题需要解决，其中包括如何提高评估结果的准确性和有效性，如何克服或减低各种偏差等[8]。为了确保本次调查的质量，调查过程中，先对调查员进行了统一的培训，力求每位调查员对问卷内容有一致的理解。

2 山核桃经营的投入产出

基于191户农户实地调查数据，了解农户山核桃经营中的投入要素和产出情况。农户的生产要素投入主要包括生产资料中的资本投入和劳动力投入。生产资料中的资本投入主要包括化肥投入和其他资本注入(农药、除草剂)。一般来说这些投入的增加，可以促使山核桃单产水平的提高；山核桃经营的劳动力投入包括经营中的抚育投入和采摘中的雇工投入。劳动力投入增加，说明农户经营积极性提高，这对于山核桃的单产具有正向促进作用。

采用交叉统计的方法分析主要相关因素与农户山核桃单位面积产量水平的相关性，分析结果见表2。

表2 农户主要相关指标与山核桃单位面积产量的相关性

主要特征变量指标	山核桃单产(斤/hm²)	农户户数
山核桃单位面积化肥投入(元/hm²)		
≤750	2085.6	59
750~1500	2762.7	90
1500~2250	3749.4	23
2250~3000	5201.85	10
≥3000	5938.35	9
山核桃单位面积工日投入(工日/hm²)①		
≤30	2618.4	45
30~60	2903.1	100
60~90	5309.85	39
>90	2196.45	7
山核桃单位面积其他资本投入(元/hm²)		
≤300	2338.35	89
300~600	4336.2	66
600~900	3279.75	19
>900	4686.6	17
山核桃经营模式		
单一经营	2784.15	184
复合经营	2534.25	87
造林地的选择：		
疏林地	3594.3	64
裸露地	2626.8	115
其他地	2059.35	12

注：其他资本投入主要包括除草剂投入、农药投入、灌溉投入和其他投入。

资料来源：实地调查

表2可以发现：

第一，农户单位面积化肥投入与农户单产水平呈正相关。随着农户单位面积化肥投入不断增加，农户单产水平不断提高。农户单位面积化肥投入3000元/hm²以上的山核桃单位面积产量是单位面积农药投入小于750元/hm²的2.85倍，这充分说明，农户单位面积化肥的投入可以促进山核桃单产水平提高。

第二，农户单位面积工日投入和其他资本投入等其生产要素的投入与农户单产水平没有明显的相关性。

第三，农户山核桃经营模式中，单一经营的单产水平比复合经营的单产水平高，但是两者相差不显著；而造林地选择方面，疏林地的山核桃单产水平明显比其他林地的高。

由统计描述分析看出，单位面积化肥投入、经营模式和造林地的选择等因素与山核桃单产有相关性，但是否存在因果关系需要通过严格的计量经济学检验。而其他相关指标对于农户山核桃收入的影响相关性则不明显，也需要进一步的检验。

① 本次调查中发现，在山核桃经营中，用工主要是在山核桃采摘阶段，山核桃抚育经营过程中施肥打药等抚育过程投工较少。

3 模型分析

3.1 模型的设定

山核桃生产的产量因投入生产要素的变化而变化，反映出产出与投入之间存在着一种数量关系，这种关系通常可以用一种数学表达式来表示，这种表达式常称作农业生产函数。柯布—道格拉斯生产函数是用于表示农业生产过程的著名的生产函数，在农业技术经济分析中占有重要的地位[9]。本研究就采用柯布—道格拉斯模型来拟合山核桃投入与产出生产函数。

柯布—道格拉斯模型一般函数表达式为：

$$y = f(x_1, x_2, x_3, ..., x_k) = \alpha x_1^{\beta_1} x_2^{\beta_2} x_3^{\beta 3} ... x_k^{\beta_k}$$

式中，β_i 为 i 投入资源的弹性系数[10]。本研究用表达式：$y = \alpha x_1^{\beta_1} x_2^{\beta_2} x_3^{\beta_3} x_4^{\beta_4} x_5^{\beta_5}$ 来拟合。其中，y 表示山核桃单位面积产量(斤/hm^2)；x_1 表示化肥用量（元/hm^2)；x_2 表示工日投入(工日/hm^2)；x_3 表示其他资本投入(包括农药、除草剂等)；x_4 表示经营模式(0 = 单一经营，1 = 复合经营)；x_5 表示造林地选择(D_1 为疏林地，D_2 为裸露地，D_3 为其他林地)。为了回归方便，将上述 C—D 函数取自然对数，变为：

$$\ln y = \beta_0 + \beta_1 \ln x_1 + \beta_2 \ln x_2 + \beta_3 \ln x_3 + \beta_4 x_4 + \beta_5 D_1 + \beta_6 D_2 + \varepsilon$$

其中，β_0 为常数项，β_1、β_2、β_3、β_4、β_5、β_6 分别为待估计的各投入生产资源的弹性系数，ε 为扰动干扰项。

除了上述分析的影响山核桃单产水平的相关因素，当然还有其他因素如不同地区差异同样会对农户山核桃面单产水平产生影响，但是由于调查的局限性以及相关因素的难以计量，本研究只选取了以上因素。

3.2 结果分析

基于 191 户农户实地调查数据，用山核桃每公顷产量作因变量，将每公顷化肥费用、工日投入、其他资本投入、经营模式及营林地选择作自变量，用柯布—道格拉斯模型拟合山核桃生产函数，本研究使用 Eviews 软件对模型进行了估计，具体得到的回归系数值见表 3。

表 3　农户山核桃生产函数模型参数估计

解释变量	回归系数	t 统计值
常数项 β_0	1.903	13.612
山核桃单位面积化肥投入(元/hm^2)x_1	0.405	4.897 ***
山核桃单位面积工日投入(工日/hm^2)x_2	0.150	0.717
山核桃单位面积其他资本投入(元/hm^2)x_3	0.103	1.124 *
是否复合经营(1 = 是，0 = 否)x_4	0.004	0.087
疏林地 D_1	0.378	3.105 **
裸露地 D_2	0.178	0.411
$R^2 = 0.792$　$D-W = 1.860$　$F = 14.744$		

注：* 表示 10% 的显著性水平，** 表示 5% 的显著性水平，*** 表示 1% 的显著性水平。

资料来源：实地调研

从模型拟合过程看，回归模型相关系数 $R^2 = 0.792$，说明在目前的生产状态下，山核桃单产变化中有 79.2% 的部分可以由化肥费用、工日投入、其他资本投入、经营模式及营林地选择六个因素来说明。因此，模型所包括的几个变量对山核桃单产的变动具有较强的解释能力。$0 < \beta_1$、β_2、β_3、β_4、β_5、$\beta_6 < 1$，说明 x_1、x_2、x_3、x_4、x_5的投入为林业生产函数的第二阶段(即报酬递减阶段)，应根据边际平衡原理确定该项资源投入的最适宜水平。

从技术经济角度分析表 3，可以得出以下结论：

第一，农户化肥投入与山核桃单产水平显著相关，通过了 1% 的显著性水平检验。回归系数为

0.405，即在其他因素不变情况下，随着农户化肥投入的不断增加，山核桃单产水平在不断提高。农户化肥投入每增加1%，农户山核桃单产提高0.405%，这与之前的相关性分析结果相符，说明在目前的施肥水平下，增施化肥有利于山核桃单产的提高。根据调查得知，2008年投产山核桃单位面积平均产量1388kg/hm^2，平均肥料投入为1875元/hm^2，2008年产出价格平均为5元/kg，肥料产出弹性为0.405，按照公式"肥料的边际产值=肥料产出弹性×平均产量×平均价格/平均肥料投入"计算，得出肥料的边际产值(MVP)为1.499元，低于2008年肥料的平均价格(2.00元/kg)。这说明，在当前条件下，虽然继续增加肥料使用可以提高山核桃单产，但是由于化肥价格已经高于化肥的边际产值，因此山核桃单产的增加并不能够增加其经济收益。

第二，造林地选择方式与山核桃单产水平显著相关，在疏林地进行的新造林，通过了5%的显著性水平检验。具体而言，即在其他因素不变情况下，在疏林地比在其他林地上种植山核桃，单产高出45.9%($e^{0.378}-1$)。

第三，农户其他资本投入与山核桃单产水平显著相关，通过了10%的显著性水平检验。回归系数为0.103，即在其他因素不变情况下，随着农户其他资本投入的不断增加，山核桃单产水平在不断提高。农户其他资本投入每增加1%，农户山核桃单产提高0.103%，这与之前的相关性分析结果相符，山核桃的病虫害是影响山核桃产量的重要因素。如山核桃天社蛾、胡桃豹夜蛾、蚜虫、蝗虫等病虫害可以直接威胁山核桃面积达几千亩至上万亩，会给山核桃带来严重危害，而农药投入特别是杀虫剂投入可以有效减少山核桃病虫害。

第四，农户工日投入对山核桃单产没有显著影响。从模型分析结果来看，用工投入对单产有正面的影响，回归系数为0.150，这主要是由于农户的工日投入主要是在山核桃采摘阶段，山核桃抚育经营过程中施肥打药等抚育过程需要投工较少。根据调查统计，山核桃采摘阶段的用工投入占整个工日投入中60%~70%。而采摘用工不会影响山核桃的实际产量，因此对产量影响很小。

第五，山核桃经营模式等因素对于山核桃单产有正面的影响，但影响均不显著，未通过10%的显著性水平检验。复合经营模式从长远来看是有助于增加提高山核桃单产，但是由于模型中分析的仅是2008年一年的农户山核桃经营情况，因此，复合经营对山核桃单产的影响并不显著。

第六，在裸露地进行新造林的造林方式对山核桃单产没有显著影响。从模型分析看，在裸露地进行新造林的造林方式对单产有正面的影响，回归系数为0.178，具体而言，即在其他因素不变情况下，在裸露地造林比在其他林地上种植山核桃，单产高出19.5%($e^{0.178}-1$)。

4 结论与建议

通过农户调查数据的统计描述分析和计量分析，结合参与式小组访谈，提出如下结论和建议：

第一，合理减少化肥施用，在一适当水平的配合下，可以获得经济效益最大化的理想产量。

根据模型结果可知，在当前条件下，虽然继续增加肥料使用可以提高山核桃单产，但是由于化肥价格(2.00元/kg)已经高于化肥的边际产值(1.44元)，因此山核桃单产的增加并不能够增加其经济收益。2008年山核桃化肥平均投入为1875元/hm^2，根据经济学效益最大化原理"边际产出=边际投入"，若想达到山核桃经济效益最大化的理想状态，2008年山核桃化肥最佳投入为1405元/hm^2。也就是说，在其他条件不变的情况下，在每公顷山核桃林地中减少470元的化肥投入，山核桃经济效益将会达到最佳。此外，农业化肥用量太多，带来了生态性问题。大量使用化肥除草剂，导致林地生物多样性降低、水土流失严重、林地生产力下降、病虫害多发，进而引起山核桃质量下降。较少化肥的投入，同时有效的缓解了山核桃经营的生态化问题。

第二，增加在疏林地进行山核桃新造林，减少在裸露地和其他林地上进行新造林。

由上统计分析可知，在裸露地和其他林地上种植山核桃，与在疏林地种植山核桃相比，将会降低山核桃单产，这主要由以下三方面原因造成：疏林地相对土壤质量条件好，而裸露地往往水土流失严重，土壤质量差不适宜于山核桃种植和产量提高；疏林地的温度和湿度变化幅度比裸露地小，从而适宜山核桃产量提高；山核桃幼龄林在疏林地环境下往往生长速度快于无林地。

第三，适度增加农药除草剂投入，有效防治病虫害。

由以上分析可知，山核桃的病虫害是影响山核桃产量的重要因素，如山核桃天社蛾、胡桃豹夜蛾、蚜虫、蝗虫等病虫害可以直接威胁山核桃面积达几千亩至上万亩，会给山核桃带来严重危害，而农药投入特别是杀虫剂投入可以有效减少山核桃病虫害。因此，合理的增加农药的投入，有效的病虫害，可以提高山核桃单产。

参考文献

[1]Janse G, Ottitsch A. Factors influencing the role of non – wood forest products and services [J]. Forest Policy and Economics, 2005, 7: 309 – 319.

[2]Mahapatra A K, Tewari D D. Importance of non – timber forest products in the economic valuation of dry deciduous forests of India[J]. Forest Policy and Economics, 2005, 7: 455 – 467.

[3]关百钧. 世界非木材林产品发展战略[J]. 世界林业研究，1999，12(2)：1 – 6.

[4]郭传友，黄坚钦. 山核桃研究综述及展望[J]. 经济林研究. 2004，22(1)：61 – 63.

[5]沈月琴、朱臻、吴伟光等. 农户对非木质林产品经营模式的选择意愿及其影响因素分析[J]. 自然资源学报，2010，25(2)：192 – 199.

[6]吴水丰，陈芬芳. 水土保持工程保障山核桃产业可持续发展[J]，浙江林业，2008，(5)：20 – 21.

[7]李华生，徐慧，彭补拙. 两种统计分析模型在 CVM 应用中的比较研究[J]. 地理科学，2007，27(1)：115 – 120.

[8] A safu A J. Environmental Economics for Non – economists [M]. Singapore: World Scientific Publishing Co. Pte Led, 2000.

[9]王光宇，孔令聪，胡永年. 安徽省小麦生产投入产出及资源合理配置研究[J]. 农业经济问题，2008，(3)：55 – 60.

[10]林玉蕊. 农业投入产出函数机器应用[J]. 数学的实践与认识，2007，37(12)：102 – 108.

黑龙江发展林木生物质能源的战略思考

陈丽荣

（东北林业大学经济管理学院）

摘　要：能源和环境危机催生了林木生物质能源的快速发展，使其成为未来最有希望和前途的可替代再生能源之一。本文阐述了黑龙江发展林木生物质能源的必要性；并从能源资源、林权改革以及人力资源三个方面论证了黑龙江发展林木生物质能源的可行性；最后根据发展林木生物质能源产业应遵循的两大基本原则，提出了强化政府宏观调控和引导作用、加快林木生物质能源科技支撑体系建设、逐步有序地开展能源林基地建设和加大宣传提高认识的建议。

关键字：生物质能源；林木生物质；资源型城市；林业三剩物

Strategic Thought on Developing Wood Biological Energy forHeilongjiang

Chen Lirong

(Northeast Forestry University)

Abstract: Energy and environment crisis stimulate rapid development of wood biological energy which is the most important replaceable recycled energy. The paper explains the necessity to developing wood biological energy for Heilongjiang, and analyzes the feasibility of developing wood biological energy from three aspects of energy resource, forestry property reform and human resource. Based on the principle to develop wood biological energy, the paper suggests government macro regulation, accelerating technical support for wood biological energy, construction of energy forest base and building awareness on energy.

Key words: biological energy; wood biological energy; resource-oriented city; three forestry wastes

1　引言

化石资源的过度消耗引发了能源和环境危机，这是全球正面临的两大世界难题，也是我国社会经济发展遭遇的两大瓶颈。目前我国人均能源资源占有量低于世界平均水平，能源消耗却居世界第二位，且需求还在日益增长。为解决经济增长与能源需求、环境污染的矛盾，有三种可选择的方法：一是节能减排；二是提高能源利用率；三是寻找可再生的替代能源。其中节能减排和提高能源利用率的空间有限，因此，可再生替代能源开发变得刻不容缓。其中生物质能是一种脱颖而出的新能源，既能缓解能源和环境压力，又是一种可再生能源，因此被称为绿色能源。目前，世界各国尤其是发达国家都在致力于开发高效、无污染的生物质能源利用技术，以达到保护矿产资源，保障能源安全，实现 CO_2 减排，促进经济、社会可持续发展。中国是一个人口大国，人均耕地不到 0.1hm^2，要完全以农产品为原料生产生物质

作者简介：陈丽荣，硕士，讲师，主要研究方向：林业经济政策、俄罗斯林业政策。电话：15945184436 地址：150040 黑龙江省哈尔滨市香坊区和兴路 26 号．东北林业大学经济管理学院　Email：chenlirong1980@126.com

燃料油是不可能的。林业生物质能源由于具有不与粮争地，不与人争粮的特点而备受人们关注，成为未来最具潜力和希望的替代能源之一[1]。

2 黑龙江发展林木生物质能源的必要性

2.1 解决能源枯竭难题，有利于资源型城市经济转型和可持续发展

黑龙江是全国资源型城市最多的省份，建国初期为全国经济发展做出重要贡献。但随着资源长期大规模开采，目前“祖国林都”伊春林木资源已消耗55%以上，其他林业局也面临同样问题，双鸭山、鸡西、鹤岗和七台河四大煤城的40个国有煤矿中枯竭的已有12个[2]。随着资源的不断枯竭，资源型城市积累的深层次矛盾和问题逐渐凸显出来，企业经济效益下滑、生态环境问题加剧、失业人口增加，社会不稳定因素加大，严重制约了资源型城市的全面、协调和可持续发展。为加快资源型城市经济转型步伐，增强可持续发展能力，必须在保持现有资源产业基础上发展接续产业，改变资源型城市单一的产业结构。

森林具有可再生资源的属性，林业是天然的循环经济，生物质能技术是林业发展的新契机，林木生物质能源虽然不能完全替代化石能源，但是可以对现今的化石能源构成很好地补充，解决资源迅速枯竭难题。同时由于林木生物质能源建设涉及到种植业以及加工业等相关产业发展，对解决就业、增加农民收入、繁荣农村、林区经济有重要影响，因此可作为黑龙江省资源型城市转型后的接续产业，给与重视，以实现经济、能源的可持续发展。

2.2 化石能源开采带来的地下悬空和城市塌陷问题呼唤绿色能源

黑龙江省的鸡西、鹤岗、双鸭山、七台河四座城市因煤而兴、因煤而建，是我国的重要能源基地。随着开采的深入，煤城塌陷问题日益凸显。由于塌陷规模大、资金紧张，塌陷治理困难重重。目前鸡西、鹤岗、七台河、双鸭山直接受到塌陷影响的群众已达30多万人，且塌陷面积有进一步扩大的趋势。大庆是因油而兴的城市，40多年的过度开采，地下水的补给远远比不上抽取的速度，两大块总面积5500多平方公里的漏斗区，使大庆的一部分已经悬空[3]。漏斗区扩大，引起地层矿化度、硬度提高，给钻探带来很大麻烦。过度开采地下水也使大庆及周边地区的生态系统遭到严重破坏。这给城市规划和社会和谐发展提出巨大挑战，也使人们的生命财产面临严重威胁。因此绝对不能再像以前一样大量过度开采，必须寻找一种可替代的绿色能源。

2.3 绿色能源有利于减缓环境污染，实现森林可持续发展

发展林木生物质能源，要充分利用林业剩余物、废旧木料、木本油料能源植物、木本淀粉植物、灌木林等林业生物质资源。其中利用林业“三剩”物和森林抚育间伐物发展林业生物质能源可以有效拉动中幼龄林的抚育，提高森林资源利用率和森林质量。而大规模的能源林建设可以充分利用荒山荒地、沙区和盐碱地，增强这些地区造林绿化的原动力，加速造林绿化进程，提高森林覆盖率，促进二氧化碳吸收和减排，促进林业可持续发展，并最终实现能源生态双赢[4]。

2.4 为传统营林基础产业寻求新的经济增长点

一直以来，黑龙江省的营林基础产业就在低价值初级产品上徘徊，真正高附加值的产业很少，因此应积极寻找高附加值的林业产业，挖掘林业新的经济增长点，提升林业在整个国民经济中的影响力。林木生物质能源是很有发展潜力的高附加值的产业，将带动黑龙江省其他相关产业的快速发展。

2.5 加快社会主义新农村、新林区建设

无论是社会主义新农村还是新林区，都是以构建和谐社会为目的，以改善人居环境为突破口，以提高农民素质和生活质量为根本，以“生产发展、生活宽裕、乡风文明、村容整洁、管理民主”为主要内容。即农民增收和改善农村生态、生活环境是新农村、新林区建设的核心内容[5]。

目前，随着森工系统木材总量的大幅调减，以伐区剩余物为主要能源的林区职工面临着严重的能源短缺压力与建设小康林区增收致富的矛盾，林区职工生产生活面临困难，急需增加收入。怎样使农民以及林区职工增收？需要产业带动。林木生物质能源产业发展可以优化林业产业结构，提高林业生态效益、经济效益和社会效益，既可促进农村经济发展，实现农民增收，扩大农村人口就业，又可改善居民生产生活环境和村容村貌，加快黑龙江省新农村和新林区建设。

3 黑龙江发展林木生物质能源的可行性

3.1 能源资源区位优势

黑龙江省是森林大省，森林资源主要分布在大兴安岭、小兴安岭、完达山、老爷岭以及长白山脉，现有国有林场(包括有森林面积的苗圃、营林站)386 个，分布在全省 13 个地市、69 个县(市、区)。2007 年统计数据，黑龙江省林业经营总面积 3175 万 hm^2，占全省土地面积的 2/3。有林地面积 2007 万 hm^2，活立木总蓄积 16.5 亿 m^3，森林覆盖率达 43.6%，是我国森林覆盖率 18.21% 的 2.4 倍，是国家最重要的国有林区和最大的木材生产基地，可产生大量的林业剩余物，构成了黑龙江省发展林木生物质能源的基本资源基础。

黑龙江省还有分布面积较广的我国北方唯一的木本油料树种文冠果，其种子含油量为 35% ~40%，种仁含油量为 72%。而且，“十五”期间中国林科院组织对我国主要燃油木本植物文冠果、黄连木进行推广，文冠果提取柴油已获得成功。文冠果不仅可以提取柴油、食用油，还是优良的薪炭林树种和水土保持树种，有着极大的开发价值，发展前景看好。

3.2 林权制度改革为林木生物质能源建设提供强大动力

从 2006 年 4 月 29 日，伊春“林改第一槌”敲响后，我国林权改革便迅速遍及全国。如今，无论是国有林权改革还是集体林权改革都取得了瞩目的成绩。随着林区制度改革，山区和林区劳动力以及林地生产力都获得彻底解放，山区农民和林区职工开发山林的积极性被调动起来。因此目前的重中之重就是着力引导承包户科学经营，提高林地生产力。目前林木种植(如落叶松等)、林下经济(如木耳、五味子、鸡鸭鹅、林蛙饲养、北药栽培等)、木本粮油(如核桃)、竹藤花卉、林产品经营加工、森林旅游已获得较快发展，但生物质能源资源建设相对落后，原因是黑龙江省还没有对林木生物质能源给与高度重视，老百姓对此还没有认识。但是，林地的经营项目向来都由市场指挥，即市场需要什么，就大力发展什么。因此，只要政策落实到位，市场需求增加，农民和林区职工种植生物质能源资源的积极性必然大幅提高。一方面林权改革提高林农对山林的管理和抚育，其抚育和采伐剩余物(指枝丫、树梢、树皮、树叶、树根及藤条、灌木等)大大增加，为燃料乙醇、固体燃料的开发提供了厚实的资源基础；其次，生物质能源建设工程系列优惠政策和美好前景有利于林农实施林木产业化发展，为生物柴油和燃料乙醇提供足够的能源林基础。

3.3 人力资源比较优势

黑龙江农村有大量的剩余劳动力，据统计，黑龙江省常住总人口 3823 万，其中乡村人口 1777.7 万，占总人口的 46.5%，其中有 500 万左右的剩余劳动力，为林木生物质能源产业发展提供强大的人力保障。其次黑龙江省的林业科技力量雄厚，有东北林业大学、黑龙江省林科院以及 13 个林业方面的研究所。林业科技队伍庞大，在国内也是最多的，发挥这些人才技术优势必将促进黑龙江省的生物质能源林建设。

4 发展林木生物质能源的基本原则

4.1 坚持产业化建设原则

发展林木生物质能源必须坚持产业化建设原则。生物质能源一方面要利用灌木、林业废弃物等压缩成颗粒燃料发电，这就要形成产业基地，要有一定的规模，否则便无法实施。方法是在每个村设一个收购点，然后集中到县城里面加工成颗粒燃料；其次要将富含油脂、木质纤维及非食物类果实淀粉的林木生物质材料转化为能源产品，如生物柴油必须大力营造能源林，只有具备大规模、高产、稳产的能源林基地，才能谈得上转化，生物质能源产业才有坚实的基础。

4.2 生态效益优先原则

2005年6月25日，中共中央、国务院做出《关于加快林业发展的决定》，明确提出了林业的“三地位”概念，着重强调“在贯彻可持续发展中，要赋予林业以重要地位；在生态建设中，要赋予林业以首要地位；在西部大开发中，要赋予林业以基础地位”，这些科学论断，为全社会进一步深化对林业的认识，提供了科学的理论基础。即任何林业产业的发展都必须兼顾生态效益，生物质能源产业也不例外。不能占用耕地、不能占用生态林、不能破坏原有的森林面貌。

从根本上来讲，生物质能源开发初衷就是为了解决能源危机与环境破坏问题，这是生物质能源开发的出发点和归宿，如果背离了这一点，生物质能源开发便无任何意义可言。

5 加快黑龙江省发展林木生物质能源的建议

黑龙江省应抓住我国“十一五”期间大力发展林木生物质能源的有利契机，积极争取资金扶持，同时，抓住国内一些大型能源企业正通过投资原料林基地建设、设备研发和建设热电联产发电厂的机遇，积极主动参与到这一领域中，引进资金，靠外力来促进原料林基地和林木生物质能源建设，促进黑龙江省林木生物质能源又稳又快发展。

5.1 强化政府宏观调控和引导作用

由于我国林业生物质能源发展目前还处于起步阶段，因此需要国家和政府的大力扶持。

首先省政府要将生物质能源建设提升到战略高度，从政策层面指导和推动林业生物质能源快速发展。具体包括制定林业生物质能源近期与长期发展规划；成立专门的生物质能源管理机构，负责相关政策的制定和多部门间的协调；成立林木生物质能源发展专向基金，扶持能源林的定向培育，对开发利用林木生物质能源实行贷款、财政贴息；鼓励企业和民营资本进入林木生物质能源领域。

其次实施优惠的税收和补贴扶持政策。与石油、煤相比，林业生物质能源是新兴的弱势产业，没有政府的政策和资金扶持难以发展；此外由于林木生物质能源建设初期投资成本是化石能源的3~4倍，消费者无力承担，因此必然要求政府给与补贴和税收优惠政策，具体包括项目资金补助，提供贴息贷款和延长贷款宽限期，实行低税率以及国家统一收购等。目前国家相关生物质能源发展政策已陆续出台，财政部等五部委局联合出台了“关于发展生物能源和生物化工财税扶持政策实施意见”，黑龙江省应加紧落实和完善。

5.2 加快林木生物质能源科技支撑体系建设

林木生物质工程是我国工程技术最前沿研究项目之一，其技术尚处于初级发展阶段。尽管我国在木质纤维素水解、代谢产物分离与纯化等三项国际公认的关键技术上取得重要进展，但有关能源植物培育、选种、能源开发等方面还很不成熟；其次，由于我国不同区域其能源林的品种和特点各不相同，因此为使黑龙江省在新一轮能源开发建设挑战中占据优势，必须立足本省，进行能源林及其相关科学技术的研发，具体内容包括：

首先应建设示范林，提供科研平台，并集中力量对优质速生高产能源植物的选育、栽培、林业生物质能源的高效转化和综合利用等技术进行强势攻关，尽快突破制约林业生物质能源发展的技术瓶颈，把科技贯穿林业生物质能源资源培育和开发利用全过程，使林业生物质能资源培育开发依靠科学技术进步，实现资源培育、开发利用产业化。

其次要加快推广应用基本成熟的林业生物质能源技术，支持发展潜力明显的能源林树种良种选育、丰产栽培和加工利用技术的科技攻关及推广应用。

三是加强合作与交流，扩大对外开放，引进国际先进技术和资金。即通过自主开发与引进消化吸收相结合，使黑龙江省林业生物质能源发展技术处于较高起点，增强黑龙江省林业生物质能源相关企业的国际竞争力。

5.3 逐步有序地开展能源林基地建设

目前，林业生物质能源生产技术总体上已取得长足发展，真正制约林业生物质能源产业化发展的瓶颈是原料问题。目前，林木能源资源丰富但分散，怎样使其形成规模并逐步发展成产业，是目前林木生物质能源建设的关键问题。建议，由具有实力的企业牵头，林业部门给与强有力的指导，再加上政府及相关部门的支持和协作，从能源林示范基地建起，逐步有序地开展能源林基地建设，推进林业生物质能源的产业化市场化，切不可盲目跟进。

5.4 加大宣传，提高认识

目前，林木生物质能源对于大部分老百姓而言还是个新名词，闻所未闻，这对于林木生物质能源的产业化建设是不利的，阻碍了能源林产业化、规模化建设步伐。因此要加大宣传力度，不仅要提高各级政府领导和有关部门对林木生物质能源林建设重要性的认识，而且要增加公众对林业生物质能源的认知度，树立清洁能源意识，调动广大农民群众投身林木生物质能源林建设的积极性。

参考文献

[1]钱能志．解读林业生物质能源[J]．中国林业产业．2008(10)：38－40.
[2]赵玉萍．黑龙江省资源型城市可持续发展研究[J]．佳木斯大学社会科学学报．2006，24(2)：31－34.
[3]陆璐．水务专家指点大庆缺水经济[J]．大庆日报．2008.3.
[4]许小骏．林业生物质能源发展现状与展望[J]．山西农业科学．2008，36(8)：88－89.
[5]刘长泽．建设社会主义新农村[J]．中共石家庄市委党校学报．2006，8(1)：4－7.

林业企业环境会计计量和报告探讨

刘灵芝

（华中农业大学经济管理学院）

摘　要：环境会计学是以如何对资源的耗费进行补偿为中心开展的会计，它将环境经济学理论与传统会计学相结合，通过科学、系统的方法使经济发展和环境保护相协调。我国林业企业引入环境会计的研究和实践均处于起步阶段。本文在六要素论的理论基础上，探讨了环境会计要素的计量方法和思路，尝试性地提出了适合林业企业环境信息披露的报告模式，并针对性地提出了推动林业企业环境会计应用的建议。

关键词：环境会计；林业企业；计量；报告模式

1　引言

林业企业作为国民经济体系中非常重要的一部分，在国民经济的地位和作用越来越引起政府和民众的重视。目前，我国林业企业的会计制度，没有将林业企业对环境所作的贡献以及生态效益表现出来。因此，林业企业迫切需要更为科学的会计制度来核算其经济效益、生态效益和社会效益。

国际上有关环境会计要素的确认和计量重点放在环境负债和环境成本的确认和计量方面。这方面的文献主要有加拿大特许会计师协会的《环境成本与负债：会计与财务报告问题》、美国环保局的《AT&T公司的绿色会计》、美国财务会计准则委员会（FASB）的财务会计准则公告第五号《或有事项会计》、第十四号《损失金额的合理预计》等，这些都是用于指导企业在具体实施环境会计时关于环境成本和环境负债的确认和计量。有关环境会计报告的研究文献有加拿大特许会计师协会的《环境绩效报告》、《加拿大的环境报告：对1993年度的调查》；美国关于环境信息披露的研究主要侧重于揭示企业环境成本和环境负债，如美国证券交易委员会（SEC）第92号专门会计公报就主要涉及环境负债的确认计量，披露问题和环境成本的确认问题。

针对林业企业环境会计计量和报告研究的代表性文献有刘立泳（2000）从林业企业运用环境会计的特点出发，探讨了环境会计的研究对象、环境会计要素的确认和计量以及会计信息的披露等方面研究林业企业适用环境会计的特殊性；徐秀红（2003）采用会计要素“三要素”理论，对林业企业环境会计要素应该如何核算进行了阐述；刘淑娟（2003）在分析林业企业开展环境信息披露的必要性和可能性的基础上，阐述了环境信息披露的原则、内容，并对对我国林业企业环境信息的披露提出了一些建议；田月香（2009）从环境会计对我国林业企业会计目标、会计对象、会计内容以及会计政策四个方面的影响进行了阐述，提出应将我国林业企业多年来做出的环境、生态及社会效益，以及相应的资源耗损成本、环境污染成本纳入我国林业企业会计核算中。

以上文献主要从环境会计要素的确认和计量以及会计信息的披露等方面研究林业企业适用环境会计的特殊性。可见，学者已经意识到林业企业运用环境会计的重要性，并且尝试着将环境会计引入林业企业，针对林业企业的特殊性，调整会计制度和方法，使环境会计能够更好的反应林业企业在生产经营过程中所产生的环境效益以及对森林资源的损耗。但是，到目前为主，在林业企业环境确认和计量方面并

作者简介：刘灵芝，博士，副教授、硕士生导师。主要研究方向：林业与资源经济、农村居民消费。电话：13971238986
Email：llz@mail.hzau.edu.cn　地址：武汉市华中农业大学经济管理学院 430070。

没有形成完整的研究系统。因此，本文将以林业企业为主要研究对象，探讨环境会计计量方法，针对我国林业企业环境信息披露的现状，设计出符合林业企业环境信息报告方式。

2 林业企业环境会计的计量

对于环境会计要素，目前学术界尚没有统一的认识，主要有“三要素论”、“四要素论”、“五要素论”和“六要素论”几种观点。笔者更倾向于“六要素论”。其基本思路是按照传统会计要素来确定环境会计要素，即分为环境资产、环境负债、环境权益、环境收入、环境费用和环境利润，可以进一步分为资产负债表要素和利润表要素。采用“六要素论”的目的是追求环境会计理论体系的完整性，提高环境会计的应用程度。

2.1 环境资产负债表要素的计量

2.1.1 环境资产的计量

环境资产是企业或者特定主体所拥有或者控制的，由过去的交易或者事项形成的，能够以货币计量并且能够为企业带来未来经济效用的环境资源。根据林业企业是以森林资源的利用、加工为主要生产活动的特殊性，考虑森林资源资产的特点，将林业企业的环境资产划分为林地资产、林木资产、林区动植物资产和森林环境资产。

在传统会计中，林地资产是以成本计价法，以土地所有权的形式计入无形资产。在环境会计中，采用收益现值法计算土地资产的价值。根据替代与预测原理，着眼于未来的预期收益，并考虑货币的时间价值以适度的折现率把未来各年的预期收益折现为现值，以此作为资源的价值予以计量。

林木资产的计量，中共中央国务院 2003 年 6 月颁布了《关于加快林业发展的决定》，提出实行林业分类经营的管理体制，把森林资源划分成商品林和公益林。商品林的经营原则是追求经济效益，采用经济组织自主经营、自负盈亏的管理体制；公益林的经营原则是追求社会效益和生态效益。在环境会计中，采用采取历史成本和公允价值计量的混合模式代替原来的历史成本计量方法。

对于林区动植物资产的计量，可以采用抽样测算法。首先对林区动植物资产资源进行分类，并按分层抽样调查的方法选取样本，然后采用市价法和机会成本法对林区动植物资产的价值进行核算，再根据统计方法对核算误差进行处理，从而得到林区动植物资产价值的近似值。

森林的环境资产主要包括两方面：森林景观资产和森林生态资产。森林景观资产主要是指森林为人类提供美丽的自然风景和旅游景观，和人类的生活、居住、娱乐等休戚相关。森林景观资产的价值主要体现在其游憩价值，计量森林景观资产游憩价值的具体方法，比较有代表性的有旅行费用法和条件价值法。森林生态资产主要是森林的生态效益和社会效益，在会计核算中可以计入林业企业的无形资产。

关于林业企业环境资产核算与传统会计的区别，归类如表 1：

表 1 林业企业环境资产的计量与传统计量方法的比较

<table>
<tr><th colspan="3" rowspan="2">森林资源资产分类</th><th colspan="2">计量方法</th></tr>
<tr><th>传统会计</th><th>环境会计</th></tr>
<tr><td colspan="3">林地资产</td><td>历史成本</td><td>收益现值法</td></tr>
<tr><td rowspan="3">林木资产</td><td rowspan="2">商品林</td><td>生产性生物资产</td><td>历史成本</td><td rowspan="3">历史成本 + 公允价值混合模式</td></tr>
<tr><td>消耗性生物资产</td><td>历史成本</td></tr>
<tr><td>公益林</td><td>公益性生物资产</td><td>历史成本</td></tr>
<tr><td colspan="3">林区动植物资产</td><td>没有涉及</td><td>抽样测算法</td></tr>
<tr><td rowspan="2">森林环境资产</td><td colspan="2">森林景观资产</td><td rowspan="2">没有涉及</td><td>旅行费用法</td></tr>
<tr><td colspan="2">森林生态效益和社会效益</td><td>综合核算</td></tr>
</table>

2.1.2 环境负债的计量

环境负债是指企业由于过去的经营活动或其他事项对环境造成的破坏和影响或因环境管理而产生

的、预期会导致经济利益流出企业的现时义务。由于林业企业生产经营活动的特殊性，林业企业的环境负债主要是与森林资源有关的负债，具体包括应付森林环境补偿费、专项环保税及或有环境负债。

应付森林环境补偿费指林业企业应交的由国家有关部门(如环保局)核算出来的森林环境因使用而减少效用的补偿费以及对森林环境造成破坏、产生不良影响的林业企业应该支付而尚未支付的森林资源保护的补偿费用。国家在计量森林环境补偿费时采用的主要计量方法有直接市场法和替代市场法。

专项环保税是指企业按规定应缴纳的环境保护税，资源税等。按照国家规定缴纳的数额计量，并根据相关数值入账。

或有环境负债主要指与环境问题相关的未决诉讼。对于将在近期内偿还的环境负债，通常采用现行成本法计量，否则，应采用现值法。因为从长期来看，现值法所提供信息的相关性比现行成本法更好。

2.1.3 环境权益的计量

所有者用环境资产作为投资时，按合同约定的金额作为环境权益实收资本，在相对应投入的环境资产按上述环境资产的计量原则确定金额后，其与环境权益——实收资本之间的差额作为环境所有者权益——资本公积的金额反映。

由于计量方法的局限性，环境权益的计量结果可能会有很大的模糊性。如果环境效用的实现过程中，发生了人类劳动并通过交换实现的环境效用可以按包含劳动量的货币表现计量；如果没有渗透人类劳动，纯粹是大自然的赐予，在计量技术允许的情况下，以包含效用量的货币估算计量。

2.2 环境会计损益表要素的计量

2.2.1 环境收益要素的计量

环境收入是指一个经济主体在一定的时期内，利用环境资产获得的或者即将获得的，能够用货币计量的经济利益的总流入。

按照环境收益与环境资产的关系，环境收益可以分为直接环境收益和间接环境收益。直接收益是企业通过环境保护直接获得的经济利益流入，包括环保业绩奖励、环境损害补偿收益、环境污染罚款收益等。间接收益是企业间接从环境保护中获得的经济利益的流入，如环保措施机会收益。根据林业企业的特殊性，可以将林业企业的环境收益分为以下几个方面：

(1)国家对林业企业补贴收入。国家对林业补贴划分为造林成本补贴、生态效益补偿、税收和信贷优惠政策三种类型。

(2)森林景观收入。比如林业企业运用其森林资源发展生态旅游，获得的门票收入等。

(3)环境治理收益。是指企业在生产经营过程中对环境进行治理而获得的利益。对林业企业所在区域景区综合环境治理而获得的国家财政补贴收入；为其他企业进行环境治理而获得的额外经济收入等。

(4)环保奖励收入。是指林业企业积极推行国家的环保政策，国家给予的税收减免和专项奖励基金。

从会计的角度看，环境收益的计量有一点的难度。企业获得的税收减免和政府补贴收入可按照实际的减免和补偿金额来进行计算入账，其他环境收益比如发展生态旅游的门票收入，可以按照实际取得的收入的金额来进行计量。

2.2.2 环境费用要素的计量

环境费用是指某一主体在其持续发展过程中，因进行经济活动或其他活动而付出或耗用资产的转化形式。构成资源产品的费用予以对象化，作为产品成本的一部分，为维持环境资产的基本存量和环境质量下降所发生的人力、物力、财力及损失等作为环境费用。

环境费用可以分为两种类型，即虚拟费用和实际费用。虚拟费用主要指自然资源的耗减费用、生态耗减的降级费用。实际费用主要包括维持自然资源基本存量的费用和生态资源的保护费用。

按照林业企业的特殊性，其环境费用主要分为显性环境成本和隐形环境成本。以林业企业中主要的生产经营对象商品林为例，商品林的显性环境成本是指在一个经济收获期(轮伐期)内，与成本对象直接相关的、能够经济而又方便地进行追溯的、由经营活动所造成的生态环境损失的货币化值，例如病虫害损失。而隐性环境成本是指在多个经济收获期(轮伐期)内，与成本对象相关的、不能够经济而又方便地进行追溯的、由经营活动所造成的生态环境损失的货币化值，例如地力衰退损失。

环境费用的计量方法，可以按照以下两种思路进行：一是环境恢复法，假定要恢复所有环境退化，使其保持初始质量水平不变，需要投入多少资金；二是环境损害影响法，环境退化造成了哪些负面后果，其损害的价值是多少。后一种思路要考虑很多因素，既包括经济方面，也包括非经济方面；既包括对现在的影响，又包括对将来的影响。具体如对生产量的影响，对人类健康、生活舒适度的影响等。这样计算出来的价值会相对较大，可以作为理论参考值——环境虚拟成本上限值。

2.2.3 环境利润的计量

环境利润指在一定时期之内，环境资产给人类带来的已经实现或即将实现的，能够用货币计量的效用，以及由于企业环保行为而获得的利润，它反映会计主体的环境绩效。

环境利润是企业在一定期间的环境经营成果，是由环境收入扣除环境费用和环境税金后的净额，因此环境利润不需要专门的计量方法，环境利润的计量也就是环境收入和环境费用的计量。

3 林业企业环境信息报告

按照环境会计的发展，在会计理论和实践应用中，环境信息的披露主要有补充报告模式和独立报告模式两种方式。对于林业企业这种以森林资源为主要经营对象的企业，其生产经营活动对环境的影响非常大，应该对企业的环境信息进行披露。但针对我国现阶段的林业企业而言，编制独立环境报告的成本太高，信息使用者对信息的要求没有达到这一程度。根据重要性原则和成本效益原则，结合林业企业自身生产经营的特点和我国现阶段环境会计发展的现状，我国林业企业应该采用表外披露的方式，编制补充的环境会计报告，在原有的三大报表的基础上编制独立的环境会计报表以反映企业环境信息的全貌。具体要提供环境资产负债表、环境损益表。

3.1 环境资产负债表

根据上述环境要素的设置和计量，编制企业环境资产负债表。该表揭示企业在一定日期自然资源环境保护方面的资产、负债以及所有者权益的情况。为了全面反映资源和环境状况，应当以“环境资产 = 环境负债 + 环境权益”为基础编制环境资产负债表，如表2：

表2 环境资产负债表

编制单位：　　　　年　月　日　　　　　　　　　　　　　　　　单位：元

项　目	金额	项　目	金额
环境资产：		环境负债：	
林地资产		应付森林环境补偿费	
林木资产		应交环保税	
林区动植物资产		或有环境负债	
森林生态资源		环境权益：	
减：环境资产累计损耗		森林资本	
环境资产净值		专项基金	
环境资产合计		环境负债以权益合计	

环境资产负债表中的资产小于负债，说明林业企业对森林资源保护不力，政府应加大环保力度，提出整改措施，提高社会效益；资产等于负债则表明企业对自然资源的索取与提供的保护持平，企业的收益与对维护社会环境所做的贡献相当；资产大于负债，说明林业企业重视保护森林资源，为改善生态环境开支较大，政府应给予鼓励与补贴。

3.2 环境会计损益表

该表揭示企业在自然资源环境保护方面所取得的收益、发生的环境费用及对社会生态环境改善所做的贡献。

表 3　环境会计损益表

编制单位：　　　　　　　　　　年　　月　　日　　　　　　　　　　单位：元

项　目	金额
一、环境收益	
补贴收入	
奖励收入	
森林景观收入	
……	
二、环境费用	
环境成本	
其中：显性环境成本	
隐性环境成本	
营业费用中的环境成本	
三、环境利润	

环境会计损益表中的环境收益大于环境成本，说明林业企业重视保护森林资源，对森林资源的利用率较高。如果环境收益和环境成本持平，说明林业企业在生产经营过程中对环境造成的破坏和从环境得到的收益持平，企业的收益与其对环境保护所作的贡献相当。如果环境收益小于环境费用，说明企业对森林资源的利用水平过低，应提高森林资源的利用水平，并且改变其生产经营方式，减少对森林资源的破坏。

4　推动林业企业环境会计应用的建议

现阶段林业企业应用环境会计面临林业企业环境保护意识薄弱、没有制定相应的环境会计准则、环境信息无法可靠计量和企业财务人员素质较低等障碍。针对以上原因，提出从促进林业企业树立环境信息披露意识、规范林业企业环境会计的实施和提高会计人员的素质等方面入手，推进环境会计在林业企业的应用。

首先要对全民进行环境意识、环境保护法规的宣传教育，还要对现有企业的决策层、管理人员和工程技术人员进行环境保护知识的教育培训，更应对企业财会人员进行环境会计和环境信息披露相关知识的培训，促使企业环保意识的迅速增强。

其次，建议由国家林业局牵头，由国家环保总局、财政部、以及相关高校、研究机构和企业界的经济专家、环保专家、会计人员组建环境会计研究机构，专门开展环境会计调查和研究，形成比较完整的环境会计应用理论与方法，逐步消除实际操作中的信息计量、环境成本分配等问题。制定出完善的环境会计准则和制度，使企业环境会计的实施有统一的标准。同时制定出统一的环境会计审计标准，实现环境信息披露的再监督。

最后，要提高会计人员的素质，从国外的实践经验看，环境会计的应用需要企业决策者、管理层、技术人员和财会人员的共同参与。决策者负责制定企业环境方针政策、确定环境目标，管理层执行政策，技术人员负责环保或治理措施的选择，财会人员对环境指标加以经济评价。因而，要推动环境会计的应用，要针对企业的各层管理人员以及环境会计人员进行培训，提高会计人员的环境会计应用能力。

参考文献

[1]刘明辉，樊子君．日本环境会计研究[J]．会计研究，2002，(3)：58－62.
[2]张百领．环境会计核算体系研究[J]．当代财经，2001，(7)：71－73.
[3]李　姝．浅谈我国环境会计的计量与报告[J]．经济问题，2004，(1)：24－26.
[4]刘立泳．浅谈林业企业运用环境会计问题[J]．林业财务与会计，2000，(9)：26－28.
[5]徐秀红．浅谈我国的林业绿色会计[J]．林业经济问题，2003，(3)：169－171
[6]刘淑娟．林业企业环境信息披露初探[J]．林业经济问题，2003，(6)：355－359.
[7]田月香．刍议环境会计对我国林业企业会计制度的影响[J]．中国林业经济，2009，(1)：58－59.

对我国林业利用日本贷款造林项目的思考

刘　萍[1]　李冬生[2]

（1. 北京林业大学经济管理学院；
2. 国家林业局调查规划设计院）

摘　要：对我国林业利用日本政府贷款的基本情况进行了回顾和总结，分析了利用日本政府贷款在促进我国林业发展中的作用及成效，并针对存在的问题提出了相关建议。

关键词：林业；日本政府；贷款

Thinkingon China Forestry Use of the Japanese Government Loan Project

Liu Ping[1]　Li Dongsheng[2]

(1. The Economic Management Institute, Beijing Forestry University;
2. Academy of Forest Inventory and Planning, State Forestry Administration)

Abstract: On the basis of summary the situation of the Japanese government loan project in china Forestry Use, the author analyzes its effects and roles on the promotion of Chinese forestry development and problem, and suggests polices and measures of the Japanese government loan project in china Forestry Use.

Key words: forestry, japanese government, loan

日元贷款是中日政治家1979年提出，1980年正式实施的日本政府海外官方发展援助，主要支持中国交通、能源、环境、医疗、人才培养等多个领域。20世纪90年代以来，日元贷款支持中国环境项目的数量和金额都有所提高。第四期(1996~2000年)日元贷款支持的项目中，环境项目的数量和金额分别占日元贷款对华支持项目和金额的46%和28%。山西、内蒙古和陕西三省区植树造林项目属第四期(1996~2000年)日元贷款环境项目，也是中国政府首次大规模利用日元贷款开展的植树造林项目。项目最初由陕西、山西和内蒙古三省区和国家林业局共同提出，后经中日双方专家评估，2001年3月由中国财政部(MOF)和日本国际协力银行(JBIC)正式签署了贷款协议，项目于同年7月24日正式生效，建设期为5年(2001~2006年)，贷款期限40年，其中，前10年为宽限期，宽限期内只还利息，贷款年利率为0.75%，加上国外转贷费用，总利率为1.1%左右①。至此，拉开了中国林业大规模利用日元贷款的序幕。目前，日元贷款已成为中国林业大规模利用的最优惠国外贷款，也是日本对华援助政策向生态环保项目倾斜的具体体现，这极大地推动了两国林业合作。

作者简介：刘萍(1973-)，女，副教授，研究生导师，主要研究方向为国际贸易以及林业经济管理。
责任作者：李冬生(1972-)，男，山东单县人，博士生，主要研究方向为生态评估。

① 国家林业局调查规划设计院. 在华日元贷款林业项目调查评估报告. 2006.

1 林业利用日本政府贷款造林项目实施情况

2001年从我国第一批日元贷款林业项目正式启动至今，日元贷款林业项目已在中国8个省份实施了9个项目，累计贷款总额约5.52亿美元（图1）①。项目的实施，有力地改善了项目区生态环境，有助于当地农民脱贫，更使中日林业合作迈向新阶段。至今，中日林业经济合作的项目越来越多、领域越来越宽，获得了良好的社会、生态和经济效益。

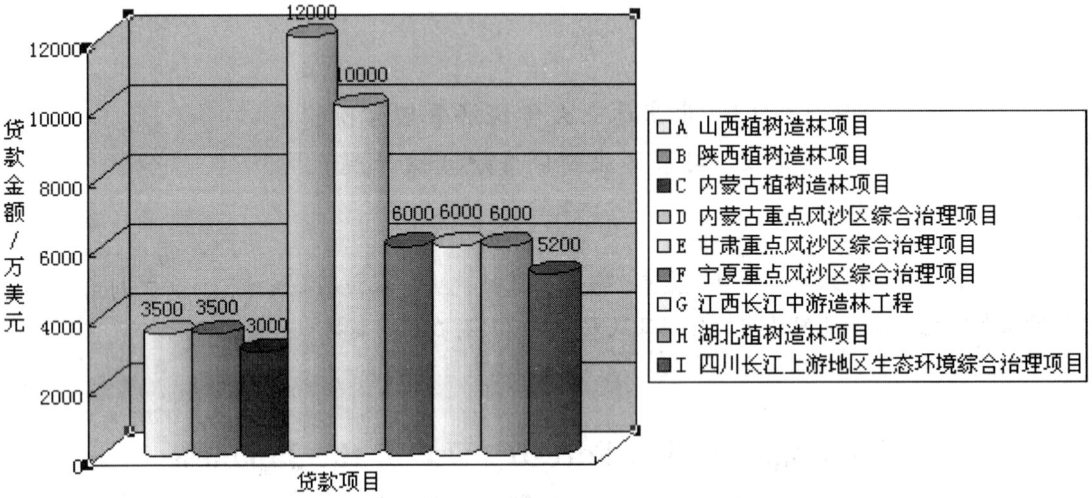

图1 已建和在建日本政府贷款项目金额示意图

从资金规模上看，每个日元贷款项目的金额均达到3500万美元以上，其中内蒙古和甘肃重点风沙区综合治理项目的投资额高达1亿美元。从项目和实施地区来看，主要集中在黄河中下游流域黄土高原地区的水土保持，中西部地区沙漠化防治以及长江中上游流域的水土流失治理。日元贷款项目的建设内容以营造生态林和速生丰产林为主。完成和在建的日本政府贷款项目共有9个，其中有6个项目的建设内容是以营造生态林为主。这充分体现了我国林业发展重视生态环境保护，综合考虑林业发展的经济效益和生态效益。

2 贷款造林项目在促进我国林业发展中的作用及成效

2.1 加快了我国生态环境治理步伐

日元贷款林业项目都是以植树造林为主体的项目，建成后将新增森林面积近60万 hm^2，新增灌草植被8.5万 hm^2，将为各项目区增加1~3个百分点的森林覆盖率，对于黄土高原、南方岗地平原区森林资源增加幅度更为明显。另外，封山育林和飞播造林的一部分任务是在低效地产林地实施，通过封禁管护和抚育，森林资源质量将得到明显提高。以内蒙古自治区项目实施前后的森林覆盖率变化为例，2005年上半年，在日元贷款黄土高原植树造林项目和内蒙古风沙区生态环境治理工程项目实施后，当地自然条件有所改善，黄土高原植树造林项目森林覆盖率从12%提高到16.05%，内蒙古风沙区生态环境治理工程项目森林覆盖率从13%提高到14.2%，土地得到有效的改良，项目区人民的居住环境得到改善[1]。

2.2 引领林业管理和运行机制创新与改革

日元贷款造林项目具有规模大、投资多、建设期长、内容广泛、质量要求高、科技含量高等特点，不仅是一个林业建设工程，也是一个浩大的社会系统工程。能否把项目工程建设好，选择适宜的造林模

① 国家林业局．中国林业利用国外贷款25年回顾与总结报告．2006.

式和运行管理机制是关键。日元项目的造林模式有集体造林、大户承包造林、绿化专业队造林、个体公司造林、农户分散造林等多种模式。不同的模式满足不同的生产条件和地理位置的要求，每种模式有不同的管理方式和运行机制。无论选用哪种模式，都是为了满足生产和管理的需要，都是为了极大地调动劳动力和其他生产要素(资金、技术、设施等)。在项目建设初期，通过动员大会、征求意见、个别询问等方式吸纳群众意见，尽量做到公平、公正、科学和符合实际需要，实行参与式管理。另外，日元项目设计严格按可研任务和技术要求进行，组织生产严格执行项目设计。资金管理采用国际通用的报账制，与建设任务量和检查验收结果直接挂钩。项目产权明确到生产者，实行谁造谁有、长期不变。整体项目管理实行“项目法人负责制”、“造林质量目标管理责任制”、“工程质量监理制”、“专项资金专账核算制”等现代管理制度。同时，以县为单位的内部运行机制多元化，具有很强的创新意识，保证了项目建设成果质量和资金运行安全，提高了各级项目主管部门的管理水平和个人的管理能力[2]。日元贷款造林项目是国内林业项目管理改革与创新的示范，无形中提高了林业系统项目管理的整体水平和质量意识。保证了项目资金专款专用，也考虑了农民致富与生态建设的有机结合，调动了农民从事生态建设的积极性。

2.3 带动区域经济社会可持续发展

日元项目以黄河流域植树造林和西北重点风沙区综合治理为重点，具有地点选择上的特定性。考虑到了中国文化的历史源泉和生态、经济、社会多方面的需求。陕、甘、宁、蒙、晋，都是黄河文化的重要发祥地，孕育了五千年的文明史。历史上的黄河流域是美丽富饶的地方，也是森林茂密、文化发达的地方。然而，经历了几千年的刀耕火种和战争破坏之后，使黄河流域的生态、经济、社会进入了恶化、落后和不稳定的状态，经济落后导致对森林和植被的过度破坏，致使黄河断流、干旱缺水、土壤退化、粮食减产、自然灾害频繁等生态退化现象严重发生。在这些地方实施日元贷款项目，不仅可以加快优化种植业结构，以农田防护林提高农业单产，以发展一定比例的经济林、特色经济种植和增加劳动就业促进农民增收，以修渠建道拉电改善农村基础设施建设，以村屯绿化、美化改善农村居住环境，而且还可以弘扬中华传统文化、增加中日人民的友好情谊、促进国际交流与合作。日元贷款造林项目的实施，可以全面带动区域经济社会可持续发展。

3 存在的问题及相关建议

(1)日贷项目报账支付过程较慢。由于一般前期造林规模大，日贷项目造林整地报账远远满足不了项目实际需要，加上回补资金到位慢，农户造林后不能及时支付费用，影响了农户实施项目的积极性。因此，除了提高审批手续效率，还应该加快造林款兑付进度，使得农户参与项目能真正获益。

(2)日贷项目应加强新技术推广应用。生态恢复和用材林培育需要良好的科技支撑体系。世行项目贷款中，特别安排了用于整个项目的技术推广、培训和监测评价的资金债务，配套资金中也相应提取部分资金用于技术推广、培训和管理监测。但日元贷款项目的新技术推广工作做得没有世行项目多，许多造林大户对新品种、优良种苗需求迫切，但种源缺乏，管理机构和服务部门提供不够。今后应加强新技术推广应用。

(3)日贷项目设计的采购计划很难完成。由于项目县实施项目积极性、管理水平、实施速度、质量等方面参差不齐，建议协力银行同意各个项目可以根据项目实际情况对项目的采购计划进行调整。由于各县申报的采购计划比评估的要小，设计的采购计划可能完不成，特别是化肥、农药采购计划很难按设计实施，建议完不成的将采购投资余额可转化为营林费用。

(4)日贷项目国外培训地点应扩大。项目评估时国外培训地点定在日本，由于世界林业交流日益频繁，其他国家林业管理技术可学习借鉴的也非常多，因此，建议国外培训地点除日本之外，允许扩大到其他国家，包括欧洲、美洲、澳洲和亚洲其他国家。

(5)市县级配套资金落实困难，项目管理费不足。日元贷款生态治理项目配套资金比例为25%，很多市县由于各部门配合不当使得配套资金落实困难。同时，群众投工投劳部分和项目农户的自筹资金部分也很难落实。因此，在项目管理上，还需要强化部门之间的协调配合，要注意充分调动林业、农业和水利等相关部门的积极性，形成相互配合、共同推进的机制，使配套资金及时落实到位。要在调动农户参与项目实施的积极性上下功夫，要继续加大项目的宣传和培训，特别是在项目设计和具体实施过程中，要充分尊重农户的意愿，采取类似陕西日元贷款造林项目的做法，要把项目的意义和农户参与项目的收益机制向农户宣传清楚，让农户提高认识并看到参与项目可能获得的利益后，而主动地参与到项目中来。既要针对当前项目实施中存在的现实问题，及时研究并加以解决，也要针对项目实施和后期管理探索形成可持续机制。

参考文献

[1]国家林业局.2005年中国林业统计年鉴[M].北京：中国林业出版社，2005：18.
[2]国家林业局.2005年中国林业发展报告[R].北京：中国林业出版社，2005：14.

基于农户的竹林经营模式及成本收益分析——以浙江省为例

汪淅锋　沈月琴

(浙江农林大学经济管理学院)

摘　要：以浙江省两个"竹子之乡"安吉和临安为案例点，通过227户农户的调查，总结分析了农户现有的竹林经营模式及其成本收益。结果表明，笋用林经营和材用林经营是浙江目前主要的竹林经营模式，笋材两用林经营目前尚处于试点阶段；笋用林经营的经济效益相对较高，材用林经营相对较低；另外，劳动力成本是三种竹林经营模式面临的共同问题，为此需要更加重视相关技术和林道等基础设施建设。

关键词：竹林；经营模式；经营措施；成本收益

Analysis on the Bamboo Management Way and Its Cost - Benefit at the Households level——A case study in Zhejiang province

Wang Xifeng　Shen Yueqin

(School of Economics and Management, Zhejiang Agriculture and Forestry University)

Abstract: Based on 227 households survey in Anji and Linan of Zhejiang province, which are "the bamboo town", this paper summarized and analyzed the households' bamboo management way and its cost - benefit. The result indicates: shoot goal and timber goal are the main management way, while shoot - timber goal is still being on the operating stage; shoot goal owns the highest cost - benefit efficiency, while timber goal has the lows; in addition, labor cost is the dominant problem for all of the three management way, correlation techniques and infra-structure construction such as bamboo road should be paid more attention.

Key words: bamboo forest; management way; operating measure; cost - benefit

竹林经营在促进山区农民增收、改善当地生态环境和促进山区社会事业发展中具有重要作用，因此竹子被称为"穷人的树"[1]。近年来，气候变暖引起了全世界范围的关注，森林在应对气候变化中的作用得到了各国政府和专家学者的普遍认可，各国纷纷通过植树造林、改善森林经营和减少森林退化等措施应对气候变化[2]。竹子因为其特有的生长速度快、固碳能力强而受到了众多专家的青睐。在山区，加强对竹林的经营管理，既可以提高农户的收入，又可为应对全球气候变暖做出积极贡献。

基金项目：国家自然科学基金(71073148)；浙江省研究生创新项目(YK2009073)

作者简介：汪淅锋(1985 -)男，河南南阳人，硕士，从事林业经济理论与政策研究。(电话)13221818957，(E-mail) wxf198502@163. com。

通讯作者：沈月琴(1964 -)　女，浙江湖州人，教授，博士，从事林业经济理论与政策研究。(电话)13083966062(E-mail) shenyueqin - zj@163. com。

“世界竹子看中国，中国竹子看浙江”。浙江省森林资源年度监测显示，2008 年全省竹林面积 81.93 万 hm^2，占森林总面积的 13.80%；蓄积 18.750 3 亿株[3]。竹产业在促进浙江山区发展、增加农民收入、提供农民就业机会等方面做出了重要贡献。从农户层面调查总结浙江省现有的竹林经营模式及其特点，并对不同经营模式的成本收益情况进行分析，对新时期制定促进浙江竹产业发展的政策具有重要意义。

1 研究点与研究方法

1.1 研究点

本研究以“中国十大竹子之乡”浙江省安吉县和临安市为案例点进行研究(见表 1)。

表 1 案例点概况(2009)

县/市	国土面积(km^2)	森林面积(万 hm^2)	森林覆盖率	竹林面积(万 hm^2)
安吉	1886	13.088 8	69.4%	6.979 38
临安	3126.8	25.488 5	76.55%	6.533 3

数据来源：安吉县林业局，临安市林业局。

1.2 研究方法

1.2.1 数据收集方法

本研究数据收集采用关键信息人访谈和农户问卷调查方法，在浙江农林大学、安吉县和临安市做了三个竹林经营专家的关键信息人访谈；遵循随机抽样的原则在两个县 4 个乡镇 12 个村做了 235 户调查，其中收回有效问卷 227 户。如表 2 所示。

表 2 调查样本农户的分布/户

县	乡镇	农户
安吉(112)	山川乡	55
	天荒坪镇	57
临安(115)	高虹镇	59
	太湖源镇	56

数据来源：农户调查。

1.2.2 数据分析方法

主要采用比较分析法对比分析基于不同竹林经营目标模式经营措施的差别。采用成本投入产出法分析不同竹林经营目标模式的经济收益。

2 不同竹林经营模式分析

关于竹林经营模式，目前还没有统一的定义和划分标准。依据经营主体及组织形式，将其划分为“农户个体经营”、“公司 + 基地”、“公司 + 农户 + 基地”等几种经营模式[4]。竹林经营管理专家认为，基于农户层面，从经营最终获取的目标产品及主要产品产值在总产品产值中的比重为依据，一般可以分为：笋用林、材用林和笋材两用林三种经营模式。据专家访谈和农户调查，三种经营模式的不同，主要体现在目标产品、立地条件的选择、经营管理措施与资本和劳动力的投入四个方面。

2.1 目标产品

如表 3 所示，三种经营模式的区别首先体现在目标产品的不同。

第一，笋用林。主要产品为冬笋和春笋(占 80% 以上)，另外，每年会砍伐一定量的老竹，以利于新竹的生长。但绝大部分农户砍伐的老竹都作为薪柴用掉，很少作为收入来源。

第二，材用林。主要产品为竹材(占 80% 以上)，因为家庭劳动力情况不同，劳动力较多的家庭还会在秋季挖一定量的鞭笋，另外，也有部分农户出售竹稍、竹根等毛料。

第三，笋材两用林。竹笋和竹材收益几乎各占一半，部分务农劳动力较多的家庭，会对毛竹林地进行覆盖，在春节前后得到一定量毛笋，成为竹林地的部分经济收入。

表 3 不同竹林经营模式的目标产品及立地条件要求

	不同经营模式		
	笋用林	材用林	笋材两用林
主要产品及产值所占百分比	竹笋占 80% 以上	竹材占 80% 以上	竹笋和竹材分别占 40% ~60%
立地条件要求	林地坡度较缓(大多是田地)、土壤相对肥沃、透水性好	对林地坡度、土壤肥沃度、透水性等要求最低	对林地坡度、土壤肥沃度、透水性等要求一般

资料来源：竹林经营专家访谈。

2.2 立地条件选择

竹林经营专家认为材用林、笋材两用林和笋用林三种经营模式对立地条件的要求逐渐提高(表 3)。

材用林经营传统意义上属于粗放经营，很少需要管理，只需要施加一定的化肥和定时采伐即可，对林地要求较低；笋用林需要深翻、覆盖，为防止水土流失，需要坡度较缓和透水性好的林地。

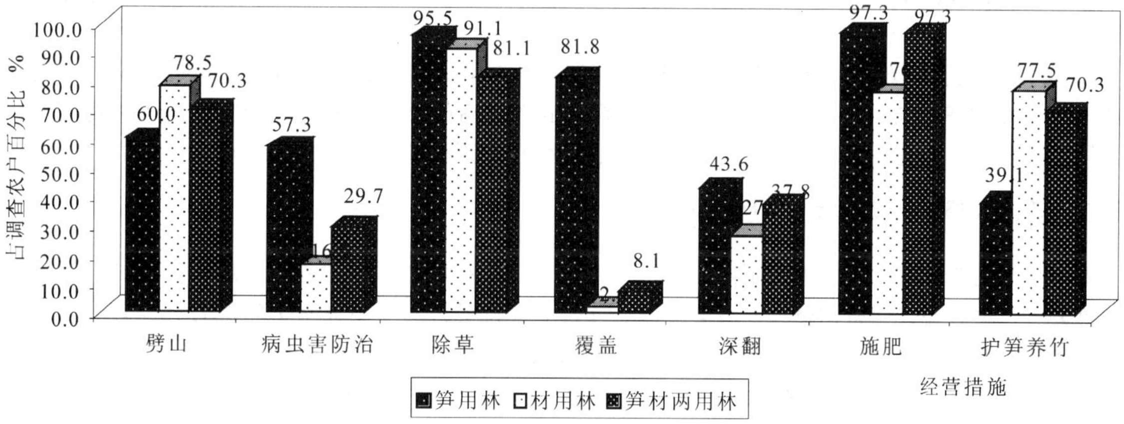

图 1 不同经营模式的经营措施的选择

说明：数据来源于农户调查。

2.3 经营管理措施

通过竹林经营专家访谈了解到，材用林的经营管理强度最低，笋材两用林次之，笋用林的经营管理强度最高。案例点农户采用的经营管理措施统计如图 1 所示，调查数据显示：

第一，是否进行覆盖是三种经营模式经营措施最大的不同。笋用林、笋材两用林和材用林分别有 81. 8% 、8. 1% 、2. 5% 的农户选择了覆盖。专家介绍，覆盖技术通过提高土壤温度可以实现在农历春节之前即出笋，卖出好价钱。因此，条件允许的笋用林农户一般情况下都选择覆盖。

第二，劈山、除草、施肥等措施在三种经营模式中都相当普遍。笋用林由于经营强度较大，杂草较少，较少劈山(60%)，笋材两用林和材用林相对较多(分别占 70. 3% 和 78. 55%)。但笋用林需要更多的除草和施肥(分别占 95. 5% 和 97. 3%)，笋材两用林和材用林次之。

第三，病虫害防治、深翻等经营措施在三种经营经营模式中有较大差异。笋用林因为采用了覆盖技术，病虫害相对严重，因此有更多的农户使用农药杀灭病虫(57. 3%)；在深翻(挖山)方面，笋用林经营者为了保证笋用林地土壤更加疏松，透水、透气性更好，基本每年(至少两年一次)都要对林地进行深翻

(挖山)，采用此经营措施的农户占43.6%。而笋材两用林和材用林经营者相对要少得多。

2.4 资本和劳动力投入

农户调查发现，近20年来农户大部分是在原有竹林地上的自然扩张和经营，不存在开辟新地、种苗购买和种植等费用。因此本研究使用的投入主要是农户自身的包括覆盖物、化肥、农药等资本投入和自用工、雇工等用工投入。在计算农户的劳动力投入时，由于自用工投入强度小于雇工劳动力投入强度，因此在把劳动力投入时间折算为现金时，在2008和2009两个年度自投工的日工资按70元/天，雇工日工资按当地平均工资100元/天计算。

表4 不同经营模式的资本和劳动力投入情况/元·度$^{-1}$·亩$^{-1}$

经营模式	资本投入	劳动力投入	合计投入
笋用林	1 664.80	1 398.18	3 062.98
材用林	53.41	178.77	232.18
笋材两用林	113.57	289.54	403.11

说明：数据来源于农户调查。

从表4可以看出，不管是资本投入还是劳动力投入，材用林的投入都相对最低，笋材两用林次之，笋用林投入最高。

(1)笋用林经营模式，化肥、农药、砻糠等资本每亩每度的投入量在平均水平上比材用林高1611.39元，是其31.17倍。资本投入的巨大差别主要是因为近年来笋用林覆盖的农户越来越多，当地覆盖林地的稻草、砻糠需要从外地购买，价格高。

(2)在劳动力投入方面，笋用林经营目标的林地，其劳动力投入在平均水平上每度每亩比材用林高1219.41，是其7.82倍。笋用林地相比较劳动力投入成本较高的原因主要是笋用林地竹子密度较低，杂草生长旺盛，每年都需要除草，另外每年的覆盖、深翻和挖笋都需要很多的劳动力。

3 不同经营模式的成本收益分析

因竹林经营模式和经营规模的不同在成本收益核算中存在两个不容忽视的问题：笋用林经营者每年都有竹笋、竹材收益，而材用林经营者1度(2年)砍1次竹材，两年中只有1年有竹林经营收入；经营规模的不同导致竹林经营农户户均成本收益方面有较大差异。因此，此处使用的成本是基于本文2.4中考虑的成本，收益是2008和2009两年(1度)竹林地上所有产出的总收益。

据专家访谈和农户调查，竹林经营的投入成本包括覆盖物、化肥、农药等资本投入和自用工、雇工等劳动力投入，收益主要有竹笋收益、竹材收益和毛料等的销售收益。具体如表5所示。

表5 三种竹林经营模式的成本收益情况/元·度$^{-1}$·亩$^{-1}$

		成本					收益			净收益
		资本			劳动力					
		覆盖物	化肥	农药	自用工	雇工	竹笋	竹材	毛料	
经营模式	笋用林	1032.3 (33.7%)	585.5 (19.1%)	47.0 (1.5%)	1166.0 (38.1%)	232.1 (7.6%)	5985.2 (96.8%)	200 (3.2%)	0	3622.2
	材用林	0	43.5 (18.7%)	10.0 (4.3%)	48.2 (20.5)	130.3 (56.2%)	23.9 (2.3%)	883.3 (85.0%)	131.8 (12.7%)	806.8
	笋材两用林	71.9 (15.7%)	71.1 (15.5%)	9.3 (2.0%)	109.4 (23.8%)	197.2 (43.0%)	339.1 (22.8%)	937.8 (63.2)	207.9 (14%)	1026.0

数据来源：农户调查。括号内数字表示该项成本或收益占总成本或总收益的百分比。

3.1 笋用林

表5显示：①劳动力投入是当前笋用林经营农户的主要投入，占竹林经营总投入的45.50%；②覆盖物费用是笋用林经营农户的第二大投入，占竹林经营总投入的40.28%，主要原因笋用林经营者为了得到反季节的竹笋，需购买大量价格日益上涨的砻糠；③化肥投入是笋用林经营者的重要内容之一，近年化肥价格上涨使林农竹林经营的收入得到了一定程度的缩水；④笋用林经营者的主要收益来源于竹笋，净收益率最高(118.3%)，但覆盖物和劳动力成本过高。

3.2 材用林

由表5可知：①劳动力成本是材用林经营模式经营总成本的最重要部分(77%)，其中雇工成本占56.24%，主要原因是竹材砍伐和运输需要的时间多，但大部分家庭缺少青年劳动力，需要雇工，雇工工资高；②化肥投入是材用林经营模式的又一重要投入，为保证竹材产量，几乎每年都要给林地施肥；③林农的主要收益是竹材(85.02%)，另外竹梢、竹根及鞭笋等也是收入来源的一部分(12.69%)；④材用林经营者目前的经营是相对粗放经营，林地产值较低(806.80元/度·亩)。

3.3 笋材两用林

表5显示：①劳动力投入是笋材两用林经营模式的主要成本(66.80%)，其中雇工投入又是最主要的部分(42.97%)，主要原因是林地覆盖、竹材砍伐与运输需要大量劳动力，而大部分农户缺少青年劳动力，需要雇工，而当前雇工工资高；②覆盖物和化肥是笋材两用林另外的重要投入(分别占15.67%和15.50%)，相对于笋用林经营目标其投入成本较低，但又远高于材用林投入；③单位面积林地产值虽然低于笋用林产值，但高于材用林产值。

4 结论与建议

4.1 结论

从对浙江省安吉和临安两个县竹林经营模式及其成本收益分析可以得到以下结论：

第一，浙江目前的竹林经营模式主要是笋用林和材用林两种目标模式。竹林立地条件、家庭务农劳动力人口和经济水平、林道状况和历史竹林经营模式对林农竹林经营模式的选择和集约化经营程度有较大影响。一般立地条件好、家庭务农劳动力人口较多、家庭经济条件较好、当地林道建设相对较好的地区选择笋用林目标模式；条件发生相反的变化时，就选择材用林经营目标模式，集约化程度也下降。

第二，不同的竹林经营模式，经营措施和成本收益有较大的差异。笋用林经营模式需要更多的覆盖、除草和施肥，材用林经营模式需要更多的劈山；笋用林的资本和劳动力投入都大，单位面积的净产值也大，材用林经营模式投入小，单位面积净产值也小；笋材两用林的投入和产值介于以上两种模式之间。

第三，劳动力投入在三种经营模式中都占有很大的比重。当前的竹林经营主要还是各家各户分散经营管理，每家经营的面积小且林地分散，很难实现规模化，在家务农的都是老年人，雇工工资高。

4.2 建议

基于以上竹林经营模式及其成本收益分析，为实现浙江竹林经营的可持续发展，促进林农持续增收和改善当地生态环境，提出以下建议。

第一，科学规划，因地制宜，选择合适的经营模式。竹林经营专家认为，挖山可以提高林地的竹笋和竹材产量，但要依据林地的坡度确定是否挖山和挖山方式；林农在经营中大都全肯，造成水土流失。另外，鉴于当前农户小规模经营很难实现规模效益的问题，政府应鼓励林地流转，实现规模化经营。

第二，加强降低竹林经营成本的技术研究。上述分析知，砻糠的购买和运输是笋用林经营者的重要成本，为此，需要研究是否可以使用当地的如竹叶、山核桃叶子等替代品，或者其他技术。挖笋也是竹林经营的重要劳动力投入，为此需要加强竹林经营管理技术的研究，减少劳动力投入。

第三，政府加大对竹林道建设的支持。上述分析显示，竹材、竹笋的采伐和运输成本是竹林经营的重要成本，尽管浙江省政府近年来对竹林道建设投入很大，但仍有部分高山地区竹林道不通，竹林道建设对提高林农经营竹林积极性和提高林农收入有重要意义。

参考文献

[1]Rao A N, Dhanarajan G C B. Sastry, eds. (1987) Recent Re. yenrch on Bamboos. Proceedings of the International Workshop Recent Research on Bamboos. October 1985. Hangzhou, China. IDRC, Ottawa.

[2]李克让，陈育峰，刘世荣，等. 减缓及适应全球气候变化的中国林业对策[J]. 地理学报，1996，51(增刊)：109－119.

[3]浙江省人民政府：2009 浙江省森林资源年度公报. http：//www. zj. gov. cn/gb/zjnew/node3/node22/node168/node370/node381/node6069/userobject9ai113929. html

[4]施管城. 经营模式与竹产业的可持续发展[J]. 世界竹藤通讯，2005，3(4)：8－9.

生物资产环境效益的内部化与资产价值的披露

彭俊伟　支　玲

（云南省西南林业大学经济管理学院）

摘　要：本文讨论了生物资产环境效益的内部化趋势，由此引出生物资产因环境效益产生的价值的披露问题。本文认为在财务报告的附注中披露生物资产的环境效益是有必要的。最后讨论了这种对生物资产环境效益兼容性的差异所产生的社会效应，即我国的生物资产会计准则不利于企业适应未来的全球环境问题解决方案，这将使我国的企业在未来的世界经济中处于不利的地位。

关键词：生物资产；环境效益；森林；珍稀动植物

目前我国现行的用来规范生物资产计价和披露的会计准则是2006年颁布的《企业会计准则第5号——生物资产》(以下简称"准则5号"，与之对应的国际标准是IAS41)。生物资产新会计准则实施后，引起了人们对生物资产的会计计量方法和信息披露质量的研究兴趣。目前关于生物资产的文献研究的问题主要是比较生物资产的新旧会计准则的差异[2]，以及国内准则与国际准则的差异[3]~[5]，也有在比较时增加了与美国、加拿大和澳大利亚会计准则的对比，并认为我国的准则5号的内容是适合我国现实的选择[6]。生物资产会计计量的公允价值方法和历史成本方法对比的结果则是认为混合计量方法具有特别的优点，并且适合我国现在的农业经济发展水平[7]。关于生物资产增值信息披露的问题，会计信息的相关性原则要求对会计资产的增值做披露，但同时又必须兼顾会计信息应遵循的可靠性原则，这是生物资产增值信息披露的难点[8]。有学者以福建永安市林业市场和上市企业永安林业作为实例研究在准则5号下森林资产的计价方法[9]。所有的这些分析都是在传统的财务会计框架下来进行的，或者是对准则条文做对比，或者是研究资产计价方法与相关性和可靠性等会计原则的对应关系及矛盾冲突，或者是讨论具体的会计实务。

在生物资产会计准则的制定中，诸如会计信息的相关性、可靠性等传统财务会计观点显然是首先要考虑的，但是会计准则实施的现实条件也对准则带来制约。上面提到的研究文献中无一例外地都承认资产的公允价值计量法相对于历史成本计量法有着更高的会计信息质量，但是前提条件是公允价值要能可靠计量。而公允价值的可靠计量受企业外部条件的制约。资产计量方法对这些外部条件的适应性就是会计准则的兼容性问题。本文将重点讨论会计准则与生物资产环境效益的兼容问题，更具体地说就是会计准则中对生物资产规定的计量方法与环境效益核算的适应性问题。

1　会计准则对生物资产的计量

总体上，准则5号对生物资产的计量是持一种保守的态度，对生物资产的确认和计量是以历史成本为主。准则5号第二章第六条明确规定"生物资产应当按照成本进行初始计量"。准则5号第二章的其他条款针对各种具体的生物资产类型规定了初始计量应该考虑的成本内容。准则5号对于生物资产的初始

作者简介：彭俊伟，硕士，讲师。主要研究方向：计算经济学，会计学，林业经济学。电话：13888480547；Email：pppjw@swfc.edu.cn；地址：云南省昆明市白龙寺西南林业大学160信箱650224

通讯作者：支玲，博士，教授。主要研究方向：林业经济，会计学。电话：0871－3862418；Email：zhi_ling166@yahoo.com.cn；地址：云南省昆明市白龙寺西南林业大学160信箱650224

计量无一例外的要求使用历史成本。在准则5号第三章后续计量中，除了最后第二十二条外，所有条款都是规定在用历史成本计量的初始价值基础上应该如何计算生物资产的折旧和减值，其中生产性生物资产的减值准备不可恢复，消耗性生物资产的减值准备有恢复的可能，公益性生物资产是个例外，不计提减值准备。准则5号第二十二条规定了可以使用公允价值的例外情况，但是对公允价值计量方法的使用限制是相当严格的，使用公允价值计量的生物资产要能够在活跃的交易市场找到同类或类似生物资产的价格信息。

从这些准则内容可以看到，准则5号的生物资产计量是以历史成本为原则，以公允价值为例外。我国的准则5号强调历史成本和我国资产交易市场缺乏或不成熟的现实有关。但是外部条件总是在演变，一个最典型的例子就是生物资产因环境效益而产生的价值。最近20年里，森林资产和珍稀动物资产的环境效益的产出特征发生了明显的变化。能兼容生物资产环境效益披露原则有利于引导企业去适应全球环境问题解决方案。

2 生物资产的环境效益及其内部化趋势

2.1 生物资产的环境改善功能

生物资产是用于企业生产的活的动物或植物，它们的基本功能就是生物转化，即生物资产质量或数量发生变化的生长、蜕变、生产、繁殖的过程。其中，有许多生物资产的生物转化过程都是一个对环境产生改善效果的过程，比如森林资产和珍稀动物资产。实际上可以说，生物资产的环境改善功能是环境改善的最终来源，其他工业性环保手段都只是起到减缓环境破坏速度的作用。森林资产主要的环境改善效应有涵养水源和汇碳。涵养水源具体表现为蓄水功能、调节径流功能、森林削洪抗旱功能和森林净化水质等。碳汇指的是森林通过光合作用吸收和储存二氧化碳的功能。珍稀动植物资产主要的环境改善效应是增加环境的生物多样性。生物多样性是指一定范围内多种多样活的有机体(动物、植物、微生物)有规律地结合所构成的稳定的生态综合体。这种多样包括动物、植物、微生物的物种多样性，物种的遗传与变异的多样性及生态系统的多样性。

2.2 环境效益内部化的背景

森林资产和珍稀动植物资产的这些环境改善功能早已被人们所认识，人们也意识到这些环境功能为森林资产和珍稀动植物资产带来了某种价值。但是在过去，上述生物资产所产生的环境效益对拥有资产的企业来说一直以来都是外部化的，也就是一种公共产品。准则5号规定，只有与该生物资产有关的经济利益或服务潜能很可能流入企业时生物资产才能被确认。所以，上述外部化的环境效益不可能在企业的会计账户上得到确认。由于企业不能因为持有森林或珍稀动植物资产并通过获取它们的环境效益来获利，所以企业或者无意持有，或者无意出于环境效益的目的而持有这些资产。由此导致的结果就是：对于森林资产，企业持有的目的是为了砍伐林木或出售经济性林产品而获利；对于珍稀动物，企业则干脆不愿意持有。森林和珍稀动植物资产的环境改善功能没有成为企业盈利性活动的直接结果。在环境效益外部化的条件下，我们不可能期望市场的力量能产生出全球森林面积的扩大趋势，或者生物多样性的恢复趋势。但是全球环境的恶化使人们开始考虑构造森林资产环境效益的内部化机制，同时和人们消费观念的改变也使得持有珍稀动植物资产可以带来内部化的收益。

2.2.1 森林资产环境效益的内部化

为了有效地减缓全球变暖趋势，1992年通过了《联合国气候变化框架公约》；1997年通过了具有法律约束力的《京都议定书》。《京都议定书》规定41个发达国家承担控制导致全球气候变暖的温室气体排放的法定义务。为了实现温室气体减排成本的最小化，《京都议定书》允许负有减排义务国运用下列三种灵活机制来帮助完成它们的温室气体减排任务。这三种灵活机制是：①国际排污权交易，即允许减排责任国之间进行排放许可(即排放限额单位)交易；②联合履约，即减排责任国家之间互相购买因实施减排项目而获得的排放补偿信用；③清洁发展机制，即减排责任国在发展中国家实施减排项目并获得排放补偿信用[10]。这三种灵活机制衍生出一项重要交易—碳汇交易，由此导致了森林资产的碳汇环境效益能够被资产持有企业内部化，从而可以在企业会计账户中被确认。在碳汇交易机制下，企业可以通过营造碳汇项目林，并持有该项森林资产或获得因森林的环境改善功能而产生的价值。

另外，由于现在水体环境质量的恶化，高质量的清洁水源已成为稀缺产品，对高质量饮用水的追求使得水源涵养林的环境效益开始体现在高质量饮用水的市场销售收益上。类似云南大山、农夫山泉等高端饮用水公司所持有的水源地涵养林的经济价值就不再是简单的营造成本或立木价格。因为这类森林资产的功能表现为是产自该地的桶装水价格相对于普通自来水有明显的溢价。

2.2.2 珍稀动植物资产环境效益的内部化

珍稀动植物的环境改善功能是增加了生态系统的生物多样性。对于生物多样性的环境效益，一种最常见的内部化交易就是观光旅游。澳大利亚1995年的外国游客中24%观看了澳洲的珍稀海洋和陆地野生动物[12]。自然保护区公园和国家公园的观光收入的大部分可以认为是由生物多样性带来的。

生物多样性效益另一种非常重要的内部化交易是随着生物工程技术的进步而在上世纪90年代开始出现的基因采集合约，也就是搜集活生物体包含的基因代码，以用于开发具有商业价值的药物[13]。之所以出现这类合约交易，是因为大部分处方药的有效成分都是从自然动植物中提取出来的，或者针对这些动植物的包含的有效成分申请了专利。目前，制药公司和珍稀动植物资产的业主之间签署的这类基于生物多样性为交易标的物的合约已经越来越频繁。1991年，世界最大的制药公司默克公司与哥斯达黎加国家生物多样性研究所之间签署协议，根据协议，默克公司向哥斯达黎加支付100万美元，并承诺以后只要开发出一种新药就向哥斯达黎加支付一笔特许使用费。此后，哥斯达黎加国家生物多样性研究所已经和百时美施贵等其他公司和非营利性组织签署了珍稀动植物基因资源供应协议。其他关于生物基因多样性的例了还有1997年圣迭戈的Diversa生物科技公司与美国国家公园管理局签署的协议，Diversa公司将按协议支付17.5万美元以取得对黄石国家公园温泉中的耐热微生物进行研究的权利。巴西的Extracta公司与世界第二大制药公司葛兰素威康签署了320万美元的协议，由Extracta公司为葛兰素威康筛选30 000份来自巴西几个地区的植物、真菌和细菌化合成分样品[14]。

3 资产价值披露与生物资产环境效益的兼容

从会计相关性的角度来讲，上一节中描述的那些能够被内部化的森林和珍稀动植物资产所产生的环境效益应该包含在资产的价值中。在强调历史成本计量的准则5号的规定下，这些环境效益则不会表现在资产负债表中，只会在发生时体现在损益表中。对于以获取这些环境效益为经营目的的机构来说，这种披露规则对他们的资产价值产生了不利的影响。

3.1 会计准则对森林资产环境效益的兼容

林业企业持有的碳汇交易项目下的森林资产按照准则5号第三条应属于生产性生物资产。考虑到未来经济增长对碳的消耗，以及减排压力的上升，碳汇项目的森林资产价格将会呈上升趋势。使用历史成本计量将会导致森林资产价值越来越背离应计的水平。另外，即将召开的哥本哈根气候大会，还有可能会对碳汇项目实施方式放宽限制，使得不仅新营造的森林可以参与碳汇交易，连原有非碳汇项目森林的防止退化的维护结果也会赋予碳汇交易价值。对于未来更加多样化的碳汇项目，以历史成本计量为原则的准则5号对森林资产的环境效益信息的反映将更加不能适应。

对于水源涵养林，会计的相关性原则要求桶装水企业应该将他们出售的桶装水相对于普通自来水净溢价收入流的折现值来计量。这是一种相对简单的情况。

3.2 会计准则对珍稀动植物资产环境效益的兼容

珍稀动植物一般都是天然起源的，并且我国的珍稀动植物绝大部分都是归属于各个国家保护区和国家公园，因此保护区和公园对珍稀动植物的获取成本为零。在准则5号的规定下，应按照第十三条以名义金额1元来计量。显然这种计量方式大大偏离了珍稀动植物资产的真实价值。而本质上服务于观光旅游目的的珍稀动植物资产可以计算出分摊到珍稀动植物资产上的旅游收入流，以预期旅游收入流的折现值来计量资产的价值。同样的，对于那些环境效益体现为基因采集合约的珍稀动植物资产，也是可以用预期收入流来估算资产价值，还可以借助类似的基因采集合约价来估算珍稀动植物资产的价值。

虽然理论上对兼容生物资产环境效益的资产披露是一种更有的做法，但是也必须承认，要基于环境效益计算生物资产价值并不是一件容易的事情，特别是不存在活跃市场的情况下。生物资产未来的经济利益一般通过测定重要的物理特征加以估算。这就要求基于环境效益来计算生物资产公允价值需要对生物转化过程和收益分配做复杂的测定和分解。以参与碳汇项目的森林资产来说，需要对碳汇量做物理测定，然后根据碳汇量和市场上的碳汇价格来估算资产价格。

计算服务于旅游观光目的的珍稀动植物资产的公允价值需要把旅游收入流合理地分解到该项资产上。经营保护区观光旅游业务的澳大利亚地球圣地公司的财务报表就做了这方面的尝试，在1999年澳大利亚会计标准委员会(AASB)颁布了AASB1037之后，该公司对所拥有的珍稀动植物以及植被和栖息地分别采用了旅游收入流的折现值和恢复成本来计量。其中对植被和栖息地使用的恢复成本法，是计算在普通的环境基础上，恢复成现在具有观光价值的状态所需的支出[12]。而在AASB1037之前，这些产生环境效益的生物资产在地球圣地公司的会计账户中的价值是零，这是因为公司认为持有的这些珍稀动植物资产虽然在经济意义上有着很高的价值，但是由于澳大利亚野生动植物保护法的禁止而没有交易市场，所以经济意义上的价值无法以市场公允价体现在会计账户上，于是相对经济价值可以忽略不计的养护成本则是以费用的形式列记在会计账户中。地球圣地公司是通过在会计报表之外单独编制生物资产经济账户的形式来披露生物资产的公允价值。

基因采集合约产生的生物资产价值的估算比观光旅游效益产生的价值更为复杂。理论上最近达成的基因采集合约的价格可以作为珍稀动植物资产价值估计的参考。这样估算出的价值虽然不尽准确，但是远比以名义价值入账的做法要真实的多。

相比之下，水源涵养林的公允价值是最容易计算的，特别是对于已经稳定经营的桶装水企业，水产品溢价收入流是可以准确的估计并折现。但是这种预期收入流现值在准则5号的框架中不能被确认。

4　会计准则对环境效益兼容性的社会效应

从上面的分析可以看到，会计准则对生物资产环境效益的兼容性差异主要是通过资产估值的差异以及由此产生的利得体现在资产负债表中，而对损益表和现金流量表是没有显著影响的。应该认识到，随着全球环境的恶化，对于生物资产环境效益进行内部化是未来的一个大趋势。民间消费价值观的改变，以及类似《京都议定书》之类的全球政府间合作，都将把越来越多的环境效益内部化为企业的收益。虽然本文前面只讨论了会计准则对环境效益内部化方案的兼容，但是更要重视对于将环境成本内部化的各种全球环境问题解决方案。目前饱受国际社会争议，但是又注定要实施的碳关税方案也预示着未来的一个趋势：生产行为的环境成本将被内部化为企业的成本。一个不能兼容这些未来变化趋势的会计准则将会误导企业的经营理念。当这些把环境效益和环境成本内部化为企业效益和企业成本的环境补偿和征税制度来临时，与之不兼容的会计准则将使得社会经济遭受剧烈的冲击，众多的企业将被排挤在全球经济之外。就目前来看，离我们越来越近的发达国家碳关税①制度一旦实施，无疑将对我国企业的国际竞争力带来巨大的冲击。与环境效益兼容的会计准则显然会引导企业去适应这种趋势。

中国不能低估发达国家推行这些环境解决方案的决心。由于欧美日等发达国家国民环境意识的提高，必然反映在这些国家的政府采取环境问题解决方案的决心上。过去20年里，当初反对《京都议定书》的最强大的商业力量已经向国民的环境意识妥协，杜邦、通用汽车等曾经极力反对碳减排计划的发达国家企业巨头不仅宣布放弃对《京都议定书》的反对，还转而以更为激进的态度来支持碳减排目标。由于本国企业提前对碳减排方案的适应，从而进一步增强了发达国家政府推行碳关税的决心。对此中国不能抱有侥幸心理，指望通过政府的反对来产生实际效果，否则不仅将失去发达国家市场，也会引起其他深受气候变暖危害的发展中国家的反感。

由于我国的珍稀动植物资产都是国有的，一般归属于公营的机构，如国家保护区和国家公园。根据

---

① 碳关税是指对高耗能的产品进口征收特别的二氧化碳排放关税。最早由欧盟提出，2009年美国强力跟进，并明确表示中国是碳关税的重点征收对象。

准则5号以名义金额列记在会计账户中，形成对珍稀动物资源价值的普遍低估。一旦这些资产用于商业性开发，就会导致国有资产的低价使用，错误的价格将导致资源错误的配置，显然也是不利于对珍稀动植物，从而对生物多样的保护与修复。会计准则不兼容环境效益还会导致对生物基因多样性价值的低估，目前还没有看到有关中国珍稀动植物基因资源被国外盗采的公开报道，但是已经有报道披露国外研究机构在华免费采集人类基因的案例[11]。当会计准则系统地低估生物基因多样性的价值的话，珍稀动植物基因的廉价流失几乎是不可避免的。因为人们会基于资产负债表上显示的低价值而接受报价较低的基因采集合约。

鉴于生物资产生态效益内部化的明确趋势，对生态效益价值的披露是合理的做法；而考虑到生物资产生态效益公允价值的估算现在又具有很大程度的不确定性，在资产负债表中直接披露生态效益公允价值具有很高的风险性。作为一个折衷的解决手段，在财务报告的附注中披露生物资产的生态效益，以及充分披露与该效益有关的风险是一种可取的做法。

5 小结

生物资产对环境友好的生物转化过程是环境改善的最终来源，环境改善功能能带来环境效益。全球环境问题的解决方案不外乎是建立某种机制将这些环境效益内部化为企业的收益，这方面森林资产是个典型的例子。消费模式和生物工程技术也使得生物多样性能直接带来收益，从而使珍稀动植物资产具有环境效益。基于历史成本计量的生物资产会计准则不能兼容环境效益。生物资产的价值披露应为企业追求环境效益提供有效的引导。如果说企业放弃对环境效益的追求还能看成是不思进取的话，那末，未来将环境成本内部化的碳关税方案就将是关系到企业生存的问题。对生物资产价值的披露应该起到促进企业关注环境效益与成本核算的作用，从而使整个经济以对环境友好的方式来运行。

参考文献

[1]财政部．企业会计准则第5号—生物资产．2006.

[2]王学军．生物资产核算的新变化[J]．中国农业会计，2007，4：12-13.

[3]綦好东，张孝友．我国生物资产准则与IAS41的比较与思考[J]．会计研究，2006，11：3-7.

[4]于楠楠．生物资产准则的国际比较[J]．商场现代化，2007，3(下旬刊)：362-363.

[5]徐运平．我国生物资产准则之国际比较[J]．中国农业会计，2007，10：13.

[6]钟安石，王琳．生物资产计量模式选择[J]．中国农业会计，2007，6：9-10.

[7]石道金，邱保印．生物资产计量属性研究[J]．审计与经济研究，2007，3：52-56.

[8]王乐锦，綦好东．生物资产增值信息披露的逻辑：会计信息质量视角[J]．会计研究，2008，3：27-24.

[9]黄振胜，黄森慰．林业类上市公司生物资产计量属性探讨——以永安林业为例[J]．林业经济问题，2007，4：349-352.

[10]林德荣，李智勇，支玲．森林碳汇市场的演进及展望[J]．世界林业研究．2005，1：1-5.

[11]薛晖(记者)．专家呼吁：警惕国人基因被盗[N]．北京晨报，2000，12月05日．

[12]Burritt R L, L S Cummings. Accounting for Biological Assets - the Experience of an Australian Conservation Company [J]. Asian Review of Accounting. 2002, 10(2): 17-42.

[13]Simpson R D, R A Sedjo, J W Reid.. Valuing Biodiversity for Use in Pharmaceutical Research[J]. The Journal of Political Economy. 1996, 104(1): 163-185.

[14]Nijkampa P, G Vindignib, P A Nunes. Economic Valuation of Biodiversity: A Comparative Study[J]. Ecological Economics. 2008, 67: 217-231.

森林生态系统服务价值评估方法述评

孟祥富

（南京林业大学经济管理学院）

摘　要：人类受益于生态系统的服务功能，为直观地认识生态系统的重要性，需要应用经济学的计量方法对其价值进行量化。文章研究了现阶段国内外学者关于森林生态系统服务价值的各种评估方法，以及现阶段对森林生态系统进行价值评估存在的限制因素。

关键词：森林生态系统服务功能；价值评估；价值评估限制因素

1　引言

生态系统服务与自然资本经济价值的定量评估的理论和方法研究，已成为国内外可持续发展评估研究的重要内容和焦点，成为当前生态学与资源经济学、环境经济学和生态经济学研究的交叉前沿领域。我国自20世纪80年代开始森林生态系统服务功能评价工作[1-2]，大多数研究是借鉴国外的一些方法。1997年，Gretch Daily等人系统地阐述了生态系统服务功能的内容与评价方法，并且分析了森林、湿地、海岸等生态系统服务功能价值评价的近20个实例，具有较高的学术价值。1997年，Costanza等人对全球生态系统服务功能价值评价中将森林生态系统划分为热带森林和温带/北方森林两类分别进行了价值估算。侯元兆等人第一次全面地对中国森林资源涵养水源、防风固沙、净化空气价值进行了评估，薛达元等人（1999）采用市场价值法、影子工程法、机会成本法、费用分析法等对长白山自然保护区森林生态系统间接经济价值进行了评估。欧阳志云等（1999）对海南岛及中国陆地生态系统服务功能进行了评价，其森林评价的特点是考虑的服务功能比较全面。蒋延玲等根据全国第二次森林资源清查资料及Costanza等的方法估算了我国38种主要森林类型生态系统服务的总价值；成克武等采用市场价值法，替代市场法及恢复费用法对北京喇叭沟门林区森林生物多样性的价值进行了评估。

2　森林生态系统服务功能经济价值评估方法

生态系统服务功能可以概略地分为两大类，一类是生态系统产品，如为人类提供食物、工业原材料、药品等可以商品化的功能；第二类是支撑与维持人类赖以生存的环境，如分析与评价了我国生态系统对气候调节、水源涵养、水土保持、土壤肥力的更新与维持、营养物的循环、二氧化碳的固定等难以商品化的功能，从而表现为间接价值。生态服务功能的间接价值虽不表现在国家的核算体制上，但它们的价值可能大大超过直接价值。而且直接价值常常源于间接价值[2]。

目前常用的森林生态服务功能价值评估方法[1-2]有市场价值法、机会成本法、旅行费用法、影子工程法、炭税法和造林成本法、条件价值法。市场价值法适合于没有费用支出但有市场价格的服务功能的价值评价；机会成本法主要针对具有稀缺性的自然资源和生态资源，在核算时既考虑使用者本人开发资源所付出的代价，也要考虑资源开发对他人的影响以及后代人由于不能使用该种资源所需付出的代价；影子工程法是指当环境受到污染或破坏后，人工建造一个替代工程来代替原来的环境功能，用建造新工程的费用来估计环境污染或破坏所造成的经济损失的一种方法；炭税法和造林成本法计算出单位干物质

作者简介：南京林业大学经济管理学院 人口、资源、环境经济学硕士研究生。通讯地址：nmmxf@163.com 13815415646

生产量所吸收的CO_2和释放O_2，并根据国际和国内对CO_2排放收费标准将生态指标换算成经济指标，得出固定CO_2的经济价值。条件价值法是生态系统服务功能价值评价中应用广泛的评价方法之一。在我国，森林生态系统服务功能研究起步较晚，目前常用的评价方法有如下几种[3-5]。

2.1 替代市场法

由于没有普通意义上的市场，生态公益林服务功能的价值常采用替代市场法来估计其市场价值。所谓替代市场法，实际上是将生态公益林所产生的生态产品与相同的工业产品进行比较，以市场上同类工业产品的价格作为其参照价格。它以影子价格和消费者剩余来表达生态服务功能的经济价值。评价方法常有费用支出法、费用-效益评价法、机会成本法、旅行费用法和享乐价格法等多种。

2.2 模拟市场法

模拟市场法(又称假定市场法)以支付意愿和净支付意愿来表达森林生态系统服务功能的经济价值，基本的评价方法只有一种，即条件价值法。条件价值法，简称CVM，是一种典型的模拟市场的派生方法。西方将这种方法用于评价没有市场价格的环境服务，如森林游憩和野生动物资源等。这种方法是目前世界上最流行的、也是应用比较成功的方法。1979年和1983年两次被美国水资源委员会推荐给联邦政府有关机构作为游憩资源价值评估的标准方法，1986年美国内政部也确认CVM法作为自然资源损耗评价的优先方法。薛达元等人对长白山森林生态系统间接经济价值评估时，采用条件价值法对长白山地区生物多样性的存在价值进行了评估。CVM法可用于评价环境资源的利用价值，也可以评价其非利用价值，缺点是由于所得的数据是根据假设的市场，而且由于被调查的理解程度、回答问题的态度即假设条件是否接近实际等问题的影响，使得出的结果与实际价值量可能有所偏差，但是这种偏差是可以通过细致的准备工作来缩小的。

2.3 林产品价值评估方法

林产品是指木材、果实、药材及其他工业原材料，可采用市场价值法来评估其价值。具体计算方法是根据研究区域内各类果实、药材及其工业原材料的单位面积产量乘以各种林分面积，得出年净生产量后，再乘以果实、药材及其他工业原材料的市场价格，即可得出它们价值。对于木材来说，在得出各林分的年净生长量(m^3)后，以此净生长量直接与相应活立木的价格(元/m^3)相乘即可得到活立木的价值。

2.4 涵养水源价值评估方法

森林土壤的蓄水能力与蓄水量比无林的裸地大，森林的涵养水源功能效能可用影子工程法，即把森林作为一个巨大的“绿色水库”或者“绿色工程”，那么它们调洪蓄水功能用等效益相关代替法，即影子价格法把森林拦蓄的水量转换成水利工程需要拦蓄这些水量所需要的费用，再乘以效益投入比例，就可得出森林水库蓄水调洪的经济效益。计算公式如下：

$$V_1 = S\,bm(H - H_0) \tag{1}$$

式(1)中，V_1为森林蓄水调洪的效益经济评价价值；S为森林面积；H为森林蓄水调洪能力；H_0为无林地的蓄水调洪能力；b为拦蓄1 m^3水的水库或堤坝建设费；m为效益投入比例。

郭中伟、李昌哲、康文星等分别用此法估算过不同森林生态系统涵养水源功能的经济价值。另外，森林涵养水源功能还表现为调节了江河年径流量格局，延长了丰水期，缩短了枯水期，从而提高了农田灌溉和工业供水的能力，由此而产生的效益即为森林增加水资源利用效益，其计算公式如下：

$$V_2 = M(P_1A + P_2C) \tag{2}$$

式(2)中，V_2为森林增加水资源效益经济评价值；M为森林增加水资源利用总量；P_1，P_2分别为农田灌溉和工业供水费用价格；A，C分别为农田灌溉和工业供水的利用系数，也有些研究者采用凋落物层和土壤蓄水能力法从物质量角度定量评价森林生态系统涵养水源功能的价值。

2.5 土壤保持价值评估方法

运用机会成本法和影子价格法，从保持土壤肥力、减少土地废弃地和减轻泥沙淤积灾害三个方面评价生态系统土壤保持经济效益。

2.5.1 保持土壤肥力价值估算

土壤侵蚀使大量的土壤物质流失，主要是土壤中 N、P、K 的流失。通过测定森林土壤中 N、P、K 含量，再根据式(3) 估算出森林生态系统保持土壤肥力的经济效益。欧阳志云等人利用此法估算了海南岛森林生态系统土壤保持功能价值。

$$E_f = \sum A c \cdot C_i \cdot P_i / 10000 (i = \mathrm{N}, \mathrm{P}, \mathrm{K}) \tag{3}$$

式(3) 中，E_f为保护土壤肥力经济效益(元 · a^{-1})；Ac 为土壤保持量($t \cdot a^{-1}$)；C_i为土壤中 N、P、K 的纯含量；P_i 为 N、P、K 的价格(元)。

此外，康文星等根据森林土壤林地比无林地少流失的土壤中 N、P、K 等养分，折算成碳酸氢铵，过磷酸钙和硫酸钾的化肥量，再用化肥的市场价格，用式(4) 计算出土壤肥力的保持价值。

$$V_3 = ds \sum P_{1i} \cdot P_{2i} \cdot P_{3i} \tag{4}$$

式(4) 中，V_3为土壤肥力保持价值(元/ t)；d 为森林少流失土壤量($\mathrm{t} \cdot \mathrm{hm}^{-2} \mathrm{a}^{-1}$)；$s$ 为森林面积(hm^2)；P_{1i}为土壤中 N、P、K 的含量($\mathrm{g} \cdot \mathrm{kg}^{-1}$)；$P_{2i}$为纯 N、P、K 折算成化肥比例；$P_{3i}$为各种化肥市场价(元 · t^{-1})。

2.5.2 减少土地废弃价值估算

根据土壤保持量和土壤表土平均厚度 0.6 m 来推算因土壤侵蚀而造成的废弃土地面积，再用机会成本法计算因土地废弃而失去的年经济价值，即式(5)：

$$E_s = \sum Ac \cdot B / (0.6 \cdot 10000 \cdot \rho) \tag{5}$$

式(5) 中，E_s为减少土地废弃的经济效益(元 · a^{-1})；Ac 为土壤保持量($\mathrm{t} \cdot \mathrm{a}^{-1}$)；$B$ 为林业年均收入(元 · hm^{-2})；ρ 为土壤容量($\mathrm{t} \cdot \mathrm{m}^{-3}$)。欧阳志云等人利用此法估算了海南岛森林生态系统减少土地废弃价值。

2.5.3 减轻泥沙淤积价值估算

按照我国主要流域的泥沙运动规律，全国土壤流失的泥沙有 24% 淤积于水库、江河、湖泊，根据蓄水成本来计算森林生态系统减轻泥沙淤积灾害的经济效益，即式(6)：

$$E_n = 24\% Ac \cdot C / \rho \tag{6}$$

式(6) 中，E_n为减轻泥沙淤积经济效益(元 · a^{-1})；Ac 为土壤保持量($\mathrm{t} \cdot \mathrm{a}^{-1}$)；$C$ 为水库工程费用(元 · m^{-3})；ρ 为土壤保持量($\mathrm{t} \cdot \mathrm{m}^{-3}$)。

此外，也可用因土壤侵蚀而流入江河、湖泊的泥沙量，根据劳动成本法，即从河道或湖泊中挖取 1 t 泥沙的费用来计算森林生态系统减少泥沙淤积灾害的经济效益。

2.6 净化大气价值评估方法

2.6.1 固定 CO_2价值估算

目前，国际上计算固定 CO_2价值的方法主要有碳税率法和造林成本法。西方一些国家使用碳税限制 CO_2等温室气体的排放，挪威碳税率为 227 美元 · t^{-1}，瑞典的碳税率 150 美元 · t^{-1}，美国碳税率仅为 15 美元 · t^{-1}，环境经济学家们通常使用瑞典的碳税率。植树造林能有效地防止气候变暖，因此，也有学者使用造林成本法计算森林固定 CO_2的价值。Titus 的研究表明，造林成本碳为 38 美元 · t^{-1}，而 Myers 认为每年碳债权 130 美元 · hm^{-2}。薛大元根据我国人工营造杉木林、马尾松、落叶松、泡桐、杨树、桉树等成本估算，固定 1 t 纯碳成本约为 250 元。

2.6.2 释放 O_2价值估算

森林释放氧气的效益计量评价采用生产成本法，森林释放的氧气量根据氧气工业生产成本费用计算效益。

$$V_4 = MSK P \tag{7}$$

式(7) 中，V_4为森林制氧效益值；M 为单位面积森林生长的生物量干质量(枝、叶、干、皮、根)；S

为森林面积；K 为森林通过光合作用生产 1t 物质释放的氧气量；P 为工业每生产 1t 氧气的生产成本费用。

对于森林通过光合作用生产 1t 有机物质（干质量）能排放多少氧气是借助光合作用化学方程式，并通过光合作用产物—生物量置换氧气排放量的方法得出。根据增加的生物量（干质量）和工业制造氧气的生产成本费，计算森林释放 O_2 的价值。

2.6.3 吸收 SO_2 价值估算

用单位面积森林每年吸收 SO_2 的平均值乘以研究区域面积，得到每年森林吸收 SO_2 的总量，再用影子工程的方法，根据近年污染治理过程中消减单位重量 SO_2 的投资成本算出森林生态系统吸收 SO_2 的价值。韩维栋等人曾用此法估算了中国红树林吸收 SO_2 的效益价值。

2.6.4 滞尘功能价值估算

用单位面积森林每年能截持的粉尘量，再乘以森林面积，得到每年森林截留粉尘的含量，运用替代消费法，以消减粉尘的成本来估算森林生态系统滞尘功能的价值。

2.6.5 净化气态有机污染物价值估算

采用 Bekmann 分光光度计扫描和气相色谱－质谱－计算机联用技术对森林生态系统的水文过程中的有机污染物进行分析鉴定（大气降水、穿透水、树干流、地表径流、地下径流），从输入和输出的有机污染物浓度可得出森林净化大气中有机污染物和净化水质的功能，然后利用生产成本法，即每消减 1 t 气态有机污染物的成本来估计森林生态系统对大气中污染物的净化作用价值。康文星等用此法估算了湖南省主要森林对气态有机污染物的净化价值。

3 现有森林生态系统服务价值评估方法的局限

从以上的分析中可以看出，在将生态系统的服务功能量化技术日益成熟的今天，通过各个国家以及地区间的合作，生态系统服务功能的价值可以很好的进行交易，并且生态系统的服务功能可以更好的发挥，并分享由此带来的一系列正外部性。但是我们目前对于生态系统的服务功能的交易还仅仅局限于碳的交易层面上，生态系统的其他服务功能的交易基本没有被开发出来，具体的原因有以下几个方面[6-7]：

3.1 难以满足经济价值评估的所需因素和假设前提

生态系统作为具有公共物品性质的环境物品，难以通过真实的市场行为反映消费者偏好和估算其效用水平。目前缺乏对生态系统服务功能的整体、风险和替代物等因素的准确认知。虽然可通过相关市场产品的市场行为或者假想市场模拟市场交易，反映消费者相关偏好，但缺乏有力证据表明这种方法推算的消费者偏好就是某种生态系统服务功能消费者偏好的真实反映。因此，消费者自身认知能力的差异、技术手段的缺乏和信息的缺失等都可能导致生态系统服务功能价值评估产生误差。

3.2 难以明确评估结果的可信性和可预测性

大多数生态系统服务功能的相关市场不完善或不存在，难以通过真实市场行为准确反映生态系统服务功能的价格。由于生态系统服务功能具有整体性特点，因此只利用市场统计资料和数据进行评估就会发生偏差。因此，目前生态系统服务功能价值评估结果常常不具有可信度，预测其未来价值变化就更加困难。

3.3 难以进行生态系统服务功能的动态测量

由于生态系统结构和功能具有开放性、相关性和不确定性，同时生态系统内部因子相互作用和影响，导致生态系统评估结果不断发生变化，因此需建立生态系统服务功能的动态观察机制和模型进行评估。而目前进行的生态系统服务功能价值评估只是一种静态评估：以成本－收益为基础的经济测量是以某种存量为主，缺乏对生态系统服务功能价值的动态分析。生态系统的服务功能是动态发展和有机联系的，若只考虑静态，忽略动态，易造成评估结果不准确。

3.4 缺乏准确的单位价值量

不同的地理环境和社会背景下，生态系统服务功能的效用是不同的，如氧气在高原的单位价值量要高于平原地区的单位价值量；不同经济发展水平形成的不同劳动力价格和公众对环境物品的认知和理解度也有差异，因此不同生态地区，其单位价值量是不同的。但生态系统服务功能价值评估常常盲目引用和参考单位价值量，造成评估结果不可信。如目前国内普遍采用瑞典的炭税价格作为影子价格衡量我国生态系统调节气候功能的价值，而我国和瑞典的社会、经济、自然状况具有很大的差别，因此这种评估结果就极不可信。

3.5 缺乏科学的评估技术

由于生态系统服务功能具有公共物品属性，同时缺乏先进的科学技术对此进行明确边界划分，因此在目前的生态系统价值评估中，选取和设计的统计样本和相关指标体系就不合理，划分的指标类型之间存在明显的重复性。若经济评估前提存在重复，则其最终评估结果就存在很大部分重复，不能得到公众和相关参与者的信任和理解。

4 结语

生态系统是地球生命支持系统，人类只有维持生态系统的各项功能才能保护我们的生存环境，使人类持续发展。现代研究证明，生态系统服务功能是人类生存与现代文明的基础，基于其服务功能基础上产生的生态系统服务功能价值评价是人类实现可持续发展，维护人类赖以生存的生态环境的有效途径，尽快完善生态系统服务功能价值评估机制，建立健全相关法规制度是我们刻不容缓的责任。

参考文献

[1]Costanza R, Arge R D, Groot R D, et al. The value of the world's ecosystem services and natural capital. Nature, 1997(387): 253-260.

[2]王兵，李少宁，郭浩．江西省森林生态系统服务功能及其价值评估研究．江西科学，2007，25(5)：553-559.

[3]陈屹．森林生态系统服务功能价值评估方法及其研究．改革与开放，2010，(16)：112-113.

[4]欧阳志云，王效科，苗鸿．中国陆地生态系统服务功能及其生态经济价值的初步研究．生态学报，1999，19(5)：607-613.

[5]康文星．森林生态系统服务功能价值评估方法研究综述．中南林学院学报，2005，25(6)：128-131.

[6]李婷，李成武，何剑锋．国际碳交易市场发展现状及我国碳交易市场展望，经济纵横，2010(7)：76-80.

[7]刘向华．生态系统服务功能价值评估困境的经济学成因分析．安徽农业科学．2007，35(26)：8328-8329.

专题七

林业政策与组织管理

试论天然林保护工程的实质——创新

曹玉昆　国洪飞

（东北林业大学黑龙江省高校人文社科重点研究基地
林业经济管理研究所）

摘　要：1998年，天保工程实施，国有林区工作重心由木材生产转向以保护和培育森林资源为主的生态建设。2010年一期天保工程即将结束，对天保工程的认识的提升，作用的挖掘，观念价值的不断探索和更新，在天保工程的继续实施中具有重要意义。作者持续关注天保工程历程，对天保工程的实质进行了探究。研究表明：需要重新审视天保工程的巨额投入，天保工程是思想意识的创新，天保工程是借助森林资源来探索新型工业文明道路，天保工程使国有林经营的制度结构发生变迁。天保工程需要在具体践行的方式上进行创新：抓住历史性的机遇，更好的发展林业；转变原有的思维模式；探索管理模式；应用生物技术，发展创新型的经济；发展低碳经济，使生态产品向金融产品转化等。

关键词：天然林资源保护工程；实质；创新；研究

Discussingon the Essence of Logging Ban—Innovation

Cao Yukun　Guo Hongfei

(Institute of Forestry Economics and Management, Humanities and Social Science Key Research Base Universities in Heilongjiang of Northeast Forestry University)

Abstract: When Logging Ban was implemented in 1998, work focus of state-owned forest areas was diverted from wood production to ecological construction based mainly on protecting and cultivating forest resources. The first stage Logging Ban will soon end in 2010. Which have important significance in the going-on implementing of Logging Ban that the promotion of understanding of Logging Ban, potential tapping on significance in Logging Ban and ongoing exploration and renewal on concept value of Logging Ban. The author pays attention to the process of Logging Ban sustainably . She has studyed the essence of Logging Ban. The results as follows. Firstly, We need to look on government input on Logging Ban renewedly. Secondly, Logging Ban is the Innovation on thought consciousness. Thirdly, Logging Ban is exploring the new industry civilization road with forest resources. Fourthly, Logging Ban makes institution construction of operation of state-owned forest change. We need to innovate the way of specific trampling the conduct when we implement Logging Ban. We must grasp the historical opportunity and make the forest better. We must change the original thinking mode and explore the pattern of management. We need to apply for biological technology and develop the economy of innovation. We' d better develop the economy of low – carbon and convert the ecological product into financial product.

Key words: logging ban; essence; innovation; study

1 引言

2000 年，国家结束了 1998 年的试点工作，正式启动了国家天然林资源保护工程，国有林区工作重心由木材生产转向以保护和培育森林资源为主的生态建设(国家林业局，2001)。天保工程的目的是通过大规模禁伐和限伐，发挥林业的生态效益，实现森林资源的可持续利用。天保工程实施十年，森林面积和蓄积量实现双增长，成效极为显著(国家林业局，2008a，2008b)。2010 年一期天保工程即将结束，二期天保工程开始在即。人们需要对天保工程有一个提升认识的过程，对天保工程的认知观念和价值评判都有待于更新。对天保工程的认识的提升，作用的挖掘，观念价值的不断探索和更新，在天保工程的继续实施中具有重要的意义。思想意识不突破，更不要谈实践中的可行性。作者通过查阅中国知网，发现国内研究天保工程的文献较多。如果以“天然林保护工程”为主题词(题目、关键词、摘要)进行检索，共有 2786 条记录，多数研究集中在天保工程的背景、目标、内容；天保工程实施的理论依据；天保工程的运行机制；天保工程的评价；天保工程的对策措施等。各位学者用多种角度、多种学科对天然林保护工程进行交叉研究。但是都没有对天保工程的实质进行系统研究。

本文提出天保工程的实质就是创新。我们需要重新审视天保工程的巨额投入，天保工程是思想意识的创新，天保工程是借助森林资源来探索新型工业文明道路，天保工程使国有林经营的制度结构发生变迁。天保工程需要在具体践行的方式上进行创新。

2 重新审视天保工程的巨额投资

天保资金是指财政安排的专项用于天然林资源保护工程的事业性支出，包括森林管护事业费、基本养老保险补助费、政策性社会性支出补助费、下岗职工分流安置费和其他补助(国家林业局，2001)。国家在天保工程实施以来投入了约 1100 亿元专项资金。

对于 1100 亿元的资金投入有不同的看法。有的人认为虽然资金数额巨大，但对于国有林区来说，没有从根本上解决问题。国有林区人们的温饱问题没有解决，富裕程度没有解决(曹玉昆等，2009)。资金投入仅仅使森林资源恶化的趋势得到了抑制，并没有达到屏蔽自然灾害的能力，没有达到发挥生态功能的作用。另外由于禁伐，使得经济效益下降，没有达到林区经济的转型。总体上看，经济、社会、生态效益并不明显。有的人认为 1100 个亿的投资既没有转换国有林区的机制，又没有使国有林区的生活得到改善。一期天保工程即将结束，二期天保工程开始在即，人们需要对天保工程的巨额投资乃至整个天保工程进行认识的转变和价值观念的更新。如果思想意识不发生转变，天保工程的可行性将大大降低。

天然林保护工程以从根本上遏制生态环境恶化，保护生物多样性，促进社会、经济的可持续发展为宗旨，实现这一宗旨，有很多附属性的因素或说牵制性的因素与其相关联。其中，林区职工的生存问题非常重要，若该问题不能解决，那么就不能彻底消除对天保工程区的天然林盗砍盗伐现象。天保资金若仅用于森林资源的培育、经营和管护，是非常充足的。但天保资金还需用于基本养老保险、政策性社会性支出和下岗职工分流安置，即不仅需要解决环境问题还要解决社会问题。因此，目前林区的现状是天保工程承担了社会保险等本来应该由国家来承担的维护社会稳定的职责。除此之外，天保资金还需推动占黑龙江土地面积的 2/3、吉林土地面积的 1/2 的天保区经济迅速发展，即使得约占中国土地面积百分之十几的区域经济实现可持续发展。简言之，天保资金要在培育森林资源的同时还承担社会稳定和发展经济的义务，1100 亿元的数额就显得微乎其微了。另外，亟待改变的机制体制需要有潜在的推动力，而投入专项资金并不能给改革者带来宽松的环境和自主权，并不能有效促成机制体制的改革。

因此，下一期天保工程若仅仅为解决生态环境问题，可以从生态的角度对它进行评价，如果是需改善多方面问题的综合性的工程，那么作者建议对其分开评价和计量，且计量过程中应该将社会性成本计算在内，如带来的社会性的稳定、支付改革成本等。

3 天保工程是思想意识的创新

在 1949 年新中国成立时，选择了计划经济体制和重工业优先发展战略是由社会环境、经济、政治和意识形态等多方面的因素决定的。重工业优先发展战略的选择为林业特别是国有森林资源奠定了一个先天的宿命，国有森林资源承担起了资本原始积累，提供经济发展所需生产资料的使命。这一时期国家需要的是经济效益，所以国有林发挥了其本质即服从国家的利益，国家的意识和国家的需要，国有森林资源承担双重积累的重任。50 年过去了，到了 1998 年，国有林区经济、生态和社会矛盾日益突出，长江、松花江流域爆发特大洪涝灾害，国有林已经到了利益重新分配的时期，国家此时开始重视生态效益。

改善生态环境和获得生态效益需要两个重要条件，首先是巨额投入，其次是漫长的恢复时间。中国是发展中国家，没有能力提供巨额的投资。经济、生态和社会矛盾日益突出，改善生态环境日趋紧迫。如果等到经济发展了，资金足够的时候再改善生态环境，有可能造成生态环境的不可逆转化。在这种状况下，只能进行创新，天保工程就是在这样一个时代下的产物，是思想意识的创新。创新点在于为了改善生态环境，国家在战略上进行调整，采用"六大工程"，用少量的资金来解决敏感脆弱的问题。天然林资源保护工程，主要解决天然林资源的休养生息和恢复发展问题。这项创新，是时代赋予天保工程先天的使命。

4　借助森林资源来探索新型工业文明道路

西方发达国家工业化道路是在以环境污染和资源失衡为代价、先污染后治理的模式实现的。天保工程的实施，为中国的国有林经济发展探索出了新型发展模式，避免重蹈西方国家工业化的覆辙，解决了经济发展和由此带来的环境污染、资源匮乏之间的矛盾。

从森林的贡献来看，世界各国国有林一般都承担着多种任务，需达到多个目标。在工业化前阶段、工业化初级阶段，国有林一般都承担着为国家经济建设提供木材，提供资本原始积累的重任；当进入到基本实现工业化阶段、后工业化阶段，国有林一般主要承担大流域保护、森林公园、保护区等生态保护作用。纵观世界各国在经济发展的一定阶段，都不同程度地调整对国有林的利用状况。中国经济飞速发展，工业化程度已达到50%，经济与环境之间矛盾相当尖锐。与发达国家不同的是，中国人口众多、经济基础薄弱，国有林在经济贡献中的作用没有弱化，在生态贡献中的作用却被日益强化，而且是未来相当一段时间内难以调和的矛盾，中国国有林只能走具有自身特色的发展道路。

寻求国有林经营、保护途径，其本质是在探索工业化进程中经济增长、环境保护的新文明之路。困扰人类社会发展的环境污染、资源匮乏，对于西方国家来说是工业化、现代化进程完成的结果，其深层次原因主要在于已经形成的工业文明模式。西方国家对人口、资源与环境问题的态度，只能在保全传统文明模式下去寻求解决问题的答案，而不是从造成环境污染，资源短缺的传统工业文明模式中去找问题。与此相反，人口、资源、环境和贫穷问题，却是中国现代化进程中一开始就遇到的时代性难题，现实要求中国既要在较短时间内完成工业化、现代化过程并赶上西方发达国家，又不能重蹈西方国家工业化道路的覆辙，掠夺式开发全球资源、异地移民、先污染后治理的老路。如果说人口、资源、环境与贫穷问题，对于西方国家表现为如何维持原有文明模式，那么对中国则表现为从建立一个新文明模式中走出困境。从这个意义上讲，解决人口、资源、环境与贫困问题，是中国能否抓住机遇、超越传统、创造新文明模式，走新文明之路的深层次问题。而天保工程的实质是探索新型工业化文明的道路，是新工业文明模式的创新，在工业化进程中开展对天然林资源进行保护，从而避免走先污染后治理的老路(曹玉昆，2000)。

5　天保工程使国有林经营的制度结构发生变迁

天保工程将国有林区工作重心由木材生产转向以保护和培育森林资源为主的生态建设，实现森林资源的可持续利用，是使国有林经营制度结构发生变迁的一项制度创新。

制度创新，就是制度的替代、转换和交替过程。从动态的观点看，制度创新实际上是从制度均衡到非均衡再到制度均衡的过程。新制度经济学认为，制度及制度创新不仅是经济发展的内生变量，而且是影响经济发展的决定性因素。

马克思主义认为，制度创新是新制度(或新制度结构)产生、否定、扬弃或改变旧制度(或旧制度结构)的动态过程。制度创新可能在以下意义上发生：①原有各种制度保存，产生新的制度。这样，制度结构发生了变迁，增加了新的构成因素，而且可能改变原有制度的相对地位。②原有制度本身演变成新的制度。这种新制度或许还保留着过去的一些特征，但是已不再同于原来的制度。③原有制度结构中的一些制度因失去存在意义而消亡。④原有制度结构中，制度的性质、种类不变，但是，相对地位发生变化，从而使制度结构发生变迁(马克思，1972)。

根据马克思的思想，原有制度结构中，制度的性质、种类不变，但是，相对地位发生变化，从而使制度结构发生变迁，是制度创新的一种方式。天保工程将国有林区工作重心由木材生产转向以保护和培育森林资源为主的生态建设，实现森林资源的可持续利用。国有林的三大功能并没有发生变化，天保工程的实施使国有林三大功能的地位发生了改变，使原来对经济功能的侧重变为对生态功能的侧重，是在原有制度结构中，制度的性质、种类不变，相对地位发生变化，从而使制度结构发生变迁，天保工程符合马克思对制度创新的定义，所以说天保工程是一项制度创新。

6 天保工程需要在具体践行的方式上进行创新

天保工程是一项创新，使森林资源得到了恢复和增长，取得的成效极为显著。本文认为应该在天保工程的具体践行方式上进行创新。

(1)抓住历史性的机遇，更好地发展林业。林业在我国的战略地位越来越重要，APEC 会议上胡锦涛主席首次指出林业在国际上拥有重要地位，对全球碳汇产生重大影响。国家需要生态产品与生态服务、需要保障粮食安全、需要少数民族地区的稳定与繁荣。我们应以此为契机，承担起国家赋予林业的重任，更好地发展林业。

(2)转变原有的思维模式。在思想意识方面，我们应转变原有的思维模式，摆脱林木只有砍倒了才能卖钱这种狭隘的观点，应该通过大力发展林下经营等方式，谋求新的发展之路。我们应重新审视林业自身优势，如国有林区地域辽阔，自然资源丰富，除林木资源外，还有动物、植物及菌种资源，以及独具特色的矿产资源、水力资源和景观资源等。这些资源开发前景广阔，为林区的全面发展提供了物质基础。

(3)探索管理模式。东北内蒙古国有森工企业为了尽早脱困，在管理模式上进行了有益的探索，现在有四种比较突出的管理模式。①以吉林森工为代表的集团工业化发展模式，吉林森工集团上市，走工业化道路；②清河林业局林区管理委员会模式：资源管理 + 政府职能 = 林区管委会，资源和政府职能连接在一起；③大兴安岭生态保护区模式，建立生态特区，全面停伐；④伊春国有林区林权改革模式。我们应借鉴各种模式的有益之处，重构微观主体，寻找适合国有林区森工企业发展和适合国有林经营的新方式。

(4)应用生物技术，发展创新型经济。以黑龙江省铁力林业局发展生物质资源为例，应用生物技术具有巨大的生态效益、经济效益和社会效益。黑龙江省铁力林业局发展生物质资源是一项以解决薪柴为直接目的，建设林业生物质的工程项目，是一场以增加林区职工就业岗位，发展林区经济的林业为目的，建设友好型林区社会的革命。具体做法有推广生物质气化节能炉具和生产生物质粉碎物压缩成型燃料两种。生物质粉碎物压缩成型燃料的原料由木材采伐剩余物、森林清理抚育剩余物、木材加工剩余物、林内杂草、农作物秸秆构成。推广生物质气化燃烧锅炉(炉具)，使热效率由平均不足 55% 提高到 68% 以上，且有利于解决一些人对烧柴和农作物秸秆随意堆放，甚至被当作废弃物随处乱扔，或者直接在地头焚烧，对环境卫生和交通安全造成严重影响的问题。二氧化硫等有害气体排放由每年 2261t 降到 240t 以下。增加就业岗位，带动林区职工就业，保障职工燃料供应，改善林区群众生活水平，促进资源节约型和环境友好型社会建设生产生物质成型燃料，对于减少资源浪费，建立稳定的能源供应体系具有积极的示范意义。

(5)发展低碳经济，使生态产品向金融产品转化。低碳经济是指通过更少的自然资源消耗和环境污染，获得更多经济产出的全新经济发展模式。主要发达国家纷纷把发展低碳经济、加快低碳技术研发作为应对金融危机、抢占未来经济制高点的重要手段。低碳经济即将成为摆脱后危机时代经济衰退，经济重新发展的新引擎。低碳经济具有形成“高预期收益率”的可能性，并且具有让全球经济体和全球民众积极参与的基础，同时还具有形成“高预期收益率”与“规模扩张”相互促进的持续动力(钟茂初，2009)。

我国应广泛建立碳交易体系，发展低碳信贷、低碳金融，积极与国际碳交易平台对接，探索开展碳排放权衍生品交易。同时，还应探索建立碳汇与碳排放评估认证体系，鼓励大型企业自愿公布碳排放信息，尝试发行碳汇凭证与碳补偿标识，开发附带碳补偿的商品与服务。

参考文献

[1]曹玉昆，国洪飞．基于职工家庭视角的国有林区社会福利卡尔多—希克斯改进研究[J]．林业经济．2009，(2)：52－56.
[2]曹玉昆．国有林经营保护与国有森工企业改革发展[M]．北京：中国林业出版社，2000.
[3]国家林业局．2001年中国林业发展报告[R]．北京：中国林业出版社，2001.
[4]国家林业局．2008年国家林业重点工程社会经济效益监测报告[R]．北京：中国林业出版社，2008a.
[5]国家林业局．2007年国家林业重点工程社会经济效益监测报告[R]．北京：中国林业出版社，2008b.
[6]马克思，恩格斯．马克思恩格斯选集第1卷[M]．北京：人民出版社，1972：254－256
[7]钟茂初．“后危机”经济有了新引擎[N]．人民日报海外版．2009－7－21.

发达国家林产品绿色政府采购政策比较与借鉴

侯方淼　李小勇　温亚利　陈晓倩

（北京林业大学经济管理学院）

摘　要： 随着全球环境恶化和森林非法采伐与贸易的严重，发达国家提出了林产品绿色政府采购政策并在实践中付诸实施。本文介绍并比较了主要发达国家的林产品政府绿色采购政策，各国在政府采购制度目标、制度框架和配套政策等方面有类似之处。虽然实施时间比较短，林产品绿色政府采购政策的实施效果尚难以得到准确评估，但从长远来看，将促进世界森林的可持续经营并确保木材的长远供给、持续供给，可以为我国提供有益借鉴。林产品绿色采购已经引起了中国政府的重视，我国实施林产品绿色政府采购对于稳定木材及其制品进口，保障其持续供给有一定的现实意义。

关键词： 发达国家；绿色采购；林产品绿色政府采购

Comparison andreference of Green Government Procurement Policies for Forestry Products in Developed Countries

Hou Fangmiao　Li Xiaoyong　Wen Yali　Chen Xiaoqian

(School of Economics and Management, Beijing Forestry University)

Abstract: Because the environment problem and illegal logging of forest are increasingly serious, the Green Government Procurement Policies for Forestry Products was put forward by developed countries and put into practice. The article introduces and compares the government environmental purchase policy of forestry products in some developed countries, and concludes that the objectives, institutional framework and supporting policies are similar. Although the time of implementation of GGPP is not very long, the effect of it cannot be evaluated exactly. In the long run, implementation of the policy would promote the sustainable management and ensure the long - term and continuous timber supply and provide useful reference for China. Forest green procurement has attracted the attention of the Chinese government. It is of practical significance to carry out this policy in China for the stability of importing the timber and the ensurance of their continued supply.

Key words: developed countries; environmental purchase; government environmental purchase of forestry products

1　引言

随着全球环境恶化，人们开始意识到森林生态系统对于维持全球生态系统平衡的重要作用。为了保护环境，一些国家开始对原始森林天然林禁伐，使木材的供给量减少；然而，经济的发展、人们生活质量的提高，使各国对林产品的需求量越来越大。木材资源的短缺，使一些违法分子铤而走险，对木材进行非法采伐与贸易。为了促进木材供应国的合法采伐和森林的良好经营，有利于促进世界森林的可持续经营并确保木材的长远供给、持续供给，一些发达国家的专家、学者提出实施“林产品绿色采购政策”。英国、法国、日本等少数发达国家的政府开始或者已经致力于林产品的绿色采购。林产品绿色政府采购虽然是近年来在世界森林保护领域的新兴话题，还处于探索阶段，但是我国作为木材贸易大国，对此也应加以重视。因此，开展一些基础性的研究工作，探讨其对我国木材对外贸易可能造成的影响，进而从发达国家林产品绿色政府采购政策和实践中学习经验，以期为我国制定相关政策提供借鉴。

2 林产品绿色政府采购内涵分析

一般来说，所谓绿色采购，是指购买和使用节能产品、环保产品的活动。绿色政府采购，就是在政府采购中着意选择那些符合国家绿色认证标准的产品和服务。政府采购的绿色标准不仅要求末端产品符合环保技术标准，而且要按照产品生命周期标准使产品设计、开发、生产、包装、运输、使用、循环再利用到废弃的全过程均符合环保要求。推行绿色政府采购是一种趋势，更是实现人与自然、环境、资源协调持续发展的内在要求。在过去几十年中，越来越多的国家把公共采购政策作为达到可持续发展目标的一种途径。

在政府采购“绿化”运动的背景下，在发达国家特别是欧盟国家兴起和倡导的林产品政府采购政策，也被赋予了全新的名字——“林产品绿色政府采购”。但是和一般“绿色采购”侧重节能、环保所不同的是，发达国家“林产品绿色政府采购”兴起的原因和目的是打击木材非法采伐及贸易，保护全球森林，改善环境，确保木材可持续供应[1]。目前对“林产品绿色政府采购”还是政府采购中新兴领域，尚无明确定义，但是，根据它提出的背景以及各国对打击非法采伐及贸易重要性和必要性的共识，“林产品绿色政府采购”的基本内涵可以概括为：采购合法的、可持续来源的林产品。其实质是从木材消费市场入手，提高木材市场准入门槛，采购绿色的、可持续方式生产的木材。供应商只有提供了相关认证或文件后，其所提供的产品才被认为是合法的或是可持续的，才有可能进入政府采购领域，无法证明其合法来源的木材及木制品将最终失去政府采购这一庞大市场。

因此，实践中，各国衡量“合法的、可持续的”重要标准是林产品是否获得了相关的认证或同等效力的文件。目前这些认证主要有：加拿大标准协会 CSA 标准，森林监管委员会 FSC 标准，马来西亚木材认证协会 MTCC 标准，森林认证认可计划体系 PEFC 标准，北美可持续森林创新计划 SFI 标准等。政府通过林产品的绿色采购，以政府采购绿色产品的行为起到示范作用，引导供应商和消费者买卖可持续来源的木材和木材制品，有助于控制非法木材进口，可以在一定程度上打击非法林产品贸易，促进森林的可持续经营和贸易。

3 发达国家林产品政府绿色采购政策及其比较

3.1 发达国家林产品政府绿色采购政策及实施进展

与其他产品的政府采购不同，绿色林产品采购非常复杂。因此，只有少数发达国家实施了这一政策，而且实施时间、实施力度也各不一样。

(1)英国。在制订关于林产品的绿色政府采购政策方面，英国走在发达国家前列。英国是世界上最早施行政府采购制度的国家之一，有着比较成熟的政府采购的组织管理模式和政府采购法规制度。英国政府采购分为货物采购、建设和维修工程采购以及服务项目采购三类。由于政府采购中已经涉及到纸张、家具以及工程用木材等木材和木材制品，所以，英国政府在制定林产品公共采购政策时有很多可以参照现有经验，并在现有经验的基础上制定针对绿色林产品采购的政策。例如，英国政府有多种采购方式，一般是按一定标准选出来的供应商凭各自的生产产量、产品规格和生产执行情况进行竞争性投标和评估。在英国的绿色林产品采购政策中，也要对木材供应商进行评估，看他们是否符合环境方面的标准。从 1997 年环境部门、交通部和各州制定的“自愿指导方针”到 2000 年相关的政策的出台，要求政府部门应该寻求购买可持续性、合法的木材和林产品，起到对全社会木材采购的示范和引导作用。

目前，英国的林产品绿色政府采购政策主要是对政府部门采购可持续生产的木材和纸张做出的规定，其核心是政府部门应该详细审查供应商所提供的合同，确保所提供的文件证明来源于正规的管理渠道，从而保证政府部门采购可持续生产的木材。所提供的文件要证明木材已经得到了认证，是可信的、独立的、合法的，能够把执行环境管理体系与森林管理标准结合起来的，并且与国际认可的准则相一致。

(2)法国及欧盟各国。法国制定绿色林产品采购政策的背景与英国相似，最主要的原因是存在大量的非法木材贸易。在政府采购的做法上，法国有自己的特点。法国也是世界上实行政府采购制度较早的国家之一，法国政府中对公共采购进行管理的最高机构是财政部所属的中央市场委员会，现改名为司法事务局。法国政府采购制度的实施分为两个层次，第一个层次是受欧盟指令规范的采购项目按指令规范执行；第二个层次是指令规范之外的采购项目按本国规定执行。在这两个层次上，凡是公共部门的采购行为，即使委托或者授权私人企业承办，达到限额标准以上的采购项目，都要按欧盟指令规定实行政府采购。法国的模式主要是由中央管理机关制定采购计划并向基层部门贯彻。政府在 2002 年决定采纳木材采购政策以符合 FSC 标准或同等系统的要求。一开始只针对热带木材而现在包括了所有的木材。绿色采购指导方针的准备现在正在进行中，目前已经基本完成。

欧盟所倡导的采购系统将通过与主要木材生产和出口伙伴国签订一系列双边协议而建立起来。到 2006 年 5 月，奥地利、英国、荷兰、德国、丹麦、瑞士和比利时等 7 个国家在政府采购政策方面有所进展，虽然这些政策还有很多不足；其中比利时、丹麦和荷兰在过去的两年内有所进步。在丹麦，国会在 2001 年 6 月批准中央政府调整公共采购政策，以便确定购买的热带木材只来自于合法的和可持续的来源；2003 年 6 月出版了对采购方的指导建议。在德国，政府认为需要用立法来规划联邦政府的建筑物，可持续性地利用热带的木材。2003 年开始校订和扩充相关政策，新的木材采购政策估计 2005 年完成[2]。荷兰已经有了“可持续发展”木材的标准，已经确定了在荷兰市场上可持续来源木材的比例目标。

(3)日本。日本的绿色林产品政府采购政策主要是通过 2001 年实施的《绿色采购法》进行规定的，规定了国家机关和地方政府等单位有优先采购环境友好型产品的义务。其核心是通过干预各级政府的采购行为，促使环境产业产品在政府采购中占据优先地位，并对公众的绿色消费起到良好的示范和导向作用。从政府采购的体制上看，日本的《政府采购协定》规定了必须实施政府采购的政府机构以及实体范围；从采购方式上看，日本中央政府采购基本上采用以各部门为单位的分散采购方式，通过招标实施，即以地方团体自发的绿色采购行动为主导，政府仅属于辅导协助的地位。日本政府还撰写了绿色采购的基本准则。为推动此项行动计划，日本政府与各产业团体、日本政府与各产业组成了日本采购网络组织，参与该组织的会员团体承诺将购买环境友好产品，减少采购活动对环境的不良影响。这种由政府部门、企业、社会组织共同组成的绿色采购团体和联盟虽然不同于美国、加拿大、英国等国政府的采购，但在政府、企业和消费者之间宣传绿色采购观念、提供绿色采购信息以及为会员间信息交流起到很好的作用[3]。

3.2 发达国家林产品政府绿色采购政策比较

3.2.1 共同点

综合上述发达国家的绿色林产品政府采购的政策，其共同点在于：

(1)明确林产品政府采购政策目标。这些国家在推行林产品政府采购政策时，均以促进林产品政府采购在扼制非法采伐的有效性为目标，以实现具体的社会经济目标为其根本出发点。不同国家在建立自己的木材政府采购制度的时候，都会根据本国的具体情况或以本国的根本利益为出发点，来规定适合自己的政府采购原则。例如在新西兰，由于该国在森林可持续经营方面一直走在世界前列，因此实施木材政府采购的一个重要目标就是保护国内合法林产品经营商的利益，维护国内林业产业的顺利发展。

(2)循序渐进、稳步推行。虽然许多欧盟成员国赞成欧盟出台相关法律，要求各成员实施“林产品绿色政府采购”，但是至今为此，各成员国并没有出台专门的木材政府采购法律，而仅仅是出台相关的政策。自 1997 年英国出台《自愿指导计划》以来，木材政府采购政策在不断完善，不断地实践，再完善，直到 2005 年才出台了比较系统的木材政府采购政策。新西兰 2003 年出台了临时政策，并且强调要用最少两年的时间来评估政策实施的有效性，才考虑下一步措施。法国也是首先在国内酝酿氛围，对木材政府采购的可行性进行广泛认证，然后政府公布木材政府采购的目标和要求。更多的国家还处于尝试中，并不是强制实施。即使是日本，虽然出台了《绿色采购法》，但是对于木材政府采购的要求规定也并不具体，要求也并不明确，只是提出一个笼统的方向性的、指导性的意见。可以说，从世界范围来看，“林产品绿色政府采购”政策还有待完善，目前对实施效果的评估也有待加强。

(3)综合考虑，制定内容健全的制度框架。这些国家在制定本国木材采购政策时，对政策目标、操作程序、实施范围、主管部门及相关配套政策都进行了细致考虑，作了比较全面系统的规定，并强调要通过实践来检验其有效性。例如，英国的木材政府采购政策定义了合法的和可持续的标准，成立专门的委员会来协助实施，规定了木材政府采购程序，规定了林产品种类及细项，公布了认证体系的适合度等。新西兰的临时政策内容也比较全面，规定了所涉及政府部门、采购产品种类、政策适用范围、对供应商的要求、主管部门等。许多国家的木材采购政策虽然是临时性的、指导性的[4]，但是内容都比较全面，明确了木材政府采购政策的基本框架，为政策实施效果的评估、政策升级都打下了良好的铺垫。

(4)完善相关配套政策。在很多国家，实施“林产品绿色政府采购”政策只是扼制木材非法采伐及贸易的措施之一，为了使这项政策更好地发挥它的效果，各国政府建立了一系列的配套政策。例如，新西兰政府在出台临时政策前，就建立了有关森林可持续经营的各种配套政策，如原始私有林木材生产法定标准，努力参与制定可持续森林经营的国际标准。在英国，可持续发展已深入人心，许多产品，如办公用品、车辆、食品等，都建立了相关“绿色”、“节能”、“环保”标准，这为林产品绿色采购政策的实施奠定了良好的基础。

(5)充分征求利益相关方的意见。充分征求利益相关方，特别是木材供应商的意见和建议，是发达国家在制定“林产品绿色政府采购政策”过程中重点考虑的一个议题。在英国，如今木材政府采购政策已受到许多企业的认同，并自觉地遵循，其中重要的一个原因就是英国政府当初在制定该政策时，就充分征求了他们的意见，认为企业是政策执行的主体，没有他们的参与，政策的实施就失去了根基。

3.3.2　不同点

各国绿色林产品政府采购的政策及具体做法的不同点在于:

(1)各国对“合法的，可持续的”绿色采购的标准不尽相同。英国和丹麦的政策需要定义“合法的”，意味着与产品的来源国家中合法的做法相符合。

荷兰的政策停留在它自己的证明系统上，大体上与森林管理理事会的规定相似。法国的政策体系定义了原木、锯材、胶合板和层压木板的四种证书标准，包括合法性证书、可持续森林经营证书和行为准则或类似的证书，最关键的是这些证书必须由独立第三方出具。

(2)各国对实施绿色采购的产品范围不尽相同。法国、日本、爱尔兰和英国，对纸浆和纸在内的所有木制产品，都已经被包括到采购政策当中了。丹麦和德国的采购政策只适用于热带的木材(虽然德国下一次修订的政策将会适用于所有来源的木材)。丹麦和新西兰的政策没有包括纸和纸制品。法国开始了热带木材的行动计划，这一政策将会适用于所有来源的木材。英国和荷兰的政策适用于所有来源的木材。

(3)各国的采购机制不尽相同。各国的采购大体分为中央政府统一采购和地方政府分散采购。不论采用哪种方式，但一般认为只要是政府部门拓宽采购信息流通渠道，完善现行预算管理体系及其运行体制，协调财政部门与其他有关部门的关系，建立政府采购的信息系统，则均能克服这种组织障碍。

(4)各国推动林产品绿色政府采购的方式不尽相同。英法等国是由国家政府确立政策方向，指导次一级政府进行采购。丹麦日本等国是由国家推出可持续采购国家政策，指导地方政府与民间的组织与团体推动绿色采购，即以地方团体自发的绿色采购行动为主导，政府仅属于辅导协助的地位。

4　中国借鉴发达国家经验实施林产品政府绿色采购

上述发达国家“林产品绿色政府采购”政策的兴起和实践，为中国采取相关措施做出了有益探索，并提供了新的借鉴和思路。随着中国林产品政府采购量的增加，为中国借鉴和实施“林产品绿色政府采购”提供了广阔的舞台。

2006 年 11 月，我国已颁布了《环境标志产品政府采购清单》，规定于 2007 年 1 月 1 日起在中央和省级(含计划单列市)预算单位实行，于 2008 年 1 月 1 日起在全国全面实行，其中涉及到的林产品有人造木质板材、木地板和家具三大类。随后，国家环保总局也发布了环境标志产品技术要求，对于家具的规定中，强调“如果木材占总重量的10%以上，则产品中所用的木材不得来自受保护的天然林，不得使用珍贵树种(通过FSC可持续管理森林认证的木材除外)。”我国的国家标准目前尚有一定局限性，没有考虑到家具的整个生产过程，因此，在等效采用北欧环境标志标准基础上制定的我国家具类环境标志产品技术要求是一个全面的，同国际接轨的标准。在《〈环境标志产品技术要求家具〉编制说明》中，在技术指标中突出了对材料的要求：

“木材：可持续林业是森林资源长期开发的重要保障。必须以对自然生态系统加以考虑、保持生物多样性、森林能提供娱乐活动和生活资料的方面对森林进行管理。由于目前我国尚未开展森林认证，但考虑到我国目前已开始实施天然林保护计划，因此，要求产品中不得使用来自天然林的木材。在标准中仍对可持续的森林并获得许可证的木材有要求，是考虑到进口木材商的要求。”

可见，林产品绿色采购已经引起了政府的重视，而且中国一些有远见的企业家已经意识到这一点，为了能够持续不断的得到木材供应，也在林产品采购中实施了绿色采购。但是，中国林产品绿色政府采购政策的制定和实施并不是一蹴而就的事，在借鉴国外现有认证体系时，也应着手建立自己的认证标准，以切实提高本国企业的竞争力，并要求不同层次的政府采购政策应相互协调，使大众和企业对采购政策给予更多理解，还需要政府、企业、消费者和社会各界的努力，共同推进。

4.1 明确我国林产品绿色政府采购政策目标

目标将直接关系到政策的走向和最终实施效果。对于“林产品绿色政府采购”政策的目标应该慎重考虑，重点解决。随着中国经济的发展，中国对林产品的需求将越来越大，而国内林产品供给在短期难以解决如此巨大的缺口，只能靠进口来弥补。如果中国现在不采取措施，有节制地控制木材及其制品的消耗量，若干年后，中国将面临无林可采的境地。我们不能走西方发达国家曾经走过的高消耗的发展模式。如果非法采伐继续加剧，目前的供应国则难以持续地为中国供应所需要木材及木制品。从长远来看，稳定木材及其制品进口，保障其持续供给是未来“林产品绿色政府采购”政策的最终目标。从近期来讲，启动“林产品绿色政府采购”政策研究也是应对国际社会指责的方法，让世界感受到中国为控制非法采伐及贸易进行了切实的努力，改善中国的国际形象。通过广泛宣传和动员，树立全民木材资源危机意识。

4.2 全面评估政府机构能力，逐步提高政策层次

“林产品绿色采购”政策的实施，需要有强有力的政府管理机构和监督机构。应对政府机构设置、人员能力建设进行全面评估，对涉及木材进口的海关、财政、税务、林业、贸易等相关部门协调关系，进行重新梳理，明确职责和工作流程。仿效国外通过政府采购的模式来推广合法的、可持续的木材及木制品的消费和使用。实行“绿色采购政策”，在目前中国环境下不能操之过急，应广泛调研，稳步推进，逐渐实施。首先先在国内创造良好的氛围，提高公众关注度，引导舆论。其次借鉴国外做法，出台临时政策或引导计划，并进行一定时期试验，对实验效果进行综合评估，根据评估结果，对政策进行修订，逐步提高政策层次。

4.3 广泛征求意见，建立本国的标准

“林产品绿色采购”政策是一个综合体，影响面非常广，涉及众多利益相关者。其有效实施的关键点是要求相关企业提供相关文件，证明其所供木材及木制品源于合法的可持续的来源。而目前在我国还没有完善的认证体系，因此林产品绿色采购标准的拟定是核心问题，也是当务之急。应建立优先顺序，分产品、分部门逐步完善。制定适宜的绿色采购标准并且不能与现行法律、国际法规如WTO规则相冲突。在发达国家的“林产品绿色政府采购”政策中，依据本国的国情，对“合法的、可持续的”都有明确的规定和标准，以尽可能地维护本国利益。中国不可能照抄照搬国外标准，应建立自己的体系。绿色采购标准要具体、具有针对性、实用，要具有非常强的可操作性，采购人员可以根据标准简便地判别所采购的林产品是否符合绿色采购原则。

参考文献

[1]Markku Simula. Public Procurement Policies forForest Products and Their Impacts[R]. FAO. 2006.

[2]Frank Miller. Timber Trade Federation Responsible Purchasing Policy[R]. Timber Trade Federation. 2004.

[3]Luca Tacconi, Marco Boscolo, Duncan Brack. National and International Policies to Control Illegal Forest Activities—A report prepared for the Ministry of Foreign Affairsof the Government of Japan[R]. Indonesia: Centre For International Forestry Research. 2003.

[4]Mike Garforth. To Buy or Not to Buy: Timber procurement policies in the EU[R]. FERN. 2004.

非政府组织与可持续生态经济建设关系探究——基于经济学视角所作的分析

高玉伟

（南开大学经济研究所）

摘　要：本文借助已有的NGOs研究文献，对NGOs与可持续生态经济建设之间的关系进行探讨，得出以下几点结论：第一，市场和政府都不是万能的，在一定情况下都存在失灵，作为"第三部门"的NGOs由于自身特点及实际表现，能够承担起与市场和政府进行平衡以促进和改善可持续生态经济建设的"重任"。第二，NGOs促进和改善可持续生态经济建设的机制是复杂的，但我们可以通过对不同类别的NGOs影响可持续生态经济建设的机制进行分析以获得更多的了解。分析表明，NGOs通过在生态环保、扶贫助困、文化教育、医疗卫生等方面起到市场和政府不可替代的作用，能够有力推动可持续生态经济建设。

关键词：非政府组织；可持续生态经济建设；公共经济学

Non-governmental organizations and Sustainable ecological economic development: An Economics Perspective

Gao Yuwei

(Nankai Institute of Economics)

Abstract: With the help of the existing literatures on NGOs, we have explored the relationship between sustainable ecological economic development and NGOs, and the conclusions are as follow: first, both the market and the government are not omnipotent, in certain circumstances there are failures, while NGOs as the "third sector", due to their own characteristics and actual performance, could assume the responsibility to balance the market and the government to promote and improve sustainable ecological economic development. Second, the mechanism NGOs promote and improve sustainable ecological economic development is complex, but we can analyze different categories of NGOs' impact on sustainable ecological economic development in order to understand more. Our analysis shows that, through environmental protection, alleviating poverty, culture, education, health care, NGOs has played an irreplaceable role other than market and the government, to effectively promote sustainable ecological economic development.

Key words: non－governmental organizations; sustainable ecological economic development; public economics

---

作者简介：高玉伟，男，山东临朐人，南开大学经济研究所博士生，研究方向为发展经济学与收入分配。

Email: yuweigao@126.com

1 引言

所谓非政府组织(Non - Governmental Organizations，即NGOs)，一般是指依法建立的、非政府的、非营利的、非党派性质的，并且实行自主管理的、致力于解决各种社会性问题的志愿性的民间社会中介组织(张雅丽、翁志勇，2004；姚莉，2007)①。在实际的经济运行中与NGOs相对应的，一方面是不以组织形态存在的单个的企业、家庭或者个人，另一方面是担负着重大社会责任的政府部门及其附属机构。也就是说，在实行市场经济体系的社会中，活跃着的市场主体并非如传统经济学所认为的私人部门(企业、家庭或者个人)与公共部门(政府及其附属机构)的划分，而是广泛存在着一个具有相当规模的“第三部门”(王绍光，2002)，即由NGOs组成的部门。

改革开放以后，随着从计划经济向市场经济转型，随着政府职能的不断转变，我国的NGOs获得了很大的发展。截止到2004年，全国性注册登记的NGOs有1700多家，地方性NGOs达数万家(张雅丽、翁志勇，2004)。伴随NGOs的蓬勃发展，对于NGOs的研究也开始兴起并逐渐成为学术界研究的热点②。但是，此前的NGOs研究大多是从政治学、社会学、管理学、法学等学科的角度进行，利用这些学科的相关理论来分析NGOs对于一国的政治治理结构、社会组织变迁和政府对于社会的有效管理所产生的影响，对于促进市场、政府和市民社会“三足鼎立”局面出现、推进民主化进程的意义，对于完善国家法律、建设法治国家提出的挑战等(樊永明，2003；陈向阳，2005；陈彬彬，2007)，而能够从经济学角度利用经济学的相关理论对NGOs进行研究特别是对NGOs与可持续生态经济建设之间的关系进行分析的文献却并不多见。

我们认为，NGOs的大量出现、大力发展及其在社会经济生活中所发挥的愈来愈大的作用，对于传统经济学中所作的“市场—政府”二分法提出了挑战，“公民社会组织在寻求介于仅对市场信任和仅对国家信任之间的‘中间道路’中的战略重要性已经呈现出来”(萨拉蒙等，2002)。因此，从经济学角度研究NGOs在经济运行中所处的地位、对于促进可持续生态经济建设所起的作用以及与市场和政府的关系等问题，不但对于经济学理论的拓展和深化有着重大的意义，而且对于NGOs的进一步良好发展和发挥应有的作用、政府依法对NGOs进行更规范的管理以及协调市场、政府和NGOs之间的关系以使市场有效配置资源和政府真正转变职能都会起到重大的作用。

本文将利用经济学特别是公共经济学的相关理论，对于三个问题进行简单的论述，即第一，可持续生态经济建设不同于经济发展，NGOs的真正的或者更大的意义在于其实现经济发展这一方面而不是促进可持续生态经济建设方面；第二，NGOs为什么能够改善可持续生态经济建设，从经济学角度如何解答这一问题；第三，NGOs影响可持续生态经济建设的机制是怎样的，在现实经济运行中，NGOs影响可持续生态经济建设的机制又是怎样运行的。本文的结构安排如下：第二部分将分别对上面提及的三个问题一一做出解答，首先利用发展经济学的相关理论解释可持续生态经济建设和经济发展的概念进行区分以及这一区分对本文讨论问题的意义，其次利用公共经济学的相关理论解释NGOs为什么能够改善可持续生态经济建设，然后再结合学术界特别是国内学术界对NGOs进行研究的文献来具体分析现实经济运行中NGOs影响可持续生态经济建设的机制；第三部分进行简短的总结，提出本文对NGOs进行研究的结论。

2 NGOs与可持续生态经济建设

中国学术界对NGOs进行的研究已经渐趋成熟，与NGOs有关的文献已经非常之多。但是，正如我们在上文中已经提及的，这些研究主要是从政治学、社会学、管理学、法学等角度进行研究，而直接从

---

① 这是中国学术界对“非政府组织”比较公认的定义，而联合国经社理事会、世界银行、美国国际非营利法研究中心等研究机构以及其他一些研究者对于非政府组织则可能存在不同的定义，可参见Brett(1993)，黄春蕾(2007)，姚莉(2007)等。

② 比如，现在国内一些知名高校就成立了专门对NGOs进行研究的机构：清华大学NGO研究所(http：//www. ngorc. org. cn/)，中国人民大学NPO研究所(http：//www. nporuc. org/)。

经济学角度、利用经济学的相关理论对 NGOs 进行的研究并不是很多①。因此，要对与 NGOs 可持续生态经济建设有关的研究文献进行考察本身就会受制于文献稀少的限制，但我们仍然试图从这些数量不多的文献中，提炼出跟 NGOs 与可持续生态经济建设这一我们感兴趣的主题相关的内容进行简单的分析和论述，为进一步展开对 NGOs 为什么能够影响可持续生态经济建设以及如何影响可持续生态经济建设即 NGOs 影响可持续生态经济建设的机制是怎样的等问题的分析进行准备。

2.1 NGOs 能够改善可持续生态经济建设：基于公共经济学的视角

根据传统的公共经济学理论，市场代表着经济运行中的私人部门，而政府代表着经济运行中的公共部门，这就是所谓的“混合经济”，即“众多经济活动由私人从事，同时，政府也从事一部分经济活动。除此之外，政府还通过多种管制、税收和补贴，来改变私人部门的行为”(斯蒂格利茨，2005)。但是，传统的公共经济学理论，将研究的对象“公共部门”仅仅局限于政府，只关心“政府如何影响经济？政府该做什么？为什么有些经济活动要由公共部门去做，而有些私人部门去完成？和现在相比，政府应该做得更多还是更少？政府应该改变现在的所为吗？政府又该如何去做？(斯蒂格利茨，2005)”而我们认为，随着 NGOs 的大量出现和蓬勃发展，并且在社会经济生活中日益扮演更重要的角色、发挥更重大的影响，现实经济运行中已经出现了“第三部门”(王绍光，2002)，即与市场(企业、家庭或者个人)、政府(政府部门及其附属机构)“鼎足而立”的 NGOs 组成的部门，即应该从混合经济的市场—政府“二分法”变为市场—政府—NGOs“三分法”。鉴于相当一部分 NGOs 的发起、组成、运行以及目标所具有的公共性，我们认为在一定程度上，NGOs 也属于“公共部门”，因此也可能利用公共经济学的理论来进行分析。

首先，公共经济学理论认为，市场并不是完全和完美的，经典经济学理论中所描述的完全竞争市场所能达到的帕累托最优状态是有着严格的前提条件的(范里安，1998)，也就是说，市场存在着失灵。经典的经济学理论认为，市场作为一只“看不见的手”，会引导追求私人利益的个人追求公共利益，“他所盘算的也只是他自己的利益。在这场合，像在其他许多场合一样，他受着一只看不见的手的指导，去尽力达到一个并非他本意想要达到的目的。也并不因为事情处于本意，就对社会有害。他追求自己的利益，往往使他能比真正处于本意的情况下更有效的促进社会的利益”(亚当·斯密，2002)。但是，正如上文所提到的，市场要实现帕累托效率必须满足严格的前提条件，而这些前提条件常常无法得到满足，即市场中广泛的存在着不完全竞争(垄断、寡头垄断和垄断竞争)、公共物品(纯公共物品和准公共物品)、外部性(正外部性和负外部性)、不完全市场(保险与资本市场和互补市场)、不完全信息、失业、通货膨胀和其他经济扰动等现象(斯蒂格利茨，2005)，因此，在很多情况下，市场是失灵的。传统的公共经济学理论认为，市场失灵的存在要求政府对市场进行干预，那么，政府能不能比市场做得更好呢？

其次，政府确实能在存在市场失灵的情况下，通过提供公共产品、为市场主体提供必要信息、加强市场监管和维护市场秩序以及进行宏观调控等等政策和措施，弥补市场失灵，改进经济效率，促进社会生产的发展。但是，我们认为，正如市场并不是万能的，政府也并不能够解决市场失灵所带来的一切问题，即在一些情况下，政府也会存在失灵。斯蒂格利茨(2005)曾经提到政府在实现所宣布的目标(以弥补市场失灵)时，出现系统性失灵有四个主要原因：政府的有限信息、政府对私人市场反映的有限控制、政府对官僚的有限控制以及政治过程带来的局限性，并提出应该在公共部门(政府)与私人部门之间实现平衡。施赖弗和维什尼(2004)提到关于政府的“掠夺之手”模型认为，政治家们的目标并不是社会福利最大化(如有关政府的“扶持之手”模型所假定的)，而是追求自己的福利，因而也不会将自己的行为主动限制在仅仅提供公共产品的范围内(如有关政府的“看不见的手”模型所假定的)，因此，就存在这样一种可能使得存在政府失灵，即政治家们“会运用他们的权利来维护自己的地位，将资源只派给自己的政治支持者，打击政敌，中饱私囊，以牺牲公共福利为代价”。但是，我们并不认为，因为存在政府失灵就要将社会经济活动尽量多地交给市场去运作，而是应该考虑 NGOs 所能发挥的作用，在科学合理的基础上

---

① 黄春蕾(2007)试图从公共经济学角度对非政府组织的经济效应进行研究，认为 NGOs 的经济影响可以归结为对资源配置、收入分配、可持续生态经济建设与稳定的影响。但她并没有充分利用公共经济学的相关理论分析非政府组织之所以能够产生积极经济效应的原因，而我们认为这正是利用经济学理论对 NGOs 进行分析时最可借鉴的地方。

实现市场、政府和 NGOs 的平衡，更加有力地促进和改善可持续生态经济建设，推进社会进步。

再次，市场失灵和政府失灵的存在都为 NGOs 在现实社会经济生活中发挥作用、改善可持续生态经济建设提供了可能，而 NGOs 自身所具备的特点以及在现实经济中的积极表现都表明 NGOs 能够做到这一点。比如，经验表明，NGOs 在满足困难群体的社会需求、解决一些长期性的社会问题方面具有独特的优势，即 NGOs 具有创新性、灵活性、成本低和效率高的特点，并且与基层联系非常密切、更加了解基层实际情况。这些优势使得 NGOs 在满足困难群体的需求、解决社会问题方面具有政府与市场不可替代的作用，因而也能够在消除贫困、解决就业、增进社会融合和提高可持续生态经济建设的质量和效益方面做出应有的贡献(李建林，2007)。对于 NGOs 影响可持续生态经济建设的机制将在下面进行更为详细的介绍。

2.2 NGOs 影响可持续生态经济建设的机制：结合相关研究所作的考察

下面，我们就结合相关的研究文献，对于 NGOs 特别是不同类别的 NGOs 对于促进可持续生态经济建设、改善可持续生态经济建设以及提高可持续生态经济建设质量和效益的影响进行分析。

第一，NGOs 可以直接创造 GDP，为改善可持续生态经济建设提供物质基础。萨拉蒙等(2002)的研究显示，全球 22 个国家[①] NGOs 所创造的增加值为 8400 亿美元，占 GDP 的 3.5%。如果把它比作一个国家，NGOs 将位列世界第八位。在俄罗斯，如果采用最终消费支出法进行统计，2002 年俄罗斯 NGOs 所提供的家庭服务与产品总成本是 1430.2 亿卢布，占 GDP 份额的 1.2%，而这个数字比俄罗斯轻工业产值 88.8 亿卢布要高出 1.6 倍，最接近于住房领域的产值 172.4 亿卢布。而同样属于转型国家的匈牙利 NGOs 产出占到 GDP 的 2.8%，作为发展中国家的哥伦比亚 NGOs 产出占到 GDP 的 2.1%，作为发达国家的荷兰 NGOs 产出占到 GDP 的 15.8%，美国 NGOs 产出也占到 GDP 的 7.5%(余南平，2007)。在中国，尽管 NGOs 的发展对于可持续生态经济建设的直接作用还不是很大，但也已经对于从计划经济体制向市场经济体制的转轨(高春颀、高鹏，2005)、通过帮助落后地区招商引资或者直接在这些地区进行投资(岳振、薛正华，2006)，促进了整个国民经济以及落后地区的可持续生态经济建设起到了重要的作用。

第二，NGOs 可以提供大量的就业机会，既避免了劳动力资源闲置导致生产活动损失，又有利于降低失业率、促进社会稳定的实现，为可持续生态经济建设提供社会条件。萨拉蒙等(2002)的研究表明，全球 22 个国家 NGOs 所提供的就业机会占到全国非农就业的 4.8%。在俄罗斯，2002 年仅社区与宗教组织这两类 NGOs 提供的就业机会就有 50 万之多，占俄罗斯目前就业总比例的 0.8%(余南平，2007)。相比之下，中国的 NGOs 所提供的就业机会较少，仅占全国非农就业的 0.19%，不仅低于美国(7.8%)、澳大利亚(7.2%)、英国(6.2%)等发达国家的水平，也明显低于捷克(1.7%)、匈牙利(1.3%)和巴西(2.2%)等转型国家和发展中国家的水平(邓国胜，2006)。

第三，在各种类别的 NGOs 中，对于改善可持续生态经济建设即提高可持续生态经济建设的质量和效益的影响最为显著的，就是致力于生态环保、扶贫助困、文化教育、医疗卫生等类别的那些 NGOs。在先前的研究文献中，涉及比较多的是环保型或者生态 NGOs、而对于限制企业污染环境、破坏生态方面的市场失灵在微观经济学、公共经济学和发展经济学当中是最常提出来进行分析的，可能也是我们最容易理解的 NGOs 可以充分发挥作用的领域。张雅丽、翁志勇(2004)研究了生态非政府组织在促进生态经济发展中所能起到的重大作用，并提出了促进生态 NGOs 的建构与发展，实现经济与生态的“双赢”的途径，在该文中还对于非政府组织的存在是由于市场失灵做了简单的分析。霍淑红(2004)认为跨国公司在带来经济繁荣的同时，也带来了全球性环境问题，环境非政府组织对于约束跨国公司的行为会起到有力的制约作用。王亚玲(2007)则分析了环保型非政府组织在推进循环经济发展中所能发挥的作用以及约束条件，并提出了促进环保型非政府组织发展的相关政策建议。王名(2001)、徐忠，袁国良(2007)的研究表明，尽管中国的 NGOs 在扶贫助困方面的有效性、可持续性和发展程度等方面还存在很多的问题，但是通过生存扶贫、技术扶贫、教育扶贫、幸福工程、人口扶贫、合作扶贫、文化扶贫、实物扶贫、环

① 这 22 个国家涵盖了包括美国、日本、英国、法国、德国在内的发达国家，包括捷克、匈牙利等在内的转型国家和包括巴西等在内的发展中国家。

保扶贫以及提供为贫困农户提供小额贷款等一系列不同形式扶贫开发活动，对于中国的消除贫困工作起到了市场和政府都不能起到的作用。这些扶贫活动有利于将大量有用的信息、技术和技能传递给受益人，帮助他们在实际生产生活中应用和学习的能力，打破原有的贫困的恶性循环，从量和质的两个方面提高贫困户的生活水平。这些研究成果加深了我们对于环保型或生态 NGOs 改善可持续生态经济建设机制的理解，对于我们大力发展环保型或生态 NGOs，更好的发挥它们在保护环境、减少污染、维持生态平衡和实现可持续发展中的作用都有着积极的意义。

3 结论

本文借助已有的 NGOs 研究文献，从经济学特别是公共经济学角度对 NGOs 与可持续生态经济建设之间的关系进行探讨，尝试着回答为什么 NGOs 能够改善可持续生态经济建设，NGOs 影响可持续生态经济建设的机制是怎样的，在现实经济运行中 NGOs 影响可持续生态经济建设的机制又是怎样运行的等问题。通过本文的分析，我们得出以下几点结论：

第一，市场和政府都不是万能的，在一定情况下都存在失灵，作为“第三部门”的 NGOs 由于自身特点及实际表现，能够承担起与市场和政府进行平衡以促进和改善可持续生态经济建设的“重任”。

第二，NGOs 促进和改善可持续生态经济建设的机制是复杂的，但我们可以通过对不同类别的 NGOs 影响可持续生态经济建设的机制进行分析以获得更多的了解。分析表明，NGOs 通过在生态环保、扶贫助困、文化教育、医疗卫生等方面起到市场和政府不可替代的作用，能够有力推动可持续生态经济建设。

需要提及的是，我们的研究并没有涉及现实经济运行中 NGOs 影响可持续生态经济建设机制的正常运行所存在的问题以及解决这些问题的政策和措施；受制于实际统计数据的缺乏，我们也没有对 NGOs 影响可持续生态经济建设的效果进行实证分析和检验；本文中并没有对国外对于 NGOs 与可持续生态经济建设关系进行研究的文献进行足够的考察，但是我们认为，必要的理论和方法的借鉴是对中国 NGOs 状况更好地进行研究的必需。而这些正是我们后面对 NGOs 进行进一步研究将会努力的方向。

参考文献

[1]波金斯等. 2005. 发展经济学，中译本，中国人民大学出版社，7－8
[2]陈彬彬. 2007. 对改善我国非政府组织作用的思考，学习时报，1 月 22 日
[3]陈向阳. 2005. 非政府组织在中国的现状及挑战. 中国经济时报，5 月 26 日
[4]邓国胜. 2005. 中国非政府组织面临的挑战. 中国红十字报，8 月 19 日
[5]邓国胜. 2006. 中国社会团体的贡献及国际比较. 中国行政管理，(3)
[6]樊勇明. 2003. 全球化与国际行为主体多元化——兼论国际关系中的非政府组织. 世界经济研究，(9)
[7]范里安. 1998. 微观经济学(高级教程). 经济科学出版社，229－247，333－381
[8]高春颀，高鹏. 2005. 非政府组织是推动经济转轨主力军. 中华工商时报，11 月 11 日
[9]黄春蕾. 2007. 非政府组织的经济效应：基于公共经济学视角的分析框架. 当代财经，(9)
[10]斯蒂格利茨. 2005. 公共部门经济学. 中译本，中国人民大学出版社，2－9，66－73
[11]汤蕴懿. 2006. 当非政府组织失灵. 经济观察报，1 月 9 日
[12]霍淑红. 2004. 环境非政府组织：跨国公司行为的制约者. 教学与研究，(10)
[13]逄锦聚，洪银兴，林岗，刘伟. 2007. 政治经济学. 高等教育出版社
[14]萨拉蒙等. 2002. 全球公民社会——非营利部门视界. 中译本，社会科学文献出版社，309－381
[15]施赖弗，维什尼. 2004. 掠夺之手——政府并及其治疗. 中译本，中信出版社，1－16
[16]李建林. 2007. 发挥非政府组织在公共服务中的作用. 深圳特区报，9 月 3 日
[17]李将辉，肖建章. 2006. 加强对我国非政府组织的规范管理. 人民政协报，3 月 13 日
[18]王绍光. 2002. 促进中国民间非营利部门的发展. 管理世界，(8)
[19]王名. 2001. NGO 及其在扶贫开发中的作用. 清华大学学报(哲学社会科学版)，(1)
[20]王亚玲. 2007. 环境型非政府组织与循环经济发展. 经济体制改革，(2)
[21]王瑜. 2005. 政党与非政府组织之间的关系. 学习时报，8 月 8 日

[22]徐忠，袁国良. 2007. 中国非政府组织小额信贷的实践与评价. 上海金融，(3)
[23]亚当·斯密. 2002. 国民财富的性质和原因的研究(节选本). 中译本，商务印书馆
[24]姚莉. 2007. 非政府组织与国际贸易. 西北师大学报(社会科学版)，(1)
[25]余南平. 2007. 俄罗斯非政府组织在社会经济发展中的作用. 俄罗斯中亚东欧研究，(1)
[26]岳振，薛正华. 2006. 非政府组织成西部发展重要力量. 中国经济时报，1月5日
[27]张雅丽，翁志勇. 2004. 论生态非政府组织与生态经济的发展. 生态经济，(11)
[28]Brett, E. A., Voluntary Agencies as Development Organizations: Theo rising the Problem of Efficiency and Accountability, Development and Change, 24, 1993, 269 - 303

黑龙江省森工林区山上职工和山下职工可持续生计的比较研究

朱洪革　井　月

（东北林业大学经济管理学院）

摘　要：根据DFID可持续生计分析框架，利用黑龙江省15个森工林业局718个样本数据，对黑龙江省森工林区山上职工和山下职工的可持续生计进行了比较研究。研究表明，在生计资本方面，山上职工的优势主要体现在自然资本上；而山下职工的优势则主要体现在金融资本上，除此之外双方的差异很小。在生计策略方面，山上职工和山下职工的差异主要来自二者对林地资源的利用上。在生计后果（贫困及对环境的影响）上，山上职工和山下职工并无显著差异。得到的政策含义是撤并一部分山上林场（所）并将山上职工转移到山下来是可行的。

关键词：可持续生计；森工林区；职工

1　引言

黑龙江省森工林区是按照国家对木材生产需求而规划建设的，在"先生产、后生活"思想指导下，基本建设投资缺口很大，导致林区山上林场（所）居住的职工生活设施建设严重滞后。此外，实施天保工程以来，国家大幅度调减木材产量，使得部分山上林场（所）生产任务锐减，从而使得富余职工增加，并且已经有一部分富余职工通过各种途径迁离山上。据统计，黑龙江省森工林区现有627个林场（所），其中150名以下职工的林场（所）293个，占总数的47%。据此看来，适度整合撤并一部分林场（所）是有必要的。

本研究从可持续生计的视角来研究山上职工迁往山下的可行性。研究的命题是：山上职工和山下职工由于生计资本的不同，有可能会导致生计策略的不同，但如果在生计后果上无显著差异，则通过撤并山上林场（所）而将山上职工搬迁到山下是能够实现帕累托改进的，因为能够实现在不损害山上职工利益的前提下节约森工企业的行政管理成本。

"生计"方法一般被认为是Chambers和Conway[1]首先提出，该方法被许多学者用于贫困和脆弱性分析[2,3]，并进而作为实践性工具发展成各种分析框架，如UNDP，Oxfam，CARE和DFID等框架[4~6]，其中，英国国际发展署的可持续生计分析框架（以下简称DFID框架）使用最为广泛，最具有影响力[7]，生计资本、生计策略和生计后果是DIFD框架中的三个核心概念[5]。国内学者对农户生计的研究，一部分就是以DFID框架进行分析的，而将生计资本分解为各评价指标并赋值的量化分析则是学者研究的重点[8~11]在对生计资本量化研究的基础上进一步研究了生计资本与生计策略的关系。另一部分对农户生计的研究并不是基于DFID框架的，但也可将其研究内容大致归入该框架。如吴伟光等[12]对浙江省林农生计的研究，主要探究公益林建设对林农收入及家庭能源消费的影响，属于对DFID框架下生计后果的研

基金项目：中央高校基本科研业务费专项资金资助（DL10BC20）

作者简介：朱洪革，男，博士，副教授，硕士生导师。主要研究方向为林业经济。电话：13945186371。Email：honggebill@163.com。井月，男，在读硕士研究生。

究。陈洁等[13]和张蕾等[14]分别研究了禁牧政策和退耕还林政策对林农生计的影响，他们所研究的生计都是用林农收入来表征的，也是属于对 DFID 框架下生计后果的研究。而李天阁等[15]对西南丘陵区农民生计多样性的研究，则属于对 DFID 框架下生计策略的研究。目前，生计方面的研究文献大多是对居住在农村的农民生计的总体特征的研究，而较少对居住在国有林区的森工企业职工的生计进行研究，而根据森工企业职工居住地点的不同对职工生计差异的研究则还没有。

2 调查方法与数据来源

2.1 调查方法

调查区域为黑龙江省森工总局下辖的伊春、牡丹江、松花江和合江 4 个林管局。采用分层抽样的方法，首先在这 4 个林管局各抽选 3 ~6 个森工林业局，然后在每个林业局的山上林场(所)和山下局址各抽选 30 户居民。

2.2 数据来源

基础数据来源于实地问卷调查，调查于 2008 年 7 月由东北林业大学经济管理学院研究生入户发放并填写问卷完成。共发放问卷 720 份，剔除漏答关键信息的问卷，回收有效问卷 718 份，有效率 99.7%。样本在各林业局的分布见表 1。

表 1 样本在各林业局的分布

林管局	森工林业局	山上职工	山下职工	合计
伊春	金山屯林业局	26	27	53
	朗乡林业局	23	23	46
	双峰林业局	23	17	40
	汤旺河林业局	22	21	43
	乌马河林业局	24	24	48
	五营林业局	31	23	54
牡丹江	大海林林业局	29	28	57
	东京城林业局	29	26	55
	海林林业局	20	22	42
松花江	方正林业局	23	25	48
	绥棱林业局	23	25	48
	沾河林业局	25	27	52
合江	鹤北林业局	24	19	53
	清河林业局	25	23	48
	双鸭山林业局	21	20	41

3 相关概念的理论分析与界定

依据 DFID 框架(如图 1)，农户对其所拥有的生计资本进行组合，从事不同的生产活动从而追求不同的生计策略，进而改变其生计后果。反过来，生计后果又会进一步影响生计资本的组合。

3.1 生计资本的理论分析与界定

生计资本包括自然资本、物质资本、金融资本、人力资本和社会资本 5 种类型。

(1)自然资本：是指自然资源的存量，它能够产生有助于生计的资源流和服务流。包括无形的公共物品，如大气、生物多样性等，和有形的直接用于生产的资产，如森林、土地等。耕地面积和林地面积常被用来测量自然资本(徐鹏等，2008；谢海东，2009；苏芳等，2009；黎洁等，2009)，黑龙江省国有林区职工占用的耕地一般是源于上个世纪 90 年代末期的“以农养林、熟化速生丰产林用地”[16]，即开垦一些荒山荒地和疏林地以发展农业生产，种植粮食、蔬菜及其他经济作物。黑龙江省国有林区职工占用的林地包括两种情况，一种情况是拥有林地使用权和林木所有权，包括上个世纪90年代某些森工林业局开展的自费林(也称民有林)时承包经营的林地以及2006年在伊春的5个林业局进行国有林权制度改革试点中承包的林地；另外一种情况是指职工经营管护的林地，即职工经营管护一片森林并可采集林下资源，但不拥有林地使用权和林木所有权。本研究采用职工土地资源禀赋即人均耕地面积和人均林地面积来测量自然资本，但在测量林地面积时并没有区分以上分析的两种情况。

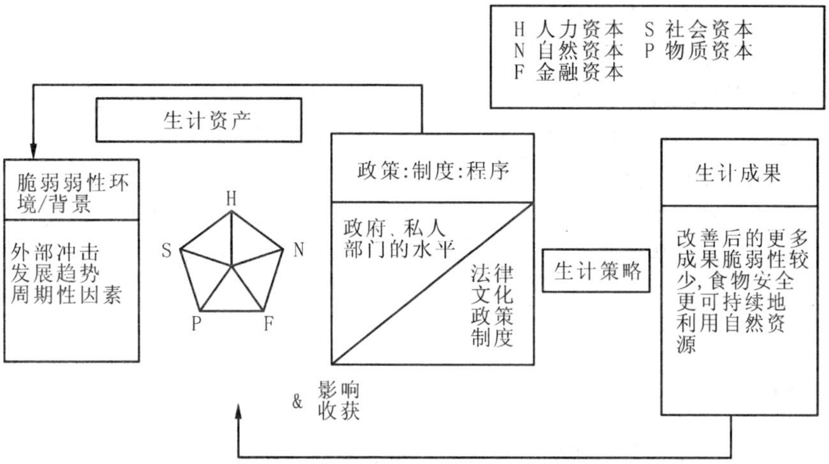

图1 可持续生计的DFID框架

(2)物质资本：包括用以维持生计的基本生产资料和基础设施，其意义在于提高贫困人口的生产力。基于维持生计的考虑，本研究采用房屋和耐用消费品来测量物质资本；基于提高生产力的考虑，采用大型生产工具和家畜存量来测量物质资本。

(3)金融资本：主要是指农户可支配的资金储备以及可筹措到的各种形式的借款。本研究采用银行存款和借款来测量金融资本。

(4)人力资本：它代表着知识、技能、劳动能力和健康状况，它们共同作用并使人们去追求不同的生计手段以取得相应的生计目标。本研究采用户主年龄、劳动力数量、家庭人数和户主受教育年限来测量人力资本，其中劳动力数量是指家庭人口中18岁到60岁的人数。

(5)社会资本：是指人们为了追求生计目标所利用的社会资源，例如社会关系网和社会组织。社会资本的作用在于它可以增强人们的相互信任和相互合作，降低交易成本，通过协调行动来提高效率。本研究利用户主是否曾是局、场管理干部、请客送礼费和电话费等指标来反映国有林区职工的社会资本。

3.2 生计策略的理论分析与界定

生计策略是指人们对资产利用的配置和经营活动的选择，以便实现他们的生计目标。生计策略决定了生产行为和消费行为，进而决定了收入来源及消费状况。因此，本研究通过分析森工林区职工的收入来源与消费状况来分析其生计策略。农户收入按来源一般可分为工资性收入、家庭经营性收入、财产性收入和转移性收入。本研究按此标准并结合森工林区的实际情况，将家庭经营收入分为农业收入、林业收入和非农林收入。

农业收入包括种植业收入和家庭养殖业收入；林业收入包括林下采集收入、林下养殖收入和林下种植收入。家庭养殖和林下养殖的区别是前者是在自家庭院或其他非林地上从事的养殖活动，如养猪、养鸡等；后者是在森林中从事的养殖活动，如养林蛙、养蜜蜂等。但由于本研究回收的调查问卷中，林下养殖收入这一项多为空白，有数据的样本占样本总量不足0.5%，因此只能舍弃这一项。林下采集收入和林下种植收入的区别是前者如采摘山野果、山野菜等；后者如种植木耳、五味子等。财产性收入是银行存款利息收入、贷款利息收入、奖券收入、出租土地、设备、房屋收入的总和。转移性收入是退休金、医疗补助、政府其他补助收入和他人赠与的总和。除此之外还引入了家庭总收入、家庭纯收入和人均纯收入三个变量。

对消费状况的测量，主要选取家庭人均消费水平和主要消费支出项目作为变量，其中主要消费项目包括食物消费、日常用品消费、子女教育学费和医疗卫生费。

3.3 生计后果的理论分析与界定

对于生计后果的考察，本研究从林业职工是否陷入贫困和生计策略产生的环境影响两个方面进行分析。森工林区职工一方面拥有一定的耕地和林地以从事农林业生产，另一方面又具有城镇户口且享受由此带来的国家财政补贴，如退休金和城镇医疗补助等，因此无论用固定绝对贫困线还是固定相对贫困线对森工林区职工贫困状况的测度都将造成贫困面的狭小，因此，本研究以国际通行的每日1美元的国际绝对贫困标准来测度森工林区职工的贫困状况。考虑到本研究使用的是2008年的调查数据，按照国际货币基金组织测算的2008年购买力平价计算，贫困标准为人均年收入2500元人民币。

林业职工生计策略对环境的影响则通过薪材和肥料使用情况来衡量，其中薪材使用情况具体包括薪材产量、生产用燃料费和生活用取暖费；肥料使用情况主要包括化肥费和农药费。

4 可持续生计的比较分析

4.1 生计资本的比较

山上职工与山下职工的生计资本状况呈现出不同的特征。从表2可以看出，山上职工和山下职工在自然资本中的人均林地面积、人均耕地面积，物质资本中的房屋结构、大型生产工具价值、家畜存量，金融资本中的借款金额，社会资本中的是否曾是局、场管理干部方面存在显著性差异。而山上职工与山下职工在维护社会关系的支出、人口数量、人口素质，以及衡量生活水平高低的银行存款和耐用消费品价值上都没有显著性差异，说明二者在生活上基本是无差异的。在资源禀赋上山上职工则优于山下职工，从自然资本中的人均林地面积和人均耕地面积两项的比较中可以明显看出山上职工的均值大于山下职工。但是山下职工在借款金额上比山上职工有明显的优势，说明山下职工在筹措资金的能力上具有优势。

综上所述，山上职工的优势主要体现在自然资本；而山下职工的优势则主要体现在金融资本上，除此之外双方的差异很小。

表2 调查地区山上职工和山下职工的生计资本

生计资本	山上职工	山下职工	t 检验结果
1. 自然资本			
林地面积(hm^2/人)	2.78	1.72	0.045
耕地面积(hm^2/人)	0.16	0.80	0.001
2. 物质资本			
房屋结构			0.012
混凝土房(%)	7.07	10.29	—
木房(%)	0.82	0	—
砖房(%)	85.60	79.43	—
其他(%)	6.52	10.29	—
大型生产工具价值(元)	1848.25	471.72	0.000
耐用消费品价值(元)	2289.74	2660.99	不显著

（续）

生计资本	山上职工	山下职工	t检验结果
家畜存量			0.000
猪(%)	2.45	2.57	—
鸡(%)	14.95	8.29	—
其他(%)	0.54	0	—
无(%)	82.06	78.14	—
3. 金融资本			
银行存款(元)	6864.13	5344.29	不显著
借款金额(元)	4868.26	6890.98	0.012
4. 人力资本			
户主年龄	51.61	53.24	不显著
劳动力人数	2.33	2.33	不显著
家庭人数	3.25	3.22	不显著
户主受教育年限	8.06	8.22	不显著
5. 社会资本			
交通费(元)	383.27	293.57	不显著
请客送礼费(元)	1339.13	1329.86	不显著
电话费(元)	475.77	520.31	不显著
是否曾是局、场管理干部			0.000
局管理干部(%)	5.16	11.14	—
场管理干部(%)	11.41	10.57	—
都不是(%)	83.42	78.29	—

4.2 生计策略的比较

山上职工与山下职工在生计策略上的差异主要来自其对林地资源的利用上，这可以从表3中二者在家庭经营收入中的林业收入方面具有显著性差异而得到验证。此外，山上职工和山下职工在财产性收入上也具有显著性差异，主要原因是山上职工拥有更多的耕地和林地，有些职工将其耕地或林地出租而获得额外的地租收入。但是，无论是家庭总收入还是纯收入，山上职工和山下职工都不存在显著性差异。

在消费支出方面，山上职工和山下职工只是在食物消费上有显著性差异，山下职工要消费多一些，但差别并不大。这是由于对于一些食品类的生活必需品，山上职工更容易从其农业生产中自给自足。

表3 调查地区山上职工和山下职工生计策略情况

生计策略	山上职工	山下职工	t检验结果
1. 收入状况(元)			
家庭总收入	25044.40	23834.39	不显著
包括：工资性收入	11665.12	12606.26	不显著
家庭经营收入	5479.75	3720.92	不显著
农业收入	2902.93	2094.54	不显著
其中：种植业收入	2653.74	1721.86	不显著
家庭养殖收入	249.19	372.69	不显著
林业收入	1975.50	509.10	0.000

（续）

生计资本	山上职工	山下职工	t检验结果
其中：林下采集收入	237.12	108.44	0.000
林下种植收入	1732.68	239.51	0.000
非农林业收入	871.32	1117.28	不显著
财产性收入	213.82	143.91	0.024
转移性收入	7415.71	7363.30	不显著
家庭纯收入	23665.56	22947.05	不显著
人均纯收入	7586.16	7751.44	不显著
2. 消费状况(元)			
食物消费	4338.93	4489.37	0.042
日常用品消费	193.50	201.32	不显著
子女学费	2788.51	2677.55	不显著
医疗卫生费	3223.32	2813.28	不显著
家庭人均消费	3527.61	3425.03	不显著

4.3 生计后果的比较

从表4中可以看出，山上职工与山下职工在贫困状况方面不具有统计上的显著差异，山上、山下位置的不同并不影响贫困状况。

表4 调查地区山上职工和山下职工生计后果情况

生计后果	山上职工	山下职工	t检验结果
1. 贫困状况			不显著
贫困(%)	14.13	12.00	——
非贫困(%)	85.87	88.00	——
2. 对生态环境的影响			
薪材使用情况			
薪材产量(m^3)	10.75	13.33	不显著
燃料费(元)	68.21	72.14	不显著
取暖费(元)	185.69	247.06	0.014
肥料使用情况			
化肥费(元)	363.83	328.55	不显著
农药费(元)	159.14	130.85	不显著

在对生态环境的影响方面，双方基本上不存在显著性差异，只有在取暖费上山下职工比山上职工用的多，造成显著性差异。可以推断出双方由于人为活动对环境造成的影响是大体相同的。

5 结论

利用DFID框架，本研究从黑龙江省15个森工林业局718个样本的调查数据中，对黑龙江省森工林区山上职工和山下职工的可持续生计进行了分析。研究发现，山上职工和山下职工在自然资本(林地和耕地)以及物质资本上有显著差异，而在生计策略上的差异则主要体现在来自林下经济的收入上，但是他们在生计后果(贫困及对环境的影响)上却无显著差异。

山上职工和山下职工的贫困状况均无显著差异，得到的启示是撤并一部分山上林场(所)并将山上职工转移到山下来是可行的，即虽会对其生计策略产生一定影响但不会对其生计后果产生影响。

参考文献

[1]Chambers. R, Conway G R. Sustainable rural livelihoods: practical concepts for the 21st century. IDS discussion paper 296. Institute of development studies, 1991

[2]Ellis F. Rural livelihoods and diversity in developing countries. Oxford: Oxford university press, 2000

[3]Bird K, Shepherd A. Livelihoods and chronic poverty in semi - aridZimbabwe. World development, 2003, 31(3): 591 - 630

[4]Hoon P, et al. Sustainable livelihoods: concept, principals and approaches to indicator development. Paper presented at the workshop sustainable livelihood indicators. Social development and poverty eradication division, UNDP, New York, 1997

[5]DFID. Sustainable livelihoods guidance sheets. DFID, London, 2001

[6]Solebury W. Sustainable livehoods: a case study of the evolution of DFID policy. ODI working paper 217. Overseas development institute, 2003

[7]黎洁，李亚莉，邰秀军，等．可持续生计分析框架下西部贫困退耕山区农户生计状况分析．中国农村观察，2009(5)：29 - 37

[8]徐鹏，徐明凯，杜漪．农户可持续生计资产的整合与应用研究——基于西部10县(区)农户可持续生计资产状况的实证分析．农村经济，2008(12)：89 - 93

[9]谢东海．农户生计资产量化分析方法的应用与验证——基于福建省农村最低生活保障目标家庭瞄准效率的调研数据．技术经济，2009，28(9)：43 - 49

[10]杨云彦，赵锋．可持续生计分析框架下农户生计资本的调查与分析——以南水北调(中线)工程库区为例．农业经济问题，2009(3)：58 - 65

[11]苏芳，蒲欣东，徐忠民．生计资本与生计策略关系研究——以张掖市甘州区为例．中国人口资源与环境，2009，19(6)：119 - 125

[12]吴伟光，沈月琴，徐志刚．林农生计、参与意愿与公益林建设的可持续性——基于浙江省林农调查的实证分析．中国农村经济，2008(6)：55 - 65

[13]陈洁，苏永玲．禁牧对农牧交错带农户生产和生计的影响——对宁夏盐池县2乡4村80个农户的调查．农业经济问题，2008(6)：73 - 79

[14]张蕾，文彩云．集体林权制度改革对农户生计的影响——基于江西、福建、辽宁和云南4省的实证研究．林业科学，2008，44(7)：73 - 78

[15]李天阁，高鹏，张亚冉．西南丘陵区农民生计多样性研究．安徽农业科学，2010，38(2)：1052 - 1055

[16]中国林业经济学会调研组．以农养林是振兴东北国有林区经济的突破口．林业经济，1998(2)：43 - 39

居民的居住区位选择状况分析
——基于北京市调查数据的实证分析

康琪雪

（北京林业大学经济管理学院）

摘　要： 本文基于北京市调查数据，对城市居民的居住区位选择状况进行了实证分析。借鉴国外的支付能力指数测算了北京市居民的区位支付能力水平，分析了居民的主要活动场所以及居民为满足其社会属性对区位的选择，还分析了居民的迁居意愿和社会排斥情况。结合分析结果，本文从城市居住空间结构合理化的角度得出了相关结论并给出建议。

关键词： 居住区位选择；区位特性；北京市

1　引言

近年来随着城市化快速发展和房地产市场化的推动，出现了很多城市居住空间结构的问题，比如居住空间结构的“失配”，居住空间结构的“分异”与居民居住“隔离”等，城市居住空间结构是城市中不同居民的选址行为及其引起的空间分布，因此有必要对城市居民的居住区位选择状况进行分析。本文以北京市作为个案，通过对购房者的问卷调查，了解居民的区位支付能力、居民的主要活动场所、居民的迁居意愿以及居民的社会排斥性等问题，并进行了分析，以此来反映城市居民的居住区位选择状况。

2　理论概述

由于空间资源的有限性，居民之间形成竞争，由最高出价者获得住房。在居民的所有支出中，除了用于综合商品的消费外，居民选择在某个区位居住，所支付的住房价格以及居民到其主要活动场所所必须支付的交通的货币成本和时间成本共同构成了居民的区位成本。居民的区位成本与其收入联系，表示了居民为居住在某区位的支付能力。该能力决定了居民选择在何处居住，正如 Kim，Peter，Daniel(2001)指出的，居民选择在何处居住以及工作表明了居民通过衡量工资、住房价格、交通成本的居住及工作的选址行为。通勤成本和住房成本的直接关联，意味着居住地与工作地的空间关系是影响居民对住房支付能力(也称住房可支付性)的重要因素(郑思齐等，2007)。

另一方面，一般具有相同社会属性的居民倾向于选择特定住宅区位空间(张文忠，2001)。这种社会属性在区位特性上的表现可以概括为三个方面：空间符号、社会交往以及消费偏好，相应的体现了区位对居民的象征价值、情感价值和功能价值。居民在满足自身社会属性时，会出现上流阶层人群对社会底层人群的主动排斥。正如 Fisher 等(2008)所指出的，随着过去几十年来收入的不平衡，处于收入最底层的居民很难找到可以支付得起的住房。低收入阶层受收入的约束，用于住房消费的支出相对低，在住宅区位选择时，只能选择适合于自己购买能力的区位，如城市的郊区或环境质量较差的区位，或者降低居住面积，或者被社会上中层遗弃在劣等社区中(Alan. W. Evans，1992)。

本文从居民的区位支付能力、居民的主要活动场所、居民的社会排斥性等方面设计问卷和指数，来分析居民对居住区位的选择状况。其中居民的区位支付能力从定量化分析的角度引用了区位支付能力指数(LAI)，这是美国 CNT(Center for Neighborhood Technology)和 CTOD(Center for Transit－Oriented Development)在 2006 年共同设计的住房＋通勤支付指数(Housing ＋ Transportation Affordability Index)。住房＋通勤支付指数不仅仅是衡量住房成本的指数，也是区位内在价值的衡量。该指数具有根本的创新性，因为它衡量了居民在住房和交通成本以及居住在临近购物中心、学校和工作地以及优美环境的节省之间的互换，为消费者、政策制定者、投资者提供信息使其做出更好的决策来确定哪些区位是真正可支付的，也可以用于不同区位的居民或不同类型居民的区位支付能力的分析。美国对该指数的应用分为了两个阶段：在第一个阶段中，主要对圣保罗－明尼阿波利斯进行了检验；第二个阶段是对美国 52 个大都市区的在街区水平(neighborhood)上的数据进行了建模。在支付能力系数的应用中，居民的交通成本计算分为三个不同的部分：汽车购买成本，汽车的使用成本，交通使用成本。住房支出则主要是每个月的按揭成本(即月供)。

3 问卷设计和指数设计

为了考察北京市城市居住空间结构问题的机理，笔者于 2009 年 1 月份对北京市居民进行了随机调查和访谈。其中问卷主要分为被调查者个人基本情况、被调查者的居住区位经济特性状况、被调查者的居住区位社会特性状况、被调查者的迁居意向四部分，由 25 个问题组成。本次研究采取的抽样方式为简单随机抽样，共发放问卷 500 份，收回 482 份，通过数据整理和剔除无效样本，本研究实际采用的样本为 313 个。

在对区位支付能力指数的计算中，我们借鉴了美国 CNT 和 CTOD 指数设计的思想，并根据现实情况进行了调整。因为每个家庭的贷款和借款情况不同，为了做到尽可能的统一以反映实际情况，本文将住房总价按照当前贷款比例为 70% 的情况进行统一测算，而不是分别计算每个调查对象的实际支出。对交通成本，由于能力原因，笔者没有对汽车购买成本、汽车的使用成本、交通使用成本这几项分别统计，而是在问卷调查中让被调查者选择计算汽车折旧、汽油、交通等所有成本总和的选项。根据官方数据，当前我国 5 年以上商业贷款利率(不考虑浮动利率)是 5.94%，一般的可贷款部分占住房总价的 70%。我们统一计算当贷款期限为 30 年时每月的住房支出情况，根据银行提供的数据，30 年的贷款系数是 59.57①。这样我们得到了本文所用的区位支付能力指数的计算公式：

$$LAI = \frac{\text{住房总价(各组中值)} \times 59.57 \times 12 \times 0.7 + \text{交通成本(各组中值)} \times 12}{\text{年收入}}$$

4 样本分析

在收回的有效问卷中，从家庭结构看，家庭人口数平均为 2.96 人，家中有 3 人的比例最大为 54.6%，其次是家中有 2 人和 4 人的，比例分别为 18.5% 和 16%。受教育程度情况，本科学历的比例最大为 47%。被调查者职业分布比较平均，基本涵盖了各阶层各职业，其中企事业办事人员占比例稍高些，为 13.2%。被访者的购房时间大部分集中在 1997～2008 年，处于我国房地产发展繁荣的时期。被调查者平均拥有住房数量 1.24 套，有一套住房的人比例最大，为 63.9%。被访者购房总成本集中在 30 万～100 万元之间，累计占到了 54.6%。有 44.1% 的被调查者居住在 50～90 平米的住房中，35.5% 住在 90～150 平米的住房中，8.6% 住在 50 平米以下的住房中，住在 150 平米以上的累计占 11.79%。

根据对有效数据的归类整理，从以下几个方面进行了分析。

4.1 居民区位支付能力

对于购房者区位支付能力指数的计算，我们得到最小值是 0.01，最大值是 3.4，平均水平是 0.48。其中大于 1 的样本是 28 个②。

① 该数据不用银行提供，根据等额序列支付资金回收系数 $i(1+i)^n / [(1+i)^n - 1]$，在知道利率的情况下就可以得出。

② 考虑到北京当前的住房价格水平过高的现实，以及很多居民向亲戚朋友大量借款购买住房以及汽车的消费习惯。也考虑到本计算中的数值取的是中值，而且住房价格均统一计为贷款 30 年的情况的计算。出现少量大于 1 的情况也是正常的。

我们对指数等级进行划分，从低到高划分成 0 ~ 0. 33、0. 33 ~ 0. 67、0. 67 ~ 1、大于 1 四个等级。对于购房者区位支付能力指数的分析处于第 1、2 等级的样本占绝大多数，分别有 147 人和 67 人，分别占样本总体的 57% 和 26% 。

不同类型住房居民的区位支付能力情况，如表 1 所示。

表 1　不同类型住房居民区位支付能力差异情况

住房类型	Mean	N	Std. Deviation	Minimum	Maximum
国家分配住房	0. 3113	57	0. 33677	0. 02	1. 34
继承祖房	0. 4413	14	0. 42321	0. 15	1. 74
拆迁安置房	0. 7255	18	0. 90196	0. 08	3. 40
经济适用房	0. 5623	69	0. 75163	0. 03	3. 40
普通商品房	0. 4659	86	0. 51197	0. 01	2. 73
高档公寓	0. 7051	10	0. 76860	0. 05	2. 59
别墅	0. 418	1		0. 04	0. 04
承租住房	0. 0809	3	0. 09214	0. 02	0. 19
Totao	0. 4775	258	0. 60132	0. 01	3. 40

从表 1 可以直观看到，国家分配和承租住房、别墅明显的区位支付指数偏低。这说明，除了国家分配和承租住房外，别墅居民的区位支付能力明显高于住在经济适用房和普通商品房的居民。拆迁安置房与公寓住房的区位支付能力指数最高，造成这种情况的原因并不同：拆迁安置房没有市场性质，区位选择本身是刚性的，因此区位支付能力低纯粹是由于位置导致的高交通成本和收入低的约束造成的；高档公寓是完全市场化的住房，它遵循住房竞价规律，是高收入者选择宜人性水平高的区位的结果。

对不同收入组的分析结果表明了区位支付能力与收入的显著的负相关性，如图 1 所示。对不同购房者收入组区位支付能力进行方差分析，检验不同收入组之间的区位支付指数是否具有显著差异。从下面的方差分析表 ANOVA 看到，方差分析 F 检验的伴随概率为 Sig. = 0. 000 < 0. 009，小于显著性水平(一般为 5% ，10%)，因此拒绝各组之间不具有显著差异的假设。因此可以得到，不同收入组的区位支付指数具有明显差异，收入越高，支付指数越低。也就是说高收入阶层的区位支付能力高于低收入阶层的区位支付能力，并且区位支付能力指数和收入之间呈现了明显的负相关性规律。

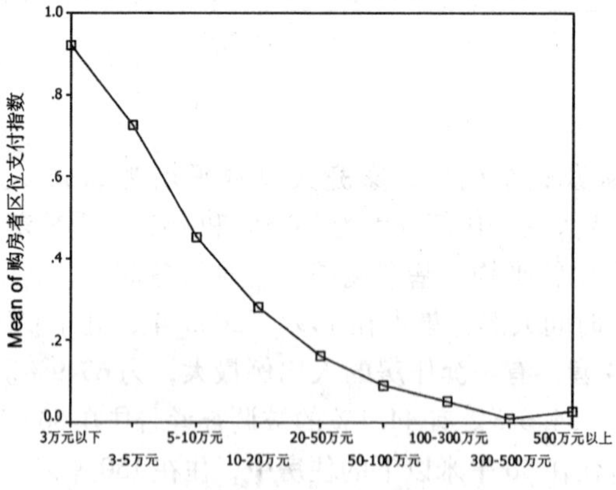

图 1　不同收入组居民区位支付能力差异情况

4. 2　居民重要活动场所

从家庭的主要活动场所看，在不同结构的家庭中，工作单位作为主要活动场所的比重均占到了 50% 以上，见表 2 所示。对于孩子尚未上学或上幼儿园、孩子上中学或小学这两类在未来或现在涉及孩子上学问题的家庭，均有两成左右的居民认为孩子的学校也是他们的重要活动场所。孩子已上大学或工作但现在仍住一起的在过去涉及到孩子上学的家庭有近一成认为孩子的学校也是他们的重要活动场所，而其他类型家庭丝毫不认为这个重要，选择数量为0。另外，不同类型的家庭都在不同程度上认为购物中心和公园等配套设施是其重要的活动场所。

表2　工作单位作为主要活动场所在不同家庭结构中的比重

家庭状况＼常去地点	孩子的学校	工作单位	医院	公园	购物中心	高级场所	其他	最大频数	总计	权重
单身	0	27	0	8	12	0	3	27	50	54.00%
已婚没小孩	0	16	0	2	7	1	1	16	27	59.26%
孩子尚未上学或上幼儿园	10	49	4	4	8	0	0	49	75	65.33%
孩子上中学或小学	10	30	0	6	11	1	0	30	58	51.72%
孩子一起住已上大学或工作	8	113	4	28	31	3	6	113	193	58.55%
孩子不和自己一起住	0	10	0	3	5	0	1	10	19	52.63%
总计	28	245	8	51	74	5	11	245	422	58.06%

对于不同收入家庭的分析，我们发现就业地点的重要性对于不同收入的居民来讲都非常重要，如图2所示。另外，结合笔者对高收入且居住在别墅的居民的访谈，对于这部分居民来讲，高尔夫球场、健身房、酒吧等高级休闲场所也是其重要的活动场所。通过问卷，我们还发现年收入大于10万元的居民会光顾高级会所等场所，而且收入越高该几率越大，而年收入10万元以下的居民没有一人选择此项。这至少说明最高收入者和最低收入者在活动场所中几乎没有接触的可能，也就是说，在居住外的场所不同收入阶层也存在隔离的现象。

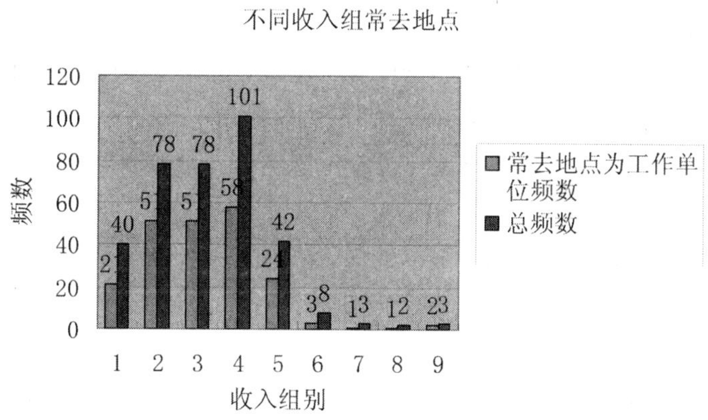

图2　工作单位作为重要活动场所对不同收入居民的比重

4.3　满足社会属性的区位选择

在问卷的问题设计中，只考虑房价的情况表现了居民缺乏区位选择的自由；身份地位需要是比较典型的区位空间符号带来的身份感的需要，住区理念既是邻里环境的表现也是空间符号的表现；家人、朋友、老乡在附近居住是社会交往需要；孩子的学校、医院、固定消费场所表现对公共设施和配套设施的需要；自然环境、邻里环境是决定宜人性水平的因素。

调查结果如表3所示，该结果表明年收入在50万元以上的居民没有受到房价的限制，区位的选择自由度很高。其中年收入50万～100万元的居民对邻里环境和社会环境更为看重，此选项比例最高，占到了总选项的37.5%。住区理念、自然环境、身份地位对于年收入100万元以上的居民的重要性基本上是相同的，可以看出这部分人群对空间符号更为重视。年收入10万～50万元的居民对于住区理念和邻里环境则比较重视。而年收入10万元以下的居民都受到了房价的限制，"只考虑房价"在所有选项中的比例是最大的。另外，住区理念以及家人朋友居住在附近这样的选项也占了较高的比例，说明尽管有房价限制，但居民也都将尽量满足自己的社会交往需要。我们还发现，对于身份地位需要一项，年收入10万元以下的居民都没有考虑。

表 3　不同收入组的区位选择状况

因素 \ 收入组	<3	3 ~ 5	5 ~ 10	10 ~ 20	20 ~ 50	50 ~ 100	100 ~ 300	300 ~ 500	>500
只考虑了房价	55. 56	30. 77	20. 00	2. 61	6. 52	0. 00	0. 00	0. 00	0. 00
住区理念和市场定位	4. 44	24. 18	14. 40	30. 43	21. 74	12. 50	33. 33	0. 00	25. 00
自然环境好	2. 22	2. 20	8. 80	6. 09	17. 39	18. 75	33. 33	33. 33	25. 00
邻里环境或社会环境好	0. 00	12. 09	10. 00	20. 87	17. 39	37. 50	0. 00	0. 00	25. 00
自己的身份地位需要	0. 00	0. 00	0. 00	1. 74	2. 17	6. 25	33. 33	33. 33	25. 00
临近文化场所	2. 22	3. 30	14. 40	4. 35	8. 70	6. 25	0. 00	0. 00	0. 00
家人、朋友、老乡在附近居住	22. 22	16. 48	8. 80	8. 70	10. 87	6. 25	0. 00	0. 00	0. 00
孩子学校质量好	0. 00	2. 20	10. 00	8. 70	2. 17	6. 25	0. 00	0. 00	0. 00
临近大医院	0. 00	4. 40	2. 40	3. 48	0. 00	6. 25	0. 00	0. 00	0. 00
临近自己固定的消费场所	2. 22	2. 20	1. 20	6. 96	10. 87	0. 00	0. 00	33. 33	0. 00
其他原因	11. 11	2. 20	10. 00	6. 09	2. 17	0. 00	0. 00	0. 00	0. 00
最大值	55. 56	30. 77	20. 00	30. 43	21. 74	37. 50	33. 33	33. 33	25. 00

注：各收入组的数值为年收入，单位是万元。单元格为各项的百分比，该题是多选题，共得到选项 573 个，该百分比是根据选项总数而不是样本总数得出的，因此各收入组按百分比总计均为 1.

4. 4　居民迁居意愿分析

根据问卷的问题，我们把居住满意程度分为了很满意、比较满意、一般、不太满意、很不满意五个等级，并以此打分。图 3 反映了不同类型住房居民对居住状况的满意程度。使用方差分析，检验不同住房类型之间满意度是否有显著差异，得到检验的伴随概率，Sig. = 0. 015，小于显著新水平（一般为 5%），因此，拒绝各组之间满意度不具有明显差异的原假设，也就是说不同住房类型组样本对目前住房的满意度具有显著差异。

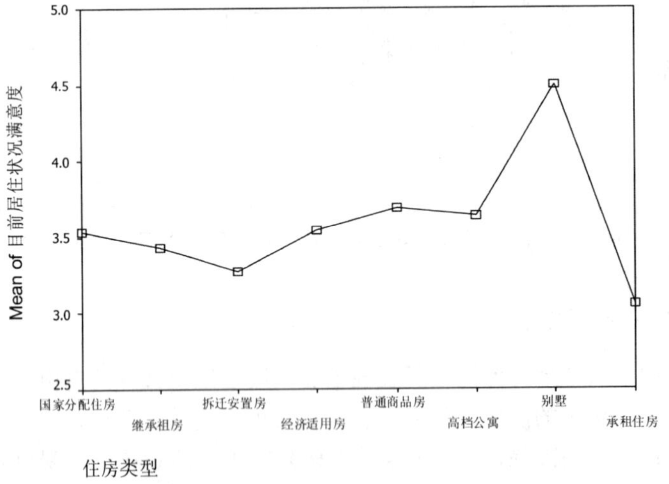

图 3　不同类型住房居民对居住的满意程度

我们得到所有类型住房的居民的平均满意水平是 3. 54，其中住别墅的居民满意水平最高为 4. 5，其他类型住房的居民满意水平比较平均。在进一步的迁居意愿的分析中，从图 4 中我们得知居住在别墅的居民没有迁居意愿，住在高档公寓和商品房的居民的迁居意愿也比较低，其他类型住房居民的迁居意愿则比较高。对不同收入的居民的迁居意向调查结果，如图 5 所示。我们通过该图可以看出，年收入超过 50 万元的居民迁居意向为 0，而年收入 50 万元以下的居民有迁居意愿，表示了对居住的不满意。

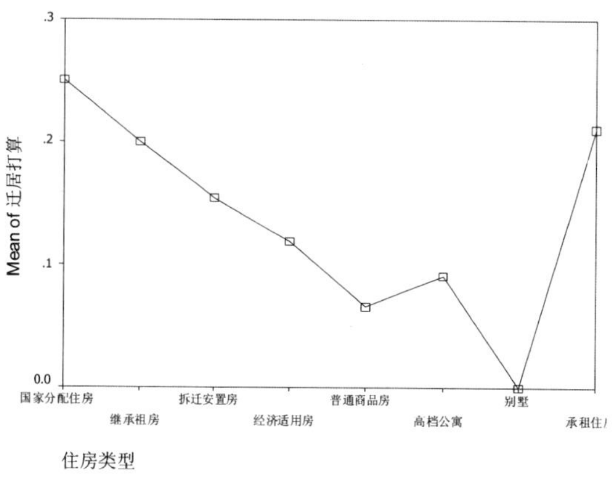

图 4　不同住房类型居民的迁居意愿

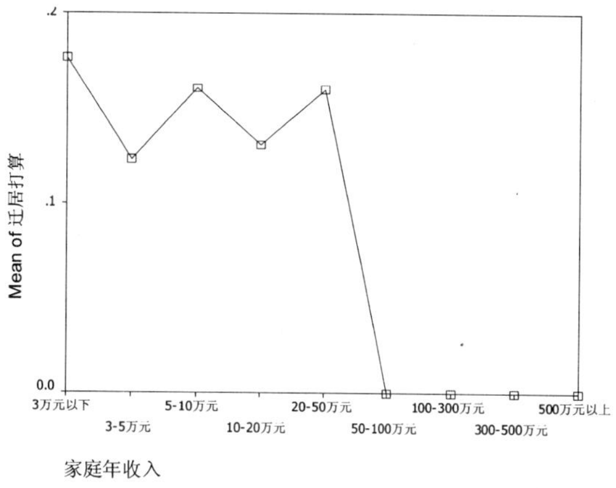

图 5　不同收入居民的迁居意愿

迁居意愿是否实现要看现实的约束，表 4 表明了被调查者不能迁居的主要限制因素。从该表中我们可以看出，房价的限制在所有的选项中比例最高，占到了 52.4%，这说明当前的住房实际价格对居民区位选择形成了阻碍。这里，如果居民选择了付出高额的住房成本实现迁居的话，则会对其生活水平造成下降。另外没有找到适合的小区的原因也占到了 25.56%，这说明在收入可支付住房成本的前提下，现在市场上住房的区位社会特性不能满足居民作为社会人的需要。其他方面因素占比重虽然小，但也说明实现交易的成本高也影响了居民对区位的选择自由。

表 4　居民不能实现搬迁意愿的原因

不能成功搬离原因	Sum	%
没有找到适合的小区	80	25.56
房价太高	164	52.40
卖方的手续费太高	17	5.43
买方的税费太高	12	3.83
贷款利率太高	22	7.03
其他	9	2.88
合计	313	100

4.5　居民社会排斥

图 6、图 7 分别表明了不同类型住房的居民对经济地位与自己悬殊的人的排斥程度和不同类型居民对与自己社会地位悬殊的人的排斥情况。从这两个图中我们可以看出，住在别墅中的居民最不愿意和与自己社会经济地位悬殊的人住在一起。还可以看出居住在继承住房的居民对社会经济地位悬殊的人居住在一起最不在乎，这是因为继承住房往往都有一定的历史，周边的居民与自己形成了比较固定的社会交往，因此，这种交往不会因为经济地位的差异而受到破坏。这种继承祖房型住房也往往形成一定的空间符号，体现了居民在居住过程中产生的认同感与归属感，是居住区位具有的满足社会交往需要的特性和社会文化价值的体现。

在居住中实现主动排斥的手段之一是社区封闭，问卷中设计了“必须封闭”、“最好封闭”、“无所谓”三个选项。调查结果表明，将这些排序“关于居住区是否封闭”的意愿平均水平是 1.67，也就是说对于居住区的封闭处于“无所谓”和“最好封闭”之间的程度。居住在别墅的居民对于封闭的意愿最为强烈，选择比例为 100%。结果还表明了随着住房市场化程度增加和住房档次的增加，封闭意愿呈上升趋势。这也在一定程度上反映了不同类型住房居民居住隔离的意愿变化情况。

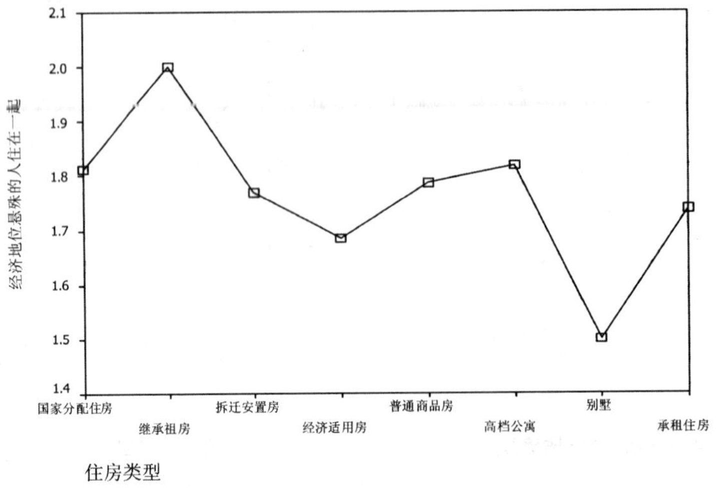

图6　不同类型住房居民对与自己经济地位悬殊的居民的主动排斥情况

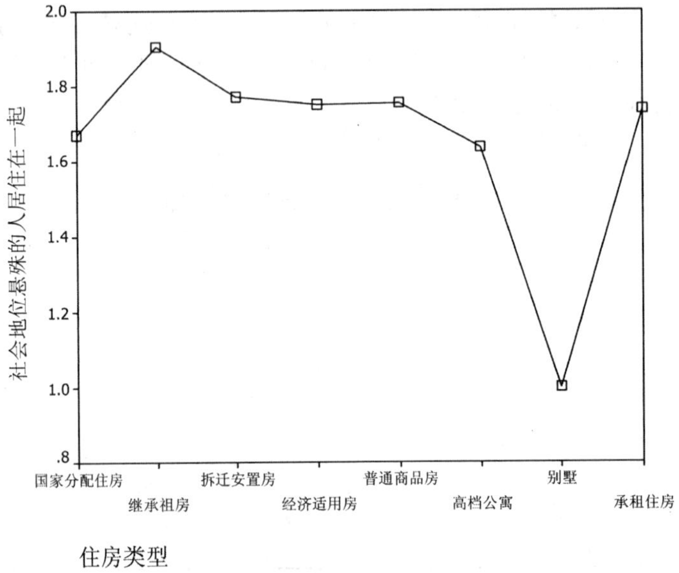

图7　不同类型住房居民对与自己社会地位悬殊的居民的主动排斥情况

5　结论与建议

通过上面的统计分析过程，我们可以得出如下结论：

(1)北京的区位支付能力指数为0.48。这意味着北京居民住房成本和交通成本之和，占到居民收入的近一半水平。调查结果出现了该指数大于1的情况。从居民的购房年限可以看出1997年后买房的比例较大，因此造成该指数较高的原因一方面和近年来的不断上涨的住房价格有关，另一方面和居民借钱买房买车的消费行为有关。

(2)北京居民的区位支付能力指数与居民收入水平呈显著的负相关关系。从上面的分析，我们可以得出收入水平越高，区位的支付能力越高的结论。这说明，对于高收入的居民来讲，其区位选择自由程度更高，而低收入居民的区位选择自由程度更低。所以对于拆迁安置房等居民来讲尽管住房价格不高，但是由于高昂的交通成本使得总区位成本增加，在自己较低收入的约束下，区位支付能力也较低。

(3)居民的主要活动场所主要是工作单位，在居住区外也存在隔离的情况。从分析中，我们可以看出，对于不同收入的居民来讲，工作单位作为其主要活动场所都占了很大比例。但是从不同收入居民光顾高级会所等的几率看，不同收入居民在居住区外也会存在隔离的情况。

(4)在选择区位时，收入越低居民受房价的限制越大。当收入水平低时，对区位的选择则只会考虑住房价格，而往往无能力考虑其他因素。在房价的相当水平上也会尽量满足自己社会交往的需要。当居民达到一定的收入水平时，更注重居住区的定位和环境因素。

(5)不同类型住房居民的满意度差异明显。居民居住满意度为3.54，也就是说对当前的居住状况的评价是在一般和比较满意之间的水平。住在别墅的居民的满意程度比其他居民明显要高。因此说明了其他类型住房的居民的迁居意愿更明显，主要还是由于房价的原因阻止了迁居的实现。

(6)居住在别墅的居民主动社会排斥的意愿强烈，居住在继承祖房的居民主动排斥的意愿最弱。可以看出不论是经济地位还是社会地位，居住在别墅区的居民都表现了最为强烈的隔离意愿，这种意愿通过有形的居住区封闭在现实中得到了实现。居住在继承祖房的居民则对不同地位居民表现了更强的包容性，这种包容性是社会交往和空间符号带给自己的社会满足。

综上所述，不同居民选择不同居住区位的经济原因是区位支付能力的两极分化，社会原因是社会文化不融合导致的纵向联系减弱。所以，首先要缩减区位支付能力的差距，提供不同居民之间彼此了解和交往的机会。一方面要降低低收入阶层的住房成本和交通成本，另一反面，要避免居住区位的空间资源的不合理分配，尽量减少因货币因素导致的居住隔离。其次，要从更深层次的社会文化影响的意识形态着手，建立不同类型居民彼此平等和谐的关系。强调“大混居，小聚居”的居住组合，在最大程度上阻止不同居住者间过度隔离的情况，避免社会问题在居住空间上表现甚至恶化，营造和谐的居住空间环境。另外，还要指出的是，在多中心城市发展过程中如何做到有序的交通体系非常重要，居民居住空间结构的不合理会造成无序的交通，无序交通又带来高的交通成本，这种居民居住区位选择过程的相互作用会导致更多问题的出现。因此，政府不仅仅要解决住房问题，还要意识到居住问题和交通问题交叉在一起时的复杂性，将住房与交通问题结合起来解决。

参考文献

[1]Kim, Peter, Daniel. The Effects of Housing Prices, Wages, and Commuting Time on Joint Residential and Job Location Choices[J]. Amer. J. Agr, Econ. 83(4)(November 2001): 1036-1048

[2]Lynn M. Fisher, Henry O. Pollakowski, Jeffrey Zabel, Amenity-based Housing Affordability Indexes [J/OL], http://web.mit.edu/CRE/research/hai/pdf, 2008: 1-48

[3]Center for Transit-Oriented Development and Center for Neighborhood Technology, The Affordability Index: A New Tool for Measuring the True Affordability of a Housing Choice[Z]. The Brookings Institution · Urban Markets Initiative · Market Innovation Brief, 2006(1): 1-23

[4]郑思齐，张文忠．住房成本与通勤成本的空间互动关系——来自北京市场的微观证据及其宏观含义[J]．地理科学进展，2007，26(2)：35-42

[5]张文忠．城市居民住宅区位选择的因子分析[J]．地理科学进展，2001，20(3)：268-275

[6](英)艾伦·W·伊文思著，甘士杰等译．城市经济学[M]．上海：上海远东出版社，1992

[7]刘芳．区位决定成败：城市住区空间区位决策与选择[M]．北京：中国电力出版社，2007

广西林农对林业科技服务的需求现状分析

刘亚萍[1]　万业靖[2]　金建湘[1]

（1. 广西大学商学院；2. 广西林业厅科技处）

摘　要：通过对广西壮族自治区3个县7个乡镇334位林农的有效问卷分析结果表明：这些地方留守在乡村的林农年岁相对比较大，受教育的程度比较低，大部分家庭的月均收入在2000元以下。他们表达了林改后对林业科技服务有着急迫的需求意愿，非常希望相关部门能够以电视科教片、专业书籍以及专家的直接指导和讲座等方式向他们提供相应的科技知识。同时，林农对于现在所提供的林业科技服务相对较为满意，认为林改后的林业科技服务与林改前的科技服务活动没有多大改变。但是林农选择应用网络或者电话了解和咨询林业科技知识的人次相当少。鉴于此，建议依托原有的林业推广站体系，创新林业科技服务机制和体制，建立制度化、常规化的林业科技服务活动，以此巩固集体林权制度改革的成果，使林农成为真正的最大受益者。

1　引言

随着集体林权制度改革在全国的全面铺开，广西壮族自治区的林改也进入了最后的攻坚阶段。广西从2008年起，按照中央的计划需在五年之内(即在2012年末)全部完成区内的林权制度改革任务。今年是区内扩大试点的中期阶段和整体推进的起始阶段，到今年末要完成整个林权改革任务的1/2。毫无疑问，随着林改工作的深入，后续的林改配套措施也提上议事议程，尤其是林农获得林地之后，如何进行经营管理使其增值增效，并保证其能永续利用，成为目前最重要的工作。很显然，为保证该工作的顺利进行，巩固集体林权制度改革的成果，需要建立林业科学技术服务于林农的科技管理体制和运行机制。因此，在建立其管理体制和运行机制之前，深入了解林农对林业科技的需求程度和意愿，客观分析林农对林业科技服务的满意程度，具有重要意义和必要性。

2　研究动态和研究方法

2.1　国内外研究动态

自新中国成立以来，林权的变更起起伏伏经历了60年的变化。然而，有关集体林权制度改革的理论研究却主要出现在最近20年里，研究内容十分宽泛，而较少涉及到林权制度改革后科技服务体系的理论研究和实证分析，更多的是有关于林权制度改革的理论、政策和现状分析。如郑风田等对我国林权制度的历史沿革进行了研究，认为我国林权制度改革分为“四个阶段”。田淑英论证了其政策激励悖论的理论渊源在于管制者与被管制者之间的目标不一致和管制导致的产权残缺；提出了森林资源管制制度重构的基本思路。徐晋涛等基于8个省份的实地调查分析后，认为我国林权改革模式呈现多元化，其改革已见初步成效。张蕾等基于对江西等4省集体林权制度改革情况的实地调查资料，分析林改前后农户林地面积、林分构成、林业收入、外出打工人数、林地流转规模等方面的变化，并采用计量经济模型进行估计。肖泽忱等从林业工作人员和林农两个不同主体对林权改革的认知差异角度，分析了辽宁省集体林权制度改革的进展状况以及存在的问题。国外学者对于林权的改革也有自己的观点，如 Gregersen 对亚太地区 21 个国家的情况研究后，认为"分权并不是一种万能药，也并不总是有效或公平的。它可能是一种促进民主治理的方式，在分权的过程中，它可能有助于减缓贫困和促进森林可持续经营，但它本身并不是一个足够的措施。"

截至目前，关于科技服务林改的研究成果鲜见，有少量论文探讨了该方面的问题，且内容多为研究者的定性分析成果。如李建民等以福建集体林权制度改革后推行的林业科技推广功能性改革作为研究对象，对其推行的效果进行了分析和评述；詹祖仁以南方集体林区尤溪县为例，从创新体制、机制层面入手，提出了创新林业科技服务体系的基本思路；夏文忠建议：林改后，要对林农的科技需求进行调研，有针对性地开展研究工作，对林农进行技术培训等一系列科技服务林农的措施。党宏发等提出应用科技知识发展"立体林业"，即借助林地的生态环境，在林冠下开展林、农、牧等多种项目的复合经营，并开展旅游活动和专题观光，以促进林农的增收致富。

2.2 研究方法

本课题主要是通过实地调查、问卷调查和入户访谈等方法获得相关的数据资料和林农的真实感受、需求和满意度等。具体的研究步骤为：

2.2.1 选定研究地

因为林改工作整体涉及到区内 110 个县，即便是今年也涉及到 25 个县以上，因而对所有县要进行深入的调研，尚缺人力、资金和时间上的支持，故需要在所有已经实施集体林权制度改革的县市中选择具有代表性的地方。通过林业厅林改办提供的资料综合考虑之后，确定以林改工作开展较早的南宁市武鸣县、钦州市浦北县和梧州市苍梧县三个县作为实地考察和问卷调查的研究对象。

2.2.2 问卷设计

在本次调查问卷中，设计了四大部分内容：个人基本情况调查、对林业科技服务的认知、态度和满意度、对林业科技服务的需求。总体设计有 31 大问项，其中有些问项，设计有进一步细化的问项和多选项。但总的原则是所涉及问卷内容能够反映林农对林业科技服务现状的满意程度和需求情况。

2.2.3 问卷调查实施

在三个县林业局和乡镇林业推广站工作人员的协助下，本调研小组一共 7 人到该 3 个县的 7 个乡镇进行入户访谈和问卷调查，每个县为 2～3 个乡镇，调查时间为今年暑假的 7～8 月间，每个县大约调研 4～5 天的时间。总计随机发放 400 份问卷，回收 351 份，回收率为 87.75%，剔除部分无效问卷后，获有效问卷 334 份，有效回收率为 83.5%。

3 广西壮族自治区集体林权制度改革现状

广西壮族自治区的壮族是国内少数民族人口数最多的一个民族，有着千年种植水稻的历史，喜欢聚居在水边；同时，由于种植水稻需要水，对能够养护水源的森林有着特别的敬畏，他们会把树称之为"龙树"，树所在的山林，称之为"龙林"和龙山；再加之广西温暖湿润的气候，使其植物非常容易生长，因此相对有些省市来说，到处呈现出绿树成荫的环境。但尽管如此，广西的地理条件并不是十分的优越，因为山地比较多，平地较少，所以农民的主体土地还是山地，即是山林。实际上，从我国新中国成立后，林权的改革随着农民土地的改革和变迁，也是发生了几次大的变化。在广西，由于农田少，上个世纪 80 年代初，就随着农田的分田到户，就已经把山林分到了农民手中，只是当时不是很规范和权属明确。广西在 2008 年启动的集体林权制度改革，是基于上个世纪 80 年代开始的土地改革基础上，对山林进行明确勘界、进一步明晰权属，并发放权证，计划在 2008～2012 年完成全区 2.1 亿亩林地的改革任务，具体的推进计划如表 1：

表 1 广西壮族自治区林改推进计划(单位：万亩)

项目	2008	2009	2010	2011	2012
先行试点	410				
扩大试点		1790	1790	897	
整体推进			6456	4842	4842
年度任务	410	1790	8246	5739	4842
累计完成	410	2200	10446	16185	21027

注：先行试点工作任务总量为 2 个县，410 万亩集体林地；
扩大试点工作任务总量为 25 个县，4477 万亩集体林；
整体推进工作任务总量为 83 个县，16140 万亩集体林；
工作总量为 110 个县，21027 万亩集体林地。
资料来源：参见广西壮族自治区林业局编辑的《广西壮族自治区集体林该制度改革资料汇编》28 页。

从目前广西壮族自治区林改工作的进度来看，是完全按照计划在进行，能够在 2010 年末，完成年度 8246 万亩(包括扩大试点的 1790 万亩和整体推进的 6456 万亩)的任务。因此可知，广西集体林权制度改革的推行还比较顺利。但是，由于集体林权制度改革使林地经营单位缩小，经营权和使用权完全归属于林农自己，完全不同于过去的集体林权可以统一管理和经营的现状，这样对于林业科学技术服务管理和机制的运行带来了新的挑战和难题。

4 调研结果与分析

4.1 调查样本的个人基本信息特征分析

通过对 334 份随机抽样问卷调查表的描述性分析，呈现如下个人信息特征(见表 2)。

表 2 广西浦北、武鸣、苍梧林农个人信息特征

被调查者个人资料		人数	比例(%)	被调查者个人资料		人数	比例(%)
性别	男	206	61.7	平均家庭月收入(单位：元)	1000 元以下	133	40.2
	女	71	21.3		1001－2000 元	84	25.2
	未填写	57	17.0		2001－3000 元	42	12.6
	总计	334	100		3001－4000 元	27	8.1
年龄	18 及以下	4	1.2		4001－5000 元	12	3.6
	19－24 岁	16	4.8		5000 元以上	2	0.6
	25－34 岁	41	12.3		未填写	34	10.2
	35－44 岁	52	15.6		总计	334	100
	45－55 岁	91	27.2	居住地	浦北官垌镇	42	12.6
	55 岁及以上	112	33.5		浦北龙门	67	20.1
	未填写	18	5.4		武鸣甘圩	44	13.2
	总计	334	100		苍梧双桥	50	15.0
学历	初中及以下	230	68.9		苍梧木双	47	14.1
	高中或中专	84	25.1		武鸣苍梧	48	14.4
	大专或本科	9	2.7		苍梧新地	33	9.9
	未填写	11	3.3		未填写	3	0.9
	总计	334	100		总计	334	100

由表2可知，在所抽样调查的林农中，男性居多，占据样本数量的61.7%，有206人；女性只有71人，占21.3%，另有57人未填写性别。样本中，年龄层次相对其他特征稍显均衡，最多人数者为55岁以上年龄层次的人数，有112人，占33.5%；其次为45～55岁年龄的林农为91人，占27.2%；第三是35～44岁林农为52人，占15.6%；第四是25～34岁林农为41人，占12.3%；24岁及以下林农仅为20人，占6%。该样本中，林农学历在初中以下者占据大多数，总计230人，占68.9%；高中或中专学历层次的林农84人，占25.1%，表明留守在农村家中的村民，受教育的程度较低。另外，样本中，家庭月均收入在1000元以下的林农家庭占据大多数，总计有133人，占40.2%；其次是1001～2000元之间的家庭有84人，占25.2%；第三是2001～3000元之间的家庭42人，占12.6%；第四是3001～4000元之间的家庭27人，占8.1%；家庭月收入在4000元以上者较少，仅有14人，占4.2%；另有34人未填写家庭收入情况，占抽样人数的10.2%。三个县的7个乡镇，抽样人数基本相当，大部分均在10%～15%之间，仅浦北龙门稍多一点，有67人，占样本数的20%。

上述统计表明，所抽样调查林农男性居多，年岁相对比较大，与现在留守在农村的人口构成实际状况相吻合，这一群体所受教育的程度比较低，年均家庭收入也比较低的，且大部分家庭月均收入在2000元以下。

4.2 林农对林业科技服务的需求意愿分析

对于林农对科技需求意愿的了解，主要通过表3中四大问项的回答结果来分析。

表3 广西林农对林业科技服务需求意愿表

问项	选项(可多选)	人次	选项人次比例(%)	样本数比例(%)
您现在最需要的林业科技服务	种植技术	170	31.02	50.9
	养护技术	96	17.52	28.7
	套种技术	68	12.41	20.4
	林业科普知识	67	12.23	20.1
	林业科技服务政策	45	8.21	13.5
	林业科技服务机构	15	2.74	4.5
	林业科技项目	57	10.40	17.1
	林业咨询网络	18	3.28	5.4
	其他	12	2.19	3.6
	总计	548	100	164.2
您现在最缺的林业科技服务	种植技术	171	32.76	51.2
	养护技术	92	17.62	27.5
	套种技术	66	12.64	19.8
	林业科普知识	62	11.88	18.6
	林业科技服务政策	41	7.85	12.3
	林业科技服务机构	12	2.30	3.6
	林业科技项目	50	9.58	15
	林业咨询网络	19	3.64	5.7
	其他	9	1.72	2.7
	总计	522	100	156.4

（续）

问项	选项(可多选)	人次	选项人次比例(%)	样本数比例(%)
林改后，您通过什么途径获得自己所需的林业科学知识和技术	阅读相关书籍	102	19.88	30.5
	看电视	221	43.08	66.2
	听广播	44	8.58	13.2
	听专家讲座	61	11.89	18.3
	专家直接指导	43	8.38	12.9
	网络咨询林业专家	6	11.70	1.8
	电话咨询林业专家	8	1.56	2.4
	浏览专业网站	8	1.56	2.4
	其他	20	3.90	6
	总计	513	100	153.7
您目前最希望以什么方式接受林业科技服务	阅读相关书籍	84	17.32	25.2
	看电视	161	33.20	48.2
	听广播	34	7.01	10.2
	听专家讲座	72	14.85	21.6
	专家直接指导	88	18.14	26.4
	网络咨询林业专家	10	2.06	3
	电话咨询林业专家	9	1.86	2.7
	浏览专业网站	12	2.47	3.6
	其他	15	3.09	4.5
	总计	485	100	145.4

由表3可知，林农回答“你现在最需要的林业科技服务”问项时，有170人选择了“种植技术”，占总回答次数的31.02%；其次有96人选择了“养护技术”，占17.52%；依次有68人选择“套种技术”，占12.41%；67人选择“林业科普知识”，占12.23%；57人次选择“林业科技项目”，占10.40%；其余选项均在10%以下，但有一选项需注意的是，有45人次选择了“林业科技服务政策”。对于问项“您目前最缺的林业科技服务”的回答中，有171人选择了“种植技术”，占32.76%；有92人选择了“养护技术”，占17.62%；有66人选择“套种技术”，占12.64%；62人选择“林业科普知识”，占11.88%；50人次选择“林业科技项目”，占9.58%；其余选项均在10%以下，不过对于想获得林业科技政策支持的需求有41人次，占7.85%。从这两个相关问项的统计数据中可以发现，当地林农最渴望获得在“种植技术”方面的技术指导，与之相吻合的是目前林农最缺的林业科技服务也是这一项。

林农在回答问项“林改后，您通过什么途径获得自己所需的林业科学知识和技术”时，有221人次回答为“看电视”，占回答人次的43.08%；有102人次回答为“阅读书籍”，占19.88%；有61人次回答为“听专家讲座”，占11.89%；有44人选择“听广播”，另有43人选择“专家直接指导”，分别占8.58%和8.38%；而其余选项，比如通过网络或者电话咨询专家以及通过浏览网站等来获得林业科技知识的人次非常少。相应地，在回答问项“您目前最希望以什么方式接受林业科技服务”时，选择“看电视”为最多人次，达到了161人次，占33.20%；选择“专家直接指导”为88人次，占18.14%；选择“阅读相关书籍”84人次，占17.32%；选择“听专家讲座”72人次，占14.85%；选择“听广播”下降为34人次，仅占7.01%；其余选择通过网络或者电话咨询专家以及通过浏览网站等获得林业科技服务的林农仍旧是比较少。表中的四个问项为多选题，因此总的回答次数超出334份有效问卷样本数量，但未超过200%，在150%左右，表明只有平均一半的林农是选择了两个选项。

综上所述，三个县的林农目前最需要的林业科学技术是林木的种植技术，而现在反映出来的是林农最缺的也是这一项，即林农缺乏林木种植技术的指导。同时，他们目前所能掌握林业科技知识的途径主要是通过看电视节目，其次是读书、听专家讲座、接受专家指导和听广播，但他们最希望能够接受林业科技知识教育的方式还是看电视，其次是专家直接指导，然后是阅读相关书籍和听广播，与目前接受林业科技知识的方式有所差异，表明有相当部分林农非常希望专家到现场进行直接指导，也说明在林农受教育程度不高、经济收入较低的情况下，专家的直接指导是一个十分重要的科技服务途径。

4.3 林农对林业科技服务现状的评价和满意程度

表4 广西林农对林业科技服务现状的评价和满意度

问项	评价均值	参与评价人次	抽样人次	百分比
评价防范自然灾害的专题教育效果	4.13	186	334	55.69%
对林业技术培训满意度	4.11	216	334	64.67%
对林业专家的技术指导满意度	4.02	201	334	60.18%
林改后的林业科技服务活动比林改前的比较	3.66	271	334	81.14%
林业科技下乡活动的满意程度	3.91	255	334	76.35%

注：效果评价等级分为5个层次：非常好为5分，好为4分，一般为3分，不太好为2分，不好为1分。
比较的评级等级分为5个层次：很多为5分；多为4分；基本相当为3分；少为2分，基本没有为1分。
满意的程度也是分为5个等级：很满意为5分；满意为4分；基本满意为3分；不太满意为2分；不满意为1分。

由表4可知，林改后，林农认为防范自然灾害的专题教育的效果还是比较好，均值为4.13，表明80%以上的林农都选择了很好或好；对于林改后，其科技服务活动比林改前"是多还是少"的评价中，均值最少为3.66，表明林改后与林改前的科技服务活动基本相当。对林业技术的培训和林业科技下乡活动的满意程度，其均值在4左右，表明有将近80%的林农对现有的科技服务还是比较满意。不过这些均值存在一个缺陷，即不是所有被调查者填写的问卷都对其进行了评价。参与评价人次最多的是"林改后的林业科技服务活动与林改前的比较"这一问项，为277人次，占有效样本数的82.93%；参加评价人次最少的问项是"防范自然灾害的专题教育效果"，为186人，占有效问卷的55.69%。因此，其中不免难以准确反映林农的真实态度。这样一来，林农对林业科技服务效果的评价以及满意度的测评结果或许还存在一定偏差，不一定十分准确地反映了林农的真实评价，还有待于进一步的调研来分析和论证。

5 讨论与建议

上述调研分析结果表明：留守在乡村的林农年岁相对比较大，受教育的程度比较低，大部分家庭的月均收入在2000元以下，经济收入很低，这一人群占样本数的65.4%，有217人。林改后，林农对林业科技服务有着急迫的需求意愿，最希望能够以电视科教片的方式或者专家现场技术指导方式传授林业种植技术、养护技术和套种技术，目前他们认为最缺的也是这些方面。因此，非常希望相关部门能够以电视科教片、专业书籍以及专家的直接指导和讲座等方式向他们提供相应的科技知识。林农对于现在所提供的林业科技服务相对较为满意，认为林改后的林业科技服务与林改前的科技服务活动没有多大改变。但是对于林农是否应用网络或者电话了解和咨询林业科技知识的回答，无论是现在使用还是将来愿意使用的人次都相当少。因此，基于上述结论，提出以下建议：

(1)对于常识性的林业科技知识可以通过制作相应的电视科教片或者光碟(以较低廉的价格或者是免费)进行普及，可以是以乡镇为单位进行播放，也可以是以村为单位，把光碟分发至村级。

(2)对于部分具有针对性很强的科技知识，可以依托过去一直设置的林业推广站系统，要求工作人员多下到乡村进行直接指导，也可以选定适当的时节，召集林农集中到某一处进行传授相关的林业科学技术和知识。

(3)仍然要最大限度地发挥科研院所和学校专家的作用，多组织这些专家下乡讲座和现场直接指导，向林农传授最新、最有效的林业科技知识。

(4)林业出版部门应组织相关专家撰写林业科技知识系列丛书，书籍要通俗易懂，还要相对便宜，让林农看得懂又买得起，这些书籍可以通过专门的下乡活动送去乡村集市，以便于农民购买。同时，相关部门还可以印制相应的科技小册子，并及时分发到林农的手中。

(5)对于广播、墙报、宣传栏等各种公共媒介仍然可以充分利用，进行普及某些常识性或者防治某些病虫害和预防灾害性天气的林业科技知识。

总之，面对林改后林权单位缩小的新格局，仍然需要依托原有的林业推广站体系，创新林业科技服务机制和体制，建立制度化、常规化的林业科技服务活动周、活动月，并且要勤于事前研究和事后评估，以此巩固集体林权制度改革的成果，使林农充分享受到集体林权制度改革带来的好处，成为真正的最大受益者。

参考文献

[1]郑风田，阮荣平，孔祥智．南方集体林区林权制度改革回顾与分析[J]．中国人口、资源与环境，2009，19(1)：25－32

[2]田淑英．集体林权改革后的森林资源管制政策研究[J]．农业经济问题，2010，(1)：90－95

[3]徐晋涛，孙妍，姜雪梅，等．我国集体林区林权制度改革模式和绩效分析[J]．林业经济，2008，(9)：27－38

[4]肖泽忱，布仁仓，胡远满等．集体林权制度改革认知差异实证分析[J]．安徽农业科学，2009，19(17)：9183－9185

[5]Hans Gregersen, Arnoldo Contreras－Hermosilla, White, et, al. Forrest Governance in Fedral Systems: An overview of Experinces and Implication for Decetralization[J]. Work in progress, 2004.

[6]李建民，潘标志．林业科技推广改革的理论与实践[J]．中国林业，2007，(9)：52－53.

[7]詹祖仁．林权制度改革后新型林业科技服务体系构建的探讨[J]．中国林副特产，2007，90(5)：87－89

[8]夏文忠．在集体林权制度改革中加强科技推广[J]．山西林业科技，2009，38(3)：57－58

[9]党宏发，杨明，王进．依靠科技促林改——用林业科技解决林改中出现的利益冲突和矛盾[J]．中国林业，2009，(10)：40－41

论我国国有林场的人力资源开发

金彦平　汪国连

（北京林业大学经济管理学院）

摘　要：本文论述了我国国有林场人力资源开发的现状，分析了我国国有林场人力资源开发中存在的问题及原因，并在此基础上探讨了促进我国国有林场人力资源开发的对策。

关键词：国有林场；人力资源 ；开发

1　人力资源开发相关概念的界定

人力资源开发可界定为：开发者通过教育、培训、管理、文化建设等有效方式为实现一定的管理目标和发展战略，对既定的人力资源进行利用、改造的活动。

人力资源开发主体即人力资源开发者，它可以是政府、学校、团体、协会、私有机构、具他公共组织等，也可以是企业雇主、主管、个人以及被开发者自己。

当开发者为被开发者自己时，开发方式即学习，开发的目的是力求发展；当开发者为企业时，开发方式一般是培训、管理和文化建设等，开发目的是提高企业生产力，提高经营利润，实现经营目标；当开发者是机关团体、事业单位时，开发方式一般是培训、管理和文化建设，开发的目的是提高工作效率与质量，实现组织目标；当开发者为政府时，开发方式一般为教育、医疗、保障制度建设和人口发展等，开发目的是提高全民素质，使人具备各种有效参与国民经济发展所必须的体力、智力、技能及正确的价值观与劳动态度，满足国家与社会经济的发展需要；当开发者为学校、教育机构和家庭时，开发方式是教育、培养、转化，开发目的是提高人的素质，促进个人发展与社会发展。

人力资源开发的目的，主要包括提高人力资本，为组织和个人发展服务，为实现特定的组织目标服务等。

人力资源开发的手段主要包括培训、教育、使用、学习、配置等。

2　国有林场人力资源开发

2.1　国有林场人力资源开发的概念

国有林场人力资源开发是一项社会系统工程，它是一项以政府、企业、家庭或个人为开发主体，以有效的政策和制度安排为依据，以正规教育、职业培训和医疗卫生等为手段，以发掘、培养、利用和发展国有林场人力资源为主要内容，最终达到对国有林场人力资源数量的控制、质量的改善、结构的优化和有效配置利用的一系列活动。

2.2　国有林场人力资源开发的对象

依据人力资源开发的概念、国有林场的具体操作实践 和国有林场功能 ，国有林场人力资源开发的

作者简介：金彦平，北京林业大学教授，博士，博士生导师。主要研究领域：农林经济理论与政策、农林经济管理、农村发展等。通讯地址：北京市北京林业大学经济管理学院农林经济教研室

汪国连，北京林业大学硕士研究生。

对象包括：国有林场的正式在岗职工、离退休职工、非正式职工以及林场区域内与林场资源有密切联系的人员。

2.3 国有林场人力资源开发的形式及方法

国有林场人力资源开发形式有很多种类。①按开发者是不是国有林场系统内部的人员，可以分为内部开发和外部开发，内部开发一般是国有林场系统内部组建临时专门培训队伍对员工进行培训，优点是节约成本，并且有针对性，更为实用；缺点是效果受培训队伍影响比较大。外部开发一般是邀请国有林场系统外部的人员有针对性地对国有林场人员就某一方面的内容进行培训或从理论上加以指导，一般成本较高。②按被开发者是否脱离原来的岗位，可以分为在职培训和脱产培训。在职培训方式可以保证人不离岗，脱产培训可以让员工更系统学习，有利于全面素质的提高。③按照被开发者所接受的培训方式可以分为全员培训和个体培训。④按照开发者主体可以分为员工自我开发、组织开发、国家开发三类。⑤按照开发内容可以分为提高人力资本的开发和优化人力资源配置的开发。提高人力资本的开发包括知识、技能、素质、修养等方面的开发，优化人力资源配置的开发包括相关制度改革、迁移性开发和人力资源引进等。

3 我国国有林场人力资源现状

3.1 我国国有林场的现状

我国现存的国有林场主要有两个来源：一是解放后成立的国营林场，这种形式多存在于东北国有林区；二是20世纪50年代在荒山高岭、经营困难的山场基础上建立的国有林场，这种形式多存在于南方集体林区(周洲，2003)。截至2007年，我国共有国有林场4586个，比1997年增加290个。国有林场近几年的数量的变化及地区分布结构如图1、图2所示。

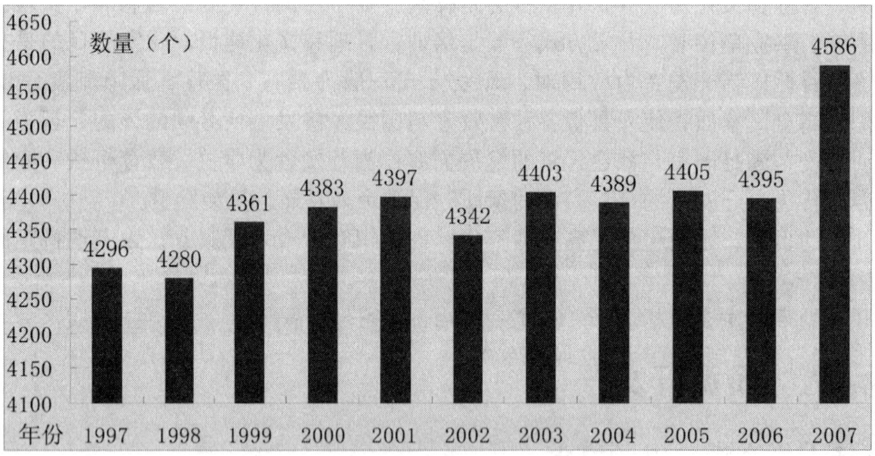

图1 我国国有林场数量变化情况图

从图1我们可以看出：我国国有林场主要分布在东北、东南、西北、西南等这些生态环境建设的重要区域，我国林业六大工程的建设项目大多分布在国有林场所在区域。

3.2 我国国有林场人力资源的现状

3.2.1 国有林场人力资源数量巨大

国有林场作为我国森林资源的重要组成部分，为国家和地方的发展创造了大量的财富。基于良好的经济效益，国有林场有意无意地承担了林场所在地区的很多社会职能，给国有林场职工创造了福利和方便，也因此吸引了其他人员的迁入。经过几十年的发展，我国国有林场不仅机构臃肿、人员超编，而且所在地区还生活着大量以森林资源为主要生产、生活资源的人群。

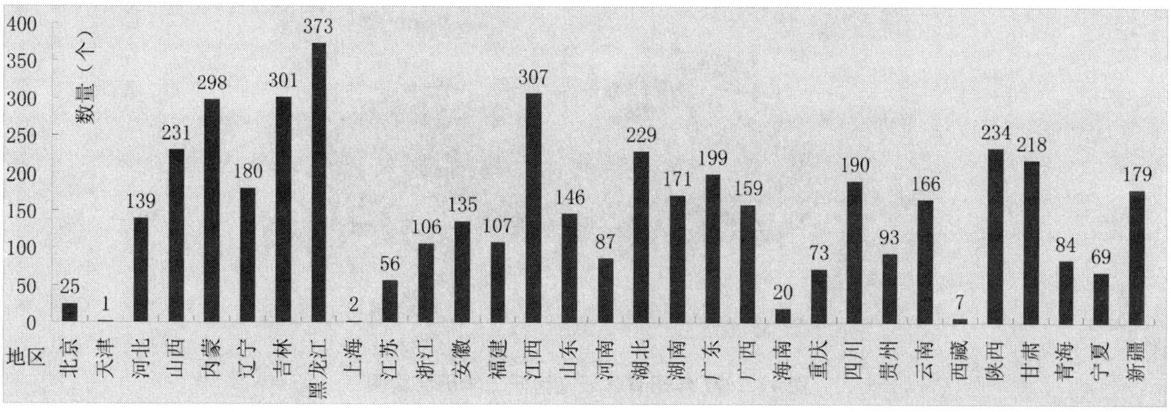

图2 2007年我国有林场地区分布结构图

但是，近几年随着国有林场功能定位的转变和相关政策的改变，国有林场相继采取了剥离其他经营资产、精简组织结构等措施。国有林场职工人数有了明显的减少，我国国有林场的从业人员年末人数已经从1997年的496357人下降到2007年的358408人，下降幅度为27.8%（从业人员年末人数的变化具体见图3）。

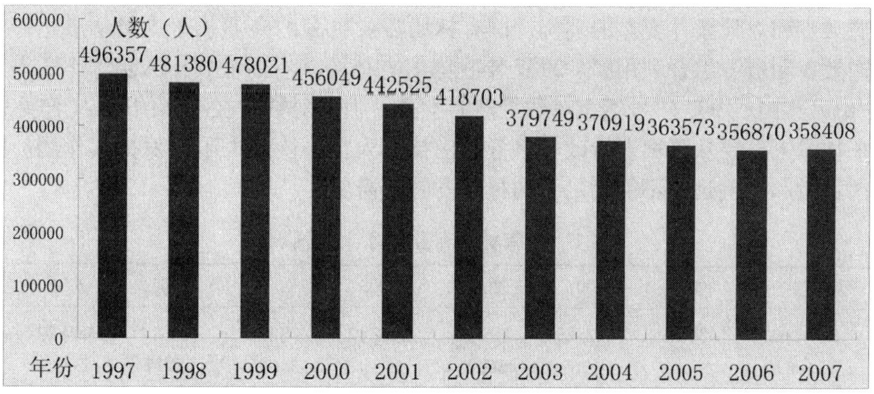

图3 我国国有林场从业人员年末数量图

另外，经过几十年的发展和积累，相对于国有林场从业人员的数量，生活在国有林场区域内的其他人员的数量就更多了。妥善解决这些人员的问题，不仅是国有林场人力资源开发的重要内容，而且有利于国有林场的可持续发展。

3.2.2 国有林场人力资源素质低

人力资源素质包括文化素质和身体素质两个方面。

文化素质主要体现在国有林场地区人员的学历结构。2007年我国国有林场在岗人员中大学及大学以上学历的人数为8901人，占总人数的2%；大专学历的人数为29246人，占总人数的8%；中专及中专以下的人数为330339人，占总人数的90%。国有林场的管理机构承担着管理国有森林资源的重任，因此国有林场工作人员的文化素质会影响国有林场的日常经营管理活动。我们可以从图4看出：我国国有林场大专及大专以上的在岗人员占所有在岗人员的10%，而中专及中专以下的在岗人员占所有在岗人员的90%，要远远高于大专及大专以上在岗人员的比例。由于我国国有林场大部分地处偏远山区，与国有林场相比，非国有林场从业人员的学历较低，因此再加上非国有林场从业人员，国有林场区域内人群的学历层次将更低。国有林场人员较低的学历层次已经成为国有林场继续发展的制约因素。

国有林场职工的身体素质与国有林场地区的医疗卫生条件密切相关。国有林场改革以后，国有林场不再承担包括医疗卫生在内的一系列社会职能，但中央和地方的财政资金却没有及时补上，使国有林场区域内的医疗卫生机构缺少足够资金，以致不能提供满足当地百姓正常生活所需的基础医疗卫生条件。

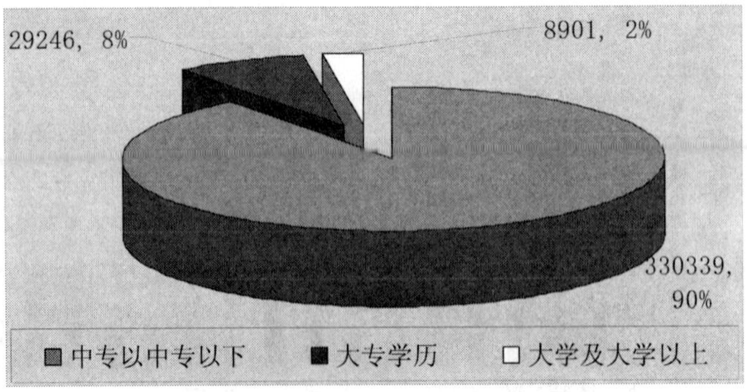

图 4 2007 年国有林场在岗职工学历结构图

另外，由于我国实行天然林保护工程和森林资源采伐限额制度，使得国有林场的从业人员和国有林场区域内的其他人员的收入减少，再加上由于我国不规范的医药市场而导致高昂的医药价格，使国有林场区域的许多人员陷入没钱看病或没法看病的困境。

3.2.3 国有林场人力资源的结构不合理

3.2.3.1 **专业技术人员比重小**

当前我国林业整体的科技贡献率为 35.4%，这与 49% 的农业科技贡献率有很大的差距。另外基于国有林场森林资源减少和立地条件变差的现实，国有林场需要更多的专业技术人员从事生产经营，以提供国有林场的生产效率和资源综合利用率。2007 年我国国有林场共有专业技术人员 53183 人，占年末从业人员总数的 14.8%，相比 1999 年虽然相对数量略有上升，但绝对数量在不断的减少(详见表 1)。而且目前我国国有林场技术人员要从事很多行政性事务，使技术人员不能最大限度发挥其作用。因此当前国有林场技术人员的数量和比例远远不能满足我国林业发展的需要。

表 1 国有林场专业技术人员情况

年份	1999	2000	2001	2002	2003	2004	2005	2006	2007
从业人员(人)	478021	456049	442525	418703	379749	370919	363573	356870	358408
技术人员(人)	60896	57416	56969	56095	—	55655	55015	53395	53183
两者比例(%)	12.74	12.59	12.87	13.40	—	15.00	15.13	14.96	14.84

3.2.3.2 **国有林场的人口包袱大**

我国自实行国有林场改革以来，精简机构、消除冗员一直是改革的重要内容。国有林场作为事业单位消除冗员主要有两种方式：下岗和内退。用这两种方式消除冗员的，国有林场都要向离岗人员支付一定数量的补偿金，这对国有林场尤其是经济效益不好的国有林场来说，无疑是一个沉重负担。

长期以来，国有林场每年都要支付资金作为员工的福利保障。在国有林场支付的福利保障中，离退休员工的经费占很大比重，随着我国人口老龄化趋势的加剧和社会医疗条件的进步，我国国有林场年末实有离退休人数呈不断上升趋势。

从图 5 可以看出，除 2004 年外，近几年我国国有林场年末实有离退休人数呈平稳的上升趋势，2007 年末我国国有林场实有离退休人数为 193 186 人，比 2001 年增加 38 097 人。越来越多的离退休人员使原本资金有限的国有林场更加捉襟见肘，这已经成为国有林场继续发展的障碍。

4 国有林场人力资源开发的现状

4.1 我国国有林场人力资源开发现存的问题

4.1.1 人力资源开发资金投入不足

国有林场“事业单位企业化经营”的特征决定国有林场人力资源开发需要政府财政上的支持。但很长一段时间里，我国经济的发展模式是将有限的资金优先集中到使用效率高的地区和行业。国有林场作为

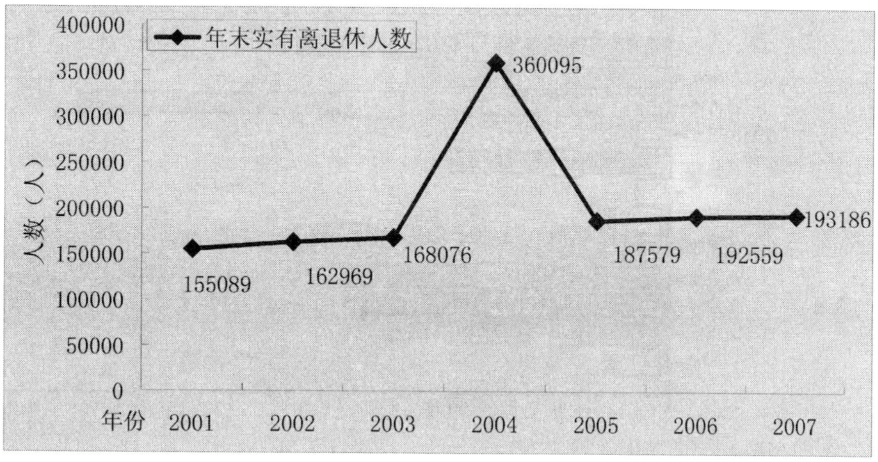

图5 国有林场年末离退休人员情况图

一个弱势产业的边缘地区，日益成为政府财政投资的“盲点”。近几年，随着我国财政收入的提高、发展战略的调整及对生态环境建设和“三农”问题的重视，国家财政在国有林场方面的支出比重有了明显的提高，但比重仍然很低，且国家财政在国有林场方面的支出主要用于以国有林场为主要载体的“林业工程”的配套资金和国有林场的人员经费，真正用于国有林场人力资源开发的资金很少。

另外，按照目前我国的信贷制度和国有林场的实际情况，国有林场从金融机构获取信贷资金的成功率不高。即使获得，也是些规模小、期限短、利息高的贷款。

4.1.2 人力资源开发方式单一

国有林场大部分处于我国偏远山区，其义务教育的普及程度要低于全国平均水平，中考升学率和高考升学率更是远远低于全国平均水平。

在我国国有林场当前经营管理机制下，国有林场的在职教育往往存在着政治培训和学历教育比重过大的问题。

4.1.3 培训体系不健全

在国有林场的改革过程中，国有林场首先精简教育培训部门，有的国有林场不仅没有教育培训机构，甚至没有专人负责教育培训工作。

据国家林业局统计，全国共有林业教育培训管理工作者10 891人，相对于全国2000多万林业从业者(包括退耕还林林农)，平均每个人要负责1836人的培训，远不能满足林业培训工作的需要。另据统计，目前我国林业企业集团、林业职业学校和地方林业培训机构仅有林业教育培训专职教师2289人，平均每人要负责8737名林业从业人员的培训，根本不能适应林业教育培训工作的广泛深入开展。

4.1.4 人力资源流失率高、吸引力差

我国国有林场大部分地处边远山区，社会经济条件和生产生活环境相对较差，国有林场的行业和地理特征决定了国有林场人力资源离职率高、新进率低。

据1998年原林业部对4所直属普通高等林业院校2080名在校生的调查，毕业后希望在林业系统内就业的有775人，占被调查总数的36%；希望在系统外就业的1220人，占59%；毕业后希望到沿海地区就业的1098人，占53%；希望在内地就业的770人，占37%；希望到边远林区就业的265人，仅占10%。

据北京林业大学对该校1998~2003级的林业经济管理专业学生就业情况的调查，23.48%的毕业生最想进入的是政府机关和事业单位，商贸业和金融保险证券也比较受毕业生青睐，只有10%的毕业生期望进入林业行业(见图6)。

在对115名林业经济管理专业毕业生的就业行业分布调查中，发现实际上在林业、农业就业的比例只有6%左右(图7)。

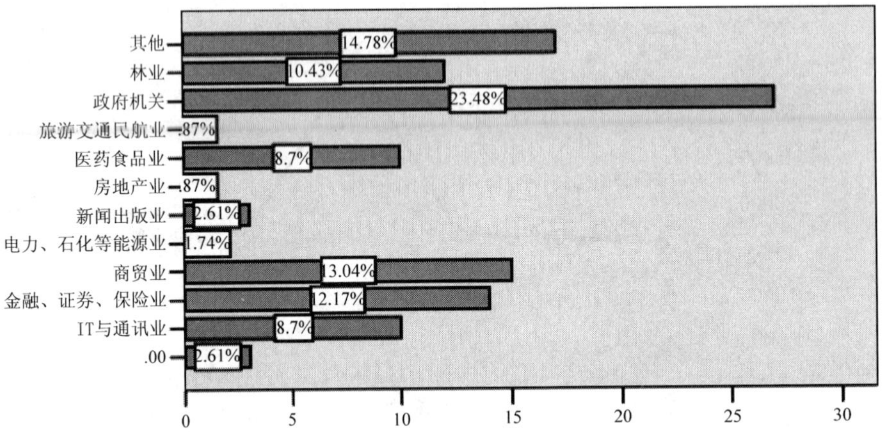

图 6 毕业生求职时最想进入的行业

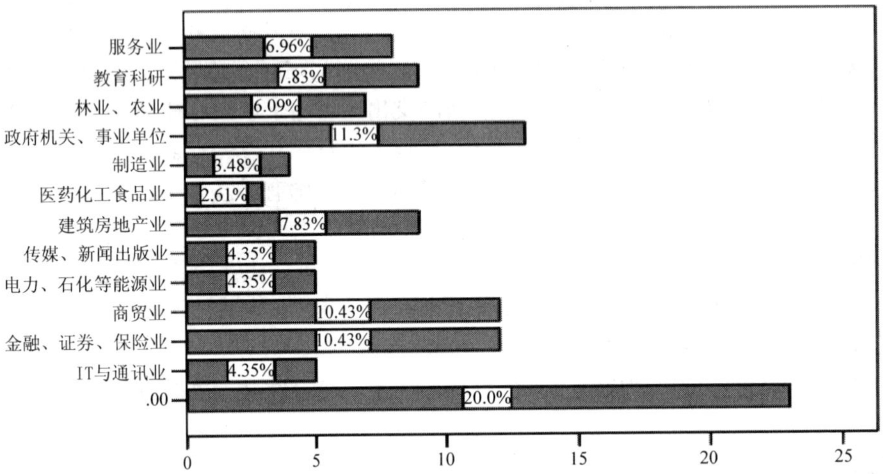

图 7 林业经济管理专业毕业生现在工作所属的行业

从以上的分析我们可以看出，林业跟其他行业相比，在人力资源竞争过程中处于相对弱势的地位。

4.1.5 广大林农没有纳入国有林场人力资源开发体系

国有林场地区存在着大量且无具体统计数字的林农，目前我国国有林场还没有将所在区域内的林农纳入人力资源开发体系。将区域内的林农纳入国有林场人力资源开发体系的依据如下：①区域内的林农生产经营方式和生活方式对国有林场森林资源有很强的依赖性，而且这种生产经营方式和生活方式在没有外部力量的作用下是很难改变的。因此从国有林场人力资源开发的终极目的来讲，应该将区域内的林农纳入国有林场人力资源开发的体系；②从目前我国国有林场的实践来看，也应该将区域内的林农纳入到国有林场人力资源开发体系。这是因为在国有林场的生产实践中存在着雇佣周围农村劳动力的情况，2007 年我国国有林场使用农村劳动力数量为 10 358 人，具体情况详见表 2。

表 2 国有林场雇佣农村劳动力数量情况

年份	1999	2004	2005	2006	2007
从业人员年末人数(人)	478021	370919	363573	356870	358408
使用农村劳动力数量(人)	24791	13010	11822	9339	10358

从表 2 我们可以看出，虽然我国国有林场雇佣农村劳动力的数量不是很多，且有呈现下降的趋势，但从国有林场的实际来说，农村劳动力是我国国有林场人力资源的重要后备力量。

4.2 我国国有林场人力资源开发现存问题的原因分析

4.2.1 教育总体供给能力不足

(1)义务教育的发展基础仍相当薄弱，巩固提高的任务十分艰巨。国有林场小学适龄儿童净入学率低于全国平均水平。大量适龄儿童和学生不能完成义务教育，辍学和流失的现象时有发生。

(2)高中阶段教育发展滞后。我国高中阶段教育毛入学率仅为41.3%，国有林场地区的毛入学率更低，高中阶段教育容量不足，已成为制约我国国有林场劳动人口文化水平提高和教育事业发展的一个瓶颈。

(3)高等教育人才培养规模过小。尽管我国自实行高校扩招以来，拥有高等教育学历的人数和比例都有提高，但我国高等教育普及率跟发达国家相比，仍有很大的差距。受过高等教育的人首先会选择在城市及沿海地区就业，地处边远、贫困山区的国有林场很难吸引高学历人才。

(4)应试教育处于主导地位。应试教育使我国学生普遍缺乏动手实践能力和解决问题的能力。如果说接受教育机会少是教育供给不足的直接表现，不科学、不健康的教育形式则是教育供给不足的间接表现。当前我国教育存在以下问题：①教育的课程设置、教学内容和教学方法与生产、生活实际相背离，过分热衷于书本知识，强调应试、升学，轻视综合能力和职业技能的教育培训；②偏重于普通教育或正规教育，职业技术教育和成人教育相对薄弱，职前教育和职后教育很不完善；③教育资源分布失当。无论在教育硬件还在是教育软件上，我国的教育资源都普遍集中在城市和东部发达地区。农村和国有林场的师资队伍力量薄弱、教学设施严重落后，缺乏以现代信息技术为核心的教学仪器设备。

4.2.2 国有林场人均收入低

国有林场作为企业化经营的事业单位，由于其所处的经济条件和社会环境相对较差，其职工平均工资理应跟国有单位职工平均工资或全国平均工资差不多甚至要高，但事实上我国国有林场职工工资要远远低于全国国有单位职工平均工资和全国平均工资。2007 年我国国有林场的人均工资是 12001 元，比国有单位职工平均工资低 14 619 元，比全国平均工资低 12931 元(见图 8)。

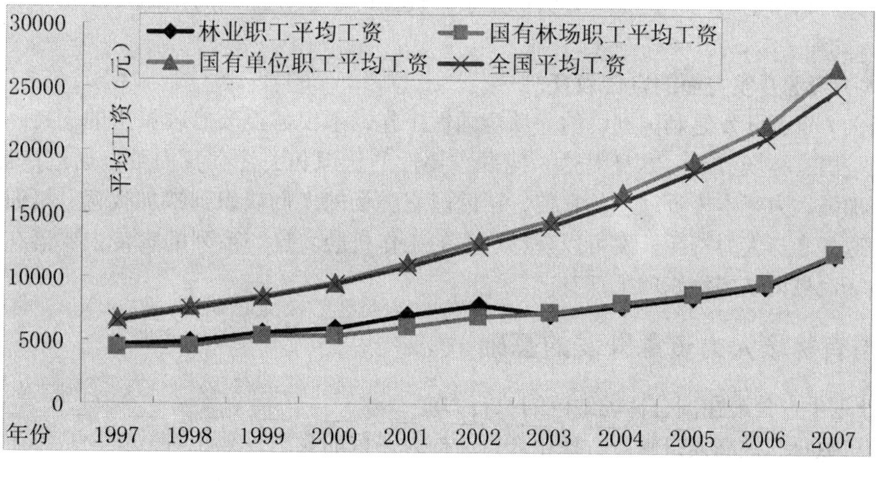

图 8 我国国有林场职工平均工资与其他职工平均工资比较图

以上只是国有林场职工的收入情况，国有林场地区还生活着其他人群。由于长期的积累，这一人群的生产、生活方式对森林资源的依赖性强，且其生产、生活方式一下子很难改变。另外，随着这几年我国森林资源的锐减和森林功能的调整，使这一人群生产资料、生活资料获取成本提高，影响他们的收入。

从个人或家庭的角度讲，较低的收入必然导致较低的教育培训和医疗卫生保健方面的支出。

4.2.3 人力资源开发的制度不完善

(1)户籍制度的限制。我国长期实行的有城乡差别的二元户籍制度虽然在改革开放后有所松动，但直到现在依然限制着国有林场剩余劳动力向城市持续、稳定的转移。

(2)外出务工人员社会福利制度不健全。目前我国城市已基本具备完整的社会福利保障体系，内容涵盖养老、医疗、教育、劳保、住房、低保等领域。跟城市相比，虽然农村社会福利的水平较低，但经过近几年的努力，也基本建立了较为完整的社会福利保障体系，内容涉及养老、医疗、教育、住房、低保领域。与这两者相比，外出务工人员所受的社会福利条件差，常常游离在城乡社会福利体制之外，这就增加了他们就业的成本(见表3)。

表3　我国社会福利保障体系执行情况表

	城市居民	农村居民	外出务工人员
养老	养老保险	土地	—
医疗	基本医疗保险	合作医疗	大病统筹
教育	免费	免费、补助	—
劳动保护	工伤保险	—	工伤保险
住房	补贴、廉租	自建	—
贫困援助	城市低保	农村低保	—

5　促进我国国有林场人力资源开发的对策

5.1　树立人力资源开发意识

5.1.1　树立正确的人力资源开发观

在改革开发和市场经济的冲击下，人们逐渐从传统的思想意识中解放出来，融入商品经济的浪潮，但对人力资本投资的认识还是明显不足。新时期国有林场人力资源的开发，首先需要一场全社会的思想解放和理念革命。“以人为本”为核心的科学发展观，要求各级政府树立强烈的人才意识，改变重物质投入、轻人力资源开发的传统观念，正确认识国有林场人力资源开发的重要性，增强国有林场人力资源开发的紧迫感、责任感和主动性，树立人力资源是第一资源的思想，把人的全面发展和林场力资源开发放在第一位。

5.1.2　加强人力资源开发方面的宣传教育

国有林场人力资源开发是利国利民的一项全国性工作，不仅需要政府政策上的支持，财政资金的投入，更需要的是国有林场劳动力本身对这一问题重要性的认识和关注。我们可以通过广播、电视节目、网络等形式，加强人力资本投资理念的宣传，帮助国有林场的人们认识到参加教育、培训等都是一种经济投资行为，通过参与人力资源开发可以获得更多的工作机会。这一系列的宣传主要落在国有林场主管干部和国有林场区域内基层组织的干部身上。

5.2　夯实国有林场人力资源开发的基础

5.2.1　加强计划生育政策在国有林场地区的执行力度

以控制人口数量、提高人口素质、优化人口结构为宗旨的我国计划生育政策，从本质上讲是一种重要的人力资本投资政策。另外，从国有林场人力资源开发目的来看，控制人口数量有利于减缓对森林资源的压力和促进国有林场剩余劳动力的转移，因此计划生育是国有林场人力资源开发手段之一。长期以来农村是我国执行计划生育政策的薄弱环节，国有林场大部分地处农村，因此国有林场也是我国执行计划生育政策的薄弱环节。所以，国有林场区域必须采取有效措施控制农村人口增长，建立计划生育奖惩制度，调节和控制家庭的生育行为。

5.2.2　完善国有林场区域的医疗卫生条件

人力资本的载体是人本身，健康存量是人力资本的一个重要组成部分，因此完善的公共卫生体系和健全的医疗保障体系都是保证国有林场人力资源开发质量和保证快速有效的增加国有林场人力资本总量的有效途径。

国民经济和社会发展“十一五”计划明确指出：要加大政府对卫生事业的投入，完善公共卫生和医疗卫生服务体系，提高疾病预防控制和医疗救助服务能力，深化医疗卫生体制改革，整顿药品生产和流通秩序，合理配置医疗卫生资源，建立新型农村合作医疗服务体系，积极开展全民健身运动，认真研究并逐步解决群众看病难、看病贵的问题。建立适应社会主义市场经济体制和我国国情的卫生服务体系、管理体制和运行机制是我国公共卫生事业今后改革与发展的方向。大力发展农村公共卫生事业包括两方面内容，一是建立农村公共卫生体系，二是建立健全农村医疗保障体系。

5.2.3 为国有林场劳动力接受教育创造更多机会

5.2.3.1 重视教育的战略地位

社会发展的关键、经济持续发展的内在动力是人的素质的提高，大力发展教育是提高人的综合素质的主要途径。国有林场教育培训是提高国有林场人力资源的基础，也是国有林场劳动力学科学、学技术、实现职业转化的重要途径。发展经济学认为，对发展中国家来说，对受教育程度低的人群进行中小学教育及文化投资是最有利的人力资本投资。

5.2.3.2 加强国有林场教育投入

增加对国有林场的教育经费拨款，以减少国有林场家庭的教育成本支出，促使更多的人重视和接受教育。

我国目前的教育状况离现代化建设对人力资源开发的要求距离还很大，教育投入严重不足。我国教育投入约为国内生产总值的3%，低于世界平均5%的水平，更低于发达国家的水平。有关统计表明：我国用占世界1.18%的教育经费培养占世界18.45%的学生，其中基础教育用占世界0.78%的教育经费培养占世界19.81%的中小学生。尽管我国目前已经免除了义务教育阶段的所有费用，但由于接受高层次教育的费用越来越高，国有林场劳动力较低的收入使其家庭成员接受更高层次的教育面临许多困难。因此，国家应该有规划地向国有林场地区投入更多的教育资金，使国有林场劳动力有机会接受更高层次的教育，满足国有林场长远发展对高层次人才的需求。

5.2.3.3 深化教育体制改革

(1)整合各种教育资源，大力发展国有林场职业教育和成人教育。形成普通教育、成人教育、职业教育、技术培训等多管齐下的国有林场人力资源开发教育体系。

(2)大力鼓励社会资金投入教育事业，提高我国教育总体供给能力。

(3)根据国内外形势的变化，结合国有林场的实际，及时了解市场对劳动力的需求状况，调整培训方向。

(4)引导国有林场职工树立终身学习理念，培养他们的人力资源自我开发意识。

5.3 落实国有林场人力资源规划工作

人力资源规划是人力资源开发和管理的重要环节，信息社会，科学技术日新月异，社会经济环境处于不断变化和运动状态中。国有林场为了适应环境的变化和技术的不断更新，保证国有林场目标的实现，就必须加强人力资源规划，必须对国有林场未来的人力资源供给和需求作出科学预测，保证实现组织的战略目标。

然而长久以来我国国有林场一直实行的是计划经济时代的人事管理制度，已经不能适应当前国有林场发展的需要，因此国有林场的当务之急就是落实国有林场人力资源规划工作。

5.4 积极提高国有林场人员的收入

5.4.1 积极开辟国有林场利润新增点

国有林场目前的森林资源现状和制度安排，使国有林场不可能再利用木材资源获得人力资源开发所需要的大量资金。基于这一现实，我们必须综合开发国有林场的潜在资源，开辟新的经济增长点，为国有林场人力资源开发提供资金保障。

南方集体林林权改革所取得的成就，为国有林场的改革提供了新的方向。另外，有些国有林场积极开发森林旅游资源，寻找新的利润增长点，也是一种很好的尝试。

5.4.2 加大财政对国有林场的支持力度

政府要增加对国有林场的财政投入力度，并逐年提高财政支出的比重。同时，尽快将国有林场基本建设、国有林场义务教育、国有林场科技发展、国有林场救济等费用纳入政府投入范围，改善国有林场落后的现状，为国有林场人力资源开发提供优良的人力资源基础和更多的资金支持。

5.4.3 提高国有林场社会保障水平和改善医疗卫生条件

较低的社会保障程度和医疗卫生条件，影响了国有林场的人力资源开发。因此，完善国有林场社会保障制度和改善医疗卫生条件，对于促进国有林场人力资源开发有着十分重要的意义。

5.5 完善相关制度，优化人力资源配置

(1)改革户籍制度。从人力资源开发的角度来说，现行的户籍制度的阻碍了人力资源的流动，从而阻碍了人力资源质量的提升，因此必须循序渐进地改革这种制度。

(2)完善针对外出务工人员的社会保障制度，提高外出务工人员的就业机率，降低外出务工人员就业的不确定性。

(3)加强国有林场劳动力就业管理和网络信息服务。改变原先无组织、无序的转移方式。

(4)加强对国有林场外出务工人员的引导和管理，废除各种歧视政策，保障务工人员的正常合法权益。

参考文献

[1]陈立桥．林业教育培训工作的现状、机遇和发展对策[EB/OL] Http：//www. lypx. net 中国林业培训网．2002-9-23.

[2]国家林业局关于进一步加强林业科技工作的决定[J]. 中国林业．2006(1A).

[3]李葆珍．西部地区林业人力资源整体开发[J]. 北京林业管理干部学院学报．2005(3).

[4]马安全．与时俱进齐心协力努力开创林业人才工作新局面[J]. 北京林业管理干部学院学报．2005(3).

[5]邵瑞．北京林业大学农林经济管理专业就业状况分析和学生能力培养浅析[D]. 北京林业大学本科毕业论文．2008.

[6]王兆君，曹兰芳．国有林区森工企业人力资源管理思考[J]. 林业经济问题．2005(3).

[7]中国可持续发展林业战略研究项目组．中国可持续发展林业战略研究·保障卷[M]. 北京：中国林业出版社，2003.

[8]汪国连，我国国有林场人力资源开发研究[D]. 北京林业大学硕士学位论文．2009.

[9]中日林业生态培训中心项目赴日研修团．借鉴日本经验加强我国林业人力资源开发工作[J]. 北京林业管理干部学院学报．2005，1.

[10]周洲．国有林场发展方向之选择[J]. 安徽林业．2003，4.

浅析林地地役权——兼论公共利益与私人利益的平衡

杨　萍

（南京林业大学　经济管理学院法律系）

摘　要：地役权在调节土地利用上具有重要的作用。随着集体林权制度改革的深入，政府保护环境的公益目的与林地权利人追求私人利益冲突与矛盾，使得林地地役权进入人们的视线。林地地役权在保护森林生态安全和森林的可持续发展上具有积极作用，能够平衡两种利益之间的冲突。本文通过对林地地役权特征、性质争议等内容的分析，阐释了林地地役权的基本功能。

关键词：地役权；林地地役权；公共地役权

地役权在传统民法理论和国外立法中早已存在，但在我国，直到2007年《物权法》的颁布才首次明确将地役权规定为一项独立的用益物权。与此同时《物权法》将土地承包经营权置于“用益物权”编首，强调土地承包经营权作为对集体土地物权利用的主要方式在该法中的重要地位。两者的功能不同，土地承包经营权为占有性用益物权，其目的是在土地公有条件下实现权利人对农用地有效利用。地役权为辅助性用益物权，基本功能在于调节权利人对不动产的利用，实现不同主体在同一土地上的利用需要的并存与调和[1]。

在我国，土地公有制决定了地役权的主体以土地使用权人为主。土地承包经营权人既可以以需役地权利人的身份设立地役权，也可以以供役地权利人身份为其他土地的利用提供各种便利，从而最大限度地调节农用地的利用关系。但土地利用不同于其他不动产，除具价值性以外，更具生态性和可持续性。以林地为例，林地既是物权法意义上的土地，又是森林生态系统意义上的“森林资源”，兼具公益与私益双重法律属性[2]，这意味着从维护公共利益的角度，应更关注和保护林地所具有的生态价值。但从私人利益角度出发，物的经济价值为物权人所独享，生态价值的受益人则是不特定的，具有极大的外部性，物权人并无追求生态价值的内在冲动，物权人必先求物之经济性而牺牲其生态性价值[3]。法律必须对两种相互冲突的利益予以协调。要解决环境资源的生态价值与经济价值的冲突，一种最为直接、也简单可行的办法，就是设置公共权力，以集体行动抑制外部性的产生[4]。大陆法系谓之以物权的公法限制，其中尤以对收益和处分权能限制为甚，主要体现为对林木采伐行为进行采伐时间、采伐数量和采伐方式的限制，这种限制即利用公权力对森林采伐进行管理[5]。但这种方式最大的问题是如何确定政府干预所作用范围的大小，私人利益如何平衡，如果一味以公权力压制林农对私人利益的追求，只能造成管制成本巨大、权利义务极不对等造成林农利益受损，进而影响政府追求的生态利益目标。林地地役权能为平衡这一矛盾、既维护私人利益又实现公共利益提供一定的思路和途径。

1　林地地役权基本内容

地役权是以他人土地承受一定负担来提高自己土地利用价值的一种物权[6]。这种负担既可以供役地

作者简介：杨萍，讲师，主要研究方向：林业法律与政策。电话：13770733079 Email：py2002151@sina.com 地址：南京林业大学经管院法律系，210037

权利人为容忍义务体现，也可以其为不作为义务的形式体现，目的在于增加需役地的利用价值，这种价值可以是经济价值，也可以是精神价值需求。由于地役权的设定不以占有供役地为要件，因此供役地在为需役地提供便利的同时，并不影响供役地权利人对土地的利用，从而真正实现了“物尽其用”的目标。

随着《物权法》的颁布，林地地役权进入了人们的视线。不过有学者认为《物权法》颁布前，在现行林业法律法规中，规定了许多与生态林建设、退耕还林、防沙治沙等活动有关的林地地役权，只是没有采用林地地役权这一名称。在林业行政管理实践中，实质意义上的林地地役权合同是大量存在的[7]。与传统地役权相比，林地地役权目的不是仅为提高某块需役地的利用价值，而是从保护环境生态的角度出发，为了公共利益而在供役地上设置一定负担的特殊物权，需要强调的是施加于供役人的负担必须是供役人本不应当承担的负担。因此政府限制不动产权人对其财产进行有害公共利益的使用，并非其权利内容[8]。在2007年《物权法》将土地承包经营权正式确立为我国物权体系中重要的用益物权的背景下，2008年中共中央、国务院发布《关于全面推进集体林权制度改革的意见》，重申集体林权制度改革任务之一是在坚持集体林地所有权不变的前提下，依法将林地承包经营权和林木所有权，通过家庭承包方式落实到本集体经济组织的农户，确立农民作为林地承包经营权人的主体地位。因此林农具备实现其利益最大化的权利基础和法律规定，但从保护生态环境的角度，国家施加了其承担保护生态的负担，使其不能对通过林地承包经营所取得的收益—林木行使自由处分的权利。

林地地役权类似于公共地役权，或称行政地役权，《法国民法典》第650条规定：“为公共的或地方的便宜而设立地役权，得以沿通海航河川的通道、公共或地方道路的建筑或者修缮，以及公共或地方其他工事的建筑或修缮为客体。一切有关此种役权的事项，由特别法令规定之”，即为行政地役权的内容。美国的农业保护地役权也属此类型。行政地役权制度作为保护私有不动产免于商业开发的工具，被广泛运用于保护农地、文化遗产、自然资源与环境等领域[9]。

林地地役权在具备传统地役权特征的基础上，有其特殊性：

(1)设定目的特殊性。传统地役权是通过对供役地附加一定的负担，从而提升自己土地(需役地)利用价值的他物权，其设定目的是为需役地利益，而不动产本身没有“利益”可言。不动产利用的终极目标是为人服务，因此所谓“需役地的利益”实际上反映了不动产所有人与使用人在利用不动产的过程中的需要和利用[10]，换而言之主要是私的利益。林地地役权设定目的则带有明显的维护生态系统平衡和保护生物多样性的目的[11]，是从保护生态环境的公益目的出发对供役地权利人的权利施加一定的负担。

(2)主体的特殊性。基于中国土地公有制的背景，地役权人和供役地权利人即地役权主体，除了不动产所有人以外，包括土地承包经营权人、宅基地使用权人、建设用地使用权人在内的不动产利用人也是重要的地役权主体。但林地地役权主体则有所不同，地役权人只能是政府，供役地权利人是林地所有人、林地承包经营权人。原因在于林地地役权的目的在于保护生态环境，而承担生态保护职能的是政府，因此必须由其作为地役权人行使管理和保护生态环境的职责。

(3)林地地役权的设定主要依据法律规定。传统地役权主要通过地役权人与供役地权利人订立地役权合同设定或取得，这意味着地役权人从增强自己土地利用价值的需求，与供役地权利人通过谈判、协商达成合同，完全出于双方自愿。但林地地役权的设定只能基于法律的直接规定，即使供役地权利人不愿受此约束或负担也必须成为林地地役权合同的一方当事人，当然合同具体内容可以由双方通过协商达成。

2 林地地役权的性质—从公共利益与私人利益平衡的角度

对于林地地役权性质如何，学术界研究不多。有学者认为林地地役权是国家基于环境保护和生态公益的目的，通过法律的规定或者政府与林地权利人的约定，限制林地权利人的权利，使林地更好地发挥生态效益，从而改善国家的生态环境的一种特殊的地役权[12]。其他学者主要是对公共地役权或环境地役权的研究，对我们认识林地地役权具有一定的借鉴和参考意义。

2.1 行政管制说

行政管制说即将公共地役权作为公益限制或准征收，是行政管制的结果。公益限制是指行政主体为满足特定的公益目的，对公民、法人或其他组织的特定财产权加以行政法上的限制并给予公平补偿的行为[13]，是公益征收由过去产生移转私人财产所有权的效果扩大到对私人财产使用权的过分限制乃至于剥夺，进而使私人承受本应由社会全体承担的损失。林地地役权的目的在于通过对供役地设置负担，如限制权利人对承包经营林地之上林木的采伐，实现保护生态环境的目的，属于因公益目的对私权的限制。王利明教授认为因公共利益而设定的地役权，其与私法上的地役权不同，它实际的受益者为不特定的社会公众。这种关系远非民法上特定当事人之间的地役权利用关系，更多的是行政机关基于公共利益对于私人土地所有权的限制，并且其具有命令与服从的关系。依公私法分立原则，这种法律关系的产生、创设亦需依据行政法，而不是参照民法的规定[14]。沈开举教授认为，对森林采伐权限制属于财产权限特别牺牲，即属于公益征收的范围，林木所有人为公共利益遭受了特别损失，应当给予补偿。

这一观点能够解释因保护公共利益国家对私人权利进行限制进而造成私人利益受损的事实。但比较难以解决的问题是：首先要在理论上具体、严格界定和把握何种情况下对财产权利的限制构成特别牺牲是较为复杂和困难的[15]，需要综合考虑政府行为对财产权人的经济影响大小、政府行为的性质、手段与目的之间的联系、社会的一般观念等因素[16]；其次在难以界定是否构成公益限制的情况下，就难以请求政府给予权利人相应的补偿，这等于将社会公众承担的义务全部转嫁给了个人，必然造成对私权的不公正待遇，并容易导致矛盾和纠纷。另外在此关系下，对私人权利的限制缺乏权利人的主动性和积极性，权利人完全是在命令和强制下被迫接受限制、有些情况下甚至需要自己承担由此造成的财产损失，注定缺乏广泛存在和长期推行的群众基础和社会认同感，易引发不服从甚至冲突[17]。

2.2 行政合同说

行政合同说是指为了保护自然资源和生态环境等方面的公共利益，由政府通过协议收购、以地易地以及现金补偿等形式，与不动产所有人进行协商，以限制其对不动产进行与保护目的相违背的利用活动[18]。这种观点旨在纠正过去一味运用行政权力强制在权利人财产上设置限制的做法，强调通过协商谈判并支付补偿的方式达成基于公益目的对权利人财产利用的限制。这是管制方式由传统的行政管制向激励型管制转变，即管制者利用被管制者对自身利益最大化的追求，设计一种特定的程序和可以选择的合同菜单，激励当事人采取与管制者目标一致的最优行动，提高经济和社会管制效率[19]，体现的是一种柔和的、富有弹性的行政管理手段。

这种观点也存在一定的问题，即传统的行政合同是单纯的公法合同，双方当事人都只具有公法上的权利义务，其中行政主体一方还享有合同中的行政优益权，可以指挥合同的履行，单方面决定变更、解除合同，对行政相对人的违约行为直接进行行政制裁[20]。而在林地地役权中供役地权利人并不承担公法上的义务，作为地役权人的政府则承担保护生态环境的公法义务，因此设立林地地役权的目的在于做到公共利益与私人利益的平衡，行政主体通过对供役地权利人利用、处分其财产进行必要限制，以履行其保护森林资源可持续发展及生态安全职责，追求的是公共利益；而供役地权利人则取得由于财产权利利用受到不应由其承担的限制而获得补偿，其追求的是私人利益。

2.3 行政私法行为说

在对上述两种观点分析的基础上，本研究认为从行政私法行为的角度对林地地役权的解释更具一定的合理性。行政私法行为是指行政主体采用私法思维方式与私法行为方式以完成行政法上的任务的兼具公法与私法性质的行政行为[21]。这类行为具有双重性质：在价值追求上，兼具公益性、私益性；在本质属性上，有行政权力性、民事契约性；在法律关系上，融合了平等性、不平等性；在调整方式上，并用公法方式和私法方式[22]。

与过去的非常刚性的林业行政管理措施相比，林地地役权合同方式对森林资源的保护和生态建设明显有利得多[23]。这主要是因为林地地役权的设定兼顾了公共利益的实现和私人利益的弥补，在实施中政府通过合同方式与林地权利人达成协议，限制其权利的同时向权利人支付森林生态效益补偿费，从而使林地更好地发挥生态效益，以达到国家保护生态环境的终极目标。当然在强调权利义务以合同形成达成的同时，由于政府承担保护生态环境的职责，因此林地权利人是否愿意订立此类合同不在考虑范围。此外双方法律关系上，存在平等的法律关系，林地权利人承担权利受限的义务，如采伐时间、数量、方式等方面限制，政府负有支付森林生态效益补偿费义务，义务具有对等性，但另一方面，由于政府负有对林地生态系统管理职责，仍然拥有民事主体所不具备的行政权力，具有一定的不平等性。

3 林地地役权合同的解除和违法救济

《物权法》第168条规定了供役地权利人解除地役权合同的两种情形，一是地役权人违反法律规定或者合同约定，滥用地役权；二是地役权人有偿利用供役地，约定的付款期间届满后在合理期限内经两次催告未支付费用。基于林地地役权的特殊性，《物权法》规定的法定解除情形对林地地役权合同是否适用，尚需进一步分析。

3.1 地役权人滥用地役权情形

这主要是指地役权人违反地役权合同规定的利用目的和方法对供役地进行利用，从而增大了对供役地权利人物权的限制。有学者认为"滥用"应包括违法使用和不适当使用两类可能性，具体的情形有待于司法实务的进一步归纳[24]。

林地地役权人滥用地役权主要指政府限制林地权利人采伐的强度超过采伐限额制度、采伐许可制度的规定。滥用行政权力限制林地权利人采伐的行为在现实中确实存在，但如何认定"滥用"却存在较大难度，另外在行政主体滥用权力造成供役地权利人权利受损时，供役地权利人能否解除合同存在一定的疑问，因为林地地役权是一种特殊地役权，需要兼顾公共利益和私人利益，对地役权人滥用地役权的行为可以通过一定法律途径进行制止和纠正，通过这种方式救济供役地权利人，而不宜适用解除合同的方式，因为这样会导致政府对生态环境保护的责任无法实现。

3.2 地役权人未支付费用情形

在一般地役权合同中，供役地权利人与地役权权利人追求的都是私人利益，地役权权利人通过对供役地的利用，扩大了自己土地的利用效益；供役地权利人也获取了相关费用。因此当地役权人不支付费用达到一定情况时，供役地权利人有权解除合同。但这一情形并不适用林地地役权。

在对环境保护这一公共物品的提供上，私人缺乏经济动力和法定义务，提供公共物品就成为市场经济条件下政府的职责，由于公共物品的供给需遵循市场经济的一般规则，传统的行政行为方式很容易突出行政特权而破坏这种基本规则，这就要求转变行政行为方式，在公共产品供给上采用市场化手段[25]。在林地地役权合同中，作为地役权人的政府承担支付森林生态效益补偿费的义务，这是对限制供役地权利人物权所作的补偿，以此换取其接受政府对其权利的限制，以便达到保护生态环境的目的，从而在森林生态保护上实现公共利益与私人利益的平衡。因此在当地役权人不支付森林生态效益补偿费时，从维护公共利益目的出发，供役地权利人主要通过合同责任救济其权利，而不享有解除合同的权利。

在林地地役权合同中是否存在其他法定解除合同的情形，这有待进一步研究和分析。

参考文献

[1]王卫国．中国土地权利研究[M]．北京：中国政法大学出版社，1997：216
[2]周训芳 论林地地役权[J]．江苏行政学院学报 2008(2)
[3]高利红 物权法的环境保护功能：理念与模式[J]．法学 2003(9)．
[4]吕忠梅"绿色"民法典的制定—21世纪环境资源法展望[J]．法学 2003(9)
[5]王清军．集体林权制度改革背景下森林采伐管理体制变革研究—兼论森林法的完善[J]．东南学术 2010(5)
[6]苏永钦 走进新世纪的私法自治[M]．北京：中国政法大学出版社 2002：249
[7]周训芳．论林地地役权[J]．江苏行政学院学报 2008(2)
[8]肖泽晟．公物的二元产权结构—公共地役权及其设立的视角[J]．浙江学刊 2008(4)
[9]肖泽晟．行政地役权—开启公物二元产权结构之钥．载自：应松年，马怀德主编．当代中国行政法的源流[M]．

北京：中国法制出版社 2006：298－310
[10]刘乃忠．地役权[M]．北京：中国法制出版社 2007：6
[11]周训芳．论林地地役权[J]．江苏行政学院学报 2008(2)
[12]周训芳．论林地地役权[J]．江苏行政学院学报 2008(2)
[13]杨解君，顾冶青．宪法构架下征收征用制度之整合—关于建构我国公益收用制度的行政法学思考[J]．法商研究 2004(5)
[14]王利明．物权法专题研究．北京：中国人民大学出版社，2002：730
[15]沈开举．行政补偿法研究．北京：法律出版社 2004：146
[16]肖泽晟．行政地役权——开启公物二元产权结构之钥．载自：应松年，马怀德．当代中国行政法的源流[M]．北京：中国法制出版社 2006：298－310
[17]肖泽晟．行政地役权——开启公物二元产权结构之钥．载自：应松年，马怀德．当代中国行政法的源流[M]．北京：中国法制出版社 2006：298－310
[18]肖泽晟．公物的二元产权结构——公共地役权及其设立的视角[J]．浙江学刊 2008(4)
[19]赵映诚．生态经济价值下政府生态管制政策手段的创新与完善[J]．宏观经济研究 2009(9)
[20]王名扬．法国行政法[M]．北京：中国政法大学出版社，1988：195－198
[21]胡悦，贾国发，玄鸿娇．行政行为转变研究——行政私法行为之凸显[J]．法律科学(西北政法大学学报)，2010(5)
[22]邹焕聪．行政私法理论在合同制度中的展开——论行政私法合同的内涵、性质与界分[J]．现代法学 2010(3)
[23]周训芳．论林地地役权[J]．江苏行政学院学报 2008(2)
[24]师安宁．中国地权与相邻关系制度若干问题研究 [EB/OL]．http：//www. legalinfo. gov. cn/zhuanti/content/2009－02/11/content_ 1033311. htm
[25]胡悦，贾国发，玄鸿娇．行政行为转变研究——行政私法行为之凸显[J]．法律科学(西北政法大学学报) 2010(5)

陕西农户家庭就业行为影响因素研究

王忠平　史常亮

（北京林业大学经济管理学院）

摘　要：以陕西省346户农户为例，从农户家庭层面考察了年龄、教育、家庭农业收入、家庭自然资源状况以及政府惠农政策等对农户就业行为的影响。研究发现：农户的粮食收入预期、家庭人力资源状况和家庭抚养负担显著影响农户对农业就业和非农就业的选择，但对农业兼业行为影响较小；相比之下，家庭自然资源状况却在很大程度上决定着农户的农业兼业行为；政府粮补政策对农户从事农业生产具有一定的激励作用，但影响比较小；农户家庭就业决策是农户理性思考的结果，政府在引导农民就业的工作中应该充分考虑当地的资源禀赋和农户就业行为倾向，因地、因人制宜。

关键词：农户家庭；就业行为；影响因素

1　文献综述

对农户就业行为问题的研究，最早可以追溯到20世纪20年代前苏联经济学家 Chyanaov 建立的用于分析苏联小农的农户经济模型，他的研究关注于俄罗斯农民对劳动力在工作与休闲之间的时间分配行为。Evenson(1978)对发展中国家农民家庭的时间资源配置问题进行了研究，提出了完整的农户劳动力在农业就业，非农就业以及闲暇之间的时间配置模型[1]。Benjamin(1992)对爪哇农户数据的研究表明，家庭结构是一个农户劳动力就业行为的重要决定因素，计量结果不能拒绝农业家庭劳动配置独立于家庭结构的假设[2]。

最近几年来，学者们开始运用农户决策模型来分析政策变化和家庭个体特征因素对农户就业行为的影响。Barnum & Squire(1979)、Alain de Janvry 等(1991)、Huffman(2001)等人各自研究了在不同外部制度环境下的农户劳动力就业问题[3,4]。Bailey(2004)针对欧洲农业政策的变化对农户生产效率以及劳动力投入效率影响的研究发现，欧盟的农业政策对当地农户的利润具有显著影响，进而对农户的短期预期产生了影响[5]。Bojnec & Dries(2005)运用斯洛文尼亚微观农户调查数据，分析了经济转型中的斯洛文文尼亚农户劳动力的流动行为。研究发现，个人特征因素中的年龄、受教育程度以及以往在人力资本上的投资能够有效地提高农户家庭劳动力的就业层次和灵活性[6]。Serra 等人(2005)研究了 1996 年美国农业政策改革对美国堪萨斯州农户家庭成员离开农场就业的行为产生的影响。他们的经验研究表明，一方面，美国农业补贴政策的施行降低了农户劳动力离开农业到非农领域就业的概率；另一方面，新的农业政策也促使农民更为倾向于规避风险，从而对农户到非农领域就业产生了激励[7]。

国内关于农户就业决策行为的研究相对匮乏，且比较分散。大部分学者将研究的重点放在了中国农村劳动力的乡城迁移行为上，性别、婚姻状况、年龄、受教育程度、技能、健康状况、家庭抚养率、家

基金项目：本文得到中央高校基本科研业务费专项资金－北京林业大学“科技创新计划项目”资助(RW2010－6)，北京林业大学“新进教师科研启动基金项目”资助(BLX2009015)

作者简介：王忠平(1981－)，男，山西大同人，博士，北京林业大学经济管理学院讲师，研究方向为农业经济管理。电话：010－62338444，Emai:)wangzhongping1981@yahoo.com.cn，地址：100083 北京市海淀区清华东路35号北京林业大学经济管理学院信箱

庭耕地面积、家庭劳动力(人均)数量、家庭类型等都被视为是中国农村劳动力流动的决定因素而加以研究①，使用的研究方法主要是二元离散选择模型中的loglt模型或者probit模型。马鸿运等(l993)提出了一个分析农户经济行为运行机制的基本框架，并在此框架下，对农户的择业行为进行了研究，但是其研究只局限于对影响农户择业行为的各种因素的定性描述[8]。赵耀辉(1997)运用多重选择就业概率模型检验了一个农村劳动力在面临农村农业、农村非农产业和外出就业三种选择的时候如何进行选择，结果表明性别差别在农村非农产业和外出就业的选择中都是明显的，婚姻的影响虽然统计上显著，但是影响不算大，教育程度对促进劳动力进入本地非农产业的作用比促进外出的作用大得多[9]。张林秀等(2000)对不同经济状况下的农户供给行为进行了实证研究，其研究发现：在宏观经济萧条时期农民个体会根据农业和非农领域经济形势的变化适当地调整就业领域[10]。方明月(2006)提出，农村劳动力的就业决策与就业模式的选择，归根结底取决于农民对就业本身能否带来更大经济利益的实际判断，这种判断是农村劳动力在权衡外出就业与当地就业两种模式收入差异的基础上，结合自身拥有的资源(人力资本、社会资本等)所作出的理性选择[11]。黎元生(2007)同样认为，在就业状态一定的情况下，作为微观经济主体的个体农民总是基于利益最大化进行自主择业决策，他通过构建了在不同行为方案下的农民收益函数，分析了不进城，单纯务农、受雇于人，完全务工、忙时务农，闲时务工、进城创业四种就业行为的成本收益[12]。

王春超在关于农户农业与非农业就业决策方面做了大量深入的实证分析。在一项基于湖北省农户调查的实证研究中，他细分了年龄、受教育水平、耕地面积、距最近县城距离等变量对农户就业决策行为的影响，结果表明，农户中的劳动力人力资源状况对其就业行为有较为显著的影响，其中，劳动力年龄对就业选择的影响比较大，劳动力平均年龄的单位增加会促使劳动力对涉及非农就业行为的发生比率减少；相比之下，家庭经营土地面积以及距最近县城距离对农户就业选择影响程度小；不同地区的农户在就业行为上表现出较大的差异性。相较于平原地区，丘陵地区的农民更具有比较强的非农就业倾向，而山区的农民对待非农就业的态度则比较谨慎[13]。他还发现农户家庭的上期收入、农户家庭以往的劳动就业选择、农村家庭抚养负担都会显著影响劳动力就业决策行为，但是从短期来看，外部支农政策冲击并没有从本质上改变农户家庭的就业决策行为[14,15]。

从文献综述情况来看，国外关于农户就业决策行为的研究，无论是在微观个体层面，还是在宏观政策、制度层面，都取得了很大进展；而在国内，针对这方面的研究则较为缺乏。王春超等人关于农户理性的就业决策行为是建立在农户效用(或者收入)最大化目标的基础上的观点，为这方面研究开辟了一条新的研究路径，并获得了一些不同于以往研究结论的新发现。本文在基于上述理论假说的基础上，认为农村劳动力在农村就业有两种选择：一是农业，二是非农产业，着重考查农户对这两种就业行为选择的微观影响因素，并通过分析他们的就业行为，探索如何开拓农民的就业空间，以及提高农村劳动力资源的配置效率。

2 模型、数据与变量

2.1 模型的构建

在本文中，我们将农户的就业决策行为理解为劳动者在农业工作和非农业工作之间进行理性选择的行为。在任何情况下，农户选择从事农业工作还是非农业工作，是通过对不同选择所带来的效用进行比较而决定的。农户就业决策行为将由以下函数决定：

$$P^{*} = U_{p}(AGI, H_{1}; \psi) - U_{q}(NAGI, H_{2}; \psi) \quad (1)$$

其中，P^{*} 用来表示农户从事农业工作与从事非农业工作所带来的两种效用之差，AGI 表示农业收入，$NAGI$ 表示非农业收入，$H_i(i = 1,2)$ 表示工作时间，ψ 表示影响效用的人口与社会经济变量。当 $P^{*} > 0$ 时，农户将选择从事农业工作，此时 $P = 1$；当 $P^{*} \leq 0$ 时，农户将选择从事非农业工作，此时 $P = 0$。由

① 王春超(2008)在其博士论文《政策约束下的中国农户就业决策与劳动力流动——基于湖北农户调查的研究》中对这方面研究进行了系统总结。

于农户就业决策行为发生的概率 p 的取值只有 0、1 两种，所以可采用二元因变量选择回归模型，来估计农户从事农业、非农业工作的情况。

本文使用 Probit 模型来估计不同因素对农户就业决策行为的影响。上述公式可以改写为：

$$P^* = U_p(AGI,H_1;\psi) - U_q(NAGI,H_2;\psi) = \beta X' + \varepsilon \tag{2}$$

其中，X 为一组变量向量，β 为参数向量，ε 为随机误差项。X 对农户就业决策行为的影响将由下式决定：

$$\text{Prob}(P=1) = \text{Prob}(\beta X' + \varepsilon > 0) = \text{Prob}(\varepsilon > -\beta X') = 1 - G(-\beta X') = G(\beta X') \tag{3}$$

其中，$G(\bullet)$ 服从标准正态分布。使用 Multinomial logit 模型可以表示为：

$$P_{ij} = \text{Prob}(U_j = \max\{U_k\}) = \frac{e^{\beta'_j x_i}}{\sum_{k=1}^{J} e^{\beta'_k x_i}} \qquad i = 1,2,\cdots,N; j = 1,2,\cdots,J \tag{4}$$

其中，N 为样本规模，J 为农民在进行就业决策时，可供选择的行为方案数，x_i 为一组影响农户从事何种类型工作的变量。

2.2 数据及主要变量选择

本文的数据取自 2010 年北京林业大学经济管理学院进行的对陕西省蓝田、富平、洛川、城固、洛南、洋县 6 个县农村住户的抽样调查。调查采用分层随机抽样方法，平均每个县抽取 4 个乡镇，每个乡镇抽取两个村，每个村抽取 8 个农户，每户中选取年龄在 18 ~ 65 岁之间的家庭成员进行调查。本次调查共发放问卷 346 份，收回 346 份，问卷全部有效，其中蓝田 60 份，富平 57 份，洛川 56 份，城固 54 份，洛南 63 份，洋县 56 份。各个样本家庭适龄劳动人口的就业状况如表 1 所示。

表 1　样本农户家庭适龄劳动人口就业状况

	蓝田县		富平县		洛川县		城固县		洛南县		洋县		总计	
	人数	比重	人数	比重	人数	比重	人数	比重	人数	比重	人数	比重	人数	比重
务农	66	6.0%	55	5.0%	112	10.2%	66	6.0%	74	6.7%	62	5.6%	435	39.6%
农业兼业	28	2.5%	34	3.1%	11	1.0%	7	0.6%	38	3.5%	18	1.6%	136	12.4%
非农兼业	24	2.2%	22	2.0%	18	1.6%	25	2.3%	26	2.4%	14	1.3%	129	11.7%
非农就业	76	6.9%	57	5.2%	72	6.6%	66	6.0%	60	5.5%	68	6.2%	399	36.3%
总计	194	17.7%	168	15.3%	213	19.4%	164	14.9%	198	18.0%	162	14.7%	1099	100%

被解释变量：定义农户家庭就业行为选择集 $J = \{J_1, J_2, J_3, J_4\}$，其中，$J_0$ 表示农业就业，J_1 表示农业兼业，J_2 表示非农兼业，J_3 表示非农就业。被解释变量 P_{ij} 为 0 – 1 赋值，J_3 为比较基础，即：

$$P_{ij0} = \begin{cases} 1 & \text{选择 } J_0 \\ 0 & \text{其他} \end{cases}, P_{ij1} = \begin{cases} 1 & \text{选择 } J_1 \\ 0 & \text{其他} \end{cases}, P_{ij2} = \begin{cases} 1 & \text{选择 } J_2 \\ 0 & \text{其他} \end{cases}$$

本文选取如下解释变量：家庭劳动力平均年龄(OLD)、家庭劳动力平均受教育年限(EDU)、家庭抚养率(PRT)、上一年粮食净收入(GI)、家庭经营土地面积(S)、距最近县城距离(DIS)、惠农政策支持力度(AP)。其中，家庭劳动力是指家庭成员①中男性 15 ~ 60 岁、女性 16 ~ 55 岁的健康人口(不包括在读学生)。

(1)家庭劳动力平均年龄(OLD)。劳动力平均年龄对农户就业决策行为的影响主要体现为：劳动力平均年龄越低，则家庭青壮年劳动力越多，考虑研究区粮食种植机械化程度低的特点，劳动力平均年龄较低的农户家庭种粮的优势越大。但另一方面，农户家庭劳动力平均年龄越小，则种粮的经验较贫乏，技术较生疏，外出务工的优势和可能性也较大。陈爽等人(2009)的研究表明，家庭劳动力平均年龄与劳动力非农就业概率负相关，家庭劳动力平均年龄越低的劳动力越倾向于从事非农就业[16]。本文把年龄作

① 家庭成员包括：户主和其配偶以及 2009 年所有在家居住三个月以上的家庭成员(包括已出嫁或已分家的户主子女)；以及户主所有未分家的，且今年在外居住超过九个月的子女，如在上学，在服役，在外工作等的户主子女。

为连续变量放入模型中，家庭劳动力平均年龄与农户非农就业行决策之间的关系不明确。

(2)家庭劳动力平均受教育年限(EDU)。在通常情况下，受教育程度相对较高的劳动力往往比普通劳动者在非农就业领域具有更多的优势，而受教育程度较低的劳动者由于非农就业能力有限往往只能被拴在土地上，成为农业劳动者。家庭劳动力受教育程度的计算方法为：文盲为0，小学按1~6年、初中按7~9年、高中按10~12年、中专按13年、大专按14年，大学按15年折算。

(3)家庭抚养率(PRT)。家庭抚养率对农户劳动参与决策的影响并不明确，家庭抚养率高可能会成为个体外出打工的阻碍因素，由于需要付出更多的时间照料家庭，可能会导致农户留在家中，成为农业劳动者，但同时家庭抚养率高也可能需要更多的外出工作来养活家庭，在农业收入有限的情况下，也可能成为激发农户外出打工的积极因素。家庭抚养率计算公式为：PRT=(家庭规模-劳动力数)/家庭规模。

(4)上一年粮食净收入(GI)。农业收入对农户非农就业决策行为有负影响，王春超(2007)证实，第一产业纯收入占其总纯收入比重在对劳动力非农就业行为的影响上呈现出负向影响的特点[13]，因此预期上一年粮食净收入对当期农户非农就业决策具有正向促进作用。

(5)家庭经营耕地面积(S)。从调研来看，家中耕地越多，农户做出在非农领域就业决策的可能性越小。赵耀辉(1997)研究也证实，土地比较少的家庭中的劳动力外出的概率比较大，如果把家庭人均占有耕地减少一亩，该户劳动力外出的概率将增加4.6%[17]。因此本文把家庭经营土地面积作为影响农户就业决策的重要变量纳入模型，预期家庭经营土地面积对农户非农就业决策有负的影响。

(6)距最近县城距离(DIS)。以往的研究认为，离县城越近越可能从事非农产业，因为城郊农户从事非农产业的机会相对较多[18-20]。但付玉枝(2008)对湖南新化县的研究却表明，距最近县城越远农户越可能从事非农产业[21]。因此，农户是否从事非农产业与距县城的距离之间的关系并不明确。

(7)惠农政策支持力度(AP)。惠农政策的变化对农户就业行为选择有着重要影响。陶建平等(2008)基于湖北309户水稻种植户的入户调查，运用Probit模型分析粮食直补政策是否影响农户参与非农劳动的情况，结果表明，政府粮食补贴政策对农户种粮有着积极的作用，对稻农参与非农劳动有着负的影响，但影响非常小[22]。张建杰(2007)研究也认为在现行粮食政策下，政策对农户粮作经营行为的制度激励效应有限[23]。本文用上一年政府粮食补贴金额(包括粮食直补、良种补贴、综合补贴、农机补贴四项)来表示政府的惠农政策支持力度大小，预期政府惠农政策对农户非农就业决策有负的激励作用。

各样本变量的描述性统计分析结果见表2。

表2 样本变量描述性统计分析结果

变量	变量定义	最小值	最大值	均值	标准差
OLD	OLD=家庭劳动力实际年龄之和/劳动力数(单位：岁)	22	59	37.3661	4.8991
EDU	EDU=家庭劳动力受教育年限之和/劳动力数(单位：年)	0	14.33	9.0669	2.0857
PRT	PRT=(家庭规模-劳动力数)/家庭规模(单位:%)	0	71.43	25.1824	21.6749
GI	GI=上一年粮食总收入-总产本(单位：元)	0	57540	2160.0185	4974.3050
S	S=自己的耕地+转入面积+承包面积-转出面积(单位：亩)	0	35	3.9138	3.9017
DIS	DIS=距最近内县城的距离(单位：里)	0.5	200	39.5147	33.4254
AP	AP=粮食直补+良种补贴+综合补贴+农机补贴(单位：元)	0	60000	395.3892	3253.1896

3 模型估计与结果分析

3.1 模型估计

按照前面所说，农户的就业决策体现在农户对农业就业与非农就业的选择上，即农户在纯务农、农业兼业、非农兼业或是非农就业等类型的选择上。因此我们可以把所有的劳动力人口，分为四种状态：务农、边务农边附近打工、长期在外地打工、长期外出从事非农工作。由于这四种就业状态之间，没有明显的等级序次之分，我们利用Multinomial logit模型来估计各种影响因素如何决定农户处于以上四种状态中的哪一种。将在外从事非农工作者作为参照组，Multinomial logit模型估计结果见表3。

表 3 农户家庭就业行为的 Multinomial logit 模型估计结果

变量	务农		边务农边附近打工		长期在外地打工	
	系数	标准误	系数	标准误	系数	标准误
常数项	-21.588 ***	-4.863	-13.293 ***	-4.307	17.782 ***	4.613
OLD	0.315 ***	0.097	0.007 *	0.005	-0.066 **	-0.039
EDU	-0.024 *	-0.013	-0.016	-0.017	0.050 **	0.032
PRT	0.732 *	0.522	-0.018	-0.021	0.728 *	0.577
GI	0.839 ***	0.296	0.075 *	0.054	-0.623 **	-0.359
S	0.001	0.007	0.817 *	0.664	0. 705 *	0.478
DIS	-0.033 *	-0.023	-0.046 **	-0.031	0.012	0.035
AP	0. 106 **	0.071	-0.003 *	-0. 002	-0.003	-0.181
Nagelkerke R^2	0.731		0.345		0.662	
Log Likelihood	-372.318		-462.088		-626.608	
观察值数	346		346		346	

注 a：数据来源于北京林业大学经济管理学院 2010 年对陕西省 6 个县 346 户家庭的抽样调查结果。

注 b：*、**、*** 分别表示 10%、5%、1% 的显著性水平下显著。

3.2 实证结果分析

表 3 中的计量结果表明：

(1)当前农户家庭对农业收入的预期在很大程度上决定了其外出劳动就业的概率。本文运用上一年(2009 年)粮食净收入(GI)这一指标来表示农户对调查当年(2010 年)农业收入的预期。回归结果显示，农户在对各种不同就业类型的选择上，上一年粮食净收入变量(GI)均在统计上显著，且其系数值随着非农就业倾向的增强而逐渐由 0.839 减少到 0.074，随后减少到 -0.623。这说明，农户劳动力的就业决策行为是建立在他们对务农收入与外出净收益的综合估计上，当上一年粮食净收入高于农户的预期收入时，该变量对劳动力的非农就业行为呈现出负向影响的特点，即相对于长期外出从事非农工作，上一年粮食净收入越高，农户越倾向于在家务农，或者边务农边附近打工。我们可以从农户外出打工的就业成本来解释这一现象。农户外出打工需要承担很高的临时性成本，包括在城市打工收入的不确定性、在城市面临的被驱赶和被歧视的心理负担、城市高昂的生活成本等，因此除非迫不得已的情况下，农户是不愿意到外面打工的(在后面的入户访谈资料中，将近 2/3 的农户表示打工太辛苦、工作也不稳定)。大约有 34.5% 的在外打工者表示打几年工后会回家。究其原因，自身文化不高、年老、留不下是一个重要因素，但接近 80% 的人也表示离家远、家人分离、房价高、消费高、户籍限制是其不考虑留在城市工作生活的重要原因。由此可见，尽管打工收入比务农高(65% 的农户表示工资高是促进其外出打工的首要因素)，但是上一定粮食净收入仍然对农户外出就业起到积极的拉动作用，特别是在外出务工成本较高的情况下，这种作用将更加明显，也更加深远。

(2)农户家庭的人力资源状况对农户的就业行为也有显著的影响。我们用家庭劳动力平均年龄(OLD)、平均受教育年限(EDU)来反映一个农户家庭的人力资源状况。回归结果显示，年龄越大，与长期外出从事非农工作相比，劳动力越不倾向于长期在外地打工，反而更加倾向于边务农边附近打工，或者干脆在家务农。通过对从事以上四种不同工作的劳动力的平均年龄的进一步比较分析，可以发现，长期在外地打工和长期外出从事非农工作的劳动力的平均年龄(分别为 29.88 岁、32.83 岁)都要低于务农者和边务农边附近打工者(43.36 岁、40.78 岁)。这表明，在一定年龄范围内，劳动力平均年龄的单位增加会增强劳动力对非农工作的选择倾向；但是超过一定年龄后，随着劳动力平均年龄的继续增加，农户将越来越倾向于选择在家务农，或者边务农边附近打工。

与预期相符，劳动力平均受教育年限(EDU)对农户非农就业倾向表现为一种正向促进作用。相对于长期外出从事非农工作，平均受教育年限在 5% 的显著性水平下对农户长期在外地打工具有正向影响，而在 10% 的显著性水平下对农户在家务农具有负向影响，但是对农户边务农边附近打工的影响统计上并不显著。这一方面可能是因为文化程度较高的家庭在外部劳动力市场上常常具有一定的优势，从而有望获得较高的收入，因此教育能显著增强农户参与非农工作的动机[24]。另一方面平均受教育年限对农户的农业兼业行为影响不显著，一种可能的解释是农户的农业兼业行为大都发生在农闲季节，抱着“赚外快”的念头，无论文化程度高的农户还是文化程度低的农户都容易在示范效应的影响下做出在家附近打工的决策。再加上，一般社会提供的农业兼业工作都只是临时性工作而已，拥有高学历的劳动者与拥有较低学历的劳动者都拥有获得工作的机会，无形中弱化了教育的筛选、甄别机制。

(3)家庭扶养负担是影响农户就业决策的又一重要因素。根据表3，家庭抚养率(PRT)越高，与长期外出从事非农工作相比，农户越容易在家务农或长期在外地打工，但越不容易边务农边附近打工。家庭抚养率对劳动力在家务农或外出打工的影响并无显著差异。根据入户访谈结果，出现这种情况的原因主要有两方面：一方面，家庭劳动力在进行外出就业决策时通常会将家庭扶养状况考虑进去，如果扶养的负担太重会影响其外出，70%以上的农户表示照顾家人是限制其外出打工的主要因素。另一方面，正如前面分析所指出的，相对于务农，外出务工能够挣到更多的钱，从而有助于减轻家庭负担，因此在务农收入有限的情况下，高的家庭抚养率也会成为激发农户外出打工的积极因素。而家庭抚养率对农户边务农边附近打工并无显著影响，其原因则在于这部分劳动力由于离家很近，一般都能两头兼顾，他们在做出农业兼业决策时已经淡化了家庭的负担，因此家庭扶养率对他们的就业决策行为不会产生显著作用。

(4)从农户家庭经营土地面积来看，与王春超(2007)研究结论有所不同，家庭经营耕地面积与农户做出在非农领域就业决策的可能性并不呈线性负相关。从模型估计结果来看，不论耕地面积如何变化，农户在非农领域就业的倾向性都要比在家务农高。这是因为，家庭土地面积与非农业参与概率呈倒U形的曲线关系，该曲线在土地面积为91亩时才达到极小值[25]，而样本农户的土地规模不大，户均只有3.91亩，因此短期内农户的非农劳动供给不会随着耕地面积的增加而发生较明显的变化。

(5)距最近县城的距离(DIS)对农户是否从事农业兼业工作具有显著影响，且为负向，即距最近县城越近，农户越可能边务农边附近打工。这与以往的大多数研究相一致。主要是因为，离县城越近，非农就业机会越多，农户越有可能找到临时性非农工作。但是，农户距离县城的远近对农户的长期在外打工决策影响不大。可以解释为，相对于省外的远距离来说，农户家庭处于县城的哪个位置并不重要。农户距离最近县城越近，农户越可能在家务农，则在于大多数农户家庭都种植核桃、花椒、油松、苹果等经济作物，且基本上都是自己拿出去卖，因而距县城越近农户的鲜活农产品在县城卖出变现的成本越低且风险越小，所以农户离县城越近越趋于通过农业生产获得收入。

(6)惠农政策支持力度对农户在家务农行为具有较显著促进作用，但对农户从事非农领域工作有着消极的作用。政府粮食补贴金额每增加1元，农户涉及非农就业行为的可能性降低大约0.3个百分点。边际效用较小，主要是因为补贴最终落实到农户手中的金额并不多，对农户种粮积极性的激励效应不大。

4 结论与政策启示

本文以陕西省为例，以分布于6个县、21个镇(乡)的49村346户农户为样本，采用Multinomial logit模型较系统地分析了农户家庭人力资源状况、自然资源特征、家庭负担、收入以及粮食补贴政策对农户家庭就业行为的影响。通过分析研究，可以得出如下结论：

(1)上一年粮食净收入在很大程度上决定了农户当年外出劳动就业的行为选择，且这种影响随着农户外出务工成本的增长呈现加大效应。

(2)农户家庭的人力资源状况显然在很大程度上影响着农户的就业行为。然而由于现阶段非农劳动只是作为业劳动的一种暂时性替代或补充，这种影响并不是线性的，也不具有长期性，绝大多数农户都倾向于选择打几年工后回家，而不是努力留在城市工作生活。尽管教育能够增强农户的非农就业能力，但是其作用范围却非常有限。

(3)农村家庭抚养负担会显著影响劳动力就业决策行为，特别是选择在家务农还是选择外出打工。合理减轻家庭人口负担是持续促进农村劳动力外出流动、推进城市化的重要途径。

(4)由于样本区耕地资源匮乏，耕地面积多少对农户就业行为几乎无显著影响。但农户距最近县城的距离对农户从事农业劳动、农业兼业工作却具有显著影响，且为负向，即距最近县城越近，农户越有可能通过农业生产或者临时性非农劳动来获得收入。

(5)政府惠农政策支持力度对农户从事农业生产具有重要引导作用。但由于粮食补贴的金额相对于农户总收入或者总的农业生产成本来说只是很小的一部分，粮食补贴对农户参与非农劳动或者外出务工的影响非常小。

本文的研究可以使我们得到如下的政策性含义：

第一，完善农村社会保障体系、养老保险制度，减轻农户家庭的抚养负担，避免农户陷入家庭困难——走不开——愈加困难贫困的恶性循环，是当前政府农村工作的一个重中之重。

第二，粮食补贴政策冲击并没有从本质上改变农户家庭的就业决策行为。在“粮补”政策的刺激下，农户的种粮积极性尽管得到了一定程度的提高，但由于种子、农药、化肥等生产资料成本的同比上涨，惠农效果被不断稀释，粮食生产仍然处于入不敷出的尴尬境地。这就需要政府在提供粮食补贴的同时，提供一种更加合理的风险补偿机制和农业保障体系来保证农户的种粮积极性。

第三，农户的外出务工行为不仅受到粮食收入预期的显著影响，而且对外出务工成本较为敏感。政府部门在重视促进农村劳动力非农就业转移工作的同时，还必须着眼于改善非农就业环境，降低非农就业风险和城市生活成本对农民非农就业行为选择的影响。

第四，由于土地资源禀赋的限制，外出务工已成为当地农民增收的一种重要途径。但是，也不能忽略在一些自然资源比较丰富的地区，如调查所经过的洛南县王咀头村，因为这个地区种植核桃比较有优势，在当地逐渐形成了以核桃收购、初级加工、销售为内容的产业链，该地的农民确实是“以农为本”。而在其他一些地区，如卫东镇的李塬村，受国家“东桑西移”蚕业发展战略的影响，当地农民在政府的支持下，开始栽桑养蚕，该地农户家庭的非农参与率也很低。这就其启示我们，政府在引导农民就业的工作中应该因地制宜，应综合考虑各地的资源禀赋和农户就业行为倾向，决不能“铁板一块”。

参考文献

[1]Evenson RE. Time Allocation in Rural Philippine Households [J]. American Journal of Agricultural Economics, 1978, 60 (2): 322.

[2]Benjamin, Dwayne. Household Composition, Labor Markets, and Labor Demand: Testing for Separation in Agheultural Household Models [J]. Econometrica, 1992, (60): 287 -322.

[3]Barnum Howadr N. & Lyn Squire. An Econometric Application of the Theory of the Farm - Household [J]. Journal of Development, 1979, (6).

[4]Alain de Janvry, Marcel Fafchamps & Elisabeth Sadoulet. Peasant Household Behavior with Missing Markets: Some Paradoxes Explained [J]. The Economic Journal, 1991, (101): 1400 ~ 1417.

[5]Bailey, A., et al. ME Estimation of input and output Biases of Technical and Policy Change in UK Agriculture, 1953 to 2000 [J]. Journal of Agricultural Economics, 2004, 55(2): 385 -400.

[6]Bojnec, Stefan & Dries, Liesbeth. Causes of Changes in Agricultural Employment inSlovenia: Evidence from Micro - data [J]. Journal of Agricultural Economics, 2005, 56(3): 399 -416.

[7]Serra, T, B. Goodwin, & M. Featherstone. Agricultural Policy Reform and off - farm Labor Decisions [J]. Journal of Agricultural Economics [J]. 2005, 56(2): 271 -285.

[8]马鸿运等. 中国农户经济行为研究[M]. 上海：上海人民出版社，1993.

[9]赵耀辉. 中国农村劳动力流动及教育在其中的作用——以四川省为基础的研究[J]. 经济研究，1997，(2)：37 -42.

[10]张林秀，霍艾米，罗斯高，等. 经济波动中农户劳动力供给行为研究[J]. 农业经济问题，2000，(5)：7 -15.

[11]方明月. 农村劳动力就业决策与就业模式的行为选择[J]. 天府新论，2006，(3)：39 -42.

[12]黎元生. 改善就业状态：实现农民稳定增收的关键[J]. 福建师范大学学报(哲学社会科学版)，2007，(1)：113 -117.

[13]王春超. 收入波动中的中国农户就业决策——基于湖北省农户调查的实证研究[J]. 中国农村经济，2007，(3)：48 -57.

[14]王春超. 中国农户收入增长与就业决策行为：一个动态解释——基于湖北农户跟踪调查的实证研究[J]. 统计

研究，2008，25(5)：50－60.

[15]王春超，张静．中国农户劳动力流动就业决策行为的特征及其影响因素——基于湖北农户跟踪调查的研究[J]．经济前沿，2009，(10)：39－47.

[16]陈爽，张艳，扈立家．农村劳动力就业选择影响因素的实证分析——以辽宁营口市九垄地镇农村为例[J]．农村经济，2009，(6)：43－46.

[17]赵耀辉．中国农村劳动力流动及教育在其中的作用——以四川省为基础的研究[J]．经济研究，1997，(2)：37－73.

[18]陈晓红．经济发达地区农户兼业及其因素分析——来自苏州农村的实证调查[J]．经济与管理研究，2006，(10)：90－94.

[19]陈宗胜，周云波，任国强．影响农村三种非农就业途径的主要因素研究——对天津市农村社会的实证分析[J]．财经研究，2006，(5)：4－18.

[20]黄大学．农户兼业对农地利用效率与农地流转的影响——以湖北省荆门市为例分析[J]．当代经济，2006，(4)：62－63.

[21]扶玉枝，朱磊．农户从事非农产业的影响因素分析——对湖南省新化县农户的实证研究[J]．华南农业大学学报(社会科学版)，2008，7(1)：6－11.

[22]陶建平，陈新建．粮食直补对稻农参与非农劳动的影响分析——基于湖北309户农户入户调查的分析[J]．经济问题，2008，(9)：74－77.

[23]张建杰．惠农政策背景下粮食主产区农户粮作经营行为研究[J]．农业经济问题，2007，(10)：58－65.

[24]弓秀云，秦富．家庭非农劳动供给时间的影响因素分析[J]．技术经济，2007，26(6)：94－99.

[25]朱农．贫困、不平等和农村非农产业的发展[J]．经济学(季刊)，2005，5(1)：167－188.

浅议社会资本在共有产权资源管理中的作用及其局限
——以云南省拉市海湿地社区自发的旅游为例

吴　健　龚亚珍

（中国人民大学环境学院）

摘　要：本文以云南省拉市海湿地当地社区自发组织的旅游为案例，旨在探索社会资本在共有产权资源管理中可能发挥的作用及其局限性。本文采用问卷访谈的形式，对拉市乡6个村的67个村民小组长进行了访谈。研究发现：①当地社区内部相对较高的绑定式社会资本在推动村民开展自发的旅游作为替代生计过程中发挥了重要的作用；②但是各个社区的社会资本不能足以支撑各社区之间进行有效地协调，从而使社区自治难以作为资源可持续利用的有效制度安排形式。研究指出：在拉市海地区，政府有必要进行适当的干预、在各社区之间开展协调，从而更好地实现资源的可持续利用。

Roles and Limitations of Social Capital in Common Pool Resource Management: A Case Study in LashihaiWetland in Yunnan

Abstract: The study used local communities in Lashihai Wetland as the case study area, which is located in northwestern Yunnan Province, 1 of the 18 key ecological function areas designated by Chinese government and the most ethnically diversified region in China. Questionnaire surveys were conducted with leaders from 64 natural villages and focus group discussions were also conducted. The case study shows: ①high – level social capital inherent in indigenous local communities has contributed to self – governance of natural resource management in Lashihai wetland, where local communities have used wetland scenery to generate alternative income when restrictions on their traditional activities are imposed for ecological conservation purpose; ②in spite of its important role, social capital existing within communities is not sufficient to support successful coordination among local communities in Lashihai. Therefore, necessary government involvement is needed for sustainable use of natural resources in Lashihai.

1　引言

自1968年哈丁在《科学》杂志上发表《公地悲剧》一文以来，由“共有产权”这种产权安排形式而引起

作者简介：吴健，中国人民大学环境学院，副教授。研究方向：环境经济学和环境政策分析。Email：jianwu@ ruc. edu. cn

通讯作者：龚亚珍，中国人民大学环境学院，讲师。研究方向：资源和环境经济学，发展和制度经济学。Email：ygong. 2005 @ gmail. com

的自然资源的过度使用和退化问题引起了学术界广泛的探讨和研究。哈丁在其分析中指出：由于“共有产权”资源的“非排他性”和“竞争性”，作为理性经济人的资源使用者会尽可能地去多地使用和消费他们共同拥有的资源，从而最终难以摆脱其过度使用资源的困境。虽然许多学者同意哈丁的基本分析，但是以埃莉诺 · 奥斯特罗姆为代表的学者们却认为：由于资源使用者内部对各自的使用资源情况具有“相互监督”的功能，他们可以相互协商，达成一致认同的资源使用规则，并通过非正式的社会制裁来惩罚那些违反规则的成员，从而避免共有产权的悲剧（Hardin，1968；Ostrom 1990 and 1999；Pretty and Ward 2001；Baland and Platteau 2000）。因此，如果社会资本充足，资源使用者就可以通过采取合作行动、开展以社区为单位的资源管理模式。

上述认为通过“社区自治”的模式成功地管理共有资源的学者的思想中隐含的一个重要假设就是：存在于资源使用者之间的社会资本充足，充足的社会资本可以促使社区群众通过相互协商，达成共同遵守的资源使用规则，并通过相互监督和社会制裁的方式来执行这些规则。按照这个假设，如果资源使用者之间的社会资本没有达到充分的水平，那么他们就有可能很难达成一致同意的资源使用规则，从而就很难通过采取联合行动的方式去可持续地使用他们的共有资源，其结果就会导致资源的退化甚至耗尽。

事实上，Olson(1965)认为：由单个个体通过资源采取联合行动的方式来实现团体利益的这种做法基本上是不可能的，因此需要有一个外在的力量(比如政府)去推动社区才能使其实现团体目标。Ostrom(2000)也在文中也指出，实现共有资源社区自治的其中一个前提条件就是资源使用者形成的使用者团体的规模不能太大。如果当共有资源涉及到相对较大的地理范围，涉及不同的社区时，资源使用者往往不能有效地管理他们的共有资源(Baland and Platteau 2000)。

本文以拉市海湿地的案例为例，初步探索社会资本在拉市海周边各社区对拉市海湿地资源使用和管理中发挥的作用及其局限。本文的基本假设是：存在在当地社区内部的社会资本虽然能够支撑当地社区对资源实现“自治”，但是社区自治的前提是各个社区之间的社会资本足够强；否则，就需要政府进行适当的干预、在各个社区中间进行协调，才有可能实现资源的可持续利用。

2 方法

2.1 关于社会资本的简单综述

虽然目前学术界对社会资本的确切定义尚在争论中，但是社会资本常被宽泛地定义为：社会资本是指人与人之间的关联，它包括网络、规范、信任、某人对其所在团体的关注以及对于违反约定规定或规范的人实施制裁的意愿程度（Bowles and Gintis 2002；Putnam 2000）。社会资本具备多面性：某些学者认为社会资本是个人层面的特征(Glaeser et al. 2000)，有些学者则认为社会资本是社区层面的特征(Coleman 1990；Putnam 2000)，也有学者认为社会资本是制度环境的特征(North 1990)。由于社会资本能促使参加网络的成员联合起来去寻求共同的目标，提供信息共享的渠道，发挥协调行动的作用，推动集体决策的形成，因此，社会资本有助于降低交易成本，具有经济意义(Coleman 1990；Putnam 2000；Putnam et al. 1993；Sobel 2002)。由于在农村社区常常需要通过采取集体行动来管理他们的自然资源，而社会资本提供则为社区采取这种自然资源的管理模式提供了重要的渠道(Pretty and Ward 2001)，因此社会资本在自然资源(尤其是共有资源)的管理中发挥着重要的作用(Baland and Platteau 2000；Boudma et al. 2009；Ostrom 1990；Pretty and Ward 2001)。

社会资本在形式上可分为两种，一种是桥接式社会资本，另外一种是绑定式社会资本(Putnam 2000)。桥接式社会资本指的是不同网络(团体)之间的纽带，而绑定式社会资本是指网络(团体)内部的联系。桥接式社会资本常常把不同质的成员联系在一起，而绑定式社会资本则常常将同质的成员联系在一起。绑定式社会资本是相对封闭的，它的作用常常具两面性，一方面它有助于网络(团体)成员的团结和互助，另一方面它对于网络(团体)以外的成员则具有排他性。而桥接式社会资本则有助于网络(团体)跟外部的资源和信息联系起来。

在我们的研究中，我们采用问卷访谈的形式，对拉市海地区各社区内部的绑定式社会资本和各社区与外界之间的桥接式社会资本作了简单的测度，并初步探索这些社会资本在拉市海地区以社区自发的旅游活动中所发挥的作用及可能存在的局限。

2.2 调查方法和调查对象

本研究以村民小组作为基本的访谈单位，对小组长开展了问卷访谈。访谈对象主要是拉市乡6个行政村67个村民小组的组长①。此外，我们还对丽江市旅游管理部门、丽江市环保局、TNC丽江项目办、拉市乡乡政府以及拉市海湿地管理局等有关人员作了访谈。

对于各村民小组族长的访谈，问卷涉及的内容主要包括：

(1)在各村民小组近10年来开展的生态保护项目；

(2)各小组2005年和2009年的收入结构；

(3)各小组所在村开展旅游的历史、组织形式、参与方式和收入分配等；

(4)各村民小组内部的社会资本，主要包括各个村民小组的姓氏结构、民族结构、相互的信任程度、传统的宗族祭祀活动等；

(5)村民小组跟外界的联系，主要包括跟乡政府、NGO以及旅游部门的关系。

3 拉市海基本情况及生态保护项目

3.1 拉市海概况

拉市海湿地位于云南省丽江市玉龙纳西族自治县拉市乡境内，是云南最重要、保存较为完整的高原湿地生态系统和候鸟越冬的理想聚集地，其生物多样性、珍稀濒危种类和特有程度在全国有着独特的重要地位。作为中国为数不多的高原湿地之一，拉市海湿地已被列为中国重要湿地名录，2005年初拉市海正式列入国际重要湿地名录。

拉市海湿地保护区成立于1998年，保护区总面积6，523hm^2，核心区面积为5，330hm^2(其中拉市海水面面积726hm^2)。拉市海流域主要跨拉市、太安两个乡，以拉市乡为主要部分。拉市乡位于云南省丽江市西北部的玉龙纳西族自治县内，玉龙雪山南麓，距丽江市区仅8公里。面积139.2平方公里，有纳西、彝、汉、藏等民族居住，少数民族人口占总人口比例98%以上，主要集中分布在拉市坝。拉市乡由6个行政村组成，84个村民小组，分别为美泉村(12组)、均良村(15组)、海南村(16组)和海东村(11组)4个近湖村以及吉余村(17组)和南尧村(13组)两个远湖村。其自然、地理各有不同，社会、经济也各有特色。

虽然拉市海的水面权属归国家所有(由海管所代管)，沿拉市海的土地权属由保护区管理局代行(其他归集体管理)，但是对于生活在这的村民而言，拉市海的湿地旅游资源相当于他们的“共有资源”，这主要是因为：拉市海周边的社区居民共同拥有对于湿地旅游资源的使用权，如果没有特别的规定或限制，某一个社区的成员不可能限制或排除其他成员去使用湿地提供的旅游资源(如湿地周围的茶马古道和湿地风光)，但是受湿地资源对于游客承载量的限制，一个成员对于湿地旅游资源的使用就会限制其他成员对于资源的使用。

在拉市海的各村内部，有些村的林地已经分到各家经营，有些村的林地是集体经营。以拉市海美泉行政村的美泉自然村为例，由于村内的林地是水源地，所以村内的林地一直是集体经营，是自然村村民的共管资源。即使是在最新的一轮林改中，村民们依然决定维持村里林地集体经营的形式。

3.2 拉市海地区开展的生态保护项目

拉市海作为具有国际意义的重要湿地，同时也位于18个国家级重点生态功能区之一。近10年来，国家和地方政府在该地实施了一系列的生态保护项目，旨在恢复和保护当地的生态系统。

---

① 拉市乡共有6个行政村82个村民小组长。我们对82个村民小组的情况都作了访谈，但是由于有15个村民小组长没能参加访谈，他们小组的情况就由行政村村长或者书记作答。我们在分析中，只包含了67个村民小组的情况。

表1 拉市海地区开展的生态保护项目

保护对象	禁止性政策	补贴或补偿性政策
湿地	退耕还湿 非法渔具管制 禁止捕渔 湿地自然保护区	海淹补贴 海鸟喂食补贴
森林	天然林保护 退耕还林	退耕还林补贴 能源替代

由于近几年国家和地方政府一系列生态保护工程的实施，其中的某些政策对当地社区传统的生产方式(比如砍伐木材或捕渔)有明显的限制，这就促使当地社区群众不得不寻求替代生计。确实，我们的调查发现：在过去几年中，拉市海地区当地社区居民的生计结构已经发生了一系列的变化，旅游已逐渐成为当地社区一种重要的替代生计。

表2 各村2005年到2009年的收入结构变化(单位:%)

	海南村	吉余村	均良村	南尧村	美泉村
种植业收入占比变化	-2.2	-10.8	-4.3	-4.4	-61.4
养殖业收入占比变化	-1.7	-7.9	-8.6	-3.4	-4.1
渔业收入占比变化	0	0	-7.0	-0.1	-5.7
林果业收入占比变化	-3.4	3.7	-0.1	-0.6	-4.6
外出务工收入占比变化	1.8	3.6	-1.6	-3.2	0.7
股息红利收入占比变化	0.4	0	0.0	0	0
旅游总收入占比变化	4.3	0	4.9	0	76.0
补贴收入占比变化	0.7	11.4	16.7	3.6	-0.9
其他收入占比变化	0	0	0	-2.4	0

从上表收入结构中各项收入占比的变化来看，拉市乡各村的收入结构正处于经济转型的过程中，其中旅游业收入所占的比重明显上升，而传统的种植业和养殖业的收入比例下降。具体而言，从2005年到2009年，在所有的村，传统种植业、养殖业和渔业的比例都有下降；美泉旅游业占比有大幅度的提高，已经从整体上取代了传统产业，海南、均良的旅游业也较2005年有一定程度的发展；除美泉外，在所有村，补贴收入的比例都有一定提高，在均良和吉余，补贴占比2009年比2005年增加了10%以上，外出务工收入占比变化不大，有升有降。

4 拉市海旅游

拉市海的旅游发端于2000年，由美国大自然保护协会(The Nature Conservancy，以下简称TNC)和政府共同倡导，旨在通过在拉市海流域开展和管理以社区为基础的可持续的旅游活动，探索拉市海地区可持续的资源利用方式和当地社区的替代生计。2000年，TNC与省政府共同进行了滇西北发展计划，将生态旅游纳入优先发展的计划。2001～2002年，TNC在拉市乡安中村作为生态旅游示范区。2004年，TNC与玉龙县旅游局合作，注册成立了拉市海新拓生态旅游中心(注册资金10万元)和新拓生态旅游合作社。生态合作社主要由县旅游局、政府和农民入股(每户入股资金为100～1000元，按股分红)。在安中村，全村除缺乏劳动力的家庭外，几乎全都加入了合作社，村民以马匹入股，参与旅游服务。2004～2005年，虽然新拓生态旅游合作社在成立初期采用了合作社的经营模式，但后来由个体承包经营。

近几年来，主要受丽江旅游市场的辐射，拉市乡当地社区立足于得天独厚的自然资源、文化资源和区域优势，自发组织经营马队，逐步形成了围绕拉市海的村庄村民为游客提供骑马、观鸟和划船为主的简单的旅游活动。

4.1 各村旅游概况

在我们调查的6个行政村中，都有从事生态旅游的村民小组。下表是根据我们的调查信息整理的6

个行政村的区位特征和开展旅游的情况。

表 3　拉市海各村旅游的区位优势及开展旅游的村民小组数

	距拉市海的距离(公里)	距丽江的距离(公里)	开展旅游的村民小组比例(%)
海东村	1.86(1.16)	12.55(2.30)	27
海南村	1.69(0.88)	14.44(2.22)	38
吉余村	4.75(2.15)	19.38(2.70)	6
美泉村	0.70(0.80)	15.3(0.95)	100
均良村	0.88(0.18)	10.33(1.50)	60
南尧村	8.07(6.33)	18.46(5.25)	25
总体	3.14(3.77)	15.38(4.22)	34

注：表中括号内的数字式均值的标准差。

从上表可知，拉市海各行政村存在不同程度的旅游，其中美泉村所有的村民小组都参加了生态旅游，均良村有一半以上的村民小组参加了生态旅游。在6个行政村中，美泉村和均良村的村民小组离拉市海的距离和离丽江的距离是最近的。事实上，方差分析也表明，各个行政村离丽江和拉市海的距离在统计上是有显著差别的。在6个村中，美泉村由于受TNC项目的影响，生态旅游开展的历史在各村中是最早(2000年)的；南尧村由于离拉市海较远，而且彝族聚居的那些村民小组都居住在山上，因此南尧村的生态旅游在各村中开始的最晚(到2010年才开始)。

为了了解各村开展生态旅游的程度是否跟各村的区位特征相关，我们还对各村民小组距拉市海的距离以及距丽江的距离作了 t 检验。我们发现，开展旅游的村民小组距丽江或者拉市海的距离显著地要比那些没有开展旅游的村民小组距离丽江或者拉市海的距离近。这说明：村民小组的地理位置对它们是否开展旅游有显著的影响。

我们在访谈中还询问了推动各村开展旅游的最主要的三个原因以及拉市海各村的游客来源的构成。访谈结果表明，政府最初的引导、旅游的经济效益大和向周边(主要是丽江市)的旅游学习被认为是推动拉市海旅游的最主要的三大原因。在游客来源的构成上，我们发现有85%的游客是由丽江古城转到拉市海来旅游的，仅有5%的游客专程来拉市海旅游，其余的10%是通过其他途径来拉市海的。这说明丽江旅游对拉市海的辐射效应是非常显著的。

4.2　旅游的组织形式

我们还在调查中深入了解了各村生态旅游的组织形式，通过走访村长、村支书、村民小组和马队的队长，我们了解到拉市海各村的生态旅游是自发组织的，基本的组织单位是马队，马队是村民自发组织形成的合作社形式，一般以自然村(或村民小组)为单位，马队成员是村民小组或自然村的成员，马队成员每户按马匹入股，收入平均分配。以我们访谈的均良下村的纳西古村(自然村)为例，全村共有80户，在自愿和有能力的前提下，有58户参加，其中51户是以3匹马入社，7户是以业务员等形式入社，主要负责跑客源。这58户之间自愿达成了如下合作规约：一家3匹马入社，入社后，马通过抽签编号(1～53号)，之后按照队列顺序上班(如今天1～18号，明天19～38号，依次类推开始)，因此各户接客的机会均等，每天按人头在所有58户均分，有统一的马队长、财务和解说。纳西古村这种马队成员内部平均的分配方式，在其他马队内也被采用。在旅游发展得较早的美泉村，我们还了解到，马队一般规定只能由年龄在18～55岁的男性牵马，每户派1人牵马，马队成员可以从事跟旅游相关的服务业，轮流在景点里做买卖，他们有固定摊位，五户每天或十户两天，机会平等。马场里的收入，当天下午分成，只有牵马值班的人才能分，按劳分配。此外，随着马匹多了，马粪的污染成了重要的环境问题。美泉自然村在维持村容村貌时也采取统一的行动。该自然村共有5个村民小组，由149户组成一个马队、共用一个马场(该马场是拉市海最大的马场)。马队成员就维持村容村貌等公共事务方面达成了如下约定：每户要轮流打扫卫生；村内的垃圾，马队则安排专人负责搜集和处理垃圾；每户一般每月给马场交100元作为建设资。美泉村旅游收入有专项资金用于自然资源和生态保护，具体形式是每户提留100元/月，用于基础设施建设和公共卫生的维护。

上述信息表明，拉市海各村内部在开展旅游时，在管理内部事务和经营马队时，自我组织能力是较强的，利益分配上非常公平。我们认为，这在很大程度上跟拉市海地区各村内部的社会资本相关。我们在后面将深入考察拉市海地区各村社会资本的情况。

4.3 拉市海旅游在当前面临的问题和困境

虽然拉市海各村的马队内部非常团结、分配公平，但是拉市海当前的旅游面临着困境。据参加访谈的旅游部门的有关部门反应，目前政府对拉市海的生态旅游尚未制定规划，拉市海的旅游基本依赖于当地社区以村为单位的马队来经营，但是这种以马队为单位的合作社方式，存在一定问题。各村的各个马队各自为政、缺少协作，马场各自寻找自己的客源，根据各自所在的地理位置划定地盘，设定旅游路线，确定每条线路的门票价格(物价局不管)。由于各马队寻找客源的能力不同、地理位置不同，因此马队之间的客源分布不平衡。近几年，随着拉市海旅游的进一步发展，马队之间对客源的竞争加剧，各马队为了争客源，开始出现恶性低价竞争的趋势，马队之间的争执也时有发生。

此外，通过跟马队队长和村民小组长们的访谈，我们还了解到，近几年拉市海各村都在搞自发组织的旅游，马队的规模在不断发展，而拉市海的自然环境对于马队的承载能力是有限的。他们担忧马队规模的不断发展会造成马粪污染和带来其他问题，势必会对拉市海的生态环境造成破坏，其结果就是游客都因拉市海环境的退化而放弃到拉市海旅游，从而使各村失去通过开展生态旅游获得收益的机会。但是，由于各村和各马队之间平时缺少沟通和协作，马队之间很难就马队规模的发展、线路的合理设计、定价以及游客资源的合理分配等方面达成一致的意见，因此希望政府能够出来协调。事实上，旅游局的有关人员在访谈中也表示，今后在拉市海的旅游资源的管理中，政府应该发挥更大的作用，推动拉市海旅游资源的可持续利用。

5 拉市海湿地周边社区的社会资本

为了解拉市海当地社会情况，我们在问卷调查中了解了各个村民小组的民族构成、姓氏构成、各小组村民祭祖、修宗祠、家谱以及各小组是否有族长等基本情况。此外，我们在问卷中还直接询问了村民之间的合作和信任程度(1 = 很高；2 = 高；3 = 一般；4 = 地；5 = 很低)。这些都是描述各村民小组内成员之间的相互联系程度，反映了各村民小组的纽带式社会资本的情况。

5.1 各村的绑定式社会资本

在拉市乡居住的少数民族主要有纳西、彝、汉、藏等民族，其中纳西族占主要比重。下表是我们调查的6个村各民族所占的比例。

表4 各村的民族结构

	纳西(%)	彝族(%)	汉族及其他民族(%)
海东村	96	0	4
海南村	100	0	0
吉余村	99	1	0
美泉村	93	6	0
均良村	98	1	1
南尧村	38	62	0
总体	88	11	1

从上表可以看出，在我们调查的6个村，除南尧村是彝族占多数外，其余5个村都是纳西族聚居的村落，其中海南村的居民全部是纳西族。因此，除南尧村以外，其余几个村居民的民族特征基本是同质的。

由于拉市海周边的社区居民大部分是纳西族，在这个地区存在一定水平的社会资本。根据我们同拉市乡乡长、各行政村村长(或书记)、村民小组长以及丽江市东巴研究所的有关人员访谈中了解的信息，纳西族是从北方迁移过来的游牧民族，跟云南其他的少数民族相比，纳西族是人口数量较少的民族(纳西族的总人口仅30多万）。在长期的历史进程中，丽江地区的纳西族为了在白族、藏族和彝族等三大民族的夹缝里生存和发展，就必须要团结。因此，纳西族内部相互帮助和尊老爱幼，对其他民族包容和接纳的程度高，这些都是纳西族基本的规范。也许正是由于纳西族内部非常团结，纳西族内部的自我治理能力是很强的，而族长和头人则在处理族内事务等方面发挥了重要的协调作用。

跟云南很多地方的农村一样，纳西族居住的自然村一般是在历史上形成的，自然村内的居民一般都是同宗同族的。因此，在这些自然村内部，成员之间的血缘和纽带关系常常比较紧密，但是他们对于自然村以外的纽带则依情况而定。下表是关于调查村的姓氏构成（我们共调查了82个村民小组，但是只有67个样本有效）。

表5　各村的姓氏结构

	多姓组(%)	同姓组(%)	村民小组数(个)
海东村	91	9	11
海南村	100	0	9
吉余村	88	12	17
均良村	82	18	11
美泉村	86	15	7
南尧村	58	42	12
总体	87	13	67

从上表可以看出，在我们的调查村中，除了海南村以外，其他5个村都有由同姓家庭聚居而成的组，其中南尧村的比例最高。另外，在我们调查的这些村中，主要的姓氏是和姓、木姓、沙姓、金姓、刘姓、李姓、张姓和杨姓，除南尧村以外，其他5个村中，和姓和木姓的比例占50%以上，其中在海东村和海南村，和姓和木姓这两大姓的比重占80%以上。

从我们调查的名族和种姓结构的信息中，我们可以得出：在拉市海的6个行政村中，各村内部的纽带关系还是比较强的，因此具备了一定程度的社会资本。根据我们在访谈中了解的信息，在长期的集体经营中，美泉自然村的村民之间形成了关于自然资源管理的村规民约，村民之间相互合作的能力是比较高的。

表6　各村绑定式社会资本的进一步考察　　单位:%

	是否有拜祖的习惯		小组是否修家谱		小组是否修宗祠		小组是否有族长		村民之间的相互信任程度
	是	否	是	否	是	否	是	否	
海东村	89	11	56	44	0	100	11	89	1.56(0.53)
海南村	100	0	88	12	25	75	38	62	1.25(0.46)
吉余村	88	12	63	37	18	82	65	35	1.64(0.86)
均良村	100	0	91	9	0	100	80	21	2.63(0.50)
美泉村	100	0	100	0	33	67	50	50	1.83(0.98)
南尧村	77	23	62	38	0	100	62	38	1.46(0.66)
总体	91	9	73	27	15	85	54	46	1.74(0.80)

注：信任程度这一栏括号内的是标准差。

由上表可知，在拉市海的6个行政村中，海南村、均良村和美泉村的各个村民小组都有拜祖的习惯，这三个村子的纳西族人口均在90%以上(其中海南村所有的人口都是纳西族，见表4)。由此可见，纳西族传统的拜祖习惯在这三个村依然得到了很好的保持。

在被调查的6个村子中，大部分的村民小组都在过去10年修过家谱，其中美泉村所有的小组都修过家谱，均良村有90%以上的小组修过家谱，但是均良村在过去10年中没有一个小组修过宗祠，均良村有族长和头人的村民小组比例在所有被调查的6个村里面是最高的(80%)。与均良村相似，海东村和南尧村在过去10年也没有修过宗祠。同时，跟其他5个村相比，海东村在过去10年修过家谱的村民小组比例也是最低的。想比较其他5个村而言，吉余村在拜祖、修家谱、修宗祠和是否有族长等各项传统事务中，各村民小组或多或少地都有参与。

根据我们对于各村民小组内成员之间的相互信任和合作程度的分值来看(1 = 很高；3 = 一般；5 = 很低)，上表中各行政村的村民之间的相互信任和合作程度是高于一般水平的。

从上表还可以看出，总体而言，拉市海6个行政村内部的社会资本是比较高的，社区成员之间的相互信任和合作程度也是较高的。为了进一步分析拉市海各村之间的社会资本是否存在差异，我们对上表中社会资本核心内容的“信任”程度这个变量按行政村作了单因素方差分析，我们发现各个行政村的平均信任程度存在着显著的差异(p 值 =0.0007)。

此外，我们还对平均信任程度这个变量按上表中衡量社会资本的其他变量(祭祖、修宗祠、修家谱、是否有族长)结合行政村这个变量作了多因素方差分析，我们仍然发现各个行政村之间的平均信任程度是有显著差异的(p 值 = 0.0032)。

5.2 各村与外来机构(或组织)的联系

为了解社区与外来的组织和机构之间的联系，我们在问卷调查中还询问了各村民小组与环保 NGO (主要是 TNC)的联系、与当地旅游部门的联系、与当地保护区管理局的联系以及与乡政府的联系。在调查中，我们请被访谈的村民小组长对上述几个问题表达他们的观点，其中1 表示联系很密切，2 表示比较密切，3 表示一般，4 表示不密切，5 表示没有联系。下表是我们对各村分析的结果。

表7 各村与外来机构的联系

	与环保 NGO 的联系	与当地旅游部门的联系	与保护区管理局的联系	与乡政府的联系
	3.00(1.41)	4.22(1.56)	3.33(1.73)	1.89(1.27)
海南村	4.76(0.45)	4.00(1.20)	4.13(1.36)	1.75(1.39)
吉余村	4.75(0.68)	4.88(0.49)	4.76(0.66)	2.41(1.06)
均良村	4.55(0.21)	4.00(1.14)	3.36(1.21)	2.09(0.94)
美泉村	3.50(1.64)	1.83(0.41)	2.83(1.72)	1.60(0.55)
南尧村	3.38(1.12)	3.61(1.56)	3.23(1.36)	2.38(1.12)
总体	4.06(1.27)	3.98(1.42)	3.75(1.41)	2.13(1.10)

注：括号中的数是均值的标准差。

从上表我们可以看出，从总体上来看，根据被访谈的小组长的评估，他们认为各自所在的社区跟外界的联系是很弱的，除跟乡政府的联系高于3(联系一般)以外，跟其他几个机构的联系都不密切(接近4或高于4)。

在我们所访谈的6个村中，各小组长认为他们跟乡镇府的联系是比较密切的，这主要是由于在中国的基层，很多政策都是靠基层的乡政府去布置和落实的，因此乡政府与当地社区的联系比较密切。但是通过跟乡政府有关人员的访谈，我们了解到，乡政府跟各社区就生态旅游事务的联系较少。

关于环保 NGO 与当地社区的联系，海东村因为 TNC 在该村实施过示范项目，村民小组长们认为他们跟 TNC 的联系一般，其余的5个村都认为跟 TNC 的联系不密切。关于与当地旅游部门的联系，只有美泉村认为他们跟当地旅游部门的联系比较密切，这主要可能是由于美泉村在各村中最早开展旅游，是各村中经营旅游最成功和最成规模的村，目前已经注册成立了“拉市海美泉生态旅游合作社”，因此，他们跟旅游部门的联系也就比较密切。关于与保护区管理局的联系，除美泉村觉得联系一般以外，其余5个村都认为联系很少。

上述情况表明，除个别村(如美泉村)跟外来机构的联系相对比较密切以外，拉市海其他村跟外来机构的联系都很少。此外，根据村民小组长和旅游局有关人员访谈获得的信息，各村的马队之间也是缺乏联系、沟通和协调。由此可见，拉市海各村对外的联系(桥接式社会资本)是比较低的。虽然乡政府在各村都有比较密切的联系，但是根据我们访谈的情况看，乡政府在各村所开展的旅游事务上，也基本上没有联系。

6 拉市海湿地周边社区社会资本在生态旅游中发挥的作用

由于我们所搜集的信息很多都是定性的，我们的分析方法也是定量分析和案例分析相结合的，因此，我们没有完全用定量分析的方法来分析拉市海地区各社区的生态旅游自发组织模式的出现和社会资本的因果关系，但是通过我们的定性和定量分析的结果，我们大致可以得到以下几个基本结论：

第一，拉市海地区各村内部的社会资本是比较强的，这具体反映在各村内部民族结构和种姓结构的相对同一性，而这种同一性反映的是各村内部比较强的血缘或纽带关系，是绑定式社会资本较高的体现。同时，关于社会资本核心内容之一的"信任"这个指标，我们的调查信息业已表明，村民之间的相互信任和合作程度是较高的。这种各村内部较高的绑定式社会资本和相互信任，应该是推动各村自发组织的马队的形成、马队内部严格管理和利益分配均等的重要基础。

第二，各村民之间虽然有一定的协调，但是协调机制不够。当地政府应该介入管理，但是应该充分利用当地的社会资本，防止由于大公司的介入让老百姓获益的能力降低。

第三，拉市海各村跟外来机构的联系，各村与各村之间缺乏沟通和协调，马队之间各自为政，这说明拉市海地区各村的桥接式社会资本是相对较低的。而这种相对较低的桥接式社会资本和政府适度管制的缺失，可能就是造成当前拉市海地区各马队之间在旅游市场中恶性竞争趋势出现的重要因素。长此以往，马队不加控制的发展对生态环境造成的压力和影响可能对拉市海地区的旅游的可持续发展带来负面的影响，最终将可能促使生态旅游这种重要的替代生计在拉市海地区的逐步退位，从而对当地社区可持续的发展生计带来消极的影响。

本文总的结论就是：拉市海地区的生态旅游基本依赖于由当地社区自发形成的马队来形成，拉市海地区各村较强的绑定式社会资本对推动拉市海地区生态旅游这个替代生计的过程中发挥了重要的作用，但是当地较弱的桥接式社会资本对当地开展可持续的生态旅游的支撑能力不足，具体体现是马队之间缺乏沟通和协调、各自为政，各队为争客源开始出现不良竞争的趋势，这对各村通过开展生态旅游的获益空间减少，同时马队规模不断壮大将使马粪污染成潜在的环境问题，对拉市海地区的生态环境造成影响，不利于当地可持续生态旅游的开展。为此，我们建议，今后在拉市海的生态旅游市场中，政府应该在定价、旅游线路的设计、马队规模的发展、各队之间的协调等方面发挥比现在更重要的作用。

参考文献

[1] Baland J M, Platteau J P. 2000. Halting degradation of natural resources: Is there a role for rural communities? New York: Oxford University Press.

[2] Bouma J, Bulte E, van Soest D. 2008. Trust and cooperation: social capital and community resource management. Journal of Environmental Economics and Management, 56(2), 155 - 166.

[3] Coleman J S. 1990. Foundations of social theory. Cambridge, MA: Harvard University Press.

[4] Hardin R. 1982. Collective Action. Baltimore, MD: Johns Hopkins University Press

[5] North D. 1990. Institutions, Institutional Change and Economic Performance. Cambridge University Press.

[6] Olson M. 1965. The Logic of Collective Action. Cambridge, MA: Harvard University Press.

[7] Ostrom E. 1990. Governing the commons: the evolution of institutions for collective action. Cambridge: Cambridge University Press.

[8] Pretty J, Ward H. 2001. Social capital and the environment. World Development, 29, 209 - 227.

[9] Putnam R, 2000. Bowling alone: The collapse and revival of American community. Simon and Schuster: New York.

[10] Putnam R. 1993. Making Democracy Work: Civic Traditions in Modern Italy. Princet on, NJ: Princeton University Press.

生态文明背景下的林业与经济协调发展问题研究
——文献综述

徐婷婷

（南京林业大学经济管理学院）

摘　要：林业是生态文明建设的重要方面，不仅担负着生态效益的重任，对经济的发展也起着巨大的推动作用。本文从林业与生态文明建设的关系、林业与经济发展的关系以及林业经济发展中遇到的问题出发，对国内外相关文献进行梳理，分析认为，制约林业与经济协调发展的因素有：对木材的需求矛盾，资源的利用矛盾以及科技水平的制约。

关键词：生态文明；林业发展；经济发展；综述

Forestry and Economic Coordination Development Research Under the Background of Ecological Civilization — Literature Review

Xu Tingting

(Economic Management Institute, Nanjing Forestry Universtry)

Abstract: Forestry is an important aspect of the construction of ecological civilization. Forestry ecological benefits not only undertakes the responsibility, but also plays a great role in the development of the economy. This article is based on forestry and the construction of ecological civilization, relationship between the forestry and economic development of relations and forestry and forestry economic development problems. Reference to domestic and foreign literatures, I think that the factors restrict forestry and economy coordinated development are: the demand for wood contradiction, the use of resource conflicts and science and technology level of restriction.

Key word: ecological civilization; forest development; economic growth; summarize

1　引言

森林孕育了人类的文明，人类的生产和生活都离不开森林。党的十二五规划提出：“加快建设资源节约型、环境友好型社会，提高生态文明水平。”中共中央、国务院《关于加快林业发展决定》指出：“必须把林业建设放在更加突出的位置，在贯彻可持续发展战略中，要赋予林业以重要地位；在生态建设中，要赋予林业以首要地位；在西部大开发中，要赋予林业以基础地位。”

我国森林资源总量虽居世界前列，但是对森林资源的利用却没有认真做到可持续发展。我国将生态文明建设已摆在突出的位置上，即使林业在生态文明建设方面发挥的作用取得了一些成绩，但依然面临

作者简介：徐婷婷，南京林业大学，经济管理学院，林业经济管理专业，学生　Email：40168070@qq.com　电话：15205157891

严峻的考验。因而，我们有必要在生态文明的大背景下，探讨林业与经济的协调发展。

本文将对林业发展与地方经济增长、农民生活水平提高之间的矛盾进行分析研究，找出制约林业与经济协调发展的因素，为今后寻找林业和经济协调发展的研究提供一些思路和建议。

2 国内外研究现状

2.1 国外研究现状

国外对于林业与经济发展的研究内容比较多，很多国家都有先进发达林业系统，不仅能够注重发挥的林业的经济效益，更能够保护森林，使之发挥生态效益。

总体来说，国外的林业发展，大都经历了先破坏后保护发展的过程。如 Muhammed 等对孟加拉国首都达卡的个案研究中指出，迫于人口压力和生存压力，孟加拉国的森林资源被大规模耗用，自 20 世纪 80 年代引入森林社会参与管理(participatory social forestry)之后，森林采伐的速度明显下降。[1]

Hauer 等利用空间分析的方法寻求森林资源利用和保护在政策交替条件下的平衡，并且建立了经济—生态空间最优模型用以评估加拿大北方森林管理的政策。[2]

对于如何发展林业经济，Vicente，Verónica Rodríguez 等通过对西班牙北方的农民家庭基本情况以及对林业投入等具体问题的研究，为合理利用森林资源和地方经济发展提供有用的指导。[3]

对于国外林业发展的成功经验，我们应当认真借鉴。比如，日本的林业发展领先于世界水平，我们要借鉴其先进的管理模式，“突出林业的生态公益性定位”，“在森林分类经营方面要加快改革，对其森林科学划分、区别对待，有针对性的管理，更好地发挥森林的多功能作用。”[4]

加拿大也是林业发达的国家之一，其树立可持续发展的理念，政府对公有林的有效管理以及清晰的产权和灵活科学的经营管理模式等都对我国的林业发展有一定的借鉴意义。[5]

美国林业的发达程度也是世界领先的，我国与其相比还有较大差距，所以，我们可以借鉴美国林业发展过程的很多成功经验：“制定一系列扶持林业的政策”，“依靠科技进步发展林业”等。[6]

在木材的供应问题上，新西兰人为我们提供了很好的示范：“新西兰森林资源丰富，共有森林 790 万 hm^2，占整个国土面积的 29%。其中天然林面积有 640 万 hm^2，剩下的都是人工林，也称经济林。”[7] 大量的木材为新西兰带来了财富。

2.2 国内研究现状

对于如何更好地发展林业，我国学者进行了相关研究，提出了很多有指导性和建设性的意见。研究主要集中在以下几个方面：

2.2.1 林业与生态文明建设关系的研究

随着人口的增加和人类社会的发展，世界范围内大兴土木，滥砍乱伐，严重破坏了原始森林系统，破坏了自然环境。正是由于森林的用途广泛，人们对林产品的需求旺盛，才使得短期内人们对这种自然资源以一种近乎掠夺的方式利用。随着人们认识的提高，世界各国都在注重对林业的保护，比如“加拿大对林业的认识十分深刻，把森林提高到维护生态平衡的主体、经济社会可持续发展的基础、提高生活质量的必要条件和国家的象征的特殊地位，确立了生态立国的思想。”[8]

对于林业在生态建设中的重要作用，现在已形成了广泛共识：“林业发展直接关系到生态文明建设的物质基础，关系到经济社会的可持续发展，关系到中华民族的永续发展。”[9] 生态文明建设要求人与自然和谐相处，森林在人与自然的交换中发挥着独特的作用，成为了人与自然联系的枢纽，讲生态文明，必须注意到林业的关键作用。

2.2.2 林业与经济发展关系的研究

林业不仅能够给人们带来生态效益，同时也能向人们提供生活生产资源。对于林业的利用也给人们带来了巨大的经济效益。世界各国普遍重视林业经济的发展，林业为我国以及世界经济的发展提供了资源保障以及经济利益。

我国林业发展给地方经济带来了经济效益，例如李国：“2007 年全区(宁夏回族自治区，作者注)特色林产业实现总产值超过32亿元，特色经济林亩均纯收入都在2000元以上，特色林产业成为县域经济发展的主导产业。”[10]又如，林业在新农村建设中发挥了重要作用：“对于改善农业生产条件、有效增加农民收入、促进农村经济社会发展、推进社会主义新农村建设具有独特而重要的作用。”[11]

林业对我国经济发展有重要作用，不止如此，在世界范围内，林业也在经济发展中起重要作用，孔东升指出：“韩国的林产工业是主要的出口行业之一。从60年代末~80年代初，韩国的胶合板和锯材在出口中占主导地位；通过提供建筑和住房材料，在国家经济发展中也起着重要作用。”[12]新西兰是一个经济发达的国家，以农牧业为主，农牧业产品出口收入占总出口收入的60%以上。”“新西兰人也很重视发展林业。”“新西兰人靠绿色致富的道路越来越广，经济获得了较快的发展。”[13]

研究人员们主要从林业对地方经济的贡献角度出发，采用定量分析的方法，研究林业对农业发展、工业发展的促进作用，以及对当地农民生活水平提高发挥的作用，主要体现在：林业能为农业的发展保驾护航，能够为农业防风固沙、涵养水分，为农业的稳产高产提供保障；林业为工业提供原材料，同时林业产业的发展吸收农村劳动力，为农民拓宽就业渠道，促进农民增收，拉动地方经济发展。

2.2.3 林业发展建议方面的研究

针对林业发展中存在的问题，学者们针对不同地区的林业发展情况，提出了具体对策和建议。

通过对中国和美国林业发展进行对比分析，久玉林提出“把发展林业同森林绿色食品、花卉园艺、特色加工业、森林旅游等有机结合起来。利用幅员辽阔、自然地理环境多样的优势，发展优质、高效的林特产品栽培。利用劳动力资源丰裕的优势，发展林产品加工业，建立较完善的林产工业体系。利用气候多样、地貌复杂、生物资源丰富的优势，发展森林旅游，推动林业第三产业的发展。”[6]

鉴于经济发展与环境保护的矛盾，李青松等提出了一种由政府、企业、农民和高校四方组成的林业生态产业化发展模式，目的在于既要保护环境，又要发展林业产业，具有重要的理论和现实意义。[14]

通过对雷山县林业研究，唐建红提出加大对林业的科技投入，促进经济和科技结合的林业科技发展对策。[15]

人们从林业发展的各个方面，从总体到局部，从整个国家的发展到具体地区的发展都有研究，既有针对国家的建议，又有针对地区的对策，为林业自身发展提供了很多可以采纳的方法，主要体现在：林业要同具体产业相结合，提高经济效益；要加大科技投入，使科技转化为生产力；要有全社会的共同参与，共同实现生态效益和经济效益。

3 需要进一步研究的问题

从国内外的研究可以看出，人们已经充分认识到发展林业对于生态建设的重要作用，也充分认识到林业发展面临新的机遇和挑战，对于如何促进林业发展也有很多很好的建议。然而，研究者们都是单独从林业发展或者是林业经济发展的角度进行研究，少有对林业发展与地方经济增长和农民生活水平提高之间的矛盾进行研究。林业的发展能够促进农民增收，改善生态环境，然而如何在经济发展和生态保护之间找到平衡点呢？林业与经济的发展又有哪些问题还需要深入研究呢？

3.1 林业与经济协调发展的矛盾点

林业发展与经济发展之间的矛盾在哪些方面呢？主要体现在以下几个方面：

3.1.1 经济发展需要木材与生态建设需要木材之间的矛盾

林业是一个生产周期很长的企业，而我国又是一个森林资源相对比较匮乏的国家，因而过去几十年，我国木材资源的供给缺口都是依靠进口来弥补的。在过去很长的一段历史时期内，人们过多追求经济效益，对天然林超额砍伐，造成了森林的过度消耗。自天然林保护工程实施以来，已基本遏制了森林资源过度消耗的问题，森林的覆盖率和蓄积量都保持增长。然而，森林虽然是可再生资源，但是生长周期比较长，如果遭到破坏，恢复起来有一定的困难，需要很长的时间。

经济发展需要大量的木材作为原材料，尤其是林业产业发展，更是建立在木材的基础之上，而树木又是森林的主要构成因子。要促进地方经济发展，必然需要大量的木材作基础，而要发挥林业的生态作用，木材也不可或缺，因而这两者的矛盾成为制约它们协调发展的最重要因素。

3.1.2 经济发展破坏资源与林业保护资源环境之间的矛盾

对木材的过量消耗本身就是对资源的严重破坏，同时在经济发展过程中，由于污染物的排放等，对环境的污染更为严重。林业担负着改善生态环境的重任，它一边减少自已用以进化环境的因子，一边要加强对更多地污染物的吸收和净化，这是一对难以化解的矛盾。

3.1.3 缺乏科技的支撑

技术的问题是一个比较复杂的问题，它体现在林业和经济发展的各个方面，既可以分开讨论，也需要集中研究。林业的发展需要科学合理的管理制度，需要科学的培育树木，需要科学地规划如何利用资源，这是在林业发展上的体现。林业经济的发展也需要科技的支持，如何高效利用资源，如何减少污染，如何循环利用废弃物等等。因为科技创新的不足，导致的高污染高消耗，低利用低效率，成为制约林业和经济协调发展的重要因素。

3.2 林业经济的发展可以关注的问题

林业为经济发展提供原料，同时林业产业的发展也为地方经济的增长、农民增收发挥不可替代的作用。然而林业企业作为一种资源型行业，在发展的过程中受到多种因素的制约，这些因素阻碍林业对地方经济增长的拉动作用。今后我们针对林业产业的发展，可以更多关注以下几个方面的问题：

3.2.1 如何提高林业的产业化程度

传统林业的流程包括了种植林木，砍伐采运原木，以及对原木的加工过程，这一流程中既包含了具有农业特征的种植业，又包括了加工业。可以看出，林业产业容易形成一个对经济具有拉动效应的产业链，在这个产业链的上游，农户或者农场负责木材生产和加工，中间的产业进行工业生产，下游产业进行销售和提供相关服务。我国林业发展存在产业化程度不高的问题，企业比较分散，小型企业多而杂，发展不稳定，大型企业经济带动效应没有很好体现出来。可以从如何推进地方特色林业产业化发展，使经济链条延长，拉动经济增长的角度，在分析地方林业产业特点的基础上，研究地方林业经济的特点，选择适合的发展方向。

3.2.2 如何提高技术水平

我国企业的科技水平不高，科技贡献率低，从而导致原料利用率低，产品成本高，产品附加值小等问题。我国企业的大多数大型生产设备，尤其是高端设备主要还是依靠进口，甚至更好的产品我们依然生产不出来。科技问题不仅阻碍企业的发展，而且成为我国林产品对外贸易发展的制约因素。达不到国外的生产标准，很多产品就不能出口，直接影响企业的经济效益。此外，科技水平低，对原料就不能更好地利用，导致木材利用率低，从而对资源是一种浪费。可以深入企业研发部门以及高校或者研究所等调查研究，找出我国技术水平低的原因，进而为今后科技水平的提升指明方向。

3.2.3 如何进行废物的循环利用

林业在生产流通和消费的过程中会形成一些废弃物，对它们加以合理的利用，能够降低对环境的污染，并且还可以产生一定的经济效益。比如将废弃物转化为肥料，不仅可以减少一笔化学肥料的支出，而且对环境的污染也更小。在工业生产上，废弃物也有广泛用途，例如王昊所讲的“秸秆作为纸浆原料、保温材料、包装材料、各类轻质板材的原料，可降解包装缓冲材料、编织用品等”。[16] 比如造纸行业，国外(日本等国家)能够进行纸张的循环利用，而我国的造纸行业却还不能对废弃纸张进行再造，这不止涉及到技术问题没有解决，还跟我们的意识有关系，我们还没有形成对废弃物循环利用的思想意识。今后可以对国外林业的废物循环利用方法等进行研究，加以借鉴，为我国废弃物循环利用提供有益经验。

此外还有其他诸如融资困难，工人技术水平不足等，都是在发展林业经济的时候需要解决的问题，可以根据具体地方的需要进行深入研究。

3.3 林业发挥生态效益可以关注的问题

森林是地球上最重要的生态系统之一，森林能够发挥保持水土，调节气温，防风固沙等作用，林业是森林系统的重要组成部分，在生态保护中的作用可谓举足轻重。学者们对林业的生态效益的问题研究的比较透彻，不过，我们仍然要更多地关注下面一些问题：

3.3.1 如何培养高素质的科技人员

尽管我国植树造林成果显著，但很多地区在造林过程中，选择不适合的树种，不仅成活率低，而且难以发育成材，不止为经济提供不了原料，而且也发挥不了森林的生态作用。此外，树木品种单一，导致森林抵抗病虫害能力下降。这些都是由于缺乏专业的林业科技人员，没有合理科学规划导致的。如何才能培养高素质的科技人员，并且使他们将所学知识运用到具体的地方林业发展当中去，是需要进一步关注的问题。

3.3.2 如何对发挥生态效益的生态公益林进行补偿

"森林生态效益补偿，实质是政府对森林生态效用这种公共产品的购买活动。"[17]其意义在于弥补林业活动的生态效益外溢，降低森林营国家在生态建设中对生态公益林进行了一定的补偿，但是仍然存在问题，正如刘宗碧所说"但是，目前实行生态补偿主要还只是在国家这一级，主要是天然林部分，并且补偿标准较低，年每亩仅5元，而其他层级行政区划的'生态公益林'在补偿上还未提到日程上来。因此，生态补偿机制实际上还没有完全建立或者尚未健全。"[14]很明显的看出，虽然这个问题得到了重视，但仍然没有解决，目前虽有一些方法和方案，但仍然不够合理，今后在这一问题上仍需要很多的研究。

此外，林业融资也比较困难，除了企业融资难，农户的小额信贷更难，这些情况都对林业发展有一定制约，应当从国家、银行和农民的角度进行研究，寻找解决融资困难的方法。

4 结论

针对林业与经济发展的矛盾，以及林业与经济自身发展过程中还需要解决的问题，笔者认为今后可以加强这些方面的研究。总的来说，林业与经济的协调发展，面临的问题很多，我们可以试图从以下几个方面寻找平衡点：地方林业的资源禀赋与适合其发展的林业经济类型；林业发展需要解决的科技难题；一系列协调林业与经济发展矛盾的政策等。最终通过合理规划和协调发展，实现林业和经济的相互促进，共同发展，使林业更好地发挥生态保护方面的作用并带动经济发展，使经济发展为林业发展以及生态文明建设提供可靠保障。

参考文献

[1] Muhammed N, Haque Farhana, Koike. Masao. Forests, Trees, & Livelihoods. 2009, V19 (1): 47 - 67

[2] Hauer, . Grant, Cumming, . Steve, Schmiegelow. Fiona, Adamowicz. Wiktor, Weber. Marian, Jagodzinski. Robert, Tradeoffs between forestry resource and conservation values under alternate policy regimes: A spatial analysis of the western Canadian boreal plains. Ecological Modelling; 2010, 221(21): 2590 - 2603

[3] Vicente, Verónica Rodríguez, Pérez, Manuel Francisco Marey, Assessing the role of the family unit in individual private forestry in northern Spain. Scandinavian Journal of Forest Research, 2008, 23(1): 53 - 77, 25

[4] 李冰．日本林业的可持续经营与发展[J]．国土绿化，2006(6)：44 - 45

[5] 胡历男，陈亮．谈加拿大林业可持续发展对中国林业的启示及建议[J]．林业勘察设计，2009(3)：13 - 15

[6] 久玉林．中美林业发展比较研究[J]．世界林业研究，2004，17(1)：37 - 40

[7] 刘文．新西兰的绿色经济[J]．现代农业，2002(1)：25

[8] 王秉勇，李卫东，崔银珠．韩国林业及中韩林业之比较[J]．世界林业研究，1999，12(5)：54 - 60

[9] 曹庭珠．生态文明建设与林业发展探析[J]．信阳师范学院学报(哲学社会科学版)，2009，29(5)：92 - 94

[10] 李国．宁夏林业产业发展的启示[J]．宁夏林业通讯，2009(1)：36 - 40

[11] 孔东升．林业发展在新农村建设中的地位与作用[J]．内蒙古林业调查设计，2010，33(3)：108 - 109

[12] 李青松，陈洪．基于生态产业化的林业发展模式构想[J]．现代农业科技，2008(16)：293 - 294

[13] 花明清．绿色致富的新西兰[J]．农林经济与科技，2003(2)：42 - 43

[14] 刘宗碧．必须妥善处理生态目标与生计需要之间的关系——关于黔东南生态文明试验区建设中的问题之一[J]．生态经济，2010(5)：175 - 178

[15] 唐建红．浅谈雷山县林业科技发展思路与对策[J]．现代园艺，2009(4)：47 - 48

[16] 王昊．循环经济视角下的农林废弃物资源化利用[J]．中国人口·资源与环境，2010，20(3)：235 - 237

[17] 刘德权，黄清，范烨，吕鸿略．协调林业生态效益与经济效益的对策选择[J]．经济研究导刊，2010(8)：82 - 83

政策性森林保险财政补贴方式探讨

潘家坪　常继锋
（南京林业大学经济管理学院）

摘　要：森林保险是处理林业非系统性风险的重要机制。目前我国森林保险尚未形成多种财政补贴方式，政策支持缺乏有力保障。本文在简要分析现有财政补贴方式困境的基础上，提出建立森林保险特别赔偿基金、健全森林保险补贴激励制度等优化财政补贴方式的初步设想，促进森林保险的可持续发展。

关键词：森林保险；财政补贴；激励机制

Discussion about Mode of Financial Subsidies to theForestry Insurance

Pan Jiaping　Chang Jifeng
（Economics and Management College of Nanjing Forestry University）

Abstract：Forest insurance is the important systematic risk of forestry. At present our country has not many mode of forest insurance. This article analyzed the problem of financial subsidy mode，proposed to establish the special compensation fund，improve forest insurance allowance incentive system，etc，promote the sustainable development of forest insurance.

Key words：forestry insurance；financial subsidies；incentive mechanism

1　引言

林业是露天作业的行业，容易遭受各种自然风险；林业生产经营周期长，容易遭受各市场和政策风险。森林经营的高风险性使得森林保险已经成为分散和管理林业风险的重要手段，在林业增强抵御风险能力、改善发展环境、稳定生产以及增加林农收入等多方面具有不可替代的基础保障作用[1]。理论研究基本一致认为：林业产业具有很强的正外部性，决定了森林保险具有准公共产品性质，需要政府介入。大力发展政策性森林保险，其意义不仅在于补贴了林农，实现了对林农的支持和保障，更在于补贴了环境和生态，对实现人与自然的和谐发展有重要意义[2]。而从实践来看，目前已经实施了森林保险的国家（如：瑞典、芬兰、日本、美国等）都对本国森林保险提供了财政补贴支持[3]。因此，政府的财政支持是森林保险发展的内在需求和重要保证。但是对于中国这样一个发展中国家来说，简单地依靠财政补贴支出解决森林保险的全部问题是不现实的，应综合考虑公共财政的扶持能力和林农的收入水平[1]，优化财政补贴方式，建立利益激励机制和相关配套制度，提高补贴效率，逐步实现森林保险的可持续发展。

2　现有森林保险补贴方式

我国早在1984年就开始了森林保险的试点工作，但由于采用商业性保险的办法，其发展缓慢，难以形成规模。2004年至今中国开始新一轮森林保险试验和发展。启动了政策性森林保险试点工作，明确政府在保费补贴、保险风险分担等方面予以支持[2]。在此背景下，政策性森林保险的各项试点工作在全国逐步展开。福建、江西和湖南均开始了森林保险的试点工作。

如福建省，森林火灾的试点地区商品林保险费率调整为3‰。对投保面积在6.67hm^{2}以上(含6.67hm^2)的种植大户，种植户个人承担80%保费，省财政给予20%的保费补贴；对投保面积在6.67hm^{2}以下的一般种植户，种植户个人承担60%保费，政府给予40%保费补贴[省财政承担30%，市、县(区)财政承担10%]；对无发生森林火灾的种植户，在续保时给予保费下浮50%优惠。另外，省级承担保费的安排风险补偿金，并入原有风险补偿金，当保费赔付率超过时，人保财险公司与省财政的风险补偿金按比例分担。江西省规定了商品林的保费按省财政:县财政:投保人分别为20%:10%:70%的比例负担，公益林保费按省财政:县财政:投保人分别为30%:10%:60%的比例负担。林木火灾保险保费实行“按时补贴、一年两结”，由省财政厅统一和人保财险江西省分公司结算。并明确对参加林木火灾保险的投保人，省财政将在贷款担保、林业贷款贴息等政策方面给予优先支持[4]。2009年中央财政在福建、江西和湖南三省开展了森林保险保费补贴试点工作，在省级财政至少补贴25%的基础上，中央财政再补贴30%的保费。

从中国森林保险的实践看，主要采用的财政补贴方式是对投保人的保费补贴及对保险人免征营业税，少数省份在赔付率过高时，省财政承担一部分损失。这些补贴方式确实对中国森林保险的发展起到了促进作用。但不可否认的是，此种补贴方式对提高参保率和保险公司的积极性作用有限，激励作用不明显。如已经开展了政策性森林保险试点的福建、江西和湖南三省，财政给予投保人保费补贴的情况下，2008年，福建省投保森林为全省的3%，江西省投保面积为全省的6%，湖南省的投保面积为全省的23%[4]。由于大数法则是保险业经营的基础，承保面小难以满足大数法则的要求，必然导致风险难以分散、经营效益差，影响保险公司对该项业务的长期供给的稳定性和积极性，不利于降低保险成本和改善承保条件，激发投保人投保需求。也就是说现在的政策性森林保险的补贴方式并没有有效地解决森林保险有效需求和有效供给不足这一最为主要的矛盾。

3 现在补贴方式的困境分析

3.1 现有的财政补贴方式可能加剧森林保险中的逆向选择和道德风险

古典经济学在研究问题时，有一个重要假设前提是完全信息，在这重要假设下，市场这一看不见的手就会将经济资源配置到最优。但森林保险市场是信息不对称的市场。在森林保险中，保险标的是森林这一具有生命活力的植物，在广阔的野外进行生产，涉及比较复杂的灾害事故，林农在野外作业，户数多，规模小，林农居住又比较分散，信息不对称问题更为突出，监管难度较大。因此，森林保险中普遍存在逆选择和道德风险，如低风险者不投保，投保的林农面临高风险；政策性森林保险更易于促使投保人将资金配置于高风险经营项目，因为保费补贴和营业税减免这类财政转移支付方式，有可能成为事实上的收入转移支付工具，且风险越高，意味着可能获得的转移支付越大[5]。此外，投保林农在接受较高保费补贴后，在成本较少的情况下就可获得相当的保障水平，使他们更加容易放弃事前的风险预防和风险发生后的减灾救助工作。当信息不完全时，保险公司也存在有“机会主义”行为[6]，保险公司不努力造成偏低森林保险业绩，却被其归因于多种随机外来因素的作用，政府与保险公司之间的“道德风险”使得政府要想通过增加对保险公司的森林保险提供的财政补贴而激励保险公司努力向社会提供森林保险的政策目标没有达到，整个社会的森林保险数量也没有达到“帕累托最优”。

3.2 增加保费补贴刺激有效需求的作用有限

以美国为例，在预期产量保障水平为55%，补贴水平为30%的情况下，美国经过13年的时间将投保参与率提高了16个百分点；当政府自1994年将补贴水平提高到46.1%后，仅用6年时间，投保参与率就提高了15个百分点[7]，可见增加保费补贴比例确实能够提高农民的参保率。但是，2000年美国实施了新的农业保障法，将保费补贴比例再次大幅度提高后，投保参与率的增速与实施前并没有多大的变化，而且其中还实行了部分强制性投保。可见，增加保费补贴对提高投保参与率的作用有限。石焱

(2009)的研究也表明：林户对森林保险的认识不高，只有参加林权证抵押贷款的林农才投保，而小面积经营的林农一般没有投保意识，对生态公益林的保险，林农不愿参加。险种类别、经营面积、林种类别、收入水平等是影响森林保险购买意愿的主要因素[4]。

3.3 现有补贴方式缺乏可持续性

目前中国开展的森林保险保费补贴试点工作，是在省级财政至少补贴25%的基础上，中央财政再补贴30%的保费。地方财政补贴是政策性森林保险补贴的基础。而由于中国经济发展不平衡，各地财政能力差异较大，一般对森林需求较大的林区，其财政状况往往较差，对森林保险的补贴难以可持续发展。中国目前在同级财政之间的横向生态环境补贴方面还几乎是一片空白，横向补贴在生态环境保护方面的积极作用无从发挥。

4 优化森林保险财政补贴方式的构想

短期内，中国的财政实力和管理体制很难有大的变动，政府对森林保险的有限支持的模式[8]将会继续存在。因此，应该强化森林保险补贴机制的建设，充分利用现有条件对补贴方式进行优化，建立科学的森林保险财政补贴体系，争取最大程度的提升森林保险财政补贴的效率。总的来说，优化现有森林保险财政补贴方式可以从以下几个方面入手：

4.1 建立森林保险特别赔偿基金，刺激森林保险的有效需求

借鉴人寿保险领域已经推出的分红保险(即保单持有者在享有一般的保险功能的同时还可以参与分享保险公司的可分配盈余)，建立森林保险特别赔偿基金，从而刺激森林保险的有效需求。其具体设想是：由政府补贴加上林农每年交的保费建立森林保险特别赔偿基金。该基金归参加森林保险的全体林农所有，参加保险的林农通过保险费的支付获得该基金相应的产权，并按照投入与收益比例对等的原则，获得风险损失索赔权、分享利润请求权、剩余索取权、监督权和决策权及对缴纳保险费所形成的权益的让渡权等。保险公司仅为基金的管理机构，在政府的监管下，允许其进行基金投资，保险公司的管理收益由政府补贴来保证。相对于财政直接补贴保费的方式，该方案不仅可以有效解决林农参加森林保险激励不足的难题，同时还可以有效防范道德风险和逆向选择问题，因为在这种体制下，参加保险的林农个体最终的投入与最终的收益比例是对等的，使其缺乏从事道德风险和逆向选择行为的动机，并形成相互监督的动力(见表1)。

表1 直接补贴方式与新补贴方式下参保前后林农保险费收益权的变化

林农个体	参保前	直接补贴方式下参保	新补贴方式下参保
林农1	有	有	有
林农2	有	有	有
林农3	有	无	有
林农4	有	有	有
…	有	有	有
…	有	无	有
林农 n	有	无	有

4.2 健全政策性森林保险的补贴激励制度，促进森林保险的有效供给

从我国目前的财政补贴政策来看，对保险公司经营森林保险的补贴方式主要局限于有限的税收优惠，这种补贴方式对保险公司供给森林保险的激励明显不足。因此，为更大程度地激励保险公司提高对森林保险的有效供给，可采取以下措施：一是适当补贴保险公司提供政策性森林保险的经营管理费用。针对我国森林保险业务经营成本高的现状，从实际出发，按照调动保险公司积极性和充分发挥其自身能动性的原则，对森林保险提供以保险公司的实际发生费用为基础的经营费用补贴。但是，在信息不对称

情况下，这种补贴易导致资金的低效率。故有必要设计信息显露机制以揭示森林保险的真实经营管理费用。建议通过招投标的方式确定合理的补贴率。由于各投标的保险公司事前无法了解其他保险公司的“报价”，其一般会根据本公司的经营管理费用情况“要价”(即经营管理费用的补贴率)。政府再根据多家保险公司的管理费用信息，确定合理的补贴率。此方法有利于补贴与经营管理好坏挂钩，激励保险公司努力提高森林保险经营水平。二是加大对保险公司提供政策性森林保险的税收优惠。在目前减免森林保险营业税和印花税的基础上，对保险公司经营森林保险减免所得税。森林保险赔付率高，利润低，所得税的减免可以提高对保险公司开展森林保险的激励。三是对森林保险提供再保险补贴。建议在中央建立政策性的再保险公司，负责向开展森林保险的保险人提供超额损失再保险，解除保险公司经营森林保险的后顾之忧，调动保险公司的经营积极性。

4.3 完善森林保险补贴体系，多渠道筹集补贴资金

外国的森林保险扶持政策，既有保费补贴，又有经营管理费补贴，还有税收优惠和再保险等措施[3]。我国也应借鉴此做法，采用多样化的补贴方式，既补贴投保人，又补贴保险经营机构，建立保险费补贴、经营管理费补贴、税收优惠加再保险支持的多样化森林保险补贴体系，全方位支持森林保险。

政策性森林保险制度建设中，相当重要的就是补贴资金的安排，这关系到森林保险制度建设的经济条件。过重的补贴不仅增加财政负担，也会产生负面的补贴效果。而从国外的经验来看，政府对森林保险补贴的资金需求相当大，这也是森林保险制度受到诉病的原因之一。而财政实力不足、补贴资金来源渠道的匾乏是制约森林保险发展的主要瓶颈。在短期内财政实力难以大幅度提升的情况下，在科学测算森林保险补贴资金规模的基础上，可以通过以下几个途径为森林保险补贴筹集资金。一是补贴资金由中央和地方共同负担。可从每年政府财政收入的增量中拿出一部分补贴森林保险。2003 年以来，每年的财政收入增加额都在亿元以上。国家财政收入的迅猛增长为森林保险财政补贴提供了有力的财力基础[9]。二是在政府财政支持林业的支出中，削减“政绩工程”、“形象工程”等低效率支出，适当控制行政经费的增长，将这部分资金用于急需财政支持的森林保险补贴。三是适当改变传统的财政救灾方式，将一部分原先用于灾后救济的资金支出，转用于补贴森林保险，而保险对于林业风险损失的经济补偿作用是政府的其他投入无法替代的。四是实行不同地区同级财政之间的横向补贴。森林的正外部性和生态效益已经得到社会各界的一致认可。可通过由生态效益生产地和受益地双方政府共同组建生态共建基金的方式来实现横向财政补贴，从中拿出一部分补贴森林保险。

4.4 完善森林保险补贴的配套政策和相关服务

中国发展森林保险不可能完全依赖政府补贴，但是没有政府补贴是万万不行的。发展森林保险的关键是如何提高政府补贴的力度和效率，这种补贴既包括硬补贴，也包括软补贴，因此必须完善森林保险补贴的配套政策和相关服务。

建议：一是加强森林保险的立法工作，将支持森林保险发展的良好经验以法律形式固定下来，明确政府尤其是财政在森林保险中的责任、作用和支持方式，为政策性森林保险的发展提供良好的制度环境。二是建立森林保险与林业信贷相结合的制度，把森林保险纳入林业金融体系，建议把林业信贷与森林保险挂钩，在贷款条件和贷款利率等方面对投保林农提供适当优惠，以鼓励林农参加森林保险。同时，也可推行森林保险保单质押制度，以提高林农投保积极性，使林农获得保险保障同时也获得信用担保，帮助其解决生产中的资金需求问题。三是建立林业巨灾分摊机制，建议国家安排一定的资金设立保险风险准备金，建立森林保险风险共担机制，提高防范重大灾害能力，保险公司当年赔付率超过既定限额的部分，由风险准备基金按一定比例予以补贴。国家在中央建立再保险基金，负责向开展森林保险的保险人提供超额损失再保险。四是提供相关信息、技术、人才、经营管理等配套服务，推动森林保险发展。

参考文献

[1]战立强．构建差别性森林保险体系的思考[J]．保险研究，2010，(2)：92－95.

[2]吴国培，朱敢．森林保险的政策性定位[J]. 中国金融，2009，(22)：68－69.
[3]李丹，曹玉昆．国外森林保险发展现状及启示[J]. 世界林业研究，2008，(4)：6－10.
[4]石焱．我国南方集体林区森林保险事业发展对策研究[D]. 北京：北京林业大学 2009. 65－85.
[5][美]段志煌，李军等．农业风险管理和政府的作用——中美农业保险交流与考察[M]. 北京：中国金融出版社，2004：85.
[6]张娅．政策性农业保险中的财政补贴研究[D]. 长沙：湖南大学，2009. 29.
[7]张晓云．外国政府农业保险的补贴方式及其经验教训[J]. 财政研究，2004，(9)：63－64.
[8]潘家坪．中国森林保险政府介入模式研究[J]. 生态经济，2010，(3)：124－127.
[9]陆蓓蓓．我国财政补贴农业保险问题研究[D]. 上海：华东师范大学，2009：48.

退耕还林：政府规划，农户选择与工程绩效

张颖慧[1]　聂强[2]　姚顺波[2]

（1. 西安石油大学经管学院；
2. 西北农林科技大学经济管理学院）

摘　要：通过建立中央、地方以及农户三方的动态博弈模型，分析了退耕还林的行动逻辑以及绩效。本文的分析得出如下结论：①退耕还林的生态经济特征，导致了中央计划面积的波动以及结构的变动。②由财政体制原因带来的地方政府行为特征，导致了地方造林规划的膨胀以及执行中的超速度，也造成了规划结构的扭曲。③耕地还经济林，荒山荒地还生态林，成为既符合地方政府意愿，又能规避风险的均衡结果。④退耕还林工程是一项社会成本高昂的生态工程。工程完成情况较差，并且给粮食生产带来隐患。提出调整补贴政策、调整地方的农业结构政策、将地方财政体制的改革作为配套等建议，以期提高退耕还林工程的效率。

关键词：退耕还林；政府规划；农户参与；工程绩效

The Conversion Program: Government Planning, FarmerSelection and Performance

Zhang Yinghui [1]　Nie Qiang[2]　Yao Shunbo [2]

(1. School of Economics and Management, Xi' an Shiyou University;
2. College of Economics and Management, Northwest A & F University)

Abstract: Based on dynamic gaming model of three players, the central government, the local government, and farm household, this paper analyses the behavior logics and performance of the conversion program. Conclusions are as follows: ①The ecology - economy character of the Conversion Program leads to the fluctuations of planning acres as well as the changes of the structure compared with the central original plans; ②The character of local government' s behavior, owing to the local fiscal system, leads to acre inflation of local planning, and the over speed of carrying out, and the distortion of planning structure; ③ Returning cultivated land into economy - based forestry and returning barren hills into ecology - based forestry are the equilibrium outcomes, which can not only suit the ideas of the local government, but also hedge the risk; ④The Conversion Program is an ecological program with high social cost. The fulfillment is relatively poor, which may also lead to hazard of grain production. A serial of public policy recommendation are suggested, such as adapting subsidy policy, correcting the agriculture

---

基金项目：西安石油大学科技基金研究项目“生态工程财政补贴资金配置机制与监督模式研究”（项目编号：z09002）；陕西省教育厅专项科研计划项目“陕北矿区生态补偿中的激励机制研究”（项目编号：09JK176）；陕西省科学技术研究发展计划项目“陕北能源开发中的生态补偿机制研究”[项目编号：2010KRM38(1)]；西北农林科技大学基本科研业务费专项(青年科学基金项目)“西部生态工程财政资金配置机制研究”(项目批号：QN2009098)。

作者简介：张颖慧，博士，讲师。研究方向为环境经济理论与政策。通讯地址：陕西省西安市电子二路东段18号 西安石油大学经管学院，邮编：710065。电话：13201781073，Email：zhangyinghui2009@126.com structure policy of local government, and reforming the local fiscal system, in the hope of promoting the efficiency of the Conversion Program.

Key words: the Conversion Program; government planning; farmer participation; performance of program

1　引言

退耕还林工程是继美国保护计划(CRP,全称为 conservation reserve program)之后全球范围内最大的农业生态工程之一。工程在中央财政巨额补贴机制下启动,地方政府积极推行,农户积极参与,遏制了我国生态迅速恶化的局面。从 1998 年试点、2002 年全面展开、到 2004 年结构性调整,退耕还林工程展示出了特有的运行轨迹,这构成了本文分析的着力点。

退耕还林工程不仅表现为生态建设的自然生态过程,而且表现为各参与主体围绕生态建设过程带来的利益变动而展开的互动与博弈过程。作为政府主导型的农业生态工程,退耕还林的计划推行与美国的 CRP 的生态购买,存在明显差异。在一定程度上,这成为解释退耕还林工程面积迅速波动、造林比例失调等问题的前提。本文通过对中央政府、地方政府与农户行动特征的刻画,在三方动态博弈的框架中,解释了各主体的行动逻辑以及对于工程绩效的影响。

以土地利用类型转换为表象的农业环境生态工程,其最终目标是要在特定的约束下,实现中央政府特定的环境生态目标。Feng et al. (2003)将补贴视为一种激励手段,并在 CRP 工程背景下,讨论了市场化手段(market - based instrument)与命令加控制政策(command and control)的优缺性。Feng et al. 最大的贡献在于对于工程阶段的划分,以及给出了具体的目标函数形式。我们吸收 Feng et al. (2003)对于中央政府环境目标规划的有关思想,将环境收益表示为不同类型工程用地面积与相应的环境收益指数的乘积。

无论是 CRP 还是中国的退耕还林工程,退耕以及还林的具体行为是由农户做出的,而工程的参与主要由补贴以及机会成本对于农户的效用影响来决定。Parks and Schorr(1997)建模并实证分析了农场主的土地利用决策——继续用作农业、进入 CRP 以及土地出售。研究表明,不同用途的收益比较是农场主土地使用决策的决定因素。Hamdar(1999)考虑了不同粮食类型以及转作森林的收益以及成本,并考虑了主要土地资源面积约束、种粮收入对销售活动的转移约束、CRP 转移约束。Hamdar(1999)对密西西比地区的研究表明,土地利用的最优决策是将所有的土地退耕用于森林。从经济的观点来看,粮食与木材价格的比较成为影响决策的最为重要的因素。Plantinga et al. (2001)对于 CRP 的休耕土地供应量进行了定量分析。在分析中,Plantinga et al. 估算了 9 个地区的休耕土地供应方程,为测算 CRP 的机会成本提供了依据。在 Plantinga et al. 的分析中,休耕土地的补贴现值与补贴期后的林地价值现值之和,被作为与机会成本比较的依据,这就较之于 Hamdar(1999)的分析更为精确了一步。王小龙(2004)在双任务委托代理模型框架下,研究了农户在耕地与退耕还林之间的激励不相容问题。在王小龙(2004)看来,农产品价格的上升、林木市场价值变异性加大都会弱化农户对于退耕还林的激励效应。

在中国的退耕还林实践中,地方政府的作用十分重要——它并不简单地体现为对于中央决策的上传下达,相反,它承担着造林规划、组织动员、检查验收、粮款发放等一系列重要的职责。并且,在中国的中央与地方财政关系中,事权与财权不分等现象都决定了地方行为对于工程的重要性。但是,只有少量理论文献关注到了地方的反应函数。危丽等(2006)、聂强(2007a, b; 2008a, b)在双任务委托代理理论模型框架下探讨了退耕还林中中央政府与地方政府的最优激励合约,对于地方政府的行为反映进行了刻画。聂强(2006a, b; 2007a, b)在委托代理框架下,分阶段研究了退耕还林工程中中央政府对于地方政府及农户的最优补贴方式。

以 Feng et al. (2003)为代表的中央政府行为模型,以 Parks and Schorr(1997)、Hamdar(1999)、Plantinga et al. (2001)以及王小龙(2004)等人为代表的农户行为模型,以及有关研究对于地方政府行为的刻画,为我们分析退耕还林问题提供了重要的思想启示与技术支持。然而,上述模型都缺乏一个动态的意识,并且缺乏博弈的框架,这对于解释农户的行为难免存在欠缺。实践中,农户的行为决策,受到了中央与地方政府决策的影响,而且是一个动态的调整过程。我们吸收有关研究中对于各方主体行为方程刻画的思想，并将其加以修正，使其反应出各主体的效用偏好与有关约束。同时，在动态的框架下，分析中央、地方、农户三方的动态博弈以及均衡结果。

下文的结构安排如下：第二部分建立了一个三方动态博弈模型，第三部分对于中央政府、地方政府与农户的行动逻辑提供了分析，提出了一些理论命题。第四部分是简短的结论与政策建议。

2 理论模型

退耕还林工程的最终目标是要借助生态治理，实现可持续发展。在操作层面，工程是通过不同土地类型之间的转化实现的。假定农户的农用地(farm land)可以分为两部分：在耕地 W (working land)与退耕还林工程用地 V (land for the conversion program)。工程用地 V 又可以从两个角度进行分类：①依据进入工程的土地质量 Q (land quality)，工程用地可以分为耕地 C (cropland)与荒山 B (barren hill)；②依据人造林(man - made forest)的类型，工程用地的造林类型可以分为生态林 S (forest for ecological purpose)与经济林 J (forest for economic purpose)。将上述工程用地的标准结合起来进行分类，并与在耕地结合，则农户的农用地类型集合为 $F = \{W,CS,CJ,BS,BJ\}$，t 期在 i 主体规划下农户土地面积的集合为 $A_{it}^{F} = \{A_{it}^{W},A_{it}^{CS},A_{it}^{CJ},A_{it}^{BS},A_{it}^{BJ}\}$。农户土地面积集合中能对农户土地面积变化产生影响的主体有中央政府($i = 1$)，地方政府($i = 2$)及农户($i = 3$)。

退耕还林工程可以视为两级政府(中央与农户)与农户围绕不同类型土地面积而展开的动态博弈过程，各主体的效用函数及约束条件体现出相应的行动逻辑，并决定了工程的方向。

2.1 中央政府的造林任务函数

中央政府的造林任务函数表述为

$$\min \int_{0}^{T}\{[\sum_{Q=C,B;M=S,J} E1t(e_M,A_{1t}^{QM}) - \bar{E}t]^2 + [\sum_{Q=C,B;M=S,J} P1t(p^{QM},A_{1t}^{QM}) - \bar{P}t]^2\}e^{-rt}\mathrm{d}t \tag{1}$$

$$\text{s. t. } \dot{P}t = -\sum_{M=S,J} S^{M} A_{1t}^{QM} - \sum_{Q=C,B;M=S,J} q^{QM} A_{3t}^{QM}(A_{1t}^{QM},A_{2t}^{QM}) + \alpha A_{3t}^{W}(A_{1t}^{QM},A_{2t}^{QM}) \tag{2}$$

式(1)表明，中央政府作为工程的发起者，目标是实现特定期间[0，T]生态的改善，并将粮食产量控制在目标水平。中央政府生态优化的目标量化为使不同规划土地类型当期计划生态产出量 $E_{1t}(\cdot)$ 之和达到目标生态产出量 $\bar{E}_t$，可以通过二者差额的平方最小化并动态化来表示。计划生态产出量 E_{1t} 是人造林生态产出系数 e_M 与规划面积 A_{1t}^{QM} 的函数，其中，$Q = C,B;M = S,J$。中央政府粮食产量控制的目标量化为使不同规划土地类型当期计划粮食产出减少量 $P_{1t}(\cdot)$ 之和达到目标粮食控制量 $\bar{E}_t$，可以通过二者差额的平方最小化并动态化来表示。计划粮食控制量 P_{1t} 是人造林粮食产出系数 p^{QM} 与规划面积 A_{1t}^{QM} 的函数，式(2)表明了中央政府推行退耕还林工程所面临的粮食流量约束。

式(2)中，第一项表示中央规划面积带来的粮食补贴支出；第二项表示农户实际的退耕还林面积 A_{3t}^{QM} 带来的总的产量减少，表现为单位面积产量 q^{QM} 与农户实际的退耕还林面积 A_{3t}^{QM} 的乘积之和；第三项表示工程推行后导致的耕地粮食增产，表现为增产系数 α 与农户实际的在耕地面积 A_{3t}^{W} 的乘积。式(2)中的第二项与第三项，还表明了中央的规划行为与地方政府、农户行为的相互影响，表现出明显的博弈特征。

2.2 地方政府的规划函数

地方政府的规划函数表示为

$$\int_{0}^{T}\sum_{Q=C,B;M=S,J}[G_{t}^{QM}(g_{t}^{QM},A_{2t}^{QM}) + R_{t}^{QM}(r_{t}^{QM},A_{2t}^{QM}) + L_{t}^{QM}(l_{t}^{QM},A_{2t}^{QM}) - F_{t}^{QM}(f_{t}^{QM},A_{2t}^{QM})]e^{-rt}\mathrm{d}t \tag{3}$$

$$\text{s. t. } \dot{F}_t = \sum_{Q=C,B;M=S,J} F_{t}^{QM}(G_{t}^{QM}(g_{t}^{QM},A_{2t}^{QM})) - \sum_{Q=C,B;M=S,J} F_{t}^{QM}(f_{t}^{QM},A_{2t}^{QM}) \tag{4}$$

$$A_{1t}^{QM} \leqslant A_{2t}^{QM} \leqslant A_{\max,2t}^{QM}(A_{1t}^{QM},A_{3t}^{QM}) \tag{5}$$

如式(3)所示，地方政府执行中央退耕还林工程，通过有关规划，要实现如下几重受益：①经济增

长带来的好处 G_t^{QM} 。它表示为发展系数 g_t^{QM} 与规划面积 A_{2t}^{QM} 的函数。具体表现为，特定的规划面积带来的农民收入增加、优化投资环境等而导致的经济增长。②体制性收益 R_t^{QM} 。它表示为收益系数 r_t^{QM} 与规划面积 A_{2t}^{QM} 的函数。现实中，各种来自中央的补贴总会被地方捆绑用作各种消费，甚至作为奖金。③政治收益 L_t^{QM} 。它表示为政治收益系数 g_t^{QM} 与规划面积 A_{2t}^{QM} 的函数。但地方政府同样也要支付可能的财政成本 F_t^{QM} ，体现为规划中的财政支出以及税收的减少。它表示为支出系数 r_t^{QM} 与规划面积 A_{2t}^{QM} 的函数。

式(4)表示地方政府面临的财政流量约束 $\dot{F}_t$ 。等式右边第一项为退耕还林导致的经济增长，带来财政收入增加。第二项为规划面积带来的税收减少、组织动员导致的财政支出。式(5)表示，地方的规划面积在区间 $[A_{1t}^{QM}, A_{\max,2t}^{QM}]$ 中，最小值为中央规划面积，最大值 $A_{\max,2t}^{QM} > A_{1t}^{QM}$ 。而最大值是中央计划面积与农户执行面积的函数。

2.3 农户的选择函数

农户的选择函数表示为

$$\int_0^T [m_{3t}^W(p_{3t}^W, \beta)A_{3t}^W + \sum_{M=S,J} \pi_M(ES_{1t}^{QM}, \rho_{3t}^{QM}, Z_{3t}^{QM})A_{3t}^{QM}]e^{-rt}dt \tag{6}$$

$$\text{s.t.}\ \dot{A}_{3t}^W = -\sum_{Q=C,B;M=S,J} A_{3t}^{QM} \tag{7}$$

$$A_{\min,2t}^{QM} \leqslant A_{3t}^{QM} \leqslant A_{\max,3t}^{QM} \tag{8}$$

农户的土地选择包括：①继续留作耕地，即成为在耕地；②进入工程，还生态林；③进入工程，还经济林。农户经营在耕地 A_{3t}^W ，单位面积收益为 m_{3t}^w ，单位面积收益可以表示为农产品价格 p_{3t}^W ，与国家种粮补贴因子β的函数。进入退耕还林工程面积A_{3t}^{QM} ，农户获得的单位面积收益为 π_M 。单位面积收益表示为：农户将获得单位面积补贴收入 ES_{1t}^{QM} ，来自生态林或经济林的单位经营收益 ρ_{3t}^{QM} ，并要承担相应的单位成本 Z_{3t}^{QM} 。进一步，单位面积补贴收入 $ES_{1t}^{QM} = S_{1t}^{QM}(e^{rk}-1)/e^{rk}$ ，表示补贴于第 t 年开始，并持续 k 年。当 $M=S$ 时，$K=n_1$；当 $M=J$ 时，$K=n_2$，且有，$n_1>n_2$。不失一般性，设 $S_{1t}^{QS} > S_{1t}^{QJ}$ ，$\rho_{3t}^{QS} < \rho_{3t}^{QJ}$ ，$Z_{3t}^{QS} < Z_{3t}^{QJ}$ 。于是，式(6)表示了农户在不同类型土地之间的选择问题。

式(7)表示农户的在耕地储备约束，每年的工程推行会导致农户在耕地的相应扣减。式(8)表示农户的选择空间。每一土地类型的最小值为地方规划的最小值，也即中央规划面积；而最大值则受地方干预力度、市场经营收益以及土地总数量等因素共同决定。

3 模型的结论

3.1 中央的造林任务：总量与结构

命题1：(中央造林计划的生态经济特征)

稳态下中央的造林计划面积受生态优化与粮食稳产两因素的影响。在 (A_{1t}^{QM}, P_t) 空间，各种类型土地的计划面积取决于中央政府对单位面积引致生态优化与粮食稳产边际效应的权衡。在稳态，有

$$-2[\cdot]\cdot\partial E_{1t}/\partial A_{1t}^{QM} - 2[\cdot]\cdot\partial P_{1t}/\partial A_{1t}^{QM} = \lambda_t^{QM}[S^M + q^{QM}\cdot\partial A_{3t}^{QM}/\partial A_{1t}^{QM} - \alpha\cdot\partial A_{3t}^W/\partial A_{1t}^{QM}] \tag{9}$$

证明：中央造林任务问题的现值汉密尔顿函数为

$$\begin{aligned} H_C^1 = & -[E_{1t}(e_M, A_{1t}^{QM}) - \bar{E}_t]^2 - [P_{1t}(q^{QM}, A_{1t}^{QM}) - \bar{P}_t]^2 \\ & + \lambda_t^{QM}[S^M\cdot A_{1t}^{QM} - q^{QM}\cdot A_{3t}^{QM}(A_{1t}^{QM}, A_{2t}^{QM}) + \alpha\cdot A_{3t}^{QM}(A_{1t}^{QM}, A_{2t}^{QM})] \end{aligned} \tag{10}$$

解之得

$$\begin{aligned} \partial H_C^1/\partial A_{1t}^{QM} = & -2[\cdot]\cdot\partial E_{1t}/\partial A_{1t}^{QM} - 2[\cdot]\cdot\partial P_{1t}/\partial A_{1t}^{QM} + \\ & \lambda_t^{QM}[-S^M - q^{QM}\cdot\partial A_{3t}^{QM}/\partial A_{1t}^{QM} + \alpha\cdot\partial A_{3t}^W/\partial A_{1t}^{QM}] = 0 \end{aligned} \tag{11}$$

$$\widehat{H}_{\lambda_t^{QM}}^1 = \dot{P}t = -\sum_{M=S,J} S^M A_{1t}^{QM} - \sum_{Q=C,B;M=S,J} q^{QM}A_{3t}^{QM}(A_{1t}^{QM}, A_{2t}^{QM}) + \alpha A_{3t}^W(A_{1t}^{QM}, A_{2t}^{QM}) \tag{12}$$

$$\dot{\lambda}_t^{QM} = r \cdot \lambda_t^{QM} - 2[P_{1t}(q^{QM}, A_{1t}^{QM}) - \bar{P}_t] \tag{13}$$

将式(11)加以整理，即可得到式(9)，命题1得证。

推论1：(退耕还林任务的结构特征)

退耕还林的任务规划结构具有如下特征：①进入工程的土地类型中，荒山造林比例应大于耕地造林比例；②造林类型中，生态林比例应大于经济林比例。而且，最优比例是不断变动的。

证明：式(9)实际给出了不同种类工程土地类型的决定方程。我们可以将 $Q = C,B;M = S,J$ 带入式(9)，可以得到4个等式。由于相对于耕地，荒山造林在产生同样的生态产出边际效应的同时，对于粮食产量的冲击的边际效应要更大一些。同样的逻辑是，在同样的粮食产出边际效应下，生态林的边际生态产出要大于经济林的边际生态产出。于是，在稳态的造林任务的安排中，荒山造林比例应大于耕地造林比例，生态林比例应大于经济林比例。

评论：退耕还林工程的操作性目标有两重：(1)总量目标，表示为 $A_{1t}^{C} = \sum_{Q=C,B;M=S,J} A_{1t}^{QM}$；(2)结构目标，具体化为：①耕地造林与荒山造林的比例 $P_{CB} = \sum_{M=J,S} A_{1t}^{CM} / \sum_{M=J,S} A_{1t}^{BM}$；②造生态林与造经济林的比例 $p_{SJ} = \sum_{Q=C,B} A_{1t}^{QS} / \sum_{Q=C,B} A_{1t}^{QJ}$。在中央的造林政策要求中，$P_{SJ} = 4$。尽管这大致符合了我们的推论，但理论上，这一比例也应加以调整。而对于耕地造林与荒山造林的比例来说，政策设定为 $P_{CB} = 1$。考虑到工程初期耕地造林比例大对与控制粮食产量的突出效应，耕地比例稍大合乎逻辑。但是，随着工程推行，由于粮食产量消耗过快，逐渐加大荒山造林比例就是合乎逻辑的选择。在实际的中央计划中，扩大荒山造林比例，是在特定约束条件下的理性选择。

3.2 地方的造林规划：总量放大与结构扭曲

命题2：(地方政府工程规划面积的膨胀与结构的失调)

地方政府对各种土地类型的工程规划面积都会超出中央计划面积。退耕还林规划总面积被放大，并且只有在其个别情况下，退耕还林规划结构才会与中央任务结构相符。

证明：地方政府规划问题的现值汉密尔顿函数为

$$\begin{aligned} H_C^2 = {} & G_t^{QM}(g_t^{QM}, A_{2t}^{QM}) + R_t^{QM}(r_t^{QM}, A_{2t}^{QM}) + L_t^{QM}(l_t^{QM}, A_{2t}^{QM}) - F_t^{QM}(f_t^{QM}, A_{2t}^{QM}) \\ & + \gamma_t^{QM}\{F_t^{QM}[G_t^{QM}(g_t^{QM}, A_{2t}^{QM})] - F_t^{QM}(f_t^{QM}, A_{2t}^{QM})\} \end{aligned} \tag{14}$$

解之得

$$\begin{aligned} \partial \widehat{H}_C^2 / \partial A_{2t}^{QM} = {} & \partial G_t^{QM} / \partial A_{2t}^{QM} + \partial R_t^{QM} / \partial A_{2t}^{QM} + \partial L_t^{QM} / \partial A_{2t}^{QM} - \partial F_t^{QM} / \partial A_{2t}^{QM} \\ & + \gamma_t^{QM}(F'^{QM}_t \cdot \partial G_t^{QM} / \partial A_{2t}^{QM} - \partial F_t^{QM} / \partial A_{2t}^{QM}) \end{aligned} \tag{15}$$

$$\partial \widehat{H}_C^2 / \partial \gamma_t^{QM} = F_t^{QM}[G_t^{QM}(g_t^{QM}, A_{2t}^{QM})] - F_t^{QM}(f_t^{QM}, A_{2t}^{QM}) \tag{16}$$

$$\dot{\gamma}_t^{QM} = r \cdot \gamma_t^{QM} - \widehat{H}_{F_t} = r \cdot \gamma_t^{QM} - 1 \tag{17}$$

结合退耕还林的实践，可知地方政府对于政治任务的重视、经济增长的嗜好、财政收益的带动以及体制性收益的驱动，都会使得相应的边际效应十分明显。相反，由于体制性原因，对于退耕还林的财政支出，可以通过两种渠道弥补：①来自中央的转移支付；②由于财权与事权不分，形成体制性挂账。这两条途径使得退耕规划对于财政支出的负效应并不明显。由此，由式(15)，有 $\partial \widehat{H}_C^2 / \partial A_{2t}^{QM} > 0$，此时，有造林工程规划面积的放大效应 $A_{2t}^{QM} = A_{\max,2t}^{QM}(A_{1t}^{*QM}, A^{*QM}_{3t}) \geq A_{1t}^{QM}$。

命题3：(地方政府的规划结构)

在中央计划与农户选择的双重影响下，地方政府规划的造林结构为：①对于耕地，以规划经济林为主，少量的规划仅以完成中央规划任务为限；②对于荒山，以规划生态林为主，少量的规划仅以完成中央规划任务为限。

证明：由于 $A_{2t}^{QM} = A_{\max,2t}^{QM}(A_{1t}^{*QM}, A^{*QM}_{3t})$，且由式(9)、(23)、(25)，有

$$A_{2t}^{*BS} = A_{\max,2t}^{*BS}, A_{2t}^{*BJ} = A_{\min,2t}^{*BJ} = A_{1t}^{*BJ}; A_{2t}^{*CJ} = A_{\max,2t}^{*CJ}, A_{2t}^{*CS} = A_{\min,2t}^{*CS} = A_{1t}^{*CS}。$$

命题得证。

3.3 农户选择的分离均衡

命题4：农户各种类型土地的实际退耕还林面积大于中央计划面积，且耕地造林以造经济林为主，荒山造林以造生态林为主。

证明：利润最大化目标下，农户土地资源配置的现值汉密尔顿函数为

$$H_C^3 = M_{3t}^W(\rho_{3t}^W,\beta)A_{3t}^W + \sum_{M=S,J}\pi_M(ES_{1t}^{QM},\rho_{3t}^{QM},Z_{3t}^{QM})A_{3t}^{QM} - \sum_{Q=C,B;M=S,J}\theta_t^{QM}A_{3t}^{QM} + \sum_{Q=C,B}H_{t+n_1}^* A_{3t}^{QS}e^{-n_{1t}} + \sum_{Q=C,B}H_{t+n_2}^* A_{3t}^{QJ}e^{-n_{2t}} \tag{18}$$

解该函数有

$$A_{3t}^{*QS} = \begin{cases} A_{\max,3t}^{*QS}, & \text{if } \pi_S(ES_{1t}^{QS},\rho_{3t}^{QS},Z_{3t}^{QS}) + H_{t+n_1}^* e^{-n_1 t} \geq \max\{\theta_{3t}^{QS},\pi_J(ES_{1t}^{QJ},\rho_{3t}^{QJ},Z_{3t}^{QJ}) + H_{t+n_2}^* e^{-n_2 t}\} \\ A_{\min,2t}^{*QS}, & \text{otherwise} \end{cases} \tag{19}$$

$$A_{3t}^{*QJ} = \begin{cases} A_{\max,3t}^{*QJ}, & \text{if } \pi_J(ES_{1t}^{QJ},\rho_{3t}^{QJ},Z_{3t}^{QJ}) + H_{t+n_2}^* e^{-n_2 t} \geq \max\{\theta_{3t}^{QJ},\pi_S(ES_{1t}^{QS},\rho_{3t}^{QS},Z_{3t}^{QS}) + H_{t+n_1}^* e^{-n_1 t}\} \\ A_{\min,2t}^{*QJ}, & \text{otherwise} \end{cases} \tag{20}$$

由式(19)、(20)以及命题2，有

$$A_{3t}^{*QS} \geq A_{1t}^{*QS}, A_{3t}^{*QJ} \geq A_{1t}^{*QJ} \tag{21}$$

命题前半部分得证。

对于荒山造林而言，有

$$\pi_S(ES_{1t}^{BS},\rho_{3t}^{BS},Z_{3t}^{BS}) + H_{t+n_1}^* e^{-n_1 t} \geq \max\{\theta_{3t}^{BS},\pi_J(ES_{1t}^{BJ},\rho_{3t}^{BJ},Z_{3t}^{BJ}) + H_{t+n_2}^* e^{-n_2 t}\} \tag{22}$$

从而有

$$A_{3t}^{*BS} = A_{\max,3t}^{*BS} \tag{23}$$

对于耕地造林而言，有

$$\pi_J(ES_{1t}^{CJ},\rho_{3t}^{CJ},Z_{3t}^{CJ}) + H_{t+n_2}^* e^{-n_2 t} \geq \max\{\theta_{3t}^{CJ},\pi_S(ES_{1t}^{CS},\rho_{3t}^{CS},Z_{3t}^{CS}) + H_{t+n_1}^* e^{-n_1 t}\} \tag{24}$$

从而有

$$A_{3t}^{*CJ} = A_{\max,3t}^{*CJ} \tag{25}$$

命题后半部分得证。

命题5：（退耕还林任务完成的高成本与计划面积波动）

由于农户的实际选择结果，以及地方规划的特征，退耕还林工程出现了实际上的规模膨胀与结构扭曲。中央计划的顺利完成，规模的膨胀起了重要作用。规模膨胀以及结构扭曲带来了严重的社会成本，这也成为中央计划面积迅速下降以及结构大幅度调整的诱因。

证明：由式(9)、(23)、(25)以及命题3可知，总量膨胀以及结构扭曲的存在。同时，中央任务的超速度完成，与总量的膨胀不无关系。每一计划年度，中央造林任务结构的符合，可以解释为规模膨胀以及地方强制规划而给完成任务带来较大的回旋余地。而这在一定程度上会迅速加大粮食产量以及存量的波动，导致中央规划面积的急剧下降与结构的迅速调整。

4 简短的结论及政策建议

退耕还林过程是中央、地方以及农户三部门动态博弈的过程，博弈的结果决定了退耕还林的行动逻辑。本文的分析对于退耕还林中各主体的行动逻辑给予了解释，并证明了动态博弈的均衡结果对应着工程绩效的降低。以提高工程效率为目标，本文提出如下政策建议：

第一，调整补贴政策。随着前期工程的结束，退耕还林补贴政策可以进行进一步的探索。可以实行在退耕还林扩展工程(或二期工程)中，延长补贴期限，降低补贴标准。同时，也可以探索生态购买的作法，在各地区实行不同的补贴价格，实现补贴资金分配的优化。

第二，对于地方的农业结构政策进行调节。要使得粮食生产基本稳定，并适应经济增长对粮食的需

求；对于各地盲目发展经济林的状况进行引导，要结合市场需要，发展中高档水果生产，防止经济林果大规模重复生产带来的浪费。

第三，将地方财政体制的改革作为配套。要开展机构合并，给地方财政消肿；要开展新的税源建设，改变地方财政对于生态建设的侵蚀，实现财政的"绿化"。

第四，发展活立木市场，对于补贴期满后的生态林，开展生态补偿，增加生态林的经济收益。

参考文献

[1]Feng, H., et al. Subsidy! The Other Incentive - Based Instrument: the Case Study of The Conservation Reserve Program [W]. CARD, Iowa State University, working paper 03 - WP345, 2003.

[2]Parks, P. J. and J. P. Schorr. Sustaining Open Space Benefits in the Northeast: An Evaluation of the Conservation Reserve Program[J]. Journal of Environmental Economics and Management, 1997, 32: 85 - 94.

[3]Hamdar, B. An Efficiency Approach to Managing Mississippi's Marginal Land Based on the Conservation Reserve Program (CRP) [J]. Resource, Conservation and Recycling, 1999, 26, 15 - 24.

[4]Plantinga, A. J., Alig, R. and H. T. Cheng. The Supply of Land for Conservation Reserve Program [J]. Resource, Conservation and Recycling, 2001, 31, 199 - 215.

[5]王小龙. 退耕还林：私人承包与政府规制[J]. 经济研究，2004(4)：107 - 116.

[6]危丽，杨先斌，刘燕. 退耕还林中的中央政府与地方政府最优激励合约[J]. 财经研究，2006，32，(11)：15 - 21.

[7]聂强. 生态重建中的财政补贴制度研究[D]. 杨凌：西北农林科技大学博士学位论文，2007.

[8]聂强. 退耕还林后期阶段的合作生产博弈[J]. 中国农业大学学报·社会科学版，2006(2)：79 - 84.

退耕还林：努力分配与补贴政策
——一个合作建设过程的委托代理分析

聂 强[1] 张颖慧[2] 姚顺波[1]

（1. 西北农林科技大学经济管理学院；2. 西安石油大学经管学院）

摘 要：通过建立退耕还林工程全过程的利益分配委托——代理模型，本文分阶段证明了工程推进中的最优补贴方式与不同主体的最优努力分配。现有文献没有对生态重建中的财政补贴制度进行动态分析，本文将生态重建工程视之为一个三阶段的、中央政府、地方政府与农户的合作建设过程，在属性演化与主导组织转移等假设下，分阶段证明了不同主体对于补贴方式选择的偏好，得到了各阶段影响最优努力分配的因素。论文明确了工程不同阶段的最优补贴方式以及最优补贴契约的条件，提出了建立活立木市场、推行生态购买、加强生态宣传等公共政策建议，以期提高退耕还林工程的实施效率。

关键词：退耕还林；努力分配；补贴方式；合作建设

The Cropland Conversion: Distribution of the Efforts and Selection of the Subsidy Policy
——A Principal-agent Analysis in Cooperative Rehabilitation

Nie Qiang[1] Zhang Yinghui[2] Yao Shunbo[1]

(1. College of Economics and Management, Northwest A & F University;

2. School of Economics and Management, Xi' an Shiyou University)

Abstract: This paper sets principal – agent models of profit distributions in the whole progress of the cropland conversion program, and deduces the best subsidy way and effort distribution. As subsidy system during ecological rehabilitation was not deeply dynamic analyzed in recent literatures, this paper treats the cropland conversion program as a three – period, cooperative construction progress participated by central government, local government and farmer. After evolution of the character and transfer of leading organization are proposed, this paper proves by periods that different subject has different preference to the subsidy way, and gets the influence factors of the best effort distribution. This paper suggests the best subsidy way during the cropland conversion program, and condi-

---

基金项目：本文得到西北农林科技大学基本科研业务费专项（青年科学基金项目）"西部生态工程财政资金配置机制研究"（项目批号：QN2009098）、陕西省社会科学界2010年重大理论与重大问题研究课题"陕南水资源补偿机制研究"、陕西省教育厅专项科研计划项目"陕北矿区生态补偿中的激励机制研究"（项目批号：09JK176）、2010年陕西省软科学研究计划项目"陕北能源开发中的生态补偿机制研究"[项目批号：2010KRM38（1）]与西安石油大学科技基金研究项目"生态工程财政补贴资金配置机制与监督模式研究"（项目编号：z09002）的资助。

作者简介：聂强（1974 – ），博士，讲师。主要研究领域为林业经济等。电话：13186076693。E-mail：nieqiang2007@163. com。通讯地址：陕西杨凌渭惠路3号，西北农林科技大学经济管理学院，邮政编码：712100。

tions of the best subsidy contracts. This paper proposes a serial of public regulation scheme, such as instituting live lot market, developing ecological purchase, and advocating the ecological notion in the hope that they can be used to improve ecological efficiency of the program.

Key words: the cropland conversion; distribution of the effort; the subsidy way; cooperative construction

1 问题的提出

退耕还林工程8年以来的开展，为我们提供了反思补贴政策的机会。工程从初期试点、试点再到全面展开，始终以中央补贴政策推动为基础。工程推进中，来自于补贴政策设计的缺陷而导致的激励问题，又促使补贴政策不断调整。表1描述了1999年以来退耕还林补贴政策的变化。

补贴政策的不断调整，有力地调动了地方以及农户的积极性，推动了工程的迅速扩张，促进了我国生态环境恶化态势的迅速扭转。然而，在整个工程的推行过程中，农户与地方政府的自利性动机带来的经济林比例偏大，林种单一，始终影响着工程的绩效。2004年，在退耕还林工程迅猛扩张之际，国家宣布对于退耕还林工程进行结构性调整，大大压缩了工程面积。同时，伴随着早期工程补贴期限届满，对于农户复垦的担心不断成为现实问题。而地方政府，特别是县一级政府，工作费用以及税费损失带来的财政压力，对于退耕积极性造成了越来越大的影响。退耕还林到底要形成一个什么样的补贴政策，才能在中央财政能力许可的情况下，形成对于农户以及地方政府的持续激励，以达成社会生态目标，是退耕还林工程有待解决的关键问题。

表1 退耕还林补贴政策的演变

时间	文　件	补贴标准	补贴期限	补贴范围
1999	“十六字方针”	未定	未定	陕、甘、川三省的试点县
2000.1	《长江上游、黄河上游地区2000年退耕还林(草)试点示范实施方案》	粮食：长江上游地区每亩耕地每年300斤，黄河上中游地区200斤 现金：每亩耕地每年20元 种苗费：按建设生态林的标准，每亩补贴50元	未定	中西部17个省(区、市)74个县，当年退耕还林面积515万亩，宜林荒山造林种草648万亩
2000.9	《关于进一步做好退耕还林(草)试点工作若干意见》	粮食、现金补贴标准同上。规定了还林的比例中，生态林的比例不得低于80%。对于超过比例多种的经济林，只补助种苗费，不补助粮食	粮食及现金先按经济林5年，生态林8年计算，到期根据实际情况确定是否继续补助	
2002	《退耕还林条例》	同上	粮食及现金按经济林5年，生态林8年执行	25个省(自治区、直辖市)及新疆生产建设兵团，包括1580个工程县。当年退耕还林265万hm^2，宜林荒山荒地造林308万hm^2

资料来源：根据有关文件整理。

在美国，与中国退耕还林工程性质类似的“保护与储备计划”(conservation reserve program，CRP)，其补贴政策自1985年制定以来，也经历了一个不断调整的过程。1990年前，只要符合Ⅳ－Ⅷ级土地潜力级别的耕地，补助要求不高于各地区规定的最高标准，即可以退耕。该种管理办法，环境目标单一，且忽略环境影响的整体性，CRP资金也没有得到最优利用。从1990年开始，美国政府发动多个部门研究建立了一个综合的指标体系——环境受益指数(environment beneficiary index，EBI)，来筛选农民的退耕申请。EBI指标体系包括退耕是否能够提高地表水与地下水质、保护土地生产力、退耕后植树面积比例、政府规定的优先保护区退耕面积比例等。从1995年起，将政府成本指标也加入了EBI体系。至今，EBI是一个全面的综合评价指标体系——包括了环境、经济与社会综合指标，同时也是一个动态的指标体系——每年根据签约情况和政府目标等因素的变化，不断修正指标类型和权重。EBI为区域分异管理提供了基础，退耕补助在各县是不同的，同一时期不同地区的退耕补助标准可以相差98美元/hm^2。同时，EBI实现了动态量化管理和综合协调，通过指标的变动来不断纳入新的变化因素，运用多项指标来反映不同方面的利益。EBI的修正与完善对于CRP资金使用效率起到了积极的作用。

中国的退耕还林补贴政策远未发育成熟。实践中，地方政府对于退耕还林的"运动"式的积极性，政策执行中生态目标的偏离，农户对于补贴期满之后生计的担忧，一直是补贴政策要解决的突出问题。而在8年后的今天，补贴政策的考虑有着特殊的背景：从短期看，退耕还林的环境成效是显著的，而中央补贴的成本也是高昂的；而从长期来看，退耕还林的持续性存在较大的隐患。要保持现有成果，并以尽可能低的财政成本引导地方以及农户趋向于中央的生态目标，一个关键的问题是，要使得补贴政策的设计，有助于形成中央、地方与农户长期合作的持续动力机制。作为一个反例的是，宁夏4605工程昙花一现的巨大成功以及之后迅速的生态大滑坡。这就要求我们对于退耕还林工程补贴政策进行重新设计，以形成对于各主体长期合作的持续激励。

2 文献回顾

理论界进行了大量的经验研究，来探讨农户与地方政府对于补贴政策的反应。基于各地的调研结果，理论界普遍认为补贴政策对于调动农户以及地方政府的积极性，有效促进了工程的推进以及环境生态的改善。然而，在调研中也反映出补贴政策的典型特征：补贴额度偏高、标准单一、结构缺失，由此对于地方政府、农户造成了不当的激励，也影响了中央补贴的持续性。

退耕还林补贴额度的高标准，有效地带动了地方与农户的积极性，成为工程迅速推进的重要原因。国务院发展研究中心退耕还林还草课题组(2001)、国家林业局退耕还林工程管理办公室课题组(2002)的调研反映，退耕还林国家投入的力度大，各地的反应比较积极。由于退耕还林的比较收益大，农户退耕积极性很高。地方政府纷纷制定了数量庞大的退耕计划，规模大大超出了中央规划的年度补贴面积，各地政府要求扩大退耕任务以及扩大试点范围的呼声一直很高。同时，在工程区同时进行的其他生态治理项目，则由于补贴标准相对偏低，实施的积极性受到影响。然而，总体而言的高补贴导致财政成本偏高，过快地损耗着国有粮食库存，也成为中央退耕还林补贴政策压缩退耕规模的原因。陶然等(2004)通过陕西、甘肃、四川三省的调查数据表明，中央财政支出存在较大的成本节约空间。如果采取招标制，则中央的财政成本可以大大降低。在考虑到对于粮食企业的暗补之后，甘肃省出现了补贴不足，而陕西与四川依然存在着成本节约的可能。退耕还林补贴的高标准，还可以通过与国内外同类项目的比较中得到体现。在一定程度上，补贴的高标准过快地损耗着国有粮食库存，成为2004年国家退耕还林面积压缩的原因之一。

补贴标准单一化，造成了地方与农户还林中的激励不相容，导致林种结构不合理。同时，这也导致各地区之间事实上的不公平。国务院发展研究中心退耕还林还草课题组(2001)认为，单看退耕地的流域分布来执行统一补贴标准，等于是向经济林木倾斜。同时，中央补贴直接到户，但实际上各地的耕地条件以及农户情况存在较大差异，中央的资金使用效率会大大降低。国家林业局退耕还林工程管理办公室课题组(2002)认为，粮食补贴标准的单一化，不利于积极性的发挥。应当允许地方政府适当调整粮食补贴标准，并在现金补助中加以明确。对于种草比例要加以限制，只补粮食不补钱。陶然等(2004)认为，由于各地区退耕土地生产力差别巨大，退耕的机会成本差别很大，从而导致不同地区乃至不同农户苦乐不均。

而就补贴方案的结构性缺失而言，突出的表现为退耕还林工程对应的某些项目得不到补贴支持。主要表现为林木管护费的缺乏，前期工程费以及管理费缺乏以及补贴政策期限较短。国家林业局退耕还林工程管理办公室课题组(2002)发现，管护经费来源无法确定，影响了农户护林的积极性。尽管后来管护费得到了落实，但这一标准仍显偏低，对于农户激励不足。国务院发展研究中心退耕还林还草课题组(2001)、国家林业局退耕还林工程管理办公室课题组(2002)的调研中均发现地方政府的前期工作费用以及管理费用严重缺乏。由于地方政府的前期组织工作不可或缺，而中央配套资金不足，由此可能造成要么因为债务拖垮林业部门，要么迫使大批干部在这一问题上犯错误。尽管国家政策规定试点工程的前期工作和科技支撑方面费用由中央给与补贴，检查验收等费用由地方政府承担，但国家经费落实情况不好。而就补贴的期限而言，国家林业局退耕还林工程管理办公室课题组(2002)的调研发现，退耕农户的生计仍是问题，为防止农户复垦，应将补贴期满后的生态林纳入生态补偿范围。延军平等(2004)针对于退耕补贴制度的缺陷，提出了在生态极度脆弱地区开展生态购买的主张。胡霞(2005)通过对于宁南山区的调研，认为退耕后与工程相配套的农村经济结构尚未形成，国家应继续实行补贴。

国外学者对于退耕还林补贴政策与主体努力之间关系的研究，以针对于 CRP 的研究为主。Shoemaker(1989)的研究表明，CRP 影响了土地价格而影响了地租水平，从而影响了农民对于退耕补助的期望。Young et al(1991)通过对于项目资金分配公平性的研究得出，由于地区间的自然条件差异较大，一个地区设置一个相同的最大补贴量的管理办法，使拥有优良耕地的农户采用 CRP 所付出的成本增加了 50%，也导致了纳税人付出的不公平。改变这一情况要采用竞标法，或者对于补助水平进行修正使其更加符合当地的条件，以减少项目资金分配结果的不公平。Smith(1995)运用机制设计理论分析了 CRP 的管理机制。如果边际地租不随耕地面积变化或者变化不快，一个地区固定一个最大补助的机制是最优的，并不需要竞争性的申请办法。同时，大量的研究对于最优补助水平的确定进行了明确。Siegel and Johnson(1991)运用盈亏平衡分析法研究了 CRP 对于经济的综合影响，给出了盈亏平衡点所对应的补助水平。Plantange et al(2001)基于已有的 CRP 参考数据，研究了不同补助条件下农民愿意退耕的供给曲线，并利用供给曲线预测未来可能的退耕量和补助标准。Copper 和 Osborn(1998)通过农民意愿调查，利用模型分析了农民意愿继续 CRP 合同的比率和相应的补贴水平。Benítez, et al. (2006)通过建立随机主导过程的模型，分析了不确定状态下的保护补贴水平。

关于补贴政策与退耕努力之间关系的研究，对于退耕还林补贴政策的完善起到了积极的作用。事实上，一部分补贴政策建议已经进入到后来修正的补贴政策中去。然而，迄今为止，既有的研究尚未形成一个完整的分析框架，从而离形成一个科学的补贴方案尚有一段距离。在研究方法上，国内的研究多局限于经验研究，而缺乏对于退耕补贴问题的经济的、制度的分析，研究的理论逻辑尚需进一步严密。作为一个特例的是王小龙(2004)的工作，但这一研究假设了退耕补贴方案的内在完备性，而专注于分析市场冲击对于农户行为的逆向激励。同时，在该文的机制设计理论中，地方政府的努力被忽略了——而在大量的经验研究中表明，地方政府的工作是不可或缺的。从而，这一分析，尽管对于农户的行为解释具有一定的说服力，但离补贴方案的正确理解仍有距离，提出的相应建议也就存在一定的不完善性。国外的相关研究，在理论方法上有重要的参考价值，但由于制度背景的差异，研究模型分析中忽略了地方政府的努力、土地稀缺、农业经济发展的相对滞后等背景。从而，要对于其理论模型进行重新修正，来寻求对于中国退耕还林补贴政策的设计。

为此，本文试图通过退耕还林的目标谱系、阶段性解析以及各主体的任务分配的分析，来解释我国退耕还林的制度背景，找到退耕补贴问题的新的认识框架。然后，本文将分析建立在严谨的数理逻辑上，通过建立一个合作建设的委托——代理模型，对于退耕还林补贴方式进行设计，对于不同补贴方式下的最优努力量以及最优补贴量进行了明确。

3 退耕还林的目标体系与合作生产过程

以退耕还林为代表的生态建设，在经典的环境经济学中，总是被视为一个外部性内部化的过程。在退耕还林的经济分析中，这一逻辑被保留了下来。然而，这种静态的经济解析，与生态工程的动态演化以及自然力的作用不相符合，也与生态系统所内含的合作意识相违背。生态经济学家所倡导的深刻的生态观与参与式建设，就是生态意识的反映。沿着这一思路来回顾退耕还林的分析，不难发现，我们对于退耕还林的认识更多局限于环境经济学的狭隘视角中，对于退耕还林工程的全面、系统的理解仍远未达到。为此，我们要分析如下问题：要成为一个成功的生态工程，退耕还林要达到一个什么样的目标？生态重建的长期性，在退耕还林工程中会体现出哪些阶段性目标？作为一个社会性的生态工程，各主体(中央政府、地方政府与农户)在不同的工程阶段要承担那些任务？

3.1 退耕还林的目标谱系

尽管我们总是将退耕还林作为一项生态工程来宣传，然而在研究中，生态工程所内含的系统观念却被人为的加以割裂了。在生态学家的分析中，经济、社会系统总是受到了忽视，或者仅仅作为分析的点缀。在经济学的解析中，退耕还林却往往被简单化为农户在政府补贴下的植树种草，无视退耕还林所带来的生态——经济——社会演化过程。退耕还林作为一项生态工程，要取得成功并有效保持，必须将其视为一个生态经济过程——最终的目标是要达到区域可持续发展。无视生态过程以外的经济社会发展，即便在短期之内生态治理取得成功，又往往会由于经济、社会的刚性压力而最终导致工程的成果前功尽弃。依据对于作为一个成功的生态治理所要达到的条件，退耕还林要具备如下目标谱系。

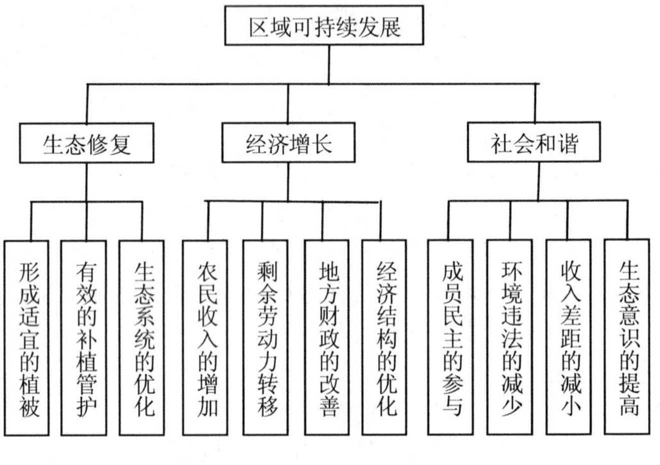

图1 退耕还林的目标谱系

图1给出了对于退耕还林工程目标的一个规划。这一规划仍然是不完全的，但基本上概括出了一个成功的生态工程所应达到的目标。要想真正地实现“退的下、还的上、稳的住、不反弹”，不重蹈宁夏4605工程的覆辙，就必须将退耕还林工程视之为一个生态——经济——社会的演化过程。其终极目标是要达到区域的可持续发展，中间目标包括生态的修复、经济的增长以及社会的和谐。生态修复目标可以说是退耕还林的直接目标。它要求通过人为努力，形成区域新的生态系统，达到治理水土流失、沙尘暴等环境危害的目的。经济增长是生态修复的保障。如果农民的收入无法增加、农村剩余劳动力得不到有效转移、地方财政状况得不到有效改善、农村经济结构与新的生态系统不相适应，则来自于农户以及地方政府的刚性的资源需求，会影响退耕还林的积极性，并随时对于生态建设的成果造成破坏。尽管这种消极行为乃至破坏行为会得到政策乃至于法律的制裁，但超过了人道主义的限度，会使得执行往往流于形式。而农村社会的和谐则是生态修复的后盾。社区成员民主参与退耕还林的决策，可以大大降低决策的随意性，同时使得推行中的阻力大大降低。环境违法案件的减少，标志着农村环境行为的法制化程度加深。收入差距的减小，有助于社会财富结构的合理化，减少环境破坏的动机。而生态意识的提高，则可以从根本上改变政府与农户行为方式，为生态治理提供观念基础。

3.2 退耕还林的阶段性目标

由于退耕还林是一件长期的生态工程，而在工程推行中，自然——经济——社会的演化会使得工程出现阶段性的特点。依据退耕还林工程中的生态属性与主要工作变化，可以简要的将整个退耕还林工程分为三个阶段：退还阶段、管护阶段与发展阶段。要达到区域可持续发展的终极目标，采用逆向归纳法来依次推到发展阶段、管护阶段以及退还阶段的目标是有益的。但在论述上，为了方便起见，采用正向的顺序展开描述也是必要的。

退还阶段仅包括工程的第一年。在退还阶段，退耕还林的主要目标是要营造适宜的植被类型，要确保生态规划的科学性与组织的有效性。而在经济与社会目标方面，要确保农民收入的增长，初步形成生态意识。管护阶段大致包括了退耕还林之后第二年到林木自然成型的整个时期。在该阶段，在生态目标上要使得林木成活率、林木保存率达到较高水平，直到林木生态性状的成熟。而要保持这一点，就必须逐渐提高农民的收入水平 ，为剩余劳动力提供新的就业渠道。而地方政府的财政状况，特别是县乡级政府的财政状况，应当得到改善。这一方面可以为生态治理提供必要的资金支持，另一方面又不至于因财政创收动机而导致生态破坏。同时，农村经济结构初步优化，形成了与新的土地利用结构相配套的经济结构。作为必要的社会保障，管护阶段要实现农户对于生态决策的民主参与、将生态治理纳入法制化的轨道、实现生态意识的进一步增强等。发展阶段是协调发展阶段的简称，该阶段的典型特征是生态——经济——社会协调发展的格局初步形成，退耕还林工程成果已经成为区域可持续发展的必要组成部分。在该阶段，生态观念要深入到经济社会发展中去。该阶段的目标是区域生态系统逐步趋于稳态，形成可持续的生态性经济，政府财政的生态化程度大大提高。表2给出了退耕还林工程目标的阶段性。

3.3 合作生产过程中的任务分配

退耕还林工程是一件全社会广泛参与的生态工程，中央、地方以及农户为此投入了大量的人力、财力与物力。在政策宣传以及工程实践中，中央、地方以及农户进行了一定的协作，来共同推动工程实践——尽管在某种程度上，协作存在一些缺陷，但在大量的经济分析中，却仍然充斥着资源配置或者竞争的思想。要完成生态状况的好转，无法回避主体的行为机制以及合作机理，为此需要在工程的目标规划中，明确中央政府、地方政府以及农户的任务。表3给出了退耕还林工程合作建设过程中的任务分配。

表2 退耕还林工程不同阶段的目标

阶段	时间	目标
退还阶段	工程第一年	营造适宜的植被类型，增加农民收入，生态意识初步建立
管护阶段	工程第二年直至林木成型	确保林木成活率与保持率达标，逐渐增加农民收入，转移农村剩余劳动力，农村经济结构优化，地方财政状况的改善，生态决策的民主化，生态治理的法制化，生态意识进一步提高
发展阶段	林木成型之后直到生态系统稳定	区域生态系统趋于稳态，生态经济得到发展，地方政府财政的生态化程度提高，生态观念成为经济社会发展的核心

表3 退耕还林工程合作建设中的任务分配

	中央政府	地方政府	农户
退还阶段	资金划拨，粮食调配，技术支持，质量检查；县乡级政府前期工作费用与管理费用的补贴	宣传，规划，组织，动员，实施，粮款发放，检查监督	按规划退耕还林，并完成荒山绿化配套任务
管护阶段	资金划拨，粮食调配，技术支持，质量检查；退耕还林后农民的燃料问题的解决；县乡级政府工作费用与管理费用的补贴	粮款发放，检查监督，组织林木管护；转换农村经济结构，发展后续产业，增加农民收入，转移剩余劳动力，协助解决农民的燃料来源等问题；改善县乡财政能力，促进生态治理决策的民主化	苗木补植，病虫害防治，森林防火；增加剩余耕地的亩产，以确保粮食在一定程度上自给；多渠道寻求就业机会，增加收入
发展阶段	生态林的补偿，技术支持，对区域生态进行精确化管理	引导形成区域生态型经济，财政的生态化	林木的科学经营，农业经济行为生态化

表3对于退耕还林作为一个合作建设的过程进行了描述。从表3中可以清晰地看出，中央政府与地方政府与农户的合作建设过程以及各自在退耕还林中的作用。在既有的研究框架中，地方政府的工作往往被忽略掉了，而对于中央政府的技术支持等项工作忽视的更厉害。然而，从退耕还林的目标谱系以及目标的阶段性分析来看，单靠农户的退还行为是根本无法完成的。

3.4 合作建设过程的描述

结合各主体的资源占有状况以及表3的任务分配，可以看出，中央政府一直是一个公有属性的生态组织，地方政府与农户的属性则随工程推进而改变。对生态重建过程分阶段分析，可以发现各阶段工作的重点，决定了所需资源以及相关生产要素是不同的。随着工程的推进，在合作体中，各方的相对地位发生了变化。

在退还阶段，地方政府与农户是一个公有属性的生态组织。在退还阶段，主要的产出是因土地利用类型转换而停止了生态破坏，以及由此而带来的生态效益。退耕还林工程的第一年，即便种植的是经济林，工程的主要收益仍然是生态服务。由于退耕还林工程的主要目标是生态效益，我们可以认为在本阶段的地方政府与农户为公有属性的生态组织。在退还阶段，地方政府与农户要远远重要于中央政府。本阶段主要完成退耕、还林两项工作，是典型的生产转换阶段。生产转换过程需要投入的资源大致包括土地、人力、技术、资金以及制度等。由于既有的生态状况是与农户的生存、生产方式，以及地方政府的存在与运行方式紧密相关的，而生态重建首先要影响到的就是为数极其众多的农户以及各级地方政府。初期阶段，农户占有生态系统最为重要的载体——土地，其生存与生活取向而导致的生产方式是生态破坏的最为重要的原因。同样不可忽视的是，地方政府特别是县及县以下各级政府的行为取向也与区域生态破坏与重建紧密相关。能否完成生产转换，农户破坏性的生产实践转向建设性的生态活动，地方政府从破坏性的经济导向转向建设性的生态取向，是生态工程最为重要的一环。由此决定了在初期阶段，地方政府与农户起着最为重要的作用。而中央政府，尽管在造林补贴方面负有最为重要的责任，并且提供了技术等方面支持，但只是起着辅助性的作用。

在管护阶段，地方政府与农户逐渐由公有属性的生态组织转换为私有属性的经济组织，实现了前后两个阶段的衔接。在该阶段，幼林逐渐向成林转变，人工林的生态价值与经济价值同时得到增长。除去中央政府的补贴以外，农户与地方政府开始从人工林中取得经济收益，并且经济收益不断增长，农户与地方政府从一个公有属性的生态组织逐渐转变为一个私有属性的经济组织。理论上，存在着地方政府与农户从公有属性的生态组织向私有属性的经济组织转换的界面。在管护阶段，由地方政府与农户占主导，逐渐转换为中央政府占主导。本阶段主要是要实现提高或保持存活率，主要的工作是林木管护以及随着林木经济价值初步出现之后的产业开发等项活动。由于土地资源以及人力资源的重要性，地方政府以及农户仍旧起着主导作用。农户主要是要完成林木补植、病虫害防治、防火等项林木管护工作，同时还要面临寻求新的收入来源，以及随着林木市场价值初步显现之后的市场工作。而对于地方政府而言，则主要是要组织林木管护，以及在地区经济结构调整之后引导扶植新的产业开发、组织劳动力转移、以及增加农民收入等项工作。而中央政府则主要负责为建设提供补贴，以防止林业经济价值出现并不断增加之后农户对于人工林的再次破坏。由此可知，在中期建设阶段，地方政府与农户仍然起着相对重要的作用。但随着工程的推进，地方政府与农户的作用逐渐减弱，而中央政府的重要性日渐增长。

在发展阶段，地方政府与农户是一个私有属性的经济组织。在该阶段中，生态与经济价值得到了充分的显现。相关研究表明，成熟人工林的市场价值仅仅是其生态经济价值的极小部分。中央政府由于补贴了工程，取得了生态价值的所有权，而农户与地方政府则主要看重于市场经济价值部分，成为具有私有属性的经济组织。本阶段的主要工作是既要满足农户与地方政府的经济需要，又要保持生态物品的服务能力不至于下降，实现区域生态经济协调发展。在本阶段，人工林经过较长时期的生长，生态经济价值充分实现。而且，由于农户与地方政府前期的工作，林业后续产业已经有了一定的规模。在本阶段，人工林生态价值的拥有者是中央政府。在生态与经济的冲突中，地方政府与农户很可能出现生态破坏的反复。能否保持生态工程中人工林生态服务能力的增长，通过各种措施激励与约束地方政府与农户的生产活动中实现生态与经济的和谐，成为中央政府的关键性工作，也是中央政府起主导作用的原因。于是，在本阶段中，中央政府起着主导性作用，而地方政府与农户则起着辅助性作用。

从退耕还林作为一个合作建设过程的分析中，才能正确了解退耕还林工程的理想过程，才能对于各主体的行为目标以及行为机理给出合理的解释，而这成为本文分析的切入点。本文沿着合作建设的精神，借鉴鲁若愚等(2004)对于校企合作的研究方法，将生态重建工程视之为一个三阶段的、中央、地方及农户的合作建设过程，并分析一次性定额补贴与分成补贴两种补贴方式对于努力分配及其期望效用的影响。

4 退耕还林：合作建设的委托——代理模型

我们将退耕还林工程描述为一个中央政府 C(central government)、地方政府 L(local government)与农户 F(farmer)三方合作生产的过程。在工程全过程中，三方都将努力在生产经济物品 s 与生产生态物品 g 二者之间进行分配。为了更为清晰地表示三方在各阶段努力份额的变动，我们用图 2 中的努力分配曲线加以表示。由于农户的努力分配曲线与地方政府类似，仅将相应的字母下标换为 L 即可，图 2 中省去了

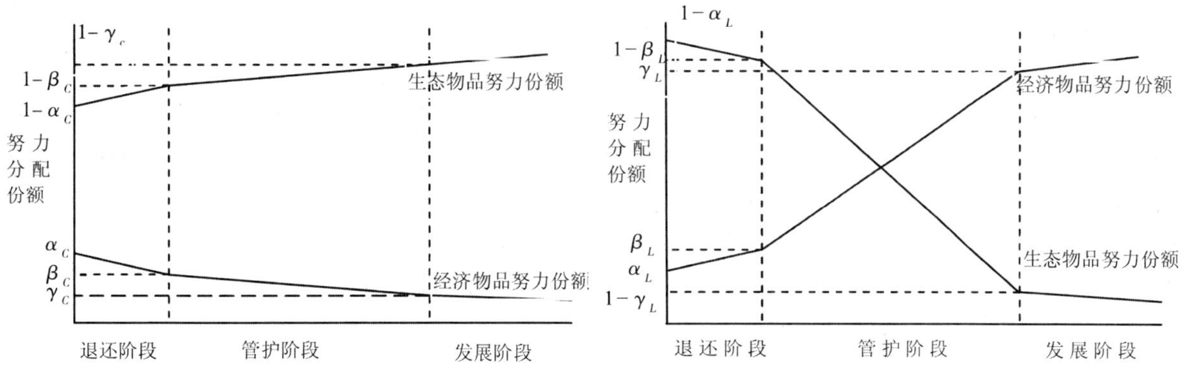

中央政府的努力分配曲线　　　　地方政府的努力分配曲线

图2　不同主体的努力分配曲线

农户的努力分配曲线。

对于图2的描述用代数式表示，三方在三阶段投入到两类物品中的努力份额如表4所示。

表4　中央政府、地方政府及农户三阶段中的努力分配

主体 \ 阶段努力	退还阶段		管护阶段		发展阶段	
	B_{kg1}	B_{ks1}	B_{kg2}	B_{ks2}	B_{kg3}	B_{ks3}
中央政府 C	$1-\alpha_C+K_{C1t}$	α_C-K_{C1t}	$1-\beta_C+K_{C2t}$	β_C-K_{C2t}	$1-\gamma_C+K_{C3t}$	γ_C-K_{C3t}
地方政府 L	$1-\alpha_L-K_{L1t}$	α_L+K_{L1t}	$1-\beta_L-K_{L2t}$	β_L+K_{L2t}	$1-\gamma_L-K_{L3t}$	γ_L+K_{L3t}
农户 F	$1-\alpha_F-K_{F1t}$	α_F+K_{F1t}	$1-\beta_F-K_{F2t}$	β_F+K_{F2t}	$1-\gamma_F-K_{F3t}$	γ_F+K_{F3t}

图2及表4中$\alpha_k,\beta_k,\gamma_k$（$k$ =C，L，F）分别表示三方主体在退还阶段、管护阶段与发展阶段的经济物品初始努力份额，$1-\alpha_k,1-\beta_k,1-\gamma_k$则分别代表了生态物品初始努力份额，$K_{ki}$（$i$ =1，2，3）表示经济物品努力份额的变动幅度，t表示时间，B_{kji}（$j=g,s$）表示投入到生态物品g与经济物品s上的努力份额。结合退耕还林实践，我们有属性演化假设一。

假设一：退耕还林工程主体在各阶段的努力分配是可变的。在生态建设的三个阶段中：(1)中央政府一直是一个公有属性的生态组织，其努力分配中生态物品的努力份额一直占主导地位，并且变化率极小，即有$\alpha_C \ll 1-\alpha_C,\beta_C \ll 1-\beta_C,\gamma_C \ll 1-\gamma_C,K_{Ci}\rightarrow 0,i=1,2,3$；(2)在工程全过程中，地方政府与农户的角色发生转换。在退还阶段，地方政府与农户是一个公有属性的生态组织，其努力分配中生态物品的努力份额占主导地位，努力分配变化极小。在发展阶段，地方政府与农户是一个私有属性的经济组织，努力分配中经济物品努力份额占主导地位，且努力分配变化极小。而处于中间的管护阶段，地方政府与农户逐渐由公有属性的生态组织转换为私有属性的经济组织，实现了前后两个阶段的衔接。地方政府与农户的努力分配变动较大，从期初的生态物品努力份额占主导转换为期末的经济努力份额占主导。即有①$\alpha_L \ll 1-\alpha_L,\beta_L \ll 1-\beta_L,\gamma_L \gg 1-\gamma_L,K_{L1}\rightarrow 0,0<K_{L2}<1,K_{L3}\rightarrow 0$；②$\alpha_F \ll 1-\alpha_F$，$\alpha_F \ll 1-\alpha_F$，$\beta_F \ll 1-\beta_F,\gamma_F \gg 1-\gamma_F,K_{F1}\rightarrow 0,0<K_{F2}<1,K_{F3}\rightarrow 0$。

对退耕还林的生态重建过程分阶段分析，可以发现各阶段工作的重点目标，决定了所需资源以及相关生产要素是不同的。从而，在不同阶段，合作生产的三方的相对地位是不一样的。于是，我们有主导组织转换假设二。

假设二：在退耕还林工程的不同阶段，主导组织发生了转移。在前期建设阶段，地方政府与农户要远远重要于中央政府，即有$1-\mu \gg \mu$；在中期建设阶段，由地方政府与农户占主导逐渐转换为中央政府占主导，即有$1-\mu \gg \mu \xrightarrow{t} \mu \gg 1-\mu$；在后期建设阶段，中央政府远重要于地方政府与农户，即有$\mu \gg 1-\mu$。

其中，$\mu,1-\mu$分别表示中央政府、地方政府（农户）的相对重要性因子。出于讨论方便的需要，我们将农户与地方政府的相对重要性因子都设置为 $1-\mu$。我们的调查也支持这一假设，即在生态建设过程中，地方政府与农户具有同等的重要性。

假设第 i 阶段生态工程的总产出 $S_{总i}$ 分为生态物品总产出 S_{kgi} 与经济物品总产出 S_{ksi}。前者分别由中央政府的生态产出 S_{Cgi}、地方政府的生态产出 S_{Lgi}、以及农户的生态产出 S_{Fgi} 构成，后者分别由中央政府的经济产出 S_{Csi}、地方政府的经济产出 S_{Lsi}、以及农户的经济产出 S_{Fsi} 构成。再假设各主体各阶段的生产函数是各自努力的随机函数，且生产函数形式为 $S_{kji}=a_{kji}^{\delta}+\varepsilon_{kji}, i=1,2,3; j=g,s; K=C,L,F; \delta=\mu,1-\mu, \mu\in[0,1]$。其中，$a_{kji}$ 为第 i 阶段 k 主体投入到生态物品 g、经济物品 s 中的努力；δ 为 k 主体的相对重要性因子，当 $k=C$ 时，$\delta=\mu$；当 $k=L,F$ 时，$\delta=1-\mu$。ε_{kji} 为影响第 i 阶段 k 主体生态物品 g、经济物品 s 产出的随机因素，是服从均值为0，方差为 δ^2 的正态分布随机向量。于是，我们有合作建设假设三。

假设三：总生产函数规模报酬不变，产出具有可加性，有

$$S_{总i}=S_{kgi}+S_{ksi}=(S_{cgi}+S_{Lgi}+S_{Fgi})+(S_{CSi}+S_{Lsi}+S_{Fsi})$$
$$=(a_{Cgi}^{\mu}+\varepsilon Cgi+a_{Lgi}^{1-\mu}+\varepsilon_{Lgi}+a_{Fgi}^{1-\mu}+\varepsilon_{Fgi})+(a_{Csi}^{\mu}+\varepsilon_{Csi}+a_{Lsi}^{1-\mu}+\varepsilon_{Lsi}+a_{Fsi}^{1-\mu}+\varepsilon_{Fsi}) \quad (1)$$

假设三表明，退耕还林工程具有生态物品与经济物品双重产出；退耕还林工程是不同主体的合作建设过程，中央政府、地方政府与农户三方要协作进行生产；退耕还林工程是人的社会生产与自然生产相结合的过程，自然因素对于人类的生态、经济物品产出产生影响。

假设非对称信息下，中央政府、地方政府与农户均为风险中性，效用函数采取线性形式，有

$$U_{ki}=V_k(w_{kji})-C_k(_{aki})=\sum_j V_{kji}\times\omega_{kji}-C_k(a_{ki})\ k=C,L,F; j=g,s; i=1,2,3. \quad (2)$$

其中，U_{ki} 为第 i 阶段 k 主体从合作生产中取得的总效用，V_{kji} 为第 i 阶段 k 主体对于 j 物品的效用系数，ω_{kji} 为第 i 阶段 k 主体从 j 物品合作生产中取得的确定性货币收入，$C_k(a_{ki})$ 为第 i 阶段 k 主体的货币化努力成本。假定中央政府仅对于生态物品的生产给予补贴，并且合作产出对于三方都有效用。

为了简化分析，设

$$C_k(a_{ki})=\frac{1}{2}a_{ki}^2=\frac{1}{2}(a_{kgi}+a_{ksi})^2, k=C,L,F; i=1,2,3 \quad (3)$$

式中，a_{ki} 为 k 主体在第 i 阶段的总努力，由 k 主体在第 i 阶段的生态物品努力 a_{kgi} 与经济物品努力 a_{ksi} 构成。

综上，我们有合作生产的效用函数假设四。

假设四：合作生产中的效用函数为 $U_{ki}=V_k(\omega_{kji})-C_k(a_{ki})=\sum_j V_{kji}\times\omega_{kji}-C_k(a_{ki})$，且有：(1)中央政府、地方政府与农户均是风险中性的①，均是努力的厌恶者；(2)生态物品效用系数与经济物品效用系数对比关系发生变化。①在前期阶段，生态物品对于三方的效用均远大于经济物品效用，即有 $V_{Cg1}\gg V_{Cs1}, V_{Lg1}\gg V_{Ls1}, V_{Fg1}\gg V_{Fs1}$；②在中期阶段，生态物品对于中央政府的效用远大于经济物品的效用，即有 $V_{Cg2}\gg V_{Cs2}$，而地方政府与农户由在初期偏好生态物品逐渐转化为在后期偏好经济物品；③在后期阶段，生态物品对于中央政府的效用远大于经济物品的效用，而经济物品对于地方政府与农户的效用远大于生态物品的效用，即有 $V_{Cg3}\gg V_{Cs3}, V_{Lg3}\ll V_{Ls3}, V_{Fg3}\ll V_{Fs3}$。

根据信息劣势方为委托人，信息优势方为代理人的原则，结合生态建设的实际，我们假定在退还阶段与管护阶段，中央政府为委托人，地方政府与农户为代理人；在发展阶段，地方政府与农户为委托人，中央政府为代理人。于是，问题转化为在委托—代理框架下，围绕着补贴方式的最优努力选择问题。

① 在信息经济学的分析中，一般总是假定委托方是风险中性的，而代理方为风险厌恶的。但是，将代理方假定为风险中性并不会对于分析结果造成影响，关于这一问题的分歧，参见张维迎《企业的企业家——契约理论》。另外，在本论文分析中，由于合作建设的前提，使得风险中性的假设就有了更进一步的可行性。

5 努力分配与补贴政策

5.1 补贴方式与努力分配

退耕还林工程中，中央政府可以采取一次性定额补贴与分成式补贴两种补贴方式。在一次性定额补贴方式下，我们假定中央政府向地方政府与农户的补贴额分别为 S_{Li} 与 S_{Fi}，$i = 1,2,3$。分期总额支付可以看作是该补贴方式的特例，目前的退耕还林工程可以近似的认为是采取这种补贴方式。在分成补贴方式下，中央政府向地方政府与农户支付 $S_{0i} + \lambda_{iSSi}$，其中 S_{0i} 是前期费用，λ_i 是分成比，S_{Si} 是可分配产品。生态购买可以看成是这种补贴方式的特例。在期初，生态收购公司支付一定数额的先期费用给代理人。期末，生态收购公司在确定了人工林质量之后，按照本期生态价值剩余的一定比例给予补贴。在本文中，生态收购方式下，中央政府向地方政府与农户支付的前期费用分别为 S_{0Li} 与 S_{0Fi}，分成比分别为 λ_{Li} 与 λ_{Fi}。S_{Si} 分别由各阶段的期望生态总产出确定，即 $S_{Si} = S_{kgi} = \sum_k a_{k_{gi}}^{\delta}$，其中 $k = C,L,F; i = 1,2,3; \delta = \mu, 1-\mu$。进一步，不失一般性，分成补贴的初期费用要小于一次性补贴的总额，有 $S_{0Li} < S_{Li}, S_{0Fi} < S_{Fi}$。

在退还与管护阶段，采用一次性补贴方式的委托—代理问题为

$$\max_{a_{Cgi},a_{Csi}} V_{cgi}(a_{Cgi}^{\mu} + a_{Lgi}^{1-\mu} + a_{Fgi}^{1-\mu} - S_{Li} - S_{Fi}) + V_{Csi}(a_{Csi}^{\mu} + a_{Lsi}^{1-\mu} + a_{Fsi}^{1-\mu}) - \frac{1}{2}a_{Ci}^2 \tag{4}$$

$$\text{S. t. (IR) } V_{Lgi}(a_{Cgi}^{\mu} + a_{Lgi}^{1-\mu} + a_{Fgi}^{1-\mu} + S_{Li}) + V_{Lsi}(a_{Csi}^{\mu} + a_{Lsi}^{1-\mu} + a_{Fsi}^{1-\mu}) - \frac{1}{2}a_{Li}^2 \geqslant \tilde{\omega}_{Li} \tag{5}$$

$$V_{Fgi}(a_{Cgi}^{\mu} + a_{Lgi}^{1-\mu} + a_{Fgi}^{1-\mu} + S_{Fi}) + V_{Fsi}(a_{Csi}^{\mu} + a_{Lsi}^{1-\mu} + a_{Fsi}^{1-\mu}) - \frac{1}{2}a_{Fi}^2 \geqslant \tilde{\omega}_{Fi} \tag{6}$$

$$\text{(IC) } \arg\max V_{Lgi}(a_{Cgi}^{\mu} + a_{Lgi}^{1-\mu} + a_{Fgi}^{1-\mu} + S_{Li}) + V_{Lsi}(a_{Csi}^{\mu} + a_{Lsi}^{1-\mu} + a_{Fsi}^{1-\mu}) - \frac{1}{2}a_{Li}^2 \tag{7}$$

$$\arg\max V_{Fgi}(a_{Cgi}^{\mu} + a_{Lgi}^{1-\mu} + a_{Fgi}^{1-\mu} + S_{Fi}) + V_{Fsi}(a_{Csi}^{\mu} + a_{Lsi}^{1-\mu} + a_{Fsi}^{1-\mu}) - \frac{1}{2}a_{Fi}^2 \tag{8}$$

而分成补贴下的最优化问题可以模型化为

$$\max_{a_{Cgi},a_{Csi}} V_{cgi}[(1 - \lambda_{Li} - \lambda_{Fi})(a_{Cgi}^{\mu} + a_{Lgi}^{1-\mu} + a_{Fgi}^{1-\mu}) - S_{0Li} - S_{0Fi})] + V_{Csi}(a_{Csi}^{\mu} + a_{Lsi}^{1-\mu} + a_{Fsi}^{1-\mu}) - \frac{1}{2}a_{Ci}^2 \tag{9}$$

$$\text{S. t. (IR) } V_{Lgi}[S_{0Li} + (1 + \lambda_{Li})(a_{Cgi}^{\mu} + a_{Lgi}^{1-\mu} + a_{Fgi}^{1-\mu})] + V_{Lsi}(a_{Csi}^{\mu} + a_{Lsi}^{1-\mu} + a_{Fsi}^{1-\mu}) - \frac{1}{2}a_{Li}^2 \geqslant \tilde{\omega}_{Li} \tag{10}$$

$$V_{Fgi}[S_{0Fi} + (1 + \lambda_{Fi})(a_{Cgi}^{\mu} + a_{Lgi}^{1-\mu} + a_{Fgi}^{1-\mu})] + V_{Fsi}(a_{Csi}^{\mu} + a_{Lsi}^{1-\mu} + a_{Fsi}^{1-\mu}) - \frac{1}{2}a_{Fi}^2 \geqslant \tilde{\omega}_{Fi} \tag{11}$$

$$\text{(IC) } \arg\max V_{Lgi}[S_{0Li} + (1 + \lambda_{Li})(a_{Cgi}^{\mu} + a_{Lgi}^{1-\mu} + a_{Fgi}^{1-\mu})] + V_{Lsi}(a_{Csi}^{\mu} + a_{Lsi}^{1-\mu} + a_{Fsi}^{1-\mu}) - \frac{1}{2}a_{Li}^2 \tag{12}$$

$$\arg\max V_{Fgi}[S_{0Fi} + (1 + \lambda_{Fi})(a_{Cgi}^{\mu} + a_{Lgi}^{1-\mu} + a_{Fgi}^{1-\mu})] + V_{Fsi}(a_{Csi}^{\mu} + a_{Lsi}^{1-\mu} + a_{Fsi}^{1-\mu}) - \frac{1}{2}a_{Fi}^2 \tag{13}$$

在发展阶段，定额补贴方式下的最优化问题可以模型化为

$$\max_{a_{Lg3},a_{Ls3}} V_{Lg3}(a_{Cg3}^{\mu} + a_{Lg3}^{1-\mu} + a_{Fg3}^{1-\mu} + S_{L3}) + V_{Ls3}(a_{Cs3}^{\mu} + a_{Ls3}^{1-\mu} + a_{Fs3}^{1-\mu}) - \frac{1}{2}a_{L3}^2 \tag{14}$$

$$\max_{a_{Fg3},a_{Fs3}} V_{Fg3}(a_{Cg3}^{\mu} + a_{Lg3}^{1-\mu} + a_{Fg3}^{1-\mu} + S_{F3}) + V_{Fs3}(a_{Cg3}^{\mu} + a_{Ls3}^{1-\mu} + a_{Fs3}^{1-\mu}) - \frac{1}{2}a_{F3}^2 \tag{15}$$

$$\text{S. t. (IR) } V_{cg3}(a_{Cg3}^{\mu} + a_{Lg3}^{1-\mu} + a_{Fg3}^{1-\mu} - S_{L3} - S_{F3}) + V_{Cs3}(a_{C3}^{\mu} + a_{Ls3}^{1-\mu} + a_{Fs3}^{1-\mu}) - \frac{1}{2}a_{C3}^2 \geqslant \tilde{\omega}_{C3} \tag{16}$$

$$\text{(IC) } \arg\max V_{cg3}(a_{Cg3}^{\mu} + a_{Lg3}^{1-\mu} + a_{Fg3}^{1-\mu} - S_{L3} - S_{F3}) + V_{Cs3}(a_{Cs3}^{\mu} + a_{Ls3}^{1-\mu} + a_{Fs3}^{1-\mu}) - \frac{1}{2}a_{C3}^2 \tag{17}$$

分成补贴下的最优化问题可以模型化为

$$\max_{a_{LG3},a_{Ls3}} V_{Lg3}[S_{0L3} + (1 + \lambda_{L3})(a_{Cg3}^{\mu} + a_{Lg3}^{1-\mu} + a_{Fg3}^{1-\mu})] + V_{Ls3}(a_{Cs3}^{\mu} + a_{Ls3}^{1-\mu} + a_{Fs3}^{1-\mu}) - \frac{1}{2}a_{L3}^2 \tag{18}$$

$$\max_{a_{FG3},a_{Fs3}} V_{Fg3}[S_{0F3}+(1+\lambda_{F3})(a_{Cg3}^{\mu}+a_{Lg3}^{1-\mu}+a_{Fg3}^{1-\mu})]+V_{Fs3}(a_{Cs3}^{\mu}+a_{Ls3}^{1-\mu}+a_{Fs3}^{1-\mu})-\frac{1}{2}a_{F3}^{2} \tag{19}$$

$$\text{s. t. (IC) } V_{cg3}[(1-\lambda_{L3}-\lambda_{F3})(a_{Cg3}^{\mu}+a_{Lg3}^{1-\mu}+a_{Fg3}^{1-\mu})-(S_{L3}+S_{F3})] + V_{Cs3}(a_{Cs3}^{\mu}+a_{Ls3}^{1-\mu}+a_{Fs3}^{1-\mu})-\frac{1}{2}a_{C3}^{2}\geqslant \tilde{\omega}_{C3} \tag{20}$$

$$\text{(IR) } \arg\max V_{cg3}[(1-\lambda_{L3}-\lambda_{F3})(a_{Cg3}^{\mu}+a_{Lg3}^{1-\mu}+a_{Fg3}^{1-\mu})-(S_{L3}+S_{F3})] + V_{Cs3}(a_{Cs3}^{\mu}+a_{Ls3}^{1-\mu}+a_{Fs3}^{1-\mu})-\frac{1}{2}a_{C3}^{2} \tag{21}$$

上述模型中，ω_{ki}（k =C，L，F，i =1，2，3）分别表示 k 主体在退还阶段、管护阶段与发展阶段的保留效用。

通过求解上述模型①，有命题一：

命题一：在退还阶段，采用分成补贴较之于一次性补贴，地方政府与农户的最优努力都上升了，中央政府的最优努力不受影响；在管护阶段，采用分成补贴较之于一次性定额补贴，地方政府与农户的最优努力均增加了，中央政府的最优努力不受影响。在发展阶段，采用分成补贴方式较之于一次性补贴方式下，中央政府的最优努力减少了，而地方政府与农户的最优努力增加了。

在退还与管护阶段，采用分成式补贴较之于一次性补贴，由于农户与地方政府的生态物品努力得到了最优激励，从而努力增加；而对于中央政府而言，由于努力相对重要性程度较低，通过适当的合约安排，补贴金额保持不变，从而努力可以不受影响。在退耕还林工程的发展阶段，由于中央在建设中的地位最为重要，并且处于生态目标又要进行补贴，在这样的情况下，采取定额补贴对于中央政府可以达到激励优化；而对于地方政府与农户而言，由于努力的重要性下降，由此尽管采取分成补贴有助于努力增加，但并不能成为补贴方式选择的主导因素。

5.2 最优努力与生态物品效用系数、重要性及分成比例

由各阶段最优努力的表达式，有推论一。

推论一 在工程各阶段中，中央政府、地方政府与农户的最优努力均与各自的生态物品效用系数正相关，与各自的相对重要性正相关；地方政府与农户的最优努力与分成比例正相关。

推论一对于各主体在合作生产中的最优努力影响因素进行了明确。生态物品效用系数代表了各主体在合作建设中对于生态物品的偏好程度，由主体对于生态重要性的认识以及补贴程度等因素共同影响。系数越大，主体的努力动机越强，从而努力越大。相对重要性因子代表了在合作体中的重要程度，提高这一因子，同样对于主体的努力起到正相激励作用。同样，分成比例代表了农户与地方政府的生态努力在合作生产中的分配份额，提高分成比有助于激励农户与地方政府努力的增加。

5.3 合约的结构以及选择的标准

通过对于各阶段主体效用的比较，有命题二。

命题二：在退耕还林工程补贴合约的选择中，影响因素主要有地方政府与农户对于生态物品的效用系数、支付额及分成比等。

(1)在退还阶段，地方政府以及农户在分成补贴下的效用大于在定额补贴下的效用。对于地方政府以及农户要求

$$S_{L1}-S_{OL1}\leqslant \lambda_{L1}+\frac{1}{2}\lambda_{L1}\cdot V_{Lg1}(2+\lambda_{L1})+V_{Fg1}(\lambda_{L1}+\lambda_{L1}\cdot\lambda_{F1}+\lambda_{F1}) \tag{22}$$

$$S_{F1}-S_{OF1}\leqslant \lambda_{F1}+\frac{1}{2}\lambda_{F1}\cdot V_{Fg1}(2+\lambda_{F1})+V_{Lg1}(\lambda_{F1}+\lambda_{F1}\cdot\lambda_{L1}+\lambda_{L1}) \tag{23}$$

(2)在发展阶段，中央政府在定额补贴下的效用大于分成补贴下的效用。对于中央政府要求

① 为了论述上的方便，文中省去了演算过程，需要的读者可发邮件至 nieqiang2007@163.com。

$$(S_{I3}-S_{OI3})+(S_{F3}-S_{OfB})\leqslant\frac{1}{2}V_{Cg3}[1-(1-\lambda_{I3}-\lambda_{F3})^2] \tag{24}$$

命题二对于合约结构的设置给出了数学表示。命题一从主体最优努力的角度对于补贴方式进行了比较。然而，主体在不同补贴方式下的效用却是影响补贴方式选择的最主要的原因。在不同补贴方式下，命题二对于退还与发展阶段主导组织的效用进行了比较，从而对于命题一中的补贴方式进一步进行了明确。在工程全过程中，由于要适当调整补贴方式，而对于中央而言，这种转换需要一个客观的标准。命题二对于各阶段的相对主导一方的合约结构选择给出了公式化的描述，为中央补贴标准的确定以及补贴方式转换确立了一个标准。

5.4 最优努力时间点与补贴方式及其他因素

通过对于退耕还林中期阶段最优努力表达式进行分析，有推论二。

推论一：在管护阶段，分成补贴较之于一次性补贴，地方政府与农户达到最大努力的时间提前了，中央政府达到最大努力的时间不受影响。中央政府、地方政府与农户达到最大努力的时间点与各自努力的变化程度负相关；中央政府达到最优努力的时间点，与初期经济物品努力所占份额正相关，而地方政府与农户的这一关系负相关；分成补贴方式下，农户与地方政府达到最优努力的时间点与分成比成负相关；中央政府达到最优努力的时间点，与合作生产效用结构中的经济物品效用系数负相关，地方政府与农户则正相关。

推论二：对于管护阶段的最优努力时间点给出了刻画。由于管护阶段是退耕还林工程中较长的一个时期段，并且是林木由种植后到成型的最为关键的阶段，因此在该阶段各主体的努力分配以及变动就显得较为重要。命题表明，地方政府与农户达到最优努力的时间点既是主体自身偏好的结果，也可以通过有关政策变量加以调节。从而，要达到管护阶段的目标，可以调节有关变量。从推论二的有关结论中，可以为在管护阶段调整主体的努力进度以及努力分配提供基础。

6 结论与政策建议

以退耕还林工程为代表的生态建设，是一个中央、地方与民众的长期互动过程。作为社会理性代表者的中央政府，能否以补贴的方式，引导地方与民众形成生态建设的长效机制，是生态建设成败的关键。本章建立了一个合作生产模型，试图反映补贴方式对于生态建设努力分配的影响。通过分阶段的分析与讨论，可以得出如下结论：

第一，引入分成式补贴，并适时转变补贴方式，有助于引导三方的努力符合生态经济规律。综合三方生态重建中的属性以及重要性可知，在前期建设阶段，分成补贴的分配方式是较优的选择；在工程中期阶段，前一部分分成补贴较优，后一部分一次性补贴较优。与工程的前一阶段相比，中央政府对于定额补贴的偏好进一步增强，而地方政府与农户则逐渐偏好于分成补贴方式；在工程后期阶段，定额补贴是较优的选择。

第二，补贴标准的确定与主导方的生态物品效用系数等有重要关系。通过两种补贴方式比较，命题为补贴契约的转换确立了量的标准。在不同阶段中，这一转换标准与主导方的生态物品效用系数有着重要的关系。由此，在采取分成补贴，确立了初期补贴额以及分成比之后，定额补贴就有了一个客观的量化标准。这为现行的退耕还林补贴额度确定提供了思路。

第三，生态物品的效用系数，与三方的努力具有正相关关系。生态物品效用系数的提高，有助于主体生态性努力的增加，即各阶段主导方的努力的增加。同时，由生态物品效用系数衍生而来的总效用系数结构，作为反映三方生态偏好的逆向指标，与主导方的最优努力负相关，而与非主导方的最优努力正相关。

第四，非主导方相对重要性的提高，可以增加其努力程度。在前期建设阶段，增强中央的相对重要性，其努力会增加；而在后期建设阶段，增强地方政府与农户的相对重要性，可以提高其生态性努力。在采取分成式补贴时，三方的努力与各自的分成份额正相关。

第五，在整个生态建设过程中，中央、地方政府与农户达到最优努力的时间长短，与努力变化率负相关，与起初的努力份额正相关。而就总效用系数结构而言，地方政府与农户达到最优努力的时间正相关，而中央政府相反。

本文给出了三方对于补贴方式选择的规律，并指出合约结构的设置与生态物品的效用系数、支付额、分成比等有直接关系。对于三方在生态建设中的相对重要性因子、生态物品的效用系数、经济物品的效用系数等的讨论中，本文还得到了一系列结论，对于生态建设的公共政策具有一定的指导意义。模型的结论在一定意义上符合现实，支持了模型的有效性。同时，尽管本文的主要思想来源于退耕还林工程，但对于生态重建却有着一定的其他工程措施。但在模型对于地方政府的分析、以及模型的可解性方面，还需进一步研究。

结合上文分析以及调研情况，本文提出如下政策建议：

第一，适时调整补贴方式，通过生态购买、定额补助的转换，建立生态重建的长效激励机制。

第二，组建林木收购公司，推行生态购买，以市场化机制解决生态建设前期地方政府与农户的激励不足问题。林木收购公司，可以以股份制的形式构建，国有股占优势地位，引导社会资金进入并实施社会化的监督。

第三，引入生态补偿机制，对还林工程补偿期满后的生态林进行补偿。

第四，培育活立木市场，让农户以及地方政府在造林上的努力通过市场机制得以显现，从而提高生态林木的市场价值以及预期，解决政府监督成本过高以及持续努力不足的问题。

第五，大力开展生态环境建设宣传，提高各主体的生态意识，提高生态价值的认识。

参考文献

[1]国务院发展研究中心退耕还林还草课题组．关于甘肃、内蒙古两省(区)退耕还林还草问题的考察报告[J]．中国农村经济，2001(9)：40－45.

[2]国家林业局退耕还林管理办公室调研组．关于退耕还林试点情况的调研报告[A]．见：周生贤主编．中国可持续发展林业战略研究调研报告(上)[C]．北京：中国林业出版社，2002，62－66.

[3]陶然，徐志刚，徐晋涛．退耕还林，粮食政策与可持续发展[J]．中国社会科学，2004(6)：25－38.

[4]延军平等．中国西北生态建设与制度创新[M]．北京：中国社会科学出版社，2004.

[5]胡霞．退耕还林还草政策实施后农村经济结构的变化——对宁夏南部山区的实证分析[J]．中国农村经济，2005(5)：63－70.

[6]王小龙．退耕还林：私人承包与政府规制[J]．经济研究，2004(4)：107－116.

[7]鲁若愚，傅家骥，王念星．校企合作创新的属性演化及对分配方式的影响[J]．中国软科学，2003(10)：153－160.

[8]张维迎．企业的企业家——契约理论[M]．上海：上海三联书店、上海人民出版社，1995.

[9]Shoemaker R. Agricultural Land Values and Rents under the Conservation Reserve Program [J]. Land Economics, 1989, 65, (2): 131－137.

[10]Young D L, Walker D J, Kanjo P L. Cost Effectiveness and Equity Aspects of Soil Conservation Programs in a highly Erodible Region [J]. American Journal of Agricultural Economics, 1991, 73, (4): 1053－1062.

[11]Smith R B W. The Conservation Reserve Program as a Least Cost Land Retirement Mechanism [J]. American Journal of Agricultural Economics, 1995 (77): 93－105.

[12]Siegel P B, Johnson T G. Break－Even Analysis of the Conservation Reserve Program: The Virginia Case [J]. Land Economics, 1991; 67, (4): 447－461.

[13]Ribaudo M O. Targeting the Conservation Reserve Program to Maximize Water Quality Benefits [J]. Land Economics, 1989, 65, (4): 320－322.

[14]Plantinga A J, Alig R, Cheng H T. The Supply of Land for Conservation Uses: Evidence from the Conservation Reserve Program [J]. Resources, Conservation and Recycling, 2001, 31: 128－145.

[15]Cooper J C, Osborn C T. The Effect of Rental Rates on the Extension of Conservation Reserve Program Contracts [M]. American Journal of Agricultural Economics, 1998, 80: 184－194.

[16]Benítez P C. et al. Conservation Payments under Risk: A Stochastic Dominance Approach [J]. American Journal of Agricultural Economics, 2006, 88, (1): 1－15.

最适退耕还林补贴标准研究

于金娜　姚顺波

（西北农林科技大学）

摘　要：本文基于已有的关于退耕还林补贴标准的研究，来思考现有我国退耕还林政策的最佳的退耕年限与补贴额度，使其能够激励退耕户坚持退耕还林政策，同时满足社会效益最大化，使政府政策能得以顺利进行，使整个生态系统能保持可持续发展，经过分析得到了进行退耕还林年限及退耕还林补贴标准的模型。并用陕西省常见的退耕树种刺槐为例进行实证模拟，得到最佳退耕还林补贴年限为41年，补贴标准的原则是每年给予退耕补贴每公顷3491.46元，在这样的退耕年限和补贴标准下可以得到最优的社会效益与个人效益。

关键词：退耕还林；补贴标准；退耕年限

1　前言

1.1　森林的重要功能

森林是陆地生态系统的主体，这些生态系统包括水土保持、防风和控制沙漠化，保护水源，改良环境和净化大气等等(Zhou Jinxing et al. 2007)。《中华人民共和国森林法》第八条规定“国家设立森林生态效益补偿基金，用于提供生态效益的防护林的特种用途林的森林、林木的营造、抚育、保护和管理。森林生态效益补偿基金必须专款专用，不得挪作他用。”(中华人民共和国中央人民政府，2005)此规定为中国建立完善的森林生态效益补偿体系提供了法律要义(Zhou Jinxing et al.，2007)。

1.2　研究目的

现行的生态补偿方式主要有：政策补偿、资金补偿、实物补偿、技术补偿、教育补偿等，我国目前实施的生态补偿形式主要有四种(杜群，2005)。

①政策补偿，即中央政府对省级政府，省级政府对市级政府的权力和机会补偿。受补偿者在权限范围内，利用制订政策的优先权和优惠待遇，制订一系列创新性的政策，促进发展并筹集资金。利用制度资源和政策资源进行补偿十分重要，尤其在资金十分匮乏，经济十分薄弱情形中更为重要，“给政策，就是一种补偿”。②资金补偿，这是最常见的补偿，也是受补偿者最迫切的补偿需求。资金补偿常见的形式有补偿金、赠款、减免税收、退税、信用担保的贷款、补贴、财政转移支付、贴息和加速折旧等。③实物补偿，即对补偿者运用物质、劳力和土地等进行补偿，解决受补偿者部分的生产要素和生活要素，改善受补偿者的生活状况，增强生产能力。④智力补偿，即对补偿者开展智力服务，提供无偿技术咨询和指导，培养受补偿地区或群体的技术人才和管理人才，输送各类专业人才，提高受补偿者生产技能、技术含量和管理组织水平(杜群，2005)。

但考虑到补偿接受方的便利，以资金补偿最为灵活方便，最受欢迎(汪锦辉，2007)。现有的退耕地还林就是实行资金补偿，其补助标准为：黄河和海河流域每亩退耕地每年200斤，长江和淮河流域每亩退耕地每年300斤。补助粮食一般为小麦原粮，不同地区确需调整粮食供应品种的由省政府确定，补助粮食必须达到国家规定的质量标准。补助年限：还草补助 2 年，用材林补助 5 年，生态林补助暂按 8 年计算。每亩退耕地每年补助现金 20 元。补助年限和粮食补助相同。每亩一次性补助种苗和造林费 50 元。宜林荒山荒地、荒滩、荒沙造林补助标准，只补助种苗和造林费，每亩一次性补助 50 元。并且对应税耕地，自退耕之年起，不再征收农业税①。

《退耕还林条例》第二十三条中"退耕土地还林营造的生态林面积，以县为单位核算，不得低于退耕土地还林面积的 80%。退耕还林营造的生态林，由县级以上地方人民政府林业行政主管部门根据国务院林业行政主管部门制定的标准认定。"(中华人民共和国国务院令，2002) 退耕还林者按照国家有关规定享受税收优惠，其中退耕还林(草)所取得的农业特产收入，依照国家规定免征农业特产税。

而退耕还林实施的奖励年限、奖励额度、是否合理，该政策能否可持续，并能达到政策设计效果呢？学术界对此作了长期探索。

1.3 国内研究综述

林国庆等(2005)将森林的碳吸存引入森林的外部收益计算中，从理论和实证模拟的角度出发，以达到碳吸存最大化的前提下分析研究造林树种为杉木时的奖励金。

王磊(2009)从产权的角度进行分析，从理论上找到了符合理性人假设的，达到政府所追求的社会效益和农民所追求的私人效益最大化的一致的平衡点，但考虑到理论上的补偿标准在现实中的不可操作性，又从实际测算出发，以退耕标准最后达到能充分合理并且充分激励农民提供社会所需数量的退耕地为依据，同时结合产权定价理论，对于退耕还生态林和用材林分别进行了补偿标准的测算，并从理论上论述了两大类不同退耕林的补偿期限。

黄富祥等人(2002)认为退耕还林还草过程中，补偿标准以及补偿标准的确定方法等，是经济补偿理论研究必须解决的核心问题之一，并概括了一般补偿标准的研究思路：其一是采取经济学中通常用来确定商品价格的方法，计算退耕还林还草生态效益的经济价值，从而确定购买这些生态效益支付的补偿标准；其二是估算农民在退耕还林还草过程中蒙受的直接经济损失，据此进行补偿；其三是利用经济学原理和方法进行估算，例如效用外溢补偿，结构性调整补偿等计算方法(欧名豪等，2000)，但是，由于经济补偿涉及社会—经济—自然等多个方面，不仅与有形的经济实体联系在一起，而且还包含了许多难以度量的社会人文因素，因此，要利用已有的经济学方法确定合理的补偿标准，存在着现实的困难，因此仅从理论的角度出发，对补偿标准和补偿年限的确定进行初步探讨(黄富祥等，2002)。

而王继军等(2004)对退耕还林过程中，黄土丘壑区农业发展建设水土保持型生态农业的研究，得出经过生态系统起始恢复、生态系统稳定发展与生态经济系统良性循环三个阶段，至少 15 年，甚至是 25 年，并以陕西省吴起县为例进行了案例分析。

基于中国和其他国家关于生态效益补偿现状的分析，Zhou Jinxing et al. (2007) 讨论了建立林业生态效益补偿机制与相应补偿标准的必要性、原则和方法，其目的是为进一步完善中国的林业生态工程效益的补偿机制提供了科学依据。建立林业生态效益补偿机制不仅仅能提供稳定的管理和保护林业资源资金来源，而且能够从根本上解决公益林生态工程结构的动力和机制问题，为中国林业和生态结构建立一个广泛而深刻的影响。

目前，国内主要的关于生态补偿标准的核算方法及结果，冯艳芬(2009)对其进行了归类总结：从生态建设成本角度计算补偿标准、从生态效益角度计算补偿标准、从生态建设成本与生态效益相结合角度计算补偿标准、从支付意愿的角度，应用 CVM 法计算生态补偿标准等。现阶段对生态补偿标准的核算方法主要有机会成本法、市场价格法、影子价格法、碳税法、重置成本法等以直接市场技术为主的核算方法(赵军和杨凯，2007)，尽管非市场价值法(如 CVM)在国内逐渐开展并成为生态补偿标准核算的一种重要方法，但在具体理论与方法上尚未形成突破，其他一些评价方法(如旅行费用法、生态足迹法等)仅见于个别案例，认可程度还有待提高(冯艳芬，2009)。

---

① 中国最早的退耕是从 1999 年开始在一些地方实施的，但全国农村是从 2004 年中央一号文件出台后，才开始免除了农民交纳农业税。

赵军(2007)综述了我国生态系统服务价值评估研究的发展并预测了其发展趋势：第一阶段为20世纪80年代至90年代中期，主要以生产率变动法为主的直接市场法进行环境污染/生态破坏的损失评价；第二阶段为20世纪至今，以各种方法综合运用的直接市场法进行大尺度/区域生态系统服务价值评估；第三阶段未来近期内，以直接市场法兼及非市场评价方法进行了重要/单个生态系统服务价值评估，过度到直接市场法与非市场评价方法的混合使用的中尺度单个生态系统重要服务功能价值评估；第四阶段未来远期内，则以条件价值法为主的非市场评价法为主，进行生物多样性和物种保护的价值评估。按此综述，可以看出，生态系统服务价值评估方法将按此发展思路进行逐步完善与发展。

1.4 生态效益评价方法综述

就实际操作而言，我国的退耕还林还草工程，现有的补偿是以经济价值为补偿标准的，(黄河和李永宁，2004)但从理论上而言，利用生态效益作为补偿的依据是可行的，且已有学者们对中国退耕还林还草工程的补偿标准与补偿年限进行了研究，总结起来，补偿标准与补偿年限的研究逐步开始重视将生态效益引入核算中，也有从其他角度如产权角度来进行相关分析的，但基本均采用机会成本作为核算的基础方法，差别只是在于核算机会成本采用的视角不同而已，这样核算的结果自然有差异，且最终算出合理的补偿标准与年限的研究占少数。尤其是退耕还林补偿标准与年限的研究中，关于退耕还林的生态效益如何进行核算，进而计入机会成本中，仍未有统一的认知和普遍的方法标准。而本文则参考已有的关于林业生态效益补偿的研究，试图从森林的碳汇角度入手，将此作为森林的外部效益引入退耕还林标准的核算中，从政府的角度出发，对现今的退耕还林还草政策的有效性以及最合理的退耕还林标准及补偿年限进行了初步的探讨。

2 退耕还林补贴标准

借鉴台湾学者柳婉郁(2005)关于最适造林奖励金的研究方法，进行中国退耕还林工程最适补贴标准的研究。从政府制定政策的视角出发，假设政府制定退耕还林政策是以追求社会效益最大化作为政策目标，即该政策的制定是为了使森林发挥最大效益，此处森林的最大效益既包括内部效益也包括外部效益，并求出在此最大效益下的最佳退耕年限，进而在政策有效的前提下决定政府支出最小的补贴金额分配，以引导退耕户的伐木决策能与社会最适退耕年限一致，以达到社会效益最大化。

2.1 造林效益最大化条件下的最适退耕年限

退耕还林营造的生态林，由县级以上地方人民政府林业行政主管部门根据国务院林业行政主管部门制定的标准认定。退耕还林是将有坡度的农地用来造林，该类型的农地不管是用来种植农作物还是用来造林，其立地条件都相对比较差。如果退耕后所造林为生态林，林地的经济收入采用机会成本的方法，用当地的耕地种植农作物的收入或耕地用于林地的经济租金中值较大的一项来表示；如果退耕后所造林为用材林，则林地的经济收入有两部分组成，一部分为用材林的收入，另一部分同样是耕地用来种植农作物的收入或者耕地用于林地的经济租金收入中值较大的一项。仍采用最大林地期望值退耕年限的公式，假定在持续经营的前提下，林分经过不断的间伐进行更新，用各项收入的现值进行公式计算，参考Faustmann model如下所示：

Maximize

$$
\begin{aligned}
LEV &= \pi(t) + \pi(t)e^{-rt} + \pi(t)e^{-2rt} + \cdots + Y(t) \\
&= \frac{\left\{\dfrac{p(t)f(t)}{e^{rt}} - s\left(\dfrac{1-\dfrac{1}{e^{rt}}}{\left(1-\dfrac{1}{e^{r}}\right)e^{r}}\right) - C\right\}}{1-e^{-rt}} + \left(\frac{\int_0^t F(n)e^{-rn}\mathrm{d}n}{1-e^{-rt}}\right) \\
&= \frac{p(t)f(t) - Ce^{rt}}{e^{rt}-1} - \frac{s}{e^{r}-1} + \left(\frac{\int_0^t F(n)e^{-rn}\mathrm{d}n}{1-e^{-rt}}\right) \qquad (1)
\end{aligned}
$$

如果退耕后所造林为生态林，则 $\pi(t)$ 表示 t 年退耕年限的总利润，$Y(t)$ 表示所造生态林在 t 年提供的非市场价值，$p(t)$ 为林龄为 t 年时单位木材价格函数，$f(t)$ 为林分在林龄为 t 年时的收获函数，s 为每年的管护费(元)，C 为期初造林费用，r 为年折现率，$F(n)>0$ 表示在时间 n 年时，保留林木不砍伐所能获得的外部收益(非市场价值)，$\int_0^t F(n)e^{-rn}\mathrm{d}n$ 表示由林龄0到 t 年林木累积所产生的外部收益的折现值；若退耕后所造林为用材林，公式稍与(1)式不同，如下所示：

Maximize

$$LEV = \pi(t) + \pi(t)e^{-rt} + \pi(t)e^{-2rt} + \cdots + Y(t) + I(t) + E$$

$$= \frac{\left\{\dfrac{p(t)f(t)}{e^{rt}} - s\left(\dfrac{1-\dfrac{1}{e^{rt}}}{(1-\dfrac{1}{e^{r}})e^{r}}\right) - C\right\}}{1-e^{-rt}} + \left(\frac{\int_0^t F(n)e^{-rn}\mathrm{d}n}{1-e^{-rt}}\right) + \sum_{i=1}^{u}\frac{A_i}{(1+r)^i}$$

$$= \frac{p(t)f(t) - Ce^{rt}}{e^{rt}-1} - \frac{s}{e^{r}-1} + \left(\frac{\int_0^t F(n)e^{-rn}\mathrm{d}n}{1-e^{-rt}}\right) + \sum_{i=1}^{u}\frac{A_i}{(1+r)^i} \tag{2}$$

其中相同符号的涵义同上，而 E 则表示所造用材林在收益期内所生产的果类、药材、茶叶或者坚果等私有产品的经济价值，A_i 表示未来第 i 年的纯收益值，u 为用材林产生收益的年限。由于用材林寿命有限，按照资产评估的基本理论，应采用有限期的收益法，通过预测有限期内各年的纯收益额，以适当的折现率进行折现后求和获得，预期收益折现值之和即为用材林的经济价值评估值。

采用上式中的 E 来评估用材林资产的关键是确定未来每年的纯收益值，它等于用材林年产量与价格的乘积再扣除各项成本支出。在资产评估中，未来各年的价格与成本的取值均以同一时点为准，这一时点通常称为评估基准日。因此，未来各年的纯收益取决于产量，而产量是一个随机变量。受许多不确定因素的影响，是树种的生物学特性、年龄、立地、气候、经营管理等因素综合作用的结果，在现有的技术条件下还很难准确预估用材林的未来产量，尤其是预估年数越长准确度越低。正因为如此，上式中 E 在实际应用时尚有一定的局限性。笔者认为，解决的办法是对未来各年的纯收益取定值，即根据历年的产量资料求出平均年产量，从而获得年均纯收益，据此即可按上式 E 对用材林资产进行计算。考虑到上式在计算上较为繁琐，以下给出简便的计算公式。(谢德新，2006)

假定在经营期年 u 内，用材林的年均货币纯收益为 Z_u，资金发生在年末，则每年的 Z_u 现值合计即为用材林资产评估值：(谢德新，2006)

$$E = \frac{Z_u}{r}[1-(1+r)^{-u}] \tag{3}$$

此即本文所采用的用材林资产评估方法的计算公式，该式简单直观，计算容易，便于应用。并且考虑到实际情况，可将 Z_u 用年产量 q、平均价格 p、年成本 $\overline{C}$(包括除草、施肥、修剪、农药，化肥、机械设备及柴油等支出)以及土地租金 $\overline{r}$ 来表示为：

$$Z_u = q \times p - \overline{C} - \overline{r} \tag{4}$$

于是(2)式可以表示为：

Maximize

$$LEV = \pi(t) + \pi(t)e^{-rt} + \pi(t)e^{-2rt} + \cdots + Y(t) + I(t) + E$$

$$= \frac{\left\{\dfrac{p(t)f(t)}{e^{rt}} - s\left(\dfrac{1-\dfrac{1}{e^{rt}}}{(1-\dfrac{1}{e^{r}})e^{r}}\right) - C\right\}}{1-e^{-rt}} + \left(\frac{\int_0^t F(n)e^{-rn}\mathrm{d}n}{1-e^{-rt}}\right) + \sum_{i=1}^{u}\frac{A_i}{(1+r)^i}$$

$$= \frac{p(t)f(t) - Ce^{rt}}{e^{rt}-1} - \frac{s}{e^{r}-1} + \left(\frac{\int_0^t F(n)e^{-rn}\mathrm{d}n}{1-e^{-rt}}\right) + \sum_{i=1}^{u}\frac{A_i}{(1+r)^i}$$

$$= \frac{p(t)f(t) - Ce^{rt}}{e^{rt} - 1} - \frac{s}{e^{r} - 1} + \left(\frac{\int_0^t F(n)e^{-rn}\mathrm{d}n}{1 - e^{-rt}}\right) + \frac{q \times p - \bar{C} - \bar{r}}{r}[1 - (^1 + r) - u] \tag{5}$$

2.2 退耕户退耕还林决策行为模式

研究退耕还林最适宜的补贴标准，首先要研究农民退耕还林行为决策，进而求出使政府财政支出最小的最佳补贴额。在此假设农户拥有单位面积土地，并且追求个人效用最大化来进行土地利用。假设土地利用决策为 d ，而决策 d 的效用与它的净现值成正比，并假定农户对所造林的偏好成中性，如：

$$\max_{d \in S_R} U(d) \equiv \max_{d \in S_R} NPV[CF(d)] \tag{6}$$

其中 U 表示退耕户的效用函数，S_R 表示退耕户的可行性决策集，$CF(d)$ 为决策 d 的各项现金流量。因为农户追求个人效用最大化，故必定选择 NPV 最大的决策。

本研究针对造林政策加以探讨，因此假设退耕户的可行决策集与土地利用方式有关系。土地利用方式可分为两种状态：保持退耕状态与砍伐林木用作他用，故假设退耕户的可行决策集为 $S_R = \{F, N\}$ ，其中 F 代表保持退耕状态，N 则表示砍伐林木，退耕户可根据外在条件的变化随时调整土地利用决策。

假设退耕户可在 n 个决策点作出 n 个决策结果，其决策结果为 $\{d_1, d_2, d_3, \cdots, d_n\}$ ，决策结果只有两种，不是 F 就是 N 。而由于每一期决策 F 和 N 的 NPV 均受到前一期决策的影响，故以符号 $d_{t-1} \to d_t$ 代表“在前一期为 d_{t-1} 的决策前提下，在第 t 期作出决策 d_t ”，其中 $d_t = F$ 或 N ，并且在任何时点 t ，退耕户都将选择使其 NPV 最大的决策。

假设退耕户在时点 t 砍伐树木进行复耕决策的净现金流量现值如：

$$NPV = (t \mid F \to N)$$

$$= \begin{cases} p(t)f(t) + \int_t^{T^*} \frac{R_{other}(x)}{e^{r(x-t)}}\mathrm{d}x + \int_t^{T^*} \frac{C_M(x)}{e^{r(t-x)}}\mathrm{d}x - \int_0^t G(x)e^{r(t-x)}\mathrm{d}x - C_H(t)\text{（生态林）} \\ p(t)f(t) + E(t) + \int_t^{T^*} \frac{R_{other}(x)}{e^{r(x-t)}}\mathrm{d}x + \int_t^{T^*} \frac{C_M(x)}{e^{r(t-x)}}\mathrm{d}x - \int_0^t G(x)e^{r(t-x)}\mathrm{d}x - C_H(t)\text{（经济林）} \end{cases} \tag{7}$$

其中 $NPV(t \mid F \to N)$ 表示退耕户在时点 t 进行林木砍伐决策的净现值，$p(t)$ 与 $f(t)$ 的含义同前，$E(t)$ 表示 t 时刻用材林的经济收益额，$R_{other}(x)$ 在时间 x 时的其他用途收益[例如，如果砍伐后用于种植农作物，则为 $R_{other}(x)$ 传统耕种所获净收益]，$C_M(x)$ 表示林木存在期间在时间 x 的造林成本与维护费用，$C_H(x)$ 在时间 x 时将林木砍伐所花费的砍伐成本，$G(x)$ 表示政府在时间 x 所提供的退耕还林补贴。式(7)中，退耕户砍伐退耕林木的净现值正项包括：在 t 时点砍伐木材之收入、未来 $[t, T^*]$ 时间区间内的造林成本在时点的价值、$[t, T^*]$ 时间区间内转为其他用途的收入在时点 t 的价值；净现值的负项包括在 t 时点的成本，以及在最适退耕年限内提前伐木而支付的惩罚费用，此费用为收回 $[0, t]$ 时间区间内所领取的退耕还林补贴并加息进行赔偿。

另外，退耕户在 t 时点继续保持退耕林的净现值如：

$$NPV = (t \mid F \to F) = \begin{cases} \int_t^{T^*} \frac{G(x)}{e^{r(x-t)}}\mathrm{d}x\text{（生态林）} \\ E(t) + \int_t^{T^*} \frac{G(x)}{e^{r(x-t)}}\mathrm{d}x\text{（经济林）} \end{cases} \tag{8}$$

由于政府提供的退耕还林补贴的时间区间为 $[0, T^*]$ ，又因木材价值在 T^* 之后的成长率明显小于 r ，故对于退耕户而言，合理的决策是在 T^* 时进行采伐，因此式(8)中的木材收益与采伐成本均发生在 T^* 时。

由上述，退耕户在决策退耕还林后，在任何一个时点均面临着林木砍伐与不砍伐的选择，其决策模式为：当退耕户在 t 时点伐木的净现值小于不伐木的净现值时，则退耕户不会选择砍伐，反之亦然；如：

$$H(t) = \begin{cases} 0, \text{如果 } NPV(t \mid F \to N) < NPV(t \mid F \to F) \\ 1, \text{如果 } NPV(t \mid F \to N) > NPV(t \mid F \to F) \end{cases} \tag{9}$$

式(9)中，$H(t)$ 为退耕林采伐与否的决策模型。$H(t) = 0$ 代表退耕户在 t 时点选择继续维持退耕林状态，而 $H(t) = 1$ 代表退耕户在 t 时点会做出砍伐退耕林的决策。

2.3　最适退耕还林补贴额度的确定模型

政府为了使退耕户决定的退耕年限等于社会最适退耕年限，必须提供足够的激励以达到政策的最终目标。对于退耕还林而言，现有的激励措施为对退耕还林户进行补偿(补贴粮食或者金额)，而政策最终表现为：有效与无效。如果在最适的退耕年限内每个时点皆保持退耕林而不采伐，则该政策目标达成，政策为有效，反之则为无效。假设社会最适退耕年限为 T^*，即政府的政策目标使退耕户在 T^* 年内不砍伐。政策有效与否则定义为式(10)：

$$V = \begin{cases} 0, 如果\ t < T^*, H(t) = 1 \\ 1, 如果\ t = T^*, H(t) = 1 \end{cases} \tag{10}$$

式(10)中当退耕户决定砍伐的时点 t 小于 T^*，表示政策无效，以 $V = 0$ 表示；若在 T^* 时砍伐，则表示政策有效，以 $V = 1$ 表示。

将政府最佳的政策手段定义为：在政府支出最小化的前提下，运用最适的退耕还林补贴来激发退耕户将退耕年限延长到最适的退耕年限，以达到造林总收益达到最大化。也就是说对于退耕还林补贴而言，满足政策有效的退耕还林补贴有无限多个解，而满足政策有效且使政府支出最小的退耕还林补贴即为最适退耕还林补贴。因此，以式(7)~(10)一系列式子为基础，退耕户在 T^* 砍伐的条件下，可以建立起最适退耕还林补贴确定的模型如式(11)：

$$\text{Minimize} \int_0^{T^*} G(x) e^{-rx} \mathrm{d}x$$

$$\text{Subject to } NPV(t \mid F \rightarrow N) \leqslant NPV(t \mid F \rightarrow F), \ \forall 0 < t < T^* \tag{11}$$

其中：

$NPV = (t \mid F \rightarrow F)$, $NPV = (t \mid F \rightarrow N)$ 的含义见式(7)(8)所示。

在式(11)中，由于退耕还林中，需要退耕还林的耕地是需要符合一定要求的，一般是要求坡度达到25度以上的坡耕地，才符合退耕还林的要求。因此政府在对这种土地进行造林奖励，只要确定了土地的机会成本，其最适退耕还林补贴计算用式(11)来进行即可。

3　实证模拟

陕西省自1999年实施退耕还林以来，植被覆盖处于快速上升趋势，成为中国退耕还林规模最大的省份。森林覆盖率由39.9%提高至37.26%，林木总蓄积量达3.6亿 m^3，年均输入黄河的泥沙量由原来的8.3亿吨减少至4亿吨(中国新闻网，2009)。本研究选取陕西省进行模型的模拟。陕北属于黄土高原沟壑区，陕北主要退耕还林树种是沙棘和刺槐。

3.1　木材成长收获函数

由高雪梅(2001)对渭北黄土高原六个主要研究区刺槐的理论研究中可得到理论上的模型如下所示：

最优林分优势高生长模型为：

$$H_u = SI(1 - e^{-C_2 A}/C_1)C_3 \tag{12}$$

最优林分平均高生长模型为：

$$H_p = 1.3 + C_1 H_u C_2 D^{C_3 H_u^{C_4}} \tag{13}$$

最优林分平均直径生长模型为：

$$D = C_1 H_p C_2 N^{-C_3 H_p^{C_4}} \tag{14}$$

最优林分断面积生长模型为：

$$\ln G = C_1 + C_2/A + C_3 \ln D/A + C_4 SI/A + C_5 \ln N \tag{15}$$

最优林分蓄积收获模型为：

$$\ln M = C_1 + C_2 \ln H_p + C_3 \ln G \tag{16}$$

M 为每公顷蓄积，G 为林分每公顷断面积，H_u 为林分优势高，H_p 为林分平均高，A 为林分年龄，SI 为地位指数，D 为林分平均胸径，N 为林分每公顷株数，C_i 为模型参数。

最终得到了陕西渭北黄土高原区刺槐人工林最优收获量如表 1 所示。

表 1　刺槐人工林最优收获量($SI = 10$)

年龄	胸径 (cm)	平均高 (m)	优势高 (m)	断面积 (m^2)	蓄积 (m^3)	平均生长量 (m^3)	连年生长量 (m^3)	生长率 (%)
2	1.5	2.2	3.2	0.93077	5.42590	2.71295	2.71295	100
4	3.1	4.1	5.3	3.44366	15.17225	3.79306	5.16435	41
6	4.4	5.6	7.0	6.20942	26.39130	4.39855	5.70498	24.2
8	5.4	6.8	8.3	8.66740	37.95019	4.74377	5.77658	16.5
10	6.1	7.8	9.5	10.69291	49.25669	4.92567	5.59702	12.0
12	6.7	8.7	10.5	12.31220	59.98973	4.99914	5.28171	9.2
14	7.1	9.4	11.3	13.59193	69.98300	4.99879	4.89792	7.3
16	7.5	10.0	12.1	14.60068	79.16338	4.94771	4.48655	5.8
18	7.8	10.5	12.7	45.39735	87.51494	4.86194	4.07275	4.8
20	8.1	10.9	13.3	16.02925	95.05671	4.75284	3.67178	3.9
22	8.3	11.3	13.8	16.53323	101.82843	4.62856	3.29262	3.3
24	8.4	11.7	14.2	16.89926	107.80302	4.49179	2.86176	2.7

注：表中数据参考高雪梅(2001)的研究成果。

根据表 1 的数据对林龄与蓄积量进行了相关分析，散点图如图 1 所示。

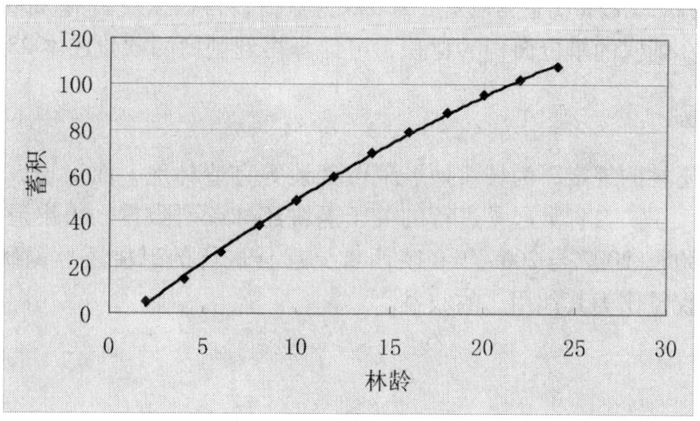

图 1　散点图

由散点图以及趋势图可以看出来，林龄和蓄积是呈现出二次曲线方程的关系，因此在此本文利用 SPSS13 来进行曲性模拟，得出以下公式：

$$f(t) = -9.424 - 0.071t^2 + 6.618t \tag{17}$$

其中，$R^2 = 1$，且 $F = 18210.080$ 在 1% 的置信度下通过显著性检验。

3.2　木材单位价格函数

根据刺槐的价格表(园林在线，2010)可以得出刺槐胸径与价格的关系如下：

$$p(d) = -112.243 + 19.533d$$

$$17.180^{**} \tag{18}$$

$R^2 = 0.993$，且 t 检验表明在 5% 的置信度下通过检验，故可用上式来表示直径与价格的关系，接着我们仍用高雪梅(2001)的数据，得到散点图图 2 所示，根据散点图与模拟的趋势图可以得到林龄与胸径的关系如下所示：

$$d = -0.318 + 0.001t^3 - 0.045t^2 + 1.018t \tag{19}$$

综上所述，可以得到林龄与刺槐价格的关系如下所示：

$$p(t) = -118.454494 + 0.019533t^3 - 0.878985t^2 + 19.884594t \tag{20}$$

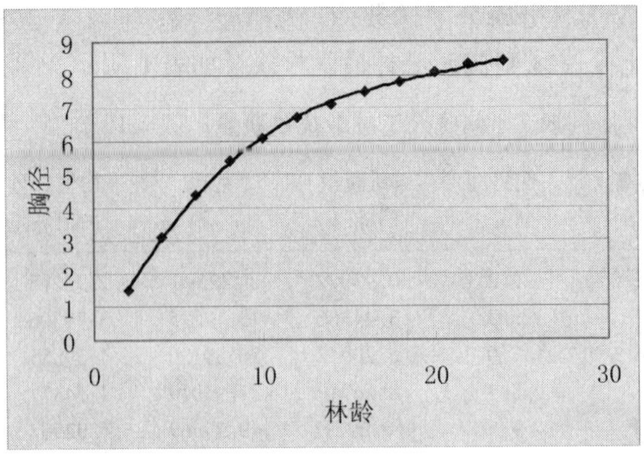

图2 关系图

3.3 造林成本与管理费用的估计

造林成本包括育苗成本、管护费等。党宏忠等(1997)对甘肃平凉泾川县不同林地资产的评估，考虑到平凉也属于黄土高原沟壑区且与陕西接壤，故在此借用泾川县刺槐第一年造林费 1047 元/hm^2，年抚育管理费 72.5 元/hm^2，除草成本如果按除草剂来除草计算，其成本为 305 元/hm^2(李秀全，2007)，若按每年除草两次，则总除草成本为 610 元/hm^2，并且在造林后的两年内均要进行除草(金华苗木，2007)。另外砍伐成本按 3.2 元/m^3(赵秀丽等，2005)为依据，再根据高雪梅(2007)对渭北黄土高原六个主要研究区刺槐的研究，刺槐的单位面积的材积，可计算得到刺槐的砍伐成本 280.05 元/hm^2。

3.4 其他用途的收益

退耕还林地按退耕还林的规定，为坡耕地、荒山荒地等宜造林地，而对于坡耕地而言，用于种植农作物的生产力是很低的，在陕西省吴起县进行的关于退耕还林调研数据，得出退耕地年均种植业收益为 3282.12 元/hm^2(根据 2005、2007 与 2009 年在陕西省吴起县进行的退耕还林调研数据整理而得)，在此以退耕地的农业种植纯收益作为其他用途的收益。

3.5 折现率之估计

根据《林业贷款中央财政贴息资金管理规定》的第四条"林业贷款中央财政贴息率根据中国人民银行规定的贷款利率变化情况适时调整。金融机构一年期贷款利率为 3%(含)~5%时，中央财政对地方单位和个人使用的林业贷款项目，按年利率 1.5%给予贴息。金融机构一年期贷款利率为 5%(含)~7%时，中央财政对地方单位和个人使用的林业贷款项目，按年利率 2%给予贴息。金融机构一年期贷款利率高于 7%(含)时，中央财政对地方单位和个人使用的林业贷款项目，按年利率 3%给予贴息。"(鄂尔多斯市造林总场，2008)因此，我们将折现率确定为 4%。

3.6 森林的外部效益的估计

参考高雪梅(2001)的数据，运用换算因子 BEF 法，来进行刺槐生物量的计算，生物量转换因子参考方精云等人(2001)的研究成果，得到刺槐的生物量计算公式 $y = 0.7564x + 8.3103$，各期的碳汇量等于各期生物量增量乘以碳转换系数(即单位生物量的含碳量)，估计碳汇量的关键是确定由生物量转换成碳汇量的转换系数，文中利用中国林业温室气体清单课题组的研究结果，确定为 0.5(林业活动温室气体清单编制专题年度进展报告，2002)。按世界银行生物碳基金的碳汇价格计算(经济参考报，2005)碳的价值，则相关结果如表 2 所示：

表2　刺槐在不同林龄下的碳汇量

年龄	生物量(m^3)	碳汇量(t)	碳汇价值(元)
0	8.1303	4.15515	290.8605
2	12.41445	6.207225	434.5058
4	19.78659	9.893295	692.5306
6	28.27268	14.13634	989.5438
8	37.01582	18.50791	1295.554
10	45.56806	22.78403	1594.882
12	53.68653	26.84327	1879.029
14	61.24544	30.62272	2143.59
16	68.18948	34.09474	2386.632
18	74.5066	37.2533	2607.731
20	80.2112	40.1056	2807.392
22	85.33332	42.66666	2986.666
24	89.8525	44.92625	3144.838

将林龄与碳汇量的关系用散点图表示如图3，用趋势线来进行模拟，其关系近似符合三次曲线的关系，故用SPSS软件来模拟模型。

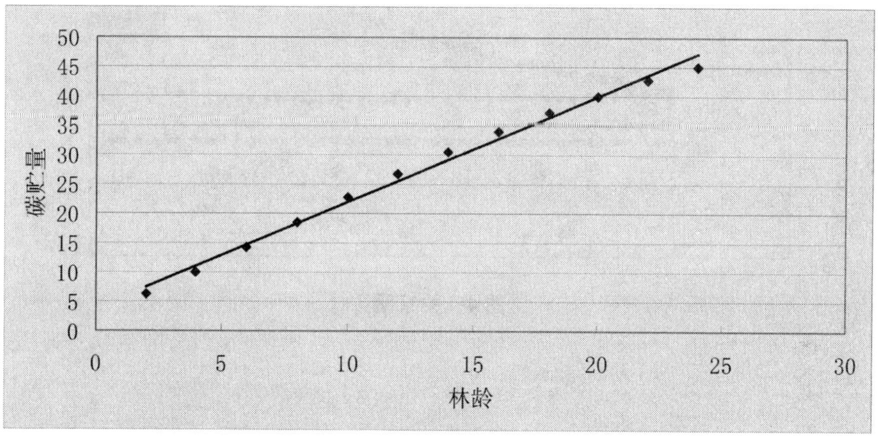

图3　林龄与碳汇量的关系

$$F(t) = 3.385 + 1.808t \qquad t > 0$$

其中 $R^2 = 0.99$，且 $F = 1122.321$ 在1%的置信度下通过显著性检验。

4　最适退耕年限的确定

由于刺槐是生态林，因此最适退耕年限的方程应该采用式(1)，其一阶条件的解为：

$$p'(t)f(t) + p(t)f'(t) = r\left(\frac{p(t)f(t) - C - \int_0^t F(n)e^{-rn}\mathrm{d}n}{(1 - e^{-rt})}\right) - F(t) \tag{21}$$

s 为72.5元/年·hm^2；r 为4%；C 为造林成本在期初的价值，包括第一年的成本1657元，第二年至第三年成本为610元，再折现至第0年则得到 C，其值为2696.15元；木材价格函数为 $p(t) = -118.454494 + 0.019533t^3 - 0.878985t^2 + 19.884594t$；木材收获函数 $f(t) = -9.424 - 0.071t^2 + 6.618t$；外部效益函数为 $F(t) = 3.385 + 1.808t$；将这些全部代入式(21)，可求得最适退耕年限为 $t = 41.2864$。

5　有效政策下的最适退耕还林补贴的确定

从上节的分析可得知，满足社会效益最大化及政策有效性前提下的最适退耕年限为41年，由前文分析可得国家退耕还林政策有效性的判断准则如下：

$$V = \begin{cases} 0, 如果\ t < 41H(t) = 1 \\ 1, 如果\ t = 41, H(t) = 1 \end{cases} \tag{22}$$

根据政策有效性的准则，考虑到刺槐为生态林，则在此运用式(11)的模型，为了简化计算，假设政府每年发放的补贴数额是一样的，然后将相关的方程全部代入式(11)，通过求解线性规划可得出以下结论：G＝3491.46 元/hm^2。

政府在41年内提供的退耕还林补贴额度的净现值为每公顷68957.02元，其中每年的退耕还林补贴标准为3491.46元/hm^2，这样便可保证在政策有效前提下达到最佳的退耕效果。如图4所示，如果按本文中所得出的补贴方式进行补贴，则可知每年的保持退耕还林政策要比复耕的净现值大，并且两者之间的差距呈现日趋增大的趋势。因此，按此方式进行退耕还林补贴，可以有效地激励农民保持退耕还林的成果。

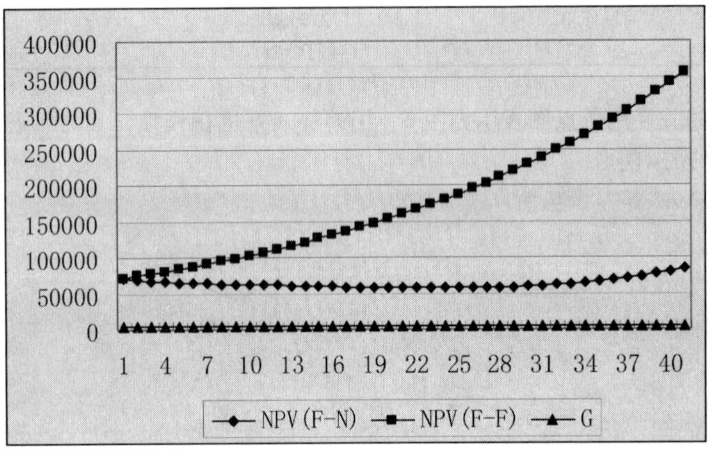

图4 关系图

6 结论与讨论

本文基于已有的研究，对于退耕还林的退耕年限及退耕还林补贴标准进行了初步的探讨，提供了一种关于退耕年限及退耕补贴标准的算法。但本文中仍然存在着不足之处，如将政府发放的补贴假定为每年的金额是一样的，下一步的研究，将放宽此假设，假定补偿金额每年的金额并非完全一致，然后进行相关研究。另外仅利用陕西省退耕还林的常见树种刺槐为例进行了实证模拟，而在中国不管是北方还是南方，关于退耕还林的树种，采用的是因地制宜的原则进行栽植，生态树种有许多种，经济树种也有许多类型，并且各地区也会根据各地区的实际进行退耕树种的选择，因此退耕还林是否可以进行统一的退耕年限及退耕标准，则有待进一步的研究探讨。

参考文献

[1]百度百科．退耕还林．http://baike.baidu.com/view/139050.htm. 2010.9.19.

[2]鄂尔多斯市造林总场．政策法规．林业贷款中中央财政贴息资金管理规定．2008－8－1. http://www.ordoszlzc.cn/_d269708987.htm.

[3]杜群．2005. 生态补偿的法律关系及其发展现状和问题[J]. 现代法学，27(3)：186－191.

[4]冯艳芬，王芳，杨木壮．2009. 生态补偿标准研究[J]. 地理与地理信息科学，25(4)：84－88.

[5]国家信息能报．初始国家信息通报回顾．林业活动温室气体清单编制专题年度进展报告．http://nc.ccchina.gov.cn/web/NewsInfo.asp? NewsId＝141. 2002－10－23.

[6]技术推广．2007－7－13. http://hb312.com/jsh/ShowArticle.asp? ArticleID＝261.

[7]黄富祥，康慕谊，张新时．2002. 退耕还林还草过程中的经济补偿问题探讨[J]. 生态学报，22(4)：471－478.

[8]黄河，李永宁．2004. 关于西部退耕还林还草工程可持续性推进问题的几点思考．理论导刊，(2)：25－27.

[9]价格表. http://www. lvhua. com/chinese/biz/selldetail. asp? qno = Q00000071854.
[10]金华苗木. 刺槐抚育管理. 2007-12-20. http://hm160. cn/html/2914331. htm.
[11]李秀全. 2007. 幼林化学除草成本与质量管理技术探讨[J]. 林业建设, (1): 20-22.
[12]林国庆, 柳婉郁. 2005. 考量碳吸存效益之杉木造林奖励金分析. 农业经济半年刊, 6(79): 71-102
[13]林俊成, 郑美如, 刘淑芬, 李国忠. 2002. 全民造林运动二氧化碳吸存潜力之经济效益评估[J]. 台湾林业科学, 17(3): 311-321.
[14]柳婉郁. 2005 年 10 月. 最适造林奖励金之研究[硕士论文]. 台北: 国立台湾大学农业经济学研究所
[15]欧名豪, 宗臻铃, 董元华, 杨林章. 2000. 区域生态重建的经济补偿办法探讨——以长江上游地区为例[J]. 南京农业大学学报, 23(4): 109-112.
[16]陕西省人民政府关于加强耕地占补平衡工作的通知(陕政发[2004]44 号). 2000. 陕西省人民政府网站. http://www. shaanxi. gov. cn/0/103/1264. htm.
[17]王辉民. 2008. 环境影响评价中引入生态补偿机制研究[D]. 中国地质大学博士学位论文, 北京.
[18]王继军, 谢永生, 卢宗凡, 权松安. 2004. 退耕还林还草下生态农业发展模式初探. 水土保持学报, 18(2): 134-137.
[19]汪锦辉. 2007. 北京市山区集体生态林补偿机制及村级模式研究[D]. 北京林业大学硕士学位论文, 北京.
[20]王金南, 邹首民, 洪亚雄主编. 中国环境政策(第三卷)[M]. 北京: 中国环境科学出版社, 2007.
[21]王磊. 2009. 不完全产权视角下的退耕还林补偿标准及期限研究. 生态经济, (9): 158-162
[22]王雪梅. 2001. 陕西渭北刺槐林分生长收获模型研究[D]. 西北农林科技大学硕士学位论文, 陕西杨凌.
[23]谢德新. 2006. 用材林资产评估的研究[J]. 林业勘察设计(福建), (1): 119-122
[24]赵军, 杨凯. 2007. 生态系统服务价值评估研究进展[J]. 生态学报, 27(1): 346-356.
[25]赵秀丽, 吴志国, 黄俊莲, 张学东. 2005. 浅山区森林采伐木材生产成本核算管理的研究[J]. 林业财务与会计, (5): 32-33
[26]中华人民共和国森林法. 中华人民共和国中央人民政府网站法律法规. http://www. gov. cn/ziliao/flfg/2005-09/27/content_ 70626. htm.
[27]中国退耕还林网政策法规. 退耕还林条例. 中华人民共和国国务院令(第 367 号). http://www. tghl. gov. cn/zcfg/zc_ 02_ 01. htm
[28]中国新闻网新闻中心经济新闻. 陕西成为中国退耕还林规模最大省份. http://www. chinanews. com. cn/cj/cj-gncj/news/2009/12-29/2042993. shtml. 2009 年 12 月 29 日.
[29]Chen Qin, Chen Chunchan, Chen Guisong. 2001. Compensational measures of ecological benefits of public forest. Problems of Forestry Economics, 21(2): 83-86. (in Chinese)
[30]Fang Jing yun, Chen An ping, Peng Chang hui. Changes in forest biomass storage inChina between 1949 and 1998 [J]. Science, 2001, 292: 2320-2322.
[31]Wang Hongxiang, Zhang Jianmin. 1995. The research on setting up compensative system of forest ecological benefit. Chinese Forestry (7480, 1995-09-02, the third edition)
[32]Wu Shuirong, Ma Tianle, Zhao Wei. 2001. Progress and economic analysis of forest ecological benefit system. Forestry Economic, (4): 20-23. (in Chinese)
[33]Zhou Jinxing, Pen Zhenhua, Fei Shimin, et al. 2007. A discussion on compensation of forest ecological engineering benefit. Journal of Forestry Research, 18(2): 157-164

专题八

林业经济管理学科建设与发展

试论中国林业经济管理学科的建设

谢 屹 温亚利 刘俊昌

(北京林业大学经济管理学院)

摘 要：中国林业的快速发展对林业经济管理学科的建设提出了新的要求，需要加强学科建设，以提供系统的理论支撑和人才保障。本研究首先分析林业经济管理学科的发展历程和现状；其次，从理论体系建设、理论研究和人才培养与实践的结合、学科领域人员队伍等视角分析了学科中存在的问题；再次，从社会经济发展对林业的需求、林业行业属性等视角探讨了学科发展面临的机遇；最后，提出了加强学科建设的对策建议。

关键词：林业经济管理；学科；问题；机遇；对策

进入21世纪以来，随着信息技术、现代生物技术和新材料科学的发展及其在林业中的普遍应用，林业发展方式发生了明显转变，林业生产力水平显著提升，林业在生态环境建设及区域社会经济发展方面的功能得到全社会更为深入的认识，推动林业进入现代林业发展阶段。鉴此，加强林业经济管理学科建设，培养适合林业实践需求的高素质人才，开展理论创新指导林业实践，具有重要的现实意义。本文从学科发展历程与现状、存在的问题、发展机遇等方面开展了相关研究，并提出了加强学科建设的对策建议。

1 林业经济管理学科的发展历程与现状

中国林业经济管理学科起步相对较晚。20世纪40年代，朱江户和王长福等老一辈林学家将国外林业经济思想带入国内，并在农林院校开设林业经济及林政学等课程，使得林业经济管理学科开始了中国发展之路。

新中国成立后，我国林业得到了快速发展，对林业经济研究及林业经济管理人才的需求有所增长，推动了学科发展。早在1955年，苏联林业经济专家(谢·瓦·马雷歇夫)在我国东北林学院(现为：东北林业大学)开办了林业经济研究生班和教师进修班，为我国培养出第一批本学科的教师，形成了本学科的骨干队伍或创业者。由于教学改革的需要，当时我国成立的北京林学院(现为：北京林业大学)、东北林学院和南京林学院(现为：南京林业大学)都选拔了少量年轻教师进行农业经济学科方向学习，而后又都集中到东北林学院培训学习(张建国，2004)。1957年，张建国先生试编了第一本林业经济学教材。20世纪60年代，北京林学院和东北林学院相继招收了林业经济本科生。林业经济管理学科以林业生产关系和林业计划经济管理作为核心，以林业生产组织作为主体内容，并受到计划经济和木材利用思想的影响。

改革开放以来，社会经济变革及林业发展催生了新一轮林业经济研究高潮，林业经济管理学科也得到较大发展。北京林学院、东北林学院、南京林学院和福建林学院(现为：福建农林大学)相继在本科生培养的基础上，招收了硕士研究生(张建国，2004)。1980年，中国林业经济学会成立，并创办《林业经

作者简介：谢屹，男(江西广昌人，1977－)，副教授、硕导，研究方向：林业经济理论与政策
温亚利，男(黑龙江绥化人，1963－)，教授、博导，研究方向：林业经济理论与政策，电话：010－62338455
刘俊昌，男(河北沧州人，1958－)，教授、博导，研究方向：林业经济统计与理论。

济》期刊；1981 年，中国林业经济学会与福建林学院联合主办《林业经济问题》期刊。进入 20 世纪 80 年代中后期，张建国先生主编出版《中国林业经济问题》(1985)，廖士义先生主编出版《林业经济学导论》(1987)，东北林业大学主编出版《林业经济学》(1987)。在整个 90 年代，林业经济管理学科得到进一步发展，出版了一批教材和论著等理论成果。就教材而言，包括谢家祐先生主编的《林业经济管理学》(1995)，张建国先生主编的《中国林业经济学》(1996)，邱俊齐主编的《林业经济学》(1998)等。在诸多论著中，具有较大影响力的有张建国先生出版的《现代林业论》(1995)，雍文涛先生出版的《林业分工论》(1992)等。20 世纪 90 年代中期，通过教学改革，撤消了林业经济专业而设农林经济管理专业。在研究生培养上，按新的学科划分体制，新建了管理类“林业经济管理”，作为“农林经济管理”的二级学科(张建国，2004)。进入 21 世纪以来，学科领域中的研究成果得以进一步丰富。其中，高岚教授于 2005 年出版了《林业经济管理学》，祝列克先生于 2006 年出版了《林业经济论》。上述学科成果继承了以往林业经济学精华，结合了我国林业经济改革与发展的新形势和新问题，对林业经济学的理论基础，体系结构等进行了创造性研究和探索，也推动了学科发展。当前，北京林业大学、东北林业大学、南京林业大学、福建农林大学等学校都设立了林业经济管理学科，部分学校还获准设立了农林经济管理博士一级学科点，每年获取林业经济管理学士、硕士和博士学位的毕业生数百人(谢屹等，2007)。值得一提的是，北京林业大学林业经济管理学科于 2007 年被列为国家重点(培育)学科。

随着新世纪中国社会经济及林业快速改革与发展，特别是现代林业建设的开启，如何结合相关科学发展，特别是经济学理论与方法的发展，构建和发展新的林业经济学理论体系，指导中国现代林业发展已成为林业经济学科发展的当务之急。

2 林业经济管理学科面临的问题

作为一个独立的二级学科，林业经济管理学科在理论体系建设、理论研究和人才培养与实践的结合、学科领域人员队伍等方面尚存在较多不足。

2.1 理论体系建设滞后

我国林业经济管理学科植根于计划经济时代，决定了它的先天不足(张建国，2000)。在传统上，学科可大体分为关注林业经济学、林业管理学和林业政策学三大主要领域，以森林资源最佳利用、林产品市场与贸易、经济因素对林业经济影响等作为核心内容。当前，学科边界更加模糊，涵盖了生态环境建设和社会经济可持续发展中与林业相关的大多数命题，林业经济管理学科作为“交叉学科”的特点更为鲜明。不仅如此，针对宏观和政策层面问题的关注变得越来越重要，对于相关的理论和方法的要求也更高。具体而言，在可持续发展思想的主导下，建立在新古典经济学理论框架上的林业经济模型存在严重缺陷，而需综合运用发展经济学、制度经济学、生态经济学等相关经济理论对理论体系进行重构(谢屹等，2007)。相对于学科领域中的林业经济实践，学科理论体系构建工作存在滞后，导致相关研究工作开展和人才培养缺乏系统的理论作为支撑。

2.2 理论研究与实践结合不紧密

当前，林业经济管理学科在相关领域重大发展问题上发挥的作用不显著，学科影响力未得到显著提升，凸现学科发展能力较弱。廖士义先生(1991)指出：林业经济管理学科的目的在于为国家制定林业政策、法规和进行林业宏观决策，提供必要的客观依据；为林业管理部门规划林业建设发展，评价林业技术措施的经济效益，论证组织和管理林业生产经营的形式和方式等，提供科学的原则和方法。当前，理论界关注的林业经济热点问题主要集中在集体林权制度改革、林业碳汇等方面，相关研究成果较多。但是，就集体林权制度改革而言，多数研究忽视了改革的目的与本质，从而忽略了改革对集体林经营方式和效率的影响等关键命题，使得研究成果难以成为政策优化和决策选择的科学依据。在中国林业发展过程中，学术研究缺乏前瞻性、系统性和针对性，常常只扮演了解释和附和国家政策的角色(张大红，2008)。

2.3 人才培养工作与实践脱节

人才培养是林业经济管理学科的另一项主要任务，关系到能否为社会经济发展提供专业人才，能否为林业经济和决策活动提供理论支撑，以及能否促进中国林业可持续发展目标的实现(谢屹等，2007)。事实表明，林业经济管理学科的同学对专业认同度低，不愿意在学科领域中进行就业。如果学不致用，导致学科建设耗费的人力和财力等资源配置低效，也使得学科长期发展缺乏持续动力。上述问题的存在表明现行的教学等人才培养工作与实践存在脱节。在林业实践中，学科毕业生所需掌握的理论知识和综合能力与以往可能发生了较大变化，从而要求教学活动应与时俱进。诸如，森林资源资产评估是当前林业实践中较为活跃的一项经济活动，在专业人才培养方面，不仅需要传授系统的理论知识，更需要通过参与林业实践来固化理论学习的成果。但在培养工作中，两者并没有得到有机结合。不仅如此，随着社会对新兴人才的需求不断增长，学科的主管课程也应作相应调整。

2.4 学科领域人才缺乏

促进林业经济研究由主观的定性分析向客观的定量分析转变，实现规范性分析逐步向实证分析过渡，既是林业经济研究的发展方向，也是林业经济研究走向科学化、现代化的必然选择(蒋海，1997)。然而，由于历史和现实的原因，林业经济管理学科中教学和研究人员的理论水平，以及综合运用现代经济学方法进行实证研究的能力较低。在学科领域中，以227篇博士学位论文作为对象的研究成果表明，能在学位论文中具体阐述研究方法的选择与操作、能对研究方法的运用过程与结果进行思考的作者不多(黄山青、沈杰，2010)。近年来，部分高等院校加大了人才引进工作的力度，从其他相关学科招募了一批青年学者，以消除学科领域人才不足的问题。尽管如此，人才缺乏的问题并未得到根本解决，原因在于其他学科的青年学者缺乏最为基本的林学知识，难以发挥应有的作用。人才的缺乏表明学科发展和建设缺乏统筹，人才培养模式不先进，以及资源利用效率不高。

3 林业经济管理学科面临的机遇

在我国社会经济的快速发展中，经济发展与生态环境之间的矛盾不断产生，以及市场经济体系构建中新旧制度的碰撞不断发生，从而衍生了很多极具中国特色的林业经济管理问题和林业政策问题。由此，中国的林业经济实践不仅需要理论的支撑，而且需要具有中国特色的理论支撑，学科发展也因此迎来机遇。

3.1 森林资源多种效益共同实现的发展机遇

森林资源既是经济资源，又是生态资源，在生态建设和经济发展中具有双重功能，决定了林业在未来社会经济可持续发展中的地位会变得越来越重要。根据《全国林地保护利用规划纲要(2010－2020年)》规定，我国森林经营将延续分类经营模式，将森林继续按用途分为公益林和商品林两大体系。就此，公益林和商品林的比重应如何设定，商品林经营收益如何分配，公益林管理权、责、利如何对应，都为学科的发展拓展了空间。进一步而言，上述关于森林资源多种效益共同实现问题的解决植根于学科根本属性，即需要以稀缺资源配置效率最大化理论为基础，为林业实践提供决策依据。为此，学科可进一步关注林业经济发展中各种利益关系的协调，以及生态建设规律与社会经济发展规律的统一。

3.2 森林资源配置效率提升创造的发展机遇

森林资源经营理论与模式是林业经济学发展早期就关注的问题，也是研究和积累最多的领域，但森林资源经营具有较大的动态发展性，随着一个国家或地区社会经济发展环境条件的变化，社会经济发展对林业的需求变化，以及在限定资源及生态环境下经营理论及模式都应作出适当调整。我国森林资源相对贫乏，单位森林质量不高。我国政府向国际社会做出重要承诺：要在2020年实现“双增目标”，即森林面积增加4000万 hm^2，以及森林蓄积量增加13亿 m^3。就森林面积的增加而言，需在明确土地边际替代率的基础上，理顺现有不同土地利用方式之间的经济关系。就森林蓄积量的增加而言，则需在明确不同经营模式效率的基础上，需求最佳的森林资源经营模式。为此，森林资源经营这一传统命题为学科创造了新的发展空间。

3.3 森林资源权属结构优化创造的发展机遇

森林资源等是林业经济研究的基本范畴。作为一种自然资源，森林资源价值属性、产权结构、产权制度安排以及基于产权的生产组织和经济活动资源配置是林业经济重要基础理论。我国林业经济改革与发展涉及越来越多资源产权制度层面的问题，有待学科进一步加强相关理论研究，以更好的服务于国家林业改革需要。在新一轮集体林权制度改革过程中，集体林地、林木权属得到了进一步清晰。与此同时，森林经营主体数量快速增加，而单位主体生产经营规模快速下降，与林业生产经营活动需要的规模经济不相符。不仅如此，此次改革后，集体林资源经营产生的经济收益是否增长，经济收益的分配是否更为合理，尚缺乏具有说服力的理论解释，也为学科的进一步发展创造了契机。

3.4 区域统筹发展创造的发展机遇

林业一个重要发展特点是基于自然条件差异的资源分布，以及森林自然生产力的地区差异。我国森林资源较为丰富的地区通常也是经济发展水平较差的地区，呈现出典型的“资源的悖论”。如何根据区域自然生态特点、森林资源分布特点，以及社会经济发展的环境条件确定不同区域的林业发展模式和政策，是中国林业未来发展必须解决的关键问题。当前，林业经济管理学科关于区域经济统筹发展的理论与实证研究还处于初级阶段，理论研究对于区域发展的支撑力度较弱。为此，在学科领域中，可将林业区域经济学作为分支学科，推动理论及方法体系不断发展和完善。

3.5 林业行业弱质性创造的发展机遇

由于林业兼具产业和公益双重属性，林业经济发展受非市场因素影响和制约较多，导致林业经济活动具有特殊性。此外，林业还具有生产的长周期性，效益及收益实现的多样性，自然力与经济力共同起作用，外部性普遍存在，林木资源多元所有制结构，森林资源既是生产经营对象又是林业基本生产资料等特点，使得林业行业具有弱质性。在林业市场经济发展过程中，林业投入、要素配置、生产者经营行为、产品价格、不同类型产品与服务的供给与需求均衡、贸易及贸易壁垒，以及林业经济宏观发展政策有别于其他行业。为此，林业既可被视为产业，也可被视为事业，学科的发展空间可拓展至公共政策学、公共财政学等相关领域，并形成特色相关理论，以指导中国林业经济改革与发展。

4 加强林业经济管理学科建设的对策建议

现代林业的发展和变化势必导致林业经济活动内涵、形式及过程发生变化，促使加强林业经济管理学科建设具有紧迫性。作为项系统工程，林业经济管理学科建设工作应具有侧重点，并通过体系建设，为重点工作的顺利开展提供保障。

为促使更好的服务于现代林业建设，林业经济管理学科应对以下五方面予以重点建设。第一，加强教学和人才培养。根据实践需要以培养研究生为主，本科人才培养主要为研究生培养奠定基础，对人才培养目标、方案和模式重新进行确定。在课程体系构建上，应更加注重经济学及方法性知识的传授，并注重学生思辨能力和研究能力的培养；第二，加强理论研究方面。注重将现代经济学、管理学与政策等学科的理论与林业进行关联和结合，构建起以林业经济学为基础，林业管理学、林业政策学、森林资源经济学、林区社会学、林业区域经济学、森林生态经济学等为分支的学科理论体系，并积极引入和导入经济学方法在林业经济理论研究中的应用性研究案例，为今后理论研究工作的开展提供借鉴（谢屹等，2007）；第三，加强实证研究方面。结合国家现代林业发展的前沿和热点问题开展研究，并注意研究的持续性和系统性。与此同时，可根据不同院校的优势和地域特点，形成各有特色和整体协调的格局；第四，加强队伍建设。增加经济学类人才引入，并加强现有人才的培养，尤其是注重现有学科人才的科研和教学能力的培养，以产生一些在国家和国际层面有影响力的林业经济学家；第五，加强学科间的交流与合作。在国内层面，应加强与农业经济及生态环境领域等相关学科的交流，寻求跨学科的科研合作。

在国际层面，应加强导入国际林业经济前沿理论知识，并与国外同领域学者开展学术交流，提高国内学科的国际影响力。

在重点工作的开展过程中，有待现代教学体系和科研体系的构建与完善，为学科建设提供强有力的组织保障。就现代教学体系的建设而言，应注重培养方法的创新，将教学内容与现代林业建设实现有机结合，培养符合现代林业建设需求、具有较高实践能力的新型人才。就科研体系的建设而言，应进一步推动产、学、研的结合，提高研究人员服务林业实践的能力，以及通过参与实践提高理论研究水平的能力(张智光，2005)。

5 结语

总体而言，我国林业经济管理学科在发展中还存在很多具体问题，有待建立一种有效的机制，促使学科得以稳定、持续、快速发展。为更好地推动学科发展，应进一步关注理论与实践的结合，将区域林业经济理论与实践、林业产业经济理论与实践、林业制度经济学理论与实践研究、森林资源经济和生态经济、林业经济与社会学科的交叉、林政管理及林业宏观调控、林业改革与政策体系、森林资源经营及管理等命题纳入学科范畴，促使学科领域理论研究与实践需求、人才培养和社会选择相一致。

参考文献

[1]张建国．我国林业经济管理学科发展的探索[J]．林业经济问题，2004，24(3)：129－131.

[2]谢屹，贺超，温亚利．中国林业经济管理学学科问题初探[J]．林业经济问题，2007，27(4)：362－365.

[3]张建国．迈向21世纪的林业经济管理学科[J]．中国林业教育，2000，(2)：5－6.

[4]廖士义．我国林业指导方针浅议[J]．北京林业大学学报，1991，13(1)：95－99.

[5]张大红．中国林业经济发展问题：基点·视角·途径[J]．绿色中国：理论版，2005 (1)：24－28.

[6]蒋海．对当前林业经济理论基础和研究前沿的几点认识—兼与李周同志商榷[J]．林业经济，1997(6)：57－60.

[7]黄山青，沈杰．林业经济管理博士学位论文中研究方法的自陈情况分析[J]．林业经济问题，2010，30(3)：274－277.

[8]张智光．我国林业产业现代化的战略体系研究[J]．林业经济问题，2005，25(1)：8－11.

我国农林高校大学生自主学习的调查与分析
——以北京林业大学和中国农业大学的学生为例

吴成亮[1]　孙长霞[2]　陈思琪[3]

(1. 北京林业大学经济管理学院；2. 北京林业大学社会林业研究中心 北京；3. 天津农学院农业分析实验室)

摘　要：随着知识经济和信息社会的到来，加强大学生自主学习意义重大。本文从学习动机、学习设置和自我调节三个方面以北京林业大学和中国农业大学的学生为例对农林院校大学生自主学习状况进行了调查和分析。在此基础上提出了一些对策建议。

关键词：农林；大学；大学生；自主学习

Ivestigation and Study on Undergraduates' Self – regulated Learning in Agriculture and Forestry Colleges
——Taking Students in BFU and CAU as an Example

Wu Chengliang[1]　Sun Changxia[2]　Chen Siqi[3]

(1. Economics and Management college of Beijing Forestry University; 2. Community Forestry Research Center of Beijing Forestry University; 3. Laboratory of Agricultural Analysis of Tianjin Agricultural University)

Abstract: With the coming of the knowledge economy and information society, it is important to improve Undergraduates' self-regulated learning abilities. In this article, Undergraduates' self – regulated learning abilities in agriculture and forestry Colleges are analysed according to the investigation of students in Beijing Forestry Univesity (BFU) and China Agricultural University (CAU) from three aspects which are learning motivation, learning setting and self – regulation. On the basis, some countermeasures are proposed.

Key words: forestry and agriculture; college; undergraduate; self – regulated learning

1　引言

自主学习是学生内外动机激发下，在学习过程中主动进行目标设定、内容选择、计划安排、方法使用、时间管理、环境营造的学习活动，并能积极进行学习及其结果的意志控制、情绪调节、学习检查、总结、评价与强化[1,2]。美国教育心理学家研究指出，在半个世纪前，人们从大学毕业后，大约有70%的所学知识可以运用到其退休，而在当今，这个数字缩减为2%[3,4]。目前人类社会正进入知识经济和信息社会，为应对新时代知识和信息日新月异的变化，处于高校中的大学生不能过于依赖课堂教学和教师讲授的学习方式，而更需要学会进行自我学习，树立终身学习和自主学习的观念。

基金项目：北京林业大学人文社科振兴计划(编号：BLRW200923)、北京林业大学人文社科振兴计划(编号：RW2010-6)

本文以中国农业大学、北京林业大学的学生为样本对我国农林院校大学生自主学习状况进行问卷调查(注：为了以下分析方便称呼，我们将北京林业大学简称为“林大”，把中国农业大学简称为“农大”)。本次调研共发放问卷360份，其中北京林业大学共发放180份，回收165份，排除了一题多选、问卷未做完、所有题项答案一致等无效问卷，最后保留有效问卷154份，有效率为93.3%；中国农业大学共发放180份，回收155份，排除了一题多选、问卷未做完、所有题项答案一致等无效问卷，最后保留有效问卷142份，有效率为91.6%。

2 大学生学习动机的调查和分析

2.1 价值意识的调查和分析

价值意识是指大学生在进行专业学习的过程中，主动把社会需要、自我发展等与学习活动相联系，赋予学习及其结果一定的价值[5,6]。本次调研针对价值意识设置了“我进行专业学习是为了更好地发展自己和服务社会”问题，问卷调查结果如图1所示。

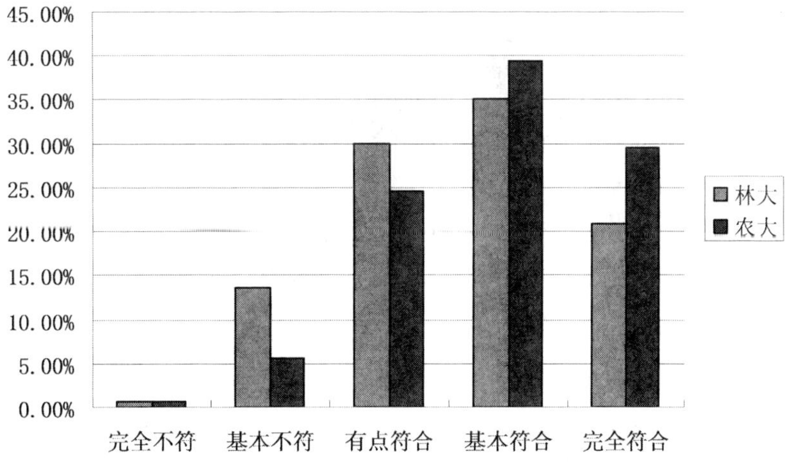

图1 价值意识的调查结果

从图1可以看出，从整体上农林类院校的学生价值意识表现良好，其中农大学生在意识价值上的表现稍高于林大。可以看出经过多年的思想教育和社会经济、就业形式的发展变化，当前大学生的越来越趋于理性，“六十分万岁、六十一分浪费”的现象越来越少。

2.2 学习兴趣的调查和分析

本次调研针对学习兴趣设置了“我对目前的学习内容很感兴趣”的问题，问卷调查结果如图2所示。从图2可以看出，两校本部分总体得分水平不高，表明两校学生对专业学习的兴趣普遍不是很高。选择“完全不符”和“基本不符”两个选项的学生高达50%以上，其中林业大学有24.03%、农业大学有23.24%的学生认为自己完全对所学的专业知识不感兴趣。根据学生反馈可知，这是由于和一类综合性本科院校相比，农林院校在专业设置上有很多局限性，专业设置口径小，种类少，专业性强，尤其是林业院校，专业设置的局限性更加明显。这使得学生在专业学习中难以发挥积极性和主动性。因此，如何提高大学生的学习兴趣是当前工作的重点。

3 大学生学习设置的调查和分析

3.1 目标认识

本次调研针对目标认识设置了“我学习时已经经过了多次思考，目标明确”的问题，问卷调查结果如图3所示。

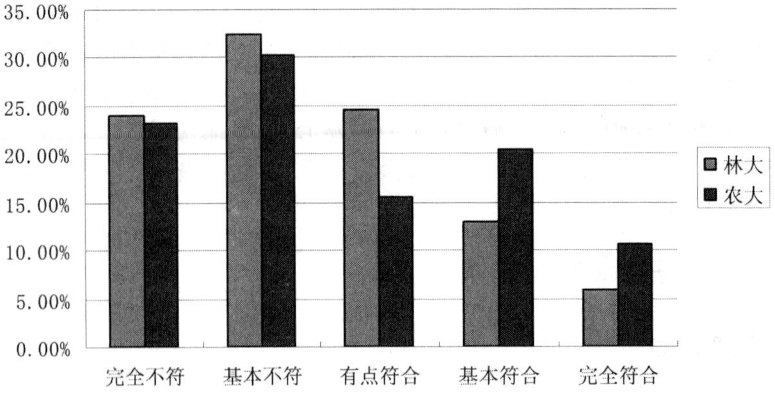

图2　学习兴趣的调查结果

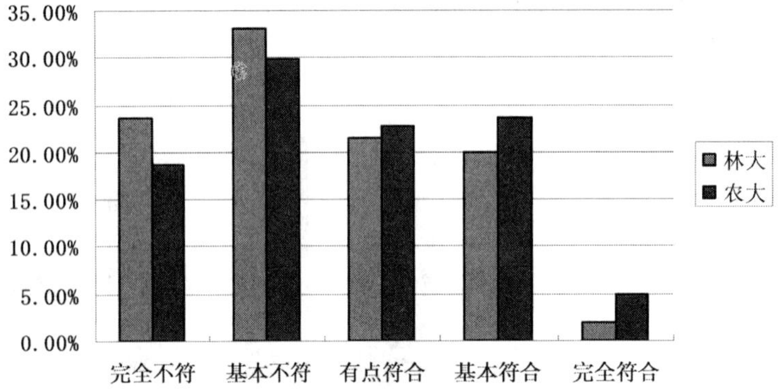

图3　目标认识的调查结果

从图3可以看出林大和农大在这部分现状不容乐观，选择“完全符合”的学生（不到5%）少于“完全不符”的学生，表明大部分学生对学习目标设定缺乏主动性，专业学习的自主性较低。经过进一步研究发现，这主要有两方面原因：一是在学习中，学生对自身、对学科、对社会需求还没有清楚的认识，也不了解自己想要什么，因此就不能为自己设定学习目标；二是学生在专业学习的过程中，和中学严格的教师监督相比，缺乏对自身学习情况的监督，因此不会主动为自己设定学习目标。

3.2　计划安排

本次调研针对计划安排设置了“我经常制定计划并指导学习” 的问题，问卷调查结果如图4所示：

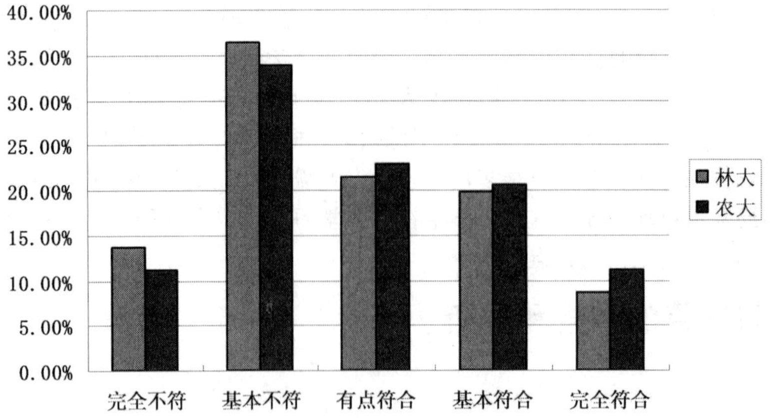

图4　计划安排的调查结果

从图4可以看出，两个学校总体得分较低，其中农大平均状况略好于林大。这表明农林院校学生普遍在制定学习计划方面主动性和自主性较低。其原因主要有两个：一是学生在学习的过程中，由于自身水平所限或习惯使然，不制定学习计划，学习具有随意性；二是学生在专业学习的过程中为自己制定了长期或短期的学习计划，但由于缺乏学习情况的监督和考察，不能坚持和严格执行，因此放弃学习计划。

4 大学生自我调节的调查和分析

本次调研针对自我调节设置了“能认识自身在学习中的优势和不足，并加以调整”的问题，问卷调查结果如图5所示。

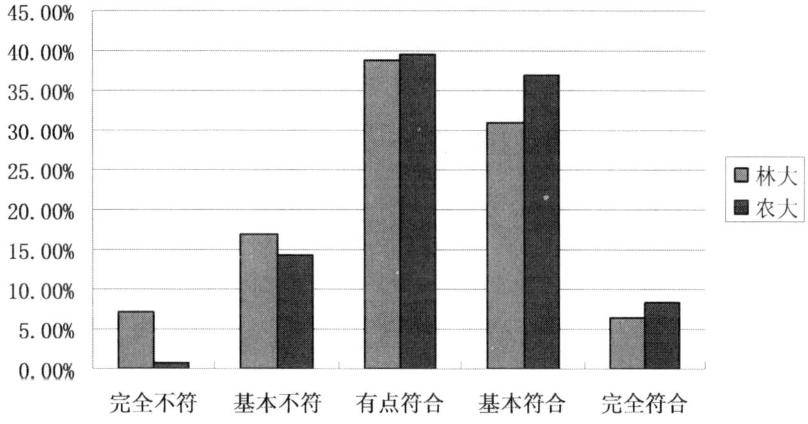

图5 自我调节的调查结果

从图5可以看出，林大和农大两所农林院校学生在自我检评方面总体状况中等，其中农大的学生略好于林大。针对选择“完全不符”和“基本不符”的调查分析，这是由于这些学生学习兴趣不浓，不能很好地认清自我的学习心态、学习能力和学习现状，因而不能够正确认识自己在学习中表现出的不足和优势，而有的学生即使知道自身的不足，也不会进行反思。

5 对策建议

5.1 改革农林院校的教育环境，不断完善专业学科建设，激发学生的专业学习兴趣

和一类综合性本科类院校相比，农林院校的专业设置的专业性相对更强，但不足的是，这样的专业设置模式使得学生的选择更少，很多偏农或偏林的专业令学生感到枯燥乏味，因此，不断完善和加强专业学科建设，农林院校要革新当前的教育环境，拓展专业口径，淡化专业界限，调整专业课程设置体系，让学生能够在学年之间、学期之间、专业之间按兴趣自由地选择专业学习内容，从而进一步激发学生的专业学习兴趣。

5.2 健全导师制度，培养学生专业学习的计划性和主动性

通过对农林院校大学生专业自主学习的评价和分析，我们发现农林院校的学生在专业学习中，学习的自主性不是很强，由于缺乏对其学习情况的监督，学生很难主动去为自己制定学习目标和学习计划，对课堂教学、教师讲授的依赖性还很大。因此农林院校应健全导师制度，加强对学生学习的监督和考察，培养学生专业学习的计划性和主动性，加强学生自主学习观念的培养，让学生有意识并能主动积极地进行学习。

5.3 广泛开展大学生专业自主学习评价，了解大学生自主学习现状

在各农林高校广泛开展大学生专业自主学习评价，科学和系统地对大学生自主学习进行评价和总

结，并对出现的问题，随时提出解决对策。将了解大学生自主学习现状作为长期工作和重要任务，进行动态监测。鼓励大学生开展自我省察，分析自己的学习心态是依赖性更强还是自主性更多，善于投入学习还是厌倦学习，考察自我多年来形成的学习方式和学习能力。

5.4 以社会需要为导向，提高自主学习能力

信息时代、知识时代带给教育特别是学习的最大影响就是终身学习观念的出现。应督促农林院校的大学生认清这一时代趋势，更应该主动发展自我以求适应社会的需要。以社会需要为导向，学会正确地自我设定学习动机、有效的学习设置和学习调节，提高自主学习能力。

参考文献

[1]王大勇．关于网络环境下自主学习的实证研究[D]．北京：首都师范大学．2005.
[2]庞维国．自主学习——学与教的原理和策略[M]．上海：华东师范大学出版社．2003.
[3]王先亮．大学生自主学习的评价研究[D]．福建：东南大学．2006.
[4]韩喆．大学生自主学习现状调查及干预研究[D]．湖南：湖南师范大学．2009.
[5]庞维国．90 年代以来国外自主学习研究的若干进展[J]．心理学动态，2000(4)：12－16.
[6]余文森，王永，张文质．让学生发挥自学潜能，让课堂焕发生命活力[J]．教育研究．1999(3)：58－63.

本科生参与课外科研活动的研究报告
——以四川农业大学经济管理学院农林经济管理专业为例

王雨林

（四川农业大学经济管理学院农林经济管理系）

摘　要：本文对四川农业大学经济管理学院农林经济管理专业的本科生参与课外科研的情况进行了调查研究，结果表明：本科生参与课外科研的热情高，取得了一定成绩，学生的各项能力也得到显著提高。但实际参与的学生主要集中于高年级成绩优秀的群体中，存在多数学生参与课外科研准备不足，部分教师引导不力的情况。本文对制约本科生参与课外科研的因素进行了分析，并提出相关建议。

关键词：本科生；课外科研；研究报告

1　问题的提出

笔者在高校从事本科生与研究生的教学工作多年，同时担任系主任、专业主任和本科生班主任等职，在与学生交往的过程中，时常会被本科生问到同一个问题“我们在大学里学的东西到底有什么用?”，也常有本科生对笔者倾诉“我不知道在大学里该干什么。”而研究生所面临的困惑则更多，有的研究生学习自主性差，不会主动探索自己的研究方向和毕业论文选题，只等着老师来指点迷津。结合最近的新闻媒体报道，全国140余万人参加了2010年硕士研究生统一入学考试，报考人数比2009年增长13%，创下历史最高纪录，不难推断其中有大量为逃避就业压力的应届本科毕业生。如果本科生在校期间学习目的不明，学习兴趣不高，自主学习能力差，就难以系统掌握专业知识，迎接社会的挑选。如果这部分学生将读研作为躲避就业的避风港，他们不仅难以取得科研成果，还浪费自己的时间，占用宝贵的教学资源。

为了让本科生在大学里能更有针对性地学习，避免盲目考研，我们认为，在本科教育中对学生进行早期的科研培训，让学生广泛参与到科研活动中来，这既是人才培养的有效途径，又能提高学校的科研水平。对于以经济管理为代表的人文社科类专业，让学生参与课外科研具有特别重要的意义，由于文科专业通常课程设置面广，就业灵活性大，一些学生学习起来漫无目的，不清楚本专业的研究内容和研究前沿，这在本科生毕业论文选题中体现得尤为明显。而通过本科生参加课外科研，可以将课程理论教学与科研实践有机结合起来，一是加深学生对理论知识的理解和把握，提高其学习兴趣，促进自主学习，二是能让其了解当前本学科领域内的科研进展，激发其研究兴趣，早日发现和培养有前途的科研苗子。此外，本科生参与课外科研，既能获得一定工作经验，又能增加与老师同学的交流，培养人际交往能力，为今后的工作或深造打下良好基础。

根据人文社科类的学科特点，本文将本科生课外科研界定为，除了学生在校期间按教学计划或教师要求必须完成的课程论文、毕业论文、假期社会实践活动以外的，不计算学分的，学生自主选择参加的教师课题、科研竞赛、校内推动本科生科研活动和自发性学术研究。为了了解人文社科类本科生的课外科研情况，我们采取整群随机抽样的方法，以四川农业大学经济管理学院农林经济管理专业本科学生为研究对象，在 2009 年 12 月发放问卷 220 份，回收有效问卷 200 份，有效率 90.9%，调查数据用 SPSS12.0 软件分析处理。

2 基本情况

2.1 学生对参加课外科研活动的态度

84% 的被调查学生表示愿意参加课外科研活动，可见学生对参与课外科研表示出浓厚的兴趣。为探究学生参与课外科研的内在原因，我们设计了一个李克特量表对本科生参加课外科研的态度进行测量，对选择项“非常不同意”、“比较不同意”、“一般”、“比较同意”、“非常同意”分别赋值 1、2、3、4、5 分，将定性问题进行量化分析(见表 1)。

表 1 学生对参加课外科研活动的态度

	平均值	标准差		平均值	标准差
自己感兴趣，愿意参加	3.92	0.927	对评选三好学生、评选奖学金、保研等有帮助	3.48	0.969
能促进对专业知识的巩固	4.03	0.849	有利于毕业论文的写作	3.92	0.83
能提高实践能力	4.06	0.926	参加科研活动耽误时间，影响学习	2.24	0.951
对将来的就业有帮助	3.78	1.025	本科生没有必要搞科研，那是研究生的事情	1.97	0.987
可以获得物质奖励	3.05	1.027			

表 1 中，除了“参加科研活动耽误时间，影响学习”和“本科生没有必要搞科研，那是研究生的事情”这两项内容是负向指标，其他的项目都是正向指标。这两类指标应分别讨论。在正向指标中，得分最高的是“能提高实践能力”和“能促进对专业知识的巩固”，其次是“自己感兴趣，愿意参加”、“有利于毕业论文的写作”和“对将来的就业有帮助”，而“对评选三好学生、评选奖学金、保研等有帮助”和“可以获得物质奖励”得分最低。两项负向指标的得分分别为 2.24 和 1.97，说明学生不太同意本科生搞科研没有必要、是浪费时间的观点。学生对本科生课外科研大致持积极的态度，最为看重能巩固专业知识和提高实践能力，而对于获奖等功利性的因素则看得较淡。因此，就我们调查的情况看，学生对参加课外科研活动的态度是积极的、正面的。

2.2 参加了课外科研活动的学生的特点分析

经调查，被调查学生中有 77 名参加了各种类型的课外科研活动，占总数的 38.5%，这部分学生有哪些突出的特点是我们关心的问题，具体可通过表 2“学生基本情况表”了解。

从表 2 可见，被调查学生中男女比例分别为 46% 和 54%，其中参加课外科研活动的学生中的男女比例分别为 50.65% 和 49.35%，男生参加课外科研活动的情况要略好于女生。被调查学生中的年级分布分别为大一 21%、大二 28%、大三 30%、大四 21%，其中参加课外科研活动的学生的年级分布分别为大一 7.79%、大二 33.77%、大三 36.36%、大四 22.08%，大二和大三的学生参加课外科研活动的比例明显高于大一和大四，这与学生的实际情况是吻合的，因为大一的学生尚未学习专业课，缺乏科研的理论基础，而大四的学生忙于毕业论文和找工作，大二和大三是参加课外科研活动的最好时机。61.5%、26.5% 和 12% 的被调查学生的家庭所在地分别为农村、城镇和城市，其中参加课外科研活动的学生的家庭所在地比例分别为农村 62.34%、城镇 24.68% 和城市 12.99%，参加了课外科研活动的学生的特点不显著。61.5% 的被调查学生获得了各类助学金和奖学金，38.5% 的被调查学生未获得，而参加了课外科研活动的学生中获得助、奖学金的比例为 72.73%，27.27% 的学生未获得；35.5% 的被调查学生是学生干部，64.5% 的被调查学生不是学生干部，而参加了课外科研活动的学生是否为学生干部的比例为 45.45% 和 54.55%；28% 的被调查学生是学生学术组织成员，72% 的被调查学生不是学生学术组织成员，而参加了课外科研活动的学生是否为学生学术组织成员的比例为 32.47% 和 67.53%，可见参加课外科研活动的学生获得各类助学金和奖学金，身为学生干部，是学生学术组织成员的比例大于没有参加课外科研活动的学生，这是因为这类学生的成绩较佳，理论基础较好，与老师的接触机会较多，就比其他同学更有机会从事课外科研活动。在问及“毕业后是否愿意从事科研工作”和“毕业后是否愿意继续进行研究生深造”，参加课外科研活动的学生对此回答“愿意”的比例大于全体被调查学生，而回答“还没想好”的比例也较小，说明本科生参加课外科研活动有助于培养科研兴趣，减少考研的盲目性。

经过分析，我们可以得知，男生比女生易于参加课外科研活动，大二和大三的学生易于参加课外科研活动，获得了各类助学金和奖学金的学生、学生干部、学生学术组织成员易于参加课外科研活动，毕业后愿意从事科研工作和毕业后愿意继续进行研究生深造的学生易于参加课外科研活动。

表2 学生基本情况

项目 \ 数量		调查人数（人）	调查人数比例（%）	参加课外科研人数（人）	参加课外科研人数比例（%）
性别	男	92	46	39	50.65
	女	108	54	38	49.35
年级	大一	42	21	6	7.79
	大二	56	28	26	33.77
	大三	60	30	28	36.36
	大四	42	21	17	22.08
家庭所在地	农村	123	61.5	48	62.34
	城镇	53	26.5	19	24.68
	城市	24	12	10	12.99
助、奖学金	获得	123	61.5	56	72.73
	未获得	77	38.5	21	27.27
学生学术组织成员	是	56	28	25	32.47
	否	144	72	52	67.53
学生干部	是	71	35.5	35	45.45
	否	129	64.5	42	54.55
毕业后从事科研工作	愿意	79	39.5	38	49.35
	不愿意	57	28.5	21	27.27
	还没想好	64	32	18	23.38
毕业后继续研究生深造	愿意	73	36.5	31	40.26
	不愿意	100	50	37	48.05
	还没想好	27	13.5	9	11.69

2.3 学生参加课外科研活动的情况

2.3.1 参加老师科研课题的情况

农林经济管理专业具有博士学位授予权，是学院师资力量最强的一个专业，近几年来，每年都有几项国家级课题中标，参与教师的科研课题是学生参加课外科研活动的一种重要形式。

被调查学生中有24位参加了老师的科研课题，其中9名同学在大二的时候参加，11名同学在大三的时候参加，2名同学在大四的时候参加；11名同学参加的是纵向课题，7名同学参加的是横向课题，6名同学不清楚参与课题的类型；3名同学参加的是国家级课题，14名同学参加的是省（部）级课题，7名同学参加的是市（校）级课题；2名同学参加的是专业课题，19名同学参加的课题与专业相关，只有3名同学参加的课题与专业关系不大；只有1名同学对所参与的课题非常了解，15名同学对课题比较了解，

8 名同学则了解不多；2 名同学认为参加的课题难，11 名同学认为较难，10 名同学认为一般，只有 1 名同学认为简单。

本专业科研课题的主要工作为撰写课题申报书、撰写文献综述、设计调查问卷、进行实地调查、整理资料和处理数据、撰写研究报告等方面，24 名参加了课题的学生提到参与课题工作的频次分别为 5、7、6、14、5、4、2，说明学生主要参与进行实地调查工作，其次分别为撰写文献综述、设计调查问卷等，较少有学生涉及撰写研究报告的工作。值得注意的是，各项工作大多是由学生与同学一起完成，说明参与老师课题能促进学生提高团队工作意识，加强与同学之间的交流。参与课题后，有 5 名学生在学术期刊上发表了论文，其中 4 名学生以第一作者的身份发表在核心期刊上，1 名学生则作为第二作者发表在普通期刊上。

可见，被调查学生参加的教师课题以与专业相关的省(部)级纵向课题为主，大多在大二和大三的阶段参加，对课题比较了解，课题难易程度一般偏难。学生广泛涉及以课题研究的方方面面，但以进行实地调查为主，部分学生在参与课题后在学术期刊上公开发表文章，体现了一定的研究能力。

2.3.2 参加校内推动本科生科研活动和科研竞赛的情况

学校重视本科生科研活动，每年有针对本科生科研的创新性实验计划，该计划由学校统一定题，学生自由组合成 3 至 4 人的小组，由学院资深教师进行初选，再由学校学术委员会进行最终选拔，根据课题难易程度给予金额不等的资助。从 2009 年起，新增了本科生科研兴趣培养计划，该计划由具有副教授以上职称的教师担任指导老师，根据自己的在研项目定题，由学生撰写申报书公开答辩，指导老师自行决定人选，每个项目由指导老师从科研经费中拨款 2000 元，教务处配套 2000 元。校内推动本科生科研的活动大大提高了学生的科研热情，被调查学生中有 33 名学生至少参加过一项，其中 19 名参加过创新性实验计划，10 名参加过本科生科研兴趣培养计划，4 名参加过两类计划。33 名学生的参与情况可分为三类，第一类是积极参加，但未通过立项审批；第二类是通过审批，未获经费支持；第三类是通过审批，获得经费支持。调查的结果是三类各占 1/3。

学校大学生科研竞赛活动丰富多彩，难以一一尽述。针对人文社科类专业的学生，我们只列出影响较大的几项，如"挑战杯"竞赛、创业设计大赛等。被调查的学生有 43 名参加过这几类科研竞赛，其中参加"挑战杯"竞赛、创业设计大赛、数学建模大赛和电子商务大赛的人次分别为 19、17、14 和 5。这 43 名参加过科研竞赛的学生中，有 12 人获得了各类奖项，其中获得国家级奖项的有 2 人，获得省级奖项的有 3 人，获得校级奖项的有 7 人。值得一提的是，本专业学生在 2009 年首获"挑战杯"竞赛全国二等奖，极大地增强了学生们参加全国性科研竞赛活动的信心和教师指导的兴趣。

2.3.3 自发性课外科研活动情况

有的学生在学习了一定的专业基础知识后，喜欢自己研究一些问题，并写出论文或研究报告。对于这种自发性课外科研活动，学校和老师是积极支持的，学校每年都有一定的经费用于这类学生的论文发表版面费补助。

被调查的 200 名学生中，有 40 名搞了自发性课外科研活动，其中 31 名所写论文或研究报告与专业知识相关，9 名与专业知识无关。除了 3 人对所写论文或研究报告未做处理外，6 人将其发表在核心期刊上，11 人发表在普通期刊，其余的发表在学校的报纸或论文集，或是学院的论文集上，自发性课外科研取得了一定的成果。

虽说这种科研活动是自发性的，却也离不开教师的指导，18 名学生表示在他们进行科研的过程中老师进行了指导，只有 4 名学生明确表示老师根本没有指导。只是这种指导略显不足，一般教师不会主动过问，只是学生在遇到问题时向老师请教。

2.4 学生参加课外科研活动的感受

参加了课外科研活动的 77 名同学中，74 名反馈了能力提升的情况，表达了参加课外科研活动的感受。从表 3 可知，被调查学生参加课外科研活动后各项能力都得到较强的提升，认为自己能力提高很大和提高较大的的比例都超过 50%，该项比例由高到低的分别是对"三农"的感情、适应社会的能力、资料整合能力、抗挫折能力、人际交往能力、论文写作能力、改善学习方式的能力、对本专业的兴趣、理论知识应用能力、学习能力、科学研究能力、创新能力和毕业找工作的信心。可见学生通过课外科研能促进其综合素质的提升和能力提高，尤其是培养起他们对农业、农村和农民的感情，有利于引导他们毕业后扎根基层，努力工作。但其学习能力、科研能力和创新能力的提高略显不足，其原因可能在于本科生参与科研所从事的工作较为简单，少有原创性的缘故。而课外科研对学生毕业找工作的信心提升不足则是因为参加课外科研的学生以大二、大三的为主，还没有涉及到找工作的情况，对未来情况还比较迷茫。

表3　学生参加课外科研活动后各项能力提升情况调查

项目＼程度	单位	提高很大(1)	提高较大(2)	提高不大(3)	没有提高(4)	(1)+(2)
学习能力	人	7	36	28	3	43
	(%)	9.46	48.65	37.84	4.05	58.11
理论知识应用能力	人	2	44	25	3	46
	(%)	2.70	59.46	33.78	4.05	62.16
创新能力	人	9	31	32	2	40
	(%)	12.16	41.89	43.24	2.70	54.05
人际交往能力	人	8	45	20	1	53
	(%)	10.81	60.81	27.03	1.35	71.62
适应社会的能力	人	8	47	14	5	55
	(%)	10.81	63.51	18.92	6.76	74.32
抗挫折能力	人	10	44	17	3	54
	(%)	13.51	59.46	22.97	4.05	72.97
科学研究能力	人	4	38	30	2	42
	(%)	5.41	51.35	40.54	2.70	56.76
资料整合能力	人	5	50	15	4	55
	(%)	6.76	67.57	20.27	5.41	74.32
论文写作能力	人	7	43	22	2	50
	(%)	9.46	58.11	29.73	2.70	67.57
改善学习方式的能力	人	3	46	23	2	49
	(%)	4.05	62.16	31.08	2.70	66.22
对本专业的兴趣	人	8	39	25	2	47
	(%)	10.81	52.70	33.78	2.70	63.51
毕业找工作的信心	人	7	31	28	8	38
	(%)	9.46	41.89	37.84	10.81	51.35
对“三农”的感情	人	25	38	8	3	63
	(%)	33.78	51.35	10.81	4.05	85.14

3　存在问题及成因

从上文可知，被调查学生参与课外科研取得了一定的成绩，例如一些学生取得了各类竞赛奖项，一些学生的论文在核心期刊发表，甚至有个别学生的文章在本学科的顶级学术期刊发表，学生的各项能力也能得到显著提高。

但是，我们也要看到，与84%的参与意愿相比，38.5%的参与率明显偏低，且能取得成绩的学生人数较少，不足以代表全体的科研水平。在问到“你周围的同学参加课外科研活动的情况如何”时，被调查学生中仅有1%的人认为非常多，37%认为有一些，46%认为比较少，8.5%认为根本没有，7.5%则表示不清楚。在问到“当你看到学校举办某项科研活动的通知，你的感觉是”时，被调查学生中仅有12.5%的人表示想参加并积极准备，而高达73%的人却是想参加但不知道如何下手，其他人则表示不想参加。这再次说明参与热情高，而实际参加情况少。

我们认为，在学校日益重视本科生科研，逐渐加大对本科生科研资助力度的形势下，应该从学生和老师的身上来寻找原因，因为本科阶段为“通才”教育，并不是以培养学生的科研能力为主要教学目的，本科生科研离不开老师的引导，需要自己积极主动的参与。

3.1 学生参加课外科研活动的准备情况

1)学生课外时间安排

从学生的课外时间安排可以看出其兴趣所在，具体情况见表4。

表4 学生课外时间安排情况

项　目	回答频次	项　目	回答频次
忙于学生会、社团等工作	61	校内外兼职工作	59
学校或社团兴趣的文体活动	34	到图书馆翻阅各类书籍和期刊杂志	99
学校规定的英语、计算机等级考试	114	参加学术活动	22
学校未要求的证书考试	77	考研	19

注：此处所指的学术活动是指学校或学院举办的学术报告、讲座、论坛等活动。

从表4可以看出，学生在课外最为热衷的是学校规定的英语和计算机等级考试，其次是到图书馆翻阅各类书籍杂志，但是学生参加学术活动的情况就远远低于各类社团或兼职工作。

2)学生参与学术活动情况

学生参加学术活动的情况不尽如人意，可能是因为此类活动较少举办，也可能是因为学生不感兴趣。据调查，只有2%的学生认为学校或学院经常举办学术活动，28%的学生认为学术活动比较多，55%的学生认为学术活动开展情况一般，15%的学生则认为只是偶尔会有学术活动。在问道“一些学术报告是老师要求必须参加的情况下，你才来参加”时，回答完全符合、比较符合、一般、比较不符合和完全不符合的比例分别为7.5%、34%、39.5%、16%和3%。说明学生学术活动开展的情况不尽如人意，一是开展的数量较少，二是学生的自觉参与意识不够强。

学术报告、讲座、论坛等学术活动是让学生了解本学科研究热点、理论前沿和教师科研情况的有效途径，由于学术活动开展不佳，势必影响学生对本专业学术氛围和专业老师科研情况的认知。认为本专业学术氛围非常好、比较好、一般、比较差和很差的比例分别为2%、32.5%、50%、14%和1.5%，一半的被调查学生认为学术氛围一般。回答“你是否了解本专业老师的科研情况”时，47.5%的学生表示完全不了解，35%听说过题目，具体内容不详，16.5%了解一定内容，只有1%的学生很了解。

3)学生课外阅读情况

阅读本专业期刊著作，是培养科研能力的必经之途。被调查学生仅有10%有目的有计划地读了很多专业书刊，33%经常看专业书刊，但没有计划，随意性强，49.5%很少看专业书刊，7.5%则表示不爱看书。

据北大2008版《中文核心期刊要目总览》，本学科有16种专业期刊入选，且不包括与本专业相关的综合性期刊。被调查学生阅读过本专业学术期刊种数的比例分别为1~2种66.5%，3~4种19.5%，5~6种6%，7~8种1.5%，11种以上0.5%，另有6%的学生不清楚自己到底读过多少种学术期刊。

42.5%的被调查学生阅读专业书籍或学术期刊的目的是积累知识，28.5%为了更好地学习专业课，25%为了研究而查阅资料，4%则为了其他目的。

学校购买了不少数据库资料，给师生提供了更为便捷的获取资料的途径，24%的被调查学生从来不使用数据库资源，48%每月使用，25.5%每周使用，只有2.5%的学生是每天使用。

从学生课外阅读的情况来看，其目的主要还是为了积累知识和专业课学习，多数学生很少甚至不爱看专业期刊杂志，他们阅读过的专业学术期刊种类也较少，学生使用数据库资料的频率也不高，近一半的人是每月使用。

3.2 教师对学生科研兴趣的引导情况

本科生科研离不开教师的参与，教师的科研工作水平和科研态度影响着学生对科研的兴趣。农林经济管理专业是学校办学最早的专业之一，师资力量雄厚，但是教师对学生科研兴趣的引导情况却不尽如人意。

认为本专业老师科研能力总水平非常高、比较高、一般、较差和很差的比例分别为2.5%、52.5%、40.5%、4%和0.5%。

仅有4%的学生认为本专业老师鼓励学生在期刊、杂志上发表论文的情况很多，30.5%的学生认为这种情况较多，认为这种情况有时发生、很少发生，甚至没有的比例分别为44.5%、19%和2%。

27%的学生认为在专业课堂教学中，大多数教师的授课内容完全按教材讲授，61.5%的学生认为教师在按教材讲授的过程中对教材进行适当地补充，11.5%的学生认为教师综合了多本教材和专著，自成体系。

仅有27.5%的学生认为自己从专业课程中学到了本学科的研究方法，72.5%的学生则认为自己没有学到。

对于“专业课程设置中理论课过多，实践训练较少”的问题，回答为非常符合、比较符合、一般、比较不符合和非常不符合的比例分别为24.5%、34%、35%、4%和2.5%。

77.5%的学生认为大多数专业课程的考核形式是纯理论的闭卷考试，7%认为是开卷考试，6%的学生说是提交课程论文，8.5%则说以平时作业、课堂表现为成绩依据，回答其他考核形式的占1%。

只有8.5%的学生认为专业课教师经常在课堂教学中有意识传授科研的相关知识，回答很少、基本没有和完全没有的学生比例分别占到60.5%、27.5%和3.5%。

对于“专业课教师在课堂教学中介绍专业学术研究动态的情况”，8%、61%、26%和5%的学生分别回答经常、很少、基本没有和完全没有。

13.5%的学生指出专业课教师指导过自己的课外阅读，48.5%的学生则说这种情况很少出现，30%的学生则回答基本没有，8%的学生说完全没有。

对于课外科研活动，1%的学生认为专业课教师的态度是强迫同学参加，60%的学生认为鼓励同学积极自愿地参加，23%的学生说专业课教师只传达精神未作要求，16%的学生则说专业课教师没有传达课外科研活动消息。

从问卷反馈可见，学生对本专业教师的科研能力较为认可，专业老师也鼓励参与课外科研活动，但认为老师在鼓励发表论文、传授研究方法、传授科研知识、指导课外阅读等方面不够积极，且存在理论课程过多、考核形式大多为纯理论的闭卷形式等问题。说明老师在指导本科生课外科研方面存在改进空间，不仅要改善教育教学方法，而且要加强与学生的联系，了解学生的科研需求。

4 结论与建议

综上可见，学生对课外科研表示出一定兴趣，教师也鼓励学生参与科研，但是学生和教师之间的联系有待加强，学校相关制度建设尚需完善。为改善本专业本科生科研情况，教师应更多发挥引导作用，学生也应积极作相应准备。情况的改善不是一蹴而就的，需要学校、教师和学生三方面共同努力，本文着重从学校和教师层面提出自己的相关建议。

4.1 设计专门的本科生科研管理部门，加强对本科生的正确引导

学校和学院设立相关管理部门对本科生科研活动进行管理，组织和开展本科生科研活动，开展多形式的的宣传工作，组织各种有关科学研究方法的讲座、研讨会，帮助学生了解什么是研究，如何撰写项目申请书以及结题报告，做好本科生科研的指导工作，而且要端正本科生的科研态度。这样不仅可以扩大本科生科研计划的影响，也使更多的同学真正的正确认识、了解本科生科研活动，抱着端正的态度参

加并从中受益。

4.2 教师完善自己的教学体系，同时加强对学生的指导和监督

教学过程中，教师要完善自己的教学体系，针对不同的专业、年级，因材施教，进行不同的教学方法，使同学能够逐渐的接触科研活动。把教学内容和科研知识结合在一起，让同学们通过课外科研活动巩固理论基础，丰富实践经验。在鼓励学生进行科研活动的同时，教师要投入更多的时间和精力对本科生进行指导和监督，应着重对学生创新意识的培养，训练他们初步掌握科研方法并具备一定的科研能力和实践能力，将有潜力并有兴趣致力于科研的学生引入研究领域。在各项本科生科研活动中，对学生严格要求，规定学生定期汇报科研进度，进行进程检查，保证项目的正常进行和论文质量。

4.3 加强科研活动的激励机制，拓展经费来源来源

学校学院对本科生的科研活动提供有效的激励机制，增强本科生参与到课外科研活动的积极性，这种激励不应该只是针对教师或学生的单向激励，而应该是双向激励。同时鼓励教师和学生向外拓展，与校外公司和科研院所合作研究项目，利用他们的技术和资金优势，达到双赢。这样不仅可以拓宽资金来源，也可以增加项目，使更多的学生受益。

参考文献

[1]潘大谦．论本科生实施早期科研培训的意义和作用．江苏高教，1999，(6)：65－68.

[2]刘炳，尚航．美国国研究型大学本科生科研的理念及制度创新．辽宁教育研究，2008，(2)：95－98.

[3]李冬梅，张玉平．我国研究型大学生本科生科研现状分析以及对策．黑龙江教育，2007，(3)：38－40.

[4]王鹏飞，任毅．我国研究型大学本科生科研现状探索．中国校外教育下旬刊教：22.

[5]高璞珍，谭思超．培养本科生科研能力的意识误区分析．2009，7(7)：46－49.

[6]冯斌祝，江斌．本科生参与科研的模式研究．高教研究，2007，1(下)：25－26.